金融
法律法规司法解释全编
（第二版）

人民法院出版社 编

人民法院出版社

图书在版编目（CIP）数据

金融法律法规司法解释全编 / 人民法院出版社编. -- 2版. -- 北京：人民法院出版社，2024.3
ISBN 978-7-5109-4034-7

Ⅰ. ①金… Ⅱ. ①人… Ⅲ. ①金融法－法律解释－中国 Ⅳ. ①D922.280.5

中国国家版本馆CIP数据核字(2024)第027075号

金融法律法规司法解释全编（第二版）
人民法院出版社　编

责任编辑	王　婷
出版发行	人民法院出版社
地　　址	北京市东城区东交民巷 27 号（100745）
电　　话	（010）67550607（责任编辑）　67550558（发行部查询）
	65223677（读者服务部）
客 服 QQ	2092078039
网　　址	http://www.courtbook.com.cn
E - mail	courtpress@sohu.com
印　　刷	三河市国英印务有限公司
经　　销	新华书店
开　　本	787 毫米×1092 毫米　1/16
字　　数	1316 千字
印　　张	43.5
版　　次	2024 年 3 月第 1 版　2024 年 3 月第 1 次印刷
书　　号	ISBN 978-7-5109-4034-7
定　　价	108.00 元

版权所有　侵权必究

编写说明

"法行天下，德润人心。"全面推进依法治国，就要加快形成完备的法律规范体系、高效的法治实施体系、严密的法治监督体系、有力的法治保障体系。为确保法律的统一正确实施，加强重点领域法律、法规、司法政策的贯彻落实，让读者及时了解最新的法律信息，准确理解和有效适用法律、司法解释，我们编写了本套丛书，本套丛书能满足读者法律实务、法学研究、案例教学等应用需求。

本套丛书立足于法律适用，涵盖刑事、民事、合同、房地产、建设工程、公司、金融、知识产权、执行、行政、市场监督管理、安全生产、劳动和社会保障、伤残鉴定与赔偿、道路交通、生态环境、纪检监察、公安等法律专业领域，品类丰富齐全，能为立法、执法、司法、守法各环节提供有效便利的法律查询支持，本书为金融法律法规司法解释全编（第二版）。

本书具有以下鲜明的特点：

一、文本权威，收录全面。 本书较为全面地收录了金融领域现行有效的法律规范，包括法律、行政法规、部门规章、司法解释、司法政策文件等。本书紧密联系司法实务，精选收录了由最高人民法院、最高人民检察院公布的指导性案例、典型案例。为充分实现本书版本的准确性、权威性、有效性，书中收录的文件均为经过清理修改后现行有效的法律文本，所有案例均来源于最高人民法院、最高人民检察院官方网站，最高人民法院公报、最高人民检察院公报等权威版本。

二、体例简明，分类实用。 本书以金融领域相关法律为基本框架，分为金融监管，中央银行，商业银行，非银行金融机构，担保、信贷、存借款、证券、期货、保险、信托、融资租赁、票据、信用证，金融审判，金融犯罪十三类相关领域。本书立足于法律规范的实用性，按照文件内容、效力级别与施行时间综合编排，一体呈现，有助于读者快速定位某类问题集中进行检索查阅。同时，本书采用双栏排版，能收录更多法律文件，使读者一目了然，有助于提高检索效率。

三、案例赠送，配套使用。因篇幅所限，书中最高人民法院发布的典型案例未能全部呈现。为了充分利用数字资源，进一步拓展本书的实用内容及提升本书的应用价值，本书联合"法信"平台，为读者专门设置了以下服务：图书底封勒口扫描"二维码"，即可获取金融领域最高人民法院发布的典型案例完整版，方便读者在线使用、查询。

对于编选工作存在的不足之处，欢迎广大读者提出批评和改进意见，以便为读者提供更好的法律服务。

人民法院出版社
二〇二四年三月

总 目 录

一、金融监管 …………………………………………………………………… (1)
二、中央银行 …………………………………………………………………… (31)
　（一）综合 …………………………………………………………………… (31)
　（二）货币、金银管理 ……………………………………………………… (42)
　（三）反洗钱、反恐怖融资 ………………………………………………… (53)
　（四）征信管理 ……………………………………………………………… (71)
　（五）外汇管理 ……………………………………………………………… (86)
三、商业银行 …………………………………………………………………… (100)
四、非银行金融机构 …………………………………………………………… (171)
五、担保 ………………………………………………………………………… (221)
六、信贷、存借款 ……………………………………………………………… (263)
七、证券、期货 ………………………………………………………………… (310)
八、保险 ………………………………………………………………………… (440)
九、信托 ………………………………………………………………………… (499)
十、融资租赁 …………………………………………………………………… (523)
十一、票据、信用证 …………………………………………………………… (530)
十二、金融审判 ………………………………………………………………… (572)
十三、金融犯罪 ………………………………………………………………… (590)
　（一）综合 …………………………………………………………………… (590)
　（二）破坏金融管理秩序罪 ………………………………………………… (600)
　（三）金融诈骗罪 …………………………………………………………… (641)

目　录

一、金融监管

中华人民共和国银行业监督管理法
　　（2006年10月31日修正） …………………………………………（ 1 ）
中国银行保险监督管理委员会行政处罚办法
　　（2020年6月15日） ………………………………………………（ 5 ）
中国银行保险监督管理委员会行政许可实施程序规定
　　（2020年5月24日） ………………………………………………（ 14 ）
中国人民银行行政许可实施办法
　　（2020年3月20日） ………………………………………………（ 18 ）
银行业保险业消费投诉处理管理办法
　　（2020年1月14日） ………………………………………………（ 24 ）
银行保险违法行为举报处理办法
　　（2019年12月25日） ………………………………………………（ 28 ）

二、中央银行

（一）综　　合

中华人民共和国中国人民银行法
　　（2003年12月27日修正） …………………………………………（ 31 ）
中国人民银行金融消费者权益保护实施办法
　　（2020年9月15日） ………………………………………………（ 35 ）

（二）货币、金银管理

中华人民共和国人民币管理条例
　　（2018年3月19日修订） …………………………………………（ 42 ）
现金管理暂行条例
　　（2011年1月8日修订） …………………………………………（ 45 ）

中华人民共和国金银管理条例
　　（2011年1月8日修订） ………………………………………………………（ 47 ）
黄金及黄金制品进出口管理办法
　　（2020年4月16日修改） …………………………………………………（ 50 ）

（三）反洗钱、反恐怖融资

中华人民共和国反洗钱法
　　（2006年10月31日） ………………………………………………………（ 53 ）
金融机构反洗钱和反恐怖融资监督管理办法
　　（2021年4月15日） …………………………………………………………（ 56 ）
银行业金融机构反洗钱和反恐怖融资管理办法
　　（2019年1月29日） …………………………………………………………（ 60 ）
互联网金融从业机构反洗钱和反恐怖融资管理办法（试行）
　　（2018年10月10日） ………………………………………………………（ 65 ）
涉及恐怖活动资产冻结管理办法
　　（2014年1月10日） …………………………………………………………（ 68 ）

（四）征信管理

中华人民共和国个人信息保护法
　　（2021年8月20日） …………………………………………………………（ 71 ）
征信业管理条例
　　（2013年1月21日） …………………………………………………………（ 77 ）
征信业务管理办法
　　（2021年9月27日） …………………………………………………………（ 82 ）

（五）外汇管理

中华人民共和国外汇管理条例
　　（2008年8月5日） …………………………………………………………（ 86 ）
中国人民银行关于印发《离岸银行业务管理办法》的通知
　　（1997年10月23日） ………………………………………………………（ 90 ）
结汇、售汇及付汇管理规定
　　（1996年6月20日） …………………………………………………………（ 93 ）
银行办理结售汇业务管理办法
　　（2014年6月22日） …………………………………………………………（ 97 ）

三、商 业 银 行

中华人民共和国商业银行法
　　（2015年8月29日修正） ……………………………………………………（ 100 ）
商业银行资本管理办法
　　（2023年11月1日） …………………………………………………………（ 107 ）

中资商业银行行政许可事项实施办法
　　（2022年9月2日修正） ……………………………………………………………（131）
商业银行信息披露特别规定
　　（2022年1月5日） ………………………………………………………………（147）
商业银行股权托管办法
　　（2019年7月12日） ………………………………………………………………（149）
商业银行流动性风险管理办法
　　（2018年5月23日） ………………………………………………………………（152）
商业银行大额风险暴露管理办法
　　（2018年4月24日） ………………………………………………………………（161）
商业银行股权管理暂行办法
　　（2018年1月5日） ………………………………………………………………（164）

四、非银行金融机构

非银行支付机构监督管理条例
　　（2023年12月9日） ………………………………………………………………（171）
融资担保公司监督管理条例
　　（2017年8月2日） ………………………………………………………………（177）
中国银行保险监督管理委员会非银行金融机构行政许可事项实施办法
　　（2020年3月23日） ………………………………………………………………（181）
中国银行保险监督管理委员会、国家发展和改革委员会、工业和信息化部、财政部、
　　住房和城乡建设部、农业农村部、商务部、中国人民银行、国家市场监督管理总局
　　关于印发融资担保公司监督管理补充规定的通知
　　（2019年10月9日） ………………………………………………………………（211）
金融资产投资公司管理办法（试行）
　　（2018年6月29日） ………………………………………………………………（213）

五、担　　保

中华人民共和国民法典（节选）
　　（2020年5月28日） ………………………………………………………………（221）
国务院关于实施动产和权利担保统一登记的决定
　　（2020年12月22日） ………………………………………………………………（236）
中国银行保险监督管理委员会、中国人民银行关于推动动产和权利融资业务健康发展的
　　指导意见
　　（2022年9月20日） ………………………………………………………………（237）
专利权质押登记办法
　　（2021年11月15日） ………………………………………………………………（239）
城市房地产抵押管理办法
　　（2021年3月30日修正） …………………………………………………………（242）

最高人民法院、最高人民检察院、公安部、中国证券监督管理委员会关于进一步规范
人民法院冻结上市公司质押股票工作的意见
（2021年3月1日） ……………………………………………………………（246）
最高人民法院关于适用《中华人民共和国民法典》有关担保制度的解释
（2020年12月31日） …………………………………………………………（247）
最高人民法院关于适用《中华人民共和国民法典》物权编的解释（一）
（2020年12月29日） …………………………………………………………（257）

【指导案例】
指导案例168号：中信银行股份有限公司东莞分行诉陈某华等金融借款合同纠纷案 ……（259）

六、信贷、存借款

存款保险条例
（2015年2月17日） ……………………………………………………………（263）
储蓄管理条例
（2011年1月8日修订） …………………………………………………………（265）
商业银行互联网贷款管理暂行办法
（2020年7月12日） ……………………………………………………………（268）
网络借贷信息中介机构业务活动管理暂行办法
（2016年8月17日） ……………………………………………………………（274）
贷款通则
（1996年6月28日） ……………………………………………………………（280）
最高人民法院关于适用《中华人民共和国民法典》合同编通则若干问题的解释
（2023年12月4日） ……………………………………………………………（287）
最高人民法院关于审理银行卡民事纠纷案件若干问题的规定
（2021年5月24日） ……………………………………………………………（298）
最高人民法院关于审理存单纠纷案件的若干规定
（2020年12月23日修正） ………………………………………………………（300）
最高人民法院关于债务人在约定的期限届满后未履行债务而出具没有还款日期的欠款条
诉讼时效期间应从何时开始计算问题的批复
（2020年12月23日修正） ………………………………………………………（303）
最高人民法院关于审理民间借贷案件适用法律若干问题的规定
（2020年12月23日修正） ………………………………………………………（303）
最高人民法院关于新民间借贷司法解释适用范围问题的批复
（2020年12月29日） ……………………………………………………………（307）

【指导案例】
指导案例169号：徐某1诉招商银行股份有限公司上海延西支行银行卡纠纷案 …………（307）

七、证券、期货

中华人民共和国期货和衍生品法
（2022年4月20日） ……………………………………………………………（310）

中华人民共和国证券法
　　（2019 年 12 月 28 日修订） ……………………………………………………（326）
中华人民共和国证券投资基金法
　　（2015 年 4 月 24 日修正） ……………………………………………………（349）
证券公司风险处置条例
　　（2023 年 7 月 20 日修订） ……………………………………………………（364）
私募投资基金监督管理条例
　　（2023 年 7 月 3 日） ……………………………………………………………（370）
期货交易管理条例
　　（2017 年 3 月 1 日修订） ………………………………………………………（377）
期货交易所管理办法
　　（2023 年 3 月 29 日） …………………………………………………………（388）
证券期货业网络和信息安全管理办法
　　（2023 年 2 月 27 日） …………………………………………………………（398）
证券期货经营机构私募资产管理业务管理办法
　　（2023 年 1 月 12 日） …………………………………………………………（405）
最高人民法院关于证券市场虚假陈述侵权民事赔偿案件诉讼时效衔接适用相关问题的
　　通知
　　（2022 年 1 月 29 日） …………………………………………………………（416）
最高人民法院关于审理证券市场虚假陈述侵权民事赔偿案件的若干规定
　　（2022 年 1 月 21 日） …………………………………………………………（417）
最高人民法院、中国证券监督管理委员会关于适用《最高人民法院关于审理证券市场
　　虚假陈述侵权民事赔偿案件的若干规定》有关问题的通知
　　（2022 年 1 月 21 日） …………………………………………………………（422）
最高人民法院关于审理期货纠纷案件若干问题的规定
　　（2020 年 12 月 23 日修正） ……………………………………………………（423）
最高人民法院关于审理期货纠纷案件若干问题的规定（二）
　　（2020 年 12 月 23 日修正） ……………………………………………………（427）
最高人民法院关于对与证券交易所监管职能相关的诉讼案件管辖与受理问题的规定
　　（2020 年 12 月 23 日修正） ……………………………………………………（428）
最高人民法院关于证券纠纷代表人诉讼若干问题的规定
　　（2020 年 7 月 30 日） …………………………………………………………（429）
最高人民法院关于印发《全国法院审理债券纠纷案件座谈会纪要》的通知
　　（2020 年 7 月 15 日） …………………………………………………………（433）

八、保　　险

中华人民共和国保险法
　　（2015 年 4 月 24 日修正） ……………………………………………………（440）
保险集团公司监督管理办法
　　（2021 年 11 月 24 日） …………………………………………………………（455）
保险中介行政许可及备案实施办法
　　（2021 年 10 月 28 日） …………………………………………………………（465）

保险公司非寿险业务准备金管理办法
(2021年10月15日) ……………………………………………………………（476）
财产保险公司保险条款和保险费率管理办法
(2021年8月16日) ………………………………………………………………（478）
最高人民法院关于适用《中华人民共和国保险法》若干问题的解释（一）
(2009年9月21日) ………………………………………………………………（481）
最高人民法院关于适用《中华人民共和国保险法》若干问题的解释（二）
(2020年12月23日修正) …………………………………………………………（482）
最高人民法院关于适用《中华人民共和国保险法》若干问题的解释（三）
(2020年12月23日修正) …………………………………………………………（484）
最高人民法院关于适用《中华人民共和国保险法》若干问题的解释（四）
(2020年12月23日修正) …………………………………………………………（486）

【指导案例】

指导案例24号：荣某英诉王某、永诚财产保险股份有限公司江阴支公司机动车交通事
　　故责任纠纷案 …………………………………………………………………（488）
指导案例25号：华泰财产保险有限公司北京分公司诉李某贵、天安财产保险股份有限
　　公司河北省分公司张家口支公司保险人代位求偿权纠纷案 ………………（490）
指导案例52号：海南丰海粮油工业有限公司诉中国人民财产保险股份有限公司海南省
　　分公司海上货物运输保险合同纠纷案 …………………………………………（491）
指导案例74号：中国平安财产保险股份有限公司江苏分公司诉江苏镇江安装集团有限
　　公司保险人代位求偿权纠纷案 …………………………………………………（494）

【典型案例】

王某诉某人寿保险股份有限公司人身保险合同纠纷案
　　——保险合同代签名的法律后果 ………………………………………………（497）
田某、冉某诉某保险公司人身保险合同纠纷案
　　——保险合同解除与保险人拒赔 ………………………………………………（497）

九、信　　托

中华人民共和国信托法
(2001年4月28日) ………………………………………………………………（499）
信托公司股权管理暂行办法
(2020年1月20日) ………………………………………………………………（504）
信托登记管理办法
(2017年8月25日) ………………………………………………………………（512）
慈善信托管理办法
(2017年7月10日) ………………………………………………………………（516）
中国银行保险监督管理委员会关于规范信托公司信托业务分类的通知
(2023年3月20日) ………………………………………………………………（520）

十、融资租赁

金融租赁公司管理办法
  （2014年3月13日） ……………………………………………………（523）
最高人民法院关于审理融资租赁合同纠纷案件适用法律问题的解释
  （2020年12月23日修正） ………………………………………………（528）

十一、票据、信用证

中华人民共和国票据法
  （2004年8月28日修正） ………………………………………………（530）
商业汇票承兑、贴现与再贴现管理办法
  （2022年11月11日） …………………………………………………（537）
标准化票据管理办法
  （2020年6月30日） …………………………………………………（539）
票据交易管理办法
  （2016年12月5日） …………………………………………………（542）
国内信用证结算办法
  （2016年4月27日） …………………………………………………（546）
最高人民法院关于审理信用证纠纷案件若干问题的规定
  （2020年12月23日修正） ……………………………………………（553）
最高人民法院关于审理票据纠纷案件若干问题的规定
  （2020年12月23日修正） ……………………………………………（554）
最高人民法院关于审理独立保函纠纷案件若干问题的规定
  （2020年12月23日修正） ……………………………………………（560）
最高人民法院关于人民法院能否对信用证开证保证金采取冻结和扣划措施问题的规定
  （2020年12月23日修正） ……………………………………………（562）
【指导案例】
指导案例109号：安徽省外经建设（集团）有限公司诉东方置业房地产有限公司保函欺诈
  纠纷案 ………………………………………………………………（563）
指导案例111号：中国建设银行股份有限公司广州荔湾支行诉广东蓝粤能源发展有限
  公司等信用证开证纠纷案 …………………………………………（567）
【典型案例】
明确中介行过错赔偿责任　维护信用证交易安全
  ——栖霞市绿源果蔬有限公司与中国银行股份有限公司北京市分行信用证转让纠纷
   再审审查案 ……………………………………………………（568）
依约适用国际商会见索即付保函统一规则　保障独立保函交易秩序
  ——现代重工有限公司与中国工商银行股份有限公司浙江省分行独立保函索赔
   纠纷上诉案 ……………………………………………………（569）
上诉人中国华融资产管理有限公司河南省分公司与上诉人中国建设银行股份有限公司
  珠海市分行丽景支行票据回购纠纷案 ……………………………（570）

十二、金融审判

最高人民法院关于成渝金融法院案件管辖的规定
　　（2022年12月20日） ··（572）
最高人民法院关于上海金融法院案件管辖的规定
　　（2021年3月1日修正） ··（573）
最高人民法院关于北京金融法院案件管辖的规定
　　（2021年3月16日） ··（574）
最高人民法院关于印发《全国法院民商事审判工作会议纪要》的通知（节选）
　　（2019年11月8日） ··（576）
最高人民法院印发《关于进一步加强金融审判工作的若干意见》的通知
　　（2017年8月4日） ··（586）

十三、金融犯罪

（一）综　　合

中华人民共和国刑法（节选）
　　（2023年12月29日修正） ··（590）
国家金融监督管理总局关于印发《银行保险机构涉刑案件风险防控管理办法》的通知
　　（2023年11月2日） ··（596）

（二）破坏金融管理秩序罪

全国人民代表大会常务委员会关于《中华人民共和国刑法》有关信用卡规定的解释
　　（2004年12月29日） ··（600）
全国人民代表大会常务委员会关于惩治骗购外汇、逃汇和非法买卖外汇犯罪的决定
　　（1998年12月29日） ··（601）
最高人民法院、最高人民检察院关于办理妨害信用卡管理刑事案件具体应用法律若干
　　问题的解释
　　（2018年10月19日修正） ···（602）
最高人民法院关于审理伪造货币等案件具体应用法律若干问题的解释
　　（2000年9月8日） ··（604）
最高人民法院关于审理伪造货币等案件具体应用法律若干问题的解释（二）
　　（2010年10月20日） ··（605）
最高人民法院、最高人民检察院关于办理利用未公开信息交易刑事案件适用法律若干
　　问题的解释
　　（2019年6月27日） ··（606）
最高人民法院、最高人民检察院关于办理操纵证券、期货市场刑事案件适用法律若干
　　问题的解释
　　（2019年6月27日） ··（607）

最高人民法院、最高人民检察院关于办理内幕交易、泄露内幕信息刑事案件具体应用
　　法律若干问题的解释
　　　　（2012年3月29日） ……………………………………………………………（610）
最高人民法院、最高人民检察院、公安部、中国证券监督管理委员会关于印发
　　《最高人民法院、最高人民检察院、公安部、中国证监会关于办理证券期货
　　违法犯罪案件工作若干问题的意见》的通知
　　　　（2011年4月27日） ……………………………………………………………（612）
最高人民法院、最高人民检察院关于办理非法从事资金支付结算业务、非法买卖外汇
　　刑事案件适用法律若干问题的解释
　　　　（2019年1月31日） ……………………………………………………………（613）
最高人民法院关于审理骗购外汇、非法买卖外汇刑事案件具体应用法律若干问题的解释
　　　　（1998年8月28日） ……………………………………………………………（615）
最高人民法院关于依法严厉打击集资诈骗和非法吸收公众存款犯罪活动的通知
　　　　（2004年11月15日） ……………………………………………………………（616）
最高人民法院关于审理洗钱等刑事案件具体应用法律若干问题的解释
　　　　（2009年11月4日） ……………………………………………………………（617）

【指导案例】
指导案例61号：马某利用未公开信息交易案 ……………………………………………（618）
检例第39号：朱某明操纵证券市场案 ……………………………………………………（621）
检例第64号：杨某国等人非法吸收公众存款案 …………………………………………（624）
检例第65号：王某等人利用未公开信息交易案 …………………………………………（627）
检例第66号：博元投资股份有限公司、余某妮等人违规披露、不披露重要信息案 …（630）
检例第176号：郭某记、徐某伦等人伪造货币案 ………………………………………（632）
检例第187号：沈某某、郑某某贪污案 …………………………………………………（634）
检例第188号：桑某受贿、国有公司人员滥用职权、利用未公开信息交易案 ………（636）

【典型案例】
苏某明等人非法吸收公众存款案
　　——私募基金管理人经登记、私募基金经备案或者部分备案的不影响对非法集资行为
　　　"非法性"的认定 ………………………………………………………………（639）

（三）金融诈骗罪

中华人民共和国反电信网络诈骗法
　　　　（2022年9月2日） ……………………………………………………………（641）
防范和处置非法集资条例
　　　　（2021年1月26日） ……………………………………………………………（647）
中国人民银行关于进一步加强支付结算管理防范电信网络新型违法犯罪有关事项的通知
　　　　（2019年3月22日） ……………………………………………………………（651）
中国人民银行关于加强支付结算管理防范电信网络新型违法犯罪有关事项的通知
　　　　（2016年9月30日） ……………………………………………………………（654）
最高人民法院、最高人民检察院、公安部关于办理电信网络诈骗等刑事案件适用法律
　　若干问题的意见
　　　　（2016年12月19日） ……………………………………………………………（657）

最高人民法院、最高人民检察院、公安部关于办理电信网络诈骗等刑事案件适用法律
　　若干问题的意见（二）
　　（2021年6月17日） ………………………………………………………………（661）
最高人民法院、最高人民检察院、公安部、工业和信息化部、中国人民银行关于依法
　　严厉打击惩戒治理非法买卖电话卡银行卡违法犯罪活动的通告
　　（2020年12月16日） ………………………………………………………………（663）
最高人民检察院关于办理涉互联网金融犯罪案件有关问题座谈会纪要
　　（2017年6月1日） …………………………………………………………………（664）
最高人民法院关于审理非法集资刑事案件具体应用法律若干问题的解释
　　（2021年12月30日修正） …………………………………………………………（670）
最高人民法院、最高人民检察院、公安部印发《关于办理非法集资刑事案件若干问题的
　　意见》的通知
　　（2019年1月30日） …………………………………………………………………（673）
【指导案例】
检例第40号：周某集资诈骗案 ………………………………………………………（676）
检例第175号：张某强等人非法集资案 ………………………………………………（679）

一、金融监管

中华人民共和国银行业监督管理法

(2003年12月27日第十届全国人民代表大会常务委员会第六次会议通过 根据2006年10月31日第十届全国人民代表大会常务委员会第二十四次会议《关于修改〈中华人民共和国银行业监督管理法〉的决定》修正)

目 录

第一章 总 则
第二章 监督管理机构
第三章 监督管理职责
第四章 监督管理措施
第五章 法律责任
第六章 附 则

第一章 总 则

第一条 为了加强对银行业的监督管理,规范监督管理行为,防范和化解银行业风险,保护存款人和其他客户的合法权益,促进银行业健康发展,制定本法。

第二条 国务院银行业监督管理机构负责对全国银行业金融机构及其业务活动监督管理的工作。

本法所称银行业金融机构,是指在中华人民共和国境内设立的商业银行、城市信用合作社、农村信用合作社等吸收公众存款的金融机构以及政策性银行。

对在中华人民共和国境内设立的金融资产管理公司、信托投资公司、财务公司、金融租赁公司以及经国务院银行业监督管理机构批准设立的其他金融机构的监督管理,适用本法对银行业金融机构监督管理的规定。

国务院银行业监督管理机构依照本法有关规定,对经其批准在境外设立的金融机构以及前二款金融机构在境外的业务活动实施监督管理。

第三条 银行业监督管理的目标是促进银行业的合法、稳健运行,维护公众对银行业的信心。

银行业监督管理应当保护银行业公平竞争,提高银行业竞争能力。

第四条 银行业监督管理机构对银行业实施监督管理,应当遵循依法、公开、公正和效率的原则。

第五条 银行业监督管理机构及其从事监督管理工作的人员依法履行监督管理职责,受法律保护。地方政府、各级政府部门、社会团体和个人不得干涉。

第六条 国务院银行业监督管理机构应当和中国人民银行、国务院其他金融监督管理机构建立监督管理信息共享机制。

第七条 国务院银行业监督管理机构可以和其他国家或者地区的银行业监督管理机构建立监督管理合作机制,实施跨境监督管理。

第二章 监督管理机构

第八条 国务院银行业监督管理机构根据履行职责的需要设立派出机构。国务院银行业监督管理机构对派出机构实行统一领导和管理。

国务院银行业监督管理机构的派出机构在国务院银行业监督管理机构的授权范围内，履行监督管理职责。

第九条 银行业监督管理机构从事监督管理工作的人员，应当具备与其任职相适应的专业知识和业务工作经验。

第十条 银行业监督管理机构工作人员，应当忠于职守，依法办事，公正廉洁，不得利用职务便利牟取不正当的利益，不得在金融机构等企业中兼任职务。

第十一条 银行业监督管理机构工作人员，应当依法保守国家秘密，并有责任为其监督管理的银行业金融机构及当事人保守秘密。

国务院银行业监督管理机构同其他国家或者地区的银行业监督管理机构交流监督管理信息，应当就信息保密作出安排。

第十二条 国务院银行业监督管理机构应当公开监督管理程序，建立监督管理责任制度和内部监督制度。

第十三条 银行业监督管理机构在处置银行业金融机构风险、查处有关金融违法行为等监督管理活动中，地方政府、各级有关部门应当予以配合和协助。

第十四条 国务院审计、监察等机关，应当依照法律规定对国务院银行业监督管理机构的活动进行监督。

第三章 监督管理职责

第十五条 国务院银行业监督管理机构依照法律、行政法规制定并发布对银行业金融机构及其业务活动监督管理的规章、规则。

第十六条 国务院银行业监督管理机构依照法律、行政法规规定的条件和程序，审查批准银行业金融机构的设立、变更、终止以及业务范围。

第十七条 申请设立银行业金融机构，或者银行业金融机构变更持有资本总额或者股份总额达到规定比例以上的股东的，国务院银行业监督管理机构应当对股东的资金来源、财务状况、资本补充能力和诚信状况进行审查。

第十八条 银行业金融机构业务范围内的业务品种，应当按照规定经国务院银行业监督管理机构审查批准或者备案。需要审查批准或者备案的业务品种，由国务院银行业监督管理机构依照法律、行政法规作出规定并公布。

第十九条 未经国务院银行业监督管理机构批准，任何单位或者个人不得设立银行业金融机构或者从事银行业金融机构的业务活动。

第二十条 国务院银行业监督管理机构对银行业金融机构的董事和高级管理人员实行任职资格管理。具体办法由国务院银行业监督管理机构制定。

第二十一条 银行业金融机构的审慎经营规则，由法律、行政法规规定，也可以由国务院银行业监督管理机构依照法律、行政法规制定。

前款规定的审慎经营规则，包括风险管理、内部控制、资本充足率、资产质量、损失准备金、风险集中、关联交易、资产流动性等内容。

银行业金融机构应当严格遵守审慎经营规则。

第二十二条 国务院银行业监督管理机构应当在规定的期限，对下列申请事项作出批准或者不批准的书面决定；决定不批准的，应当说明理由：

（一）银行业金融机构的设立，自收到申请文件之日起六个月内；

（二）银行业金融机构的变更、终止，以及业务范围和增加业务范围内的业务品种，自收到申请文件之日起三个月内；

（三）审查董事和高级管理人员的任职资格，自收到申请文件之日起三十日内。

第二十三条 银行业监督管理机构应当对银行业金融机构的业务活动及其风险状况进行非现场监管，建立银行业金融机构监督管理信息系统，分析、评价银行业金融机构的风险状况。

第二十四条 银行业监督管理机构应当对银行业金融机构的业务活动及其风险状况进行现场检查。

国务院银行业监督管理机构应当制定现场检查程序，规范现场检查行为。

第二十五条 国务院银行业监督管理机构应当对银行业金融机构实行并表监督管理。

第二十六条 国务院银行业监督管理机构对中国人民银行提出的检查银行业金融机构的建议，应当自收到建议之日起三十日内予以回复。

第二十七条 国务院银行业监督管理机构

应当建立银行业金融机构监督管理评级体系和风险预警机制,根据银行业金融机构的评级情况和风险状况,确定对其现场检查的频率、范围和需要采取的其他措施。

第二十八条 国务院银行业监督管理机构应当建立银行业突发事件的发现、报告岗位责任制度。

银行业监督管理机构发现可能引发系统性银行业风险、严重影响社会稳定的突发事件的,应当立即向国务院银行业监督管理机构负责人报告;国务院银行业监督管理机构负责人认为需要向国务院报告的,应当立即向国务院报告,并告知中国人民银行、国务院财政部门等有关部门。

第二十九条 国务院银行业监督管理机构应当会同中国人民银行、国务院财政部门等有关部门建立银行业突发事件处置制度,制定银行业突发事件处置预案,明确处置机构和人员及其职责、处置措施和处置程序,及时、有效地处置银行业突发事件。

第三十条 国务院银行业监督管理机构负责统一编制全国银行业金融机构的统计数据、报表,并按照国家有关规定予以公布。

第三十一条 国务院银行业监督管理机构对银行业自律组织的活动进行指导和监督。

银行业自律组织的章程应当报国务院银行业监督管理机构备案。

第三十二条 国务院银行业监督管理机构可以开展与银行业监督管理有关的国际交流、合作活动。

第四章 监督管理措施

第三十三条 银行业监督管理机构根据履行职责的需要,有权要求银行业金融机构按照规定报送资产负债表、利润表和其他财务会计、统计报表、经营管理资料以及注册会计师出具的审计报告。

第三十四条 银行业监督管理机构根据审慎监管的要求,可以采取下列措施进行现场检查:

(一)进入银行业金融机构进行检查;

(二)询问银行业金融机构的工作人员,要求其对有关检查事项作出说明;

(三)查阅、复制银行业金融机构与检查事项有关的文件、资料,对可能被转移、隐匿或者毁损的文件、资料予以封存;

(四)检查银行业金融机构运用电子计算机管理业务数据的系统。

进行现场检查,应当经银行业监督管理机构负责人批准。现场检查时,检查人员不得少于二人,并应当出示合法证件和检查通知书;检查人员少于二人或者未出示合法证件和检查通知书的,银行业金融机构有权拒绝检查。

第三十五条 银行业监督管理机构根据履行职责的需要,可以与银行业金融机构董事、高级管理人员进行监督管理谈话,要求银行业金融机构董事、高级管理人员就银行业金融机构的业务活动和风险管理的重大事项作出说明。

第三十六条 银行业监督管理机构应当责令银行业金融机构按照规定,如实向社会公众披露财务会计报告、风险管理状况、董事和高级管理人员变更以及其他重大事项等信息。

第三十七条 银行业金融机构违反审慎经营规则的,国务院银行业监督管理机构或者其省一级派出机构应当责令限期改正;逾期未改正的,或者其行为严重危及该银行业金融机构的稳健运行、损害存款人和其他客户合法权益的,经国务院银行业监督管理机构或者其省一级派出机构负责人批准,可以区别情形,采取下列措施:

(一)责令暂停部分业务、停止批准开办新业务;

(二)限制分配红利和其他收入;

(三)限制资产转让;

(四)责令控股股东转让股权或者限制有关股东的权利;

(五)责令调整董事、高级管理人员或者限制其权利;

(六)停止批准增设分支机构。

银行业金融机构整改后,应当向国务院银行业监督管理机构或者其省一级派出机构提交报告。国务院银行业监督管理机构或者其省一级派出机构经验收,符合有关审慎经营规则的,应当自验收完毕之日起三日内解除对其采取的前款规定的有关措施。

第三十八条 银行业金融机构已经或者可能发生信用危机,严重影响存款人和其他客户合法权益的,国务院银行业监督管理机构可以依法对该银行业金融机构实行接管或者促成机构重组,接管和机构重组依照有关法律和国务院的规定执行。

第三十九条 银行业金融机构有违法经营、经营管理不善等情形,不予撤销将严重危害金融秩序、损害公众利益的,国务院银行业监督管理机构有权予以撤销。

第四十条 银行业金融机构被接管、重组或者被撤销的,国务院银行业监督管理机构有权要求该银行业金融机构的董事、高级管理人员和其他工作人员,按照国务院银行业监督管理机构的要求履行职责。

在接管、机构重组或者撤销清算期间,经国务院银行业监督管理机构负责人批准,对直接负责的董事、高级管理人员和其他直接责任人员,可以采取下列措施:

(一)直接负责的董事、高级管理人员和其他直接责任人员出境将对国家利益造成重大损失的,通知出境管理机关依法阻止其出境;

(二)申请司法机关禁止其转移、转让财产或者对其财产设定其他权利。

第四十一条 经国务院银行业监督管理机构或者其省一级派出机构负责人批准,银行业监督管理机构有权查询涉嫌金融违法的银行业金融机构及其工作人员以及关联行为人的账户;对涉嫌转移或者隐匿违法资金的,经银行业监督管理机构负责人批准,可以申请司法机关予以冻结。

第四十二条 银行业监督管理机构依法对银行业金融机构进行检查时,经设区的市一级以上银行业监督管理机构负责人批准,可以对与涉嫌违法事项有关的单位和个人采取下列措施:

(一)询问有关单位或者个人,要求其对有关情况作出说明;

(二)查阅、复制有关财务会计、财产权登记等文件、资料;

(三)对可能被转移、隐匿、毁损或者伪造的文件、资料,予以先行登记保存。

银行业监督管理机构采取前款规定措施,调查人员不得少于二人,并应当出示合法证件和调查通知书;调查人员少于二人或者未出示合法证件和调查通知书的,有关单位或者个人有权拒绝。对依法采取的措施,有关单位和个人应当配合,如实说明有关情况并提供有关文件、资料,不得拒绝、阻碍和隐瞒。

第五章 法律责任

第四十三条 银行业监督管理机构从事监督管理工作的人员有下列情形之一的,依法给予行政处分;构成犯罪的,依法追究刑事责任:

(一)违反规定审查批准银行业金融机构的设立、变更、终止,以及业务范围和业务范围内的业务品种的;

(二)违反规定对银行业金融机构进行现场检查的;

(三)未依照本法第二十八条规定报告突发事件的;

(四)违反规定查询账户或者申请冻结资金的;

(五)违反规定对银行业金融机构采取措施或者处罚的;

(六)违反本法第四十二条规定对有关单位或者个人进行调查的;

(七)滥用职权、玩忽职守的其他行为。

银行业监督管理机构从事监督管理工作的人员贪污受贿,泄露国家秘密、商业秘密和个人隐私,构成犯罪的,依法追究刑事责任;尚不构成犯罪的,依法给予行政处分。

第四十四条 擅自设立银行业金融机构或者非法从事银行业金融机构的业务活动的,由国务院银行业监督管理机构予以取缔;构成犯罪的,依法追究刑事责任;尚不构成犯罪的,由国务院银行业监督管理机构没收违法所得,违法所得五十万元以上的,并处违法所得一倍以上五倍以下罚款;没有违法所得或者违法所得不足五十万元的,处五十万元以上二百万元以下罚款。

第四十五条 银行业金融机构有下列情形之一,由国务院银行业监督管理机构责令改正,有违法所得的,没收违法所得,违法所得五十万元以上的,并处违法所得一倍以上五倍以下罚款;没有违法所得或者违法所得不足五十万元的,处五十万元以上二百万元以下罚款;情节特别严重或者逾期不改正的,可以责令停业整顿或者吊销其经营许可证;构成犯罪的,依法追究刑事责任:

(一)未经批准设立分支机构的;

(二)未经批准变更、终止的;

(三)违反规定从事未经批准或者未备案

的业务活动的；

（四）违反规定提高或者降低存款利率、贷款利率的。

第四十六条 银行业金融机构有下列情形之一，由国务院银行业监督管理机构责令改正，并处二十万元以上五十万元以下罚款；情节特别严重或者逾期不改正的，可以责令停业整顿或者吊销其经营许可证；构成犯罪的，依法追究刑事责任：

（一）未经任职资格审查任命董事、高级管理人员的；

（二）拒绝或者阻碍非现场监管或者现场检查的；

（三）提供虚假的或者隐瞒重要事实的报表、报告等文件、资料的；

（四）未按照规定进行信息披露的；

（五）严重违反审慎经营规则的；

（六）拒绝执行本法第三十七条规定的措施的。

第四十七条 银行业金融机构不按照规定提供报表、报告等文件、资料的，由银行业监督管理机构责令改正，逾期不改正的，处十万元以上三十万元以下罚款。

第四十八条 银行业金融机构违反法律、行政法规以及国家有关银行业监督管理规定的，银行业监督管理机构除依照本法第四十四条至第四十七条规定处罚外，还可以区别不同情形，采取下列措施：

（一）责令银行业金融机构对直接负责的董事、高级管理人员和其他直接责任人员给予纪律处分；

（二）银行业金融机构的行为尚不构成犯罪的，对直接负责的董事、高级管理人员和其他直接责任人员给予警告，处五万元以上五十万元以下罚款；

（三）取消直接负责的董事、高级管理人员一定期限直至终身的任职资格，禁止直接负责的董事、高级管理人员和其他直接责任人员一定期限直至终身从事银行业工作。

第四十九条 阻碍银行业监督管理机构工作人员依法执行检查、调查职务的，由公安机关依法给予治安管理处罚；构成犯罪的，依法追究刑事责任。

第六章 附 则

第五十条 对在中华人民共和国境内设立的政策性银行、金融资产管理公司的监督管理，法律、行政法规另有规定的，依照其规定。

第五十一条 对在中华人民共和国境内设立的外资银行业金融机构、中外合资银行业金融机构、外国银行业金融机构的分支机构的监督管理，法律、行政法规另有规定的，依照其规定。

第五十二条 本法自2004年2月1日起施行。

中国银行保险监督管理委员会行政处罚办法

（2020年6月15日中国银行保险监督管理委员会令
2020年第8号公布 自2020年8月1日起施行）

第一章 总 则

第一条 为规范中国银行保险监督管理委员会（以下简称银保监会）及其派出机构行政处罚行为，维护银行业保险业市场秩序，根据《中华人民共和国行政处罚法》《中华人民共和国银行业监督管理法》《中华人民共和国商业银行法》《中华人民共和国保险法》等相关法律，制定本办法。

第二条 银行保险机构、其他单位和个人（以下简称当事人）违反法律、行政法规和银行保险监管规定，银保监会及其派出机构依法给予行政处罚的，按照本办法实施。法律、行政法规另有规定的除外。

第三条 本办法所指的行政处罚包括：

（一）警告；

（二）罚款；
（三）没收违法所得；
（四）责令停业整顿；
（五）吊销金融、业务许可证；
（六）取消、撤销任职资格；
（七）限制保险业机构业务范围；
（八）责令保险业机构停止接受新业务；
（九）撤销外国银行代表处、撤销外国保险机构驻华代表机构；
（十）要求撤换外国银行首席代表、责令撤换外国保险机构驻华代表机构的首席代表；
（十一）禁止从事银行业工作或者禁止进入保险业；
（十二）法律、行政法规规定的其他行政处罚。

第四条 银保监会及其派出机构实施行政处罚，应当遵循以下原则：
（一）公平、公正、公开；
（二）程序合法；
（三）过罚相当；
（四）维护当事人的合法权益；
（五）处罚与教育相结合。

第五条 银保监会及其派出机构实行立案调查、审理和决定相分离的行政处罚制度，设立行政处罚委员会。

行政处罚委员会下设办公室，行政处罚委员会办公室设在银保监会及其派出机构的法律部门；暂未设立法律部门的，由相关部门履行其职责。

第六条 银保监会及其派出机构在处罚银行保险机构时，依法对相关责任人员采取责令纪律处分、行政处罚等方式追究法律责任。

第七条 当事人有下列情形之一的，应当依法从轻或者减轻行政处罚：
（一）主动消除或者减轻违法行为危害后果的；
（二）受他人胁迫有违法行为的；
（三）配合行政机关查处违法行为有立功表现的；
（四）其他依法从轻或者减轻行政处罚的。

违法行为轻微并及时纠正，没有造成危害后果的，不予行政处罚。

第八条 当事人有下列情形之一的，依法从重处罚：

（一）屡查屡犯的；
（二）不配合监管执法的；
（三）危害后果严重，造成较为恶劣社会影响的；
（四）其他依法从重行政处罚的情形。

第九条 银保监会及其派出机构参与行政处罚的工作人员有下列情形之一的，本人应当申请回避，当事人及其代理人也有权申请其回避：
（一）是案件当事人或其代理人的近亲属的；
（二）与案件有直接利害关系的；
（三）与案件当事人或其代理人有其他关系，可能影响案件公正处理的；
（四）根据法律、行政法规或者其他规定应当回避的。

当事人及其代理人提出回避申请的，应当说明理由。回避决定作出前，有关工作人员应当暂停对案件的调查审理，有特殊情况的除外。

第十条 案件调查人员及审理人员的回避由相关人员所在部门负责人决定，行政处罚委员会委员的回避由主任委员决定；主任委员的回避由所在银行保险监督管理机构的主要负责人决定，主要负责人担任主任委员的，其是否回避由上一级机构决定。

第十一条 当事人对银保监会及其派出机构作出的行政处罚，享有陈述权和申辩权。对行政处罚决定不服的，有权依法申请行政复议或者提起行政诉讼。

当事人提出的事实、理由和证据成立的，银保监会及其派出机构应当予以采纳，不得因当事人申辩而加重处罚。

第十二条 银保监会及其派出机构参与行政处罚的工作人员应当保守案件查办中获悉的国家秘密、商业秘密和个人隐私。

第二章 管 辖

第十三条 银保监会对下列违法行为给予行政处罚：
（一）直接监管的银行业法人机构及其从业人员实施的；
（二）直接监管的保险业法人机构及其从业人员实施的；
（三）其他应当由银保监会给予行政处罚

的违法行为。

第十四条　派出机构负责对辖区内的下列违法行为给予行政处罚：

（一）直接监管的银行业法人机构及其从业人员实施的；

（二）银行业法人机构的分支机构及其从业人员实施的；

（三）保险公司分支机构及其从业人员实施的；

（四）保险中介机构及其从业人员实施的；

（五）非法设立保险业机构，非法经营保险业务的；

（六）其他应由派出机构给予行政处罚的违法行为。

第十五条　异地实施违法行为的，由违法行为发生地的派出机构管辖。行为发生地的派出机构应当及时通知行为主体所在地的派出机构，行为主体所在地的派出机构应当积极配合违法行为的查处。

违法行为发生地的派出机构认为不宜行使管辖权的，可以移交行为主体所在地的派出机构管辖。

违法行为发生地的派出机构或行为主体所在地的派出机构作出行政处罚决定前可以征求对方意见，并应当书面告知处罚结果。

第十六条　因交叉检查（调查）或者跨区域检查（调查）发现违法行为需要给予行政处罚的，应当提请有管辖权的监督管理机构立案查处，并及时移交相关证据材料。

第十七条　派出机构发现不属于自己管辖的违法行为的，应当移送有管辖权的派出机构。两个以上派出机构对同一违法行为都有管辖权的，由最先立案的派出机构管辖。

对管辖权不明确或者有争议的，应当报请共同的上一级机构指定管辖。

第十八条　上级机构可以直接查处应由下级机构负责查处的违法行为，可以授权下级机构查处应由其负责查处的违法行为，也可以授权下级机构查处应由其他下级机构负责查处的违法行为。

授权管辖的，应当出具书面授权文件。

第十九条　派出机构管辖的电话销售保险违法行为，原则上按照下列要求确定具体管辖地：

（一）在对电话销售业务日常监管中发现的违法行为，由呼出地派出机构查处；

（二）在投诉、举报等工作中发现的违法行为，由投保人住所地派出机构查处，经与呼出地派出机构协商一致，也可以由呼出地派出机构查处。

第二十条　吊销银行业机构金融许可证的行政处罚案件，由颁发该金融许可证的监督管理机构管辖，处罚决定抄送批准该机构筹建的监督管理机构及银保监会相关部门。

责令银行业机构停业整顿的行政处罚案件，由批准该银行业机构开业的监督管理机构管辖，处罚决定抄送批准该机构筹建的监督管理机构及银保监会相关部门。

第三章　立案调查

第二十一条　银保监会及其派出机构发现当事人涉嫌违反法律、行政法规和银行保险监管规定，依法应当给予行政处罚且有管辖权的，应当予以立案。

第二十二条　立案应当由立案调查部门填写行政处罚立案审批表，由分管立案调查部门的负责人批准。

立案调查部门应当在立案之日起九十日以内完成调查工作。有特殊情况的，可以适当延长。

第二十三条　调查人员应当对案件事实进行全面、客观、公正的调查，并依法充分收集证据。

行政处罚立案前通过现场检查、调查、信访核查等方式依法获取的证明材料符合行政处罚证据要求的，可以作为行政处罚案件的证据，但应当在调查报告中载明上述情况。

第二十四条　在证据可能灭失或者以后难以取得的情况下，可以采取先行登记保存措施。采取先行登记保存措施，应当填写先行登记保存证据审批表，并由银保监会负责人或者派出机构负责人批准。

第二十五条　先行登记保存证据的，应当签发先行登记保存证据通知书，填写先行登记保存证据清单，由当事人签字或者盖章确认，并加封银保监会或派出机构先行登记保存封条，就地由当事人保存。

登记保存证据期间，当事人或者有关人员不得损毁、销毁或者转移证据。对于先行登记保存的证据,应当在七日以内作出处理决定。

第二十六条 调查人员进行案件调查时不得少于二人,并应当向当事人或者有关单位和个人出示合法证件和调查(现场检查)通知书。

第二十七条 需要银保监会派出机构协助调查的,调查机构应当出具协助调查函。协助机构应当在调查机构要求的期限内完成调查。需要延期的,协助机构应当及时告知调查机构。

第二十八条 当事人违法行为不属于银保监会及其派出机构管辖的,立案调查部门应当依法及时向有关部门移送处理。

当事人违法行为涉嫌犯罪的,立案调查部门应当依照有关规定及时移送司法机关或者纪检监察机关。

第二十九条 立案调查部门在调查银行保险机构违法行为时,应当对相关责任人员的违法行为及其责任一并进行调查认定。

第三十条 调查终结后,立案调查部门应当制作调查报告。调查报告应当载明以下事项:

(一)案件来源;
(二)当事人的基本情况;
(三)调查取证过程;
(四)机构违法事实和相关证据;
(五)相关责任人员的违法事实、相关证据以及责任认定情况;
(六)行政处罚时效情况;
(七)当事人的陈述意见、采纳情况及理由;
(八)违法行为造成的风险、损失以及违法所得情况;
(九)从重、从轻、减轻的情形及理由;
(十)行政处罚建议、理由及依据。

第四章 取 证

第三十一条 行政处罚证据包括:
(一)书证;
(二)物证;
(三)视听资料;
(四)电子数据;
(五)证人证言;
(六)当事人陈述;
(七)鉴定意见;
(八)勘验笔录、现场笔录;
(九)法律、行政法规规定的其他证据。

第三十二条 调查人员应当全面收集当事人违法行为及其情节轻重的有关证据,证据应当符合以下要求:
(一)与被证明事实具有关联性;
(二)能够真实、客观反映被证明事实;
(三)收集证据行为符合法定程序。

第三十三条 调查人员收集书证,应当符合下列要求:
(一)收集书证的原件,收集原件确有困难的,可以收集与原件核对无误的复印件、扫描件、翻拍件、节录本等复制件;
(二)复印件、扫描件、翻拍件、节录本等复制件应当注明提供日期、出处,由提供者载明"与原件核对一致",加盖单位公章或由提供者签章,页数较多的可以加盖骑缝章;
(三)收集报表、会计账册、专业技术资料等书证,应当说明具体证明事项。

第三十四条 调查人员收集物证时,应当收集原物。收集原物确有困难的,可以收集与原物核对无误的复制件或证明该物证的照片、录像等其他证据,但是应当附有制作过程、时间、制作人等情况的相关说明。

第三十五条 调查人员提取视听资料应当符合下列要求:
(一)提取视听资料的原始载体,提取原始载体有困难的,可以提取复制件,但是应附有制作过程、时间、制作人等内容的说明,并由原始载体持有人签字或者盖章;
(二)视听资料应当附有声音内容的文字记录。提取视听资料应当注明提取人、提取出处、提取时间和证明对象等。

第三十六条 调查人员可以直接提取电子计算机管理业务数据库中的数据,也可以采用转换、计算、分解等方式形成新的电子数据。调查人员收集电子数据,应当提取电子数据原始载体,并附有数据内容、收集时间和地点、收集过程、收集方法、收集人、证明对象等情况的说明,由原始数据持有人签名或者盖章。

无法提取原始载体或者提取确有困难的,可以提供电子数据复制件,但是应当附有复制过程、复制人、原始载体存放地点等情况的说明。

第三十七条 调查人员可以询问当事人或

有关人员，询问应当分别进行，询问前应当告知其有如实陈述事实、提供证据的义务。

询问应当制作调查笔录，调查笔录应当交被询问人核对，对没有阅读能力的，应当向其宣读；笔录如有差错、遗漏，应当允许其更正或者补充，更正或补充部分由被询问人签字或盖章确认；经核对无误后，调查人员应当在笔录上签名，被询问人逐页签名或者盖章；被询问人拒绝签名或者盖章的，调查人员应当在笔录上注明。

第三十八条 当事人或有关人员拒绝接受调查、拒绝提供有关证据材料或者拒绝在证据材料上签名、盖章的，调查人员应当在调查笔录上载明或以录音、录像等视听资料加以证明。必要时，调查人员可以邀请无利害关系的第三方作为见证人。

通过上述方式获取的材料可以作为认定相关事实的证据。

第三十九条 调查人员对涉嫌违法的物品进行现场勘验时，应当有当事人在场，并制作现场勘验笔录；当事人拒绝到场的，应当在现场勘验笔录中注明。

第四十条 抽样取证，应当开具物品清单，由调查人员和当事人签名或者盖章。

第四十一条 现场检查事实确认书记载的有关违法事实，当事人予以确认的，可以作为认定违法事实的证据。现场检查事实确认书应当有相关检查取证材料作为佐证。

第四十二条 对司法机关或者其他行政执法机关保存、公布、移送的证据材料，符合证据要求的，可以作为行政处罚的证据。

第四十三条 调查人员应当制作证据目录，包括证据材料的序号、名称、证明目的、证据来源、证据形式、页码等。

第四十四条 其他有关收集和审查证据的要求，本办法没有规定的，可以按照其他法律、行政法规、规章规定或者参照有关司法解释规定执行。

第五章 审 理

第四十五条 立案调查结束后，需要移送行政处罚委员会的，由立案调查部门提出处罚建议，将案件材料移交行政处罚委员会办公室。

其他案件由立案调查部门根据查审分离的原则，指派调查人员以外的工作人员进行审理，审理程序参照本章规定执行。行政处罚委员会办公室在立案调查部门认定的违法事实基础上，就处罚依据、处罚种类法律适用问题进行审核。

第四十六条 立案调查部门移交行政处罚委员会办公室的案件材料应当包括：

（一）立案审批表；

（二）调查（现场检查）通知等文书；

（三）案件调查报告书；

（四）证据、证据目录及相关说明；

（五）当事人的反馈材料；

（六）拟被处罚机构负责法律文书接收工作的联系人、联系方式；

（七）当事人送达地址确认书；

（八）移交审理表；

（九）其他必要材料。

第四十七条 立案调查部门移交审理的案件材料应当符合下列标准：

（一）材料齐全，内容完整，装订整齐，页码连续；

（二）证据目录格式规范，证据说明清晰，证据材料与违法事实内容一致；

（三）证据应当是原件，不能提供原件的，复制件应与原件一致。

立案调查部门对送审材料的真实性、准确性、完整性，以及执法的事实、证据、程序的合法性负责。

第四十八条 行政处罚委员会办公室收到立案调查部门移交的案件材料后，应当在三个工作日以内进行审查并作出是否接收的决定。

符合规定标准的，行政处罚委员会办公室应当办理接收手续，注明案件接收日期和案卷材料等有关情况。不符合接收标准的，应当退回立案调查部门并说明理由。

第四十九条 行政处罚委员会办公室接收案件材料后，应当基于调查报告载明的违法事实和责任人员，从调查程序、处罚时效、证据采信、事实认定、行为定性、处罚种类与幅度等方面进行审理，对案件审理意见负责。

第五十条 有下列情形之一的，行政处罚委员会办公室应当请立案调查部门书面说明或者退回补充调查：

（一）违法事实不清的；

（二）证据不足或不符合要求的；

（三）责任主体认定不清的；
（四）调查取证程序违法的；
（五）处罚建议不明确或明显不当的。

第五十一条 行政处罚委员会办公室应当自正式接收案件之日起九十日以内完成案件审理，形成审理报告提交行政处罚委员会审议。有特殊情况的，可以适当延长。

立案调查部门根据办公室意见需要补充材料的，自办公室收到完整补充材料之日起重新计算审理期限。

审理报告主要内容应当包括：
（一）当事人的基本情况；
（二）当事人违法事实与有关人员责任认定情况；
（三）拟处罚意见、理由和依据。

审理报告可以对调查报告载明的违法事实认定、行为定性、量罚依据、处罚幅度或种类等事项提出调整或者变更的意见或建议。

第六章 审 议

第五十二条 行政处罚委员会审议会议应当以审理报告为基础对案件进行审议，审议的主要内容包括：
（一）程序是否合法；
（二）事实是否清楚、证据是否确凿；
（三）行为定性是否准确；
（四）责任认定是否适当；
（五）量罚依据是否正确；
（六）处罚种类与幅度是否适当。

第五十三条 行政处罚委员会审议会议由主任委员主持，每次参加审议会议的委员不得少于全体委员的三分之二。

第五十四条 参会委员应当以事实为依据，以法律为准绳，坚持专业判断，发表独立、客观、公正的审议意见。

第五十五条 行政处罚委员会审议会议采取记名投票方式，各委员对审理意见进行投票表决，全体委员超过半数同意的，按照审理意见作出决议，会议主持人当场宣布投票结果。

参会委员应当积极履行职责，不得投弃权票。

第五十六条 行政处罚委员会审议案件，可以咨询与案件无利益冲突的有关法官、律师、学者或专家的专业意见。

第七章 权利告知与听证

第五十七条 银保监会及其派出机构拟作出行政处罚决定的，应当制作行政处罚事先告知书，告知当事人拟作出行政处罚决定的事实、理由及依据，并告知当事人有权进行陈述和申辩。

第五十八条 行政处罚事先告知书应当载明下列内容：
（一）拟被处罚当事人的基本情况；
（二）拟被处罚当事人违法事实和相关证据；
（三）拟作出处罚的理由、依据；
（四）拟作出处罚的种类和幅度；
（五）当事人享有的陈述、申辩或者听证权利；
（六）拟作出处罚决定的机构名称、印章和日期。

第五十九条 当事人需要陈述和申辩的，应当自收到行政处罚事先告知书之日起十个工作日以内将陈述和申辩的书面材料提交拟作出处罚的银保监会或其派出机构。当事人逾期未行使陈述权、申辩权的，视为放弃权利。

第六十条 银保监会及其派出机构拟作出以下行政处罚决定前，应当在行政处罚事先告知书中告知当事人有要求举行听证的权利：
（一）作出较大数额的罚款；
（二）没收较大数额的违法所得；
（三）限制保险业机构业务范围、责令停止接受新业务；
（四）责令停业整顿；
（五）吊销金融、业务许可证；
（六）取消、撤销任职资格；
（七）撤销外国银行代表处、撤销外国保险机构驻华代表机构或要求撤换外国银行首席代表、责令撤换外国保险机构驻华代表机构的首席代表；
（八）禁止从事银行业工作或者禁止进入保险业。

前款所称较大数额的罚款是指：
（一）银保监会对实施银行业违法行为的单位作出的五百万元以上（不含本数，下同）罚款、对实施银行业违法行为的个人作出的五十万元以上罚款，对实施保险业违法行为的单位作出的一百五十万元以上罚款、对实施保险业违法行为的个人作出的十万元以上罚款；

（二）银保监局对实施银行业违法行为的单位作出的三百万元以上罚款、对实施银行业违法行为的个人作出的三十万元以上罚款，对实施保险业违法行为的单位作出的五十万元以上罚款、对实施保险业违法行为的个人作出的七万元以上罚款；

（三）银保监分局对实施银行业违法行为的单位作出的一百万元以上罚款、对实施银行业违法行为的个人作出的十万元以上罚款，对实施保险业违法行为的单位作出的三十万元以上罚款、对实施保险业违法行为的个人作出的五万元以上罚款。

本条第一款所称没收较大数额的违法所得是指银保监会作出的没收五百万元以上违法所得，银保监局作出的没收一百万元以上违法所得，银保监分局作出的没收五十万元以上违法所得。

第六十一条 当事人申请听证的，应当自收到行政处罚事先告知书之日起五个工作日以内，向银保监会或其派出机构提交经本人签字或盖章的听证申请书。听证申请书中应当载明下列内容：

（一）申请人的基本情况；

（二）具体的听证请求；

（三）申请听证的主要事实、理由和证据；

（四）申请日期和申请人签章。

当事人逾期不提出申请的，视为放弃听证权利。

当事人对违法事实有异议的，应当在提起听证申请时提交相关证据材料。

第六十二条 银保监会或者派出机构收到听证申请后，应依法进行审查，符合听证条件的，应当组织举行听证，并在举行听证七个工作日前，书面通知当事人举行听证的时间、地点。

第六十三条 行政处罚委员会办公室可以成立至少由三人组成的听证组进行听证。其中，听证主持人由行政处罚委员会办公室主任或其指定的人员担任，听证组其他成员由行政处罚委员会办公室的工作人员或者其他相关人员担任。

听证组应当指定专人作为记录员。

第六十四条 听证主持人履行下列职责：

（一）主持听证会，维持听证秩序；

（二）询问听证参加人；

（三）决定听证的延期、中止或终止；

（四）法律、行政法规和规章赋予的其他职权。

第六十五条 当事人在听证中享有下列权利：

（一）使用本民族的语言文字参加听证；

（二）申请不公开听证；

（三）申请回避；

（四）参加听证或者委托代理人参加听证；

（五）就听证事项进行陈述、申辩和举证、质证；

（六）听证结束前进行最后陈述；

（七）核对听证笔录；

（八）依法享有的其他权利。

第六十六条 当事人和其他听证参加人应当承担下列义务：

（一）按时参加听证；

（二）依法举证和质证；

（三）如实陈述和回答询问；

（四）遵守听证纪律；

（五）在核对无误的听证笔录上签名或盖章。

第六十七条 当事人可以委托一至二名代理人参加听证。

第六十八条 代理人参加听证的，应当提交授权委托书、委托人及代理人身份证明等相关材料。授权委托书应当载明如下事项：

（一）委托人及其代理人的基本情况；

（二）代理人的代理权限；

（三）委托日期及委托人签章。

第六十九条 调查人员应当参加听证，提出当事人违法的事实、证据和行政处罚建议，并进行质证。

第七十条 需要证人、鉴定人、勘验人、翻译人员等参加听证的，调查人员、当事人应当提出申请，并提供相关人员的基本情况。经听证主持人同意的，方可参加听证。

证人、鉴定人、勘验人不能亲自到场作证的，调查人员、当事人或其代理人可以提交相关书面材料，并当场宣读。

第七十一条 听证应当公开举行，但涉及国家秘密、商业秘密、个人隐私或影响金融稳定的除外。听证不公开举行的，应当由银保监会及其派出机构行政处罚委员会主任委员决定。

第七十二条　听证公开举行的，银保监会或者派出机构应当通过张贴纸质公告、网上公示等适当方式先期公告当事人姓名或者名称、案由、听证时间和地点。

公民、法人或者非法人组织可以申请参加旁听公开举行的听证；银保监会或其派出机构可以根据场地等条件，确定旁听人数。

第七十三条　听证开始前，记录员应当查明听证当事人和其他听证参加人是否到场，并宣布听证纪律。

对违反听证纪律的，听证主持人有权予以制止；情节严重的，责令其退场。

第七十四条　听证应当按照下列程序进行：

（一）听证主持人宣布听证开始，宣布案由；

（二）听证主持人核对听证参加人身份，宣布听证主持人、听证组成员、听证记录员名单，告知听证参加人在听证中的权利义务，询问当事人是否申请回避；

（三）案件调查人员陈述当事人违法的事实、证据、行政处罚的依据和建议等；

（四）当事人及其代理人就调查人员提出的违法事实、证据、行政处罚的依据和建议进行申辩，并可以出示无违法事实、违法事实较轻或者减轻、免除行政处罚的证据材料；

（五）经听证主持人允许，案件调查人员和当事人可以就有关证据相互质证，也可以向到场的证人、鉴定人、勘验人发问；

（六）当事人、案件调查人员作最后陈述；

（七）听证主持人宣布听证结束。

第七十五条　记录员应当制作听证笔录，听证笔录当场完成的，应当交由当事人核对；当事人核对无误后，应当逐页签名或盖章。

当事人认为听证笔录有差错、遗漏的，可以当场更正或补充；听证笔录不能当场完成的，听证主持人应指定日期和场所核对。

当事人拒绝在听证笔录上签名或盖章的，记录员应当在听证笔录中注明，并由听证主持人签名确认。

第七十六条　出现下列情形的，可以延期或者中止举行听证：

（一）当事人或其代理人因不可抗拒的事由无法参加听证的；

（二）当事人或其代理人在听证会上提出回避申请的；

（三）需要通知新的证人到场，调取新的证据，需要重新鉴定、调查，需要补充调查的；

（四）其他应当延期或者中止听证的情形。

第七十七条　延期、中止听证的情形消失后，应当恢复听证，并将听证的时间、地点通知听证参加人。

第七十八条　出现下列情形之一的，应当终止听证：

（一）当事人撤回听证要求的；

（二）当事人无正当理由不参加听证，或者未经听证主持人允许中途退场的；

（三）其他应当终止听证的情形。

当事人撤回听证要求的，听证记录员应当在听证笔录上记明，并由当事人签名或者盖章。

第七十九条　银保监会及其派出机构应当对当事人陈述、申辩或者听证意见进行研究。需要补充调查的，进行补充调查。

第八十条　采纳当事人陈述、申辩或听证意见，对拟处罚决定作出重大调整的，应当重新对当事人进行行政处罚事先告知。

第八章　决定与执行

第八十一条　银保监会及其派出机构应当根据案件审理审议情况和当事人陈述、申辩情况，以及听证情况拟定行政处罚决定书。

第八十二条　行政处罚决定书应当载明下列内容：

（一）当事人的基本情况；

（二）违法事实和相关证据；

（三）处罚的依据、种类、幅度；

（四）处罚的履行方式和期限；

（五）申请行政复议或者提起行政诉讼的途径和期限；

（六）作出处罚决定的机构名称、印章和日期。

第八十三条　银保监会及其派出机构送达行政处罚决定书等行政处罚法律文书时，应当附送达回证，由受送达人在送达回证上记明收到日期，并签名或者盖章。

受送达人被羁押、留置的，可以通过采取相关措施的机关转交行政处罚法律文书，确保行政处罚程序正常进行。

送达的具体程序本办法没有规定的，参照民事诉讼法的有关规定执行。

第八十四条 行政处罚决定作出后，应当报送相应纪检监察部门，并按要求将相关责任人被处罚情况通报有关组织部门。涉及罚款或者没收违法所得的，同时将行政处罚决定抄送财会部门。

第八十五条 作出取消、撤销相关责任人员任职资格处罚的，应当将行政处罚决定书抄送核准其任职资格的监督管理机构和其所属的银行保险机构。

第八十六条 作出禁止从事银行业工作或者禁止进入保险业处罚的，应当将行政处罚决定书抄送被处罚责任人所属的银行保险机构。

第八十七条 银保监会及其派出机构作出的罚款、没收违法所得行政处罚决定，当事人应当自收到行政处罚决定书之日起十五日以内缴款。银保监会及其派出机构和执法人员不得自行收缴罚款。

第八十八条 银保监会及其派出机构作出停业整顿或者吊销金融、业务许可证行政处罚的，应当在银保监会官方网站或其具有较大影响力的全国性媒体上公告，公告内容包括：

（一）银行保险机构的名称、地址；

（二）行政处罚决定、理由和法律依据；

（三）其他需要公告的事项。

第八十九条 立案调查部门负责行政处罚决定的监督执行。

第九十条 当事人确有经济困难，需要延期或者分期缴纳罚款的，经当事人申请，由分管立案调查部门的负责人批准，可以暂缓或者分期缴纳。

第九十一条 当事人逾期不履行行政处罚决定的，作出行政处罚决定的机构可以采取下列措施：

（一）到期不缴纳罚款的，每日按照罚款数额的百分之三加处罚款；

（二）经依法催告后当事人仍未履行义务的，申请人民法院强制执行；

（三）法律、行政法规规定的其他措施。

加处罚款的数额不得超出罚款数额。

第九十二条 行政处罚案件材料应当按照有关法律法规和档案管理规定归档保存。

第九十三条 银保监会及其派出机构应当按照规定在官方网站上公开行政处罚有关信息。

第九十四条 当事人对行政处罚决定不服的，可以在收到行政处罚决定书之日起六十日以内申请行政复议，也可以在收到行政处罚决定书之日起六个月以内直接向有管辖权的人民法院提起行政诉讼。

行政处罚委员会审议并作出处罚决定的案件，当事人申请行政复议或者提起行政诉讼的，法律部门应当做好复议答辩和应诉工作，立案调查部门予以配合。

无需移送行政处罚委员会的案件，当事人申请行政复议或者提起行政诉讼的，立案调查部门应当做好复议答辩和应诉工作，法律部门予以配合。

第九章 法律责任

第九十五条 对于滥用职权、徇私舞弊、玩忽职守、擅自改变行政处罚决定种类和幅度等严重违反行政处罚工作纪律的人员，依法给予行政处分；涉嫌犯罪的，依法移送纪检监察机关处理。

第九十六条 银保监会及其派出机构违法实施行政处罚给当事人造成损害的，应当依法予以赔偿。对有关责任人员应当依法给予行政处分；涉嫌犯罪的，依法移送纪检监察机关处理。

第九十七条 银保监会及其派出机构工作人员在行政处罚过程中，利用职务便利索取或者收受他人财物、收缴罚款据为己有的，依法给予行政处分；涉嫌犯罪的，依法移送纪检监察机关处理。

第十章 附 则

第九十八条 银保监会及其派出机构应当为行政处罚工作提供必要的人力资源与财务经费保障。

第九十九条 银保监会建立行政处罚信息管理系统，加强行政处罚统计分析工作。

银保监会及其派出机构应当按照规定及时将行政处罚决定书等有关行政处罚信息录入行

政处罚信息管理系统。必要时可向有关部门和机构披露银行保险机构和从业人员的处罚情况。

第一百条 本办法所称银行业机构，是指依法设立的商业银行、农村合作银行、农村信用社、村镇银行等吸收公众存款的金融机构和政策性银行，金融资产管理公司、信托公司、企业集团财务公司、金融租赁公司、汽车金融公司、消费金融公司，以及经银保监会及其派出机构批准设立的其他银行业机构。

本办法所称保险业机构，是指依法设立的保险集团（控股）公司、保险公司、保险资产管理公司、保险代理机构、保险经纪机构、保险公估机构、外国保险机构驻华代表机构，以及经银保监会及其派出机构批准设立的其他保险业机构。

第一百零一条 本办法所称"以内"皆包括本数或者本级。

第一百零二条 执行本办法所需要的法律文书式样，由银保监会制定。银保监会没有制定式样，执法工作中需要的其他法律文书，银保监局可以制定式样。

第一百零三条 本办法由银保监会负责解释。

第一百零四条 本办法自2020年8月1日起施行，《中国银监会行政处罚办法》（中国银监会令2015年第8号）、《中国保险监督管理委员会行政处罚程序规定》（中国保监会令2017年第1号）同时废止。

中国银行保险监督管理委员会行政许可实施程序规定

（2020年5月24日中国银行保险监督管理委员会令2020年第7号公布 自2020年7月1日起施行）

第一章 总 则

第一条 为规范中国银行保险监督管理委员会（以下简称银保监会）及其派出机构实施行政许可行为，明确行政许可程序，提高行政许可效率，保护申请人的合法权益，根据《中华人民共和国银行业监督管理法》《中华人民共和国保险法》《中华人民共和国行政许可法》等法律及行政法规，制定本规定。

第二条 银保监会依照本规定的程序，对银行保险机构及银保监会监督管理的其他金融机构实施行政许可。银保监会可以依法授权派出机构实施行政许可，银保监局在银保监会授权范围内，可以依法授权银保监分局实施行政许可。授权实施的行政许可，行政许可决定以被授权机构的名义作出。

银保监局在银保监会授权范围内，依照本规定的程序实施行政许可。银保监分局在银保监会、银保监局授权范围内，依照本规定的程序实施行政许可。

第三条 银保监会实施行政许可应当遵循公开、公平、公正、非歧视、效率及便民的原则。法律、行政法规规定实施行政许可应当遵循审慎监管原则的，从其规定。

第四条 银保监会的行政许可事项包括银行保险机构及银保监会监督管理的其他金融机构设立、变更和终止许可事项，业务许可事项，银行业金融机构董事（理事）和高级管理人员任职资格许可事项，保险业金融机构董事、监事和高级管理人员任职资格许可事项，法律、行政法规规定和国务院决定的其他许可事项。

第五条 行政许可实施程序分为申请与受理、审查、决定与送达三个环节。

第六条 银保监会及其派出机构按照以下操作流程实施行政许可：

（一）由银保监会、银保监局或银保监分局其中一个机关受理、审查并决定；

（二）由银保监分局受理并初步审查，报送银保监局审查并决定；

（三）由银保监局受理并初步审查，报送银保监会审查并决定；

（四）由银保监会受理，与其他行政机关共同审查并决定；

（五）法律、行政法规和银保监会规定的其他情形。

第二章 申请与受理

第七条 申请人应按照银保监会公布的行政许可事项申请材料目录和格式要求提交申请材料。

第八条 申请人向受理机关提交申请材料的方式为当面递交、邮寄或电子传输至银保监会办公厅、银保监局办公室或银保监分局办公室。

申请材料中应当注明详细、准确的联系方式和送达行政许可决定的邮寄地址。当面递交申请材料的，经办人员应当出示授权委托书和合法身份证件。申请人为自然人的应当出示合法身份证件；申请人委托他人提交申请材料的，受托人还应提交申请人的授权委托书及受托人的合法身份证件。

第九条 由下级机关受理、报上级机关决定的申请事项，申请人应向受理机关提交申请材料，并提交受理申请书，简要说明申请事项。

前款提交的申请材料的主送单位应当为决定机关。

第十条 申请事项依法不需要取得行政许可或者申请事项不属于受理机关职权范围的，受理机关应当即时告知申请人不予受理，并出具不予受理通知书。申请事项不属于本机关职权范围的，还应当告知申请人向有关行政机关申请。

第十一条 申请事项属于受理机关职权范围的，受理机关对照行政许可事项申请材料目录和格式要求，发现申请材料不齐全或不符合规定要求的，应在收到申请材料之日起5日内向申请人发出补正通知书，一次告知申请人应补正的全部内容，并要求其在补正通知书发出之日起3个月内提交补正申请材料。

申请材料齐全并符合规定要求的，受理机关应在收到完整申请材料之日起5日内受理行政许可申请，并向申请人发出受理通知书。受理通知书应注明接收材料日期及受理日期，接收材料日期以接收完整材料日期为准。

第十二条 申请人有下列情形之一的，作出不予受理申请决定：

（一）在补正通知书发出之日起3个月内，申请人未能提交补正申请材料的；

（二）在补正通知书发出之日起3个月内，申请人提交的补正申请材料仍不齐全或者不符合规定要求的；

（三）法律、行政法规及银保监会规定的其他情形。

决定不予受理申请的，受理机关出具不予受理通知书，并说明不予受理的理由。不予受理申请决定，应当自补正期满后5日内，或接收全部补正申请材料之日起5日内作出。

第十三条 在作出受理申请决定之前，申请人要求撤回申请的，应当向受理机关提交书面撤回申请。受理机关应在登记后将申请材料退回申请人。

第十四条 受理通知书、不予受理通知书、补正通知书应由受理机关加盖本机关专用印章并注明日期，并由受理机关交予、邮寄或电子传输至申请人。

第三章 审 查

第十五条 由下级机关受理、报上级机关决定的申请事项，下级机关应在受理之日起20日内审查完毕并将审查意见及完整申请材料上报决定机关。

第十六条 由银保监会受理的申请事项，涉及银保监局属地监管职责的，银保监会可以征求相关银保监局的意见。

由银保监局受理的申请事项，涉及银保监分局属地监管职责的，银保监局可以征求相关银保监分局的意见。

由银保监局、银保监分局受理的申请事项，涉及同级或上级机关监管职责的，银保监局、银保监分局可以征求同级或上级机关的意见。

各级机关应当及时向征求意见机关提出反馈意见。

第十七条 受理机关或决定机关对行政许可申请进行审查时，发现行政许可事项直接关系他人重大利益的，应当告知该利害关系人。申请人、利害关系人有权进行陈述和申辩。受理机关或决定机关应当听取申请人、利害关系人的意见。

第十八条 受理机关或决定机关在审查过程中，认为需要申请人对申请材料作出书面说明解释的，可以将问题一次汇总成书面意见，并要求申请人作出书面说明解释。决定机关认为必要的，经其相关负责人批准，可以第二次要求申请人作出书面说明解释。

书面说明解释可以通过当面递交、邮寄或电子传输方式提交；经受理机关或决定机关同意，也可以采取传真、电子邮件等方式提交。

申请人应在书面意见发出之日起2个月内提交书面说明解释。未能按时提交书面说明解释的，视为申请人自动放弃书面说明解释。

第十九条 受理机关或决定机关认为需要由申请人对申请材料当面作出说明解释的，可以在办公场所与申请人进行会谈。参加会谈的工作人员不得少于2人。受理机关或决定机关应当做好会谈记录，并经申请人签字确认。

第二十条 受理机关或决定机关在审查过程中，根据情况需要，可以直接或委托下级机关对申请材料的有关内容进行实地核查。进行实地核查的工作人员不得少于2人，并应当出示合法证件。实地核查应当做好笔录，收集相关证明材料。

第二十一条 受理机关或决定机关在审查过程中对有关信访、举报材料认为有必要进行核查的，应及时核查并形成书面核查意见。

第二十二条 决定机关在审查过程中，对于疑难、复杂或者专业技术性较强的申请事项，可以直接或委托下级机关或要求申请人组织专家评审，并形成经专家签署的书面评审意见。

第二十三条 行政许可直接涉及申请人与他人之间重大利益关系的，决定机关在作出行政许可决定前，应当告知申请人、利害关系人享有要求听证的权利；申请人、利害关系人在被告知听证权利之日起5日内提出听证申请的，决定机关应当在20日内组织听证。

第二十四条 在受理机关或决定机关审查过程中，有下列情形之一的，可以作出中止审查的决定，并通知申请人：

（一）申请人或相应行政许可事项直接关系人因涉嫌违法违规被行政机关调查，或者被司法机关侦查，尚未结案，对相应行政许可事项影响重大；

（二）申请人被银保监会依法采取责令停业整顿、接管等监管措施，尚未解除；

（三）对有关法律、行政法规、规章的规定，需要进一步明确具体含义，请求有关机关作出解释；

（四）申请人主动要求中止审查，理由正当。

法律、行政法规、规章对前款情形另有规定的，从其规定。

第二十五条 因本规定第二十四条第一款第（一）（二）（三）项规定情形中止审查的，该情形消失后，受理机关或决定机关恢复审查，并通知申请人。

申请人主动要求中止审查的，应当向受理机关提交书面申请。同意中止审查的，受理机关应当出具中止审查通知。申请人申请恢复审查的，应当向受理机关提交书面申请。同意恢复审查的，受理机关应当出具恢复审查通知。

第二十六条 以下时间不计算在审查期限内：

（一）需要申请人对申请材料中存在的问题作出书面说明解释的，自书面意见发出之日起到收到申请人提交书面说明解释的时间；

（二）需要对有关信访、举报材料进行核查的，自作出核查决定之日起到核查结束的时间；

（三）需要专家评审的，自组织专家评审之日起到书面评审意见形成的时间；

（四）需要组织听证的，自申请人、利害关系人提出听证申请之日起到听证结束的时间；

（五）中止审查的，自中止审查决定作出之日起到恢复审查通知出具的时间；

（六）法律规定不计算在审查期限内的检验、检测等其他时间。

前款扣除的时间，受理机关或决定机关应及时告知申请人。第（二）（三）项所扣除的时间不得超过合理和必要的期限。

第四章 决定与送达

第二十七条 在受理机关或决定机关审查过程中，因申请人死亡、丧失行为能力或依法终止，致使行政许可申请不符合法定条件或行政许可决定没有必要的，受理机关或决定机关应当终止审查。

第二十八条 在受理机关或决定机关审查过程中，申请人主动要求撤回申请的，应当向受理机关提交终止审查的书面申请，受理机关或决定机关应当终止审查。

第二十九条 由一个机关受理并决定的行政许可，决定机关应在规定期限内审查，作出准予或者不予行政许可的书面决定，并在作出决定后10日内向申请人送达书面决定。

由下级机关受理、报上级机关决定的行政许可，决定机关自收到下级机关的初步审查意见及申请人完整申请材料后，在规定期限内审查，作出准予或者不予行政许可的书面决定，并在作出决定后10日内向申请人送达书面决定，同时抄送下级机关。

作出中止审查或终止审查决定的，应于决定作出后10日内向申请人送达书面决定。

第三十条 由银保监会受理，与其他行政机关共同审查并决定的行政许可，由银保监会受理、审查后，将申请材料移送有关行政机关审查，并根据审查意见在规定的期限内，作出准予或者不予行政许可的书面决定。

第三十一条 对于不符合条件的行政许可事项，决定机关应当作出不予行政许可决定。决定机关作出不予行政许可决定的，应当说明理由，并告知申请人依法享有在法定时间内申请行政复议或者提起行政诉讼的权利。

第三十二条 有下列情形之一的，决定机关或者其上级机关，根据利害关系人的请求或者依据职权，可以撤销行政许可：

（一）银保监会及其派出机构工作人员滥用职权、玩忽职守作出准予行政许可决定的；

（二）超越法定职权作出准予行政许可决定的；

（三）违反法定程序作出准予行政许可决定的；

（四）对不具备申请资格或者不符合法定条件的申请人准予行政许可的；

（五）依法可以撤销行政许可的其他情形。

申请人以欺骗、贿赂等不正当手段取得行政许可的，应当予以撤销。

依照前两款规定撤销行政许可，可能对公共利益造成重大损害的，不予撤销。

依照本条第一款规定撤销行政许可，申请人的合法权益受到损害的，应当依法给予赔偿。依照本条第二款规定撤销行政许可的，申请人基于行政许可取得的利益不受保护。

第三十三条 行政许可决定文件由决定机关以挂号邮件或特快专递送达申请人，也可电子传输至申请人。采取邮寄方式送达的，决定机关应当及时向邮政部门索取申请人签收的回执。

行政许可决定文件也可应申请人要求由其领取，领取人应出示授权委托书、合法身份证件并签收。

申请人在接到领取通知5日内不领取行政许可文件且受理机关无法通过邮寄等方式送达的，可以通过银保监会外网网站或公开发行报刊公告送达。自公告之日起，经过60个自然日，即视为送达。

第三十四条 决定机关作出准予行政许可决定后，需要向申请人颁发、换发金融许可证、保险许可证的，决定机关应当通知申请人到发证机关领取、换领金融许可证、保险许可证。

发证机关应当在决定作出后10日内颁发、换发金融许可证、保险许可证。

第五章 公 示

第三十五条 银保监会及其派出机构将行政许可的事项、依据、条件、程序、期限以及需要申请人提交的申请材料目录和格式要求等进行公示，方便申请人查阅。

第三十六条 银保监会及其派出机构采取下列一种或多种方式进行公示：

（一）在银保监会外网网站上公布；

（二）在公开发行报刊上公布；

（三）印制行政许可手册，并放置在办公场所供查阅；

（四）在办公场所张贴；

（五）其他有效便捷的公示方式。

第三十七条 除涉及国家秘密、商业秘密、个人隐私外，银保监会及其派出机构作出的行政许可决定应当通过银保监会外网网站或者公告等方式公布。

第六章 附 则

第三十八条 除特别说明外，本规定中的"日"均为工作日。

第三十九条 本规定由银保监会负责

解释。

第四十条 本规定自 2020 年 7 月 1 日起施行。《中国银行业监督管理委员会行政许可实施程序规定》（银监会令 2006 年第 1 号）和《中国保险监督管理委员会行政许可实施办法》（保监会令 2014 年第 2 号）同时废止。

中国人民银行行政许可实施办法

（2020 年 3 月 20 日中国人民银行令 2020 年第 1 号公布
自 2020 年 6 月 1 日起施行）

第一章 总　则

第一条 为了规范中国人民银行及其分支机构实施行政许可的行为，保护公民、法人和其他组织的合法权益，根据《中华人民共和国行政许可法》和《中华人民共和国中国人民银行法》，制定本办法。

第二条 中国人民银行及其分支机构实施行政许可适用本办法。

中国人民银行对其直接管理的事业单位的人事、财务、外事等事项的审批，不适用本办法。

中国人民银行及其分支机构根据相关规定对公民、法人或者其他组织申请接入中国人民银行及其直接管理的事业单位等建设、运营的信息化系统进行审核的，不适用本办法。

第三条 中国人民银行应当在法定职权范围内依法实施行政许可；中国人民银行分支机构应当在中国人民银行授权范围内依法实施行政许可。

第四条 中国人民银行及其分支机构实施行政许可，应当依照法定的权限、范围、条件和程序，遵循公开、公平、公正、便民、高效、非歧视的原则。

第五条 中国人民银行及其分支机构实施行政许可的依据为法律、行政法规、国务院决定、规章。

规章和规范性文件中不得增设行政许可，不得增设违反法律、行政法规和国务院决定的行政许可条件。

第六条 中国人民银行及其分支机构依法保护申请人的商业秘密和个人隐私。

行政许可的实施和结果，除涉及国家秘密、工作秘密、商业秘密或者个人隐私的外，应当公开。

第七条 中国人民银行及其分支机构推进行政许可电子办理，提高办事效率，提供优质服务。

申请人通过电子政务系统提出申请的，符合相关要求的电子申请材料、电子证照、电子印章、电子签名、电子档案与纸质申请材料、纸质证照、实物印章、手写签名或者盖章、纸质档案具有同等法律效力。

中国人民银行及其分支机构通过电子政务系统向申请人发送的相关文书、颁布的各种决定书和行政许可证，与纸质文件具有同等法律效力。

第二章 行政许可的一般程序

第一节 申请与受理

第八条 中国人民银行及其分支机构依法制作行政许可事项服务指南，按规定在办公场所、互联网站公示行政许可事项及其适用范围、审查类型、审批依据、受理机构和相关职能部门、决定机构、申请条件、申请接受方式和接受地址、办理基本流程和办理方式、办理时限、审批结果和送达方式、收费依据、监督投诉渠道等信息，以及需要提交的全部材料的目录和申请书示范文本。

申请人要求对公示内容予以说明、解释的，中国人民银行及其分支机构应当说明、解释，并提供准确、可靠的信息。

第九条 公民、法人或者其他组织从事特定活动，依法需要取得中国人民银行或其分支机构行政许可的，应当向中国人民银行或其分支机构提出申请。

申请书需要采用格式文本的，该格式文本由中国人民银行统一公布，并通过电子政务系统提供下载，或者由承办行政许可事项的职能部门提供。申请书格式文本中不得包含与申请行政许可事项没有直接关系的内容；不得要求申请人提交与其申请的行政许可事项无关的技术资料和其他材料。

申请人可以当面提交行政许可申请，也可以通过电子政务系统提出，并按照行政许可事项服务指南在指定地点提交或者通过电子政务系统在线提交申请材料。

第十条 申请人提出的行政许可申请，由中国人民银行及其分支机构承办行政许可事项的职能部门负责审查受理。

依法应当由中国人民银行下级行先行审查后报上级行决定的行政许可事项的申请，由下级行承办行政许可事项的职能部门受理；需要多个职能部门办理的申请，由中国人民银行确定一个职能部门统一受理、牵头办理。

第十一条 申请人提交行政许可申请时，应当出示身份证明文件；单位申请的，应当出示单位统一社会信用代码证或者营业执照，以及法定代表人身份证明文件或者主要负责人身份证明文件、授权委托书、被委托人身份证件等身份证明文件。

申请人可以委托代理人提出行政许可申请。申请人委托代理人提出行政许可申请的，还应当提供申请人、代理人的身份证明文件和授权委托书；办理开户许可等事项，由商业银行等机构批量代理提交的除外。

中国人民银行及其分支机构应当核对上述身份证明文件，必要时可以利用技术手段核实申请人身份。

第十二条 申请人向中国人民银行或其分支机构申请行政许可，应当如实提交有关材料和反映真实情况，并对其申请材料实质内容的真实性负责。

中国人民银行及其分支机构有权要求申请人提供申请材料真实性声明。

第十三条 申请人提交申请材料，中国人民银行及其分支机构应当及时办理登记手续，并向申请人出具申请材料接收凭证，载明申请材料接收日期；当场出具行政许可受理通知书、不予受理决定书、补正告知书等的，可以不再出具申请材料接收凭证。

申请人现场办理的，申请材料接收凭证应当由申请人或者其代理人签字确认。

第十四条 中国人民银行及其分支机构收到申请人提出的行政许可申请，发现申请事项依法不需要取得行政许可的，应当即时告知申请人不受理；发现申请事项属于中国人民银行职权范围，但不属于本级机构受理的，应当即时向申请人说明情况，并告知其向有权受理的机构提出申请。

第十五条 中国人民银行及其分支机构收到申请人提出的行政许可申请，发现申请材料存在错误可以当场更正的，应当允许申请人当场更正。

第十六条 申请材料不齐全、不符合法定形式或者存在错误不能当场更正的，中国人民银行及其分支机构应当当场或者在收到申请材料之日起五日内一次告知申请人需要补正的全部内容，出具加盖本行行政许可专用章并载明日期的补正告知书。逾期不告知的，自收到申请材料之日起即为受理。

申请人拒不补正，或者自补正告知书送达之日起十日内无正当理由未补正的，视为放弃行政许可申请，中国人民银行及其分支机构应当退回已经收到的全部申请材料。

第十七条 申请人提出的行政许可申请存在下列情形之一的，中国人民银行及其分支机构可以不予受理，并出具加盖本行行政许可专用章的不予受理决定书，说明不予受理的理由和依据，退回已经收到的全部申请材料：

（一）申请事项不属于中国人民银行职权范围的；

（二）申请人提供的补正材料不齐全、不符合法定形式的；

（三）申请人补正后仍存在不符合受理条件的其他情形的。

中国人民银行及其分支机构依据前款第一项不予受理的，应当即时作出不予受理的决定，并告知申请人向有关行政机关申请。

依法由中国人民银行下级行先行审查后报上级行决定的行政许可事项的申请，由下级行出具不予受理决定书。

第十八条 申请事项属于中国人民银行职权范围，申请材料齐全、符合法定形式，或者申请人按照要求提交全部补正申请材料的，中国人民银行及其分支机构应当受理行政许可申请。

依前款规定受理行政许可的，中国人民银行及其分支机构应当于收到申请材料或者全部补正申请材料之日起五日内，出具加盖本行行政许可专用章并注明受理日期的行政许可受理通知书。

依法由中国人民银行下级行先行审查后报上级行决定的行政许可事项的申请，由下级行出具行政许可受理通知书。

第二节 审查与决定

第十九条 中国人民银行及其分支机构依法对申请人提交的申请材料进行审查。需要对申请材料的实质内容进行核实的，中国人民银行及其分支机构应当指派两名以上工作人员，根据法定条件和程序进行。

第二十条 行政许可事项依法由中国人民银行下级行先行审查后报上级行决定的，下级行应当将初步审查意见和全部申请材料直接报送上级行。

上级行在审查该行政许可事项时，不得要求申请人重复提供申请材料。

第二十一条 中国人民银行及其分支机构审查行政许可申请时，发现行政许可事项直接关系他人重大利益的，应当告知该利害关系人。

申请人、利害关系人有权进行陈述和申辩，并自被告知之日起三日内提交陈述、申辩意见；对于口头陈述、申辩的，中国人民银行及其分支机构应当做好记录，并交陈述人、申辩人签字确认。

中国人民银行及其分支机构应当听取申请人、利害关系人的意见。

第二十二条 中国人民银行及其分支机构在审查过程中发现申请人提交的申请材料存在实质性问题，可能影响作出行政许可决定的，可以要求申请人限期对申请材料进一步修改、完善，或者解释说明。

申请人在合理期限内拒不修改、完善、解释说明，或者修改、完善、解释说明后仍存在实质性问题，中国人民银行及其分支机构应当继续审查，不利后果由申请人承担。

第二十三条 中国人民银行及其分支机构可以通过实地调查、面谈等方式对申请材料进行核实。申请人或有关人员应当配合；拒不配合的，应当自行承担相关不利后果。

通过实地调查、面谈等现场方式进行核实的，中国人民银行及其分支机构的工作人员应当出示证件，并制作核实记录。

第二十四条 中国人民银行及其分支机构在审查过程中，有下列情形之一的，可以作出中止审查的决定，并书面通知申请人，法律、行政法规、国务院决定、规章另有规定的除外：

（一）申请人因涉嫌违法违规被中国人民银行或者其他行政机关调查，或者被司法机关侦查，尚未结案，对行政许可事项影响重大的；

（二）申请人被中国人民银行或者其他行政机关依法采取限制业务活动、责令停业整顿等监管措施，尚未解除的；

（三）申请人被中国人民银行或者其他行政机关接管，接管期限尚未届满的；

（四）对有关法律、行政法规、国务院决定、规章的规定，需要进一步明确具体含义，中国人民银行及其分支机构请求有关机关作出解释的；

（五）申请人主动要求中止审查，且有正当理由的。

因前款第一项至第四项规定情形中止审查的，相关情形消失后，中国人民银行及其分支机构恢复审查，并书面通知申请人。

申请人主动要求中止审查或者申请恢复审查的，应当向受理行政许可申请的中国人民银行或其分支机构提交书面申请。中国人民银行或其分支机构同意的，书面通知申请人。

第二十五条 中国人民银行及其分支机构对行政许可申请进行审查后，应当根据下列情况分别作出处理：

（一）申请符合法定条件、标准，拟准予行政许可的，应当拟定准予行政许可决定书；

（二）申请不符合法定条件、标准，拟不予行政许可的，应当拟定不予行政许可决定书。

第二十六条 中国人民银行及其分支机构按照相关规定对行政许可决定实施法制审核，确保行政许可主体合法、程序合规、证据充分、法律适用准确。

第二十七条 准予行政许可或者不予行政许可决定书由作出行政许可的中国人民银行或其分支机构行长（主任）或者分管副行长

（副主任）审查批准。

第二十八条　准予行政许可或者不予行政许可决定书应当统一编号、加盖本行行章，并注明日期。

准予行政许可决定书应当明确行政许可的效力范围、有效期限、变更及延续方式等事项。

不予行政许可决定书应当说明不予行政许可的理由，并告知申请人享有依法申请行政复议或者提起行政诉讼的权利。

第二十九条　中国人民银行及其分支机构作出准予行政许可决定，依照法律、行政法规、国务院决定、规章的规定需要颁发行政许可证的，依法向申请人颁发加盖本行行章的行政许可证，可以不再制作行政许可决定书。

第三十条　中国人民银行及其分支机构作出行政许可决定前，申请人撤回申请的，应当提交正式书面请求，并说明理由。

申请人撤回申请的，中国人民银行及其分支机构应当退回已经收到的全部申请材料。

第三节　期限与送达

第三十一条　除根据本办法适用简易程序作出行政许可决定的外，中国人民银行及其分支机构应当自受理行政许可申请之日起二十日内，作出行政许可决定。二十日内不能作出决定的，经本行行长（主任）批准，可以延长十日，并应当将延长期限的理由告知申请人。但法律、行政法规、国务院决定另有规定的，依照其规定。

第三十二条　依法由中国人民银行下级行审查后报上级行决定的行政许可事项申请，下级行应当自受理申请之日起二十日内审查完毕，并将初步审查意见和申请材料移交上级行。

上级行应当自收到申请材料和下级行初步审查意见之日起二十日内，作出是否准予行政许可的决定。

但法律、行政法规、国务院决定另有规定的，依照其规定。

第三十三条　中国人民银行及其分支机构作出行政许可决定，下列时间不计入本节规定的期限内：

（一）依照法律、行政法规、国务院决定、规章的规定需要检验、检测、鉴定和专家评审，或者需要听证的；

（二）依照法律、行政法规、国务院决定、规章的规定需要公示相关信息的；

（三）依照相关规定需要进行国家安全审查的；

（四）申请材料存在实质性问题，需要进一步修改、完善的，或者需要申请人进一步解释说明的；

（五）需要对行政许可申请进行实地核查，以及听取申请人、利害关系人陈述、申辩的；

（六）在行政许可过程中收到对申请人相关违法违规行为的举报，需要进行核查的；

（七）依据本办法第二十四条规定中止审查的。

发生前款第一项、第二项所列情形的，中国人民银行及其分支机构应当将所需时间书面告知申请人。

第三十四条　对于受理、不予受理或者要求补正申请材料的通知书，除即时告知的外，应当自相关文书作出之日起五日内送达当事人。

第三十五条　中国人民银行及其分支机构作出准予行政许可决定的，应当自作出决定之日起十日内向申请人送达准予行政许可的书面决定或者行政许可证。

中国人民银行及其分支机构作出不予行政许可决定的，应当自作出决定之日起十日内向申请人送达不予行政许可的书面决定。

第三十六条　申请人应当在申请行政许可时，选择相关文书、许可证的送达方式，并如实告知通讯地址、联系方式等信息。

申请人选择邮寄送达的，邮件签收，视为送达；邮件因地址错误、拒收等原因被退回的，到达上述地址，视为送达。

申请人选择自行领取或者代理人领取的，应当按照中国人民银行及其分支机构通知的时间及时领取相关文书、许可证，并应当在领取时参照本办法第十一条的要求出示身份证明文件和授权委托书等，予以签收。

办理开户许可等事项，由商业银行等机构批量代理提交的行政许可申请，中国人民银行及其分支机构一般采取由提交行政许可申请的商业银行等机构代为送达的方式，相关文书、许可证送交提交行政许可申请的商业银行等机构的，视为送达。申请人明确提出通过邮寄、自行领取等方式送达的除外。

申请人或者代理人在接到领取通知十日内不领取相关文书、许可证且无法通过邮寄等方式送达的,可以公告送达,公告期为两个月。公告期满,视为送达。

第三十七条 申请人通过电子政务系统提出行政许可申请的,中国人民银行及其分支机构可以通过电子政务系统,以电子形式出具本办法规定的申请材料接收凭证、补正告知书、行政许可受理通知书、不予受理决定书、准予行政许可决定书、不予行政许可决定书等。

申请人在电子政务系统完成申请书填写,并完成申请材料提交的日期为该行政许可的申请日期;中国人民银行及其分支机构通过电子政务系统以电子形式出具文书并能够被申请人查阅,视为送达。

第四节 听 证

第三十八条 法律、行政法规、国务院决定、规章规定实施行政许可应当听证的事项,或者中国人民银行及其分支机构认为需要听证的其他涉及公共利益的重大行政许可事项,应当向社会公告,并举行听证。

第三十九条 行政许可直接涉及申请人与他人之间重大利益关系的,中国人民银行及其分支机构在作出行政许可决定前,应当告知申请人、利害关系人享有要求听证的权利;申请人、利害关系人在被告知听证权利之日起五日内提出听证申请的,中国人民银行或其分支机构应当在收到听证申请之日起二十日内组织听证。

申请人、利害关系人不承担中国人民银行及其分支机构组织听证的费用。

第四十条 听证由中国人民银行及其分支机构法律事务部门组织,按照下列程序公开举行:

(一)中国人民银行及其分支机构应当于举行听证的七日前将听证的时间、地点通知申请人、利害关系人,必要时予以公告;

(二)听证由中国人民银行及其分支机构法律事务部门工作人员担任主持人,或者由本行行长(主任)或者分管副行长(副主任)指定该行政许可事项承办部门以外的其他部门的工作人员担任主持人;申请人、利害关系人认为主持人与该行政许可事项有直接利害关系的,有权申请回避;听证主持人是否回避,由本行行长(主任)或者分管副行长(副主任)决定;

(三)举行听证时,承办行政许可事项的职能部门应当提供作出审查意见的证据、理由;申请人、利害关系人可以提出证据,并进行申辩和质证;

(四)听证应当由听证主持人指定专人记录并制作听证笔录,笔录的内容包括:举行听证的时间、地点、参加听证的人员、听证事项、听证当事人的意见。

听证笔录应当交听证当事人确认并签字或者盖章。听证当事人拒绝签字或者盖章的,应当记录在案,并由其他听证参加人签字或者盖章证明。

第四十一条 申请人、利害关系人根据本办法第三十九条提出的听证申请,中国人民银行及其分支机构开始听证前,听证申请人可以书面提出撤回听证申请,并说明理由。

听证申请人撤回听证申请的,视为放弃听证权利,不得再次就同一行政许可事项提出听证申请。

第三章 行政许可的特殊程序

第四十二条 行政许可事项简单、审查标准明确,申请人以格式文书提出申请,材料齐全、符合法定形式,且申请事项依据有关规定能够于当场或者五日内确认准予行政许可的,中国人民银行及其分支机构可以适用简易程序作出行政许可。

适用简易程序的行政许可事项,在行政许可事项服务指南中载明,并由中国人民银行公布。

第四十三条 适用简易程序的,由承办行政许可事项的职能部门根据本行行长(主任)或者分管副行长(副主任)的授权,在受理行政许可后及时制作准予行政许可决定书或者依据有关规定制发行政许可证。

适用简易程序作出行政许可决定的,可以不再出具申请材料接收凭证、行政许可受理通知书等过程性文书,并适当简化内部审批流程。

第四十四条 中国人民银行及其分支机构在按照简易程序审查的过程中,发现申请人提交的申请材料存在实质性问题,不能在五日内准予行政许可的,应当告知申请人,并按照本办法第二章的相关规定处理相关行政许可申请。

第四十五条 被许可人拟变更下列事项的，应当向作出行政许可决定的中国人民银行或其分支机构提出申请，法律、行政法规、国务院决定、规章另有规定的除外；符合法定条件、标准的，中国人民银行及其分支机构应当依法办理变更手续：

（一）变更准予行政许可决定书或者行政许可证记载事项的；

（二）变更根据法律、行政法规、国务院决定、规章规定应当经中国人民银行或其分支机构批准变更的事项的。

第四十六条 被许可人需要延续行政许可有效期的，应当在该行政许可有效期届满六个月前向作出行政许可决定的中国人民银行或其分支机构提出申请。但法律、行政法规、国务院决定、规章另有规定的，依照其规定。

第四十七条 中国人民银行及其分支机构应当根据被许可人的申请，按照法律、行政法规、国务院决定、规章规定的行政许可条件，综合被许可人在该行政许可有效期内的合规经营情况，在行政许可有效期届满前作出是否准予延续的决定。

被许可人不符合法律、行政法规、国务院决定、规章规定的行政许可条件，或者在该行政许可有效期内存在重大违法违规行为的，中国人民银行及其分支机构应当不再准予延续。

第四十八条 中国人民银行及其分支机构受理、审查、决定被许可人变更和延续申请的程序，以及适用简易程序的，本章有规定的，适用本章规定；本章没有规定的，适用本办法第二章的有关规定。法律、行政法规、国务院决定、规章另有规定的，依照其规定。

第四章 监督检查

第四十九条 中国人民银行及其分支机构依法对行政许可办理过程进行记录，完善行政许可案卷管理制度。

第五十条 中国人民银行及其分支机构上级行依法对下级行实施行政许可的情况进行监督，及时纠正下级行实施行政许可中的违法违规行为。

第五十一条 中国人民银行及其分支机构可以要求被许可人提供从事行政许可事项活动情况的有关材料，有权对被许可人从事行政许可事项的活动进行现场检查。

中国人民银行及其分支机构有权对涉嫌非法从事应当得到中国人民银行及其分支机构批准的行政许可事项活动的当事人进行现场检查。

第五章 法律责任

第五十二条 申请人隐瞒有关情况或者提供虚假材料申请行政许可的，中国人民银行及其分支机构不予受理或者不予行政许可，并给予警告。

第五十三条 被许可人以欺骗、贿赂等不正当手段取得行政许可的，中国人民银行及其分支机构依据《中华人民共和国行政许可法》第六十九条撤销行政许可，有关法律、法规、规章有处罚规定的，依照其规定给予处罚；有关法律、行政法规、规章未作处罚规定的，中国人民银行及其分支机构给予警告，并处三万元以下罚款。

第五十四条 被许可人有下列行为之一，有关法律、行政法规有处罚规定的，中国人民银行及其分支机构依照其规定给予处罚；有关法律、行政法规未作处罚规定的，中国人民银行及其分支机构依据《中华人民共和国中国人民银行法》第四十六条进行处罚：

（一）涂改、倒卖、出租、出借行政许可证，或者以其他形式非法转让行政许可的；

（二）超越许可范围从事经营活动；

（三）向负责监督检查的行政机关隐瞒有关情况、提供虚假材料或者拒绝提供反映其活动情况的真实材料的；

（四）法律、行政法规、国务院决定、规章规定的其他违法违规行为。

第五十五条 其他单位和个人非法从事应当得到中国人民银行及其分支机构批准的行政许可事项活动的，由中国人民银行及其分支机构责令改正，并可以根据经营活动的实际情况，依据《中华人民共和国中国人民银行法》第四十六条进行处罚。拒不改正的，由中国人民银行及其分支机构会同有关行政机关予以取缔；涉嫌构成犯罪的，移送司法机关依法追究刑事责任。法律、行政法规、国务院决定、规章另有规定的除外。

第六章 附　则

第五十六条　中国人民银行及其分支机构作出准予行政许可、变更、延续决定，依法撤销、注销行政许可的，应当于决定作出之日起七日内依据行政许可事项服务指南和中国人民银行的相关规定予以公开。

第五十七条　中国人民银行及其分支机构实施行政许可和对行政许可事项进行监督检查，不得收取任何费用。但法律、行政法规另有规定的，依照其规定。

第五十八条　本办法规定的期限以"日"为单位的，均以工作日计算，不含法定节假日。

第五十九条　国家外汇管理局及其分支机构实施行政许可不适用本办法。

第六十条　本办法由中国人民银行负责解释。

第六十一条　本办法自 2020 年 6 月 1 日起施行。《中国人民银行行政许可实施办法》（中国人民银行令［2004］第 3 号发布）同时废止。

银行业保险业消费投诉处理管理办法

（2020 年 1 月 14 日中国银行保险监督管理委员会令 2020 年第 3 号公布　自 2020 年 3 月 1 日起施行）

第一章 总　则

第一条　为了规范银行业保险业消费投诉处理工作，保护消费者合法权益，根据《中华人民共和国银行业监督管理法》《中华人民共和国商业银行法》《中华人民共和国保险法》《中华人民共和国消费者权益保护法》等法律法规，制定本办法。

第二条　本办法所称银行业保险业消费投诉（以下简称"消费投诉"），是指消费者因购买银行、保险产品或者接受银行、保险相关服务与银行保险机构或者其从业人员产生纠纷（以下简称"消费纠纷"），并向银行保险机构主张其民事权益的行为。

第三条　银行业保险业消费投诉处理工作应当坚持依法合规、便捷高效、标本兼治和多元化解原则。

第四条　银行保险机构是维护消费者合法权益、处理消费投诉的责任主体，负责对本单位及其分支机构消费投诉处理工作的管理、指导和考核，协调、督促其分支机构妥善处理各类消费投诉。

第五条　各相关行业协会应当充分发挥在消费纠纷化解方面的行业自律作用，协调、促进其会员单位通过协商、调解、仲裁、诉讼等方式妥善处理消费纠纷。

第六条　中国银行保险监督管理委员会（以下简称"中国银保监会"）是全国银行业保险业消费投诉处理工作的监督单位，对全国银行业保险业消费投诉处理工作进行监督指导。

中国银保监会各级派出机构应当对辖区内银行业保险业消费投诉处理工作进行监督指导，推动辖区内建立完善消费纠纷多元化解机制。

第二章 组织管理

第七条　银行保险机构应当从人力物力财力上保证消费投诉处理工作顺利开展，指定高级管理人员或者机构负责人分管本单位消费投诉处理工作，设立或者指定本单位消费投诉处理工作的管理部门和岗位，合理配备工作人员。

银行保险机构应当畅通投诉渠道，设立或者指定投诉接待区域，配备录音录像等设备记录并保存消费投诉接待处理过程，加强消费投诉管理信息系统建设，规范消费投诉处理流程和管理。

第八条　银行保险机构应当在官方网站、移动客户端、营业场所或者办公场所醒目位置公布本单位的投诉电话、通讯地址等投诉渠道信息和消费投诉处理流程，开通电子邮件、官网平台等互联网投诉渠道的，应当公布本单位接收消费投诉的电子邮箱、网址等。在产品或者服务合约中，银行保险机构应当提供投诉电话或者其他投诉渠道信息。

第九条 银行保险机构开展消费投诉处理工作应当属地管理、分级负责，充分考虑和尊重消费者的合理诉求，公平合法作出处理结论。及时查找引发投诉事项的原因，健全完善溯源整改机制，切实注重消费者消费体验，提升服务水平。

第十条 银行保险机构应当加强对第三方机构合作业务消费投诉的管理，因合作销售产品或者提供服务而产生消费纠纷的，银行保险机构应当要求相关第三方机构配合处理消费投诉，对消费投诉事项进行核实，及时提供相关情况，促进消费投诉顺利解决。银行保险机构应当将第三方机构对消费投诉处理工作的配合情况纳入合作第三方机构的准入退出评估机制。

第三章　银行业保险业消费投诉处理

第十一条 银行保险机构应当负责处理因购买其产品或者接受其服务产生的消费投诉。

第十二条 银行保险机构可以要求投诉人通过其公布的投诉渠道提出消费投诉。

采取面谈方式提出消费投诉的，银行保险机构可以要求投诉人在其指定的接待场所提出。多名投诉人采取面谈方式提出共同消费投诉的，应当推选代表，代表人数不超过5名。

第十三条 银行保险机构可以要求投诉人提供以下材料或者信息：

（一）投诉人的基本情况，包括：自然人或者其法定代理人姓名、身份信息、联系方式；法人或者其他组织的名称、住所、统一社会信用代码，法定代表人或者主要负责人的姓名、身份信息、联系方式，法人或者其他组织投诉代理人的姓名、身份信息、联系方式、授权委托书；

（二）被投诉人的基本情况，包括：被投诉的银行保险机构的名称；被投诉的银行业保险业从业人员的相关情况以及其所属机构的名称；

（三）投诉请求、主要事实和相关依据；

（四）投诉人提交书面材料的，应当由投诉人签字或者盖章。

银行保险机构已经掌握或者通过查询内部信息档案可以获得的材料，不得要求投诉人提供。

第十四条 投诉人提出消费投诉确有困难的，银行保险机构应当接受投诉人委托他人代为投诉，除第十三条规定材料或者信息外，可以要求提供经投诉人亲笔签名或者盖章的授权委托书原件，受托人身份证明和有效联系方式。

银行保险机构应当接受消费者继承人提出的消费投诉，除第十三条规定材料或者信息外，可以要求提供继承关系证明。

第十五条 银行保险机构可以接受投诉人撤回消费投诉。投诉人撤回消费投诉的，消费投诉处理程序自银行保险机构收到撤回申请当日终止。

第十六条 投诉人提出消费投诉，应当客观真实，对所提供材料内容的真实性负责，不得提供虚假信息或者捏造、歪曲事实，不得诬告、陷害他人。

投诉人在消费投诉过程中应当遵守法律、行政法规和国家有关规定，维护社会公共秩序和消费投诉处理单位的办公经营秩序。

第十七条 银行保险机构应当建立消费投诉处理回避制度，收到消费投诉后，应当指定与被投诉事项无直接利益关系的人员核实消费投诉内容，及时与投诉人沟通，积极通过协商方式解决消费纠纷。

第十八条 银行保险机构应当依照相关法律法规、合同约定，公平公正作出处理决定，对于事实清楚、争议情况简单的消费投诉，应当自收到消费投诉之日起15日内作出处理决定并告知投诉人，情况复杂的可以延长至30日；情况特别复杂或者有其他特殊原因的，经其上级机构或者总行、总公司高级管理人员审批并告知投诉人，可以再延长30日。

消费投诉处理过程中需外部机构进行鉴定、检测、评估等工作的，相关期间可以不计入消费投诉处理期限，但应当及时告知投诉人。

投诉人在消费投诉处理期限内再次提出同一消费投诉的，银行保险机构可以合并处理，如投诉人提出新的事实和理由，处理期限自收到新的投诉材料之日起重新计算。

在消费投诉处理过程中，发现消费投诉不是由投诉人或者其法定代理人、受托人提出的，银行保险机构可以不予办理，并告知投诉提出人。

第十九条 银行保险机构在告知投诉人处理决定的同时，应当说明对消费投诉内容的核实情况、作出决定的有关依据和理由，以及投诉人可以采取的申请核查、调解、仲裁、诉讼等救济途径。

第二十条 投诉人对银行保险机构分支机构消费投诉处理结果有异议的，可以自收到处理决定之日起30日内向其上级机构书面申请核查。核查机构应当对消费投诉处理过程、处理时限和处理结果进行核查，自收到核查申请之日起30日内作出核查决定并告知投诉人。

第二十一条 银行保险机构应当依照本办法的规定向投诉人告知相关事项并保留相关证明资料，投诉人无法联系的除外。

采取书面形式告知的，应当在本办法规定的告知期限内当面递交，或者通过邮寄方式寄出。

采取短信、电子邮件等可以保存的电子信息形式告知的，应当在本办法规定的告知期限内发出。

采取电话形式告知的，应当在本办法规定的告知期限内拨打投诉人电话。

银行保险机构与投诉人对消费投诉处理决定、告知期限、告知方式等事项协商一致的，按照协商确定的内容履行。

第二十二条 银行保险机构在消费投诉处理工作中，应当核实投诉人身份，保护投诉人信息安全，依法保护国家秘密、商业秘密和个人隐私不受侵犯。

第二十三条 银行保险机构在消费投诉处理过程中，可以根据需要向投诉人提出通过调解方式解决消费纠纷的建议。投诉人同意调解的，银行保险机构和投诉人应当向调解组织提出申请。调解期间不计入消费投诉处理期限。

第二十四条 银行保险机构应当充分运用当地消费纠纷调解处理机制，通过建立临时授权、异地授权、快速审批等机制促消费纠纷化解。

第四章 银行业保险业消费投诉处理工作制度

第二十五条 银行保险机构应当根据本办法健全本单位消费投诉处理工作制度，明确消费投诉处理流程、责任分工、处理时限等要求。

第二十六条 银行保险机构应当建立消费投诉统计分析、溯源整改、信息披露、责任追究制度，定期开展消费投诉情况分析，及时有效整改问题；通过年报等方式对年度消费投诉情况进行披露；对于消费投诉处理中发现的违规行为，要依照相关规定追究直接责任人员和管理人员责任。

第二十七条 银行保险机构应当健全消费投诉处理考核评价制度，综合运用正向激励和负面约束手段，将消费投诉以及处理工作情况纳入各级机构综合绩效考核指标体系，并在各级机构高级管理人员、机构负责人和相关部门人员的薪酬分配、职务晋升等方面设定合理考核权重。

第二十八条 银行保险机构应当建立消费投诉处理登记制度和档案管理制度。消费投诉登记记录、处理意见等书面资料或者信息档案应当存档备查，法律、行政法规对保存期限有规定的，依照其规定执行。

第二十九条 银行保险机构应当依照国家有关规定制定重大消费投诉处理应急预案，做好重大消费投诉的预防、报告和应急处理工作。

重大消费投诉包括以下情形：

（一）因重大自然灾害、安全事故、公共卫生事件等引发的消费投诉；

（二）20名以上投诉人采取面谈方式提出共同消费投诉的群体性投诉；

（三）中国银保监会及其派出机构（以下统称"银行保险监督管理机构"）认定的其他重大消费投诉。

第五章 监督管理

第三十条 银行保险监督管理机构应当明确银行保险机构消费投诉处理工作的监督管理部门。

第三十一条 银行保险监督管理机构设立消费投诉转办服务渠道，方便投诉人反映与银行保险机构的消费纠纷。

第三十二条 投诉人反映与银行保险机构的消费纠纷，同时提出应当由银行保险监督管理机构负责处理的其他事项的，依照有关规定处理。

第三十三条 银行保险监督管理机构的消费投诉处理监督管理部门应当自收到辖区内消费投诉之日起7个工作日内，将消费投诉转送被投诉银行保险机构并告知投诉人，投诉人无法联系的除外。

第三十四条 银行保险监督管理机构应当对银行保险机构消费投诉处理情况进行监督检查。

第三十五条 银行保险机构应当按照银行保险监督管理机构的要求，报告本单位消费投诉处理工作相关制度、消费投诉管理工作责任人名单，以及上述事项的变动情况。

第三十六条 银行保险机构应当按照银行保险监督管理机构的要求，报告本单位消费投诉数据、消费投诉处理工作情况，并对报送的数据、文件、资料的真实性、完整性、准确性负责。

第三十七条 银行保险监督管理机构应当定期将转送银行保险机构的消费投诉情况进行通报和对外披露，督促银行保险机构做好消费者权益保护工作。

第三十八条 银行保险监督管理机构应当将银行保险机构消费投诉处理工作情况纳入年度消费者权益保护监管评价。

第三十九条 银行保险监督管理机构要加强对银行业保险业消费纠纷调解组织建设的指导，推动建立行业调解规则和标准，促进行业调解组织各项工作健康、规范、有序开展。

第四十条 银行保险机构在处理消费投诉中有下列情形之一的，银行保险监督管理机构可以提出整改要求，并监督其限期整改：

（一）未按照本办法第八条规定公布消费投诉处理相关信息的；

（二）未按照本办法规定程序办理消费投诉并告知的；

（三）无正当理由拒绝配合调解工作或者履行调解协议的。

第四十一条 银行保险机构违反本办法规定，有下列情形之一的，银行保险监督管理机构应当责令限期改正；逾期未改正的，区别情形，银行保险监督管理机构可以进行监督管理谈话，并对银行业金融机构依照《中华人民共和国银行业监督管理法》采取暂停相关业务、责令调整高级管理人员、停止批准增设分支机构以及行政处罚等措施，对保险机构、保险中介机构依照《中华人民共和国保险法》采取罚款、限制其业务范围、责令停止接受新业务等措施，对银行保险监督管理机构负责监管的其他主体依照相关法律法规采取相应措施。

（一）未按照本办法规定建立并实施消费投诉处理相关制度的；

（二）未按照本办法规定报告消费投诉处理工作有关情况的；

（三）违反本办法第四十条规定并未按照要求整改的；

（四）其他违反本办法规定，造成严重后果的。

第六章 附 则

第四十二条 本办法所称银行保险机构包括银行业金融机构、保险机构、保险中介机构以及银行保险监督管理机构负责监管的其他主体。

第四十三条 本办法所称的"以内""以上"均包含本数。

本办法中除"7个工作日"以外的"日"均为自然日。

第四十四条 本办法由中国银保监会负责解释。

第四十五条 本办法自2020年3月1日起施行，原《保险消费投诉处理管理办法》（保监会令2013年第8号）和《中国银监会办公厅关于印发银监会机关银行业消费者投诉处理规程的通知》（银监办发〔2018〕13号）同时废止。原中国银监会、原中国保监会发布的规定与本办法不一致的，以本办法为准。

银行保险违法行为举报处理办法

（2019年12月25日中国银行保险监督管理委员会令2019年第8号公布　自2020年3月1日起施行）

第一条　为规范中国银行保险监督管理委员会及派出机构（以下统称银行保险监督管理机构）对银行保险违法行为举报处理工作，维护经济金融秩序，根据《中华人民共和国银行业监督管理法》《中华人民共和国商业银行法》《中华人民共和国保险法》等有关法律、行政法规，制定本办法。

第二条　自然人、法人或者其他组织（以下简称举报人），对被举报人违反相关银行保险监管法律、行政法规、部门规章和其他规范性文件的行为向银行保险监督管理机构举报，请求银行保险监督管理机构依法履行查处职责，银行保险监督管理机构对该举报的处理，适用本办法。

本办法所称被举报人，包括银行业金融机构及从业人员，保险机构、保险中介机构及从业人员，银行保险监督管理机构负责监管的其他主体，以及涉嫌非法设立银行业金融机构、保险机构、保险中介机构和非法经营银行业务、保险业务、保险中介业务的自然人、法人或者其他组织。

第三条　举报处理工作应当遵循统一领导、属地管理、分级负责的原则。

银行保险监督管理机构应当明确举报处理工作的管理部门和承办部门，分别负责对举报处理工作进行管理和办理。

第四条　银行保险监督管理机构应当遵循依法、公正、及时的原则，建立健全举报处理工作机制。

第五条　银行保险监督管理机构应当在官方网站公开受理举报的通信地址、联系电话、举报受理范围等信息。

第六条　银行保险监督管理机构对被举报人违法行为的管辖，根据银行保险监督管理机构对被举报人的直接监管职权管辖范围确定。

不同银行保险监督管理机构对同一举报事项的管辖权有争议的，报请共同的上级机构确定。

第七条　举报分为实名举报和匿名举报。在举报时提供本人真实姓名（名称）、有效身份信息和有效联系方式、身份证复印件等信息并签字（盖章）的，为实名举报。

对举报人采取书面邮寄方式向银行保险监督管理机构提出举报的，银行保险监督管理机构应当依据书面举报材料进行处理。对采取面谈方式提出举报的，银行保险监督管理机构应当予以记录并经其本人签字确认后提交。对采取电话方式提出举报的，举报人应当补充提交书面举报材料。拒绝签字确认或补充提交书面材料的，视为匿名举报。

五名以上举报人拟采取面谈方式共同提出举报的，应当推选一至二名代表。

对于实名举报，银行保险监督管理机构需按本办法要求，履行相关告知程序。对于匿名举报，银行保险监督管理机构根据举报内容及举报人提供的相关证明材料等情况依法进行处理，不受本办法规定的期限限制，也不履行本办法规定的相关告知程序。

第八条　举报同时符合下列条件的，予以受理：

（一）举报事项属于本机构的监管职责范围；

（二）有明确的被举报人；

（三）有被举报人违反相关银行保险监管法律、行政法规、部门规章和其他规范性文件行为的具体事实及相关的证明材料。

第九条　有下列情形之一的，银行保险监督管理机构不予受理：

（一）不符合本办法第八条规定的受理条件的；

（二）已经受理的举报，举报人在处理期间再次举报，且举报内容无新的事实、证明材料的；

（三）已经办结的举报，举报人再次举报，且举报内容无新的事实、证明材料的；

（四）已经或依法应当通过诉讼、仲裁、行政复议等法定途径予以解决的；

（五）反映的被举报人银行保险违法行为已由其他银行保险监督管理机构依法处理，或已由本机构通过举报以外的途径发现并依法处理的；

（六）已经或者依法应当由其他国家机关处理的；

（七）其他依法不应当受理的情形。

银行保险监督管理机构经审核认为举报材料中部分事项或诉求属于受理范围，部分事项或诉求不属于受理范围的，可作部分受理，并书面告知举报人。

银行保险监督管理机构在受理举报材料后发现存在本条所列情形的，可作出撤销举报材料受理的决定，并书面告知举报人。

第十条 银行保险监督管理机构应当在收到举报之日起15日内审查决定是否受理，并书面告知举报人。

举报材料不符合本办法第八条第二项、第三项规定，或举报人提供的身份信息等材料不符合实名举报的要求的，银行保险监督管理机构可以要求举报人在合理期限内补充提供有关材料。受理审查时限自收到完整材料之日起计算。举报人无正当理由逾期未补充提供符合本办法第八条第二项、第三项规定的举报材料的，视为放弃举报。举报人无正当理由逾期未补充提供符合实名举报要求的身份信息等材料的，视为匿名举报。

第十一条 对于不属于本机构负责处理，但属于其他银行保险监督管理机构负责处理的举报，应当在收到举报之日起15日内转交其他有职责的单位，同时将举报转交情形告知举报人。

接受转交举报的银行保险监督管理机构，应当在收到转交举报之日起15日内审查决定是否受理，并书面告知举报人。

对于不属于银行保险监督管理机构负责处理的举报，应当在收到举报之日起15日内书面告知举报人向有权机关提出。

第十二条 银行保险监督管理机构应当在受理后及时开展对举报的调查工作。自受理之日起60日内，对被举报的违法行为作出书面调查意见，并及时书面告知举报人，但不得泄露国家秘密、商业秘密和个人隐私。举报人在办理期限内针对已经受理的同一举报事项提出新的事实、证明材料和理由，并需要查证的，或多个举报人就同一事项提出举报的，可以合并处理。举报办理期限自收到新材料之日起重新计算，并书面告知举报人。法律、行政法规另有规定的，从其规定。

银行保险监督管理机构决定或协调组织开展鉴定以及需要其他行政机关进行协查等工作的，所需时间不计入前款规定的期限。

银行保险监督管理机构依法对被举报的违法行为进行调查后，如发现存在违法违规行为，但无法在受理之日起60日内作出行政处罚、监管强制措施等决定的，在书面调查意见中应当告知举报人将依法予以处理。

在本条规定的60日期限内发现情况复杂，需要延长调查期限的，经批准可以适当延期，一般不超过30日，并应当书面告知举报人。

上级机构可以将本机构受理的举报事项交由下级机构调查。接受交办的下级机构应当及时向上级机构反馈有关情况。

第十三条 在举报调查期限内，举报人主动提出撤回举报申请的，视为放弃举报。银行保险监督管理机构不再将调查处理情况告知举报人。

第十四条 被举报人应当配合银行保险监督管理机构调查，如实提供相关材料。

第十五条 银行保险监督管理机构及其工作人员在举报处理工作中，应当依法对举报人的个人隐私及举报材料中需要保密的内容或有关情况履行必要的保密义务，未经批准，不得随意对外泄露。

银行保险监督管理机构工作人员与举报事项、举报人或者被举报人有直接利害关系的，应当回避。

第十六条 举报人提出举报，应当实事求是，遵守法律、行政法规、部门规章，对所提供材料内容的真实性负责。举报人捏造、歪曲事实，诬告陷害他人的，依法承担法律责任。

第十七条 中国银行保险监督管理委员会建立举报处理工作年度报告制度，各省级派出机构应当于每年4月30日前向中国银行保险监督管理委员会报告上一年度举报处理工作情况。

各派出机构发生重大举报事项的，应当及时向上一级机构报告。

第十八条 对有重大社会影响的银行保险违法行为举报典型案例，银行保险监督管理机构可以向社会公布，但涉及国家秘密、商业秘密和个人隐私的除外。

第十九条 银行保险监督管理机构可以使用举报处理专用章办理本办法规定的举报事项。

第二十条 对银行保险违法违规问题的举报，相关法律、行政法规和国务院文件有专门规定的，按相关规定处理。

第二十一条 本办法所称"日"为自然日。

本办法所称"书面告知"，包括纸质告知以及通过平台短信等电子信息形式进行的告知。

第二十二条 各省级派出机构可以根据本办法制定实施细则。

第二十三条 本办法由中国银行保险监督管理委员会负责解释。

第二十四条 本办法自2020年3月1日起施行。《保险违法行为举报处理工作办法》和《保险消费投诉处理管理办法》同时废止。原中国银监会、原中国保监会以前发布的规定与本办法不一致的，以本办法为准。

二、中央银行

（一）综　　合

中华人民共和国中国人民银行法

（1995年3月18日第八届全国人民代表大会第三次会议通过　根据2003年12月27日第十届全国人民代表大会常务委员会第六次会议《关于修改〈中华人民共和国中国人民银行法〉的决定》修正）

目　录

第一章　总　则
第二章　组织机构
第三章　人民币
第四章　业　务
第五章　金融监督管理
第六章　财务会计
第七章　法律责任
第八章　附　则

第一章　总　则

第一条　为了确立中国人民银行的地位，明确其职责，保证国家货币政策的正确制定和执行，建立和完善中央银行宏观调控体系，维护金融稳定，制定本法。

第二条　中国人民银行是中华人民共和国的中央银行。

中国人民银行在国务院领导下，制定和执行货币政策，防范和化解金融风险，维护金融稳定。

第三条　货币政策目标是保持货币币值的稳定，并以此促进经济增长。

第四条　中国人民银行履行下列职责：

（一）发布与履行其职责有关的命令和规章；

（二）依法制定和执行货币政策；

（三）发行人民币，管理人民币流通；

（四）监督管理银行间同业拆借市场和银行间债券市场；

（五）实施外汇管理，监督管理银行间外汇市场；

（六）监督管理黄金市场；

（七）持有、管理、经营国家外汇储备、黄金储备；

（八）经理国库；

（九）维护支付、清算系统的正常运行；

（十）指导、部署金融业反洗钱工作，负责反洗钱的资金监测；

（十一）负责金融业的统计、调查、分析和预测；

（十二）作为国家的中央银行，从事有关的国际金融活动；

（十三）国务院规定的其他职责。

中国人民银行为执行货币政策,可以依照本法第四章的有关规定从事金融业务活动。

第五条 中国人民银行就年度货币供应量、利率、汇率和国务院规定的其他重要事项作出的决定,报国务院批准后执行。

中国人民银行就前款规定以外的其他有关货币政策事项作出决定后,即予执行,并报国务院备案。

第六条 中国人民银行应当向全国人民代表大会常务委员会提出有关货币政策情况和金融业运行情况的工作报告。

第七条 中国人民银行在国务院领导下依法独立执行货币政策,履行职责,开展业务,不受地方政府、各级政府部门、社会团体和个人的干涉。

第八条 中国人民银行的全部资本由国家出资,属于国家所有。

第九条 国务院建立金融监督管理协调机制,具体办法由国务院规定。

第二章 组织机构

第十条 中国人民银行设行长一人,副行长若干人。

中国人民银行行长的人选,根据国务院总理的提名,由全国人民代表大会决定;全国人民代表大会闭会期间,由全国人民代表大会常务委员会决定,由中华人民共和国主席任免。中国人民银行副行长由国务院总理任免。

第十一条 中国人民银行实行行长负责制。行长领导中国人民银行的工作,副行长协助行长工作。

第十二条 中国人民银行设立货币政策委员会。货币政策委员会的职责、组成和工作程序,由国务院规定,报全国人民代表大会常务委员会备案。

中国人民银行货币政策委员会应当在国家宏观调控、货币政策制定和调整中,发挥重要作用。

第十三条 中国人民银行根据履行职责的需要设立分支机构,作为中国人民银行的派出机构。中国人民银行对分支机构实行统一领导和管理。

中国人民银行的分支机构根据中国人民银行的授权,维护本辖区的金融稳定,承办有关业务。

第十四条 中国人民银行的行长、副行长及其他工作人员应当恪尽职守,不得滥用职权、徇私舞弊,不得在任何金融机构、企业、基金会兼职。

第十五条 中国人民银行的行长、副行长及其他工作人员,应当依法保守国家秘密,并有责任为与履行其职责有关的金融机构及当事人保守秘密。

第三章 人民币

第十六条 中华人民共和国的法定货币是人民币。以人民币支付中华人民共和国境内的一切公共的和私人的债务,任何单位和个人不得拒收。

第十七条 人民币的单位为元,人民币辅币单位为角、分。

第十八条 人民币由中国人民银行统一印制、发行。

中国人民银行发行新版人民币,应当将发行时间、面额、图案、式样、规格予以公告。

第十九条 禁止伪造、变造人民币。禁止出售、购买伪造、变造的人民币。禁止运输、持有、使用伪造、变造的人民币。禁止故意毁损人民币。禁止在宣传品、出版物或者其他商品上非法使用人民币图样。

第二十条 任何单位和个人不得印制、发售代币票券,以代替人民币在市场上流通。

第二十一条 残缺、污损的人民币,按照中国人民银行的规定兑换,并由中国人民银行负责收回、销毁。

第二十二条 中国人民银行设立人民币发行库,在其分支机构设立分支库。分支库调拨人民币发行基金,应当按照上级库的调拨命令办理。任何单位和个人不得违反规定,动用发行基金。

第四章 业 务

第二十三条 中国人民银行为执行货币政策,可以运用下列货币政策工具:

(一)要求银行业金融机构按照规定的比例交存存款准备金;

(二)确定中央银行基准利率;

(三)为在中国人民银行开立账户的银行业金融机构办理再贴现;

(四)向商业银行提供贷款;

（五）在公开市场上买卖国债、其他政府债券和金融债券及外汇；

（六）国务院确定的其他货币政策工具。

中国人民银行为执行货币政策，运用前款所列货币政策工具时，可以规定具体的条件和程序。

第二十四条 中国人民银行依照法律、行政法规的规定经理国库。

第二十五条 中国人民银行可以代理国务院财政部门向各金融机构组织发行、兑付国债和其他政府债券。

第二十六条 中国人民银行可以根据需要，为银行业金融机构开立账户，但不得对银行业金融机构的账户透支。

第二十七条 中国人民银行应当组织或者协助组织银行业金融机构相互之间的清算系统，协调银行业金融机构相互之间的清算事项，提供清算服务。具体办法由中国人民银行制定。

中国人民银行会同国务院银行业监督管理机构制定支付结算规则。

第二十八条 中国人民银行根据执行货币政策的需要，可以决定对商业银行贷款的数额、期限、利率和方式，但贷款的期限不得超过一年。

第二十九条 中国人民银行不得对政府财政透支，不得直接认购、包销国债和其他政府债券。

第三十条 中国人民银行不得向地方政府、各级政府部门提供贷款，不得向非银行金融机构以及其他单位和个人提供贷款，但国务院决定中国人民银行可以向特定的非银行金融机构提供贷款的除外。

中国人民银行不得向任何单位和个人提供担保。

第五章 金融监督管理

第三十一条 中国人民银行依法监测金融市场的运行情况，对金融市场实施宏观调控，促进其协调发展。

第三十二条 中国人民银行有权对金融机构以及其他单位和个人的下列行为进行检查监督：

（一）执行有关存款准备金管理规定的行为；

（二）与中国人民银行特种贷款有关的行为；

（三）执行有关人民币管理规定的行为；

（四）执行有关银行间同业拆借市场、银行间债券市场管理规定的行为；

（五）执行有关外汇管理规定的行为；

（六）执行有关黄金管理规定的行为；

（七）代理中国人民银行经理国库的行为；

（八）执行有关清算管理规定的行为；

（九）执行有关反洗钱规定的行为。

前款所称中国人民银行特种贷款，是指国务院决定的由中国人民银行向金融机构发放的用于特定目的的贷款。

第三十三条 中国人民银行根据执行货币政策和维护金融稳定的需要，可以建议国务院银行业监督管理机构对银行业金融机构进行检查监督。国务院银行业监督管理机构应当自收到建议之日起三十日内予以回复。

第三十四条 当银行业金融机构出现支付困难，可能引发金融风险时，为了维护金融稳定，中国人民银行经国务院批准，有权对银行业金融机构进行检查监督。

第三十五条 中国人民银行根据履行职责的需要，有权要求银行业金融机构报送必要的资产负债表、利润表以及其他财务会计、统计报表和资料。

中国人民银行应当和国务院银行业监督管理机构、国务院其他金融监督管理机构建立监督管理信息共享机制。

第三十六条 中国人民银行负责统一编制全国金融统计数据、报表，并按照国家有关规定予以公布。

第三十七条 中国人民银行应当建立、健全本系统的稽核、检查制度，加强内部的监督管理。

第六章 财务会计

第三十八条 中国人民银行实行独立的财务预算管理制度。

中国人民银行的预算经国务院财政部门审核后，纳入中央预算，接受国务院财政部门的预算执行监督。

第三十九条 中国人民银行每一会计年度的收入减除该年度支出，并按照国务院财政部门核定的比例提取总准备金后的净利润，全部上缴中央财政。

中国人民银行的亏损由中央财政拨款弥补。

第四十条 中国人民银行的财务收支和会计事务，应当执行法律、行政法规和国家统一的财务、会计制度，接受国务院审计机关和财政部门依法分别进行的审计和监督。

第四十一条 中国人民银行应当于每一会计年度结束后的三个月内，编制资产负债表、损益表和相关的财务会计报表，并编制年度报告，按照国家有关规定予以公布。

中国人民银行的会计年度自公历1月1日起至12月31日止。

第七章 法律责任

第四十二条 伪造、变造人民币，出售伪造、变造的人民币，或者明知是伪造、变造的人民币而运输，构成犯罪的，依法追究刑事责任；尚不构成犯罪的，由公安机关处十五日以下拘留、一万元以下罚款。

第四十三条 购买伪造、变造的人民币或者明知是伪造、变造的人民币而持有、使用，构成犯罪的，依法追究刑事责任；尚不构成犯罪的，由公安机关处十五日以下拘留、一万元以下罚款。

第四十四条 在宣传品、出版物或者其他商品上非法使用人民币图样的，中国人民银行应当责令改正，并销毁非法使用的人民币图样，没收违法所得，并处五万元以下罚款。

第四十五条 印制、发售代币票券，以代替人民币在市场上流通的，中国人民银行应当责令停止违法行为，并处二十万元以下罚款。

第四十六条 本法第三十二条所列行为违反有关规定，有关法律、行政法规有处罚规定的，依照其规定给予处罚；有关法律、行政法规未作处罚规定的，由中国人民银行区别不同情形给予警告，没收违法所得，违法所得五十万元以上的，并处违法所得一倍以上五倍以下罚款；没有违法所得或者违法所得不足五十万元的，处五十万元以上二百万元以下罚款；对负有直接责任的董事、高级管理人员和其他直接责任人员给予警告，处五万元以上五十万元以下罚款；构成犯罪的，依法追究刑事责任。

第四十七条 当事人对行政处罚不服的，可以依照《中华人民共和国行政诉讼法》的规定提起行政诉讼。

第四十八条 中国人民银行有下列行为之一，对负有直接责任的主管人员和其他直接责任人员，依法给予行政处分；构成犯罪的，依法追究刑事责任：

（一）违反本法第三十条第一款的规定提供贷款的；

（二）对单位和个人提供担保的；

（三）擅自动用发行基金的。

有前款所列行为之一，造成损失的，负有直接责任的主管人员和其他直接责任人员应当承担部分或者全部赔偿责任。

第四十九条 地方政府、各级政府部门、社会团体和个人强令中国人民银行及其工作人员违反本法第三十条的规定提供贷款或者担保的，对负有直接责任的主管人员和其他直接责任人员，依法给予行政处分；构成犯罪的，依法追究刑事责任；造成损失的，应当承担部分或者全部赔偿责任。

第五十条 中国人民银行的工作人员泄露国家秘密或者所知悉的商业秘密，构成犯罪的，依法追究刑事责任；尚不构成犯罪的，依法给予行政处分。

第五十一条 中国人民银行的工作人员贪污受贿、徇私舞弊、滥用职权、玩忽职守，构成犯罪的，依法追究刑事责任；尚不构成犯罪的，依法给予行政处分。

第八章 附 则

第五十二条 本法所称银行业金融机构，是指在中华人民共和国境内设立的商业银行、城市信用合作社、农村信用合作社等吸收公众存款的金融机构以及政策性银行。

在中华人民共和国境内设立的金融资产管理公司、信托投资公司、财务公司、金融租赁公司以及经国务院银行业监督管理机构批准设立的其他金融机构，适用本法对银行业金融机构的规定。

第五十三条 本法自公布之日起施行。

中国人民银行
金融消费者权益保护实施办法

(2020年9月15日中国人民银行令2020年第5号公布
自2020年11月1日起施行)

第一章 总 则

第一条 为了保护金融消费者合法权益，规范金融机构提供金融产品和服务的行为，维护公平、公正的市场环境，促进金融市场健康稳定运行，根据《中华人民共和国中国人民银行法》《中华人民共和国商业银行法》《中华人民共和国消费者权益保护法》和《国务院办公厅关于加强金融消费者权益保护工作的指导意见》(国办发〔2015〕81号)等，制定本办法。

第二条 在中华人民共和国境内依法设立的为金融消费者提供金融产品或者服务的银行业金融机构(以下简称银行)，开展与下列业务相关的金融消费者权益保护工作，适用本办法：

(一)与利率管理相关的。

(二)与人民币管理相关的。

(三)与外汇管理相关的。

(四)与黄金市场管理相关的。

(五)与国库管理相关的。

(六)与支付、清算管理相关的。

(七)与反洗钱管理相关的。

(八)与征信管理相关的。

(九)与上述第一项至第八项业务相关的金融营销宣传和消费者金融信息保护。

(十)其他法律、行政法规规定的中国人民银行职责范围内的金融消费者权益保护工作。

在中华人民共和国境内依法设立的非银行支付机构(以下简称支付机构)提供支付服务的，适用本办法。

本办法所称金融消费者是指购买、使用银行、支付机构提供的金融产品或者服务的自然人。

第三条 银行、支付机构向金融消费者提供金融产品或者服务，应当遵循自愿、平等、公平、诚实信用的原则，切实承担金融消费者合法权益保护的主体责任，履行金融消费者权益保护的法定义务。

第四条 金融消费者应当文明、理性进行金融消费，提高自我保护意识，诚实守信，依法维护自身的合法权益。

第五条 中国人民银行及其分支机构坚持公平、公正原则，依法开展职责范围内的金融消费者权益保护工作，依法保护金融消费者合法权益。

中国人民银行及其分支机构会同有关部门推动建立和完善金融机构自治、行业自律、金融监管和社会监督相结合的金融消费者权益保护共同治理体系。

第六条 鼓励金融消费者和银行、支付机构充分运用调解、仲裁等方式解决金融消费纠纷。

第二章 金融机构行为规范

第七条 银行、支付机构应当将金融消费者权益保护纳入公司治理、企业文化建设和经营发展战略，制定本机构金融消费者权益保护工作的总体规划和具体工作措施。建立金融消费者权益保护专职部门或者指定牵头部门，明确部门及人员职责，确保部门有足够的人力、物力能够独立开展工作，并定期向高级管理层、董(理)事会汇报工作开展情况。

第八条 银行、支付机构应当落实法律法规和相关监管规定关于金融消费者权益保护的相关要求，建立健全金融消费者权益保护的各项内控制度：

(一)金融消费者权益保护工作考核评价制度。

（二）金融消费者风险等级评估制度。

（三）消费者金融信息保护制度。

（四）金融产品和服务信息披露、查询制度。

（五）金融营销宣传管理制度。

（六）金融知识普及和金融消费者教育制度。

（七）金融消费者投诉处理制度。

（八）金融消费者权益保护工作内部监督和责任追究制度。

（九）金融消费者权益保护重大事件应急制度。

（十）中国人民银行明确规定应当建立的其他金融消费者权益保护工作制度。

第九条 银行、支付机构应当建立健全涉及金融消费者权益保护工作的全流程管控机制，确保在金融产品或者服务的设计开发、营销推介及售后管理等各个业务环节有效落实金融消费者权益保护工作的相关规定和要求。全流程管控机制包括但不限于下列内容：

（一）事前审查机制。银行、支付机构应当实行金融消费者权益保护事前审查，及时发现并更正金融产品或者服务中可能损害金融消费者合法权益的问题，有效督办落实金融消费者权益保护审查意见。

（二）事中管控机制。银行、支付机构应当履行金融产品或者服务营销宣传中须遵循的基本程序和标准，加强对营销宣传行为的监测与管控。

（三）事后监督机制。银行、支付机构应当做好金融产品和服务的售后管理，及时调整存在问题或者隐患的金融产品和服务规则。

第十条 银行、支付机构应当开展金融消费者权益保护工作人员培训，增强工作人员的金融消费者权益保护意识和能力。

银行、支付机构应当每年至少开展一次金融消费者权益保护专题培训，培训对象应当全面覆盖中高级管理人员、基层业务人员及新入职人员。对金融消费者投诉多发、风险较高的业务岗位，应当适当提高培训的频次。

第十一条 银行、支付机构开展考核评价时，应当将金融消费者权益保护工作作为重要内容，并合理分配相关指标的占比和权重，综合考虑业务合规性、客户满意度、投诉处理及时率与合格率等，不得简单以投诉数量作为考核指标。

第十二条 银行、支付机构应当根据金融产品或者服务的特性评估其对金融消费者的适合度，合理划分金融产品和服务风险等级以及金融消费者风险承受等级，将合适的金融产品或者服务提供给适当的金融消费者。

第十三条 银行、支付机构应当依法保障金融消费者在购买、使用金融产品和服务时的财产安全，不得挪用、非法占用金融消费者资金及其他金融资产。

第十四条 银行、支付机构应当尊重社会公德，尊重金融消费者的人格尊严和民族风俗习惯，不得因金融消费者性别、年龄、种族、民族或者国籍等不同实行歧视性差别对待，不得使用歧视性或者违背公序良俗的表述。

第十五条 银行、支付机构应当尊重金融消费者购买金融产品或者服务的真实意愿，不得擅自代理金融消费者办理业务，不得擅自修改金融消费者的业务指令，不得强制搭售其他产品或者服务。

第十六条 银行、支付机构应当依据金融产品或者服务的特性，及时、真实、准确、全面地向金融消费者披露下列重要内容：

（一）金融消费者对该金融产品或者服务的权利和义务，订立、变更、中止和解除合同的方式及限制。

（二）银行、支付机构对该金融产品或者服务的权利、义务及法律责任。

（三）贷款产品的年化利率。

（四）金融消费者应当负担的费用及违约金，包括金额的确定方式，交易时间和交易方式。

（五）因金融产品或者服务产生纠纷的处理及投诉途径。

（六）银行、支付机构对该金融产品或者服务所执行的强制性标准、推荐性标准、团体标准或者企业标准的编号和名称。

（七）在金融产品说明书或者服务协议中，实际承担合同义务的经营主体完整的中文名称。

（八）其他可能影响金融消费者决策的信息。

第十七条 银行、支付机构对金融产品和服务进行信息披露时，应当使用有利于金融消费者接收、理解的方式。对利率、费用、收益及风险等与金融消费者切身利益相关的重要信息，应当根据金融产品或者服务的复杂程度及风险等级，对其中关键的专业术语进行解释说明，并以适当方式供金融消费者确认其已接收完整信息。

第十八条 银行、支付机构向金融消费者说明重要内容和披露风险时，应当依照法律法规和监管规定留存相关资料，自业务关系终止之日起留存时间不得少于3年。法律、行政法规另有规定的，从其规定。

留存的资料包括但不限于：

（一）金融消费者确认的金融产品说明书或者服务协议。

（二）金融消费者确认的风险提示书。

（三）记录向金融消费者说明重要内容的录音、录像资料或者系统日志等相关数据电文资料。

第十九条 银行、支付机构不得利用技术手段、优势地位，强制或者变相强制金融消费者接受金融产品或者服务，或者排除、限制金融消费者接受同业机构提供的金融产品或者服务。

第二十条 银行、支付机构在提供金融产品或者服务的过程中，不得通过附加限制性条件的方式要求金融消费者购买、使用协议中未作明确要求的产品或者服务。

第二十一条 银行、支付机构向金融消费者提供金融产品或者服务时使用格式条款的，应当以足以引起金融消费者注意的字体、字号、颜色、符号、标识等显著方式，提请金融消费者注意金融产品或者服务的数量、利率、费用、履行期限和方式、注意事项、风险提示、纠纷解决等与金融消费者有重大利害关系的内容，并按照金融消费者的要求予以说明。格式条款采用电子形式的，应当可被识别且易于获取。

银行、支付机构不得以通知、声明、告示等格式条款的方式作出含有下列内容的规定：

（一）减轻或者免除银行、支付机构造成金融消费者财产损失的赔偿责任。

（二）规定金融消费者承担超过法定限额的违约金或者损害赔偿金。

（三）排除或者限制金融消费者依法对其金融信息进行查询、删除、修改的权利；

（四）排除或者限制金融消费者选择同业机构提供的金融产品或者服务的权利。

（五）其他对金融消费者不公平、不合理的规定。

银行、支付机构应当对存在侵害金融消费者合法权益问题或者隐患的格式条款和服务协议文本及时进行修订或者清理。

第二十二条 银行、支付机构应当对营销宣传内容的真实性负责。银行、支付机构实际承担的义务不得低于在营销宣传活动中通过广告、资料或者说明等形式对金融消费者所承诺的标准。

前款"广告、资料或者说明"是指以营销为目的，利用各种传播媒体、宣传工具或者方式，就银行、支付机构的金融产品或者服务进行直接或者间接的宣传、推广等。

第二十三条 银行、支付机构在进行营销宣传活动时，不得有下列行为：

（一）虚假、欺诈、隐瞒或者引人误解的宣传。

（二）引用不真实、不准确的数据和资料或者隐瞒限制条件等，对过往业绩或产品收益进行夸大表述。

（三）利用金融管理部门对金融产品或者服务的审核或者备案程序，误导金融消费者认为金融管理部门已对该金融产品或者服务提供保证。

（四）明示或者暗示保本、无风险或者保收益等，对非保本投资型金融产品的未来效果、收益或者相关情况作出保证性承诺。

（五）其他违反金融消费者权益保护相关法律法规和监管规定的行为。

第二十四条 银行、支付机构应当切实承担金融知识普及和金融消费者教育的主体责任，提高金融消费者对金融产品和服务的认知能力，提升金融消费者金融素养和诚实守信意识。

银行、支付机构应当制定年度金融知识普及与金融消费者教育工作计划，结合自身特点开展日常性金融知识普及与金融消费者教育活动，积极参与中国人民银行及其分支机构组织的金融知识普及活动。银行、支付机构不得以营销金融产品或者服务替代金融知识普及与金融消费者教育。

第二十五条 银行、支付机构应当重视金融消费者需求的多元性与差异性，积极支持普惠金融重点目标群体获得必要、及时的基本金融产品和服务。

第二十六条 出现侵害金融消费者合法权益重大事件的，银行、支付机构应当根据重大事项报告的相关规定及时向中国人民银行或其分支机构报告。

第二十七条 银行、支付机构应当配合中国人民银行及其分支机构开展金融消费者权益保护领域的相关工作，按照规定报送相关资料。

第三章 消费者金融信息保护

第二十八条 本办法所称消费者金融信息，是指银行、支付机构通过开展业务或者其他合法渠道处理的消费者信息，包括个人身份信息、财产信息、账户信息、信用信息、金融交易信息及其他与特定消费者购买、使用金融产品或者服务相关的信息。

消费者金融信息的处理包括消费者金融信息的收集、存储、使用、加工、传输、提供、公开等。

第二十九条 银行、支付机构处理消费者金融信息，应当遵循合法、正当、必要原则，经金融消费者或者其监护人明示同意，但是法律、行政法规另有规定的除外。银行、支付机构不得收集与业务无关的消费者金融信息，不得采取不正当方式收集消费者金融信息，不得变相强制收集消费者金融信息。银行、支付机构不得以金融消费者不同意处理其金融信息为由拒绝提供金融产品或者服务，但处理其金融信息属于提供金融产品或者服务所必需的除外。

金融消费者不能或者拒绝提供必要信息，致使银行、支付机构无法履行反洗钱义务的，银行、支付机构可以根据《中华人民共和国反洗钱法》的相关规定对其金融活动采取限制性措施；确有必要时，银行、支付机构可以依法拒绝提供金融产品或者服务。

第三十条 银行、支付机构收集消费者金融信息用于营销、用户体验改进或者市场调查的，应当以适当方式供金融消费者自主选择是否同意银行、支付机构将其金融信息用于上述目的；金融消费者不同意的，银行、支付机构不得因此拒绝提供金融产品或者服务。银行、支付机构向金融消费者发送金融营销信息的，应当向其提供拒绝继续接收金融营销信息的方式。

第三十一条 银行、支付机构应当履行《中华人民共和国消费者权益保护法》第二十九条规定的明示义务，公开收集、使用消费者金融信息的规则，明示收集、使用消费者金融信息的目的、方式和范围，并留存有关证明资料。

银行、支付机构通过格式条款取得消费者金融信息收集、使用同意的，应当在格式条款中明确收集消费者金融信息的目的、方式、内容和使用范围，并在协议中以显著方式尽可能通俗易懂地向金融消费者提示该同意的可能后果。

第三十二条 银行、支付机构应当按照法律法规的规定和双方约定的用途使用消费者金融信息，不得超出范围使用。

第三十三条 银行、支付机构应当建立以分级授权为核心的消费者金融信息使用管理制度，根据消费者金融信息的重要性、敏感度及业务开展需要，在不影响本机构履行反洗钱等法定义务的前提下，合理确定本机构工作人员调取信息的范围、权限，严格落实信息使用授权审批程序。

第三十四条 银行、支付机构应当按照国家档案管理和电子数据管理等规定，采取技术措施和其他必要措施，妥善保管和存储所收集的消费者金融信息，防止信息遗失、毁损、泄露或者被篡改。

银行、支付机构及其工作人员应当对消费者金融信息严格保密，不得泄露或者非法向他人提供。在确认信息发生泄露、毁损、丢失时，银行、支付机构应当立即采取补救措施；信息泄露、毁损、丢失可能危及金融消费者人身、财产安全的，应当立即向银行、支付机构住所地的中国人民银行分支机构报告并告知金融消费者；信息泄露、毁损、丢失可能对金融消费者产生其他不利影响的，应当及时告知金融消费者，并在72小时以内报告银行、支付机构住所地的中国人民银行分支机构。中国人民银行分支机构接到报告后，视情况按照本办法第五十五条规定处理。

第四章 金融消费争议解决

第三十五条 金融消费者与银行、支付机构发生金融消费争议的，鼓励金融消费者先向银行、支付机构投诉，鼓励当事人平等协商，自行和解。

金融消费者应当依法通过正当途径客观、理性反映诉求，不扰乱正常的金融秩序和社会公共秩序。

本办法所称金融消费争议，是指金融消费者与银行、支付机构因购买、使用金融产品或者服务所产生的民事争议。

第三十六条 银行、支付机构应当切实履行金融消费投诉处理的主体责任，银行、支付机构的法人机构应当按年度向社会发布金融消费者投诉数据和相关分析报告。

第三十七条 银行、支付机构应当通过金融消费者方便获取的渠道公示本机构的投诉受理方式，包括但不限于营业场所、官方网站首页、移动应用程序的醒目位置及客服电话主要菜单语音提示等。

第三十八条 银行、支付机构应当按照中国人民银行要求，加强对金融消费者投诉处理信息系统的建设与管理，对投诉进行正确分类并按时报送相关信息，不得迟报、漏报、谎报、错报或者瞒报投诉数据。

第三十九条 银行、支付机构收到金融消费者投诉后，依照相关法律法规和合同约定进行处理，并告知投诉人处理情况，但因投诉人原因导致无法告知的除外。

第四十条 中国人民银行分支机构设立投诉转办服务渠道。金融消费者对银行、支付机构作出的投诉处理不接受的，可以通过银行、支付机构住所地、合同签订地或者经营行为发生地中国人民银行分支机构进行投诉。

通过电子商务、网络交易购买、使用金融产品或者服务的，金融消费者通过银行、支付机构住所地的中国人民银行分支机构进行投诉。

第四十一条 金融消费者通过中国人民银行分支机构进行投诉，应当提供以下信息：姓名，有效身份证件信息，联系方式，明确的投诉对象及其住所地，具体的投诉请求、事实和理由。

金融消费者可以本人提出投诉，也可以委托他人代为提出投诉。以来信来访方式进行委托投诉的，应当向中国人民银行分支机构提交前款规定的投诉材料、授权委托书原件、委托人和受托人的身份证明。授权委托书应当载明受托人、委托事项、权限和期限，并由委托人本人签名。

第四十二条 中国人民银行分支机构对下列投诉不予接收：

（一）投诉人投诉的机构、产品或者服务不属于中国人民银行监管范围的。

（二）投诉人未提供真实身份，或者没有明确的被投诉人、没有具体的投诉请求和事实依据的。

（三）投诉人并非金融消费者本人，也未经金融消费者本人委托的。

（四）人民法院、仲裁机构、其他金融管理部门、行政部门或者依法设立的调解组织已经受理、接收或者处理的。

（五）双方达成和解协议并已经执行，没有新情况、新理由的。

（六）被投诉机构已提供公平合理的解决方案，投诉人就同一事项再次向中国人民银行分支机构投诉的。

（七）其他不符合法律、行政法规、规章有关规定的。

第四十三条 中国人民银行分支机构收到金融消费者投诉的，应当自收到投诉之日起7个工作日内作出下列处理：

（一）对投诉人和被投诉机构信息、投诉请求、事实和理由等进行登记。

（二）作出是否接收投诉的决定。决定不予接收的，应当告知投诉人。

（三）决定接收投诉的，应当将投诉转交被投诉机构处理或者转交金融消费纠纷调解组织提供调解服务。

需要投诉人对投诉内容进行补正的，处理时限于补正完成之日起计算。

银行、支付机构应当自收到中国人民银行分支机构转交的投诉之日起15日内答复投诉人。情况复杂的，经本机构投诉处理工作负责人批准，可以延长处理期限，并告知投诉人延长处理期限的理由，但最长处理期限不得超过60日。

第四十四条 银行、支付机构收到中国人民银行分支机构转交的投诉，应当按要求向中国人民银行分支机构反馈投诉处理情况。

反馈的内容包括投诉基本情况、争议焦点、调查结果及证据、处理依据、与金融消费者的沟通情况、延期处理情况及投诉人满意度等。

银行、支付机构应当妥善保存投诉资料，投诉资料留存时间自投诉办结之日起不得少于3年。法律、行政法规另有规定的，从其规定。

第四十五条 银行、支付机构、金融消费者可以向调解组织申请调解、中立评估。调解组织受理调解、中立评估申请后，可在合理、必要范围内请求当事人协助或者提供相关文件、资料。

本办法所称中立评估，是指调解组织聘请独立专家就争议解决提出参考性建议的行为。

第四十六条 金融消费纠纷调解组织应当依照法律、行政法规、规章及其章程的规定，组织开展金融消费纠纷调解、中立评估等工作，对银行、支付机构和金融消费者进行金融知识普及和教育宣传引导。

第五章 监督与管理机制

第四十七条 中国人民银行综合研究金融消费者保护重大问题，负责拟定发展规划和业务标准，建立健全金融消费者保护基本制度。

第四十八条 中国人民银行及其分支机构与其他金融管理部门、地方政府有关部门建立健全金融消费者权益保护工作协调机制，加强跨市场跨业态跨区域金融消费者权益保护的监管，强化信息共享和部门间沟通协作。

第四十九条 中国人民银行及其分支机构统筹开展金融消费者教育，引导、督促银行、支付机构开展金融知识普及宣传活动，协调推进金融知识纳入国民教育体系，组织开展消费者金融素养调查。

第五十条 中国人民银行及其分支机构会同有关部门构建监管执法合作机制，探索合作开展金融消费者权益保护监督检查、评估等具体工作。

第五十一条 中国人民银行及其分支机构牵头构建非诉第三方解决机制，鼓励、支持金融消费者权益保护社会组织依法履行职责，推动构建公正、高效、便捷的多元化金融消费纠纷解决体系。

第五十二条 中国人民银行及其分支机构协调推进相关普惠金融工作，建立健全普惠金融工作机制，指导、督促银行、支付机构落实普惠金融发展战略，组织开展职责范围内的普惠金融具体工作。

第五十三条 中国人民银行及其分支机构对金融消费者投诉信息进行汇总和分析，根据汇总和分析结果适时优化金融消费者权益保护监督管理方式、金融机构行为规范等。

第五十四条 中国人民银行及其分支机构可以采取下列措施，依法在职责范围内开展对银行、支付机构金融消费者权益保护工作的监督检查：

（一）进入被监管机构进行检查。

（二）询问被监管机构的工作人员，要求其对有关检查事项作出说明。

（三）查阅、复制被监管机构与检查事项有关的文件、资料，对可能被转移、隐匿或者毁损的文件、资料予以登记保存。

（四）检查被监管机构的计算机网络与信息系统。

进行现场检查时，检查人员不得少于二人，并应当出示合法证件和检查通知书。

银行、支付机构应当积极配合中国人民银行及其分支机构的现场检查和非现场检查，如实提供有关资料，不得拒绝、阻挠、逃避检查，不得谎报、隐匿、销毁相关证据材料。

第五十五条 银行、支付机构有侵害金融消费者合法权益行为的，中国人民银行及其分支机构可以对其采取下列措施：

（一）要求提交书面说明或者承诺。

（二）约见谈话。

（三）责令限期整改。

（四）视情将相关信息向其上级机构、行业监管部门反馈，在行业范围内发布，或者向社会公布。

（五）建议银行、支付机构对直接负责的董事、高级管理人员和其他直接责任人员给予处分。

（六）依法查处或者建议其他行政管理部门依法查处。

（七）中国人民银行职责范围内依法可以采取的其他措施。

第五十六条 中国人民银行及其分支机构组织开展银行、支付机构履行金融消费者权益保护义务情况的评估工作。

评估工作以银行、支付机构自评估为基础。银行、支付机构应当按年度进行自评估，并于次年1月31日前向中国人民银行或其分支机构报送自评估报告。

中国人民银行及其分支机构根据日常监督管理、投诉管理以及银行、支付机构自评估等情况进行非现场评估，必要时可以进行现场评估。

第五十七条 中国人民银行及其分支机构可以根据具体情况开展金融消费者权益保护环境评估工作。

第五十八条 中国人民银行及其分支机构建立金融消费者权益保护案例库制度，按照预防为先、教育为主的原则向银行、支付机构和金融消费者进行风险提示。

第五十九条 中国人民银行及其分支机构对于涉及金融消费者权益保护的重大突发事件，应当按照有关规定做好相关应急处置工作。

第六章　法律责任

第六十条 银行、支付机构有下列情形之一，侵害消费者金融信息依法得到保护的权利的，中国人民银行或其分支机构应当在职责范围内依照《中华人民共和国消费者权益保护法》第五十六条的规定予以处罚：

（一）未经金融消费者明示同意，收集、使用其金融信息的。

（二）收集与业务无关的消费者金融信息，或者采取不正当方式收集消费者金融信息的。

（三）未公开收集、使用消费者金融信息的规则，未明示收集、使用消费者金融信息的目的、方式和范围的。

（四）超出法律法规规定和双方约定的用途使用消费者金融信息的。

（五）未建立以分级授权为核心的消费者金融信息使用管理制度，或者未严格落实信息使用授权审批程序的。

（六）未采取技术措施和其他必要措施，导致消费者金融信息遗失、毁损、泄露或者被篡改，或者非法向他人提供的。

第六十一条 银行、支付机构有下列情形之一，对金融产品或者服务作出虚假或者引人误解的宣传的，中国人民银行或其分支机构应当在职责范围内依照《中华人民共和国消费者权益保护法》第五十六条的规定予以处罚：

（一）实际承担的义务低于在营销宣传活动中通过广告、资料或者说明等形式对金融消费者所承诺的标准的。

（二）引用不真实、不准确的数据和资料或者隐瞒限制条件等，对过往业绩或者产品收益进行夸大表述的。

（三）利用金融管理部门对金融产品或者服务的审核或者备案程序，误导金融消费者认为金融管理部门已对该金融产品或者服务提供保证的。

（四）明示或者暗示保本、无风险或者保收益等，对非保本投资型金融产品的未来效果、收益或者相关情况作出保证性承诺的。

第六十二条 银行、支付机构违反本办法规定，有下列情形之一，有关法律、行政法规有处罚规定的，依照其规定给予处罚；有关法律、行政法规未作处罚规定的，中国人民银行或其分支机构应当根据情形单处或者并处警告，处以五千元以上三万元以下罚款：

（一）未建立金融消费者权益保护专职部门或者指定牵头部门，或者金融消费者权益保护部门没有足够的人力、物力独立开展工作的。

（二）擅自代理金融消费者办理业务，擅自修改金融消费者的业务指令，或者强制搭售其他产品或者服务的。

（三）未按要求向金融消费者披露与金融产品和服务有关的重要内容的。

（四）利用技术手段、优势地位，强制或者变相强制金融消费者接受金融产品或者服务，或者排除、限制金融消费者接受同业机构提供的金融产品或者服务的。

（五）通过附加限制性条件的方式要求金融消费者购买、使用协议中未作明确要求的产品或者服务的。

（六）未按要求使用格式条款的。

（七）出现侵害金融消费者合法权益重大事件未及时向中国人民银行或其分支机构报告的。

（八）不配合中国人民银行及其分支机构开展金融消费者权益保护领域相关工作，或者未按照规定报送相关资料的。

（九）未按要求对金融消费者投诉进行正确分类，或者迟报、漏报、谎报、错报、瞒报投诉数据的。

（十）收到中国人民银行分支机构转交的投诉后，未在规定期限内答复投诉人，或者未按要求向中国人民银行分支机构反馈投诉处理情况的。

（十一）拒绝、阻挠、逃避检查，或者谎报、隐匿、销毁相关证据材料的。

第六十三条 对银行、支付机构侵害金融消费者权益重大案件负有直接责任的董事、高级管理人员和其他直接责任人员，有关法律、行政法规有处罚规定的，依照其规定给予处罚；有关法律、行政法规未作处罚规定的，中国人民银行或其分支机构应当根据情形单处或者并处警告，处以五千元以上三万元以下罚款。

第六十四条 中国人民银行及其分支机构的工作人员在开展金融消费者权益保护工作过程中有下列情形之一的，依法给予处分；涉嫌构成犯罪的，移送司法机关依法追究刑事责任：

（一）违反规定对银行、支付机构进行检查的。

（二）泄露知悉的国家秘密或者商业秘密的。

（三）滥用职权、玩忽职守的其他行为。

第七章 附 则

第六十五条 商业银行理财子公司、金融资产管理公司、信托公司、汽车金融公司、消费金融公司以及征信机构、个人本外币兑换特许业务经营机构参照适用本办法。法律、行政法规另有规定的，从其规定。

第六十六条 本办法中除"工作日"以外的"日"为自然日。

第六十七条 本办法由中国人民银行负责解释。

第六十八条 本办法自2020年11月1日起施行。《中国人民银行金融消费权益保护工作管理办法（试行）》（银办发〔2013〕107号文印发）与《中国人民银行金融消费者权益保护实施办法》（银发〔2016〕314号文印发）同时废止。

（二）货币、金银管理

中华人民共和国人民币管理条例

（2000年2月3日中华人民共和国国务院令第280号发布 根据2014年7月29日《国务院关于修改部分行政法规的决定》第一次修订 根据2018年3月19日《国务院关于修改和废止部分行政法规的决定》第二次修订）

第一章 总 则

第一条 为了加强对人民币的管理，维护人民币的信誉，稳定金融秩序，根据《中华人民共和国中国人民银行法》，制定本条例。

第二条 本条例所称人民币，是指中国人民银行依法发行的货币，包括纸币和硬币。

从事人民币的设计、印制、发行、流通和回收等活动，应当遵守本条例。

第三条 中华人民共和国的法定货币是人民币。以人民币支付中华人民共和国境内的一切公共的和私人的债务，任何单位和个人不得拒收。

第四条 人民币的单位为元，人民币辅币单位为角、分。1元等于10角，1角等于10分。

人民币依其面额支付。

第五条 中国人民银行是国家管理人民币的主管机关，负责本条例的组织实施。

第六条 任何单位和个人都应当爱护人民币。禁止损害人民币和妨碍人民币流通。

第二章 设计和印制

第七条 新版人民币由中国人民银行组织设计，报国务院批准。

第八条 人民币由中国人民银行指定的专门企业印制。

第九条 印制人民币的企业应当按照中国人民银行制定的人民币质量标准和印制计划印制人民币。

第十条 印制人民币的企业应当将合格的人民币产品全部解缴中国人民银行人民币发行库，将不合格的人民币产品按照中国人民银行的规定全部销毁。

第十一条 印制人民币的原版、原模使用完毕后，由中国人民银行封存。

第十二条 印制人民币的特殊材料、技术、工艺、专用设备等重要事项属于国家秘密。印制人民币的企业和有关人员应当保守国家秘密；未经中国人民银行批准，任何单位和个人不得对外提供。

第十三条 除中国人民银行指定的印制人民币的企业外，任何单位和个人不得研制、仿制、引进、销售、购买和使用印制人民币所特有的防伪材料、防伪技术、防伪工艺和专用设备。有关管理办法由中国人民银行另行制定。

第十四条 人民币样币是检验人民币印制质量和鉴别人民币真伪的标准样本，由印制人民币的企业按照中国人民银行的规定印制。人民币样币上应当加印"样币"字样。

第三章 发行和回收

第十五条 人民币由中国人民银行统一发行。

第十六条 中国人民银行发行新版人民币，应当报国务院批准。

中国人民银行应当将新版人民币的发行时间、面额、图案、式样、规格、主色调、主要特征等予以公告。

中国人民银行不得在新版人民币发行公告发布前将新版人民币支付给金融机构。

第十七条 因防伪或者其他原因，需要改变人民币的印制材料、技术或者工艺的，由中国人民银行决定。

中国人民银行应当将改版后的人民币的发行时间、面额、主要特征等予以公告。

中国人民银行不得在改版人民币发行公告发布前将改版人民币支付给金融机构。

第十八条 中国人民银行可以根据需要发行纪念币。

纪念币是具有特定主题的限量发行的人民币，包括普通纪念币和贵金属纪念币。

第十九条 纪念币的主题、面额、图案、材质、式样、规格、发行数量、发行时间等由中国人民银行确定；但是，纪念币的主题涉及重大政治、历史题材的，应当报国务院批准。

中国人民银行应当将纪念币的主题、面额、图案、材质、式样、规格、发行数量、发行时间等予以公告。

中国人民银行不得在纪念币发行公告发布前将纪念币支付给金融机构。

第二十条 中国人民银行设立人民币发行库，在其分支机构设立分支库，负责保管人民币发行基金。各级人民币发行库主任由同级中国人民银行行长担任。

人民币发行基金是中国人民银行人民币发行库保存的未进入流通的人民币。

人民币发行基金的调拨，应当按照中国人民银行的规定办理。任何单位和个人不得违反规定动用人民币发行基金，不得干扰、阻碍人民币发行基金的调拨。

第二十一条 特定版别的人民币的停止流通，应当报国务院批准，并由中国人民银行公告。

办理人民币存取款业务的金融机构应当按照中国人民银行的规定，收兑停止流通的人民币，并将其交存当地中国人民银行。

中国人民银行不得将停止流通的人民币支付给金融机构，金融机构不得将停止流通的人民币对外支付。

第二十二条 办理人民币存取款业务的金融机构应当按照中国人民银行的规定，无偿为公众兑换残缺、污损的人民币，挑剔残缺、污损的人民币，并将其交存当地中国人民银行。

中国人民银行不得将残缺、污损的人民币支付给金融机构，金融机构不得将残缺、污损的人民币对外支付。

第二十三条　停止流通的人民币和残缺、污损的人民币，由中国人民银行负责回收、销毁。具体办法由中国人民银行制定。

第四章　流通和保护

第二十四条　办理人民币存取款业务的金融机构应当根据合理需要的原则，办理人民币券别调剂业务。

第二十五条　禁止非法买卖流通人民币。

纪念币的买卖，应当遵守中国人民银行的有关规定。

第二十六条　禁止下列损害人民币的行为：

（一）故意毁损人民币；

（二）制作、仿制、买卖人民币图样；

（三）未经中国人民银行批准，在宣传品、出版物或者其他商品上使用人民币图样；

（四）中国人民银行规定的其他损害人民币的行为。

前款人民币图样包括放大、缩小和同样大小的人民币图样。

第二十七条　人民币样币禁止流通。

人民币样币的管理办法，由中国人民银行制定。

第二十八条　任何单位和个人不得印制、发售代币票券，以代替人民币在市场上流通。

第二十九条　中国公民出入境、外国人入出境携带人民币实行限额管理制度，具体限额由中国人民银行规定。

第三十条　禁止伪造、变造人民币。禁止出售、购买伪造、变造的人民币。禁止走私、运输、持有、使用伪造、变造的人民币。

第三十一条　单位和个人持有伪造、变造的人民币的，应当及时上交中国人民银行、公安机关或者办理人民币存取款业务的金融机构；发现他人持有伪造、变造的人民币的，应当立即向公安机关报告。

第三十二条　中国人民银行、公安机关发现伪造、变造的人民币，应当予以没收，加盖"假币"字样的戳记，并登记造册；持有人对公安机关没收的人民币的真伪有异议的，可以向中国人民银行申请鉴定。

公安机关应当将没收的伪造、变造的人民币解缴当地中国人民银行。

第三十三条　办理人民币存取款业务的金融机构发现伪造、变造的人民币，数量较多、有新版的伪造人民币或者有其他制造贩卖伪造、变造的人民币线索的，应当立即报告公安机关；数量较少的，由该金融机构两名以上工作人员当面予以收缴，加盖"假币"字样的戳记，登记造册，向持有人出具中国人民银行统一印制的收缴凭证，并告知持有人可以向中国人民银行或者向中国人民银行授权的国有独资商业银行的业务机构申请鉴定。对伪造、变造的人民币收缴及鉴定的具体办法，由中国人民银行制定。

办理人民币存取款业务的金融机构应当将收缴的伪造、变造的人民币解缴当地中国人民银行。

第三十四条　中国人民银行和中国人民银行授权的国有独资商业银行的业务机构应当无偿提供鉴定人民币真伪的服务。

对盖有"假币"字样戳记的人民币，经鉴定为真币的，由中国人民银行或者中国人民银行授权的国有独资商业银行的业务机构按照面额予以兑换；经鉴定为假币的，由中国人民银行或者中国人民银行授权的国有独资商业银行的业务机构予以没收。

中国人民银行授权的国有独资商业银行的业务机构应当将没收的伪造、变造的人民币解缴当地中国人民银行。

第三十五条　办理人民币存取款业务的金融机构应当采取有效措施，防止以伪造、变造的人民币对外支付。

办理人民币存取款业务的金融机构应当在营业场所无偿提供鉴别人民币真伪的服务。

第三十六条　伪造、变造的人民币由中国人民银行统一销毁。

第三十七条　人民币反假鉴别仪应当按照国家规定标准生产。

人民币反假鉴别仪国家标准，由中国人民银行会同有关部门制定，并协助组织实施。

第三十八条　人民币有下列情形之一的，不得流通：

（一）不能兑换的残缺、污损的人民币；

（二）停止流通的人民币。

第五章　罚　则

第三十九条　印制人民币的企业和有关人

员有下列情形之一的，由中国人民银行给予警告，没收违法所得，并处违法所得1倍以上3倍以下的罚款，没有违法所得的，处1万元以上10万元以下的罚款；对直接负责的主管人员和其他直接责任人员，依法给予纪律处分：

（一）未按照中国人民银行制定的人民币质量标准和印制计划印制人民币的；

（二）未将合格的人民币产品全部解缴中国人民银行人民币发行库的；

（三）未按照中国人民银行的规定将不合格的人民币产品全部销毁的；

（四）未经中国人民银行批准，擅自对外提供印制人民币的特殊材料、技术、工艺或者专用设备等国家秘密的。

第四十条 违反本条例第十三条规定的，由工商行政管理机关和其他有关行政执法机关给予警告，没收违法所得和非法财物，并处违法所得1倍以上3倍以下的罚款；没有违法所得的，处2万元以上20万元以下的罚款。

第四十一条 办理人民币存取款业务的金融机构违反本条例第二十一条第二款、第三款和第二十二条规定的，由中国人民银行给予警告，并处1000元以上5000元以下的罚款；对直接负责的主管人员和其他直接责任人员，依法给予纪律处分。

第四十二条 故意毁损人民币的，由公安机关给予警告，并处1万元以下的罚款。

第四十三条 违反本条例第二十五条、第二十六条第一款第二项和第四项规定的，由工商行政管理机关和其他有关行政执法机关给予警告，没收违法所得和非法财物，并处违法所得1倍以上3倍以下的罚款；没有违法所得的，处1000元以上5万元以下的罚款。

工商行政管理机关和其他有关行政执法机关应当销毁非法使用的人民币图样。

第四十四条 办理人民币存取款业务的金融机构、中国人民银行授权的国有独资商业银行的业务机构违反本条例第三十三条、第三十四条和第三十五条规定的，由中国人民银行给予警告，并处1000元以上5万元以下的罚款；对直接负责的主管人员和其他直接责任人员，依法给予纪律处分。

第四十五条 中国人民银行、公安机关、工商行政管理机关及其工作人员违反本条例有关规定的，对直接负责的主管人员和其他直接责任人员，依法给予行政处分。

第四十六条 违反本条例第二十条第三款、第二十六条第一款第三项、第二十八条和第三十条规定的，依照《中华人民共和国中国人民银行法》的有关规定予以处罚；其中，违反本条例第三十条规定，构成犯罪的，依法追究刑事责任。

第六章 附 则

第四十七条 本条例自2000年5月1日起施行。

现金管理暂行条例

(1988年9月8日中华人民共和国国务院令第12号发布
根据2011年1月8日《国务院关于废止和修改
部分行政法规的决定》修订)

第一章 总 则

第一条 为改善现金管理，促进商品生产和流通，加强对社会经济活动的监督，制定本条例。

第二条 凡在银行和其他金融机构（以下简称开户银行）开立账户的机关、团体、部队、企业、事业单位和其他单位（以下简称开户单位），必须依照本条例的规定收支和使用现金，接受开户银行的监督。

国家鼓励开户单位和个人在经济活动中，采取转账方式进行结算，减少使用现金。

第三条 开户单位之间的经济往来，除按本条例规定的范围可以使用现金外，应当通过开户银行进行转账结算。

第四条 各级人民银行应当严格履行金融主管机关的职责，负责对开户银行的现金管理进行监督和稽核。

开户银行依照本条例和中国人民银行的规定，负责现金管理的具体实施，对开户单位收支、使用现金进行监督管理。

第二章 现金管理和监督

第五条 开户单位可以在下列范围内使用现金：

（一）职工工资、津贴；

（二）个人劳务报酬；

（三）根据国家规定颁发给个人的科学技术、文化艺术、体育等各种奖金；

（四）各种劳保、福利费用以及国家规定的对个人的其他支出；

（五）向个人收购农副产品和其他物资的价款；

（六）出差人员必须随身携带的差旅费；

（七）结算起点以下的零星支出；

（八）中国人民银行确定需要支付现金的其他支出。

前款结算起点定为1000元。结算起点的调整，由中国人民银行确定，报国务院备案。

第六条 除本条例第五条第（五）、（六）项外，开户单位支付给个人的款项，超过使用现金限额的部分，应当以支票或者银行本票支付；确需全额支付现金的，经开户银行审核后，予以支付现金。

前款使用现金限额，按本条例第五条第二款的规定执行。

第七条 转账结算凭证在经济往来中，具有同现金相同的支付能力。

开户单位在销售活动中，不得对现金结算给予比转账结算优惠待遇；不得拒收支票、银行汇票和银行本票。

第八条 机关、团体、部队、全民所有制和集体所有制企业事业单位购置国家规定的专项控制商品，必须采取转账结算方式，不得使用现金。

第九条 开户银行应当根据实际需要，核定开户单位3天至5天的日常零星开支所需的库存现金限额。

边远地区和交通不便地区的开户单位的库存现金限额，可以多于5天，但不得超过15天的日常零星开支。

第十条 经核定的库存现金限额，开户单位必须严格遵守。需要增加或者减少库存现金限额的，应当向开户银行提出申请，由开户银行核定。

第十一条 开户单位现金收支应当依照下列规定办理：

（一）开户单位现金收入应当于当日送存开户银行。当日送存确有困难的，由开户银行确定送存时间；

（二）开户单位支付现金，可以从本单位库存现金限额中支付或者从开户银行提取，不得从本单位的现金收入中直接支付（即坐支）。因特殊情况需要坐支现金的，应当事先报经开户银行审查批准，由开户银行核定坐支范围和限额。坐支单位应当定期向开户银行报送坐支金额和使用情况；

（三）开户单位根据本条例第五条和第六条的规定，从开户银行提取现金，应当写明用途，由本单位财会部门负责人签字盖章，经开户银行审核后，予以支付现金；

（四）因采购地点不固定，交通不便，生产或者市场急需，抢险救灾以及其他特殊情况必须使用现金的，开户单位应当向开户银行提出申请，由本单位财会部门负责人签字盖章，经开户银行审核后，予以支付现金。

第十二条 开户单位应当建立健全现金账目，逐笔记载现金支付。账目应当日清月结，账款相符。

第十三条 对个体工商户、农村承包经营户发放的贷款，应当以转账方式支付。对确需在集市使用现金购买物资的，经开户银行审核后，可以在贷款金额内支付现金。

第十四条 在开户银行开户的个体工商户、农村承包经营户异地采购所需货款，应当通过银行汇兑方式支付。因采购地点不固定，交通不便必须携带现金的，由开户银行根据实际需要，予以支付现金。

未在开户银行开户的个体工商户、农村承包经营户异地采购所需货款，可以通过银行汇兑方式支付。凡加盖"现金"字样的结算凭证，汇入银行必须保证支付现金。

第十五条 具备条件的银行应当接受开户单位的委托，开展代发工资、转存储蓄业务。

第十六条 为保证开户单位的现金收入及时送存银行，开户银行必须按照规定做好现金收款工作，不得随意缩短收款时间。大中城市和商业比较集中的地区，应当建立非营业时间收款制度。

第十七条 开户银行应当加强柜台审查，定期和不定期地对开户单位现金收支情况进行检查，并按规定向当地人民银行报告现金管理情况。

第十八条 一个单位在几家银行开户的，由一家开户银行负责现金管理工作，核定开户单位库存现金限额。

各金融机构的现金管理分工，由中国人民银行确定。有关现金管理分工的争议，由当地人民银行协调、裁决。

第十九条 开户银行应当建立健全现金管理制度，配备专职人员，改进工作作风，改善服务设施。现金管理工作所需经费应当在开户银行业务费中解决。

第三章 法律责任

第二十条 银行工作人员违反本条例规定，徇私舞弊、贪污受贿、玩忽职守纵容违法行为的，应当根据情节轻重，给予行政处分和经济处罚；构成犯罪的，由司法机关依法追究刑事责任。

第四章 附 则

第二十一条 本条例由中国人民银行负责解释；施行细则由中国人民银行制定。

第二十二条 本条例自 1988 年 10 月 1 日起施行。1977 年 11 月 28 日发布的《国务院关于实行现金管理的决定》同时废止。

中华人民共和国金银管理条例

（1983 年 6 月 15 日中华人民共和国国务院发布
根据 2011 年 1 月 8 日《国务院关于废止和修改部分行政法规的决定》修订）

第一章 总 则

第一条 为加强对金银的管理，保证国家经济建设对金银的需要，特制定本条例。

第二条 本条例所称金银，包括：

（一）矿藏生产金银和冶炼副产金银；
（二）金银条、块、锭、粉；
（三）金银铸币；
（四）金银制品和金基、银基合金制品；
（五）化工产品中含的金银；
（六）金银边角余料及废渣、废液、废料中含的金银。

铂（即白金），按照国家有关规定管理。

属于金银质地的文物，按照《中华人民共和国文物保护法》的规定管理。

第三条 国家对金银实行统一管理、统购统配的政策。

中华人民共和国境内的机关、部队、团体、学校、国营企业、事业单位，城乡集体经济组织（以下统称境内机构）的一切金银的收入和支出，都纳入国家金银收支计划。

第四条 国家管理金银的主管机关为中国人民银行。

中国人民银行负责管理国家金银储备；负责金银的收购与配售；会同国家物价主管机关制定和管理金银收购与配售价格；会同国家有关主管机关审批经营（包括加工、销售）金银制品、含金银化工产品以及从含金银的废渣、废液、废料中回收金银的单位（以下统称经营单位），管理和检查金银市场；监督本条例的实施。

第五条 境内机构所持的金银，除经中国人民银行许可留用的原材料、设备、器皿、纪念品外，必须全部交售给中国人民银行，不得自行处理、占有。

第六条 国家保护个人持有合法所得的

金银。

第七条 在中华人民共和国境内，一切单位和个人不得计价使用金银，禁止私相买卖和借贷抵押金银。

第二章 对金银收购的管理

第八条 金银的收购，统一由中国人民银行办理。除经中国人民银行许可、委托的以外，任何单位和个人不得收购金银。

第九条 从事金银生产（包括矿藏生产和冶炼副产）的厂矿企业、农村社队、部队和个人所采炼的金银，必须全部交售给中国人民银行，不得自行销售、交换和留用。

前款所列生产单位，对生产过程中的金银成品和半成品，必须按照有关规定加强管理，不得私自销售和处理。

第十条 国家鼓励经营单位和使用金银的单位，从伴生金银的矿种和含金银的废渣、废液、废料中回收金银。

前款所列单位必须将回收的金银交售给中国人民银行，不得自行销售、交换和留用。但是，经中国人民银行许可，使用金银的单位将回收的金银重新利用的除外。

第十一条 境内机构从国外进口的金银和矿产品中采炼的副产金银，除经中国人民银行允许留用的或者按照规定用于进料加工复出口的金银以外，一律交售给中国人民银行，不得自行销售、交换和留用。

第十二条 个人出售金银，必须卖给中国人民银行。

第十三条 一切出土无主金银，均为国家所有，任何单位和个人不得熔化、销毁或占有。

单位和个人发现的出土无主金银，经当地文化行政管理部门鉴定，除有历史文物价值的按照《中华人民共和国文物保护法》的规定办理外，必须交给中国人民银行收兑，价款上缴国库。

第十四条 公安、司法、海关、工商行政管理、税务等国家机关依法没收的金银，一律交售给中国人民银行，不得自行处理或者以其他实物顶替。没收的金银价款按照有关规定上缴国库。

第三章 对金银配售的管理

第十五条 凡需用金银的单位，必须按照规定程序向中国人民银行提出申请使用金银的计划，由中国人民银行审批、供应。

中国人民银行应当按照批准的计划供应，不得随意减售或拖延。

第十六条 中华人民共和国境内的外资企业、中外合资企业以及外商，订购金银制品或者加工其他含金银产品，要求在国内供应金银者，必须按照规定程序提出申请，由中国人民银行审批予以供应。

第十七条 使用金银的单位，必须建立使用制度，严格做到专项使用、结余交回。未经中国人民银行许可，不得把金银原料（包括半成品）转让或者移作他用。

第十八条 在本条例规定范围内，中国人民银行有权对使用金银的单位进行监督和检查。使用金银的单位应当向中国人民银行据实提供有关使用金银的情况和资料。

第四章 对经营单位和个体银匠的管理

第十九条 申请经营（包括加工、销售）金银制品、含金银化工产品以及从含金银的废渣、废液、废料中回收金银的单位，必须按照国家有关规定和审批程序，经中国人民银行和有关主管机关审查批准，在工商行政管理机关登记发给营业执照后，始得营业。

第二十条 经营单位必须按照批准的金银业务范围从事经营，不得擅自改变经营范围，不得在经营中克扣、挪用和套购金银。

第二十一条 金银质地纪念币的铸造、发行由中国人民银行办理，其他任何单位不得铸造、仿造和发行。

金银质地纪念章（牌）的出口经营，由中国人民银行和中华人民共和国对外经济贸易部分别办理。

第二十二条 委托、寄售商店，不得收购或者寄售金银制品、金银器材。珠宝商店可以收购供出口销售的带有金银镶嵌的珠宝饰品，但是不得收购、销售金银制品和金银器材。金银制品由中国人民银行收购并负责供应外贸出口。

第二十三条 边疆少数民族地区和沿海侨眷比较集中地区的个体银匠，经县或者县级以上中国人民银行以及工商行政管理机关批准，可以从事代客加工和修理金银制品的业务，但不得收购和销售金银制品。

第二十四条　国家允许个人邮寄金银饰品，具体管理办法由中国人民银行会同中华人民共和国邮电部制定。

第五章　对金银进出国境的管理

第二十五条　携带金银进入中华人民共和国国境，数量不受限制，但是必须向入境地中华人民共和国海关申报登记。

第二十六条　携带或者复带金银出境，中华人民共和国海关凭中国人民银行出具的证明或者原入境时的申报单登记的数量查验放行；不能提供证明的或者超过原入境时申报登记数量的，不许出境。

第二十七条　携带在中华人民共和国境内供应旅游者购买的金银饰品（包括镶嵌饰品、工艺品、器皿等）出境，中华人民共和国海关凭国内经营金银制品的单位开具的特种发货票查验放行。无凭据的，不许出境。

第二十八条　在中华人民共和国境内的中国人、外国侨民和无国籍人出境定居，每人携带金银的限额为：黄金饰品1市两（31.25克），白银饰品10市两（312.50克），银质器皿20市两（625克）。经中华人民共和国海关查验符合规定限额的放行。

第二十九条　中华人民共和国境内的外资企业、中外合资企业，从国外进口金银作产品原料的，其数量不限；出口含金银量较高的产品，须经中国人民银行核准后放行。未经核准或者超过核准出口数量的，不许出境。

第六章　奖励与惩罚

第三十条　有下列事迹的单位或者个人，国家给予表彰或者适当的物质奖励：

（一）认真执行国家金银政策法令，在金银回收或者管理工作中做出显著成绩的；

（二）为保护国家金银与有关违法犯罪行为坚决斗争，事迹突出的；

（三）发现出土无主金银及时上报或者上交，对国家有贡献的；

（四）将个人收藏的金银捐献给国家的。

第三十一条　违反本条例的下列行为，根据情节轻重，分别由中国人民银行、工商行政管理机关和海关按照各自的职责权限给予以下处罚：

（一）违反本条例第八、九、十、十一条规定，擅自收购、销售、交换和留用金银的，由中国人民银行或者工商行政管理机关予以强制收购或者贬值收购。情节严重的，工商行政管理机关可并处以罚款，或者单处以没收。

违反本条例第八、九、十、十一条规定的，工商行政管理机关可另处以吊销营业执照。

（二）违反本条例第十三条规定，私自熔化、销毁、占有出土无主金银的，由中国人民银行追回实物或者由工商行政管理机关处以罚款。

（三）违反本条例第十七条规定擅自改变使用用途或者转让金银原材料的，由中国人民银行予以警告，或者追回已配售的金银。情节严重的，处以罚款直至停止供应。

（四）违反本条例第十九、二十、二十一、二十二、二十三条规定，未经批准私自经营的，或者擅自改变经营范围的，或者套购、挪用、克扣金银的，由工商行政管理机关处以罚款或者没收。情节严重的，可并处以吊销营业执照、责令停业。

（五）违反本条例第七条规定，将金银计价使用、私相买卖、借贷抵押的，由中国人民银行或者工商行政管理机关予以强制收购或者贬值收购。情节严重的，由工商行政管理机关处以罚款或者没收。

（六）违反本条例第五章有关金银进出国境管理规定或者用各种方法偷运金银出境的，由海关依据本条例和国家海关法规处理。

（七）违反本条例第十四条规定的，由中国人民银行予以兑换。对直接责任人员由有关单位追究行政责任。

第三十二条　违反本条例规定，已构成犯罪行为的，由司法机关依法追究刑事责任。

第七章　附　则

第三十三条　本条例的施行细则，由中国人民银行会同国务院有关部门制定。

第三十四条　边疆少数民族地区的金银管理需要作某些变通规定的，由有关省、自治区人民政府会同中国人民银行根据本条例制定。

第三十五条　本条例自发布之日起施行。过去有关部门制定的金银管理办法即行废止。

黄金及黄金制品进出口管理办法

(2015年3月4日中国人民银行、海关总署令2005年第1号发布 根据2020年4月16日中国人民银行、海关总署令2020年第3号修改)

第一条 为了规范黄金及黄金制品进出口行为，加强黄金及黄金制品进出口管理，根据《中华人民共和国中国人民银行法》《中华人民共和国海关法》和《国务院对确需保留的行政审批项目设定行政许可的决定》等法律法规，制定本办法。

第二条 本办法所称黄金是指未锻造金，黄金制品是指半制成金和金制成品等。

第三条 中国人民银行是黄金及黄金制品进出口主管部门，对黄金及黄金制品进出口实行准许证制度。

中国人民银行根据国家宏观经济调控需求，可以对黄金及黄金制品进出口的数量进行限制性审批。

列入《黄金及黄金制品进出口管理目录》的黄金及黄金制品进口或出口通关时，应当向海关提交中国人民银行及其分支机构签发的《中国人民银行黄金及黄金制品进出口准许证》(附1)。

中国人民银行会同海关总署制定、调整并公布《黄金及黄金制品进出口管理商品目录》。

第四条 法人、其他组织以下列贸易方式进出口黄金及黄金制品的。应当按照本办法办理《中国人民银行黄金及黄金制品进出口准许证》：

(一) 一般贸易；

(二) 加工贸易转内销及境内购置黄金原料以加工贸易方式出口黄金制品的；

(三) 海关特殊监管区域、保税监管场所与境内区外之间进出口的。

个人、法人或者其他组织因公益事业捐赠进口黄金及黄金制品的，应当按照本办法办理《中国人民银行黄金及黄金制品进出口准许证》。

个人携带黄金及黄金制品进出境的管理规定，由中国人民银行会同海关总署制定。

第五条 国家黄金储备进出口由中国人民银行办理。

金质铸币(包括金质贵金属纪念币)进出口由中国人民银行指定机构办理。

第六条 获得黄金进出口资格的市场主体应当承担平衡国内黄金市场实物供求的责任，进出口黄金应当在国务院批准的黄金现货交易所内登记，并完成初次交易。

第七条 黄金进出口和公益事业捐赠黄金制品进口申请由中国人民银行受理和审批。

黄金制品进出口申请由中国人民银行地市级以上分支机构受理；中国人民银行上海总部；各分行、营业管理部、省会(首府)城市中心支行，深圳市中心支行审批。

第八条 申请黄金进出口(除因公益事业捐赠进口黄金)的，应当具备法人资格，近2年内无相关违法违规行为；并且具备下列条件之一：

(一) 是国务院批准的黄金交易所的金融机构会员或做市商，具备黄金业务专业人员、完善的黄金业务风险控制制度和稳定的黄金进出口渠道，所开展的黄金市场业务符合相关政策或管理规定，并且申请前两个年度黄金现货交易活跃、自营交易量排名前列；

(二) 是国务院批准的黄金交易所的综合类会员，年矿产金10吨以上、其生产过程中的污染物排放达到国家环保标准，在境外黄金矿产投资规模达5000万美元以上，取得境外金矿或者共生、伴生金矿开采权，已形成矿产金生产能力，所开展的业务符合国内外相关政策或管理规定，申请前两个年度黄金现货交易活跃，自营交易量排名前列的矿产企业；

(三) 在国内有连续3年且每年不少于2亿元人民币的纳税记录，在境外有色金属投资1亿美元以上，取得境外金矿或共生、伴生金

矿开采权,已形成矿产金生产能力,所开展的业务符合国内外相关政策或管理规定的矿产企业;

(四)承担国家贵金属纪念币生产任务进口黄金的生产企业;

(五)为取得国际黄金市场品牌认证资格进出口黄金的精炼企业。

第九条 申请黄金制品进出口(除因公益事业捐赠进口黄金制品)的,应当具备法人或其他组织资格,近2年内无相关违法违规行为,并且具备下列条件之一:

(一)生产、加工或者使用相关黄金制品的企业,有必要的生产场所、设备和设施,生产过程中的污染物排放达到国家环保标准,有连续3年且年均不少于100万元人民币的纳税记录;

(二)适用海关认证企业管理的外贸经营企业,有连续3年且年均不少于300万元人民币的纳税记录;

(三)因国家科研项目、重点课题需要使用黄金制品的教育机构、科学研究机构等。

第十条 申请黄金进出口的,应当向中国人民银行提交下列材料:

(一)书面申请,应当载明申请人的名称、住所(办公场所)、企业概况、进出口黄金的用途和计划数量等业务情况说明;

(二)《黄金及黄金制品进出口申请表》(附2);

(三)加盖公章的企业法人营业执照复印件;

(四)黄金进出口合同及其复印件;

(五)加盖公章的《中华人民共和国组织机构代码证》复印件;

(六)申请人近2年有无违法行为的说明材料;

(七)银行业金融机构还应当提供内部黄金业务风险控制制度有关材料;

(八)黄金矿产的生产企业还应当提交省级环保部门出具的污染物排放许可证件和年度达标检测报告复印件、商务部门有关境外投资批复文件复印件、银行汇出汇款证明书复印件、境外国家或者地区开采黄金有关证明,企业近3年的纳税记录。申请出口黄金的还应当提交在国务院批准的黄金现货交易所的登记证明。

前款其他材料未发生变更再次申请黄金进出口的,只需提交前款第二项和第四项材料;前款其他材料发生变更的,比照初次申请办理。

第十一条 申请黄金制品进出口的,应当向申请人住所地的中国人民银行地市级以上分支机构提交下列材料:

(一)书面申请,应当载明申请人的名称、住所(办公场所)、企业概况、进出口黄金制品的用途和计划数量等业务情况说明;

(二)《黄金及黄金制品进出口申请表》;

(三)加盖公章的企业法人营业执照、事业单位法人证书等法定登记证书复印件;

(四)黄金制品进出口合同复印件;

(五)加盖备案登记章的《对外贸易经营者备案表》或《外商投资企业批准证书》;

(六)申请人近2年有无违法行为的说明材料;

(七)生产、加工或者使用黄金制品的企业还应当提交近3年的企业纳税记录,地市级环保部门出具的污染物排放许可证件和年度达标检测报告及其复印件;

(八)从事外贸经营的企业还应当提交适用海关认证企业管理的有关证明材料、近3年的企业纳税记录;

(九)教育机构、科学研究机构还应当提交承担国家科研项目、重点课题的证明材料;

(十)出口黄金制品的企业还应当提交在国内取得黄金原料的增值税发票等证明材料。

前款其他材料未发生变更再次申请黄金制品进出口的,只需提交前款第二项和第四项材料,教育机构、科学研究机构还应当提交前款第九项材料,出口黄金制品的企业还应当提交前款第十项规定的有关材料;前款其他材料发生变更的,比照初次申请办理。

第十二条 加工贸易因故转内销的黄金制品、转内销商品中进口料件是《黄金及黄金制品进出口管理目录》范围内商品的、在境内购置黄金原料以加工贸易方式出口黄金制品的,适用本办法第九条第一项规定的申请条件。

因加工贸易转内销的,应当按照本办法第十一条规定报送申请材料,同时,还应当提交有正当理由需要转内销的说明材料、加工贸易业务批准证复印件、加工贸易合同等材料及其复印件。

境内购置黄金原料以加工贸易方式出口黄金制品的，企业应当在加工贸易手册设立（变更）时向海关申报境内购置黄金情况，并提交《中国人民银行黄金及黄金制品进出口准许证》。

第十三条 个人、法人或者其他组织因公益事业捐赠进口黄金及黄金制品的，应当由受赠人向中国人民银行提交下列材料：

（一）符合《中华人民共和国公益事业捐赠法》规定的捐赠协议；

（二）事业单位法人证书或社会团体法人登记证书等法定登记证书及其复印件；

（三）《黄金及黄金制品进出口申请表》。

第十四条 中国人民银行应当自受理黄金及黄金制品进出口申请之日起20个工作日内做出行政许可决定。

第十五条 中国人民银行地市级分支机构应当自受理黄金制品进出口申请之日起20个工作日内将初步审查意见和全部申请材料直接报送上一级机构。上一级机构应当在收到初步审查意见和全部申请材料后20个工作日内做出行政许可决定。

中国人民银行上海总部，各分行、营业管理部、省会（首府）城市中心支行，深圳市中心支行直接受理黄金制品进出口申请的，应当自受理之日起20个工作日内做出行政许可决定。

第十六条 需要对申请材料的实质内容进行核实的，中国人民银行及其分支机构可以对申请人进行核查，核查应当由两名以上工作人员进行。

第十七条 被许可人在办理黄金及黄金制品货物进出口时，凭《中国人民银行黄金及黄金制品进出口准许证》向海关办理有关手续。

《中国人民银行黄金及黄金制品进出口准许证》实行一批一证，自签发日起40个工作日内使用。被许可人有正当理由需要延期的，可以在凭证有效期届满5个工作日前持原证向发证机构申请办理一次延期手续。

第十八条 中国人民银行及其分支机构有权对被许可人从事行政许可事项的活动进行监督检查，被许可人应当予以配合。

第十九条 被许可人应当按照中国人民银行及其分支机构的规定，及时上报黄金及黄金制品进出口许可的执行情况并且提供有关材料。

第二十条 除本办法第四条规定外，以下方式进出的黄金及黄金制品免予办理《中国人民银行黄金及黄金制品进出口准许证》，由海关实施监管：

（一）通过加工贸易方式进出的；

（二）海关特殊监管区域、保税监管场所与境外之间进出的；

（三）海关特殊监管区域、保税监管场所之间进出的；

（四）以维修、退运、暂时进出境方式进出境的。

第二十一条 除本办法第四条、第五条和第二十条规定之外，个人、法人和其他组织不得以其他任何方式进出口黄金及黄金制品。国家另有规定的除外。

第二十二条 个人、法人和其他组织进出口黄金及黄金制品应当遵守国家反洗钱和反恐怖融资有关规定。

第二十三条 黄金及黄金制品进出口发生的外汇收支，应当按照外汇管理规定办理。

第二十四条 被许可人不得有下列行为：

（一）转让、出借黄金及黄金制品进出口证件；

（二）使用伪造、变造的黄金及黄金制品进出口证件；

（三）骗取或者采用其他不正当手段获取黄金及黄金制品进出口证件；

（四）超越进出口行政许可品种、规格、数量范围；

（五）虚假捐赠进口黄金及黄金制品；

（六）进口黄金未按照规定在黄金现货交易所登记、交易；

（七）以囤积居奇等方式恶意操纵黄金交易价格，或有欺诈等其他侵犯投资者权益行为；

（八）违反黄金市场及黄金衍生品交易相关政策或管理规定；

（九）拒绝中国人民银行及其分支机构监督检查，或者在监督检查过程中隐瞒有关情况、提供虚假材料。

被许可人有前款所列行为之一的，中国人民银行及其分支机构可以暂停受理其进出口申请；情节严重的，按照《中华人民共和国中国人民银行法》第四十六条规定予以处罚。

第二十五条 中国人民银行及其分支机构可以依法撤销被许可人的黄金及黄金制品进出口证件。

第二十六条 违反本办法规定进出口黄金及黄金制品，构成走私行为或者违反海关监管规定等违法行为的，由海关依照《中华人民共和国海关法》《中华人民共和国海关行政处罚实施条例》等法律法规处理；构成犯罪的，依法移交司法机关追究刑事责任。

第二十七条 本办法由中国人民银行、海关总署负责解释。

第二十八条 本办法自 2015 年 4 月 1 日起施行。

（三）反洗钱、反恐怖融资

中华人民共和国反洗钱法

(2006 年 10 月 31 日第十届全国人民代表大会常务委员会第二十四次会议通过 2006 年 10 月 31 日中华人民共和国主席令第 56 号公布 自 2007 年 1 月 1 日起施行)

目 录

第一章 总 则
第二章 反洗钱监督管理
第三章 金融机构反洗钱义务
第四章 反洗钱调查
第五章 反洗钱国际合作
第六章 法律责任
第七章 附 则

第一章 总 则

第一条 为了预防洗钱活动，维护金融秩序，遏制洗钱犯罪及相关犯罪，制定本法。

第二条 本法所称反洗钱，是指为了预防通过各种方式掩饰、隐瞒毒品犯罪、黑社会性质的组织犯罪、恐怖活动犯罪、走私犯罪、贪污贿赂犯罪、破坏金融管理秩序犯罪、金融诈骗犯罪等犯罪所得及其收益的来源和性质的洗钱活动，依照本法规定采取相关措施的行为。

第三条 在中华人民共和国境内设立的金融机构和按照规定应当履行反洗钱义务的特定非金融机构，应当依法采取预防、监控措施，建立健全客户身份识别制度、客户身份资料和交易记录保存制度、大额交易和可疑交易报告制度，履行反洗钱义务。

第四条 国务院反洗钱行政主管部门负责全国的反洗钱监督管理工作。国务院有关部门、机构在各自的职责范围内履行反洗钱监督管理职责。

国务院反洗钱行政主管部门、国务院有关部门、机构和司法机关在反洗钱工作中应当相互配合。

第五条 对依法履行反洗钱职责或者义务获得的客户身份资料和交易信息，应当予以保密；非依法律规定，不得向任何单位和个人提供。

反洗钱行政主管部门和其他依法负有反洗钱监督管理职责的部门、机构履行反洗钱职责获得的客户身份资料和交易信息，只能用于反洗钱行政调查。

司法机关依照本法获得的客户身份资料和交易信息，只能用于反洗钱刑事诉讼。

第六条 履行反洗钱义务的机构及其工作人员依法提交大额交易和可疑交易报告，受法律保护。

第七条 任何单位和个人发现洗钱活动，

有权向反洗钱行政主管部门或者公安机关举报。接受举报的机关应当对举报人和举报内容保密。

第二章 反洗钱监督管理

第八条 国务院反洗钱行政主管部门组织、协调全国的反洗钱工作，负责反洗钱的资金监测，制定或者会同国务院有关金融监督管理机构制定金融机构反洗钱规章，监督、检查金融机构履行反洗钱义务的情况，在职责范围内调查可疑交易活动，履行法律和国务院规定的有关反洗钱的其他职责。

国务院反洗钱行政主管部门的派出机构在国务院反洗钱行政主管部门的授权范围内，对金融机构履行反洗钱义务的情况进行监督、检查。

第九条 国务院有关金融监督管理机构参与制定所监督管理的金融机构反洗钱规章，对所监督管理的金融机构提出按照规定建立健全反洗钱内部控制制度的要求，履行法律和国务院规定的有关反洗钱的其他职责。

第十条 国务院反洗钱行政主管部门设立反洗钱信息中心，负责大额交易和可疑交易报告的接收、分析，并按照规定向国务院反洗钱行政主管部门报告分析结果，履行国务院反洗钱行政主管部门规定的其他职责。

第十一条 国务院反洗钱行政主管部门为履行反洗钱资金监测职责，可以从国务院有关部门、机构获取所必需的信息，国务院有关部门、机构应当提供。

国务院反洗钱行政主管部门应当向国务院有关部门、机构定期通报反洗钱工作情况。

第十二条 海关发现个人出入境携带的现金、无记名有价证券超过规定金额的，应当及时向反洗钱行政主管部门通报。

前款应当通报的金额标准由国务院反洗钱行政主管部门会同海关总署规定。

第十三条 反洗钱行政主管部门和其他依法负有反洗钱监督管理职责的部门、机构发现涉嫌洗钱犯罪的交易活动，应当及时向侦查机关报告。

第十四条 国务院有关金融监督管理机构审批新设金融机构或者金融机构增设分支机构时，应当审查新机构反洗钱内部控制制度的方案；对于不符合本法规定的设立申请，不予批准。

第三章 金融机构反洗钱义务

第十五条 金融机构应当依照本法规定建立健全反洗钱内部控制制度，金融机构的负责人应当对反洗钱内部控制制度的有效实施负责。

金融机构应当设立反洗钱专门机构或者指定内设机构负责反洗钱工作。

第十六条 金融机构应当按照规定建立客户身份识别制度。

金融机构在与客户建立业务关系或者为客户提供规定金额以上的现金汇款、现钞兑换、票据兑付等一次性金融服务时，应当要求客户出示真实有效的身份证件或者其他身份证明文件，进行核对并登记。

客户由他人代理办理业务的，金融机构应当同时对代理人和被代理人的身份证件或者其他身份证明文件进行核对并登记。

与客户建立人身保险、信托等业务关系，合同的受益人不是客户本人的，金融机构还应当对受益人的身份证件或者其他身份证明文件进行核对并登记。

金融机构不得为身份不明的客户提供服务或者与其进行交易，不得为客户开立匿名账户或者假名账户。

金融机构对先前获得的客户身份资料的真实性、有效性或者完整性有疑问的，应当重新识别客户身份。

任何单位和个人在与金融机构建立业务关系或者要求金融机构为其提供一次性金融服务时，都应当提供真实有效的身份证件或者其他身份证明文件。

第十七条 金融机构通过第三方识别客户身份的，应当确保第三方已经采取符合本法要求的客户身份识别措施；第三方未采取符合本法要求的客户身份识别措施的，由该金融机构承担未履行客户身份识别义务的责任。

第十八条 金融机构进行客户身份识别，认为必要时，可以向公安、工商行政管理等部门核实客户的有关身份信息。

第十九条 金融机构应当按照规定建立客户身份资料和交易记录保存制度。

在业务关系存续期间，客户身份资料发生变更的，应当及时更新客户身份资料。

客户身份资料在业务关系结束后、客户交易信息在交易结束后，应当至少保存五年。

金融机构破产和解散时，应当将客户身份资料和客户交易信息移交国务院有关部门指定的机构。

第二十条 金融机构应当按照规定执行大额交易和可疑交易报告制度。

金融机构办理的单笔交易或者在规定期限内的累计交易超过规定金额或者发现可疑交易的，应当及时向反洗钱信息中心报告。

第二十一条 金融机构建立客户身份识别制度、客户身份资料和交易记录保存制度的具体办法，由国务院反洗钱行政主管部门会同国务院有关金融监督管理机构制定。金融机构大额交易和可疑交易报告的具体办法，由国务院反洗钱行政主管部门制定。

第二十二条 金融机构应当按照反洗钱预防、监控制度的要求，开展反洗钱培训和宣传工作。

第四章　反洗钱调查

第二十三条 国务院反洗钱行政主管部门或者其省一级派出机构发现可疑交易活动，需要调查核实的，可以向金融机构进行调查，金融机构应当予以配合，如实提供有关文件和资料。

调查可疑交易活动时，调查人员不得少于二人，并出示合法证件和国务院反洗钱行政主管部门或者其省一级派出机构出具的调查通知书。调查人员少于二人或者未出示合法证件和调查通知书的，金融机构有权拒绝调查。

第二十四条 调查可疑交易活动，可以询问金融机构有关人员，要求其说明情况。

询问应当制作询问笔录。询问笔录应当交被询问人核对。记载有遗漏或者差错的，被询问人可以要求补充或者更正。被询问人确认笔录无误后，应当签名或者盖章；调查人员也应当在笔录上签名。

第二十五条 调查中需要进一步核查的，经国务院反洗钱行政主管部门或者其省一级派出机构的负责人批准，可以查阅、复制被调查对象的账户信息、交易记录和其他有关资料；对可能被转移、隐藏、篡改或者毁损的文件、资料，可以予以封存。

调查人员封存文件、资料，应当会同在场的金融机构工作人员查点清楚，当场开列清单一式二份，由调查人员和在场的金融机构工作人员签名或者盖章，一份交金融机构，一份附卷备查。

第二十六条 经调查仍不能排除洗钱嫌疑的，应当立即向有管辖权的侦查机关报案。客户要求将调查所涉及的账户资金转往境外的，经国务院反洗钱行政主管部门负责人批准，可以采取临时冻结措施。

侦查机关接到报案后，对已依照前款规定临时冻结的资金，应当及时决定是否继续冻结。侦查机关认为需要继续冻结的，依照刑事诉讼法的规定采取冻结措施；认为不需要继续冻结的，应当立即通知国务院反洗钱行政主管部门，国务院反洗钱行政主管部门应当立即通知金融机构解除冻结。

临时冻结不得超过四十八小时。金融机构在按照国务院反洗钱行政主管部门的要求采取临时冻结措施后四十八小时内，未接到侦查机关继续冻结通知的，应当立即解除冻结。

第五章　反洗钱国际合作

第二十七条 中华人民共和国根据缔结或者参加的国际条约，或者按照平等互惠原则，开展反洗钱国际合作。

第二十八条 国务院反洗钱行政主管部门根据国务院授权，代表中国政府与外国政府和有关国际组织开展反洗钱合作，依法与境外反洗钱机构交换与反洗钱有关的信息和资料。

第二十九条 涉及追究洗钱犯罪的司法协助，由司法机关依照有关法律的规定办理。

第六章　法律责任

第三十条 反洗钱行政主管部门和其他依法负有反洗钱监督管理职责的部门、机构从事反洗钱工作的人员有下列行为之一的，依法给予行政处分：

（一）违反规定进行检查、调查或者采取临时冻结措施的；

（二）泄露因反洗钱知悉的国家秘密、商业秘密或者个人隐私的；

（三）违反规定对有关机构和人员实施行政处罚的；

（四）其他不依法履行职责的行为。

第三十一条 金融机构有下列行为之一

的，由国务院反洗钱行政主管部门或者其授权的设区的市一级以上派出机构责令限期改正；情节严重的，建议有关金融监督管理机构依法责令金融机构对直接负责的董事、高级管理人员和其他直接责任人员给予纪律处分：

（一）未按照规定建立反洗钱内部控制制度的；

（二）未按照规定设立反洗钱专门机构或者指定内设机构负责反洗钱工作的；

（三）未按照规定对职工进行反洗钱培训的。

第三十二条 金融机构有下列行为之一的，由国务院反洗钱行政主管部门或者其授权的设区的市一级以上派出机构责令限期改正；情节严重的，处二十万元以上五十万元以下罚款，并对直接负责的董事、高级管理人员和其他直接责任人员，处一万元以上五万元以下罚款：

（一）未按照规定履行客户身份识别义务的；

（二）未按照规定保存客户身份资料和交易记录的；

（三）未按照规定报送大额交易报告或者可疑交易报告的；

（四）与身份不明的客户进行交易或者为客户开立匿名账户、假名账户的；

（五）违反保密规定，泄露有关信息的；

（六）拒绝、阻碍反洗钱检查、调查的；

（七）拒绝提供调查材料或者故意提供虚假材料的。

金融机构有前款行为，致使洗钱后果发生的，处五十万元以上五百万元以下罚款，并对直接负责的董事、高级管理人员和其他直接责任人员处五万元以上五十万元以下罚款；情节特别严重的，反洗钱行政主管部门可以建议有关金融监督管理机构责令停业整顿或者吊销其经营许可证。

对有前两款规定情形的金融机构直接负责的董事、高级管理人员和其他直接责任人员，反洗钱行政主管部门可以建议有关金融监督管理机构依法责令金融机构给予纪律处分，或者建议依法取消其任职资格、禁止其从事有关金融行业工作。

第三十三条 违反本法规定，构成犯罪的，依法追究刑事责任。

第七章 附 则

第三十四条 本法所称金融机构，是指依法设立的从事金融业务的政策性银行、商业银行、信用合作社、邮政储汇机构、信托投资公司、证券公司、期货经纪公司、保险公司以及国务院反洗钱行政主管部门确定并公布的从事金融业务的其他机构。

第三十五条 应当履行反洗钱义务的特定非金融机构的范围、其履行反洗钱义务和对其监督管理的具体办法，由国务院反洗钱行政主管部门会同国务院有关部门制定。

第三十六条 对涉嫌恐怖活动资金的监控适用本法；其他法律另有规定的，适用其规定。

第三十七条 本法自2007年1月1日起施行。

金融机构反洗钱和反恐怖融资监督管理办法

(2021年4月12日中国人民银行第3次行务会议审议通过
2021年4月15日中国人民银行令2021年第3号发布
自2021年8月1日起施行)

第一章 总 则

第一条 为了督促金融机构有效履行反洗钱和反恐怖融资义务，规范反洗钱和反恐怖融资监督管理行为，根据《中华人民共和国反洗钱法》《中华人民共和国中国人民银行法》《中华人民共和国反恐怖主义法》等法律法规，制定本办法。

第二条　本办法适用于在中华人民共和国境内依法设立的下列金融机构：

（一）开发性金融机构、政策性银行、商业银行、农村合作银行、农村信用合作社、村镇银行；

（二）证券公司、期货公司、证券投资基金管理公司；

（三）保险公司、保险资产管理公司；

（四）信托公司、金融资产管理公司、企业集团财务公司、金融租赁公司、汽车金融公司、消费金融公司、货币经纪公司、贷款公司、银行理财子公司；

（五）中国人民银行确定并公布应当履行反洗钱和反恐怖融资义务的其他金融机构。

非银行支付机构、银行卡清算机构、资金清算中心、网络小额贷款公司以及从事汇兑业务、基金销售业务、保险专业代理和保险经纪业务的机构，适用本办法关于金融机构的监督管理规定。

第三条　中国人民银行及其分支机构依法对金融机构反洗钱和反恐怖融资工作进行监督管理。

第四条　金融机构应当按照规定建立健全反洗钱和反恐怖融资内部控制制度，评估洗钱和恐怖融资风险，建立与风险状况和经营规模相适应的风险管理机制，搭建反洗钱信息系统，设立或者指定部门并配备相应人员，有效履行反洗钱和反恐怖融资义务。

第五条　对依法履行反洗钱和反恐怖融资职责或者义务获得的客户身份资料和交易信息，应当予以保密，非依法律规定不得对外提供。

第二章　金融机构反洗钱和反恐怖融资内部控制和风险管理

第六条　金融机构应当按照规定，结合本机构经营规模以及洗钱和恐怖融资风险状况，建立健全反洗钱和反恐怖融资内部控制制度。

第七条　金融机构应当在总部层面建立洗钱和恐怖融资风险自评估制度，定期或不定期评估洗钱和恐怖融资风险，经董事会或者高级管理层审定之日起10个工作日内，将自评估情况报送中国人民银行或者所在地中国人民银行分支机构。

金融机构洗钱和恐怖融资风险自评估应当与本机构经营规模和业务特征相适应，充分考虑客户、地域、业务、交易渠道等方面的风险要素类型及其变化情况，并吸收运用国家洗钱和恐怖融资风险评估报告、监管部门及自律组织的指引等。金融机构在采用新技术、开办新业务或者提供新产品、新服务前，或者其面临的洗钱或者恐怖融资风险发生显著变化时，应当进行洗钱和恐怖融资风险评估。

金融机构应当定期审查和不断优化洗钱和恐怖融资风险评估工作流程和指标体系。

第八条　金融机构应当根据本机构经营规模和已识别出的洗钱和恐怖融资风险状况，经董事会或者高级管理层批准，制定相应的风险管理政策，并根据风险状况变化和控制措施执行情况及时调整。

金融机构应当将洗钱和恐怖融资风险管理纳入本机构全面风险管理体系，覆盖各项业务活动和管理流程；针对识别的较高风险情形，应当采取强化措施，管理并降低风险；针对识别的较低风险情形，可以采取简化措施；超出金融机构风险控制能力的，不得与客户建立业务关系或者进行交易，已经建立业务关系的，应当中止交易并考虑提交可疑交易报告，必要时终止业务关系。

第九条　金融机构应当设立专门部门或者指定内设部门牵头开展反洗钱和反恐怖融资管理工作。

金融机构应当明确董事会、监事会、高级管理层和相关部门的反洗钱和反恐怖融资职责，建立相应的绩效考核和奖惩机制。

金融机构应当任命或者授权一名高级管理人员牵头负责反洗钱和反恐怖融资管理工作，并采取合理措施确保其独立开展工作以及充分获取履职所需权限和资源。

金融机构应当根据本机构经营规模、洗钱和恐怖融资风险状况和业务发展趋势配备充足的反洗钱岗位人员，采取适当措施确保反洗钱岗位人员的资质、经验、专业素质及职业道德符合要求，制定持续的反洗钱和反恐怖融资培训计划。

第十条　金融机构应当根据反洗钱和反恐怖融资工作需要，建立和完善相关信息系统，并根据风险状况、反洗钱和反恐怖融资工作需求变化及时优化升级。

第十一条　金融机构应当建立反洗钱和反

恐怖融资审计机制，通过内部审计或者独立审计等方式，审查反洗钱和反恐怖融资内部控制制度制定和执行情况。审计应当遵循独立性原则，全面覆盖境内外分支机构、控股附属机构，审计的范围、方法和频率应当与本机构经营规模及洗钱和恐怖融资风险状况相适应，审计报告应当向董事会或者其授权的专门委员会提交。

第十二条 金融机构应当在总部层面制定统一的反洗钱和反恐怖融资机制安排，包括为开展客户尽职调查、洗钱和恐怖融资风险管理，共享反洗钱和反恐怖融资信息的制度和程序，并确保其所有分支机构和控股附属机构结合自身业务特点有效执行。

金融机构在共享和使用反洗钱和反恐怖融资信息方面应当依法提供信息并防止信息泄露。

第十三条 金融机构应当要求其境外分支机构和控股附属机构在驻在国家（地区）法律规定允许的范围内，执行本办法；驻在国家（地区）有更严格要求的，遵守其规定。

如果本办法的要求比驻在国家（地区）的相关规定更为严格，但驻在国家（地区）法律禁止或者限制境外分支机构和控股附属机构实施本办法的，金融机构应当采取适当的补充措施应对洗钱和恐怖融资风险，并向中国人民银行报告。

第十四条 金融机构应当按照规定，结合内部控制制度和风险管理机制的相关要求，履行客户尽职调查、客户身份资料和交易记录保存、大额交易和可疑交易报告等义务。

第十五条 金融机构应当按照中国人民银行的规定报送反洗钱和反恐怖融资工作信息。金融机构应当对相关信息的真实性、完整性、有效性负责。

第十六条 在境外设有分支机构或控股附属机构的，境内金融机构总部应当按年度向中国人民银行或者所在地中国人民银行分支机构报告境外分支机构或控股附属机构接受驻在国家（地区）反洗钱和反恐怖融资监管情况。

第十七条 发生下列情况的，金融机构应当按照规定及时向中国人民银行或者所在地中国人民银行分支机构报告：

（一）制定或者修订主要反洗钱和反恐怖融资内部控制制度的；

（二）牵头负责反洗钱和反恐怖融资工作的高级管理人员、牵头管理部门或者部门主要负责人调整的；

（三）发生涉及反洗钱和反恐怖融资工作的重大风险事项的；

（四）境外分支机构和控股附属机构受到当地监管当局或者司法部门开展的与反洗钱和反恐怖融资相关的执法检查、行政处罚、刑事调查或者发生其他重大风险事件的；

（五）中国人民银行要求报告的其他事项。

第三章 反洗钱和反恐怖融资监督管理

第十八条 中国人民银行及其分支机构应当遵循风险为本和法人监管原则，合理运用各类监管方法，实现对不同类型金融机构的有效监管。

中国人民银行及其分支机构可以向国务院金融监督管理机构或者其派出机构通报对金融机构反洗钱和反恐怖融资监管情况。

第十九条 根据履行反洗钱和反恐怖融资职责的需要，中国人民银行及其分支机构可以按照规定程序，对金融机构履行反洗钱和反恐怖融资义务的情况开展执法检查。

中国人民银行及其分支机构可以对其下级机构负责监督管理的金融机构进行反洗钱和反恐怖融资执法检查，可以授权下级机构检查由上级机构负责监督管理的金融机构。

第二十条 中国人民银行及其分支机构开展反洗钱和反恐怖融资执法检查，应当依据现行反洗钱和反恐怖融资规定，按照中国人民银行执法检查有关程序规定组织实施。

第二十一条 中国人民银行及其分支机构应当根据执法检查有关程序规定，规范有效地开展执法检查工作，重点加强对以下机构的监督管理：

（一）涉及洗钱和恐怖融资案件的机构；

（二）洗钱和恐怖融资风险较高的机构；

（三）通过日常监管、受理举报投诉等方式，发现存在重大违法违规线索的机构；

（四）其他应当重点监管的机构。

第二十二条 中国人民银行及其分支机构进入金融机构现场开展反洗钱和反恐怖融资检查的，按照规定可以询问金融机构工作人员，要求其对监管事项作出说明；查阅、复制文件、资料，对可能被转移、隐匿或者销毁的文件、资料予以封存；查验金融机构运用信息化、数字化管理业务数据和进行洗钱和恐怖融资风险管理的系统。

第二十三条 中国人民银行及其分支机构应当根据金融机构报送的反洗钱和反恐怖融资工作信息，结合日常监管中获得的其他信息，对金融机构反洗钱和反恐怖融资制度的建立健全情况和执行情况进行评价。

第二十四条 为了有效实施风险为本监管，中国人民银行及其分支机构应当结合国家、地区、行业的洗钱和恐怖融资风险评估情况，在采集金融机构反洗钱和反恐怖融资信息的基础上，对金融机构开展风险评估，及时、准确掌握金融机构洗钱和恐怖融资风险状况。

第二十五条 为了解金融机构洗钱和恐怖融资风险状况，中国人民银行及其分支机构可以对金融机构开展洗钱和恐怖融资风险现场评估。

中国人民银行及其分支机构开展现场风险评估应当填制《反洗钱监管审批表》（附1）及《反洗钱监管通知书》（附2），经本行（营业管理部）行长（主任）或者分管副行长（副主任）批准后，至少提前5个工作日将《反洗钱监管通知书》送达被评估的金融机构。

中国人民银行及其分支机构可以要求被评估的金融机构提供必要的资料数据，也可以现场采集评估需要的信息。

在开展现场风险评估时，中国人民银行及其分支机构的反洗钱工作人员不得少于2人，并出示合法证件。

现场风险评估结束后，中国人民银行及其分支机构应当制发《反洗钱监管意见书》（附3），将风险评估结论和发现的问题反馈被评估的金融机构。

第二十六条 根据金融机构合规情况和风险状况，中国人民银行及其分支机构可以采取监管提示、约见谈话、监管走访等措施。在监管过程中，发现金融机构存在较高洗钱和恐怖融资风险或者涉嫌违反洗钱和反恐怖融资规定的，中国人民银行及其分支机构应当及时开展执法检查。

第二十七条 金融机构存在洗钱和恐怖融资风险隐患，或者反洗钱和反恐怖融资工作存在明显漏洞，需要提示金融机构关注的，经中国人民银行或其分支机构反洗钱部门负责人批准，可以向该金融机构发出《反洗钱监管提示函》（附4），要求其采取必要的管控措施，督促其整改。

金融机构应当自收到《反洗钱监管提示函》之日起20个工作日内，经本机构分管反洗钱和反恐怖融资工作负责人签批后作出书面答复；不能及时作出答复的，经中国人民银行或者其所在地中国人民银行分支机构同意后，在延长时限内作出答复。

第二十八条 根据履行反洗钱和反恐怖融资职责的需要，针对金融机构反洗钱和反恐怖融资义务履行不到位、突出风险事件等重要问题，中国人民银行及其分支机构可以约见金融机构董事、监事、高级管理人员或者部门负责人进行谈话。

第二十九条 中国人民银行及其分支机构进行约见谈话前，应当填制《反洗钱监管审批表》及《反洗钱监管通知书》。约见金融机构董事、监事、高级管理人员，应当经本行（营业管理部）行长（主任）或者分管副行长（副主任）批准；约见金融机构部门负责人的，应当经本行（营业管理部）反洗钱部门负责人批准。

《反洗钱监管通知书》应当至少提前2个工作日送达被谈话机构。情况特殊需要立即进行约见谈话的，应当在约见谈话现场送达《反洗钱监管通知书》。

约见谈话时，中国人民银行及其分支机构反洗钱工作人员不得少于2人。谈话结束后，应当填写《反洗钱约谈记录》（附5）并经被谈话人签字确认。

第三十条 为了解、核实金融机构反洗钱和反恐怖融资政策执行情况以及监管意见整改情况，中国人民银行及其分支机构可以对金融机构开展监管走访。

第三十一条 中国人民银行及其分支机构进行监管走访前，应当填制《反洗钱监管审批表》及《反洗钱监管通知书》，由本行（营业管理部）行长（主任）或者分管副行长（副主任）批准。

《反洗钱监管通知书》应当至少提前5个工作日送达金融机构。情况特殊需要立即实施监管走访的，应当在进入金融机构现场时送达

《反洗钱监管通知书》。

监管走访时，中国人民银行及其分支机构反洗钱工作人员不得少于 2 人，并出示合法证件。

中国人民银行及其分支机构应当做好监管走访记录，必要时，可以制发《反洗钱监管意见书》。

第三十二条 中国人民银行及其分支机构应当持续跟踪金融机构对监管发现问题的整改情况，对于未合理制定整改计划或者未有效实施整改的，可以启动执法检查或者进一步采取其他监管措施。

第三十三条 中国人民银行分支机构对金融机构分支机构依法实施行政处罚，或者在监管过程中发现涉及金融机构总部的重大问题、系统性缺陷的，应当及时将处罚决定或者监管意见抄送中国人民银行或者金融机构总部所在地中国人民银行分支机构。

第三十四条 中国人民银行及其分支机构监管人员违反规定程序或者超越职权规定实施监管的，金融机构有权拒绝或者提出异议。金融机构对中国人民银行及其分支机构提出的违法违规问题有权提出申辩，有合理理由的，中国人民银行及其分支机构应当采纳。

第四章 法律责任

第三十五条 中国人民银行及其分支机构从事反洗钱工作的人员，违反本办法有关规定的，按照《中华人民共和国反洗钱法》第三十条的规定予以处分。

第三十六条 金融机构违反本办法有关规定的，由中国人民银行或者其地市中心支行以上分支机构按照《中华人民共和国反洗钱法》第三十一条、第三十二条的规定进行处理；区别不同情形，建议国务院金融监督管理机构依法予以处理。

中国人民银行县（市）支行发现金融机构违反本规定的，应报告其上一级分支机构，由该分支机构按照前款规定进行处理或提出建议。

第五章 附 则

第三十七条 金融集团适用本办法第九条第四款、第十一条至第十三条的规定。

第三十八条 本办法由中国人民银行负责解释。

第三十九条 本办法自 2021 年 8 月 1 日起施行。本办法施行前有关反洗钱和反恐怖融资规定与本办法不一致的，按照本办法执行。《金融机构反洗钱监督管理办法（试行）》（银发〔2014〕344 号文印发）同时废止。

附：1. 反洗钱监管审批表（略）
2. 反洗钱监管通知书（略）
3. 反洗钱监管意见书（略）
4. 反洗钱监管提示函（略）
5. 反洗钱约谈记录（略）

银行业金融机构反洗钱和反恐怖融资管理办法

（2019 年 1 月 29 日中国银行保险监督管理委员会令 2019 年第 1 号公布 自公布之日起施行）

第一章 总 则

第一条 为预防洗钱和恐怖融资活动，做好银行业金融机构反洗钱和反恐怖融资工作，根据《中华人民共和国银行业监督管理法》《中华人民共和国反洗钱法》《中华人民共和国反恐怖主义法》等有关法律、行政法规，制定本办法。

第二条 国务院银行业监督管理机构根据法律、行政法规规定，配合国务院反洗钱行政主管部门，履行银行业金融机构反洗钱和反恐怖融资监督管理职责。

国务院银行业监督管理机构的派出机构根据法律、行政法规及本办法的规定，负责辖内银行业金融机构反洗钱和反恐怖融资监督管理工作。

第三条 本办法所称银行业金融机构，是指在中华人民共和国境内设立的商业银行、农村合作银行、农村信用合作社等吸收公众存款的金融机构以及政策性银行和国家开发银行。

对在中华人民共和国境内设立的金融资产管理公司、信托公司、企业集团财务公司、金融租赁公司、汽车金融公司、货币经纪公司、消费金融公司以及经国务院银行业监督管理机构批准设立的其他金融机构的反洗钱和反恐怖融资管理，参照本办法对银行业金融机构的规定执行。

第四条 银行业金融机构境外分支机构和附属机构，应当遵循驻在国家（地区）反洗钱和反恐怖融资方面的法律规定，协助配合驻在国家（地区）监管机构的工作，同时在驻在国家（地区）法律规定允许的范围内，执行本办法的有关要求。

驻在国家（地区）不允许执行本办法的有关要求的，银行业金融机构应当采取适当的额外措施应对洗钱和恐怖融资风险，并向国务院银行业监督管理机构报告。

第二章　银行业金融机构反洗钱和反恐怖融资义务

第五条 银行业金融机构应当建立健全洗钱和恐怖融资风险管理体系，全面识别和评估自身面临的洗钱和恐怖融资风险，采取与风险相适应的政策和程序。

第六条 银行业金融机构应当将洗钱和恐怖融资风险管理纳入全面风险管理体系，将反洗钱和反恐怖融资要求嵌入合规管理、内部控制制度，确保洗钱和恐怖融资风险管理体系能够全面覆盖各项产品及服务。

第七条 银行业金融机构应当依法建立反洗钱和反恐怖融资内部控制制度，并对分支机构和附属机构的执行情况进行管理。反洗钱和反恐怖融资内部控制制度应当包括下列内容：

（一）反洗钱和反恐怖融资内部控制职责划分；

（二）反洗钱和反恐怖融资内部控制措施；

（三）反洗钱和反恐怖融资内部控制评价机制；

（四）反洗钱和反恐怖融资内部控制监督制度；

（五）重大洗钱和恐怖融资风险事件应急处置机制；

（六）反洗钱和反恐怖融资工作信息保密制度；

（七）国务院银行业监督管理机构及国务院反洗钱行政主管部门规定的其他内容。

第八条 银行业金融机构应当建立组织架构健全、职责边界清晰的洗钱和恐怖融资风险治理架构，明确董事会、监事会、高级管理层、业务部门、反洗钱和反恐怖融资管理部门和内审部门等在洗钱和恐怖融资风险管理中的职责分工。

第九条 银行业金融机构董事会应当对反洗钱和反恐怖融资工作承担最终责任。

第十条 银行业金融机构的高级管理层应当承担洗钱和恐怖融资风险管理的实施责任。

银行业金融机构应当任命或者授权一名高级管理人员牵头负责洗钱和恐怖融资风险管理工作，其有权独立开展工作。银行业金融机构应当确保其能够充分获取履职所需的权限和资源，避免可能影响其履职的利益冲突。

第十一条 银行业金融机构应当设立反洗钱和反恐怖融资专门机构或者指定内设机构负责反洗钱和反恐怖融资管理工作。反洗钱和反恐怖融资管理部门应当设立专门的反洗钱和反恐怖融资岗位，并配备足够人员。

银行业金融机构应当明确相关业务部门的反洗钱和反恐怖融资职责，保证反洗钱和反恐怖融资内部控制制度在业务流程中的贯彻执行。

第十二条 银行业金融机构应当按照规定建立健全和执行客户身份识别制度，遵循"了解你的客户"的原则，针对不同客户、业务关系或者交易，采取有效措施，识别和核实客户身份，了解客户及其建立、维持业务关系的目的和性质，了解非自然人客户受益所有人。在与客户的业务关系存续期间，银行业金融机构应当采取持续的客户身份识别措施。

第十三条 银行业金融机构应当按照规定建立健全和执行客户身份资料和交易记录保存制度，妥善保存客户身份资料和交易记录，确保能重现该项交易，以提供监测分析交易情况、调查可疑交易活动和查处洗钱案件所需的信息。

第十四条 银行业金融机构应当按照规定

建立健全和执行大额交易和可疑交易报告制度。

第十五条 银行业金融机构与金融机构开展业务合作时，应当在合作协议中明确双方的反洗钱和反恐怖融资职责，承担相应的法律义务，相互间提供必要的协助，采取有效的风险管控措施。

第十六条 银行业金融机构解散、撤销或者破产时，应当将客户身份资料和交易记录移交国务院有关部门指定的机构。

第十七条 银行业金融机构应当按照客户特点或者账户属性，以客户为单位合理确定洗钱和恐怖融资风险等级，根据风险状况采取相应的控制措施，并在持续关注的基础上适时调整风险等级。

第十八条 银行业金融机构应当建立健全和执行洗钱和恐怖融资风险自评估制度，对本机构的内外部洗钱和恐怖融资风险及相关风险控制措施有效性进行评估。

银行业金融机构开展新业务、应用新技术之前应当进行洗钱和恐怖融资风险评估。

第十九条 银行业金融机构应当建立反恐怖融资管理机制，按照国家反恐怖主义工作领导机构发布的恐怖活动组织及恐怖活动人员名单、冻结资产的决定，依法对相关资产采取冻结措施。

银行业金融机构应当根据监管要求密切关注涉恐人员名单，及时对本机构客户和交易进行风险排查，依法采取相应措施。

第二十条 银行业金融机构应当依法执行联合国安理会制裁决议要求。

第二十一条 银行业金融机构应当每年开展反洗钱和反恐怖融资内部审计，内部审计可以是专项审计，或者与其他审计项目结合进行。

第二十二条 对依法履行反洗钱和反恐怖融资义务获得的客户身份资料和交易信息，银行业金融机构及其工作人员应当予以保密；非依法律规定，不得向任何单位和个人提供。

第二十三条 银行业金融机构应当将可量化的反洗钱和反恐怖融资控制指标嵌入信息系统，使风险信息能够在业务部门和反洗钱和反恐怖融资管理部门之间有效传递、集中和共享，满足对洗钱和恐怖融资风险进行预警、信息提取、分析和报告等各项要求。

第二十四条 银行业金融机构应当配合银行业监督管理机构做好反洗钱和反恐怖融资监督检查工作。

第二十五条 银行业金融机构应当按照法律、行政法规及银行业监督管理机构的相关规定，履行协助查询、冻结、扣划义务，配合公安机关、司法机关等做好洗钱和恐怖融资案件调查工作。

第二十六条 银行业金融机构应当做好境外洗钱和恐怖融资风险管控和合规经营工作。境外分支机构和附属机构要加强与境外监管当局的沟通，严格遵守境外反洗钱和反恐怖融资法律法规及相关监管要求。

银行业金融机构境外分支机构和附属机构受到当地监管部门或者司法部门现场检查、行政处罚、刑事调查或者发生其他重大风险事项时，应当及时向银行业监督管理机构报告。

第二十七条 银行业金融机构应当对跨境业务开展尽职调查和交易监测工作，做好跨境业务洗钱风险、制裁风险和恐怖融资风险防控，严格落实代理行尽职调查与风险分类评级义务。

第二十八条 对依法履行反洗钱和反恐怖融资义务获得的客户身份资料和交易信息，非依法律、行政法规规定，银行业金融机构不得向境外提供。

银行业金融机构对于涉及跨境信息提供的相关问题应当及时向银行业监督管理机构报告，并按照法律法规要求采取相应措施。

第二十九条 银行业金融机构应当制定反洗钱和反恐怖融资培训制度，定期开展反洗钱和反恐怖融资培训。

第三十条 银行业金融机构应当开展反洗钱和反恐怖融资宣传，保存宣传资料和宣传工作记录。

第三章 监督管理

第三十一条 国务院银行业监督管理机构依法履行下列反洗钱和反恐怖融资监督管理职责：

（一）制定银行业金融机构反洗钱和反恐怖融资制度文件；

（二）督促指导银行业金融机构建立健全反洗钱和反恐怖融资内部控制制度；

（三）监督、检查银行业金融机构反洗钱

和反恐怖融资内部控制制度建立执行情况；

（四）在市场准入工作中落实反洗钱和反恐怖融资审查要求；

（五）与其他国家或者地区的银行业监督管理机构开展反洗钱和反恐怖融资监管合作；

（六）指导银行业金融机构依法履行协助查询、冻结、扣划义务；

（七）转发联合国安理会相关制裁决议，依法督促银行业金融机构落实金融制裁要求；

（八）向侦查机关报送涉嫌洗钱和恐怖融资犯罪的交易活动，协助公安机关、司法机关等调查处理涉嫌洗钱和恐怖融资犯罪案件；

（九）指导银行业金融机构应对境外协助执行案件、跨境信息提供等相关工作；

（十）指导行业自律组织开展反洗钱和反恐怖融资工作；

（十一）组织开展反洗钱和反恐怖融资培训宣传工作；

（十二）其他依法应当履行的反洗钱和反恐怖融资职责。

第三十二条 银行业监督管理机构应当履行银行业反洗钱和反恐怖融资监管职责，加强反洗钱和反恐怖融资日常合规监管，构建涵盖事前、事中、事后的完整监管链条。

银行业监督管理机构与国务院反洗钱行政主管部门及其他相关部门要加强监管协调，建立信息共享机制。

第三十三条 银行业金融机构应当按照要求向银行业监督管理机构报送反洗钱和反恐怖融资制度、年度报告、重大风险事项等材料，并对报送材料的及时性以及内容的真实性负责。

报送材料的内容和格式由国务院银行业监督管理机构统一规定。

第三十四条 银行业监督管理机构应当在职责范围内对银行业金融机构反洗钱和反恐怖融资义务履行情况依法开展现场检查。现场检查可以开展专项检查，或者与其他检查项目结合进行。

银行业监督管理机构可以与反洗钱行政主管部门开展联合检查。

第三十五条 银行业监督管理机构应当在职责范围内对银行业金融机构反洗钱和反恐怖融资义务履行情况进行评价，并将评价结果作为对银行业金融机构进行监管评级的重要因素。

第三十六条 银行业监督管理机构在市场准入工作中应当依法对银行业金融机构法人机构设立、分支机构设立、股权变更、变更注册资本、调整业务范围和增加业务品种、董事及高级管理人员任职资格许可进行反洗钱和反恐怖融资审查，对不符合条件的，不予批准。

第三十七条 银行业监督管理机构在市场准入工作中应当严格审核发起人、股东、实际控制人、最终受益人和董事、高级管理人员背景，审查资金来源和渠道，从源头上防止不法分子通过创设机构进行洗钱、恐怖融资活动。

第三十八条 设立银行业金融机构应当符合以下反洗钱和反恐怖融资审查条件：

（一）投资资金来源合法；

（二）股东及其控股股东、实际控制人、关联方、一致行动人、最终受益人等各方关系清晰透明，不得有故意或重大过失犯罪记录；

（三）建立反洗钱和反恐怖融资内部控制制度；

（四）设置反洗钱和反恐怖融资专门工作机构或指定内设机构负责该项工作；

（五）配备反洗钱和反恐怖融资专业人员，专业人员接受了必要的反洗钱和反恐怖融资培训；

（六）信息系统建设满足反洗钱和反恐怖融资要求；

（七）国务院银行业监督管理机构规定的其他条件。

第三十九条 设立银行业金融机构境内分支机构应当符合下列反洗钱和反恐怖融资审查条件：

（一）总行具备健全的反洗钱和反恐怖融资内部控制制度并对分支机构具有良好的管控能力；

（二）总行的信息系统建设能够支持分支机构的反洗钱和反恐怖融资工作；

（三）拟设分支机构设置了反洗钱和反恐怖融资专门机构或指定内设机构负责反洗钱和反恐怖融资工作；

（四）拟设分支机构配备反洗钱和反恐怖融资专业人员，专业人员接受了必要的反洗钱和反恐怖融资培训；

（五）国务院银行业监督管理机构规定的其他条件。

第四十条　银行业金融机构申请投资设立、参股、收购境内法人金融机构的，申请人应当具备健全的反洗钱和反恐怖融资内部控制制度。

第四十一条　银行业金融机构申请投资设立、参股、收购境外金融机构的，应当具备健全的反洗钱和反恐怖融资内部控制制度，具有符合境外反洗钱和反恐怖融资监管要求的专业人才队伍。

第四十二条　银行业金融机构股东应当确保资金来源合法，不得以犯罪所得资金等不符合法律、行政法规及监管规定的资金入股。银行业金融机构应当知悉股东入股资金来源，在发生股权变更或者变更注册资本时应当按照要求向银行业监督管理机构报批或者报告。

第四十三条　银行业金融机构开展新业务需要经银行业监督管理机构批准的，应当提交新业务的洗钱和恐怖融资风险评估报告。银行业监督管理机构在进行业务准入时，应当对新业务的洗钱和恐怖融资风险评估情况进行审核。

第四十四条　申请银行业金融机构董事、高级管理人员任职资格，拟任人应当具备以下条件：

（一）不得有故意或重大过失犯罪记录；

（二）熟悉反洗钱和反恐怖融资法律法规，接受了必要的反洗钱和反恐怖融资培训，通过银行业监督管理机构组织的包含反洗钱和反恐怖融资内容的任职资格测试。

须经任职资格审核的银行业金融机构境外机构董事、高级管理人员应当熟悉境外反洗钱和反恐怖融资法律法规，具备相应反洗钱和反恐怖融资履职能力。

银行业金融机构董事、高级管理人员任职资格申请材料中应当包括接受反洗钱和反恐怖融资培训情况报告及本人签字的履行反洗钱和反恐怖融资义务的承诺书。

第四十五条　国务院银行业监督管理机构的各省级派出机构应当于每年第一季度末按照要求向国务院银行业监督管理机构报送上年度反洗钱和反恐怖融资工作报告，包括反洗钱和反恐怖融资市场准入工作审核情况、现场检查及非现场监管情况、辖内银行业金融机构反洗钱和反恐怖融资工作情况等。

第四十六条　国务院银行业监督管理机构应当加强与境外监管当局的沟通与交流，通过签订监管合作协议、举行双边监管磋商和召开监管联席会议等形式加强跨境反洗钱和反恐怖融资监管合作。

第四十七条　银行业监督管理机构应当在职责范围内定期开展对银行业金融机构境外机构洗钱和恐怖融资风险管理情况的监测分析。监管机构应当将境外机构洗钱和恐怖融资风险管理情况作为与银行业金融机构监管会谈及外部审计会谈的重要内容。

第四十八条　银行业监督管理机构应当在职责范围内对银行业金融机构境外机构洗钱和恐怖融资风险管理情况依法开展现场检查，对存在问题的境外机构及时采取监管措施，并对违规机构依法依规进行处罚。

第四章　法律责任

第四十九条　银行业金融机构违反本办法规定，有下列情形之一的，银行业监督管理机构可以根据《中华人民共和国银行业监督管理法》规定采取监管措施或者对其进行处罚：

（一）未按规定建立反洗钱和反恐怖融资内部控制制度的；

（二）未有效执行反洗钱和反恐怖融资内部控制制度的；

（三）未按照规定设立反洗钱和反恐怖融资专门机构或者指定内设机构负责反洗钱和反恐怖融资工作的；

（四）未按照规定履行其他反洗钱和反恐怖融资义务的。

第五十条　银行业金融机构未按本办法第三十三条规定报送相关材料的，银行业监督管理机构可以根据《中华人民共和国银行业监督管理法》第四十六条、四十七条规定对其进行处罚。

第五十一条　对于反洗钱行政主管部门提出的处罚或者其他建议，银行业监督管理机构应当依法予以处理。

第五十二条　银行业金融机构或者其工作人员参与洗钱、恐怖融资等违法犯罪活动构成犯罪的，依法追究其刑事责任。

第五章　附　则

第五十三条　本办法由国务院银行业监督管理机构负责解释。

第五十四条 行业自律组织制定的反洗钱和反恐怖融资行业规则等应当向银行业监督管理机构报告。

第五十五条 本办法自公布之日起施行。

互联网金融从业机构反洗钱和反恐怖融资管理办法（试行）

（2018年10月10日）

第一条 为了预防洗钱和恐怖融资活动，规范互联网金融行业反洗钱和反恐怖融资工作，根据《中华人民共和国中国人民银行法》《中华人民共和国反洗钱法》《中华人民共和国反恐怖主义法》《国务院办公厅关于印发互联网金融风险专项整治工作实施方案的通知》（国办发〔2016〕21号）、《中国人民银行 工业和信息化部 公安部 财政部 工商总局 法制办 银监会 证监会 保监会 国家互联网信息办公室关于促进互联网金融健康发展的指导意见》（银发〔2015〕221号）等规定，制定本办法。

第二条 本办法适用于在中华人民共和国境内经有权部门批准或者备案设立的，依法经营互联网金融业务的机构（以下简称从业机构）。

互联网金融是利用互联网技术和信息通信技术实现资金融通、支付、投资及信息中介服务的新型金融业务模式。互联网金融业务反洗钱和反恐怖融资工作的具体范围由中国人民银行会同国务院有关金融监督管理机构按照法律规定和监管政策确定、调整并公布，包括但不限于网络支付、网络借贷、网络借贷信息中介、股权众筹融资、互联网基金销售、互联网保险、互联网信托和互联网消费金融等。

金融机构和非银行支付机构开展互联网金融业务的，应当执行本办法的规定；中国人民银行、国务院有关金融监督管理机构另有规定的，从其规定。

第三条 中国人民银行是国务院反洗钱行政主管部门，对从业机构依法履行反洗钱和反恐怖融资监督管理职责。国务院有关金融监督管理机构在职责范围内配合中国人民银行履行反洗钱和反恐怖融资监督管理职责。中国人民银行制定或者会同国务院有关金融监督管理机构制定从业机构履行反洗钱和反恐怖融资义务的规章制度。

中国人民银行设立的中国反洗钱监测分析中心，负责从业机构大额交易和可疑交易报告的接收、分析和保存，并按照规定向中国人民银行报告分析结果，履行中国人民银行规定的其他职责。

第四条 中国互联网金融协会按照中国人民银行、国务院有关金融监督管理机构关于从业机构履行反洗钱和反恐怖融资义务的规定，协调其他行业自律组织，制定并发布各类从业机构执行本办法所适用的行业规则；配合中国人民银行及其分支机构开展线上和线下反洗钱相关工作，开展洗钱和恐怖融资风险评估，发布风险评估报告和风险提示信息；组织推动各类从业机构制定并实施反洗钱和反恐怖融资方面的自律公约。

其他行业自律组织按照中国人民银行、国务院有关金融监督管理机构的规定对从业机构提出建立健全反洗钱内控制度的要求，配合中国互联网金融协会推动从业机构之间的业务交流和信息共享。

第五条 中国人民银行设立互联网金融反洗钱和反恐怖融资网络监测平台（以下简称网络监测平台），使用网络监测平台完善线上反洗钱监管机制、加强信息共享。

中国互联网金融协会按照中国人民银行和国务院有关金融监督管理机构的要求建设、运行和维护网络监测平台，确保网络监测平台及相关信息、数据和资料的安全、保密、完整。

中国人民银行分支机构、中国反洗钱监测分析中心在职责范围内使用网络监测平台。

第六条 金融机构、非银行支付机构以外的其他从业机构应当通过网络监测平台进行反洗钱和反恐怖融资履职登记。

金融机构和非银行支付机构根据反洗钱工

作需要接入网络监测平台，参与基于该平台的工作信息交流、技术设施共享、风险评估等工作。

第七条 从业机构应当遵循风险为本方法，根据法律法规和行业规则，建立健全反洗钱和反恐怖融资内部控制制度，强化反洗钱和反恐怖融资合规管理，完善相关风险管理机制。

从业机构应当建立统一的反洗钱和反恐怖融资合规管理政策，对其境内外附属机构、分支机构、事业部的反洗钱和反恐怖融资工作实施统一管理。

从业机构应当按规定方式向中国人民银行及其分支机构、国务院有关金融监督管理机构及其派出机构报备反洗钱和反恐怖融资内部控制制度。

第八条 从业机构应当明确机构董事、高级管理层及部门管理人员的反洗钱和反恐怖融资职责。从业机构的负责人应当对反洗钱和反恐怖融资内部控制制度的有效实施负责。

从业机构应当设立专门部门或者指定内设部门牵头负责反洗钱和反恐怖融资管理工作。各业务条线（部门）应当承担反洗钱和反恐怖融资工作的直接责任，并指定人员负责反洗钱和反恐怖融资工作。从业机构应当确保反洗钱和反恐怖融资管理部门及反洗钱和反恐怖融资工作人员具备有效履职所需的授权、资源和独立性。

第九条 从业机构及其员工对依法履行反洗钱和反恐怖融资义务获得的客户身份资料和交易信息应当予以保密。非依法律规定，不得向任何单位和个人提供。

从业机构及其员工应当对报告可疑交易、配合中国人民银行及其分支机构开展反洗钱调查等有关反洗钱和反恐怖融资工作信息予以保密，不得违反规定向任何单位和个人提供。

第十条 从业机构应当勤勉尽责，执行客户身份识别制度，遵循"了解你的客户"原则，针对具有不同洗钱或者恐怖融资风险特征的客户、业务关系或者交易采取合理措施，了解建立业务关系的目的和意图，了解非自然人客户的受益所有人情况，了解自然人客户的交易是否为本人操作和交易的实际受益人。

从业机构应当按照法律法规、规章、规范性文件和行业规则，收集必备要素信息，利用从可靠途径、以可靠方式获取的信息或数据，采取合理措施识别、核验客户真实身份，确定并适时调整客户风险等级。对于先前获得的客户身份资料存疑的，应当重新识别客户身份。

从业机构应当采取持续的客户身份识别措施，审核客户身份资料和交易记录，及时更新客户身份识别相关的证明文件、数据和信息，确保客户正在进行的交易与从业机构所掌握的客户资料、客户业务、风险状况等匹配。对于高风险客户，从业机构应当采取合理措施了解其资金来源，提高审核频率。

除本办法和行业规则规定的必备要素信息外，从业机构应当在法律法规、规章、规范性文件允许的范围内收集其他相关信息、数据和资料，合理运用技术手段和理论方法进行分析，核验客户真实身份。

客户属于外国政要、国际组织的高级管理人员及其特定关系人的，从业机构应当采取更为严格的客户身份识别措施。

从业机构不得为身份不明或者拒绝身份查验的客户提供服务或者与其进行交易，不得为客户开立匿名账户或者假名账户，不得与明显具有非法目的的客户建立业务关系。

第十一条 从业机构应当定期或者在业务模式、交易方式发生重大变化、拓展新的业务领域、洗钱和恐怖融资风险状况发生较大变化时，评估客户身份识别措施的有效性，并及时予以完善。

第十二条 从业机构在与客户建立业务关系或者开展法律法规、规章、规范性文件和行业规则规定的特定类型交易时，应当履行以下客户身份识别程序：

（一）了解并采取合理措施获取客户与其建立业务关系或者进行交易的目的和意图。

（二）核对客户有效身份证件或者其他身份证明文件，或者按照法律法规、规章、规范性文件和行业规则要求客户提供资料并通过合法、安全、可信的渠道取得客户身份确认信息，识别客户、账户持有人及交易操作人员的身份。

（三）按照法律法规、规章、规范性文件和行业规则通过合法、安全且信息来源独立的外部渠道验证客户、账户持有人及交易操作人员的身份信息，并确保外部渠道反馈的验证信息与被验证信息之间具有一致性和唯一对应性。

（四）按照法律法规、规章、规范性文件和行业规则登记并保存客户、账户持有人及交易操作人员的身份基本信息。

（五）按照法律法规、规章、规范性文件和行业规则保存客户有效身份证件或者其他身份证明文件的影印件或者复印件，或者渠道反馈的客户身份确认信息。

第十三条 从业机构应当提示客户如实披露他人代办业务或者员工经办业务的情况，确认代理关系或者授权经办业务指令的真实性，并按照本办法第十二条的有关要求对代理人和业务经办人采取客户身份识别措施。

第十四条 从业机构应当执行大额交易和可疑交易报告制度，制定报告操作规程，对本机构的大额交易和可疑交易报告工作做出统一要求。金融机构、非银行支付机构以外的其他从业机构应当由总部或者总部指定的一个机构通过网络监测平台提交全公司的大额交易和可疑交易报告。

中国反洗钱监测分析中心发现从业机构报送的大额交易报告或者可疑交易报告内容要素不全或者存在错误的，可以向提交报告的从业机构发出补正通知，从业机构应当在接到补正通知之日起5个工作日内补正。

大额交易和可疑交易报告的要素内容、报告格式和填写要求等由中国人民银行另行规定。

第十五条 从业机构应当建立健全大额交易和可疑交易监测系统，以客户为基本单位开展资金交易的监测分析，对客户及其所有业务、交易及其过程开展监测和分析。

第十六条 客户当日单笔或者累计交易人民币5万元以上（含5万元）、外币等值1万美元以上（含1万美元）的现金收支，金融机构、非银行支付机构以外的从业机构应当在交易发生后的5个工作日内提交大额交易报告。

中国人民银行根据需要调整大额交易报告标准。非银行支付机构提交大额交易报告的具体要求由中国人民银行另行规定。

第十七条 从业机构发现或者有合理理由怀疑客户及其行为、客户的资金或者其他资产、客户的交易或者试图进行的交易与洗钱、恐怖融资等犯罪活动相关的，不论所涉资金金额或者资产价值大小，应当按本机构可疑交易报告内部操作规程确认为可疑交易后，及时提交可疑交易报告。

第十八条 从业机构应当按照中国人民银行、国务院有关金融监督管理机构的要求和行业规则，建立交易监测标准和客户行为监测方案，定期或者在发生特定风险时评估交易监测标准和客户行为监测方案的有效性，并及时予以完善。

从业机构应当按照法律法规、规章、规范性文件和行业规则，结合对相关联的客户、账户持有人、交易操作人员的身份识别情况，对通过交易监测标准筛选出的交易进行分析判断，记录分析过程；不作为可疑交易报告的，应当记录分析排除的合理理由；确认为可疑交易的，应当在可疑交易报告理由中完整记录对客户身份特征、交易特征或者行为特征的分析过程。

第十九条 从业机构应当对下列恐怖组织和恐怖活动人员名单开展实时监测，有合理理由怀疑客户或者其交易对手、资金或者其他资产与名单相关的，应当立即提交可疑交易报告，并依法对相关资金或者其他资产采取冻结措施：

（一）中国政府发布的或者承认执行的恐怖活动组织及恐怖活动人员名单。

（二）联合国安理会决议中所列的恐怖活动组织及恐怖活动人员名单。

（三）中国人民银行及国务院有关金融监督管理机构要求关注的其他涉嫌恐怖活动的组织及人员名单。

对于新发布或者新调整的名单，从业机构应当立即开展回溯性调查，按照本条第一款规定提交可疑交易报告。对于中国人民银行或者其他有权部门要求纳入反洗钱、反恐怖融资监控体系的名单，从业机构应当参照本办法相关规定执行。

法律法规、规章和中国人民银行对上述名单的监控另有规定的，从其规定。

第二十条 从业机构应当按照法律法规和行业规则规定的保存范围、保存期限、技术标准，妥善保存开展客户身份识别、交易监测分析、大额交易报告和可疑交易报告等反洗钱和反恐怖融资工作所产生的信息、数据和资料，确保能够完整重现每笔交易，确保相关工作可追溯。

从业机构终止业务活动时,应当按照相关行业主管部门及中国人民银行要求处理前款所述信息、数据和资料。

第二十一条 从业机构应当依法接受中国人民银行及其分支机构的反洗钱和反恐怖融资的现场检查、非现场监管和反洗钱调查,按照中国人民银行及其分支机构的要求提供相关信息、数据和资料,对所提供的信息、数据和资料的真实性、准确性、完整性负责,不得拒绝、阻挠、逃避监督检查和反洗钱调查,不得谎报、隐匿、销毁相关信息、数据和资料。金融机构、非银行支付机构以外的其他从业机构通过网络监测平台向中国人民银行报送反洗钱和反恐怖融资报告、报表及相关信息、数据和资料。

从业机构应当依法配合国务院有关金融监督管理机构及其派出机构的监督管理。

第二十二条 从业机构违反本办法的,由中国人民银行及其分支机构、国务院有关金融监督管理机构及其派出机构责令限期整改,依法予以处罚。

从业机构违反相关法律、行政法规、规章以及本办法规定,涉嫌犯罪的,移送司法机关依法追究刑事责任。

第二十三条 本办法相关用语含义如下:

中国人民银行分支机构,包括中国人民银行上海总部、分行、营业管理部、省会(首府)城市中心支行、副省级城市中心支行。

金融机构是指依法设立的从事金融业务的政策性银行、商业银行、农村合作银行、农村信用社、村镇银行、证券公司、期货公司、基金管理公司、保险公司、保险资产管理公司、保险专业代理公司、保险经纪公司、信托公司、金融资产管理公司、企业集团财务公司、金融租赁公司、汽车金融公司、消费金融公司、货币经纪公司、贷款公司以及中国人民银行确定并公布的从事金融业务的其他机构。

非银行支付机构是指依法取得《支付业务许可证》,获准办理互联网支付、移动电话支付、固定电话支付、数字电视支付等网络支付业务的非银行机构。

行业规则是指由中国互联网金融协会协调其他行业自律组织,根据风险防控需要和业务发展状况,组织从业机构制定或调整,报中国人民银行、国务院有关金融监督管理机构批准后公布施行的反洗钱和反恐怖融资工作规则及相关业务、技术标准。

第二十四条 本办法由中国人民银行会同国务院有关金融监督管理机构负责解释。

第二十五条 本办法自 2019 年 1 月 1 日起施行。

涉及恐怖活动资产冻结管理办法

(2014 年 1 月 10 日中国人民银行、公安部、国家安全部令
2014 年第 1 号发布　自公布之日起施行)

第一条 为规范涉及恐怖活动资产冻结的程序和行为,维护国家安全和社会公共利益,根据《中华人民共和国反洗钱法》《全国人大常委会关于加强反恐怖工作有关问题的决定》等法律,制定本办法。

第二条 本办法适用于在中华人民共和国境内依法设立的金融机构、特定非金融机构。

第三条 金融机构、特定非金融机构应当严格按照公安部发布的恐怖活动组织及恐怖活动人员名单、冻结资产的决定,依法对相关资产采取冻结措施。

第四条 金融机构、特定非金融机构应当制定冻结涉及恐怖活动资产的内部操作规程和控制措施,对分支机构和附属机构执行本办法的情况进行监督管理;指定专门机构或者人员关注并及时掌握恐怖活动组织及恐怖活动人员名单的变动情况;完善客户身份信息和交易信息管理,加强交易监测。

第五条 金融机构、特定非金融机构发现恐怖活动组织及恐怖活动人员拥有或者控制的

资产，应当立即采取冻结措施。

对恐怖活动组织及恐怖活动人员与他人共同拥有或者控制的资产采取冻结措施，但该资产在采取冻结措施时无法分割或者确定份额的，金融机构、特定非金融机构应当一并采取冻结措施。

对按照本办法第十一条的规定收取的款项或者受让的资产，金融机构、特定非金融机构应当采取冻结措施。

第六条 金融机构、特定非金融机构采取冻结措施后，应当立即将资产数额、权属、位置、交易信息等情况以书面形式报告资产所在地县级公安机关和市、县国家安全机关，同时抄报资产所在地中国人民银行分支机构。地方公安机关和地方国家安全机关应当分别按照程序层报公安部和国家安全部。

金融机构、特定非金融机构采取冻结措施后，除中国人民银行及其分支机构、公安机关、国家安全机关另有要求外，应当及时告知客户，并说明采取冻结措施的依据和理由。

第七条 金融机构、特定非金融机构及其工作人员应当依法协助、配合公安机关和国家安全机关的调查、侦查，提供与恐怖活动组织及恐怖活动人员有关的信息、数据以及相关资产情况。

金融机构及其工作人员应当依法协助、配合中国人民银行及其省会（首府）城市中心支行以上分支机构的反洗钱调查，提供涉及恐怖活动组织及恐怖活动人员资产的情况。

第八条 金融机构、特定非金融机构及其工作人员对与采取冻结措施有关的工作信息应当保密，不得违反规定向任何单位及个人提供和透露，不得在采取冻结措施前通知资产的所有人、控制人或者管理人。

第九条 金融机构、特定非金融机构有合理理由怀疑客户或者其交易对手、相关资产涉及恐怖活动组织及恐怖活动人员的，应当根据中国人民银行的规定报告可疑交易，并依法向公安机关、国家安全机关报告。

第十条 金融机构、特定非金融机构不得擅自解除冻结措施。

符合下列情形之一的，金融机构、特定非金融机构应当立即解除冻结措施，并按照本办法第六条的规定履行报告程序：

（一）公安部公布的恐怖活动组织及恐怖活动人员名单有调整，不再需要采取冻结措施的；

（二）公安部或者国家安全部发现金融机构、特定非金融机构采取冻结措施有错误并书面通知的；

（三）公安机关或者国家安全机关依法调查、侦查恐怖活动，对有关资产的处理另有要求并书面通知的；

（四）人民法院做出的生效裁决对有关资产的处理有明确要求的；

（五）法律、行政法规规定的其他情形。

第十一条 涉及恐怖活动的资产被采取冻结措施期间，符合以下情形之一的，有关账户可以进行款项收取或者资产受让：

（一）收取被采取冻结措施的资产产生的孳息以及其他收益；

（二）受偿债权；

（三）为不影响正常的证券、期货交易秩序，执行恐怖活动组织及恐怖活动人员名单公布前生效的交易指令。

第十二条 因基本生活支出以及其他特殊原因需要使用被采取冻结措施的资产的，资产所有人、控制人或者管理人可以向资产所在地县级公安机关提出申请。

受理申请的公安机关应当按照程序层报公安部审核。公安部在收到申请之日起 30 日内进行审查处理；审查核准的，应当要求相关金融机构、特定非金融机构按照指定用途、金额、方式等处理有关资产。

第十三条 金融机构、特定非金融机构对根据本办法被采取冻结措施的资产的管理及处置，应当按照中国人民银行、中国银行业监督管理委员会、中国证券监督管理委员会、中国保险监督管理委员会的相关规定执行；没有规定的，参照公安机关、国家安全机关、检察机关的相关规定执行。

第十四条 资产所有人、控制人或者管理人对金融机构、特定非金融机构采取的冻结措施有异议的，可以向资产所在地县级公安机关提出异议。

受理异议的公安机关应当按照程序层报公安部。公安部在收到异议申请之日起 30 日内作出审查决定，并书面通知异议人；确属错误冻结的，应当决定解除冻结措施。

第十五条 境外有关部门以涉及恐怖活动

为由，要求境内金融机构、特定非金融机构冻结相关资产、提供客户身份信息及交易信息的，金融机构、特定非金融机构应当告知对方通过外交途径或者司法协助途径提出请求；不得擅自采取冻结措施，不得擅自提供客户身份信息及交易信息。

第十六条 金融机构、特定非金融机构的境外分支机构和附属机构按照驻在国家（地区）法律规定和监管要求，对涉及恐怖活动的资产采取冻结措施的，应当将相关情况及时报告金融机构、特定非金融机构总部。

金融机构、特定非金融机构总部收到报告后，应当及时将相关情况报告总部所在地公安机关和国家安全机关，同时抄报总部所在地中国人民银行分支机构。地方公安机关和地方国家安全机关应当分别按照程序层报公安部和国家安全部。

第十七条 中国人民银行及其分支机构对金融机构执行本办法的情况进行监督、检查。

对特定非金融机构执行本办法的情况进行监督、检查的具体办法，由中国人民银行会同国务院有关部门另行制定。

第十八条 中国人民银行及其分支机构、公安机关、国家安全机关工作人员违反规定，泄露工作秘密导致有关资产被非法转移、隐匿，冻结措施错误造成其他财产损失的，依照有关规定给予处分；涉嫌构成犯罪的，移送司法机关依法追究刑事责任。

第十九条 金融机构及其工作人员违反本办法的，由中国人民银行及其地市中心支行以上分支机构按照《中华人民共和国反洗钱法》第三十一条、第三十二条以及中国人民银行有关规定处罚；涉嫌构成犯罪的，移送司法机关依法追究刑事责任。

第二十条 本办法所称金融机构、特定非金融机构，是指依据《中华人民共和国反洗钱法》等法律法规规定，应当履行反洗钱义务的机构。依据《非金融机构支付服务管理办法》（中国人民银行令〔2010〕第2号发布）取得《支付业务许可证》的支付机构适用本办法关于金融机构的规定。

本办法所称冻结措施，是指金融机构、特定非金融机构为防止其持有、管理或者控制的有关资产被转移、转换、处置而采取必要措施，包括但不限于：终止金融交易；拒绝资产的提取、转移、转换；停止金融账户的开立、变更、撤销和使用。

本办法所称资产包括但不限于：银行存款、汇款、旅行支票、银行支票、邮政汇票、保单、提单、仓单、股票、债券、汇票和信用证，房屋、车辆、船舶、货物，其他以电子或者数字形式证明资产所有权、其他权益的法律文件、证书等。

第二十一条 本办法由中国人民银行会同公安部、国家安全部解释。

第二十二条 本办法自发布之日起施行。

（四）征信管理

中华人民共和国个人信息保护法

（2021年8月20日第十三届全国人民代表大会常务委员会第三十次会议通过　2021年8月20日中华人民共和国主席令第九十一号公布　自2021年11月1日起施行）

目　录

第一章　总　则
第二章　个人信息处理规则
　第一节　一般规定
　第二节　敏感个人信息的处理规则
　第三节　国家机关处理个人信息的特别规定
第三章　个人信息跨境提供的规则
第四章　个人在个人信息处理活动中的权利
第五章　个人信息处理者的义务
第六章　履行个人信息保护职责的部门
第七章　法律责任
第八章　附　则

第一章　总　则

第一条　为了保护个人信息权益，规范个人信息处理活动，促进个人信息合理利用，根据宪法，制定本法。

第二条　自然人的个人信息受法律保护，任何组织、个人不得侵害自然人的个人信息权益。

第三条　在中华人民共和国境内处理自然人个人信息的活动，适用本法。

在中华人民共和国境外处理中华人民共和国境内自然人个人信息的活动，有下列情形之一的，也适用本法：

（一）以向境内自然人提供产品或者服务为目的；

（二）分析、评估境内自然人的行为；

（三）法律、行政法规规定的其他情形。

第四条　个人信息是以电子或者其他方式记录的与已识别或者可识别的自然人有关的各种信息，不包括匿名化处理后的信息。

个人信息的处理包括个人信息的收集、存储、使用、加工、传输、提供、公开、删除等。

第五条　处理个人信息应当遵循合法、正当、必要和诚信原则，不得通过误导、欺诈、胁迫等方式处理个人信息。

第六条　处理个人信息应当具有明确、合理的目的，并应当与处理目的直接相关，采取对个人权益影响最小的方式。

收集个人信息，应当限于实现处理目的的最小范围，不得过度收集个人信息。

第七条　处理个人信息应当遵循公开、透明原则，公开个人信息处理规则，明示处理的目的、方式和范围。

第八条　处理个人信息应当保证个人信息的质量，避免因个人信息不准确、不完整对个人权益造成不利影响。

第九条　个人信息处理者应当对其个人信息处理活动负责，并采取必要措施保障所处理的个人信息的安全。

第十条　任何组织、个人不得非法收集、使用、加工、传输他人个人信息，不得非法买卖、提供或者公开他人个人信息；不得从事危害国家安全、公共利益的个人信息处理活动。

第十一条　国家建立健全个人信息保护制度，预防和惩治侵害个人信息权益的行为，加强个人信息保护宣传教育，推动形成政府、企业、相关社会组织、公众共同参与个人信息保护的良好环境。

第十二条 国家积极参与个人信息保护国际规则的制定，促进个人信息保护方面的国际交流与合作，推动与其他国家、地区、国际组织之间的个人信息保护规则、标准等互认。

第二章 个人信息处理规则

第一节 一般规定

第十三条 符合下列情形之一的，个人信息处理者方可处理个人信息：

（一）取得个人的同意；

（二）为订立、履行个人作为一方当事人的合同所必需，或者按照依法制定的劳动规章制度和依法签订的集体合同实施人力资源管理所必需；

（三）为履行法定职责或者法定义务所必需；

（四）为应对突发公共卫生事件，或者紧急情况下为保护自然人的生命健康和财产安全所必需；

（五）为公共利益实施新闻报道、舆论监督等行为，在合理的范围内处理个人信息；

（六）依照本法规定在合理的范围内处理个人自行公开或者其他已经合法公开的个人信息；

（七）法律、行政法规规定的其他情形。

依照本法其他有关规定，处理个人信息应当取得个人同意，但是有前款第二项至第七项规定情形的，不需取得个人同意。

第十四条 基于个人同意处理个人信息的，该同意应当由个人在充分知情的前提下自愿、明确作出。法律、行政法规规定处理个人信息应当取得个人单独同意或者书面同意的，从其规定。

个人信息的处理目的、处理方式和处理的个人信息种类发生变更的，应当重新取得个人同意。

第十五条 基于个人同意处理个人信息的，个人有权撤回其同意。个人信息处理者应当提供便捷的撤回同意的方式。

个人撤回同意，不影响撤回前基于个人同意已进行的个人信息处理活动的效力。

第十六条 个人信息处理者不得以个人不同意处理其个人信息或者撤回同意为由，拒绝提供产品或者服务；处理个人信息属于提供产品或者服务所必需的除外。

第十七条 个人信息处理者在处理个人信息前，应当以显著方式、清晰易懂的语言真实、准确、完整地向个人告知下列事项：

（一）个人信息处理者的名称或者姓名和联系方式；

（二）个人信息的处理目的、处理方式，处理的个人信息种类、保存期限；

（三）个人行使本法规定权利的方式和程序；

（四）法律、行政法规规定应当告知的其他事项。

前款规定事项发生变更的，应当将变更部分告知个人。

个人信息处理者通过制定个人信息处理规则的方式告知第一款规定事项的，处理规则应当公开，并且便于查阅和保存。

第十八条 个人信息处理者处理个人信息，有法律、行政法规规定应当保密或者不需要告知的情形的，可以不向个人告知前条第一款规定的事项。

紧急情况下为保护自然人的生命健康和财产安全无法及时向个人告知的，个人信息处理者应当在紧急情况消除后及时告知。

第十九条 除法律、行政法规另有规定外，个人信息的保存期限应当为实现处理目的所必要的最短时间。

第二十条 两个以上的个人信息处理者共同决定个人信息的处理目的和处理方式的，应当约定各自的权利和义务。但是，该约定不影响个人向其中任何一个个人信息处理者要求行使本法规定的权利。

个人信息处理者共同处理个人信息，侵害个人信息权益造成损害的，应当依法承担连带责任。

第二十一条 个人信息处理者委托处理个人信息的，应当与受托人约定委托处理的目的、期限、处理方式、个人信息的种类、保护措施以及双方的权利和义务等，并对受托人的个人信息处理活动进行监督。

受托人应当按照约定处理个人信息，不得超出约定的处理目的、处理方式等处理个人信息；委托合同不生效、无效、被撤销或者终止的，受托人应当将个人信息返还个人信息处理者或者予以删除，不得保留。

未经个人信息处理者同意，受托人不得转委托他人处理个人信息。

第二十二条　个人信息处理者因合并、分立、解散、被宣告破产等原因需要转移个人信息的，应当向个人告知接收方的名称或者姓名和联系方式。接收方应当继续履行个人信息处理者的义务。接收方变更原先的处理目的、处理方式的，应当依照本法规定重新取得个人同意。

第二十三条　个人信息处理者向其他个人信息处理者提供其处理的个人信息的，应当向个人告知接收方的名称或者姓名、联系方式、处理目的、处理方式和个人信息的种类，并取得个人的单独同意。接收方应当在上述处理目的、处理方式和个人信息的种类等范围内处理个人信息。接收方变更原先的处理目的、处理方式的，应当依照本法规定重新取得个人同意。

第二十四条　个人信息处理者利用个人信息进行自动化决策，应当保证决策的透明度和结果公平、公正，不得对个人在交易价格等交易条件上实行不合理的差别待遇。

通过自动化决策方式向个人进行信息推送、商业营销，应当同时提供不针对其个人特征的选项，或者向个人提供便捷的拒绝方式。

通过自动化决策方式作出对个人权益有重大影响的决定，个人有权要求个人信息处理者予以说明，并有权拒绝个人信息处理者仅通过自动化决策的方式作出决定。

第二十五条　个人信息处理者不得公开其处理的个人信息，取得个人单独同意的除外。

第二十六条　在公共场所安装图像采集、个人身份识别设备，应当为维护公共安全所必需，遵守国家有关规定，并设置显著的提示标识。所收集的个人图像、身份识别信息只能用于维护公共安全的目的，不得用于其他目的；取得个人单独同意的除外。

第二十七条　个人信息处理者可以在合理的范围内处理个人自行公开或者其他已经合法公开的个人信息；个人明确拒绝的除外。个人信息处理者处理已公开的个人信息，对个人权益有重大影响的，应当依照本法规定取得个人同意。

第二节　敏感个人信息的处理规则

第二十八条　敏感个人信息是一旦泄露或者非法使用，容易导致自然人的人格尊严受到侵害或者人身、财产安全受到危害的个人信息，包括生物识别、宗教信仰、特定身份、医疗健康、金融账户、行踪轨迹等信息，以及不满十四周岁未成年人的个人信息。

只有在具有特定的目的和充分的必要性，并采取严格保护措施的情形下，个人信息处理者方可处理敏感个人信息。

第二十九条　处理敏感个人信息应当取得个人的单独同意；法律、行政法规规定处理敏感个人信息应当取得书面同意的，从其规定。

第三十条　个人信息处理者处理敏感个人信息的，除本法第十七条第一款规定的事项外，还应当向个人告知处理敏感个人信息的必要性以及对个人权益的影响；依照本法规定可以不向个人告知的除外。

第三十一条　个人信息处理者处理不满十四周岁未成年人个人信息的，应当取得未成年人的父母或者其他监护人的同意。

个人信息处理者处理不满十四周岁未成年人个人信息的，应当制定专门的个人信息处理规则。

第三十二条　法律、行政法规对处理敏感个人信息规定应当取得相关行政许可或者作出其他限制的，从其规定。

第三节　国家机关处理个人信息的特别规定

第三十三条　国家机关处理个人信息的活动，适用本法；本节有特别规定的，适用本节规定。

第三十四条　国家机关为履行法定职责处理个人信息，应当依照法律、行政法规规定的权限、程序进行，不得超出履行法定职责所必需的范围和限度。

第三十五条　国家机关为履行法定职责处理个人信息，应当依照本法规定履行告知义务；有本法第十八条第一款规定的情形，或者告知将妨碍国家机关履行法定职责的除外。

第三十六条　国家机关处理的个人信息应当在中华人民共和国境内存储；确需向境外提供的，应当进行安全评估。安全评估可以要求有关部门提供支持与协助。

第三十七条　法律、法规授权的具有管理

公共事务职能的组织为履行法定职责处理个人信息，适用本法关于国家机关处理个人信息的规定。

第三章 个人信息跨境提供的规则

第三十八条 个人信息处理者因业务等需要，确需向中华人民共和国境外提供个人信息的，应当具备下列条件之一：

（一）依照本法第四十条的规定通过国家网信部门组织的安全评估；

（二）按照国家网信部门的规定经专业机构进行个人信息保护认证；

（三）按照国家网信部门制定的标准合同与境外接收方订立合同，约定双方的权利和义务；

（四）法律、行政法规或者国家网信部门规定的其他条件。

中华人民共和国缔结或者参加的国际条约、协定对向中华人民共和国境外提供个人信息的条件等有规定的，可以按照其规定执行。

个人信息处理者应当采取必要措施，保障境外接收方处理个人信息的活动达到本法规定的个人信息保护标准。

第三十九条 个人信息处理者向中华人民共和国境外提供个人信息的，应当向个人告知境外接收方的名称或者姓名、联系方式、处理目的、处理方式、个人信息的种类以及个人向境外接收方行使本法规定权利的方式和程序等事项，并取得个人的单独同意。

第四十条 关键信息基础设施运营者和处理个人信息达到国家网信部门规定数量的个人信息处理者，应当将在中华人民共和国境内收集和产生的个人信息存储在境内。确需向境外提供的，应当通过国家网信部门组织的安全评估；法律、行政法规和国家网信部门规定可以不进行安全评估的，从其规定。

第四十一条 中华人民共和国主管机关根据有关法律和中华人民共和国缔结或者参加的国际条约、协定，或者按照平等互惠原则，处理外国司法或者执法机构关于提供存储于境内个人信息的请求。非经中华人民共和国主管机关批准，个人信息处理者不得向外国司法或者执法机构提供存储于中华人民共和国境内的个人信息。

第四十二条 境外的组织、个人从事侵害中华人民共和国公民的个人信息权益，或者危害中华人民共和国国家安全、公共利益的个人信息处理活动的，国家网信部门可以将其列入限制或者禁止个人信息提供清单，予以公告，并采取限制或者禁止向其提供个人信息等措施。

第四十三条 任何国家或者地区在个人信息保护方面对中华人民共和国采取歧视性的禁止、限制或者其他类似措施的，中华人民共和国可以根据实际情况对该国家或者地区对等采取措施。

第四章 个人在个人信息处理活动中的权利

第四十四条 个人对其个人信息的处理享有知情权、决定权，有权限制或者拒绝他人对其个人信息进行处理；法律、行政法规另有规定的除外。

第四十五条 个人有权向个人信息处理者查阅、复制其个人信息；有本法第十八条第一款、第三十五条规定情形的除外。

个人请求查阅、复制其个人信息的，个人信息处理者应当及时提供。

个人请求将个人信息转移至其指定的个人信息处理者，符合国家网信部门规定条件的，个人信息处理者应当提供转移的途径。

第四十六条 个人发现其个人信息不准确或者不完整的，有权请求个人信息处理者更正、补充。

个人请求更正、补充其个人信息的，个人信息处理者应当对其个人信息予以核实，并及时更正、补充。

第四十七条 有下列情形之一的，个人信息处理者应当主动删除个人信息；个人信息处理者未删除的，个人有权请求删除：

（一）处理目的已实现、无法实现或者为实现处理目的不再必要；

（二）个人信息处理者停止提供产品或者服务，或者保存期限已届满；

（三）个人撤回同意；

（四）个人信息处理者违反法律、行政法规或者违反约定处理个人信息；

（五）法律、行政法规规定的其他情形。

法律、行政法规规定的保存期限未届满，或者删除个人信息从技术上难以实现的，个人信息处理者应当停止除存储和采取必要的安全保护措施之外的处理。

第四十八条 个人有权要求个人信息处理者对其个人信息处理规则进行解释说明。

第四十九条 自然人死亡的，其近亲属为了自身的合法、正当利益，可以对死者的相关个人信息行使本章规定的查阅、复制、更正、删除等权利；死者生前另有安排的除外。

第五十条 个人信息处理者应当建立便捷的个人行使权利的申请受理和处理机制。拒绝个人行使权利的请求的，应当说明理由。

个人信息处理者拒绝个人行使权利的请求的，个人可以依法向人民法院提起诉讼。

第五章　个人信息处理者的义务

第五十一条 个人信息处理者应当根据个人信息的处理目的、处理方式、个人信息的种类以及对个人权益的影响、可能存在的安全风险等，采取下列措施确保个人信息处理活动符合法律、行政法规的规定，并防止未经授权的访问以及个人信息泄露、篡改、丢失：

（一）制定内部管理制度和操作规程；

（二）对个人信息实行分类管理；

（三）采取相应的加密、去标识化等安全技术措施；

（四）合理确定个人信息处理的操作权限，并定期对从业人员进行安全教育和培训；

（五）制定并组织实施个人信息安全事件应急预案；

（六）法律、行政法规规定的其他措施。

第五十二条 处理个人信息达到国家网信部门规定数量的个人信息处理者应当指定个人信息保护负责人，负责对个人信息处理活动以及采取的保护措施等进行监督。

个人信息处理者应当公开个人信息保护负责人的联系方式，并将个人信息保护负责人的姓名、联系方式等报送履行个人信息保护职责的部门。

第五十三条 本法第三条第二款规定的中华人民共和国境外的个人信息处理者，应当在中华人民共和国境内设立专门机构或者指定代表，负责处理个人信息保护相关事务，并将有关机构的名称或者代表的姓名、联系方式等报送履行个人信息保护职责的部门。

第五十四条 个人信息处理者应当定期对其处理个人信息遵守法律、行政法规的情况进行合规审计。

第五十五条 有下列情形之一的，个人信息处理者应当事前进行个人信息保护影响评估，并对处理情况进行记录：

（一）处理敏感个人信息；

（二）利用个人信息进行自动化决策；

（三）委托处理个人信息、向其他个人信息处理者提供个人信息、公开个人信息；

（四）向境外提供个人信息；

（五）其他对个人权益有重大影响的个人信息处理活动。

第五十六条 个人信息保护影响评估应当包括下列内容：

（一）个人信息的处理目的、处理方式等是否合法、正当、必要；

（二）对个人权益的影响及安全风险；

（三）所采取的保护措施是否合法、有效并与风险程度相适应。

个人信息保护影响评估报告和处理情况记录应当至少保存三年。

第五十七条 发生或者可能发生个人信息泄露、篡改、丢失的，个人信息处理者应当立即采取补救措施，并通知履行个人信息保护职责的部门和个人。通知应当包括下列事项：

（一）发生或者可能发生个人信息泄露、篡改、丢失的信息种类、原因和可能造成的危害；

（二）个人信息处理者采取的补救措施和个人可以采取的减轻危害的措施；

（三）个人信息处理者的联系方式。

个人信息处理者采取措施能够有效避免信息泄露、篡改、丢失造成危害的，个人信息处理者可以不通知个人；履行个人信息保护职责的部门认为可能造成危害的，有权要求个人信息处理者通知个人。

第五十八条 提供重要互联网平台服务、用户数量巨大、业务类型复杂的个人信息处理者，应当履行下列义务：

（一）按照国家规定建立健全个人信息保护合规制度体系，成立主要由外部成员组成的独立机构对个人信息保护情况进行监督；

（二）遵循公开、公平、公正的原则，制定平台规则，明确平台内产品或者服务提供者处理个人信息的规范和保护个人信息的义务；

（三）对严重违反法律、行政法规处理个

人信息的平台内的产品或者服务提供者,停止提供服务;

(四)定期发布个人信息保护社会责任报告,接受社会监督。

第五十九条 接受委托处理个人信息的受托人,应当依照本法和有关法律、行政法规的规定,采取必要措施保障所处理的个人信息的安全,并协助个人信息处理者履行本法规定的义务。

第六章 履行个人信息保护职责的部门

第六十条 国家网信部门负责统筹协调个人信息保护工作和相关监督管理工作。国务院有关部门依照本法和有关法律、行政法规的规定,在各自职责范围内负责个人信息保护和监督管理工作。

县级以上地方人民政府有关部门的个人信息保护和监督管理职责,按照国家有关规定确定。

前两款规定的部门统称为履行个人信息保护职责的部门。

第六十一条 履行个人信息保护职责的部门履行下列个人信息保护职责:

(一)开展个人信息保护宣传教育,指导、监督个人信息处理者开展个人信息保护工作;

(二)接受、处理与个人信息保护有关的投诉、举报;

(三)组织对应用程序等个人信息保护情况进行测评,并公布测评结果;

(四)调查、处理违法个人信息处理活动;

(五)法律、行政法规规定的其他职责。

第六十二条 国家网信部门统筹协调有关部门依据本法推进下列个人信息保护工作:

(一)制定个人信息保护具体规则、标准;

(二)针对小型个人信息处理者、处理敏感个人信息以及人脸识别、人工智能等新技术、新应用,制定专门的个人信息保护规则、标准;

(三)支持研究开发和推广应用安全、方便的电子身份认证技术,推进网络身份认证公共服务建设;

(四)推进个人信息保护社会化服务体系建设,支持有关机构开展个人信息保护评估、认证服务;

(五)完善个人信息保护投诉、举报工作机制。

第六十三条 履行个人信息保护职责的部门履行个人信息保护职责,可以采取下列措施:

(一)询问有关当事人,调查与个人信息处理活动有关的情况;

(二)查阅、复制当事人与个人信息处理活动有关的合同、记录、账簿以及其他有关资料;

(三)实施现场检查,对涉嫌违法的个人信息处理活动进行调查;

(四)检查与个人信息处理活动有关的设备、物品;对有证据证明是用于违法个人信息处理活动的设备、物品,向本部门主要负责人书面报告并经批准,可以查封或者扣押。

履行个人信息保护职责的部门依法履行职责,当事人应当予以协助、配合,不得拒绝、阻挠。

第六十四条 履行个人信息保护职责的部门在履行职责中,发现个人信息处理活动存在较大风险或者发生个人信息安全事件的,可以按照规定的权限和程序对该个人信息处理者的法定代表人或者主要负责人进行约谈,或者要求个人信息处理者委托专业机构对其个人信息处理活动进行合规审计。个人信息处理者应当按照要求采取措施,进行整改,消除隐患。

履行个人信息保护职责的部门在履行职责中,发现违法处理个人信息涉嫌犯罪的,应当及时移送公安机关依法处理。

第六十五条 任何组织、个人有权对违法个人信息处理活动向履行个人信息保护职责的部门进行投诉、举报。收到投诉、举报的部门应当依法及时处理,并将处理结果告知投诉、举报人。

履行个人信息保护职责的部门应当公布接受投诉、举报的联系方式。

第七章 法律责任

第六十六条 违反本法规定处理个人信息,或者处理个人信息未履行本法规定的个人信息保护义务的,由履行个人信息保护职责的部门责令改正,给予警告,没收违法所得,对违法处理个人信息的应用程序，责令暂停或者终止提供服务；拒不改正的，并处一百万元以下罚款；对直接负责的主管人员和其他直接责任人员处一万元以上十万元以下罚款。

有前款规定的违法行为，情节严重的，由省级以上履行个人信息保护职责的部门责令改正，没收违法所得，并处五千万元以下或者上一年度营业额百分之五以下罚款，并可以责令暂停相关业务或者停业整顿、通报有关主管部门吊销相关业务许可或者吊销营业执照；对直接负责的主管人员和其他直接责任人员处十万元以上一百万元以下罚款，并可以决定禁止其在一定期限内担任相关企业的董事、监事、高级管理人员和个人信息保护负责人。

第六十七条 有本法规定的违法行为的，依照有关法律、行政法规的规定记入信用档案，并予以公示。

第六十八条 国家机关不履行本法规定的个人信息保护义务的，由其上级机关或者履行个人信息保护职责的部门责令改正；对直接负责的主管人员和其他直接责任人员依法给予处分。

履行个人信息保护职责的部门的工作人员玩忽职守、滥用职权、徇私舞弊，尚不构成犯罪的，依法给予处分。

第六十九条 处理个人信息侵害个人信息权益造成损害，个人信息处理者不能证明自己没有过错的，应当承担损害赔偿等侵权责任。

前款规定的损害赔偿责任按照个人因此受到的损失或者个人信息处理者因此获得的利益确定；个人因此受到的损失和个人信息处理者因此获得的利益难以确定的，根据实际情况确定赔偿数额。

第七十条 个人信息处理者违反本法规定处理个人信息，侵害众多个人的权益的，人民检察院、法律规定的消费者组织和由国家网信部门确定的组织可以依法向人民法院提起诉讼。

第七十一条 违反本法规定，构成违反治安管理行为的，依法给予治安管理处罚；构成犯罪的，依法追究刑事责任。

第八章 附 则

第七十二条 自然人因个人或者家庭事务处理个人信息的，不适用本法。

法律对各级人民政府及其有关部门组织实施的统计、档案管理活动中的个人信息处理有规定的，适用其规定。

第七十三条 本法下列用语的含义：

（一）个人信息处理者，是指在个人信息处理活动中自主决定处理目的、处理方式的组织、个人。

（二）自动化决策，是指通过计算机程序自动分析、评估个人的行为习惯、兴趣爱好或者经济、健康、信用状况等，并进行决策的活动。

（三）去标识化，是指个人信息经过处理，使其在不借助额外信息的情况下无法识别特定自然人的过程。

（四）匿名化，是指个人信息经过处理无法识别特定自然人且不能复原的过程。

第七十四条 本法自2021年11月1日起施行。

征信业管理条例

(2013年1月21日中华人民共和国国务院令第631号公布
自2013年3月15日起施行)

第一章 总 则

第一条 为了规范征信活动，保护当事人合法权益，引导、促进征信业健康发展，推进社会信用体系建设，制定本条例。

第二条 在中国境内从事征信业务及相关活动，适用本条例。

本条例所称征信业务，是指对企业、事业

单位等组织（以下统称企业）的信用信息和个人的信用信息进行采集、整理、保存、加工，并向信息使用者提供的活动。

国家设立的金融信用信息基础数据库进行信息的采集、整理、保存、加工和提供，适用本条例第五章规定。

国家机关以及法律、法规授权的具有管理公共事务职能的组织依照法律、行政法规和国务院的规定，为履行职责进行的企业和个人信息的采集、整理、保存、加工和公布，不适用本条例。

第三条 从事征信业务及相关活动，应当遵守法律法规，诚实守信，不得危害国家秘密，不得侵犯商业秘密和个人隐私。

第四条 中国人民银行（以下称国务院征信业监督管理部门）及其派出机构依法对征信业进行监督管理。

县级以上地方人民政府和国务院有关部门依法推进本地区、本行业的社会信用体系建设，培育征信市场，推动征信业发展。

第二章 征信机构

第五条 本条例所称征信机构，是指依法设立，主要经营征信业务的机构。

第六条 设立经营个人征信业务的征信机构，应当符合《中华人民共和国公司法》规定的公司设立条件和下列条件，并经国务院征信业监督管理部门批准：

（一）主要股东信誉良好，最近3年无重大违法违规记录；

（二）注册资本不少于人民币5000万元；

（三）有符合国务院征信业监督管理部门规定的保障信息安全的设施、设备和制度、措施；

（四）拟任董事、监事和高级管理人员符合本条例第八条规定的任职条件；

（五）国务院征信业监督管理部门规定的其他审慎性条件。

第七条 申请设立经营个人征信业务的征信机构，应当向国务院征信业监督管理部门提交申请书和证明其符合本条例第六条规定条件的材料。

国务院征信业监督管理部门应当依法进行审查，自受理申请之日起60日内作出批准或者不予批准的决定。决定批准的，颁发个人征信业务经营许可证；不予批准的，应当书面说明理由。

经批准设立的经营个人征信业务的征信机构，凭个人征信业务经营许可证向公司登记机关办理登记。

未经国务院征信业监督管理部门批准，任何单位和个人不得经营个人征信业务。

第八条 经营个人征信业务的征信机构的董事、监事和高级管理人员，应当熟悉与征信业务相关的法律法规，具有履行职责所需的征信业从业经验和管理能力，最近3年无重大违法违规记录，并取得国务院征信业监督管理部门核准的任职资格。

第九条 经营个人征信业务的征信机构设立分支机构、合并或者分立、变更注册资本、变更出资额占公司资本总额5%以上或者持股占公司股份5%以上的股东的，应当经国务院征信业监督管理部门批准。

经营个人征信业务的征信机构变更名称的，应当向国务院征信业监督管理部门办理备案。

第十条 设立经营企业征信业务的征信机构，应当符合《中华人民共和国公司法》规定的设立条件，并自公司登记机关准予登记之日起30日内向所在地的国务院征信业监督管理部门派出机构办理备案，并提供下列材料：

（一）营业执照；

（二）股权结构、组织机构说明；

（三）业务范围、业务规则、业务系统的基本情况；

（四）信息安全和风险防范措施。

备案事项发生变更的，应当自变更之日起30日内向原备案机构办理变更备案。

第十一条 征信机构应当按照国务院征信业监督管理部门的规定，报告上一年度开展征信业务的情况。

国务院征信业监督管理部门应当向社会公告经营个人征信业务和企业征信业务的征信机构名单，并及时更新。

第十二条 征信机构解散或者被依法宣告破产的，应当向国务院征信业监督管理部门报告，并按照下列方式处理信息数据库：

（一）与其他征信机构约定并经国务院征信业监督管理部门同意，转让给其他征信机构；

（二）不能依照前项规定转让的，移交给国务院征信业监督管理部门指定的征信机构；

（三）不能依照前两项规定转让、移交的，在国务院征信业监督管理部门的监督下销毁。

经营个人征信业务的征信机构解散或者被依法宣告破产的，还应当在国务院征信业监督管理部门指定的媒体上公告，并将个人征信业务经营许可证交国务院征信业监督管理部门注销。

第三章 征信业务规则

第十三条 采集个人信息应当经信息主体本人同意，未经本人同意不得采集。但是，依照法律、行政法规规定公开的信息除外。

企业的董事、监事、高级管理人员与其履行职务相关的信息，不作为个人信息。

第十四条 禁止征信机构采集个人的宗教信仰、基因、指纹、血型、疾病和病史信息以及法律、行政法规规定禁止采集的其他个人信息。

征信机构不得采集个人的收入、存款、有价证券、商业保险、不动产的信息和纳税数额信息。但是，征信机构明确告知信息主体提供该信息可能产生的不利后果，并取得其书面同意的除外。

第十五条 信息提供者向征信机构提供个人不良信息，应当事先告知信息主体本人。但是，依照法律、行政法规规定公开的不良信息除外。

第十六条 征信机构对个人不良信息的保存期限，自不良行为或者事件终止之日起为5年；超过5年的，应当予以删除。

在不良信息保存期限内，信息主体可以对不良信息作出说明，征信机构应当予以记载。

第十七条 信息主体可以向征信机构查询自身信息。个人信息主体有权每年两次免费获取本人的信用报告。

第十八条 向征信机构查询个人信息的，应当取得信息主体本人的书面同意并约定用途。但是，法律规定可以不经同意查询的除外。

征信机构不得违反前款规定提供个人信息。

第十九条 征信机构或者信息提供者、信息使用者采用格式合同条款取得个人信息主体同意的，应当在合同中作出足以引起信息主体注意的提示，并按照信息主体的要求作出明确说明。

第二十条 信息使用者应当按照与个人信息主体约定的用途使用个人信息，不得用作约定以外的用途，不得未经个人信息主体同意向第三方提供。

第二十一条 征信机构可以通过信息主体、企业交易对方、行业协会提供信息，政府有关部门依法已公开的信息，人民法院依法公布的判决、裁定等渠道，采集企业信息。

征信机构不得采集法律、行政法规禁止采集的企业信息。

第二十二条 征信机构应当按照国务院征信业监督管理部门的规定，建立健全和严格执行保障信息安全的规章制度，并采取有效技术措施保障信息安全。

经营个人征信业务的征信机构应当对其工作人员查询个人信息的权限和程序作出明确规定，对工作人员查询个人信息的情况进行登记，如实记载查询工作人员的姓名，查询的时间、内容及用途。工作人员不得违反规定的权限和程序查询信息，不得泄露工作中获取的信息。

第二十三条 征信机构应当采取合理措施，保障其提供信息的准确性。

征信机构提供的信息供信息使用者参考。

第二十四条 征信机构在中国境内采集的信息的整理、保存和加工，应当在中国境内进行。

征信机构向境外组织或者个人提供信息，应当遵守法律、行政法规和国务院征信业监督管理部门的有关规定。

第四章 异议和投诉

第二十五条 信息主体认为征信机构采集、保存、提供的信息存在错误、遗漏的，有权向征信机构或者信息提供者提出异议，要求更正。

征信机构或者信息提供者收到异议，应当按照国务院征信业监督管理部门的规定对相关信息作出存在异议的标注，自收到异议之日起20日内进行核查和处理，并将结果书面答复异议人。

经核查，确认相关信息确有错误、遗漏的，信息提供者、征信机构应当予以更正；确认不存在错误、遗漏的，应当取消异议标注；经核查仍不能确认的，对核查情况和异议内容应当予以记载。

第二十六条 信息主体认为征信机构或者信息提供者、信息使用者侵害其合法权益的，可以向所在地的国务院征信业监督管理部门派出机构投诉。

受理投诉的机构应当及时进行核查和处理，自受理之日起30日内书面答复投诉人。

信息主体认为征信机构或者信息提供者、信息使用者侵害其合法权益的，可以直接向人民法院起诉。

第五章 金融信用信息基础数据库

第二十七条 国家设立金融信用信息基础数据库，为防范金融风险、促进金融业发展提供相关信息服务。

金融信用信息基础数据库由专业运行机构建设、运行和维护。该运行机构不以营利为目的，由国务院征信业监督管理部门监督管理。

第二十八条 金融信用信息基础数据库接收从事信贷业务的机构按照规定提供的信贷信息。

金融信用信息基础数据库为信息主体和取得信息主体本人书面同意的信息使用者提供查询服务。国家机关可以依法查询金融信用信息基础数据库的信息。

第二十九条 从事信贷业务的机构应当按照规定向金融信用信息基础数据库提供信贷信息。

从事信贷业务的机构向金融信用信息基础数据库或者其他主体提供信贷信息，应当事先取得信息主体的书面同意，并适用本条例关于信息提供者的规定。

第三十条 不从事信贷业务的金融机构向金融信用信息基础数据库提供、查询信用信息以及金融信用信息基础数据库接收其提供的信用信息的具体办法，由国务院征信业监督管理部门会同国务院有关金融监督管理机构依法制定。

第三十一条 金融信用信息基础数据库运行机构可以按照补偿成本原则收取查询服务费用，收费标准由国务院价格主管部门规定。

第三十二条 本条例第十四条、第十六条、第十七条、第十八条、第二十二条、第二十三条、第二十四条、第二十五条、第二十六条适用于金融信用信息基础数据库运行机构。

第六章 监督管理

第三十三条 国务院征信业监督管理部门及其派出机构依照法律、行政法规和国务院的规定，履行对征信业和金融信用信息基础数据库运行机构的监督管理职责，可以采取下列监督检查措施：

（一）进入征信机构、金融信用信息基础数据库运行机构进行现场检查，对向金融信用信息基础数据库提供或者查询信息的机构遵守本条例有关规定的情况进行检查；

（二）询问当事人和与被调查事件有关的单位和个人，要求其对与被调查事件有关的事项作出说明；

（三）查阅、复制与被调查事件有关的文件、资料，对可能被转移、销毁、隐匿或者篡改的文件、资料予以封存；

（四）检查相关信息系统。

进行现场检查或者调查的人员不得少于2人，并应当出示合法证件和检查、调查通知书。

被检查、调查的单位和个人应当配合，如实提供有关文件、资料，不得隐瞒、拒绝和阻碍。

第三十四条 经营个人征信业务的征信机构、金融信用信息基础数据库、向金融信用信息基础数据库提供或者查询信息的机构发生重大信息泄露等事件的，国务院征信业监督管理部门可以采取临时接管相关信息系统等必要措施，避免损害扩大。

第三十五条 国务院征信业监督管理部门及其派出机构的工作人员对在工作中知悉的国家秘密和信息主体的信息，应当依法保密。

第七章 法律责任

第三十六条 未经国务院征信业监督管理部门批准，擅自设立经营个人征信业务的征信机构或者从事个人征信业务活动的，由国务院征信业监督管理部门予以取缔，没收违法所得，并处5万元以上50万元以下的罚款；构成犯罪的，依法追究刑事责任。

第三十七条 经营个人征信业务的征信机构违反本条例第九条规定的,由国务院征信业监督管理部门责令限期改正,对单位处 2 万元以上 20 万元以下的罚款;对直接负责的主管人员和其他直接责任人员给予警告,处 1 万元以下的罚款。

经营企业征信业务的征信机构未按照本条例第十条规定办理备案的,由其所在地的国务院征信业监督管理部门派出机构责令限期改正;逾期不改正的,依照前款规定处罚。

第三十八条 征信机构、金融信用信息基础数据库运行机构违反本条例规定,有下列行为之一的,由国务院征信业监督管理部门或者其派出机构责令限期改正,对单位处 5 万元以上 50 万元以下的罚款;对直接负责的主管人员和其他直接责任人员处 1 万元以上 10 万元以下的罚款;有违法所得的,没收违法所得。给信息主体造成损失的,依法承担民事责任;构成犯罪的,依法追究刑事责任:

(一)窃取或者以其他方式非法获取信息;

(二)采集禁止采集的个人信息或者未经同意采集个人信息;

(三)违法提供或者出售信息;

(四)因过失泄露信息;

(五)逾期不删除个人不良信息;

(六)未按照规定对异议信息进行核查和处理;

(七)拒绝、阻碍国务院征信业监督管理部门或者其派出机构检查、调查或者不如实提供有关文件、资料;

(八)违反征信业务规则,侵害信息主体合法权益的其他行为。

经营个人征信业务的征信机构有前款所列行为之一,情节严重或者造成严重后果的,由国务院征信业监督管理部门吊销其个人征信业务经营许可证。

第三十九条 征信机构违反本条例规定,未按照规定报告其上一年度开展征信业务情况的,由国务院征信业监督管理部门或者其派出机构责令限期改正;逾期不改正的,对单位处 2 万元以上 10 万元以下的罚款;对直接负责的主管人员和其他直接责任人员给予警告,处 1 万元以下的罚款。

第四十条 向金融信用信息基础数据库提供或者查询信息的机构违反本条例规定,有下列行为之一的,由国务院征信业监督管理部门或者其派出机构责令限期改正,对单位处 5 万元以上 50 万元以下的罚款;对直接负责的主管人员和其他直接责任人员处 1 万元以上 10 万元以下的罚款;有违法所得的,没收违法所得。给信息主体造成损失的,依法承担民事责任;构成犯罪的,依法追究刑事责任:

(一)违法提供或者出售信息;

(二)因过失泄露信息;

(三)未经同意查询个人信息或者企业的信贷信息;

(四)未按照规定处理异议或者对确有错误、遗漏的信息不予更正;

(五)拒绝、阻碍国务院征信业监督管理部门或者其派出机构检查、调查或者不如实提供有关文件、资料。

第四十一条 信息提供者违反本条例规定,向征信机构、金融信用信息基础数据库提供非依法公开的个人不良信息,未事先告知信息主体本人,情节严重或者造成严重后果的,由国务院征信业监督管理部门或者其派出机构对单位处 2 万元以上 20 万元以下的罚款;对个人处 1 万元以上 5 万元以下的罚款。

第四十二条 信息使用者违反本条例规定,未按照与个人信息主体约定的用途使用个人信息或者未经个人信息主体同意向第三方提供个人信息,情节严重或者造成严重后果的,由国务院征信业监督管理部门或者其派出机构对单位处 2 万元以上 20 万元以下的罚款;对个人处 1 万元以上 5 万元以下的罚款;有违法所得的,没收违法所得。给信息主体造成损失的,依法承担民事责任;构成犯罪的,依法追究刑事责任。

第四十三条 国务院征信业监督管理部门及其派出机构的工作人员滥用职权、玩忽职守、徇私舞弊,不依法履行监督管理职责,或者泄露国家秘密、信息主体信息的,依法给予处分。给信息主体造成损失的,依法承担民事责任;构成犯罪的,依法追究刑事责任。

第八章 附 则

第四十四条 本条例下列用语的含义:

(一)信息提供者,是指向征信机构提供信息的单位和个人,以及向金融信用信息基础数据库提供信息的单位。

（二）信息使用者，是指从征信机构和金融信用信息基础数据库获取信息的单位和个人。

（三）不良信息，是指对信息主体信用状况构成负面影响的下列信息：信息主体在借贷、赊购、担保、租赁、保险、使用信用卡等活动中未按照合同履行义务的信息，对信息主体的行政处罚信息，人民法院判决或者裁定信息主体履行义务以及强制执行的信息，以及国务院征信业监督管理部门规定的其他不良信息。

第四十五条 外商投资征信机构的设立条件，由国务院征信业监督管理部门会同国务院有关部门制定，报国务院批准。

境外征信机构在境内经营征信业务，应当经国务院征信业监督管理部门批准。

第四十六条 本条例施行前已经经营个人征信业务的机构，应当自本条例施行之日起6个月内，依照本条例的规定申请个人征信业务经营许可证。

本条例施行前已经经营企业征信业务的机构，应当自本条例施行之日起3个月内，依照本条例的规定办理备案。

第四十七条 本条例自2013年3月15日起施行。

征信业务管理办法

(2021年9月17日中国人民银行第9次行务会议审议通过
2021年9月27日中国人民银行令2021年第4号发布
自2022年1月1日起施行)

第一章 总 则

第一条 为了规范征信业务及其相关活动，保护信息主体合法权益，促进征信业健康发展，推进社会信用体系建设，根据《中华人民共和国中国人民银行法》《中华人民共和国个人信息保护法》《征信业管理条例》等法律法规，制定本办法。

第二条 在中华人民共和国境内，对法人和非法人组织（以下统称企业）、个人开展征信业务及其相关活动的，适用本办法。

第三条 本办法所称征信业务，是指对企业和个人的信用信息进行采集、整理、保存、加工，并向信息使用者提供的活动。

本办法所称信用信息，是指依法采集，为金融等活动提供服务，用于识别判断企业和个人信用状况的基本信息、借贷信息、其他相关信息，以及基于前述信息形成的分析评价信息。

第四条 从事个人征信业务的，应当依法取得中国人民银行个人征信机构许可；从事企业征信业务的，应当依法办理企业征信机构备案；从事信用评级业务的，应当依法办理信用评级机构备案。

第五条 金融机构不得与未取得合法征信业务资质的市场机构开展商业合作获取征信服务。

本办法所称金融机构，是指国务院金融管理部门监督管理的从事金融业务的机构。

地方金融监管部门负责监督管理的地方金融组织适用本办法关于金融机构的规定。

第六条 从事征信业务及其相关活动，应当保护信息主体合法权益，保障信息安全，防范信用信息泄露、丢失、毁损或者被滥用，不得危害国家秘密，不得侵犯个人隐私和商业秘密。

从事征信业务及其相关活动，应当遵循独立、客观、公正的原则，不得违反法律法规的规定，不得违反社会公序良俗。

第二章 信用信息采集

第七条 采集个人信用信息，应当采取合法、正当的方式，遵循最小、必要的原则，不得过度采集。

第八条　征信机构不得以下列方式采集信用信息：

（一）欺骗、胁迫、诱导；

（二）向信息主体收费；

（三）从非法渠道采集；

（四）以其他侵害信息主体合法权益的方式。

第九条　信息提供者向征信机构提供信用信息的，征信机构应当制定相关制度，对信息提供者的信息来源、信息质量、信息安全、信息主体授权等进行必要的审查。

第十条　征信机构与信息提供者在开办业务及合作中应当遵守《中华人民共和国个人信息保护法》等法律法规，通过协议等形式明确信息采集的原则以及各自在获得客户同意、信息采集、加工处理、信息更正、异议处理、信息安全等方面的权利义务和责任。

第十一条　征信机构经营个人征信业务，应当制定采集个人信用信息的方案，并就采集的数据项、信息来源、采集方式、信息主体合法权益保护制度等事项及其变化向中国人民银行报告。

第十二条　征信机构采集个人信用信息应当经信息主体本人同意，并且明确告知信息主体采集信用信息的目的。依照法律法规公开的信息除外。

第十三条　征信机构通过信息提供者取得个人同意的，信息提供者应当向信息主体履行告知义务。

第十四条　个人征信机构应当将与其合作，进行个人信用信息采集、整理、加工和分析的信息提供者，向中国人民银行报告。

个人征信机构应当规范与信息提供者的合作协议内容。信息提供者应当就个人信用信息处理事项接受个人征信机构的风险评估和中国人民银行的情况核实。

第十五条　采集企业信用信息，应当基于合法的目的，不得侵犯商业秘密。

第三章　信用信息整理、保存、加工

第十六条　征信机构整理、保存、加工信用信息，应当遵循客观性原则，不得篡改原始信息。

第十七条　征信机构应当采取措施，提高征信系统信息的准确性，保障信息质量。

第十八条　征信机构在整理、保存、加工信用信息过程中发现信息错误的，如属于信息提供者报送错误的，应当及时通知信息提供者更正；如属于内部处理错误的，应当及时更正，并优化信用信息内部处理流程。

第十九条　征信机构应当对来自不同信息提供者的信息进行比对，发现信息不一致的，及时进行核查和处理。

第二十条　征信机构采集的个人不良信息的保存期限，自不良行为或者事件终止之日起为5年。

个人不良信息保存期限届满，征信机构应当将个人不良信息在对外服务和应用中删除；作为样本数据的，应当进行匿名化处理。

第四章　信用信息提供、使用

第二十一条　征信机构对外提供征信产品和服务，应当遵循公平性原则，不得设置不合理的商业条件限制不同的信息使用者使用，不得利用优势地位提供歧视性或者排他性的产品和服务。

第二十二条　征信机构应当采取适当的措施，对信息使用者的身份、业务资质、使用目的等进行必要的审查。

征信机构应当对信息使用者接入征信系统的网络和系统安全、合规性管理措施进行评估，对查询行为进行监测。发现安全隐患或者异常行为的，及时核查；发现违法违规行为的，停止提供服务。

第二十三条　信息使用者应当采取必要的措施，保障查询个人信用信息时取得信息主体的同意，并且按照约定用途使用个人信用信息。

第二十四条　信息使用者使用征信机构提供的信用信息，应当基于合法、正当的目的，不得滥用信用信息。

第二十五条　个人信息主体有权每年两次免费获取本人的信用报告，征信机构可以通过互联网查询、营业场所查询等多种方式为个人信息主体提供信用报告查询服务。

第二十六条　信息主体认为信息存在错误、遗漏的，有权向征信机构或者信息提供者提出异议；认为侵害自身合法权益的，可以向所在地中国人民银行分支机构投诉。对异议和投诉按照《征信业管理条例》及相关规定办理。

第二十七条 征信机构不得以删除不良信息或者不采集不良信息为由，向信息主体收取费用。

第二十八条 征信机构提供信用报告等信用信息查询产品和服务的，应当客观展示查询的信用信息内容，并对查询的信用信息内容及专业名词进行解释说明。

信息主体有权要求征信机构在信用报告中添加异议标注和声明。

第二十九条 征信机构提供画像、评分、评级等信用评价类产品和服务的，应当建立评价标准，不得将与信息主体信用无关的要素作为评价标准。

征信机构正式对外提供信用评价类产品和服务前，应当履行必要的内部测试和评估验证程序，使评价规则可解释、信息来源可追溯。

征信机构提供经济主体或者债务融资工具信用评级产品和服务的，应当按照《信用评级业管理暂行办法》（中国人民银行 发展改革委 财政部 证监会令〔2019〕第5号发布）等相关规定开展业务。

第三十条 征信机构提供信用反欺诈产品和服务的，应当建立欺诈信用信息的认定标准。

第三十一条 征信机构提供信用信息查询、信用评价类、信用反欺诈产品和服务，应当向中国人民银行或其省会（首府）城市中心支行以上分支机构报告下列事项：

（一）信用报告的模板及内容；

（二）信用评价类产品和服务的评价方法、模型、主要维度要素；

（三）信用反欺诈产品和服务的数据来源、欺诈信用信息认定标准。

第三十二条 征信机构不得从事下列活动：

（一）对信用评价结果进行承诺；

（二）使用对信用评价结果有暗示性的内容宣传产品和服务；

（三）未经政府部门或者行业协会同意，假借其名义进行市场推广；

（四）以胁迫、欺骗、诱导的方式向信息主体或者信息使用者提供征信产品和服务；

（五）对征信产品和服务进行虚假宣传；

（六）提供其他影响征信业务客观公正性的征信产品和服务。

第五章 信用信息安全

第三十三条 征信机构应当落实网络安全等级保护制度，制定涉及业务活动和设备设施的安全管理制度，采取有效保护措施，保障征信系统的安全。

第三十四条 个人征信机构、保存或者处理100万户以上企业信用信息的企业征信机构，应当符合下列要求：

（一）核心业务信息系统网络安全保护等级具备三级或者三级以上安全保护能力；

（二）设立信息安全负责人和个人信息保护负责人，由公司章程规定的高级管理人员担任；

（三）设立专职部门，负责信息安全和个人信息保护工作，定期检查征信业务、系统安全、个人信息保护制度措施执行情况。

第三十五条 征信机构应当保障征信系统运行设施设备、安全控制设施设备以及互联网应用程序的安全，做好征信系统日常运维管理，保障系统物理安全、通信网络安全、区域边界安全、计算环境安全、管理中心安全等，防范征信系统受到非法入侵和破坏。

第三十六条 征信机构应当在人员录用、离岗、考核、安全教育、培训和外部人员访问管理等方面做好人员安全管理工作。

第三十七条 征信机构应当严格限定公司内部查询和获取信用信息的工作人员的权限和范围。

征信机构应当留存工作人员查询、获取信用信息的操作记录，明确记载工作人员查询和获取信用信息的时间、方式、内容及用途。

第三十八条 征信机构应当建立应急处置制度，在发生或者有可能发生信用信息泄露等事件时，立即采取必要措施降低危害，并及时向中国人民银行及其省会（首府）城市中心支行以上分支机构报告。

第三十九条 征信机构在中华人民共和国境内开展征信业务及其相关活动，采集的企业信用信息和个人信用信息应当存储在中华人民共和国境内。

第四十条 征信机构向境外提供个人信用信息，应当符合法律法规的规定。

征信机构向境外信息使用者提供企业信用

信息查询产品和服务，应当对信息使用者的身份、信用信息用途进行必要的审查，确保信用信息用于跨境贸易、投融资等合理用途，不得危害国家安全。

第四十一条 征信机构与境外征信机构合作的，应当在合作协议签署后、业务开展前将合作协议报告中国人民银行。

第六章 监督管理

第四十二条 征信机构应当将下列事项向社会公开，接受社会监督：

（一）采集的信用信息类别；

（二）信用报告的基本格式内容；

（三）异议处理流程；

（四）中国人民银行认为需要公开的其他事项。

第四十三条 个人征信机构应当每年对自身个人征信业务遵守《中华人民共和国个人信息保护法》《征信业管理条例》的情况进行合规审计，并将合规审计报告及时报告中国人民银行。

第四十四条 中国人民银行及其省会（首府）城市中心支行以上分支机构对征信机构的下列事项进行监督检查：

（一）征信内控制度建设，包括各项制度和相关规程的齐备性、合规性和可操作性等；

（二）征信业务合规经营情况，包括采集信用信息、对外提供和使用信用信息、异议与投诉处理、用户管理、其他事项合规性等；

（三）征信系统安全情况，包括信息技术制度、安全管理、系统开发等；

（四）与征信业务活动相关的其他事项。

第四十五条 信息提供者和信息使用者违反《征信业管理条例》规定，侵犯信息主体合法权益的，由中国人民银行及其省会（首府）城市中心支行以上分支机构依法对其检查和处理。

第七章 法律责任

第四十六条 违反本办法第四条规定，擅自从事个人征信业务的，由中国人民银行按照《征信业管理条例》第三十六条进行处罚；擅自从事企业征信业务的，由中国人民银行省会（首府）城市中心支行以上分支机构按照《征信业管理条例》第三十七条进行处罚。

金融机构违反本办法第五条规定，与未取得合法征信业务资质的市场机构开展商业合作获取征信服务的，由中国人民银行及其分支机构责令改正，对单位处3万元以下罚款，对直接负责的主管人员处1000元以下罚款。

第四十七条 征信机构违反本办法第八条、第十六条、第二十条、第二十七条、第三十二条规定的，由中国人民银行及其省会（首府）城市中心支行以上分支机构按照《征信业管理条例》第三十八条进行处罚。

第四十八条 征信机构违反本办法第十四条、第二十一条、第三十一条、第三十四条、第三十九条、第四十二条规定的，由中国人民银行及其省会（首府）城市中心支行以上分支机构责令改正，没收违法所得，对单位处3万元以下罚款，对直接负责的主管人员处1000元以下罚款。法律、行政法规另有规定的，依照其规定。

第八章 附 则

第四十九条 金融信用信息基础数据库从事征信业务、从事信贷业务的机构向金融信用信息基础数据库报送或者查询信用信息参照本办法执行。

第五十条 以"信用信息服务""信用服务""信用评分""信用评级""信用修复"等名义对外实质提供征信服务的，适用本办法。

第五十一条 本办法施行前未取得个人征信业务经营许可或者未进行企业征信机构备案但实质从事征信业务的机构，应当自本办法施行之日起18个月内完成合规整改。

第五十二条 本办法由中国人民银行负责解释。

第五十三条 本办法自2022年1月1日起施行。

（五）外 汇 管 理

中华人民共和国外汇管理条例

（1996年1月29日中华人民共和国国务院令第193号发布　根据1997年1月14日《国务院关于修改〈中华人民共和国外汇管理条例〉的决定》修订　根据2008年8月1日国务院第20次常务会议修订通过　2008年8月5日中华人民共和国国务院令第532号公布　自公布之日起施行）

第一章　总　则

第一条　为了加强外汇管理，促进国际收支平衡，促进国民经济健康发展，制定本条例。

第二条　国务院外汇管理部门及其分支机构（以下统称外汇管理机关）依法履行外汇管理职责，负责本条例的实施。

第三条　本条例所称外汇，是指下列以外币表示的可以用作国际清偿的支付手段和资产：

（一）外币现钞，包括纸币、铸币；

（二）外币支付凭证或者支付工具，包括票据、银行存款凭证、银行卡等；

（三）外币有价证券，包括债券、股票等；

（四）特别提款权；

（五）其他外汇资产。

第四条　境内机构、境内个人的外汇收支或者外汇经营活动，以及境外机构、境外个人在境内的外汇收支或者外汇经营活动，适用本条例。

第五条　国家对经常性国际支付和转移不予限制。

第六条　国家实行国际收支统计申报制度。

国务院外汇管理部门应当对国际收支进行统计、监测，定期公布国际收支状况。

第七条　经营外汇业务的金融机构应当按照国务院外汇管理部门的规定为客户开立外汇账户，并通过外汇账户办理外汇业务。

经营外汇业务的金融机构应当依法向外汇管理机关报送客户的外汇收支及账户变动情况。

第八条　中华人民共和国境内禁止外币流通，并不得以外币计价结算，但国家另有规定的除外。

第九条　境内机构、境内个人的外汇收入可以调回境内或者存放境外；调回境内或者存放境外的条件、期限等，由国务院外汇管理部门根据国际收支状况和外汇管理的需要作出规定。

第十条　国务院外汇管理部门依法持有、管理、经营国家外汇储备，遵循安全、流动、增值的原则。

第十一条　国际收支出现或者可能出现严重失衡，以及国民经济出现或者可能出现严重危机时，国家可以对国际收支采取必要的保障、控制等措施。

第二章　经常项目外汇管理

第十二条　经常项目外汇收支应当具有真实、合法的交易基础。经营结汇、售汇业务的金融机构应当按照国务院外汇管理部门的规定，对交易单证的真实性及其与外汇收支的一致性进行合理审查。

外汇管理机关有权对前款规定事项进行监督检查。

第十三条　经常项目外汇收入，可以按照国家有关规定保留或者卖给经营结汇、售汇业务的金融机构。

第十四条　经常项目外汇支出，应当按照国务院外汇管理部门关于付汇与购汇的管理规定，凭有效单证以自有外汇支付或者向经营结汇、售汇业务的金融机构购汇支付。

第十五条 携带、申报外币现钞出入境的限额，由国务院外汇管理部门规定。

第三章 资本项目外汇管理

第十六条 境外机构、境外个人在境内直接投资，经有关主管部门批准后，应当到外汇管理机关办理登记。

境外机构、境外个人在境内从事有价证券或者衍生产品发行、交易，应当遵守国家关于市场准入的规定，并按照国务院外汇管理部门的规定办理登记。

第十七条 境内机构、境内个人向境外直接投资或者从事境外有价证券、衍生产品发行、交易，应当按照国务院外汇管理部门的规定办理登记。国家规定需要事先经有关主管部门批准或者备案的，应当在外汇登记前办理批准或者备案手续。

第十八条 国家对外债实行规模管理。借用外债应当按照国家有关规定办理，并到外汇管理机关办理外债登记。

国务院外汇管理部门负责全国的外债统计与监测，并定期公布外债情况。

第十九条 提供对外担保，应当向外汇管理机关提出申请，由外汇管理机关根据申请人的资产负债等情况作出批准或者不批准的决定；国家规定其经营范围须经有关主管部门批准的，应当在向外汇管理机关提出申请前办理批准手续。申请人签订对外担保合同后，应当到外汇管理机关办理对外担保登记。

经国务院批准为使用外国政府或者国际金融组织贷款进行转贷提供对外担保的，不适用前款规定。

第二十条 银行业金融机构在经批准的经营范围内可以直接向境外提供商业贷款。其他境内机构向境外提供商业贷款，应当向外汇管理机关提出申请，外汇管理机关根据申请人的资产负债等情况作出批准或者不批准的决定；国家规定其经营范围需经有关主管部门批准的，应当在向外汇管理机关提出申请前办理批准手续。

向境外提供商业贷款，应当按照国务院外汇管理部门的规定办理登记。

第二十一条 资本项目外汇收入保留或者卖给经营结汇、售汇业务的金融机构，应当经外汇管理机关批准，但国家规定无需批准的除外。

第二十二条 资本项目外汇支出，应当按照国务院外汇管理部门关于付汇与购汇的管理规定，凭有效单证以自有外汇支付或者向经营结汇、售汇业务的金融机构购汇支付。国家规定应当经外汇管理机关批准的，应当在外汇支付前办理批准手续。

依法终止的外商投资企业，按照国家有关规定进行清算、纳税后，属于外方投资者所有的人民币，可以向经营结汇、售汇业务的金融机构购汇汇出。

第二十三条 资本项目外汇及结汇资金，应当按照有关主管部门及外汇管理机关批准的用途使用。外汇管理机关有权对资本项目外汇及结汇资金使用和账户变动情况进行监督检查。

第四章 金融机构外汇业务管理

第二十四条 金融机构经营或者终止经营结汇、售汇业务，应当经外汇管理机关批准；经营或者终止经营其他外汇业务，应当按照职责分工经外汇管理机关或者金融业监督管理机构批准。

第二十五条 外汇管理机关对金融机构外汇业务实行综合头寸管理，具体办法由国务院外汇管理部门制定。

第二十六条 金融机构的资本金、利润以及因本外币资产不匹配需要进行人民币与外币间转换的，应当经外汇管理机关批准。

第五章 人民币汇率和外汇市场管理

第二十七条 人民币汇率实行以市场供求为基础的、有管理的浮动汇率制度。

第二十八条 经营结汇、售汇业务的金融机构和符合国务院外汇管理部门规定条件的其他机构，可以按照国务院外汇管理部门的规定在银行间外汇市场进行外汇交易。

第二十九条 外汇市场交易应当遵循公开、公平、公正和诚实信用的原则。

第三十条 外汇市场交易的币种和形式由国务院外汇管理部门规定。

第三十一条 国务院外汇管理部门依法监

督管理全国的外汇市场。

第三十二条 国务院外汇管理部门可以根据外汇市场的变化和货币政策的要求，依法对外汇市场进行调节。

第六章 监督管理

第三十三条 外汇管理机关依法履行职责，有权采取下列措施：

（一）对经营外汇业务的金融机构进行现场检查；

（二）进入涉嫌外汇违法行为发生场所调查取证；

（三）询问有外汇收支或者外汇经营活动的机构和个人，要求其对与被调查外汇违法事件直接有关的事项作出说明；

（四）查阅、复制与被调查外汇违法事件直接有关的交易单证等资料；

（五）查阅、复制被调查外汇违法事件的当事人和直接有关的单位、个人的财务会计资料及相关文件，对可能被转移、隐匿或者毁损的文件和资料，可以予以封存；

（六）经国务院外汇管理部门或者省级外汇管理机关负责人批准，查询被调查外汇违法事件的当事人和直接有关的单位、个人的账户，但个人储蓄存款账户除外；

（七）对有证据证明已经或者可能转移、隐匿违法资金等涉案财产或者隐匿、伪造、毁损重要证据的，可以申请人民法院冻结或者查封。

有关单位和个人应当配合外汇管理机关的监督检查，如实说明有关情况并提供有关文件、资料，不得拒绝、阻碍和隐瞒。

第三十四条 外汇管理机关依法进行监督检查或者调查，监督检查或者调查的人员不得少于2人，并应当出示证件。监督检查、调查的人员少于2人或者未出示证件的，被监督检查、调查的单位和个人有权拒绝。

第三十五条 有外汇经营活动的境内机构，应当按照国务院外汇管理部门的规定报送财务会计报告、统计报表等资料。

第三十六条 经营外汇业务的金融机构发现客户有外汇违法行为的，应当及时向外汇管理机关报告。

第三十七条 国务院外汇管理部门为履行外汇管理职责，可以从国务院有关部门、机构获取所必需的信息，国务院有关部门、机构应当提供。

国务院外汇管理部门应当向国务院有关部门、机构通报外汇管理工作情况。

第三十八条 任何单位和个人都有权举报外汇违法行为。

外汇管理机关应当为举报人保密，并按照规定对举报人或者协助查处外汇违法行为有功的单位和个人给予奖励。

第七章 法律责任

第三十九条 有违反规定将境内外汇转移境外，或者以欺骗手段将境内资本转移境外等逃汇行为的，由外汇管理机关责令限期调回外汇，处逃汇金额30%以下的罚款；情节严重的，处逃汇金额30%以上等值以下的罚款；构成犯罪的，依法追究刑事责任。

第四十条 有违反规定以外汇收付应当以人民币收付的款项，或者以虚假、无效的交易单证等向经营结汇、售汇业务的金融机构骗购外汇等非法套汇行为的，由外汇管理机关责令对非法套汇资金予以回兑，处非法套汇金额30%以下的罚款；情节严重的，处非法套汇金额30%以上等值以下的罚款；构成犯罪的，依法追究刑事责任。

第四十一条 违反规定将外汇汇入境内的，由外汇管理机关责令改正，处违法金额30%以下的罚款；情节严重的，处违法金额30%以上等值以下的罚款。

非法结汇的，由外汇管理机关责令对非法结汇资金予以回兑，处违法金额30%以下的罚款。

第四十二条 违反规定携带外汇出入境的，由外汇管理机关给予警告，可以处违法金额20%以下的罚款。法律、行政法规规定由海关予以处罚的，从其规定。

第四十三条 有擅自对外借款、在境外发行债券或者提供对外担保等违反外债管理行为的，由外汇管理机关给予警告，处违法金额30%以下的罚款。

第四十四条 违反规定，擅自改变外汇或者结汇资金用途的，由外汇管理机关责令改正，没收违法所得，处违法金额30%以下的罚款；情节严重的，处违法金额30%以上等值以下的罚款。

有违反规定以外币在境内计价结算或者划转外汇等非法使用外汇行为的,由外汇管理机关责令改正,给予警告,可以处违法金额30%以下的罚款。

第四十五条 私自买卖外汇、变相买卖外汇、倒买倒卖外汇或者非法介绍买卖外汇数额较大的,由外汇管理机关给予警告,没收违法所得,处违法金额30%以下的罚款;情节严重的,处违法金额30%以上等值以下的罚款;构成犯罪的,依法追究刑事责任。

第四十六条 未经批准擅自经营结汇、售汇业务的,由外汇管理机关责令改正,有违法所得的,没收违法所得,违法所得50万元以上的,并处违法所得1倍以上5倍以下的罚款;没有违法所得或者违法所得不足50万元的,处50万元以上200万元以下的罚款;情节严重的,由有关主管部门责令停业整顿或者吊销业务许可证;构成犯罪的,依法追究刑事责任。

未经批准经营结汇、售汇业务以外的其他外汇业务的,由外汇管理机关或者金融业监督管理机构依照前款规定予以处罚。

第四十七条 金融机构有下列情形之一的,由外汇管理机关责令限期改正,没收违法所得,并处20万元以上100万元以下的罚款;情节严重或者逾期不改正的,由外汇管理机关责令停止经营相关业务:

(一)办理经常项目资金收付,未对交易单证的真实性及其与外汇收支的一致性进行合理审查的;

(二)违反规定办理资本项目资金收付的;

(三)违反规定办理结汇、售汇业务的;

(四)违反外汇业务综合头寸管理的;

(五)违反外汇市场交易管理的。

第四十八条 有下列情形之一的,由外汇管理机关责令改正,给予警告,对机构可以处30万元以下的罚款,对个人可以处5万元以下的罚款:

(一)未按照规定进行国际收支统计申报的;

(二)未按照规定报送财务会计报告、统计报表等资料的;

(三)未按照规定提交有效单证或者提交的单证不真实的;

(四)违反外汇账户管理规定的;

(五)违反外汇登记管理规定的;

(六)拒绝、阻碍外汇管理机关依法进行监督检查或者调查的。

第四十九条 境内机构违反外汇管理规定的,除依照本条例给予处罚外,对直接负责的主管人员和其他直接责任人员,应当给予处分;对金融机构负有直接责任的董事、监事、高级管理人员和其他直接责任人员给予警告,处5万元以上50万元以下的罚款;构成犯罪的,依法追究刑事责任。

第五十条 外汇管理机关工作人员徇私舞弊、滥用职权、玩忽职守,构成犯罪的,依法追究刑事责任;尚不构成犯罪的,依法给予处分。

第五十一条 当事人对外汇管理机关作出的具体行政行为不服的,可以依法申请行政复议;对行政复议决定仍不服的,可以依法向人民法院提起行政诉讼。

第八章 附 则

第五十二条 本条例下列用语的含义:

(一)境内机构,是指中华人民共和国境内的国家机关、企业、事业单位、社会团体、部队等,外国驻华外交领事机构和国际组织驻华代表机构除外。

(二)境内个人,是指中国公民和在中华人民共和国境内连续居住满1年的外国人,外国驻华外交人员和国际组织驻华代表除外。

(三)经常项目,是指国际收支中涉及货物、服务、收益及经常转移的交易项目等。

(四)资本项目,是指国际收支中引起对外资产和负债水平发生变化的交易项目,包括资本转移、直接投资、证券投资、衍生产品及贷款等。

第五十三条 非金融机构经营结汇、售汇业务,应当由国务院外汇管理部门批准,具体管理办法由国务院外汇管理部门另行制定。

第五十四条 本条例自公布之日起施行。

中国人民银行
关于印发《离岸银行业务管理办法》的通知

1997年10月23日　　　　　　　　　　银发〔1997〕438号

中国人民银行各省、自治区、直辖市、深圳经济特区分行，国家外汇管理局各省、自治区、直辖市、深圳经济特区分局，中国工商银行，中国农业银行，中国银行，中国建设银行，交通银行，中国投资银行，中信实业银行，中国光大银行，华夏银行，广东发展银行，深圳发展银行，招商银行，福建兴业银行，上海浦东发展银行，海南发展银行，深圳城市合作商业银行，上海城市合作银行，北京城市合作银行：

为深化金融体制改革，完善我国金融体系，推动国内离岸金融市场的发展，加强对银行经营离岸银行业务的监管，中国人民银行制定了《离岸银行业务管理办法》，现印发你们，请认真贯彻执行。

附：

离岸银行业务管理办法

第一章　总　则

第一条　为规范银行经营离岸银行业务的行为，根据《中华人民共和国外汇管理条例》，特制定本办法。

第二条　本办法所称"银行"是指经国家外汇管理局批准经营外汇业务的中资银行及其分支行。

第三条　本办法所称"离岸银行业务"是指银行吸收非居民的资金，服务于非居民的金融活动。

第四条　本办法所称"非居民"是指在境外（含港、澳．、台地区）的自然人、法人（含在境外注册的中国境外投资企业）、政府机构、国际组织及其他经济组织，包括中资金融机构的海外分支机构，但不包括境内机构的境外代表机构和办事机构。

第五条　离岸银行业务经营币种仅限于可自由兑换货币。

第六条　国家外汇管理局及其分局（以下简称"外汇局"）是银行经营离岸银行业务的监管机关，负责离岸银行业务的审批、管理、监督和检查。

第七条　银行应当按照本办法经营离岸银行业务，并参照国际惯例为客户提供服务。

第二章　离岸银行业务的申请

第八条　银行经营离岸银行业务，应当经国家外汇管理局批准，并在批准的业务范围内经营。未经批准，不得擅自经营者超范围经营离岸银行业务。

第九条　符合下列条件的银行可以申请经营离岸银行业务：

（一）遵守国家金融法律法规，近3年内无重大违法违规行为；

（二）具有规定的外汇资产规模，且外汇业务经营业绩良好；

（三）具有相应素质的外汇从业人员，并在以往经营活动中无不良记录。其中主管人员应当具备5年以上经营外汇业务的资历，其他从业人员中至少应当有50%具备3年以上经营外汇业务的资历；

（四）具有完善的内部管理规章制度和风险控制制度；

（五）具有适合开展离岸业务的场所和设施；

（六）国家外汇管理局要求的其他条件。

第十条 银行申请经营离岸银行业务，应当向外汇局提交下列文件和资料：

（一）经营离岸银行业务申请书；

（二）经营离岸银行业务的可行性报告；

（三）经营外汇业务许可证的正本复印件；

（四）经营离岸银行业务的内部管理规章制度和风险控制制度；

（五）近3年资产负债表和损益表（外币合并表、人民币和外币合并表）；

（六）离岸银行业务主管人员和其他从业人员名单、履历，外汇局核发的外汇从业人员资格证书；

（七）经营离岸银行业务的场所和设施情况简介；

（八）国家外汇管理局要求的其他文件和资料。

银行分行申请开办离岸银行业务除提交上述文件和资料外，还应当提交其总行同意其开办离岸银行业务的文件、总行出具的经营离岸银行业务的授权书和筹备离岸银行业务的验收报告。

第十一条 银行总行申请经营离岸银行业务，由国家外汇管理局审批；银行分行申请经营离岸银行业务，由当地外汇局初审后，报国家外汇管理局审批。

第十二条 国家外汇管理局收到银行经营离岸银行业务的申请后，应当予以审核，并自收到申请报告之日起4个月内予以批复。对于不符合开办离岸银行业务条件的银行，国家外汇管理局将其申请退回。自退回之日起，6个月内银行不得就同一内容再次提出申请。

第十三条 经批准经营离岸的银行自批准之日起6个月内不开办业务的，视同自动终止离岸银行业务。国家外汇管理局有权取消其经营离岸银行业务的资格。

第十四条 银行申请停办离岸银行业务，应当向外汇局提交下列文件和资料：

（一）停办离岸银行业务的申请报告；

（二）停办离岸银行业务的详细说明（包括停办离岸银行业务原因和停办离岸银行业务后债权债务清理措施、步骤）；

（三）国家外汇管理局要求的其他文件和资料。

银行分行申请停办离岸银行业务除提交上述文件和资料外，还应当提交其总行同意其停办离岸银行业务的文件。

第十五条 国家外汇管理局收到银行停办离岸银行业务的申请后，应当自收到申请之日起4个月内予以批复。银行经国家外汇管理局审查批准后方可停办离岸银行业务。

第十六条 银行可以申请下列部分或者全部离岸银行业务：

（一）外汇存款；

（二）外汇贷款；

（三）同业外汇拆借；

（四）国际结算；

（五）发行大额可转让存款证；

（六）外汇担保；

（七）咨询、见证业务；

（八）国家外汇管理局批准的其他业务。

第十七条 本办法所称"外汇存款"有以下限制：

（一）非居民法人最低存款额为等值5万美元的可自由兑换货币，非居民自然人最低存款额为等值1万美元的可自由兑换货币。

（二）非现钞存款。

本办法所称"同业外汇拆借"是指银行与国际金融市场及境内其他银行离岸资金间的同业拆借。

本办法所称"发行大额可转让存款证"是指以总行名义发行的大额可转让存款证。

第十八条 国家外汇管理局对申请开办离岸银行业务的银行实行审批前的面谈制度。

第三章 离岸银行业务管理

第十九条 银行对离岸银行业务应当与在岸银行业务实行分离型管理，设立独立的离岸银行业务部门，配备专职业务人员，设立单独的离岸银行业务帐户，并使用离岸银行业务专用凭证和业务专用章。

第二十条 经营离岸银行业务的银行应当建立、健全离岸银行业务财务、会计制度。离岸业务与在岸业务分帐管理，离岸业务的资产负债和损益年终与在岸外汇业务税后并表。

第二十一条 银行应当对离岸银行业务风险单独监测。外汇局将银行离岸银行业务资产负债计入外汇资产负债表中进行总体考核。

第二十二条 离岸银行业务的外汇存款、外汇贷款利率可以参照国际金融市场利率制定。

第二十三条 银行吸收离岸存款免交存款准备金。

第二十四条 银行发行大额可转让存款证应当报国家外汇管理局审批。由国家外荡管理局核定规模和入市条件。

第二十五条 离岸帐户抬头应当注册"OSA"（OFFSHORE AC－COUNT）。

第二十六条 非居民资金汇往离岸帐户和离岸帐户资金汇往境外帐户以及离岸帐户之间的资金可以自由进出；

离岸帐户和在岸帐户间的资金往来，银行应当按照以下规定办理：

（一）在岸帐户资金汇往离岸帐户的，汇出行应当按照结汇、售汇及付汇管理规定和贸易进口付汇核销监管规定，严格审查有效商业单据和有效凭证，并且按照《国际收支统计申报办法》进行申报。

（二）离岸帐户资金汇往在岸帐户的，汇入行应当按照结汇、售汇及付汇管理规定和出口收汇核销管理规定，严格审查有效商业单据和有效凭证，并且按照《国际收支统计申报办法》进行申报。

第二十七条 银行离岸帐户头寸与在岸帐户头寸相互抵补的限额和期限由国家外汇管理局核定。未经批准，银行不得超过核定的限额和期限。

第二十八条 经营离岸银行业务的银行应当按照规定向外汇局报送离岸银行业务财务报表和统计报表。

第二十九条 经营离岸银行业务的银行发生下列情况，应当在1个工作日内主动向外汇局报告，并且及时予以纠正：

（一）离岸帐户与在岸帐户的头寸抵补超过规定限额；

（二）离岸银行业务的经营出现重大亏损；

（三）离岸银行业务发生其他重大异常情况；

（四）银行认为应当报告的其他情况。

第三十条 外汇局定期对银行经营离岸业务的情况进行检查和考评，检查和考评的内容包括：

（一）离岸银行资产质量情况；

（二）离岸银行业务收益情况；

（三）离岸银行业务内部管理规章制度和风险控制制度的执行情况；

（四）国家外汇管理局规定的其他情况。

第四章 附 则

第三十一条 未经国家外荡管理局批准，擅自经营和超范围经营离岸银行业务的，由外汇局根据《中华人民共和国外汇管理条例》第四十一条的规定进行处罚；构成犯罪的，依法追究刑事责任。

第三十二条 银行违反本办法第二十二条规定的，由外汇局根据《中华人民共和国外汇管理条例》第四十三条的规定进行处罚。

第三十三条 银行违反本办法第二十四条、第二十七条规定的，由外汇局根据《中华人民共和国外汇管理条例》第四十四条的规定进行处罚；构成犯罪的，依法追究刑事责任。

第三十四条 银行违反本办法第二十六条规定的，由外汇局根据《中华人民共和国外汇管理条例》第三十九、四十、四十八条的规定进行处罚；构成犯罪的，依法追究刑事责任。

第三十五条 银行违反本办法第二十八、二十九条规定或者不配合外汇局检查考评的，由外汇局根据《中华人民共和国外汇管理条例》第四十九条的规定进行处罚。

第三十六条 外资金融机构经营离岸银行业务，另行规定。

第三十七条 本办法由国家外汇管理局负责解释。

第三十八条 本办法自1998年1月1日起施行。

结汇、售汇及付汇管理规定

1996年6月20日　　　　　　银发〔1996〕210号

第一章　总　则

第一条　为规范结汇、售汇及付汇行为，实现人民币在经常项目下可兑换，特制定本规定。

第二条　经营外汇业务的银行应当按照本规定和中国人民银行、国家外汇管理局批准的业务范围办理结汇、售汇、开立外汇帐户及对外支付业务。

第三条　境内机构外汇收入，除国家另有规定外应当及时调回境内。

第四条　境内机构、居民个人、驻华机构及来华人员应当按照本规定办理结汇、购汇、开立外汇帐户及对外支付。

第五条　境内机构和居民个人通过经营外汇业务的银行办理对外收支时，应当按照《国际收支统计申报办法》及有关规定办理国际收支统计申报。

第二章　经常项目下的结汇、售汇与付汇

第六条　除本规定第七条、第八条、第十条限定的范围和数量外，境内机构取得的下列外汇应当结汇：

（一）出口或者先支后收转口货物及其他交易行为收入的外汇。其中用跟单信用证/保函和跟单托收方式结算的贸易出口外汇可以凭有效商业单据结汇，用汇款方式结算的贸易出口外汇持出口收汇核销单结汇；

（二）境外贷款项下国际招标中标收入的外汇；

（三）海关监管下境内经营免税商品收入的外汇；

（四）效能运输（包括各种运输方式）及港口（含空港）、邮电（不包括国际汇兑款）、广告、咨询、展览、寄售、维修等行业及各类代理业务提供商品或者服务收入的外汇；

（五）行政、司法机关收入的各项外汇规费、罚没款等；

（六）土地使用权、著作权、商标权、专利权、非专利技术、商誉等无形资产转让收入的外汇，但上述无形资产属于个人所有的，可不结汇；

（七）境外投资企业汇回的外汇利润、对外经援项下收回的外汇和境外资产的外汇收入；

（八）对外索赔收入的外汇、退回的外汇保证金等；

（九）出租房地产和其他外汇资产收入的外汇；

（十）保险机构受理外汇保险所得外汇收入；

（十一）取得《经营外汇业务许可证》的金融机构经营外汇业务的净收入；

（十二）国外捐赠、资助及援助收入的外汇；

（十三）国家外汇管理局规定的其他应当结汇的外汇。

第七条　境内机构（不含外商投资企业）的下列外汇，可以向国家外汇管理局及其分支局（以下简称"外汇局"）申请，在经营外汇业务的银行开立外汇帐户，按照规定办理结汇：

（一）经营境外承包工程、向境外提供劳务、技术合作及其他服务业务的公司，在上述业务项目进行过程中收到的业务往来外汇；

（二）从事代理对外或者境外业务的机构代收代付的外汇；

（三）暂收待付或者暂收待结项下的外汇，包括境外汇入的投标保证金、履约保证金、先收后支的转口贸易收汇、邮电部门办理国际汇兑业务的外汇汇兑款、一类旅行社收取的国外旅游机构预付的外汇、铁路部门办理境外保价运输业务收取的外汇、海关收取的外汇保证金、抵押金等；

（四）保险机构受理外汇保险、需向境外分保以及尚未结算的保费。

上述各项外汇的净收入，应当按照规定的时间全部卖给外汇指定银行。

第八条 捐赠、资助及援助合同规定用于境外支付的外汇，经外汇局批准后方可保留。

第九条 下列范围的外汇，可以保留：

（一）外国驻华使领馆、国际组织及其他境外法人驻华机构的外汇；

（二）居民个人及来华人员的外汇。

第十条 外商投资企业经常项目下外汇收入可在外汇局核定的最高金额以内保留外汇，超出部分应当卖给外汇指定银行，或者通过外汇调剂中心卖出。

第十一条 超过等值1万美元的现钞结汇，结汇人应当向外汇指定银行提供真实的身份证明和外汇来源证明，外汇指定银行予以结汇登记后报外汇局备案。

第十二条 本规定第七、八、九、十条允许开立外汇帐户的境内机构和居民个人、驻华机构及来华人员，应当按照外汇帐户管理的有关规定，到经营外汇业务的银行办理开户手续。

第十三条 境内机构下列贸易及非贸易经营性对外支付用汇，持与支付方式相应的有效商业单据和所列有效凭证从其外汇帐户中支付或者到外汇指定银行兑付：

（一）用跟单信用证/保函方式结算的贸易进口，如需在开证时购汇，持进口合同、进口付汇核销单、开证申请书；如需在付汇时购汇，还应当提供信用证结算方式要求的有效商业单据。核销时必须凭正本进口货物报关单办理；

（二）用跟单托收方式结算的贸易进口，持进口合同、进口付汇核销单、进口付汇通知书及跟单托收结算方式要求的有效商业单据。核销时必须凭正本进口货物报关单办理；

（三）用汇款方式结算的贸易进口，持口合同、进口付汇核销单、发票、正本进口货物报关单、正本运输单据，若提单上的"提货人"和报关单上的"经营单位"与进口合同中列明的买方名称不一致，还应当提供两者间的代理协议；

（四）进口项下不超过合同总金额的15%或者虽超过15%但未超过等值10万美元的预付货款，持进口合同、进口付汇核销单；

上述（一）至（四）项下进口，实行进口配额管理或者特定产品进口管理的货物，还应当提供有关部门签发的许可证或者进口证明；进口实行自动登记制的货物，还应当提供填好的登记表格。

（五）进口项下的运输费、保险费，持进口合同、正本运输费收据和保险费收据；

（六）出口项下不超过合同总额2%的暗佣（暗扣）和5%的明佣（明扣）或者虽超过上述比例但未超过等值1万美元的佣金，持出口合同或者佣金协议、结汇水单或者收帐通知；出口项下的运输费、保险费，持出口合同、正本运输费收据和保险费据；

（七）进口项下的尾款，持进口合同、进口付汇核销单、验货合格证明；

（八）进出口项下的资料费、技术费、信息费等从属费用，持进口合同或者出口合同、进口付汇核销单或者出口收汇核销单、发票或者收费单据及进口或者出口单位负责人签字的说明书；

（九）从保税区购买商品以及购买国外入境展览展品的用汇，持（一）至（八）项规定的有效凭证和有效商业单据；

（十）专利权、著作权、商标、计算机软件等无形资产的进口，持进口合同或者协议；

（十一）出口项下对外退赔外汇，持结汇水单或者收帐通知、索赔协议、理赔证明和已冲减出口收汇核销的证明；

（十二）境外承包工程所需的投标保证金持投标文件，履约保证金及垫付工程款项持合同。

第十四条 境内机构下列贸易及非贸易经营性对外支付，经营外汇业务的银行凭用户提供的支付清单先从其外汇帐户中支付或者兑付，事后核查：

（一）经国务院批准的免税品公司按照规定范围经营免税商品的进口支付；

（二）民航、海运、铁道部门（机构）支付境外国际联运费、设备维修费、站场港口使用费、燃料供应费、保险费、非融资性租赁费及其他服务费用；

（三）民航、海运、铁道部门（机构）支付国际营运人员伙食、津贴补助；

（四）邮电部门支付国际邮政、电信业务

费用。

第十五条 境内机构下列对外支付用汇，由外汇局审核其真实性后，从其外汇帐户中支付或者到外汇指定银行兑付：

（一）超过本规定第十三条（四）规定比例和金额的预付货款；

（二）超过本规定第十三条（六）规定比例和金额的佣金；

（三）转口贸易项下先支后收的对外支付；

（四）偿还外债利息；

（五）超过等值1万美元的现钞提取。

第十六条 境内机构偿还境内中资金融机构外汇贷款利息，持《外汇（转）贷款登记证》、借贷合同及债权人的付息通知单，从其外汇帐户中支付或者到外汇指定银行兑付。

第十七条 财政预算内的机关、事业单位和社会团体的非贸易非经营性用汇，按照《非贸易非经营性外汇财务管理暂行规定》办理。

第十八条 财政预算外的境内机构下列非经营性用汇，持所列有效凭证从其外汇帐户中支付或者到外汇指定银行兑付：

（一）在境外举办展览、招商、培训及拍摄影视片等用汇，持合同、境外机构的支付通知书及主管部门批准文件；

（二）对外宣传费、对外援助费、对外捐赠外汇、国际组织会费、参加国际会议的注册费、报名费，持主管部门的批准文件及有关函件；

（三）在境外设立代表处或者办事机构的开办费和年度预算经费，持主管部门批准设立该机构的批准文件和经费预算书；

（四）国家教委国外考试协调机构支付境外的考试费，持对外合同和国外考试机构的帐单或者结算通知书；

（五）在境外办理商标、版权注册、申请专利和法律、咨询服务等所需费用，持合同和发票；

（六）因公出国费用，持国家授权部门出国任务批件。

上述（一）至（六）项以外的非经营性用汇，由外汇局审核其真实性以后，从其外汇帐户中支付或者到外汇指定银行兑付。

第十九条 居民个人的因私用汇，按照《境内居民因私兑换外汇办法》和《境内居民外汇存款汇出境外的规定》办理。

第二十条 居民个人移居出境后，下列合法人民币收益，持本人身份证明和所列有效凭证到外汇局授权的外汇指定银行兑付：

（一）人民币存款利息，持人民币存款利息清单；

（二）房产出租收入的租金，持房产租赁合同和房产出租管理部门的证明；

（三）其他资产的收益，持有关的证明材料和收益清单。

第二十一条 外商投资企业外方投资者依法纳税后的利润、红利的汇出，持董事会利润分配决议书，从其外汇帐户中支付或者到外汇指定银行兑付。

外商投资企业中外籍、华侨、港澳台职工依法纳税后的人民币工资及其他正当收益，持证明材料到外汇指定银行兑付。

第二十二条 按照规定应当以外币支付的股息，依法纳税后持董事会利润分配决议书从其外汇帐户支付或者到外汇指定银行兑付。

第二十三条 驻华机构及来华人员的合法人民币收入，需汇出境外时，持证明材料和收费清单到外汇局授权的外汇指定银行兑付。

第二十四条 驻华机构及来华人员从境外携入或者在境内购买的自用物品、设备、用具等，出售后所得人民币款项，需汇出境外时，持工商登记证或者本人身份证明和出售凭证到外汇局授权的外汇指定银行兑付。

第二十五条 临时来华的外国人、华侨、港澳台同胞出境时未用完的人民币，可以凭本人护照、原兑换水单（有效期为6个月）兑回外汇，携出境外。

第三章 资本项目下的结汇、售汇与付汇

第二十六条 境内机构资本项目下的外汇应当在经营外汇业务的银行开立外汇帐户。

第二十七条 境内机构下列范围内的外汇，未经外汇局批准，不得结汇：

（一）境外法人或自然人作为投资汇入的外汇；

（二）境外借款及发行外币债券、股票取得的外汇；

（三）经国家外汇管理局批准的其他资本项目下外汇收入。

除出口押汇外的国内外汇贷款的中资企业

借入的国际商业贷款不得结汇。

第二十八条 境内机构向境外出售房地产及其他资产收入的外汇，除本规定第十条限定的数额外应当卖给外汇指定银行。

第二十九条 境内机构偿还境内中资金融机构外汇贷款本金，持《外汇（转）贷款登记证》、借贷合同及债权机构的还本通知单，从其外汇帐户中支付或者到外汇指定银行兑付。

第三十条 境内机构资本项目下的下列用汇，持所列有效凭证向外汇局申请，凭外汇局的核准件从其外汇帐户中支付或者到外汇指定银行兑付：

（一）偿还外债本金，持《外债登记证》、借贷合同及债权机构还本通知单；

（二）对外担保履约用汇，持担保合同、外汇局核发的《外汇担保登记证》及境外机构支付通知；

（三）境外投资资金的汇出，持国家主管部门的批准文件和投资合同；

（四）外商投资企业的中方投资者经批准需以外汇投入的注册资金，持国家主管部门的批准文件和合同。

第三十一条 外商投资企业的外汇资本金的增加、转让或者以其他方式处置，持董事会决议，经外汇局核准后，从其外汇帐户中支付或者持外汇局核发的售汇通知单到外汇指定银行兑付；

投资性外商投资企业外汇资本金在境内投资及外方所得利润在境内增资或者再投资，持外汇局核准件办理。

第四章 结汇、售汇及付汇的监管

第三十二条 外商投资企业可以在外汇指定银行办理结汇和售汇，也可以在外汇调剂中心买卖外汇，其他境内机构、居民个人、驻华机构及来华人员只能在外汇指定银行办理结汇和售汇。

第三十三条 从外汇帐户中对外支付时，经营外汇业务的银行应当根据规定的外汇帐户收支范围及本规定第二、三章相应的规定进行审核，办理支付。

第三十四条 外汇指定银行办理售汇和付汇后，应当在相应的有效凭证和有效商业单据上签章后留存备查。

第三十五条 外汇指定银行应当根据中国人民银行每日公布的人民币汇率中间价和规定的买卖差价幅度，确定对客户的外汇买卖价格，办理结汇和售汇业务。

第三十六条 从外汇帐户中支付或者购汇支付，应当在有关结算方式或者合同规定的日期办理，不得提前对外付款；除用于还本付息的外汇和信用证/保函保证金外，不得提前购汇。

第三十七条 为使有远期支付合同或者偿债协议的用汇单位避免汇率风险，外汇指定银行可以按照有关规定为其办理人民币与外币的远期买卖及其他保值业务。

第三十八条 易货贸易项下进口，未经外汇局批准，不得购汇或者从外汇帐户支付。

第三十九条 经营外汇业务的银行应当按照规定向外汇局报送结汇、售汇及付汇情况报表。

外汇指定银行应当建立结售汇内部监管制度，遇有结售汇异常情况，应当及时向国家外汇管理局当地分支局报告。

第四十条 境内机构应当在其注册地选择经营外汇业务的银行开立外汇帐户、按照本规定办理结汇、购汇、付汇业务。境内机构在异地和境外开立外汇帐户，应当向外汇局申请。

外商投资企业经常项下的外汇收入，经批准可以在注册地选择经营外汇业务的银行开立外汇结算帐户。

第四十一条 经营外汇业务的银行和有结汇、购汇、付汇业务的境内机构，应当无条件接受外汇局的监督、检查，并出示、提供有关材料。对违反本规定的，外汇局可对其处以警告、没收违法所得、罚款的处罚；对违反本规定，情节严重的经营外汇业务的银行，外汇局可对其处以暂停结售汇业务的处罚。

第五章 附 则

第四十二条 本规定由国家外汇管理局负责解释。

第四十三条 本规定自1996年7月1日起施行。1994年3月26日发布的《结汇、售汇及付汇管理暂行规定》同时废止。其他规定与本规定相抵触的，以本规定为准。

银行办理结售汇业务管理办法

(2014年6月22日中国人民银行令2014年第2号公布
自2014年8月1日起施行)

第一章 总 则

第一条 为了规范银行办理结售汇业务，保障外汇市场平稳运行，根据《中华人民共和国中国人民银行法》《中华人民共和国外汇管理条例》（以下简称《外汇管理条例》），制定本办法。

第二条 中国人民银行及其分支机构、国家外汇管理局及其分支局（以下简称外汇局）是银行结售汇业务的监督管理机关。

第三条 本办法下列用语的含义：

（一）银行是指在中华人民共和国境内依法设立的商业银行、城市信用合作社、农村信用合作社等吸收公众存款的金融机构以及政策性银行；

（二）结售汇业务是指银行为客户或因自身经营活动需求办理的人民币与外汇之间兑换的业务，包括即期结售汇业务和人民币与外汇衍生产品业务；

（三）即期结售汇业务是指在交易订立日之后两个工作日内完成清算，且清算价格为交易订立日当日汇价的结售汇交易；

（四）人民币与外汇衍生产品业务是指远期结售汇、人民币与外汇期货、人民币与外汇掉期、人民币与外汇期权等业务及其组合；

（五）结售汇综合头寸是指银行持有的，因银行办理对客和自身结售汇业务、参与银行间外汇市场交易等人民币与外汇间交易而形成的外汇头寸。

第四条 银行办理结售汇业务，应当经外汇局批准。

第五条 银行办理结售汇业务，应当遵守本办法和其他有关结售汇业务的管理规定。

第二章 市场准入与退出

第六条 银行申请办理即期结售汇业务，应当具备下列条件：

（一）具有金融业务资格；

（二）具备完善的业务管理制度；

（三）具备办理业务所必需的软硬件设备；

（四）拥有具备相应业务工作经验的高级管理人员和业务人员。

第七条 银行申请办理人民币与外汇衍生产品业务，应当具备下列条件：

（一）具有即期结售汇业务资格；

（二）具备完善的业务管理制度；

（三）拥有具备相应业务工作经验的高级管理人员和业务人员；

（四）符合银行业监督管理机构对从事金融衍生产品交易的有关规定。

第八条 银行可以根据经营需要一并申请即期结售汇业务和人民币与外汇衍生产品业务资格。

第九条 银行申请即期结售汇业务或人民币与外汇衍生产品业务资格，应当由其总行统一提出申请，外国银行分行除外。

政策性银行、全国性商业银行申请即期结售汇业务或人民币与外汇衍生产品业务资格，由国家外汇管理局审批；其他银行由所在地国家外汇管理局分局、外汇管理部审批。

第十条 银行分支机构办理即期结售汇业务或人民币与外汇衍生产品业务，应当取得已具备相应业务资格的上级机构授权，并报所在地国家外汇管理局分支局备案。

第十一条 银行办理结售汇业务期间，发生合并或者分立的，新设立的银行应当向外汇局重新申请结售汇业务资格；发生变更名称、变更营业地址、经营结售汇业务的分支机构合并或者分立等情况的，应当自变更之日起30日内报外汇局备案。

第十二条 银行停止办理即期结售汇业务

或人民币与外汇衍生产品业务的，应当自停办业务之日起 30 日内报外汇局备案。

第十三条 银行被依法撤销或者宣告破产的，其结售汇业务资格自动丧失。

第三章 监督管理

第十四条 银行应当建立、健全本行结售汇业务风险管理制度，并建立结售汇业务经营和风险管理定期评估机制。

外汇局对银行办理结售汇业务中执行外汇管理规定的情况实行定期评估。

第十五条 银行应当指定专门部门作为结售汇业务的牵头管理部门，负责督导、协调本行及其分支机构的外汇管理规定执行工作。

第十六条 银行应当加强对结售汇业务管理人员、经办人员、销售人员、交易员以及其他相关业务人员的外汇管理政策培训，确保其具备必要的政策法规知识。

第十七条 银行应当建立结售汇会计科目，区分即期结售汇和人民币与外汇衍生产品，分别核算对客结售汇、自身结售汇和银行间市场交易业务。

第十八条 银行办理结售汇业务时，应当按照"了解业务、了解客户、尽职审查"的原则对相关凭证或商业单据进行审核。国家外汇管理局有明确规定的，从其规定。

第十九条 银行办理人民币与外汇衍生产品业务时，应当与有真实需求背景的客户进行与其风险能力相适应的衍生产品交易，并遵守国家外汇管理局关于客户、产品、交易头寸等方面的规定。

第二十条 银行应当遵守结售汇综合头寸管理规定，在规定时限内将结售汇综合头寸保持在核定限额以内。

银行结售汇综合头寸限额根据国际收支状况、银行外汇业务经营情况以及宏观审慎管理等因素，按照法人监管原则统一核定，外国银行分行视同法人管理。

第二十一条 尚未取得人民币业务资格的外资银行，在取得即期结售汇业务资格以后，应当向中国人民银行当地分支机构申请开立结售汇人民币专用账户，专门用于结售汇业务的人民币往来，不适用本办法第二十条结售汇综合头寸管理规定。

第二十二条 银行办理结售汇业务时，可以根据经营需要自行决定挂牌货币，并应当执行中国人民银行和国家外汇管理局关于银行汇价管理的相关规定。

第二十三条 银行应当及时、准确、完整地向外汇局报送结售汇、综合头寸等数据以及国家外汇管理局规定的其他相关报表和资料，并按要求定期核对和及时纠错。

第二十四条 银行应当建立结售汇单证保存制度，区分业务类型分别保存有关单证，保存期限不得少于 5 年。

第二十五条 银行应当配合外汇局的监督检查，如实说明有关情况，提供有关文件、资料，不得拒绝、阻碍和隐瞒。

第二十六条 外汇局通过非现场监管和现场检查等方式，加强对银行结售汇业务的监督管理，建立健全银行结售汇业务监管信息档案。

第四章 罚 则

第二十七条 银行未经批准擅自办理结售汇业务的，由外汇局或者有关主管部门依照《外汇管理条例》第四十六条第一款予以处罚。

第二十八条 银行有下列情形之一的，由外汇局依照《外汇管理条例》第四十七条予以处罚：

（一）办理结售汇业务，未按规定审核相关凭证或商业单据的；

（二）未按规定将结售汇综合头寸保持在核定限额内的；

（三）未按规定执行中国人民银行和国家外汇管理局汇价管理规定的。

第二十九条 银行未按规定向外汇局报送结售汇、综合头寸等数据以及国家外汇管理局规定的其他相关报表和资料的，由外汇局依照《外汇管理条例》第四十八条予以处罚。

第五章 附 则

第三十条 未取得结售汇业务资格的银行因自身需要进行结售汇的，应当通过具有结售汇业务资格的银行办理。

第三十一条 非银行金融机构办理结售汇业务，参照本办法执行，国家外汇管理局另有规定的除外。

第三十二条 本办法由中国人民银行负责

解释。

第三十三条 本办法自 2014 年 8 月 1 日起施行。此前规定与本办法不一致的，以本办法为准。《外汇指定银行办理结汇、售汇业务管理暂行办法》（中国人民银行令〔2002〕4 号发布）、《中国人民银行关于结售汇业务管理工作的通知》（银发〔2004〕62 号）同时废止。

三、商业银行

中华人民共和国商业银行法

(1995年5月10日第八届全国人民代表大会常务委员会第十三次会议通过 根据2003年12月27日第十届全国人民代表大会常务委员会第六次会议《关于修改〈中华人民共和国商业银行法〉的决定》第一次修正 根据2015年8月29日第十二届全国人民代表大会常务委员会第十六次会议《关于修改〈中华人民共和国商业银行法〉的决定》第二次修正)

目 录

第一章 总 则
第二章 商业银行的设立和组织机构
第三章 对存款人的保护
第四章 贷款和其他业务的基本规则
第五章 财务会计
第六章 监督管理
第七章 接管和终止
第八章 法律责任
第九章 附 则

第一章 总 则

第一条 为了保护商业银行、存款人和其他客户的合法权益,规范商业银行的行为,提高信贷资产质量,加强监督管理,保障商业银行的稳健运行,维护金融秩序,促进社会主义市场经济的发展,制定本法。

第二条 本法所称的商业银行是指依照本法和《中华人民共和国公司法》设立的吸收公众存款、发放贷款、办理结算等业务的企业法人。

第三条 商业银行可以经营下列部分或者全部业务:

(一)吸收公众存款;

(二)发放短期、中期和长期贷款;

(三)办理国内外结算;

(四)办理票据承兑与贴现;

(五)发行金融债券;

(六)代理发行、代理兑付、承销政府债券;

(七)买卖政府债券、金融债券;

(八)从事同业拆借;

(九)买卖、代理买卖外汇;

(十)从事银行卡业务;

(十一)提供信用证服务及担保;

(十二)代理收付款项及代理保险业务;

(十三)提供保管箱服务;

(十四)经国务院银行业监督管理机构批准的其他业务。

经营范围由商业银行章程规定,报国务院银行业监督管理机构批准。

商业银行经中国人民银行批准,可以经营结汇、售汇业务。

第四条 商业银行以安全性、流动性、效益性为经营原则,实行自主经营,自担风险,自负盈亏,自我约束。

商业银行依法开展业务,不受任何单位和个人的干涉。

商业银行以其全部法人财产独立承担民事

责任。

第五条 商业银行与客户的业务往来，应当遵循平等、自愿、公平和诚实信用的原则。

第六条 商业银行应当保障存款人的合法权益不受任何单位和个人的侵犯。

第七条 商业银行开展信贷业务，应当严格审查借款人的资信，实行担保，保障按期收回贷款。

商业银行依法向借款人收回到期贷款的本金和利息，受法律保护。

第八条 商业银行开展业务，应当遵守法律、行政法规的有关规定，不得损害国家利益、社会公共利益。

第九条 商业银行开展业务，应当遵守公平竞争的原则，不得从事不正当竞争。

第十条 商业银行依法接受国务院银行业监督管理机构的监督管理，但法律规定其有关业务接受其他监督管理部门或者机构监督管理的，依照其规定。

第二章 商业银行的设立和组织机构

第十一条 设立商业银行，应当经国务院银行业监督管理机构审查批准。

未经国务院银行业监督管理机构批准，任何单位和个人不得从事吸收公众存款等商业银行业务，任何单位不得在名称中使用"银行"字样。

第十二条 设立商业银行，应当具备下列条件：

（一）有符合本法和《中华人民共和国公司法》规定的章程；

（二）有符合本法规定的注册资本最低限额；

（三）有具备任职专业知识和业务工作经验的董事、高级管理人员；

（四）有健全的组织机构和管理制度；

（五）有符合要求的营业场所、安全防范措施和与业务有关的其他设施。

设立商业银行，还应当符合其他审慎性条件。

第十三条 设立全国性商业银行的注册资本最低限额为十亿元人民币。设立城市商业银行的注册资本最低限额为一亿元人民币，设立农村商业银行的注册资本最低限额为五千万元人民币。注册资本应当是实缴资本。

国务院银行业监督管理机构根据审慎监管的要求可以调整注册资本最低限额，但不得少于前款规定的限额。

第十四条 设立商业银行，申请人应当向国务院银行业监督管理机构提交下列文件、资料：

（一）申请书，申请书应当载明拟设立的商业银行的名称、所在地、注册资本、业务范围等；

（二）可行性研究报告；

（三）国务院银行业监督管理机构规定提交的其他文件、资料。

第十五条 设立商业银行的申请经审查符合本法第十四条规定的，申请人应当填写正式申请表，并提交下列文件、资料：

（一）章程草案；

（二）拟任职的董事、高级管理人员的资格证明；

（三）法定验资机构出具的验资证明；

（四）股东名册及其出资额、股份；

（五）持有注册资本百分之五以上的股东的资信证明和有关资料；

（六）经营方针和计划；

（七）营业场所、安全防范措施和与业务有关的其他设施的资料；

（八）国务院银行业监督管理机构规定的其他文件、资料。

第十六条 经批准设立的商业银行，由国务院银行业监督管理机构颁发经营许可证，并凭该许可证向工商行政管理部门办理登记，领取营业执照。

第十七条 商业银行的组织形式、组织机构适用《中华人民共和国公司法》的规定。

本法施行前设立的商业银行，其组织形式、组织机构不完全符合《中华人民共和国公司法》规定的，可以继续沿用原有的规定，适用前款规定的日期由国务院规定。

第十八条 国有独资商业银行设立监事会。监事会的产生办法由国务院规定。

监事会对国有独资商业银行的信贷资产质量、资产负债比例、国有资产保值增值等情况以及高级管理人员违反法律、行政法规或者章程的行为和损害银行利益的行为进行监督。

第十九条 商业银行根据业务需要可以在中华人民共和国境内外设立分支机构。设立分支机构必须经国务院银行业监督管理机构审查批准。在中华人民共和国国境内的分支机构，不按行政区划设立。

商业银行在中华人民共和国境内设立分支机构，应当按照规定拨付与其经营规模相适应的营运资金额。拨付各分支机构营运资金额的总和，不得超过总行资本金总额的百分之六十。

第二十条 设立商业银行分支机构，申请人应当向国务院银行业监督管理机构提交下列文件、资料：

（一）申请书，申请书应当载明拟设立的分支机构的名称、营运资金额、业务范围、总行及分支机构所在地等；

（二）申请人最近二年的财务会计报告；

（三）拟任职的高级管理人员的资格证明；

（四）经营方针和计划；

（五）营业场所、安全防范措施和与业务有关的其他设施的资料；

（六）国务院银行业监督管理机构规定的其他文件、资料。

第二十一条 经批准设立的商业银行分支机构，由国务院银行业监督管理机构颁发经营许可证，并凭该许可证向工商行政管理部门办理登记，领取营业执照。

第二十二条 商业银行对其分支机构实行全行统一核算，统一调度资金，分级管理的财务制度。

商业银行分支机构不具有法人资格，在总行授权范围内依法开展业务，其民事责任由总行承担。

第二十三条 经批准设立的商业银行及其分支机构，由国务院银行业监督管理机构予以公告。

商业银行及其分支机构自取得营业执照之日起无正当理由超过六个月未开业的，或者开业后自行停业连续六个月以上的，由国务院银行业监督管理机构吊销其经营许可证，并予以公告。

第二十四条 商业银行有下列变更事项之一的，应当经国务院银行业监督管理机构批准：

（一）变更名称；

（二）变更注册资本；

（三）变更总行或者分支行所在地；

（四）调整业务范围；

（五）变更持有资本总额或者股份总额百分之五以上的股东；

（六）修改章程；

（七）国务院银行业监督管理机构规定的其他变更事项。

更换董事、高级管理人员时，应当报经国务院银行业监督管理机构审查其任职资格。

第二十五条 商业银行的分立、合并，适用《中华人民共和国公司法》的规定。

商业银行的分立、合并，应当经国务院银行业监督管理机构审查批准。

第二十六条 商业银行应当依照法律、行政法规的规定使用经营许可证。禁止伪造、变造、转让、出租、出借经营许可证。

第二十七条 有下列情形之一的，不得担任商业银行的董事、高级管理人员：

（一）因犯有贪污、贿赂、侵占财产、挪用财产罪或者破坏社会经济秩序罪，被判处刑罚，或者因犯罪被剥夺政治权利的；

（二）担任因经营不善破产清算的公司、企业的董事或者厂长、经理，并对该公司、企业的破产负有个人责任的；

（三）担任因违法被吊销营业执照的公司、企业的法定代表人，并负有个人责任的；

（四）个人所负数额较大的债务到期未清偿的。

第二十八条 任何单位和个人购买商业银行股份总额百分之五以上的，应当事先经国务院银行业监督管理机构批准。

第三章 对存款人的保护

第二十九条 商业银行办理个人储蓄存款业务，应当遵循存款自愿、取款自由、存款有息、为存款人保密的原则。

对个人储蓄存款，商业银行有权拒绝任何单位或者个人查询、冻结、扣划，但法律另有规定的除外。

第三十条 对单位存款，商业银行有权拒绝任何单位或者个人查询，但法律、行政法规另有规定的除外；有权拒绝任何单位或者个人冻结、扣划，但法律另有规定的除外。

第三十一条 商业银行应当按照中国人民银行规定的存款利率的上下限，确定存款利率，并予以公告。

第三十二条 商业银行应当按照中国人民银行的规定，向中国人民银行交存存款准备金，留足备付金。

第三十三条 商业银行应当保证存款本金和利息的支付，不得拖延、拒绝支付存款本金和利息。

第四章 贷款和其他业务的基本规则

第三十四条 商业银行根据国民经济和社会发展的需要，在国家产业政策指导下开展贷款业务。

第三十五条 商业银行贷款，应当对借款人的借款用途、偿还能力、还款方式等情况进行严格审查。

商业银行贷款，应当实行审贷分离、分级审批的制度。

第三十六条 商业银行贷款，借款人应当提供担保。商业银行应当对保证人的偿还能力，抵押物、质物的权属和价值以及实现抵押权、质权的可行性进行严格审查。

经商业银行审查、评估，确认借款人资信良好，确能偿还贷款的，可以不提供担保。

第三十七条 商业银行贷款，应当与借款人订立书面合同。合同应当约定贷款种类、借款用途、金额、利率、还款期限、还款方式、违约责任和双方认为需要约定的其他事项。

第三十八条 商业银行应当按照中国人民银行规定的贷款利率的上下限，确定贷款利率。

第三十九条 商业银行贷款，应当遵守下列资产负债比例管理的规定：

（一）资本充足率不得低于百分之八；

（二）流动性资产余额与流动性负债余额的比例不得低于百分之二十五；

（三）对同一借款人的贷款余额与商业银行资本余额的比例不得超过百分之十；

（四）国务院银行业监督管理机构对资产负债比例管理的其他规定。

本法施行前设立的商业银行，在本法施行后，其资产负债比例不符合前款规定的，应当在一定的期限内符合前款规定。具体办法由国务院规定。

第四十条 商业银行不得向关系人发放信用贷款；向关系人发放担保贷款的条件不得优于其他借款人同类贷款的条件。

前款所称关系人是指：

（一）商业银行的董事、监事、管理人员、信贷业务人员及其近亲属；

（二）前项所列人员投资或者担任高级管理职务的公司、企业和其他经济组织。

第四十一条 任何单位和个人不得强令商业银行发放贷款或者提供担保。商业银行有权拒绝任何单位和个人强令要求其发放贷款或者提供担保。

第四十二条 借款人应当按期归还贷款的本金和利息。

借款人到期不归还担保贷款的，商业银行依法享有要求保证人归还贷款本金和利息或者就该担保物优先受偿的权利。商业银行因行使抵押权、质权而取得的不动产或者股权，应当自取得之日起二年内予以处分。

借款人到期不归还信用贷款的，应当按照合同约定承担责任。

第四十三条 商业银行在中华人民共和国境内不得从事信托投资和证券经营业务，不得向非自用不动产投资或者向非银行金融机构和企业投资，但国家另有规定的除外。

第四十四条 商业银行办理票据承兑、汇兑、委托收款等结算业务，应当按照规定的期限兑现，收付入账，不得压单、压票或者违反规定退票。有关兑现、收付入账期限的规定应当公布。

第四十五条 商业银行发行金融债券或者到境外借款，应当依照法律、行政法规的规定报经批准。

第四十六条 同业拆借，应当遵守中国人民银行的规定。禁止利用拆入资金发放固定资产贷款或者用于投资。

拆出资金限于交足存款准备金、留足备付金和归还中国人民银行到期贷款之后的闲置资金。拆入资金用于弥补票据结算、联行汇差头寸的不足和解决临时性周转资金的需要。

第四十七条 商业银行不得违反规定提高或者降低利率以及采用其他不正当手段，吸收存款，发放贷款。

第四十八条 企业事业单位可以自主选择一家商业银行的营业场所开立一个办理日常转账结算和现金收付的基本账户，不得开立两个以上基本账户。

任何单位和个人不得将单位的资金以个人名义开立账户存储。

第四十九条 商业银行的营业时间应当方便客户，并予以公告。商业银行应当在公告的营业时间内营业，不得擅自停止营业或者缩短营业时间。

第五十条 商业银行办理业务，提供服务，按照规定收取手续费。收费项目和标准由国务院银行业监督管理机构、中国人民银行根据职责分工，分别会同国务院价格主管部门制定。

第五十一条 商业银行应当按照国家有关规定保存财务会计报表、业务合同以及其他资料。

第五十二条 商业银行的工作人员应当遵守法律、行政法规和其他各项业务管理的规定，不得有下列行为：

（一）利用职务上的便利，索取、收受贿赂或者违反国家规定收受各种名义的回扣、手续费；

（二）利用职务上的便利，贪污、挪用、侵占本行或者客户的资金；

（三）违反规定徇私向亲属、朋友发放贷款或者提供担保；

（四）在其他经济组织兼职；

（五）违反法律、行政法规和业务管理规定的其他行为。

第五十三条 商业银行的工作人员不得泄露其在任职期间知悉的国家秘密、商业秘密。

第五章　财务会计

第五十四条 商业银行应当依照法律和国家统一的会计制度以及国务院银行业监督管理机构的有关规定，建立、健全本行的财务、会计制度。

第五十五条 商业银行应当按照国家有关规定，真实记录并全面反映其业务活动和财务状况，编制年度财务会计报告，及时向国务院银行业监督管理机构、中国人民银行和国务院财政部门报送。商业银行不得在法定的会计账册外另立会计账册。

第五十六条 商业银行应当于每一会计年度终了三个月内，按照国务院银行业监督管理机构的规定，公布其上一年度的经营业绩和审计报告。

第五十七条 商业银行应当按照国家有关规定，提取呆账准备金，冲销呆账。

第五十八条 商业银行的会计年度自公历1月1日起至12月31日止。

第六章　监督管理

第五十九条 商业银行应当按照有关规定，制定本行的业务规则，建立、健全本行的风险管理和内部控制制度。

第六十条 商业银行应当建立、健全本行对存款、贷款、结算、呆账等各项情况的稽核、检查制度。

商业银行对分支机构应当进行经常性的稽核和检查监督。

第六十一条 商业银行应当按照规定向国务院银行业监督管理机构、中国人民银行报送资产负债表、利润表以及其他财务会计、统计报表和资料。

第六十二条 国务院银行业监督管理机构有权依照本法第三章、第四章、第五章的规定，随时对商业银行的存款、贷款、结算、呆账等情况进行检查监督。检查监督时，检查监督人员应当出示合法的证件。商业银行应当按照国务院银行业监督管理机构的要求，提供财务会计资料、业务合同和有关经营管理方面的其他信息。

中国人民银行有权依照《中华人民共和国中国人民银行法》第三十二条、第三十四条的规定对商业银行进行检查监督。

第六十三条 商业银行应当依法接受审计机关的审计监督。

第七章　接管和终止

第六十四条 商业银行已经或者可能发生信用危机，严重影响存款人的利益时，国务院银行业监督管理机构可以对该银行实行接管。

接管的目的是对被接管的商业银行采取必要措施，以保护存款人的利益，恢复商业银行的正常经营能力。被接管的商业银行的债权债务关系不因接管而变化。

第六十五条 接管由国务院银行业监督管理机构决定，并组织实施。国务院银行业监督管理机构的接管决定应当载明下列内容：

（一）被接管的商业银行名称；

（二）接管理由；

（三）接管组织；

（四）接管期限。

接管决定由国务院银行业监督管理机构予以公告。

第六十六条 接管自接管决定实施之日起开始。

自接管开始之日起，由接管组织行使商业银行的经营管理权力。

第六十七条 接管期限届满，国务院银行业监督管理机构可以决定延期，但接管期限最长不得超过二年。

第六十八条 有下列情形之一的，接管终止：

（一）接管决定规定的期限届满或者国务院银行业监督管理机构决定的接管延期届满；

（二）接管期限届满前，该商业银行已恢复正常经营能力；

（三）接管期限届满前，该商业银行被合并或者被依法宣告破产。

第六十九条 商业银行因分立、合并或者出现公司章程规定的解散事由需要解散的，应当向国务院银行业监督管理机构提出申请，并附解散的理由和支付存款的本金和利息等债务清偿计划。经国务院银行业监督管理机构批准后解散。

商业银行解散的，应当依法成立清算组，进行清算，按照清偿计划及时偿还存款本金和利息等债务。国务院银行业监督管理机构监督清算过程。

第七十条 商业银行因吊销经营许可证被撤销的，国务院银行业监督管理机构应当依法及时组织成立清算组，进行清算，按照清偿计划及时偿还存款本金和利息等债务。

第七十一条 商业银行不能支付到期债务，经国务院银行业监督管理机构同意，由人民法院依法宣告其破产。商业银行被宣告破产的，由人民法院组织国务院银行业监督管理机构等有关部门和有关人员成立清算组，进行清算。

商业银行破产清算时，在支付清算费用、所欠职工工资和劳动保险费用后，应当优先支付个人储蓄存款的本金和利息。

第七十二条 商业银行因解散、被撤销和被宣告破产而终止。

第八章 法律责任

第七十三条 商业银行有下列情形之一，对存款人或者其他客户造成财产损害的，应当承担支付迟延履行的利息以及其他民事责任：

（一）无故拖延、拒绝支付存款本金和利息的；

（二）违反票据承兑等结算业务规定，不予兑现，不予收付入账，压单、压票或者违反规定退票的；

（三）非法查询、冻结、扣划个人储蓄存款或者单位存款的；

（四）违反本法规定对存款人或者其他客户造成损害的其他行为。

有前款规定情形的，由国务院银行业监督管理机构责令改正，有违法所得的，没收违法所得，违法所得五万元以上的，并处违法所得一倍以上五倍以下罚款；没有违法所得或者违法所得不足五万元的，处五万元以上五十万元以下罚款。

第七十四条 商业银行有下列情形之一，由国务院银行业监督管理机构责令改正，有违法所得的，没收违法所得，违法所得五十万元以上的，并处违法所得一倍以上五倍以下罚款；没有违法所得或者违法所得不足五十万元的，处五十万元以上二百万元以下罚款；情节特别严重或者逾期不改正的，可以责令停业整顿或者吊销其经营许可证；构成犯罪的，依法追究刑事责任：

（一）未经批准设立分支机构的；

（二）未经批准分立、合并或者违反规定对变更事项不报批的；

（三）违反规定提高或者降低利率以及采用其他不正当手段，吸收存款，发放贷款的；

（四）出租、出借经营许可证的；

（五）未经批准买卖、代理买卖外汇的；

（六）未经批准买卖政府债券或者发行、买卖金融债券的；

（七）违反国家规定从事信托投资和证券经营业务、向非自用不动产投资或者向非银行金融机构和企业投资的；

（八）向关系人发放信用贷款或者发放担保贷款的条件优于其他借款人同类贷款的条件的。

第七十五条 商业银行有下列情形之一，

由国务院银行业监督管理机构责令改正，并处二十万元以上五十万元以下罚款；情节特别严重或者逾期不改正的，可以责令停业整顿或者吊销其经营许可证；构成犯罪的，依法追究刑事责任：

（一）拒绝或者阻碍国务院银行业监督管理机构检查监督的；

（二）提供虚假的或者隐瞒重要事实的财务会计报告、报表和统计报表的；

（三）未遵守资本充足率、资产流动性比例、同一借款人贷款比例和国务院银行业监督管理机构有关资产负债比例管理的其他规定的。

第七十六条 商业银行有下列情形之一，由中国人民银行责令改正，有违法所得的，没收违法所得，违法所得五十万元以上的，并处违法所得一倍以上五倍以下罚款；没有违法所得或者违法所得不足五十万元的，处五十万元以上二百万元以下罚款；情节特别严重或者逾期不改正的，中国人民银行可以建议国务院银行业监督管理机构责令停业整顿或者吊销其经营许可证；构成犯罪的，依法追究刑事责任：

（一）未经批准办理结汇、售汇的；

（二）未经批准在银行间债券市场发行、买卖金融债券或者到境外借款的；

（三）违反规定同业拆借的。

第七十七条 商业银行有下列情形之一，由中国人民银行责令改正，并处二十万元以上五十万元以下罚款；情节特别严重或者逾期不改正的，中国人民银行可以建议国务院银行业监督管理机构责令停业整顿或者吊销其经营许可证；构成犯罪的，依法追究刑事责任：

（一）拒绝或者阻碍中国人民银行检查监督的；

（二）提供虚假的或者隐瞒重要事实的财务会计报告、报表和统计报表的；

（三）未按照中国人民银行规定的比例交存存款准备金的。

第七十八条 商业银行有本法第七十三条至第七十七条规定情形的，对直接负责的董事、高级管理人员和其他直接责任人员，应当给予纪律处分；构成犯罪的，依法追究刑事责任。

第七十九条 有下列情形之一，由国务院银行业监督管理机构责令改正，有违法所得的，没收违法所得，违法所得五万元以上的，并处违法所得一倍以上五倍以下罚款；没有违法所得或者违法所得不足五万元的，处五万元以上五十万元以下罚款：

（一）未经批准在名称中使用"银行"字样的；

（二）未经批准购买商业银行股份总额百分之五以上的；

（三）将单位的资金以个人名义开立账户存储的。

第八十条 商业银行不按照规定向国务院银行业监督管理机构报送有关文件、资料的，由国务院银行业监督管理机构责令改正，逾期不改正的，处十万元以上三十万元以下罚款。

商业银行不按照规定向中国人民银行报送有关文件、资料的，由中国人民银行责令改正，逾期不改正的，处十万元以上三十万元以下罚款。

第八十一条 未经国务院银行业监督管理机构批准，擅自设立商业银行，或者非法吸收公众存款、变相吸收公众存款，构成犯罪的，依法追究刑事责任；并由国务院银行业监督管理机构予以取缔。

伪造、变造、转让商业银行经营许可证，构成犯罪的，依法追究刑事责任。

第八十二条 借款人采取欺诈手段骗取贷款，构成犯罪的，依法追究刑事责任。

第八十三条 有本法第八十一条、第八十二条规定的行为，尚不构成犯罪的，由国务院银行业监督管理机构没收违法所得，违法所得五十万元以上的，并处违法所得一倍以上五倍以下罚款；没有违法所得或者违法所得不足五十万元的，处五十万元以上二百万元以下罚款。

第八十四条 商业银行工作人员利用职务上的便利，索取、收受贿赂或者违反国家规定收受各种名义的回扣、手续费，构成犯罪的，依法追究刑事责任；尚不构成犯罪的，应当给予纪律处分。

有前款行为，发放贷款或者提供担保造成损失的，应当承担全部或者部分赔偿责任。

第八十五条 商业银行工作人员利用职务上的便利，贪污、挪用、侵占本行或者客户资金，构成犯罪的，依法追究刑事责任；尚不构成犯罪的，应当给予纪律处分。

第八十六条 商业银行工作人员违反本法规定玩忽职守造成损失的，应当给予纪律处分；构成犯罪的，依法追究刑事责任。

违反规定徇私向亲属、朋友发放贷款或者提供担保造成损失的，应当承担全部或者部分赔偿责任。

第八十七条 商业银行工作人员泄露在任职期间知悉的国家秘密、商业秘密的，应当给予纪律处分；构成犯罪的，依法追究刑事责任。

第八十八条 单位或者个人强令商业银行发放贷款或者提供担保的，应当对直接负责的主管人员和其他直接责任人员或者个人给予纪律处分；造成损失的，应当承担全部或者部分赔偿责任。

商业银行的工作人员对单位或者个人强令其发放贷款或者提供担保未予拒绝的，应当给予纪律处分；造成损失的，应当承担相应的赔偿责任。

第八十九条 商业银行违反本法规定的，国务院银行业监督管理机构可以区别不同情形，取消其直接负责的董事、高级管理人员一定期限直至终身的任职资格，禁止直接负责的董事、高级管理人员和其他直接责任人员一定期限直至终身从事银行业工作。

商业银行的行为尚不构成犯罪的，对直接负责的董事、高级管理人员和其他直接责任人员，给予警告，处五万元以上五十万元以下罚款。

第九十条 商业银行及其工作人员对国务院银行业监督管理机构、中国人民银行的处罚决定不服的，可以依照《中华人民共和国行政诉讼法》的规定向人民法院提起诉讼。

第九章 附 则

第九十一条 本法施行前，按照国务院的规定经批准设立的商业银行不再办理审批手续。

第九十二条 外资商业银行、中外合资商业银行、外国商业银行分行适用本法规定，法律、行政法规另有规定的，依照其规定。

第九十三条 城市信用合作社、农村信用合作社办理存款、贷款和结算等业务，适用本法有关规定。

第九十四条 邮政企业办理商业银行的有关业务，适用本法有关规定。

第九十五条 本法自2015年10月1日起施行。

商业银行资本管理办法

（2023年11月1日国家金融监督管理总局令第4号公布
自2024年1月1日起施行）

目 录

第一章 总 则
第二章 资本监管指标计算和监管要求
 第一节 资本监管指标计算范围
 第二节 资本监管指标计算公式
 第三节 资本监管要求
第三章 资本定义
 第一节 资本构成
 第二节 资本扣除项
 第三节 少数股东资本的处理
第四章 信用风险加权资产计量
 第一节 一般规定
 第二节 权重法
 第三节 内部评级法
第五章 市场风险加权资产计量
 第一节 一般规定
 第二节 标准法
 第三节 内部模型法
 第四节 简化标准法
第六章 操作风险加权资产计量
 第一节 一般规定
 第二节 标准法
 第三节 基本指标法

第七章　商业银行内部资本充足评估程序
　第一节　一般规定
　第二节　治理结构
　第三节　风险评估
　第四节　资本规划
　第五节　压力测试
　第六节　监测报告
第八章　监督检查
　第一节　监督检查内容
　第二节　监督检查程序
　第三节　第二支柱资本要求
　第四节　监管措施
第九章　信息披露
第十章　附　则

第一章　总　则

第一条　为加强商业银行资本监管，维护银行体系安全、稳健运行，保护存款人利益，根据《中华人民共和国银行业监督管理法》《中华人民共和国商业银行法》《中华人民共和国外资银行管理条例》等法律法规，制定本办法。

第二条　本办法适用于在中华人民共和国境内依法设立的商业银行。

第三条　商业银行资本应抵御其所面临的风险，包括个体风险和系统性风险。

第四条　商业银行应符合本办法规定的资本监管要求。

系统重要性银行应同时符合相关办法规定的附加资本监管要求。

第五条　资本监管指标包括资本充足率和杠杆率。

本办法所称资本充足率，是指商业银行持有的、符合本办法规定的资本净额与风险加权资产之间的比率。

一级资本充足率，是指商业银行持有的、符合本办法规定的一级资本净额与风险加权资产之间的比率。

核心一级资本充足率，是指商业银行持有的、符合本办法规定的核心一级资本净额与风险加权资产之间的比率。

杠杆率，是指商业银行持有的、符合本办法规定的一级资本净额与调整后表内外资产余额之间的比率。

第六条　商业银行应按照本办法规定的机构档次划分标准，适用差异化的资本监管要求。其中，第一档和第二档商业银行应满足本办法各章节和相应附件的监管规定，第三档商业银行应满足本办法附件23的监管规定。

（一）第一档商业银行是指符合以下任一条件的商业银行：

1. 并表口径调整后表内外资产余额5000亿元人民币（含）以上。

2. 境外债权债务余额300亿元人民币（含）以上且占并表口径调整后表内外资产余额的10%（含）以上。

（二）第二档商业银行是指符合以下任一条件的商业银行：

1. 并表口径调整后表内外资产余额100亿元人民币（含）以上，且不符合第一档商业银行条件。

2. 并表口径调整后表内外资产余额小于100亿元人民币但境外债权债务余额大于0。

（三）第三档商业银行是指并表口径调整后表内外资产余额小于100亿元人民币且境外债权债务余额为0的商业银行。

调整后表内外资产余额按照本办法第二十三条的规定计算。

境外债权债务，是指银行境外债权和境外债务之和，其中境外债权是指银行持有的对其他国家或地区政府、中央银行、公共部门实体、金融机构、非金融机构和个人的直接境外债权扣除转移回境内的风险敞口之后的最终境外债权；境外债务是指银行对其他国家或地区政府、中央银行、公共部门实体、金融机构、非金融机构和个人的债务。

国家金融监督管理总局有权根据银行业整体情况适时调整上述机构档次划分标准。国家金融监督管理总局及其派出机构有权根据单家银行经营管理和风险水平等情况，结合监管判断调整其所属的机构档次。

第七条　商业银行资本监管指标计算应建立在充分计提贷款损失准备等各项减值准备的基础之上。

第八条　商业银行应按照本办法建立全面风险管理架构和内部资本充足评估程序。

第九条　国家金融监督管理总局及其派出机构依照本办法对商业银行资本监管指标、资本管理状况进行监督检查，并采取相应的监管措施。

第十条 商业银行应按照本办法要求进行信息披露。

第二章 资本监管指标计算和监管要求

第一节 资本监管指标计算范围

第十一条 商业银行未并表资本监管指标的计算范围应包括商业银行境内外所有分支机构。并表资本监管指标的计算范围应包括商业银行以及符合本办法规定的其直接或间接投资的金融机构。商业银行及被投资金融机构共同构成银行集团。

第十二条 商业银行计算并表资本监管指标，应将以下境内外被投资金融机构纳入并表范围：

（一）商业银行直接或间接拥有50%以上表决权的被投资金融机构。

（二）商业银行拥有50%以下（含）表决权的被投资金融机构，但通过与其他表决权持有人之间的协议能够控制50%以上表决权的。

（三）商业银行拥有50%以下（含）表决权的被投资金融机构，但综合考虑下列事实和情况后，判断商业银行持有的表决权足以使其有能力主导被投资金融机构相关活动的：

1. 商业银行持有的表决权相对于其他投资方持有的表决权份额的大小，以及其他投资方持有表决权的分散程度。

2. 商业银行和其他投资方持有的被投资金融机构的潜在表决权，如可转换公司债券、可执行认股权证等。

3. 其他合同安排产生的权利。

4. 被投资金融机构以往的表决权行使情况等其他相关事实和情况。

（四）其他证据表明商业银行实际控制被投资金融机构的情况。

控制，是指投资方拥有对被投资方的权力，通过参与被投资方的相关活动而享有可变回报，并且有能力运用对被投资方的权力影响其回报金额。

第十三条 商业银行未拥有被投资金融机构多数表决权或控制权，具有下列情况之一的，应纳入并表资本监管指标计算范围：

（一）具有业务同质性的多个金融机构，虽然单个金融机构资产规模占银行集团整体资产规模的比例较小，但该类金融机构总体风险足以对银行集团的财务状况及风险水平造成重大影响。

（二）被投资金融机构所产生的合规风险、声誉风险造成的危害和损失足以对银行集团的声誉造成重大影响。

第十四条 符合本办法第十二条、第十三条规定的保险公司不纳入并表范围。

商业银行计算并表资本监管指标，应按照本办法第三十七条、第三十八条规定的方法扣除对保险公司的资本投资。

商业银行计算未并表资本监管指标，应按照本办法第十六条的规定扣除对保险公司的资本投资。

第十五条 商业银行拥有被投资金融机构50%以上表决权或对被投资金融机构的控制权，但被投资金融机构处于以下状态之一的，可不纳入并表范围：

（一）已关闭或已宣布破产。

（二）因终止而进入清算程序。

（三）受所在国外汇管制及其他突发事件的影响，资金调度受到限制的境外被投资金融机构。

商业银行应从各级资本中对应扣除对前款规定情形的被投资金融机构的资本投资。若被投资金融机构存在资本缺口，还应扣除相应的资本缺口。

第十六条 商业银行计算未并表资本监管指标，应从各级资本中对应扣除其对符合本办法第十二条和第十三条规定的金融机构的所有资本投资。若这些金融机构存在资本缺口，还应扣除相应的资本缺口。

第十七条 商业银行应根据本办法制定并表和未并表资本监管指标计算内部制度。商业银行调整并表和未并表资本监管指标计算范围的，应说明理由并及时向国家金融监督管理总局或其派出机构报告。

第十八条 国家金融监督管理总局及其派出机构有权根据商业银行及其附属机构股权结构变动、业务类别及风险状况确定和调整其并表资本监管指标的计算范围。

第二节 资本监管指标计算公式

第十九条 商业银行资本充足率计算公式为：

$$资本充足率 = \frac{总资本 - 对应资本扣除项}{风险加权资产} \times 100\%$$

$$一级资本充足率 = \frac{一级资本 - 对应资本扣除项}{风险加权资产} \times 100\%$$

$$核心一级资本充足率 = \frac{核心一级资本 - 对应资本扣除项}{风险加权资产} \times 100\%$$

第二十条 商业银行杠杆率计算公式为：

$$杠杆率 = \frac{一级资本 - 一级资本扣除项}{调整后表内外资产余额} \times 100\%$$

第二十一条 商业银行总资本包括一级资本和二级资本。其中，一级资本包括核心一级资本和其他一级资本。商业银行应按照本办法第三章的规定计算各级资本和扣除项。

第二十二条 商业银行风险加权资产包括信用风险加权资产、市场风险加权资产和操作风险加权资产。商业银行应按照本办法第四章、第五章和第六章的规定分别计量信用风险加权资产、市场风险加权资产和操作风险加权资产。

第二十三条 商业银行调整后表内外资产余额计算公式为：

调整后表内外资产余额 = 调整后表内资产余额（不包括表内衍生工具和证券融资交易）＋衍生工具资产余额＋证券融资交易资产余额＋调整后表外项目余额－一级资本扣除项

从调整后表内外资产余额中扣减的一级资本扣除项不包括商业银行因自身信用风险变化导致其负债公允价值变化带来的未实现损益。

调整后表内外资产余额按照本办法附件19规定的方法计算。

第二十四条 商业银行在计算调整后表内外资产余额时，除本办法附件19另有规定外，不考虑抵质押品、保证和信用衍生工具等信用风险缓释因素。

第三节 资本监管要求

第二十五条 资本充足率监管要求包括最低资本要求、储备资本和逆周期资本要求、系统重要性银行附加资本要求以及第二支柱资本要求。

第二十六条 商业银行各级资本充足率不得低于如下最低要求：

（一）核心一级资本充足率不得低于5%。
（二）一级资本充足率不得低于6%。
（三）资本充足率不得低于8%。

第二十七条 商业银行应在最低资本要求的基础上计提储备资本。储备资本要求为风险加权资产的2.5%，由核心一级资本来满足。国家金融监督管理总局有权根据宏观经济金融形势、银行业整体风险状况以及单家银行经营管理和风险水平等情况，对储备资本要求进行调整。

商业银行应在最低资本要求和储备资本要求之上计提逆周期资本。逆周期资本的计提与运用规则由中国人民银行会同国家金融监督管理总局另行规定。

第二十八条 除本办法第二十六条和第二十七条规定的最低资本要求、储备资本和逆周期资本要求外，系统重要性银行还应计提附加资本。

国内系统重要性银行的认定标准及其附加资本要求由中国人民银行会同国家金融监督管理总局另行规定。

若商业银行同时被认定为国内系统重要性银行和全球系统重要性银行，附加资本要求不叠加，采用二者孰高原则确定。

第二十九条 除本办法第二十六条、第二十七条和第二十八条规定的资本要求以外，国家金融监督管理总局及其派出机构有权在第二支柱框架下提出更审慎的资本要求，确保资本充分覆盖风险，包括：

（一）根据风险判断，针对部分资产组合提出的特定资本要求。

（二）根据监督检查结果，针对单家银行提出的特定资本要求。

国家金融监督管理总局及其派出机构有权确定第二支柱资本要求应由核心一级资本、其他一级资本或二级资本来满足。

第三十条 除上述资本充足率监管要求外，商业银行的杠杆率不得低于4%。

系统重要性银行在满足上述最低杠杆率要求的基础上，还应满足附加杠杆率要求。

国内系统重要性银行的附加杠杆率要求由中国人民银行会同国家金融监督管理总局另行规定。

第三章 资本定义

第一节 资本构成

第三十一条 商业银行发行的资本工具应符合本办法附件1规定的合格标准。

第三十二条 核心一级资本包括：

（一）实收资本或普通股。
（二）资本公积。
（三）盈余公积。
（四）一般风险准备。
（五）未分配利润。

（六）累计其他综合收益。
（七）少数股东资本可计入部分。

第三十三条 其他一级资本包括：
（一）其他一级资本工具及其溢价。
（二）少数股东资本可计入部分。

第三十四条 二级资本包括：
（一）二级资本工具及其溢价。

商业银行发行的二级资本工具在距到期日前最后五年，可计入二级资本的金额，应按100%、80%、60%、40%、20%的比例逐年减计。

（二）超额损失准备。

1. 商业银行采用权重法计量信用风险加权资产的，超额损失准备可计入二级资本，但不得超过信用风险加权资产的1.25%。

前款所称超额损失准备是指商业银行实际计提的损失准备超过损失准备最低要求的部分。损失准备最低要求由国家金融监督管理总局另行规定。

2. 商业银行采用内部评级法计量信用风险加权资产的，超额损失准备可计入二级资本，但不得超过信用风险加权资产的0.6%。

前款所称超额损失准备是指商业银行实际计提的损失准备超过预期损失的部分。

（三）少数股东资本可计入部分。

第二节 资本扣除项

第三十五条 计算资本充足率时，商业银行应从核心一级资本中全额扣除以下项目：
（一）商誉。
（二）其他无形资产（土地使用权除外）。
（三）由经营亏损引起的净递延税资产。
（四）损失准备缺口。

1. 商业银行采用权重法计量信用风险加权资产的，损失准备缺口是指商业银行实际计提的损失准备低于损失准备最低要求的部分。

2. 商业银行采用内部评级法计量信用风险加权资产的，损失准备缺口是指商业银行实际计提的损失准备低于预期损失的部分。

（五）资产证券化销售利得。
（六）确定受益类的养老金资产净额。
（七）直接或间接持有本银行的股票。
（八）对资产负债表中未按公允价值计量的项目进行套期形成的现金流储备，若为正值，应予以扣除；若为负值，应予以加回。
（九）商业银行自身信用风险变化导致其负债公允价值变化带来的未实现损益。
（十）审慎估值调整。

第三十六条 商业银行之间通过协议相互持有的各级资本工具，或国家金融监督管理总局认定为虚增资本的各级资本投资，应从相应监管资本中对应扣除。

商业银行直接或间接持有本银行发行的其他一级资本工具和二级资本工具，应从相应监管资本中对应扣除。

对应扣除是指从商业银行自身相应层级资本中扣除。商业银行某一级资本净额小于应扣除数额的，缺口部分应从更高一级的资本净额中扣除。

第三十七条 商业银行对未并表金融机构的小额少数资本投资，合计超出本银行核心一级资本净额10%的部分，应从各级监管资本中对应扣除。

小额少数资本投资是指商业银行对金融机构各级资本投资（包括直接和间接投资）之和，占被投资金融机构实收资本（普通股加普通股溢价）10%（不含）以下，且不符合本办法第十二条、第十三条规定的资本投资。

第三十八条 商业银行对未并表金融机构的大额少数资本投资中，核心一级资本投资合计超出本银行核心一级资本净额10%的部分应从本银行核心一级资本中扣除；其他一级资本投资和二级资本投资应从相应层级资本中全额扣除。

大额少数资本投资是指商业银行对金融机构各级资本投资（包括直接和间接投资）占该被投资金融机构实收资本（普通股加普通股溢价）10%（含）以上，且不符合本办法第十二条、第十三条规定的资本投资。

第三十九条 除本办法第三十五条第三款规定的递延税资产外，其他依赖于本银行未来盈利的净递延税资产，超出本银行核心一级资本净额10%的部分应从核心一级资本中扣除。

第四十条 根据本办法第三十八条、第三十九条的规定，未在商业银行核心一级资本中扣除的对金融机构的大额少数资本投资和相应的净递延税资产，合计金额不得超过本银行核心一级资本净额的15%。

第四十一条 商业银行持有的外部总损失吸收能力非资本债务工具的扣除规则，由中国人民银行会同国家金融监督管理总局另行规定。

第三节 少数股东资本的处理

第四十二条 商业银行附属公司适用于资本监管的，附属公司直接发行且由第三方持有的少数股东资本可以部分计入监管资本。

第四十三条 附属公司核心一级资本中少数股东资本用于满足核心一级资本最低要求和储备资本要求的部分，可计入并表核心一级资本。

最低要求和储备资本要求为下面两项中较小者：

（一）附属公司核心一级资本最低要求加储备资本要求。

（二）母公司并表核心一级资本最低要求与储备资本要求归属于附属公司的部分。

第四十四条 附属公司一级资本中少数股东资本用于满足一级资本最低要求和储备资本要求的部分，扣除已计入并表核心一级资本的部分后，剩余部分可以计入并表其他一级资本。

最低要求和储备资本要求为下面两项中较小者：

（一）附属公司一级资本最低要求加储备资本要求。

（二）母公司并表一级资本最低要求与储备资本要求归属于附属公司的部分。

第四十五条 附属公司总资本中少数股东资本用于满足总资本最低要求和储备资本要求的部分，扣除已计入并表一级资本的部分后，剩余部分可以计入并表二级资本。

最低要求和储备资本要求为下面两项中较小者：

（一）附属公司总资本最低要求加储备资本要求。

（二）母公司并表总资本最低要求与储备资本要求归属于附属公司的部分。

第四章 信用风险加权资产计量

第一节 一般规定

第四十六条 商业银行可以采用权重法或内部评级法计量信用风险加权资产。商业银行采用内部评级法计量信用风险加权资产的，应符合本办法的规定，并经国家金融监督管理总局或其派出机构验收通过。内部评级法未覆盖的风险暴露应采用权重法计量信用风险加权资产。

未经国家金融监督管理总局或其派出机构认可，商业银行不得变更信用风险加权资产计量方法。

第四十七条 商业银行采用权重法，应按照本办法规定的机构划分标准，实施差异化的银行账簿信用风险暴露分类和信用风险加权资产计量规则。

（一）第一档商业银行应按照本办法附件2的规定对银行账簿信用风险暴露进行分类，按照本章第二节的规定计量信用风险加权资产。

（二）第二档商业银行应按照本办法第六十五条第五款、第六十六条第二款、第六十七条第二款、第六十八条第三款、第六十九条第三款、第七十一条第三款、第七十二条第三款、第七十四条、第七十九条第三款、第八十条第三款的规定，对商业银行风险暴露、其他金融机构风险暴露、公司风险暴露、个人风险暴露、房地产风险暴露、存在币种错配情形的个人风险暴露和向个人发放的居住用房地产风险暴露、合格资产担保债券、已违约风险暴露进行划分和计量。

第四十八条 商业银行采用权重法，可以按照本办法附件3的规定审慎考虑信用风险缓释工具的风险抵补作用。

第四十九条 商业银行申请采用内部评级法计量信用风险加权资产的，提交申请时内部评级法资产覆盖率应不低于50%。

前款所称内部评级法资产覆盖率按以下公式确定：

内部评级法资产覆盖率＝按内部评级法计量的风险加权资产／（按内部评级法计量的风险加权资产＋按权重法计量的内部评级法未覆盖信用风险暴露的风险加权资产）×100%

第五十条 商业银行采用内部评级法，应按照本办法附件4的规定对银行账簿信用风险暴露进行分类，按照本办法附件5的规定建立内部评级体系，按照本办法附件6的规定计量信用风险加权资产。

商业银行采用内部评级法，可以按照本办法附件7的规定审慎考虑信用风险缓释工具的风险抵补作用。

商业银行采用内部评级法，可以按照本办

法附件8的规定采用监管映射法计量专业贷款信用风险加权资产。

第五十一条 商业银行应按照本办法附件9的规定计量银行账簿和交易账簿的交易对手信用风险加权资产，按照本办法附件10的规定计量中央交易对手风险暴露的信用风险加权资产。

第五十二条 商业银行应按照本办法附件11的规定计量银行账簿资产证券化风险暴露的信用风险加权资产。

第五十三条 商业银行应按照本办法附件12的规定计量银行账簿资产管理产品的信用风险加权资产。

第二节 权重法

第五十四条 权重法下信用风险加权资产为银行账簿表内资产信用风险加权资产与表外项目信用风险加权资产之和。

第五十五条 商业银行计量各类表内资产的风险加权资产，应首先从资产账面价值中扣除相应的减值准备，然后乘以风险权重。

第五十六条 商业银行计量各类表外项目的风险加权资产，应将表外项目名义金额乘以信用转换系数得到等值的表内资产，再按表内资产的处理方式计量风险加权资产。

第五十七条 现金及现金等价物的风险权重为0%。

第五十八条 商业银行对境外主权和公共部门实体风险暴露的风险权重，以所在国家或地区的外部信用评级结果为基准。

（一）对其他国家或地区政府及其中央银行风险暴露，该国家或地区的评级为AA－（含）以上的，风险权重为0%；AA－以下，A－（含）以上的，风险权重为20%；A－以下，BBB－（含）以上的，风险权重为50%；BBB－以下，B－（含）以上的，风险权重为100%；B－以下的，风险权重为150%；未评级的，风险权重为100%。

（二）对境外公共部门实体风险暴露，注册地所在国家或地区的评级为AA－（含）以上的，风险权重为20%；AA－以下，A－（含）以上的，风险权重为50%；A－以下，B－（含）以上的，风险权重为100%；B－以下的，风险权重为150%；未评级的，风险权重为100%。

第五十九条 商业银行对国际清算银行、国际货币基金组织、欧洲中央银行、欧盟、欧洲稳定机制和欧洲金融稳定机制风险暴露的风险权重为0%。

第六十条 商业银行对多边开发银行风险暴露的风险权重。

（一）对经巴塞尔委员会认定的合格多边开发银行风险暴露的风险权重为0%。

（二）对其他多边开发银行风险暴露的风险权重，以其自身外部信用评级结果为基准。评级为AA－（含）以上的，风险权重为20%；AA－以下，A－（含）以上的，风险权重为30%；A－以下，BBB－（含）以上的，风险权重为50%；BBB－以下，B－（含）以上的，风险权重为100%；B－以下的，风险权重为150%；未评级的，风险权重为50%。

第六十一条 商业银行对我国中央政府和中国人民银行风险暴露的风险权重为0%。

第六十二条 商业银行对视同我国主权的公共部门实体风险暴露的风险权重。

（一）对我国中央政府投资的金融资产管理公司为收购国有银行不良贷款而定向发行的债券的风险权重为0%。

（二）对省（自治区、直辖市）及计划单列市人民政府风险暴露的风险权重根据债券类型确定。一般债券风险权重为10%，专项债券风险权重为20%。

（三）对除财政部和中国人民银行外，其他收入主要源于中央财政的公共部门实体风险暴露的风险权重为20%。

商业银行对前款所列视同我国主权的公共部门实体投资的工商企业的风险暴露不适用上述风险权重。

第六十三条 商业银行对经国家金融监督管理总局认定的我国一般公共部门实体风险暴露的风险权重为50%。

商业银行对我国一般公共部门实体投资的工商企业的风险暴露不适用50%的风险权重。

第六十四条 商业银行对我国开发性金融机构和政策性银行风险暴露（不含次级债权）的风险权重为0%。

第六十五条 商业银行对境内外其他商业银行风险暴露（不含次级债权）的风险权重，以本办法附件2规定的标准信用风险评估结果为基准。

（一）对 A+级商业银行风险暴露的风险权重为30%，A级商业银行风险暴露的风险权重为40%，其中原始期限三个月（含）以内，或因跨境货物贸易而产生的原始期限六个月（含）以内风险暴露的风险权重为20%。

（二）对 B 级商业银行风险暴露的风险权重为75%，其中原始期限三个月（含）以内，或因跨境货物贸易而产生的原始期限六个月（含）以内风险暴露的风险权重为50%。

（三）对 C 级商业银行风险暴露的风险权重为150%。

（四）商业银行对境外其他商业银行风险暴露（不含次级债权）的风险权重，应不低于其注册地所在国家或地区的主权风险暴露对应的风险权重，其中原始期限三个月（含）以内，或因跨境货物贸易而产生的原始期限六个月（含）以内风险暴露，不受上述底线约束。

（五）第二档商业银行不对境内外其他商业银行划分级别。对境内外其他商业银行风险暴露的风险权重为40%，其中原始期限三个月（含）以内，或因跨境货物贸易而产生的原始期限六个月（含）以内风险暴露的风险权重为20%。

第二档商业银行对境外其他商业银行风险暴露的风险权重应满足本条第（四）款的规定。

第六十六条 商业银行对境内外其他金融机构风险暴露（不含次级债权）的风险权重为100%，其中符合本办法附件2规定的投资级其他金融机构风险暴露的风险权重为75%。

第二档商业银行不单独划分投资级其他金融机构风险暴露，按照一般其他金融机构风险暴露的风险权重计量。

第六十七条 商业银行对一般公司风险暴露的风险权重为100%，其中符合本办法附件2规定的投资级公司风险暴露的风险权重为75%，中小企业风险暴露的风险权重为85%，小微企业风险暴露的风险权重为75%。

第二档商业银行不单独划分投资级公司风险暴露，按照一般公司风险暴露的风险权重计量。

第六十八条 商业银行对专业贷款的风险权重。

（一）对物品融资和商品融资的风险权重为100%。

（二）对项目融资的风险权重。

1. 对运营前阶段项目融资的风险权重为130%。

2. 对运营阶段项目融资的风险权重为100%。

（三）第二档商业银行不单独划分专业贷款，按照一般公司风险暴露的风险权重计量。

第六十九条 商业银行对个人风险暴露的风险权重。

（一）对符合本办法附件2规定的监管零售个人风险暴露的风险权重为75%，其中符合标准的合格交易者个人风险暴露的风险权重为45%。

（二）对其他个人风险暴露的风险权重为100%。

（三）第二档商业银行对个人住房抵押贷款的风险权重为50%。对已抵押房产，商业银行以再评估后的净值为抵押追加贷款并用于房地产投资的，追加部分的风险权重为150%。

第七十条 商业银行对房地产开发风险暴露的风险权重为150%，其中符合本办法附件2第八部分（三）规定的审慎要求的，风险权重为100%。

第七十一条 商业银行对居住用房地产风险暴露的风险权重。

（一）对还款不实质性依赖于房地产所产生的现金流的风险暴露的风险权重。

1. 对符合本办法附件2第八部分（五）规定的审慎要求的，贷款价值比为50%（含）以下的，风险权重为20%；50%至60%（含）的，风险权重为25%；60%至70%（含）的，风险权重为30%；70%至80%（含）的，风险权重为35%；80%至90%（含）的，风险权重为40%；90%至100%（含）的，风险权重为50%；100%以上的，按照交易对手风险权重计量。

2. 对不符合本办法附件2第八部分（五）规定的审慎要求的，按照交易对手风险权重计量。

（二）对还款实质性依赖于房地产所产生的现金流的风险暴露的风险权重。

1. 对符合本办法附件2第八部分（五）规定的审慎要求的，贷款价值比为50%（含）

以下的,风险权重为30%;50%至60%(含)的,风险权重为35%;60%至70%(含)的,风险权重为45%;70%至80%(含)的,风险权重为50%;80%至90%(含)的,风险权重为60%;90%至100%(含)的,风险权重为75%;100%以上的,风险权重为105%。

2. 对不符合本办法附件2第八部分(五)规定的审慎要求的,风险权重为150%。

(三)第二档商业银行不单独划分居住用房地产风险暴露,按照交易对手风险权重计量。

第七十二条 商业银行对商用房地产风险暴露的风险权重。

(一)对还款不实质性依赖于房地产所产生的现金流的风险暴露的风险权重。

1. 对符合本办法附件2第八部分(五)规定的审慎要求的,贷款价值比为60%(含)以下的,风险权重为65%;60%(不含)以上的,按照交易对手风险权重计量。

2. 对不符合本办法附件2第八部分(五)规定的审慎要求的,按照交易对手风险权重计量。

(二)对还款实质性依赖于房地产所产生的现金流的风险暴露的风险权重。

1. 对符合本办法附件2第八部分(五)规定的审慎要求的,贷款价值比为60%(含)以下的,风险权重为75%;60%至80%(含)的,风险权重为90%与交易对手风险权重中的较大值;80%以上的,风险权重为110%。

2. 对不符合本办法附件2第八部分(五)规定的审慎要求的,风险权重为150%。

(三)第二档商业银行不单独划分商用房地产风险暴露,按照交易对手风险权重计量。

第七十三条 商业银行自用不动产的风险权重为100%,商业银行非自用不动产的风险权重为400%。

商业银行因行使抵押权等方式而持有的非自用不动产在法律规定处分期限内的风险权重为100%。

第七十四条 商业银行对存在币种错配情形的个人风险暴露和向个人发放的居住用房地产风险暴露的风险权重,分别为第六十九条、第七十一条中对应风险权重的1.5倍,最高不超过150%。

币种错配是指风险暴露与债务人收入币种不同。

第二档商业银行不单独划分存在币种错配情形的个人风险暴露和向个人发放的居住用房地产风险暴露,按照交易对手风险权重计量。

国家金融监督管理总局有权根据实际风险水平对商业银行存在币种错配情形且未对冲的公司风险暴露的风险权重进行调整。

第七十五条 租赁业务的租赁资产余值的风险权重为100%。

第七十六条 商业银行对工商企业股权投资的风险权重。

(一)被动持有的对工商企业股权投资在法律规定处分期限内的风险权重为250%。

(二)对因市场化债转股持有的工商企业股权投资的风险权重为250%。

(三)对获得国家重大补贴并受到政府监督的股权投资的风险权重为250%。

(四)对工商企业其他股权投资的风险权重为1250%。

第七十七条 商业银行对次级债权(不含我国开发性金融机构和政策性银行)和全球系统重要性银行发行的外部总损失吸收能力非资本债务工具(未扣除部分)的风险权重为150%。

商业银行对我国开发性金融机构和政策性银行的次级债权(未扣除部分)的风险权重为100%。

第七十八条 下列资产适用250%风险权重:

(一)对金融机构的股权投资(未扣除部分)。

(二)依赖于银行未来盈利的净递延税资产(未扣除部分)。

第七十九条 商业银行对合格资产担保债券的风险权重。

(一)债券自身具有外部信用评级的,以债券自身的外部信用评级结果为基准。债券评级为AA-(含)以上的,风险权重为10%;AA-以下,BBB-(含)以上的,风险权重为20%;BBB-以下,B-(含)以上的,风险权重为50%;B-以下的,风险权重为100%。

(二)债券自身不具有外部信用评级的,以债券发行银行的标准信用风险评估结果为基准。债券发行银行为A+级的,风险权重为

15%；A级的，风险权重为20%；B级的，风险权重为35%；C级的，风险权重为100%。

（三）第二档商业银行不单独划分合格资产担保债券，按照交易对手风险权重计量。

第八十条　商业银行对已违约风险暴露的风险权重。

（一）以居住用房为抵押、还款不实质性依赖于房地产所产生的现金流的已违约风险暴露，风险权重为100%。

（二）对其他已违约风险暴露，损失准备低于资产账面价值的20%的，风险权重为150%；损失准备不低于资产账面价值的20%的，风险权重为100%。

（三）第二档商业银行不单独划分已违约风险暴露，按照交易对手风险权重计量。

第八十一条　商业银行其他资产的风险权重为100%。

国家金融监督管理总局有权根据实际风险水平对其中部分资产的风险权重进行调整。

第八十二条　商业银行各类表外项目的信用转换系数。

（一）等同于贷款的授信业务的信用转换系数为100%。

（二）贷款承诺的信用转换系数为40%，其中可随时无条件撤销的贷款承诺的信用转换系数为10%。满足本办法附件3规定的特定条件的可随时无条件撤销的贷款承诺可豁免计量信用风险加权资产。

（三）未使用的信用卡授信额度的信用转换系数为40%，但符合以下条件的未使用的信用卡授信额度的信用转换系数为20%。

1. 授信对象为自然人，授信方式为无担保循环授信。

2. 对同一持卡人的授信额度不超过100万元人民币。

3. 商业银行应至少每年一次评估持卡人的信用程度，按季监控授信额度的使用情况；若持卡人信用状况恶化，商业银行有权降低甚至取消授信额度。

（四）票据发行便利和循环认购便利的信用转换系数为50%。

（五）银行借出的证券或用作抵押物的证券，信用转换系数为100%。

（六）与贸易直接相关的短期或有项目，信用转换系数为20%，其中基于服务贸易的国内信用证的信用转换系数为50%。

（七）与交易直接相关的或有项目，信用转换系数为50%。

（八）信用风险仍在银行的资产销售与购买协议，信用转换系数为100%。

（九）远期资产购买、远期定期存款、部分交款的股票及证券，信用转换系数为100%。

（十）其他表外项目的信用转换系数均为100%。

第八十三条　商业银行应按照本办法附件3的规定对因证券、商品、外汇清算形成的风险暴露计量信用风险加权资产。

第八十四条　商业银行采用权重法计量信用风险加权资产时，可按照本办法附件3的规定考虑合格质物、合格保证或合格信用衍生工具的风险缓释作用。

（一）合格质物质押的风险暴露（含证券融资交易形成的风险暴露），取得与质物相同的风险权重，或取得对质物发行人或承兑人直接风险暴露的风险权重。部分质押的风险暴露（含证券融资交易形成的风险暴露），受质物保护的部分获得相应的较低风险权重。

（二）合格保证主体提供全额保证的风险暴露，取得对保证人直接风险暴露的风险权重。部分保证的风险暴露，被保证部分获得相应的较低风险权重。

（三）合格信用衍生工具提供信用保护的风险暴露，取得对信用保护提供方直接风险暴露的风险权重。部分受信用保护的风险暴露，被保护部分获得相应的较低风险权重。

第八十五条　合格保证的剩余期限短于风险暴露剩余期限的，不具备风险缓释作用。合格质物、合格信用衍生工具的剩余期限短于风险暴露剩余期限时，商业银行应按照本办法附件3的规定对合格信用风险缓释工具与风险暴露之间的期限错配进行调整。

第八十六条　商业银行应按照本办法附件3的规定对合格信用风险缓释工具与风险暴露之间的币种错配进行调整。合格质物与风险暴露之间的币种错配无需调整。

第八十七条　合格质物质押的风险暴露的风险权重应不低于20%，满足本办法附件3规定的特定条件的风险暴露不受上述底线约束。

第三节 内部评级法

第八十八条 商业银行应对银行账簿信用风险暴露进行分类,并至少分为以下六类:

(一)主权风险暴露。

(二)金融机构风险暴露。

(三)公司风险暴露,包括中小企业风险暴露、专业贷款和一般公司风险暴露。

(四)零售风险暴露,包括个人住房抵押贷款、合格循环零售风险暴露和其他零售风险暴露。合格循环零售风险暴露包括合格交易者循环零售风险暴露和一般循环零售风险暴露。

(五)股权风险暴露。

(六)其他风险暴露,包括购入应收账款、资产证券化风险暴露及资产管理产品。

主权风险暴露、金融机构风险暴露和公司风险暴露统称为非零售风险暴露。

第八十九条 商业银行对股权风险暴露不得采用内部评级法计量信用风险加权资产,对以下风险暴露不得采用高级内部评级法计量信用风险加权资产:

(一)金融机构风险暴露。

(二)企业年营业收入(近三年营业收入的算术平均值)超过30亿元人民币或符合以下情形之一的一般公司风险暴露:

1. 此类企业或其全资子公司直接控股超过50%的企业。

2. 两个以上此类企业或其全资子公司直接控股超过50%的企业。

3. 与此类企业或其全资子公司的法定代表人为同一自然人的企业。

第九十条 商业银行应分别计量未违约和已违约风险暴露的风险加权资产:

(一)未违约非零售风险暴露的风险加权资产计量基于单笔信用风险暴露的违约概率、违约损失率、违约风险暴露、相关性和有效期限。

未违约零售风险暴露的风险加权资产计量基于单个资产池风险暴露的违约概率、违约损失率、违约风险暴露和相关性。

(二)已违约风险暴露的风险加权资产计量基于违约损失率、预期损失率和违约风险暴露。

第九十一条 商业银行应按照以下方法确定违约概率:

(一)主权风险暴露的违约概率为商业银行内部估计的1年期违约概率。

(二)公司和金融机构风险暴露的违约概率为商业银行内部估计的1年期违约概率与0.05%中的较大值。

由主权提供合格保证担保覆盖的风险暴露部分,违约概率不受0.05%底线约束。

(三)零售风险暴露的违约概率为商业银行内部估计的1年期违约概率与0.05%中的较大值,其中一般循环零售风险暴露的违约概率为商业银行内部估计的1年期违约概率与0.1%中的较大值。

(四)对于提供合格保证或信用衍生工具的风险暴露,商业银行可以使用保证人或信用保护提供方的违约概率替代债务人的违约概率。

第九十二条 商业银行应按照以下方法确定违约损失率:

(一)商业银行采用初级内部评级法,主权和金融机构风险暴露中没有合格抵质押品的高级债权和次级债权的违约损失率分别为45%和75%,公司风险暴露中没有合格抵质押品的高级债权和次级债权的违约损失率分别为40%和75%。对于提供合格抵质押品的高级债权和从属于净额结算主协议的回购交易,商业银行可以根据风险缓释效应调整违约损失率。

(二)商业银行采用高级内部评级法,应使用内部估计的单笔非零售风险暴露的违约损失率。

1. 主权风险暴露的违约损失率为商业银行内部估计的违约损失率。

2. 对于没有合格抵质押品的公司风险暴露,违约损失率为商业银行内部估计的违约损失率与25%中的较大值。对于提供合格抵质押品的公司风险暴露,采用金融质押品质押的,违约损失率为商业银行内部估计的违约损失率;采用应收账款质押、商用房地产和居住用房地产抵押的,违约损失率为商业银行内部估计的违约损失率与10%中的较大值;采用其他抵质押品担保的,违约损失率为商业银行内部估计的违约损失率与15%中的较大值。

由主权提供合格保证担保覆盖的风险暴露部分,违约损失率不受上述底线约束。

(三)商业银行应使用内部估计的零售资产池的违约损失率。

1. 个人住房抵押贷款的违约损失率为商业银行内部估计的违约损失率与10%中的较大值。

2. 合格循环零售风险暴露的违约损失率为商业银行内部估计的违约损失率与50%中的较大值。

3. 对于没有合格抵质押品的其他零售风险暴露，违约损失率为商业银行内部估计的违约损失率与30%中的较大值。对于提供合格抵质押品的其他零售风险暴露，采用金融质押品质押的，违约损失率为商业银行内部估计的违约损失率；采用应收账款质押、商用房地产和居住用房地产抵押的，违约损失率为商业银行内部估计的违约损失率与10%中的较大值；采用其他抵押品担保的，违约损失率为商业银行内部估计的违约损失率与15%中的较大值。

第九十三条 商业银行应按照以下方法确定违约风险暴露：

违约风险暴露应不考虑减值准备的影响。表内资产的违约风险暴露应不小于以下两项之和：（1）违约风险暴露被完全核销后，银行监管资本下降的数量；（2）各项减值准备的数量。

如果商业银行估计的违约风险暴露超过以上两项之和，超过部分可视为折扣。风险加权资产的计量不受该折扣的影响，但比较预期损失和损失准备时，可将该折扣计入损失准备。

（一）商业银行采用初级内部评级法，应按风险暴露名义金额计量表内资产的违约风险暴露，但可以考虑合格净额结算的风险缓释效应。

（二）商业银行采用初级内部评级法，各类表外项目的信用转换系数按照本办法第八十二条的规定。

（三）商业银行采用高级内部评级法，应使用内部估计的非零售违约风险暴露。对于可循环类表外项目，应按照商业银行内部估计的信用转换系数计量违约风险暴露。对于不可循环类表外项目，以及商业银行未达到本办法附件5规定的违约风险暴露估计要求时，应按照本办法第八十二条规定的信用转换系数计量违约风险暴露。对于按照本办法第八十二条规定信用转换系数为100%的表外项目，应使用100%的信用转换系数计量违约风险暴露。

公司风险暴露的违约风险暴露为商业银行内部估计的违约风险暴露与以下两项之和中的较大值：（1）表内资产风险暴露；（2）按照本办法第八十二条规定的信用转换系数计算的表外项目风险暴露的50%。

由主权提供合格保证担保覆盖的风险暴露部分，违约风险暴露不受上述底线约束。

（四）商业银行应使用内部估计的零售违约风险暴露。对于可循环类表外项目，应按照商业银行内部估计的信用转换系数计量违约风险暴露。对于不可循环类表外项目、包含外汇和利率承诺的表外项目，以及商业银行未达到本办法附件5规定的违约风险暴露估计要求时，应按照本办法第八十二条规定的信用转换系数计量违约风险暴露。对于按照本办法第八十二条规定信用转换系数为100%的表外项目，应使用100%的信用转换系数计量违约风险暴露。

第九十四条 商业银行应按照以下方法确定有效期限：

（一）商业银行采用初级内部评级法，非零售风险暴露的有效期限为2.5年。回购类交易的有效期限为0.5年。

（二）商业银行采用高级内部评级法，有效期限为内部估计的有效期限与1年中的较大值，但最大不超过5年。中小企业风险暴露的有效期限可以采用2.5年。

（三）对于下列短期风险暴露，有效期限为内部估计的有效期限与1天中的较大值：

1. 原始期限1年以内全额抵押的场外衍生品交易、保证金贷款、回购交易和证券借贷交易。交易文件中必须包括按日重新估值并调整保证金，且在交易对手违约或未能补足保证金时可以及时平仓或处置抵押品的条款。

2. 原始期限1年以内自我清偿性的贸易融资，包括开立的和保兑的信用证。

3. 原始期限3个月以内的其他短期风险暴露，包括：场外衍生品交易、保证金贷款、回购交易、证券借贷，短期贷款和存款，证券和外汇清算而产生的风险暴露，以电汇方式进行现金清算产生的风险暴露等。

第五章 市场风险加权资产计量

第一节 一般规定

第九十五条 本办法所称市场风险是指因

市场价格（利率、汇率、股票价格和商品价格）的不利变动而使商业银行表内和表外业务发生损失的风险。

第九十六条 市场风险资本计量应覆盖商业银行交易账簿中的违约风险、一般利率风险、信用利差风险、股票风险，以及全账簿汇率风险和商品风险。

商业银行可不对结构性外汇头寸、资本扣除项对应的外汇头寸计量汇率风险资本要求。

从商业银行监管资本中扣除的资本工具，不纳入市场风险资本计量范围。

在特定情况下，国家金融监督管理总局有权要求商业银行采用审慎的方式加总计量并表口径的市场风险资本要求，即不考虑各法人机构之间风险头寸的抵消和净额结算。

第九十七条 本办法所称交易账簿包括以交易目的或对冲交易账簿其他项目的风险而持有的金融工具、外汇和商品头寸及经国家金融监督管理总局认定的其他工具。除交易账簿工具外，其他工具应划入银行账簿。

前款所称以交易目的持有的头寸是指短期内有目的地持有以便出售，或从实际或预期的短期价格波动中获利，或锁定套利的头寸，包括自营业务、做市业务、为满足客户需求提供的对客交易及对冲前述交易相关风险而持有的头寸。

第九十八条 商业银行应按照本办法附件13的规定划分交易账簿和银行账簿。

国家金融监督管理总局或其派出机构有权要求商业银行提供账簿划分的依据，对划分依据不合理的银行，有权要求其作出调整。

第九十九条 商业银行从银行账簿到交易账簿的内部风险转移，应满足本办法附件13的要求。

第一百条 商业银行可以采用标准法、内部模型法或简化标准法计量市场风险资本要求。未经国家金融监督管理总局或其派出机构认可，商业银行不得变更市场风险资本计量方法，另有规定的从其规定。

第一百零一条 商业银行应以交易台为单位申请使用内部模型法计量市场风险资本要求。

前款所称交易台是指由商业银行设定，在清晰的风险管理框架中执行明确交易策略的一组交易员或一套会计账目。

第一百零二条 商业银行采用内部模型法，内部模型法覆盖率应不低于10%。商业银行应按季评估内部模型法覆盖率，若不满足标准，应采用标准法计量资本要求。重新满足标准后，当季末应恢复采用内部模型法计量资本要求。商业银行应及时向国家金融监督管理总局或其派出机构报告上述方法变更情况。

前款所称内部模型法覆盖率按以下公式确定：

内部模型法覆盖率＝按内部模型法计量的资本要求／（按内部模型法计量的资本要求＋按标准法计量的资本要求）×100%

第一百零三条 商业银行市场风险加权资产为市场风险资本要求的12.5倍，即市场风险加权资产＝市场风险资本要求×12.5。

第二节 标准法

第一百零四条 商业银行采用标准法，应按照本办法附件14的规定分别计量基于敏感度方法的资本要求、违约风险资本要求和剩余风险附加资本要求。

第一百零五条 基于敏感度方法的资本要求为得尔塔、维伽和曲度三项风险资本要求之和。风险类别包括一般利率风险、非证券化信用利差风险、非相关性交易组合证券化信用利差风险、相关性交易组合证券化信用利差风险、股票风险、商品风险和汇率风险。

第一百零六条 违约风险资本要求的风险类别包括非证券化违约风险、非相关性交易组合证券化违约风险和相关性交易组合证券化违约风险。

第一百零七条 标的为奇异性资产的工具和承担其他剩余风险的工具应计量剩余风险附加资本要求。

第三节 内部模型法

第一百零八条 商业银行采用内部模型法，应符合本办法附件15的规定，并经国家金融监督管理总局或其派出机构验收通过。商业银行采用内部模型法的，应同时按标准法计量和报送所有交易台的资本要求。

第一百零九条 商业银行采用内部模型法，其市场风险总资本要求（ACRTOTAL）为：

$ACR_{total} = \min(IMA_{G,A} + C_u + 资本附加, SA_{all\ desk}) + \max(0, IMA_{G,A} - SA_{G,A})$

其中：

（一）$IMA_{G,A}$ 为经验收通过使用内部模型法且符合内部模型法使用条件的交易台资本要求。

（二）CU 为未经验收通过使用内部模型法或不符合内部模型法使用条件的交易台按标准法计量的资本要求。

（三）资本附加为根据损益归因测试结果相应增加的资本要求。

（四）SA_ALL DESK 为所有交易台按标准法计量的资本要求，SA_G,A 为经验收通过使用内部模型法且符合内部模型法使用条件的交易台按标准法计量的资本要求。

具体计量要求见本办法附件15。

第一百一十条 商业银行应使用单独的内部模型计量违约风险资本要求。内部模型未达到合格标准或未覆盖违约风险的，应按标准法计量违约风险资本要求。

第四节 简化标准法

第一百一十一条 商业银行采用简化标准法应符合本办法附件16的要求。商业银行应按照本办法附件16的规定分别计量利率风险、汇率风险、商品风险和股票风险的资本要求，并单独计量以各类风险为基础的期权风险的资本要求。

第一百一十二条 简化标准法市场风险资本要求为利率风险、汇率风险、商品风险、股票风险和以各类风险为基础的期权风险的资本要求经相应的调整后加总，公式如下：

资本要求 = 利率风险资本要求（含利率类期权风险资本要求）×1.3 + 汇率风险资本要求（含汇率类期权风险资本要求）×1.2 + 商品风险资本要求（含商品类期权风险资本要求）×1.9 + 股票风险资本要求（含股票类期权风险资本要求）×3.5

利率风险资本要求和股票风险资本要求为一般市场风险资本要求和特定市场风险资本要求之和。期权风险资本要求纳入其标的对应风险类别进行资本要求汇总。

第六章 操作风险加权资产计量

第一节 一般规定

第一百一十三条 本办法所称操作风险是指由于内部程序、员工、信息科技系统存在问题以及外部事件造成损失的风险，包括法律风险，但不包括战略风险和声誉风险。

第一百一十四条 商业银行可以采用标准法或基本指标法计量操作风险资本要求。

第一档商业银行应采用标准法计量操作风险资本要求，并符合本办法附件18的规定。

第二档商业银行应采用基本指标法计量操作风险资本要求。

第一百一十五条 商业银行操作风险加权资产为操作风险资本要求的12.5倍，即操作风险加权资产 = 操作风险资本要求×12.5。

第二节 标准法

第一百一十六条 商业银行采用标准法，应按照以下公式计量操作风险资本要求：

$$K_{TSA} = BIC \times ILM$$

其中：

（一）K_{TSA} 为按标准法计量的操作风险资本要求。

（二）BIC 为业务指标部分。

（三）ILM 为内部损失乘数。

第一百一十七条 业务指标部分（BIC）等于商业银行的业务指标（BI）乘以对应的边际资本系数 α。

第一百一十八条 业务指标（BI）为利息、租赁和股利部分（ILDC），服务部分（SC）及金融部分（FC）之和，即 BI = ILDC + SC + FC。其中：

$$ILDC = \min\left(\overline{abs（利息收入 - 利息支出）}, \overline{2.25\% \times 生息资产}\right) + \overline{股利收入}$$

$$SC = \max\left(\overline{其他经营性收入}, \overline{其他经营性支出}\right) + \max\left(\overline{手续费和佣金收入}, \overline{手续费和佣金支出}\right)$$

$$FC = \overline{abs（交易账簿净损益）} + \overline{abs（银行账簿净损益）}$$

每个项目上方的横线表示近三年的算术平均值，各部分的具体项目定义见本办法附件18。

第一百一十九条 商业银行采用标准法，应根据业务指标（BI）规模适用累进边际资本系数。业务指标80亿元人民币（含）以下的部分，边际资本系数为12%；80亿元人民币以上，2400亿元人民币（含）以下的部分，边际资本系数为15%；2400亿元人民币以上的部分，边际资本系数为18%。

第一百二十条 内部损失乘数（ILM）是基于商业银行操作风险平均历史损失数据与业务指标部分的调整因子，计算公式为：

$$ILM = \ln\left(\exp(1) - 1 + \left(\frac{LC}{BIC}\right)^{0.8}\right)$$

其中：

损失部分（LC）为近十年操作风险损失金额的算术平均值的15倍。损失数据识别、收集和处理的标准见本办法附件18。

第一百二十一条 商业银行采用标准法，经国家金融监督管理总局或其派出机构验收通过后，可采用自身损失数据自行计算内部损失乘数；未经国家金融监督管理总局或其派出机构验收通过的，应采用本办法附件18中给定的内部损失乘数。

第三节 基本指标法

第一百二十二条 商业银行采用基本指标法，应以总收入为基础计量操作风险资本要求。商业银行应按照本办法附件18的规定确认总收入。

总收入为净利息收入与净非利息收入之和。

第一百二十三条 商业银行采用基本指标法，应按照以下公式计量操作风险资本要求：

$$K_{BIA} = \frac{\sum_{i=1}^{n}(GI_i \times \alpha)}{n}$$

其中：

（一）为按基本指标法计量的操作风险资本要求。

（二）GI为近三年中每年正的总收入。

（三）N为近三年中总收入为正的年数。

（四）α为15%。

第七章 商业银行内部资本充足评估程序

第一节 一般规定

第一百二十四条 商业银行应按照国家金融监督管理总局关于全面风险管理的相关监管要求和本办法规定，建立完善的风险管理框架和稳健的内部资本充足评估程序，明确风险治理结构，审慎评估各类风险、资本充足水平和资本质量，制定资本规划和资本充足率管理计划，确保银行资本能够充分抵御其所面临的风险，满足业务发展的需要。

第一百二十五条 商业银行内部资本充足评估程序应实现以下目标：

（一）确保主要风险得到识别、计量或评估、监测和报告。

（二）确保资本水平与风险偏好及风险管理水平相适应。

（三）确保资本规划与银行经营状况、风险变化趋势及长期发展战略相匹配。

第一百二十六条 商业银行应将压力测试作为内部资本充足评估程序的重要组成部分，结合压力测试结果确定内部资本充足率目标。压力测试应覆盖各业务条线的主要风险，并充分考虑经济周期对资本充足率的影响。

第一百二十七条 商业银行应将内部资本充足评估程序作为内部管理和决策的组成部分，并将内部资本充足评估结果运用于资本预算与分配、授信决策和战略规划。

第一百二十八条 商业银行应制定合理的薪酬政策，确保薪酬水平、结构和发放时间安排与风险大小和风险存续期限一致，反映风险调整后的长期收益水平，防止过度承担风险，维护财务稳健性。

第一百二十九条 商业银行可根据本银行业务规模和复杂程度，采用适合自身风险特点的内部资本充足评估程序，并至少每年实施一次，在银行经营情况、风险状况和外部环境发生重大变化时，应及时进行调整和更新。

第二节 治理结构

第一百三十条 商业银行董事会承担本行资本管理的最终责任，履行以下职责：

（一）设定与银行发展战略和外部环境相适应的风险偏好和资本充足目标，审批银行内部资本充足评估程序，确保资本充分覆盖主要风险。

（二）审批资本管理制度，确保资本管理政策和控制措施有效。

（三）监督内部资本充足评估程序的全面性、前瞻性和有效性。

（四）审批并监督资本规划的实施，满足银行持续经营和应急性资本补充需要。

（五）至少每年一次审批资本充足率管理计划，审议资本充足率管理报告及内部资本充足评估报告，听取对资本充足率管理和内部资本充足评估程序执行情况的审计报告。

（六）审批第三支柱信息披露政策、程序和内容，并保证披露信息的真实、准确和完整。

（七）确保商业银行有足够的资源，能够独立、有效地开展资本管理工作。

第一百三十一条 商业银行采用资本计量高级方法的，董事会还应负责审批资本计量高级方法的管理体系实施规划和重大管理政策，监督高级管理层制定并实施资本计量高级方法的管理政策和流程，确保商业银行有足够资源支持资本计量高级方法管理体系的运行。

第一百三十二条 商业银行高级管理层负责根据业务战略和风险偏好组织实施资本管理工作，确保资本与业务发展、风险水平相适应，落实各项监控措施。具体履行以下职责：

（一）制定并组织执行资本管理的规章制度。

（二）制定并组织实施内部资本充足评估程序，明确相关部门的职责分工，建立健全评估框架、流程和管理制度，确保与商业银行全面风险管理、资本计量及分配等保持一致。

（三）制定和组织实施资本规划和资本充足率管理计划。

（四）定期和不定期评估资本充足率，向董事会报告资本充足率、资本充足率管理情况和内部资本充足评估结果。

（五）组织开展压力测试，参与压力测试目标、方案及重要假设的确定，推动压力测试结果在风险评估和资本规划中的运用，确保资本应急补充机制的有效性。

（六）组织内部资本充足评估信息管理系统的开发和维护工作，确保信息管理系统及时、准确地提供评估所需信息。

第一百三十三条 商业银行采用资本计量高级方法的，高级管理层还应定期评估方法和工具的合理性和有效性，定期听取资本计量高级方法验证工作的汇报，履行资本计量高级方法体系的建设、验证和持续优化等职责。

第一百三十四条 商业银行监事会应对董事会及高级管理层在资本管理和资本计量高级方法管理中的履职情况进行监督评价，并至少每年一次向股东大会报告董事会及高级管理层的履职情况。

第一百三十五条 商业银行应指定相关部门履行以下资本管理职责：

（一）制定资本总量、结构和质量管理计划，编制并实施资本规划和资本充足率计划，向高级管理层报告资本规划和资本充足率管理计划执行情况。

（二）持续监控并定期测算资本充足率水平，开展资本充足率压力测试。

（三）组织建立内部资本计量、配置和风险调整资本收益的评价管理体系。

（四）组织实施内部资本充足评估程序。

（五）建立资本应急补充机制，参与或组织筹集资本。

（六）编制第三支柱信息披露文件。

第一百三十六条 商业银行采用资本计量高级方法的，相关部门还应履行以下职责：

（一）设计、实施、监控和维护资本计量高级方法。

（二）健全资本计量高级方法管理机制。

（三）向高级管理层报告资本计量高级方法的计量结果。

（四）组织开展各类风险压力测试。

第一百三十七条 商业银行采用资本计量高级方法的，应建立验证部门（团队），负责资本计量高级方法的验证工作。验证部门（团队）应独立于资本计量高级方法的开发和运行部门（团队）。

第一百三十八条 商业银行应明确内部审计部门在资本管理中的职责。内部审计部门应履行以下职责：

（一）评估资本管理的治理结构和相关部门履职情况，以及相关人员的专业技能和资源充分性。

（二）至少每年一次检查内部资本充足评估程序相关政策和执行情况。

（三）至少每年一次评估资本规划的执行情况。

（四）至少每年一次评估资本充足率管理计划的执行情况。

（五）检查资本管理的信息系统和数据管理的合规性和有效性。

（六）向董事会提交资本充足率管理审计报告、内部资本充足评估程序执行情况审计报告、资本计量高级方法管理审计报告。

第一百三十九条 商业银行采用资本计量高级方法的，内部审计部门还应评估资本计量高级方法的适用性和有效性，检查计量结果的可靠性和准确性，检查资本计量高级方法的验证政策和程序，评估验证工作的独立性和有效性。

第三节 风险评估

第一百四十条 商业银行应按照国家金融监督管理总局相关要求和本办法附件20的规定，设立主要风险的识别和评估标准，确保主要风险得到及时识别、审慎评估和有效监控。

主要风险包括可能导致重大损失的单一风

险，以及单一风险程度不高、但与其他风险相互作用可能导致重大损失的风险。风险评估应至少覆盖以下各类风险：

（一）本办法第四章、第五章和第六章中涉及且已覆盖的风险，包括信用风险、市场风险和操作风险。

（二）本办法第四章、第五章和第六章中涉及但没有完全覆盖的风险，包括集中度风险、剩余操作风险等。

（三）本办法第四章、第五章和第六章中未涉及的风险，包括银行账簿利率风险、流动性风险、声誉风险、战略风险和对商业银行有实质性影响的其他风险。

（四）外部经营环境变化引发的风险。

第一百四十一条 商业银行应采用定量和定性相结合的方法，有效评估和管理各类主要风险。

（一）对能够量化的风险，商业银行应开发和完善风险计量技术，确保风险计量的一致性、客观性和准确性，在此基础上加强对相关风险的缓释、控制和管理。

（二）对难以量化的风险，商业银行应建立风险识别、评估、控制和报告机制，确保相关风险得到有效管理。

第一百四十二条 商业银行应建立风险加总的政策和程序，确保在不同层次上及时识别风险。商业银行可以采用多种风险加总方法，但应至少采取简单加总法，并判断风险加总结果的合理性和审慎性。

第一百四十三条 商业银行进行风险加总，应充分考虑集中度风险及风险之间的相互传染。若考虑风险分散化效应，应基于长期实证数据，且数据观察期至少覆盖一个完整的经济周期。否则，商业银行应对风险加总方法和假设进行审慎调整。

第四节 资本规划

第一百四十四条 商业银行制定资本规划，应综合考虑风险评估结果、压力测试结果、未来资本需求、资本监管要求和资本可获得性，确保资本水平持续满足监管要求。资本规划应至少设定内部资本充足率三年目标。

第一百四十五条 商业银行制定资本规划，应确保目标资本水平与业务发展战略、风险偏好、风险管理水平和外部经营环境相适应，兼顾短期和长期资本需求，并考虑各种资本补充来源的长期可持续性。

第一百四十六条 商业银行制定资本规划，应审慎估计资产质量、利润增长及资本市场的波动性，充分考虑对银行资本水平可能产生重大负面影响的因素，包括或有风险暴露，严重且长期的市场衰退，以及突破风险承受能力的其他事件。

第一百四十七条 商业银行应优先考虑补充核心一级资本，增强内部资本积累能力，完善资本结构，提高资本质量。

第五节 压力测试

第一百四十八条 商业银行应按照国家金融监督管理总局关于压力测试的相关监管要求和本办法附件20的规定，通过严格和前瞻性的压力测试，测算不同压力条件下的资本需求和资本可获得性，并制定资本应急预案以满足计划外的资本需求，确保银行具备充足资本应对不利的市场条件变化。

第一百四十九条 商业银行应将压力测试作为风险识别、监测和评估的重要工具，并根据压力测试结果评估银行所面临的潜在不利影响及对应所需持有的资本。

对于轻度压力测试结果，商业银行应将轻度压力测试下资本缺口转换为资本加点，并将其视为第二支柱资本要求的组成部分。

对于重度压力测试结果，商业银行应在应急预案中明确相应的资本补充政策安排和应对措施，并充分考虑融资市场流动性变化，合理设计资本补充渠道。商业银行的资本应急预案应包括紧急筹资成本分析和可行性分析、限制资本占用程度高的业务发展、采用风险缓释措施等。

第一百五十条 商业银行高级管理层应充分理解压力条件下商业银行所面临的风险及风险间的相互作用、资本工具吸收损失和支持业务持续运营的能力，并判断资本管理目标、资本补充政策安排和应对措施的合理性。

第六节 监测报告

第一百五十一条 商业银行应建立内部资本充足评估程序的报告体系，定期监测和报告银行资本水平和主要影响因素的变化趋势。报告应至少包括以下内容：

（一）评估主要风险状况及发展趋势、战略目标和外部环境对资本水平的影响。

（二）评估实际持有的资本是否足以抵御主要风险。

（三）提出确保资本能够充分覆盖主要风险的建议。

根据重要性和报告用途不同，商业银行应明确各类报告的发送范围、报告内容及详略程度，确保报告信息与报送频率满足银行资本管理的需要。

第一百五十二条 商业银行应建立用于风险和资本的计量和管理的信息管理系统。商业银行的信息管理系统应具备以下功能：

（一）清晰、及时地向董事会和高级管理层提供总体风险信息。

（二）准确、及时地加总各业务条线的风险暴露和风险计量结果。

（三）动态支持集中度风险和潜在风险的识别。

（四）识别、计量并管理各类风险缓释工具以及因风险缓释带来的风险。

（五）为多角度评估风险计量的不确定性提供支持，分析潜在风险假设条件变化带来的影响。

（六）支持前瞻性的情景分析，评估市场变化和压力情形对银行资本的影响。

（七）监测、报告风险限额的执行情况。

第一百五十三条 商业银行应系统性地收集、整理、跟踪和分析各类风险相关数据，建立数据信息系统和数据管理系统，以获取、清洗、转换和存储数据，并建立数据质量控制政策和程序，确保数据的真实性、完整性、全面性、准确性和一致性，满足资本计量和内部资本充足评估等工作的需要。

第一百五十四条 商业银行的数据管理系统应达到资本充足率非现场监管报表和第三支柱信息披露的有关要求。

第一百五十五条 商业银行应建立完整的文档管理平台，为内部审计部门及国家金融监督管理总局对资本管理的评估提供支持。文档应至少包括：

（一）董事会、高级管理层和相关部门的职责、独立性以及履职情况。

（二）关于资本管理、风险管理等政策流程的制度文件。

（三）资本规划、资本充足率管理计划、内部资本充足评估报告、风险计量模型验证报告、压力测试报告、审计报告以及上述报告的相关重要文档。

（四）关于资本管理的会议纪要和重要决策意见。

第八章 监督检查

第一节 监督检查内容

第一百五十六条 资本充足率监督检查是国家金融监督管理总局审慎风险监管体系的重要组成部分。

第一百五十七条 国家金融监督管理总局根据宏观经济运行、产业政策和信贷风险变化，识别银行业重大突出风险，对相关资产组合提出特定资本要求。

第一百五十八条 国家金融监督管理总局及其派出机构对商业银行实施资本充足率监督检查，督促银行确保资本能够充分覆盖所面临的各类风险。资本充足率监督检查包括但不限于以下内容：

（一）评估商业银行全面风险管理框架。

（二）审查商业银行对合格资本工具的认定，以及各类风险加权资产的计量方法和结果，评估资本充足率计量结果的合理性和准确性。

（三）检查商业银行内部资本充足评估程序，评估公司治理、资本规划、内部控制和审计等。

（四）评估商业银行的信用风险、市场风险、操作风险、银行账簿利率风险、流动性风险、声誉风险以及战略风险等各类风险及风险间的关联性。

（五）对商业银行压力测试组织架构、资源投入、情景设计、数据质量、测算模型、测试结果、结果应用等情况开展监督检查。

第一百五十九条 商业银行采用资本计量高级方法，应按本办法附件21的规定向国家金融监督管理总局或其派出机构提出申请。操作风险标准法申请采用自身损失数据自行计算内部损失乘数适用本办法附件21。

第一百六十条 国家金融监督管理总局或其派出机构依照本办法附件21的规定对商业银行进行评估，根据评估结果决定是否验收通过商业银行采用资本计量高级方法、对操作风险标准法采用自身损失数据自行计算内部损失乘数；并对商业银行资本计量高级方法的使用情况以及验证工作、操作风险标准法自行计算内部损失乘数的情况进行持续监督检查。

第一百六十一条 商业银行不能持续达到本办法规定的资本计量高级方法、对操作风险标准法采用自身损失数据自行计算内部损失乘数的运用要求，国家金融监督管理总局或其派出机构有权要求其限期整改。

商业银行在规定期限内未达标，国家金融监督管理总局或其派出机构有权取消其采用资本计量高级方法、对操作风险标准法采用自身损失数据自行计算内部损失乘数的资格。

第二节 监督检查程序

第一百六十二条 国家金融监督管理总局建立资本监管工作机制，履行以下职责：

（一）根据评估银行业面临的重大突出风险，提出针对特定资产组合的第二支柱资本要求的建议。

（二）制定商业银行资本充足率监督检查总体规划，协调、组织和督促对商业银行资本充足率监督检查的实施。

（三）审议并决定对商业银行的监管资本要求。

（四）受理商业银行就资本充足率监督检查结果提出的申辩，确保监督检查过程以及评价结果的公正和准确。

第一百六十三条 国家金融监督管理总局及其派出机构通过非现场监管和现场检查的方式对商业银行资本充足率进行监督检查。

除对资本充足率的常规监督检查外，国家金融监督管理总局及其派出机构可根据商业银行内部情况或外部市场环境的变化实施资本充足率的临时监督检查。

第一百六十四条 商业银行应在年度结束后的四个月内向国家金融监督管理总局或其派出机构提交内部资本充足评估报告。

第一百六十五条 国家金融监督管理总局及其派出机构实施资本充足率监督检查应遵循以下程序：

（一）审查商业银行内部资本充足评估报告，制定资本充足率检查计划。

（二）依据本办法附件20规定的风险评估标准，实施资本充足率现场检查。

（三）根据检查结果初步确定商业银行的监管资本要求。

（四）与商业银行高级管理层就资本充足率检查情况进行沟通，并将评价结果书面发送商业银行。

（五）监督商业银行持续满足监管资本要求的情况。

第一百六十六条 商业银行可以在接到资本充足率监督检查评价结果后60日内，以书面形式向国家金融监督管理总局或其派出机构提出申辩。在接到评价结果后60日内未进行书面申辩的，将被视为接受评价结果。

商业银行提出书面申辩的，应提交董事会关于进行申辩的决议，并对申辩理由进行详细说明，同时提交能够证明申辩理由充分性的相关资料。

第一百六十七条 国家金融监督管理总局或其派出机构受理并审查商业银行提交的书面申辩，视情况对有关问题进行重点核查。

国家金融监督管理总局或其派出机构在受理书面申辩后的60日内做出是否同意商业银行申辩的书面答复，并说明理由。

第一百六十八条 国家金融监督管理总局或其派出机构审查商业银行的书面申辩期间，商业银行应执行资本充足率监督检查所确定的监管资本要求，并落实国家金融监督管理总局或其派出机构采取的相关监管措施。

第一百六十九条 商业银行应至少每季度向国家金融监督管理总局或其派出机构报告未并表和并表后的资本监管指标信息。

如遇影响资本监管指标的特别重大事项，商业银行应及时向国家金融监督管理总局或其派出机构报告。

第三节 第二支柱资本要求

第一百七十条 商业银行已建立内部资本充足评估程序并经国家金融监督管理总局或其派出机构评估认可达到本办法要求的，国家金融监督管理总局或其派出机构根据其内部资本充足评估程序结果确定第二支柱资本要求。

商业银行尚未建立内部资本充足评估程序，或经国家金融监督管理总局或其派出机构评估未达到本办法要求的，国家金融监督管理总局或其派出机构根据对商业银行风险状况的评估结果、监督检查结果、监管评级情况、监管压力测试结果等，确定商业银行的第二支柱资本要求。

第二支柱资本要求应建立在最低资本要求、储备资本和逆周期资本要求及系统重要性银行附加资本要求之上。

第一百七十一条 国家金融监督管理总局及其派出机构有权根据单家商业银行操作风险管理水平及操作风险事件发生情况,提高操作风险的监管资本要求。

第一百七十二条 国家金融监督管理总局及其派出机构有权通过调整风险权重、相关性系数、有效期限、违约损失率等风险参数,设置或调整风险加权资产底线等方法,提高特定资产组合的资本要求,包括但不限于以下内容:

(一)根据区域风险差异,确定地方政府融资平台贷款的集中度风险资本要求。

(二)通过期限调整因子,确定中长期贷款的资本要求。

(三)针对贷款行业集中度风险状况,确定部分行业的贷款集中度风险资本要求。

(四)根据区域房地产运行情况、个人住房抵押贷款用于购买非自住用房的风险状况,提高个人住房抵押贷款资本要求。

第四节 监管措施

第一百七十三条 国家金融监督管理总局及其派出机构有权对资本监管指标未达到监管要求的商业银行采取监管措施,督促其提高资本充足水平。

第一百七十四条 根据资本充足状况,国家金融监督管理总局及其派出机构将商业银行分为四类:

(一)第一类商业银行:资本充足率、一级资本充足率和核心一级资本充足率均达到本办法规定的各级资本要求。

(二)第二类商业银行:资本充足率、一级资本充足率和核心一级资本充足率未达到第二支柱资本要求,但均不低于其他各级资本要求。

(三)第三类商业银行:资本充足率、一级资本充足率和核心一级资本充足率均不低于最低资本要求,但未达到其他各级资本要求。

(四)第四类商业银行:资本充足率、一级资本充足率和核心一级资本充足率任意一项未达到最低资本要求。

第一百七十五条 对第一类商业银行,国家金融监督管理总局及其派出机构支持其稳健发展业务。为防止其资本充足率水平快速下降,国家金融监督管理总局及其派出机构应采取以下部分或全部预警监管措施:

(一)要求商业银行加强对资本充足率水平下降原因的分析及预测。

(二)要求商业银行制定切实可行的资本充足率管理计划。

(三)要求商业银行提高风险控制能力。

第一百七十六条 对第二类商业银行,除本办法第一百七十五条规定的监管措施外,国家金融监督管理总局及其派出机构还应采取以下部分或全部监管措施:

(一)与商业银行董事会、高级管理层进行审慎性会谈。

(二)下发监管意见书,监管意见书内容包括:商业银行资本管理存在的问题、拟采取的纠正措施和限期达标意见等。

(三)要求商业银行制定切实可行的资本补充计划和限期达标计划。

(四)增加对商业银行资本充足的监督检查频率。

(五)要求商业银行对特定风险领域采取风险缓释措施。

第一百七十七条 对第三类商业银行,除本办法第一百七十五条、第一百七十六条规定的监管措施外,国家金融监督管理总局及其派出机构还应采取以下部分或全部监管措施:

(一)限制商业银行分配红利和其他收入。

(二)限制商业银行向董事、高级管理人员实施任何形式的激励。

(三)限制商业银行进行股权投资或回购资本工具。

(四)限制商业银行重要资本性支出。

(五)要求商业银行控制风险资产增长。

第一百七十八条 对于资本充足率、一级资本充足率和核心一级资本充足率均满足最低资本要求,但不满足储备资本要求的商业银行,其利润留存比例不得低于以下标准:

核心一级资本 充足率区间	最低利润留存比例要求 (占可分配利润的百分比)
5%~5.625%(含)	100%
5.625%~6.25%(含)	80%
6.25%~6.875%(含)	60%
6.875%~7.5%(含)	40%

全球系统重要性银行最低利润留存比例要求适用本办法第一百八十一条。

若商业银行没有足够的其他一级资本或二级资本，而使用核心一级资本来满足一级资本充足率或资本充足率最低要求，核心一级资本净额扣除用于满足核心一级资本充足率最低要求的部分后、用于满足一级资本充足率或资本充足率最低要求的部分，不能计入上表的核心一级资本充足率区间。

国家金融监督管理总局有权根据实际情况对最低利润留存比例要求进行调整。

第一百七十九条 对第四类商业银行，除本办法第一百七十五条、第一百七十六条和第一百七十七条规定的监管措施外，国家金融监督管理总局及其派出机构还应采取以下部分或全部监管措施：

（一）要求商业银行大幅降低风险资产的规模。

（二）责令商业银行停办一切高风险资产业务。

（三）限制或禁止商业银行增设新机构、开办新业务。

（四）强制要求商业银行对资本工具进行减记或转为普通股。

（五）责令商业银行调整董事、高级管理人员或限制其权利。

（六）依法对商业银行实行接管或者促成机构重组，直至予以撤销。

在处置此类商业银行时，国家金融监督管理总局及其派出机构还将综合考虑外部因素，采取其他必要措施。

第一百八十条 对于杠杆率未达到最低监管要求的商业银行，国家金融监督管理总局及其派出机构应采取以下部分或全部监管措施：

（一）要求商业银行限期补充一级资本。

（二）要求商业银行控制表内外资产规模。

对于逾期未改正，或者其行为严重危及商业银行稳健运行、损害存款人和其他客户的合法权益的，国家金融监督管理总局及其派出机构应根据《中华人民共和国银行业监督管理法》的规定，区别情形，采取以下部分或全部措施：

（一）责令暂停部分业务、停止批准开办新业务。

（二）限制分配红利和其他收入。

（三）停止批准增设分支机构。

（四）责令控股股东转让股权或者限制有关股东的权利。

（五）责令调整董事、高级管理人员或者限制其权利。

（六）法律规定的其他措施。

第一百八十一条 对于资本充足率、一级资本充足率和核心一级资本充足率均满足最低资本要求，并满足最低杠杆率要求和总损失吸收能力要求，但不满足储备资本要求、逆周期资本要求、附加资本要求或附加杠杆率要求中任一要求的全球系统重要性银行，其利润留存比例不得低于以下标准：

全球系统重要性银行附加资本要求	核心一级资本充足率区间	杠杆率区间	最低利润留存比例要求（占可分配利润的百分比）
3.50%	5%—6.5%（含）	4%—4.4375%（含）	100%
	6.5%—8%（含）	4.4375%—4.875%（含）	80%
	8%—9.5%（含）	4.875%—5.3125%（含）	60%
	9.5%—11%（含）	5.3125%—5.75%（含）	40%
2.50%	5%—6.25%（含）	4%—4.3125%（含）	100%
	6.25%—7.5%（含）	4.3125%—4.625%（含）	80%
	7.5%—8.75%（含）	4.625%—4.9375%（含）	60%
	8.75%—10%（含）	4.9375%—5.25%（含）	40%

续表

全球系统重要性银行附加资本要求	核心一级资本充足率区间	杠杆率区间	最低利润留存比例要求（占可分配利润的百分比）
2%	5%—6.125%（含）	4%—4.25%（含）	100%
2%	6.125%—7.25%（含）	4.25%—4.5%（含）	80%
2%	7.25%—8.375%（含）	4.5%—4.75%（含）	60%
2%	8.375%—9.5%（含）	4.75%—5%（含）	40%
1.50%	5%—6%（含）	4%—4.1875%（含）	100%
1.50%	6%—7%（含）	4.1875%—4.375%（含）	80%
1.50%	7%—8%（含）	4.375%—4.5625%（含）	60%
1.50%	8%—9%（含）	4.5625%—4.75%（含）	40%
1%	5%—5.875%（含）	4%—4.125%（含）	100%
1%	5.875%—6.75%（含）	4.125%—4.25%（含）	80%
1%	6.75%—7.625%（含）	4.25%—4.375%（含）	60%
1%	7.625%—8.5%（含）	4.375%—4.5%（含）	40%

若全球系统重要性银行没有足够的其他一级资本或二级资本，而使用核心一级资本来满足一级资本充足率、资本充足率最低要求或总损失吸收能力要求，核心一级资本净额扣除用于满足核心一级资本充足率最低要求的部分后、用于满足一级资本充足率、资本充足率最低要求或总损失吸收能力要求的部分，不能计入上表的核心一级资本充足率区间。

全球系统重要性银行核心一级资本充足率或杠杆率任意一项处于上表的指标区间，其利润留存比例不得低于相应的标准；若核心一级资本充足率和杠杆率均处于上表的指标区间，其利润留存比例应采用二者孰高原则确定。

国家金融监督管理总局有权根据实际情况对最低利润留存比例要求进行调整。

第一百八十二条 商业银行未按本办法规定提供监管资本报表或报告、未按规定进行信息披露或提供虚假的或者隐瞒重要事实的报表和统计报告的，国家金融监督管理总局依据《中华人民共和国银行业监督管理法》《中华人民共和国商业银行法》的相关规定责令改正，逾期不改正或情节严重的，依法实施行政处罚。

第一百八十三条 除上述监管措施外，国家金融监督管理总局可依据《中华人民共和国银行业监督管理法》《中华人民共和国商业银行法》以及相关法律、行政法规和部门规章的规定，采取其他监管措施。

第九章 信息披露

第一百八十四条 商业银行应通过公开渠道，以简明清晰、通俗易懂的方式向投资者和社会公众披露第三支柱相关信息，确保信息披露的集中性、可获得性和公开性。

第一百八十五条 商业银行第三支柱信息披露的详尽程度应与银行的业务复杂度相匹配。

第一百八十六条 对国内系统重要性银行，信息披露内容应至少包括：

（一）风险管理、关键审慎监管指标和风险加权资产概览。

（二）不同资本计量方法下的风险加权资产对比。

（三）资本和总损失吸收能力的构成。

（四）利润分配限制。

（五）财务报表与监管风险暴露间的联系。

（六）资产变现障碍。

（七）薪酬。

（八）信用风险。

（九）交易对手信用风险。

（十）资产证券化。

（十一）市场风险。
（十二）信用估值调整风险。
（十三）操作风险。
（十四）银行账簿利率风险。
（十五）宏观审慎监管措施。
（十六）杠杆率。
（十七）流动性风险。

对非国内系统重要性银行（除第三档商业银行外），信息披露内容应至少包括风险管理、关键审慎监管指标和风险加权资产概览，资本构成，杠杆率的相关定性和定量信息等。

对第三档商业银行，信息披露内容应至少包括关键审慎监管指标和资本构成。

第一百八十七条 商业银行应确保披露信息的真实性、准确性、完整性、一致性和可比性。

第一百八十八条 商业银行应建立完善的信息披露治理结构，由董事会批准并由高级管理层实施有效的内部控制流程，对信息披露内容进行合理审查，确保第三支柱披露信息真实、可靠。相关流程的核心内容应在商业银行年度第三支柱信息披露报告中予以体现。

第一百八十九条 商业银行第三支柱相关信息可独立披露或与同期财务报告合并披露。商业银行各期（季度、半年和年度）第三支柱信息披露报告均应经董事会或高级管理层签字，并在官方网站披露。

第一百九十条 本办法规定的披露内容是第三支柱信息披露的最低要求，商业银行应遵循充分披露的原则，并根据监管政策变化及时调整披露事项。

第一百九十一条 商业银行可以不披露专有信息或保密信息的具体内容，但应解释原因，并进行一般性披露。

第一百九十二条 商业银行第三支柱信息披露频率分为临时、季度、半年及年度披露。商业银行应分别按照本办法附件22和附件23中各披露表格要求的内容和频率，充分披露第三支柱相关信息。

临时信息应及时披露，季度信息披露时间为每个会计年度的第三个月和第九个月结束后的一个月内，半年度信息披露时间为每个会计年度的上半年结束后的两个月内，年度信息披露时间为每个会计年度结束后的四个月内。季度、半年及年度的第三支柱信息披露应不晚于同期的财务报告发布。因特殊原因不能按时披露的，应至少提前15个工作日向国家金融监督管理总局或其派出机构申请延迟披露。

第十章 附 则

第一百九十三条 开发性金融机构和政策性银行、农村合作银行、村镇银行、农村信用社、农村资金互助社、贷款公司、企业集团财务公司、消费金融公司、金融租赁公司、汽车金融公司参照本办法执行，另有规定的从其规定。

外国银行在华分行参照本办法规定的风险权重计量人民币风险加权资产。

金融资产管理公司执行本办法杠杆率相关规定。

第一百九十四条 商业银行季末并表口径调整后表内外资产余额和境外债权债务余额发生变化，连续四个季度符合本办法第六条相关机构档次划分标准的，应在第四个季度结束后的一个月内向国家金融监督管理总局或其派出机构报告。

国家金融监督管理总局或其派出机构根据单家银行经营管理和风险水平等情况，结合监管判断决定是否调整其所属的机构档次，相应设立不超过一年的实施准备期。

准备期结束后，商业银行应调整所属的机构档次，适用对应的信用风险和操作风险加权资产计量规则、资本充足率监管要求和信息披露规定，并向国家金融监督管理总局或其派出机构报告实施情况。

第一百九十五条 采用简化标准法或标准法计量市场风险资本要求的商业银行，若连续四个季度不再满足相关方法适用条件，应在第四个季度结束后的一个月内向国家金融监督管理总局或其派出机构报告。

国家金融监督管理总局或其派出机构根据单家银行经营管理和风险水平等情况，结合监管判断决定是否调整其市场风险资本计量方法，相应设立不超过一年的实施准备期。

准备期结束后，商业银行应采用调整后的市场风险资本计量方法，并向国家金融监督管理总局或其派出机构报告实施情况。

第一百九十六条 本办法所称的资本计量高级方法包括信用风险内部评级法和市场风险内部模型法。商业银行采用资本计量高级方法，应按照本办法附件24的规定建立资本计量高级方法验证体系。

第一百九十七条 获得国家金融监督管理总局或其派出机构验收通过采用资本计量高级方法的商业银行应按照本办法规定的资本计量高级方法和其他方法并行计量资本充足率，并遵守本办法附件21规定的资本底线要求。

第一百九十八条 国家金融监督管理总局或其派出机构对采用资本计量高级方法的商业银行设立并行期，并行期自验收通过采用资本计量高级方法当年底开始，至少持续三年。操作风险标准法采用自身损失数据自行计算内部损失乘数的商业银行，适用并行期安排。

并行期内，商业银行实际计提的损失准备超过预期损失的，低于不良资产余额的1.5倍的超额损失准备计入二级资本的数量不得超过信用风险加权资产的0.6%；高于不良资产余额的1.5倍的超额损失准备可全部计入二级资本。

第一百九十九条 商业银行计量并表资本充足率，应按照集团统一的计量方法对附属机构资本计量结果进行调整后，进行资本并表。

第二百条 2029年1月1日前，第一档商业银行计量并表资本充足率可按照以下规则适当简化资本并表处理方式，鼓励有条件的商业银行按照集团统一的计量方法进行资本并表。

（一）对符合第二档商业银行标准的附属机构，可按照第二档商业银行信用风险和操作风险计量规则所计量的风险加权资产结果直接并表。

（二）对满足市场风险简化标准法适用条件的附属机构，可按照市场风险简化标准法的风险加权资产计量结果直接并表。

对符合第三档商业银行标准的附属机构，按照附件23规定的计量规则所计量的风险加权资产结果直接并表。

第二百零一条 第一档商业银行应及时制定并实施切实可行的并表资本充足率计量分步达标规划，并报国家金融监督管理总局或其派出机构。

国家金融监督管理总局或其派出机构根据商业银行并表资本充足率计量达标规划实施情况，采取相应的监管措施。

第二百零二条 第二档商业银行计量并表资本充足率，可按照以下规则适当简化资本并表处理方式，鼓励有条件的商业银行按照集团统一的计量方法进行资本并表。

（一）对符合第三档商业银行标准的附属机构，可按照附件23规定的计量规则计量的信用风险和操作风险加权资产结果直接并表。

（二）对满足市场风险简化标准法适用条件的附属机构，可按照市场风险简化标准法的风险加权资产计量结果直接并表。

第二百零三条 本办法中采用标准普尔的评级符号，但对商业银行选用外部信用评级公司不作规定；商业银行使用外部评级公司的评级结果应符合本办法附件25的规定，并保持连续性。

第二百零四条 附件1至附件25是本办法的组成部分。

（一）附件1：资本工具合格标准。

（二）附件2：信用风险权重法风险暴露分类标准。

（三）附件3：信用风险权重法表内资产风险权重、表外项目信用转换系数及合格信用风险缓释工具。

（四）附件4：信用风险内部评级法风险暴露分类标准。

（五）附件5：信用风险内部评级体系监管要求。

（六）附件6：信用风险内部评级法风险加权资产计量规则。

（七）附件7：信用风险内部评级法风险缓释监管要求。

（八）附件8：信用风险内部评级法专业贷款风险加权资产计量规则。

（九）附件9：交易对手信用风险加权资产计量规则。

（十）附件10：中央交易对手风险暴露资本计量规则。

（十一）附件11：资产证券化风险加权资产计量规则。

（十二）附件12：资产管理产品风险加权资产计量规则。

（十三）附件13：账簿划分和名词解释。

（十四）附件14：市场风险标准法计量规则。

（十五）附件15：市场风险内部模型法监管要求。

（十六）附件16：市场风险简化标准法计

量规则。

（十七）附件17：信用估值调整风险加权资产计量规则。

（十八）附件18：操作风险资本计量监管要求。

（十九）附件19：调整后表内外资产余额计算方法。

（二十）附件20：商业银行风险评估标准。

（二十一）附件21：资本计量高级方法监督检查。

（二十二）附件22：商业银行信息披露内容和要求。

（二十三）附件23：第三档商业银行资本监管规定。

（二十四）附件24：资本计量高级方法验证要求。

（二十五）附件25：外部评级使用规范。

第二百零五条 国家金融监督管理总局有权根据宏观经济金融形势、商业银行经营管理和风险水平等情况，对本办法相关内容进行调整。

第二百零六条 本办法由国家金融监督管理总局负责解释。

本办法自2024年1月1日起施行。《商业银行资本管理办法（试行）》（中国银行业监督管理委员会令2012年第1号）、《中国银监会关于印发商业银行资本监管配套政策文件的通知》（银监发〔2013〕33号）、《商业银行杠杆率管理办法》（中国银行业监督管理委员会令2015年第1号）、《商业银行全球系统重要性评估指标披露指引》（银监发〔2014〕1号）、《中国银监会关于印发衍生工具交易对手违约风险资产计量规则的通知》（银监发〔2018〕1号）同时废止。本办法施行前出台的有关规章及规范性文件与本办法不一致的，按照本办法执行。

中资商业银行行政许可事项实施办法

（中国银保监会令2015年第2号公布 根据2017年7月5日《中国银行业监督管理委员会关于修改〈中资商业银行行政许可事项实施办法〉的决定》第一次修正 根据2018年8月17日《中国银保监会关于废止和修改部分规章的决定》第二次修正 根据2022年9月2日《中国银保监会关于修改部分行政许可规章的决定》第三次修正）

目　录

第一章　总　则
第二章　机构设立
　第一节　法人机构设立
　第二节　境内分支机构设立
　第三节　投资设立、参股、收购境内法人金融机构
　第四节　投资设立、参股、收购境外机构
第三章　机构变更
　第一节　法人机构变更
　第二节　境内分支机构变更
　第三节　境外机构变更
第四章　机构终止
　第一节　法人机构终止
　第二节　分支机构终止
第五章　调整业务范围和增加业务品种
　第一节　开办外汇业务和增加外汇业务品种
　第二节　募集发行债券、资本补充工具
　第三节　开办衍生产品交易业务
　第四节　开办信用卡业务
　第五节　开办离岸银行业务
　第六节　申请开办其他业务
第六章　董事和高级管理人员任职资格许可
　第一节　任职资格条件
　第二节　任职资格许可程序
第七章　附　则

第一章 总 则

第一条 为规范银保监会及其派出机构实施中资商业银行行政许可行为,明确行政许可事项、条件、程序和期限,保护申请人合法权益,根据《中华人民共和国银行业监督管理法》、《中华人民共和国商业银行法》和《中华人民共和国行政许可法》等法律、行政法规及国务院的有关决定,制定本办法。

第二条 本办法所称中资商业银行包括:国有控股大型商业银行、中国邮政储蓄银行(以下分别简称国有商业银行、邮政储蓄银行)、股份制商业银行、城市商业银行等。

第三条 银保监会及其派出机构依照银保监会行政许可实施程序相关规定和本办法,对中资商业银行实施行政许可。

第四条 中资商业银行以下事项须经银保监会或其派出机构行政许可:机构设立,机构变更,机构终止,调整业务范围和增加业务品种,董事和高级管理人员任职资格,以及法律、行政法规规定和国务院决定的其他行政许可事项。

第五条 申请人应当按照银保监会行政许可事项申请材料目录及格式要求相关规定提交申请材料。

第二章 机构设立

第一节 法人机构设立

第六条 设立中资商业银行法人机构应当符合以下条件:

(一)有符合《中华人民共和国公司法》和《中华人民共和国商业银行法》规定的章程;

(二)注册资本为实缴资本,最低限额为10亿元人民币或等值可兑换货币,城市商业银行法人机构注册资本最低限额为1亿元人民币;

(三)有符合任职资格条件的董事、高级管理人员和熟悉银行业务的合格从业人员;

(四)有健全的组织机构和管理制度;

(五)有与业务经营相适应的营业场所、安全防范措施和其他设施;

(六)建立与业务经营相适应的信息科技架构,具有支撑业务经营的必要、安全且合规的信息科技系统,具备保障信息科技系统有效安全运行的技术与措施。

第七条 设立中资商业银行法人机构,还应当符合其他审慎性条件,至少包括:

(一)具有良好的公司治理结构;

(二)具有健全的风险管理体系,能有效控制各类风险;

(三)发起人股东中应当包括合格的战略投资者;

(四)具有科学有效的人力资源管理制度,拥有高素质的专业人才;

(五)具备有效的资本约束与资本补充机制;

(六)有助于化解现有金融机构风险,促进金融稳定。

第八条 设立中资商业银行法人机构应当有符合条件的发起人,发起人包括:境内金融机构、境外金融机构、境内非金融机构和银保监会认可的其他发起人。

前款所称境外金融机构包括香港、澳门和台湾地区的金融机构。

第九条 境内金融机构作为中资商业银行法人机构的发起人,应当符合以下条件:

(一)主要审慎监管指标符合监管要求;

(二)公司治理良好,内部控制健全有效;

(三)最近3个会计年度连续盈利;

(四)社会声誉良好,最近2年无严重违法违规行为和因内部管理问题导致的重大案件;

(五)银保监会规章规定的其他审慎性条件。

第十条 境外金融机构作为中资商业银行法人机构的发起人或战略投资者,应当符合以下条件:

(一)银保监会认可的国际评级机构最近2年对其长期信用评级为良好;

(二)最近2个会计年度连续盈利;

(三)商业银行资本充足率应当达到其注册地银行业资本充足率平均水平且不低于10.5%;非银行金融机构资本总额不低于加权风险资产总额的10%;

(四)内部控制健全有效;

(五)注册地金融机构监督管理制度完善;

(六)所在国(地区)经济状况良好;

（七）银保监会规章规定的其他审慎性条件。

境外金融机构作为发起人或战略投资者入股中资商业银行应当遵循长期持股、优化治理、业务合作、竞争回避的原则。

银保监会根据金融业风险状况和监管需要，可以调整境外金融机构作为发起人的条件。

外商独资银行、中外合资银行作为发起人或战略投资者入股中资商业银行，参照本条关于境外金融机构作为发起人或战略投资者入股中资商业银行的相关规定。

第十一条 境外金融机构投资入股的中资商业银行，按照入股时该中资商业银行的机构类型实施监督管理。境外金融机构还应遵守国家关于外国投资者在中国境内投资的有关规定。

第十二条 境内非金融机构作为中资商业银行法人机构发起人，应当符合以下条件：

（一）依法设立，具有法人资格；
（二）具有良好的公司治理结构或有效的组织管理方式；
（三）具有良好的社会声誉、诚信记录和纳税记录，能按期足额偿还金融机构的贷款本金和利息；
（四）具有较长的发展期和稳定的经营状况；
（五）具有较强的经营管理能力和资金实力；
（六）财务状况良好，最近3个会计年度连续盈利；
（七）年终分配后，净资产达到全部资产的30%（合并会计报表口径）；
（八）权益性投资余额原则上不超过本企业净资产的50%（合并会计报表口径），国务院规定的投资公司和控股公司除外；
（九）入股资金为自有资金，不得以委托资金、债务资金等非自有资金入股，法律法规另有规定的除外；
（十）银保监会规章规定的其他审慎性条件。

第十三条 有以下情形之一的企业不得作为中资商业银行法人机构的发起人：

（一）公司治理结构与机制存在明显缺陷；
（二）关联企业众多、股权关系复杂且不透明、关联交易频繁且异常；
（三）核心主业不突出且其经营范围涉及行业过多；
（四）现金流量波动受经济景气影响较大；
（五）资产负债率、财务杠杆率高于行业平均水平；
（六）代他人持有中资商业银行股权；
（七）其他对银行产生重大不利影响的情况。

第十四条 中资商业银行法人机构设立须经筹建和开业两个阶段。

第十五条 国有商业银行法人机构、股份制商业银行法人机构的筹建申请，应当由发起人各方共同向银保监会提交，银保监会受理、审查并决定。银保监会自受理之日起4个月内作出批准或不批准的书面决定。

城市商业银行法人机构的筹建申请，应当由发起人各方共同向拟设地省级派出机构提交，拟设地省级派出机构受理并初步审查，银保监会审查并决定。银保监会自受理之日起4个月内作出批准或不批准的书面决定。

第十六条 中资商业银行法人机构的筹建期为批准决定之日起6个月。

国有商业银行、股份制商业银行法人机构未能按期筹建的，该机构筹建组应当在筹建期限届满前1个月向银保监会提交筹建延期报告。筹建延期不得超过一次，筹建延期的最长期限为3个月。

城市商业银行法人机构未能按期筹建的，该机构筹建组应当在筹建期限届满前1个月向所在地省级派出机构提交筹建延期报告。筹建延期不得超过一次，筹建延期的最长期限为3个月。

该机构筹建组应当在前款规定的期限届满前提交开业申请，逾期未提交的，筹建批准文件失效，由决定机关办理筹建许可注销手续。

第十七条 国有商业银行、股份制商业银行法人机构的开业申请应当向银保监会提交，由银保监会受理、审查并决定。银保监会自受理之日起2个月内作出核准或不予核准的书面决定。

城市商业银行法人机构的开业申请应当向所在地省级派出机构提交，由所在地省级派出机构受理、审查并决定。省级派出机构自受理之日起2个月内作出核准或不予核准的书面决定，抄报银保监会。

第十八条 中资商业银行法人机构应当在收到开业核准文件并按规定领取金融许可证后，根据工商行政管理部门的规定办理登记手续，领取营业执照。

国有商业银行、股份制商业银行法人机构应当自领取营业执照之日起6个月内开业。未能按期开业的，应当在开业期限届满前1个月向银保监会提交开业延期报告。开业延期不得超过一次，开业延期的最长期限为3个月。

城市商业银行法人机构应当自领取营业执照之日起6个月内开业。未能按期开业的，应当在开业期限届满前1个月向所在地省级派出机构提交开业延期报告。开业延期不得超过一次，开业延期的最长期限为3个月。

中资商业银行法人机构未在前款规定期限内开业的，开业核准文件失效，由决定机关办理开业许可注销手续，收回其金融许可证，并予以公告。

第二节 境内分支机构设立

第十九条 中资商业银行设立的境内分支机构包括分行、分行级专营机构、支行、分行级专营机构的分支机构等。中资商业银行设立境内分支机构须经筹建和开业两个阶段。

第二十条 中资商业银行申请设立分行，申请人应当符合以下条件：

（一）具有良好的公司治理结构；
（二）风险管理和内部控制健全有效；
（三）主要审慎监管指标符合监管要求；
（四）具有拨付营运资金的能力；
（五）具有完善、合规的信息科技系统和信息安全体系，具有标准化的数据管理体系，具备保障业务连续有效安全运行的技术与措施；
（六）监管评级良好；
（七）最近2年无严重违法违规行为和因内部管理问题导致的重大案件；
（八）银保监会规章规定的其他审慎性条件。

第二十一条 中资商业银行申请设立信用卡中心、小企业信贷中心、私人银行部、票据中心、资金营运中心、贵金属业务部等分行级专营机构，申请人除应当符合第二十条有关规定外，还应当符合以下条件：

（一）专营业务经营体制改革符合该项业务的发展方向，并进行了详细的可行性研究论证；
（二）专营业务经营体制改革符合其总行的总体战略和发展规划，有利于提高整体竞争能力；
（三）开办专营业务2年以上，有经营专营业务的管理团队和专业技术人员；
（四）专营业务资产质量、服务等指标达到良好水平，专营业务的成本控制水平较高，具有较好的盈利前景；
（五）银保监会规章规定的其他审慎性条件。

第二十二条 国有商业银行、邮政储蓄银行、股份制商业银行的一级分行、分行级专营机构筹建申请由其总行向银保监会提交，银保监会受理、审查并决定。银保监会自受理之日起4个月内作出批准或不批准的书面决定。

国有商业银行、邮政储蓄银行、股份制商业银行的二级分行筹建申请由其一级分行向拟设地省级派出机构提交，省级派出机构受理、审查并决定。省级派出机构自受理之日起4个月内作出批准或不批准的书面决定。

城市商业银行分行筹建申请由其总行向拟设地省级派出机构提交，省级派出机构受理、审查并决定。省级派出机构自受理之日起4个月内作出批准或不批准的书面决定。

第二十三条 分行、分行级专营机构的筹建期为批准决定之日起6个月。未能按期筹建的，其筹建申请人应当在筹建期限届满前1个月向筹建申请受理机关提交筹建延期报告。筹建延期不得超过一次，筹建延期的最长期限为3个月。

申请人应当在前款规定的期限届满前提交开业申请，逾期未提交的，筹建批准文件失效，由决定机关办理筹建许可注销手续。

第二十四条 中资商业银行分行、分行级专营机构的开业申请由其筹建申请人向所在地省级派出机构提交，省级派出机构受理、审查并决定。省级派出机构自受理之日起2个月内作出核准或不予核准的书面决定。分行、分行级专营机构开业应当符合以下条件：

（一）营运资金到位；
（二）有符合任职资格条件的高级管理人

员和熟悉银行业务的合格从业人员；

（三）有与业务发展相适应的组织机构和规章制度；

（四）有与业务经营相适应的营业场所、安全防范措施和其他设施；

（五）有与业务经营相适应的信息科技部门，具有必要、安全且合规的信息科技系统，具备保障本级信息科技系统有效安全运行的技术与措施。

第二十五条　分行、分行级专营机构应当在收到开业核准文件并按规定领取金融许可证后，根据工商行政管理部门的规定办理登记手续，领取营业执照。分行、分行级专营机构应当自领取营业执照之日起6个月内开业，未能按期开业的，申请人应当在开业期限届满前1个月向所在地省级派出机构提交开业延期报告。开业延期不得超过一次，开业延期的最长期限为3个月。

分行、分行级专营机构未在前款规定期限内开业的，原开业核准文件失效，由决定机关办理开业许可注销手续，收回其金融许可证，并予以公告。

第二十六条　中资商业银行申请设立支行，应当符合以下条件：

（一）国有商业银行、邮政储蓄银行、股份制商业银行在拟设地所在省、自治区、直辖市内设有分行、视同分行管理的机构或分行以上机构且正式营业1年以上，经营状况和风险管理状况良好；城市商业银行在拟设地同一地级或地级以上城市设有分行、视同分行管理的机构或分行以上机构且正式营业1年以上，经营状况和风险管理状况良好；

（二）拟设地已设立机构具有较强的内部控制能力，最近1年无严重违法违规行为和因内部管理问题导致的重大案件；

（三）具有拨付营运资金的能力；

（四）已建立对高级管理人员考核、监督、授权和调整的制度和机制，并有足够的专业经营管理人才；

（五）银保监会规章规定的其他审慎性条件。

第二十七条　拟设立支行的中资商业银行分行、视同分行管理的机构或城市商业银行总行应在支行筹建3日前向开业决定机关提交筹建报告，开始筹建工作。

第二十八条　拟设立支行的中资商业银行分行、视同分行管理的机构或城市商业银行总行应在提交筹建报告之日起9个月内完成筹建工作，并向开业决定机关提交开业申请。

申请人逾期未提交开业申请的，应及时向拟设地地市级派出机构或所在城市省级派出机构报告。

第二十九条　支行的开业申请由拟设地地市级派出机构或所在城市省级派出机构受理、审查并决定。受理机关自受理之日起2个月内作出核准或不予核准的书面决定。

支行开业应当符合以下条件：

（一）营运资金到位；

（二）有符合任职资格条件的高级管理人员和熟悉银行业务的合格从业人员；

（三）有与业务经营相适应的营业场所、安全防范措施和其他设施。

第三十条　支行应当在收到开业核准文件并按规定领取金融许可证后，根据工商管理部门的规定办理登记手续，领取营业执照。

支行应当自领取营业执照之日起6个月内开业。未能按期开业的，申请人应当在开业期限届满前1个月向开业申请受理机关提出开业延期报告。开业延期不得超过一次，开业延期的最长期限为3个月。

支行未在规定期限内开业的，原开业核准文件失效，由决定机关办理开业许可注销手续，收回其金融许可证，并予以公告。

中资商业银行设立专营机构的分支机构，参照中资商业银行设立相应分支机构的行政许可条件和程序实施。

第三十一条　中资商业银行收购其他银行业金融机构设立分支机构的，应当符合以下条件：

（一）主要审慎监管指标符合监管要求，提足准备金后具有营运资金拨付能力；

（二）收购方授权执行收购任务的分行经营状况良好，内部控制健全有效，合法合规经营；

（三）按照市场和自愿原则收购；

（四）银保监会规章规定的其他审慎性条件。

第三十二条　中资商业银行收购其他银行业金融机构设立分支机构须经收购和开业两个阶段。收购审批和开业核准的程序同中资商业银行设立分行或支行的筹建审批和开业核准的程序。

第三节 投资设立、参股、收购境内法人金融机构

第三十三条 中资商业银行申请投资设立、参股、收购境内法人金融机构的，应当符合以下条件：

（一）具有良好的公司治理结构；

（二）风险管理和内部控制健全有效；

（三）具有良好的并表管理能力；

（四）主要审慎监管指标符合监管要求；

（五）权益性投资余额原则上不超过其净资产的50%（合并会计报表口径）；

（六）具有完善、合规的信息科技系统和信息安全体系，具有标准化的数据管理体系，具备保障业务连续有效安全运行的技术与措施；

（七）最近2年无严重违法违规行为和因内部管理问题导致的重大案件，但为落实普惠金融政策等，投资设立、参股、收购境内法人金融机构的情形除外；

（八）最近3个会计年度连续盈利；

（九）监管评级良好；

（十）银保监会规章规定的其他审慎性条件。

第三十四条 国有商业银行、邮政储蓄银行、股份制商业银行申请投资设立、参股、收购境内法人金融机构由银保监会受理、审查并决定。银保监会自受理之日起6个月内作出批准或不批准的书面决定。

城市商业银行申请投资设立、参股、收购境内法人金融机构由申请人所在地省级派出机构受理、审查并决定。所在地省级派出机构自受理之日起6个月内作出批准或不批准的书面决定。

前款所指设立、参股、收购境内法人金融机构事项，如需另经银保监会或省级派出机构批准设立，或者需银保监会或省级派出机构进行股东资格审核，则相关许可事项由银保监会或省级派出机构在批准设立或进行股东资格审核时对中资商业银行设立、参股和收购行为进行合并审查并作出决定。

第四节 投资设立、参股、收购境外机构

第三十五条 中资商业银行申请投资设立、参股、收购境外机构，申请人应当符合以下条件：

（一）具有良好的公司治理结构，内部控制健全有效，业务条线管理和风险管控能力与境外业务发展相适应；

（二）具有清晰的海外发展战略；

（三）具有良好的并表管理能力；

（四）主要审慎监管指标符合监管要求；

（五）权益性投资余额原则上不超过其净资产的50%（合并会计报表口径）；

（六）最近3个会计年度连续盈利；

（七）申请前1年年末资产余额达到1000亿元人民币以上；

（八）具备与境外经营环境相适应的专业人才队伍；

（九）银保监会规章规定的其他审慎性条件。

本办法所称境外机构是指中资商业银行境外一级分行、全资附属或控股金融机构、代表机构，以及境外一级分行、全资子公司跨国（境）设立的机构。

第三十六条 国有商业银行、邮政储蓄银行、股份制商业银行申请投资设立、参股、收购境外机构由银保监会受理、审查并决定。银保监会自受理之日起6个月内作出批准或不批准的书面决定。

城市商业银行申请投资设立、参股、收购境外机构由申请人所在地省级派出机构受理、审查并决定。所在地省级派出机构自受理之日起6个月内作出批准或不批准的书面决定。

第三章 机构变更

第一节 法人机构变更

第三十七条 法人机构变更包括：变更名称，变更股权，变更注册资本，修改章程，变更住所，变更组织形式，存续分立、新设分立、吸收合并、新设合并等。

第三十八条 国有商业银行、邮政储蓄银行、股份制商业银行法人机构变更名称由银保监会受理、审查并决定；城市商业银行法人机构变更名称由所在地省级派出机构受理、审查并决定。

第三十九条 中资商业银行股权变更，其股东资格条件同第九至十三条规定的新设中资商业银行法人机构的发起人入股条件。

国有商业银行、邮政储蓄银行、股份制商业银行变更持有资本总额或股份总额 5% 以上股东的变更申请、境外金融机构投资入股申请由银保监会受理、审查并决定。

城市商业银行变更持有资本总额或股份总额 5% 以上股东的变更申请、境外金融机构投资入股申请由所在地省级派出机构受理、审查并决定。

国有商业银行、邮政储蓄银行、股份制商业银行变更持有资本总额或股份总额 1% 以上、5% 以下的股东，应当在股权转让后 10 日内向银保监会报告。

城市商业银行变更持有资本总额或股份总额 1% 以上、5% 以下的股东，应当在股权转让后 10 日内向所在地省级派出机构报告。

投资人入股中资商业银行，应当按照银保监会有关规定，完整、真实地披露其关联关系。

第四十条 中资商业银行变更注册资本，其股东资格应当符合本办法第九条至第十三条规定的条件。国有商业银行、邮政储蓄银行、股份制商业银行变更注册资本，由银保监会受理、审查并决定；城市商业银行变更注册资本，由所在地省级派出机构受理、审查并决定。

中资商业银行通过配股或募集新股份方式变更注册资本的，在变更注册资本前，还应当经过配股或募集新股份方案审批。方案审批的受理、审查和决定程序同前款规定。

第四十一条 中资商业银行公开募集股份和上市交易股份的，应当符合国务院及中国证监会有关的规定条件。向中国证监会申请之前，应当向银保监会申请并获得批准。

国有商业银行、邮政储蓄银行、股份制商业银行公开募集股份和上市交易股份的，由银保监会受理、审查并决定；城市商业银行发行股份和上市，由所在地省级派出机构受理、审查并决定。

第四十二条 国有商业银行、邮政储蓄银行、股份制商业银行修改章程，由银保监会受理、审查并决定；城市商业银行修改章程，由所在地省级派出机构受理、审查并决定。

中资商业银行变更名称、住所、股权、注册资本或业务范围的，应当在决定机关作出批准决定 6 个月内修改章程相应条款并报告决定机关。

第四十三条 中资商业银行变更住所，应当有与业务发展相符合的营业场所、安全防范措施和其他设施。

国有商业银行、邮政储蓄银行、股份制商业银行变更住所，由银保监会受理、审查并决定；城市商业银行变更住所，由所在地省级派出机构受理、审查并决定。

第四十四条 中资商业银行因行政区划调整等原因导致的行政区划、街道、门牌号等发生变化而实际位置未变化的，不需进行变更住所的申请，但应当于变更后 15 日内报告为其颁发金融许可证的银行业监督管理机构，并重新换领金融许可证。

中资商业银行因房屋维修、增扩建等原因临时变更住所 6 个月以内的，不需进行变更住所申请，但应当在原住所、临时住所公告，并提前 10 日向为其颁发金融许可证的银行业监督管理机构报告。临时住所应当符合公安、消防部门的相关要求。中资商业银行回迁原住所，应当提前 10 日将公安部门对回迁住所出具的安全合格证明及有关消防证明文件等材料抄报为其颁发金融许可证的银行业监督管理机构，并予以公告。

第四十五条 中资商业银行变更组织形式，应当符合《中华人民共和国公司法》、《中华人民共和国商业银行法》以及其他法律、行政法规和规章的规定。

国有商业银行、邮政储蓄银行、股份制商业银行变更组织形式，由银保监会受理、审查并决定；城市商业银行变更组织形式，由所在地省级派出机构受理并初步审查，银保监会审查并决定。

第四十六条 中资商业银行分立，应当符合《中华人民共和国公司法》《中华人民共和国商业银行法》以及其他法律、行政法规和规章的规定。

国有商业银行、邮政储蓄银行、股份制商业银行分立，由银保监会受理、审查并决定；城市商业银行分立由所在地省级派出机构受理并初步审查，银保监会审查并决定。

存续分立的，在分立公告期限届满后，存续方应当按照变更事项的条件和程序通过行政许可；新设方应当按照法人机构开业的条件和程序通过行政许可。

新设分立的，在分立公告期限届满后，新设方应当按照法人机构开业的条件和程序通过行政许可；原法人机构应当按照法人机构解散的条件和程序通过行政许可。

第四十七条 中资商业银行合并，应当符合《中华人民共和国公司法》、《中华人民共和国商业银行法》以及其他法律、法规和规章的规定。

合并一方为国有商业银行、邮政储蓄银行、股份制商业银行的，由银保监会受理、审查并决定；其他合并由所在地省级派出机构受理并初步审查，银保监会审查并决定。

吸收合并的，在合并公告期限届满后，吸收合并方应当按照变更事项的条件和程序通过行政许可；被吸收合并方应当按照法人机构终止的条件和程序通过行政许可。被吸收合并方改建为分支机构的，应当按照分支机构开业的条件和程序通过行政许可。

新设合并的，在合并公告期限届满后，新设方应当按照法人机构开业的条件和程序通过行政许可；原法人机构应当按照法人机构解散的条件和程序通过行政许可。

第四十八条 本节变更事项，决定机关自受理之日起3个月内作出批准或不批准的书面决定。

第二节 境内分支机构变更

第四十九条 中资商业银行境内分支机构变更包括变更名称、机构升格等。

第五十条 省级派出机构所在城市的中资商业银行分支机构变更名称由省级派出机构受理、审查并决定；地市级派出机构所在地中资商业银行分支机构变更名称由地市级派出机构受理、审查并决定。

第五十一条 中资商业银行支行升格为分行或者二级分行升格为一级分行，应当符合以下条件：

（一）总行内部控制和风险管理健全有效；

（二）总行拨付营运资金到位；

（三）拟升格支行内部控制健全有效，最近2年无严重违法违规行为和因内部管理问题导致的重大案件；

（四）拟升格支行有符合任职资格条件的高级管理人员和熟悉银行业务的合格从业人员；

（五）拟升格支行连续2年盈利；

（六）有与业务发展相适应的组织机构和规章制度；

（七）有与业务经营相适应的营业场所、安全防范措施和其他设施；

（八）有与业务经营相适应的信息科技部门，具有必要、安全且合规的信息科技系统，具备保障本级信息科技系统有效安全运行的技术与措施；

（九）银保监会规章规定的其他审慎性条件。

国有商业银行、邮政储蓄银行、股份制商业银行分支机构升格为一级分行的，由其总行向升格后机构所在地省级派出机构提出申请，省级派出机构受理并初步审查，银保监会审查并决定。

国有商业银行、邮政储蓄银行、股份制商业银行分支机构升格为二级分行，城市商业银行分支机构升格为分行的，由其总行或一级分行向升格后机构所在地省级派出机构提出申请，省级派出机构受理、审查并决定。

第五十二条 支行以下机构升格为支行的，应当符合以下条件：

（一）拟升格机构经营情况良好；

（二）拟升格机构内部控制健全有效，最近2年无严重违法违规行为和因内部管理问题导致的重大案件；

（三）拟升格机构有符合任职资格条件的高级管理人员和熟悉银行业务的合格从业人员；

（四）拟升格机构有与业务经营相适应的营业场所、安全防范措施和其他设施；

（五）银保监会规章规定的其他审慎性条件。

中资商业银行支行以下机构升格为支行的申请人应当是商业银行分行或总行。省级派出机构所在城市支行以下机构升格为支行的申请，由省级派出机构受理、审查并决定；地市级派出机构所在地支行以下机构升格为支行的申请，由地市级派出机构受理、审查并决定。

第五十三条 本节变更事项，决定机关自受理之日起3个月内作出批准或不批准的书面决定。

第三节 境外机构变更

第五十四条 中资商业银行境外机构升

格、变更营运资金或注册资本、变更名称、重大投资事项、变更股权、分立、合并以及银保监会规定的其他事项，须经银行业监督管理机构许可。

前款所称重大投资事项，指中资商业银行境外机构拟从事的投资额为1亿元人民币以上或者投资额占其注册资本或营运资金5%以上的股权投资事项。

第五十五条 国有商业银行、邮政储蓄银行、股份制商业银行境外机构变更事项应当向银保监会申请，由银保监会受理、审查并决定。银保监会自受理之日起3个月内作出批准或不批准的书面决定。

城市商业银行境外机构变更事项应当由城市商业银行总行向总行所在地省级派出机构申请，由省级派出机构受理、审查并决定。省级派出机构自受理之日起3个月内作出批准或不批准的书面决定。

第四章　机构终止

第一节　法人机构终止

第五十六条 中资商业银行有下列情形之一的，应当申请解散：

（一）章程规定的营业期限届满或者出现章程规定的其他应当解散的情形；

（二）股东大会决议解散；

（三）因分立、合并需要解散。

第五十七条 国有商业银行、邮政储蓄银行、股份制商业银行解散由银保监会受理、审查并决定。银保监会自受理之日起3个月内作出批准或不批准的书面决定。

城市商业银行解散由所在地省级派出机构受理并初步审查，银保监会审查并决定。银保监会自受理之日起3个月内作出批准或不批准的书面决定。

第五十八条 中资商业银行因分立、合并出现解散情形的，与分立、合并一并进行审批。

第五十九条 中资商业银行法人机构有下列情形之一的，在向法院申请破产前，应当向银保监会申请并获得批准：

（一）不能支付到期债务，自愿或应其债权人要求申请破产；

（二）因解散而清算，清算组发现该机构财产不足以清偿债务，应当申请破产。

申请国有商业银行、邮政储蓄银行、股份制商业银行破产的，由银保监会受理、审查并决定。银保监会自受理之日起3个月内作出批准或不批准的书面决定。

申请城市商业银行破产的，由所在地省级派出机构受理并初步审查，银保监会审查并决定。银保监会自受理之日起3个月内作出批准或不批准的书面决定。

第二节　分支机构终止

第六十条 中资商业银行境内外分支机构终止营业的（被依法撤销除外），应当提出终止营业申请。

第六十一条 中资商业银行境内一级分行终止营业申请由银保监会受理、审查并决定，银保监会自受理之日起3个月内作出批准或不批准的书面决定。二级分行终止营业申请由所在地省级派出机构受理、审查并决定。所在地省级派出机构自受理之日起3个月内作出批准或不批准的书面决定。

中资商业银行境内支行及以下分支机构的终止营业申请，由所在地地市级派出机构或所在城市省级派出机构受理、审查并决定，自受理之日起3个月内作出批准或不批准的书面决定。

国有商业银行、邮政储蓄银行、股份制商业银行境外机构的终止营业申请，由银保监会受理、审查并决定。银保监会自受理之日起3个月内作出批准或不批准的书面决定。

城市商业银行境外机构的终止营业申请，由城市商业银行总行所在地省级派出机构受理、审查并决定。省级派出机构自受理之日起3个月内作出批准或不批准的书面决定。

第五章　调整业务范围和增加业务品种

第一节　开办外汇业务和增加外汇业务品种

第六十二条 中资商业银行申请开办除结汇、售汇以外的外汇业务或增加外汇业务品种，应当符合以下条件：

（一）主要审慎监管指标符合监管要求；

（二）依法合规经营，内控制度健全有效，经营状况良好；

（三）有与申报外汇业务相应的外汇营运资金和合格的外汇业务从业人员；

（四）有符合开展外汇业务要求的营业场

所和相关设施；

（五）银保监会规章规定的其他审慎性条件。

第六十三条 国有商业银行、邮政储蓄银行、股份制商业银行申请开办结汇、售汇以外的外汇业务或增加外汇业务品种，由银保监会受理、审查并决定。银保监会自受理之日起3个月内作出批准或不批准的书面决定。

城市商业银行申请开办外汇业务或增加外汇业务品种，由机构所在地地市级派出机构或所在城市省级派出机构受理，省级派出机构审查并决定。省级派出机构自受理之日起3个月内作出批准或不批准的书面决定。

第二节 募集发行债务、资本补充工具

第六十四条 中资商业银行募集次级定期债务、发行次级债券、混合资本债、金融债及依法须经银保监会许可的其他债务、资本补充工具，应当符合以下条件：

（一）具有良好的公司治理结构；

（二）主要审慎监管指标符合监管要求；

（三）贷款风险分类结果真实准确；

（四）拨备覆盖率达标，贷款损失准备计提充足；

（五）银保监会规章规定的其他审慎性条件。

第六十五条 国有商业银行、邮政储蓄银行、股份制商业银行申请资本工具（含全球系统重要性银行总损失吸收能力非资本债务工具）计划发行额度，由银保监会受理、审查并决定。银保监会自受理之日起3个月内作出批准或不批准的书面决定。

城市商业银行申请资本工具计划发行额度，由所在地省级派出机构受理、审查并决定。所在地省级派出机构自受理之日起3个月内作出批准或不批准的书面决定。

商业银行可在批准额度内，自主决定具体工具品种、发行时间、批次和规模，并于批准后的24个月内完成发行；如在24个月内再次提交额度申请，则原有剩余额度失效，以最新批准额度为准。

国有商业银行、邮政储蓄银行、股份制商业银行应在资本工具募集发行结束后10日内向银保监会报告。城市商业银行应在资本工具募集发行结束后10日内向所在地省级派出机构报告。银保监会及省级派出机构有权对已发行的资本工具是否达到合格资本标准进行认定。

国有商业银行、邮政储蓄银行、股份制商业银行应在非资本类债券募集发行结束后10日内向银保监会报告。城市商业银行应在非资本类债券募集发行结束后10日内向所在地省级派出机构报告。

第三节 开办衍生产品交易业务

第六十六条 中资商业银行开办衍生产品交易业务的资格分为以下两类：

（一）基础类资格：只能从事套期保值类衍生产品交易；

（二）普通类资格：除基础类资格可以从事的衍生产品交易之外，还可以从事非套期保值类衍生产品交易。

第六十七条 中资商业银行申请开办基础类衍生产品交易业务，应当符合以下条件：

（一）具有健全的衍生产品交易风险管理制度和内部控制制度；

（二）具有接受相关衍生产品交易技能专门培训半年以上、从事衍生产品或相关交易2年以上的交易人员至少2名，相关风险管理人员至少1名，风险模型研究人员或风险分析人员至少1名，熟悉套期会计操作程序和制度规范的人员至少1名，以上人员均需专岗专人，相互不得兼任，且无不良记录；

（三）有适当的交易场所和设备；

（四）具有处理法律事务和负责内控合规检查的专业部门及相关专业人员；

（五）主要审慎监管指标符合监管要求；

（六）银保监会规章规定的其他审慎性条件。

第六十八条 中资商业银行申请开办普通类衍生产品交易业务，除符合本办法第六十七条规定的条件外，还应当符合以下条件：

（一）完善的衍生产品交易前、中、后台自动联接的业务处理系统和实时风险管理系统；

（二）衍生产品交易业务主管人员应当具备5年以上直接参与衍生产品交易活动或风险管理的资历，且无不良记录；

（三）严格的业务分离制度，确保套期保值类业务与非套期保值类业务的市场信息、风险管理、损益核算有效隔离；

（四）完善的市场风险、操作风险、信用

风险等风险管理框架；

（五）银保监会规章规定的其他审慎性条件。

第六十九条 国有商业银行、邮政储蓄银行、股份制商业银行申请开办衍生产品交易业务，由银保监会受理、审查并决定。银保监会自受理之日起 3 个月内作出批准或不批准的书面决定。

城市商业银行申请开办衍生产品交易业务，由所在地省级派出机构受理、审查并决定。所在地省级派出机构自受理之日起 3 个月内作出批准或不批准的书面决定。

第四节 开办信用卡业务

第七十条 中资商业银行申请开办信用卡业务分为申请发卡业务和申请收单业务。申请人应当符合下列条件：

（一）公司治理良好，主要审慎监管指标符合监管要求，具备与业务发展相适应的组织机构和规章制度，内部控制、风险管理和问责机制健全有效；

（二）信誉良好，具有完善、有效的内控机制和案件防控体系，最近 3 年无严重违法违规行为和因内部管理问题导致的重大案件；

（三）具备符合任职资格条件的董事、高级管理人员和熟悉银行业务的合格从业人员。高级管理人员中具有信用卡业务专业知识和管理经验的人员至少 1 人，具备开展信用卡业务必须的技术人员和管理人员，并全面实施分级授权管理；

（四）具备与业务经营相适应的营业场所、相关设施和必备的信息技术资源；

（五）已在境内建立符合法律法规和业务管理要求的业务系统，具有保障相关业务系统信息安全和运行质量的技术能力；

（六）开办外币信用卡业务的，应当具有经国务院外汇管理部门批准的结汇、售汇业务资格；

（七）银保监会规章规定的其他审慎性条件。

第七十一条 中资商业银行申请开办信用卡发卡业务除应当具备本办法第七十条规定的条件外，还应当符合下列条件：

（一）具备办理零售业务的良好基础，最近 3 年个人存贷款业务规模和业务结构稳定，个人存贷款业务客户规模和客户结构良好，银行卡业务运行情况良好，身份证件验证系统和征信系统的连接和使用情况良好；

（二）具备办理信用卡业务的专业系统，在境内建有发卡业务主机、信用卡业务申请管理系统、信用评估管理系统、信用卡账户管理系统、信用卡交易授权系统、信用卡交易监测和伪冒交易预警系统、信用卡客户服务中心系统、催收业务管理系统等专业化运营基础设施，相关设施通过了必要的安全监测和业务测试，能够保障客户资料和业务数据的完整性和安全性；

（三）符合中资商业银行业务经营总体战略和发展规划，有利于提高总体业务竞争能力，能够根据业务发展实际情况持续开展业务成本计量、业务规模监测和基本盈亏平衡测算等工作。

第七十二条 中资商业银行申请开办信用卡收单业务除应当具备本办法第七十条规定的条件外，还应当符合下列条件：

（一）具备开办收单业务的良好业务基础，最近 3 年企业贷款业务规模和业务结构稳定，企业贷款业务客户规模和客户结构较为稳定，身份证件验证系统和征信系统连接和使用情况良好；

（二）具备办理收单业务的专业系统支持，在境内建有收单业务主机、特约商户申请管理系统、账户管理系统、收单交易监测和伪冒交易预警系统、交易授权系统等专业化运营基础设施，相关设施通过了必要的安全检测和业务测试，能够保障客户资料和业务数据的完整性和安全性；

（三）符合中资商业银行业务经营总体战略和发展规划，有利于提高业务竞争能力，能够根据业务发展实际情况持续开展业务成本计量、业务规模监测和基本盈亏平衡测算等工作。

第七十三条 国有商业银行、邮政储蓄银行、股份制商业银行申请开办信用卡业务，由银保监会受理、审查并决定。银保监会自受理之日起 3 个月内作出批准或不批准的书面决定。

城市商业银行申请开办信用卡业务，由所在地省级派出机构受理、审查并决定。所在地省级派出机构自受理之日起 3 个月内作出批准或不批准的书面决定。

第五节 开办离岸银行业务

第七十四条 中资商业银行申请开办离岸银行业务或增加业务品种,应当符合以下条件:

(一)主要审慎监管指标符合监管要求;

(二)风险管理和内控制度健全有效;

(三)达到规定的外汇资产规模,且外汇业务经营业绩良好;

(四)外汇从业人员符合开展离岸银行业务要求,且在以往经营活动中无不良记录,其中主管人员应当从事外汇业务5年以上,其他从业人员中至少50%应当从事外汇业务3年以上;

(五)有符合离岸银行业务开展要求的场所和设施;

(六)最近3年无严重违法违规行为和因内部管理问题导致的重大案件;

(七)银保监会规章规定的其他审慎性条件。

第七十五条 国有商业银行、邮政储蓄银行、股份制商业银行申请开办离岸银行业务或增加业务品种,由银保监会受理、审查并决定。银保监会自受理之日起3个月内作出批准或不批准的书面决定。

城市商业银行申请开办离岸银行业务或增加业务品种,由所在地省级派出机构受理、审查并决定。所在地省级派出机构自受理之日起3个月内作出批准或不批准的书面决定。

第六节 申请开办其他业务

第七十六条 国有商业银行、邮政储蓄银行、股份制商业银行申请开办现行法规明确规定的其他业务和品种的,由银保监会受理、审查并决定。银保监会自受理之日起3个月内作出批准或不批准的书面决定。

城市商业银行申请开办现行法规明确规定的其他业务和品种的,由机构所在地地市级派出机构或所在城市省级派出机构受理,省级派出机构审查并决定。省级派出机构自受理之日起3个月内作出批准或不批准的书面决定。

第七十七条 中资商业银行申请开办现行法规未明确规定的业务和品种的,应当符合以下条件:

(一)公司治理良好,具备与业务发展相适应的组织机构和规章制度,内部制度、风险管理和问责机制健全有效;

(二)与现行法律法规不相冲突;

(三)主要审慎监管指标符合监管要求;

(四)符合本行战略发展定位与方向;

(五)经董事会同意并出具书面意见;

(六)具备开展业务必需的技术人员和管理人员,并全面实施分级授权管理;

(七)具备与业务经营相适应的营业场所和相关设施;

(八)具有开展该项业务的必要、安全且合规的信息科技系统,具备保障信息科技系统有效安全运行的技术与措施;

(九)最近3年无严重违法违规行为和因内部管理问题导致的重大案件;

(十)银保监会规章规定的其他审慎性条件。

国有商业银行、邮政储蓄银行、股份制商业银行申请开办本条所述业务和品种的,由银保监会受理、审查并决定。银保监会自受理之日起3个月内作出批准或不批准的书面决定。

城市商业银行申请开办本条所述业务和品种的,由机构所在地省级派出机构受理、审查并决定。省级派出机构自受理之日起3个月内作出批准或不批准的书面决定。

第六章 董事和高级管理人员任职资格许可

第一节 任职资格条件

第七十八条 中资商业银行董事长、副事长、独立董事、其他董事会成员以及董事会秘书,须经任职资格许可。

中资商业银行行长、副行长、行长助理、风险总监、合规总监、总审计师、总会计师、首席信息官以及同职级高级管理人员,分行行长、副行长、行长助理,分行级专营机构总经理、副总经理、总经理助理等高级管理人员,须经任职资格许可。

中资商业银行从境内聘请的中资商业银行境外机构董事长、副董事长、行长(总经理)、副行长(副总经理)、首席代表,须经任职资格许可。

其他虽未担任上述职务,但实际履行本条前三款所列董事和高级管理人员职责的人员,总行及分支机构管理层中对该机构经营管理、风险控制有决策权或重要影响力的人员,须经任职资格许可。

中资商业银行内审部门、财务部门负责人，支行行长、专营机构分支机构负责人等其他管理人员应符合相关拟任人任职资格条件。

持牌营业部总经理（负责人）的任职资格条件和程序按照同级机构负责人相关条件和程序执行。

第七十九条 申请中资商业银行董事和高级管理人员任职资格，拟任人应当符合以下基本条件：

（一）具有完全民事行为能力；

（二）具有良好的守法合规记录；

（三）具有良好的品行、声誉；

（四）具有担任拟任职务所需的相关知识、经验及能力；

（五）具有良好的经济、金融从业记录；

（六）个人及家庭财务稳健；

（七）具有担任拟任职务所需的独立性；

（八）履行对金融机构的忠实与勤勉义务。

第八十条 拟任人有下列情形之一的，视为不符合本办法第七十九条第（二）项、第（三）项、第（五）项规定的条件，不得担任中资商业银行董事和高级管理人员：

（一）有故意或重大过失犯罪记录的；

（二）有违反社会公德的不良行为，造成恶劣影响的；

（三）对曾任职机构违法违规经营活动或重大损失负有个人责任或直接领导责任，情节严重的；

（四）担任或曾任被接管、撤销、宣告破产或吊销营业执照的机构的董事或高级管理人员的，但能够证明本人对曾任职机构被接管、撤销、宣告破产或吊销营业执照不负有个人责任的除外；

（五）因违反职业道德、操守或者工作严重失职，造成重大损失或恶劣影响的；

（六）指使、参与所任职机构不配合依法监管或案件查处的；

（七）被取消终身的董事和高级管理人员任职资格，或受到监管机构或其他金融管理部门处罚累计达到2次以上的；

（八）不具备本办法规定的任职资格条件，采取不正当手段以获取任职资格核准的。

第八十一条 拟任人有下列情形之一的，视为不符合本办法第七十九条第（六）项、第（七）项规定的条件，不得担任中资商业银行董事和高级管理人员：

（一）截至申请任职资格时，本人或其配偶仍有数额较大的逾期债务未能偿还，包括但不限于在该金融机构的逾期贷款；

（二）本人及其近亲属合并持有该金融机构5%以上股份，且从该金融机构获得的授信总额明显超过其持有的该金融机构股权净值；

（三）本人及其所控股的股东单位合并持有该金融机构5%以上股份，且从该金融机构获得的授信总额明显超过其持有的该金融机构股权净值；

（四）本人或其配偶在持有该金融机构5%以上股份的股东单位任职，且该股东单位从该金融机构获得的授信总额明显超过其持有的该金融机构股权净值，但能够证明授信与本人及其配偶没有关系的除外；

（五）存在其他所任职务与其在该金融机构拟任、现任职务有明显利益冲突，或明显分散其在该金融机构履职时间和精力的情形。

第八十二条 申请中资商业银行董事任职资格，拟任人除应当符合本办法第七十九条规定条件外，还应当具备以下条件：

（一）5年以上的法律、经济、金融、财务或其他有利于履行董事职责的工作经历；

（二）能够运用金融机构的财务报表和统计报表判断金融机构的经营管理和风险状况；

（三）了解拟任职机构的公司治理结构、公司章程和董事会职责。

申请中资商业银行独立董事任职资格，拟任人还应当是法律、经济、金融或财会方面的专家，并符合相关法规规定。

第八十三条 除不得存在第八十条、第八十一条所列情形外，中资商业银行拟任独立董事还不得存在下列情形：

（一）本人及其近亲属合并持有该金融机构1%以上股份或股权；

（二）本人或其近亲属在持有该金融机构1%以上股份或股权的股东单位任职；

（三）本人或其近亲属在该金融机构、该金融机构控股或者实际控制的机构任职；

（四）本人或其近亲属在不能按期偿还该金融机构贷款的机构任职；

（五）本人或其近亲属任职的机构与本人拟任职金融机构之间存在因法律、会计、审计、管理咨询、担保合作等方面的业务联系或债权债务等方面的利益关系，以致妨碍其履职独立性的情形；

（六）本人或其近亲属可能被拟任职金融机构大股东、高管层控制或施加重大影响，以致妨碍其履职独立性的其他情形。

第八十四条 申请中资商业银行董事长、副董事长和董事会秘书任职资格，拟任人除应当符合第七十九条、第八十二条规定条件外，还应当分别符合以下条件：

（一）拟任国有商业银行、邮政储蓄银行、股份制商业银行董事长、副董事长，应当具有本科以上学历，从事金融工作8年以上，或从事相关经济工作12年以上（其中从事金融工作5年以上）。拟任城市商业银行董事长、副董事长，应当具有本科以上学历，从事金融工作6年以上，或从事相关经济工作10年以上（其中从事金融工作3年以上）；

（二）拟任国有商业银行、邮政储蓄银行、股份制商业银行董事会秘书的，应当具备本科以上学历，从事金融工作6年以上，或从事相关经济工作10年以上（其中从事金融工作3年以上）。拟任城市商业银行董事会秘书的，应当具备本科以上学历，从事金融工作4年以上，或从事相关经济工作8年以上（其中从事金融工作2年以上）；

（三）拟任中资商业银行境外机构董事长、副董事长，应当具备本科以上学历，从事金融工作6年以上，或从事相关经济工作10年以上（其中从事金融工作3年以上），且能较熟练地运用1门与所任职务相适应的外语。

第八十五条 申请中资商业银行各类高级管理人员任职资格，拟任人应当了解拟任职务的职责，熟悉拟任职机构的管理框架、盈利模式，熟知拟任职机构的内控制度，具备与拟任职务相适应的风险管理能力。

第八十六条 申请中资商业银行法人机构高级管理人员任职资格，拟任人除应当符合第七十九条、第八十五条规定的条件外，还应当符合以下条件：

（一）拟任国有商业银行、邮政储蓄银行、股份制商业银行行长、副行长的，应当具备本科以上学历，从事金融工作8年以上，或从事相关经济工作12年以上（其中从事金融工作4年以上）；

（二）拟任城市商业银行行长、副行长的，应当具备本科以上学历，从事金融工作6年以上，或从事相关经济工作10年以上（其中从事金融工作3年以上）；

（三）拟任国有商业银行、邮政储蓄银行、股份制商业银行行长助理（总经理助理）的，应当具备本科以上学历，从事金融工作6年以上，或从事相关经济工作10年以上（其中从事金融工作3年以上）；拟任城市商业银行行长助理的，应当具备本科以上学历，从事金融工作4年以上，或从事相关经济工作8年以上（其中从事金融工作2年以上）；

（四）拟任中资商业银行境外机构行长（总经理）、副行长（副总经理）、代表处首席代表的，应当具备本科以上学历，从事金融工作6年以上，或从事相关经济工作10年以上（其中从事金融工作3年以上），且能较熟练地运用1门与所任职务相适应的外语；

（五）拟任风险总监的，应当具备本科以上学历，并从事信贷或风险管理相关工作6年以上；

（六）拟任合规总监的，应当具备本科以上学历，并从事相关经济工作6年以上（其中从事金融工作2年以上）；

（七）拟任总审计师或内审部门负责人的，应当具备本科以上学历，取得国家或国际认可的审计专业技术高级职称（或通过国家或国际认可的会计、审计专业技术资格考试），并从事财务、会计或审计工作6年以上（其中从事金融工作2年以上）。其中，拟任内审部门负责人没有取得国家或国际认可的审计专业技术高级职称（或通过国家或国际认可的会计、审计专业技术资格考试）的，应当从事财务、会计或审计工作7年以上（其中从事金融工作5年以上）；

（八）拟任总会计师或财务部门负责人的，应当具备本科以上学历，取得国家或国际认可的会计专业技术高级职称（或通过国家或国际认可的会计专业技术资格考试），并从事财务、会计或审计工作6年以上（其中从事金融工作2年以上）。其中，拟任财务部门负责人没有取得国家或国际认可的会计专业技术高级职称（或通过国家或国际认可的会计专业技术资格考试）的，应当从事财务、会计或审计工作7年以上（其中从事金融工作5年以上）；

（九）拟任首席信息官的，应当具备本科以上学历，并从事信息科技工作6年以上（其中任信息科技高级管理职务4年以上并从事金融工作2年以上）。

实际履行前述高级管理职务的人员，应当分别符合相应条件。

第八十七条 申请中资商业银行分支机构高级管理人员任职资格，拟任人除应当符合第七十九条、第八十五条规定的条件外，还应当符合以下条件：

（一）拟任国有商业银行、邮政储蓄银行一级分行（直属分行）行长、副行长、行长助理，分行级专营机构总经理、副总经理、总经理助理的，应当具备本科以上学历，从事金融工作6年以上或从事经济工作10年以上（其中从事金融工作3年以上）；

（二）拟任国有商业银行、邮政储蓄银行二级分行行长、副行长、行长助理的，应当具备大专以上学历，从事金融工作5年以上或从事经济工作9年以上（其中从事金融工作2年以上）；

（三）拟任股份制商业银行分行（异地直属支行）行长、副行长、行长助理，分行级专营机构总经理、副总经理、总经理助理的，应当具备本科以上学历，从事金融工作5年以上或从事经济工作9年以上（其中从事金融工作2年以上）；

（四）拟任城市商业银行分行行长、副行长、行长助理，分行级专营机构总经理、副总经理、总经理助理的，应当具备本科以上学历，从事金融工作4年以上或从事经济工作8年以上（其中从事金融工作2年以上）；

（五）拟任中资商业银行支行行长或专营机构分支机构负责人的，应当具备大专以上学历，从事金融工作4年以上或从事经济工作8年以上（其中从事金融工作2年以上）。

第八十八条 拟任人未达到上述学历要求，但取得国家教育行政主管部门认可院校授予的学士以上学位的，视同达到相应学历要求。

第八十九条 拟任人未达到上述学历要求，但取得注册会计师、注册审计师或与拟任职务相关的高级专业技术职务资格的，视同达到相应学历要求，其任职条件中金融工作年限要求应当增加4年。

第二节 任职资格许可程序

第九十条 国有商业银行、邮政储蓄银行、股份制商业银行法人机构董事和高级管理人员的任职资格申请，由法人机构向银保监会提交，由银保监会受理、审查并决定。银保监会自受理之日起30日内作出核准或不予核准的书面决定。

第九十一条 国有商业银行、邮政储蓄银行、股份制商业银行一级分行（直属分行）、分行级专营机构高级管理人员的任职资格申请，由拟任人的上级任免机构向拟任职机构所在地省级派出机构提交，由省级派出机构受理、审查并决定。省级派出机构自受理之日起30日内作出核准或不予核准的书面决定。

第九十二条 国有商业银行、邮政储蓄银行、股份制商业银行二级分行高级管理人员的任职资格申请，由拟任人的上级任免机构向拟任职机构所在地地市级派出机构提交，由地市级派出机构受理、审查并决定。地市级派出机构自受理之日起30日内作出核准或不予核准的书面决定。

本条第一款拟任职机构所在地未设地市级派出机构的，由拟任人的上级任免机构向拟任职机构所在地省级派出机构提交任职资格申请。由省级派出机构受理、审查并决定。

第九十三条 城市商业银行法人机构、分行、分行级专营机构董事和高级管理人员任职资格申请，由法人机构向拟任职机构所在地地市级派出机构或所在城市省级派出机构提交，由其受理并初步审查，省级派出机构审查并决定。省级派出机构自受理之日起30日内作出核准或不予核准的书面决定。

第九十四条 国有商业银行、邮政储蓄银行、股份制商业银行内审部门、财务部门负责人应在任职后5日内向银保监会报告。城市商业银行内审部门、财务部门负责人应在任职后5日内向任职机构所在地地市级派出机构或所在城市省级派出机构报告。

中资商业银行支行行长、专营机构分支机构负责人等其他管理人员应在任职后5日内向任职机构所在地地市级派出机构或所在城市省级派出机构报告。

任职人员不符合任职资格条件的，监管机构可以责令中资商业银行限期调整该任职人员。

第九十五条 国有商业银行、邮政储蓄银行、股份制商业银行从境内聘请的中资商业银行境外机构董事长、副董事长、行长（总经理）、副行长（副总经理）的任职资格申请，由法人机构向银保监会提交，银保监会受理、审查并决定。银保监会自受理之日起30日内作出核准或不予核准的书面决定。

城市商业银行从境内聘请的中资商业银行境外机构董事长、副董事长、行长（总经理）、副行长（副总经理）的任职资格申请，由法人机构向其所在地省级派出机构提交，省级派出机构受理、审查并决定。所在地省级派出机构自受理之日起30日内作出核准或不予核准的书面决定。

第九十六条 拟任人曾任金融机构董事长或高级管理人员的，申请人在提交任职资格申请材料时，还应当提交该拟任人履职情况的审计报告。

第九十七条 具有高管任职资格且未连续中断任职1年以上的拟任人在同质同类银行间平级调动职务（平级兼任）或改任（兼任）较低职务的，不需重新申请核准任职资格。拟任人应当在任职后5日内向银保监会或任职机构所在地银保监会派出机构备案。

第九十八条 中资商业银行董事长、行长、分行行长、分行级专营机构总经理，中资商业银行从境内聘请的中资商业银行境外机构董事长、行长（总经理）、代表处首席代表的任职资格未获核准前，中资商业银行应当指定符合相应任职资格条件的人员代为履职，并自指定之日起3日内向负责任职资格审核的机关报告。代为履职的人员不符合任职资格条件的，监管机构可以责令中资商业银行限期调整代为履职的人员。

代为履职的时间不得超过6个月。中资商业银行应当在6个月内选聘具有任职资格的人员正式任职。

第七章 附 则

第九十九条 机构变更许可事项，中资商业银行应当自作出行政许可决定之日起6个月内完成变更并向决定机关和当地银保监会派出机构报告。董事和高级管理人员任职资格许可事项，拟任人应当自作出行政许可决定之日起3个月内到任并向决定机关和当地银保监会派出机构报告。

未在前款规定期限内完成变更或到任的，行政许可决定文件失效，由决定机关办理行政许可注销手续。

第一百条 中资商业银行机构设立、变更和终止事项，涉及工商、税务登记变更等法定程序的，应当在完成相关变更手续后1个月内向银保监会或其派出机构报告。

第一百零一条 政策性银行的机构许可、董事和高级管理人员任职资格许可的条件和程序，参照本办法国有商业银行有关规定执行。

第一百零二条 中资商业银行从境外聘请的中资商业银行境外机构董事长、副董事长及其他高级管理人员不纳入本办法管理，中资商业银行依照属地监管国家（地区）有关法律法规做好相关工作，人员任职后应当在5日内向银保监会报告。

第一百零三条 本办法所称一级分行是指在商业银行法人机构的直接授权下开展工作，在机构管理、业务管理、人员管理等日常经营管理中直接或主要接受法人机构指导或管辖并对其负责的分行；二级分行是指不直接接受商业银行法人机构指导或授权开展工作，在机构管理、业务管理、人员管理等日常经营管理中直接或主要接受上级分行的指导或管辖并对其负责的分行。

第一百零四条 中资商业银行发起人和股东除应符合本办法对于投资入股的相关规定外，还应符合银保监会关于持股比例的规定。境内外银行投资入股中资商业银行的持股比例不受限制。

第一百零五条 本办法中的"日"均为工作日，本办法中"以上"均含本数或本级。

第一百零六条 本办法由银保监会负责解释。

第一百零七条 本办法自公布之日起施行。

商业银行信息披露特别规定

(2022年1月5日中国证券监督管理委员会
〔2022〕12号公布　自公布之日起施行)

第一条　为了规范公开发行证券并上市的商业银行（以下简称商业银行）的信息披露行为，保护投资者的合法权益，依据《中华人民共和国公司法》《中华人民共和国证券法》《中华人民共和国商业银行法》《上市公司信息披露管理办法》等法律、行政法规和部门规章，制定本规定。

第二条　商业银行除应遵循中国证券监督管理委员会有关定期报告和临时报告等信息披露的一般规定外，还应遵循本规定的要求。

第三条　商业银行应在定期报告中披露截至报告期末前三年的主要会计数据，包括资产总额及结构、负债总额及结构、股东权益、存款总额及结构、贷款总额及结构、资本净额及结构（包括核心一级资本、其他一级资本和二级资本）、加权风险资产净额、贷款损失准备。

第四条　商业银行应在定期报告中披露截至报告期末前三年合并财务报表口径的主要财务指标，包括营业收入、利润总额、归属于本行股东的净利润、归属于本行股东的扣除非经常性损益后的净利润、资本充足率、一级资本充足率、核心一级资本充足率、不良贷款率、存贷比、流动性比例、单一最大客户贷款比率、最大十家客户贷款比率、正常类贷款迁徙率、关注类贷款迁徙率、次级类贷款迁徙率、可疑类贷款迁徙率、拨备覆盖率、拨贷比、成本收入比。

第五条　商业银行应根据自身经营管理特点在定期报告中合理确定并披露分级管理情况及各层级分支机构数量和地区分布，包括名称、地址、职员数、资产规模等。

第六条　商业银行应在定期报告中披露报告期信贷资产质量情况，包括按五级分类中的正常类贷款、关注类贷款、次级类贷款、可疑类贷款和损失类贷款的数额和占比，以及与上年末相比的增减变动情况。还应披露报告期公司重组贷款、逾期贷款的期初、期末余额以及占比情况。商业银行应对上述增减变动情况进行分析。

第七条　商业银行应在定期报告中披露报告期内贷款损失准备的计提和核销情况，包括贷款损失准备的计提方法、贷款损失准备的期初余额、本期计提、本期转出、本期核销、期末余额、回收以前年度已核销贷款损失准备的数额。

第八条　商业银行应在定期报告中披露报告期应收利息的增减变动情况，包括期初余额、本期增加数额、本期收回数额和期末余额，应收利息坏账准备的提取情况，坏账核销程序与政策。商业银行应对应收利息和坏账准备的增减变动情况进行分析。

第九条　商业银行应在定期报告中披露报告期营业收入中贷款利息净收入、拆放同业利息收入、存放中央银行款项利息收入、存放同业利息收入、债券投资利息收入、手续费及佣金净收入及其他项目的数额、占比及同比变动情况并予以分析。

第十条　商业银行应在定期报告中披露贷款投放的前十个行业和主要地区分布情况、贷款担保方式分布情况、金额及占比，前十大贷款客户的贷款余额以及占贷款总额的比例。

第十一条　商业银行应在定期报告中披露截至报告期末抵债资产情况，包括抵债资产金额，计提减值准备情况等。

第十二条　商业银行应在定期报告中分类披露计息负债的平均余额和平均利率，生息资产的平均余额和平均利率。包括但不限于企业活期存款、企业定期存款、储蓄活期存款、储蓄定期存款的平均余额和利率以及合计数；企业贷款、零售贷款；一般性短期贷款利率、中长期贷款利率；存放中央银行款项、存放同业、债券投资的平均余额和平均利率；同业拆入、已发行债券平均成本。

第十三条 商业银行应在定期报告中披露持有的金融债券的类别和金额，面值最大的十只金融债券的面值、年利率及到期日，计提减值准备情况。

第十四条 商业银行应在定期报告中披露报告期理财业务、资产证券化、托管、信托、财富管理等业务的开展和损益情况，包括但不限于披露为开展该业务而设立的载体的性质、目的、融资方式以及是否将该载体纳入合并范围的判断原则，并区分是否纳入合并财务报表的合并范围和业务类型，披露所涉及业务的规模。对于未纳入合并范围的载体，还应披露在该载体中权益的最大损失敞口及其确定方法。

第十五条 商业银行应在定期报告中披露对财务状况和经营成果造成重大影响的表外项目余额，包括但不限于信贷承诺（不可撤消的贷款承诺、银行承兑汇票、开出保函、开出信用证）、租赁承诺、资本性支出承诺等项目的具体情况。

第十六条 商业银行应在定期报告中披露下列各类风险的计量方法，风险计量体系的重大变更，以及相应的资本要求变化：

（一）信用风险状况。商业银行应披露信用风险管理、信用风险暴露、逾期贷款总额、信用风险资产组合缓释后风险暴露余额、信贷资产质量和收益的情况，包括产生信用风险的业务活动、信用风险管理和控制政策、信用风险管理的组织结构和职责划分、资产风险分类的程序和方法、信用风险分布情况、信用风险集中程度、不良贷款分析、贷款重组、不良贷款的地区分 XXX 行业分布等情况。

（二）流动性风险状况。商业银行应披露能反映其流动性状况的有关指标，分析资产与负债在期限、结构上的匹配情况，分析影响流动性的因素，说明本行流动性管理策略。

（三）市场风险状况。商业银行应披露其市场风险状况的定量和定性信息，包括所承担市场风险的类别、总体市场风险水平及不同类别市场风险的风险头寸和风险水平；所承担各类市场风险的识别、计量和控制方法；有关市场风险的敏感性分析，包括利率、汇率、股票及其他价格变动对商业银行经济价值或财务状况和盈利能力的影响；市场风险管理的政策和程序；市场风险资本状况等。

（四）操作风险状况。商业银行应披露由于内部程序、人员、系统的不完善或失误，或外部事件造成损失的风险。

（五）其他风险状况。其他可能对本行造成严重不利影响的风险因素。

第十七条 商业银行董事会应向年度股东大会就关联交易管理制度的执行情况，关联交易控制委员会的运作情况，以及当年发生关联交易情况作出专项报告并披露。

第十八条 除日常经营范围的对外担保外，商业银行的对外担保事项，单笔担保金额超过经审计的上一年度合并财务报表中归属于上市公司股东的净资产金额百分之五或单笔担保金额超过二十亿元的，公司应及时公告。

第十九条 商业银行涉及的诉讼事项，单笔金额超过经审计的上一年度合并财务报表中归属于本行股东的净资产金额百分之一的，公司应及时公告。

第二十条 商业银行发生的股权投资、收购和出售资产等事项，单笔金额超过经审计的上一年度合并财务报表中归属于本行股东的净资产金额百分之五或单笔金额超过二十亿元的，公司应及时公告。

商业银行发生的资产和设备采购事项，单笔金额超过经审计的上一年度合并财务报表中归属于本行股东的净资产金额百分之一的，公司应及时公告。

第二十一条 商业银行发生重大突发事件（包括但不限于银行挤兑、重大诈骗、分支机构和个人的重大违规事件），涉及金额达到最近一期经审计的合并财务报表中归属于本行股东的净利润百分之一以上的，公司应按要求及时进行公告。

第二十二条 商业银行的关联交易包括与关联方之间发生的各类贷款、信贷承诺、证券回购、拆借、担保、债券投资等表内、外业务，资产转移和向商业银行提供服务等交易。

商业银行应在定期报告中披露与关联自然人发生关联交易的余额及其风险敞口。还应当及时披露与关联法人发生的交易金额占商业银行最近一期经审计净资产的百分之零点五以上的关联交易，应当及时披露。如果交易金额在三千万元以上且占最近一期经审计净资产百分之一以上的关联交易，除应当及时披露外，还应当提交董事会审议。如果交易金额占商业银行最近一期经审计净资产百分之五以上的关联交易，除应当及时披露外，还应当将该交易提交股东大会审议。商业银行的独立董事应当对关联交易的公允性以及内部审批程序履行情况发表书面意见。如商业银行根据相关规则，对日常发生的关联交易进行了合理预计，并履行了相应的董事会或股东大会审批和披露程序，则在预计范围内无需重复履行董事会和股东大会审批和披露程序。

第二十三条 商业银行的信用风险状况、流动性风险状况、市场风险状况、操作风险状况和其他风险状况发生变动，对公司的经营或盈利能力造成重大影响的，商业银行应及时进行公告。

第二十四条 商业银行应在定期报告中披露推出的创新业务品种情况。对银行有重大影响的业务创新，在得到有关部门批准之日起，应在两个工作日内按要求进行公告。

第二十五条 利率、汇率、税率发生变化以及新的政策、法规对商业银行经营业务和盈利能力构成重大影响的，商业银行应按要求及时公告政策、法规的变化对商业银行业务和盈利能力所造成的影响。

第二十六条 本规定要求披露的部分内容如与财务报表附注相同的，在不影响信息披露完整性和不妨碍阅读的情况下，公司可采取相互印证的方法对年度报告进行合理的技术处理，避免不必要的重复。

第二十七条 本规定所提及的监管指标和该等指标的计算口径，如中国银行业监督管理机构有相应规定规范的，按照中国银行业监督管理机构的标准执行。

第二十八条 商业银行信息披露违反本规定的，依照《中华人民共和国证券法》第一百九十七条、《上市公司信息披露管理办法》第五章的有关规定，依法追究法律责任。

第二十九条 本规定自公布之日起施行。2014年1月6日施行的《公开发行证券的公司信息披露编报规则第26号——商业银行信息披露特别规定》（证监会公告〔2014〕3号）同时废止。

商业银行股权托管办法

（2019年7月12日中国银行保险监督管理委员会令2019年第2号公布　自公布之日起施行）

第一章　总　则

第一条 为规范商业银行股权托管，加强股权管理，提高股权透明度，根据《中华人民共和国银行业监督管理法》《中华人民共和国商业银行法》，制定本办法。

第二条 中华人民共和国境内依法设立的商业银行进行股权托管，适用本办法。法律法规对商业银行股权托管另有规定的，从其规定。

第三条 本办法所称股权托管是指商业银行与托管机构签订服务协议，委托其管理商业银行股东名册，记载股权信息，以及代为处理相关股权管理事务。

第四条 股票在证券交易所或国务院批准的其他证券交易场所上市交易，或在全国中小企业股份转让系统挂牌的商业银行，按照法律、行政法规规定股权需集中存管到法定证券登记结算机构的，股权托管工作按照相应的规定进行；其他商业银行应选择符合本办法规定条件的托管机构托管其股权，银保监会另有规定的除外。

第五条 托管机构应当按照与商业银行签订的服务协议，为商业银行提供安全高效的股权托管服务，向银保监会及其派出机构报送商业银行股权信息。

第六条 银保监会及其派出机构依法对商业银行的股权托管活动进行监督管理。

第二章 商业银行股权的托管

第七条 商业银行应委托依法设立的证券登记结算机构、符合下列条件的区域性股权市场运营机构或其他股权托管机构管理其股权事务：

（一）在中国境内依法设立的企业法人，拥有不少于两年的登记托管业务经验（区域性股权市场运营机构除外）；

（二）具有提供股权托管服务所必须的场所和设施，具有便捷的服务网点或者符合安全要求的线上服务能力；

（三）具有熟悉商业银行股权管理法律法规以及相关监管规定的管理人员；

（四）具有健全的业务管理制度、风险防范措施和保密管理制度；

（五）具有完善的信息系统，能够保证股权信息在传输、处理、存储过程中的安全性，具有灾备能力；

（六）具备向银保监会及其派出机构报送信息和相关资料的条件与能力；

（七）能够妥善保管业务资料，原始凭证及有关文件和资料的保存期限不得少于二十年；

（八）与商业银行股权托管业务有关的业务规则、主要收费项目和收费标准公开、透明、公允；

（九）最近两年无严重违法违规行为或发生重大负面案件；

（十）银保监会认为应当具备的其他条件。

第八条 商业银行选择的股权托管机构应具备完善的信息系统，信息系统应符合以下要求：

（一）能够完整支持托管机构按照本办法规定提供各项股权托管服务，系统服务能力应能满足银行股权托管业务的实际需要；

（二）股权托管业务使用的服务器和存储设备应自主维护、管理；

（三）系统安全稳定运行，未出现重大故障且未发现重大安全隐患；

（四）业务连续性应能满足银行股权管理的连续性要求，具有能够全面接管业务并能独立运行的灾备系统；

（五）能够保留完整的系统操作记录和业务历史信息，并配合银保监会及其派出机构的检查；

（六）能够支持按照本办法的要求和银保监会制定的数据标准报送银行股权托管信息。

第九条 商业银行选择的托管机构应对处理商业银行股权事务过程中所获取的数据和资料予以保密。

第十条 商业银行应当与托管机构签订服务协议，明确双方的权利义务。服务协议应当至少包括以下内容：

（一）商业银行应向托管机构完整、及时、准确地提供股东名册、股东信息以及股权变动、质押、冻结等情况和相关资料；

（二）托管机构承诺勤勉尽责地管理股东名册，记载股权的变动、质押、冻结等状态，采取措施保障数据记载准确无误，并按照约定向商业银行及时反馈；

（三）托管机构承诺对在办理托管事务过程中所获取的商业银行股权信息予以保密，服务协议终止后仍履行保密义务；

（四）商业银行与托管机构应约定股权事务办理流程，明确双方职责；

（五）托管机构承诺按照监管要求向银保监会报送相关信息；

（六）商业银行股权变更按照规定需要经银保监会或其派出机构审批而未提供相应批准文件的，托管机构应拒绝办理业务，并及时向银保监会或其派出机构报告；

（七）有下列情形之一的，托管机构应向银保监会或其派出机构报告：

1. 托管机构发现商业银行股权活动违法违规的；

2. 托管机构发现商业银行股东不符合资质的；

3. 因商业银行原因造成托管机构无法履行托管职责的；

4. 银保监会要求报告的其他情况。

（八）如托管机构不符合本办法规定的相关要求，或因自身不当行为被银保监会或其派出机构责令更换或列入黑名单，商业银行解除服务协议的，相应的责任由托管机构承担。

商业银行在本办法发布前已与托管机构签订服务协议，且服务协议不符合本办法要求的，需与托管机构签订补充协议，并将上述要求体现于补充协议中。

第十一条　商业银行应当自与托管机构签订服务协议之日起五个工作日内向银保监会或其派出机构报告。报告材料应包括与托管机构签订的服务协议以及托管机构符合本办法第七条、第八条所规定资质条件的说明性文件等。

商业银行与托管机构重新签订、修改或者补充服务协议的，需重新向银保监会或其派出机构报告。

第十二条　商业银行应当在签订服务协议后，向托管机构及时提交股东名册及其他相关资料。商业银行选择的托管机构，应能够按照服务协议和本办法的要求办理商业银行股东名册的初始登记。

第十三条　商业银行选择的托管机构，应能在商业银行股权发生变更时，按照服务协议和本办法的要求办理商业银行股东名册的变更登记。商业银行股权被质押、锁定、冻结的，托管机构应当在股东名册上加以标记。

商业银行选择的托管机构，在办理商业银行股权质押登记时，应符合工商管理部门的相关要求。

第十四条　商业银行可以委托托管机构代为处理以下股权管理事务：

（一）为商业银行及商业银行股东提供股权信息的查询服务；

（二）办理股权凭证的发放、挂失、补办，出具股权证明文件等；

（三）商业银行的权益分派等；

（四）其他符合法律法规要求的股权事务。

第十五条　有下列情形之一的，商业银行应及时更换托管机构：

（一）因在合法交易场所上市或挂牌，按照法律法规规定必须到其他机构登记存管股权的；

（二）托管机构法人主体资格消亡，或者发生合并重组，且新的主体不符合本办法规定的资质条件的；

（三）托管机构违反服务协议，对商业银行和商业银行股东的利益造成损害的；

（四）托管机构被银保监会列入黑名单的；

（五）银保监会或其派出机构认为应更换托管机构的其他情形。

发生前款规定情形的，托管机构应当妥善保管商业银行股权信息，并根据商业银行要求向更换后的托管机构移交相关信息及资料。

第三章　监督管理

第十六条　商业银行有下列情形之一的，银保监会或其派出机构应当责令限期改正；逾期未改正的，银保监会或其派出机构可以区别情形，按照《中华人民共和国银行业监督管理法》第三十七条的规定采取相应的监管措施；情节严重的，可根据《中华人民共和国银行业监督管理法》第四十六条、第四十八条的规定实施行政处罚：

（一）未按照本办法要求进行股权托管的；

（二）向托管机构提供虚假信息的；

（三）股权变更按照规定应当经银保监会或其派出机构审批，未经批准仍向托管机构报送股权变更信息的；

（四）不履行服务协议规定，造成托管机构无法正常履行协议的；

（五）银保监会责令更换托管机构，拒不执行的；

（六）其他违反股权托管相关监管要求的。

第十七条　托管机构有下列情形之一的，银保监会或其派出机构可责令商业银行更换托管机构：

（一）不符合本办法第七条、第八条规定的资质条件；

（二）服务协议不符合本办法第十条规定和其他监管要求；

（三）股权变更按照规定应当经银保监会或其派出机构审批，未见批复材料仍为商业银行或商业银行股东办理股权变更；

（四）办理商业银行股权信息登记时未尽合理的审查义务，致使商业银行股权信息登记发生重大漏报、瞒报和错报；

（五）未妥善履行保密义务，造成商业银行股权信息泄露；

（六）未按照本办法和服务协议要求向银保监会或其派出机构提供信息或报告；

（七）银保监会或其派出机构认为应更换托管机构的其他情形。

第十八条　银保监会建立托管机构黑名单制度，通过全国信用信息共享平台与相关部门或政府机构共享信息。

第四章 附 则

第十九条 在中华人民共和国境内依法设立的其他银行业金融机构，参照适用本办法。银保监会另有规定的，从其规定。

第二十条 本办法由银保监会负责解释。

第二十一条 本办法自公布之日起施行。

商业银行流动性风险管理办法

(2018年5月23日中国银行保险监督管理委员会令2018年第3号公布 自2018年7月1日起施行)

第一章 总 则

第一条 为加强商业银行流动性风险管理，维护银行体系安全稳健运行，根据《中华人民共和国银行业监督管理法》《中华人民共和国商业银行法》《中华人民共和国外资银行管理条例》等法律法规，制定本办法。

第二条 本办法适用于在中华人民共和国境内依法设立的商业银行。

第三条 本办法所称流动性风险，是指商业银行无法以合理成本及时获得充足资金，用于偿付到期债务、履行其他支付义务和满足正常业务开展的其他资金需求的风险。

第四条 商业银行应当按照本办法建立健全流动性风险管理体系，对法人和集团层面、各附属机构、各分支机构、各业务条线的流动性风险进行有效识别、计量、监测和控制，确保其流动性需求能够及时以合理成本得到满足。

第五条 银行业监督管理机构依法对商业银行的流动性风险及其管理体系实施监督管理。

第二章 流动性风险管理

第六条 商业银行应当在法人和集团层面建立与其业务规模、性质和复杂程度相适应的流动性风险管理体系。

流动性风险管理体系应当包括以下基本要素：

（一）有效的流动性风险管理治理结构；

（二）完善的流动性风险管理策略、政策和程序；

（三）有效的流动性风险识别、计量、监测和控制；

（四）完备的管理信息系统。

第一节 流动性风险管理治理结构

第七条 商业银行应当建立有效的流动性风险管理治理结构，明确董事会及其专门委员会、监事会（监事）、高级管理层以及相关部门在流动性风险管理中的职责和报告路线，建立适当的考核和问责机制。

第八条 商业银行董事会应当承担流动性风险管理的最终责任，履行以下职责：

（一）审核批准流动性风险偏好、流动性风险管理策略、重要的政策和程序，流动性风险偏好应当至少每年审议一次；

（二）监督高级管理层对流动性风险实施有效管理和控制；

（三）持续关注流动性风险状况，定期获得流动性风险报告，及时了解流动性风险水平、管理状况及其重大变化；

（四）审批流动性风险信息披露内容，确保披露信息的真实性和准确性；

（五）其他有关职责。

董事会可以授权其下设的专门委员会履行部分职责。

第九条 商业银行高级管理层应当履行以下职责：

（一）制定、定期评估并监督执行流动性风险偏好、流动性风险管理策略、政策和程序；

（二）确定流动性风险管理组织架构，明确各部门职责分工，确保商业银行具有足够的资源，独立、有效地开展流动性风险管理工作；

（三）确保流动性风险偏好、流动性风险管理策略、政策和程序在商业银行内部得到有效沟通和传达；

（四）建立完备的管理信息系统，支持流动性风险的识别、计量、监测和控制；

（五）充分了解并定期评估流动性风险水平及管理状况，及时了解流动性风险的重大变化，并向董事会定期报告；

（六）其他有关职责。

第十条 商业银行应当指定专门部门负责流动性风险管理，其流动性风险管理职能应当与业务经营职能保持相对独立，并且具备履行流动性风险管理职能所需要的人力、物力资源。

商业银行负责流动性风险管理的部门应当具备以下职能：

（一）拟定流动性风险管理策略、政策和程序，提交高级管理层和董事会审核批准；

（二）识别、计量和监测流动性风险，包括持续监控优质流动性资产状况，监测流动性风险限额遵守情况并及时报告超限额情况，组织开展流动性风险压力测试，组织流动性风险应急计划的测试和评估；

（三）识别、评估新产品、新业务和新机构中所包含的流动性风险，审核相关操作和风险管理程序；

（四）定期提交独立的流动性风险报告，及时向高级管理层和董事会报告流动性风险水平、管理状况及其重大变化；

（五）拟定流动性风险信息披露内容，提交高级管理层和董事会审批；

（六）其他有关职责。

第十一条 商业银行应当在内部定价以及考核激励等相关制度中充分考虑流动性风险因素，在考核分支机构或主要业务条线经风险调整的收益时应当考虑流动性风险成本，防止因过度追求业务扩张和短期利润而放松流动性风险管理。

第十二条 商业银行监事会（监事）应当对董事会和高级管理层在流动性风险管理中的履职情况进行监督评价，至少每年向股东大会（股东）报告一次。

第十三条 商业银行应当按照银行业监督管理机构关于内部控制有关要求，建立完善的流动性风险管理内部控制体系，作为银行整体内部控制体系的有机组成部分。

第十四条 商业银行应当将流动性风险管理纳入内部审计范畴，定期审查和评价流动性风险管理的充分性和有效性。

内部审计应当涵盖流动性风险管理的所有环节，包括但不限于：

（一）流动性风险管理治理结构、策略、政策和程序能否确保有效识别、计量、监测和控制流动性风险；

（二）流动性风险管理政策和程序是否得到有效执行；

（三）现金流分析和压力测试的各项假设条件是否合理；

（四）流动性风险限额管理是否有效；

（五）流动性风险管理信息系统是否完备；

（六）流动性风险报告是否准确、及时、全面。

第十五条 流动性风险管理的内部审计报告应当提交董事会和监事会。董事会应当针对内部审计发现的问题，督促高级管理层及时采取整改措施。内部审计部门应当跟踪检查整改措施的实施情况，并及时向董事会提交有关报告。

商业银行境外分支机构或附属机构采用相对独立的本地流动性风险管理模式的，应当对其流动性风险管理单独进行审计。

第二节　流动性风险管理策略、政策和程序

第十六条 商业银行应当根据经营战略、业务特点、财务实力、融资能力、总体风险偏好及市场影响力等因素确定流动性风险偏好。

商业银行的流动性风险偏好应当明确其在正常和压力情景下愿意并能够承受的流动性风险水平。

第十七条 商业银行应当根据流动性风险偏好制定书面的流动性风险管理策略、政策和程序。流动性风险管理策略、政策和程序应当涵盖表内外各项业务以及境内外所有可能对流动性风险产生重大影响的业务部门、分支机构和附属机构，并包括正常和压力情景下的流动性风险管理。

第十八条 商业银行的流动性风险管理策略应当明确流动性风险管理的总体目标、管理

模式以及主要政策和程序。

流动性风险管理政策和程序包括但不限于：

（一）流动性风险识别、计量和监测，包括现金流测算和分析；

（二）流动性风险限额管理；

（三）融资管理；

（四）日间流动性风险管理；

（五）压力测试；

（六）应急计划；

（七）优质流动性资产管理；

（八）跨机构、跨境以及重要币种的流动性风险管理；

（九）对影响流动性风险的潜在因素以及其他类别风险对流动性风险的影响进行持续监测和分析。

第十九条 商业银行在开办新产品、新业务和设立新机构之前，应当在可行性研究中充分评估可能对流动性风险产生的影响，完善相应的风险管理政策和程序，并经负责流动性风险管理的部门审核同意。

第二十条 商业银行应当综合考虑业务发展、技术更新及市场变化等因素，至少每年对流动性风险偏好、流动性风险管理策略、政策和程序进行一次评估，必要时进行修订。

第三节　流动性风险识别、计量、监测和控制

第二十一条 商业银行应当根据业务规模、性质、复杂程度及风险状况，运用适当方法和模型，对在正常和压力情景下未来不同时间段的资产负债期限错配、融资来源多元化和稳定程度、优质流动性资产、重要币种流动性风险及市场流动性等进行分析和监测。

商业银行在运用上述方法和模型时应当使用合理的假设条件，定期对各项假设条件进行评估，必要时进行修正，并保留书面记录。

第二十二条 商业银行应当建立现金流测算和分析框架，有效计量、监测和控制正常和压力情景下未来不同时间段的现金流缺口。

现金流测算和分析应当涵盖资产和负债的未来现金流以及或有资产和或有负债的潜在现金流，并充分考虑支付结算、代理和托管等业务对现金流的影响。

商业银行应当对重要币种的现金流单独进行测算和分析。

第二十三条 商业银行应当根据业务规模、性质、复杂程度及风险状况，监测可能引发流动性风险的特定情景或事件，采用适当的预警指标，前瞻性地分析其对流动性风险的影响。可参考的情景或事件包括但不限于：

（一）资产快速增长，负债波动性显著上升；

（二）资产或负债集中度上升；

（三）负债平均期限下降；

（四）批发或零售存款大量流失；

（五）批发或零售融资成本上升；

（六）难以继续获得长期或短期融资；

（七）期限或货币错配程度加剧；

（八）多次接近内部限额或监管标准；

（九）表外业务、复杂产品和交易对流动性的需求增加；

（十）银行资产质量、盈利水平和总体财务状况恶化；

（十一）交易对手要求追加额外抵（质）押品或拒绝进行新交易；

（十二）代理行降低或取消授信额度；

（十三）信用评级下调；

（十四）股票价格下跌；

（十五）出现重大声誉风险事件。

第二十四条 商业银行应当对流动性风险实施限额管理，根据自身业务规模、性质、复杂程度、流动性风险偏好和外部市场发展变化情况，设定流动性风险限额。流动性风险限额包括但不限于现金流缺口限额、负债集中度限额、集团内部交易和融资限额。

商业银行应当制定流动性风险限额管理的政策和程序，建立流动性风险限额设定、调整的授权制度、审批流程和超限额审批程序，至少每年对流动性风险限额进行一次评估，必要时进行调整。

商业银行应当对流动性风险限额遵守情况进行监控，超限额情况应当及时报告。对未经批准的超限额情况应当按照限额管理的政策和程序进行处理。对超限额情况的处理应当保留书面记录。

第二十五条 商业银行应当建立并完善融资策略，提高融资来源的多元化和稳定程度。

商业银行的融资管理应当符合以下要求：

（一）分析正常和压力情景下未来不同时间段的融资需求和来源；

（二）加强负债品种、期限、交易对手、币种、融资抵（质）押品和融资市场等的集中度管理，适当设置集中度限额，对于同业批发融资，应按总量和主要期限分别设定限额；

（三）加强融资渠道管理，积极维护与主要融资交易对手的关系，保持在市场上的适当活跃程度，并定期评估市场融资和资产变现能力；

（四）密切监测主要金融市场的交易量和价格等变动情况，评估市场流动性对商业银行融资能力的影响。

第二十六条 商业银行应当加强融资抵（质）押品管理，确保其能够满足正常和压力情景下日间和不同期限融资交易的抵（质）押品需求，并且能够及时履行向相关交易对手返售抵（质）押品的义务。

商业银行应当区分有变现障碍资产和无变现障碍资产。对可以用作抵（质）押品的无变现障碍资产的种类、数量、币种、所处地域和机构、托管账户，以及中央银行或金融市场对其接受程度进行监测分析，定期评估其资产价值及融资能力，并充分考虑其在融资中的操作性要求和时间要求。

商业银行应当在考虑抵（质）押品的融资能力、价格敏感度、压力情景下的折扣率等因素的基础上提高抵（质）押品的多元化程度。

第二十七条 商业银行应当加强日间流动性风险管理，确保具有充足的日间流动性头寸和相关融资安排，及时满足正常和压力情景下的日间支付需求。

商业银行的日间流动性风险管理应该符合以下要求：

（一）有效计量每日的预期现金流入总量和流出总量，日间各个时点现金流入和流出的规模、缺口等；

（二）及时监测业务行为变化，以及账面资金、日间信用额度、可用押品等可用资金变化等对日间流动性头寸的影响；

（三）具有充足的日间融资安排来满足日间支付需求，必要时可通过管理和使用押品来获取日间流动性；

（四）具有根据日间情况合理管控资金流出时点的能力；

（五）充分考虑非预期冲击对日间流动性的影响。

商业银行应当结合历史数据对日间流动性状况进行回溯分析，并在必要时完善日间流动性风险管理。

第二十八条 商业银行应当加强同业业务流动性风险管理，提高同业负债的多元化和稳定程度，并优化同业资产结构和配置。

第二十九条 商业银行应当建立流动性风险压力测试制度，分析承受短期和中长期压力情景的流动性风险控制能力。

流动性风险压力测试应当符合以下要求：

（一）合理审慎设定并定期审核压力情景，充分考虑影响商业银行自身的特定冲击、影响整个市场的系统性冲击和两者相结合的情景，以及轻度、中度、严重等不同压力程度；

（二）合理审慎设定在压力情景下商业银行满足流动性需求并可持续经营的最短期限，在影响整个市场的系统性冲击情景下该期限应当不少于 30 天；

（三）充分考虑各类风险与流动性风险的内在关联性和市场流动性对商业银行流动性风险的影响；

（四）定期在法人和集团层面实施压力测试，当存在流动性转移限制等情况时，应当对有关分支机构或附属机构单独实施压力测试；

（五）压力测试频率应当与商业银行的规模、风险水平及市场影响力相适应，常规压力测试应当至少每季度进行一次，出现市场剧烈波动等情况时，应当提高压力测试频率；

（六）在可能情况下，应当参考以往出现的影响银行或市场的流动性冲击，对压力测试结果实施事后检验，压力测试结果和事后检验应当有书面记录；

（七）在确定流动性风险偏好、流动性风险管理策略、政策和程序，以及制定业务发展和财务计划时，应当充分考虑压力测试结果，必要时应当根据压力测试结果对上述内容进行调整。

董事会和高级管理层应当对压力测试的情景设定、程序和结果进行审核，不断完善流动性风险压力测试，充分发挥其在流动性风险管理中的作用。

第三十条 商业银行应当根据其业务规模、性质、复杂程度、风险水平、组织架构及市场影响力，充分考虑压力测试结果，制定有效的流动性风险应急计划，确保其可以应对紧急情况下的流动性需求。商业银行应当至少每年对应急计划进行一次测试和评估，必要时进行修订。

流动性风险应急计划应当符合以下要求：

（一）设定触发应急计划的各种情景；

（二）列明应急资金来源，合理估计可能的筹资规模和所需时间，充分考虑跨境、跨机构的流动性转移限制，确保应急资金来源的可靠性和充分性；

（三）规定应急程序和措施，至少包括资产方应急措施、负债方应急措施、加强内外部沟通和其他减少因信息不对称而给商业银行带来不利影响的措施；

（四）明确董事会、高级管理层及各部门实施应急程序和措施的权限与职责；

（五）区分法人和集团层面应急计划，并视需要针对重要币种和境外主要业务区域制定专门的应急计划，对于存在流动性转移限制的分支机构或附属机构，应当制定专门的应急计划。

第三十一条 商业银行应当持有充足的优质流动性资产，确保其在压力情景下能够及时满足流动性需求。优质流动性资产应当为无变现障碍资产，可以包括在压力情景下能够通过出售或抵（质）押方式获取资金的流动性资产。

商业银行应当根据其流动性风险偏好，考虑压力情景的严重程度和持续时间、现金流缺口、优质流动性资产变现能力等因素，按照审慎原则确定优质流动性资产的规模和构成。

第三十二条 商业银行应当对流动性风险实施并表管理，既要考虑银行集团的整体流动性风险水平，又要考虑附属机构的流动性风险状况及其对银行集团的影响。

商业银行应当设立集团内部的交易和融资限额，分析银行集团内部负债集中度可能对流动性风险产生的影响，防止分支机构或附属机构过度依赖集团内部融资，减少集团内部的风险传导。

商业银行应当充分了解境外分支机构、附属机构及其业务所在国家或地区与流动性风险管理相关的法律、法规和监管要求，充分考虑流动性转移限制和金融市场发展差异程度等因素对流动性风险并表管理的影响。

第三十三条 商业银行应当按照本外币合计和重要币种分别进行流动性风险识别、计量、监测和控制。

第三十四条 商业银行应当审慎评估信用风险、市场风险、操作风险和声誉风险等其他类别风险对流动性风险的影响。

第四节 管理信息系统

第三十五条 商业银行应当建立完备的管理信息系统，准确、及时、全面计量、监测和报告流动性风险状况。

管理信息系统应当至少实现以下功能：

（一）监测日间流动性状况，每日计算各个设定时间段的现金流入、流出及缺口；

（二）计算流动性风险监管和监测指标，并在必要时提高监测频率；

（三）支持流动性风险限额的监测和控制；

（四）支持对大额资金流动的实时监控；

（五）支持对优质流动性资产及其他无变现障碍资产种类、数量、币种、所处地域和机构、托管账户等信息的监测；

（六）支持对融资抵（质）押品种类、数量、币种、所处地域和机构、托管账户等信息的监测；

（七）支持在不同假设情景下实施压力测试。

第三十六条 商业银行应当建立规范的流动性风险报告制度，明确各项流动性风险报告的内容、形式、频率和报送范围，确保董事会、高级管理层和其他管理人员及时了解流动性风险水平及其管理状况。

第三章 流动性风险监管

第一节 流动性风险监管指标

第三十七条 流动性风险监管指标包括流动性覆盖率、净稳定资金比例、流动性比例、流动性匹配率和优质流动性资产充足率。

资产规模不小于2000亿元人民币的商业银行应当持续达到流动性覆盖率、净稳定资金比例、流动性比例和流动性匹配率的最低监管标准。

资产规模小于2000亿元人民币的商业银行应当持续达到优质流动性资产充足率、流动性比例和流动性匹配率的最低监管标准。

第三十八条 流动性覆盖率监管指标旨在确保商业银行具有充足的合格优质流动性资产，能够在规定的流动性压力情景下，通过变现这些资产满足未来至少30天的流动性需求。

流动性覆盖率的计算公式为：

流动性覆盖率 = 合格优质流动性资产 ÷ 未来30天现金净流出量

流动性覆盖率的最低监管标准为不低于100%。除本办法第六十条第二款规定的情形外，流动性覆盖率应当不低于最低监管标准。

第三十九条 净稳定资金比例监管指标旨在确保商业银行具有充足的稳定资金来源，以满足各类资产和表外风险敞口对稳定资金的需求。

净稳定资金比例的计算公式为：

净稳定资金比例 = 可用的稳定资金 ÷ 所需的稳定资金

净稳定资金比例的最低监管标准为不低于100%。

第四十条 流动性比例的计算公式为：

流动性比例 = 流动性资产余额 ÷ 流动性负债余额

流动性比例的最低监管标准为不低于25%。

第四十一条 流动性匹配率监管指标衡量商业银行主要资产与负债的期限配置结构，旨在引导商业银行合理配置长期稳定负债、高流动性或短期资产，避免过度依赖短期资金支持长期业务发展，提高流动性风险抵御能力。

流动性匹配率的计算公式为：

流动性匹配率 = 加权资金来源 ÷ 加权资金运用

流动性匹配率的最低监管标准为不低于100%。

第四十二条 优质流动性资产充足率监管指标旨在确保商业银行保持充足的、无变现障碍的优质流动性资产，在压力情况下，银行可通过变现这些资产来满足未来30天内的流动性需求。

优质流动性资产充足率的计算公式为：

优质流动性资产充足率 = 优质流动性资产 ÷ 短期现金净流出

优质流动性资产充足率的最低监管标准为不低于100%。除本办法第六十条第二款规定的情形外，优质流动性资产充足率应当不低于最低监管标准。

第四十三条 商业银行应当在法人和集团层面，分别计算未并表和并表的流动性风险监管指标，并表范围按照银行业监督管理机构关于商业银行资本监管的相关规定执行。

在计算并表流动性覆盖率时，若集团内部存在跨境或跨机构的流动性转移限制，相关附属机构满足自身流动性覆盖率最低监管标准之外的合格优质流动性资产，不能计入集团的合格优质流动性资产。

第二节 流动性风险监测工具

第四十四条 银行业监督管理机构应当从商业银行资产负债期限错配情况、融资来源的多元化和稳定程度、无变现障碍资产、重要币种流动性风险状况以及市场流动性等方面，定期对商业银行和银行体系的流动性风险进行分析和监测。

银行业监督管理机构应当充分考虑单一的流动性风险监管指标或监测工具在反映商业银行流动性风险方面的局限性，综合运用多种方法和工具对流动性风险进行分析和监测。

银行业监督管理机构可结合商业银行的发展战略、市场定位、经营模式、资产负债结构和风险管理能力，对全部或部分监测工具设置差异化的监测预警值或预警区间，适时进行风险提示或要求银行采取相关措施。

第四十五条 银行业监督管理机构应当定期监测商业银行的所有表内外项目在不同时间段的合同期限错配情况，并分析其对流动性风险的影响。合同期限错配情况的分析和监测可以涵盖隔夜、7天、14天、1个月、2个月、3个月、6个月、9个月、1年、2年、3年、5年和5年以上等多个时间段。相关参考指标包括但不限于各个时间段的流动性缺口和流动性缺口率。

第四十六条 银行业监督管理机构应当定期监测商业银行融资来源的多元化和稳定程度，并分析其对流动性风险的影响。银行业监督管理机构应当按照重要性原则，分析商业银行的表内外负债在融资工具、交易对手和币种等方面的集中度。对负债集中度的分析应当涵盖多个时间段。相关参考指标包括但不限于核心负债比例、同业融入比例、最大十户存款比例和最大十家同业融入比例。

当商业银行出现对短期同业批发融资依赖

程度较高、同业批发融资增长较快、发行同业存单增长较快等情况时,或商业银行在上述方面明显高于同质同类银行或全部商业银行平均水平时,银行业监督管理机构应当及时了解原因并分析其反映出的商业银行风险变化,必要时进行风险提示或要求商业银行采取相关措施。

第四十七条　银行业监督管理机构应当定期监测商业银行无变现障碍资产的种类、金额和所在地。相关参考指标包括但不限于超额备付金率、本办法第三十一条所规定的优质流动性资产以及向中央银行或市场融资时可以用作抵(质)押品的其他资产。

第四十八条　银行业监督管理机构应当根据商业银行的外汇业务规模、货币错配情况和市场影响力等因素决定是否对其重要币种的流动性风险进行单独监测。相关参考指标包括但不限于重要币种的流动性覆盖率。

第四十九条　银行业监督管理机构应当密切跟踪研究宏观经济形势和金融市场变化对银行体系流动性的影响,分析、监测金融市场的整体流动性状况。发现市场流动性紧张、融资成本提高、优质流动性资产变现能力下降或丧失、流动性转移受限等情况时,应当及时分析其对商业银行融资能力的影响。

银行业监督管理机构用于分析、监测市场流动性的相关参考指标包括但不限于银行间市场相关利率及成交量、国库定期存款招标利率、票据转贴现利率及证券市场相关指数。

第五十条　银行业监督管理机构应当持续监测商业银行存贷比的变动情况,当商业银行出现存贷比指标波动较大、快速或持续单向变化等情况时,或商业银行的存贷比明显高于同质同类银行或全部商业银行平均水平时,应当及时了解原因并分析其反映出的商业银行风险变化,必要时进行风险提示或要求商业银行采取相关措施。

第五十一条　商业银行应当将流动性风险监测指标全部纳入内部流动性风险管理框架,及时监测指标变化并定期向银行业监督管理机构报告。

第五十二条　除本办法列出的流动性风险监管指标和监测参考指标外,银行业监督管理机构还可根据商业银行的业务规模、性质、复杂程度、管理模式和流动性风险特点,设置其他流动性风险指标工具,实施流动性风险分析和监测。

第三节　流动性风险监管方法和措施

第五十三条　银行业监督管理机构应当通过非现场监管、现场检查以及与商业银行的董事、高级管理人员进行监督管理谈话等方式,运用流动性风险监管指标和监测工具,在法人和集团层面对商业银行的流动性风险水平及其管理状况实施监督管理,并尽早采取措施应对潜在流动性风险。

第五十四条　商业银行应当按照规定向银行业监督管理机构报送与流动性风险有关的财务会计、统计报表和其他报告。委托社会中介机构对其流动性风险水平及流动性风险管理体系进行审计的,还应当报送相关的外部审计报告。流动性风险监管指标应当按月报送,银行业监督管理机构另行规定的除外。

银行业监督管理机构可以根据商业银行的业务规模、性质、复杂程度、管理模式和流动性风险特点,确定商业银行报送流动性风险报表、报告的内容和频率。

第五十五条　商业银行应当于每年4月底前向银行业监督管理机构报送上一年度的流动性风险管理报告,主要内容包括流动性风险偏好、流动性风险管理策略、主要政策和程序、内部风险管理指标和限额、应急计划及其测试情况等。

商业银行对流动性风险偏好、流动性风险管理策略、政策和程序进行重大调整的,应当在1个月内向银行业监督管理机构书面报告调整情况。

第五十六条　商业银行应当按季向银行业监督管理机构报送流动性风险压力测试报告,内容包括压力测试的情景、方法、过程和结果。出现市场剧烈波动等情况时,应当提高压力测试报送频率。商业银行根据压力测试结果对流动性风险偏好、流动性风险管理策略、政策和程序进行重大调整的,应当及时向银行业监督管理机构报告相关情况。

第五十七条　商业银行应当及时向银行业监督管理机构报告下列可能对其流动性风险水平或管理状况产生不利影响的重大事项和拟采取的应对措施:

(一)本机构信用评级大幅下调;

(二)本机构大规模出售资产以补充流

动性；

（三）本机构重要融资渠道即将受限或失效；

（四）本机构发生挤兑事件；

（五）母公司或集团内其他机构的经营状况、流动性状况、信用评级等发生重大不利变化；

（六）市场流动性状况发生重大不利变化；

（七）跨境或跨机构的流动性转移政策出现不利于流动性风险管理的重大调整；

（八）母公司、集团经营活动所在国家或地区的政治、经济状况发生重大不利变化；

（九）其他可能对其流动性风险水平或管理状况产生不利影响的重大事件。

如果商业银行的监管指标已经或即将降至最低监管标准以下，应当分析原因及其反映出的风险变化情况，并立即向银行业监督管理机构报告。

商业银行出现监测指标波动较大、快速或持续单向变化的，应当分析原因及其反映出的风险变化情况，并及时向银行业监督管理机构报告。

外商独资银行、中外合资银行境内本外币资产低于境内本外币负债，集团内跨境资金净流出比例超过25%，以及外国银行分行跨境资金净流出比例超过50%的，应当在2个工作日内向银行业监督管理机构报告。

第五十八条 银行业监督管理机构应当根据对商业银行流动性风险水平及其管理状况的评估结果，确定流动性风险现场检查的内容、范围和频率。

第五十九条 商业银行应当按照规定定期披露流动性风险水平及其管理状况的相关信息，包括但不限于：

（一）流动性风险管理治理结构，包括但不限于董事会及其专门委员会、高级管理层及相关部门的职责和作用；

（二）流动性风险管理策略和政策；

（三）识别、计量、监测、控制流动性风险的主要方法；

（四）主要流动性风险管理指标及简要分析；

（五）影响流动性风险的主要因素；

（六）压力测试情况。

第六十条 对于未遵守流动性风险监管指标最低监管标准的商业银行，银行业监督管理机构应当要求其限期整改，并视情形按照《中华人民共和国银行业监督管理法》第三十七条、第四十六条规定采取监管措施或者实施行政处罚。本条第二款规定的情形除外。

当商业银行在压力状况下流动性覆盖率、优质流动性资产充足率低于最低监管标准时，银行业监督管理机构应当考虑当前和未来国内外经济金融状况，分析影响单家银行和金融市场整体流动性的因素，根据商业银行流动性覆盖率、优质流动性资产充足率降至最低监管标准以下的原因、严重程度、持续时间和频率等采取相应措施。

第六十一条 对于流动性风险管理存在缺陷的商业银行，银行业监督管理机构应当要求其限期整改。对于逾期未整改或者流动性风险管理存在严重缺陷的商业银行，银行业监督管理机构有权采取下列措施：

（一）与商业银行董事会、高级管理层进行监督管理谈话；

（二）要求商业银行进行更严格的压力测试、提交更有效的应急计划；

（三）要求商业银行增加流动性风险管理报告的内容，提高报告频率；

（四）增加对商业银行流动性风险现场检查的内容，扩大检查范围，并提高检查频率；

（五）限制商业银行开展收购或其他大规模业务扩张活动；

（六）要求商业银行降低流动性风险水平；

（七）提高商业银行流动性风险监管指标的最低监管标准；

（八）提高商业银行的资本充足率要求；

（九）《中华人民共和国银行业监督管理法》以及其他法律、行政法规和部门规章规定的有关措施。

对于母公司或集团内其他机构出现流动性困难的商业银行，银行业监督管理机构可以对其与母公司或集团内其他机构之间的资金往来提出限制性要求。

银行业监督管理机构可根据外商独资银行、中外合资银行、外国银行分行的流动性风险状况，对其境内资产负债比例或跨境资金净流出比例提出限制性要求。

第六十二条 对于未按照规定提供流动性风险报表或报告、未按照规定进行信息披露或提供虚假报表、报告的商业银行，银行业监督管理机构可以视情形按照《中华人民共和国银行业监督管理法》第四十六条、第四十七条规定实施行政处罚。

第六十三条 银行业监督管理机构应当与境内外相关部门加强协调合作，共同建立信息沟通机制和流动性风险应急处置联动机制，并制定商业银行流动性风险监管应急预案。

发生影响单家机构或市场的重大流动性事件时，银行业监督管理机构应当与境内外相关部门加强协调合作，适时启动流动性风险监管应急预案，降低相关事件对金融体系及宏观经济的负面冲击。

第四章 附则

第六十四条 国家开发银行及政策性银行、农村合作银行、村镇银行、农村信用社和外国银行分行参照本办法执行。

第六十五条 本办法所称流动性转移限制是指由于法律、监管、税收、外汇管制以及货币不可自由兑换等原因，导致资金或融资抵（质）押品在跨境或跨机构转移时受到限制。

第六十六条 本办法所称无变现障碍资产是指未在任何交易中用作抵（质）押品、信用增级或者被指定用于支付运营费用，在清算、出售、转移、转让时不存在法律、监管、合同或操作障碍的资产。

第六十七条 本办法所称重要币种是指以该货币计价的负债占商业银行负债总额5%以上的货币。

第六十八条 本办法中"以上"包含本数。

第六十九条 商业银行的流动性覆盖率应当在2018年底前达到100%。在过渡期内，应当不低于90%。鼓励有条件的商业银行提前达标；对于流动性覆盖率已达到100%的银行，鼓励其流动性覆盖率继续保持在100%之上。

第七十条 商业银行应当自2020年1月1日起执行流动性匹配率监管要求。2020年前，流动性匹配率为监测指标。

第七十一条 商业银行的优质流动性资产充足率应当在2019年6月底前达到100%。在过渡期内，应当在2018年底前达到80%。

第七十二条 对于资产规模首次达到2000亿元人民币的商业银行，在首次达到的当月仍可适用原监管指标；自次月起，无论资产规模是否继续保持在2000亿元人民币以上，均应当适用针对资产规模不小于2000亿元的商业银行的监管指标。

第七十三条 经银行业监督管理机构批准，资产规模小于2000亿元人民币的商业银行可适用流动性覆盖率和净稳定资金比例监管要求，不再适用优质流动性资产充足率监管要求。

商业银行提交的申请调整适用监管指标的报告中，应当至少包括：管理信息系统对流动性覆盖率、净稳定资金比例指标计算、监测、分析、报告的支持情况，流动性覆盖率中稳定存款、业务关系存款的识别方法及数据情况，流动性覆盖率与优质流动性资产充足率的指标差异及原因分析，以及优质流动性资产管理情况等。

商业银行调整适用监管指标后，非特殊原因，不得申请恢复原监管指标。

第七十四条 本办法由国务院银行业监督管理机构负责解释。

第七十五条 本办法自2018年7月1日起施行。《商业银行流动性风险管理办法（试行）》（中国银监会令2015年第9号）同时废止。本办法实施前发布的有关规章及规范性文件如与本办法不一致的，按照本办法执行。

商业银行大额风险暴露管理办法

(2018年4月24日中国银行保险监督管理委员会令2018年第1号公布 自2018年7月1日起施行)

第一章 总 则

第一条 为促进商业银行加强大额风险暴露管理，有效防控客户集中度风险，维护商业银行稳健运行，根据《中华人民共和国银行业监督管理法》《中华人民共和国商业银行法》等法律法规，制定本办法。

第二条 本办法适用于中华人民共和国境内设立的商业银行。

第三条 本办法所称风险暴露是指商业银行对单一客户或一组关联客户的信用风险暴露，包括银行账簿和交易账簿内各类信用风险暴露。

第四条 本办法所称大额风险暴露是指商业银行对单一客户或一组关联客户超过其一级资本净额2.5%的风险暴露。

第五条 商业银行并表和未并表的大额风险暴露均应符合本办法规定的监管要求。

商业银行应按照本办法计算并表和未并表的大额风险暴露。

并表范围与《商业银行资本管理办法（试行）》（以下简称《资本办法》）一致。并表风险暴露为银行集团内各成员对客户的风险暴露简单相加。

第六条 商业银行应将大额风险暴露管理纳入全面风险管理体系，建立完善与业务规模及复杂程度相适应的组织架构、管理制度、信息系统等，有效识别、计量、监测和防控大额风险。

第二章 大额风险暴露监管要求

第七条 商业银行对非同业单一客户的贷款余额不得超过资本净额的10%，对非同业单一客户的风险暴露不得超过一级资本净额的15%。

非同业单一客户包括主权实体、中央银行、公共部门实体、企事业法人、自然人、匿名客户等。匿名客户是指在无法识别资产管理产品或资产证券化产品基础资产的情况下设置的虚拟交易对手。

第八条 商业银行对一组非同业关联客户的风险暴露不得超过一级资本净额的20%。

非同业关联客户包括非同业集团客户、经济依存客户。

第九条 商业银行对同业单一客户或集团客户的风险暴露不得超过一级资本净额的25%。

第十条 全球系统重要性银行对另一家全球系统重要性银行的风险暴露不得超过一级资本净额的15%。

商业银行被认定为全球系统重要性银行后，对其他全球系统重要性银行的风险暴露应在12个月内达到上述监管要求。

第十一条 商业银行对单一合格中央交易对手清算风险暴露不受本办法规定的大额风险暴露监管要求约束，非清算风险暴露不得超过一级资本净额的25%。

第十二条 商业银行对单一不合格中央交易对手清算风险暴露、非清算风险暴露均不得超过一级资本净额的25%。

第十三条 商业银行对下列交易主体的风险暴露不受本办法规定的大额风险暴露监管要求约束：

（一）我国中央政府和中国人民银行；

（二）评级AA-（含）以上的国家或地区的中央政府和中央银行；

（三）国际清算银行及国际货币基金组织；

（四）其他经国务院银行业监督管理机构认定可以豁免的交易主体。

第十四条 商业银行持有的省、自治区、直辖市以及计划单列市人民政府发行的债券不受本办法规定的大额风险暴露监管要求约束。

第十五条 商业银行对政策性银行的非次级债权不受本办法规定的大额风险暴露监管要求约束。

第三章 风险暴露计算

第十六条 商业银行对客户的风险暴露包括：

（一）因各项贷款、投资债券、存放同业、拆放同业、买入返售资产等表内授信形成的一般风险暴露；

（二）因投资资产管理产品或资产证券化产品形成的特定风险暴露；

（三）因债券、股票及其衍生工具交易形成的交易账簿风险暴露；

（四）因场外衍生工具、证券融资交易形成的交易对手信用风险暴露；

（五）因担保、承诺等表外项目形成的潜在风险暴露；

（六）其他风险暴露，指按照实质重于形式的原则，除上述风险暴露外，信用风险仍由商业银行承担的风险暴露。

第十七条 商业银行应按照账面价值扣除减值准备计算一般风险暴露。

第十八条 商业银行应按照本办法计算投资资产管理产品或资产证券化产品形成的特定风险暴露。

第十九条 商业银行应按照本办法计算交易账簿风险暴露。

第二十条 商业银行应按照《资本办法》的规定计算场外衍生工具和证券融资交易的交易对手信用风险暴露。

第二十一条 商业银行应将表外项目名义金额乘以信用转换系数得到等值的表内资产，再按照一般风险暴露的处理方式计算潜在风险暴露。

第二十二条 商业银行应按照以下方法计算中央交易对手清算风险暴露：

（一）衍生工具交易和证券融资交易按照《中央交易对手风险暴露资本计量规则》有关规定计算风险暴露；

（二）非单独管理的初始保证金、预付的违约基金以及股权按照名义金额计算风险暴露；

（三）单独管理的初始保证金以及未付的违约基金不计算风险暴露。

商业银行对中央交易对手非清算风险暴露为对中央交易对手全部风险暴露减去清算风险暴露。

第二十三条 商业银行计算客户风险暴露时，应考虑合格质物质押或合格保证主体提供保证的风险缓释作用，从客户风险暴露中扣减被缓释部分。质物或保证的担保期限短于被担保债权期限的，不具备风险缓释作用。

对于质物，扣减金额为其市场价值，扣减部分计入对质物最终偿付方的风险暴露。对于以特户、封金或保证金等形式特定化后的现金以及黄金等质物，扣减后不计入对质物最终偿付方的风险暴露。

对于保证，扣减金额为保证金额，扣减部分计入对保证人的风险暴露。

第二十四条 商业银行计算客户风险暴露时，可以剔除已从监管资本中扣除的风险暴露、商业银行之间的日间风险暴露以及结算性同业存款。

第二十五条 符合下列条件的商业银行可以采用简化方法计算风险暴露：

（一）资产管理产品及资产证券化产品投资余额合计小于一级资本净额5%的，商业银行可以将所有资产管理产品和资产证券化产品视为一个匿名客户，将投资余额合计视为对匿名客户的风险暴露；

（二）交易账簿总头寸小于70亿元人民币且小于总资产10%的，可以不计算交易账簿风险暴露；

（三）场外衍生工具账面价值合计小于总资产0.5%且名义本金合计小于总资产10%的，可以不计算交易对手信用风险暴露。

第四章 大额风险暴露管理

第二十六条 商业银行应建立健全大额风险暴露管理组织架构，明确董事会、高级管理层、相关部门管理职责，构建相互衔接、有效制衡的运行机制。

第二十七条 董事会应承担大额风险暴露管理最终责任，并履行以下职责：

（一）审批大额风险暴露管理制度；

（二）审阅相关报告，掌握大额风险暴露变动及管理情况；

（三）审批大额风险暴露信息披露内容。

第二十八条 高级管理层应承担大额风险暴露管理实施责任。具体职责包括：

（一）审核大额风险暴露管理制度，提交董事会审批；

（二）推动相关部门落实大额风险暴露管理制度；

（三）持续加强大额风险暴露管理，定期将大额风险暴露变动及管理情况报告董事会；

（四）审核大额风险暴露信息披露内容，提交董事会审批。

第二十九条 商业银行应明确大额风险暴露管理的牵头部门，统筹协调各项工作。具体职责包括：

（一）组织相关部门落实大额风险暴露具体管理职责；

（二）制定、修订大额风险暴露管理制度，提交高级管理层审核；

（三）推动大额风险暴露管理相关信息系统建设；

（四）持续监测大额风险暴露变动及管理情况，定期向高级管理层报告；

（五）确保大额风险暴露符合监管要求及内部限额，对于突破限额的情况及时报告高级管理层；

（六）拟定大额风险暴露信息披露内容，提交高级管理层审核。

第三十条 商业银行应根据本办法制定大额风险暴露管理制度，定期对制度开展评估，必要时应及时修订。制度内容应至少包括：

（一）管理架构与职责分工；

（二）管理政策与工作流程；

（三）客户范围及关联客户认定标准；

（四）风险暴露计算方法；

（五）内部限额与监督审计；

（六）统计报告及信息披露要求。

商业银行制定、修订大额风险暴露管理制度，应及时报银行业监督管理机构备案。

第三十一条 商业银行应根据自身风险偏好、风险状况、管理水平和资本实力，按照大额风险暴露监管要求设定内部限额，并对其进行持续监测、预警和控制。

第三十二条 商业银行应加强信息系统建设，持续收集数据信息，有效支持大额风险暴露管理。相关信息系统应至少实现以下功能：

（一）支持关联客户识别；

（二）准确计量风险暴露；

（三）持续监测大额风险暴露变动情况；

（四）大额风险暴露接近内部限额时，进行预警提示。

第五章 监督管理

第三十三条 银行业监督管理机构依照本办法规定对商业银行大额风险暴露管理进行监督检查，并采取相应监管措施。

第三十四条 银行业监督管理机构定期评估商业银行大额风险暴露管理状况及效果，包括制度执行、系统建设、限额遵守、风险管控等，将评估意见反馈商业银行董事会和高级管理层，并将评估结果作为监管评级的重要参考。

第三十五条 商业银行应于年初30个工作日内向银行业监督管理机构报告上一年度大额风险暴露管理情况。

第三十六条 商业银行应定期向银行业监督管理机构报告并表和未并表的风险暴露情况，具体包括：

（一）所有大额风险暴露；

（二）不考虑风险缓释作用的所有大额风险暴露；

（三）前二十大客户风险暴露，已按第（一）款要求报送的不再重复报送。

并表情况每半年报送一次，未并表情况每季度报送一次。

第三十七条 商业银行突破大额风险暴露监管要求的，应立即报告银行业监督管理机构。

第三十八条 商业银行违反大额风险暴露监管要求的，银行业监督管理机构可采取以下监管措施：

（一）要求商业银行分析大额风险暴露上升的原因，并预测其变动趋势；

（二）与商业银行董事会、高级管理层进行审慎性会谈；

（三）印发监管意见书，内容包括商业银行大额风险暴露管理存在的问题、拟采取的纠正措施和限期达标意见等；

（四）要求商业银行制定切实可行的大额风险暴露限期达标计划，并报银行业监督管理机构备案；

（五）根据违规情况提高其监管资本

要求；

（六）责令商业银行采取有效措施降低大额风险暴露。

第三十九条 商业银行违反大额风险暴露监管要求的，除本办法第三十八条规定的监管措施外，银行业监督管理机构还可依据《中华人民共和国银行业监督管理法》等法律法规规定实施行政处罚。

商业银行未按本办法规定管理大额风险暴露、报告大额风险暴露情况的，以及未按规定进行信息披露、提供虚假报告或隐瞒重要事实的，银行业监督管理机构可依据《中华人民共和国银行业监督管理法》等法律法规规定实施行政处罚。

第四十条 在市场流动性较为紧张的情况下，商业银行之间大额风险暴露突破监管要求的，银行业监督管理机构可根据实际情况采取相应监管措施。

第六章 附 则

第四十一条 本办法由国务院银行业监督管理机构负责解释。

第四十二条 农村合作银行、村镇银行、农村信用社参照执行本办法。省联社对同业客户的风险暴露监管要求由国务院银行业监督管理机构另行规定。

第四十三条 非同业集团客户成员包括金融机构的，商业银行对该集团客户的风险暴露限额适用本办法第九条规定。

第四十四条 本办法自 2018 年 7 月 1 日起施行。

商业银行应于 2018 年 12 月 31 日前达到本办法规定的大额风险暴露监管要求。

第四十五条 商业银行对匿名客户的风险暴露应于 2019 年 12 月 31 日前达到本办法规定的大额风险暴露监管要求。

第四十六条 对于 2018 年底同业客户风险暴露未达到本办法规定的监管要求的商业银行，设置三年过渡期，相关商业银行应于 2021 年底前达标。过渡期内，商业银行应制定和实施达标规划，报银行业监督管理机构批准，逐步降低同业客户风险暴露，达到本办法规定的分阶段同业客户风险暴露监管要求，鼓励有条件的商业银行提前达标。过渡期内，银行业监督管理机构可根据达标规划实施情况采取相应监管措施。

第四十七条 附件1、附件2、附件3、附件4、附件5和附件6是本办法的组成部分。

（一）附件1 关联客户识别方法；

（二）附件2 特定风险暴露计算方法；

（三）附件3 交易账簿风险暴露计算方法；

（四）附件4 表外项目信用转换系数；

（五）附件5 合格质物及合格保证范围；

（六）附件6 过渡期分阶段达标要求。

附件（略）

商业银行股权管理暂行办法

(2018 年 1 月 5 日中国银行业监督管理委员会令
2018 年第 1 号公布 自公布之日起施行)

第一章 总 则

第一条 为加强商业银行股权管理，规范商业银行股东行为，保护商业银行、存款人和其他客户的合法权益，维护股东的合法利益，促进商业银行持续健康发展，根据《中华人民共和国公司法》《中华人民共和国银行业监督管理法》《中华人民共和国商业银行法》等法律法规，制定本办法。

第二条 本办法适用于中华人民共和国境内依法设立的商业银行。法律法规对外资银行变更股东或调整股东持股比例另有规定的，从其规定。

第三条 商业银行股权管理应当遵循分类管理、资质优良、关系清晰、权责明确、公开透明原则。

第四条 投资人及其关联方、一致行动人单独或合计拟首次持有或累计增持商业银行资本总额或股份总额百分之五以上的，应当事先报银监会或其派出机构核准。对通过境内外证券市场拟持有商业银行股份总额百分之五以上的行政许可批复，有效期为六个月。审批的具体要求和程序按照银监会相关规定执行。

投资人及其关联方、一致行动人单独或合计持有商业银行资本总额或股份总额百分之一以上、百分之五以下的，应当在取得相应股权后十个工作日内向银监会或其派出机构报告。报告的具体要求和程序，由银监会另行规定。

第五条 商业银行股东应当具有良好的社会声誉、诚信记录、纳税记录和财务状况，符合法律法规规定和监管要求。

第六条 商业银行的股东及其控股股东、实际控制人、关联方、一致行动人、最终受益人等各方关系应当清晰透明。

股东与其关联方、一致行动人的持股比例合并计算。

第七条 商业银行股东应当遵守法律法规、监管规定和公司章程，依法行使股东权利，履行法定义务。

商业银行应当加强对股权事务的管理，完善公司治理结构。

银监会及其派出机构依法对商业银行股权进行监管，对商业银行及其股东等单位和人员的相关违法违规行为进行查处。

第八条 商业银行及其股东应当根据法律法规和监管要求，充分披露相关信息，接受社会监督。

第九条 商业银行、银监会及其派出机构应当加强对商业银行主要股东的管理。

商业银行主要股东是指持有或控制商业银行百分之五以上股份或表决权，或持有资本总额或股份总额不足百分之五但对商业银行经营管理有重大影响的股东。

前款中的"重大影响"，包括但不限于向商业银行派驻董事、监事或高级管理人员，通过协议或其他方式影响商业银行的财务和经营管理决策以及银监会或其派出机构认定的其他情形。

第二章 股东责任

第十条 商业银行股东应当严格按照法律法规和银监会规定履行出资义务。

商业银行股东应当使用自有资金入股商业银行，且确保资金来源合法，不得以委托资金、债务资金等非自有资金入股，法律法规另有规定的除外。

第十一条 主要股东入股商业银行时，应当书面承诺遵守法律法规、监管规定和公司章程，并就入股商业银行的目的作出说明。

第十二条 商业银行股东不得委托他人或接受他人委托持有商业银行股权。

商业银行主要股东应当逐层说明其股权结构直至实际控制人、最终受益人，以及其与其他股东的关联关系或者一致行动关系。

第十三条 商业银行股东转让所持有的商业银行股权，应当告知受让方需符合法律法规和银监会规定的条件。

第十四条 同一投资人及其关联方、一致行动人作为主要股东参股商业银行的数量不得超过2家，或控股商业银行的数量不得超过1家。

根据国务院授权持有商业银行股权的投资主体、银行业金融机构，法律法规另有规定的主体入股商业银行，以及投资人经银监会批准并购重组高风险商业银行，不受本条前款规定限制。

第十五条 同一投资人及其关联方、一致行动人入股商业银行应当遵守银监会规定的持股比例要求。

第十六条 商业银行主要股东及其控股股东、实际控制人不得存在下列情形：

（一）被列为相关部门失信联合惩戒对象；

（二）存在严重逃废银行债务行为；

（三）提供虚假材料或者作不实声明；

（四）对商业银行经营失败或重大违法违规行为负有重大责任；

（五）拒绝或阻碍银监会或其派出机构依法实施监管；

（六）因违法违规行为被金融监管部门或政府有关部门查处，造成恶劣影响；

（七）其他可能对商业银行经营管理产生不利影响的情形。

第十七条 商业银行主要股东自取得股权之日起五年内不得转让所持有的股权。

经银监会或其派出机构批准采取风险处置

措施、银监会或其派出机构责令转让、涉及司法强制执行或者在同一投资人控制的不同主体之间转让股权等特殊情形除外。

第十八条 商业银行主要股东应当严格按照法律法规、监管规定和公司章程行使出资人权利，履行出资人义务，不得滥用股东权利干预或利用其影响力干预董事会、高级管理层根据公司章程享有的决策权和管理权，不得越过董事会和高级管理层直接干预或利用影响力干预商业银行经营管理，进行利益输送，或以其他方式损害存款人、商业银行以及其他股东的合法权益。

第十九条 商业银行主要股东应当根据监管规定书面承诺在必要时向商业银行补充资本，并通过商业银行每年向银监会或其派出机构报告资本补充能力。

第二十条 商业银行主要股东应当建立有效的风险隔离机制，防止风险在股东、商业银行以及其他关联机构之间传染和转移。

第二十一条 商业银行主要股东应当对其与商业银行和其他关联机构之间董事会成员、监事会成员和高级管理人员的交叉任职进行有效管理，防范利益冲突。

第二十二条 商业银行股东应当遵守法律法规和银监会关于关联交易的相关规定，不得与商业银行进行不当的关联交易，不得利用其对商业银行经营管理的影响力获取不正当利益。

第二十三条 商业银行股东质押其持有的商业银行股权的，应当遵守法律法规和银监会关于商业银行股权质押的相关规定，不得损害其他股东和商业银行的利益。

第二十四条 商业银行发生重大风险事件或重大违法违规行为，被银监会或其派出机构采取风险处置或接管等措施的，股东应当积极配合银监会或其派出机构开展风险处置等工作。

第二十五条 金融产品可以持有上市商业银行股份，但单一投资人、发行人或管理人及其实际控制人、关联方、一致行动人控制的金融产品持有同一商业银行股份合计不得超过该商业银行股份总额的百分之五。

商业银行主要股东不得以发行、管理或通过其他手段控制的金融产品持有该商业银行股份。

第三章 商业银行职责

第二十六条 商业银行董事会应当勤勉尽责，并承担股权事务管理的最终责任。

商业银行董事长是处理商业银行股权事务的第一责任人。董事会秘书协助董事长工作，是处理股权事务的直接责任人。

董事长和董事会秘书应当忠实、诚信、勤勉地履行职责。履职未尽责的，依法承担法律责任。

第二十七条 商业银行应当建立和完善股权信息管理系统和股权管理制度，做好股权信息登记、关联交易管理和信息披露等工作。

商业银行应当加强与股东及投资者的沟通，并负责与股权事务相关的行政许可申请、股东信息和相关事项报告及资料报送等工作。

第二十八条 商业银行应当将关于股东管理的相关监管要求、股东的权利义务等写入公司章程，在公司章程中载明下列内容：

（一）股东应当遵守法律法规和监管规定；

（二）主要股东应当在必要时向商业银行补充资本；

（三）应经但未经监管部门批准或未向监管部门报告的股东，不得行使股东大会召开请求权、表决权、提名权、提案权、处分权等权利；

（四）对于存在虚假陈述、滥用股东权利或其他损害商业银行利益行为的股东，银监会或其派出机构可以限制或禁止商业银行与其开展关联交易，限制其持有商业银行股权的限额、股权质押比例等，并可限制其股东大会召开请求权、表决权、提名权、提案权、处分权等权利。

第二十九条 商业银行应当加强对股东资质的审查，对主要股东及其控股股东、实际控制人、关联方、一致行动人、最终受益人信息进行核实并掌握其变动情况，就股东对商业银行经营管理的影响进行判断，依法及时、准确、完整地报告或披露相关信息。

第三十条 商业银行董事会应当至少每年对主要股东资质情况、履行承诺事项情况、落实公司章程或协议条款情况以及遵守法律法规、监管规定情况进行评估，并及时将评估报告报送银监会或其派出机构。

第三十一条 商业银行应当建立股权托管制度,将股权在符合要求的托管机构进行集中托管。托管的具体要求由银监会另行规定。

第三十二条 商业银行应当加强关联交易管理,准确识别关联方,严格落实关联交易审批制度和信息披露制度,及时向银监会或其派出机构报告关联交易情况。

商业银行应当按被穿透原则将主要股东及其控股股东、实际控制人、关联方、一致行动人、最终受益人作为自身的关联方进行管理。

第三十三条 商业银行对主要股东或其控股股东、实际控制人、关联方、一致行动人、最终受益人等单个主体的授信余额不得超过商业银行资本净额的百分之十。商业银行对单个主要股东及其控股股东、实际控制人、关联方、一致行动人、最终受益人的合计授信余额不得超过商业银行资本净额的百分之十五。

前款中的授信,包括贷款(含贸易融资)、票据承兑和贴现、透支、债券投资、特定目的载体投资、开立信用证、保理、担保、贷款承诺,以及其他实质上由商业银行或商业银行发行的理财产品承担信用风险的业务。其中,商业银行应当按照穿透原则确认最终债务人。

商业银行的主要股东或其控股股东、实际控制人、关联方、一致行动人、最终受益人等为金融机构的,商业银行与其开展同业业务时,应当遵守法律法规和相关监管部门关于同业业务的相关规定。

第三十四条 商业银行与主要股东或其控股股东、实际控制人、关联方、一致行动人、最终受益人发生自用动产与不动产买卖或租赁;信贷资产买卖;抵债资产的接收和处置;信用增值、信用评估、资产评估、法律、信息、技术和基础设施等服务交易;委托或受托销售以及其他交易的,应当遵守法律法规和银监会有关规定,并按照商业原则进行,不应优于对非关联方同类交易条件,防止风险传染和利益输送。

第三十五条 商业银行应当加强对股权质押和解押的管理,在股东名册上记载质押相关信息,并及时协助股东向有关机构办理出质登记。

第四章 信息披露

第三十六条 商业银行主要股东应当及时、准确、完整地向商业银行报告以下信息:

(一)自身经营状况、财务信息、股权结构;

(二)入股商业银行的资金来源;

(三)控股股东、实际控制人、关联方、一致行动人、最终受益人及其变动情况;

(四)所持商业银行股权被采取诉讼保全措施或者被强制执行;

(五)所持商业银行股权被质押或者解押;

(六)名称变更;

(七)合并、分立;

(八)被采取责令停业整顿、指定托管、接管或撤销等监管措施,或者进入解散、破产、清算程序;

(九)其他可能影响股东资质条件变化或导致所持商业银行股权发生变化的情况。

第三十七条 商业银行应当通过半年报或年报在官方网站等渠道真实、准确、完整地披露商业银行股权信息,披露内容包括:

(一)报告期末股票、股东总数及报告期间股票变动情况;

(二)报告期末公司前十大股东持股情况;

(三)报告期末主要股东及其控股股东、实际控制人、关联方、一致行动人、最终受益人情况;

(四)报告期内与主要股东及其控股股东、实际控制人、关联方、一致行动人、最终受益人关联交易情况;

(五)主要股东出质银行股权情况;

(六)股东提名董事、监事情况;

(七)银监会规定的其他信息。

第三十八条 主要股东相关信息可能影响股东资质条件发生重大变化或导致所持商业银行股权发生重大变化的,商业银行应及时进行信息披露。

第三十九条 对于应当报请银监会或其派出机构批准但尚未获得批准的股权事项,商业银行在信息披露时应当作出说明。

第五章 监督管理

第四十条 银监会及其派出机构应当加强对商业银行股东的穿透监管,加强对主要股东及其控股股东、实际控制人、关联方、一致行动人及最终受益人的审查、识别和认定。商业银行主要股东及其控股股东、实际控制人、关联方、一致行动人及最终受益人，以银监会或其派出机构认定为准。

银监会及其派出机构有权采取下列措施，了解商业银行股东及其控股股东、实际控制人、关联方、一致行动人及最终受益人信息：

（一）要求股东逐层披露其股东、实际控制人、关联方、一致行动人及最终受益人；

（二）要求股东报送资产负债表、利润表和其他财务会计报告和统计报表、公司发展战略和经营管理材料以及注册会计师出具的审计报告；

（三）要求股东及相关人员对有关事项作出解释说明；

（四）询问股东及相关人员；

（五）实地走访或调查股东经营情况；

（六）银监会及其派出机构认为可以采取的其他监管措施。

对与涉嫌违法事项有关的商业银行股东及其控股股东、实际控制人、关联方、一致行动人及最终受益人，银监会及其派出机构有权依法查阅、复制有关财务会计、财产权登记等文件、资料；对可能被转移、隐匿、毁损或者伪造的文件、资料，予以先行登记保存。

第四十一条 银监会及其派出机构有权要求商业银行在公司章程中载明股东权利和义务，以及股东应当遵守和执行监管规定和监管要求的内容；有权要求商业银行或股东就其提供的有关资质条件、关联关系或入股资金等信息的真实性作出声明，并承诺承担因提供虚假信息或不实声明造成的后果。

第四十二条 银监会及其派出机构有权评估商业银行主要股东及其控股股东、实际控制人、关联方、一致行动人、最终受益人的经营活动，以判断其对商业银行和银行集团安全稳健运行的影响。

第四十三条 银监会及其派出机构有权根据商业银行与股东关联交易的风险状况，要求商业银行降低对一个或一个以上直至全部股东及其控股股东、实际控制人、关联方、一致行动人、最终受益人授信余额占其资本净额的比例，限制或禁止商业银行与一个或一个以上直至全部股东及其控股股东、实际控制人、关联方、一致行动人、最终受益人开展交易。

第四十四条 银监会及其派出机构根据审慎监管的需要，有权限制同一股东及其关联方、一致行动人入股商业银行的数量、持有商业银行股权的限额、股权质押比例等。

第四十五条 银监会及其派出机构应当建立股东动态监测机制，至少每年对商业银行主要股东的资质条件、执行公司章程情况和承诺情况、行使股东权利和义务、落实法律法规和监管规定情况进行评估。

银监会及其派出机构应当将评估工作纳入日常监管，并视情形采取限期整改等监管措施。

第四十六条 商业银行主要股东为金融机构的，银监会及其派出机构应当与该金融机构的监管机构建立有效的信息交流和共享机制。

第四十七条 商业银行在股权管理过程中存在下列情形之一的，银监会或其派出机构应当责令限期改正；逾期未改正，或者其行为严重危及该商业银行的稳健运行、损害存款人和其他客户合法权益的，经银监会或其省一级派出机构负责人批准，可以区别情形，按照《中华人民共和国银行业监督管理法》第三十七条规定，采取相应的监管措施：

（一）未按要求及时申请审批或报告的；

（二）提供虚假的或者隐瞒重要事实的报表、报告等文件、资料的；

（三）未按规定制定公司章程，明确股东权利义务的；

（四）未按规定进行股权托管的；

（五）未按规定进行信息披露的；

（六）未按规定开展关联交易的；

（七）未按规定进行股权质押管理的；

（八）拒绝或阻碍监管部门进行调查核实的；

（九）其他违反股权管理相关要求的。

第四十八条 商业银行股东或其控股股东、实际控制人、关联方、一致行动人、最终受益人等存在下列情形，造成商业银行违反审慎经营规则的，银监会或其派出机构根据《中华人民共和国银行业监督管理法》第三十七条规定，可以责令商业银行控股股东转让股权；限制商业银行股东参与经营管理的相关权利，包括股东大会召开请求权、表决权、提名权、提案权、处分权等：

（一）虚假出资、出资不实、抽逃出资或

者变相抽逃出资的；

（二）违规使用委托资金、债务资金或其他非自有资金投资入股的；

（三）违规进行股权代持的；

（四）未按规定进行报告的；

（五）拒绝向商业银行、银监会或其派出机构提供文件材料或提供虚假文件材料、隐瞒重要信息以及迟延提供相关文件材料的；

（六）违反承诺或公司章程的；

（七）主要股东或其控股股东、实际控制人不符合本办法规定的监管要求的；

（八）违规开展关联交易的；

（九）违规进行股权质押的；

（十）拒绝或阻碍银监会或其派出机构进行调查核实的；

（十一）不配合银监会或其派出机构开展风险处置的；

（十二）其他滥用股东权利或不履行股东义务，损害商业银行、存款人或其他股东利益的。

第四十九条 商业银行未遵守本办法规定进行股权管理的，银监会或其派出机构可以调整该商业银行公司治理评价结果或监管评级。

商业银行董事会成员在履职过程中未就股权管理方面的违法违规行为提出异议的，最近一次履职评价不得评为称职。

第五十条 银监会及其派出机构建立商业银行股权管理和股东行为不良记录数据库，通过全国信用信息共享平台与相关部门或政府机构共享信息。

对于存在违法违规行为且拒不改正的股东，银监会及其派出机构可以单独或会同相关部门和单位予以联合惩戒，可通报、公开谴责、禁止其一定期限直至终身入股商业银行。

第六章 法律责任

第五十一条 商业银行未按要求对股东及其控股股东、实际控制人、关联方、一致行动人、最终受益人信息进行审查、审核或披露的，由银监会或其派出机构按照《中华人民共和国银行业监督管理法》第四十六条、第四十八条的规定，责令改正，并处二十万元以上五十万元以下罚款；对负有责任的董事长、董事会秘书和其他相关责任人员给予警告，处五万元以上五十万元以下罚款。

第五十二条 商业银行存在本办法第四十七条规定的情形之一，情节较为严重的，由银监会或其派出机构按照《中华人民共和国银行业监督管理法》第四十六条、第四十七条、第四十八条规定，处二十万元以上五十万元以下罚款；情节特别严重或者逾期不改正的，可以责令停业整顿或者吊销其经营许可证。对负有责任的董事长、董事会秘书和其他相关责任人员给予警告，处五万元以上五十万元以下罚款，情节严重的，取消其董事和高管任职资格。

第五十三条 投资人未经批准持有商业银行资本总额或股份总额百分之五以上的，由银监会或其派出机构按照《中华人民共和国商业银行法》第七十九条规定，责令改正，有违法所得的，没收违法所得，违法所得五万元以上的，并处违法所得一倍以上五倍以下罚款；没有违法所得或违法所得不足五万元的，处五万元以上五十万元以下罚款。

第五十四条 商业银行股东或其控股股东、实际控制人、关联方、一致行动人、最终受益人等以隐瞒、欺骗等不正当手段获得批准持有商业银行资本总额或股份总额百分之五以上的，由银监会或其派出机构按照《中华人民共和国行政许可法》的规定，对相关行政许可予以撤销。

第七章 附 则

第五十五条 本办法所称"以上"均含本数，"以下""不足"不含本数。

第五十六条 本办法中下列用语的含义：

（一）控股股东，是指根据《中华人民共和国公司法》第二百一十六条规定，其出资额占有限责任公司资本总额百分之五十以上或者其持有的股份占股份有限公司股本总额百分之五十以上的股东；出资额或者持有股份的比例虽然不足百分之五十，但依其出资额或者持有的股份所享有的表决权已足以对股东会、股东大会的决议产生重大影响的股东。

（二）实际控制人，是指根据《中华人民共和国公司法》第二百一十六条规定，虽不是公司的股东，但通过投资关系、协议或者其他安排，能够实际支配公司行为的人。

（三）关联方，是指根据《企业会计准则第36号关联方披露》规定，一方控制、共同控制另一方或对另一方施加重大影响,以及两方或两方以上同受一方控制、共同控制或重大影响的。但国家控制的企业之间不仅因为同受国家控股而具有关联关系。

(四)一致行动,是指投资者通过协议、其他安排,与其他投资者共同扩大其所能够支配的一个公司股份表决权数量的行为或者事实。达成一致行动的相关投资者,为一致行动人。

(五)最终受益人,是指实际享有商业银行股权收益的人。

第五十七条 在中华人民共和国境内依法设立的农村合作银行、农村信用社、贷款公司、农村资金互助社、金融资产管理公司、信托公司、企业集团财务公司、金融租赁公司、汽车金融公司、货币经纪公司、消费金融公司以及经银监会批准设立的其他金融机构,参照适用本办法,银监会另有规定的从其规定。

第五十八条 本办法由银监会负责解释。

第五十九条 本办法自公布之日起施行。本办法施行前,银监会有关商业银行股权管理的规定与本办法不一致的,按照本办法执行。

四、非银行金融机构

非银行支付机构监督管理条例

（2023年11月24日国务院第19次常务会议通过 2023年12月9日中华人民共和国国务院令第768号公布 自2024年5月1日起施行）

目 录

第一章 总 则
第二章 设立、变更与终止
第三章 支付业务规则
第四章 监督管理
第五章 法律责任
第六章 附 则

第一章 总 则

第一条 为了规范非银行支付机构行为，保护当事人合法权益，防范化解风险，促进非银行支付行业健康发展，根据《中华人民共和国中国人民银行法》、《中华人民共和国电子商务法》等法律，制定本条例。

第二条 本条例所称非银行支付机构，是指在中华人民共和国境内（以下简称境内）依法设立，除银行业金融机构外，取得支付业务许可，从事根据收款人或者付款人（以下统称用户）提交的电子支付指令转移货币资金等支付业务的有限责任公司或者股份有限公司。

中华人民共和国境外（以下简称境外）的非银行机构拟为境内用户提供跨境支付服务的，应当依照本条例规定在境内设立非银行支付机构，国家另有规定的除外。

第三条 非银行支付机构开展业务，应当遵守法律、行政法规的规定，遵循安全、高效、诚信和公平竞争的原则，以提供小额、便民支付服务为宗旨，维护国家金融安全，不得损害国家利益、社会公共利益和他人合法权益。

第四条 非银行支付机构的监督管理，应当贯彻落实党和国家路线方针政策、决策部署，围绕服务实体经济，统筹发展和安全，维护公平竞争秩序。

中国人民银行依法对非银行支付机构实施监督管理。中国人民银行的分支机构根据中国人民银行的授权，履行监督管理职责。

第五条 非银行支付机构应当遵守反洗钱和反恐怖主义融资、反电信网络诈骗、防范和处置非法集资、打击赌博等规定，采取必要措施防范违法犯罪活动。

第二章 设立、变更与终止

第六条 设立非银行支付机构，应当经中国人民银行批准，取得支付业务许可。非银行支付机构的名称中应当标明"支付"字样。

未经依法批准，任何单位和个人不得从事或者变相从事支付业务，不得在单位名称和经营范围中使用"支付"字样，法律、行政法规和国家另有规定的除外。支付业务许可被依法注销后，该机构名称和经营范围中不得继续使用"支付"字样。

第七条 设立非银行支付机构,应当符合《中华人民共和国公司法》的规定,并具备以下条件:

(一)有符合本条例规定的注册资本;

(二)主要股东、实际控制人财务状况和诚信记录良好,最近3年无重大违法违规记录;主要股东、实际控制人为公司的,其股权结构应当清晰透明,不存在权属纠纷;

(三)拟任董事、监事和高级管理人员熟悉相关法律法规,具有履行职责所需的经营管理能力,最近3年无重大违法违规记录;

(四)有符合规定的经营场所、安全保障措施以及业务系统、设施和技术;

(五)有健全的公司治理结构、内部控制和风险管理制度、退出预案以及用户权益保障机制;

(六)法律、行政法规以及中国人民银行规章规定的其他审慎性条件。

第八条 设立非银行支付机构的注册资本最低限额为人民币1亿元,且应当为实缴货币资本。

中国人民银行根据非银行支付机构的业务类型、经营地域范围和业务规模等因素,可以提高前款规定的注册资本最低限额。

非银行支付机构的股东应当以自有资金出资,不得以委托资金、债务资金等非自有资金出资。

第九条 申请设立非银行支付机构,应当向中国人民银行提交申请书和证明其符合本条例第七条、第八条规定条件的材料。

第十条 中国人民银行应当自受理申请之日起6个月内作出批准或者不予批准的决定。决定批准的,颁发支付业务许可证并予以公告;决定不予批准的,应当书面通知申请人并说明理由。

支付业务许可证应当载明非银行支付机构可以从事的业务类型和经营地域范围。

第十一条 申请人收到支付业务许可证后,应当及时向市场监督管理部门办理登记手续,领取营业执照。

非银行支付机构设立后无正当理由连续2年以上未开展支付业务的,由中国人民银行注销支付业务许可。

第十二条 非银行支付机构的主要经营场所应当与登记的住所保持一致。非银行支付机构拟在住所所在地以外的省、自治区、直辖市为线下经营的特约商户提供支付服务的,应当按照规定设立分支机构,并向中国人民银行备案。

本条例所称特约商户,是指与非银行支付机构签订支付服务协议,由非银行支付机构按照协议为其完成资金结算的经营主体。

第十三条 非银行支付机构办理下列事项,应当经中国人民银行批准:

(一)变更名称、注册资本、业务类型或者经营地域范围;

(二)跨省、自治区、直辖市变更住所;

(三)变更主要股东或者实际控制人;

(四)变更董事、监事或者高级管理人员;

(五)合并或者分立。

非银行支付机构申请变更名称、注册资本的,中国人民银行应当自受理申请之日起1个月内作出批准或者不予批准的书面决定;申请办理前款所列其他事项的,中国人民银行应当自受理申请之日起3个月内作出批准或者不予批准的书面决定。经批准后,非银行支付机构依法向市场监督管理部门办理相关登记手续。

第十四条 非银行支付机构拟终止支付业务的,应当向中国人民银行申请注销支付业务许可。非银行支付机构申请注销支付业务许可或者被中国人民银行吊销支付业务许可证、撤销支付业务许可的,应当按照规定制定切实保障用户资金和信息安全的方案,并向用户公告。非银行支付机构解散的,还应当依法进行清算,清算过程接受中国人民银行的监督。

非银行支付机构办理支付业务许可证注销手续后,方可向市场监督管理部门办理变更或者注销登记手续。

第三章 支付业务规则

第十五条 非银行支付业务根据能否接收付款人预付资金,分为储值账户运营和支付交易处理两种类型,但是单用途预付卡业务不属于本条例规定的支付业务。

储值账户运营业务和支付交易处理业务的具体分类方式和监督管理规则由中国人民银行制定。

第十六条 非银行支付机构应当按照支付业务许可证载明的业务类型和经营地域范围从

事支付业务，未经批准不得从事依法需经批准的其他业务。

非银行支付机构不得涂改、倒卖、出租、出借支付业务许可证，或者以其他形式非法转让行政许可。

第十七条 非银行支付机构应当按照审慎经营要求，建立健全并落实合规管理制度、内部控制制度、业务管理制度、风险管理制度、突发事件应急预案以及用户权益保障机制。

第十八条 非银行支付机构应当具备必要和独立的业务系统、设施和技术，按照强制性国家标准以及相关网络、数据安全管理要求，确保支付业务处理的及时性、准确性和支付业务的连续性、安全性、可溯源性。

非银行支付机构的业务系统及其备份应当存放在境内。

第十九条 非银行支付机构为境内交易提供支付服务的，应当在境内完成交易处理、资金结算和数据存储。

非银行支付机构为跨境交易提供支付服务的，应当遵守跨境支付、跨境人民币业务、外汇管理以及数据跨境流动的有关规定。

第二十条 非银行支付机构应当与用户签订支付服务协议。非银行支付机构应当按照公平原则拟定协议条款，并在其经营场所、官方网站、移动互联网应用程序等的显著位置予以公示。

支付服务协议应当明确非银行支付机构与用户的权利义务、支付业务流程、电子支付指令传输路径、资金结算、纠纷处理原则以及违约责任等事项，且不得包含排除、限制竞争以及不合理地免除或者减轻非银行支付机构责任、加重用户责任、限制或者排除用户主要权利等内容。对于协议中足以影响用户是否同意使用支付服务的条款，非银行支付机构应当采取合理方式提示用户注意，并按照用户的要求对该条款予以说明。

非银行支付机构拟变更协议内容的，应当充分征求用户意见，并在本条第一款规定的显著位置公告满 30 日后方可变更。非银行支付机构应当以数据电文等书面形式与用户就变更的协议内容达成一致。

第二十一条 非银行支付机构应当建立持续有效的用户尽职调查制度，按照规定识别并核实用户身份，了解用户交易背景和风险状况，并采取相应的风险管理措施。

非银行支付机构不得将涉及资金安全、信息安全等的核心业务和技术服务委托第三方处理。

第二十二条 非银行支付机构应当自行完成特约商户尽职调查、支付服务协议签订、持续风险监测等业务活动。非银行支付机构不得为未经依法设立或者从事非法经营活动的商户提供服务。

第二十三条 从事储值账户运营业务的非银行支付机构为用户开立支付账户的，应当遵守法律、行政法规以及中国人民银行关于支付账户管理的规定。国家引导、鼓励非银行支付机构与商业银行开展合作，通过银行账户为单位用户提供支付服务。

前款规定的非银行支付机构应当建立健全支付账户开立、使用、变更和撤销等业务管理和风险管理制度，防止开立匿名、假名支付账户，并采取有效措施保障支付账户安全，开展异常账户风险监测，防范支付账户被用于违法犯罪活动。

本条例所称支付账户，是指根据用户真实意愿为其开立的，用于发起支付指令、反映交易明细、记录资金余额的电子簿记载体。支付账户应当以用户实名开立。

任何单位和个人不得非法买卖、出租、出借支付账户。

第二十四条 从事储值账户运营业务的非银行支付机构应当将从用户处获取的预付资金及时等值转换为支付账户余额或者预付资金余额。用户可以按照协议约定提取其持有的余额，但是非银行支付机构不得向用户支付与其持有的余额有关的利息等收益。

第二十五条 非银行支付机构应当将收款人和付款人信息等必要信息包含在电子支付指令中，确保所传递的电子支付指令的完整性、一致性、可跟踪稽核和不可篡改。

非银行支付机构不得伪造、变造电子支付指令。

第二十六条 非银行支付机构应当以清算机构、银行业金融机构、其他非银行支付机构认可的安全认证方式访问账户，不得违反规定留存银行账户、支付账户敏感信息。

第二十七条 非银行支付机构应当根据用户发起的支付指令划转备付金，用户备付金被依法冻结、扣划的除外。

本条例所称备付金，是指非银行支付机构为用户办理支付业务而实际收到的预收待付货币资金。

非银行支付机构不得以任何形式挪用、占用、借用备付金，不得以备付金为自己或者他人提供担保。

第二十八条 非银行支付机构净资产与备付金日均余额的比例应当符合中国人民银行的规定。

第二十九条 非银行支付机构应当将备付金存放在中国人民银行或者符合中国人民银行要求的商业银行。

任何单位和个人不得对非银行支付机构存放备付金的账户申请冻结或者强制执行，法律另有规定的除外。

第三十条 非银行支付机构应当通过中国人民银行确定的清算机构处理与银行业金融机构、其他非银行支付机构之间合作开展的支付业务，遵守清算管理规定，不得从事或者变相从事清算业务。

非银行支付机构应当向清算机构及时报送真实、准确、完整的交易信息。

非银行支付机构应当按照结算管理规定为用户办理资金结算业务，采取风险管理措施。

第三十一条 非银行支付机构应当妥善保存用户资料和交易记录。有关机关依照法律、行政法规的规定，查询用户资料、交易记录及其持有的支付账户余额或者预付资金余额，或者冻结、扣划用户资金的，非银行支付机构应当予以配合。

第三十二条 非银行支付机构处理用户信息，应当遵循合法、正当、必要和诚信原则，公开用户信息处理规则，明示处理用户信息的目的、方式和范围，并取得用户同意，法律、行政法规另有规定的除外。

非银行支付机构应当依照法律、行政法规、国家有关规定和双方约定处理用户信息，不得收集与其提供的服务无关的用户信息，不得以用户不同意处理其信息或者撤回同意等为由拒绝提供服务，处理相关信息属于提供服务所必需的除外。

非银行支付机构应当对用户信息严格保密，采取有效措施防止未经授权的访问以及用户信息泄露、篡改、丢失，不得非法买卖、提供或者公开用户信息。

非银行支付机构与其关联公司共享用户信息的，应当告知用户该关联公司的名称和联系方式，并就信息共享的内容以及信息处理的目的、期限、方式、保护措施等取得用户单独同意。非银行支付机构还应当与关联公司就上述内容以及双方的权利义务等作出约定，并对关联公司的用户信息处理活动进行监督，确保用户信息处理活动依法合规、风险可控。

用户发现非银行支付机构违反法律、行政法规、国家有关规定或者双方约定处理其信息的，有权要求非银行支付机构删除其信息并依法承担责任。用户发现其信息不准确或者不完整的，有权要求非银行支付机构更正、补充。

第三十三条 非银行支付机构相关网络设施、信息系统等被依法认定为关键信息基础设施，或者处理个人信息达到国家网信部门规定数量的，其在境内收集和产生的个人信息的处理应当在境内进行。确需向境外提供的，应当符合法律、行政法规和国家有关规定，并取得用户单独同意。

非银行支付机构在境内收集和产生的重要数据的出境安全管理，依照法律、行政法规和国家有关规定执行。

第三十四条 非银行支付机构应当依照有关价格法律、行政法规的规定，合理确定并公开支付业务的收费项目和收费标准，进行明码标价。

非银行支付机构应当在经营场所的显著位置以及业务办理途径的关键节点，清晰、完整标明服务内容、收费项目、收费标准、限制条件以及相关要求等，保障用户知情权和选择权，不得收取任何未予标明的费用。

第三十五条 非银行支付机构应当及时妥善处理与用户的争议，履行投诉处理主体责任，切实保护用户合法权益。

国家鼓励用户和非银行支付机构之间运用调解、仲裁等方式解决纠纷。

第四章 监督管理

第三十六条 非银行支付机构的控股股东、实际控制人应当遵守非银行支付机构股权管理规定，不得存在以下情形：

（一）通过特定目的载体或者委托他人持股等方式规避监管；

（二）通过违规开展关联交易等方式损害非银行支付机构或者其用户的合法权益；

（三）其他可能对非银行支付机构经营管理产生重大不利影响的情形。

同一股东不得直接或者间接持有两个及以上同一业务类型的非银行支付机构10%以上股权或者表决权。同一实际控制人不得控制两个及以上同一业务类型的非银行支付机构，国家另有规定的除外。

第三十七条 非银行支付机构应当按照规定向中国人民银行报送支付业务信息、经审计的财务会计报告、经营数据报表、统计数据，以及中国人民银行要求报送的与公司治理、业务运营相关的其他资料。

第三十八条 中国人民银行按照规定对非银行支付机构进行分类评级，并根据分类评级结果实施分类监督管理。

中国人民银行依法制定系统重要性非银行支付机构的认定标准和监督管理规则。

第三十九条 中国人民银行依法履行职责，有权采取下列措施：

（一）对非银行支付机构进行现场检查和非现场监督管理；

（二）进入涉嫌违法违规行为发生场所调查取证；

（三）询问当事人和与被调查事件有关的单位和个人，要求其对与被调查事件有关的事项作出说明；

（四）查阅、复制当事人和与被调查事件有关的单位和个人的相关文件、资料和业务系统；对可能被转移、隐匿或者毁损的文件、资料和业务系统，可以予以封存、扣押；

（五）经中国人民银行或者其省一级派出机构负责人批准，查询当事人和与被调查事件有关的单位账户信息。

为防范风险、维护市场秩序，中国人民银行可以采取责令改正、监管谈话、出具警示函、向社会发布风险提示等措施。

第四十条 中国人民银行依法履行职责，进行现场检查或者调查，其现场检查、调查的人员不得少于2人，并应当出示合法证件和执法文书。现场检查、调查的人员少于2人或者未出示合法证件和执法文书的，被检查、调查的单位和个人有权拒绝。

中国人民银行依法履行职责，被检查、调查的单位和个人应当配合，如实提供有关文件、资料和业务系统，不得拒绝、阻挠和隐瞒。

第四十一条 非银行支付机构发生对其经营发展、支付业务稳定性和连续性、用户合法权益产生重大影响事项的，应当按照规定向中国人民银行报告。

非银行支付机构的主要股东拟质押非银行支付机构股权的，应当按照规定向中国人民银行报告，质押的股权不得超过该股东所持有该非银行支付机构股权总数的50%。

第四十二条 非银行支付机构不得实施垄断或者不正当竞争行为，妨害市场公平竞争秩序。

中国人民银行在履行职责中发现非银行支付机构涉嫌垄断或者不正当竞争行为的，应当将相关线索移送有关执法部门，并配合其进行查处。

第四十三条 非银行支付机构发生风险事件的，应当按照规定向中国人民银行报告。

中国人民银行可以根据需要将风险情况通报非银行支付机构住所所在地方人民政府。地方人民政府应当配合中国人民银行做好相关风险处置工作，维护社会稳定。

第四十四条 非银行支付机构发生风险事件影响其正常运营、损害用户合法权益的，中国人民银行可以区分情形，对非银行支付机构采取下列措施：

（一）责令主要股东履行补充资本的监管承诺；

（二）限制重大资产交易；

（三）责令调整董事、监事、高级管理人员或者限制其权利。

第四十五条 中国人民银行及其工作人员对监督管理工作中知悉的国家秘密、商业秘密和个人信息，应当予以保密。

第四十六条 中国人民银行应当依照法律、行政法规和国家有关规定，完善非银行支付机构行业风险防范化解措施，化解非银行支付机构风险。

第五章 法律责任

第四十七条 未经依法批准，擅自设立非银行支付机构、从事或者变相从事支付业务的，由中国人民银行依法予以取缔，没收违法所得，违法所得 50 万元以上的，并处违法所得 1 倍以上 5 倍以下罚款；没有违法所得或者违法所得不足 50 万元的，单处或者并处 50 万元以上 200 万元以下罚款。对其法定代表人或者主要负责人、直接负责的主管人员和其他直接责任人员给予警告，并处 10 万元以上 50 万元以下罚款。地方人民政府应当予以配合。

第四十八条 以欺骗、虚假出资、循环注资或者利用非自有资金出资等不正当手段申请设立、合并或者分立非银行支付机构、变更非银行支付机构主要股东或者实际控制人，未获批准的，申请人 1 年内不得再次申请或者参与申请相关许可。申请已获批准的，责令其终止支付业务，撤销相关许可，没收违法所得，违法所得 50 万元以上的，并处违法所得 1 倍以上 5 倍以下罚款；没有违法所得或者违法所得不足 50 万元的，并处 50 万元以上 200 万元以下罚款；申请人 3 年内不得再次申请或者参与申请相关许可。

第四十九条 非银行支付机构违反本条例规定，有下列情形之一的，责令其限期改正，给予警告、通报批评，没收违法所得，违法所得 10 万元以上的，可以并处违法所得 1 倍以上 5 倍以下罚款；没有违法所得或者违法所得不足 10 万元的，可以并处 50 万元以下罚款；情节严重或者逾期不改正的，限制部分支付业务或者责令停业整顿：

（一）未在名称中使用"支付"字样；

（二）未建立健全或者落实有关合规管理制度、内部控制制度、业务管理制度、风险管理制度、突发事件应急预案或者用户权益保障机制；

（三）相关业务系统、设施或者技术不符合管理规定；

（四）未按照规定报送、保存相关信息、资料或者公示相关事项、履行报告要求；

（五）未经批准变更本条例第十三条第一款第一项、第二项或者第四项规定的事项，或者未按照规定设立分支机构。

第五十条 非银行支付机构违反本条例规定，有下列情形之一的，责令其限期改正，给予警告、通报批评，没收违法所得，违法所得 50 万元以上的，并处违法所得 1 倍以上 5 倍以下罚款；没有违法所得或者违法所得不足 50 万元的，并处 100 万元以下罚款；情节严重或者逾期不改正的，限制部分支付业务或者责令停业整顿，直至吊销其支付业务许可证：

（一）未按照规定与用户签订支付服务协议，办理资金结算，采取风险管理措施；

（二）未按照规定完成特约商户尽职调查、支付服务协议签订、持续风险监测等业务活动；

（三）将核心业务或者相关技术服务委托第三方处理；

（四）违规开立支付账户，或者除非法买卖、出租、出借支付账户外，支付账户被违规使用；

（五）违规向用户支付利息等收益，或者违规留存银行账户、支付账户敏感信息；

（六）未按照规定存放、划转备付金；

（七）未遵守跨境支付相关规定；

（八）未按照规定终止支付业务。

第五十一条 非银行支付机构违反本条例规定，有下列情形之一的，责令其限期改正，给予警告、通报批评，没收违法所得，违法所得 50 万元以上的，并处违法所得 1 倍以上 5 倍以下罚款；没有违法所得或者违法所得不足 50 万元的，并处 50 万元以上 200 万元以下罚款；情节严重或者逾期不改正的，限制部分支付业务或者责令停业整顿，直至吊销其支付业务许可证：

（一）涂改、倒卖、出租、出借支付业务许可证，或者以其他形式非法转让行政许可；

（二）超出经批准的业务类型或者经营地域范围开展支付业务；

（三）为非法从事非银行支付业务的单位或者个人提供支付业务渠道；

（四）未经批准变更主要股东或者实际控制人，合并或者分立；

（五）挪用、占用、借用备付金，或者以备付金为自己或者他人提供担保；

（六）无正当理由中断支付业务，或者未按照规定处理电子支付指令；

（七）开展或者变相开展清算业务；

（八）拒绝、阻挠、逃避检查或者调查，或者谎报、隐匿、销毁相关文件、资料或者业务系统。

第五十二条 非银行支付机构违反本条例规定处理用户信息、业务数据的，依照《中华人民共和国个人信息保护法》、《中华人民共和国网络安全法》、《中华人民共和国数据安全法》等有关规定进行处罚。

第五十三条　非银行支付机构未按照规定建立用户尽职调查制度，履行相关义务，或者存在外汇、价格违法行为的，以及任何单位和个人非法买卖、出租、出借支付账户的，由有关主管部门依照有关法律、行政法规进行处罚。

非银行支付机构未经批准从事依法需经批准的其他业务的，依照有关法律、行政法规进行处罚。

第五十四条　非银行支付机构的控股股东、实际控制人违反本条例规定，有下列情形之一的，责令其限期改正，给予警告、通报批评，没收违法所得，违法所得10万元以上的，并处违法所得1倍以上5倍以下罚款；没有违法所得或者违法所得不足10万元的，并处10万元以上50万元以下罚款：

（一）通过特定目的载体或者委托他人持股等方式规避监管；

（二）通过违规开展关联交易等方式损害非银行支付机构或者其用户的合法权益；

（三）违反非银行支付机构股权管理规定。

非银行支付机构的主要股东违反本条例关于股权质押等股权管理规定的，依照前款规定处罚。

第五十五条　依照本条例规定对非银行支付机构进行处罚的，根据具体情形，可以同时对负有直接责任的董事、监事、高级管理人员和其他人员给予警告、通报批评，单处或者并处5万元以上50万元以下罚款。

非银行支付机构违反本条例规定，情节严重的，对负有直接责任的董事、监事、高级管理人员，可以禁止其在一定期限内担任或者终身禁止其担任非银行支付机构的董事、监事、高级管理人员。

第五十六条　中国人民银行工作人员有下列情形之一的，依法给予处分：

（一）违反规定审查批准非银行支付机构的设立、变更、终止申请等事项；

（二）泄露履行职责过程中知悉的国家秘密、商业秘密或者个人信息；

（三）滥用职权、玩忽职守的其他行为。

第五十七条　违反本条例规定，构成犯罪的，依法追究刑事责任。

第六章　附　则

第五十八条　支付清算行业自律组织依法开展行业自律管理活动，接受中国人民银行的指导和监督。

支付清算行业自律组织可以制定非银行支付机构行业自律规范。

第五十九条　本条例施行前已按照有关规定设立的非银行支付机构的过渡办法，由中国人民银行规定。

第六十条　本条例自2024年5月1日起施行。

融资担保公司监督管理条例

(2017年8月2日中华人民共和国国务院令第683号公布
自2017年10月1日起施行)

第一章　总　则

第一条　为了支持普惠金融发展，促进资金融通，规范融资担保公司的行为，防范风险，制定本条例。

第二条　本条例所称融资担保，是指担保人为被担保人借款、发行债券等债务融资提供担保的行为；所称融资担保公司，是指依法设立、经营融资担保业务的有限责任公司或者股份有限公司。

第三条　融资担保公司开展业务，应当遵守法律法规，审慎经营，诚实守信，不得损害国家利益、社会公共利益和他人合法权益。

第四条　省、自治区、直辖市人民政府确

定的部门（以下称监督管理部门）负责对本地区融资担保公司的监督管理。

省、自治区、直辖市人民政府负责制定促进本地区融资担保行业发展的政策措施、处置融资担保公司风险，督促监督管理部门严格履行职责。

国务院建立融资性担保业务监管部际联席会议，负责拟订融资担保公司监督管理制度，协调解决融资担保公司监督管理中的重大问题，督促指导地方人民政府对融资担保公司进行监督管理和风险处置。融资性担保业务监管部际联席会议由国务院银行业监督管理机构牵头，国务院有关部门参加。

第五条 国家推动建立政府性融资担保体系，发展政府支持的融资担保公司，建立政府、银行业金融机构、融资担保公司合作机制，扩大为小微企业和农业、农村、农民提供融资担保业务的规模并保持较低的费率水平。

各级人民政府财政部门通过资本金投入、建立风险分担机制等方式，对主要为小微企业和农业、农村、农民服务的融资担保公司提供财政支持，具体办法由国务院财政部门制定。

第二章 设立、变更和终止

第六条 设立融资担保公司，应当经监督管理部门批准。

融资担保公司的名称中应当标明融资担保字样。

未经监督管理部门批准，任何单位和个人不得经营融资担保业务，任何单位不得在名称中使用融资担保字样。国家另有规定的除外。

第七条 设立融资担保公司，应当符合《中华人民共和国公司法》的规定，并具备下列条件：

（一）股东信誉良好，最近3年无重大违法违规记录；

（二）注册资本不低于人民币2000万元，且为实缴货币资本；

（三）拟任董事、监事、高级管理人员熟悉与融资担保业务相关的法律法规，具有履行职责所需的从业经验和管理能力；

（四）有健全的业务规范和风险控制等内部管理制度。

省、自治区、直辖市根据本地区经济发展水平和融资担保行业发展的实际情况，可以提高前款规定的注册资本最低限额。

第八条 申请设立融资担保公司，应当向监督管理部门提交申请书和证明其符合本条例第七条规定条件的材料。

监督管理部门应当自受理申请之日起30日内作出批准或者不予批准的决定。决定批准的，颁发融资担保业务经营许可证；不予批准的，书面通知申请人并说明理由。

经批准设立的融资担保公司由监督管理部门予以公告。

第九条 融资担保公司合并、分立或者减少注册资本，应当经监督管理部门批准。

融资担保公司在住所地所在省、自治区、直辖市范围内设立分支机构，变更名称，变更持有5%以上股权的股东或者变更董事、监事、高级管理人员，应当自分支机构设立之日起或者变更相关事项之日起30日内向监督管理部门备案；变更后的相关事项应当符合本条例第六条第二款、第七条的规定。

第十条 融资担保公司跨省、自治区、直辖市设立分支机构，应当具备下列条件，并经拟设分支机构所在地监督管理部门批准：

（一）注册资本不低于人民币10亿元；

（二）经营融资担保业务3年以上，且最近2个会计年度连续盈利；

（三）最近2年无重大违法违规记录。

拟设分支机构所在地监督管理部门审批的程序和期限，适用本条例第八条的规定。

融资担保公司应当自分支机构设立之日起30日内，将有关情况报告公司住所地监督管理部门。

融资担保公司跨省、自治区、直辖市设立的分支机构的日常监督管理，由分支机构所在地监督管理部门负责，融资担保公司住所地监督管理部门应当予以配合。

第十一条 融资担保公司解散的，应当依法成立清算组进行清算，并对未到期融资担保责任的承接作出明确安排。清算过程应当接受监督管理部门的监督。

融资担保公司解散或者被依法宣告破产的，应当将融资担保业务经营许可证交监督管理部门注销，并由监督管理部门予以公告。

第三章 经营规则

第十二条 除经营借款担保、发行债券担保等融资担保业务外，经营稳健、财务状况良好的融资担保公司还可以经营投标担保、工程履约担保、诉讼保全担保等非融资担保业务以及与担保业务有关的咨询等服务业务。

第十三条　融资担保公司应当按照审慎经营原则，建立健全融资担保项目评审、担保后管理、代偿责任追偿等方面的业务规范以及风险管理等内部控制制度。

政府支持的融资担保公司应当增强运用大数据等现代信息技术手段的能力，为小微企业和农业、农村、农民的融资需求服务。

第十四条　融资担保公司应当按照国家规定的风险权重，计量担保责任余额。

第十五条　融资担保公司的担保责任余额不得超过其净资产的 10 倍。

对主要为小微企业和农业、农村、农民服务的融资担保公司，前款规定的倍数上限可以提高至 15 倍。

第十六条　融资担保公司对同一被担保人的担保责任余额与融资担保公司净资产的比例不得超过 10%，对同一被担保人及其关联方的担保责任余额与融资担保公司净资产的比例不得超过 15%。

第十七条　融资担保公司不得为其控股股东、实际控制人提供融资担保，为其他关联方提供融资担保的条件不得优于为非关联方提供同类担保的条件。

融资担保公司为关联方提供融资担保的，应当自提供担保之日起 30 日内向监督管理部门报告，并在会计报表附注中予以披露。

第十八条　融资担保公司应当按照国家有关规定提取相应的准备金。

第十九条　融资担保费率由融资担保公司与被担保人协商确定。

纳入政府推动建立的融资担保风险分担机制的融资担保公司，应当按照国家有关规定降低对小微企业和农业、农村、农民的融资担保费率。

第二十条　被担保人或者第三人以抵押、质押方式向融资担保公司提供反担保，依法需要办理登记的，有关登记机关应当依法予以办理。

第二十一条　融资担保公司有权要求被担保人提供与融资担保有关的业务活动和财务状况等信息。

融资担保公司应当向被担保人的债权人提供与融资担保有关的业务活动和财务状况等信息。

第二十二条　融资担保公司自有资金的运用，应当符合国家有关融资担保公司资产安全性、流动性的规定。

第二十三条　融资担保公司不得从事下列活动：

（一）吸收存款或者变相吸收存款；

（二）自营贷款或者受托贷款；

（三）受托投资。

第四章　监督管理

第二十四条　监督管理部门应当建立健全监督管理工作制度，运用大数据等现代信息技术手段实时监测风险，加强对融资担保公司的非现场监管和现场检查，并与有关部门建立监督管理协调机制和信息共享机制。

第二十五条　监督管理部门应当根据融资担保公司的经营规模、主要服务对象、内部管理水平、风险状况等，对融资担保公司实施分类监督管理。

第二十六条　监督管理部门应当按照国家有关融资担保统计制度的要求，向本级人民政府和国务院银行业监督管理机构报送本地区融资担保公司统计数据。

第二十七条　监督管理部门应当分析评估本地区融资担保行业发展和监督管理情况，按年度向本级人民政府和国务院银行业监督管理机构报告，并向社会公布。

第二十八条　监督管理部门进行现场检查，可以采取下列措施：

（一）进入融资担保公司进行检查；

（二）询问融资担保公司的工作人员，要求其对有关检查事项作出说明；

（三）检查融资担保公司的计算机信息管理系统；

（四）查阅、复制与检查事项有关的文件、资料，对可能被转移、隐匿或者毁损的文件、资料、电子设备予以封存。

进行现场检查，应当经监督管理部门负责人批准。检查人员不得少于 2 人，并应当出示合法证件和检查通知书。

第二十九条　监督管理部门根据履行职责的需要，可以与融资担保公司的董事、监事、高级管理人员进行监督管理谈话，要求其就融资担保公司业务活动和风险管理的重大事项作出说明。

监督管理部门可以向被担保人的债权人通报融资担保公司的违法违规行为或者风险情况。

第三十条 监督管理部门发现融资担保公司的经营活动可能形成重大风险的，经监督管理部门主要负责人批准，可以区别情形，采取下列措施：

（一）责令其暂停部分业务；

（二）限制其自有资金运用的规模和方式；

（三）责令其停止增设分支机构。

融资担保公司应当及时采取措施，消除重大风险隐患，并向监督管理部门报告有关情况。经监督管理部门验收，确认重大风险隐患已经消除的，监督管理部门应当自验收完毕之日起3日内解除前款规定的措施。

第三十一条 融资担保公司应当按照要求向监督管理部门报送经营报告、财务报告以及注册会计师出具的年度审计报告等文件和资料。

融资担保公司跨省、自治区、直辖市开展业务的，应当按季度向住所地监督管理部门和业务发生地监督管理部门报告业务开展情况。

第三十二条 融资担保公司对监督管理部门依法实施的监督检查应当予以配合，不得拒绝、阻碍。

第三十三条 监督管理部门应当建立健全融资担保公司信用记录制度。融资担保公司信用记录纳入全国信用信息共享平台。

第三十四条 监督管理部门应当会同有关部门建立融资担保公司重大风险事件的预警、防范和处置机制，制定融资担保公司重大风险事件应急预案。

融资担保公司发生重大风险事件的，应当立即采取应急措施，并及时向监督管理部门报告。监督管理部门应当及时处置，并向本级人民政府、国务院银行业监督管理机构和中国人民银行报告。

第三十五条 监督管理部门及其工作人员对监督管理工作中知悉的商业秘密，应当予以保密。

第五章 法律责任

第三十六条 违反本条例规定，未经批准擅自设立融资担保公司或者经营融资担保业务的，由监督管理部门予以取缔或者责令停止经营，处50万元以上100万元以下的罚款，有违法所得的，没收违法所得；构成犯罪的，依法追究刑事责任。

违反本条例规定，未经批准在名称中使用融资担保字样的，由监督管理部门责令限期改正；逾期不改正的，处5万元以上10万元以下的罚款，有违法所得的，没收违法所得。

第三十七条 融资担保公司有下列情形之一的，由监督管理部门责令限期改正，处10万元以上50万元以下的罚款，有违法所得的，没收违法所得；逾期不改正的，责令停业整顿，情节严重的，吊销其融资担保业务经营许可证：

（一）未经批准合并或者分立；

（二）未经批准减少注册资本；

（三）未经批准跨省、自治区、直辖市设立分支机构。

第三十八条 融资担保公司变更相关事项，未按照本条例规定备案，或者变更后的相关事项不符合本条例规定的，由监督管理部门责令限期改正；逾期不改正的，处5万元以上10万元以下的罚款，情节严重的，责令停业整顿。

第三十九条 融资担保公司受托投资的，由监督管理部门责令限期改正，处50万元以上100万元以下的罚款，有违法所得的，没收违法所得；逾期不改正的，责令停业整顿，情节严重的，吊销其融资担保业务经营许可证。

融资担保公司吸收公众存款或者变相吸收公众存款、从事自营贷款或者受托贷款的，依照有关法律、行政法规予以处罚。

第四十条 融资担保公司有下列情形之一的，由监督管理部门责令限期改正；逾期不改正的，处10万元以上50万元以下的罚款，有违法所得的，没收违法所得，并可以责令停业整顿，情节严重的，吊销其融资担保业务经营许可证：

（一）担保责任余额与其净资产的比例不符合规定；

（二）为控股股东、实际控制人提供融资

担保，或者为其他关联方提供融资担保的条件优于为非关联方提供同类担保的条件；

（三）未按照规定提取相应的准备金；

（四）自有资金的运用不符合国家有关融资担保公司资产安全性、流动性的规定。

第四十一条 融资担保公司未按照要求向监督管理部门报送经营报告、财务报告、年度审计报告等文件、资料或者业务开展情况，或者未报告其发生的重大风险事件的，由监督管理部门责令限期改正，处5万元以上20万元以下的罚款；逾期不改正的，责令停业整顿，情节严重的，吊销其融资担保业务经营许可证。

第四十二条 融资担保公司有下列情形之一的，由监督管理部门责令限期改正，处20万元以上50万元以下的罚款；逾期不改正的，责令停业整顿，情节严重的，吊销其融资担保业务经营许可证；构成违反治安管理行为的，依照《中华人民共和国治安管理处罚法》予以处罚；构成犯罪的，依法追究刑事责任：

（一）拒绝、阻碍监督管理部门依法实施监督检查；

（二）向监督管理部门提供虚假的经营报告、财务报告、年度审计报告等文件、资料；

（三）拒绝执行监督管理部门依照本条例第三十条第一款规定采取的措施。

第四十三条 依照本条例规定对融资担保公司处以罚款的，根据具体情形，可以同时对负有直接责任的董事、监事、高级管理人员处5万元以下的罚款。

融资担保公司违反本条例规定，情节严重的，监督管理部门对负有直接责任的董事、监事、高级管理人员，可以禁止其在一定期限内担任或者终身禁止其担任融资担保公司的董事、监事、高级管理人员。

第四十四条 监督管理部门的工作人员在融资担保公司监督管理工作中滥用职权、玩忽职守、徇私舞弊的，依法给予处分；构成犯罪的，依法追究刑事责任。

第六章 附 则

第四十五条 融资担保行业组织依照法律法规和章程的规定，发挥服务、协调和行业自律作用，引导融资担保公司依法经营，公平竞争。

第四十六条 政府性基金或者政府部门为促进就业创业等直接设立运营机构开展融资担保业务，按照国家有关规定执行。

农村互助式融资担保组织开展担保业务、林业经营主体间开展林权收储担保业务，不适用本条例。

第四十七条 融资再担保公司的管理办法，由国务院银行业监督管理机构会同国务院有关部门另行制定，报国务院批准。

第四十八条 本条例施行前设立的融资担保公司，不符合本条例规定条件的，应当在监督管理部门规定的期限内达到本条例规定的条件；逾期仍不符合规定条件的，不得开展新的融资担保业务。

第四十九条 本条例自2017年10月1日起施行。

中国银行保险监督管理委员会
非银行金融机构行政许可事项实施办法

（2020年3月23日中国银行保险监督管理委员会令
2020年第6号公布 自公布之日起施行）

第一章 总 则

第一条 为规范银保监会及其派出机构非银行金融机构行政许可行为，明确行政许可事项、条件、程序和期限，保护申请人合法权益，根据《中华人民共和国银行业监督管理法》《中华人民共和国行政许可法》等法律、行政法规及国务院有关决定，制定本办法。

第二条 本办法所称非银行金融机构包括：经银保监会批准设立的金融资产管理公司、企业集团财务公司、金融租赁公司、汽车金融公司、货币经纪公司、消费金融公司、境外非银行金融机构驻华代表处等机构。

第三条 银保监会及其派出机构依照银保监会行政许可实施程序相关规定和本办法，对非银行金融机构实施行政许可。

第四条 非银行金融机构以下事项须经银保监会及其派出机构行政许可：机构设立，机构变更，机构终止，调整业务范围和增加业务品种，董事和高级管理人员任职资格，以及法律、行政法规规定和国务院决定的其他行政许可事项。

行政许可中应当按照《银行业金融机构反洗钱和反恐怖融资管理办法》要求进行反洗钱和反恐怖融资审查，对不符合条件的，不予批准。

第五条 申请人应当按照银保监会行政许可事项申请材料目录及格式要求相关规定提交申请材料。

第二章 机构设立

第一节 企业集团财务公司法人机构设立

第六条 设立企业集团财务公司（以下简称财务公司）法人机构应当具备以下条件：

（一）确属集中管理企业集团资金的需要，经合理预测能够达到一定的业务规模；

（二）有符合《中华人民共和国公司法》和银保监会规定的公司章程；

（三）有符合规定条件的出资人；

（四）注册资本为一次性实缴货币资本，最低限额为1亿元人民币或等值的可自由兑换货币；

（五）有符合任职资格条件的董事、高级管理人员，并且在风险管理、资金管理、信贷管理、结算等关键岗位上至少各有1名具有3年以上相关金融从业经验的人员；

（六）财务公司从业人员中从事金融或财务工作3年以上的人员应当不低于总人数的三分之二，5年以上的人员应当不低于总人数的三分之一；

（七）建立了有效的公司治理、内部控制和风险管理体系；

（八）建立了与业务经营和监管要求相适应的信息科技架构，具有支撑业务经营的必要、安全且合规的信息系统，具备保障业务持续运营的技术与措施；

（九）有与业务经营相适应的营业场所、安全防范措施和其他设施；

（十）银保监会规章规定的其他审慎性条件。

第七条 财务公司的出资人主要应为企业集团成员单位，也包括成员单位以外的具有丰富行业管理经验的战略投资者；财务公司原则上应由集团母公司或集团主业整体上市的股份公司控股。

除国家限制外部投资者进入并经银保监会事先同意的特殊行业的企业集团外，新设财务公司应有丰富银行业管理经验的战略投资者作为出资人；或与商业银行建立战略合作伙伴关系，由其为拟设立财务公司提供机构设置、制度建设、业务流程设计、风险管理、人员培训等方面的咨询建议，且至少引进1名具有5年以上银行业从业经验的高级管理人员。

第八条 申请设立财务公司的企业集团，应当具备以下条件：

（一）符合国家产业政策并拥有核心主业。

（二）最近1个会计年度末，按规定并表核算的成员单位的总资产不低于50亿元人民币或等值的可自由兑换货币，净资产不低于总资产的30%。

（三）财务状况良好，最近2个会计年度按规定并表核算的成员单位营业收入总额每年不低于40亿元人民币或等值的可自由兑换货币，税前利润总额每年不低于2亿元人民币或等值的可自由兑换货币；作为财务公司控股股东的，还应满足最近3个会计年度连续盈利。

（四）现金流量稳定并具有较大规模。

（五）具备2年以上企业集团内部财务和资金集中管理经验。

（六）母公司最近1个会计年度末的实收资本不低于8亿元人民币或等值的可自由兑换货币。

（七）母公司具有良好的公司治理结构或有效的组织管理方式，无不当关联交易。

（八）母公司有良好的社会声誉、诚信记录和纳税记录，最近2年内无重大违法违规行为，或者已整改到位并经银保监会或其派出机构认可。

（九）母公司入股资金为自有资金，不得以委托资金、债务资金等非自有资金入股。

（十）权益性投资余额原则上不得超过本企业净资产的50%（含本次投资金额）；作为财务公司控股股东的，权益性投资余额原则上不得超过本企业净资产的40%（含本次投资金额）；国务院规定的投资公司和控股公司除外。

（十一）成员单位数量较多，需要通过财务公司提供资金集中管理和服务。

（十二）银保监会规章规定的其他审慎性条件。

第九条 成员单位作为财务公司出资人，应当具备以下条件：

（一）依法设立，具有法人资格。

（二）具有良好的公司治理结构或有效的组织管理方式。

（三）具有良好的社会声誉、诚信记录和纳税记录。

（四）经营管理良好，最近2年无重大违法违规行为，或者已整改到位并经银保监会或其派出机构认可。

（五）财务状况良好，最近2个会计年度连续盈利；作为财务公司控股股东的，最近3个会计年度连续盈利。

（六）最近1个会计年度末净资产不低于总资产的30%。

（七）入股资金为自有资金，不得以委托资金、债务资金等非自有资金入股。

（八）权益性投资余额原则上不得超过本企业净资产的50%（含本次投资金额）；作为财务公司控股股东的，权益性投资余额原则上不得超过本企业净资产的40%（含本次投资金额）；国务院规定的投资公司和控股公司除外。

（九）该项投资符合国家法律、法规规定。

（十）银保监会规章规定的其他审慎性条件。

第十条 成员单位以外的战略投资者作为财务公司出资人，应为境内外法人金融机构，并具备以下条件：

（一）依法设立，具有法人资格；

（二）有3年以上经营管理财务公司或类似机构的成功经验；

（三）资信良好，最近2年未受到境内外监管机构的重大处罚；

（四）具有良好的公司治理结构、内部控制机制和健全的风险管理体系；

（五）满足所在国家或地区监管当局的审慎监管要求；

（六）财务状况良好，最近2个会计年度连续盈利；

（七）入股资金为自有资金，不得以委托资金、债务资金等非自有资金入股；

（八）权益性投资余额原则上不得超过本企业净资产的50%（含本次投资金额），国务院规定的投资公司和控股公司除外；

（九）作为主要股东自取得股权之日起5年内不得转让所持有的股权（经银保监会或其派出机构批准采取风险处置措施、银保监会或其派出机构责令转让、涉及司法强制执行或者在同一出资人控制的不同主体间转让股权等特殊情形除外）并在拟设公司章程中载明；

（十）战略投资者为境外金融机构的，其最近1个会计年度末总资产原则上不少于10亿美元或等值的可自由兑换货币，最近2年长期信用评级为良好及以上；

（十一）所在国家或地区金融监管当局已经与银保监会建立良好的监督管理合作机制；

（十二）银保监会规章规定的其他审慎性条件。

第十一条 有以下情形之一的企业不得作为财务公司的出资人：

（一）公司治理结构与机制存在明显缺陷；

（二）股权关系复杂且不透明、关联交易异常；

（三）核心主业不突出且其经营范围涉及行业过多；

（四）现金流量波动受经济景气影响较大；

（五）资产负债率、财务杠杆率高于行业平均水平；

（六）代他人持有财务公司股权；

（七）被列为相关部门失信联合惩戒对象；

（八）存在严重逃废银行债务行为；

（九）提供虚假材料或者作不实声明；

（十）因违法违规行为被金融监管部门或政府有关部门查处，造成恶劣影响；

（十一）其他对财务公司产生重大不利影响的情况。

第十二条 申请设立财务公司，应当遵守并在拟设公司章程中载明下列内容：

（一）股东应当遵守法律法规和监管规定；

（二）应经但未经监管部门批准或未向监管部门报告的股东，不得行使股东大会召开请求权、表决权、提名权、提案权、处分权等权利；

（三）对于存在虚假陈述、滥用股东权利或其他损害财务公司利益行为的股东，银保监会或其派出机构可以限制或禁止财务公司与其开展关联交易，限制其持有财务公司股权的限额等，并可限制其股东大会召开请求权、表决权、提名权、提案权、处分权等权利；

（四）集团母公司及财务公司控股股东应当在必要时向财务公司补充资本。

第十三条 单个战略投资者及关联方（非成员单位）向财务公司投资入股比例不得超过20%。

第十四条 一家企业集团只能设立一家财务公司。

第十五条 财务公司设立须经筹建和开业两个阶段。

第十六条 企业集团筹建财务公司，应由母公司作为申请人向拟设地省级派出机构提交申请，由省级派出机构受理并初步审查、银保监会审查并决定。决定机关自受理之日起4个月内作出批准或不批准的书面决定。

第十七条 财务公司的筹建期为批准决定之日起6个月。未能按期完成筹建的，应在筹建期限届满前1个月向银保监会和拟设地省级派出机构提交筹建延期报告。筹建延期不得超过一次，延长期限不得超过3个月。

申请人应在前款规定的期限届满前提交开业申请，逾期未提交的，筹建批准文件失效，由决定机关注销筹建许可。

第十八条 财务公司开业，应由母公司作为申请人向拟设地省级派出机构提交申请，由省级派出机构受理、审查并决定。省级派出机构自受理之日起2个月内作出核准或不予核准的书面决定，并抄报银保监会。

第十九条 申请人应在收到开业核准文件并领取金融许可证后，办理工商登记，领取营业执照。

财务公司应自领取营业执照之日起6个月内开业。不能按期开业的，应在开业期限届满前1个月向省级派出机构提交开业延期报告。开业延期不得超过一次，延长期限不得超过3个月。

未在前款规定期限内开业的，开业核准文件失效，由决定机关注销开业许可，发证机关收回金融许可证，并予以公告。

第二十条 外资投资性公司申请设立财务公司适用本节规定的条件和程序。

第二节 金融租赁公司法人机构设立

第二十一条 设立金融租赁公司法人机构，应当具备以下条件：

（一）有符合《中华人民共和国公司法》和银保监会规定的公司章程；

（二）有符合规定条件的发起人；

（三）注册资本为一次性实缴货币资本，最低限额为1亿元人民币或等值的可自由兑换货币；

（四）有符合任职资格条件的董事、高级管理人员，并且从业人员中具有金融或融资租赁工作经历3年以上的人员应当不低于总人数的50%；

（五）建立了有效的公司治理、内部控制和风险管理体系；

（六）建立了与业务经营和监管要求相适应的信息科技架构，具有支撑业务经营的必要、安全且合规的信息系统，具备保障业务持续运营的技术与措施；

（七）有与业务经营相适应的营业场所、安全防范措施和其他设施；

（八）银保监会规章规定的其他审慎性条件。

第二十二条 金融租赁公司的发起人包括在中国境内外注册的具有独立法人资格的商业银行，在中国境内注册的、主营业务为制造适合融资租赁交易产品的大型企业，在中国境外注册的具有独立法人资格的融资租赁公司以及银保监会认可的其他发起人。

银保监会规定的其他发起人是指除符合本办法第二十三条至第二十五条规定的发起人以外的其他境内法人机构和境外金融机构。

第二十三条 在中国境内外注册的具有独立法人资格的商业银行作为金融租赁公司发起人,应当具备以下条件:

(一)满足所在国家或地区监管当局的审慎监管要求;

(二)具有良好的公司治理结构、内部控制机制和健全的风险管理体系;

(三)最近1个会计年度末总资产不低于800亿元人民币或等值的可自由兑换货币;

(四)财务状况良好,最近2个会计年度连续盈利;

(五)为拟设立金融租赁公司确定了明确的发展战略和清晰的盈利模式;

(六)遵守注册地法律法规,最近2年内未发生重大案件或重大违法违规行为,或者已整改到位并经银保监会或其派出机构认可;

(七)境外商业银行作为发起人的,其所在国家或地区金融监管当局已经与银保监会建立良好的监督管理合作机制;

(八)入股资金为自有资金,不得以委托资金、债务资金等非自有资金入股;

(九)权益性投资余额原则上不得超过本企业净资产的50%(含本次投资金额),国务院规定的投资公司和控股公司除外;

(十)银保监会规章规定的其他审慎性条件。

第二十四条 在中国境内注册的、主营业务为制造适合融资租赁交易产品的大型企业作为金融租赁公司发起人,应当具备以下条件:

(一)有良好的公司治理结构或有效的组织管理方式。

(二)最近1个会计年度的营业收入不低于50亿元人民币或等值的可自由兑换货币。

(三)财务状况良好,最近2个会计年度连续盈利;作为金融租赁公司控股股东的,最近3个会计年度连续盈利。

(四)最近1个会计年度末净资产不低于总资产的30%。

(五)最近1个会计年度主营业务销售收入占全部营业收入的80%以上。

(六)为拟设立金融租赁公司确定了明确的发展战略和清晰的盈利模式。

(七)有良好的社会声誉、诚信记录和纳税记录。

(八)遵守国家法律法规,最近2年内未发生重大案件或重大违法违规行为,或者已整改到位并经银保监会或其派出机构认可。

(九)入股资金为自有资金,不得以委托资金、债务资金等非自有资金入股。

(十)权益性投资余额原则上不得超过本企业净资产的50%(含本次投资金额);作为金融租赁公司控股股东的,权益性投资余额原则上不得超过本企业净资产的40%(含本次投资金额);国务院规定的投资公司和控股公司除外。

(十一)银保监会规章规定的其他审慎性条件。

第二十五条 在中国境外注册的具有独立法人资格的融资租赁公司作为金融租赁公司发起人,应当具备以下条件:

(一)具有良好的公司治理结构、内部控制机制和健全的风险管理体系。

(二)最近1个会计年度末总资产不低于100亿元人民币或等值的可自由兑换货币。

(三)财务状况良好,最近2个会计年度连续盈利;作为金融租赁公司控股股东的,最近3个会计年度连续盈利。

(四)最近1个会计年度末净资产不低于总资产的30%。

(五)遵守注册地法律法规,最近2年内未发生重大案件或重大违法违规行为,或者已整改到位并经银保监会或其派出机构认可。

(六)所在国家或地区经济状况良好。

(七)入股资金为自有资金,不得以委托资金、债务资金等非自有资金入股。

(八)权益性投资余额原则上不得超过本企业净资产的50%(含本次投资金额);作为金融租赁公司控股股东的,权益性投资余额原则上不得超过本企业净资产的40%(含本次投资金额)。

(九)银保监会规章规定的其他审慎性条件。

第二十六条 金融租赁公司至少应当有1名符合第二十三条至第二十五条规定的发起人,且其出资比例不低于拟设金融租赁公司全部股本的30%。

第二十七条 其他境内非金融机构作为金融租赁公司发起人,应当具备以下条件:

(一)有良好的公司治理结构或有效的组织管理方式。

（二）有良好的社会声誉、诚信记录和纳税记录。

（三）经营管理良好，最近2年内无重大违法违规行为，或者已整改到位并经银保监会或其派出机构认可。

（四）最近1个会计年度末净资产不低于总资产的30%。

（五）财务状况良好，最近2个会计年度连续盈利；作为金融租赁公司控股股东的，最近3个会计年度连续盈利。

（六）入股资金为自有资金，不得以委托资金、债务资金等非自有资金入股。

（七）权益性投资余额原则上不得超过本企业净资产的50%（含本次投资金额）；作为金融租赁公司控股股东的，权益性投资余额原则上不得超过本企业净资产的40%（含本次投资金额）；国务院规定的投资公司和控股公司除外。

（八）银保监会规章规定的其他审慎性条件。

第二十八条 其他境内金融机构作为金融租赁公司发起人，应满足第二十三条第一项、第二项、第四项、第六项、第八项、第九项及第十项规定。

第二十九条 其他境外金融机构作为金融租赁公司发起人，应当具备以下条件：

（一）满足所在国家或地区监管当局的审慎监管要求；

（二）具有良好的公司治理结构、内部控制机制和健全的风险管理体系；

（三）最近1个会计年度末总资产原则上不低于10亿美元或等值的可自由兑换货币；

（四）财务状况良好，最近2个会计年度连续盈利；

（五）入股资金为自有资金，不得以委托资金、债务资金等非自有资金入股；

（六）权益性投资余额原则上不得超过本企业净资产的50%（含本次投资金额）；

（七）所在国家或地区金融监管当局已经与银保监会建立良好的监督管理合作机制；

（八）具有有效的反洗钱措施；

（九）所在国家或地区经济状况良好；

（十）银保监会规章规定的其他审慎性条件。

第三十条 有以下情形之一的企业不得作为金融租赁公司的发起人：

（一）公司治理结构与机制存在明显缺陷；

（二）关联企业众多、股权关系复杂且不透明、关联交易频繁且异常；

（三）核心主业不突出且其经营范围涉及行业过多；

（四）现金流量波动受经济景气影响较大；

（五）资产负债率、财务杠杆率高于行业平均水平；

（六）代他人持有金融租赁公司股权；

（七）被列为相关部门失信联合惩戒对象；

（八）存在严重逃废银行债务行为；

（九）提供虚假材料或者作不实声明；

（十）因违法违规行为被金融监管部门或政府有关部门查处，造成恶劣影响；

（十一）其他对金融租赁公司产生重大不利影响的情况。

第三十一条 申请设立金融租赁公司，应当遵守并在拟设公司章程中载明下列内容：

（一）股东应当遵守法律法规和监管规定；

（二）应经但未经监管部门批准或未向监管部门报告的股东，不得行使股东大会召开请求权、表决权、提名权、提案权、处分权等权利；

（三）对于存在虚假陈述、滥用股东权利或其他损害金融租赁公司利益行为的股东，银保监会或其派出机构可以限制或禁止金融租赁公司与其开展关联交易，限制其持有金融租赁公司股权的限额等，并可限制其股东大会召开请求权、表决权、提名权、提案权、处分权等权利；

（四）主要股东承诺不将所持有的金融租赁公司股权质押或设立信托；

（五）主要股东自取得股权之日起5年内不得转让所持有的股权（经银保监会或其派出机构批准采取风险处置措施、银保监会或其派出机构责令转让、涉及司法强制执行或者在同一出资人控制的不同主体间转让股权等特殊情形除外）；

（六）主要股东应当在必要时向金融租赁公司补充资本，在金融租赁公司出现支付困难时给予流动性支持。

第三十二条 金融租赁公司设立须经筹建和开业两个阶段。

第三十三条 筹建金融租赁公司，应由出资比例最大的发起人作为申请人向拟设地省级派出机构提交申请，由省级派出机构受理并初步审查、银保监会审查并决定。决定机关自受理之日起4个月内作出批准或不批准的书面决定。

第三十四条 金融租赁公司的筹建期为批准决定之日起6个月。未能按期完成筹建的，应在筹建期限届满前1个月向银保监会和拟设地省级派出机构提交筹建延期报告。筹建延期不得超过一次，延长期限不得超过3个月。

申请人应在前款规定的期限届满前提交开业申请，逾期未提交的，筹建批准文件失效，由决定机关注销筹建许可。

第三十五条 金融租赁公司开业，应由出资比例最大的发起人作为申请人向拟设地省级派出机构提交申请，由省级派出机构受理、审查并决定。省级派出机构自受理之日起2个月内作出核准或不予核准的书面决定，并抄报银保监会。

第三十六条 申请人应在收到开业核准文件并领取金融许可证后，办理工商登记，领取营业执照。

金融租赁公司应当自领取营业执照之日起6个月内开业。不能按期开业的，应在开业期限届满前1个月向省级派出机构提交开业延期报告。开业延期不得超过一次，延长期限不得超过3个月。

未在前款规定期限内开业的，开业核准文件失效，由决定机关注销开业许可，发证机关收回金融许可证，并予以公告。

第三节 汽车金融公司法人机构设立

第三十七条 设立汽车金融公司法人机构应具备以下条件：

（一）有符合《中华人民共和国公司法》和银保监会规定的公司章程；

（二）有符合规定条件的出资人；

（三）注册资本为一次性实缴货币资本，最低限额为5亿元人民币或等值的可自由兑换货币；

（四）有符合任职资格条件的董事、高级管理人员和熟悉汽车金融业务的合格从业人员；

（五）建立了有效的公司治理、内部控制和风险管理体系；

（六）建立了与业务经营和监管要求相适应的信息科技架构，具有支撑业务经营的必要、安全且合规的信息系统，具备保障业务持续运营的技术与措施；

（七）有与业务经营相适应的营业场所、安全防范措施和其他设施；

（八）银保监会规章规定的其他审慎性条件。

第三十八条 汽车金融公司的出资人为中国境内外依法设立的企业法人，其中主要出资人须为生产或销售汽车整车的企业或非银行金融机构。

前款所称主要出资人是指出资数额最多且出资额不低于拟设汽车金融公司全部股本30%的出资人。

汽车金融公司出资人中至少应当有1名具备5年以上丰富的汽车金融业务管理和风险控制经验；或为汽车金融公司引进合格的专业管理团队，其中至少包括1名有丰富汽车金融从业经验的高级管理人员和1名风险管理专业人员。

第三十九条 非金融机构作为汽车金融公司出资人，应具备以下条件：

（一）最近1个会计年度末总资产不低于80亿元人民币或等值的可自由兑换货币，年营业收入不低于50亿元人民币或等值的可自由兑换货币。

（二）最近1个会计年度末净资产不低于总资产的30%。

（三）财务状况良好，最近2个会计年度连续盈利；作为汽车金融公司控股股东的，最近3个会计年度连续盈利。

（四）入股资金为自有资金，不得以委托资金、债务资金等非自有资金入股。

（五）权益性投资余额原则上不得超过本企业净资产的50%（含本次投资金额）；作为汽车金融公司控股股东的，权益性投资余额原则上不得超过本企业净资产的40%（含本次投资金额）；国务院规定的投资公司和控股公司除外。

（六）遵守注册地法律法规，最近2年内无重大违法违规行为，或者已整改到位并经银保监会或其派出机构认可。

（七）银保监会规章规定的其他审慎性条件。

第四十条 非银行金融机构作为汽车金融公司出资人，除应具备第三十九条第四项、第六项规定的条件外，还应当具备以下条件：

（一）注册资本不低于3亿元人民币或等值的可自由兑换货币；

（二）具有良好的公司治理结构、内部控制机制和健全的风险管理体系；

（三）财务状况良好，最近2个会计年度连续盈利；

（四）权益性投资余额原则上不得超过本企业净资产的50%（含本次投资金额）；

（五）满足所在国家或地区监管当局的审慎监管要求。

第四十一条 有以下情形之一的企业不得作为汽车金融公司的出资人：

（一）公司治理结构与机制存在明显缺陷；

（二）关联企业众多、股权关系复杂且不透明、关联交易频繁且异常；

（三）核心主业不突出且其经营范围涉及行业过多；

（四）现金流量波动受经济景气影响较大；

（五）资产负债率、财务杠杆率高于行业平均水平；

（六）代他人持有汽车金融公司股权；

（七）被列为相关部门失信联合惩戒对象；

（八）存在严重逃废银行债务行为；

（九）提供虚假材料或者作不实声明；

（十）因违法违规行为被金融监管部门或政府有关部门查处，造成恶劣影响；

（十一）其他对汽车金融公司产生重大不利影响的情况。

第四十二条 申请设立汽车金融公司，应当遵守并在拟设公司章程中载明下列内容：

（一）股东应当遵守法律法规和监管规定；

（二）应经但未经监管部门批准或未向监管部门报告的股东，不得行使股东大会召开请求权、表决权、提名权、提案权、处分权等权利；

（三）对于存在虚假陈述、滥用股东权利或其他损害汽车金融公司利益行为的股东，银保监会或其派出机构可以限制或禁止汽车金融公司与其开展关联交易，限制其持有汽车金融公司股权的限额等，并可限制其股东大会召开请求权、表决权、提名权、提案权、处分权等权利；

（四）主要股东自取得股权之日起5年内不得转让所持有的股权（经银保监会或其派出机构批准采取风险处置措施、银保监会或其派出机构责令转让、涉及司法强制执行或者在同一出资人控制的不同主体间转让股权等特殊情形除外）；

（五）主要股东应当在必要时向汽车金融公司补充资本。

第四十三条 汽车金融公司设立须经筹建和开业两个阶段。

第四十四条 筹建汽车金融公司，应由主要出资人作为申请人向拟设地省级派出机构提交申请，由省级派出机构受理并初步审查、银保监会审查并决定。决定机关自受理之日起4个月内作出批准或不批准的书面决定。

第四十五条 汽车金融公司的筹建期为批准决定之日起6个月。未能按期完成筹建的，应在筹建期限届满前1个月向银保监会和拟设地省级派出机构提交筹建延期报告。筹建延期不得超过一次，延长期限不得超过3个月。

申请人应在前款规定的期限届满前提交开业申请，逾期未提交的，筹建批准文件失效，由决定机关注销筹建许可。

第四十六条 汽车金融公司开业，应由主要出资人作为申请人向拟设地省级派出机构提交申请，由省级派出机构受理、审查并决定。省级派出机构自受理之日起2个月内作出核准或不予核准的书面决定，并抄报银保监会。

第四十七条 申请人应在收到开业核准文件并领取金融许可证后，办理工商登记，领取营业执照。

汽车金融公司应当自领取营业执照之日起6个月内开业。不能按期开业的，应在开业期限届满前1个月向省级派出机构提交开业延期报告。开业延期不得超过一次，延长期限不得超过3个月。

未在前款规定期限内开业的，开业核准文件失效，由决定机关注销开业许可，发证机关收回金融许可证,并予以公告。

第四节 货币经纪公司法人机构设立

第四十八条 设立货币经纪公司法人机构应当具备以下条件:

(一)有符合《中华人民共和国公司法》和银保监会规定的公司章程;

(二)有符合规定条件的出资人;

(三)注册资本为一次性实缴货币资本,最低限额为2000万元人民币或者等值的可自由兑换货币;

(四)有符合任职资格条件的董事、高级管理人员和熟悉货币经纪业务的合格从业人员;

(五)从业人员中应有60%以上从事过金融工作或相关经济工作;

(六)建立了有效的公司治理、内部控制和风险管理体系;

(七)建立了与业务经营和监管要求相适应的信息科技架构,具有支撑业务经营的必要、安全且合规的信息系统,具备保障业务持续运营的技术与措施;

(八)有与业务经营相适应的营业场所、安全防范措施和其他设施;

(九)银保监会规章规定的其他审慎性条件。

第四十九条 申请在境内独资或者与境内出资人合资设立货币经纪公司的境外出资人应当具备以下条件:

(一)为所在国家或地区依法设立的货币经纪公司;

(二)所在国家或地区金融监管当局已经与银保监会建立良好的监督管理合作机制;

(三)从事货币经纪业务20年以上,经营稳健,内部控制健全有效;

(四)有良好的社会声誉、诚信记录和纳税记录;

(五)最近2年内无重大违法违规行为,或者已整改到位并经银保监会或其派出机构认可;

(六)财务状况良好,最近2个会计年度连续盈利;

(七)权益性投资余额原则上不得超过本企业净资产的50%(含本次投资金额);

(八)有从事货币经纪服务所必需的全球机构网络和资讯通信网络;

(九)具有有效的反洗钱措施;

(十)银保监会规章规定的其他审慎性条件。

第五十条 申请设立货币经纪公司或者与境外出资人合资设立货币经纪公司的境内出资人应当具备以下条件:

(一)为依法设立的非银行金融机构,符合审慎监管要求;

(二)从事货币市场、外汇市场等代理业务5年以上;

(三)具有良好的公司治理结构、内部控制机制和健全的风险管理体系;

(四)有良好的社会声誉、诚信记录和纳税记录,最近2年内无重大违法违规行为,或者已整改到位并经银保监会或其派出机构认可;

(五)财务状况良好,最近2个会计年度连续盈利;

(六)权益性投资余额原则上不得超过本企业净资产的50%(含本次投资金额);

(七)银保监会规章规定的其他审慎性条件。

第五十一条 有以下情形之一的企业不得作为货币经纪公司的出资人:

(一)公司治理结构与机制存在明显缺陷;

(二)关联企业众多、股权关系复杂且不透明、关联交易频繁且异常;

(三)核心主业不突出且其经营范围涉及行业过多;

(四)现金流量波动受经济景气影响较大;

(五)资产负债率、财务杠杆率高于行业平均水平;

(六)代他人持有货币经纪公司股权;

(七)被列为相关部门失信联合惩戒对象;

(八)存在严重逃废银行债务行为;

(九)提供虚假材料或作不实声明;

(十)因违法违规行为被金融监管部门或政府有关部门查处,造成恶劣影响;

(十一)其他对货币经纪公司产生重大不利影响的情况。

第五十二条 申请设立货币经纪公司,应当遵守并在拟设公司章程中载明下列内容:

（一）股东应当遵守法律法规和监管规定；

（二）应经但未经监管部门批准或未向监管部门报告的股东，不得行使股东大会召开请求权、表决权、提名权、提案权、处分权等权利；

（三）对于存在虚假陈述、滥用股东权利或其他损害货币经纪公司利益行为的股东，银保监会或其派出机构可以限制或禁止货币经纪公司与其开展关联交易，限制其持有货币经纪公司股权的限额等，并可限制其股东大会召开请求权、表决权、提名权、提案权、处分权等权利；

（四）主要股东自取得股权之日起5年内不得转让所持有的股权（经银保监会或其派出机构批准采取风险处置措施、银保监会或其派出机构责令转让、涉及司法强制执行或者在同一出资人控制的不同主体间转让股权等特殊情形除外）。

第五十三条 货币经纪公司设立须经筹建和开业两个阶段。

第五十四条 筹建货币经纪公司，应由投资比例最大的出资人作为申请人向拟设地省级派出机构提交申请，由省级派出机构受理并初步审查、银保监会审查并决定。决定机关自受理之日起4个月内作出批准或不批准的书面决定。

第五十五条 货币经纪公司的筹建期为批准决定之日起6个月。未能按期完成筹建的，应在筹建期限届满前1个月向银保监会和拟设地省级派出机构提交筹建延期报告。筹建延期不得超过一次，延长期限不得超过3个月。

申请人应在前款规定的期限届满前提交开业申请，逾期未提交的，筹建批准文件失效，由决定机关注销筹建许可。

第五十六条 货币经纪公司开业，应由投资比例最大的出资人作为申请人向拟设地省级派出机构提交申请，由省级派出机构受理、审查并决定。省级派出机构自受理之日起2个月内作出核准或不予核准的书面决定，并抄报银保监会。

第五十七条 申请人应在收到开业核准文件并领取金融许可证后，办理工商登记，领取营业执照。

货币经纪公司应当自领取营业执照之日起6个月内开业。不能按期开业的，应在开业期限届满前1个月向省级派出机构提交开业延期报告。开业延期不得超过一次，延长期限不得超过3个月。

未在前款规定期限内开业的，开业核准文件失效，由决定机关注销开业许可，发证机关收回金融许可证，并予以公告。

第五节 消费金融公司法人机构设立

第五十八条 设立消费金融公司法人机构应当具备以下条件：

（一）有符合《中华人民共和国公司法》和银保监会规定的公司章程；

（二）有符合规定条件的出资人；

（三）注册资本为一次性实缴货币资本，最低限额为3亿元人民币或者等值的可自由兑换货币；

（四）有符合任职资格条件的董事、高级管理人员和熟悉消费金融业务的合格从业人员；

（五）建立了有效的公司治理、内部控制和风险管理体系；

（六）建立了与业务经营和监管要求相适应的信息科技架构，具有支撑业务经营的必要、安全且合规的信息系统，具备保障业务持续运营的技术与措施；

（七）有与业务经营相适应的营业场所、安全防范措施和其他设施；

（八）银保监会规章规定的其他审慎性条件。

第五十九条 消费金融公司的出资人应当为中国境内外依法设立的企业法人，并分为主要出资人和一般出资人。主要出资人是指出资数额最多并且出资额不低于拟设消费金融公司全部股本30%的出资人，一般出资人是指除主要出资人以外的其他出资人。

前款所称主要出资人须为境内外金融机构或主营业务为提供适合消费贷款业务产品的境内非金融企业。

第六十条 金融机构作为消费金融公司的主要出资人，应具备以下条件：

（一）具有5年以上消费金融领域的从业经验；

（二）最近1个会计年度末总资产不低于600亿元人民币或等值的可自由兑换货币；

（三）财务状况良好，最近2个会计年度

连续盈利；

（四）信誉良好，最近2年内无重大违法违规行为，或者已整改到位并经银保监会或其派出机构认可；

（五）入股资金为自有资金，不得以委托资金、债务资金等非自有资金入股；

（六）权益性投资余额原则上不得超过本企业净资产的50%（含本次投资金额），国务院规定的投资公司和控股公司除外；

（七）具有良好的公司治理结构、内部控制机制和健全的风险管理制度；

（八）满足所在国家或地区监管当局的审慎监管要求；

（九）境外金融机构应对中国市场有充分的分析和研究，且所在国家或地区金融监管当局已经与银保监会建立良好的监督管理合作机制；

（十）银保监会规章规定的其他审慎性条件。

金融机构作为消费金融公司一般出资人，除应具备前款第三项至第九项的条件外，注册资本应不低于3亿元人民币或等值的可自由兑换货币。

第六十一条 非金融企业作为消费金融公司主要出资人，应当具备以下条件：

（一）最近1个会计年度营业收入不低于300亿元人民币或等值的可自由兑换货币；

（二）最近1个会计年度末净资产不低于总资产的30%；

（三）财务状况良好，最近3个会计年度连续盈利；

（四）信誉良好，最近2年内无重大违法违规行为，或者已整改到位并经银保监会或其派出机构认可；

（五）入股资金为自有资金，不得以委托资金、债务资金等非自有资金入股；

（六）权益性投资余额原则上不得超过本企业净资产的40%（含本次投资金额），国务院规定的投资公司和控股公司除外；

（七）银保监会规章规定的其他审慎性条件。

非金融企业作为消费金融公司一般出资人，除应具备前款第二、四、五项条件外，还应当具备以下条件：

（一）财务状况良好，最近2个会计年度连续盈利；

（二）权益性投资余额原则上不得超过本企业净资产的50%（含本次投资金额），国务院规定的投资公司和控股公司除外。

第六十二条 有以下情形之一的企业不得作为消费金融公司的出资人：

（一）公司治理结构与机制存在明显缺陷；

（二）关联企业众多、股权关系复杂且不透明、关联交易频繁且异常；

（三）核心主业不突出且其经营范围涉及行业过多；

（四）现金流量波动受经济景气影响较大；

（五）资产负债率、财务杠杆率高于行业平均水平；

（六）代他人持有消费金融公司股权；

（七）被列为相关部门失信联合惩戒对象；

（八）存在严重逃废银行债务行为；

（九）提供虚假材料或者作不实声明；

（十）因违法违规行为被金融监管部门或政府有关部门查处，造成恶劣影响；

（十一）其他对消费金融公司产生重大不利影响的情况。

第六十三条 申请设立消费金融公司，应当遵守并在拟设公司章程中载明下列内容：

（一）股东应当遵守法律法规和监管规定；

（二）应经但未经监管部门批准或未向监管部门报告的股东，不得行使股东大会召开请求权、表决权、提名权、提案权、处分权等权利；

（三）对于存在虚假陈述、滥用股东权利或其他损害消费金融公司利益行为的股东，银保监会或其派出机构可以限制或禁止消费金融公司与其开展关联交易，限制其持有消费金融公司股权的限额等，并可限制其股东大会召开请求权、表决权、提名权、提案权、处分权等权利；

（四）主要股东自取得股权之日起5年内不得转让所持有的股权（经银保监会或其派出机构批准采取风险处置措施、银保监会或其派出机构责令转让、涉及司法强制执行或者在同一出资人控制的不同主体间转让股权等特殊情形除外）；

（五）主要股东应当在必要时向消费金融公司补充资本，在消费金融公司出现支付困难时给予流动性支持。

第六十四条 消费金融公司至少应当有 1 名具备 5 年以上消费金融业务管理和风险控制经验，并且出资比例不低于拟设消费金融公司全部股本 15% 的出资人。

第六十五条 消费金融公司设立须经筹建和开业两个阶段。

第六十六条 筹建消费金融公司，应由主要出资人作为申请人向拟设地省级派出机构提交申请，由省级派出机构受理并初步审查、银保监会审查并决定。决定机关自受理之日起 4 个月内作出批准或不批准的书面决定。

第六十七条 消费金融公司的筹建期为批准决定之日起 6 个月。未能按期完成筹建的，应在筹建期限届满前 1 个月向银保监会和拟设地省级派出机构提交筹建延期报告。筹建延期不得超过一次，延长期限不得超过 3 个月。

申请人应在前款规定的期限届满前提交开业申请，逾期未提交的，筹建批准文件失效，由决定机关注销筹建许可。

第六十八条 消费金融公司开业，应由主要出资人作为申请人向拟设地省级派出机构提交申请，由省级派出机构受理、审查并决定。省级派出机构自受理之日起 2 个月内作出核准或不予核准的书面决定，并抄报银保监会。

第六十九条 申请人应在收到开业核准文件并领取金融许可证后，办理工商登记，领取营业执照。

消费金融公司应当自领取营业执照之日起 6 个月内开业。不能按期开业的，应在开业期限届满前 1 个月向省级派出机构提交开业延期报告。开业延期不得超过一次，延长期限不得超过 3 个月。

未在前款规定期限内开业的，开业核准文件失效，由决定机关注销开业许可，发证机关收回金融许可证，并予以公告。

第六节 金融资产管理公司分公司设立

第七十条 金融资产管理公司申请设立分公司，应当具备以下条件：

（一）具有良好的公司治理结构；

（二）风险管理和内部控制健全有效；

（三）主要审慎监管指标符合监管要求；

（四）具有拨付营运资金的能力；

（五）具有完善、合规的信息科技系统和信息安全体系，具有标准化的数据管理体系，具备保障业务连续有效安全运行的技术与措施；

（六）最近 2 年无严重违法违规行为和重大案件，或者已整改到位并经银保监会认可；

（七）银保监会规章规定的其他审慎性条件。

第七十一条 金融资产管理公司设立的分公司应当具备以下条件：

（一）营运资金到位；

（二）有符合任职资格条件的高级管理人员和熟悉相关业务的从业人员；

（三）有与业务发展相适应的组织机构和规章制度；

（四）建立了与业务经营和监管要求相适应的信息科技架构，具有支撑业务经营的必要、安全且合规的信息系统，具备保障业务持续运营的技术与措施；

（五）有与业务经营相适应的营业场所、安全防范措施和其他设施；

（六）银保监会规章规定的其他审慎性条件。

第七十二条 金融资产管理公司设立分公司须经筹建和开业两个阶段。

第七十三条 金融资产管理公司筹建分公司，应由金融资产管理公司作为申请人向拟设分公司所在地省级派出机构提交申请，由拟设地省级派出机构受理、审查并决定。省级派出机构自受理之日起 4 个月内作出批准或不批准的书面决定，并抄报银保监会。

第七十四条 金融资产管理公司分公司的筹建期为批准决定之日起 6 个月。未能按期完成筹建的，应在筹建期限届满前 1 个月向银保监会和拟设地省级派出机构提交筹建延期报告。筹建延期不得超过一次，延长期限不得超过 3 个月。

申请人应在前款规定的期限届满前提交开业申请，逾期未提交的，筹建批准文件失效，由决定机关注销筹建许可。

第七十五条 金融资产管理公司分公司开业，应由金融资产管理公司作为申请人向拟设分公司所在地省级派出机构提交申请，由拟设地省级派出机构受理、审查并决定。拟设分公司所在地省级派出机构自受理之日起 2 个月内作出核准或不予核准的书面决定,并抄报银保监会。

第七十六条 申请人应在收到开业核准文件并领取金融许可证后,办理工商登记,领取营业执照。

金融资产管理公司分公司应当自领取营业执照之日起 6 个月内开业。不能按期开业的,应在开业期限届满前 1 个月向拟设分公司所在地省级派出机构提交开业延期报告。开业延期不得超过一次,延长期限不得超过 3 个月。

未在前款规定期限内开业的,开业核准文件失效,由决定机关注销开业许可,收回金融许可证,并予以公告。

第七节 金融资产管理公司投资设立、参股（增资）、收购法人金融机构

第七十七条 金融资产管理公司申请投资设立、参股（增资）、收购境内法人金融机构的,应当符合以下条件:

（一）具有良好的公司治理结构；
（二）风险管理和内部控制健全有效；
（三）具有良好的并表管理能力；
（四）主要审慎监管指标符合监管要求；
（五）权益性投资余额原则上不超过其净资产的 50%（含本次投资金额）；
（六）具有完善、合规的信息科技系统和信息安全体系,具有标准化的数据管理体系,具备保障业务连续有效安全运行的技术与措施；
（七）最近 2 年无严重违法违规行为和重大案件,或者已整改到位并经银保监会认可；
（八）最近 2 个会计年度连续盈利；
（九）银保监会规章规定的其他审慎性条件。

经银保监会认可,金融资产管理公司为重组高风险金融机构而参股（增资）、收购境内法人金融机构的,可不受前款第四项、第五项及第七项规定的限制。

第七十八条 金融资产管理公司申请投资设立、参股（增资）、收购境外法人金融机构,应当符合以下条件:

（一）具有良好的公司治理结构,内部控制健全有效,业务条线管理和风险管控能力与境外业务发展相适应；
（二）具有清晰的海外发展战略；
（三）具有良好的并表管理能力；
（四）主要审慎监管指标符合监管要求；
（五）权益性投资余额原则上不超过其净资产的 50%（含本次投资金额）；
（六）最近 2 个会计年度连续盈利；
（七）最近 1 个会计年度末资产余额达到 1000 亿元人民币以上或等值的可自由兑换货币；
（八）最近 2 年无严重违法违规行为和重大案件,或者已整改到位并经银保监会认可；
（九）具备与境外经营环境相适应的专业人才队伍；
（十）银保监会规章规定的其他审慎性条件。

本办法所称境外法人金融机构是指金融资产管理公司全资附属或控股的境外法人金融机构,以及境外全资附属或控股金融子公司、特殊目的实体设立的境外法人金融机构。

经银保监会认可,金融资产管理公司为重组高风险金融机构而参股（增资）、收购境外法人金融机构的,可不受前款第四项、第五项、第七项及第八项规定的限制。

第七十九条 金融资产管理公司申请投资设立、参股（增资）、收购法人金融机构由银保监会受理、审查并决定。银保监会自受理之日起 6 个月内作出批准或不批准的书面决定。

金融资产管理公司申请投资设立、参股（增资）、收购境外法人金融机构的,金融资产管理公司获得银保监会批准文件后应按照拟投资设立、参股（增资）、收购境外法人金融机构注册地国家或地区的法律法规办理相关法律手续,并在完成相关法律手续后 15 个工作日内向银保监会报告投资设立、参股（增资）、收购的境外法人金融机构的名称、成立时间、注册地点、注册资本、注资币种等。

第八十条 本节所指投资设立、参股（增资）、收购法人金融机构事项,如需另经银保监会或其派出机构批准设立或进行股东资格审核,则相关许可事项由银保监会或其派出机构在批准设立或进行股东资格审核时对金融资产管理公司投资设立、参股（增资）、收购行为进行合并审查并做出决定。

第八节 金融租赁公司专业子公司设立

第八十一条 金融租赁公司申请设立境内

专业子公司，应当具备以下条件：

（一）具有良好的公司治理结构，风险管理和内部控制健全有效；

（二）具有良好的并表管理能力；

（三）各项监管指标符合《金融租赁公司管理办法》的规定；

（四）权益性投资余额原则上不超过净资产的50%（含本次投资金额）；

（五）在业务存量、人才储备等方面具备一定优势，在专业化管理、项目公司业务开展等方面具有成熟的经验，能够有效支持专业子公司开展特定领域的融资租赁业务；

（六）入股资金为自有资金，不得以委托资金、债务资金等非自有资金入股；

（七）遵守国家法律法规，最近2年内未发生重大案件或重大违法违规行为，或者已整改到位并经银保监会或其派出机构认可；

（八）监管评级良好；

（九）银保监会规章规定的其他审慎性条件。

第八十二条 金融租赁公司设立境内专业子公司原则上应100%控股，有特殊情况需引进其他投资者的，金融租赁公司的持股比例不得低于51%。引进的其他投资者应符合本办法第二十二条至第二十五条以及第二十七条至第三十条规定的金融租赁公司发起人条件，且在专业子公司经营的特定领域有所专长，在业务开拓、租赁物管理等方面具有比较优势，有助于提升专业子公司的业务拓展能力和风险管理水平。

第八十三条 金融租赁公司设立的境内专业子公司，应当具备以下条件：

（一）有符合《中华人民共和国公司法》和银保监会规定的公司章程；

（二）有符合规定条件的发起人；

（三）注册资本最低限额为5000万元人民币或等值的可自由兑换货币；

（四）有符合任职资格条件的董事、高级管理人员和熟悉融资租赁业务的从业人员；

（五）有健全的公司治理、内部控制和风险管理体系，以及与业务经营相适应的管理信息系统；

（六）有与业务经营相适应的营业场所、安全防范措施和其他设施；

（七）银保监会规章规定的其他审慎性条件。

第八十四条 金融租赁公司设立境内专业子公司须经筹建和开业两个阶段。

第八十五条 金融租赁公司筹建境内专业子公司，由金融租赁公司作为申请人向拟设地省级派出机构提交申请，同时抄报金融租赁公司所在地省级派出机构，由拟设地省级派出机构受理并初步审查、银保监会审查并决定。决定机关自受理之日起2个月内作出批准或不批准的书面决定。拟设地省级派出机构在将初审意见上报银保监会之前应征求金融租赁公司所在地省级派出机构的意见。

第八十六条 金融租赁公司境内专业子公司的筹建期为批准决定之日起6个月。未能按期完成筹建的，应在筹建期限届满前1个月向银保监会和拟设地省级派出机构提交筹建延期报告。筹建延期不得超过一次，延长期限不得超过3个月。

申请人应在前款规定的期限届满前提交开业申请，逾期未提交的，筹建批准文件失效，由决定机关注销筹建许可。

第八十七条 金融租赁公司境内专业子公司开业，应由金融租赁公司作为申请人向拟设地省级派出机构提交申请，由拟设地省级派出机构受理、审查并决定。省级派出机构自受理之日起1个月内作出核准或不予核准的书面决定，并抄报银保监会，抄送金融租赁公司所在地省级派出机构。

第八十八条 申请人应在收到开业核准文件并领取金融许可证后，办理工商登记，领取营业执照。

境内专业子公司应当自领取营业执照之日起6个月内开业。不能按期开业的，应在开业期限届满前1个月向拟设地省级派出机构提交开业延期报告。开业延期不得超过一次，延长期限不得超过3个月。

未在前款规定期限内开业的，开业核准文件失效，由决定机关注销开业许可，收回金融许可证，并予以公告。

第八十九条 金融租赁公司申请设立境外专业子公司，除适用本办法第八十一条规定的条件外，还应当具备以下条件：

（一）确有业务发展需要，具备清晰的海外发展战略；

（二）内部管理水平和风险管控能力与境

外业务发展相适应；

（三）具备与境外经营环境相适应的专业人才队伍；

（四）经营状况良好，最近 2 个会计年度连续盈利；

（五）所提申请符合有关国家或地区的法律法规。

第九十条 金融租赁公司设立境外专业子公司，应由金融租赁公司作为申请人向所在地省级派出机构提出申请，由省级派出机构受理并初步审查、银保监会审查并决定。决定机关自受理之日起 2 个月内作出批准或不批准的书面决定。

金融租赁公司获得银保监会批准文件后应按照拟设子公司注册地国家或地区的法律法规办理境外子公司的设立手续，并在境外子公司成立后 15 个工作日内向银保监会及金融租赁公司所在地省级派出机构报告境外子公司的名称、成立时间、注册地点、注册资本、注资币种、母公司授权的业务范围等。

第九节 财务公司境外子公司设立

第九十一条 财务公司申请设立境外子公司，应当具备以下条件：

（一）确属业务发展和为成员单位提供财务管理服务需要，具备清晰的海外发展战略。

（二）拟设境外子公司所服务的成员单位不少于 10 家，且前述成员单位资产合计不低于 100 亿元人民币或等值的可自由兑换货币；或成员单位不足 10 家，但成员单位资产合计不低于 150 亿元人民币或等值的可自由兑换货币。

（三）各项审慎监管指标符合有关监管规定。

（四）经营状况良好，最近 2 个会计年度连续盈利。

（五）权益性投资余额原则上不超过净资产的 30%（含本次投资金额）。

（六）内部管理水平和风险管控能力与境外业务发展相适应。

（七）具备与境外经营环境相适应的专业人才队伍。

（八）最近 2 年内未发生重大案件或重大违法违规行为，或者已整改到位并经银保监会或其派出机构认可。

（九）监管评级良好。

（十）银保监会规章规定的其他审慎性条件。

第九十二条 财务公司设立境外子公司，应由财务公司作为申请人向所在地省级派出机构提出申请，由省级派出机构受理并初步审查、银保监会审查并决定。决定机关自受理之日起 4 个月内作出批准或不批准的书面决定。

财务公司获得银保监会批准文件后应按照拟设子公司注册地国家或地区的法律法规办理境外子公司的设立手续，并在境外子公司成立后 15 个工作日内向银保监会及财务公司所在地省级派出机构报告境外子公司的名称、成立时间、注册地点、注册资本、注资币种、母公司授权的业务范围等。

第十节 财务公司分公司设立

第九十三条 财务公司发生合并与分立、跨省级派出机构迁址，或者所属集团被收购或重组的，可申请设立分公司。申请设立分公司，应当具备以下条件：

（一）确属业务发展和为成员单位提供财务管理服务需要。

（二）拟设分公司所服务的成员单位不少于 10 家，且前述成员单位资产合计不低于 10 亿元人民币或等值的可自由兑换货币；或成员单位不足 10 家，但成员单位资产合计不低于 20 亿元人民币或等值的可自由兑换货币。

（三）各项审慎监管指标符合有关监管规定。

（四）注册资本不低于 3 亿元人民币或等值的可自由兑换货币，具有拨付营运资金的能力。

（五）经营状况良好，最近 2 个会计年度连续盈利。

（六）最近 2 年内未发生重大案件或重大违法违规行为，或者已整改到位并经银保监会或其派出机构认可。

（七）监管评级良好。

（八）银保监会规章规定的其他审慎性条件。

第九十四条 财务公司与拟设分公司应不在同一省级派出机构管辖范围内，且拟设分公司应具备以下条件：

（一）营运资金到位；

（二）有符合任职资格条件的高级管理人员和熟悉相关业务的从业人员；

(三) 有与业务发展相适应的组织机构和规章制度;

(四) 建立了与业务经营和监管要求相适应的信息科技架构,具有支撑业务经营的必要、安全且合规的信息系统,具备保障业务持续运营的技术与措施;

(五) 有与业务经营相适应的营业场所、安全防范措施和其他设施;

(六) 银保监会规章规定的其他审慎性条件。

第九十五条 财务公司由于发生合并与分立、跨省级派出机构变更住所而设立分公司的,原则上应与前述变更事项一并提出申请,许可程序分别适用财务公司合并与分立、跨省级派出机构变更住所的规定。

财务公司由于所属集团被收购或重组而设立分公司的,可与重组变更事项一并提出申请或单独提出申请。一并提出申请的许可程序适用于财务公司变更股权或调整股权结构引起实际控制人变更的规定;单独提出申请的,由财务公司向法人机构所在地省级派出机构提交筹建申请,同时抄报分公司拟设地省级派出机构,由法人机构所在地省级派出机构受理、审查并决定。决定机关自受理之日起4个月内作出批准或不批准的书面决定,并抄报银保监会,抄送拟设地省级派出机构。法人机构所在地省级派出机构在作出批筹决定前应征求分公司拟设地省级派出机构的意见。

第九十六条 财务公司分公司的筹建期为批准决定之日起6个月。未能按期完成筹建的,应在筹建期限届满前1个月向法人机构所在地省级派出机构和拟设地省级派出机构提交筹建延期报告。筹建延期不得超过一次,延长期限不得超过3个月。

申请人应在前款规定的期限届满前提交分公司开业申请,逾期未提交的,设立分公司批准文件失效,由决定机关注销筹建许可。

第九十七条 财务公司分公司开业,应由财务公司作为申请人向拟设分公司所在地省级派出机构提交申请,由拟设分公司所在地省级派出机构受理、审查并决定。拟设分公司所在地省级派出机构自受理之日起2个月内作出核准或不予核准的书面决定,并抄报银保监会,抄送法人机构所在地省级派出机构。

第九十八条 申请人应在收到开业核准文件并领取金融许可证后,办理工商登记,领取营业执照。

财务公司分公司应当自领取营业执照之日起6个月内开业。不能按期开业的,应在开业期限届满前1个月向拟设分公司所在地省级派出机构提交开业延期报告。开业延期不得超过一次,延长期限不得超过3个月。

未在前款规定期限内开业的,开业核准文件失效,由决定机关注销开业许可,收回金融许可证,并予以公告。

第十一节 货币经纪公司分支机构设立

第九十九条 货币经纪公司分支机构包括分公司、代表处。

第一百条 货币经纪公司申请设立分公司,应当具备以下条件:

(一) 确属业务发展需要,且建立了完善的对分公司的业务授权及管理问责制度;

(二) 注册资本不低于5000万元人民币或等值的可自由兑换货币,具有拨付营运资金的能力;

(三) 经营状况良好,最近2个会计年度连续盈利;

(四) 最近2年无重大案件或重大违法违规行为,或者已整改到位并经银保监会或其派出机构认可;

(五) 银保监会规章规定的其他审慎性条件。

第一百零一条 货币经纪公司设立的分公司应当具备以下条件:

(一) 营运资金到位;

(二) 有符合任职资格条件的高级管理人员和熟悉相关业务的从业人员;

(三) 有与业务发展相适应的组织机构和规章制度;

(四) 建立了与业务经营和监管要求相适应的信息科技架构,具有支撑业务经营的必要、安全且合规的信息系统,具备保障业务持续运营的技术与措施;

(五) 有与业务经营相适应的营业场所、安全防范措施和其他设施;

(六) 银保监会规章规定的其他审慎性条件。

第一百零二条 货币经纪公司设立分公司须经筹建和开业两个阶段。

第一百零三条 货币经纪公司筹建分公

司，应由货币经纪公司作为申请人向法人机构所在地省级派出机构提交申请，同时抄报拟设分公司所在地省级派出机构，由法人机构所在地省级派出机构受理、审查并决定。法人机构所在地省级派出机构自受理之日起4个月内作出批准或不批准的书面决定。法人机构所在地省级派出机构作出决定之前应征求拟设分公司所在地省级派出机构的意见。

第一百零四条 货币经纪公司分公司的筹建期为批准决定之日起6个月。未能按期完成筹建的，应在筹建期限届满前1个月向法人机构所在地省级派出机构和拟设地省级派出机构提交筹建延期报告。筹建延期不得超过一次，延长期限不得超过3个月。

申请人应在前款规定的期限届满前提交开业申请，逾期未提交的，筹建批准文件失效，由决定机关注销筹建许可。

第一百零五条 货币经纪公司分公司开业，应由货币经纪公司作为申请人向拟设分公司所在地省级派出机构提交申请，由拟设分公司所在地省级派出机构受理、审查并决定。拟设分公司所在地省级派出机构自受理之日起2个月内作出核准或不予核准的书面决定，并抄报银保监会，抄送法人机构所在地省级派出机构。

第一百零六条 申请人应在收到开业核准文件并领取金融许可证后，办理工商登记，领取营业执照。

货币经纪公司分公司自领取营业执照之日起6个月内开业。不能按期开业的，应在开业期限届满前1个月向拟设分公司所在地省级派出机构提交开业延期报告。开业延期不得超过一次，延长期限不得超过3个月。

未在前款规定期限内开业的，开业核准文件失效，由决定机关注销开业许可，收回金融许可证，并予以公告。

第一百零七条 货币经纪公司根据业务开展需要，可以在业务比较集中的地区设立代表处；由货币经纪公司作为申请人向法人机构所在地省级派出机构提交申请，由法人机构所在地省级派出机构受理、审查并决定。法人机构所在地省级派出机构自受理之日起6个月内作出批准或不批准的书面决定。

第十二节 境外非银行金融机构驻华代表处设立

第一百零八条 境外非银行金融机构申请设立驻华代表处，应具备以下条件：

（一）所在国家或地区有完善的金融监督管理制度；

（二）是由所在国家或地区金融监管当局批准设立的金融机构，或者是金融性行业协会会员；

（三）具有从事国际金融活动的经验；

（四）经营状况良好，最近2年内无重大违法违规行为，或者已整改到位并经银保监会或其派出机构认可；

（五）具有有效的反洗钱措施；

（六）有符合任职资格条件的首席代表；

（七）银保监会规章规定的其他审慎性条件。

第一百零九条 境外非银行金融机构设立驻华代表处，应由其母公司向拟设地省级派出机构提交申请，由省级派出机构受理并初步审查、银保监会审查并决定。决定机关自受理之日起6个月内作出批准或不批准的书面决定。

第三章 机构变更

第一节 法人机构变更

第一百一十条 非银行金融机构法人机构变更事项包括：变更名称，变更股权或调整股权结构，变更注册资本，变更住所，修改公司章程，分立或合并，金融资产管理公司变更组织形式，以及银保监会规定的其他变更事项。

第一百一十一条 金融资产管理公司变更名称，由银保监会受理、审查并决定。其他非银行金融机构变更名称，由地市级派出机构或所在地省级派出机构受理、审查并决定。决定机关自受理之日起3个月内作出批准或不批准的书面决定。由地市级派出机构或省级派出机构决定的，应将决定抄报上级监管机关。

第一百一十二条 出资人及其关联方、一致行动人单独或合计拟首次持有非银行金融机构资本总额或股份总额5%以上或不足5%但对非银行金融机构经营管理有重大影响的，以及累计增持非银行金融机构资本总额或股份总额5%以上或不足5%但引起实际控制人变更的，均应事先报银保监会或其派出机构核准。

出资人及其关联方、一致行动人单独或合计持有非银行金融机构资本总额或股份总额1%以上、5%以下的，应当在取得相应股权后10个工作日内向银保监会或所在地省级派出机构报告。

第一百一十三条 同一出资人及其控股股东、实际控制人、控股子公司、一致行动人、实际控制人控制或共同控制的其他企业作为主要股东入股非银行金融机构的家数原则上不得超过2家，其中对同一类型非银行金融机构控股不得超过1家或参股不得超过2家。

国务院规定的投资公司和控股公司、根据国务院授权持有非银行金融机构股权的投资主体入股非银行金融机构的，投资人经银保监会批准入股或并购重组高风险非银行金融机构的，不受本条前款规定限制。

第一百一十四条 金融资产管理公司以外的非银行金融机构变更股权或调整股权结构须经审批的，拟投资入股的出资人应分别具备以下条件：

（一）财务公司出资人的条件适用本办法第七条至第十三条及第一百一十三条的规定；因企业集团合并重组引起财务公司股权变更的，经银保监会认可，可不受第八条第二项至第六项、第十项以及第九条第五项、第六项、第八项规定限制。

（二）金融租赁公司出资人的条件适用本办法第二十二条至第三十一条及第一百一十三条的规定。

（三）汽车金融公司出资人的条件适用本办法第三十八条至第四十二条及第一百一十三条的规定。

（四）货币经纪公司出资人的条件适用本办法第四十九条至第五十二条及第一百一十三条的规定。

（五）消费金融公司出资人的条件适用本办法第五十九条至第六十四条及第一百一十三条的规定。

涉及处置高风险非银行金融机构的许可事项，可不受出资人类型等相关规定限制。

第一百一十五条 金融资产管理公司变更股权或调整股权结构须经审批的，应当有符合条件的出资人，包括境内金融机构、境外金融机构、境内非金融机构和银保监会认可的其他出资人。

第一百一十六条 境内金融机构作为金融资产管理公司的出资人，应当具备以下条件：

（一）主要审慎监管指标符合监管要求；

（二）公司治理良好，内部控制健全有效；

（三）财务状况良好，最近2个会计年度连续盈利；

（四）社会声誉良好，最近2年无严重违法违规行为和重大案件，或者已整改到位并经银保监会认可；

（五）入股资金为自有资金，不得以委托资金、债务资金等非自有资金入股；

（六）权益性投资余额原则上不得超过本企业净资产的50%（含本次投资金额），国务院规定的投资公司和控股公司除外；

（七）银保监会规章规定的其他审慎性条件。

第一百一十七条 境外金融机构作为金融资产管理公司的出资人，应当具备以下条件：

（一）最近1个会计年度末总资产原则上不少于100亿美元或等值的可自由兑换货币。

（二）最近2年长期信用评级为良好。

（三）财务状况良好，最近2个会计年度连续盈利。

（四）商业银行资本充足率应当达到其注册地银行业资本充足率平均水平且不低于10.5%；非银行金融机构资本总额不低于加权风险资产总额的10%。

（五）内部控制健全有效。

（六）注册地金融机构监督管理制度完善。

（七）所在国（地区）经济状况良好。

（八）入股资金为自有资金，不得以委托资金、债务资金等非自有资金入股。

（九）权益性投资余额原则上不得超过本企业净资产的50%（含本次投资金额）。

（十）银保监会规章规定的其他审慎性条件。

第一百一十八条 境内非金融机构作为金融资产管理公司的出资人，应当符合以下条件：

（一）依法设立，具有法人资格。

（二）具有良好的公司治理结构或有效的组织管理方式。

（三）具有良好的社会声誉、诚信记录和

纳税记录，能按期足额偿还金融机构的贷款本金和利息。

（四）具有较长的发展期和稳定的经营状况。

（五）具有较强的经营管理能力和资金实力。

（六）财务状况良好，最近2个会计年度连续盈利；作为金融资产管理公司控股股东的，最近3个会计年度连续盈利。

（七）最近1个会计年度末净资产不低于总资产的30%。

（八）入股资金为自有资金，不得以委托资金、债务资金等非自有资金入股。

（九）权益性投资余额原则上不得超过本企业净资产的50%（含本次投资金额）；作为金融资产管理公司控股股东的，权益性投资余额原则上不得超过本企业净资产的40%（含本次投资金额）；国务院规定的投资公司和控股公司除外。

（十）银保监会规章规定的其他审慎性条件。

第一百一十九条 存在以下情形之一的企业不得作为金融资产管理公司的出资人：

（一）公司治理结构与机制存在明显缺陷；

（二）关联企业众多、股权关系复杂且不透明、关联交易频繁且异常；

（三）核心主业不突出且其经营范围涉及行业过多；

（四）现金流量波动受经济景气影响较大；

（五）资产负债率、财务杠杆率高于行业平均水平；

（六）代他人持有金融资产管理公司股权；

（七）被列为相关部门失信联合惩戒对象；

（八）存在严重逃废银行债务行为；

（九）提供虚假材料或者作不实声明；

（十）因违法违规行为被金融监管部门或政府有关部门查处，造成恶劣影响；

（十一）其他对金融资产管理公司产生重大不利影响的情况。

第一百二十条 入股金融资产管理公司，应当遵守并在公司章程中载明下列内容：

（一）股东应当遵守法律法规和监管规定；

（二）应经但未经监管部门批准或未向监管部门报告的股东，不得行使股东大会召开请求权、表决权、提名权、提案权、处分权等权利；

（三）对于存在虚假陈述、滥用股东权利或其他损害金融资产管理公司利益行为的股东，银保监会或其派出机构可以限制或禁止金融资产管理公司与其开展关联交易，限制其持有金融资产管理公司股权的限额等，并可限制其股东大会召开请求权、表决权、提名权、提案权、处分权等权利；

（四）主要股东自取得股权之日起5年内不得转让所持有的股权（经银保监会或其派出机构批准采取风险处置措施、银保监会或其派出机构责令转让、涉及司法强制执行或者在同一出资人控制的不同主体间转让股权等特殊情形除外）；

（五）主要股东应当在必要时向金融资产管理公司补充资本。

第一百二十一条 金融资产管理公司变更股权或调整股权结构须经审批的，由银保监会受理、审查并决定。银保监会自受理之日起3个月内作出批准或不批准的书面决定。

财务公司、金融租赁公司、汽车金融公司、货币经纪公司、消费金融公司变更股权或调整股权结构引起实际控制人变更的，由所在地省级派出机构受理并初步审查、银保监会审查并决定，决定机关自受理之日起3个月内作出批准或不批准的书面决定。

财务公司、金融租赁公司、汽车金融公司、货币经纪公司、消费金融公司变更股权或调整股权结构须经审批且未引起实际控制人变更的，由地市级派出机构或所在地省级派出机构受理并初步审查、省级派出机构审查并决定，决定机关自受理之日起3个月内作出批准或不批准的书面决定，并抄报银保监会。

第一百二十二条 非银行金融机构申请变更注册资本，应当具备以下条件：

（一）变更注册资本后仍然符合银保监会对该类机构最低注册资本和资本充足性的要求；

（二）增加注册资本涉及出资人资格须经审批的，出资人应符合第一百一十四条至第一百二十条规定的条件；

（三）银保监会规章规定的其他审慎性条件。

第一百二十三条 非银行金融机构申请变更注册资本的许可程序适用本办法第一百一十一条的规定，变更注册资本涉及出资人资格须经审批的，许可程序适用本办法第一百二十一条的规定。

第一百二十四条 非银行金融机构以公开募集和上市交易股份方式，以及已上市的非银行金融机构以配股或募集新股份的方式变更注册资本的，应当符合中国证监会规定的条件。

向中国证监会申请前，有关方案应先获得银保监会或其派出机构的批准，许可程序适用本办法第一百二十一条的规定。

第一百二十五条 非银行金融机构变更住所，应当有与业务发展相符合的营业场所、安全防范措施和其他设施。

非银行金融机构因行政区划调整等原因而引起的行政区划、街道、门牌号等发生变化而实际位置未变化的，不需进行变更住所的申请，但应当于变更后 15 日内报告为其颁发金融许可证的银行保险监督管理机构，并换领金融许可证。

非银行金融机构因房屋维修、增扩建等原因临时变更住所 6 个月以内的，不需进行变更住所申请，但应当在原住所、临时住所公告，并提前 10 日内向为其颁发金融许可证的银行保险监督管理机构报告。临时住所应当符合安全、消防主管部门的相关要求。非银行金融机构回迁原住所，应当提前 10 日将有权部门出具的消防证明文件等材料抄报为其颁发金融许可证的银行保险监督管理机构。

第一百二十六条 非银行金融机构同城变更住所的许可程序适用本办法第一百一十一条的规定。

第一百二十七条 非银行金融机构异地变更住所分为迁址筹建和迁址开业两个阶段。

第一百二十八条 非银行金融机构跨省级派出机构迁址筹建，向迁出地省级派出机构提交申请，同时抄报拟迁入地省级派出机构，由迁出地省级派出机构受理、审查并决定。迁出地省级派出机构自受理之日起 2 个月内作出批准或不批准的书面决定，并抄报银保监会，抄送拟迁入地省级派出机构。迁出地省级派出机构在作出书面决定之前应征求拟迁入地省级派出机构的意见。在省级派出机构辖内跨地市级派出机构迁址筹建，向省级派出机构提交申请，由省级派出机构受理、审查并决定。省级派出机构自受理之日起 2 个月内作出批准或不批准的书面决定，并抄报银保监会，抄送有关地市级派出机构。省级派出机构在作出书面决定之前应征求有关地市级派出机构的意见。

非银行金融机构应在收到迁址筹建批准文件之日起 6 个月内完成异地迁址的准备工作，并在期限届满前提交迁址开业申请，逾期未提交的，迁址筹建批准文件失效。

第一百二十九条 非银行金融机构异地迁址开业，向迁入地省级派出机构提交申请，由其受理、审查并决定。省级派出机构自受理之日起 1 个月内作出批准或不批准的书面决定，并抄报银保监会，抄送迁出地省级派出机构。

第一百三十条 非银行金融机构修改公司章程应符合《中华人民共和国公司法》《金融资产管理公司监管办法》《企业集团财务公司管理办法》《金融租赁公司管理办法》《汽车金融公司管理办法》《货币经纪公司试点管理办法》《消费金融公司试点管理办法》《商业银行股权管理暂行办法》及其他有关法律法规的规定。

第一百三十一条 非银行金融机构申请修改公司章程的许可程序适用本办法第一百一十一条的规定。

非银行金融机构因为发生变更名称、股权、注册资本、住所或营业场所、业务范围等前置审批事项以及因股东名称、住所变更等原因而引起公司章程内容变更的，不需申请修改章程，应将修改后的章程向监管机构报备。

第一百三十二条 非银行金融机构分立应符合有关法律、行政法规和规章的规定。

金融资产管理公司分立，向银保监会提交申请，由银保监会受理、审查并决定。银保监会自受理之日起 3 个月内作出批准或不批准的书面决定。其他非银行金融机构分立，向所在地省级派出机构提交申请，由省级派出机构受理并初步审查、银保监会审查并决定。决定机关自受理之日起 3 个月内作出批准或不批准的书面决定。

非银行金融机构分立后依然存续的，在分立公告期限届满后，应按照有关变更事项的条件和程序通过行政许可。分立后成为新公司的，在分立公告期限届满后，应按照法人机构开业的条件和程序通过行政许可。

第一百三十三条 非银行金融机构合并应符合有关法律、行政法规和规章的规定。

金融资产管理公司吸收合并，向银保监会提交申请，由银保监会受理、审查并决定。银保监会自受理之日起3个月内作出批准或不批准的书面决定。其他非银行金融机构吸收合并，由吸收合并方向其所在地省级派出机构提出申请，并抄报被吸收合并方所在地省级派出机构，由吸收合并方所在地省级派出机构受理并初步审查、银保监会审查并决定。决定机关自受理之日起3个月内作出批准或不批准的书面决定。吸收合并方所在地省级派出机构在将初审意见上报银保监会之前应征求被吸收合并方所在地省级派出机构的意见。

吸收合并事项涉及吸收合并方变更股权或调整股权结构、注册资本、名称，以及被吸收合并方解散或改建为分支机构的，应符合相应事项的许可条件，相应事项的许可程序可按照相关规定执行或与吸收合并事项一并受理、审查并决定。一并受理的，吸收合并方所在地省级派出机构在将初审意见上报银保监会之前应就被吸收合并方解散或改建分支机构征求其他相关省级派出机构的意见。

金融资产管理公司新设合并，向银保监会提交申请，由银保监会受理、审查并决定。银保监会自受理之日起3个月内作出批准或不批准的书面决定。其他非银行金融机构新设合并，由其中一方作为主报机构向其所在地省级派出机构提交申请，同时抄报另一方所在地省级派出机构，由主报机构所在地省级派出机构受理并初步审查、银保监会审查并决定。决定机关自受理之日起3个月内作出批准或不批准的书面决定。主报机构所在地省级派出机构在将初审意见上报银保监会之前应征求另一方所在地省级派出机构的意见。

新设机构应按照法人机构开业的条件和程序通过行政许可。新设合并事项涉及被合并方解散或改建为分支机构的，应符合解散或设立分支机构的许可条件，许可程序可按照相关规定执行或与新设合并事项一并受理、审查并决定。一并受理的，主报机构所在地省级派出机构在将初审意见上报银保监会之前应就被合并方解散或改建分公司征求其他相关省级派出机构的意见。

第一百三十四条 金融资产管理公司变更组织形式，应当符合《中华人民共和国公司法》《金融资产管理公司监管办法》以及其他法律、行政法规和规章的规定。

第一百三十五条 金融资产管理公司变更组织形式，由银保监会受理、审查并决定。银保监会自受理之日起3个月内作出批准或不批准的书面决定。

第二节 子公司变更

第一百三十六条 非银行金融机构子公司须经许可的变更事项包括：金融资产管理公司境外全资附属或控股金融机构变更名称、注册资本、股权或调整股权结构，分立或合并，重大投资事项（指投资额为1亿元人民币以上或等值的可自由兑换货币或者投资额占其注册资本5%以上的股权投资事项）；金融租赁公司专业子公司变更名称、注册资本；金融租赁公司境内专业子公司变更股权或调整股权结构，修改公司章程；财务公司境外子公司变更名称、注册资本；以及银保监会规定的其他变更事项。

第一百三十七条 出资人及其关联方、一致行动人单独或合计拟首次持有非银行金融机构子公司资本总额或股份总额5%以上或不足5%但对非银行金融机构子公司经营管理有重大影响的，以及累计增持非银行金融机构子公司资本总额或股份总额5%以上或不足5%但引起实际控制人变更的，均应事先报银保监会或其派出机构核准。

出资人及其关联方、一致行动人单独或合计持有非银行金融机构子公司股权1%以上、5%以下的，应当在取得股权后10个工作日内向银保监会或所在地省级派出机构报告。

第一百三十八条 金融资产管理公司境外全资附属或控股金融机构变更股权或调整股权结构须经审批的，由金融资产管理公司向银保监会提交申请，由银保监会受理、审查并决定。银保监会自受理之日起3个月内作出批准或不批准的书面决定。

第一百三十九条 金融资产管理公司境外全资附属或控股金融机构变更名称、注册资本，分立或合并，或进行重大投资，由金融资产管理公司向银保监会提交申请，银保监会受理、审查并决定。银保监会自受理之日起 3 个月内作出批准或不批准的书面决定。

第一百四十条 金融租赁公司境内专业子公司变更股权或调整股权结构须经审批的，拟投资入股的出资人应符合第八十二条规定的条件。

金融租赁公司境内专业子公司变更股权或调整股权结构须经审批的，由境内专业子公司向地市级派出机构或所在地省级派出机构提出申请，地市级派出机构或省级派出机构受理、省级派出机构审查并决定。决定机关自受理之日起 3 个月内作出批准或不批准的书面决定，并抄报银保监会。

第一百四十一条 金融租赁公司境内专业子公司变更名称，由专业子公司向地市级派出机构或所在地省级派出机构提出申请，金融租赁公司境外专业子公司变更名称，由金融租赁公司向地市级派出机构或所在地省级派出机构提出申请，地市级派出机构或省级派出机构受理、审查并决定。地市级派出机构或省级派出机构应自受理之日起 3 个月内作出批准或不批准的书面决定，并抄报上级监管机关。

第一百四十二条 金融租赁公司专业子公司变更注册资本，应当具备以下条件：

（一）变更注册资本后仍然符合银保监会的相关监管要求；

（二）增加注册资本涉及出资人资格须经审批的，出资人应符合第八十二条规定的条件；

（三）银保监会规章规定的其他审慎性条件。

金融租赁公司专业子公司变更注册资本的，许可程序适用第一百四十一条的规定，变更注册资本涉及出资人资格须经审批的，许可程序适用第一百四十条的规定。

第一百四十三条 金融租赁公司境内专业子公司修改公司章程应符合《中华人民共和国公司法》《金融租赁公司专业子公司管理暂行规定》的规定。

金融租赁公司境内专业子公司申请修改公司章程的许可程序适用第一百一十一条的规定。金融租赁公司境内专业子公司因为发生变更名称、股权或调整股权结构、注册资本等前置审批事项以及因股东名称、住所变更等原因而引起公司章程内容变更的，不需申请修改章程，应将修改后的章程向地市级派出机构或所在地省级派出机构报备。

第一百四十四条 财务公司境外子公司变更名称、注册资本，由财务公司向地市级派出机构或所在地省级派出机构提出申请，地市级派出机构或省级派出机构受理、审查并决定。地市级派出机构或省级派出机构应自受理之日起 3 个月内作出批准或不批准的书面决定，并抄报上级监管机关。

第三节 分公司和代表处变更

第一百四十五条 非银行金融机构分公司和代表处变更名称，由其法人机构向分公司或代表处所在地地市级派出机构或所在地省级派出机构提出申请，由地市级派出机构或所在地省级派出机构受理、审查并决定。地市级派出机构或省级派出机构应自受理之日起 3 个月内作出批准或不批准的书面决定，并抄报上级监管机关。

第一百四十六条 境外非银行金融机构驻华代表处申请变更名称，由其母公司向代表处所在地省级派出机构提交申请，由省级派出机构受理、审查并决定。省级派出机构应自受理之日起 3 个月内作出批准或不批准的决定，并抄报银保监会。

第四章 机构终止

第一节 法人机构终止

第一百四十七条 非银行金融机构法人机构满足以下情形之一的，可以申请解散：

（一）公司章程规定的营业期限届满或者规定的其他解散事由出现时；

（二）股东会议决定解散；

（三）因公司合并或者分立需要解散；

（四）其他法定事由。

组建财务公司的企业集团解散，财务公司应当申请解散。

第一百四十八条 金融资产管理公司解散，向银保监会提交申请，由银保监会受理、审查并决定。银保监会自受理之日起 3 个月内作出批准或不批准的书面决定。

其他非银行金融机构解散，向所在地省级派出机构提交申请，省级派出机构受理并初步审查、银保监会审查并决定。决定机关自受理之日起 3 个月内作出批准或不批准的书面决定。

第一百四十九条 非银行金融机构法人机构有以下情形之一的，向法院申请破产前，应当向银保监会申请并获得批准：

（一）不能清偿到期债务，并且资产不足以清偿全部债务或者明显缺乏清偿能力的，自愿或应其债权人要求申请破产的；

（二）已解散但未清算或者未清算完毕，依法负有清算责任的人发现该机构资产不足以清偿债务，应当申请破产的。

第一百五十条 金融资产管理公司拟破产，向银保监会提交申请，由银保监会受理、审查并决定。银保监会自受理之日起3个月内作出批准或不批准的书面决定。

其他非银行金融机构拟破产，向所在地省级派出机构提交申请，由省级派出机构受理并初步审查、银保监会审查并决定。决定机关自受理之日起3个月内作出批准或不批准的书面决定。

第二节 子公司终止

第一百五十一条 金融资产管理公司境外全资附属或控股金融机构、金融租赁公司专业子公司、财务公司境外子公司解散或破产的条件，参照第一百四十七条和第一百四十九条的规定执行。

第一百五十二条 金融资产管理公司境外全资附属或控股金融机构解散或拟破产，由金融资产管理公司向银保监会提交申请，银保监会受理、审查并决定。银保监会自受理之日起3个月内作出批准或不批准的书面决定。

金融租赁公司境内专业子公司解散或拟破产，由金融租赁公司向专业子公司所在地省级派出机构提出申请，省级派出机构受理并初步审查、银保监会审查并决定。决定机关自受理之日起3个月内作出批准或不批准的书面决定。

金融租赁公司境外专业子公司解散或拟破产，由金融租赁公司向其所在地省级派出机构提出申请，省级派出机构受理并初步审查、银保监会审查并决定。决定机关自受理之日起3个月内作出批准或不批准的书面决定。

财务公司境外子公司解散或拟破产，由财务公司向其所在地省级派出机构提出申请，省级派出机构受理并初步审查、银保监会审查并决定。决定机关自受理之日起3个月内作出批准或不批准的书面决定。

第三节 分公司和代表处终止

第一百五十三条 非银行金融机构分公司、代表处，以及境外非银行金融机构驻华代表处终止营业或关闭（被依法撤销除外），应当提出终止营业或关闭申请。

第一百五十四条 非银行金融机构分公司、代表处申请终止营业或关闭，应当具备以下条件：

（一）公司章程规定的有权决定机构决定该分支机构终止营业或关闭；

（二）分支机构各项业务和人员已依法进行了适当的处置安排；

（三）银保监会规章规定的其他审慎性条件。

第一百五十五条 非银行金融机构分公司或代表处终止营业或关闭，由其法人机构向分公司或代表处地市级派出机构或所在地省级派出机构提交申请，由地市级派出机构或省级派出机构受理并初步审查、省级派出机构审查并决定。决定机关自受理之日起3个月内作出批准或不批准的书面决定，并抄报银保监会。

第一百五十六条 境外非银行金融机构驻华代表处申请关闭，由其母公司向代表处所在地省级派出机构提交申请，由省级派出机构受理并初步审查、银保监会审查并决定。决定机关自受理之日起3个月内作出批准或不批准的书面决定。

第五章 调整业务范围和增加业务品种

第一节 财务公司经批准发行债券等五项业务资格

第一百五十七条 财务公司申请经批准发行债券业务资格、承销成员单位的企业债券、有价证券投资、对金融机构的股权投资，以及成员单位产品的消费信贷、买方信贷和融资租赁业务，应具备以下条件：

（一）财务公司开业1年以上，且经营状况良好；

（二）注册资本不低于3亿元人民币或等值的可自由兑换货币；

（三）符合审慎监管指标要求；

（四）有比较完善的业务决策机制、风险控制制度、业务操作规程；

（五）具有与业务经营相适应的安全且合规的信息系统，具备保障业务持续运营的技术与措施；

（六）有相应的合格专业人员；

（七）监管评级良好；

（八）银保监会规章规定的其他审慎性条件。

第一百五十八条 财务公司申请开办有价证券投资业务，除符合第一百五十七条规定外，还应具备以下条件：

（一）申请固定收益类有价证券投资业务的，最近1年月均存放同业余额不低于5亿元；申请股票投资以外的有价证券投资业务的，最近1年资金集中度达到且持续保持在30%以上，且最近1年月均存放同业余额不低于10亿元；申请股票投资业务的，最近1年资金集中度达到且持续保持在40%以上，且最近1年月均存放同业余额不低于30亿元。

（二）负责投资业务的从业人员中三分之二以上具有相应的专业资格或一定年限的从业经验。

第一百五十九条 财务公司申请开办对金融机构的股权投资业务，除符合第一百五十七条规定外，还应具备以下条件之一：

（一）最近1年资金集中度达到且持续保持在50%以上，且最近1年月均存放同业余额不低于50亿元；

（二）最近1年资金集中度达到且持续保持在30%以上，且最近1年月均存放同业余额不低于80亿元。

第一百六十条 财务公司申请开办成员单位产品消费信贷、买方信贷及融资租赁业务，除符合第一百五十七条规定外，还应符合以下条件：

（一）注册资本不低于5亿元人民币或等值的可自由兑换货币；

（二）集团应有适合开办此类业务的产品；

（三）现有信贷业务风险管理情况良好。

第一百六十一条 财务公司申请以上五项业务资格，向地市级派出机构或所在地省级派出机构提交申请，由地市级派出机构或省级派出机构受理并初步审查、省级派出机构审查并决定。决定机关自受理之日起3个月内作出批准或不批准的书面决定，并抄报银保监会。

第二节 财务公司发行金融债券

第一百六十二条 财务公司申请发行金融债券，应具备以下条件：

（一）具有良好的公司治理结构、完善的内部控制体系；

（二）具有从事金融债券发行的合格专业人员；

（三）符合审慎监管指标要求；

（四）注册资本不低于5亿元人民币或等值的可自由兑换货币；

（五）最近1年不良资产率低于行业平均水平，贷款损失准备充足；

（六）无到期不能支付债务；

（七）最近1年净资产不低于行业平均水平；

（八）经营状况良好，最近3年连续盈利，3年平均可分配利润足以支付所发行金融债券1年的利息，申请前1年利润率不低于行业平均水平，且有稳定的盈利预期；

（九）已发行、尚未兑付的金融债券总额不得超过公司净资产总额的100%；

（十）最近3年无重大违法违规行为，或者已整改到位并经银保监会或其派出机构认可；

（十一）监管评级良好；

（十二）银保监会规章规定的其他审慎性条件。

财务公司发行金融债券应由集团母公司或其他有担保能力的成员单位提供担保。

第一百六十三条 财务公司申请发行金融债券的许可程序适用本办法第一百六十一条的规定。

第三节 财务公司开办外汇业务

第一百六十四条 财务公司申请开办外汇业务，应当具备以下条件：

（一）依法合规经营，内控制度健全有效，经营状况良好；

（二）有健全的外汇业务操作规程和风险管理制度；

（三）具有与外汇业务经营相适应的安全且合规的信息系统，具备保障业务持续运营的技术与措施；

（四）有与开办外汇业务相适应的合格外汇业务从业人员；

（五）监管评级良好；

（六）银保监会规章规定的其他审慎性条件。

第一百六十五条 财务公司申请开办外汇业务的许可程序适用本办法第一百六十一条的规定。

第四节 金融租赁公司在境内保税地区设立项目公司开展融资租赁业务

第一百六十六条 金融租赁公司在境内保税地区设立项目公司开展融资租赁业务，应具备以下条件：

（一）符合审慎监管指标要求；

（二）提足各项损失准备金后最近1个会计年度期末净资产不低于10亿元人民币或等值的可自由兑换货币；

（三）具备良好的公司治理和内部控制体系；

（四）具有与业务经营相适应的安全且合规的信息系统，具备保障业务持续运营的技术与措施；

（五）具备开办业务所需要的有相关经验的专业人员；

（六）制定了开办业务所需的业务操作流程、风险管理、内部控制和会计核算制度，并经董事会批准；

（七）最近3年内无重大违法违规行为，或者已整改到位并经银保监会或其派出机构认可；

（八）监管评级良好；

（九）银保监会规章规定的其他审慎性条件。

第一百六十七条 金融租赁公司在境内保税地区设立项目公司开展融资租赁业务的许可程序适用本办法第一百六十一条的规定。

第五节 金融资产管理公司、金融租赁公司及其境内专业子公司、消费金融公司、汽车金融公司募集发行债务、资本补充工具

第一百六十八条 金融资产管理公司募集发行优先股、二级资本债券、金融债及依法须经银保监会许可的其他债务、资本补充工具，应具备以下条件：

（一）具有良好的公司治理机制、完善的内部控制体系和健全的风险管理制度；

（二）风险监管指标符合审慎监管要求，但出于维护金融安全和稳定需要的情形除外；

（三）最近3个会计年度连续盈利；

（四）银保监会规章规定的其他审慎性条件。

第一百六十九条 金融租赁公司及其境内专业子公司、消费金融公司、汽车金融公司募集发行优先股、二级资本债券、金融债及依法须经银保监会许可的其他债务、资本补充工具，应具备以下条件：

（一）具有良好的公司治理机制、完善的内部控制体系和健全的风险管理制度；

（二）资本充足性监管指标不低于监管部门的最低要求；

（三）最近3个会计年度连续盈利；

（四）风险监管指标符合审慎监管要求；

（五）监管评级良好；

（六）银保监会规章规定的其他审慎性条件。

对于资质良好但成立未满3年的金融租赁公司及其境内专业子公司，可由具有担保能力的担保人提供担保。

第一百七十条 金融资产管理公司募集发行债务、资本补充工具，应由金融资产管理公司作为申请人向银保监会提交申请，由银保监会受理、审查并决定。银保监会自受理之日起3个月内作出批准或不批准的书面决定。

金融租赁公司及其境内专业子公司、消费金融公司、汽车金融公司募集发行债务、资本补充工具，发行金融债券的许可程序适用本办法第一百六十一条的规定。

第六节 非银行金融机构资产证券化业务资格

第一百七十一条 非银行金融机构申请资产证券化业务资格，应当具备以下条件：

（一）具有良好的社会信誉和经营业绩，最近3年内无重大违法违规行为，或者已整改到位并经银保监会或其派出机构认可；

（二）具有良好的公司治理、风险管理体系和内部控制；

（三）对开办资产证券化业务具有合理的目标定位和明确的战略规划，并且符合其总体经营目标和发展战略；

（四）具有开办资产证券化业务所需要的专业人员、业务处理系统、会计核算系统、管

理信息系统以及风险管理和内部控制制度；

（五）监管评级良好；

（六）银保监会规章规定的其他审慎性条件。

第一百七十二条 金融资产管理公司申请资产证券化业务资格，应由金融资产管理公司作为申请人向银保监会提交申请，由银保监会受理、审查并决定。银保监会自受理之日起3个月内作出批准或不批准的书面决定。

其他非银行金融机构申请资产证券化资格的许可程序适用本办法第一百六十一条的规定。

第七节 非银行金融机构衍生产品交易业务资格

第一百七十三条 非银行金融机构衍生产品交易业务资格分为基础类资格和普通类资格。

基础类资格只能从事套期保值类衍生产品交易；普通类资格除基础类资格可以从事的衍生产品交易之外，还可以从事非套期保值类衍生产品交易。

第一百七十四条 非银行金融机构申请基础类衍生产品交易业务资格，应当具备以下条件：

（一）有健全的衍生产品交易风险管理制度和内部控制制度；

（二）具有接受相关衍生产品交易技能专门培训半年以上、从事衍生产品或相关交易2年以上的交易人员至少2名，相关风险管理人员至少1名，风险模型研究或风险分析人员至少1名，熟悉套期会计操作程序和制度规范的人员至少1名，以上人员均需专岗专人，相互不得兼任，且无不良记录；

（三）有适当的交易场所和设备；

（四）有处理法律事务和负责内控合规检查的专业部门及相关专业人员；

（五）符合审慎监管指标要求；

（六）监管评级良好；

（七）银保监会规章规定的其他审慎性条件。

第一百七十五条 非银行金融机构申请普通类衍生产品交易业务资格，除符合第一百七十四条规定外，还应当具备以下条件：

（一）完善的衍生产品交易前中后台自动联接的业务处理系统和实时风险管理系统；

（二）衍生产品交易业务主管人员应当具备5年以上直接参与衍生产品交易活动或风险管理的资历，且无不良记录；

（三）严格的业务分离制度，确保套期保值类业务与非套期保值类业务的市场信息、风险管理、损益核算有效隔离；

（四）完善的市场风险、操作风险、信用风险等风险管理框架；

（五）银保监会规章规定的其他审慎性条件。

第一百七十六条 非银行金融机构申请衍生产品交易业务资格的许可程序适用本办法第一百七十二条的规定。

第八节 非银行金融机构开办其他新业务

第一百七十七条 非银行金融机构申请开办其他新业务，应当具备以下基本条件：

（一）有良好的公司治理和内部控制；

（二）经营状况良好，主要风险监管指标符合要求；

（三）具有能有效识别和控制新业务风险的管理制度和健全的新业务操作规程；

（四）具有与业务经营相适应的安全且合规的信息系统，具备保障业务持续运营的技术与措施；

（五）有开办新业务所需的合格管理人员和业务人员；

（六）最近3年内无重大违法违规行为，或者已整改到位并经银保监会或其派出机构认可；

（七）监管评级良好；

（八）银保监会规章规定的其他审慎性条件。

前款所称其他新业务，是指除本章第一节至第七节规定的业务以外的现行法律法规中已明确规定可以开办，但非银行金融机构尚未开办的业务。

第一百七十八条 非银行金融机构开办其他新业务的许可程序适用本办法第一百七十二条的规定。

第一百七十九条 非银行金融机构申请开办现行法规未明确规定的业务，由银保监会另行规定。

第六章　董事和高级管理人员任职资格许可

第一节　任职资格条件

第一百八十条　非银行金融机构董事长、副董事长、独立董事和其他董事等董事会成员须经任职资格许可。

非银行金融机构的总经理（首席执行官、总裁）、副总经理（副总裁）、风险总监（首席风险官）、财务总监（首席财务官）、合规总监（首席合规官）、总会计师、总审计师（总稽核）、运营总监（首席运营官）、信息总监（首席信息官）、公司内部按照高级管理人员管理的总经理助理（总裁助理）和董事会秘书，金融资产管理公司财务部门、内审部门负责人，分公司总经理、副总经理、总经理助理、风险总监，财务公司、金融租赁公司、货币经纪公司分公司总经理（主任），境外非银行金融机构驻华代表处首席代表等高级管理人员，须经任职资格许可。

金融资产管理公司境外全资附属或控股金融机构从境内聘任的董事长、副董事长、总经理、副总经理、总经理助理，金融租赁公司境内专业子公司的董事长、副董事长、总经理、副总经理及境外专业子公司从境内聘任的董事长、副董事长、总经理、副总经理，财务公司境外子公司从境内聘任的董事长、副董事长、总经理、副总经理，须经任职资格许可。金融资产管理公司境外全资附属或控股金融机构从境外聘任的董事长、副董事长、总经理、副总经理、总经理助理，金融租赁公司境外专业子公司及财务公司境外子公司从境外聘任的董事长、副董事长、总经理、副总经理不需申请核准任职资格，应当在任职后5日内向监管机构报告。

未担任上述职务，但实际履行前三款所列董事和高级管理人员职责的人员，应按银保监会有关规定纳入任职资格管理。

第一百八十一条　申请非银行金融机构董事和高级管理人员任职资格，拟任人应当具备以下基本条件：

（一）具有完全民事行为能力；
（二）具有良好的守法合规记录；
（三）具有良好的品行、声誉；
（四）具有担任拟任职务所需的相关知识、经验及能力；
（五）具有良好的经济、金融从业记录；
（六）个人及家庭财务稳健；
（七）具有担任拟任职务所需的独立性；
（八）履行对金融机构的忠实与勤勉义务。

第一百八十二条　拟任人有以下情形之一的，视为不符合本办法第一百八十一条第（二）项、第（三）项、第（五）项规定的条件，不得担任非银行金融机构董事和高级管理人员：

（一）有故意或重大过失犯罪记录的；
（二）有违反社会公德的不良行为，造成恶劣影响的；
（三）对曾任职机构违法违规经营活动或重大损失负有个人责任或直接领导责任，情节严重的；
（四）担任或曾任被接管、撤销、宣告破产或吊销营业执照的机构的董事或高级管理人员的，但能够证明本人对曾任职机构被接管、撤销、宣告破产或吊销营业执照不负有个人责任的除外；
（五）因违反职业道德、操守或者工作严重失职，造成重大损失或恶劣影响的；
（六）指使、参与所任职机构不配合依法监管或案件查处的；
（七）被取消终身的董事和高级管理人员任职资格，或受到监管机构或其他金融管理部门处罚累计达到2次以上的；
（八）不具备本办法规定的任职资格条件，采取不正当手段以获得任职资格核准的。

第一百八十三条　拟任人有以下情形之一的，视为不符合本办法第一百八十一条第（六）项、第（七）项规定的条件，不得担任非银行金融机构董事和高级管理人员：

（一）截至申请任职资格时，本人或其配偶仍有数额较大的逾期债务未能偿还，包括但不限于在该金融机构的逾期贷款；
（二）本人及其近亲属合并持有该金融机构5%以上股份，且从该金融机构获得的授信总额明显超过其持有的该金融机构股权净值；
（三）本人及其所控股的股东单位合并持有该金融机构5%以上股份，且从该金融机构获得的授信总额明显超过其持有的该金融机构股权净值；

（四）本人或其配偶在持有该金融机构5%以上股份的股东单位任职，且该股东单位从该金融机构获得的授信总额明显超过其持有的该金融机构股权净值，但能够证明授信与本人及其配偶没有关系的除外；

（五）存在其他所任职务与其在该金融机构拟任、现任职务有明显利益冲突，或明显分散其在该金融机构履职时间和精力的情形。

前款第（四）项不适用于财务公司董事和高级管理人员。

第一百八十四条 申请非银行金融机构董事任职资格，拟任人除应符合第一百八十一条至第一百八十三条的规定外，还应当具备以下条件：

（一）具有5年以上的经济、金融、法律、财会或其他有利于履行董事职责的工作经历，其中拟担任独立董事的还应是经济、金融、法律、财会等方面的专家；

（二）能够运用非银行金融机构的财务报表和统计报表判断非银行金融机构的经营管理和风险状况；

（三）了解拟任职非银行金融机构的公司治理结构、公司章程以及董事会职责，并熟知董事的权利和义务。

第一百八十五条 拟任人有以下情形之一的，不得担任非银行金融机构独立董事：

（一）本人及其近亲属合并持有该非银行金融机构1%以上股份或股权；

（二）本人或其近亲属在持有该非银行金融机构1%以上股份或股权的股东单位任职；

（三）本人或其近亲属在该非银行金融机构、该非银行金融机构控股或者实际控制的机构任职；

（四）本人或其近亲属在不能按期偿还该非银行金融机构贷款的机构任职；

（五）本人或其近亲属任职的机构与本人拟任职非银行金融机构之间存在法律、会计、审计、管理咨询、担保合作等方面的业务联系或债权债务等方面的利益关系，以致于妨碍其履职独立性的情形；

（六）本人或其近亲属可能被拟任职非银行金融机构大股东、高管层控制或施加重大影响，以致于妨碍其履职独立性的其他情形；

（七）本人已在同类型非银行金融机构任职。

第一百八十六条 申请非银行金融机构董事长、副董事长任职资格，拟任人除应符合第一百八十一条至第一百八十四条的规定外，还应分别具备以下条件：

（一）担任金融资产管理公司董事长、副董事长，应具备本科以上学历，从事金融工作8年以上，或相关经济工作12年以上（其中从事金融工作5年以上）；

（二）担任财务公司董事长、副董事长，应具备本科以上学历，从事金融工作5年以上，或从事企业集团财务或资金管理工作8年以上，或从事企业集团核心主业及相关管理工作10年以上；

（三）担任金融租赁公司董事长、副董事长，应具备本科以上学历，从事金融工作或融资租赁工作5年以上，或从事相关经济工作10年以上；

（四）担任汽车金融公司董事长、副董事长，应具备本科以上学历，从事金融工作5年以上，或从事汽车生产销售管理工作10年以上；

（五）担任货币经纪公司董事长、副董事长，应具备本科以上学历，从事金融工作5年以上，或从事相关经济工作10年以上（其中从事金融工作3年以上）；

（六）担任消费金融公司董事长、副董事长，应具备本科以上学历，从事金融工作5年以上，或从事相关经济工作10年以上；

（七）担任金融资产管理公司境外全资附属或控股金融机构董事长、副董事长，应具备本科以上学历，从事金融工作6年以上，或从事相关经济工作10年以上（其中从事金融工作3年以上），且能较熟练地运用1门与所任职务相适应的外语；

（八）担任财务公司境外子公司董事长、副董事长，应具备本科以上学历，从事金融工作3年以上，或从事企业集团财务或资金管理工作6年以上，且能较熟练地运用1门与所任职务相适应的外语；

（九）担任金融租赁公司境内外专业子公司董事长、副董事长，应具备本科以上学历，从事金融工作或融资租赁工作3年以上，或从事相关经济工作8年以上（其中从事金融工作或融资租赁工作2年以上），担任境外子公司董事长、副董事长的，还应能较熟练地运用1

门与所任职务相适应的外语。

第一百八十七条 申请非银行金融机构法人机构高级管理人员任职资格，拟任人除应符合第一百八十一条至第一百八十三条的规定外，还应分别具备以下条件：

（一）担任金融资产管理公司总裁、副总裁，应具备本科以上学历，从事金融工作8年以上或相关经济工作12年以上（其中从事金融工作4年以上）；

（二）担任财务公司总经理（首席执行官、总裁）、副总经理（副总裁），应具备本科以上学历，从事金融工作5年以上，或从事财务或资金管理工作10年以上（财务公司高级管理层中至少应有一人从事金融工作5年以上）；

（三）担任金融租赁公司总经理（首席执行官、总裁）、副总经理（副总裁），应具备本科以上学历，从事金融工作或从事融资租赁工作5年以上，或从事相关经济工作10年以上（其中从事金融工作或融资租赁工作3年以上）；

（四）担任汽车金融公司总经理（首席执行官、总裁）、副总经理（副总裁），应具备本科以上学历，从事金融工作5年以上，或从事汽车生产销售管理工作10年以上；

（五）担任货币经纪公司总经理（首席执行官、总裁）、副总经理（副总裁），应具备本科以上学历，从事金融工作5年以上，或从事相关经济工作10年以上（其中从事金融工作3年以上）；

（六）担任消费金融公司总经理（首席执行官、总裁）、副总经理（副总裁），应具备本科以上学历，从事金融工作5年以上，或从事与消费金融相关领域工作10年以上（消费金融公司高级管理层中至少应有一人从事金融工作5年以上）；

（七）担任各类非银行金融机构财务总监（首席财务官）、总会计师、总审计师（总稽核），以及金融资产管理公司财务部门、内审部门负责人的，应具备本科以上学历，从事财务、会计或审计工作6年以上；

（八）担任各类非银行金融机构风险总监（首席风险官），应具备本科以上学历，从事金融机构风险管理工作3年以上，或从事其他金融工作6年以上；

（九）担任各类非银行金融机构合规总监（首席合规官），应具备本科以上学历，从事金融或法律工作6年以上；

（十）担任各类非银行金融机构信息总监（首席信息官），应具备本科以上学历，从事信息科技工作6年以上；

（十一）非银行金融机构运营总监（首席运营官）和公司内部按照高级管理人员管理的总经理助理（总裁助理）、董事会秘书以及实际履行高级管理人员职责的人员，任职资格条件比照同类机构副总经理（副总裁）的任职资格条件执行。

第一百八十八条 申请非银行金融机构子公司或分公司高级管理人员任职资格，拟任人除应符合第一百八十一条至第一百八十三条的规定外，还应分别具备以下条件：

（一）担任金融资产管理公司境外全资附属或控股金融机构总经理、副总经理、总经理助理或担任金融资产管理公司分公司总经理、副总经理、总经理助理、风险总监，应具备本科以上学历，从事金融工作6年以上或相关经济工作10年以上（其中从事金融工作3年以上），担任境外全资附属或控股金融机构总经理、副总经理、总经理助理的，还应能较熟练地运用1门与所任职务相适应的外语；

（二）担任财务公司境外子公司总经理、副总经理或担任财务公司分公司总经理（主任），应具备本科以上学历，从事金融工作5年以上，或从事财务或资金管理工作8年以上（其中从事金融工作2年以上），担任境外子公司总经理或副总经理的，还应能较熟练地运用1门与所任职务相适应的外语；

（三）担任金融租赁公司境内外专业子公司总经理、副总经理或担任金融租赁公司分公司总经理（主任），应具备本科以上学历，从事金融工作或融资租赁工作3年以上，或从事相关经济工作8年以上（其中从事金融工作或融资租赁工作2年以上），担任境外子公司总经理、副总经理的，还应能较熟练地运用1门与所任职务相适应的外语；

（四）担任货币经纪公司分公司总经理（主任），应具备本科以上学历，从事金融工作5年以上，或从事相关经济工作8年以上（其中从事金融工作2年以上）；

（五）担任境外非银行金融机构驻华代表

处首席代表，应具备本科以上学历，从事金融工作或相关经济工作3年以上。

第一百八十九条 拟任人未达到第一百八十六条至第一百八十八条规定的学历要求，但具备以下条件之一的，视同达到规定的学历：

（一）取得国家教育行政主管部门认可院校授予的学士以上学位；

（二）取得注册会计师、注册审计师或与拟（现）任职务相关的高级专业技术职务资格，且相关从业年限超过相应规定4年以上。

第一百九十条 拟任董事长、总经理任职资格未获核准前，非银行金融机构应指定符合相应任职资格条件的人员代为履职，并自作出指定决定之日起3日内向监管机构报告。代为履职的人员不符合任职资格条件的，监管机构可以责令非银行金融机构限期调整。非银行金融机构应当在6个月内选聘具有任职资格的人员正式任职。

非银行金融机构分支机构确因特殊原因未能按期选聘正式人员任职的，应在代为履职届满前1个月向银保监会或任职机构所在地银保监会派出机构提交代为履职延期报告，分支机构代为履职延期不得超过一次，延长期限不得超过6个月。

第二节 任职资格许可程序

第一百九十一条 金融资产管理公司及其境外全资附属或控股金融机构申请核准董事和高级管理人员任职资格，由金融资产管理公司向银保监会提交申请，银保监会受理、审查并决定。银保监会自受理之日起30日内作出核准或不予核准的书面决定。

其他非银行金融机构法人机构申请核准董事和高级管理人员任职资格，向地市级派出机构或所在地省级派出机构提交申请，由地市级派出机构或省级派出机构受理并初步审查、省级派出机构审查并决定。决定机关自受理之日起30日内作出核准或不予核准的书面决定，并抄报银保监会。

财务公司境外子公司申请核准董事和高级管理人员任职资格，由财务公司向地市级派出机构或所在地省级派出机构提交申请，地市级派出机构或省级派出机构受理并初步审查、省级派出机构审查并决定。决定机关自受理之日起30日内作出核准或不予核准的书面决定，并抄报银保监会。

金融租赁公司境内专业子公司申请核准董事和高级管理人员任职资格，由专业子公司向地市级派出机构或所在地省级派出机构提交申请，金融租赁公司境外专业子公司申请核准董事和高级管理人员任职资格，由金融租赁公司向地市级派出机构或所在地省级派出机构提交申请，地市级派出机构或省级派出机构受理并初步审查、省级派出机构审查并决定。决定机关自受理之日起30日内作出核准或不予核准的书面决定，并抄报银保监会。

非银行金融机构分公司申请核准高级管理人员任职资格，由其法人机构向分公司地市级派出机构或所在地省级派出机构提交申请，地市级派出机构或省级派出机构受理并初步审查、省级派出机构审查并决定。决定机关自受理之日起30日内作出核准或不予核准的书面决定，并抄报银保监会，抄送法人机构所在地省级派出机构。

境外非银行金融机构驻华代表处首席代表的任职资格核准，向所在地省级派出机构提交申请，由省级派出机构受理、审查并决定。省级派出机构自受理之日起30日内作出核准或不予核准的书面决定，并抄报银保监会。

第一百九十二条 非银行金融机构或其境内分支机构设立时，董事和高级管理人员的任职资格申请，按照该机构开业的许可程序一并受理、审查并决定。

第一百九十三条 具有董事、高级管理人员任职资格且未连续中断任职1年以上的拟任人在同一法人机构内以及在同质同类机构间，同类性质平级调动职务（平级兼任）或改任（兼任）较低职务的，不需重新申请核准任职资格。拟任人应当在任职后5日内向银保监会或任职机构所在地银保监会派出机构报告。

第七章 附 则

第一百九十四条 获准机构变更事项许可的，非银行金融机构及其分支机构应自许可决定之日起6个月内完成有关法定变更手续，并向决定机关和所在地银保监会派出机构报告。获准董事和高级管理人员任职资格许可的，拟任人应自许可决定之日起3个月内正式到任，并向决定机关和所在地银保监会派出机构报告。

未在前款规定期限内完成变更或到任的，

行政许可决定文件失效，由决定机关注销行政许可。

第一百九十五条 非银行金融机构设立、终止事项，涉及工商、税务登记变更等法定程序的，应当在完成有关法定手续后1个月内向银保监会和所在地银保监会派出机构报告。

第一百九十六条 本办法所称境外含香港、澳门和台湾地区。

第一百九十七条 本办法中的"日"均为工作日，"以上"均含本数或本级。

第一百九十八条 除特别说明外，本办法中各项财务指标要求均为合并会计报表口径。

第一百九十九条 本办法中下列用语的含义：

（一）控股股东，是指根据《中华人民共和国公司法》第二百一十六条规定，其出资额占有限责任公司资本总额百分之五十以上或者其持有的股份占股份有限公司股本总额百分之五十以上的股东；出资额或者持有股份的比例虽然不足百分之五十，但依其出资额或者持有的股份所享有的表决权已足以对股东会、股东大会的决议产生重大影响的股东。

（二）主要股东，是指持有或控制非银行金融机构百分之五以上股份或表决权，或持有资本总额或股份总额不足百分之五但对非银行金融机构经营管理有重大影响的股东。

前款中的"重大影响"，包括但不限于向非银行金融机构派驻董事、监事或高级管理人员，通过协议或其他方式影响非银行金融机构的财务和经营管理决策以及银保监会或其派出机构认定的其他情形。

（三）实际控制人，是指根据《中华人民共和国公司法》第二百一十六条规定，虽不是公司的股东，但通过投资关系，协议或者其他安排，能够实际支配公司行为的人。

（四）关联方，是指根据《企业会计准则第36号关联方披露》规定，一方控制、共同控制另一方或对另一方施加重大影响，以及两方或两方以上同受一方控制、共同控制或重大影响的。但国家控制的企业之间不仅因为同受国家控股而具有关联关系。

（五）一致行动，是指投资者通过协议、其他安排，与其他投资者共同扩大其所能够支配的一个公司股份表决权数量的行为或者事实。达成一致行动的相关投资者，为一致行动人。

第二百条 其他非银行金融机构相关规则另行制定。

第二百零一条 银保监会根据法律法规和市场准入工作实际，有权对行政许可事项中受理、审查和决定等事权的划分进行动态调整。

第二百零二条 根据国务院或地方政府授权，履行国有金融资本出资人职责的各级财政部门及受财政部门委托管理国有金融资本的其他部门、机构，发起设立、投资入股本办法所列非银行金融机构的资质条件和监管要求等参照本办法有关规定执行，国家另有规定的从其规定。

第二百零三条 本办法由银保监会负责解释。本办法自公布之日起施行，《中国银监会非银行金融机构行政许可事项实施办法》（中国银监会令2015年第6号公布，根据2018年8月17日《中国银保监会关于废止和修改部分规章的决定》修正）同时废止。

中国银行保险监督管理委员会　国家发展和改革委员会
工业和信息化部　财政部　住房和城乡建设部　农业农村部
商务部　中国人民银行　国家市场监督管理总局
关于印发融资担保公司监督管理补充规定的通知

2019年10月9日　　　　　　　银保监发〔2019〕37号

各省、自治区、直辖市融资担保公司监督管理部门，各银保监局，各住房和城乡建设厅（委、局），各政策性银行、大型银行、股份制银行，邮储银行，外资银行，金融资产管理公司，其他会管经营类机构：

现将《融资担保公司监督管理补充规定》

印发给你们，请遵照执行。

请各省、自治区、直辖市融资担保公司监督管理部门将本通知发至辖内有关单位和融资担保公司，请各银保监局将本通知发至银保监分局和地方法人银行业金融机构。

本通知自公布之日起施行，《关于印发〈住房置业担保管理试行办法〉的通知》（建住房〔2000〕108号）同时废止。

附：

融资担保公司监督管理补充规定

为全面、深入贯彻实施《融资担保公司监督管理条例》（国务院令第683号，以下简称《条例》），实现融资担保机构和融资担保业务监管全覆盖，融资性担保业务监管部际联席会议决定将未取得融资担保业务经营许可证但实际上经营融资担保业务的住房置业担保公司、信用增进公司等机构纳入监管，现将有关事项补充规定如下：

一、从严规范融资担保业务牌照管理

各地融资担保公司监督管理部门（以下简称监督管理部门）要进行全面排查，对实质经营融资担保业务的机构严格实行牌照管理。

（一）依据《关于印发〈住房置业担保管理试行办法〉的通知》（建住房〔2000〕108号）设立的住房置业担保公司（中心）应当纳入融资担保监管。

1. 对本规定印发后继续开展住房置业担保业务的住房置业担保公司（中心），应于2020年6月前向监督管理部门申领融资担保业务经营许可证，经营范围以监督管理部门批准文件为准，并接受监督管理部门的监管，严格执行《条例》及配套制度的监管要求。本规定印发前发生的存量住房公积金贷款担保业务，可不计入融资担保责任余额，但应向监督管理部门单独列示报告。监督管理部门与住房和城乡建设主管部门要加强沟通协调，核实相关情况，积极稳妥推进牌照申领工作。对有存量住房公积金贷款担保业务的住房置业担保公司（中心），监督管理部门可给予不同时限的过渡期安排，达标时限应不晚于2020年末。

2. 对本规定印发后不再新增住房置业担保业务，仍有存量住房置业担保业务的住房置业担保公司（中心），可以不申领融资担保业务经营许可证，但应当根据《中华人民共和国民法典》等法律法规及规章制度要求，依法依规履行担保责任，并接受监督管理部门的监管。

3. 对本规定印发后新设立开展住房置业担保业务的融资担保公司，应当向监督管理部门申领融资担保业务经营许可证，严格执行《条例》及配套制度的监管要求，接受监督管理部门的监管。监督管理部门不得给予过渡期安排。

（二）开展债券发行保证、担保业务的信用增进公司，由债券市场管理部门统筹管理，同时应当按照《条例》规定，向属地监督管理部门申领融资担保业务经营许可证，并接受其对相关业务的监管。

（三）未经监督管理部门批准，汽车经销商、汽车销售服务商等机构不得经营汽车消费贷款担保业务，已开展的存量业务应当妥善结清；确有需要开展相关业务的，应当按照《条例》规定设立融资担保公司经营相关业务。对存在违法违规经营、严重侵害消费者（被担保人）合法权益的融资担保公司，监督管理部门应当加大打击力度，并适时向银行业金融机构通报相关情况，共同保护消费者合法权益。

（四）为各类放贷机构提供客户推介、信用评估等服务的机构，未经批准不得提供或变相提供融资担保服务。对于无融资担保业务经营许可证但实际上经营融资担保业务的，监督管理部门应当按照《条例》规定予以取缔，妥善结清存量业务。拟继续从事融资担保业务的，应当按照《条例》规定设立融资担保公司。

二、做好融资担保名称规范管理工作

监督管理部门要会同市场监督管理部门做好辖内融资担保公司名称规范管理工作。融资担保公司的名称中应当标明融资担保字样；再担保公司应当标明融资再担保或融资担保字样；不持有融资担保业务经营许可证的公司，名称和经营范围中不得标明融资担保字样。

三、关于《融资担保责任余额计量办法》的补充规定

（一）《关于印发〈融资担保公司监督管理条例〉四项配套制度的通知》（银保监发〔2018〕1号）的《融资担保责任余额计量办法》（以下简称《计量办法》）第四条修改为：

"第四条 融资担保公司应当按照本办法的规定计量和管理融资担保责任余额。本办法中的净资产应当根据融资担保公司非合并财务报表计算。"

（二）《计量办法》第六条修改为：

"第六条 单户在保余额500万元人民币以下且被担保人为小微企业的借款类担保业务权重为75%。

单户在保余额200万元人民币以下且被担保人为农户的借款类担保业务权重为75%。

为支持居民购买住房的住房置业担保业务权重为30%。住房置业担保业务仅包括住房公积金贷款担保业务和银行个人住房贷款担保业务。"

（三）《计量办法》第十一条修改为：

"第十一条 借款类担保责任余额 = 单户在保余额500万元人民币以下的小微企业借款类担保在保余额 × 75% + 单户在保余额200万元人民币以下的农户借款类担保在保余额 × 75% + 住房置业担保在保余额 × 30% + 其他借款类担保在保余额 × 100%。"

金融资产投资公司管理办法（试行）

(2018年6月29日中国银行保险监督管理委员会令2018年第4号公布 自公布之日起施行)

目　录

第一章　总　则
第二章　设立、变更与终止
第三章　业务范围和业务规则
第四章　风险管理
第五章　监督管理
第六章　附　则

第一章 总 则

第一条 为推动市场化、法治化银行债权转股权健康有序开展，规范银行债权转股权（以下简称债转股）业务行为，根据《中华人民共和国银行业监督管理法》《中华人民共和国商业银行法》和《中华人民共和国公司法》等法律法规以及《国务院关于积极稳妥降低企业杠杆率的意见》《中国人民银行 中国银行保险监督管理委员会 中国证券监督管理委员会 国家外汇管理局关于规范金融机构资产管理业务的指导意见》，制定本办法。

第二条 本办法所称金融资产投资公司是指经国务院银行业监督管理机构批准，在中华人民共和国境内设立的，主要从事银行债权转股权及配套支持业务的非银行金融机构。

第三条 金融资产投资公司应当遵循市场化、法治化原则运作，与各参与主体在依法合规前提下，通过自愿平等协商开展债转股业务，确保洁净转让、真实出售，坚持通过市场机制发现合理价格，切实防止企业风险向银行业金融机构和社会公众转移，防止利益冲突和利益输送，防范相关道德风险。

第四条 银行通过金融资产投资公司实施债转股，应当通过向金融资产投资公司转让债权，由金融资产投资公司将债权转为对象企业股权的方式实现。银行不得直接将债权转化为股权，但国家另有规定的除外。

鼓励金融资产投资公司通过先收购银行对企业的债权，再将债权转为股权的形式实施债转股，收购价格由双方按市场化原则自主协商确定。涉及银行不良资产，可以按不良资产处置的有关规定办理。鼓励银行及时利用已计提拨备核销资产转让损失。

第五条 银行、金融资产投资公司应当与债转股对象企业、企业股东等相关方按照公允原则确定股权数量和价格,依法建立合理的损失分担机制,真实降低企业杠杆率,切实化解金融风险。

鼓励通过债转股、原股东资本减记、引进新股东等方式优化企业股权结构。支持金融资产投资公司推动企业改组改制,切实行使股东权利,履行股东义务,提高企业公司治理水平。

第六条 国务院银行业监督管理机构及其派出机构依法对金融资产投资公司及其分支机构和业务活动实施监督管理,对其设立的附属机构实施并表监管。

第二章 设立、变更与终止

第七条 金融资产投资公司应当具备下列条件:

(一)有符合《中华人民共和国公司法》和国务院银行业监督管理机构规定的章程;

(二)有符合本办法要求的股东和注册资本;

(三)有符合任职资格条件的董事、高级管理人员和熟悉业务的合格从业人员;

(四)建立有效的公司治理、内部控制和风险管理制度,有与业务经营相适应的信息科技系统;

(五)有与业务经营相适应的营业场所、安全防范措施和其他设施;

(六)国务院银行业监督管理机构规章规定的其他审慎性条件。

第八条 金融资产投资公司应当由在中华人民共和国境内注册成立的商业银行作为主要股东发起设立。商业银行作为主要股东,应当符合以下条件:

(一)具有良好的公司治理机制、内部控制体系和健全的风险管理制度;

(二)主要审慎监管指标符合所在地监管机构的监管要求;

(三)财务状况良好,最近3个会计年度连续盈利;

(四)监管评级良好,最近2年内无重大违法违规行为;

(五)为金融资产投资公司确定了明确的发展战略和清晰的盈利模式;

(六)入股资金为自有资金,不得以债务资金和委托资金等非自有资金入股;

(七)承诺5年内不转让所持有的股权,不将所持有的股权进行质押或设立信托,并在金融资产投资公司章程中载明;

(八)国务院银行业监督管理机构规章规定的其他审慎性条件。

商业银行作为金融资产投资公司股东应当符合前款第(一)、(二)、(三)、(四)、(六)、(七)、(八)项规定要求。

国有商业银行新设的金融资产投资公司应当依据国有金融资产管理规定做好相关工作。

第九条 其他境内外法人机构作为金融资产投资公司的股东,应当具备以下条件:

(一)具有良好的公司治理机制;

(二)有良好的社会声誉、诚信记录和纳税记录;

(三)其他境内外法人机构为非金融机构的,最近1年年末总资产不低于50亿元人民币或等值自由兑换货币,最近1年年末净资产不得低于总资产的30%;

(四)其他境内外法人机构为非金融机构的,权益性投资余额原则上不超过其净资产的50%(合并会计报表口径);

(五)财务状况良好,最近2个会计年度连续盈利;

(六)经营管理良好,最近2年内无重大违法违规经营记录;

(七)入股资金为自有资金,不得以债务资金和委托资金等非自有资金入股;

(八)承诺5年内不转让所持有的股权,不将所持有的股权进行质押或设立信托,并在金融资产投资公司章程中载明;

(九)国务院银行业监督管理机构规章规定的其他审慎性条件。

其他境内外法人机构为金融机构的,应当同时符合所在地有关法律法规和相关监管规定要求。

第十条 有以下情形之一的企业不得作为金融资产投资公司的股东:

(一)公司治理结构与机制存在明显缺陷;

(二)股权关系复杂且不透明、关联交易异常;

(三)核心主业不突出且其经营范围涉及

行业过多；

（四）现金流量波动受经济景气程度影响较大；

（五）资产负债率、财务杠杆率明显高于行业平均水平；

（六）代他人持有金融资产投资公司股权；

（七）其他可能对金融资产投资公司产生重大不利影响的情形。

第十一条 金融资产投资公司的注册资本应当为一次性实缴货币资本，最低限额为100亿元人民币或等值自由兑换货币。

国务院银行业监督管理机构根据审慎监管要求，可以调整金融资产投资公司注册资本最低限额要求，但不得少于前款规定的限额。

第十二条 金融资产投资公司设立须经筹建和开业两个阶段。

第十三条 筹建金融资产投资公司，应当由作为主要股东的商业银行向国务院银行业监督管理机构提交申请，由国务院银行业监督管理机构按程序受理、审查并决定。国务院银行业监督管理机构自收到完整申请材料之日起4个月内作出批准或不批准的书面决定。

第十四条 金融资产投资公司的筹建期为批准决定之日起6个月。未能按期完成筹建的，应当在筹建期限届满前1个月向国务院银行业监督管理机构提交筹建延期报告。筹建延期不得超过一次，延长期限不得超过3个月。

申请人应当在前款规定的期限届满前提交开业申请，逾期未提交的，筹建批准文件失效，由决定机关注销筹建许可。

第十五条 金融资产投资公司开业，应当由作为主要股东的商业银行向国务院银行业监督管理机构提交申请，由国务院银行业监督管理机构受理、审查并决定。国务院银行业监督管理机构自受理之日起2个月内作出核准或不予核准的书面决定。

第十六条 金融资产投资公司应当在收到开业核准文件并领取金融许可证后，办理工商登记，领取营业执照。

金融资产投资公司应当自领取营业执照之日起6个月内开业。不能按期开业的，应当在开业期限届满前1个月向国务院银行业监督管理机构提交开业延期报告。开业延期不得超过一次，延长期限不得超过3个月。

未在前款规定期限内开业的，开业核准文件失效，由决定机关注销开业许可，发证机关收回金融许可证，并予以公告。

第十七条 金融资产投资公司董事和高级管理人员实行任职资格核准制度，由国务院银行业监督管理机构及其派出机构按照有关金融资产管理公司董事和高级管理人员任职资格的行政许可范围、条件和程序进行审核。

第十八条 金融资产投资公司根据业务发展需要设立分支机构和附属机构，由国务院银行业监督管理机构及其派出机构参照有关金融资产管理公司的行政许可范围、条件和程序进行审核。

第十九条 金融资产投资公司有下列变更事项之一的，应当报经国务院银行业监督管理机构批准：

（一）变更公司名称；

（二）变更注册资本；

（三）变更股权或调整股权结构；

（四）变更公司住所；

（五）修改公司章程；

（六）变更组织形式；

（七）合并或分立；

（八）国务院银行业监督管理机构规定的其他变更事项。

金融资产投资公司股权变更或调整股权结构后持股5%以上的股东应当经股东资格审核。变更或调整股权后的股东应当符合本办法规定的股东资质条件。

经国务院银行业监督管理机构批准，金融资产投资公司可以发行优先股。

第二十条 金融资产投资公司有下列情形之一的，经国务院银行业监督管理机构批准后可以解散：

（一）公司章程规定的营业期限届满或者公司章程规定的其他解散事由出现；

（二）股东会议决议解散；

（三）因公司合并或者分立需要解散；

（四）其他解散事由。

第二十一条 金融资产投资公司因解散、依法被撤销或被宣告破产而终止的，其清算事宜按照国家有关法律法规办理。

第二十二条 金融资产投资公司的机构变更和终止、调整业务范围及增加业务品种等行政许可事项由国务院银行业监督管理机构受理、审查并决定，相关申请材料、许可条件和程序参照适用有关金融资产管理公司行政许可相关规定，本办法另有规定的除外。

第三章 业务范围和业务规则

第二十三条 经国务院银行业监督管理机构批准，金融资产投资公司可以经营下列部分或者全部业务：

（一）以债转股为目的收购银行对企业的债权，将债权转为股权并对股权进行管理；

（二）对于未能转股的债权进行重组、转让和处置；

（三）以债转股为目的投资企业股权，由企业将股权投资资金全部用于偿还现有债权；

（四）依法依规面向合格投资者募集资金，发行私募资产管理产品支持实施债转股；

（五）发行金融债券；

（六）通过债券回购、同业拆借、同业借款等方式融入资金；

（七）对自营资金和募集资金进行必要的投资管理，自营资金可以开展存放同业、拆放同业、购买国债或其他固定收益类证券等业务，募集资金使用应当符合资金募集约定用途；

（八）与债转股业务相关的财务顾问和咨询业务；

（九）经国务院银行业监督管理机构批准的其他业务。

金融资产投资公司应当以前款第（一）（二）（三）（四）项业务为主业。金融资产投资公司全年主营业务占比或者主营业务收入占比原则上不应低于总业务或者总收入的50%。

第二十四条 金融资产投资公司应当建立系统规范的债转股各项业务经营制度，明确尽职调查、审查审批与决策流程，全面准确了解掌握债转股对象企业的真实情况，科学合理评估债权和拟投资股权的价值。

第二十五条 金融资产投资公司可以设立附属机构，由其依据相关行业主管部门规定申请成为私募股权投资基金管理人，设立私募股权投资基金，依法依规面向合格投资者募集资金实施债转股。

金融资产投资公司及其附属机构应当加强投资者适当性管理和信息披露，明确告知投资者募集资金用于债转股项目。

第二十六条 金融资产投资公司申请在银行间市场和交易所市场发行金融债券，应当符合以下条件：

（一）具有良好的公司治理机制、完善的内部控制体系和健全的风险管理制度；

（二）资本充足水平符合审慎监管要求；

（三）风险监管指标符合审慎监管要求；

（四）国务院银行业监督管理机构规章规定的其他审慎性条件。

金融资产投资公司发行金融债券募集的资金，应当主要用于流动性管理和收购银行债权。金融资产投资公司使用发行金融债券募集的资金开展债转股业务，不适用本办法第二十七条第三款和第三十一条。

第二十七条 商业银行控股或者参股的金融资产投资公司应当与该商业银行及其关联机构建立防止利益冲突和利益输送的机制。

金融资产投资公司使用自营资金收购债权和投资企业股权时，鼓励不同商业银行通过所控股或参股的金融资产投资公司交叉实施债转股。

金融资产投资公司使用募集资金收购债权和投资企业股权，应当主要用于交叉实施债转股。

第二十八条 商业银行不得对控股或者参股的金融资产投资公司投资的企业降低授信标准，对其中资产负债率持续超出合理水平的企业不得增加授信。

第二十九条 金融资产投资公司收购银行债权应当严格遵守洁净转让、真实出售的原则，通过评估或估值程序审慎评估债权质量和风险，坚持市场化定价，实现资产和风险的真实完全转移。

银行债权评估或估值可以由金融资产投资公司会同银行对企业进行尽职调查后确定，也可以由独立第三方实施。银行债权转让可以采取招标、拍卖等公开方式，也可在评估或估值基础上自主协商确定公允价格，允许金融资产投资公司折价收购银行债权。

金融资产投资公司对企业进行股权投资后，由企业将股权投资资金全部用于偿还银行债权的，应当与企业约定在合理期间偿还银行债权，并约定所偿还银行债权的定价机制，确保按照实际价值偿还银行债权。金融资产投资公司应当与企业约定必要的资金用途监管措施，严格防止企业挪用股权投资资金。

第三十条 金融资产投资公司收购银行债权不得接受债权出让方银行及其关联机构出具的本金保障和固定收益承诺，不得实施利益输送，不得协助银行掩盖风险和规避监管要求。

金融资产投资公司不得与银行在转让合同等正式法律文件之外签订或达成任何协议或约定，影响资产和风险真实完全转移，改变交易结构、风险承担主体及相关权益转移过程等。

第三十一条 金融资产投资公司收购银行债权，不得由该债权出让方银行使用资本金、自营资金、理财资金或其他表外资金提供任何形式的直接或间接融资，不得由该债权出让方银行以任何方式承担显性或者隐性回购义务。

金融资产投资公司对企业进行股权投资，股权投资资金用于偿还企业银行债权的，不得由该债权人银行使用资本金、自营资金、理财资金或其他表外资金提供任何形式的直接或间接融资。

第三十二条 转股债权标的应当以银行对企业发放贷款形成的债权为主，适当考虑其他类型银行债权和非银行金融机构债权。转股债权资产质量类别由债权银行、企业和金融资产投资公司自主协商确定，包括正常类、关注类和不良类债权。

第三十三条 金融资产投资公司应当加强对所收购债权的管理，认真整理、审查和完善相关债权的法律文件和管理资料，密切关注债务人和担保人的清偿能力和抵质押物价值变化情况，及时采取补救措施，切实维护和主张权利。

第三十四条 债转股对象和条件由金融资产投资公司、债权银行和企业根据国家政策依法自主协商确定，转股债权及股权价格按市场化原则确定。对于涉及多个债权银行的，可以由最大债权银行或主动发起债转股的债权银行牵头成立债权人委员会进行协调。

经过法定程序，债权可以转为普通股，也可以转为优先股。

第三十五条 金融资产投资公司确定作为债转股对象的企业应当具备以下条件：

（一）发展前景良好但遇到暂时困难，具有可行的企业改革计划和脱困安排；

（二）主要生产装备、产品、能力符合国家产业发展方向，技术先进，产品有市场，环保和安全生产达标；

（三）信用状况较好，无故意违约、转移资产等不良信用记录。

第三十六条 金融资产投资公司开展债转股，应当符合国家产业政策等政策导向，优先考虑对拥有优质优良资产的企业和发展前景良好但遇到暂时困难的优质企业开展市场化债转股，包括：

（一）因行业周期性波动导致困难但仍有望逆转的企业；

（二）因高负债而财务负担过重的成长型企业，特别是战略性新兴产业领域的成长型企业；

（三）高负债居于产能过剩行业前列的关键性企业以及关系国家安全的战略性企业；

（四）其他适合优先考虑实施市场化债转股的企业。

第三十七条 金融资产投资公司不得对下列企业实施债转股：

（一）扭亏无望、已失去生存发展前景的"僵尸企业"；

（二）有恶意逃废债行为的失信企业；

（三）债权债务关系复杂且不明晰的企业；

（四）不符合国家产业政策，助长过剩产能扩张和增加库存的企业；

（五）金融业企业；

（六）其他不适合实施债转股的企业。

第三十八条 金融资产投资公司应当按照公开、公平、公正的原则，根据自身业务经营和风险管理策略，开展市场化债转股业务。

金融资产投资公司应当对债转股对象企业开展尽职调查，合理评估对象企业价值，并与企业、企业股东等利益相关方协商明确转股价格、转股比例、资产负债重组计划、公司治理安排、经营发展规划、股权退出等事宜，签订债转股协议。

金融资产投资公司应当积极争取各级政府和相关部门推动债转股企业改组改制，并在剥离相关社会负担、分流安置富余人员、税收优惠、股权退出等方面给予支持。

第三十九条 金融资产投资公司应当建立严格的关联交易管理制度，关联交易应当遵循商业原则，以市场价格为基础，按照不优于非关联方同类交易的条件进行，防止利益输送，防范掩盖风险、规避监管和监管套利。

金融资产投资公司重大关联交易应当经董事会批准，并进行充分披露。重大关联交易是指金融资产投资公司与一个关联方之间单笔交易使用的自营资金总额占金融资产投资公司净资产5%以上的交易。重大关联交易应当自批准之日起10个工作日内报告监事会，同时报告国务院银行业监督管理机构及其派出机构。

上市商业银行控股或参股的金融资产投资公司，与该上市商业银行及其关联方的关联交易，应当符合证券监管有关规定。

第四十条 金融资产投资公司应当与相关主体在债转股协议中对企业未来债务融资行为进行规范，共同制定合理的债务安排和融资规划，对企业资产负债率作出明确约定，防止企业杠杆率再次超出合理水平。

第四十一条 金融资产投资公司应当建立和完善股权管理制度，明确持股目的和持股策略，确定合理持股份额，并根据《中华人民共和国公司法》等法律法规要求承担责任。金融资产投资公司对于实行债转股的企业，原则上不应当控股。如确有必要，应当制定合理的过渡期限。

债转股企业涉及上市公司和非上市公众公司的，应当符合证券监管有关规定。

第四十二条 金融资产投资公司应当按照法律法规、公司章程要求和合同约定，派员参加企业股东（大）会、董事会、监事会，审议修订公司章程和议事规则，明确重大事项决策程序，依法行使股东权利，参与公司治理和企业重大经营决策，督促持股企业持续改进经营管理。

第四十三条 金融资产投资公司应当依法行使各项股东权利，在法律法规和公司章程规定范围内依法采取措施，制止损害股东权益行为。当持股企业因管理、环境等因素发生不利变化，导致或可能导致持股风险显著增大时，应当及时采取有效措施保障自身合法权益。

第四十四条 鼓励金融资产投资公司建立股权退出策略和机制。对股权有退出预期的，可以与相关主体协商约定所持股权的退出方式。实施股权退出涉及证券发行或交易的，应当符合证券监管的有关规定。涉及国有资产产权登记和转让的，应当符合国有资产管理的有关规定。

第四十五条 鼓励金融资产投资公司通过市场化措施向合格投资者真实转让所持有的债转股企业股权。

第四十六条 金融资产投资公司应当建立履职问责制，规定在债转股业务过程中有关部门和岗位的职责，对违反法律法规、本办法及其他债转股监管规定的行为进行责任认定和处理。

第四十七条 金融资产投资公司开展业务应当遵守法律法规和监管政策，严禁以下违法违规行为：

（一）与债务人等串通，转移资产，逃废债务；

（二）违反规定对禁止性对象企业实施债转股或变相实施债转股；

（三）违规接受银行承诺或签订私下协议；

（四）伪造、篡改、隐匿、毁损债转股相关档案；

（五）其他违法违规及违反本办法要求的行为。

第四章 风险管理

第四十八条 金融资产投资公司应当建立组织健全、职责清晰的公司治理结构，明确股东（大）会、董事会、监事会、高级管理层以及业务部门、风险管理部门和内审部门的职责分工，建立多层次、相互衔接、有效制衡的风险管理机制。金融资产投资公司对其设立的附属机构应当加强并表管理。

控股或参股金融资产投资公司的商业银行与金融资产投资公司之间应当建立防火墙，在资金、人员、业务方面进行有效隔离，防范风险传染。

第四十九条 金融资产投资公司应当建立与其业务规模、复杂程度、风险状况相匹配的有效风险管理框架，制定清晰的风险管理策略，明确风险偏好和风险限额，制定完善风险管理政策和程序，及时有效识别、计量、评估、监测、控制或缓释各类重大风险。

第五十条 金融资产投资公司应当按照国务院银行业监督管理机构的相关规定建立资本管理体系，合理评估资本充足状况，建立审慎、规范的资本补充和约束机制。金融资产投资公司资本充足率、杠杆率和财务杠杆率水平参照金融资产管理公司资本管理相关规定执行。

第五十一条 金融资产投资公司应当严格按照有关规定，对所持有的债权资产进行准确分类，足额计提风险减值准备，确保真实反映风险状况。

第五十二条 金融资产投资公司应当确保其资产负债结构与流动性管理要求相匹配，建立、完善明晰的融资策略和融资渠道，提高融资来源的多元性、稳定性和可持续性，合理控制期限错配，实施流动性风险限额管理，制定有效的流动性风险应急计划。

第五十三条 金融资产投资公司应当加强债转股项目全流程管理，严格落实尽职调查、审查审批、风控措施、后续管理等各项要求，加强监督约束，防范超越权限或者违反程序操作、虚假尽职调查与评估、泄露商业秘密谋取非法利益、利益输送、违规放弃合法权益、截留隐匿或私分资产等操作风险。

第五十四条 金融资产投资公司应当制定合理的业绩考核和奖惩机制，建立市场化的用人机制和薪酬激励约束机制。

第五十五条 金融资产投资公司应当建立健全内部控制和内外部审计制度，完善内控机制，提高内外部审计有效性，持续督促提升业务经营、内控合规、风险管理水平。

第五章 监督管理

第五十六条 国务院银行业监督管理机构及其派出机构通过非现场监管和现场检查等方式对金融资产投资公司及其分支机构（附属机构）实施持续监管。

第五十七条 金融资产投资公司及其分支机构（附属机构）应当按规定向国务院银行业监督管理机构及其派出机构报送监管信息，主要包括：

（一）业务经营和风险管理制度；
（二）组织架构及主要管理人员信息；
（三）财务会计报表、监管统计报表；
（四）信息披露材料；
（五）重大事项报告；
（六）国务院银行业监督管理机构及其派出机构认为必要的其他信息。

金融资产投资公司定期报送上述信息时，应当包括股权投资和管理业务运行及风险情况，作为其主要股东的商业银行及其关联机构对所投资企业及其关联企业的授信、融资及投资变化情况。

金融资产投资公司所投资企业出现杠杆率持续超出合理水平、重大投资风险、重大经营问题和偿付能力问题等重大事项时，应当及时报告。

第五十八条 国务院银行业监督管理机构及其派出机构应当定期对金融资产投资公司及其分支机构（附属机构）开展全面现场检查和股权投资管理等业务的专项检查。

第五十九条 国务院银行业监督管理机构及其派出机构根据履职需要，可与金融资产投资公司董事、高级管理人员及外部审计人员进行监管谈话，要求其就业务活动和风险管理等重大事项作出说明。

第六十条 国务院银行业监督管理机构应当按照法律法规要求，督促金融资产投资公司落实信息披露要求。

第六十一条 金融资产投资公司及其分支机构（附属机构）所投资企业出现企业杠杆率持续超出合理水平、重大投资风险、重大经营问题和偿付能力问题，或者可能对金融行业和金融市场产生不利影响的，国务院银行业监督管理机构及其派出机构可以依据有关法律法规规定对金融资产投资公司采取限期整改、暂停业务、限制股东权利等强制监管手段。

第六十二条 金融资产投资公司及其分支机构（附属机构）违反有关法律法规以及本办法有关规定的，国务院银行业监督管理机构及其派出机构应当依法责令金融资产投资公司限期整改，并可区别情形，依照《中华人民共和国银行业监督管理法》等法律法规，对金融资产投资公司采取暂停业务、限制股东权利等强制监管措施和行政处罚。

第六十三条 国务院银行业监督管理机构对金融资产投资公司及其分支机构（附属机构）业务开展情况和债转股效果定期进行评估，根据降低企业杠杆率实际效果、主营业务占比、购买债权实施转股业务占比、交叉实施债转股占比等情况，研究完善监督管理、激励约束和政策支持措施。

第六章 附　则

第六十四条 金融资产管理公司、信托公司等其他银行业金融机构参与开展市场化债转股，商业银行通过其它符合条件的所属机构参与开展市场化债转股，应当参照适用本办法规定的业务规则和风险管理要求，法律法规和金融监管部门规章另有规定的除外。

金融资产投资公司对非银行金融机构债权实施债转股适用本办法规定，法律法规和金融监管部门规章另有规定的除外。

第六十五条 商业银行已经签订框架性协议尚未实施的债转股项目应当符合本办法相关要求，已实施的债转股项目管理方式不得违反本办法相关要求，法律法规和金融监管部门规章另有规定的除外。

第六十六条 本办法由中国银行保险监督管理委员会负责解释。

第六十七条 本办法自公布之日起施行。

五、担　　保

中华人民共和国民法典（节选）

（2020年5月28日第十三届全国人民代表大会第三次会议通过
2020年5月28日中华人民共和国主席令第四十五号公布
自2021年1月1日起施行）

目　录（节选）

第二编　物　权
　第一分编　通　则
　　第一章　一般规定
　　第二章　物权的设立、变更、转让和消灭
　　　第一节　不动产登记
　　　第二节　动产交付
　　　第三节　其他规定
　　第三章　物权的保护
　第二分编　所有权
　　第四章　一般规定
　　第五章　国家所有权和集体所有权、私人所有权
　　第六章　业主的建筑物区分所有权
　　第七章　相邻关系
　　第八章　共　有
　　第九章　所有权取得的特别规定
　第三分编　用益物权
　　第十章　一般规定
　　第十一章　土地承包经营权
　　第十二章　建设用地使用权
　　第十三章　宅基地使用权
　　第十四章　居住权
　　第十五章　地役权
　第四分编　担保物权
　　第十六章　一般规定
　　第十七章　抵押权
　　　第一节　一般抵押权
　　　第二节　最高额抵押权
　　第十八章　质　权
　　　第一节　动产质权
　　　第二节　权利质权
　　第十九章　留置权
　第五分编　占　有
　　第二十章　占　有

第二编　物　权

第一分编　通　则

第一章　一般规定

第二百零五条　本编调整因物的归属和利用产生的民事关系。

第二百零六条　国家坚持和完善公有制为主体、多种所有制经济共同发展，按劳分配为主体、多种分配方式并存，社会主义市场经济体制等社会主义基本经济制度。

国家巩固和发展公有制经济，鼓励、支持和引导非公有制经济的发展。

国家实行社会主义市场经济，保障一切市场主体的平等法律地位和发展权利。

第二百零七条　国家、集体、私人的物权

和其他权利人的物权受法律平等保护,任何组织或者个人不得侵犯。

第二百零八条 不动产物权的设立、变更、转让和消灭,应当依照法律规定登记。动产物权的设立和转让,应当依照法律规定交付。

第二章 物权的设立、变更、转让和消灭

第一节 不动产登记

第二百零九条 不动产物权的设立、变更、转让和消灭,经依法登记,发生效力;未经登记,不发生效力,但是法律另有规定的除外。

依法属于国家所有的自然资源,所有权可以不登记。

第二百一十条 不动产登记,由不动产所在地的登记机构办理。

国家对不动产实行统一登记制度。统一登记的范围、登记机构和登记办法,由法律、行政法规规定。

第二百一十一条 当事人申请登记,应当根据不同登记事项提供权属证明和不动产界址、面积等必要材料。

第二百一十二条 登记机构应当履行下列职责:

(一)查验申请人提供的权属证明和其他必要材料;

(二)就有关登记事项询问申请人;

(三)如实、及时登记有关事项;

(四)法律、行政法规规定的其他职责。

申请登记的不动产的有关情况需要进一步证明的,登记机构可以要求申请人补充材料,必要时可以实地查看。

第二百一十三条 登记机构不得有下列行为:

(一)要求对不动产进行评估;

(二)以年检等名义进行重复登记;

(三)超出登记职责范围的其他行为。

第二百一十四条 不动产物权的设立、变更、转让和消灭,依照法律规定应当登记的,自记载于不动产登记簿时发生效力。

第二百一十五条 当事人之间订立有关设立、变更、转让和消灭不动产物权的合同,除法律另有规定或者当事人另有约定外,自合同成立时生效;未办理物权登记的,不影响合同效力。

第二百一十六条 不动产登记簿是物权归属和内容的根据。

不动产登记簿由登记机构管理。

第二百一十七条 不动产权属证书是权利人享有该不动产物权的证明。不动产权属证书记载的事项,应当与不动产登记簿一致;记载不一致的,除有证据证明不动产登记簿确有错误外,以不动产登记簿为准。

第二百一十八条 权利人、利害关系人可以申请查询、复制不动产登记资料,登记机构应当提供。

第二百一十九条 利害关系人不得公开、非法使用权利人的不动产登记资料。

第二百二十条 权利人、利害关系人认为不动产登记簿记载的事项错误的,可以申请更正登记。不动产登记簿记载的权利人书面同意更正或者有证据证明登记确有错误的,登记机构应当予以更正。

不动产登记簿记载的权利人不同意更正的,利害关系人可以申请异议登记。登记机构予以异议登记,申请人自异议登记之日起十五日内不提起诉讼的,异议登记失效。异议登记不当,造成权利人损害的,权利人可以向申请人请求损害赔偿。

第二百二十一条 当事人签订买卖房屋的协议或者签订其他不动产物权的协议,为保障将来实现物权,按照约定可以向登记机构申请预告登记。预告登记后,未经预告登记的权利人同意,处分该不动产的,不发生物权效力。

预告登记后,债权消灭或者自能够进行不动产登记之日起九十日内未申请登记的,预告登记失效。

第二百二十二条 当事人提供虚假材料申请登记,造成他人损害的,应当承担赔偿责任。

因登记错误,造成他人损害的,登记机构应当承担赔偿责任。登记机构赔偿后,可以向造成登记错误的人追偿。

第二百二十三条 不动产登记费按件收取,不得按照不动产的面积、体积或者价款的比例收取。

第二节 动产交付

第二百二十四条 动产物权的设立和转让,自交付时发生效力,但是法律另有规定的

除外。

第二百二十五条 船舶、航空器和机动车等的物权的设立、变更、转让和消灭，未经登记，不得对抗善意第三人。

第二百二十六条 动产物权设立和转让前，权利人已经占有该动产的，物权自民事法律行为生效时发生效力。

第二百二十七条 动产物权设立和转让前，第三人占有该动产的，负有交付义务的人可以通过转让请求第三人返还原物的权利代替交付。

第二百二十八条 动产物权转让时，当事人又约定由出让人继续占有该动产的，物权自该约定生效时发生效力。

第三节 其他规定

第二百二十九条 因人民法院、仲裁机构的法律文书或者人民政府的征收决定等，导致物权设立、变更、转让或者消灭的，自法律文书或者征收决定等生效时发生效力。

第二百三十条 因继承取得物权的，自继承开始时发生效力。

第二百三十一条 因合法建造、拆除房屋等事实行为设立或者消灭物权的，自事实行为成就时发生效力。

第二百三十二条 处分依照本节规定享有的不动产物权，依照法律规定需要办理登记的，未经登记，不发生物权效力。

第三章 物权的保护

第二百三十三条 物权受到侵害的，权利人可以通过和解、调解、仲裁、诉讼等途径解决。

第二百三十四条 因物权的归属、内容发生争议的，利害关系人可以请求确认权利。

第二百三十五条 无权占有不动产或者动产的，权利人可以请求返还原物。

第二百三十六条 妨害物权或者可能妨害物权的，权利人可以请求排除妨害或者消除危险。

第二百三十七条 造成不动产或者动产毁损的，权利人可以依法请求修理、重作、更换或者恢复原状。

第二百三十八条 侵害物权，造成权利人损害的，权利人可以依法请求损害赔偿，也可以依法请求承担其他民事责任。

第二百三十九条 本章规定的物权保护方式，可以单独适用，也可以根据权利被侵害的情形合并适用。

第二分编 所有权

第四章 一般规定

第二百四十条 所有权人对自己的不动产或者动产，依法享有占有、使用、收益和处分的权利。

第二百四十一条 所有权人有权在自己的不动产或者动产上设立用益物权和担保物权。用益物权人、担保物权人行使权利，不得损害所有权人的权益。

第二百四十二条 法律规定专属于国家所有的不动产和动产，任何组织或者个人不能取得所有权。

第二百四十三条 为了公共利益的需要，依照法律规定的权限和程序可以征收集体所有的土地和组织、个人的房屋以及其他不动产。

征收集体所有的土地，应当依法及时足额支付土地补偿费、安置补助费以及农村村民住宅、其他地上附着物和青苗等的补偿费用，并安排被征地农民的社会保障费用，保障被征地农民的生活，维护被征地农民的合法权益。

征收组织、个人的房屋以及其他不动产，应当依法给予征收补偿，维护被征收人的合法权益；征收个人住宅的，还应当保障被征收人的居住条件。

任何组织或者个人不得贪污、挪用、私分、截留、拖欠征收补偿费等费用。

第二百四十四条 国家对耕地实行特殊保护，严格限制农用地转为建设用地，控制建设用地总量。不得违反法律规定的权限和程序征收集体所有的土地。

第二百四十五条 因抢险救灾、疫情防控等紧急需要，依照法律规定的权限和程序可以征用组织、个人的不动产或者动产。被征用的不动产或者动产使用后，应当返还被征用人。组织、个人的不动产或者动产被征用或者征用后毁损、灭失的，应当给予补偿。

第五章 国家所有权和集体所有权、私人所有权

第二百四十六条 法律规定属于国家所有

的财产，属于国家所有即全民所有。

国有财产由国务院代表国家行使所有权。法律另有规定的，依照其规定。

第二百四十七条 矿藏、水流、海域属于国家所有。

第二百四十八条 无居民海岛属于国家所有，国务院代表国家行使无居民海岛所有权。

第二百四十九条 城市的土地，属于国家所有。法律规定属于国家所有的农村和城市郊区的土地，属于国家所有。

第二百五十条 森林、山岭、草原、荒地、滩涂等自然资源，属于国家所有，但是法律规定属于集体所有的除外。

第二百五十一条 法律规定属于国家所有的野生动植物资源，属于国家所有。

第二百五十二条 无线电频谱资源属于国家所有。

第二百五十三条 法律规定属于国家所有的文物，属于国家所有。

第二百五十四条 国防资产属于国家所有。

铁路、公路、电力设施、电信设施和油气管道等基础设施，依照法律规定为国家所有的，属于国家所有。

第二百五十五条 国家机关对其直接支配的不动产和动产，享有占有、使用以及依照法律和国务院的有关规定处分的权利。

第二百五十六条 国家举办的事业单位对其直接支配的不动产和动产，享有占有、使用以及依照法律和国务院的有关规定收益、处分的权利。

第二百五十七条 国家出资的企业，由国务院、地方人民政府依照法律、行政法规规定分别代表国家履行出资人职责，享有出资人权益。

第二百五十八条 国家所有的财产受法律保护，禁止任何组织或者个人侵占、哄抢、私分、截留、破坏。

第二百五十九条 履行国有财产管理、监督职责的机构及其工作人员，应当依法加强对国有财产的管理、监督，促进国有财产保值增值，防止国有财产损失；滥用职权，玩忽职守，造成国有财产损失的，应当依法承担法律责任。

违反国有财产管理规定，在企业改制、合并分立、关联交易等过程中，低价转让、合谋私分、擅自担保或者以其他方式造成国有财产损失的，应当依法承担法律责任。

第二百六十条 集体所有的不动产和动产包括：

（一）法律规定属于集体所有的土地和森林、山岭、草原、荒地、滩涂；

（二）集体所有的建筑物、生产设施、农田水利设施；

（三）集体所有的教育、科学、文化、卫生、体育等设施；

（四）集体所有的其他不动产和动产。

第二百六十一条 农民集体所有的不动产和动产，属于本集体成员集体所有。

下列事项应当依照法定程序经本集体成员决定：

（一）土地承包方案以及将土地发包给本集体以外的组织或者个人承包；

（二）个别土地承包经营权人之间承包地的调整；

（三）土地补偿费等费用的使用、分配办法；

（四）集体出资的企业的所有权变动等事项；

（五）法律规定的其他事项。

第二百六十二条 对于集体所有的土地和森林、山岭、草原、荒地、滩涂等，依照下列规定行使所有权：

（一）属于村农民集体所有的，由村集体经济组织或者村民委员会依法代表集体行使所有权；

（二）分别属于村内两个以上农民集体所有的，由村内各该集体经济组织或者村民小组依法代表集体行使所有权；

（三）属于乡镇农民集体所有的，由乡镇集体经济组织代表集体行使所有权。

第二百六十三条 城镇集体所有的不动产和动产，依照法律、行政法规的规定由本集体享有占有、使用、收益和处分的权利。

第二百六十四条 农村集体经济组织或者村民委员会、村民小组应当依照法律、行政法规以及章程、村规民约向本集体成员公布集体财产的状况。集体成员有权查阅、复制相关资料。

第二百六十五条 集体所有的财产受法律

保护，禁止任何组织或者个人侵占、哄抢、私分、破坏。

农村集体经济组织、村民委员会或者其负责人作出的决定侵害集体成员合法权益的，受侵害的集体成员可以请求人民法院予以撤销。

第二百六十六条 私人对其合法的收入、房屋、生活用品、生产工具、原材料等不动产和动产享有所有权。

第二百六十七条 私人的合法财产受法律保护，禁止任何组织或者个人侵占、哄抢、破坏。

第二百六十八条 国家、集体和私人依法可以出资设立有限责任公司、股份有限公司或者其他企业。国家、集体和私人所有的不动产或者动产投到企业的，由出资人按照约定或者出资比例享有资产收益、重大决策以及选择经营管理者等权利并履行义务。

第二百六十九条 营利法人对其不动产和动产依照法律、行政法规以及章程享有占有、使用、收益和处分的权利。

营利法人以外的法人，对其不动产和动产的权利，适用有关法律、行政法规以及章程的规定。

第二百七十条 社会团体法人、捐助法人依法所有的不动产和动产，受法律保护。

第六章 业主的建筑物区分所有权

第二百七十一条 业主对建筑物内的住宅、经营性用房等专有部分享有所有权，对专有部分以外的共有部分享有共有和共同管理的权利。

第二百七十二条 业主对其建筑物专有部分享有占有、使用、收益和处分的权利。业主行使权利不得危及建筑物的安全，不得损害其他业主的合法权益。

第二百七十三条 业主对建筑物专有部分以外的共有部分，享有权利，承担义务；不得以放弃权利为由不履行义务。

业主转让建筑物内的住宅、经营性用房，其对共有部分享有的共有和共同管理的权利一并转让。

第二百七十四条 建筑区划内的道路，属于业主共有，但是属于城镇公共道路的除外。建筑区划内的绿地，属于业主共有，但是属于城镇公共绿地或者明示属于个人的除外。建筑区划内的其他公共场所、公用设施和物业服务用房，属于业主共有。

第二百七十五条 建筑区划内，规划用于停放汽车的车位、车库的归属，由当事人通过出售、附赠或者出租等方式约定。

占用业主共有的道路或者其他场地用于停放汽车的车位，属于业主共有。

第二百七十六条 建筑区划内，规划用于停放汽车的车位、车库应当首先满足业主的需要。

第二百七十七条 业主可以设立业主大会，选举业主委员会。业主大会、业主委员会成立的具体条件和程序，依照法律、法规的规定。

地方人民政府有关部门、居民委员会应当对设立业主大会和选举业主委员会给予指导和协助。

第二百七十八条 下列事项由业主共同决定：

（一）制定和修改业主大会议事规则；

（二）制定和修改管理规约；

（三）选举业主委员会或者更换业主委员会成员；

（四）选聘和解聘物业服务企业或者其他管理人；

（五）使用建筑物及其附属设施的维修资金；

（六）筹集建筑物及其附属设施的维修资金；

（七）改建、重建建筑物及其附属设施；

（八）改变共有部分的用途或者利用共有部分从事经营活动；

（九）有关共有和共同管理权利的其他重大事项。

业主共同决定事项，应当由专有部分面积占比三分之二以上的业主且人数占比三分之二以上的业主参与表决。决定前款第六项至第八项规定的事项，应当经参与表决专有部分面积四分之三以上的业主且参与表决人数四分之三以上的业主同意。决定前款其他事项，应当经参与表决专有部分面积过半数的业主且参与表决人数过半数的业主同意。

第二百七十九条 业主不得违反法律、法规以及管理规约，将住宅改变为经营性用房。业主将住宅改变为经营性用房的，除遵守法律、法规以及管理规约外，应当经有利害关系的业主一致同意。

第二百八十条　业主大会或者业主委员会的决定，对业主具有法律约束力。

业主大会或者业主委员会作出的决定侵害业主合法权益的，受侵害的业主可以请求人民法院予以撤销。

第二百八十一条　建筑物及其附属设施的维修资金，属于业主共有。经业主共同决定，可以用于电梯、屋顶、外墙、无障碍设施等共有部分的维修、更新和改造。建筑物及其附属设施的维修资金的筹集、使用情况应当定期公布。

紧急情况下需要维修建筑物及其附属设施的，业主大会或者业主委员会可以依法申请使用建筑物及其附属设施的维修资金。

第二百八十二条　建设单位、物业服务企业或者其他管理人等利用业主的共有部分产生的收入，在扣除合理成本之后，属于业主共有。

第二百八十三条　建筑物及其附属设施的费用分摊、收益分配等事项，有约定的，按照约定；没有约定或者约定不明确的，按照业主专有部分面积所占比例确定。

第二百八十四条　业主可以自行管理建筑物及其附属设施，也可以委托物业服务企业或者其他管理人管理。

对建设单位聘请的物业服务企业或者其他管理人，业主有权依法更换。

第二百八十五条　物业服务企业或者其他管理人根据业主的委托，依照本法第三编有关物业服务合同的规定管理建筑区划内的建筑物及其附属设施，接受业主的监督，并及时答复业主对物业服务情况提出的询问。

物业服务企业或者其他管理人应当执行政府依法实施的应急处置措施和其他管理措施，积极配合开展相关工作。

第二百八十六条　业主应当遵守法律、法规以及管理规约，相关行为应当符合节约资源、保护生态环境的要求。对于物业服务企业或者其他管理人执行政府依法实施的应急处置措施和其他管理措施，业主应当依法予以配合。

业主大会或者业主委员会，对任意弃置垃圾、排放污染物或者噪声、违反规定饲养动物、违章搭建、侵占通道、拒付物业费等损害他人合法权益的行为，有权依照法律、法规以及管理规约，请求行为人停止侵害、排除妨碍、消除危险、恢复原状、赔偿损失。

业主或者其他行为人拒不履行相关义务的，有关当事人可以向有关行政主管部门报告或者投诉，有关行政主管部门应当依法处理。

第二百八十七条　业主对建设单位、物业服务企业或者其他管理人以及其他业主侵害自己合法权益的行为，有权请求其承担民事责任。

第七章　相邻关系

第二百八十八条　不动产的相邻权利人应当按照有利生产、方便生活、团结互助、公平合理的原则，正确处理相邻关系。

第二百八十九条　法律、法规对处理相邻关系有规定的，依照其规定；法律、法规没有规定的，可以按照当地习惯。

第二百九十条　不动产权利人应当为相邻权利人用水、排水提供必要的便利。

对自然流水的利用，应当在不动产的相邻权利人之间合理分配。对自然流水的排放，应当尊重自然流向。

第二百九十一条　不动产权利人对相邻权利人因通行等必须利用其土地的，应当提供必要的便利。

第二百九十二条　不动产权利人因建造、修缮建筑物以及铺设电线、电缆、水管、暖气和燃气管线等必须利用相邻土地、建筑物的，该土地、建筑物的权利人应当提供必要的便利。

第二百九十三条　建造建筑物，不得违反国家有关工程建设标准，不得妨碍相邻建筑物的通风、采光和日照。

第二百九十四条　不动产权利人不得违反国家规定弃置固体废物，排放大气污染物、水污染物、土壤污染物、噪声、光辐射、电磁辐射等有害物质。

第二百九十五条　不动产权利人挖掘土地、建造建筑物、铺设管线以及安装设备等，不得危及相邻不动产的安全。

第二百九十六条　不动产权利人因用水、排水、通行、铺设管线等利用相邻不动产的，应当尽量避免对相邻的不动产权利人造成损害。

第八章 共 有

第二百九十七条 不动产或者动产可以由两个以上组织、个人共有。共有包括按份共有和共同共有。

第二百九十八条 按份共有人对共有的不动产或者动产按照其份额享有所有权。

第二百九十九条 共同共有人对共有的不动产或者动产共同享有所有权。

第三百条 共有人按照约定管理共有的不动产或者动产；没有约定或者约定不明确的，各共有人都有管理的权利和义务。

第三百零一条 处分共有的不动产或者动产以及对共有的不动产或者动产作重大修缮、变更性质或者用途的，应当经占份额三分之二以上的按份共有人或者全体共同共有人同意，但是共有人之间另有约定的除外。

第三百零二条 共有人对共有物的管理费用以及其他负担，有约定的，按照其约定；没有约定或者约定不明确的，按份共有人按照其份额负担，共同共有人共同负担。

第三百零三条 共有人约定不得分割共有的不动产或者动产，以维持共有关系的，应当按照约定，但是共有人有重大理由需要分割的，可以请求分割；没有约定或者约定不明确的，按份共有人可以随时请求分割，共同共有人在共有的基础丧失或者有重大理由需要分割时可以请求分割。因分割造成其他共有人损害的，应当给予赔偿。

第三百零四条 共有人可以协商确定分割方式。达不成协议，共有的不动产或者动产可以分割且不会因分割减损价值的，应当对实物予以分割；难以分割或者因分割会减损价值的，应当对折价或者拍卖、变卖取得的价款予以分割。

共有人分割所得的不动产或者动产有瑕疵的，其他共有人应当分担损失。

第三百零五条 按份共有人可以转让其享有的共有的不动产或者动产份额。其他共有人在同等条件下享有优先购买的权利。

第三百零六条 按份共有人转让其享有的共有的不动产或者动产份额的，应当将转让条件及时通知其他共有人。其他共有人应当在合理期限内行使优先购买权。

两个以上其他共有人主张行使优先购买权的，协商确定各自的购买比例；协商不成的，按照转让时各自的共有份额比例行使优先购买权。

第三百零七条 因共有的不动产或者动产产生的债权债务，在对外关系上，共有人享有连带债权、承担连带债务，但是法律另有规定或者第三人知道共有人不具有连带债权债务关系的除外；在共有人内部关系上，除共有人另有约定外，按份共有人按照份额享有债权、承担债务，共同共有人共同享有债权、承担债务。偿还债务超过自己应当承担份额的按份共有人，有权向其他共有人追偿。

第三百零八条 共有人对共有的不动产或者动产没有约定为按份共有或者共同共有，或者约定不明确的，除共有人具有家庭关系等外，视为按份共有。

第三百零九条 按份共有人对共有的不动产或者动产享有的份额，没有约定或者约定不明确的，按照出资额确定；不能确定出资额的，视为等额享有。

第三百一十条 两个以上组织、个人共同享有用益物权、担保物权的，参照适用本章的有关规定。

第九章 所有权取得的特别规定

第三百一十一条 无处分权人将不动产或者动产转让给受让人的，所有权人有权追回；除法律另有规定外，符合下列情形的，受让人取得该不动产或者动产的所有权：

（一）受让人受让该不动产或者动产时是善意；

（二）以合理的价格转让；

（三）转让的不动产或者动产依照法律规定应当登记的已经登记，不需要登记的已经交付给受让人。

受让人依据前款规定取得不动产或者动产的所有权的，原所有权人有权向无处分权人请求损害赔偿。

当事人善意取得其他物权的，参照适用前两款规定。

第三百一十二条 所有权人或者其他权利人有权追回遗失物。该遗失物通过转让被他人占有的，权利人有权向无处分权人请求损害赔偿，或者自知道或者应当知道受让人之日起二年内向受让人请求返还原物；但是，受让人通过拍卖或者向具有经营资格的经营者购得该遗失物的，权利人请求返还原物时应当支付受让人所付的费用。权利人向受让人支付所付费用后，有权向无处分权人追偿。

第三百一十三条　善意受让人取得动产后，该动产上的原有权利消灭。但是，善意受让人在受让时知道或者应当知道该权利的除外。

第三百一十四条　拾得遗失物，应当返还权利人。拾得人应当及时通知权利人领取，或者送交公安等有关部门。

第三百一十五条　有关部门收到遗失物，知道权利人的，应当及时通知其领取；不知道的，应当及时发布招领公告。

第三百一十六条　拾得人在遗失物送交有关部门前，有关部门在遗失物被领取前，应当妥善保管遗失物。因故意或者重大过失致使遗失物毁损、灭失的，应当承担民事责任。

第三百一十七条　权利人领取遗失物时，应当向拾得人或者有关部门支付保管遗失物等支出的必要费用。

权利人悬赏寻找遗失物的，领取遗失物时应当按照承诺履行义务。

拾得人侵占遗失物的，无权请求保管遗失物等支出的费用，也无权请求权利人按照承诺履行义务。

第三百一十八条　遗失物自发布招领公告之日起一年内无人认领的，归国家所有。

第三百一十九条　拾得漂流物、发现埋藏物或者隐藏物的，参照适用拾得遗失物的有关规定。法律另有规定的，依照其规定。

第三百二十条　主物转让的，从物随主物转让，但是当事人另有约定的除外。

第三百二十一条　天然孳息，由所有权人取得；既有所有权人又有用益物权人的，由用益物权人取得。当事人另有约定的，按照其约定。

法定孳息，当事人有约定的，按照约定取得；没有约定或者约定不明确的，按照交易习惯取得。

第三百二十二条　因加工、附合、混合而产生的物的归属，有约定的，按照约定；没有约定或者约定不明确的，依照法律规定；法律没有规定的，按照充分发挥物的效用以及保护无过错当事人的原则确定。因一方当事人的过错或者确定物的归属造成另一方当事人损害的，应当给予赔偿或者补偿。

第三分编　用益物权

第十章　一般规定

第三百二十三条　用益物权人对他人所有的不动产或者动产，依法享有占有、使用和收益的权利。

第三百二十四条　国家所有或者国家所有由集体使用以及法律规定属于集体所有的自然资源，组织、个人依法可以占有、使用和收益。

第三百二十五条　国家实行自然资源有偿使用制度，但是法律另有规定的除外。

第三百二十六条　用益物权人行使权利，应当遵守法律有关保护和合理开发利用资源、保护生态环境的规定。所有权人不得干涉用益物权人行使权利。

第三百二十七条　因不动产或者动产被征收、征用致使用益物权消灭或者影响用益物权行使的，用益物权人有权依据本法第二百四十三条、第二百四十五条的规定获得相应补偿。

第三百二十八条　依法取得的海域使用权受法律保护。

第三百二十九条　依法取得的探矿权、采矿权、取水权和使用水域、滩涂从事养殖、捕捞的权利受法律保护。

第十一章　土地承包经营权

第三百三十条　农村集体经济组织实行家庭承包经营为基础、统分结合的双层经营体制。

农民集体所有和国家所有由农民集体使用的耕地、林地、草地以及其他用于农业的土地，依法实行土地承包经营制度。

第三百三十一条　土地承包经营权人依法对其承包经营的耕地、林地、草地等享有占有、使用和收益的权利，有权从事种植业、林业、畜牧业等农业生产。

第三百三十二条　耕地的承包期为三十年。草地的承包期为三十年至五十年。林地的承包期为三十年至七十年。

前款规定的承包期限届满，由土地承包经

营权人依照农村土地承包的法律规定继续承包。

第三百三十三条 土地承包经营权自土地承包经营权合同生效时设立。

登记机构应当向土地承包经营权人发放土地承包经营权证、林权证等证书，并登记造册，确认土地承包经营权。

第三百三十四条 土地承包经营权人依照法律规定，有权将土地承包经营权互换、转让。未经依法批准，不得将承包地用于非农建设。

第三百三十五条 土地承包经营权互换、转让的，当事人可以向登记机构申请登记；未经登记，不得对抗善意第三人。

第三百三十六条 承包期内发包人不得调整承包地。

因自然灾害严重毁损承包地等特殊情形，需要适当调整承包的耕地和草地的，应当依照农村土地承包的法律规定办理。

第三百三十七条 承包期内发包人不得收回承包地。法律另有规定的，依照其规定。

第三百三十八条 承包地被征收的，土地承包经营权人有权依据本法第二百四十三条的规定获得相应补偿。

第三百三十九条 土地承包经营权人可以自主决定依法采取出租、入股或者其他方式向他人流转土地经营权。

第三百四十条 土地经营权人有权在合同约定的期限内占有农村土地，自主开展农业生产经营并取得收益。

第三百四十一条 流转期限为五年以上的土地经营权，自流转合同生效时设立。当事人可以向登记机构申请土地经营权登记；未经登记，不得对抗善意第三人。

第三百四十二条 通过招标、拍卖、公开协商等方式承包农村土地，经依法登记取得权属证书的，可以依法采取出租、入股、抵押或者其他方式流转土地经营权。

第三百四十三条 国家所有的农用地实行承包经营的，参照适用本编的有关规定。

第十二章 建设用地使用权

第三百四十四条 建设用地使用权人依法对国家所有的土地享有占有、使用和收益的权利，有权利用该土地建造建筑物、构筑物及其附属设施。

第三百四十五条 建设用地使用权可以在土地的地表、地上或者地下分别设立。

第三百四十六条 设立建设用地使用权，应当符合节约资源、保护生态环境的要求，遵守法律、行政法规关于土地用途的规定，不得损害已经设立的用益物权。

第三百四十七条 设立建设用地使用权，可以采取出让或者划拨等方式。

工业、商业、旅游、娱乐和商品住宅等经营性用地以及同一土地有两个以上意向用地者的，应当采取招标、拍卖等公开竞价的方式出让。

严格限制以划拨方式设立建设用地使用权。

第三百四十八条 通过招标、拍卖、协议等出让方式设立建设用地使用权的，当事人应当采用书面形式订立建设用地使用权出让合同。

建设用地使用权出让合同一般包括下列条款：

（一）当事人的名称和住所；
（二）土地界址、面积等；
（三）建筑物、构筑物及其附属设施占用的空间；
（四）土地用途、规划条件；
（五）建设用地使用权期限；
（六）出让金等费用及其支付方式；
（七）解决争议的方法。

第三百四十九条 设立建设用地使用权的，应当向登记机构申请建设用地使用权登记。建设用地使用权自登记时设立。登记机构应当向建设用地使用权人发放权属证书。

第三百五十条 建设用地使用权人应当合理利用土地，不得改变土地用途；需要改变土地用途的，应当依法经有关行政主管部门批准。

第三百五十一条 建设用地使用权人应当依照法律规定以及合同约定支付出让金等费用。

第三百五十二条 建设用地使用权人建造的建筑物、构筑物及其附属设施的所有权属于建设用地使用权人，但是有相反证据证明的除外。

第三百五十三条 建设用地使用权人有权

将建设用地使用权转让、互换、出资、赠与或者抵押，但是法律另有规定的除外。

第三百五十四条 建设用地使用权转让、互换、出资、赠与或者抵押的，当事人应当采用书面形式订立相应的合同。使用期限由当事人约定，但是不得超过建设用地使用权的剩余期限。

第三百五十五条 建设用地使用权转让、互换、出资或者赠与的，应当向登记机构申请变更登记。

第三百五十六条 建设用地使用权转让、互换、出资或者赠与的，附着于该土地上的建筑物、构筑物及其附属设施一并处分。

第三百五十七条 建筑物、构筑物及其附属设施转让、互换、出资或者赠与的，该建筑物、构筑物及其附属设施占用范围内的建设用地使用权一并处分。

第三百五十八条 建设用地使用权期限届满前，因公共利益需要提前收回该土地的，应当依据本法第二百四十三条的规定对该土地上的房屋以及其他不动产给予补偿，并退还相应的出让金。

第三百五十九条 住宅建设用地使用权期限届满的，自动续期。续期费用的缴纳或者减免，依照法律、行政法规的规定办理。

非住宅建设用地使用权期限届满后的续期，依照法律规定办理。该土地上的房屋以及其他不动产的归属，有约定的，按照约定；没有约定或者约定不明确的，依照法律、行政法规的规定办理。

第三百六十条 建设用地使用权消灭的，出让人应当及时办理注销登记。登记机构应当收回权属证书。

第三百六十一条 集体所有的土地作为建设用地的，应当依照土地管理的法律规定办理。

第十三章 宅基地使用权

第三百六十二条 宅基地使用权人依法对集体所有的土地享有占有和使用的权利，有权依法利用该土地建造住宅及其附属设施。

第三百六十三条 宅基地使用权的取得、行使和转让，适用土地管理的法律和国家有关规定。

第三百六十四条 宅基地因自然灾害等原因灭失的，宅基地使用权消灭。对失去宅基地的村民，应当依法重新分配宅基地。

第三百六十五条 已经登记的宅基地使用权转让或者消灭的，应当及时办理变更登记或者注销登记。

第十四章 居住权

第三百六十六条 居住权人有权按照合同约定，对他人的住宅享有占有、使用的用益物权，以满足生活居住的需要。

第三百六十七条 设立居住权，当事人应当采用书面形式订立居住权合同。

居住权合同一般包括下列条款：

（一）当事人的姓名或者名称和住所；

（二）住宅的位置；

（三）居住的条件和要求；

（四）居住权期限；

（五）解决争议的方法。

第三百六十八条 居住权无偿设立，但是当事人另有约定的除外。设立居住权的，应当向登记机构申请居住权登记。居住权自登记时设立。

第三百六十九条 居住权不得转让、继承。设立居住权的住宅不得出租，但是当事人另有约定的除外。

第三百七十条 居住权期限届满或者居住权人死亡的，居住权消灭。居住权消灭的，应当及时办理注销登记。

第三百七十一条 以遗嘱方式设立居住权的，参照适用本章的有关规定。

第十五章 地役权

第三百七十二条 地役权人有权按照合同约定，利用他人的不动产，以提高自己的不动产的效益。

前款所称他人的不动产为供役地，自己的不动产为需役地。

第三百七十三条 设立地役权，当事人应当采用书面形式订立地役权合同。

地役权合同一般包括下列条款：

（一）当事人的姓名或者名称和住所；

（二）供役地和需役地的位置；

（三）利用目的和方法；

（四）地役权期限；

（五）费用及其支付方式；

（六）解决争议的方法。

第三百七十四条 地役权自地役权合同生效时设立。当事人要求登记的，可以向登记机构申请地役权登记；未经登记，不得对抗善意第三人。

第三百七十五条 供役地权利人应当按照合同约定，允许地役权人利用其不动产，不得妨害地役权人行使权利。

第三百七十六条 地役权人应当按照合同约定的利用目的和方法利用供役地，尽量减少对供役地权利人物权的限制。

第三百七十七条 地役权期限由当事人约定；但是，不得超过土地承包经营权、建设用地使用权等用益物权的剩余期限。

第三百七十八条 土地所有权人享有地役权或者负担地役权的，设立土地承包经营权、宅基地使用权等用益物权时，该用益物权人继续享有或者负担已经设立的地役权。

第三百七十九条 土地上已经设立土地承包经营权、建设用地使用权、宅基地使用权等用益物权的，未经用益物权人同意，土地所有权人不得设立地役权。

第三百八十条 地役权不得单独转让。土地承包经营权、建设用地使用权等转让的，地役权一并转让，但是合同另有约定的除外。

第三百八十一条 地役权不得单独抵押。土地经营权、建设用地使用权等抵押的，在实现抵押权时，地役权一并转让。

第三百八十二条 需役地以及需役地上的土地承包经营权、建设用地使用权等部分转让时，转让部分涉及地役权的，受让人同时享有地役权。

第三百八十三条 供役地以及供役地上的土地承包经营权、建设用地使用权等部分转让时，转让部分涉及地役权的，地役权对受让人具有法律约束力。

第三百八十四条 地役权人有下列情形之一的，供役地权利人有权解除地役权合同，地役权消灭：

（一）违反法律规定或者合同约定，滥用地役权；

（二）有偿利用供役地，约定的付款期限届满后在合理期限内经两次催告未支付费用。

第三百八十五条 已经登记的地役权变更、转让或者消灭的，应当及时办理变更登记或者注销登记。

第四分编　担保物权

第十六章　一般规定

第三百八十六条 担保物权人在债务人不履行到期债务或者发生当事人约定的实现担保物权的情形，依法享有就担保财产优先受偿的权利，但是法律另有规定的除外。

第三百八十七条 债权人在借贷、买卖等民事活动中，为保障实现其债权，需要担保的，可以依照本法和其他法律的规定设立担保物权。

第三人为债务人向债权人提供担保的，可以要求债务人提供反担保。反担保适用本法和其他法律的规定。

第三百八十八条 设立担保物权，应当依照本法和其他法律的规定订立担保合同。担保合同包括抵押合同、质押合同和其他具有担保功能的合同。担保合同是主债权债务合同的从合同。主债权债务合同无效的，担保合同无效，但是法律另有规定的除外。

担保合同被确认无效后，债务人、担保人、债权人有过错的，应当根据其过错各自承担相应的民事责任。

第三百八十九条 担保物权的担保范围包括主债权及其利息、违约金、损害赔偿金、保管担保财产和实现担保物权的费用。当事人另有约定的，按照其约定。

第三百九十条 担保期间，担保财产毁损、灭失或者被征收等，担保物权人可以就获得的保险金、赔偿金或者补偿金等优先受偿。被担保债权的履行期限未届满的，也可以提存该保险金、赔偿金或者补偿金等。

第三百九十一条 第三人提供担保，未经其书面同意，债权人允许债务人转移全部或者部分债务的，担保人不再承担相应的担保责任。

第三百九十二条 被担保的债权既有物的担保又有人的担保的，债务人不履行到期债务或者发生当事人约定的实现担保物权的情形，债权人应当按照约定实现债权；没有约定或者约定不明确，债务人自己提供物的担保的，债权人应当先就该物的担保实现债权；第三人提供物的担保的，债权人可以就物的担保实现债权,也可以请求保证人承担保证责任。提供担保的第三人承担担保责任后,有权向债务人追偿。

第三百九十三条 有下列情形之一的,担保物权消灭:
(一)主债权消灭;
(二)担保物权实现;
(三)债权人放弃担保物权;
(四)法律规定担保物权消灭的其他情形。

第十七章 抵押权

第一节 一般抵押权

第三百九十四条 为担保债务的履行,债务人或者第三人不转移财产的占有,将该财产抵押给债权人的,债务人不履行到期债务或者发生当事人约定的实现抵押权的情形,债权人有权就该财产优先受偿。

前款规定的债务人或者第三人为抵押人,债权人为抵押权人,提供担保的财产为抵押财产。

第三百九十五条 债务人或者第三人有权处分的下列财产可以抵押:
(一)建筑物和其他土地附着物;
(二)建设用地使用权;
(三)海域使用权;
(四)生产设备、原材料、半成品、产品;
(五)正在建造的建筑物、船舶、航空器;
(六)交通运输工具;
(七)法律、行政法规未禁止抵押的其他财产。

抵押人可以将前款所列财产一并抵押。

第三百九十六条 企业、个体工商户、农业生产经营者可以将现有的以及将有的生产设备、原材料、半成品、产品抵押,债务人不履行到期债务或者发生当事人约定的实现抵押权的情形,债权人有权就抵押财产确定时的动产优先受偿。

第三百九十七条 以建筑物抵押的,该建筑物占用范围内的建设用地使用权一并抵押。以建设用地使用权抵押的,该土地上的建筑物一并抵押。

抵押人未依据前款规定一并抵押的,未抵押的财产视为一并抵押。

第三百九十八条 乡镇、村企业的建设用地使用权不得单独抵押。以乡镇、村企业的厂房等建筑物抵押的,其占用范围内的建设用地使用权一并抵押。

第三百九十九条 下列财产不得抵押:
(一)土地所有权;
(二)宅基地、自留地、自留山等集体所有土地的使用权,但是法律规定可以抵押的除外;
(三)学校、幼儿园、医疗机构等为公益目的成立的非营利法人的教育设施、医疗卫生设施和其他公益设施;
(四)所有权、使用权不明或者有争议的财产;
(五)依法被查封、扣押、监管的财产;
(六)法律、行政法规规定不得抵押的其他财产。

第四百条 设立抵押权,当事人应当采用书面形式订立抵押合同。

抵押合同一般包括下列条款:
(一)被担保债权的种类和数额;
(二)债务人履行债务的期限;
(三)抵押财产的名称、数量等情况;
(四)担保的范围。

第四百零一条 抵押权人在债务履行期限届满前,与抵押人约定债务人不履行到期债务时抵押财产归债权人所有的,只能依法就抵押财产优先受偿。

第四百零二条 以本法第三百九十五条第一款第一项至第三项规定的财产或者第五项规定的正在建造的建筑物抵押的,应当办理抵押登记。抵押权自登记时设立。

第四百零三条 以动产抵押的,抵押权自抵押合同生效时设立;未经登记,不得对抗善意第三人。

第四百零四条 以动产抵押的,不得对抗正常经营活动中已经支付合理价款并取得抵押财产的买受人。

第四百零五条 抵押权设立前,抵押财产已经出租并转移占有的,原租赁关系不受该抵押权的影响。

第四百零六条 抵押期间,抵押人可以转让抵押财产。当事人另有约定的,按照其约定。抵押财产转让的,抵押权不受影响。

抵押人转让抵押财产的，应当及时通知抵押权人。抵押权人能够证明抵押财产转让可能损害抵押权的，可以请求抵押人将转让所得的价款向抵押权人提前清偿债务或者提存。转让的价款超过债权数额的部分归抵押人所有，不足部分由债务人清偿。

第四百零七条 抵押权不得与债权分离而单独转让或者作为其他债权的担保。债权转让的，担保该债权的抵押权一并转让，但是法律另有规定或者当事人另有约定的除外。

第四百零八条 抵押人的行为足以使抵押财产价值减少的，抵押权人有权请求抵押人停止其行为；抵押财产价值减少的，抵押权人有权请求恢复抵押财产的价值，或者提供与减少的价值相应的担保。抵押人不恢复抵押财产的价值，也不提供担保的，抵押权人有权请求债务人提前清偿债务。

第四百零九条 抵押权人可以放弃抵押权或者抵押权的顺位。抵押权人与抵押人可以协议变更抵押权顺位以及被担保的债权数额等内容。但是，抵押权的变更未经其他抵押权人书面同意的，不得对其他抵押权人产生不利影响。

债务人以自己的财产设定抵押，抵押权人放弃该抵押权、抵押权顺位或者变更抵押权的，其他担保人在抵押权人丧失优先受偿权益的范围内免除担保责任，但是其他担保人承诺仍然提供担保的除外。

第四百一十条 债务人不履行到期债务或者发生当事人约定的实现抵押权的情形，抵押权人可以与抵押人协议以抵押财产折价或者以拍卖、变卖该抵押财产所得的价款优先受偿。协议损害其他债权人利益的，其他债权人可以请求人民法院撤销该协议。

抵押权人与抵押人未就抵押权实现方式达成协议的，抵押权人可以请求人民法院拍卖、变卖抵押财产。

抵押财产折价或者变卖的，应当参照市场价格。

第四百一十一条 依据本法第三百九十六条规定设定抵押的，抵押财产自下列情形之一发生时确定：

（一）债务履行期限届满，债权未实现；

（二）抵押人被宣告破产或者解散；

（三）当事人约定的实现抵押权的情形；

（四）严重影响债权实现的其他情形。

第四百一十二条 债务人不履行到期债务或者发生当事人约定的实现抵押权的情形，致使抵押财产被人民法院依法扣押的，自扣押之日起，抵押权人有权收取该抵押财产的天然孳息或者法定孳息，但是抵押权人未通知应当清偿法定孳息义务人的除外。

前款规定的孳息应当先充抵收取孳息的费用。

第四百一十三条 抵押财产折价或者拍卖、变卖后，其价款超过债权数额的部分归抵押人所有，不足部分由债务人清偿。

第四百一十四条 同一财产向两个以上债权人抵押的，拍卖、变卖抵押财产所得的价款依照下列规定清偿：

（一）抵押权已经登记的，按照登记的时间先后确定清偿顺序；

（二）抵押权已经登记的先于未登记的受偿；

（三）抵押权未登记的，按照债权比例清偿。

其他可以登记的担保物权，清偿顺序参照适用前款规定。

第四百一十五条 同一财产既设立抵押权又设立质权的，拍卖、变卖该财产所得的价款按照登记、交付的时间先后确定清偿顺序。

第四百一十六条 动产抵押担保的主债权是抵押物的价款，标的物交付后十日内办理抵押登记的，该抵押权人优先于抵押物买受人的其他担保物权人受偿，但是留置权人除外。

第四百一十七条 建设用地使用权抵押后，该土地上新增的建筑物不属于抵押财产。该建设用地使用权实现抵押权时，应当将该土地上新增的建筑物与建设用地使用权一并处分。但是，新增建筑物所得的价款，抵押权人无权优先受偿。

第四百一十八条 以集体所有土地的使用权依法抵押的，实现抵押权后，未经法定程序，不得改变土地所有权的性质和土地用途。

第四百一十九条 抵押权人应当在主债权诉讼时效期间行使抵押权；未行使的，人民法院不予保护。

第二节　最高额抵押权

第四百二十条 为担保债务的履行，债务人或者第三人对一定期间内将要连续发生的债权提供担保财产的，债务人不履行到期债务或者发生当事人约定的实现抵押权的情形，抵押权人有权在最高债权额限度内就该担保财产优先受偿。

最高额抵押权设立前已经存在的债权，经当事人同意，可以转入最高额抵押担保的债权范围。

第四百二十一条 最高额抵押担保的债权确定前，部分债权转让的，最高额抵押权不得转让，但是当事人另有约定的除外。

第四百二十二条 最高额抵押担保的债权确定前，抵押权人与抵押人可以通过协议变更债权确定的期间、债权范围以及最高债权额。但是，变更的内容不得对其他抵押权人产生不利影响。

第四百二十三条 有下列情形之一的，抵押权人的债权确定：

（一）约定的债权确定期间届满；

（二）没有约定债权确定期间或者约定不明确，抵押权人或者抵押人自最高额抵押权设立之日起满二年后请求确定债权；

（三）新的债权不可能发生；

（四）抵押权人知道或者应当知道抵押财产被查封、扣押；

（五）债务人、抵押人被宣告破产或者解散；

（六）法律规定债权确定的其他情形。

第四百二十四条 最高额抵押权除适用本节规定外，适用本章第一节的有关规定。

第十八章 质 权

第一节 动产质权

第四百二十五条 为担保债务的履行，债务人或者第三人将其动产出质给债权人占有的，债务人不履行到期债务或者发生当事人约定的实现质权的情形，债权人有权就该动产优先受偿。

前款规定的债务人或者第三人为出质人，债权人为质权人，交付的动产为质押财产。

第四百二十六条 法律、行政法规禁止转让的动产不得出质。

第四百二十七条 设立质权，当事人应当采用书面形式订立质押合同。

质押合同一般包括下列条款：

（一）被担保债权的种类和数额；

（二）债务人履行债务的期限；

（三）质押财产的名称、数量等情况；

（四）担保的范围；

（五）质押财产交付的时间、方式。

第四百二十八条 质权人在债务履行期限届满前，与出质人约定债务人不履行到期债务时质押财产归债权人所有的，只能依法就质押财产优先受偿。

第四百二十九条 质权自出质人交付质押财产时设立。

第四百三十条 质权人有权收取质押财产的孳息，但是合同另有约定的除外。

前款规定的孳息应当先充抵收取孳息的费用。

第四百三十一条 质权人在质权存续期间，未经出质人同意，擅自使用、处分质押财产，造成出质人损害的，应当承担赔偿责任。

第四百三十二条 质权人负有妥善保管质押财产的义务；因保管不善致使质押财产毁损、灭失的，应当承担赔偿责任。

质权人的行为可能使质押财产毁损、灭失的，出质人可以请求质权人将质押财产提存，或者请求提前清偿债务并返还质押财产。

第四百三十三条 因不可归责于质权人的事由可能使质押财产毁损或者价值明显减少，足以危害质权人权利的，质权人有权请求出质人提供相应的担保；出质人不提供的，质权人可以拍卖、变卖质押财产，并与出质人协议将拍卖、变卖所得的价款提前清偿债务或者提存。

第四百三十四条 质权人在质权存续期间，未经出质人同意转质，造成质押财产毁损、灭失的，应当承担赔偿责任。

第四百三十五条 质权人可以放弃质权。债务人以自己的财产出质，质权人放弃该质权的，其他担保人在质权人丧失优先受偿权益的范围内免除担保责任，但是其他担保人承诺仍然提供担保的除外。

第四百三十六条 债务人履行债务或者出质人提前清偿所担保的债权的，质权人应当返还质押财产。

债务人不履行到期债务或者发生当事人约定的实现质权的情形，质权人可以与出质人协议以质押财产折价，也可以就拍卖、变卖质押财产所得的价款优先受偿。

质押财产折价或者变卖的，应当参照市场价格。

第四百三十七条 出质人可以请求质权人在债务履行期限届满后及时行使质权；质权人不行使的，出质人可以请求人民法院拍卖、变卖质押财产。

出质人请求质权人及时行使质权，因质权人怠于行使权利造成出质人损害的，由质权人承担赔偿责任。

第四百三十八条 质押财产折价或者拍卖、变卖后，其价款超过债权数额的部分归出质人所有，不足部分由债务人清偿。

第四百三十九条 出质人与质权人可以协议设立最高额质权。

最高额质权除适用本节有关规定外，参照适用本编第十七章第二节的有关规定。

第二节 权利质权

第四百四十条 债务人或者第三人有权处分的下列权利可以出质：

（一）汇票、本票、支票；

（二）债券、存款单；

（三）仓单、提单；

（四）可以转让的基金份额、股权；

（五）可以转让的注册商标专用权、专利权、著作权等知识产权中的财产权；

（六）现有的以及将有的应收账款；

（七）法律、行政法规规定可以出质的其他财产权利。

第四百四十一条 以汇票、本票、支票、债券、存款单、仓单、提单出质的，质权自权利凭证交付质权人时设立；没有权利凭证的，质权自办理出质登记时设立。法律另有规定的，依照其规定。

第四百四十二条 汇票、本票、支票、债券、存款单、仓单、提单的兑现日期或者提货日期先于主债权到期的，质权人可以兑现或者提货，并与出质人协议将兑现的价款或者提取的货物提前清偿债务或者提存。

第四百四十三条 以基金份额、股权出质的，质权自办理出质登记时设立。

基金份额、股权出质后，不得转让，但是出质人与质权人协商同意的除外。出质人转让基金份额、股权所得的价款，应当向质权人提前清偿债务或者提存。

第四百四十四条 以注册商标专用权、专利权、著作权等知识产权中的财产权出质的，质权自办理出质登记时设立。

知识产权中的财产权出质后，出质人不得转让或者许可他人使用，但是出质人与质权人协商同意的除外。出质人转让或者许可他人使用出质的知识产权中的财产权所得的价款，应当向质权人提前清偿债务或者提存。

第四百四十五条 以应收账款出质的，质权自办理出质登记时设立。

应收账款出质后，不得转让，但是出质人与质权人协商同意的除外。出质人转让应收账款所得的价款，应当向质权人提前清偿债务或者提存。

第四百四十六条 权利质权除适用本节规定外，适用本章第一节的有关规定。

第十九章 留置权

第四百四十七条 债务人不履行到期债务，债权人可以留置已经合法占有的债务人的动产，并有权就该动产优先受偿。

前款规定的债权人为留置权人，占有的动产为留置财产。

第四百四十八条 债权人留置的动产，应当与债权属于同一法律关系，但是企业之间留置的除外。

第四百四十九条 法律规定或者当事人约定不得留置的动产，不得留置。

第四百五十条 留置财产为可分物的，留置财产的价值应当相当于债务的金额。

第四百五十一条 留置权人负有妥善保管留置财产的义务；因保管不善致使留置财产毁损、灭失的，应当承担赔偿责任。

第四百五十二条 留置权人有权收取留置财产的孳息。

前款规定的孳息应当先充抵收取孳息的费用。

第四百五十三条 留置权人与债务人应当约定留置财产后的债务履行期限；没有约定或者约定不明确的，留置权人应当给债务人六十日以上履行债务的期限，但是鲜活易腐等不易保管的动产除外。债务人逾期未履行的，留置权人可以与债务人协议以留置财产折价，也可以就拍卖、变卖留置财产所得的价款优先受偿。

留置财产折价或者变卖的，应当参照市场

价格。

第四百五十四条 债务人可以请求留置权人在债务履行期限届满后行使留置权；留置权人不行使的，债务人可以请求人民法院拍卖、变卖留置财产。

第四百五十五条 留置财产折价或者拍卖、变卖后，其价款超过债权数额的部分归债务人所有，不足部分由债务人清偿。

第四百五十六条 同一动产上已经设立抵押权或者质权，该动产又被留置的，留置权人优先受偿。

第四百五十七条 留置权人对留置财产丧失占有或者留置权人接受债务人另行提供担保的，留置权消灭。

第五分编 占 有

第二十章 占 有

第四百五十八条 基于合同关系等产生的占有，有关不动产或者动产的使用、收益、违约责任等，按照合同约定；合同没有约定或者约定不明确的，依照有关法律规定。

第四百五十九条 占有人因使用占有的不动产或者动产，致使该不动产或者动产受到损害的，恶意占有人应当承担赔偿责任。

第四百六十条 不动产或者动产被占有人占有的，权利人可以请求返还原物及其孳息；但是，应当支付善意占有人因维护该不动产或者动产支出的必要费用。

第四百六十一条 占有的不动产或者动产毁损、灭失，该不动产或者动产的权利人请求赔偿的，占有人应当将因毁损、灭失取得的保险金、赔偿金或者补偿金等返还给权利人；权利人的损害未得到足够弥补的，恶意占有人还应当赔偿损失。

第四百六十二条 占有的不动产或者动产被侵占的，占有人有权请求返还原物；对妨害占有的行为，占有人有权请求排除妨害或者消除危险；因侵占或者妨害造成损害的，占有人有权依法请求损害赔偿。

占有人返还原物的请求权，自侵占发生之日起一年内未行使的，该请求权消灭。

国务院
关于实施动产和权利担保统一登记的决定

2020 年 12 月 22 日　　　　　　　　　　国发〔2020〕18 号

各省、自治区、直辖市人民政府，国务院各部委、各直属机构：

为贯彻落实党中央、国务院决策部署，进一步提高动产和权利担保融资效率，优化营商环境，促进金融更好服务实体经济，现作出如下决定：

一、自2021年1月1日起，在全国范围内实施动产和权利担保统一登记。

二、纳入动产和权利担保统一登记范围的担保类型包括：

（一）生产设备、原材料、半成品、产品抵押；

（二）应收账款质押；

（三）存款单、仓单、提单质押；

（四）融资租赁；

（五）保理；

（六）所有权保留；

（七）其他可以登记的动产和权利担保，但机动车抵押、船舶抵押、航空器抵押、债券质押、基金份额质押、股权质押、知识产权中的财产权质押除外。

三、纳入统一登记范围的动产和权利担保，由当事人通过中国人民银行征信中心（以下简称征信中心）动产融资统一登记公示系统自主办理登记，并对登记内容的真实性、完整性和合法性负责。登记机构不对登记内容进行实质审查。

四、中国人民银行要加强对征信中心的督促指导。征信中心具体承担服务性登记工作，不得开展事前审批性登记。征信中心要做好系统建设和维护工作，保障系统安全、稳定运行，建立高效运转的服务体系，不断提高服务效率和质量。

五、国家市场监督管理总局不再承担"管理动产抵押物登记"职责。中国人民银行负责制定生产设备、原材料、半成品、产品抵押和应收账款质押统一登记制度，推进登记服务便利化。中国人民银行、国家市场监督管理总局应当明确生产设备、原材料、半成品、产品抵押登记的过渡安排，妥善做好存量信息的查询、变更、注销服务和数据移交工作，确保有关工作的连续性、稳定性、有效性。

各地区、各相关部门要相互协作、密切配合，认真落实本决定部署的各项工作，努力优化营商环境。

中国银行保险监督管理委员会 中国人民银行
关于推动动产和权利融资业务健康发展的指导意见

2022 年 9 月 20 日　　　　　　　　　　银保监发〔2022〕29 号

各银保监局，人民银行上海总部、各分行、营业管理部、各省会（首府）城市中心支行、各副省级城市中心支行，各政策性银行、大型银行、股份制银行、外资银行、直销银行，银行业协会：

为深入贯彻落实党中央、国务院关于优化营商环境、依法发展动产融资工作的决策部署，进一步提高企业融资可得性，推动银行机构优化动产和权利融资业务，提升服务实体经济质效，现提出以下意见。

一、总体要求和基本原则

（一）总体要求。以深化金融供给侧结构性改革为主线，以进一步营造公平便利营商环境为导向，以提高企业融资可得性为目标，推动银行机构加大创新力度，加强风险管理，在服务高质量发展过程中实现动产和权利融资业务持续健康发展。

（二）基本原则。

——坚持问题导向、目标导向。聚焦以动产和权利为主的企业资产结构实际与以不动产为主的银行担保融资现状之间的错配矛盾，盘活企业动产和权利，缓解融资难问题。

——坚持创新驱动、科技赋能。把创新作为引领动产和权利融资业务的第一动力，强化金融科技创新应用，推动业务理念、机制、流程、模式重塑，切实提升动产和权利融资服务质效。

——坚持分类施策、规范发展。根据不同种类动产和权利融资的业务特点和风险特征，优化贷款"三查"方式方法，明确业务相关方权利义务，构建各方规范协作、互利共赢的良好局面。

——坚持防控风险、守住底线。强化动产和权利融资全链条风险管控，完善登记、管理、处置流程，加强资金流、物流、商流、信息流等交叉验证，确保押品可控、业务风险可控。

二、加大动产和权利融资服务力度

（一）科学合理拓宽押品范畴。银行机构应根据自身业务开展情况和风险控制能力，将符合押品条件的动产和权利纳入押品目录，包括交通运输工具、生产设备、活体、原材料、半成品、产品等动产，以及现有的和将有的应收账款、知识产权中的财产权、货权、林权等权利。

（二）充分发挥动产和权利融资对薄弱领域的支持作用。银行机构应针对不同信贷主体需求，不断改进动产和权利融资服务。开发各类融资产品，合理降低对不动产担保的依赖，提升小微企业、民营企业金融服务质效；推广农机具、农用车、农副产品以及牲畜、水产品等活体担保融资，积极稳妥开展林权抵押贷款，服务乡村振兴；创新知识产权质押融资产品，支持科技企业发展。

（三）加强动产和权利融资差异化管理。鼓励银行机构建立健全动产和权利融资分类管理制度，配置专项额度，提高风险容忍度，并在风险可控前提下适度提高抵质押率上限。努力培育专业人才队伍，制定差异化的考核激励安排，细化落实尽职免责制度，提高信贷人员积极性。

三、深化动产和权利融资业务创新

（四）提升应收账款融资服务质效。鼓励银行机构通过应收账款质押和保理融资，满足不同客户多样化金融需求。支持探索应用区块链等技术手段，实现链上应收账款签发、确权、转让、质押等信息的记录和验证。鼓励银行机构用好中国人民银行征信中心应收账款服务平台，开发与中小微企业需求相匹配的应收账款线上融资产品，拓宽应收账款业务范围，提升融资效率。

（五）优化商品和货权融资业务。支持银行机构开展标准仓单质押融资，在风险可控前提下探索普通电子仓单融资。有条件的银行机构可使用具有较强价值保障、较好流通性和变现能力的大宗商品作为押品开展动产融资，探索开展浮动担保、最高额担保、未来货权担保等多种形式的动产融资业务。

（六）推广供应链融资。银行机构应依托核心企业在订单形成、库存调度、流转分销、信息传导等环节的主导地位，发展基于供应链的应收账款融资、存货担保融资等业务，并积极开发体系化、全场景的数字供应链金融产品。对于上游企业供应链融资业务，核心企业应付款至专户；对于下游企业，应推动核心企业协助增信和提供相关信息。支持全国性银行通过核心企业属地行"一点对全国"等方式依法合规办理业务，提高供应链融资效率。

（七）开展特色动产和权利融资业务。支持银行机构基于真实交易背景，使用商业汇票、应收账款等建立质押资产池，为企业提供流动资金贷款发放、银行承兑汇票开立、信用证开立等多种形式融资服务。鼓励银行机构基于企业的专利权、商标专用权、著作权等无形资产打包组合提供融资，审慎探索地理标志为知识产权质押物的可行性；通过集成电路布图设计专有权质押融资等，支持企业创新发展。

四、提升动产和权利融资风险管控能力

（八）强化动产和权利价值评估。银行机构应加强动产和权利价值评估管理，通过购销合同、发票、报关单、商检证明、市场交易价格等与估值相关的多维度信息，验证评估结果的合理性。逐步建立健全知识产权内部评估体系，加强资产评估能力建设。支持依法合规引入第三方评估机构，通过与各类交易平台、电商平台等合作，积累动产历史交易价格信息。加强大数据建模分析，优化模型设计，提升评估和预测的准确性，降低人为因素造成的评估误差。对价格波动较大的押品应适当提高重估频率，有活跃交易市场的应盯市估值，有条件的可设置最低价值预警并采取相应措施。

（九）实施分类信贷管理。对于发展成熟、管理规范、信用风险已明确转移的业务，如买断型保理、核心企业已经明确付款义务或承担连带责任保证的动产和权利融资业务，银行机构在真实掌握核心企业风险承受能力前提下，可适当简化对借款人的审查调查以及贷中贷后要求。对于管理难度大、探索性强的业务，银行机构应加强信贷风险管理，审贷时综合考虑客户财务报表反映的经营业绩和整体实力，以及动产和权利交易现金流对还本付息要求的自偿性。

（十）推进供应链融资"线上化"管理。对于供应链融资业务，可探索以线上为主开展贷款"三查"工作。支持银行机构将供应链信用评价向"数据信用"和"物的信用"拓展，通过与企业生产交易、仓储物流等核心数据进行交互，与行内信息、企业信息、政府公共数据交叉验证，实现对动产和权利融资各环节信息的动态掌握。有条件的银行可基于真实交易背景和大数据信息建模，对供应链上中小微企业贷款实行线上审批。

（十一）落实担保登记公示要求。银行机构开展动产和权利融资业务的，应依法依规进行登记公示。对纳入《动产和权利担保统一登记办法》（中国人民银行令〔2021〕第7号）登记范围的，通过中国人民银行征信中心动产融资统一登记公示系统办理登记，登记的概括性描述应能合理识别担保财产。对在统一登记范围之外的机动车、船舶、航空器抵押，知识产权中的财产权质押等，按照相关规定办理登记。对于有禁止或限制转让担保财产的约定，应对该约定进行登记；登记最高债权额时，须预估主债权及利息，以及主债权违约时实现担保权的全部金额。支持银行机构在协商一致前提下，采用标签、刻印、数字信息等辅助手段，进一步增强担保公示效用。

（十二）规范在押动产管理和第三方监管合作。银行机构应权衡风险、成本、收益和效率，根据实际情况对在押动产采取定期巡库、不定期抽查、远程监控等措施，加强监控核验。对于合作监管方，应评估其监管能力和赔偿能力，明确准入条件，实行名单制或分级管理。银行机构应在监管合同中明确监管方的监管责任和违约赔偿责任，监管方不得重复出具仓储单据或类似证明。在风险可控前提下，支持接受监管方签发的标准化、格式化电子仓单。银行机构可与保险公司合作，引入保险机制，加强押品灭失、失控等保险保障。

（十三）推进新技术在押品管控中的应用。银行机构应积极推动运用物联网、电子围栏、生物识别等手段，实现动产押品的智能感知、识别、定位、跟踪和监控，提升押品管理智能化水平。有条件的银行机构可搭建物联网数据平台，对物联网设备采集数据进行关联和建模，提升风控精准性、针对性。

（十四）拓宽动产处置变现渠道。银行机构应按照损失最小化原则，合理选择动产押品的处置时机和方式，探索动产押品快速处置机制。合理评估处置机构动产处置能力，与具备条件的交易市场、行业协会、电商平台、连锁商超等对接建立合作机制，创新处置方式，拓宽处置渠道。

五、强化组织实施

（十五）落实各方责任。各级监管部门要根据动产和权利融资业务特点，在日常监管和现场检查过程中给予更准确的风险判断和认定，推动相关业务健康发展。银行机构要落实动产和权利融资业务发展和风险防范主体责任，在贷款合同签署前及放款前等重要节点、押品监管等重点环节加强风险防控。

（十六）协同优化外部环境。各银保监局、人民银行分支机构要加强与地方政府部门合作，支持动产和权利评估、物流仓储等配套行业规范发展，推进信息共享平台、二级交易市场等配套设施建设。推动完善信用体系，针对不同类型的动产和权利融资主体，分别采取相应措施加大失信惩戒力度。银行机构要主动加强与相关部门的沟通协调，推动优化动产和权利融资发展的良好生态环境。

（十七）总结推广经验做法。及时总结提炼动产和权利融资业务的良好做法、典型经验和创新模式，积极宣传推广。银行业协会要主动作为，组织开展行业经验交流，引导银行机构不断提升动产和权利融资服务水平。

专利权质押登记办法

(2021 年 11 月 15 日国家知识产权局令 2021 年第 461 号发布　自公布之日起施行)

第一条　为了促进专利权运用和资金融通，保障相关权利人合法权益，规范专利权质押登记，根据《中华人民共和国民法典》《中华人民共和国专利法》及有关规定，制定本办法。

第二条　国家知识产权局负责专利权质押登记工作。

第三条　以专利权出质的，出质人与质权人应当订立书面合同。

质押合同可以是单独订立的合同，也可以是主合同中的担保条款。

出质人和质权人应共同向国家知识产权局办理专利权质押登记，专利权质权自国家知识产权局登记时设立。

第四条　以共有的专利权出质的，除全体共有人另有约定的以外，应当取得其他共有人的同意。

第五条　在中国没有经常居所或者营业所的外国人、外国企业或者外国其他组织办理专利权质押登记手续的，应当委托依法设立的专利代理机构办理。

中国单位或者个人办理专利权质押登记手

续的，可以委托依法设立的专利代理机构办理。

第六条 当事人可以通过互联网在线提交电子件、邮寄或窗口提交纸件等方式办理专利权质押登记相关手续。

第七条 申请专利权质押登记的，当事人应当向国家知识产权局提交下列文件：

（一）出质人和质权人共同签字或盖章的专利权质押登记申请表；

（二）专利权质押合同；

（三）双方当事人的身份证明，或当事人签署的相关承诺书；

（四）委托代理的，注明委托权限的委托书；

（五）其他需要提供的材料。

专利权经过资产评估的，当事人还应当提交资产评估报告。

除身份证明外，当事人提交的其他各种文件应当使用中文。身份证明是外文的，当事人应当附送中文译文；未附送的，视为未提交。

当事人通过互联网在线办理专利权质押登记手续的，应当对所提交电子件与纸件原件的一致性作出承诺，并于事后补交纸件原件。

第八条 当事人提交的专利权质押合同应当包括以下与质押登记相关的内容：

（一）当事人的姓名或名称、地址；

（二）被担保债权的种类和数额；

（三）债务人履行债务的期限；

（四）专利权项数以及每项专利权的名称、专利号、申请日、授权公告日；

（五）质押担保的范围。

第九条 除本办法第八条规定的事项外，当事人可以在专利权质押合同中约定下列事项：

（一）质押期间专利权年费的缴纳；

（二）质押期间专利权的转让、实施许可；

（三）质押期间专利权被宣告无效或者专利权归属发生变更时的处理；

（四）实现质权时，相关技术资料的交付；

（五）已办理质押登记的同一申请人的实用新型有同样的发明创造于同日申请发明专利、质押期间该发明申请被授予专利权的情形处理。

第十条 国家知识产权局收到当事人提交的质押登记申请文件，应当予以受理，并自收到之日起5个工作日内进行审查，决定是否予以登记。

通过互联网在线方式提交的，国家知识产权局在2个工作日内进行审查并决定是否予以登记。

第十一条 专利权质押登记申请经审查合格的，国家知识产权局在专利登记簿上予以登记，并向当事人发送《专利权质押登记通知书》。经审查发现有下列情形之一的，国家知识产权局作出不予登记的决定，并向当事人发送《专利权质押不予登记通知书》：

（一）出质人不是当事人申请质押登记时专利登记簿记载的专利权人的；

（二）专利权已终止或者已被宣告无效的；

（三）专利申请尚未被授予专利权的；

（四）专利权没有按照规定缴纳年费的；

（五）因专利权的归属发生纠纷已请求国家知识产权局中止有关程序，或者人民法院裁定对专利权采取保全措施，专利权的质押手续被暂停办理的；

（六）债务人履行债务的期限超过专利权有效期的；

（七）质押合同不符合本办法第八条规定的；

（八）以共有专利权出质但未取得全体共有人同意且无特别约定的；

（九）专利权已被申请质押登记且处于质押期间的；

（十）请求办理质押登记的同一申请人的实用新型有同样的发明创造已于同日申请发明专利的，但当事人被告知该情况后仍声明同意继续办理专利权质押登记的除外；

（十一）专利权已被启动无效宣告程序的，但当事人被告知该情况后仍声明同意继续办理专利权质押登记的除外；

（十二）其他不符合出质条件的情形。

第十二条 专利权质押期间，国家知识产权局发现质押登记存在本办法第十一条所列情形并且尚未消除的，或者发现其他应当撤销专利权质押登记的情形的，应当撤销专利权质押登记，并向当事人发出《专利权质押登记撤销通知书》。

专利权质押登记被撤销的，质押登记的效力自始无效。

第十三条 专利权质押期间，当事人的姓名或者名称、地址更改的，应当持专利权质押登记变更申请表、变更证明或当事人签署的相关承诺书，向国家知识产权局办理专利权质押登记变更手续。

专利权质押期间，被担保的主债权种类及数额或者质押担保的范围发生变更的，当事人应当自变更之日起30日内持专利权质押登记变更申请表以及变更协议，向国家知识产权局办理专利权质押登记变更手续。

国家知识产权局收到变更登记申请后，经审核，向当事人发出《专利权质押登记变更通知书》，审核期限按照本办法第十条办理登记手续的期限执行。

第十四条 有下列情形之一的，当事人应当持专利权质押登记注销申请表、注销证明或当事人签署的相关承诺书，向国家知识产权局办理质押登记注销手续：

（一）债务人按期履行债务或者出质人提前清偿所担保的债务的；

（二）质权已经实现的；

（三）质权人放弃质权的；

（四）因主合同无效、被撤销致使质押合同无效、被撤销的；

（五）法律规定质权消灭的其他情形。

国家知识产权局收到注销登记申请后，经审核，向当事人发出《专利权质押登记注销通知书》，审核期限按照本办法第十条办理登记手续的期限执行。专利权质押登记的效力自注销之日起终止。

第十五条 专利登记簿记录专利权质押登记的以下事项，并在定期出版的专利公报上予以公告：出质人、质权人、主分类号、专利号、授权公告日、质押登记日、变更项目、注销日等。

第十六条 出质人和质权人以合理理由提出请求的，可以查阅或复制专利权质押登记手续办理相关文件。

专利权人以他人未经本人同意而办理专利权质押登记手续为由提出查询和复制请求的，可以查阅或复制办理专利权质押登记手续过程中提交的申请表、含有出质人签字或盖章的文件。

第十七条 专利权质押期间，出质人未提交质权人同意其放弃该专利权的证明材料的，国家知识产权局不予办理专利权放弃手续。

第十八条 专利权质押期间，出质人未提交质权人同意转让或者许可实施该专利权的证明材料的，国家知识产权局不予办理专利权转让登记手续或者专利实施许可合同备案手续。

出质人转让或者许可他人实施出质的专利权的，出质人所得的转让费、许可费应当向质权人提前清偿债务或者提存。

第十九条 专利权质押期间，出现以下情形的，国家知识产权局应当及时通知质权人：

（一）被宣告无效或者终止的；

（二）专利年费未按照规定时间缴纳的；

（三）因专利权的归属发生纠纷已请求国家知识产权局中止有关程序，或者人民法院裁定对专利权采取保全措施的。

第二十条 当事人选择以承诺方式办理专利权质押登记相关手续的，国家知识产权局必要时对当事人的承诺内容是否属实进行抽查，发现承诺内容与实际情况不符的，应当向当事人发出通知，要求限期整改。逾期拒不整改或者整改后仍不符合条件的，国家知识产权局按照相关规定采取相应的失信惩戒措施。

第二十一条 本办法由国家知识产权局负责解释。

第二十二条 本办法自发布之日起施行。

城市房地产抵押管理办法

(1997年5月9日建设部令1997年第56号公布　根据2001年8月15日《建设部关于修改〈城市房地产抵押管理办法〉的决定》第一次修正　根据2021年3月30日《住房和城乡建设部关于修改〈建筑工程施工许可管理办法〉等三部规章的决定》第二次修正)

第一章　总　则

第一条　为了加强房地产抵押管理，维护房地产市场秩序，保障房地产抵押当事人的合法权益，根据《中华人民共和国城市房地产管理法》、《中华人民共和国担保法》，制定本办法。

第二条　凡在城市规划区国有土地范围内从事房地产抵押活动的，应当遵守本办法。

地上无房屋（包括建筑物、构筑物及在建工程）的国有土地使用权设定抵押的，不适用本办法。

第三条　本办法所称房地产抵押，是指抵押人以其合法的房地产以不转移占有的方式向抵押权人提供债务履行担保的行为。债务人不履行债务时，债权人有权依法以抵押的房地产拍卖所得的价款优先受偿。

本办法所称抵押人，是指将依法取得的房地产提供给抵押权人，作为本人或者第三人履行债务担保的公民、法人或者其他组织。

本办法所称抵押权人，是指接受房地产抵押作为债务人履行债务担保的公民、法人或者其他组织。

本办法所称预购商品房贷款抵押，是指购房人在支付首期规定的房价款后，由贷款银行代其支付其余的购房款，将所购商品房抵押给贷款银行作为偿还贷款履行担保的行为。

本办法所称在建工程抵押，是指抵押人为取得在建工程继续建造资金的贷款，以其合法方式取得的土地使用权连同在建工程的投入资产，以不转移占有的方式抵押给贷款银行作为偿还贷款履行担保的行为。

第四条　以依法取得的房屋所有权抵押的，该房屋占用范围内的土地使用权必须同时抵押。

第五条　房地产抵押，应当遵循自愿、互利、公平和诚实信用的原则。

依法设定的房地产抵押，受国家法律保护。

第六条　国家实行房地产抵押登记制度。

第七条　国务院建设行政主管部门归口管理全国城市房地产抵押管理工作。

省、自治区建设行政主管部门归口管理本行政区域内的城市房地产抵押管理工作。

直辖市、市、县人民政府房地产行政主管部门（以下简称房地产管理部门）负责管理本行政区域内的房地产抵押管理工作。

第二章　房地产抵押权的设定

第八条　下列房地产不得设定抵押：

（一）权属有争议的房地产；

（二）用于教育、医疗、市政等公共福利事业的房地产；

（三）列入文物保护的建筑物和有重要纪念意义的其他建筑物；

（四）已依法公告列入拆迁范围的房地产；

（五）被依法查封、扣押、监管或者以其他形式限制的房地产；

（六）依法不得抵押的其他房地产。

第九条　同一房地产设定两个以上抵押权的，抵押人应当将已经设定过的抵押情况告知抵押权人。

抵押人所担保的债权不得超出其抵押物的价值。

房地产抵押后，该抵押房地产的价值大于所担保债权的余额部分，可以再次抵押，但不得超出余额部分。

第十条　以两宗以上房地产设定同一抵押权的，视为同一抵押房地产。但抵押当事人另有约定的除外。

第十一条　以在建工程已完工部分抵押的，其土地使用权随之抵押。

第十二条　以享受国家优惠政策购买的房地产抵押的，其抵押额以房地产权利人可以处分和收益的份额比例为限。

第十三条　国有企业、事业单位法人以国家授予其经营管理的房地产抵押的，应当符合国有资产管理的有关规定。

第十四条　以集体所有制企业的房地产抵押的，必须经集体所有制企业职工（代表）大会通过，并报其上级主管机关备案。

第十五条　以外商投资企业的房地产抵押的，必须经董事会通过，但企业章程另有规定的除外。

第十六条　以有限责任公司、股份有限公司的房地产抵押的，必须经董事会或者股东大会通过，但企业章程另有规定的除外。

第十七条　有经营期限的企业以其所有的房地产设定抵押的，所担保债务的履行期限不应当超过该企业的经营期限。

第十八条　以具有土地使用年限的房地产设定抵押的，所担保债务的履行期限不得超过土地使用权出让合同规定的使用年限减去已经使用年限后的剩余年限。

第十九条　以共有的房地产抵押的，抵押人应当事先征得其他共有人的书面同意。

第二十条　预购商品房贷款抵押的，商品房开发项目必须符合房地产转让条件并取得商品房预售许可证。

第二十一条　以已出租的房地产抵押的，抵押人应当将租赁情况告知抵押权人，并将抵押情况告知承租人。原租赁合同继续有效。

第二十二条　设定房地产抵押时，抵押房地产的价值可以由抵押当事人协商议定，也可以由房地产价格评估机构评估确定。

法律、法规另有规定的除外。

第二十三条　抵押当事人约定对抵押房地产保险的，由抵押人为抵押的房地产投保，保险费由抵押人负担。抵押房地产投保的，抵押人应当将保险单移送抵押权人保管。在抵押期间，抵押权人为保险赔偿的第一受益人。

第二十四条　企业、事业单位法人分立或者合并后，原抵押合同继续有效，其权利和义务由变更后的法人享有和承担。

抵押人死亡、依法被宣告死亡或者被宣告失踪时，其房地产合法继承人或者代管人应当继续履行原抵押合同。

第三章　房地产抵押合同的订立

第二十五条　房地产抵押，抵押当事人应当签订书面抵押合同。

第二十六条　房地产抵押合同应当载明下列主要内容：

（一）抵押人、抵押权人的名称或者个人姓名、住所；

（二）主债权的种类、数额；

（三）抵押房地产的处所、名称、状况、建筑面积、用地面积以及四至等；

（四）抵押房地产的价值；

（五）抵押房地产的占用管理人、占用管理方式、占用管理责任以及意外损毁、灭失的责任；

（六）债务人履行债务的期限；

（七）抵押权灭失的条件；

（八）违约责任；

（九）争议解决方式；

（十）抵押合同订立的时间与地点；

（十一）双方约定的其他事项。

第二十七条　以预购商品房贷款抵押的，须提交生效的预购房屋合同。

第二十八条　以在建工程抵押的，抵押合同还应当载明以下内容：

（一）《国有土地使用权证》《建设用地规划许可证》和《建设工程规划许可证》编号；

（二）已交纳的土地使用权出让金或需交纳的相当于土地使用权出让金的款额；

（三）已投入在建工程的工程款；

（四）施工进度及工程竣工日期；

（五）已完成的工作量和工程量。

第二十九条　抵押权人要求抵押房地产保险的，以及要求在房地产抵押后限制抵押人出租、转让抵押房地产或者改变抵押房地产用途的，抵押当事人应当在抵押合同中载明。

第四章　房地产抵押登记

第三十条　房地产抵押合同自签订之日起30日内，抵押当事人应当到房地产所在地的房地产管理部门办理房地产抵押登记。

第三十一条 房地产抵押合同自抵押登记之日起生效。

第三十二条 办理房地产抵押登记，应当向登记机关交验下列文件：

（一）抵押当事人的身份证明或法人资格证明；

（二）抵押登记申请书；

（三）抵押合同；

（四）《国有土地使用权证》、《房屋所有权证》或《房地产权证》，共有的房屋还必须提交《房屋共有权证》和其他共有人同意抵押的证明；

（五）可以证明抵押人有权设定抵押权的文件与证明材料；

（六）可以证明抵押房地产价值的资料；

（七）登记机关认为必要的其他文件。

第三十三条 登记机关应当对申请人的申请进行审核。凡权属清楚、证明材料齐全的，应当在受理登记之日起7日内决定是否予以登记，对不予登记的，应当书面通知申请人。

第三十四条 以依法取得的房屋所有权证书的房地产抵押的，登记机关应当在原《房屋所有权证》上作他项权利记载后，由抵押人收执。并向抵押权人颁发《房屋他项权证》。

以预售商品房或者在建工程抵押的，登记机关应当在抵押合同上作记载。抵押的房地产在抵押期间竣工的，当事人应当在抵押人领取房地产权属证书后，重新办理房地产抵押登记。

第三十五条 抵押合同发生变更或者抵押关系终止时，抵押当事人应当在变更或者终止之日起15日内，到原登记机关办理变更或者注销抵押登记。

因依法处分抵押房地产而取得土地使用权和土地建筑物、其他附着物所有权的，抵押当事人应当自处分行为生效之日起30日内，到县级以上地方人民政府房地产管理部门申请房屋所有权转移登记，并凭变更后的房屋所有权证书向同级人民政府土地管理部门申请土地使用权变更登记。

第五章 抵押房地产的占用与管理

第三十六条 已作抵押的房地产，由抵押人占用与管理。

抵押人在抵押房地产占用与管理期间应当维护抵押房地产的安全与完好。抵押权人有权按照抵押合同的规定监督、检查抵押房地产的管理情况。

第三十七条 抵押权可以随债权转让。抵押权转让时，应当签订抵押权转让合同，并办理抵押权变更登记。抵押权转让后，原抵押权人应当告知抵押人。

经抵押权人同意，抵押房地产可以转让或者出租。

抵押房地产转让或者出租所得价款，应当向抵押权人提前清偿所担保的债权。超过债权数额的部分，归抵押人所有，不足部分由债务人清偿。

第三十八条 因国家建设需要，将已设定抵押权的房地产列入拆迁范围的，抵押人应当及时书面通知抵押权人；抵押双方可以重新设定抵押房地产，也可以依法清理债权债务，解除抵押合同。

第三十九条 抵押人占用与管理的房地产发生损毁、灭失的，抵押人应当及时将情况告知抵押权人，并应当采取措施防止损失的扩大。抵押的房地产因抵押人的行为造成损失使抵押房地产价值不足以作为履行债务的担保时，抵押权人有权要求抵押人重新提供或者增加担保以弥补不足。

抵押人对抵押房地产价值减少无过错的，抵押权人只能在抵押人因损害而得到的赔偿的范围内要求提供担保。抵押房地产价值未减少的部分，仍作为债务的担保。

第六章 抵押房地产的处分

第四十条 有下列情况之一的，抵押权人有权要求处分抵押的房地产：

（一）债务履行期满，抵押权人未受清偿的，债务人又未能与抵押权人达成延期履行协议的；

（二）抵押人死亡，或者被宣告死亡而无人代为履行到期债务的；或者抵押人的合法继承人、受遗赠人拒绝履行到期债务的；

（三）抵押人被依法宣告解散或者破产的；

（四）抵押人违反本办法的有关规定，擅自处分抵押房地产的；

（五）抵押合同约定的其他情况。

第四十一条 有本办法第四十条规定情况之一的，经抵押当事人协商可以通过拍卖等合法方式处分抵押房地产。协议不成的，抵押权人可以向人民法院提起诉讼。

第四十二条 抵押权人处分抵押房地产时，应当事先书面通知抵押人；抵押房地产为共有或者出租的，还应当同时书面通知共有人或承租人；在同等条件下，共有人或承租人依法享有优先购买权。

第四十三条 同一房地产设定两个以上抵押权时，以抵押登记的先后顺序受偿。

第四十四条 处分抵押房地产时，可以依法将土地上新增的房屋与抵押财产一同处分，但对处分新增房屋所得，抵押权人无权优先受偿。

第四十五条 以划拨方式取得的土地使用权连同地上建筑物设定的房地产抵押进行处分时，应当从处分所得的价款中缴纳相当于应当缴纳的土地使用权出让金的款额后，抵押权人方可优先受偿。

法律、法规另有规定的依照其规定。

第四十六条 抵押权人对抵押房地产的处分，因下列情况而中止：

（一）抵押权人请求中止的；

（二）抵押人申请愿意并证明能够及时履行债务，并经抵押权人同意的；

（三）发现被拍卖抵押物有权属争议的；

（四）诉讼或仲裁中的抵押房地产；

（五）其他应当中止的情况。

第四十七条 处分抵押房地产所得金额，依下列顺序分配：

（一）支付处分抵押房地产的费用；

（二）扣除抵押房地产应缴纳的税款；

（三）偿还抵押权人债权本息及支付违约金；

（四）赔偿由债务人违反合同而对抵押权人造成的损害；

（五）剩余金额交还抵押人。

处分抵押房地产所得金额不足以支付债务和违约金、赔偿金时，抵押权人有权向债务人追索不足部分。

第七章 法律责任

第四十八条 抵押人隐瞒抵押的房地产存在共有、产权争议或者被查封、扣押等情况的，抵押人应当承担由此产生的法律责任。

第四十九条 抵押人擅自以出售、出租、交换、赠与或者以其他方式处分抵押房地产的，其行为无效；造成第三人损失的，由抵押人予以赔偿。

第五十条 抵押当事人因履行抵押合同或者处分抵押房地产发生争议的，可以协商解决；协商不成的，抵押当事人可以根据双方达成的仲裁协议向仲裁机构申请仲裁；没有仲裁协议的，也可以直接向人民法院提起诉讼。

第五十一条 因国家建设需要，将已设定抵押权的房地产列入拆迁范围时，抵押人违反前述第三十八条的规定，不依法清理债务，也不重新设定抵押房地产的，抵押权人可以向人民法院提起诉讼。

第五十二条 登记机关工作人员玩忽职守、滥用职权，或者利用职务上的便利，索取他人财物，或者非法收受他人财物为他人谋取利益的，依法给予行政处分；构成犯罪的，依法追究刑事责任。

第八章 附则

第五十三条 在城市规划区外国有土地上进行房地产抵押活动的，参照本办法执行。

第五十四条 本办法由国务院建设行政主管部门负责解释。

第五十五条 本办法自 1997 年 6 月 1 日起施行。

最高人民法院 最高人民检察院 公安部 中国证券监督管理委员会关于进一步规范人民法院冻结上市公司质押股票工作的意见

2021年3月1日　　　　　　　　　　法发〔2021〕9号

为进一步规范人民法院冻结上市公司质押股票相关工作，强化善意文明执行理念，依法维护当事人、利害关系人合法权益，依照民事诉讼法，结合执行工作实际，提出以下意见。

第一条 人民法院要求证券登记结算机构或者证券公司协助冻结债务人持有的上市公司股票，该股票已设立质押且质权人非案件保全申请人或者申请执行人的，适用本意见。

人民法院对前款规定的股票进行轮候冻结的，不适用本意见。

第二条 人民法院冻结质押股票时，在协助执行通知书中应当明确案件债权额及执行费用，证券账户持有人名称（姓名）、账户号码、冻结股票的名称、证券代码、需要冻结的数量、冻结期限等信息。

前款规定的需要冻结的股票数量，以案件债权额及执行费用总额除以每股股票的价值计算。每股股票的价值以冻结前一交易日收盘价为基准，结合股票市场行情，一般在不超过20%的幅度内合理确定。

第三条 证券登记结算机构或者证券公司受理人民法院的协助冻结要求后，应当在系统中对质押股票进行标记，标记的期限与冻结的期限一致。

其他人民法院或者其他国家机关要求对已被标记的质押股票进行冻结的，证券登记结算机构或者证券公司按轮候冻结依次办理。

第四条 需要冻结的股票存在多笔质押的，人民法院可以指定某一笔或者某几笔质押股票进行标记。未指定的，证券登记结算机构或者证券公司对该只质押股票全部进行标记。

第五条 上市公司依照相关规定披露股票被冻结的情况时，应当如实披露人民法院案件债权额及执行费用、已在系统中被标记股票的数量，以及人民法院需要冻结的股票数量、冻结期限等信息。

第六条 质押股票在系统中被标记后，质权人持有证明其质押债权存在、实现质押债权条件成就等材料，向人民法院申请以证券交易所集中竞价、大宗交易方式在质押债权范围内变价股票的，应当准许，但是法律、司法解释等另有规定的除外。人民法院将债务人在证券公司开立的资金账户在质押债权、案件债权额及执行费用总额范围内进行冻结后，应当及时书面通知证券登记结算机构或者证券公司在系统中将相应质押股票调整为可售状态。

质权人申请通过协议转让方式变价股票的，人民法院经审查认为不损害案件当事人利益、国家利益、社会公共利益且在能够控制相应价款的前提下，可以准许。

质权人依照前两款规定自行变价股票的，应当遵守证券交易、登记结算相关业务规则。

第七条 质权人自行变价股票且变价款进入债务人资金账户或者人民法院指定的账户后，向人民法院申请发放变价款实现质押债权的，应予准许，但是法律、司法解释等另有规定的除外。

第八条 在执行程序中，人民法院可以对在系统中被标记的质押股票采取强制变价措施。

第九条 在系统中被标记的任意一部分质押股票解除质押的，协助冻结的证券登记结算机构或者证券公司应当将该部分股票调整为冻结状态，并及时通知人民法院。

冻结股票的数量达到人民法院要求冻结的数量后，证券登记结算机构或者证券公司应当及时通知人民法院。人民法院经审查认为冻结的股票足以实现案件债权及执行费用的，应当书面通知证券登记结算机构或者证券公司解除对其他股票的标记和冻结。

第十条 轮候冻结转为正式冻结的,或者对在本意见实施前已经办理的正式冻结进行续冻的,依当事人或者质权人申请,人民法院可以通知证券登记结算机构或者证券公司依照本意见办理。

第十一条 上市公司股票退市后,依照本意见办理的冻结按照相关司法冻结程序处理,冻结股票的数量为证券登记结算机构或者证券公司在系统中已标记的股票数量。

第十二条 其他国家机关在办理刑事案件过程中,就质押股票处置变价等事项与负责执行的人民法院产生争议的,可以协商解决。协商不成的,报各自的上级机关协商解决。

第十三条 本意见自2021年7月1日起实施。

最高人民法院
关于适用《中华人民共和国民法典》
有关担保制度的解释

法释〔2020〕28号

(2020年12月25日最高人民法院审判委员会第1824次会议通过 2020年12月31日最高人民法院公告公布 自2021年1月1日起施行)

为正确适用《中华人民共和国民法典》有关担保制度的规定,结合民事审判实践,制定本解释。

一、关于一般规定

第一条 因抵押、质押、留置、保证等担保发生的纠纷,适用本解释。所有权保留买卖、融资租赁、保理等涉及担保功能发生的纠纷,适用本解释的有关规定。

第二条 当事人在担保合同中约定担保合同的效力独立于主合同,或者约定担保人对主合同无效的法律后果承担担保责任,该有关担保独立性的约定无效。主合同有效的,有关担保独立性的约定无效不影响担保合同的效力;主合同无效的,人民法院应当认定担保合同无效,但是法律另有规定的除外。

因金融机构开立的独立保函发生的纠纷,适用《最高人民法院关于审理独立保函纠纷案件若干问题的规定》。

第三条 当事人对担保责任的承担约定专门的违约责任,或者约定的担保责任范围超出债务人应当承担的责任范围,担保人主张仅在债务人应当承担的责任范围内承担的,人民法院应予支持。

担保人承担的责任超出债务人应当承担的责任范围,担保人向债务人追偿,债务人主张仅在其应当承担的责任范围内承担责任的,人民法院应予支持;担保人请求债权人返还超出部分的,人民法院依法予以支持。

第四条 有下列情形之一,当事人将担保物权登记在他人名下,债务人不履行到期债务或者发生当事人约定的实现担保物权的情形,债权人或者其受托人主张就该财产优先受偿的,人民法院依法予以支持:

(一)为债券持有人提供的担保物权登记在债券受托管理人名下;

(二)为委托贷款人提供的担保物权登记在受托人名下;

(三)担保人知道债权人与他人之间存在委托关系的其他情形。

第五条 机关法人提供担保的,人民法院应当认定担保合同无效,但是经国务院批准为使用外国政府或者国际经济组织贷款进行转贷的除外。

居民委员会、村民委员会提供担保的,人民法院应当认定担保合同无效,但是依法代行村集体经济组织职能的村民委员会,依照村民委员会组织法规定的讨论决定程序对外提供担保的除外。

第六条 以公益为目的的非营利性学校、幼儿园、医疗机构、养老机构等提供担保的，人民法院应当认定担保合同无效，但是有下列情形之一的除外：

（一）在购入或者以融资租赁方式承租教育设施、医疗卫生设施、养老服务设施和其他公益设施时，出卖人、出租人为担保价款或者租金实现而在该公益设施上保留所有权；

（二）以教育设施、医疗卫生设施、养老服务设施和其他公益设施以外的不动产、动产或者财产权利设立担保物权。

登记为营利法人的学校、幼儿园、医疗机构、养老机构等提供担保，当事人以其不具有担保资格为由主张担保合同无效的，人民法院不予支持。

第七条 公司的法定代表人违反公司法关于公司对外担保决议程序的规定，超越权限代表公司与相对人订立担保合同，人民法院应当依照民法典第六十一条和第五百零四条等规定处理：

（一）相对人善意的，担保合同对公司发生效力；相对人请求公司承担担保责任的，人民法院应予支持；

（二）相对人非善意的，担保合同对公司不发生效力；相对人请求公司承担赔偿责任的，参照适用本解释第十七条的有关规定。

法定代表人超越权限提供担保造成公司损失，公司请求法定代表人承担赔偿责任的，人民法院应予支持。

第一款所称善意，是指相对人在订立担保合同时不知道且不应当知道法定代表人超越权限。相对人有证据证明已对公司决议进行了合理审查，人民法院应当认定其构成善意，但是公司有证据证明相对人知道或者应当知道决议系伪造、变造的除外。

第八条 有下列情形之一，公司以其未依照公司法关于公司对外担保的规定作出决议为由主张不承担担保责任的，人民法院不予支持：

（一）金融机构开立保函或者担保公司提供担保；

（二）公司为其全资子公司开展经营活动提供担保；

（三）担保合同系由单独或者共同持有公司三分之二以上对担保事项有表决权的股东签字同意。

上市公司对外提供担保，不适用前款第二项、第三项的规定。

第九条 相对人根据上市公司公开披露的关于担保事项已经董事会或者股东大会决议通过的信息，与上市公司订立担保合同，相对人主张担保合同对上市公司发生效力，并由上市公司承担担保责任的，人民法院应予支持。

相对人未根据上市公司公开披露的关于担保事项已经董事会或者股东大会决议通过的信息，与上市公司订立担保合同，上市公司主张担保合同对其不发生效力，且不承担担保责任或者赔偿责任的，人民法院应予支持。

相对人与上市公司已公开披露的控股子公司订立的担保合同，或者相对人与股票在国务院批准的其他全国性证券交易场所交易的公司订立的担保合同，适用前两款规定。

第十条 一人有限责任公司为其股东提供担保，公司以违反公司法关于公司对外担保决议程序的规定为由主张不承担担保责任的，人民法院不予支持。公司因承担担保责任导致无法清偿其他债务，提供担保时的股东不能证明公司财产独立于自己的财产，其他债权人请求该股东承担连带责任的，人民法院应予支持。

第十一条 公司的分支机构未经公司股东（大）会或者董事会决议以自己的名义对外提供担保，相对人请求公司或者其分支机构承担担保责任的，人民法院不予支持，但是相对人不知道且不应当知道分支机构对外提供担保未经公司决议程序的除外。

金融机构的分支机构在其营业执照记载的经营范围内开立保函，或者经有权从事担保业务的上级机构授权开立保函，金融机构或者其分支机构以违反公司法关于公司对外担保决议程序的规定为由主张不承担担保责任的，人民法院不予支持。金融机构的分支机构未经金融机构授权提供保函之外的担保，金融机构或者其分支机构主张不承担担保责任的，人民法院应予支持，但是相对人不知道且不应当知道分支机构对外提供担保未经金融机构授权的除外。

担保公司的分支机构未经担保公司授权对外提供担保，担保公司或者其分支机构主张不承担担保责任的，人民法院应予支持，但是相对人不知道且不应当知道分支机构对外提供担保未经担保公司授权的除外。

公司的分支机构对外提供担保，相对人非善意，请求公司承担赔偿责任的，参照本解释第十七条的有关规定处理。

第十二条 法定代表人依照民法典第五百五十二条的规定以公司名义加入债务的，人民法院在认定该行为的效力时，可以参照本解释关于公司为他人提供担保的有关规则处理。

第十三条 同一债务有两个以上第三人提供担保，担保人之间约定相互追偿及分担份额，承担了担保责任的担保人请求其他担保人按照约定分担份额的，人民法院应予支持；担保人之间约定承担连带共同担保，或者约定相互追偿但是未约定分担份额的，各担保人按照比例分担向债务人不能追偿的部分。

同一债务有两个以上第三人提供担保，担保人之间未对相互追偿作出约定且未约定承担连带共同担保，但是各担保人在同一份合同书上签字、盖章或者按指印，承担了担保责任的担保人请求其他担保人按照比例分担向债务人不能追偿部分的，人民法院应予支持。

除前两款规定的情形外，承担了担保责任的担保人请求其他担保人分担向债务人不能追偿部分的，人民法院不予支持。

第十四条 同一债务有两个以上第三人提供担保，担保人受让债权的，人民法院应当认定该行为系承担担保责任。受让债权的担保人作为债权人请求其他担保人承担担保责任的，人民法院不予支持；该担保人请求其他担保人分担相应份额的，依照本解释第十三条的规定处理。

第十五条 最高额担保中的最高债权额，是指包括主债权及其利息、违约金、损害赔偿金、保管担保财产的费用、实现债权或者实现担保物权的费用等在内的全部债权，但是当事人另有约定的除外。

登记的最高债权额与当事人约定的最高债权额不一致的，人民法院应当依据登记的最高债权额确定债权人优先受偿的范围。

第十六条 主合同当事人协议以新贷偿还旧贷，债权人请求旧贷的担保人承担担保责任的，人民法院不予支持；债权人请求新贷的担保人承担担保责任的，按照下列情形处理：

（一）新贷与旧贷的担保人相同的，人民法院应予支持；

（二）新贷与旧贷的担保人不同，或者旧贷无担保新贷有担保的，人民法院不予支持，但是债权人有证据证明新贷的担保人提供担保时对以新贷偿还旧贷的事实知道或者应当知道的除外。

主合同当事人协议以新贷偿还旧贷，旧贷的物的担保人在登记尚未注销的情形下同意继续为新贷提供担保，在订立新的贷款合同前又以该担保财产为其他债权人设立担保物权，其他债权人主张其担保物权顺位优先于新贷债权人的，人民法院不予支持。

第十七条 主合同有效而第三人提供的担保合同无效，人民法院应当区分不同情形确定担保人的赔偿责任：

（一）债权人与担保人均有过错的，担保人承担的赔偿责任不应超过债务人不能清偿部分的二分之一；

（二）担保人有过错而债权人无过错的，担保人对债务人不能清偿的部分承担赔偿责任；

（三）债权人有过错而担保人无过错的，担保人不承担赔偿责任。

主合同无效导致第三人提供的担保合同无效，担保人无过错的，不承担赔偿责任；担保人有过错的，其承担的赔偿责任不应超过债务人不能清偿部分的三分之一。

第十八条 承担了担保责任或者赔偿责任的担保人，在其承担责任的范围内向债务人追偿的，人民法院应予支持。

同一债权既有债务人自己提供的物的担保，又有第三人提供的担保，承担了担保责任或者赔偿责任的第三人，主张行使债权人对债务人享有的担保物权的，人民法院应予支持。

第十九条 担保合同无效，承担了赔偿责任的担保人按照反担保合同的约定，在其承担赔偿责任的范围内请求反担保人承担担保责任的，人民法院应予支持。

反担保合同无效的，依照本解释第十七条的有关规定处理。当事人仅以担保合同无效为由主张反担保合同无效的，人民法院不予支持。

第二十条 人民法院在审理第三人提供的物的担保纠纷案件时，可以适用民法典第六百九十五条第一款、第六百九十六条第一款、第六百九十七条第二款、第六百九十九条、第七百条、第七百零一条、第七百零二条等关于保证合同的规定。

第二十一条 主合同或者担保合同约定了仲裁条款的,人民法院对约定仲裁条款的合同当事人之间的纠纷无管辖权。

债权人一并起诉债务人和担保人的,应当根据主合同确定管辖法院。

债权人依法可以单独起诉担保人且仅起诉担保人的,应当根据担保合同确定管辖法院。

第二十二条 人民法院受理债务人破产案件后,债权人请求担保人承担担保责任,担保人主张担保债务自人民法院受理破产申请之日起停止计息的,人民法院对担保人的主张应予支持。

第二十三条 人民法院受理债务人破产案件,债权人在破产程序中申报债权后又向人民法院提起诉讼,请求担保人承担担保责任的,人民法院依法予以支持。

担保人清偿债权人的全部债权后,可以代替债权人在破产程序中受偿;在债权人的债权未获全部清偿前,担保人不得代替债权人在破产程序中受偿,但是有权就债权人通过破产分配和实现担保债权等方式获得清偿总额中超出债权的部分,在其承担担保责任的范围内请求债权人返还。

债权人在债务人破产程序中未获全部清偿,请求担保人继续承担担保责任的,人民法院应予支持;担保人承担担保责任后,向和解协议或者重整计划执行完毕后的债务人追偿的,人民法院不予支持。

第二十四条 债权人知道或者应当知道债务人破产,既未申报债权也未通知担保人,致使担保人不能预先行使追偿权的,担保人就该债权在破产程序中可能受偿的范围内免除担保责任,但是担保人因自身过错未行使追偿权的除外。

二、关于保证合同

第二十五条 当事人在保证合同中约定了保证人在债务人不能履行债务或者无力偿还债务时才承担保证责任等类似内容,具有债务人应当先承担责任的意思表示的,人民法院应当将其认定为一般保证。

当事人在保证合同中约定了保证人在债务人不履行债务或者未偿还债务时即承担保证责任、无条件承担保证责任等类似内容,不具有债务人应当先承担责任的意思表示的,人民法院应当将其认定为连带责任保证。

第二十六条 一般保证中,债权人以债务人为被告提起诉讼的,人民法院应予受理。债权人未就主合同纠纷提起诉讼或者申请仲裁,仅起诉一般保证人的,人民法院应当驳回起诉。

一般保证中,债权人一并起诉债务人和保证人的,人民法院可以受理,但是在作出判决时,除有民法典第六百八十七条第二款但书规定的情形外,应当在判决书主文中明确,保证人仅对债务人财产依法强制执行后仍不能履行的部分承担保证责任。

债权人未对债务人的财产申请保全,或者保全的债务人的财产足以清偿债务,债权人申请对一般保证人的财产进行保全的,人民法院不予准许。

第二十七条 一般保证的债权人取得对债务人赋予强制执行效力的公证债权文书后,在保证期间内向人民法院申请强制执行,保证人以债权人未在保证期间内对债务人提起诉讼或者申请仲裁为由主张不承担保证责任的,人民法院不予支持。

第二十八条 一般保证中,债权人依据生效法律文书对债务人的财产依法申请强制执行,保证债务诉讼时效的起算时间按照下列规则确定:

(一)人民法院作出终结本次执行程序裁定,或者依照民事诉讼法第二百五十七条第三项、第五项的规定作出终结执行裁定的,自裁定送达债权人之日起开始计算;

(二)人民法院自收到申请执行书之日起一年内未作出前项裁定的,自人民法院收到申请执行书满一年之日起开始计算,但是保证人有证据证明债务人仍有财产可供执行的除外。

一般保证的债权人在保证期间届满前对债务人提起诉讼或者申请仲裁,债权人举证证明存在民法典第六百八十七条第二款但书规定情形的,保证债务的诉讼时效自债权人知道或者应当知道该情形之日起开始计算。

第二十九条 同一债务有两个以上保证人,债权人以其已经在保证期间内依法向部分保证人行使权利为由,主张已经在保证期间内向其他保证人行使权利的,人民法院不予支持。

同一债务有两个以上保证人，保证人之间相互有追偿权，债权人未在保证期间内依法向部分保证人行使权利，导致其他保证人在承担保证责任后丧失追偿权，其他保证人主张在其不能追偿的范围内免除保证责任的，人民法院应予支持。

第三十条 最高额保证合同对保证期间的计算方式、起算时间等有约定的，按照其约定。

最高额保证合同对保证期间的计算方式、起算时间等没有约定或者约定不明，被担保债权的履行期限均已届满的，保证期间自债权确定之日起开始计算；被担保债权的履行期限尚未届满的，保证期间自最后到期债权的履行期限届满之日起开始计算。

前款所称债权确定之日，依照民法典第四百二十三条的规定认定。

第三十一条 一般保证的债权人在保证期间内对债务人提起诉讼或者申请仲裁后，又撤回起诉或者仲裁申请，债权人在保证期间届满前未再行提起诉讼或者申请仲裁，保证人主张不再承担保证责任的，人民法院应予支持。

连带责任保证的债权人在保证期间内对保证人提起诉讼或者申请仲裁后，又撤回起诉或者仲裁申请，起诉状副本或者仲裁申请书副本已经送达保证人的，人民法院应当认定债权人已经在保证期间内向保证人行使了权利。

第三十二条 保证合同约定保证人承担保证责任直至主债务本息还清时为止等类似内容的，视为约定不明，保证期间为主债务履行期限届满之日起六个月。

第三十三条 保证合同无效，债权人未在约定或者法定的保证期间内依法行使权利，保证人主张不承担赔偿责任的，人民法院应予支持。

第三十四条 人民法院在审理保证合同纠纷案件时，应当将保证期间是否届满、债权人是否在保证期间内依法行使权利等事实作为案件基本事实予以查明。

债权人在保证期间内未依法行使权利的，保证责任消灭。保证责任消灭后，债权人书面通知保证人要求承担保证责任，保证人在通知书上签字、盖章或者按指印，债权人请求保证人继续承担保证责任的，人民法院不予支持，但是债权人有证据证明成立了新的保证合同的除外。

第三十五条 保证人知道或者应当知道主债权诉讼时效期间届满仍然提供保证或者承担保证责任，又以诉讼时效期间届满为由拒绝承担保证责任或者请求返还财产的，人民法院不予支持；保证人承担保证责任后向债务人追偿的，人民法院不予支持，但是债务人放弃诉讼时效抗辩的除外。

第三十六条 第三人向债权人提供差额补足、流动性支持等类似承诺文件作为增信措施，具有提供担保的意思表示，债权人请求第三人承担保证责任的，人民法院应当依照保证的有关规定处理。

第三人向债权人提供的承诺文件，具有加入债务或者与债务人共同承担债务等意思表示的，人民法院应当认定为民法典第五百五十二条规定的债务加入。

前两款中第三人提供的承诺文件难以确定是保证还是债务加入的，人民法院应当将其认定为保证。

第三人向债权人提供的承诺文件不符合前三款规定的情形，债权人请求第三人承担保证责任或者连带责任的，人民法院不予支持，但是不影响其依据承诺文件请求第三人履行约定的义务或者承担相应的民事责任。

三、关于担保物权

（一）担保合同与担保物权的效力

第三十七条 当事人以所有权、使用权不明或者有争议的财产抵押，经审查构成无权处分的，人民法院应当依照民法典第三百一十一条的规定处理。

当事人以依法被查封或者扣押的财产抵押，抵押权人请求行使抵押权，经审查查封或者扣押措施已经解除的，人民法院应予支持。抵押人以抵押权设立时财产被查封或者扣押为由主张抵押合同无效的，人民法院不予支持。

以依法被监管的财产抵押的，适用前款规定。

第三十八条 主债权未受全部清偿，担保物权人主张就担保财产的全部行使担保物权的，人民法院应予支持，但是留置权人行使留置权的，应当依照民法典第四百五十条的规定处理。

担保财产被分割或者部分转让，担保物权人主张就分割或者转让后的担保财产行使担保物权的，人民法院应予支持，但是法律或者司法解释另有规定的除外。

第三十九条 主债权被分割或者部分转让，各债权人主张就其享有的债权份额行使担保物权的，人民法院应予支持，但是法律另有规定或者当事人另有约定的除外。

主债务被分割或者部分转移，债务人自己提供物的担保，债权人请求以该担保财产担保全部债务履行的，人民法院应予支持；第三人提供物的担保，主张对未经其书面同意转移的债务不再承担担保责任的，人民法院应予支持。

第四十条 从物产生于抵押权依法设立前，抵押权人主张抵押权的效力及于从物的，人民法院应予支持，但是当事人另有约定的除外。

从物产生于抵押权依法设立后，抵押权人主张抵押权的效力及于从物的，人民法院不予支持，但是在抵押权实现时可以一并处分。

第四十一条 抵押权依法设立后，抵押财产被添附，添附物归第三人所有，抵押权人主张抵押权效力及于补偿金的，人民法院应予支持。

抵押权依法设立后，抵押财产被添附，抵押人对添附物享有所有权，抵押权人主张抵押权的效力及于添附物的，人民法院应予支持，但是添附导致抵押财产价值增加的，抵押权的效力不及于增加的价值部分。

抵押权依法设立后，抵押人与第三人因添附成为添附物的共有人，抵押权人主张抵押权的效力及于抵押人对共有物享有的份额的，人民法院应予支持。

本条所称添附，包括附合、混合与加工。

第四十二条 抵押权依法设立后，抵押财产毁损、灭失或者被征收等，抵押权人请求按照原抵押权的顺位就保险金、赔偿金或者补偿金等优先受偿的，人民法院应予支持。

给付义务人已经向抵押人给付了保险金、赔偿金或者补偿金，抵押权人请求给付义务人向其给付保险金、赔偿金或者补偿金的，人民法院不予支持，但是给付义务人接到抵押权人要求向其给付的通知后仍然向抵押人给付的除外。

抵押权人请求给付义务人向其给付保险金、赔偿金或者补偿金的，人民法院可以通知抵押人作为第三人参加诉讼。

第四十三条 当事人约定禁止或者限制转让抵押财产但是未将约定登记，抵押人违反约定转让抵押财产，抵押权人请求确认转让合同无效的，人民法院不予支持；抵押财产已经交付或者登记，抵押权人请求确认转让不发生物权效力的，人民法院不予支持，但是抵押权人有证据证明受让人知道的除外；抵押权人请求抵押人承担违约责任的，人民法院依法予以支持。

当事人约定禁止或者限制转让抵押财产且已经将约定登记，抵押人违反约定转让抵押财产，抵押权人请求确认转让合同无效的，人民法院不予支持；抵押财产已经交付或者登记，抵押权人主张转让不发生物权效力的，人民法院应予支持，但是因受让人代替债务人清偿债务导致抵押权消灭的除外。

第四十四条 主债权诉讼时效期间届满后，抵押权人主张行使抵押权的，人民法院不予支持；抵押人以主债权诉讼时效期间届满为由，主张不承担担保责任的，人民法院应予支持。主债权诉讼时效期间届满前，债权人仅对债务人提起诉讼，经人民法院判决或者调解后未在民事诉讼法规定的申请执行时效期间内对债务人申请强制执行，其向抵押人主张行使抵押权的，人民法院不予支持。

主债权诉讼时效期间届满后，财产被留置的债务人或者对留置财产享有所有权的第三人请求债权人返还留置财产的，人民法院不予支持；债务人或者第三人请求拍卖、变卖留置财产并以所得价款清偿债务的，人民法院应予支持。

主债权诉讼时效期间届满的法律后果，以登记作为公示方式的权利质权，参照适用第一款的规定；动产质权、以交付权利凭证作为公示方式的权利质权，参照适用第二款的规定。

第四十五条 当事人约定当债务人不履行到期债务或者发生当事人约定的实现担保物权的情形，担保物权人有权将担保财产自行拍卖、变卖并就所得的价款优先受偿的，该约定有效。因担保人的原因导致担保物权人无法自行对担保财产进行拍卖、变卖，担保物权人请求担保人承担因此增加的费用的，人民法院应予支持。

当事人依照民事诉讼法有关"实现担保物

权案件"的规定，申请拍卖、变卖担保财产，被申请人以担保合同约定仲裁条款为由主张驳回申请的，人民法院经审查后，应当按照以下情形分别处理：

（一）当事人对担保物权无实质性争议且实现担保物权条件已经成就的，应当裁定准许拍卖、变卖担保财产；

（二）当事人对实现担保物权有部分实质性争议的，可以就无争议的部分裁定准许拍卖、变卖担保财产，并告知可以就有争议的部分申请仲裁；

（三）当事人对实现担保物权有实质性争议的，裁定驳回申请，并告知可以向仲裁机构申请仲裁。

债权人以诉讼方式行使担保物权的，应当以债务人和担保人作为共同被告。

（二）不动产抵押

第四十六条 不动产抵押合同生效后未办理抵押登记手续，债权人请求抵押人办理抵押登记手续的，人民法院应予支持。

抵押财产因不可归责于抵押人自身的原因灭失或者被征收等导致不能办理抵押登记，债权人请求抵押人在约定的担保范围内承担责任的，人民法院不予支持；但是抵押人已经获得保险金、赔偿金或者补偿金等，债权人请求抵押人在其所获金额范围内承担赔偿责任的，人民法院依法予以支持。

因抵押人转让抵押财产或者其他可归责于抵押人自身的原因导致不能办理抵押登记，债权人请求抵押人在约定的担保范围内承担责任的，人民法院依法予以支持，但是不得超过抵押权能够设立时抵押人应当承担的责任范围。

第四十七条 不动产登记簿就抵押财产、被担保的债权范围等所作的记载与抵押合同约定不一致的，人民法院应当根据登记簿的记载确定抵押财产、被担保的债权范围等事项。

第四十八条 当事人申请办理抵押登记手续时，因登记机构的过错致使其不能办理抵押登记，当事人请求登记机构承担赔偿责任的，人民法院依法予以支持。

第四十九条 以违法的建筑物抵押的，抵押合同无效，但是一审法庭辩论终结前已经办理合法手续的除外。抵押合同无效的法律后果，依照本解释第十七条的有关规定处理。

当事人以建设用地使用权依法设立抵押，抵押人以土地上存在违法的建筑物为由主张抵押合同无效的，人民法院不予支持。

第五十条 抵押人以划拨建设用地上的建筑物抵押，当事人以该建设用地使用权不能抵押或者未办理批准手续为由主张抵押合同无效或者不生效的，人民法院不予支持。抵押权依法实现时，拍卖、变卖建筑物所得的价款，应当优先用于补缴建设用地使用权出让金。

当事人以划拨方式取得的建设用地使用权抵押，抵押人以未办理批准手续为由主张抵押合同无效或者不生效的，人民法院不予支持。已经依法办理抵押登记，抵押权人主张行使抵押权的，人民法院应予支持。抵押权依法实现时所得的价款，参照前款有关规定处理。

第五十一条 当事人仅以建设用地使用权抵押，债权人主张抵押权的效力及于土地上已有的建筑物以及正在建造的建筑物已完成部分的，人民法院应予支持。债权人主张抵押权的效力及于正在建造的建筑物的续建部分以及新增建筑物的，人民法院不予支持。

当事人以正在建造的建筑物抵押，抵押权的效力范围限于已办理抵押登记的部分。当事人按照担保合同的约定，主张抵押权的效力及于续建部分、新增建筑物以及规划中尚未建造的建筑物的，人民法院不予支持。

抵押人将建设用地使用权、土地上的建筑物或者正在建造的建筑物分别抵押给不同债权人的，人民法院应当根据抵押登记的时间先后确定清偿顺序。

第五十二条 当事人办理抵押预告登记后，预告登记权利人请求就抵押财产优先受偿，经审查存在尚未办理建筑物所有权首次登记、预告登记的财产与办理建筑物所有权首次登记时的财产不一致、抵押预告登记已经失效等情形，导致不具备办理抵押登记条件的，人民法院不予支持；经审查已经办理建筑物所有权首次登记，且不存在预告登记失效等情形的，人民法院应予支持，并应当认定抵押权自预告登记之日起设立。

当事人办理了抵押预告登记，抵押人破产，经审查抵押财产属于破产财产，预告登记权利人主张就抵押财产优先受偿的，人民法院应当在受理破产申请时抵押财产的价值范围内予以支持，但是在人民法院受理破产申请前一年内，债务人对没有财产担保的债务设立抵押预告登记的除外。

（三）动产与权利担保

第五十三条 当事人在动产和权利担保合同中对担保财产进行概括描述，该描述能够合理识别担保财产的，人民法院应当认定担保成立。

第五十四条 动产抵押合同订立后未办理抵押登记，动产抵押权的效力按照下列情形分别处理：

（一）抵押人转让抵押财产，受让人占有抵押财产后，抵押权人向受让人请求行使抵押权的，人民法院不予支持，但是抵押权人能够举证证明受让人知道或者应当知道已经订立抵押合同的除外；

（二）抵押人将抵押财产出租给他人并移转占有，抵押权人行使抵押权的，租赁关系不受影响，但是抵押权人能够举证证明承租人知道或者应当知道已经订立抵押合同的除外；

（三）抵押人的其他债权人向人民法院申请保全或者执行抵押财产，人民法院已经作出财产保全裁定或者采取执行措施，抵押权人主张对抵押财产优先受偿的，人民法院不予支持；

（四）抵押人破产，抵押权人主张对抵押财产优先受偿的，人民法院不予支持。

第五十五条 债权人、出质人与监管人订立三方协议，出质人以通过一定数量、品种等概括描述能够确定范围的货物为债务的履行提供担保，当事人有证据证明监管人系受债权人的委托监管并实际控制该货物的，人民法院应当认定质权于监管人实际控制货物之日起设立。监管人违反约定向出质人或者其他人放货、因保管不善导致货物毁损灭失，债权人请求监管人承担违约责任的，人民法院依法予以支持。

在前款规定情形下，当事人有证据证明监管人系受出质人委托监管该货物，或者虽然受债权人委托但是未实际履行监管职责，导致货物仍由出质人实际控制的，人民法院应当认定质权未设立。债权人可以基于质押合同的约定请求出质人承担违约责任，但是不得超过质权有效设立时出质人应当承担的责任范围。监管人未履行监管职责，债权人请求监管人承担责任的，人民法院依法予以支持。

第五十六条 买受人在出卖人正常经营活动中通过支付合理对价取得已被设立担保物权的动产，担保物权人请求就该动产优先受偿的，人民法院不予支持，但是有下列情形之一的除外：

（一）购买商品的数量明显超过一般买受人；

（二）购买出卖人的生产设备；

（三）订立买卖合同的目的在于担保出卖人或者第三人履行债务；

（四）买受人与出卖人存在直接或者间接的控制关系；

（五）买受人应当查询抵押登记而未查询的其他情形。

前款所称出卖人正常经营活动，是指出卖人的经营活动属于其营业执照明确记载的经营范围，且出卖人持续销售同类商品。前款所称担保物权人，是指已经办理登记的抵押权人、所有权保留买卖的出卖人、融资租赁合同的出租人。

第五十七条 担保人在设立动产浮动抵押并办理抵押登记后又购入或者以融资租赁方式承租新的动产，下列权利人为担保价款债权或者租金的实现而订立担保合同，并在该动产交付后十日内办理登记，主张其权利优先于在先设立的浮动抵押权的，人民法院应予支持：

（一）在该动产上设立抵押权或者保留所有权的出卖人；

（二）为价款支付提供融资而在该动产上设立抵押权的债权人；

（三）以融资租赁方式出租该动产的出租人。

买受人取得动产但未付清价款或者承租人以融资租赁方式占有租赁物但是未付清全部租金，又以标的物为他人设立担保物权，前款所列权利人为担保价款债权或者租金的实现而订立担保合同，并在该动产交付后十日内办理登记，主张其权利优先于买受人为他人设立的担保物权的，人民法院应予支持。

同一动产上存在多个价款优先权的，人民法院应当按照登记的时间先后确定清偿顺序。

第五十八条 以汇票出质，当事人以背书记载"质押"字样并在汇票上签章，汇票已经交付质权人的，人民法院应当认定质权自汇票交付质权人时设立。

第五十九条 存货人或者仓单持有人在仓

单上以背书记载"质押"字样,并经保管人签章,仓单已经交付质权人的,人民法院应当认定质权自仓单交付质权人时设立。没有权利凭证的仓单,依法可以办理出质登记的,仓单质权自办理出质登记时设立。

出质人既以仓单出质,又以仓储物设立担保,按照公示的先后确定清偿顺序;难以确定先后的,按照债权比例清偿。

保管人为同一货物签发多份仓单,出质人在多份仓单上设立多个质权,按照公示的先后确定清偿顺序;难以确定先后的,按照债权比例受偿。

存在第二款、第三款规定的情形,债权人举证证明其损失系由出质人与保管人的共同行为所致,请求出质人与保管人承担连带赔偿责任的,人民法院应予支持。

第六十条 在跟单信用证交易中,开证行与开证申请人之间约定以提单作为担保的,人民法院应当依照民法典关于质权的有关规定处理。

在跟单信用证交易中,开证行依据其与开证申请人之间的约定或者跟单信用证的惯例持有提单,开证申请人未按照约定付款赎单,开证行主张对提单项下货物优先受偿的,人民法院应予支持;开证行主张对提单项下货物享有所有权的,人民法院不予支持。

在跟单信用证交易中,开证行依据其与开证申请人之间的约定或者跟单信用证的惯例,通过转让提单或者提单项下货物取得价款,开证申请人请求返还超出债权部分的,人民法院应予支持。

前三款规定不影响合法持有提单的开证行以提单持有人身份主张运输合同项下的权利。

第六十一条 以现有的应收账款出质,应收账款债务人向质权人确认应收账款的真实性后,又以应收账款不存在或者已经消灭为由主张不承担责任的,人民法院不予支持。

以现有的应收账款出质,应收账款债务人未确认应收账款的真实性,质权人以应收账款债务人为被告,请求就应收账款优先受偿,能够举证证明办理出质登记时应收账款真实存在的,人民法院应予支持;质权人不能举证证明办理出质登记时应收账款真实存在,仅以已经办理出质登记为由,请求就应收账款优先受偿的,人民法院不予支持。

以现有的应收账款出质,应收账款债务人已经向应收账款债权人履行了债务,质权人请求应收账款债务人履行债务的,人民法院不予支持,但是应收账款债务人接到质权人要求向其履行的通知后,仍然向应收账款债权人履行的除外。

以基础设施和公用事业项目收益权、提供服务或者劳务产生的债权以及其他将有的应收账款出质,当事人为应收账款设立特定账户,发生法定或者约定的质权实现事由时,质权人请求就该特定账户内的款项优先受偿的,人民法院应予支持;特定账户内的款项不足以清偿债务或者未设立特定账户,质权人请求折价或者拍卖、变卖项目收益权等将有的应收账款,并以所得的价款优先受偿的,人民法院依法予以支持。

第六十二条 债务人不履行到期债务,债权人因同一法律关系留置合法占有的第三人的动产,并主张就该留置财产优先受偿的,人民法院应予支持。第三人以该留置财产并非债务人的财产为由请求返还的,人民法院不予支持。

企业之间留置的动产与债权并非同一法律关系,债务人以该债权不属于企业持续经营中发生的债权为由请求债权人返还留置财产的,人民法院应予支持。

企业之间留置的动产与债权并非同一法律关系,债权人留置第三人的财产,第三人请求债权人返还留置财产的,人民法院应予支持。

四、关于非典型担保

第六十三条 债权人与担保人订立担保合同,约定以法律、行政法规尚未规定可以担保的财产权利设立担保,当事人主张合同无效的,人民法院不予支持。当事人未在法定的登记机构依法进行登记,主张该担保具有物权效力的,人民法院不予支持。

第六十四条 在所有权保留买卖中,出卖人依法有权取回标的物,但是与买受人协商不成,当事人请求参照民事诉讼法"实现担保物权案件"的有关规定,拍卖、变卖标的物的,人民法院应予准许。

出卖人请求取回标的物,符合民法典第六百四十二条规定的,人民法院应予支持;买受人以抗辩或者反诉的方式主张拍卖、变卖标的物,并在扣除买受人未支付的价款以及必要费用后返还剩余款项的，人民法院应当一并处理。

第六十五条 在融资租赁合同中，承租人未按照约定支付租金，经催告后在合理期限内仍不支付，出租人请求承租人支付全部剩余租金，并以拍卖、变卖租赁物所得的价款受偿的，人民法院应予支持；当事人请求参照民事诉讼法"实现担保物权案件"的有关规定，以拍卖、变卖租赁物所得价款支付租金的，人民法院应予准许。

出租人请求解除融资租赁合同并收回租赁物，承租人以抗辩或者反诉的方式主张返还租赁物价值超过欠付租金以及其他费用的，人民法院应当一并处理。当事人对租赁物的价值有争议的，应当按照下列规则确定租赁物的价值：

（一）融资租赁合同有约定的，按照其约定；

（二）融资租赁合同未约定或者约定不明的，根据约定的租赁物折旧以及合同到期后租赁物的残值来确定；

（三）根据前两项规定的方法仍然难以确定，或者当事人认为根据前两项规定的方法确定的价值严重偏离租赁物实际价值的，根据当事人的申请委托有资质的机构评估。

第六十六条 同一应收账款同时存在保理、应收账款质押和债权转让，当事人主张参照民法典第七百六十八条的规定确定优先顺序的，人民法院应予支持。

在有追索权的保理中，保理人以应收账款债权人或者应收账款债务人为被告提起诉讼，人民法院应予受理；保理人一并起诉应收账款债权人和应收账款债务人的，人民法院可以受理。

应收账款债权人向保理人返还保理融资款本息或者回购应收账款债权后，请求应收账款债务人向其履行应收账款债务的，人民法院应予支持。

第六十七条 在所有权保留买卖、融资租赁等合同中，出卖人、出租人的所有权未经登记不得对抗的"善意第三人"的范围及其效力，参照本解释第五十四条的规定处理。

第六十八条 债务人或者第三人与债权人约定将财产形式上转移至债权人名下，债务人不履行到期债务，债权人有权对财产折价或者以拍卖、变卖该财产所得价款偿还债务的，人民法院应当认定该约定有效。当事人已经完成财产权利变动的公示，债务人不履行到期债务，债权人请求参照民法典关于担保物权的有关规定就该财产优先受偿的，人民法院应予支持。

债务人或者第三人与债权人约定将财产形式上转移至债权人名下，债务人不履行到期债务，财产归债权人所有的，人民法院应当认定该约定无效，但是不影响当事人有关提供担保的意思表示的效力。当事人已经完成财产权利变动的公示，债务人不履行到期债务，债权人请求对该财产享有所有权的，人民法院不予支持；债权人请求参照民法典关于担保物权的规定对财产折价或者以拍卖、变卖该财产所得的价款优先受偿的，人民法院应予支持；债务人履行债务后请求返还财产，或者请求对财产折价或者以拍卖、变卖所得的价款清偿债务的，人民法院应予支持。

债务人与债权人约定将财产转移至债权人名下，在一定期间后再由债务人或者其指定的第三人以交易本金加上溢价款回购，债务人到期不履行回购义务，财产归债权人所有的，人民法院应当参照第二款规定处理。回购对象自始不存在的，人民法院应当依照民法典第一百四十六条第二款的规定，按照其实际构成的法律关系处理。

第六十九条 股东以将其股权转移至债权人名下的方式为债务履行提供担保，公司或者公司的债权人以股东未履行或者未全面履行出资义务、抽逃出资等为由，请求作为名义股东的债权人与股东承担连带责任的，人民法院不予支持。

第七十条 债务人或者第三人为担保债务的履行，设立专门的保证金账户并由债权人实际控制，或者将其资金存入债权人设立的保证金账户，债权人主张就账户内的款项优先受偿的，人民法院应予支持。当事人以保证金账户内的款项浮动为由，主张实际控制该账户的债权人对账户内的款项不享有优先受偿权的，人民法院不予支持。

在银行账户下设立的保证金分户，参照前款规定处理。

当事人约定的保证金并非为担保债务的履行设立，或者不符合前两款规定的情形，债权人主张就保证金优先受偿的，人民法院不予支持，但是不影响当事人依照法律的规定或者按照当事人的约定主张权利。

五、附则

第七十一条　本解释自 2021 年 1 月 1 日起施行。

最高人民法院
关于适用《中华人民共和国民法典》物权编的解释（一）

法释〔2020〕24 号

（2020 年 12 月 25 日最高人民法院审判委员会第 1825 次会议通过　2020 年 12 月 29 日最高人民法院公告公布　自 2021 年 1 月 1 日起施行）

为正确审理物权纠纷案件，根据《中华人民共和国民法典》等相关法律规定，结合审判实践，制定本解释。

第一条　因不动产物权的归属，以及作为不动产物权登记基础的买卖、赠与、抵押等产生争议，当事人提起民事诉讼的，应当依法受理。当事人已经在行政诉讼中申请一并解决上述民事争议，且人民法院一并审理的除外。

第二条　当事人有证据证明不动产登记簿的记载与真实权利状态不符、其为该不动产物权的真实权利人，请求确认其享有物权的，应予支持。

第三条　异议登记因民法典第二百二十条第二款规定的事由失效后，当事人提起民事诉讼，请求确认物权归属的，应当依法受理。异议登记失效不影响人民法院对案件的实体审理。

第四条　未经预告登记的权利人同意，转让不动产所有权等物权，或者设立建设用地使用权、居住权、地役权、抵押权等其他物权的，应当依照民法典第二百二十一条第一款的规定，认定其不发生物权效力。

第五条　预告登记的买卖不动产物权的协议被认定无效、被撤销，或者预告登记的权利人放弃债权的，应当认定为民法典第二百二十一条第二款所称的"债权消灭"。

第六条　转让人转让船舶、航空器和机动车等所有权，受让人已经支付合理价款并取得占有，虽未经登记，但转让人的债权人主张其为民法典第二百二十五条所称的"善意第三人"的，不予支持，法律另有规定的除外。

第七条　人民法院、仲裁机构在分割共有不动产或者动产等案件中作出并依法生效的改变原有物权关系的判决书、裁决书、调解书，以及人民法院在执行程序中作出的拍卖成交裁定书、变卖成交裁定书、以物抵债裁定书，应当认定为民法典第二百二十九条所称导致物权设立、变更、转让或者消灭的人民法院、仲裁机构的法律文书。

第八条　依据民法典第二百二十九条至第二百三十一条规定享有物权，但尚未完成动产交付或者不动产登记的权利人，依据民法典第二百三十五条至第二百三十八条的规定，请求保护其物权的，应予支持。

第九条　共有份额的权利主体因继承、遗赠等原因发生变化时，其他按份共有人主张优先购买的，不予支持，但按份共有人之间另有约定的除外。

第十条　民法典第三百零五条所称的"同等条件"，应当综合共有份额的转让价格、价款履行方式及期限等因素确定。

第十一条　优先购买权的行使期间，按份共有人之间有约定的，按照约定处理；没有约定或者约定不明的，按照下列情形确定：

（一）转让人向其他按份共有人发出的包含同等条件内容的通知中载明行使期间的，以该期间为准；

（二）通知中未载明行使期间，或者载明的期间短于通知送达之日起十五日的，为十五日；

（三）转让人未通知的，为其他按份共有人知道或者应当知道最终确定的同等条件之日起十五日；

（四）转让人未通知，且无法确定其他按份共有人知道或者应当知道最终确定的同等条件的，为共有份额权属转移之日起六个月。

第十二条 按份共有人向共有人之外的人转让其份额，其他按份共有人根据法律、司法解释规定，请求按照同等条件优先购买该共有份额的，应予支持。其他按份共有人的请求具有下列情形之一的，不予支持：

（一）未在本解释第十一条规定的期间内主张优先购买，或者虽主张优先购买，但提出减少转让价款、增加转让人负担等实质性变更要求；

（二）以其优先购买权受到侵害为由，仅请求撤销共有份额转让合同或者认定该合同无效。

第十三条 按份共有人之间转让共有份额，其他按份共有人主张依据民法典第三百零五条规定优先购买的，不予支持，但按份共有人之间另有约定的除外。

第十四条 受让人受让不动产或者动产时，不知道转让人无处分权，且无重大过失的，应当认定受让人为善意。

真实权利人主张受让人不构成善意的，应当承担举证证明责任。

第十五条 具有下列情形之一的，应当认定不动产受让人知道转让人无处分权：

（一）登记簿上存在有效的异议登记；

（二）预告登记有效期内，未经预告登记的权利人同意；

（三）登记簿上已经记载司法机关或者行政机关依法裁定、决定查封或者以其他形式限制不动产权利的有关事项；

（四）受让人知道登记簿上记载的权利主体错误；

（五）受让人知道他人已经依法享有不动产物权。

真实权利人有证据证明不动产受让人应当知道转让人无处分权的，应当认定受让人具有重大过失。

第十六条 受让人受让动产时，交易的对象、场所或者时机等不符合交易习惯的，应当认定受让人具有重大过失。

第十七条 民法典第三百一十一条第一款第一项所称的"受让人受让该不动产或者动产时"，是指依法完成不动产物权转移登记或者动产交付之时。

当事人以民法典第二百二十六条规定的方式交付动产的，转让动产民事法律行为生效时为动产交付之时；当事人以民法典第二百二十七条规定的方式交付动产的，转让人与受让人之间有关转让返还原物请求权的协议生效时为动产交付之时。

法律对不动产、动产物权的设立另有规定的，应当按照法律规定的时间认定权利人是否为善意。

第十八条 民法典第三百一十一条第一款第二项所称"合理的价格"，应当根据转让标的物的性质、数量以及付款方式等具体情况，参考转让时交易地市场价格以及交易习惯等因素综合认定。

第十九条 转让人将民法典第二百二十五条规定的船舶、航空器和机动车等交付给受让人的，应当认定符合民法典第三百一十一条第一款第三项规定的善意取得的条件。

第二十条 具有下列情形之一，受让人主张依据民法典第三百一十一条规定取得所有权的，不予支持：

（一）转让合同被认定无效；

（二）转让合同被撤销。

第二十一条 本解释自2021年1月1日起施行。

【指导案例】

指导案例 168 号

中信银行股份有限公司东莞分行诉陈某华等金融借款合同纠纷案

(最高人民法院审判委员会讨论通过 2021 年 11 月 9 日发布)

关键词 民事 金融借款合同 未办理抵押登记 赔偿责任 过错

裁判要点

以不动产提供抵押担保，抵押人未依抵押合同约定办理抵押登记的，不影响抵押合同的效力。债权人依据抵押合同主张抵押人在抵押物的价值范围内承担违约赔偿责任的，人民法院应予支持。抵押权人对未能办理抵押登记有过错的，相应减轻抵押人的赔偿责任。

相关法条

1.《中华人民共和国物权法》第 15 条
2.《中华人民共和国合同法》第 107 条、第 113 条第 1 款、第 119 条第 1 款

基本案情

2013 年 12 月 31 日，中信银行股份有限公司东莞分行（以下简称中信银行东莞分行）与东莞市华丰盛塑料有限公司（以下简称华丰盛公司）、东莞市亿阳信通集团有限公司（以下简称亿阳公司）、东莞市高力信塑料有限公司（以下简称高力信公司）签订了《综合授信合同》，约定中信银行东莞分行为亿阳公司、高力信公司、华丰盛公司提供 4 亿元的综合授信额度，额度使用期限自 2013 年 12 月 31 日起至 2014 年 12 月 31 日止。为担保该合同，中信银行东莞分行于同日与陈某波、陈某华、陈某文、亿阳公司、高力信公司、华丰盛公司、东莞市怡联贸易有限公司（以下简称怡联公司）、东莞市力宏贸易有限公司（以下简称力宏公司）、东莞市同汇贸易有限公司（以下简称同汇公司）分别签订了《最高额保证合同》，约定：高力信公司、华丰盛公司、亿阳公司、力宏公司、同汇公司、怡联公司、陈某波、陈某华、陈某文为上述期间的贷款本息、实现债权费用在各自保证限额内向中信银行东莞分行提供连带保证责任。同时，中信银行东莞分行还分别与陈某华、陈某波、陈仁兴、梁彩霞签订了《最高额抵押合同》，陈某华、陈某波、陈仁兴、梁彩霞同意为中信银行东莞分行自 2013 年 12 月 31 日至 2014 年 12 月 31 日期间对亿阳公司等授信产生的债权提供最高额抵押，担保的主债权限额均为 4 亿元，担保范围包括贷款本息及相关费用，抵押物包括：1. 陈某华位于东莞市中堂镇东泊村的房产及位于东莞市中堂镇东泊村中堂汽车站旁的一栋综合楼（未取得不动产登记证书）；2. 陈某波位于东莞市中堂镇东泊村陈屋东兴路东一巷面积为 4667.7 平方米的土地使用权及地上建筑物、位于东莞市中堂镇吴家涌面积为 30801 平方米的土地使用权、位于东莞市中堂镇东泊村面积为 12641.9 平方米的土地使用权（均未取得不动产登记证书）；3. 陈仁兴位于东莞市中堂镇的房屋；4. 梁彩霞位于东莞市中堂镇东泊村陈屋新村的房产。以上不动产均未办理抵押登记。

另，中信银行东莞分行于同日与亿阳公司签订了《最高额权利质押合同》《应收账款质押登记协议》。

基于《综合授信合同》，中信银行东莞分行与华丰盛公司于 2014 年 3 月 18 日、19 日分别签订了《人民币流动资金贷款合同》，约定：中信银行东莞分行为华丰盛公司分别提供 2500 万元、2500 万元、2000 万元流动资金贷款，贷款期限分别为 2014 年 3 月 18 日至 2015 年 3 月 18 日、2014 年 3 月 19 日至 2015 年 3 月 15 日、2014 年 3 月 19 日至 2015 年 3 月 12 日。

东莞市房产管理局于2011年6月29日向东莞市各金融机构发出《关于明确房地产抵押登记有关事项的函》（东房函〔2011〕119号），内容为："东莞市各金融机构：由于历史遗留问题，我市存在一些土地使用权人与房屋产权人不一致的房屋。2008年，住建部出台了《房屋登记办法》（建设部令第168号），其中第八条明确规定'办理房屋登记，应当遵循房屋所有权和房屋占用范围内的土地使用权权利主体一致的原则'。因此，上述房屋在申请所有权转移登记时，必须先使房屋所有权与土地使用权权利主体一致后才能办理。为了避免抵押人在实现该类房屋抵押权时，因无法在房管部门办理房屋所有权转移登记而导致合法利益无法得到保障，根据《物权法》《房屋登记办法》等相关规定，我局进一步明确房地产抵押登记的有关事项，现函告如下：一、土地使用权人与房屋产权人不一致的房屋需办理抵押登记的，必须在房屋所有权与土地使用权权利主体取得一致后才能办理。二、目前我市个别金融机构由于实行先放款再到房地产管理部门申请办理抵押登记，产生了一些不必要的矛盾纠纷。为了减少金融机构信贷风险和信贷矛盾纠纷，我局建议各金融机构在日常办理房地产抵押贷款申请时，应认真审查抵押房地产的房屋所有权和土地使用权权利主体是否一致，再决定是否发放该笔贷款。如对房地产权属存在疑问，可咨询房地产管理部门。三、为了更好地保障当事人利益，我局将从2011年8月1日起，对所有以自建房屋申请办理抵押登记的业务，要求申请人必须同时提交土地使用权权证。"

中信银行东莞分行依约向华丰盛公司发放了7000万元贷款。然而，华丰盛公司自2014年8月21日起未能按期付息。中信银行东莞分行提起本案诉讼。请求：华丰盛公司归还全部贷款本金7000万元并支付贷款利息等；陈某波、陈某华、陈某兴、梁某霞在抵押物价值范围内承担连带赔偿责任。

裁判结果

广东省东莞市中级人民法院于2015年11月19日作出（2015）东中法民四初字第15号民事判决：一、东莞市华丰盛塑料有限公司向中信银行股份有限公司东莞分行偿还借款本金7000万元、利息及复利并支付罚息；二、东莞市华丰盛塑料有限公司赔偿中信银行股份有限公司东莞分行支出的律师费13万元；三、东莞市亿阳信通集团有限公司、东莞市高力信塑料有限公司、东莞市力宏贸易有限公司、东莞市同汇贸易有限公司、东莞市怡联贸易有限公司、陈某波、陈某华、陈某文在各自《最高额保证合同》约定的限额范围内就第一、二判项确定的东莞市华丰盛塑料有限公司所负中信银行股份有限公司东莞分行的债务范围内承担连带清偿责任，保证人在承担保证责任后，有权向东莞市华丰盛塑料有限公司追偿；四、陈某华在位于广东省东莞市中堂镇东泊村中堂汽车站旁的一栋综合楼、陈某波在位于广东省东莞市中堂镇东泊村陈屋东兴路东一巷面积为4667.7平方米的土地使用权及地上建筑物（面积为3000平方米的三幢住宅）、位于东莞市中堂镇吴家涌面积为30801平方米的土地使用权、位于东莞市中堂镇东泊村面积为12641.9平方米的土地使用权的价值范围内就第一、二判项确定的东莞市华丰盛塑料有限公司所负中信银行股份有限公司东莞分行债务的未受清偿部分的二分之一范围内承担连带赔偿责任；五、驳回中信银行股份有限公司东莞分行的其他诉讼请求。中信银行股份有限公司东莞分行提出上诉。广东省高级人民法院于2017年11月14日作出（2016）粤民终1107号民事判决：驳回上诉，维持原判。中信银行股份有限公司东莞分行不服向最高人民法院申请再审。最高人民法院于2018年9月28日作出（2018）最高法民申3425号民事裁定，裁定提审本案。2019年12月9日，最高人民法院作出（2019）最高法民再155号民事判决：一、撤销广东省高级人民法院（2016）粤民终1107号民事判决；二、维持广东省东莞市中级人民法院（2015）东中法民四初字第15号民事判决第一、二、三、四项；三、撤销广东省东莞市中级人民法院（2015）东中法民四初字第15号民事判决第五项；四、陈某华在位于东莞市中堂镇东泊村的房屋价值范围内、陈某兴在位于东莞市中堂镇的房屋价值范围内、梁某霞在位于东莞市中堂镇东泊村陈屋新村的房屋价值范围内，就广东省东莞市中级人民法院（2015）东中法民四初字第15号民事判决第一、二判项确定的东莞市华丰盛塑料有限公司所负债务未清偿部分的二分之一范围内向中信银行股份有限公司东莞分行承担连带赔偿责任；五、驳回中信银行股份有限公司东莞分行的其他诉讼请求。

裁判理由

最高人民法院认为：《中华人民共和国物权法》第十五条规定："当事人之间订立有关设立、变更、转让和消灭不动产物权的合同，除法律另有规定或者合同另有约定外，自合同成立时生效；未办理物权登记的，不影响合同效力。"本案中，中信银行东莞分行分别与陈某华等三人签订的《最高额抵押合同》，约定陈某华以其位于东莞市中堂镇东泊村的房屋、陈某兴以其位于东莞市中堂镇的房屋、梁某霞以其位于东莞市中堂镇东泊村陈屋新村的房屋为案涉债务提供担保。上述合同内容系双方当事人的真实意思表示，内容不违反法律、行政法规的强制性规定，应为合法有效。虽然前述抵押物未办理抵押登记，但根据《中华人民共和国物权法》第十五条之规定，该事实并不影响抵押合同的效力。

依法成立的合同，对当事人具有法律约束力，当事人应当按照合同约定履行各自义务，不履行合同义务或履行合同义务不符合约定的，应依据合同约定或法律规定承担相应责任。《最高额抵押合同》第六条"甲方声明与保证"约定："6.2 甲方对本合同项下的抵押物拥有完全的、有效的、合法的所有权或处分权，需依法取得权属证明的抵押物已依法获发全部权属证明文件，且抵押物不存在任何争议或任何权属瑕疵……6.4 设立本抵押不会受到任何限制或不会造成任何不合法的情形。"第十二条"违约责任"约定："12.1 本合同生效后，甲乙双方均应履行本合同约定的义务，任何一方不履行或不完全履行本合同约定的义务的，应当承担相应的违约责任，并赔偿由此给对方造成的损失。12.2 甲方在本合同第六条所作声明与保证不真实、不准确、不完整或故意使人误解，给乙方造成损失的，应予赔偿。"根据上述约定，陈某华等三人应确保案涉房产能够依法办理抵押登记，否则应承担相应的违约责任。本案中，陈某华等三人尚未取得案涉房屋所占土地使用权证，因房地权属不一致，案涉房屋未能办理抵押登记，抵押权未依法设立，陈某华等三人构成违约，应依据前述约定赔偿由此给中信银行东莞分行造成的损失。

《中华人民共和国合同法》第一百一十三条第一款规定："当事人一方不履行合同义务或者履行合同义务不符合约定，给对方造成损失的，损失赔偿额应当相当于因违约所造成的损失，包括合同履行后可以获得的利益，但不得超过违反合同一方订立合同时预见到或者应当预见到的因违反合同可能造成的损失。"《最高额抵押合同》第6.6条约定："甲方承诺：当主合同债务人不履行到期债务或发生约定的实现担保物权的情形，无论乙方对主合同项下的债权是否拥有其他担保（包括但不限于主合同债务人自己提供物的担保、保证、抵押、质押、保函、备用信用证等担保方式），乙方有权直接请求甲方在其担保范围内承担担保责任，无需行使其他权利（包括但不限于先行处置主合同债务人提供的物的担保）。"第8.1条约定："按照本合同第二条第2.2款确定的债务履行期限届满之日债务人未按主合同约定履行全部或部分债务的，乙方有权按本合同的约定处分抵押物。"在《最高额抵押合同》正常履行的情况下，当主债务人不履行到期债务时，中信银行东莞分行可直接请求就抵押物优先受偿。本案抵押权因未办理登记而未设立，中信银行东莞分行无法实现抵押权，损失客观存在，其损失范围相当于在抵押财产价值范围内华丰盛公司未清偿债务数额部分，并可依约直接请求陈某华等三人进行赔偿。同时，根据本案查明的事实，中信银行东莞分行对《最高额抵押合同》无法履行亦存在过错。东莞市房产管理局已于2011年明确函告辖区各金融机构，房地权属不一致的房屋不能再办理抵押登记。据此可以认定，中信银行东莞分行在2013年签订《最高额抵押合同》时对于案涉房屋无法办理抵押登记的情况应当知情或者应当能够预见。中信银行东莞分行作为以信贷业务为主营业务的专业金融机构，应比一般债权人具备更高的审核能力。相对于此前曾就案涉抵押物办理过抵押登记的陈某华等三人来说，中信银行东莞分行具有更高的判断能力，负有更高的审查义务。中信银行东莞分行未尽到合理的审查和注意义务，对抵押权不能设立亦存在过错。同时，根据《中华人民共和国合同法》第一百一十九条"当事人一方违约后，对方应当采取适当措施防止损失的扩大；没有采取适当措施致使损失扩大的，不得就扩大的损失要求赔偿"的规定，中信银行东莞分行在知晓案涉房屋无法办理抵押登记后，没有采取降低授信额度、要求提供补充担保等措施防止损失扩大，可以适当减轻陈某华等三人的赔偿责任。综合考虑双方当事人的过错程度以及本案具体情况，酌情认定陈某华等三人以抵押财产价值为限，在华丰盛公司尚未清偿债务的二分之一范围内，向中信银行东莞分行承担连带赔偿责任。

六、信贷、存借款

存款保险条例

(2015年2月17日中华人民共和国国务院令第660号公布
自2015年5月1日起施行)

第一条 为了建立和规范存款保险制度，依法保护存款人的合法权益，及时防范和化解金融风险，维护金融稳定，制定本条例。

第二条 在中华人民共和国境内设立的商业银行、农村合作银行、农村信用合作社等吸收存款的银行业金融机构（以下统称投保机构），应当依照本条例的规定投保存款保险。

投保机构在中华人民共和国境外设立的分支机构，以及外国银行在中华人民共和国境内设立的分支机构不适用前款规定。但是，中华人民共和国与其他国家或者地区之间对存款保险制度另有安排的除外。

第三条 本条例所称存款保险，是指投保机构向存款保险基金管理机构交纳保费，形成存款保险基金，存款保险基金管理机构依照本条例的规定向存款人偿付被保险存款，并采取必要措施维护存款以及存款保险基金安全的制度。

第四条 被保险存款包括投保机构吸收的人民币存款和外币存款。但是，金融机构同业存款、投保机构的高级管理人员在本投保机构的存款以及存款保险基金管理机构规定不予保险的其他存款除外。

第五条 存款保险实行限额偿付，最高偿付限额为人民币50万元。中国人民银行会同国务院有关部门可以根据经济发展、存款结构变化、金融风险状况等因素调整最高偿付限额，报国务院批准后公布执行。

同一存款人在同一家投保机构所有被保险存款账户的存款本金和利息合并计算的资金数额在最高偿付限额以内的，实行全额偿付；超出最高偿付限额的部分，依法从投保机构清算财产中受偿。

存款保险基金管理机构偿付存款人的被保险存款后，即在偿付金额范围内取得该存款人对投保机构相同清偿顺序的债权。

社会保险基金、住房公积金存款的偿付办法由中国人民银行会同国务院有关部门另行制定，报国务院批准。

第六条 存款保险基金的来源包括：

（一）投保机构交纳的保费；

（二）在投保机构清算中分配的财产；

（三）存款保险基金管理机构运用存款保险基金获得的收益；

（四）其他合法收入。

第七条 存款保险基金管理机构履行下列职责：

（一）制定并发布与其履行职责有关的规则；

（二）制定和调整存款保险费率标准，报国务院批准；

（三）确定各投保机构的适用费率；

（四）归集保费；

（五）管理和运用存款保险基金；

（六）依照本条例的规定采取早期纠正措施和风险处置措施；

（七）在本条例规定的限额内及时偿付存款人的被保险存款；

（八）国务院批准的其他职责。

存款保险基金管理机构由国务院决定。

第八条 本条例施行前已开业的吸收存款的银行业金融机构，应当在存款保险基金管理机构规定的期限内办理投保手续。

本条例施行后开业的吸收存款的银行业金融机构，应当自工商行政管理部门颁发营业执照之日起6个月内，按照存款保险基金管理机构的规定办理投保手续。

第九条 存款保险费率由基准费率和风险差别费率构成。费率标准由存款保险基金管理机构根据经济金融发展状况、存款结构情况以及存款保险基金的累积水平等因素制定和调整，报国务院批准后执行。

各投保机构的适用费率，由存款保险基金管理机构根据投保机构的经营管理状况和风险状况等因素确定。

第十条 投保机构应当交纳的保费，按照本投保机构的被保险存款和存款保险基金管理机构确定的适用费率计算，具体办法由存款保险基金管理机构规定。

投保机构应当按照存款保险基金管理机构的要求定期报送被保险存款余额、存款结构情况以及与确定适用费率、核算保费、偿付存款相关的其他必要资料。

投保机构应当按照存款保险基金管理机构的规定，每6个月交纳一次保费。

第十一条 存款保险基金的运用，应当遵循安全、流动、保值增值的原则，限于下列形式：

（一）存放在中国人民银行；

（二）投资政府债券、中央银行票据、信用等级较高的金融债券以及其他高等级债券；

（三）国务院批准的其他资金运用形式。

第十二条 存款保险基金管理机构应当自每一会计年度结束之日起3个月内编制存款保险基金收支的财务会计报告、报表，并编制年度报告，按照国家有关规定予以公布。

存款保险基金的收支应当遵守国家统一的财务会计制度，并依法接受审计机关的审计监督。

第十三条 存款保险基金管理机构履行职责，发现有下列情形之一的，可以进行核查：

（一）投保机构风险状况发生变化，可能需要调整适用费率的，对涉及费率计算的相关情况进行核查；

（二）投保机构保费交纳基数可能存在问题的，对其存款的规模、结构以及真实性进行核查；

（三）对投保机构报送的信息、资料的真实性进行核查。

对核查中发现的重大问题，应当告知银行业监督管理机构。

第十四条 存款保险基金管理机构参加金融监督管理协调机制，并与中国人民银行、银行业监督管理机构等金融管理部门、机构建立信息共享机制。

存款保险基金管理机构应当通过信息共享机制获取有关投保机构的风险状况、检查报告和评级情况等监督管理信息。

前款规定的信息不能满足控制存款保险基金风险、保证及时偿付、确定差别费率等需要的，存款保险基金管理机构可以要求投保机构及时报送其他相关信息。

第十五条 存款保险基金管理机构发现投保机构存在资本不足等影响存款安全以及存款保险基金安全的情形的，可以对其提出风险警示。

第十六条 投保机构因重大资产损失等原因导致资本充足率大幅度下降，严重危及存款安全以及存款保险基金安全的，投保机构应当按照存款保险基金管理机构、中国人民银行、银行业监督管理机构的要求及时采取补充资本、控制资产增长、控制重大交易授信、降低杠杆率等措施。

投保机构有前款规定情形，且在存款保险基金管理机构规定的期限内未改进的，存款保险基金管理机构可以提高其适用费率。

第十七条 存款保险基金管理机构发现投保机构有《中华人民共和国银行业监督管理法》第三十八条、第三十九条规定情形的，可以建议银行业监督管理机构依法采取相应措施。

第十八条 存款保险基金管理机构可以选择下列方式使用存款保险基金，保护存款人利益：

（一）在本条例规定的限额内直接偿付被保险存款；

（二）委托其他合格投保机构在本条例规定的限额内代为偿付被保险存款；

（三）为其他合格投保机构提供担保、损失分摊或者资金支持，以促成其收购或者承担被接管、被撤销或者申请破产的投保机构的全部或者部分业务、资产、负债。

存款保险基金管理机构在拟订存款保险基金使用方案选择前款规定方式时，应当遵循基金使用成本最小的原则。

第十九条 有下列情形之一的，存款人有权要求存款保险基金管理机构在本条例规定的限额内，使用存款保险基金偿付存款人的被保险存款：

（一）存款保险基金管理机构担任投保机构的接管组织；

（二）存款保险基金管理机构实施被撤销投保机构的清算；

（三）人民法院裁定受理对投保机构的破产申请；

（四）经国务院批准的其他情形。

存款保险基金管理机构应当依照本条例的规定，在前款规定情形发生之日起7个工作日内足额偿付存款。

第二十条 存款保险基金管理机构的工作人员有下列行为之一的，依法给予处分：

（一）违反规定收取保费；

（二）违反规定使用、运用存款保险基金；

（三）违反规定不及时、足额偿付存款。

存款保险基金管理机构的工作人员滥用职权、玩忽职守、泄露国家秘密或者所知悉的商业秘密的，依法给予处分；构成犯罪的，依法追究刑事责任。

第二十一条 投保机构有下列情形之一的，由存款保险基金管理机构责令限期改正；逾期不改正或者情节严重的，予以记录并作为调整该投保机构的适用费率的依据：

（一）未依法投保；

（二）未依法及时、足额交纳保费；

（三）未按照规定报送信息、资料或者报送虚假的信息、资料；

（四）拒绝或者妨碍存款保险基金管理机构依法进行的核查；

（五）妨碍存款保险基金管理机构实施存款保险基金使用方案。

投保机构有前款规定情形的，存款保险基金管理机构可以对投保机构的主管人员和直接责任人员予以公示。投保机构有前款第二项规定情形的，存款保险基金管理机构还可以按日加收未交纳保费部分0.05%的滞纳金。

第二十二条 本条例施行前，已被国务院银行业监督管理机构依法决定接管、撤销或者人民法院已受理破产申请的吸收存款的银行业金融机构，不适用本条例。

第二十三条 本条例自2015年5月1日起施行。

储蓄管理条例

(1992年12月11日中华人民共和国国务院令第107号发布
根据2011年1月8日《国务院关于废止和修改
部分行政法规的决定》修订)

第一章 总 则

第一条 为了发展储蓄事业，保护储户的合法权益，加强储蓄管理，制定本条例。

第二条 凡在中国境内办理储蓄业务的储蓄机构和参加储蓄的个人，必须遵守本条例的规定。

第三条 本条例所称储蓄是指个人将属于其所有的人民币或者外币存入储蓄机构，储蓄机构开具存折或者存单作为凭证，个人凭存折或者存单可以支取存款本金和利息，储蓄机构依照规定支付存款本金和利息的活动。

任何单位和个人不得将公款以个人名义转为储蓄存款。

第四条 本条例所称储蓄机构是指经中国人民银行或其分支机构批准,各银行、信用合作社办理储蓄业务的机构,以及邮政企业依法办理储蓄业务的机构。

第五条 国家保护个人合法储蓄存款的所有权及其他合法权益,鼓励个人参加储蓄。

储蓄机构办理储蓄业务,必须遵循"存款自愿,取款自由,存款有息,为储户保密"的原则。

第六条 中国人民银行负责全国储蓄管理工作。

中国人民银行及其分支机构负责储蓄机构和储蓄业务的审批、协调、仲裁有关储蓄机构之间在储蓄业务方面的争议,监督、稽核储蓄机构的业务工作,纠正和处罚违反国家储蓄法律、法规和政策的行为。

第七条 中国人民银行经国务院批准,可以采取适当措施稳定储蓄,保护储户利益。

第八条 除储蓄机构外,任何单位和个人不得办理储蓄业务。

第二章 储蓄机构

第九条 储蓄机构的设置,应当遵循统一规划,方便群众,注重实效,确保安全的原则。

第十条 储蓄机构的设置,应当按照国家有关规定报中国人民银行或其分支机构批准,并申领《经营金融业务许可证》,但国家法律、行政法规另有规定的除外。

第十一条 储蓄机构的设置必须具备下列条件:

(一)有机构名称、组织机构和营业场所;

(二)熟悉储蓄业务的工作人员不少于四人;

(三)有必要的安全防范设备。

第十二条 经当地中国人民银行分支机构批准,储蓄机构可以设立储蓄代办点。储蓄代办点的管理办法,由中国人民银行规定。

第十三条 储蓄机构应当按照规定时间营业,不得擅自停业或者缩短营业时间。

第十四条 储蓄机构应当保证储蓄存款本金和利息的支付,不得违反规定拒绝支付储蓄存款本金和利息。

第十五条 储蓄机构不得使用不正当手段吸收储蓄存款。

第三章 储蓄业务

第十六条 储蓄机构可以办理下列人民币储蓄业务:

(一)活期储蓄存款;

(二)整存整取定期储蓄存款;

(三)零存整取定期储蓄存款;

(四)存本取息定期储蓄存款;

(五)整存零取定期储蓄存款;

(六)定活两便储蓄存款;

(七)华侨(人民币)整存整取定期储蓄存款;

(八)经中国人民银行批准开办的其他种类的储蓄存款。

第十七条 经外汇管理部门批准,储蓄机构可以办理下列外币储蓄业务:

(一)活期储蓄存款;

(二)整存整取定期储蓄存款;

(三)经中国人民银行批准开办的其他种类的外币储蓄存款。

办理外币储蓄业务,存款本金和利息应当用外币支付。

第十八条 储蓄机构办理定期储蓄存款时,根据储户的意愿,可以同时为储户办理定期储蓄存款到期自动转存业务。

第十九条 根据国家住房改革的有关政策和实际需要,经当地中国人民银行分支机构批准,储蓄机构可以办理个人住房储蓄业务。

第二十条 经中国人民银行或其分支机构批准,储蓄机构可以办理下列金融业务:

(一)发售和兑付以居民个人为发行对象的国库券、金融债券、企业债券等有价证券;

(二)个人定期储蓄存款存单小额抵押贷款业务;

(三)其他金融业务。

第二十一条 储蓄机构可以办理代发工资和代收房租、水电费等服务性业务。

第四章 储蓄存款利率和计息

第二十二条 储蓄存款利率由中国人民银行拟订,经国务院批准后公布,或者由国务院授权中国人民银行制定、公布。

第二十三条 储蓄机构必须挂牌公告储蓄存款利率,不得擅自变动。

第二十四条　未到期的定期储蓄存款，全部提前支取的，按支取日挂牌公告的活期储蓄存款利率计付利息；部分提前支取的，提前支取的部分按支取日挂牌公告的活期储蓄存款利率计付利息，其余部分到期时按存单开户日挂牌公告的定期储蓄存款利率计付利息。

第二十五条　逾期支取的定期储蓄存款，其超过原定存期的部分，除约定自动转存的外，按支取日挂牌公告的活期储蓄存款利率付利息。

第二十六条　定期储蓄存款在存期内遇有利率调整，按存单开户日挂牌公告的相应的定期储蓄存款利率计付利息。

第二十七条　活期储蓄存款在存入期间遇有利率调整，按结息日挂牌公告的活期储蓄存款利率计付利息。全部支取活期储蓄存款，按清户日挂牌公告的活期储蓄存款利率计付利息。

第二十八条　储户认为储蓄存款利息支付有错误时，有权向经办的储蓄机构申请复核；经办的储蓄机构应当及时受理、复核。

第五章　提前支取、挂失、查询和过户

第二十九条　未到期的定期储蓄存款，储户提前支取的，必须持存单和存款人的身份证明办理；代储户支取的，代支取人还必须持其身份证明。

第三十条　存单、存折分为记名式和不记名式。记名式的存单、存折可以挂失，不记名式的存单、存折不能挂失。

第三十一条　储户遗失存单、存折或者预留印鉴的印章的，必须立即持本人身份证明，并提供储户的姓名、开户时间、储蓄种类、金额、账号及住址等有关情况，向其开户的储蓄机构书面申请挂失。在特殊情况下，储户可以用口头或者函电形式申请挂失，但必须在5天内补办书面申请挂失手续。

储蓄机构受理挂失后，必须立即停止支付该储蓄存款；受理挂失前该储蓄存款已被他人支取的，储蓄机构不负赔偿责任。

第三十二条　储蓄机构及其工作人员对储户的储蓄情况负有保密责任。

储蓄机构不代任何单位和个人查询、冻结或者划拨储蓄存款，国家法律、行政法规另有规定的除外。

第三十三条　储蓄存款的所有权发生争议，涉及办理过户的，储蓄机构依据人民法院发生法律效力的判决书、裁定书或者调解书办理过户手续。

第六章　法律责任

第三十四条　违反本条例规定，有下列行为之一的单位和个人，由中国人民银行或其分支机构责令其纠正，并可以根据情节轻重处以罚款、停业整顿、吊销《经营金融业务许可证》；情节严重，构成犯罪的，依法追究刑事责任：

（一）擅自开办储蓄业务的；

（二）擅自设置储蓄机构的；

（三）储蓄机构擅自开办新的储蓄种类的；

（四）储蓄机构擅自办理本条例规定以外的其他金融业务的；

（五）擅自停业或者缩短营业时间的；

（六）储蓄机构采取不正当手段吸收储蓄存款的；

（七）违反国家利率规定，擅自变动储蓄存款利率的；

（八）泄露储户储蓄情况或者未经法定程序代为查询、冻结、划拨储蓄存款的；

（九）其他违反国家储蓄法律、法规和政策的。

违反本条例第三条第二款规定的，依照国家有关规定予以处罚。

第三十五条　对处罚决定不服的，当事人可以依照《中华人民共和国行政复议法》的规定申请复议。对复议决定不服的，当事人可以依照《中华人民共和国行政诉讼法》的规定向人民法院提起诉讼。

第三十六条　复议申请人逾期不起诉又不履行复议决定的，依照《中华人民共和国行政复议法》的规定执行。

第三十七条　储蓄机构违反国家有关规定，侵犯储户合法权益，造成损失的，应当依法承担赔偿责任。

第七章　附　则

第三十八条　本条例施行前的定期储蓄存款，在原定存期内，依照本条例施行前国家有关规定办理计息事宜。

第三十九条 本条例由中国人民银行负责解释，实施细则由中国人民银行制定。

第四十条 本条例自1993年3月1日起施行。1980年5月28日中国人民银行发布的《中国人民银行储蓄存款章程》同时废止。

商业银行互联网贷款管理暂行办法

（2020年7月12日中国银行保险监督管理委员会令2020年第9号公布 自公布之日起施行）

第一章 总 则

第一条 为规范商业银行互联网贷款业务经营行为，促进互联网贷款业务健康发展，依据《中华人民共和国银行业监督管理法》《中华人民共和国商业银行法》等法律法规，制定本办法。

第二条 中华人民共和国境内依法设立的商业银行经营互联网贷款业务，应遵守本办法。

第三条 本办法所称互联网贷款，是指商业银行运用互联网和移动通信等信息通信技术，基于风险数据和风险模型进行交叉验证和风险管理，线上自动受理贷款申请及开展风险评估，并完成授信审批、合同签订、贷款支付、贷后管理等核心业务环节操作，为符合条件的借款人提供的用于消费、日常生产经营周转等的个人贷款和流动资金贷款。

第四条 本办法所称风险数据，是指商业银行在对借款人进行身份确认，以及贷款风险识别、分析、评价、监测、预警和处置等环节收集、使用的各类内外部数据。

本办法所称风险模型，是指应用于互联网贷款业务全流程的各类模型，包括但不限于身份认证模型、反欺诈模型、反洗钱模型、合规模型、风险评价模型、风险定价模型、授信审批模型、风险预警模型、贷款清收模型等。

本办法所称合作机构，是指在互联网贷款业务中，与商业银行在营销获客、共同出资发放贷款、支付结算、风险分担、信息科技、逾期清收等方面开展合作的各类机构，包括但不限于银行业金融机构、保险公司等金融机构和小额贷款公司、融资担保公司、电子商务公司、非银行支付机构、信息科技公司等非金融机构。

第五条 下列贷款不适用本办法：

（一）借款人虽在线上进行贷款申请等操作，商业银行线下或主要通过线下进行贷前调查、风险评估和授信审批，贷款授信核心判断来源于线下的贷款；

（二）商业银行发放的抵质押贷款，且押品需进行线下或主要经过线下评估登记和交付保管；

（三）中国银行保险监督管理委员会规定的其他贷款。

上述贷款适用其他相关监管规定。

第六条 互联网贷款应当遵循小额、短期、高效和风险可控的原则。

单户用于消费的个人信用贷款授信额度应当不超过人民币20万元，到期一次性还本的，授信期限不超过一年。中国银行保险监督管理委员会可以根据商业银行的经营管理情况、风险水平和互联网贷款业务开展情况等对上述额度进行调整。商业银行应在上述规定额度内，根据本行客群特征、客群消费场景等，制定差异化授信额度。

商业银行应根据自身风险管理能力，按照互联网贷款的区域、行业、品种等，确定单户用于生产经营的个人贷款和流动资金贷款授信额度上限。对期限超过一年的上述贷款，至少每年对该笔贷款对应的授信进行重新评估和审批。

第七条 商业银行应当根据其市场定位和发展战略，制定符合自身特点的互联网贷款业务规划。涉及合作机构的，应当明确合作方式。

第八条 商业银行应当对互联网贷款业务实行统一管理,将互联网贷款业务纳入全面风险管理体系,建立健全适应互联网贷款业务特点的风险治理架构、风险管理政策和程序、内部控制和审计体系,有效识别、评估、监测和控制互联网贷款业务风险,确保互联网贷款业务发展与自身风险偏好、风险管理能力相适应。

互联网贷款业务涉及合作机构的,授信审批、合同签订等核心风控环节应当由商业银行独立有效开展。

第九条 地方法人银行开展互联网贷款业务,应主要服务于当地客户,审慎开展跨注册地辖区业务,有效识别和监测跨注册地辖区业务开展情况。无实体经营网点,业务主要在线上开展,且符合中国银行保险监督管理委员会其他规定条件的除外。

在外省(自治区、直辖市)设立分支机构的,对分支机构所在地行政区域内客户开展的业务,不属于前款所称跨注册地辖区业务。

第十条 商业银行应当建立健全借款人权益保护机制,完善消费者权益保护内部考核体系,切实承担借款人数据保护的主体责任,加强借款人隐私数据保护,构建安全有效的业务咨询和投诉处理渠道,确保借款人享有不低于线下贷款业务的相应服务,将消费者保护要求嵌入互联网贷款业务全流程管理体系。

第十一条 中国银行保险监督管理委员会及其派出机构(以下简称银行业监督管理机构)依照本办法对商业银行互联网贷款业务实施监督管理。

第二章 风险管理体系

第十二条 商业银行应当建立健全互联网贷款风险治理架构,明确董事会和高级管理层对互联网贷款风险管理的职责,建立考核和问责机制。

第十三条 商业银行董事会承担互联网贷款风险管理的最终责任,应当履行以下职责:

(一)审议批准互联网贷款业务规划、合作机构管理政策以及跨区域经营管理政策;

(二)审议批准互联网贷款风险管理制度;

(三)监督高级管理层对互联网贷款风险实施管理和控制;

(四)定期获取互联网贷款业务评估报告,及时了解互联网贷款业务经营管理、风险水平、消费者保护等情况;

(五)其他有关职责。

第十四条 商业银行高级管理层应当履行以下职责:

(一)确定互联网贷款经营管理架构,明确各部门职责分工;

(二)制定、评估和监督执行互联网贷款业务规划、风险管理政策和程序,合作机构管理政策和程序以及跨区域经营管理政策;

(三)制定互联网贷款业务的风险管控指标,包括但不限于互联网贷款限额、与合作机构共同出资发放贷款的限额及出资比例、合作机构集中度、不良贷款率等;

(四)建立互联网贷款业务的风险管理机制,持续有效监测、控制和报告各类风险,及时应对风险事件;

(五)充分了解并定期评估互联网贷款业务发展情况、风险水平及管理状况、消费者保护情况,及时了解其重大变化,并向董事会定期报告;

(六)其他有关职责。

第十五条 商业银行应当确保具有足够的资源,独立、有效开展互联网贷款风险管理,确保董事会和高级管理层能及时知悉风险状况,准确理解风险数据和风险模型的作用与局限。

第十六条 商业银行互联网贷款风险管理制度应当涵盖营销、调查、授信、签约、放款、支付、跟踪、收回等贷款业务全流程。

第十七条 商业银行应当通过合法渠道和方式获取目标客户数据,开展贷款营销,并充分评估目标客户的资金需求、还款意愿和还款能力。商业银行应当在贷款申请流程中,加入强制阅读贷款合同环节,并设置合理的阅读时间限制。

商业银行自身或通过合作机构向目标客户推介互联网贷款产品时,应当在醒目位置充分披露贷款主体、贷款条件、实际年利率、年化综合资金成本、还本付息安排、逾期清收、咨询投诉渠道和违约责任等基本信息,保障客户的知情权和自主选择权,不得采取默认勾选、强制捆绑销售等方式剥夺消费者意愿表达的权利。

第十八条 商业银行应当按照反洗钱和反恐怖融资等要求，通过构建身份认证模型，采取联网核查、生物识别等有效措施识别客户，线上对借款人的身份数据、借款意愿进行核验并留存，确保借款人的身份数据真实有效，借款人的意思表示真实。商业银行对借款人的身份核验不得全权委托合作机构办理。

第十九条 商业银行应当建立有效的反欺诈机制，实时监测欺诈行为，定期分析欺诈风险变化情况，不断完善反欺诈的模型审核规则和相关技术手段，防范冒充他人身份、恶意骗取银行贷款的行为，保障信贷资金安全。

第二十条 商业银行应当在获得授权后查询借款人的征信信息，通过合法渠道和手段线上收集、查询和验证借款人相关定性和定量信息，可以包括但不限于税务、社会保险基金、住房公积金等信息，全面了解借款人信用状况。

第二十一条 商业银行应当构建有效的风险评估、授信审批和风险定价模型，加强统一授信管理，运用风险数据，结合借款人已有债务情况，审慎评估借款人还款能力，确定借款人信用等级和授信方案。

第二十二条 商业银行应当建立人工复核验证机制，作为对风险模型自动审批的必要补充。商业银行应当明确人工复核验证的触发条件，合理设置人工复核验证的操作规程。

第二十三条 商业银行应当与借款人及其他当事人采用数据电文形式签订借款合同及其他文书。借款合同及其他文书应当符合《中华人民共和国合同法》《中华人民共和国电子签名法》等法律法规的规定。

第二十四条 商业银行应当与借款人约定明确、合法的贷款用途。贷款资金不得用于以下事项：

（一）购房及偿还住房抵押贷款；
（二）股票、债券、期货、金融衍生产品和资产管理产品等投资；
（三）固定资产、股本权益性投资；
（四）法律法规禁止的其他用途。

第二十五条 商业银行应当按照相关法律法规的要求，储存、传递、归档以数据电文形式签订的借款合同、信贷流程关键环节和节点的数据。已签订的借款合同及相关数据应可供借款人随时调取查用。

第二十六条 授信与首笔贷款发放时间间隔超过1个月的，商业银行应当在贷款发放前对借款人信用状况进行再评估，根据借款人特征、贷款金额，确定跟踪其信贷记录的频率，以保证及时获取其全面信用状况。

第二十七条 商业银行应当按照借款合同约定，对贷款资金的支付进行管理与控制，贷款支付应由具有合法支付业务资质的机构执行。商业银行应加强对支付账户的监测和对账管理，发现风险隐患的，应立即预警并采取相关措施。采用自主支付方式的，应当根据借款人过往行为数据、交易数据和信用数据等，确定单日贷款支付限额。

第二十八条 商业银行应遵守《个人贷款管理暂行办法》和《流动资金贷款管理暂行办法》的受托支付管理规定，同时根据自身风险管理水平、互联网贷款的规模和结构、应用场景、增信手段等确定差异化的受托支付限额。

第二十九条 商业银行应当通过建立风险监测预警模型，对借款人财务、信用、经营等情况进行监测，设置合理的预警指标与预警触发条件，及时发出预警信号，必要时应通过人工核查作为补充手段。

第三十条 商业银行应当采取适当方式对贷款用途进行监测，发现借款人违反法律法规或未按照约定用途使用贷款资金的，应当按照合同约定提前收回贷款，并追究借款人相应责任。

第三十一条 商业银行应当完善内部审计体系，独立客观开展内部审计，审查评价、督促改善互联网贷款业务经营、风险管理和内控合规效果。银行业监督管理机构可以要求商业银行提交互联网贷款专项内部审计报告。

第三十二条 互联网贷款形成不良的，商业银行应当按照其性质及时制定差异化的处置方案，提升处置效率。

第三章 风险数据和风险模型管理

第三十三条 商业银行进行借款人身份验证、贷前调查、风险评估和授信审查、贷后管理时，应当至少包含借款人姓名、身份证号、联系电话、银行账户以及其他开展风险评估所必需的基本信息。如果需要从合作机构获取借款人风险数据，应通过适当方式确认合作机构的数据来源合法合规、真实有效，对外提供数据不违反法律法规要求，并已获得信息主体本人的明确授权。商业银行不得与违规收集和使用个人信息的第三方开展数据合作。

第三十四条 商业银行收集、使用借款人风险数据应当遵循合法、必要、有效的原则，不得违反法律法规和借贷双方约定，不得将风险数据用于从事与贷款业务无关或有损借款人合法权益的活动，不得向第三方提供借款人风险数据，法律法规另有规定的除外。

第三十五条 商业银行应当建立风险数据安全管理的策略与标准，采取有效技术措施，保障借款人风险数据在采集、传输、存储、处理和销毁过程中的安全，防范数据泄漏、丢失或被篡改的风险。

第三十六条 商业银行应当对风险数据进行必要的处理，以满足风险模型对数据精确性、完整性、一致性、时效性、有效性等的要求。

第三十七条 商业银行应当合理分配风险模型开发测试、评审、监测、退出等环节的职责和权限，做到分工明确、责任清晰。商业银行不得将上述风险模型的管理职责外包，并应当加强风险模型的保密管理。

第三十八条 商业银行应当结合贷款产品特点、目标客户特征、风险数据和风险管理策略等因素，选择合适的技术标准和建模方法，科学设置模型参数，构建风险模型，并测试在正常和压力情境下模型的有效性和稳定性。

第三十九条 商业银行应当建立风险模型评审机制，成立模型评审委员会负责风险模型评审工作。风险模型评审应当独立于风险模型开发，评审工作应当重点关注风险模型有效性和稳定性，确保与银行授信审批条件和风险控制标准相一致。经评审通过后风险模型方可上线应用。

第四十条 商业银行应当建立有效的风险模型日常监测体系，监测至少包括已上线风险模型的有效性与稳定性，所有经模型审批通过贷款的实际违约情况等。监测发现模型缺陷或者已不符合模型设计目标的，应当保证能及时提示风险模型开发和测试部门或团队进行重新测试、优化，以保证风险模型持续适应风险管理要求。

第四十一条 商业银行应当建立风险模型退出处置机制。对于无法继续满足风险管理要求的风险模型，应当立即停止使用，并及时采取相应措施，消除模型退出给贷款风险管理带来的不利影响。

第四十二条 商业银行应当全面记录风险模型开发至退出的全过程，并进行文档化归档和管理，供本行和银行业监督管理机构随时查阅。

第四章　信息科技风险管理

第四十三条 商业银行应当建立安全、合规、高效和可靠的互联网贷款信息系统，以满足互联网贷款业务经营和风险管理需要。

第四十四条 商业银行应当注重提高互联网贷款信息系统的可用性和可靠性，加强对互联网贷款信息系统的安全运营管理和维护，定期开展安全测试和压力测试，确保系统安全、稳定、持续运行。

第四十五条 商业银行应当采取必要的网络安全防护措施，加强网络访问控制和行为监测，有效防范网络攻击等威胁。与合作机构涉及数据交互行为的，应当采取切实措施，实现敏感数据的有效隔离，保证数据交互在安全、合规的环境下进行。

第四十六条 商业银行应当加强对部署在借款人一方的互联网贷款信息系统客户端程序（包括但不限于浏览器插件程序、桌面客户端程序和移动客户端程序等）的安全加固，提高客户端程序的防攻击、防入侵、防篡改、抗反编译等安全能力。

第四十七条 商业银行应当采用有效技术手段，保障借款人数据安全，确保商业银行与借款人、合作机构之间传输数据、签订合同、记录交易等各个环节数据的保密性、完整性、真实性和抗抵赖性，并做好定期数据备份工作。

第四十八条 商业银行应当充分评估合作机构的信息系统服务能力、可靠性和安全性以及敏感数据的安全保护能力，开展联合演练和测试，加强合同约束。

商业银行每年应对与合作机构的数据交互进行信息科技风险评估，并形成风险评估报告，确保不因合作而降低商业银行信息系统的安全性，确保业务连续性。

第五章 贷款合作管理

第四十九条 商业银行应当建立覆盖各类合作机构的全行统一的准入机制，明确相应标准和程序，并实行名单制管理。

商业银行应根据合作内容、对客户的影响范围和程度、对银行财务稳健性的影响程度等，对合作机构实施分层分类管理，并按照其层级和类别确定相应审批权限。

第五十条 商业银行应当按照合作机构资质和其承担的职能相匹配的原则，对合作机构进行准入前评估，确保合作机构与合作事项符合法律法规和监管要求。

商业银行应当主要从经营情况、管理能力、风控水平、技术实力、服务质量、业务合规和机构声誉等方面对合作机构进行准入前评估。选择共同出资发放贷款的合作机构，还应重点关注合作方资本充足水平、杠杆率、流动性水平、不良贷款率、贷款集中度及其变化，审慎确定合作机构名单。

第五十一条 商业银行应当与合作机构签订书面合作协议。书面合作协议应当按照收益和风险相匹配的原则，明确约定合作范围、操作流程、各方权责、收益分配、风险分担、客户权益保护、数据保密、争议解决、合作事项变更或终止的过渡安排、违约责任以及合作机构承诺配合商业银行接受银行业监督管理机构的检查并提供有关信息和资料等内容。

商业银行应当自主确定目标客户群、授信额度和贷款定价标准；商业银行不得向合作机构自身及其关联方直接或变相进行融资用于放贷。除共同出资发放贷款的合作机构以外，商业银行不得将贷款发放、本息回收、止付等关键环节操作全权委托合作机构执行。商业银行应当在书面合作协议中明确要求合作机构不得以任何形式向借款人收取息费，保险公司和有担保资质的机构除外。

第五十二条 商业银行应当在相关页面醒目位置向借款人充分披露自身与合作机构信息、合作类产品的信息、自身与合作各方权利责任，按照适当性原则充分揭示合作业务风险，避免客户产生品牌混同。

商业银行应在借款合同和产品要素说明界面等相关页面中，以醒目方式向借款人充分披露合作类产品的贷款主体、实际年利率、年化综合资金成本、还本付息安排、逾期清收、咨询投诉渠道、违约责任等信息。商业银行需要向借款人获取风险数据授权时，应在线上相关页面醒目位置提示借款人详细阅读授权书内容，并在授权书醒目位置披露授权风险数据内容和期限，确保借款人完成授权书阅读后签署同意。

第五十三条 商业银行与其他有贷款资质的机构共同出资发放互联网贷款的，应当建立相应的内部管理制度，明确本行与合作机构共同出资发放贷款的管理机制，并在合作协议中明确各方的权利义务关系。商业银行应当独立对所出资的贷款进行风险评估和授信审批，并对贷后管理承担主体责任。商业银行不得以任何形式为无放贷业务资质的合作机构提供资金用于发放贷款，不得与无放贷业务资质的合作机构共同出资发放贷款。

商业银行应当按照适度分散的原则审慎选择合作机构，制定因合作机构导致业务中断的应急与恢复预案，避免对单一合作机构过于依赖而产生的风险。

第五十四条 商业银行应当充分考虑自身发展战略、经营模式、资产负债结构和风险管理能力，将与合作机构共同出资发放贷款总额按照零售贷款总额或者贷款总额相应比例纳入限额管理，并加强共同出资发放贷款合作机构的集中度风险管理。商业银行应当对单笔贷款出资比例实行区间管理，与合作方合理分担风险。

第五十五条 商业银行不得接受无担保资质和不符合信用保险和保证保险经营资质监管要求的合作机构提供的直接或变相增信服务。商业银行与有担保资质和符合信用保险和保证保险经营资质监管要求的合作机构合作时应当充分考虑上述机构的增信能力和集中度风险。商业银行不得因引入担保增信放松对贷款质量管控。

第五十六条 商业银行不得委托有暴力催收等违法违规记录的第三方机构进行贷款清收。商业银行应明确与第三方机构的权责，要求其不得对与贷款无关的第三人进行清收。商业银行发现合作机构存在暴力催收等违法违规行为的，应立即终止合作，并将违法违规线索及时移交相关部门。

第五十七条 商业银行应当持续对合作机

构进行管理，及时识别、评估和缓释因合作机构违约或经营失败等导致的风险。对合作机构应当至少每年全面评估一次，发现合作机构无法继续满足准入条件的，应当及时终止合作关系，合作机构在合作期间有严重违法违规行为的，应当及时将其列入本行禁止合作机构名单。

第六章 监督管理

第五十八条 商业银行首次开展互联网贷款业务的，应当于产品上线后 10 个工作日内，向其监管机构提交书面报告，内容包括：

（一）业务规划情况，包括年度及中长期互联网贷款业务模式、业务对象、业务领域、地域范围和合作机构管理等；

（二）风险管控措施，包括互联网贷款业务治理架构和管理体系，互联网贷款风险偏好、风险管理政策和程序，信息系统建设情况及信息科技风险评估，反洗钱、反恐怖融资制度，互联网贷款合作机构管理政策和程序，互联网贷款业务限额、与合作机构共同出资发放贷款的限额及出资比例、合作机构集中度等重要风险管控指标；

（三）上线的互联网贷款产品基本情况，包括产品合规性评估、产品风险评估，风险数据、风险模型管理情况以及是否符合本办法相关要求；

（四）消费者权益保护及其配套服务情况；

（五）银行业监督管理机构要求提供的其他材料。

第五十九条 银行业监督管理机构应当结合日常监管情况和商业银行风险状况等，对商业银行提交的报告和相关材料进行评估，重点评估：

（一）互联网贷款业务规划与自身业务定位、差异化发展战略是否匹配；

（二）是否独立掌握授信审批、合同签订等核心风控环节；

（三）信息科技风险基础防范措施是否健全；

（四）上线产品的授信额度、期限、放款控制、数据保护、合作机构管理等是否符合本办法要求；

（五）消费者权益保护是否全面有效。

如发现不符合本办法要求，应当要求商业银行限期整改、暂停业务等。

第六十条 商业银行应当按照本办法要求，对互联网贷款业务开展情况进行年度评估，并于每年 4 月 30 日前向银行业监督管理机构报送上一年年度评估报告。年度评估报告包括但不限于以下内容：

（一）业务基本情况；

（二）年度业务经营管理情况分析；

（三）业务风险分析和监管指标表现分析；

（四）识别、计量、监测、控制风险的主要方法及改进情况，信息科技风险防控措施的有效性；

（五）风险模型的监测与验证情况；

（六）合规管理和内控管理情况；

（七）投诉及处理情况；

（八）下一年度业务发展规划；

（九）银行业监督管理机构要求报告的其他事项。

第六十一条 互联网贷款的风险治理架构、风险管理策略和程序、数据质量控制机制、管理信息系统和合作机构管理等在经营期间发生重大调整的，商业银行应当在调整后的 10 个工作日内向银行业监督管理机构书面报告调整情况。

第六十二条 银行业监督管理机构可以根据商业银行的经营管理情况、风险水平和互联网贷款业务开展情况等对商业银行与合作机构共同出资发放贷款的出资比例及相关集中度风险、跨注册地辖区业务等提出相关审慎性监管要求。

第六十三条 银行业监督管理机构可以通过非现场监管、现场检查等方式，实施对商业银行互联网贷款业务的监督检查。

银行业监督管理机构开展对商业银行互联网贷款业务的数据统计与监测、重要风险因素评估等工作。

第六十四条 商业银行违反本办法规定办理互联网贷款的，银行业监督管理机构可根据《中华人民共和国银行业监督管理法》责令其限期改正；逾期未改正，或其行为严重危及商业银行稳健运行、损害客户合法权益的，应采取相应的监管措施。严重违反本办法的，可根据《中华人民共和国银行业监督管理法》第四十五条、第四十六条、第四十七条、第四十八条规定实施行政处罚。

第七章 附 则

第六十五条 商业银行经营互联网贷款业务，应当依照本办法制定互联网贷款管理细则及操作规程。

第六十六条 本办法未尽事项，按照《个人贷款管理暂行办法》《流动资金贷款管理暂行办法》等相关规定执行。

第六十七条 外国银行分行参照本办法执行。除第六条个人贷款期限要求外，消费金融公司、汽车金融公司开展互联网贷款业务参照本办法执行。

第六十八条 本办法由中国银行保险监督管理委员会负责解释。

第六十九条 本办法自公布之日起施行。

第七十条 过渡期为本办法实施之日起2年。过渡期内新增业务应当符合本办法规定。商业银行和消费金融公司、汽车金融公司应当制定过渡期内的互联网贷款整改计划，明确时间进度安排，并于办法实施之日起1个月内将符合本办法第五十八条规定的书面报告和整改计划报送银行业监督管理机构，由其监督实施。

网络借贷信息中介机构业务活动管理暂行办法

(2016年8月17日中国银行业监督管理委员会、工业和信息化部、公安部、国家互联网信息办公室令2016年第1号公布　自公布之日起施行)

第一章 总 则

第一条 为规范网络借贷信息中介机构业务活动，保护出借人、借款人、网络借贷信息中介机构及相关当事人合法权益，促进网络借贷行业健康发展，更好满足中小微企业和个人投融资需求，根据《关于促进互联网金融健康发展的指导意见》提出的总体要求和监管原则，依据《中华人民共和国民法通则》《中华人民共和国公司法》《中华人民共和国合同法》等法律法规，制定本办法。

第二条 在中国境内从事网络借贷信息中介业务活动，适用本办法，法律法规另有规定的除外。

本办法所称网络借贷是指个体和个体之间通过互联网平台实现的直接借贷。个体包含自然人、法人及其他组织。网络借贷信息中介机构是指依法设立，专门从事网络借贷信息中介业务活动的金融信息中介公司。该类机构以互联网为主要渠道，为借款人与出借人（即贷款人）实现直接借贷提供信息搜集、信息公布、资信评估、信息交互、借贷撮合等服务。

本办法所称地方金融监管部门是指各省级人民政府承担地方金融监管职责的部门。

第三条 网络借贷信息中介机构按照依法、诚信、自愿、公平的原则为借款人和出借人提供信息服务，维护出借人与借款人合法权益，不得提供增信服务，不得直接或间接归集资金，不得非法集资，不得损害国家利益和社会公共利益。

借款人与出借人遵循借贷自愿、诚实守信、责任自负、风险自担的原则承担借贷风险。网络借贷信息中介机构承担客观、真实、全面、及时进行信息披露的责任，不承担借贷违约风险。

第四条 按照《关于促进互联网金融健康发展的指导意见》中"鼓励创新、防范风险、趋利避害、健康发展"的总体要求和"依法监管、适度监管、分类监管、协同监管、创新监管"的监管原则，落实各方管理责任。国务院银行业监督管理机构及其派出机构负责制定网络借贷信息中介机构业务活动监督管理制度，并实施行为监管。各省级人民政府负责本辖区网络借贷信息中介机构的机构监管。工业和信息化部负责对网络借贷信息中介机构业务活动涉及的电信业务进行监管。公安部牵头负责对网络借贷信息中介机构的互联网服务进行安全监管，依法查处违反网络安全监管的违法违规活动，打击网络借贷涉及的金融犯罪及相关犯罪。国家互联网信息办公室负责对金融信息服务、互联网信息内容等业务进行监管。

第二章 备案管理

第五条 拟开展网络借贷信息中介服务的网络借贷信息中介机构及其分支机构，应当在领取营业执照后，于10个工作日以内携带有关材料向工商登记注册地地方金融监管部门备案登记。

地方金融监管部门负责为网络借贷信息中介机构办理备案登记。地方金融监管部门应当在网络借贷信息中介机构提交的备案登记材料齐备时予以受理，并在各省（区、市）规定的时限内完成备案登记手续。备案登记不构成对网络借贷信息中介机构经营能力、合规程度、资信状况的认可和评价。

地方金融监管部门有权根据本办法和相关监管规则对备案登记后的网络借贷信息中介机构进行评估分类，并及时将备案登记信息及分类结果在官方网站上公示。

网络借贷信息中介机构完成地方金融监管部门备案登记后，应当按照通信主管部门的相关规定申请相应的电信业务经营许可；未按规定申请电信业务经营许可的，不得开展网络借贷信息中介业务。

网络借贷信息中介机构备案登记、评估分类等具体细则另行制定。

第六条 开展网络借贷信息中介业务的机构，应当在经营范围中实质明确网络借贷信息中介，法律、行政法规另有规定的除外。

第七条 网络借贷信息中介机构备案登记事项发生变更的，应当在5个工作日以内向工商登记注册地地方金融监管部门报告并进行备案信息变更。

第八条 经备案的网络借贷信息中介机构拟终止网络借贷信息中介服务的，应当在终止业务前提前至少10个工作日，书面告知工商登记注册地地方金融监管部门，并办理备案注销。

经备案登记的网络借贷信息中介机构依法解散或者依法宣告破产的，除依法进行清算外，由工商登记注册地地方金融监管部门注销其备案。

第三章 业务规则与风险管理

第九条 网络借贷信息中介机构应当履行下列义务：

（一）依据法律法规及合同约定为出借人与借款人提供直接借贷信息的采集整理、甄别筛选、网上发布，以及资信评估、借贷撮合、融资咨询、在线争议解决等相关服务；

（二）对出借人与借款人的资格条件、信息的真实性、融资项目的真实性、合法性进行必要审核；

（三）采取措施防范欺诈行为，发现欺诈行为或其他损害出借人利益的情形，及时公告并终止相关网络借贷活动；

（四）持续开展网络借贷知识普及和风险教育活动，加强信息披露工作，引导出借人以小额分散的方式参与网络借贷，确保出借人充分知悉借贷风险；

（五）按照法律法规和网络借贷有关监管规定要求报送相关信息，其中网络借贷有关债权债务信息要及时向有关数据统计部门报送并登记；

（六）妥善保管出借人与借款人的资料和交易信息，不得删除、篡改，不得非法买卖、泄露出借人与借款人的基本信息和交易信息；

（七）依法履行客户身份识别、可疑交易报告、客户身份资料和交易记录保存等反洗钱和反恐怖融资义务；

（八）配合相关部门做好防范查处金融违法犯罪相关工作；

（九）按照相关要求做好互联网信息内容管理、网络与信息安全相关工作；

（十）国务院银行业监督管理机构、工商登记注册地省级人民政府规定的其他义务。

第十条 网络借贷信息中介机构不得从事或者接受委托从事下列活动：

（一）为自身或变相为自身融资；

（二）直接或间接接受、归集出借人的资金；

（三）直接或变相向出借人提供担保或者承诺保本保息；

（四）自行或委托、授权第三方在互联网、固定电话、移动电话等电子渠道以外的物理场所进行宣传或推介融资项目；

（五）发放贷款，但法律法规另有规定的除外；

（六）将融资项目的期限进行拆分；

（七）自行发售理财等金融产品募集资金，代销银行理财、券商资管、基金、保险或信托产品等金融产品；

（八）开展类资产证券化业务或实现以打包资产、证券化资产、信托资产、基金份额等形式的债权转让行为；

（九）除法律法规和网络借贷有关监管规定允许外，与其他机构投资、代理销售、经纪等业务进行任何形式的混合、捆绑、代理；

（十）虚构、夸大融资项目的真实性、收益前景，隐瞒融资项目的瑕疵及风险，以歧义性语言或其他欺骗性手段等进行虚假片面宣传或促销等，捏造、散布虚假信息或不完整信息损害他人商业信誉，误导出借人或借款人；

（十一）向借款用途为投资股票、场外配资、期货合约、结构化产品及其他衍生品等高风险的融资提供信息中介服务；

（十二）从事股权众筹等业务；

（十三）法律法规、网络借贷有关监管规定禁止的其他活动。

第十一条 参与网络借贷的出借人与借款人应当为网络借贷信息中介机构核实的实名注册用户。

第十二条 借款人应当履行下列义务：

（一）提供真实、准确、完整的用户信息及融资信息；

（二）提供在所有网络借贷信息中介机构未偿还借款信息；

（三）保证融资项目真实、合法，并按照约定用途使用借贷资金，不得用于出借等其他目的；

（四）按照约定向出借人如实报告影响或可能影响出借人权益的重大信息；

（五）确保自身具有与借款金额相匹配的还款能力并按照合同约定还款；

（六）借贷合同及有关协议约定的其他义务。

第十三条 借款人不得从事下列行为：

（一）通过故意变换身份、虚构融资项目、夸大融资项目收益前景等形式的欺诈借款；

（二）同时通过多个网络借贷信息中介机构，或者通过变换项目名称、对项目内容进行非实质性变更等方式，就同一融资项目进行重复融资；

（三）在网络借贷信息中介机构以外的公开场所发布同一融资项目的信息；

（四）已发现网络借贷信息中介机构提供的服务中含有本办法第十条所列内容，仍进行交易；

（五）法律法规和网络借贷有关监管规定禁止从事的其他活动。

第十四条 参与网络借贷的出借人，应当具备投资风险意识、风险识别能力、拥有非保本类金融产品投资的经历并熟悉互联网。

第十五条 参与网络借贷的出借人应当履行下列义务：

（一）向网络借贷信息中介机构提供真实、准确、完整的身份等信息；

（二）出借资金为来源合法的自有资金；

（三）了解融资项目信贷风险，确认具有相应的风险认知和承受能力；

（四）自行承担借贷产生的本息损失；

（五）借贷合同及有关协议约定的其他义务。

第十六条 网络借贷信息中介机构在互联网、固定电话、移动电话等电子渠道以外的物理场所只能进行信用信息采集、核实、贷后跟踪、抵质押管理等风险管理及网络借贷有关监管规定明确的部分必要经营环节。

第十七条 网络借贷金额应当以小额为主。网络借贷信息中介机构应当根据本机构风险管理能力，控制同一借款人在同一网络借贷信息中介机构平台及不同网络借贷信息中介机构平台的借款余额上限，防范信贷集中风险。

同一自然人在同一网络借贷信息中介机构平台的借款余额上限不超过人民币20万元；同一法人或其他组织在同一网络借贷信息中介机构平台的借款余额上限不超过人民币100万元；同一自然人在不同网络借贷信息中介机构平台借款总余额不超过人民币100万元；同一法人或其他组织在不同网络借贷信息中介机构平台借款总余额不超过人民币500万元。

第十八条 网络借贷信息中介机构应当按照国家网络安全相关规定和国家信息安全等级保护制度的要求，开展信息系统定级备案和等级测试，具有完善的防火墙、入侵检测、数据加密以及灾难恢复等网络安全设施和管理制度，建立信息科技管理、科技风险管理和科技审计有关制度，配置充足的资源，采取完善的管理控制措施和技术手段保障信息系统安全稳健运行，保护出借人与借款人的信息安全。

网络借贷信息中介机构应当记录并留存借贷双方上网日志信息，信息交互内容等数据，留存期限为自借贷合同到期起5年；每两年至少开展一次全面的安全评估，接受国家或行业主管部门的信息安全检查和审计。

网络借贷信息中介机构成立两年以内，应当建立或使用与其业务规模相匹配的应用级灾备系统设施。

第十九条 网络借贷信息中介机构应当为单一融资项目设置募集期，最长不超过20个工作日。

第二十条 借款人支付的本金和利息应当归出借人所有。网络借贷信息中介机构应当与出借人、借款人另行约定费用标准和支付方式。

第二十一条 网络借贷信息中介机构应当加强与金融信用信息基础数据库运行机构、征信机构等的业务合作，依法提供、查询和使用有关金融信用信息。

第二十二条 各方参与网络借贷信息中介机构业务活动，需要对出借人与借款人的基本信息和交易信息等使用电子签名、电子认证时，应当遵守法律法规的规定，保障数据的真实性、完整性及电子签名、电子认证的法律效力。

网络借贷信息中介机构使用第三方数字认证系统，应当对第三方数字认证机构进行定期评估，保证有关认证安全可靠并具有独立性。

第二十三条 网络借贷信息中介机构应当采取适当的方法和技术，记录并妥善保存网络借贷业务活动数据和资料，做好数据备份。保存期限应当符合法律法规及网络借贷有关监管规定的要求。借贷合同到期后应当至少保存5年。

第二十四条 网络借贷信息中介机构暂停、终止业务时应当至少提前10个工作日通过官方网站等有效渠道向出借人与借款人公告，并通过移动电话、固定电话等渠道通知出借人与借款人。网络借贷信息中介机构业务暂停或者终止，不影响已经签订的借贷合同当事人有关权利义务。

网络借贷信息中介机构因解散或宣告破产而终止的，应当在解散或破产前，妥善处理已撮合存续的借贷业务，清算事宜按照有关法律法规的规定办理。

网络借贷信息中介机构清算时，出借人与借款人的资金分别属于出借人与借款人，不属于网络借贷信息中介机构的财产，不列入清算财产。

第四章 出借人与借款人保护

第二十五条 未经出借人授权，网络借贷信息中介机构不得以任何形式代出借人行使决策。

第二十六条 网络借贷信息中介机构应当向出借人以醒目方式提示网络借贷风险和禁止性行为，并经出借人确认。

网络借贷信息中介机构应当对出借人的年龄、财务状况、投资经验、风险偏好、风险承受能力等进行尽职评估，不得向未进行风险评估的出借人提供交易服务。

网络借贷信息中介机构应当根据风险评估结果对出借人实行分级管理，设置可动态调整的出借限额和出借标的限制。

第二十七条 网络借贷信息中介机构应当加强出借人与借款人信息管理，确保出借人与借款人信息采集、处理及使用的合法性和安全性。

网络借贷信息中介机构及其资金存管机构、其他各类外包服务机构等应当为业务开展过程中收集的出借人与借款人信息保密，未经出借人与借款人同意，不得将出借人与借款人提供的信息用于所提供服务之外的目的。

在中国境内收集的出借人与借款人信息的储存、处理和分析应当在中国境内进行。除法律法规另有规定外，网络借贷信息中介机构不得向境外提供境内出借人和借款人信息。

第二十八条 网络借贷信息中介机构应当实行自身资金与出借人和借款人资金的隔离管理，并选择符合条件的银行业金融机构作为出借人与借款人的资金存管机构。

第二十九条 出借人与网络借贷信息中介机构之间、出借人与借款人之间、借款人与网络借贷信息中介机构之间等纠纷，可以通过以下途径解决：

（一）自行和解；
（二）请求行业自律组织调解；
（三）向仲裁部门申请仲裁；
（四）向人民法院提起诉讼。

第五章 信息披露

第三十条 网络借贷信息中介机构应当在其官方网站上向出借人充分披露借款人基本信息、融资项目基本信息、风险评估及可能产生的风险结果、已撮合未到期融资项目资金运用情况等有关信息。

披露内容应符合法律法规关于国家秘密、商业秘密、个人隐私的有关规定。

第三十一条 网络借贷信息中介机构应当及时在其官方网站显著位置披露本机构所撮合借贷项目等经营管理信息。

网络借贷信息中介机构应当在其官方网站上建立业务活动经营管理信息披露专栏，定期以公告形式向公众披露年度报告、法律法规、网络借贷有关监管规定。

网络借贷信息中介机构应当聘请会计师事务所定期对本机构出借人与借款人资金存管、信息披露情况、信息科技基础设施安全、经营合规性等重点环节实施审计，并且应当聘请有资质的信息安全测评认证机构定期对信息安全实施测评认证，向出借人与借款人等披露审计和测评认证结果。

网络借贷信息中介机构应当引入律师事务所、信息系统安全评价等第三方机构，对网络信息中介机构合规和信息系统稳健情况进行评估。

网络借贷信息中介机构应当将定期信息披露公告文稿和相关备查文件报送工商登记注册地地方金融监管部门，并置备于机构住所供社会公众查阅。

第三十二条 网络借贷信息中介机构的董事、监事、高级管理人员应当忠实、勤勉地履行职责，保证披露的信息真实、准确、完整、及时、公平，不得有虚假记载、误导性陈述或者重大遗漏。

借款人应当配合网络借贷信息中介机构及出借人对融资项目有关信息的调查核实，保证提供的信息真实、准确、完整。

网络借贷信息披露具体细则另行制定。

第六章 监督管理

第三十三条 国务院银行业监督管理机构及其派出机构负责制定统一的规范发展政策措施和监督管理制度，负责网络借贷信息中介机构的日常行为监管，指导和配合地方人民政府做好网络借贷信息中介机构的机构监管和风险处置工作，建立跨部门跨地区监管协调机制。

各地方金融监管部门具体负责本辖区网络借贷信息中介机构的机构监管，包括对本辖区网络借贷信息中介机构的规范引导、备案管理和风险防范、处置工作。

第三十四条 中国互联网金融协会从事网络借贷行业自律管理，并履行下列职责：

（一）制定自律规则、经营细则和行业标准并组织实施，教育会员遵守法律法规和网络借贷有关监管规定；

（二）依法维护会员的合法权益，协调会员关系，组织相关培训，向会员提供行业信息、法律咨询等服务，调解纠纷；

（三）受理有关投诉和举报，开展自律检查；

（四）成立网络借贷专业委员会；

（五）法律法规和网络借贷有关监管规定赋予的其他职责。

第三十五条 借款人、出借人、网络借贷信息中介机构、资金存管机构、担保人等应当签订资金存管协议，明确各自权利义务和违约责任。

资金存管机构对出借人与借款人开立和使用资金账户进行管理和监督，并根据合同约定，对出借人与借款人的资金进行存管、划付、核算和监督。

资金存管机构承担实名开户和履行合同约定及借贷交易指令表面一致性的形式审核责任，但不承担融资项目及借贷交易信息真实性的实质审核责任。

资金存管机构应当按照网络借贷有关监管规定报送数据信息并依法接受相关监督管理。

第三十六条 网络借贷信息中介机构应当在下列重大事件发生后，立即采取应急措施并向工商登记注册地地方金融监管部门报告：

（一）因经营不善等原因出现重大经营风险；

（二）网络借贷信息中介机构或其董事、

监事、高级管理人员发生重大违法违规行为；

（三）因商业欺诈行为被起诉，包括违规担保、夸大宣传、虚构隐瞒事实、发布虚假信息、签订虚假合同、错误处置资金等行为。

地方金融监管部门应当建立网络借贷行业重大事件的发现、报告和处置制度，制定处置预案，及时、有效地协调处置有关重大事件。

地方金融监管部门应当及时将本辖区网络借贷信息中介机构重大风险及处置情况信息报送省级人民政府、国务院银行业监督管理机构和中国人民银行。

第三十七条 除本办法第七条规定的事项外，网络借贷信息中介机构发生下列情形的，应当在5个工作日以内向工商登记注册地地方金融监管部门报告：

（一）因违规经营行为被查处或被起诉；

（二）董事、监事、高级管理人员违反境内外相关法律法规行为；

（三）国务院银行业监督管理机构、地方金融监管部门等要求的其他情形。

第三十八条 网络借贷信息中介机构应当聘请会计师事务所进行年度审计，并在上一会计年度结束之日起4个月内向工商登记注册地地方金融监管部门报送年度审计报告。

第七章　法律责任

第三十九条 地方金融监管部门存在未依照本办法规定报告重大风险和处置情况、未依照本办法规定向国务院银行业监督管理机构提供行业统计或行业报告等违反法律法规及本办法规定情形的，应当对有关责任人依法给予行政处分；构成犯罪的，依法追究刑事责任。

第四十条 网络借贷信息中介机构违反法律法规和网络借贷有关监管规定，有关法律法规有处罚规定的，依照其规定给予处罚；有关法律法规未作处罚规定的，工商登记注册地地方金融监管部门可以采取监管谈话、出具警示函、责令改正、通报批评、将其违法违规和不履行公开承诺等情况记入诚信档案并公布等监管措施，以及给予警告、人民币3万元以下罚款和依法可以采取的其他处罚措施；构成犯罪的，依法追究刑事责任。

网络借贷信息中介机构违反法律规定从事非法集资活动或欺诈的，按照相关法律法规和工作机制处理；构成犯罪的，依法追究刑事责任。

第四十一条 网络借贷信息中介机构的出借人及借款人违反法律法规和网络借贷有关监管规定，依照有关规定给予处罚；构成犯罪的，依法追究刑事责任。

第八章　附　则

第四十二条 银行业金融机构及国务院银行业监督管理机构批准设立的其他金融机构和省级人民政府批准设立的融资担保公司、小额贷款公司等投资设立具有独立法人资格的网络借贷信息中介机构，设立办法另行制定。

第四十三条 中国互联网金融协会网络借贷专业委员会按照《关于促进互联网金融健康发展的指导意见》和协会章程开展自律并接受相关监管部门指导。

第四十四条 本办法实施前设立的网络借贷信息中介机构不符合本办法规定的，除违法犯罪行为按照本办法第四十条处理外，由地方金融监管部门要求其整改，整改期不超过12个月。

第四十五条 省级人民政府可以根据本办法制定实施细则，并报国务院银行业监督管理机构备案。

第四十六条 本办法解释权归国务院银行业监督管理机构、工业和信息化部、公安部、国家互联网信息办公室。

第四十七条 本办法所称不超过、以下、以内，包括本数。

贷款通则

(1996年6月28日中国人民银行令1996年2号发布
从1996年8月1日起施行)

目 录

第一章 总 则
第二章 贷款种类
第三章 贷款期限和利率
第四章 借款人
第五章 贷款人
第六章 贷款程序
第七章 不良贷款监管
第八章 贷款管理责任制
第九章 贷款债权保全和清偿的管理
第十章 贷款管理特别规定
第十一章 罚 则
第十二章 附 则

第一章 总 则

第一条 为了规范贷款行为，维护借贷双方的合法权益，保证信贷资产的安全，提高贷款使用的整体效益，促进社会经济的持续发展，根据《中华人民共和国中国人民银行法》《中华人民共和国商业银行法》等有关法律规定，制定本通则。

第二条 本通则所称贷款人，系指在中国境内依法设立的经营贷款业务的中资金融机构。

本通则所称借款人，系指从经营贷款业务的中资金融机构取得贷款的法人、其他经济组织、个体工商户和自然人。

本通则中所称贷款系指贷款人对借款人提供的并按约定的利率和期限还本付息的货币资金。

本通则中的贷款币种包括人民币和外币。

第三条 贷款的发放和使用应当符合国家的法律、行政法规和中国人民银行发布的行政规章，应当遵循效益性、安全性和流动性的原则。

第四条 借款人与贷款人的借贷活动应当遵循平等、自愿、公平和诚实信用的原则。

第五条 贷款人开展贷款业务，应当遵循公平竞争、密切协作的原则，不得从事不正当竞争。

第六条 中国人民银行及其分支机构是实施《贷款通则》的监管机关。

第二章 贷款种类

第七条 自营贷款、委托贷款和特定贷款：

自营贷款，系指贷款人以合法方式筹集的资金自主发放的贷款，其风险由贷款人承担，并由贷款人收回本金和利息。

委托贷款，系指由政府部门、企事业单位及个人等委托人提供资金，由贷款人（即受托人）根据委托人确定的贷款对象、用途、金额、期限、利率等代为发放、监督使用并协助收回的贷款。贷款人（受托人）只收取手续费，不承担贷款风险。

特定贷款，系指国务院批准并对贷款可能造成的损失采取相应补救措施后责成国有独资商业银行发放的贷款。

第八条 短期贷款、中期贷款和长期贷款：

短期贷款，系指贷款期限在1年以内（含1年）的贷款。

中期贷款，系指贷款期限在1年以上（不含1年）5年以下（含5年）的贷款。

长期贷款，系指贷款期限在5年（不含5年）以上的贷款。

第九条 信用贷款、担保贷款和票据贴现：

信用贷款，系指以借款人的信誉发放的贷款。

担保贷款，系指保证贷款、抵押贷款、质

押贷款。

保证贷款，系指按《中华人民共和国担保法》规定的保证方式以第三人承诺在借款人不能偿还贷款时，按约定承担一般保证责任或者连带责任而发放的贷款。

抵押贷款，系指按《中华人民共和国担保法》规定的抵押方式以借款人或第三人的财产作为抵押物发放的贷款。

质押贷款，系指按《中华人民共和国担保法》规定的质押方式以借款人或第三人的动产或权利作为质物发放的贷款。

票据贴现，系指贷款人以购买借款人未到期商业票据的方式发放的贷款。

第十条 除委托贷款以外，贷款人发放贷款，借款人应当提供担保。贷款人应当对保证人的偿还能力，抵押物、质物的权属和价值以及实现抵押权、质权的可行性进行严格审查。

经贷款审查、评估，确认借款人资信良好，确能偿还贷款的，可以不提供担保。

第三章　贷款期限和利率

第十一条 贷款期限：

贷款期限根据借款人的生产经营周期、还款能力和贷款人的资金供给能力由借贷双方共同商议后确定，并在借款合同中载明。

自营贷款期限最长一般不得超过10年，超过10年应当报中国人民银行备案。

票据贴现的贴现期限最长不得超过6个月，贴现期限为从贴现之日起到票据到期日止。

第十二条 贷款展期：

不能按期归还贷款的，借款人应当在贷款到期日之前，向贷款人申请贷款展期。是否展期由贷款人决定。申请保证贷款、抵押贷款、质押贷款展期的，还应当由保证人、抵押人、出质人出具同意的书面证明。已有约定的，按照约定执行。

短期贷款展期期限累计不得超过原贷款期限；中期贷款展期期限累计不得超过原贷款期限的一半；长期贷款展期期限累计不得超过3年。国家另有规定者除外。借款人未申请展期或申请展期未得到批准，其贷款从到期日次日起，转入逾期贷款帐户。

第十三条 贷款利率的确定：

贷款人应当按照中国人民银行规定的贷款利率上下限，确定每笔贷款利率，并在借款合同中载明。

第十四条 贷款利息的计收：

贷款人和借款人应当按借款合同和中国人民银行有关计息规定按期计收或交付利息。

贷款的展期期限加上原期限达到新的利率期限档次时，从展期之日起，贷款利息按新的期限档次利率计收。

逾期贷款按规定计收罚息。

第十五条 贷款的贴息：

根据国家政策，为了促进某些产业和地区经济的发展，有关部门可以对贷款补贴利息。

对有关部门贴息的贷款，承办银行应当自主审查发放，并根据本通则有关规定严格管理。

第十六条 贷款停息、减息、缓息和免息：

除国务院决定外，任何单位和个人无权决定停息、减息、缓息和免息。贷款人应当依据国务院决定，按照职责权限范围具体办理停息、减息、缓息和免息。

第四章　借款人

第十七条 借款人应当是经工商行政管理机关（或主管机关）核准登记的企（事）业法人、其他经济组织、个体工商户或具有中华人民共和国国籍的具有完全民事行为能力的自然人。

借款人申请贷款，应当具备产品有市场、生产经营有效益、不挤占挪用贷款资金、恪守信用等基本条件，并且应当符合以下要求：

一、有按期还本付息的能力，原应付贷款利息和到期贷款已清偿；没有清偿的，已经做了贷款人认可的偿还计划。

二、除自然人和不需要经工商部门核准登记的事业法人外，应当经过工商部门办理年检手续。

三、已开立基本帐户或一般存款帐户。

四、除国务院规定外，有限责任公司和股份有限公司对外股本权益性投资累计额未超过其净资产总额的50%。

五、借款人的资产负债率符合贷款人的要求。

六、申请中期、长期贷款的，新建项目的企业法人所有者权益与项目所需总投资的比例不低于国家规定的投资项目的资本金比例。

第十八条 借款人的权利：

一、可以自主向主办银行或者其他银行的经办机构申请贷款并依条件取得贷款；

二、有权按合同约定提取和使用全部贷款；

三、有权拒绝借款合同以外的附加条件；

四、有权向贷款人的上级和中国人民银行反映、举报有关情况；

五、在征得贷款人同意后，有权向第三人转让债务。

第十九条 借款人的义务：

一、应当如实提供贷款人要求的资料（法律规定不能提供者除外），应当向贷款人如实提供所有开户行、帐号及存贷款余额情况，配合贷款人的调查、审查和检查；

二、应当接受贷款人对其使用信贷资金情况和有关生产经营、财务活动的监督；

三、应当按借款合同约定用途使用贷款；

四、应当按借款合同约定及时清偿贷款本息；

五、将债务全部或部分转让给第三人的，应当取得贷款人的同意；

六、有危及贷款人债权安全情况时，应当及时通知贷款人，同时采取保全措施。

第二十条 对借款人的限制：

一、不得在一个贷款人同一辖区内的两个或两个以上同级分支机构取得贷款。

二、不得向贷款人提供虚假的或者隐瞒重要事实的资产负债表、损益表等。

三、不得用贷款从事股本权益性投资，国家另有规定的除外。

四、不得用贷款在有价证券、期货等方面从事投机经营。

五、除依法取得经营房地产资格的借款人以外，不得用贷款经营房地产业务；依法取得经营房地产资格的借款人，不得用贷款从事房地产投机。

六、不得套取贷款用于借贷牟取非法收入。

七、不得违反国家外汇管理规定使用外币贷款。

八、不得采取欺诈手段骗取贷款。

第五章 贷款人

第二十一条 贷款人必须经中国人民银行批准经营贷款业务，持有中国人民银行颁发的《金融机构法人许可证》或《金融机构营业许可证》，并经工商行政管理部门核准登记。

第二十二条 贷款人的权利：

根据贷款条件和贷款程序自主审查和决定贷款，除国务院批准的特定贷款外，有权拒绝任何单位和个人强令其发放贷款或者提供担保。

一、要求借款人提供与借款有关的资料；

二、根据借款人的条件，决定贷与不贷、贷款金额、期限和利率等；

三、了解借款人的生产经营活动和财务活动；

四、依合同约定从借款人帐户上划收贷款本金和利息；

五、借款人未能履行借款合同规定义务的，贷款人有权依合同约定要求借款人提前归还贷款或停止支付借款人尚未使用的贷款；

六、在贷款将受或已受损失的，可依据合同规定，采取使贷款免受损失的措施。

第二十三条 贷款人的义务：

一、应当公布所经营的贷款的种类、期限和利率，并向借款人提供咨询。

二、应当公开贷款审查的资信内容和发放贷款的条件。

三、贷款人应当审议借款人的借款申请，并及时答复贷与不贷。短期贷款答复时间不得超过1个月，中期、长期贷款答复时间不得超过六个月；国家另有规定者除外。

四、应当对借款人债务、财务、生产、经营情况保密，但对依法查询者除外。

第二十四条 对贷款人的限制：

一、贷款的发放必须严格执行《中华人民共和国商业银行法》第三十九条关于资产负债比例管理的有关规定，第四十条关于不得向关系人发放信用贷款、向关系人发放担保贷款的条件不得优于其他借款人同类贷款条件的规定。

二、借款人有下列情形之一者，不得对其发放贷款：

（一）不具备本通则第四章第十七条所规定的资格和条件的；

（二）生产、经营或投资国家明文禁止的产品、项目的；

（三）违反国家外汇管理规定的；

（四）建设项目按国家规定应当报有关部门批准而未取得批准文件的；

（五）生产经营或投资项目未取得环境保护部门许可的；

（六）在实行承包、租赁、联营、合并（兼并）、合作、分立、产权有偿转让、股份制改造等体制变更过程中，未清偿原有贷款债务、落实原有贷款债务或提供相应担保的；

（七）有其他严重违法经营行为的。

三、未经中国人民银行批准，不得对自然人发放外币币种的贷款。

四、自营贷款和特定贷款，除按中国人民银行规定计收利息之外，不得收取其他任何费用；委托贷款，除按中国人民银行规定计收手续费之外，不得收取其他任何费用。

五、不得给委托人垫付资金，国家另有规定的除外。

六、严格控制信用贷款，积极推广担保贷款。

第六章 贷款程序

第二十五条 贷款申请：

借款人需要贷款，应当向主办银行或者其他银行的经办机构直接申请。

借款人应当填写包括借款金额、借款用途、偿还能力及还款方式等主要内容的《借款申请书》并提供以下资料：

一、借款人及保证人基本情况；

二、财政部门或会计（审计）事务所核准的上年度财务报告，以及申请借款前一期的财务报告；

三、原有不合理占用的贷款的纠正情况；

四、抵押物、质物清单和有处分权人的同意抵押、质押的证明及保证人拟同意保证的有关证明文件；

五、项目建议书和可行性报告；

六、贷款人认为需要提供的其他有关资料。

第二十六条 对借款人的信用等级评估：

应当根据借款人的领导者素质、经济实力、资金结构、履约情况、经营效益和发展前景等因素，评定借款人的信用等级。评级可由贷款人独立进行，内部掌握，也可由有权部门批准的评估机构进行。

第二十七条 贷款调查：

贷款人受理借款人申请后，应当对借款人的信用等级以及借款的合法性、安全性、盈利性等情况进行调查，核实抵押物、质物、保证人情况，测定贷款的风险度。

第二十八条 贷款审批：

贷款人应当建立审贷分离、分级审批的贷款管理制度。审查人员应当对调查人员提供的资料进行核实、评定，复测贷款风险度，提出意见，按规定权限报批。

第二十九条 签订借款合同：

所有贷款应当由贷款人与借款人签订借款合同。借款合同应当约定借款种类、借款用途、金额、利率、借款期限、还款方式，借、贷双方的权利、义务，违约责任和双方认为需要约定的其他事项。

保证贷款应当由保证人与贷款人签订保证合同，或保证人在借款合同上载明与贷款人协商一致的保证条款，加盖保证人的法人公章，并由保证人的法定代表人或其授权代理人签署姓名。抵押贷款、质押贷款应当由抵押人、出质人与贷款人签订抵押合同、质押合同，需要办理登记的，应依法办理登记。

第三十条 贷款发放：

贷款人要按借款合同规定按期发放贷款。贷款人不按合同约定按期发放贷款的，应偿还违约金。借款人不按合同约定用款的，应偿付违约金。

第三十一条 贷后检查：

贷款发放后，贷款人应当对借款人执行借款合同情况及借款人的经营情况进行追踪调查和检查。

第三十二条 贷款归还：

借款人应当按照借款合同规定按时足额归还贷款本息。

贷款人在短期贷款到期1个星期之前、中长期贷款到期1个月之前，应当向借款人发送还本付息通知单；借款人应当及时筹备资金，按时还本付息。

贷款人对逾期的贷款要及时发出催收通知单，做好逾期贷款本息的催收工作。

贷款人对不能按借款合同约定期限归还的贷款，应当按规定加罚利息；对不能归还或者不能落实还本付息事宜的，应当督促归还或者依法起诉。

借款人提前归还贷款，应当与贷款人

协商。

第七章 不良贷款监管

第三十三条 贷款人应当建立和完善贷款的质量监管制度，对不良贷款进行分类、登记、考核和催收。

第三十四条 不良贷款系指呆帐贷款、呆滞贷款、逾期贷款。

呆帐贷款，系指按财政部有关规定列为呆帐的贷款。

呆滞贷款，系指按财政部有关规定，逾期（含展期后到期）超过规定年限以上仍未归还的贷款，或虽未逾期或逾期不满规定年限但生产经营已终止、项目已停建的贷款（不含呆帐贷款）。

逾期贷款，系指借款合同约定到期（含展期后到期）未归还的贷款（不含呆滞贷款和呆帐贷款）。

第三十五条 不良贷款的登记：

不良贷款由会计、信贷部门提供数据，由稽核部门负责审核并按规定权限认定，贷款人应当按季填报不良贷款情况表。在报上级行的同时，应当报中国人民银行当地分支机构。

第三十六条 不良贷款的考核：

贷款人的呆帐贷款、呆滞贷款、逾期贷款不得超过中国人民银行规定的比例。贷款人应当对所属分支机构下达和考核呆帐贷款、呆滞贷款和逾期贷款的有关指标。

第三十七条 不良贷款的催收和呆帐贷款的冲销：

信贷部门负责不良贷款的催收，稽核部门负责对催收情况的检查。贷款人应当按照国家有关规定提取呆帐准备金，并按照呆帐冲销的条件和程序冲销呆帐贷款。

未经国务院批准，贷款人不得豁免贷款。除国务院批准外，任何单位和个人不得强令贷款人豁免贷款。

第八章 贷款管理责任制

第三十八条 贷款管理实行行长（经理、主任，下同）负责制。

贷款实行分级经营管理。各级行长应当在授权范围内对贷款的发放和收回负全部责任。行长可以授权副行长或贷款管理部门负责审批贷款，副行长或贷款管理部门负责人应当对行长负责。

第三十九条 贷款人各级机构应当建立有行长或副行长（经理、主任，下同）和有关部门负责人参加的贷款审查委员会（小组），负责贷款的审查。

第四十条 建立审贷分离制：

贷款调查评估人员负责贷款调查评估，承担调查失误和评估失准的责任；贷款审查人员负责贷款风险的审查，承担审查失误的责任；贷款发放人员负责贷款的检查和清收，承担检查失误、清收不力的责任。

第四十一条 建立贷款分级审批制：

贷款人应当根据业务量大小、管理水平和贷款风险度确定各级分支机构的审批权限，超过审批权限的贷款，应当报上级审批。各级分支机构应当根据贷款种类、借款人的信用等级和抵押物、质物、保证人等情况确定每一笔贷款的风险度。

第四十二条 建立和健全信贷工作岗位责任制：

各级贷款管理部门应将贷款管理的每一个环节的管理责任落实到部门、岗位、个人，严格划分各级信贷工作人员的职责。

第四十三条 贷款人对大额借款人建立驻厂信贷员制度。

第四十四条 建立离职审计制：

贷款管理人员在调离原工作岗位时，应当对其在任职期间和权限内所发放的贷款风险情况进行审计。

第九章 贷款债权保全和清偿的管理

第四十五条 借款人不得违反法律规定，借兼并、破产或者股份制改造等途径，逃避银行债务，侵吞信贷资金；不得借承包、租赁等途径逃避贷款人的信贷监管以及偿还贷款本息的责任。

第四十六条 贷款人有权参与处于兼并、破产或股份制改造等过程中的借款人的债务重组，应当要求借款人落实贷款还本付息事宜。

第四十七条 贷款人应当要求实行承包、租赁经营的借款人，在承包、租赁合同中明确落实原贷款债务的偿还责任。

第四十八条 贷款人对实行股份制改造的借款人，应当要求其重新签订借款合同，明确原贷款债务的清偿责任。

对实行整体股份制改造的借款人，应当明确其所欠贷款债务由改造后公司全部承担；对实行部分股份制改造的借款人，应当要求改造后的股份公司按占用借款人的资本金或资产的比例承担原借款人的贷款债务。

第四十九条 贷款人对联营后组成新的企业法人的借款人，应当要求其依据所占用的资本金或资产的比例将贷款债务落实到新的企业法人。

第五十条 贷款人对合并（兼并）的借款人，应当要求其在合并（兼并）前清偿贷款债务或提供相应的担保。

借款人不清偿贷款债务或未提供相应担保，贷款人应当要求合并（兼并）企业或合并后新成立的企业承担归还原借款人贷款的义务，并与之重新签订有关合同或协议。

第五十一条 贷款人对与外商合资（合作）的借款人，应当要求其继续承担合资（合作）前的贷款归还责任，并要求其将所得收益优先归还贷款。借款人用已作为贷款抵押、质押的财产与外商合资（合作）时必须征求贷款人同意。

第五十二条 贷款人对分立的借款人，应当要求其在分立前清偿贷款债务或提供相应的担保。

借款人不清偿贷款债务或未提供相应担保，贷款人应当要求分立后的各企业，按照分立时所占资本或资产比例或协议，对原借款人所欠贷款承担清偿责任。对设立子公司的借款人，应当要求其子公司按所得资本或资产的比例承担和偿还母公司相应的贷款债务。

第五十三条 贷款人对产权有偿转让或申请解散的借款人，应当要求其在产权转让或解散前必须落实贷款债务的清偿。

第五十四条 贷款人应当按照有关法律参与借款人破产财产的认定与债权债务的处置，对于破产借款人已设定财产抵押、质押或其他担保的贷款债权，贷款人依法享有优先受偿权；无财产担保的贷款债权按法定程序和比例受偿。

第十章　贷款管理特别规定

第五十五条 建立贷款主办行制度：

借款人应按中国人民银行的规定与其开立基本帐户的贷款人建立贷款主办行关系。

借款人发生企业分立、股份制改造、重大项目建设等涉及信贷资金使用和安全的重大经济活动，事先应当征求主办行的意见。一个借款人只能有一个贷款主办行，主办行应当随基本帐户的变更而变更。

主办行不包资金，但应当按规定有计划地对借款人提供贷款，为借款人提供必要的信息咨询、代理等金融服务。

贷款主办行制度与实施办法，由中国人民银行另行规定。

第五十六条 银团贷款应当确定一个贷款人为牵头行，并签订银团贷款协议，明确各贷款人的权利和义务，共同评审贷款项目。牵头行应当按协议确定的比例监督贷款的偿还。银团贷款管理办法由中国人民银行另行规定。

第五十七条 特定贷款管理：

国有独资商业银行应当按国务院规定发放和管理特定贷款。

特定贷款管理办法另行规定。

第五十八条 非银行金融机构贷款的种类、对象、范围，应当符合中国人民银行规定。

第五十九条 贷款人发放异地贷款，或者接受异地存款，应当报中国人民银行当地分支机构备案。

第六十条 信贷资金不得用于财政支出。

第六十一条 各级行政部门和企事业单位、供销合作社等合作经济组织、农村合作基金会和其他基金会，不得经营存贷款等金融业务。企业之间不得违反国家规定办理借贷或者变相借贷融资业务。

第十一章　罚　则

第六十二条 贷款人违反资产负债比例管理有关规定发放贷款的，应当依照《中华人民共和国商业银行法》第七十五条，由中国人民银行责令改正，处以罚款，有违法所得的没收违法所得，并且应当依照第七十六条对直接负责的主管人员和其他直接责任人员给予处罚。

第六十三条 贷款人违反规定向关系人发放信用贷款或者发放担保贷款的条件优于其他借款人同类贷款条件的，应当依照《中华人民共和国商业银行法》第七十四条处罚，并且应当依照第七十六条对有关直接责任人员给予处罚。

第六十四条 贷款人的工作人员对单位或者个人强令其发放贷款或者提供担保未予拒绝的，应当依照《中华人民共和国商业银行法》第八十五条给予纪律处分，造成损失的应当承担相应的赔偿责任。

第六十五条 贷款人的有关责任人员违反本通则有关规定，应当给予纪律处分和罚款；情节严重或屡次违反的，应当调离工作岗位，取消任职资格；造成严重经济损失或者构成其他经济犯罪的，应当依照有关法律规定追究刑事责任。

第六十六条 贷款人有下列情形之一，由中国人民银行责令改正；逾期不改正的，中国人民银行可以处以5千元以上1万元以下罚款：

一、没有公布所经营贷款的种类、期限、利率的；

二、没有公开贷款条件和发放贷款时要审查的内容的；

三、没有在规定期限内答复借款人贷款申请的。

第六十七条 贷款人有下列情形之一，由中国人民银行责令改正；有违法所得的，没收违法所得，并处以违法所得1倍以上3倍以下罚款；没有违法所得的，处以五万元以上三十万元以下罚款；构成犯罪的，依法追究刑事责任：

一、贷款人违反规定代垫委托贷款资金的；

二、未经中国人民银行批准，对自然人发放外币贷款的；

三、贷款人违反中国人民银行规定，对自营贷款或者特定贷款在计收利息之外收取其他任何费用的，或者对委托贷款在计收手续费之外收取其他任何费用的。

第六十八条 任何单位和个人强令银行发放贷款或者提供担保的，应当依照《中华人民共和国商业银行法》第八十五条，对直接负责的主管人员和其他直接责任人员或者个人给予纪律处分；造成经济损失的，承担全部或者部分赔偿责任。

第六十九条 借款人采取欺诈手段骗取贷款，构成犯罪的，应当依照《中华人民共和国商业银行法》第八十条等法律规定处以罚款并追究刑事责任。

第七十条 借款人违反本通则第九章第四十五条规定，蓄意通过兼并、破产或者股份制改造等途径侵吞信贷资金的，应当依据有关法律规定承担相应部分赔偿责任并处以罚款；造成贷款人重大经济损失的，应当依照有关法律规定追究直接责任人员的刑事责任。

借款人违反本通则第九章其他条款规定，致使贷款债务落空，由贷款人停止发放新贷款，并提前收回原发放的贷款。造成信贷资产损失的，借款人及其主管人员或其他个人，应当承担部分或全部赔偿责任。在未履行赔偿责任之前，其他任何贷款人不得对其发放贷款。

第七十一条 借款人有下列情形之一，由贷款人对其部分或全部贷款加收利息；情节特别严重的，由贷款人停止支付借款人尚未使用的贷款，并提前收回部分或全部贷款：

一、不按借款合同规定用途使用贷款的。

二、用贷款进行股本权益性投资的。

三、用贷款在有价证券、期货等方面从事投机经营的。

四、未依法取得经营房地产资格的借款人用贷款经营房地产业务的；依法取得经营房地产资格的借款人，用贷款从事房地产投机的。

五、不按借款合同规定清偿贷款本息的。

六、套取贷款相互借贷牟取非法收入的。

第七十二条 借款人有下列情形之一，由贷款人责令改正。情节特别严重或逾期不改正的，由贷款人停止支付借款人尚未使用的贷款，并提前收回部分或全部贷款：

一、向贷款人提供虚假或者隐瞒重要事实的资产负债表、损益表等资料的；

二、不如实向贷款人提供所有开户行、帐号及存贷款余额等资料的；

三、拒绝接受贷款人对其使用信贷资金情况和有关生产经营、财务活动监督的。

第七十三条 行政部门、企事业单位、股份合作经济组织、供销合作社、农村合作基金会和其他基金会擅自发放贷款的；企业之间擅自办理借贷或者变相借贷的，由中国人民银行对出借方按违规收入处以1倍以上至5倍以下罚款，并由中国人民银行予以取缔。

第七十四条 当事人对中国人民银行处罚决定不服的，可按《中国人民银行行政复议办法（试行）》的规定申请复议，复议期间仍按原处罚执行。

第十二章 附 则

第七十五条 国家政策性银行、外资金融机构（含外资、中外合资、外资金融机构的分支机构等）的贷款管理办法，由中国人民银行另行制定。

第七十六条 有关外国政府贷款、出口信贷、外商贴息贷款、出口信贷项下的对外担保以及与上述贷款配套的国际商业贷款的管理办法，由中国人民银行另行制定。

第七十七条 贷款人可根据本通则制定实施细则，报中国人民银行备案。

第七十八条 本通则自实施之日起，中国人民银行和各贷款人在此以前制定的各种规定，与本通则有抵触者，以本通则为准。

第七十九条 本通则由中国人民银行负责解释。

第八十条 本通则自一九九六年八月一日起施行。

最高人民法院关于适用《中华人民共和国民法典》合同编通则若干问题的解释

法释〔2023〕13号

(2023年5月23日最高人民法院审判委员会第1889次会议通过 2023年12月4日最高人民法院公告公布 自2023年12月5日起施行)

为正确审理合同纠纷案件以及非因合同产生的债权债务关系纠纷案件，依法保护当事人的合法权益，根据《中华人民共和国民法典》《中华人民共和国民事诉讼法》等相关法律规定，结合审判实践，制定本解释。

一、一般规定

第一条 人民法院依据民法典第一百四十二条第一款、第四百六十六条第一款的规定解释合同条款时，应当以词句的通常含义为基础，结合相关条款、合同的性质和目的、习惯以及诚信原则，参考缔约背景、磋商过程、履行行为等因素确定争议条款的含义。

有证据证明当事人之间对合同条款有不同于词句的通常含义的其他共同理解，一方主张按照词句的通常含义理解合同条款的，人民法院不予支持。

对合同条款有两种以上解释，可能影响该条款效力的，人民法院应当选择有利于该条款有效的解释；属于无偿合同的，应当选择对债务人负担较轻的解释。

第二条 下列情形，不违反法律、行政法规的强制性规定且不违背公序良俗的，人民法院可以认定为民法典所称的"交易习惯"：

（一）当事人之间在交易活动中的惯常做法；

（二）在交易行为当地或者某一领域、某一行业通常采用并为交易对方订立合同时所知道或者应当知道的做法。

对于交易习惯，由提出主张的当事人一方承担举证责任。

二、合同的订立

第三条 当事人对合同是否成立存在争议，人民法院能够确定当事人姓名或者名称、标的和数量的，一般应当认定合同成立。但是，法律另有规定或者当事人另有约定的除外。

根据前款规定能够认定合同已经成立的，对合同欠缺的内容，人民法院应当依据民法典第五百一十条、第五百一十一条等规定予以确定。

当事人主张合同无效或者请求撤销、解除合同等，人民法院认为合同不成立的，应当依据《最高人民法院关于民事诉讼证据的若干规定》第五十三条的规定将合同是否成立作为焦点问题进行审理，并可以根据案件的具体情况重新指定举证期限。

第四条 采取招标方式订立合同，当事人请求确认合同自中标通知书到达中标人时成立的，人民法院应予支持。合同成立后，当事人拒绝签订书面合同的，人民法院应当依据招标文件、投标文件和中标通知书等确定合同内容。

采取现场拍卖、网络拍卖等公开竞价方式订立合同，当事人请求确认合同自拍卖师落槌、电子交易系统确认成交时成立的，人民法院应予支持。合同成立后，当事人拒绝签订成交确认书的，人民法院应当依据拍卖公告、竞买人的报价等确定合同内容。

产权交易所等机构主持拍卖、挂牌交易，其公布的拍卖公告、交易规则等文件公开确定了合同成立需要具备的条件，当事人请求确认合同自该条件具备时成立的，人民法院应予支持。

第五条 第三人实施欺诈、胁迫行为，使当事人在违背真实意思的情况下订立合同，受到损失的当事人请求第三人承担赔偿责任的，人民法院依法予以支持；当事人亦有违背诚信原则的行为的，人民法院应当根据各自的过错确定相应的责任。但是，法律、司法解释对当事人与第三人的民事责任另有规定的，依照其规定。

第六条 当事人以认购书、订购书、预订书等形式约定在将来一定期限内订立合同，或者为担保在将来一定期限内订立合同交付了定金，能够确定将来所要订立合同的主体、标的等内容的，人民法院应当认定预约合同成立。

当事人通过签订意向书或者备忘录等方式，仅表达交易的意向，未约定在将来一定期限内订立合同，或者虽然有约定但是难以确定将来所要订立合同的主体、标的等内容，一方主张预约合同成立的，人民法院不予支持。

当事人订立的认购书、订购书、预订书等已就合同标的、数量、价款或者报酬等主要内容达成合意，符合本解释第三条第一款规定的合同成立条件，未明确约定在将来一定期限内另行订立合同，或者虽然有约定但是当事人一方已实施履行行为且对方接受的，人民法院应当认定本约合同成立。

第七条 预约合同生效后，当事人一方拒绝订立本约合同或者在磋商订立本约合同时违背诚信原则导致未能订立本约合同的，人民法院应当认定该当事人不履行预约合同约定的义务。

人民法院认定当事人一方在磋商订立本约合同时是否违背诚信原则，应当综合考虑该当事人在磋商时提出的条件是否明显背离预约合同约定的内容以及是否已尽合理努力进行协商等因素。

第八条 预约合同生效后，当事人一方不履行订立本约合同的义务，对方请求其赔偿因此造成的损失的，人民法院依法予以支持。

前款规定的损失赔偿，当事人有约定的，按照约定；没有约定的，人民法院应当综合考虑预约合同在内容上的完备程度以及订立本约合同的条件的成就程度等因素酌定。

第九条 合同条款符合民法典第四百九十六条第一款规定的情形，当事人仅以合同系依据合同示范文本制作或者双方已经明确约定合同条款不属于格式条款为由主张该条款不是格式条款的，人民法院不予支持。

从事经营活动的当事人一方仅以未实际重复使用为由主张其预先拟定且未与对方协商的合同条款不是格式条款的，人民法院不予支持。但是，有证据证明该条款不是为了重复使用而预先拟定的除外。

第十条 提供格式条款的一方在合同订立时采用通常足以引起对方注意的文字、符号、字体等明显标识，提示对方注意免除或者减轻其责任、排除或者限制对方权利等与对方有重大利害关系的异常条款的，人民法院可以认定其已经履行民法典第四百九十六条第二款规定的提示义务。

提供格式条款的一方按照对方的要求，就与对方有重大利害关系的异常条款的概念、内容及其法律后果以书面或者口头形式向对方作出通常能够理解的解释说明的，人民法院可以认定其已经履行民法典第四百九十六条第二款规定的说明义务。

提供格式条款的一方对其已经尽到提示义务或者说明义务承担举证责任。对于通过互联网等信息网络订立的电子合同，提供格式条款的一方仅以采取了设置勾选、弹窗等方式为由主张其已经履行提示义务或者说明义务的，人民法院不予支持，但是其举证符合前两款规定的除外。

三、合同的效力

第十一条 当事人一方是自然人，根据该当事人的年龄、智力、知识、经验并结合交易的复杂程度，能够认定其对合同的性质、合同订立的法律后果或者交易中存在的特定风险缺乏应有的认知能力的，人民法院可以认定该情形构成民法典第一百五十一条规定的"缺乏判断能力"。

第十二条 合同依法成立后，负有报批义务的当事人不履行报批义务或者履行报批义务不符合合同的约定或者法律、行政法规的规定，对方请求其继续履行报批义务的，人民法院应予支持；对方主张解除合同并请求其承担违反报批义务的赔偿责任的，人民法院应予支持。

人民法院判决当事人一方履行报批义务后，其仍不履行，对方主张解除合同并参照违反合同的违约责任请求其承担赔偿责任的，人民法院应予支持。

合同获得批准前，当事人一方起诉请求对方履行合同约定的主要义务，经释明后拒绝变更诉讼请求的，人民法院应当判决驳回其诉讼请求，但是不影响其另行提起诉讼。

负有报批义务的当事人已经办理申请批准等手续或者已经履行生效判决确定的报批义务，批准机关决定不予批准，对方请求其承担赔偿责任的，人民法院不予支持。但是，因迟延履行报批义务等可归责于当事人的原因导致合同未获批准，对方请求赔偿因此受到的损失的，人民法院应当依据民法典第一百五十七条的规定处理。

第十三条 合同存在无效或者可撤销的情形，当事人以该合同已在有关行政管理部门办理备案、已经批准机关批准或者已依据该合同办理财产权利的变更登记、移转登记等为由主张合同有效的，人民法院不予支持。

第十四条 当事人之间就同一交易订立多份合同，人民法院应当认定其中以虚假意思表示订立的合同无效。当事人为规避法律、行政法规的强制性规定，以虚假意思表示隐藏真实意思表示的，人民法院应当依据民法典第一百五十三条第一款的规定认定被隐藏合同的效力；当事人为规避法律、行政法规关于合同应当办理批准等手续的规定，以虚假意思表示隐藏真实意思表示的，人民法院应当依据民法典第五百零二条第二款的规定认定被隐藏合同的效力。

依据前款规定认定被隐藏合同无效或者确定不发生效力的，人民法院应当以被隐藏合同为事实基础，依据民法典第一百五十七条的规定确定当事人的民事责任。但是，法律另有规定的除外。

当事人就同一交易订立的多份合同均系真实意思表示，且不存在其他影响合同效力情形的，人民法院应当在查明各合同成立先后顺序和实际履行情况的基础上，认定合同内容是否发生变更。法律、行政法规禁止变更合同内容的，人民法院应当认定合同的相应变更无效。

第十五条 人民法院认定当事人之间的权利义务关系，不应当拘泥于合同使用的名称，而应当根据合同约定的内容。当事人主张的权利义务关系与根据合同内容认定的权利义务关系不一致的，人民法院应当结合缔约背景、交易目的、交易结构、履行行为以及当事人是否存在虚构交易标的等事实认定当事人之间的实际民事法律关系。

第十六条 合同违反法律、行政法规的强制性规定，有下列情形之一，由行为人承担行政责任或者刑事责任能够实现强制性规定的立法目的的，人民法院可以依据民法典第一百五十三条第一款关于"该强制性规定不导致该民事法律行为无效的除外"的规定认定该合同不因违反强制性规定无效：

（一）强制性规定虽然旨在维护社会公共秩序，但是合同的实际履行对社会公共秩序造成的影响显著轻微，认定合同无效将导致案件处理结果有失公平公正；

（二）强制性规定旨在维护政府的税收、土地出让金等国家利益或者其他民事主体的合法利益而非合同当事人的民事权益，认定合同有效不会影响该规范目的的实现；

（三）强制性规定旨在要求当事人一方加强风险控制、内部管理等，对方无能力或者无义务审查合同是否违反强制性规定，认定合同无效将使其承担不利后果；

（四）当事人一方虽然在订立合同时违反强制性规定，但是在合同订立后其已经具备补正违反强制性规定的条件却违背诚信原则不予补正；

（五）法律、司法解释规定的其他情形。

法律、行政法规的强制性规定旨在规制合同订立后的履行行为，当事人以合同违反强制性规定为由请求认定合同无效的，人民法院不予支持。但是，合同履行必然导致违反强制性规定或者法律、司法解释另有规定的除外。

依据前两款认定合同有效，但是当事人的违法行为未经处理的，人民法院应当向有关行政管理部门提出司法建议。当事人的行为涉嫌犯罪的，应当将案件线索移送刑事侦查机关；属于刑事自诉案件的，应当告知当事人可以向有管辖权的人民法院另行提起诉讼。

第十七条 合同虽然不违反法律、行政法规的强制性规定，但是有下列情形之一，人民法院应当依据民法典第一百五十三条第二款的规定认定合同无效：

（一）合同影响政治安全、经济安全、军事安全等国家安全的；

（二）合同影响社会稳定、公平竞争秩序或者损害社会公共利益等违背社会公共秩序的；

（三）合同背离社会公德、家庭伦理或者有损人格尊严等违背善良风俗的。

人民法院在认定合同是否违背公序良俗时，应当以社会主义核心价值观为导向，综合考虑当事人的主观动机和交易目的、政府部门的监管强度、一定期限内当事人从事类似交易的频次、行为的社会后果等因素，并在裁判文书中充分说理。当事人确因生活需要进行交易，未给社会公共秩序造成重大影响，且不影响国家安全，也不违背善良风俗的，人民法院不应当认定合同无效。

第十八条 法律、行政法规的规定虽然有"应当""必须"或者"不得"等表述，但是该规定旨在限制或者赋予民事权利，行为人违反该规定将构成无权处分、无权代理、越权代表等，或者导致合同相对人、第三人因此获得撤销权、解除权等民事权利的，人民法院应当依据法律、行政法规规定的关于违反该规定的民事法律后果认定合同效力。

第十九条 以转让或者设定财产权利为目的订立的合同，当事人或者真正权利人仅以让与人在订立合同时对标的物没有所有权或者处分权为由主张合同无效的，人民法院不予支持；因未取得真正权利人事后同意或者让与人事后未取得处分权导致合同不能履行，受让人主张解除合同并请求让与人承担违反合同的赔偿责任的，人民法院依法予以支持。

前款规定的合同被认定有效，且让与人已经将财产交付或者移转登记至受让人，真正权利人请求认定财产权利未发生变动或者请求返还财产的，人民法院应予支持。但是，受让人依据民法典第三百一十一条等规定善意取得财产权利的除外。

第二十条 法律、行政法规为限制法人的法定代表人或者非法人组织的负责人的代表权，规定合同所涉事项应当由法人、非法人组织的权力机构或者决策机构决议，或者应当由法人、非法人组织的执行机构决定，法定代表人、负责人未取得授权而以法人、非法人组织的名义订立合同，未尽到合理审查义务的相对人主张该合同对法人、非法人组织发生效力并由其承担违约责任的，人民法院不予支持，但是法人、非法人组织有过错的，可以参照民法典第一百五十七条的规定判决其承担相应的赔偿责任。相对人已尽到合理审查义务，构成表见代表的，人民法院应当依据民法典第五百零四条的规定处理。

合同所涉事项未超越法律、行政法规规定的法定代表人或者负责人的代表权限，但是超越法人、非法人组织的章程或者权力机构等对代表权的限制，相对人主张该合同对法人、非法人组织发生效力并由其承担违约责任的，人民法院依法予以支持。但是，法人、非法人组织举证证明相对人知道或者应当知道该限制的除外。

法人、非法人组织承担民事责任后，向有过错的法定代表人、负责人追偿因越权代表行为造成的损失的，人民法院依法予以支持。法律、司法解释对法定代表人、负责人的民事责任另有规定的，依照其规定。

第二十一条 法人、非法人组织的工作人员就超越其职权范围的事项以法人、非法人组织的名义订立合同，相对人主张该合同对法人、非法人组织发生效力并由其承担违约责任的，人民法院不予支持。但是，法人、非法人组织有过错的，人民法院可以参照民法典第一百五十七条的规定判决其承担相应的赔偿责任。前述情形，构成表见代理的，人民法院应当依据民法典第一百七十二条的规定处理。

合同所涉事项有下列情形之一，人民法院应当认定法人、非法人组织的工作人员在订立合同时超越其职权范围：

（一）依法应当由法人、非法人组织的权力机构或者决策机构决议的事项；

（二）依法应当由法人、非法人组织的执行机构决定的事项；

（三）依法应当由法定代表人、负责人代表法人、非法人组织实施的事项；

（四）不属于通常情形下依其职权可以处理的事项。

合同所涉事项未超越依据前款确定的职权范围，但是超越法人、非法人组织对工作人员职权范围的限制，相对人主张该合同对法人、非法人组织发生效力并由其承担违约责任的，人民法院应予支持。但是，法人、非法人组织举证证明相对人知道或者应当知道该限制的除外。

法人、非法人组织承担民事责任后，向故意或者有重大过失的工作人员追偿的，人民法院依法予以支持。

第二十二条 法定代表人、负责人或者工作人员以法人、非法人组织的名义订立合同且未超越权限，法人、非法人组织仅以合同加盖的印章不是备案印章或者系伪造的印章为由主张该合同对其不发生效力的，人民法院不予支持。

合同系以法人、非法人组织的名义订立，但是仅有法定代表人、负责人或者工作人员签名或者按指印而未加盖法人、非法人组织的印章，相对人能够证明法定代表人、负责人或者工作人员在订立合同时未超越权限的，人民法院应当认定合同对法人、非法人组织发生效力。但是，当事人约定以加盖印章作为合同成立条件的除外。

合同仅加盖法人、非法人组织的印章而无人员签名或者按指印，相对人能够证明合同系法定代表人、负责人或者工作人员在其权限范围内订立的，人民法院应当认定该合同对法人、非法人组织发生效力。

在前三款规定的情形下，法定代表人、负责人或者工作人员在订立合同时虽然超越代表或者代理权限，但是依据民法典第五百零四条的规定构成表见代表，或者依据民法典第一百七十二条的规定构成表见代理的，人民法院应当认定合同对法人、非法人组织发生效力。

第二十三条 法定代表人、负责人或者代理人与相对人恶意串通，以法人、非法人组织的名义订立合同，损害法人、非法人组织的合法权益，法人、非法人组织主张不承担民事责任的，人民法院应予支持。法人、非法人组织请求法定代表人、负责人或者代理人与相对人对因此受到的损失承担连带赔偿责任的，人民法院应予支持。

根据法人、非法人组织的举证，综合考虑当事人之间的交易习惯、合同在订立时是否显失公平、相关人员是否获取了不正当利益、合同的履行情况等因素，人民法院能够认定法定代表人、负责人或者代理人与相对人存在恶意串通的高度可能性的，可以要求前述人员就合同订立、履行的过程等相关事实作出陈述或者提供相应的证据。其无正当理由拒绝作出陈述，或者所作陈述不具合理性又不能提供相应证据的，人民法院可以认定恶意串通的事实成立。

第二十四条 合同不成立、无效、被撤销或者确定不发生效力，当事人请求返还财产，经审查财产能够返还的，人民法院应当根据案件具体情况，单独或者合并适用返还占有的标的物、更正登记簿册记载等方式；经审查财产不能返还或者没有必要返还的，人民法院应当以认定合同不成立、无效、被撤销或者确定不发生效力之日该财产的市场价值或者以其他合理方式计算的价值为基准判决折价补偿。

除前款规定的情形外，当事人还请求赔偿损失的，人民法院应当结合财产返还或者折价补偿的情况，综合考虑财产增值收益和贬值损失、交易成本的支出等事实，按照双方当事人的过错程度及原因力大小，根据诚信原则和公平原则，合理确定损失赔偿额。

合同不成立、无效、被撤销或者确定不发生效力，当事人的行为涉嫌违法且未经处理，可能导致一方或者双方通过违法行为获得不当利益的，人民法院应当向有关行政管理部门提出司法建议。当事人的行为涉嫌犯罪的，应当将案件线索移送刑事侦查机关；属于刑事自诉案件的，应当告知当事人可以向有管辖权的人民法院另行提起诉讼。

第二十五条 合同不成立、无效、被撤销或者确定不发生效力，有权请求返还价款或者报酬的当事人一方请求对方支付资金占用费的，人民法院应当在当事人请求的范围内按照中国人民银行授权全国银行间同业拆借中心公布的一年期贷款市场报价利率（LPR）计算。但是，占用资金的当事人对于合同不成立、无效、被撤销或者确定不发生效力没有过错的，应当以中国人民银行公布的同期同类存款基准利率计算。

双方互负返还义务，当事人主张同时履行的，人民法院应予支持；占有标的物的一方对标的物存在使用或者依法可以使用的情形，对方请求将其应支付的资金占用费与应收取的标的物使用费相互抵销的，人民法院应予支持，但是法律另有规定的除外。

四、合同的履行

第二十六条 当事人一方未根据法律规定或者合同约定履行开具发票、提供证明文件等非主要债务，对方请求继续履行该债务并赔偿因怠于履行该债务造成的损失的，人民法院依法予以支持；对方请求解除合同的，人民法院不予支持，但是不履行该债务致使不能实现合同目的或者当事人另有约定的除外。

第二十七条 债务人或者第三人与债权人在债务履行期限届满后达成以物抵债协议，不存在影响合同效力情形的，人民法院应当认定该协议自当事人意思表示一致时生效。

债务人或者第三人履行以物抵债协议后，人民法院应当认定相应的原债务同时消灭；债务人或者第三人未按照约定履行以物抵债协议，经催告后在合理期限内仍不履行，债权人选择请求履行原债务或者以物抵债协议的，人民法院应予支持，但是法律另有规定或者当事人另有约定的除外。

前款规定的以物抵债协议经人民法院确认或者人民法院根据当事人达成的以物抵债协议制作成调解书，债权人主张财产权利自确认书、调解书生效时发生变动或者具有对抗善意第三人效力的，人民法院不予支持。

债务人或者第三人以自己不享有所有权或者处分权的财产权利订立以物抵债协议的，依据本解释第十九条的规定处理。

第二十八条 债务人或者第三人与债权人在债务履行期限届满前达成以物抵债协议的，人民法院应当在审理债权债务关系的基础上认定该协议的效力。

当事人约定债务人到期没有清偿债务，债权人可以对抵债财产拍卖、变卖、折价以实现债权的，人民法院应当认定该约定有效。当事人约定债务人到期没有清偿债务，抵债财产归债权人所有的，人民法院应当认定该约定无效，但是不影响其他部分的效力；债权人请求对抵债财产拍卖、变卖、折价以实现债权的，人民法院应予支持。

当事人订立前款规定的以物抵债协议后，债务人或者第三人未将财产权利转移至债权人名下，债权人主张优先受偿的，人民法院不予支持；债务人或者第三人已将财产权利转移至债权人名下的，依据《最高人民法院关于适用〈中华人民共和国民法典〉有关担保制度的解释》第六十八条的规定处理。

第二十九条 民法典第五百二十二条第二款规定的第三人请求债务人向自己履行债务的，人民法院应予支持；请求行使撤销权、解除权等民事权利的，人民法院不予支持，但是法律另有规定的除外。

合同依法被撤销或者被解除，债务人请求债权人返还财产的，人民法院应予支持。

债务人按照约定向第三人履行债务，第三人拒绝受领，债权人请求债务人向自己履行债务的，人民法院应予支持，但是债务人已经采取提存等方式消灭债务的除外。第三人拒绝受领或者受领迟延，债务人请求债权人赔偿因此造成的损失的，人民法院依法予以支持。

第三十条 下列民事主体，人民法院可以认定为民法典第五百二十四条第一款规定的对履行债务具有合法利益的第三人：

（一）保证人或者提供物的担保的第三人；

（二）担保财产的受让人、用益物权人、合法占有人；

（三）担保财产上的后顺位担保权人；

（四）对债务人的财产享有合法权益且该权益将因财产被强制执行而丧失的第三人；

（五）债务人为法人或者非法人组织的，其出资人或者设立人；

（六）债务人为自然人的，其近亲属；

（七）其他对履行债务具有合法利益的第三人。

第三人在其已经代为履行的范围内取得对债务人的债权，但是不得损害债权人的利益。

担保人代为履行债务取得债权后，向其他担保人主张担保权利的，依据《最高人民法院关于适用〈中华人民共和国民法典〉有关担保制度的解释》第十三条、第十四条、第十八条第二款等规定处理。

第三十一条 当事人互负债务，一方以对方没有履行非主要债务为由拒绝履行自己的主要债务的，人民法院不予支持。但是，对方不履行非主要债务致使不能实现合同目的或者当事人另有约定的除外。

当事人一方起诉请求对方履行债务，被告依据民法典第五百二十五条的规定主张双方同时履行的抗辩且抗辩成立，被告未提起反诉的，人民法院应当判决被告在原告履行债务的同时履行自己的债务，并在判项中明确原告申请强制执行的，人民法院应当在原告履行自己的债务后对被告采取执行行为；被告提起反诉的，人民法院应当判决双方同时履行自己的债务，并在判项中明确任何一方申请强制执行的，人民法院应当在该当事人履行自己的债务后对对方采取执行行为。

当事人一方起诉请求对方履行债务，被告依据民法典第五百二十六条的规定主张原告应先履行的抗辩且抗辩成立的，人民法院应当驳回原告的诉讼请求，但是不影响原告履行债务后另行提起诉讼。

第三十二条 合同成立后，因政策调整或者市场供求关系异常变动等原因导致价格发生当事人在订立合同时无法预见的、不属于商业风险的涨跌，继续履行合同对于当事人一方明显不公平的，人民法院应当认定合同的基础条件发生了民法典第五百三十三条第一款规定的"重大变化"。但是，合同涉及市场属性活跃、长期以来价格波动较大的大宗商品以及股票、期货等风险投资型金融产品的除外。

合同的基础条件发生了民法典第五百三十三条第一款规定的重大变化，当事人请求变更合同的，人民法院不得解除合同；当事人一方请求变更合同，对方请求解除合同的，或者当事人一方请求解除合同，对方请求变更合同的，人民法院应当结合案件的实际情况，根据公平原则判决变更或者解除合同。

人民法院依据民法典第五百三十三条的规定判决变更或者解除合同的，应当综合考虑合同基础条件发生重大变化的时间、当事人重新协商的情况以及因合同变更或者解除给当事人造成的损失等因素，在判项中明确合同变更或者解除的时间。

当事人事先约定排除民法典第五百三十三条适用的，人民法院应当认定该约定无效。

五、合同的保全

第三十三条 债务人不履行其对债权人的到期债务，又不以诉讼或者仲裁方式向相对人主张其享有的债权或者与该债权有关的从权利，致使债权人的到期债权未能实现的，人民法院可以认定为民法典第五百三十五条规定的"债务人怠于行使其债权或者与该债权有关的从权利，影响债权人的到期债权实现"。

第三十四条 下列权利，人民法院可以认定为民法典第五百三十五条第一款规定的专属于债务人自身的权利：

（一）抚养费、赡养费或者扶养费请求权；

（二）人身损害赔偿请求权；

（三）劳动报酬请求权，但是超过债务人及其所扶养家属的生活必需费用的部分除外；

（四）请求支付基本养老保险金、失业保险金、最低生活保障金等保障当事人基本生活的权利；

（五）其他专属于债务人自身的权利。

第三十五条 债权人依据民法典第五百三十五条的规定对债务人的相对人提起代位权诉讼的，由被告住所地人民法院管辖，但是依法应当适用专属管辖规定的除外。

债务人或者相对人以双方之间的债权债务关系订有管辖协议为由提出异议的，人民法院不予支持。

第三十六条 债权人提起代位权诉讼后，债务人或者相对人以双方之间的债权债务关系订有仲裁协议为由对法院主管提出异议的，人民法院不予支持。但是，债务人或者相对人在首次开庭前就债务人与相对人之间的债权债务关系申请仲裁的，人民法院可以依法中止代位权诉讼。

第三十七条 债权人以债务人的相对人为被告向人民法院提起代位权诉讼，未将债务人列为第三人的，人民法院应当追加债务人为第三人。

两个以上债权人以债务人的同一相对人为被告提起代位权诉讼的，人民法院可以合并审理。债务人对相对人享有的债权不足以清偿其对两个以上债权人负担的债务的，人民法院应当按照债权人享有的债权比例确定相对人的履行份额，但是法律另有规定的除外。

第三十八条　债权人向人民法院起诉债务人后，又向同一人民法院对债务人的相对人提起代位权诉讼，属于该人民法院管辖的，可以合并审理。不属于该人民法院管辖的，应当告知其向有管辖权的人民法院另行起诉；在起诉债务人的诉讼终结前，代位权诉讼应当中止。

第三十九条　在代位权诉讼中，债务人对超过债权人代位请求数额的债权部分起诉相对人，属于同一人民法院管辖的，可以合并审理。不属于同一人民法院管辖的，应当告知其向有管辖权的人民法院另行起诉；在代位权诉讼终结前，债务人对相对人的诉讼应当中止。

第四十条　代位权诉讼中，人民法院经审理认为债权人的主张不符合代位权行使条件的，应当驳回诉讼请求，但是不影响债权人根据新的事实再次起诉。

债务人的相对人仅以债权人提起代位权诉讼时债权人与债务人之间的债权债务关系未经生效法律文书确认为由，主张债权人提起的诉讼不符合代位权行使条件的，人民法院不予支持。

第四十一条　债权人提起代位权诉讼后，债务人无正当理由减免相对人的债务或者延长相对人的履行期限，相对人以此向债权人抗辩的，人民法院不予支持。

第四十二条　对于民法典第五百三十九条规定的"明显不合理"的低价或者高价，人民法院应当按照交易当地一般经营者的判断，并参考交易时交易地的市场交易价或者物价部门指导价予以认定。

转让价格未达到交易时交易地的市场交易价或者指导价百分之七十的，一般可以认定为"明显不合理的低价"；受让价格高于交易时交易地的市场交易价或者指导价百分之三十的，一般可以认定为"明显不合理的高价"。

债务人与相对人存在亲属关系、关联关系的，不受前款规定的百分之七十、百分之三十的限制。

第四十三条　债务人以明显不合理的价格，实施互易财产、以物抵债、出租或者承租财产、知识产权许可使用等行为，影响债权人的债权实现，债务人的相对人知道或者应当知道该情形，债权人请求撤销债务人的行为的，人民法院应当依据民法典第五百三十九条的规定予以支持。

第四十四条　债权人依据民法典第五百三十八条、第五百三十九条的规定提起撤销权诉讼的，应当以债务人和债务人的相对人为共同被告，由债务人或者相对人的住所地人民法院管辖，但是依法应当适用专属管辖规定的除外。

两个以上债权人就债务人的同一行为提起撤销权诉讼的，人民法院可以合并审理。

第四十五条　在债权人撤销权诉讼中，被撤销行为的标的可分，当事人主张在受影响的债权范围内撤销债务人的行为的，人民法院应予支持；被撤销行为的标的不可分，债权人主张将债务人的行为全部撤销的，人民法院应予支持。

债权人行使撤销权所支付的合理的律师代理费、差旅费等费用，可以认定为民法典第五百四十条规定的"必要费用"。

第四十六条　债权人在撤销权诉讼中同时请求债务人的相对人向债务人承担返还财产、折价补偿、履行到期债务等法律后果的，人民法院依法予以支持。

债权人请求受理撤销权诉讼的人民法院一并审理其与债务人之间的债权债务关系，属于该人民法院管辖的，可以合并审理。不属于该人民法院管辖的，应当告知其向有管辖权的人民法院另行起诉。

债权人依据其与债务人的诉讼、撤销权诉讼产生的生效法律文书申请强制执行的，人民法院可以就债务人对相对人享有的权利采取强制执行措施以实现债权人的债权。债权人在撤销权诉讼中，申请对相对人的财产采取保全措施的，人民法院依法予以准许。

六、合同的变更和转让

第四十七条　债权转让后，债务人向受让人主张其对让与人的抗辩的，人民法院可以追加让与人为第三人。

债务转移后，新债务人主张原债务人对债权人的抗辩的，人民法院可以追加原债务人为第三人。

当事人一方将合同权利义务一并转让后，对方就合同权利义务向受让人主张抗辩或者受让人就合同权利义务向对方主张抗辩的，人民法院可以追加让与人为第三人。

第四十八条　债务人在接到债权转让通知

前已经向让与人履行，受让人请求债务人履行的，人民法院不予支持；债务人接到债权转让通知后仍然向让与人履行，受让人请求债务人履行的，人民法院应予支持。

让与人未通知债务人，受让人直接起诉债务人请求履行债务，人民法院经审理确认债权转让事实的，应当认定债权转让自起诉状副本送达时对债务人发生效力。债务人主张因未通知而给其增加的费用或者造成的损失从认定的债权数额中扣除的，人民法院依法予以支持。

第四十九条 债务人接到债权转让通知后，让与人以债权转让合同不成立、无效、被撤销或者确定不发生效力为由请求债务人向其履行的，人民法院不予支持。但是，该债权转让通知被依法撤销的除外。

受让人基于债务人对债权真实存在的确认受让债权后，债务人又以该债权不存在为由拒绝向受让人履行的，人民法院不予支持。但是，受让人知道或者应当知道该债权不存在的除外。

第五十条 让与人将同一债权转让给两个以上受让人，债务人以已经向最先通知的受让人履行为由主张其不再履行债务的，人民法院应予支持。债务人明知接受履行的受让人不是最先通知的受让人，最先通知的受让人请求债务人继续履行债务或者依据债权转让协议请求让与人承担违约责任的，人民法院应予支持；最先通知的受让人请求接受履行的受让人返还其接受的财产的，人民法院不予支持，但是接受履行的受让人明知该债权在其受让前已经转让给其他受让人的除外。

前款所称最先通知的受让人，是指最先到达债务人的转让通知中载明的受让人。当事人之间对通知到达时间有争议的，人民法院应当结合通知的方式等因素综合判断，而不能仅根据债务人认可的通知时间或者通知记载的时间予以认定。当事人采用邮寄、通讯电子系统等方式发出通知的，人民法院应当以邮戳时间或者通讯电子系统记载的时间等作为认定通知到达时间的依据。

第五十一条 第三人加入债务并与债务人约定了追偿权，其履行债务后主张向债务人追偿的，人民法院应予支持；没有约定追偿权，第三人依照民法典关于不当得利等的规定，在其已经向债权人履行债务的范围内请求债务人向其履行的，人民法院应予支持，但是第三人知道或者应当知道加入债务会损害债务人利益的除外。

债务人就其对债权人享有的抗辩向加入债务的第三人主张的，人民法院应予支持。

七、合同的权利义务终止

第五十二条 当事人就解除合同协商一致时未对合同解除后的违约责任、结算和清理等问题作出处理，一方主张合同已经解除的，人民法院应予支持。但是，当事人另有约定的除外。

有下列情形之一的，除当事人一方另有意思表示外，人民法院可以认定合同解除：

（一）当事人一方主张行使法律规定或者合同约定的解除权，经审理认为不符合解除权行使条件但是对方同意解除；

（二）双方当事人均不符合解除权行使的条件但是均主张解除合同。

前两款情形下的违约责任、结算和清理等问题，人民法院应当依据民法典第五百六十六条、第五百六十七条和有关违约责任的规定处理。

第五十三条 当事人一方以通知方式解除合同，并以对方未在约定的异议期限或者其他合理期限内提出异议为由主张合同已经解除的，人民法院应当对其是否享有法律规定或者合同约定的解除权进行审查。经审查，享有解除权的，合同自通知到达对方时解除；不享有解除权的，不发生合同解除的效力。

第五十四条 当事人一方未通知对方，直接以提起诉讼的方式主张解除合同，撤诉后再次起诉主张解除合同，人民法院经审理支持该主张的，合同自再次起诉的起诉状副本送达对方时解除。但是，当事人一方撤诉后又通知对方解除合同且该通知已经到达对方的除外。

第五十五条 当事人一方依据民法典第五百六十八条的规定主张抵销，人民法院经审理认为抵销权成立的，应当认定通知到达对方时双方互负的主债务、利息、违约金或者损害赔偿金等债务在同等数额内消灭。

第五十六条 行使抵销权的一方负担的数项债务种类相同，但是享有的债权不足以抵销全部债务，当事人因抵销的顺序发生争议的，人民法院可以参照民法典第五百六十条的规定处理。

行使抵销权的一方享有的债权不足以抵销其负担的包括主债务、利息、实现债权的有关费用在内的全部债务,当事人因抵销的顺序发生争议的,人民法院可以参照民法典第五百六十一条的规定处理。

第五十七条　因侵害自然人人身权益,或者故意、重大过失侵害他人财产权益产生的损害赔偿债务,侵权人主张抵销的,人民法院不予支持。

第五十八条　当事人互负债务,一方以其诉讼时效期间已经届满的债权通知对方主张抵销,对方提出诉讼时效抗辩的,人民法院对该抗辩应予支持。一方的债权诉讼时效期间已经届满,对方主张抵销的,人民法院应予支持。

八、违约责任

第五十九条　当事人一方依据民法典第五百八十条第二款的规定请求终止合同权利义务关系的,人民法院一般应当以起诉状副本送达对方的时间作为合同权利义务关系终止的时间。根据案件的具体情况,以其他时间作为合同权利义务关系终止的时间更加符合公平原则和诚信原则的,人民法院可以以该时间作为合同权利义务关系终止的时间,但是应当在裁判文书中充分说明理由。

第六十条　人民法院依据民法典第五百八十四条的规定确定合同履行后可以获得的利益时,可以在扣除非违约方为订立、履行合同支出的费用等合理成本后,按照非违约方能够获得的生产利润、经营利润或者转售利润等计算。

非违约方依法行使合同解除权并实施了替代交易,主张按照替代交易价格与合同价格的差额确定合同履行后可以获得的利益的,人民法院依法予以支持;替代交易价格明显偏离替代交易发生时当地的市场价格,违约方主张按照市场价格与合同价格的差额确定合同履行后可以获得的利益的,人民法院应予支持。

非违约方依法行使合同解除权但是未实施替代交易,主张按照违约行为发生后合理期间内合同履行地的市场价格与合同价格的差额确定合同履行后可以获得的利益的,人民法院应予支持。

第六十一条　在以持续履行的债务为内容的定期合同中,一方不履行支付价款、租金等金钱债务,对方请求解除合同,人民法院经审理认为合同应当依法解除的,可以根据当事人的主张,参考合同主体、交易类型、市场价格变化、剩余履行期限等因素确定非违约方寻找替代交易的合理期限,并按照该期限对应的价款、租金等扣除非违约方应当支付的相应履约成本确定合同履行后可以获得的利益。

非违约方主张按照合同解除后剩余履行期限相应的价款、租金等扣除履约成本确定合同履行后可以获得的利益的,人民法院不予支持。但是,剩余履行期限少于寻找替代交易的合理期限的除外。

第六十二条　非违约方在合同履行后可以获得的利益难以根据本解释第六十条、第六十一条的规定予以确定的,人民法院可以综合考虑违约方因违约获得的利益、违约方的过错程度、其他违约情节等因素,遵循公平原则和诚信原则确定。

第六十三条　在认定民法典第五百八十四条规定的"违约一方订立合同时预见到或者应当预见到的因违约可能造成的损失"时,人民法院应当根据当事人订立合同的目的,综合考虑合同主体、合同内容、交易类型、交易习惯、磋商过程等因素,按照与违约方处于相同或者类似情况的民事主体在订立合同时预见到或者应当预见到的损失予以确定。

除合同履行后可以获得的利益外,非违约方主张还有其向第三人承担违约责任应当支出的额外费用等其他因违约所造成的损失,并请求违约方赔偿,经审理认为该损失系违约一方订立合同时预见到或者应当预见到的,人民法院应予支持。

在确定违约损失赔偿额时,违约方主张扣除非违约方未采取适当措施导致的扩大损失、非违约方也有过错造成的相应损失、非违约方因违约获得的额外利益或者减少的必要支出的,人民法院依法予以支持。

第六十四条　当事人一方通过反诉或者抗辩的方式,请求调整违约金的,人民法院依法予以支持。

违约方主张约定的违约金过分高于违约造成的损失,请求予以适当减少的,应当承担举证责任。非违约方主张约定的违约金合理的,也应当提供相应的证据。

当事人仅以合同约定不得对违约金进行调整为由主张不予调整违约金的,人民法院不予支持。

第六十五条 当事人主张约定的违约金过分高于违约造成的损失，请求予以适当减少的，人民法院应当以民法典第五百八十四条规定的损失为基础，兼顾合同主体、交易类型、合同的履行情况、当事人的过错程度、履约背景等因素，遵循公平原则和诚信原则进行衡量，并作出裁判。

约定的违约金超过造成损失的百分之三十的，人民法院一般可以认定为过分高于造成的损失。

恶意违约的当事人一方请求减少违约金的，人民法院一般不予支持。

第六十六条 当事人一方请求对方支付违约金，对方以合同不成立、无效、被撤销、确定不发生效力、不构成违约或者非违约方不存在损失等为由抗辩，未主张调整过高的违约金的，人民法院应当就若不支持该抗辩，当事人是否请求调整违约金进行释明。第一审人民法院认为抗辩成立且未予释明，第二审人民法院认为应当判决支付违约金的，可以直接释明，并根据当事人的请求，在当事人就是否应当调整违约金充分举证、质证、辩论后，依法判决适当减少违约金。

被告因客观原因在第一审程序中未到庭参加诉讼，但是在第二审程序中到庭参加诉讼并请求减少违约金的，第二审人民法院可以在当事人就是否应当调整违约金充分举证、质证、辩论后，依法判决适当减少违约金。

第六十七条 当事人交付留置金、担保金、保证金、订约金、押金或者订金等，但是没有约定定金性质，一方主张适用民法典第五百八十七条规定的定金罚则的，人民法院不予支持。当事人约定了定金性质，但是未约定定金类型或者约定不明，一方主张为违约定金的，人民法院应予支持。

当事人约定以交付定金作为订立合同的担保，一方拒绝订立合同或者在磋商订立合同时违背诚信原则导致未能订立合同，对方主张适用民法典第五百八十七条规定的定金罚则的，人民法院应予支持。

当事人约定以交付定金作为合同成立或者生效条件，应当交付定金的一方未交付定金，但是合同主要义务已经履行完毕并为对方所接受的，人民法院应当认定合同在对方接受履行时已经成立或者生效。

当事人约定定金性质为解约定金，交付定金的一方主张以丧失定金为代价解除合同的，或者收受定金的一方主张以双倍返还定金为代价解除合同的，人民法院应予支持。

第六十八条 双方当事人均具有致使不能实现合同目的的违约行为，其中一方请求适用定金罚则的，人民法院不予支持。当事人一方仅有轻微违约，对方具有致使不能实现合同目的的违约行为，轻微违约方主张适用定金罚则，对方以轻微违约方也构成违约为由抗辩的，人民法院对该抗辩不予支持。

当事人一方已经部分履行合同，对方接受并主张按照未履行部分所占比例适用定金罚则的，人民法院应予支持。对方主张按照合同整体适用定金罚则的，人民法院不予支持，但是部分未履行致使不能实现合同目的的除外。

因不可抗力致使合同不能履行，非违约方主张适用定金罚则的，人民法院不予支持。

九、附则

第六十九条 本解释自2023年12月5日起施行。

民法典施行后的法律事实引起的民事案件，本解释施行后尚未终审的，适用本解释；本解释施行前已经终审，当事人申请再审或者按照审判监督程序决定再审的，不适用本解释。

最高人民法院
关于审理银行卡民事纠纷案件若干问题的规定

法释〔2021〕10号

（2019年12月2日最高人民法院审判委员会第1785次会议通过　2021年5月24日最高人民法院公告公布　自2021年5月25日起施行）

为正确审理银行卡民事纠纷案件，保护当事人的合法权益，根据《中华人民共和国民法典》《中华人民共和国民事诉讼法》等规定，结合司法实践，制定本规定。

第一条　持卡人与发卡行、非银行支付机构、收单行、特约商户等当事人之间因订立银行卡合同、使用银行卡等产生的民事纠纷，适用本规定。

本规定所称银行卡民事纠纷，包括借记卡纠纷和信用卡纠纷。

第二条　发卡行在与持卡人订立银行卡合同时，对收取利息、复利、费用、违约金等格式条款未履行提示或者说明义务，致使持卡人没有注意或者理解该条款，持卡人主张该条款不成为合同的内容，对其不具有约束力的，人民法院应予支持。

发卡行请求持卡人按照信用卡合同的约定给付透支利息、复利、违约金等，或者给付分期付款手续费、利息、违约金等，持卡人以发卡行主张的总额过高为由请求予以适当减少的，人民法院应当综合考虑国家有关金融监管规定、未还款的数额及期限、当事人过错程度、发卡行的实际损失等因素，根据公平原则和诚信原则予以衡量，并作出裁决。

第三条　具有下列情形之一的，应当认定发卡行对持卡人享有的债权请求权诉讼时效中断：

（一）发卡行按约定在持卡人账户中扣划透支款本息、违约金等；

（二）发卡行以向持卡人预留的电话号码、通讯地址、电子邮箱发送手机短信、书面信件、电子邮件等方式催收债权；

（三）发卡行以持卡人恶意透支存在犯罪嫌疑为由向公安机关报案；

（四）其他可以认定为诉讼时效中断的情形。

第四条　持卡人主张争议交易为伪卡盗刷交易或者网络盗刷交易的，可以提供生效法律文书、银行卡交易时真卡所在地、交易行为地、账户交易明细、交易通知、报警记录、挂失记录等证据材料进行证明。

发卡行、非银行支付机构主张争议交易为持卡人本人交易或者其授权交易的，应当承担举证责任。发卡行、非银行支付机构可以提供交易单据、对账单、监控录像、交易身份识别信息、交易验证信息等证据材料进行证明。

第五条　在持卡人告知发卡行其账户发生非因本人交易或者本人授权交易导致的资金或者透支数额变动后，发卡行未及时向持卡人核实银行卡的持有及使用情况，未及时提供或者保存交易单据、监控录像等证据材料，导致有关证据材料无法取得的，应承担举证不能的法律后果。

第六条　人民法院应当全面审查当事人提交的证据，结合银行卡交易行为地与真卡所在地距离、持卡人是否进行了基础交易、交易时间和报警时间、持卡人用卡习惯、银行卡被盗刷的次数及频率、交易系统、技术和设备是否具有安全性等事实，综合判断是否存在伪卡盗刷交易或者网络盗刷交易。

第七条　发生伪卡盗刷交易或者网络盗刷交易，借记卡持卡人基于借记卡合同法律关系请求发卡行支付被盗刷存款本息并赔偿损失的，人民法院依法予以支持。

发生伪卡盗刷交易或者网络盗刷交易，信用卡持卡人基于信用卡合同法律关系请求发卡行返还扣划的透支款本息、违约金并赔偿损失的，人民法院依法予以支持；发卡行请求信用卡持卡人偿还透支款本息、违约金等的，人民法院不予支持。

前两款情形，持卡人对银行卡、密码、验证码等身份识别信息、交易验证信息未尽妥善保管义务具有过错，发卡行主张持卡人承担相应责任的，人民法院应予支持。

持卡人未及时采取挂失等措施防止损失扩大，发卡行主张持卡人自行承担扩大损失责任的，人民法院应予支持。

第八条 发卡行在与持卡人订立银行卡合同或者在开通网络支付业务功能时，未履行告知持卡人银行卡具有相关网络支付功能义务，持卡人以其未与发卡行就争议网络支付条款达成合意为由请求不承担因使用该功能而导致网络盗刷责任的，人民法院应予支持，但有证据证明持卡人同意使用该网络支付功能的，适用本规定第七条规定。

非银行支付机构新增网络支付业务类型时，未向持卡人履行前款规定义务的，参照前款规定处理。

第九条 发卡行在与持卡人订立银行卡合同或者新增网络支付业务时，未完全告知某一网络支付业务持卡人身份识别方式、交易验证方式、交易规则等足以影响持卡人决定是否使用该功能的内容，致使持卡人没有全面准确理解该功能，持卡人以其未与发卡行就相关网络支付条款达成合意为由请求不承担因使用该功能而导致网络盗刷责任的，人民法院应予支持，但持卡人对于网络盗刷具有过错的，应当承担相应过错责任。发卡行虽然未尽前述义务，但是有证据证明持卡人知道并理解该网络支付功能的，适用本规定第七条规定。

非银行支付机构新增网络支付业务类型时，存在前款未完全履行告知义务情形，参照前款规定处理。

第十条 发卡行或者非银行支付机构向持卡人提供的宣传资料载明其承担网络盗刷先行赔付责任，该允诺具体明确，应认定为合同的内容。持卡人据此请求发卡行或者非银行支付机构承担先行赔付责任的，人民法院应予支持。

因非银行支付机构相关网络支付业务系统、设施和技术不符合安全要求导致网络盗刷，持卡人请求判令该机构承担先行赔付责任的，人民法院应予支持。

第十一条 在收单行与发卡行不是同一银行的情形下，因收单行未尽保障持卡人用卡安全义务或者因特约商户未尽审核持卡人签名真伪、银行卡真伪等审核义务导致发生伪卡盗刷交易，持卡人请求收单行或者特约商户承担赔偿责任的，人民法院应予支持，但持卡人对伪卡盗刷交易具有过错，可以减轻或者免除收单行或者特约商户相应责任。

持卡人请求发卡行承担责任，发卡行申请追加收单行或者特约商户作为第三人参加诉讼的，人民法院可以准许。

发卡行承担责任后，可以依法主张存在过错的收单行或者特约商户承担相应责任。

第十二条 发卡行、非银行支付机构、收单行、特约商户承担责任后，请求盗刷者承担侵权责任的，人民法院应予支持。

第十三条 因同一伪卡盗刷交易或者网络盗刷交易，持卡人向发卡行、非银行支付机构、收单行、特约商户、盗刷者等主体主张权利，所获赔偿数额不应超过其因银行卡被盗刷所致损失总额。

第十四条 持卡人依据其对伪卡盗刷交易或者网络盗刷交易不承担或者不完全承担责任的事实，请求发卡行及时撤销相应不良征信记录的，人民法院应予支持。

第十五条 本规定所称伪卡盗刷交易，是指他人使用伪造的银行卡刷卡进行取现、消费、转账等，导致持卡人账户发生非基于本人意思的资金减少或者透支数额增加的行为。

本规定所称网络盗刷交易，是指他人盗取并使用持卡人银行卡网络交易身份识别信息和交易验证信息进行网络交易，导致持卡人账户发生非因本人意思的资金减少或者透支数额增加的行为。

第十六条 本规定施行后尚未终审的案件，适用本规定。本规定施行前已经终审，当事人申请再审或者按照审判监督程序决定再审的案件，不适用本规定。

最高人民法院关于审理存单纠纷案件的若干规定

(1997年11月25日最高人民法院审判委员会第946次会议通过 根据2020年12月23日最高人民法院审判委员会第1823次会议通过的《最高人民法院关于修改〈最高人民法院关于破产企业国有划拨土地使用权应否列入破产财产等问题的批复〉等二十九件商事类司法解释的决定》修正)

为正确审理存单纠纷案件,根据《中华人民共和国民法典》的有关规定和在总结审判经验的基础上,制定本规定。

第一条 存单纠纷案件的范围

(一)存单持有人以存单为重要证据向人民法院提起诉讼的纠纷案件;

(二)当事人以进账单、对账单、存款合同等凭证为主要证据向人民法院提起诉讼的纠纷案件;

(三)金融机构向人民法院起诉要求确认存单、进账单、对账单、存款合同等凭证无效的纠纷案件;

(四)以存单为表现形式的借贷纠纷案件。

第二条 存单纠纷案件的案由

人民法院可将本规定第一条所列案件,一律以存单纠纷为案由。实际审理时应以存单纠纷案件中真实法律关系为基础依法处理。

第三条 存单纠纷案件的受理与中止

存单纠纷案件当事人向人民法院提起诉讼,人民法院应当依照《中华人民共和国民事诉讼法》第一百一十九条的规定予以审查,符合规定的,均应受理。

人民法院在受理存单纠纷案件后,如发现犯罪线索,应将犯罪线索及时书面告知公安或检察机关。如案件当事人因伪造、变造、虚开存单或涉嫌诈骗,有关国家机关已立案侦查,存单纠纷案件确须待刑事案件结案后才能审理的,人民法院应当中止审理。对于追究有关当事人的刑事责任不影响对存单纠纷案件审理的,人民法院应对存单纠纷案件有关当事人是否承担民事责任以及承担民事责任的大小依法及时进行认定和处理。

第四条 存单纠纷案件的管辖

依照《中华人民共和国民事诉讼法》第二十三条的规定,存单纠纷案件由被告住所地人民法院或出具存单、进账单、对账单或与当事人签订存款合同的金融机构住所地人民法院管辖。住所地与经常居住地不一致的,由经常居住地人民法院管辖。

第五条 对一般存单纠纷案件的认定和处理

(一)认定

当事人以存单或进账单、对账单、存款合同等凭证为主要证据向人民法院提起诉讼的存单纠纷案件和金融机构向人民法院提起的确认存单或进账单、对账单、存款合同等凭证无效的存单纠纷案件,为一般存单纠纷案件。

(二)处理

人民法院在审理一般存单纠纷案件中,除应审查存单、进账单、对账单、存款合同等凭证的真实性外,还应审查持有人与金融机构间存款关系的真实性,并以存单、进账单、对账单、存款合同等凭证的真实性以及存款关系的真实性为依据,作出正确处理。

1. 持有人以上述真实凭证为证据提起诉讼的,金融机构应当对持有人与金融机构间是否存在存款关系负举证责任。如金融机构有充分证据证明持有人未向金融机构交付上述凭证所记载的款项的,人民法院应当认定持有人与金融机构间不存在存款关系,并判决驳回原告的诉讼请求。

2. 持有人以上述真实凭证为证据提起诉讼的,如金融机构不能提供证明存款关系不真实的证据,或仅以金融机构底单的记载内容与上述凭证记载内容不符为由进行抗辩的,人民法院应认定持有人与金融机构间存款关系成立，金融机构应当承担兑付款项的义务。

3. 持有人以在样式、印鉴、记载事项上有别于真实凭证，但无充分证据证明系伪造或变造的瑕疵凭证提起诉讼的，持有人应对瑕疵凭证的取得提供合理的陈述。如持有人对瑕疵凭证的取得提供了合理陈述，而金融机构否认存款关系存在的，金融机构应当对持有人与金融机构间是否存在存款关系负举证责任。如金融机构有充分证据证明持有人未向金融机构交付上述凭证所记载的款项的，人民法院应当认定持有人与金融机构间不存在存款关系，判决驳回原告的诉讼请求；如金融机构不能提供证明存款关系不真实的证据，或仅以金融机构底单的记载内容与上述凭证记载内容不符为由进行抗辩的，人民法院应认定持有人与金融机构间存款关系成立，金融机构应当承担兑付款项的义务。

4. 存单纠纷案件的审理中，如有充足证据证明存单、进账单、对账单、存款合同等凭证系伪造、变造，人民法院应在查明案件事实的基础上，依法确认上述凭证无效，并可驳回持上述凭证起诉的原告的诉讼请求或根据实际存款数额进行判决。如有本规定第三条中止审理情形的，人民法院应当中止审理。

第六条 对以存单为表现形式的借贷纠纷案件的认定和处理

（一）认定

在出资人直接将款项交与用资人使用，或通过金融机构将款项交与用资人使用，金融机构向出资人出具存单或进账单、对账单或与出资人签订存款合同，出资人从用资人或从金融机构取得或约定取得高额利差的行为中发生的存单纠纷案件，为以存单为表现形式的借贷纠纷案件。但符合本规定第七条所列委托贷款和信托贷款的除外。

（二）处理

以存单为表现形式的借贷，属于违法借贷，出资人收取的高额利差应充抵本金，出资人、金融机构与用资人因参与违法借贷均应当承担相应的民事责任。可分以下几种情况处理：

1. 出资人将款项或票据（以下统称资金）交付给金融机构，金融机构给出资人出具存单或进账单、对账单或与出资人签订存款合同，并将资金自行转给用资人的，金融机构与用资人对偿还出资人本金及利息承担连带责任；利息按人民银行同期存款利率计算至给付之日。

2. 出资人未将资金交付给金融机构，而是依照金融机构的指定将资金直接转给用资人，金融机构给出资人出具存单或进账单、对账单或与出资人签订存款合同的，首先由用资人偿还出资人本金及利息，金融机构对用资人不能偿还出资人本金及利息部分承担补充赔偿责任；利息按人民银行同期存款利率计算至给付之日。

3. 出资人将资金交付给金融机构，金融机构给出资人出具存单或进账单、对账单或与出资人签订存款合同，出资人再指定金融机构将资金转给用资人的，首先由用资人返还出资人本金和利息。利息按人民银行同期存款利率计算至给付之日。金融机构因其帮助违法借贷的过错，应当对用资人不能偿还出资人本金部分承担赔偿责任，但不超过不能偿还本金部分的百分之四十。

4. 出资人未将资金交付给金融机构，而是自行将资金直接转给用资人，金融机构给出资人出具存单或进账单、对账单或与出资人签订存款合同的，首先由用资人返还出资人本金和利息。利息按人民银行同期存款利率计算至给付之日。金融机构因其帮助违法借贷的过错，应当对用资人不能偿还出资人本金部分承担赔偿责任，但不超过不能偿还本金部分的百分之二十。

本条中所称交付，指出资人向金融机构转移现金的占有或出资人向金融机构交付注明出资人或金融机构（包括金融机构的下属部门）为收款人的票据。出资人向金融机构交付有资金数额但未注明收款人的票据的，亦属于本条中所称交付。

如以存单为表现形式的借贷行为确已发生，即使金融机构向出资人出具的存单、进账单、对账单或与出资人签订的存款合同存在虚假、瑕疵，或金融机构工作人员超越权限出具上述凭证等情形，亦不影响人民法院按以上规定对案件进行处理。

（三）当事人的确定

出资人起诉金融机构的，人民法院应通知用资人作为第三人参加诉讼；出资人起诉用资人的，人民法院应通知金融机构作为第三人参加诉讼；公款私存的，人民法院在查明款项的真实所有人基础上，应通知款项的真实所有人为权利人参加诉讼，与存单记载的个人为共同诉讼人。该个人申请退出诉讼的，人民法院可予准许。

第七条 对存单纠纷案件中存在的委托贷款关系和信托贷款关系的认定和纠纷的处理

（一）认定

存单纠纷案件中，出资人与金融机构、用资人之间按有关委托贷款的要求签订有委托贷款协议的，人民法院应认定出资人与金融机构间成立委托贷款关系。金融机构向出资人出具的存单或进账单、对账单或与出资人签订的存款合同，均不影响金融机构与出资人间委托贷款关系的成立。出资人与金融机构间签订委托贷款协议后，由金融机构自行确定用资人的，人民法院应认定出资人与金融机构间成立信托贷款关系。

委托贷款协议和信托贷款协议应当用书面形式。口头委托贷款或信托贷款，当事人无异议的，人民法院可予以认定；有其他证据能够证明金融机构与出资人之间确系委托贷款或信托贷款关系的，人民法院亦予以认定。

（二）处理

构成委托贷款的，金融机构出具的存单或进账单、对账单或与出资人签订的存款合同不作为存款关系的证明，借款方不能偿还贷款的风险应当由委托人承担。如有证据证明金融机构出具上述凭证是对委托贷款进行担保的，金融机构对偿还贷款承担连带担保责任。委托贷款中约定的利率超过人民银行规定的部分无效。构成信托贷款的，按人民银行有关信托贷款的规定处理。

第八条 对存单质押的认定和处理

存单可以质押。存单持有人以伪造、变造的虚假存单质押的，质押合同无效。接受虚假存单质押的当事人如以该存单质押为由起诉金融机构，要求兑付存款优先受偿的，人民法院应当判决驳回其诉讼请求，并告知其可另案起诉出质人。

存单持有人以金融机构开具的、未有实际存款或与实际存款不符的存单进行质押，以骗取或占用他人财产的，该质押关系无效。接受存单质押的人起诉的，该存单持有人与开具存单的金融机构为共同被告。利用存单骗取或占用他人财产的存单持有人对侵犯他人财产权承担赔偿责任，开具存单的金融机构因其过错致他人财产权受损，对所造成的损失承担连带赔偿责任。接受存单质押的人在审查存单的真实性上有重大过失的，开具存单的金融机构仅对所造成的损失承担补充赔偿责任。明知存单虚假而接受存单质押的，开具存单的金融机构不承担民事赔偿责任。

以金融机构核押的存单出质的，即便存单系伪造、变造、虚开，质押合同均为有效，金融机构应当依法向质权人兑付存单所记载的款项。

第九条 其他

在存单纠纷案件的审理中，有关当事人如有违法行为，依法应给予民事制裁的，人民法院可依法对有关当事人实施民事制裁。案件审理中发现的犯罪线索，人民法院应及时书面告知公安或检察机关，并将有关材料及时移送公安或检察机关。

最高人民法院
关于债务人在约定的期限届满后未履行债务而出具没有还款日期的欠款条诉讼时效期间应从何时开始计算问题的批复

（1994年3月26日 根据2020年12月23日最高人民法院审判委员会第1823次会议通过的《最高人民法院关于修改〈最高人民法院关于在民事审判工作中适用《中华人民共和国工会法》若干问题的解释〉等二十七件民事类司法解释的决定》修正）

山东省高级人民法院：

你院鲁高法〈1992〉70号请示收悉。关于债务人在约定的期限届满后未履行债务，而出具没有还款日期的欠款条，诉讼时效期间应从何时开始计算的问题，经研究，答复如下：

据你院报告称，双方当事人原约定，供方交货后，需方立即付款。需方收货后因无款可付，经供方同意写了没有还款日期的欠款条。根据民法典第一百九十五条的规定，应认定诉讼时效中断。如果供方在诉讼时效中断后一直未主张权利，诉讼时效期间则应从供方收到需方所写欠款条之日起重新计算。

此复。

最高人民法院
关于审理民间借贷案件适用法律若干问题的规定

（2015年6月23日最高人民法院审判委员会第1655次会议通过 根据2020年8月18日最高人民法院审判委员会第1809次会议通过的《最高人民法院关于修改〈关于审理民间借贷案件适用法律若干问题的规定〉的决定》第一次修正 根据2020年12月23日最高人民法院审判委员会第1823次会议通过的《最高人民法院关于修改〈最高人民法院关于在民事审判工作中适用《中华人民共和国工会法》若干问题的解释〉等二十七件民事类司法解释的决定》第二次修正）

为正确审理民间借贷纠纷案件，根据《中华人民共和国民法典》《中华人民共和国民事诉讼法》《中华人民共和国刑事诉讼法》等相关法律之规定，结合审判实践，制定本规定。

第一条 本规定所称的民间借贷，是指自然人、法人和非法人组织之间进行资金融通的行为。

经金融监管部门批准设立的从事贷款业务的金融机构及其分支机构，因发放贷款等相关金融业务引发的纠纷，不适用本规定。

第二条 出借人向人民法院提起民间借贷诉讼时，应当提供借据、收据、欠条等债权凭证以及其他能够证明借贷法律关系存在的证据。

当事人持有的借据、收据、欠条等债权凭证没有载明债权人，持有债权凭证的当事人提起民间借贷诉讼的，人民法院应予受理。被告对原告的债权人资格提出有事实依据的抗辩，人民法院经审查认为原告不具有债权人资格的，裁定驳回起诉。

第三条 借贷双方就合同履行地未约定或者约定不明确，事后未达成补充协议，按照合同相关条款或者交易习惯仍不能确定的，以接受货币一方所在地为合同履行地。

第四条 保证人为借款人提供连带责任保证，出借人仅起诉借款人的，人民法院可以不追加保证人为共同被告；出借人仅起诉保证人的，人民法院可以追加借款人为共同被告。

保证人为借款人提供一般保证，出借人仅起诉保证人的，人民法院应当追加借款人为共同被告；出借人仅起诉借款人的，人民法院可以不追加保证人为共同被告。

第五条 人民法院立案后，发现民间借贷行为本身涉嫌非法集资等犯罪的，应当裁定驳回起诉，并将涉嫌非法集资等犯罪的线索、材料移送公安或者检察机关。

公安或者检察机关不予立案，或者立案侦查后撤销案件，或者检察机关作出不起诉决定，或者经人民法院生效判决认定不构成非法集资等犯罪，当事人又以同一事实向人民法院提起诉讼的，人民法院应予受理。

第六条 人民法院立案后，发现与民间借贷纠纷案件虽有关联但不是同一事实的涉嫌非法集资等犯罪的线索、材料的，人民法院应当继续审理民间借贷纠纷案件，并将涉嫌非法集资等犯罪的线索、材料移送公安或者检察机关。

第七条 民间借贷纠纷的基本案件事实必须以刑事案件的审理结果为依据，而该刑事案件尚未审结的，人民法院应当裁定中止诉讼。

第八条 借款人涉嫌犯罪或者生效判决认定其有罪，出借人起诉请求担保人承担民事责任的，人民法院应予受理。

第九条 自然人之间的借款合同具有下列情形之一的，可以视为合同成立：

（一）以现金支付的，自借款人收到借款时；

（二）以银行转账、网上电子汇款等形式支付的，自资金到达借款人账户时；

（三）以票据交付的，自借款人依法取得票据权利时；

（四）出借人将特定资金账户支配权授权给借款人的，自借款人取得对该账户实际支配权时；

（五）出借人以与借款人约定的其他方式提供借款并实际履行完成时。

第十条 法人之间、非法人组织之间以及它们相互之间为生产、经营需要订立的民间借贷合同，除存在民法典第一百四十六条、第一百五十三条、第一百五十四条以及本规定第十三条规定的情形外，当事人主张民间借贷合同有效的，人民法院应予支持。

第十一条 法人或者非法人组织在本单位内部通过借款形式向职工筹集资金，用于本单位生产、经营，且不存在民法典第一百四十四条、第一百四十六条、第一百五十三条、第一百五十四条以及本规定第十三条规定的情形，当事人主张民间借贷合同有效的，人民法院应予支持。

第十二条 借款人或者出借人的借贷行为涉嫌犯罪，或者已经生效的裁判认定构成犯罪，当事人提起民事诉讼的，民间借贷合同并不当然无效。人民法院应当依据民法典第一百四十四条、第一百四十六条、第一百五十三条、第一百五十四条以及本规定第十三条之规定，认定民间借贷合同的效力。

担保人以借款人或者出借人的借贷行为涉嫌犯罪或者已经生效的裁判认定构成犯罪为由，主张不承担民事责任的，人民法院应当依据民间借贷合同与担保合同的效力、当事人的过错程度，依法确定担保人的民事责任。

第十三条 具有下列情形之一的，人民法院应当认定民间借贷合同无效：

（一）套取金融机构贷款转贷的；

（二）以向其他营利法人借贷、向本单位职工集资，或者以向公众非法吸收存款等方式取得的资金转贷的；

（三）未依法取得放贷资格的出借人，以营利为目的向社会不特定对象提供借款的；

（四）出借人事先知道或者应当知道借款人借款用于违法犯罪活动仍然提供借款的；

（五）违反法律、行政法规强制性规定的；

（六）违背公序良俗的。

第十四条 原告以借据、收据、欠条等债权凭证为依据提起民间借贷诉讼，被告依据基础法律关系提出抗辩或者反诉，并提供证据证明债权纠纷非民间借贷行为引起的，人民法院应当依据查明的案件事实,按照基础法律关系审理。

当事人通过调解、和解或者清算达成的债权债务协议,不适用前款规定。

第十五条 原告仅依据借据、收据、欠条等债权凭证提起民间借贷诉讼,被告抗辩已经偿还借款的,被告应当对其主张提供证据证明。被告提供相应证据证明其主张后,原告仍应就借贷关系的存续承担举证责任。

被告抗辩借贷行为尚未实际发生并能作出合理说明的,人民法院应当结合借贷金额、款项交付、当事人的经济能力、当地或者当事人之间的交易方式、交易习惯、当事人财产变动情况以及证人证言等事实和因素,综合判断查证借贷事实是否发生。

第十六条 原告仅依据金融机构的转账凭证提起民间借贷诉讼,被告抗辩转账系偿还双方之前借款或者其他债务的,被告应当对其主张提供证据证明。被告提供相应证据证明其主张后,原告仍应就借贷关系的成立承担举证责任。

第十七条 依据《最高人民法院关于适用〈中华人民共和国民事诉讼法〉的解释》第一百七十四条第二款之规定,负有举证责任的原告无正当理由拒不到庭,经审查现有证据无法确认借贷行为、借贷金额、支付方式等案件主要事实的,人民法院对原告主张的事实不予认定。

第十八条 人民法院审理民间借贷纠纷案件时发现有下列情形之一的,应当严格审查借贷发生的原因、时间、地点、款项来源、交付方式、款项流向以及借贷双方的关系、经济状况等事实,综合判断是否属于虚假民事诉讼:

(一)出借人明显不具备出借能力;

(二)出借人起诉所依据的事实和理由明显不符合常理;

(三)出借人不能提交债权凭证或者提交的债权凭证存在伪造的可能;

(四)当事人双方在一定期限内多次参加民间借贷诉讼;

(五)当事人无正当理由拒不到庭参加诉讼,委托代理人对借贷事实陈述不清或者陈述前后矛盾;

(六)当事人双方对借贷事实的发生没有任何争议或者诉辩明显不符合常理;

(七)借款人的配偶或者合伙人、案外人的其他债权人提出有事实依据的异议;

(八)当事人在其他纠纷中存在低价转让财产的情形;

(九)当事人不正当放弃权利;

(十)其他可能存在虚假民间借贷诉讼的情形。

第十九条 经查明属于虚假民间借贷诉讼,原告申请撤诉的,人民法院不予准许,并应当依据民事诉讼法第一百一十二条之规定,判决驳回其请求。

诉讼参与人或者其他人恶意制造、参与虚假诉讼,人民法院应当依据民事诉讼法第一百一十一条、第一百一十二条和第一百一十三条之规定,依法予以罚款、拘留;构成犯罪的,应当移送有管辖权的司法机关追究刑事责任。

单位恶意制造、参与虚假诉讼的,人民法院应当对该单位进行罚款,并可以对其主要负责人或者直接责任人员予以罚款、拘留;构成犯罪的,应当移送有管辖权的司法机关追究刑事责任。

第二十条 他人在借据、收据、欠条等债权凭证或者借款合同上签名或者盖章,但是未表明其保证人身份或者承担保证责任,或者通过其他事实不能推定其为保证人,出借人请求其承担保证责任的,人民法院不予支持。

第二十一条 借贷双方通过网络贷款平台形成借贷关系,网络贷款平台的提供者仅提供媒介服务,当事人请求其承担担保责任的,人民法院不予支持。

网络贷款平台的提供者通过网页、广告或者其他媒介明示或者有其他证据证明其为借贷提供担保,出借人请求网络贷款平台的提供者承担担保责任的,人民法院应予支持。

第二十二条 法人的法定代表人或者非法人组织的负责人以单位名义与出借人签订民间借贷合同,有证据证明所借款项系法定代表人或者负责人个人使用,出借人请求将法定代表人或者负责人列为共同被告或者第三人的,人民法院应予准许。

法人的法定代表人或者非法人组织的负责人以个人名义与出借人订立民间借贷合同,所借款项用于单位生产经营,出借人请求单位与个人共同承担责任的,人民法院应予支持。

第二十三条 当事人以订立买卖合同作为

民间借贷合同的担保，借款到期后借款人不能还款，出借人请求履行买卖合同的，人民法院应当按照民间借贷法律关系审理。当事人根据法庭审理情况变更诉讼请求的，人民法院应当准许。

按照民间借贷法律关系审理作出的判决生效后，借款人不履行生效判决确定的金钱债务，出借人可以申请拍卖买卖合同标的物，以偿还债务。就拍卖所得的价款与应偿还借款本息之间的差额，借款人或者出借人有权主张返还或者补偿。

第二十四条 借贷双方没有约定利息，出借人主张支付利息的，人民法院不予支持。

自然人之间借贷对利息约定不明，出借人主张支付利息的，人民法院不予支持。除自然人之间借贷的外，借贷双方对借贷利息约定不明，出借人主张利息的，人民法院应当结合民间借贷合同的内容，并根据当地或者当事人的交易方式、交易习惯、市场报价利率等因素确定利息。

第二十五条 出借人请求借款人按照合同约定利率支付利息的，人民法院应予支持，但是双方约定的利率超过合同成立时一年期贷款市场报价利率四倍的除外。

前款所称"一年期贷款市场报价利率"，是指中国人民银行授权全国银行间同业拆借中心自2019年8月20日起每月发布的一年期贷款市场报价利率。

第二十六条 借据、收据、欠条等债权凭证载明的借款金额，一般认定为本金。预先在本金中扣除利息的，人民法院应当将实际出借的金额认定为本金。

第二十七条 借贷双方对前期借款本息结算后将利息计入后期借款本金并重新出具债权凭证，如果前期利率没有超过合同成立时一年期贷款市场报价利率四倍，重新出具的债权凭证载明的金额可认定为后期借款本金。超过部分的利息，不应认定为后期借款本金。

按前款计算，借款人在借款期间届满后应当支付的本息之和，超过以最初借款本金与以最初借款本金为基数、以合同成立时一年期贷款市场报价利率四倍计算的整个借款期间的利息之和的，人民法院不予支持。

第二十八条 借贷双方对逾期利率有约定的，从其约定，但是以不超过合同成立时一年期贷款市场报价利率四倍为限。

未约定逾期利率或者约定不明的，人民法院可以区分不同情况处理：

（一）既未约定借期内利率，也未约定逾期利率，出借人主张借款人自逾期还款之日起参照当时一年期贷款市场报价利率标准计算的利息承担逾期还款违约责任的，人民法院应予支持；

（二）约定了借期内利率但是未约定逾期利率，出借人主张借款人自逾期还款之日起按照借期内利率支付资金占用期间利息的，人民法院应予支持。

第二十九条 出借人与借款人既约定了逾期利率，又约定了违约金或者其他费用，出借人可以选择主张逾期利息、违约金或者其他费用，也可以一并主张，但是总计超过合同成立时一年期贷款市场报价利率四倍的部分，人民法院不予支持。

第三十条 借款人可以提前偿还借款，但是当事人另有约定的除外。

借款人提前偿还借款并主张按照实际借期期限计算利息的，人民法院应予支持。

第三十一条 本规定施行后，人民法院新受理的一审民间借贷纠纷案件，适用本规定。

2020年8月20日之后新受理的一审民间借贷案件，借贷合同成立于2020年8月20日之前，当事人请求适用当时的司法解释计算自合同成立到2020年8月19日的利息部分的，人民法院应予支持；对于自2020年8月20日到借款返还之日的利息部分，适用起诉时本规定的利率保护标准计算。

本规定施行后，最高人民法院以前作出的相关司法解释与本规定不一致的，以本规定为准。

最高人民法院
关于新民间借贷司法解释适用范围问题的批复

法释〔2020〕27号

（2020年11月9日最高人民法院审判委员会第1815次会议通过
2020年12月29日最高人民法院公告公布　自2021年1月1日起施行）

广东省高级人民法院：

你院《关于新民间借贷司法解释有关法律适用问题的请示》（粤高法〔2020〕108号）收悉。经研究，批复如下：

一、关于适用范围问题。经征求金融监管部门意见，由地方金融监管部门监管的小额贷款公司、融资担保公司、区域性股权市场、典当行、融资租赁公司、商业保理公司、地方资产管理公司等七类地方金融组织，属于经金融监管部门批准设立的金融机构，其因从事相关金融业务引发的纠纷，不适用新民间借贷司法解释。

二、其他两问题已在修订后的司法解释中予以明确，请遵照执行。

三、本批复自2021年1月1日起施行。

【指导案例】

指导案例169号

徐某1诉招商银行股份有限公司上海延西支行银行卡纠纷案

（最高人民法院审判委员会讨论通过　2021年11月9日发布）

关键词　民事　银行卡纠纷　网络盗刷　责任认定

裁判要点

持卡人提供证据证明他人盗用持卡人名义进行网络交易，请求发卡行承担被盗刷账户资金减少的损失赔偿责任，发卡行未提供证据证明持卡人违反信息妥善保管义务，仅以持卡人身份识别信息和交易验证信息相符为由主张不承担赔偿责任的，人民法院不予支持。

相关法条

《中华人民共和国合同法》第107条

基本案情

徐某1系招商银行股份有限公司上海延西支行（以下简称招行延西支行）储户，持有卡号为××××的借记卡一张。

2016年3月2日，徐某1上述借记卡发生三笔转账，金额分别为50000元、50000元及46200元，共计146200元。转入户名均为石某，卡号：××××，转入行：中国农业银行。

2016年5月30日，徐某1父亲徐某2至上海市公安局青浦分局经侦支队报警并取得《受案回执》。当日，上海市公安局青浦分局经侦支队向徐某1发送沪公（青）立告字（2016）3923号《立案告知书》，告知信用卡诈骗案决定立案。

2016年4月29日，福建省福清市公安局出具融公（刑侦）捕字（2016）00066号《逮捕证》，载明：经福清市人民检察院批准，兹由我局对涉嫌盗窃罪的谢某1执行逮捕，送福清市看守所羁押。

2016年5月18日，福建省福清市公安局刑侦大队向犯罪嫌疑人谢某1制作《讯问笔录》，载明：……我以9800元人民币向我师傅购买了笔记本电脑、银行黑卡（使用别人身份证件办理的银行卡）、身份证、优盘等设备用来实施盗刷他人银行卡存款。我师傅卖给我的优盘里有受害人的身份信息、手机号码、银行卡号、取款密码以及银行卡内的存款情况。……用自己人的头像补一张虚假的临时身份证，办理虚假的临时身份证的目的是用于到手机服务商营业厅将我们要盗刷的那个受害者的手机挂失并补新的SIM卡，我们补新SIM卡的目的是掌握受害者预留给银行的手机，以便于接收转账等操作时银行发送的验证码，只有输入验证码手机银行内的钱才能被转账成功。而且将受害者的银行卡盗刷后，他手上持有的SIM卡接收不到任何信息，我们转他银行账户内的钱不至于被他发现。……2016年3月2日，我师傅告诉我说这次由他负责办理受害人假的临时身份证，并补办受害者关联银行卡的新手机SIM卡。他给了我三个银行账号和密码（经辨认银行交易明细，……一张是招行卡号为××××，户名：徐某1）。

2016年6月，福建省福清市公安局出具《呈请案件侦查终结报告书》，载明：……2016年3月2日，此次作案由谢某1负责转账取款，上家负责提供信息、补卡，此次谢某1盗刷了周某、徐某1、汪某等人银行卡内存款共计400700元……

2016年6月22日，福建省福清市人民检察院向徐某1发送《被害人诉讼权利义务告知书》，载明：犯罪嫌疑人谢某1、谢某2等3人盗窃案一案，已由福清市公安局移送审查起诉……

徐某1向人民法院起诉请求招行延西支行赔偿银行卡盗刷损失及利息。

裁判结果

上海市长宁区人民法院于2017年4月25日作出（2017）沪0105民初1787号民事判决：一、招商银行股份有限公司上海延西支行给付徐某1存款损失146200元；二、招商银行股份有限公司上海延西支行给付原告徐某1自2016年3月3日起至判决生效之日止，以146200元为基数，按照中国人民银行同期存款利率计算的利息损失。招商银行股份有限公司上海延西支行不服一审判决，向上海市第一中级人民法院提起上诉。上海市第一中级人民法院于2017年10月31日作出（2017）沪01民终9300号民事判决：驳回上诉，维持原判。

裁判理由

法院生效裁判认为：被上诉人在上诉人处办理了借记卡并将资金存入上诉人处，上诉人与被上诉人之间建立储蓄存款合同关系。《中华人民共和国商业银行法》第六条规定，"商业银行应当保障存款人的合法权益不受任何单位和个人的侵犯"。在储蓄存款合同关系中，上诉人作为商业银行对作为存款人的被上诉人，具有保障账户资金安全的法定义务以及向被上诉人本人或者其授权的人履行的合同义务。为此，上诉人作为借记卡的发卡行及相关技术、设备和操作平台的提供者，应当对交易机具、交易场所加强安全管理，对各项软硬件设施及时更新升级，以最大限度地防范资金交易安全漏洞。尤其是，随着电子银行业务的发展，商业银行作为电子交易系统的开发、设计、维护者，也是从电子交易便利中获得经济利益的一方，应当也更有能力采取更为严格的技术保障措施，以增强防范银行卡违法犯罪行为的能力。本案根据查明的事实，被上诉人涉案账户的资金损失，系因案外人谢某1非法获取被上诉人的身份信息、手机号码、取款密码等账户信息后，通过补办手机SIM卡截获上诉人发送的动态验证码，进而进行转账所致。在存在网络盗刷的情况下，上诉人仍以身份识别信息和交易验证信息通过为由主张案涉交易是持卡人本人或其授权交易，不能成立。而且，根据本案现有证据无法查明案外人谢某1如何获得交易密码等账户信息，上诉人亦未提供相应的证据证明账户信息泄露系因被上诉人没有妥善保管使用银行卡所致，因此，就被上诉人自身具有过错，应当由上诉人承担举证不能的法律后果。上诉人另主张，手机运营商在涉案事件中存在过错。然，本案被上诉人提起诉讼的请求权基础为储蓄存款合同关系，手机运营商并非合同以及本案的当事人，手机运营商是否存在过错以及上诉人对被上诉人承担赔偿责任后，是否有权向手机运营商追偿，并非本案审理范围。综上，上诉人在储蓄存款合同履行过程中，对上诉人账户资金未尽到安全保障义务，又无证据证明被上诉人存在违约行为可以减轻责任，上诉人对被上诉人的账户资金损失应当承担全部赔偿责任。上诉人的上诉请求，理由不成立，不予支持。

七、证券、期货

中华人民共和国期货和衍生品法

(2022年4月20日第十三届全国人民代表大会常务委员会第三十四次会议通过 2022年4月20日中华人民共和国主席令第一一一号公布 自2022年8月1日起施行)

目 录

第一章 总 则
第二章 期货交易和衍生品交易
　第一节 一般规定
　第二节 期货交易
　第三节 衍生品交易
第三章 期货结算与交割
第四章 期货交易者
第五章 期货经营机构
第六章 期货交易场所
第七章 期货结算机构
第八章 期货服务机构
第九章 期货业协会
第十章 监督管理
第十一章 跨境交易与监管协作
第十二章 法律责任
第十三章 附 则

第一章 总 则

第一条 为了规范期货交易和衍生品交易行为，保障各方合法权益，维护市场秩序和社会公共利益，促进期货市场和衍生品市场服务国民经济，防范化解金融风险，维护国家经济安全，制定本法。

第二条 在中华人民共和国境内，期货交易和衍生品交易及相关活动，适用本法。

在中华人民共和国境外的期货交易和衍生品交易及相关活动，扰乱中华人民共和国境内市场秩序，损害境内交易者合法权益的，依照本法有关规定处理并追究法律责任。

第三条 本法所称期货交易，是指以期货合约或者标准化期权合约为交易标的的交易活动。

本法所称衍生品交易，是指货交易以外的，以互换合约、远期合约和非标准化期权合约及其组合为交易标的的交易活动。

本法所称期货合约，是指货交易场所统一制定的、约定在将来某一特定的时间和地点交割一定数量标的物的标准化合约。

本法所称期权合约，是指约定买方有权在将来某一时间以特定价格买入或者卖出约定标的物（包括期货合约）的标准化或非标准化合约。

本法所称互换合约，是指约定在将来某一特定时间内相互交换特定标的物的金融合约。

本法所称远期合约，是指期货合约以外的，约定在将来某一特定的时间和地点交割一定数量标的物的金融合约。

第四条 国家支持期货市场健康发展，发挥发现价格、管理风险、配置资源的功能。

国家鼓励利用期货市场和衍生品市场从事套期保值等风险管理活动。

国家采取措施推动农产品期货市场和衍生

品市场发展，引导国内农产品生产经营。

本法所称套期保值，是指交易者为管理因其资产、负债等价值变化产生的风险而达成与上述资产、负债等基本吻合的期货交易和衍生品交易的活动。

第五条 期货市场和衍生品市场应当建立和完善风险的监测监控与化解处置制度机制，依法限制过度投机行为，防范市场系统性风险。

第六条 期货交易和衍生品交易活动，应当遵守法律、行政法规和国家有关规定，遵循公开、公平、公正的原则，禁止欺诈、操纵市场和内幕交易的行为。

第七条 参与期货交易和衍生品交易活动的各方具有平等的法律地位，应当遵守自愿、有偿、诚实信用的原则。

第八条 国务院期货监督管理机构依法对全国期货市场实行集中统一监督管理。国务院对利率、汇率期货的监督管理另有规定的，适用其规定。

衍生品市场由国务院期货监督管理机构或者国务院授权的部门按照职责分工实行监督管理。

第九条 期货和衍生品行业协会依法实行自律管理。

第十条 国家审计机关依法对期货经营机构、期货交易场所、期货结算机构、国务院期货监督管理机构进行审计监督。

第二章　期货交易和衍生品交易

第一节　一般规定

第十一条 期货交易应当在依法设立的期货交易所或者国务院期货监督管理机构依法批准组织开展期货交易的其他期货交易场所（以下统称期货交易场所），采用公开的集中交易方式或者国务院期货监督管理机构批准的其他方式进行。

禁止在期货交易场所之外进行期货交易。

衍生品交易，可以采用协议交易或者国务院规定的其他交易方式进行。

第十二条 任何单位和个人不得操纵期货市场或者衍生品市场。

禁止以下列手段操纵期货市场，影响或者意图影响期货交易价格或者期货交易量：

（一）单独或者合谋，集中资金优势、持仓优势或者利用信息优势联合或者连续买卖合约；

（二）与他人串通，以事先约定的时间、价格和方式相互进行期货交易；

（三）在自己实际控制的账户之间进行期货交易；

（四）利用虚假或者不确定的重大信息，诱导交易者进行期货交易；

（五）不以成交为目的，频繁或者大量申报并撤销申报；

（六）对相关期货交易或者合约标的物的交易作出公开评价、预测或者投资建议，并进行反向操作或者相关操作；

（七）为影响期货市场行情囤积现货；

（八）在交割月或者临近交割月，利用不正当手段规避持仓限额，形成持仓优势；

（九）利用在相关市场的活动操纵期货市场；

（十）操纵期货市场的其他手段。

第十三条 期货交易和衍生品交易的内幕信息的知情人和非法获取内幕信息的人，在内幕信息公开前不得从事相关期货交易或者衍生品交易，明示、暗示他人从事与内幕信息有关的期货交易或者衍生品交易，或者泄露内幕信息。

第十四条 本法所称内幕信息，是指可能对期货交易或者衍生品交易的交易价格产生重大影响的尚未公开的信息。

期货交易的内幕信息包括：

（一）国务院期货监督管理机构以及其他相关部门正在制定或者尚未发布的对期货交易价格可能产生重大影响的政策、信息或者数据；

（二）期货交易场所、期货结算机构作出的可能对期货交易价格产生重大影响的决定；

（三）期货交易场所会员、交易者的资金和交易动向；

（四）相关市场中的重大异常交易信息；

（五）国务院期货监督管理机构规定的对期货交易价格有重大影响的其他信息。

第十五条 本法所称内幕信息的知情人，是指由于经营地位、管理地位、监督地位或者职务便利等，能够接触或者获得内幕信息的单位和个人。

期货交易的内幕信息的知情人包括：

（一）期货经营机构、期货交易场所、期货结算机构、期货服务机构的有关人员；

（二）国务院期货监督管理机构和其他有关部门的工作人员；

（三）国务院期货监督管理机构规定的可以获取内幕信息的其他单位和个人。

第十六条 禁止任何单位和个人编造、传播虚假信息或者误导性信息，扰乱期货市场和衍生品市场。

禁止期货经营机构、期货交易场所、期货结算机构、期货服务机构及其从业人员，组织、开展衍生品交易的场所、机构及其从业人员，期货和衍生品行业协会、国务院期货监督管理机构、国务院授权的部门及其工作人员，在期货交易和衍生品交易及相关活动中作出虚假陈述或者信息误导。

各种传播媒介传播期货市场和衍生品市场信息应当真实、客观，禁止误导。传播媒介及其从事期货市场和衍生品市场信息报道的工作人员不得从事与其工作职责发生利益冲突的期货交易和衍生品交易及相关活动。

第二节 期货交易

第十七条 期货合约品种和标准化期权合约品种的上市应当符合国务院期货监督管理机构的规定，由期货交易场所依法报经国务院期货监督管理机构注册。

期货合约品种和标准化期权合约品种的中止上市、恢复上市、终止上市应当符合国务院期货监督管理机构的规定，由期货交易场所决定并向国务院期货监督管理机构备案。

期货合约品种和标准化期权合约品种应当具有经济价值，合约不易被操纵，符合社会公共利益。

第十八条 期货交易实行账户实名制。交易者进行期货交易的，应当持有证明身份的合法证件，以本人名义申请开立账户。

任何单位和个人不得违反规定，出借自己的期货账户或者借用他人的期货账户从事期货交易。

第十九条 在期货交易场所进行期货交易的，应当是期货交易场所会员或者符合国务院期货监督管理机构规定的其他参与者。

第二十条 交易者委托期货经营机构进行交易的，可以通过书面、电话、自助终端、网络等方式下达交易指令。交易指令应当明确、具体、全面。

第二十一条 通过计算机程序自动生成或者下达交易指令进行程序化交易的，应当符合国务院期货监督管理机构的规定，并向期货交易场所报告，不得影响期货交易场所系统安全或者正常交易秩序。

第二十二条 期货交易实行保证金制度，期货结算机构向结算参与人收取保证金，结算参与人向交易者收取保证金。保证金用于结算和履约保障。

保证金的形式包括现金，国债、股票、基金份额、标准仓单等流动性强的有价证券，以及国务院期货监督管理机构规定的其他财产。以有价证券等作为保证金的，可以依法通过质押等具有履约保障功能的方式进行。

期货结算机构、结算参与人收取的保证金的形式、比例等应当符合国务院期货监督管理机构的规定。

交易者进行标准化期权合约交易的，卖方应当缴纳保证金，买方应当支付权利金。

前款所称权利金是指买方支付的用于购买标准化期权合约的资金。

第二十三条 期货交易实行持仓限额制度，防范合约持仓过度集中的风险。

从事套期保值等风险管理活动的，可以申请持仓限额豁免。

持仓限额、套期保值的管理办法由国务院期货监督管理机构制定。

第二十四条 期货交易实行交易者实际控制关系报备管理制度。交易者应当按照国务院期货监督管理机构的规定向期货经营机构或者期货交易场所报备实际控制关系。

第二十五条 期货交易的收费应当合理，收费项目、收费标准和管理办法应当公开。

第二十六条 依照期货交易场所依法制定的业务规则进行的交易，不得改变其交易结果，本法第八十九条第二款规定的除外。

第二十七条 期货交易场所会员和交易者应当按照国务院期货监督管理机构的规定，报告有关交易、持仓、保证金等重大事项。

第二十八条 任何单位和个人不得违规使用信贷资金、财政资金进行期货交易。

第二十九条 期货经营机构、期货交易场所、期货结算机构、期货服务机构等机构及其从业人员对发现的禁止的交易行为，应当及时向国务院期货监督管理机构报告。

第三节 衍生品交易

第三十条 依法设立的场所，经国务院授权的部门或者国务院期货监督管理机构审批，可以组织开展衍生品交易。

组织开展衍生品交易的场所制定的交易规则，应当公平保护交易参与各方合法权益和防范市场风险，并报国务院授权的部门或者国务院期货监督管理机构批准。

第三十一条 金融机构开展衍生品交易业务，应当依法经过批准或者核准，履行交易者适当性管理义务，并应当遵守国家有关监督管理规定。

第三十二条 衍生品交易采用主协议方式的，主协议、主协议项下的全部补充协议以及交易双方就各项具体交易作出的约定等，共同构成交易双方之间一个完整的单一协议，具有法律约束力。

第三十三条 本法第三十二条规定的主协议等合同范本，应当按照国务院授权的部门或者国务院期货监督管理机构的规定报送备案。

第三十四条 进行衍生品交易，可以依法通过质押等方式提供履约保障。

第三十五条 依法采用主协议方式从事衍生品交易的，发生约定的情形时，可以依照协议约定终止交易，并按净额对协议项下的全部交易盈亏进行结算。

依照前款规定进行的净额结算，不因交易任何一方依法进入破产程序而中止、无效或者撤销。

第三十六条 国务院授权的部门、国务院期货监督管理机构应当建立衍生品交易报告库，对衍生品交易标的、规模、对手方等信息进行集中收集、保存、分析和管理，并按照规定及时向市场披露有关信息。具体办法由国务院授权的部门、国务院期货监督管理机构规定。

第三十七条 衍生品交易，由国务院授权的部门或者国务院期货监督管理机构批准的结算机构作为中央对手方进行集中结算的，可以依法进行终止净额结算；结算财产应当优先用于结算和交割，不得被查封、冻结、扣押或者强制执行；在结算和交割完成前，任何人不得动用。

依法进行的集中结算，不因参与结算的任何一方依法进入破产程序而中止、无效或者撤销。

第三十八条 对衍生品交易及相关活动进行规范和监督管理的具体办法，由国务院依照本法的原则规定。

第三章 期货结算与交割

第三十九条 期货交易实行当日无负债结算制度。在期货交易场所规定的时间，期货结算机构应当在当日按照结算价对结算参与人进行结算；结算参与人应当根据期货结算机构的结算结果对交易者进行结算。结算结果应当在当日及时通知结算参与人和交易者。

第四十条 期货结算机构、结算参与人收取的保证金、权利金等，应当与其自有资金分开，按照国务院期货监督管理机构的规定，在期货保证金存管机构专户存放，分别管理，禁止违规挪用。

第四十一条 结算参与人的保证金不符合期货结算机构业务规则规定标准的，期货结算机构应当按照业务规则的规定通知结算参与人在规定时间内追加保证金或者自行平仓；结算参与人未在规定时间内追加保证金或者自行平仓的，通知期货交易场所强行平仓。

交易者的保证金不符合结算参与人与交易者约定标准的，结算参与人应当按照约定通知交易者在约定时间内追加保证金或者自行平仓；交易者未在约定时间内追加保证金或者自行平仓的，按照约定强行平仓。

以有价证券等作为保证金，期货结算机构、结算参与人按照前两款规定强行平仓的，可以对有价证券等进行处置。

第四十二条 结算参与人在结算过程中违约的，期货结算机构按照业务规则动用结算参与人的保证金、结算担保金以及结算机构的风险准备金、自有资金等完成结算；期货结算机构以其风险准备金、自有资金等完成结算的，可以依法对该结算参与人进行追偿。

交易者在结算过程中违约的，其委托的结算参与人按照合同约定动用该交易者的保证金以及结算参与人的风险准备金和自有资金完成结算；结算参与人以其风险准备金和自有资金完成结算的，可以依法对该交易者进行追偿。

本法所称结算担保金，是指结算参与人以自有资金向期货结算机构缴纳的，用于担保履约的资金。

第四十三条 期货结算机构依照其业务规则收取和提取的保证金、权利金、结算担保金、风险准备金等资产，应当优先用于结算和交割，不得被查封、冻结、扣押或者强制执行。

在结算和交割完成之前，任何人不得动用用于担保履约和交割的保证金、进入交割环节的交割财产。

依法进行的结算和交割，不因参与结算的任何一方依法进入破产程序而中止、无效或者撤销。

第四十四条 期货合约到期时，交易者应当通过实物交割或者现金交割，了结到期未平仓合约。

在标准化期权合约规定的时间，合约的买方有权以约定的价格买入或者卖出标的物，或者按照约定进行现金差价结算，合约的卖方应当按照约定履行相应的义务。标准化期权合约的行权，由期货结算机构组织进行。

第四十五条 期货合约采取实物交割的，由期货结算机构负责组织货款与标准仓单等合约标的物权利凭证的交付。

期货合约采取现金交割的，由期货结算机构以交割结算价为基础，划付持仓双方的盈亏款项。

本法所称标准仓单，是指交割库开具并经期货交易场所登记的标准化提货凭证。

第四十六条 期货交易的实物交割在期货交易场所指定的交割库、交割港口或者其他符合期货交易场所要求的地点进行。实物交割不得限制交割总量。采用标准仓单以外的单据凭证或者其他方式进行实物交割的，期货交易场所应当明确规定交割各方的权利和义务。

第四十七条 结算参与人在交割过程中违约的，期货结算机构有权对结算参与人的标准仓单等合约标的物权利凭证进行处置。

交易者在交割过程中违约的，结算参与人有权对交易者的标准仓单等合约标的物权利凭证进行处置。

第四十八条 不符合结算参与人条件的期货经营机构可以委托结算参与人代为其客户进行结算。不符合结算参与人条件的期货经营机构与结算参与人、交易者之间的权利义务关系，参照本章关于结算参与人与交易者之间权

利义务的规定执行。

第四章 期货交易者

第四十九条 期货交易者是指依照本法从事期货交易，承担交易结果的自然人、法人和非法人组织。

期货交易者从事期货交易，除国务院期货监督管理机构另有规定外，应当委托期货经营机构进行。

第五十条 期货经营机构向交易者提供服务时，应当按照规定充分了解交易者的基本情况、财产状况、金融资产状况、交易知识和经验、专业能力等相关信息；如实说明服务的重要内容，充分揭示交易风险；提供与交易者上述状况相匹配的服务。

交易者在参与期货交易和接受服务时，应当按照期货经营机构明示的要求提供前款所列真实信息。拒绝提供或者未按照要求提供信息的，期货经营机构应当告知其后果，并按照规定拒绝提供服务。

期货经营机构违反第一款规定导致交易者损失的，应当承担相应的赔偿责任。

第五十一条 根据财产状况、金融资产状况、交易知识和经验、专业能力等因素，交易者可以分为普通交易者和专业交易者。专业交易者的标准由国务院期货监督管理机构规定。

普通交易者与期货经营机构发生纠纷的，期货经营机构应当证明其行为符合法律、行政法规以及国务院期货监督管理机构的规定，不存在误导、欺诈等情形。期货经营机构不能证明的，应当承担相应的赔偿责任。

第五十二条 参与期货交易的法人和非法人组织，应当建立与其交易合约类型、规模、目的等相适应的内部控制制度和风险控制制度。

第五十三条 期货经营机构、期货交易场所、期货结算机构的从业人员，国务院期货监督管理机构、期货业协会的工作人员，以及法律、行政法规和国务院期货监督管理机构规定禁止参与期货交易的其他人员，不得进行期货交易。

第五十四条 交易者有权查询其委托记录、交易记录、保证金余额、与其接受服务有关的其他重要信息。

第五十五条 期货经营机构、期货交易场

所、期货结算机构、期货服务机构及其工作人员应当依法为交易者的信息保密，不得非法买卖、提供或者公开交易者的信息。

期货经营机构、期货交易场所、期货结算机构、期货服务机构及其工作人员不得泄露所知悉的商业秘密。

第五十六条 交易者与期货经营机构等发生纠纷的，双方可以向行业协会等申请调解。普通交易者与期货经营机构发生期货业务纠纷并提出调解请求的，期货经营机构不得拒绝。

第五十七条 交易者提起操纵市场、内幕交易等期货民事赔偿诉讼时，诉讼标的是同一种类，且当事人一方人数众多的，可以依法推选代表人进行诉讼。

第五十八条 国家设立期货交易者保障基金。期货交易者保障基金的筹集、管理和使用的具体办法，由国务院期货监督管理机构会同国务院财政部门制定。

第五章 期货经营机构

第五十九条 期货经营机构是指依照《中华人民共和国公司法》和本法设立的期货公司以及国务院期货监督管理机构核准从事期货业务的其他机构。

第六十条 设立期货公司，应当具备下列条件，并经国务院期货监督管理机构核准：

（一）有符合法律、行政法规规定的公司章程；

（二）主要股东及实际控制人具有良好的财务状况和诚信记录，净资产不低于国务院期货监督管理机构规定的标准，最近三年无重大违法违规记录；

（三）注册资本不低于人民币一亿元，且应当为实缴货币资本；

（四）从事期货业务的人员符合本法规定的条件，董事、监事和高级管理人员具备相应的任职条件；

（五）有良好的公司治理结构、健全的风险管理制度和完善的内部控制制度；

（六）有合格的经营场所、业务设施和信息技术系统；

（七）法律、行政法规和国务院期货监督管理机构规定的其他条件。

国务院期货监督管理机构根据审慎监管原则和各项业务的风险程度，可以提高注册资本最低限额。

国务院期货监督管理机构应当自受理期货公司设立申请之日起六个月内依照法定条件、法定程序和审慎监管原则进行审查，作出核准或者不予核准的决定，并通知申请人；不予核准的，应当说明理由。

第六十一条 期货公司应当在其名称中标明"期货"字样，国务院期货监督管理机构另有规定的除外。

第六十二条 期货公司办理下列事项，应当经国务院期货监督管理机构核准：

（一）合并、分立、停业、解散或者申请破产；

（二）变更主要股东或者公司的实际控制人；

（三）变更注册资本且调整股权结构；

（四）变更业务范围；

（五）国务院期货监督管理机构规定的其他重大事项。

前款第三项、第五项所列事项，国务院期货监督管理机构应当自受理申请之日起二十日内作出核准或者不予核准的决定；前款所列其他事项，国务院期货监督管理机构应当自受理申请之日起六十日内作出核准或者不予核准的决定。

第六十三条 期货公司经国务院期货监督管理机构核准可以从事下列期货业务：

（一）期货经纪；

（二）期货交易咨询；

（三）期货做市交易；

（四）其他期货业务。

期货公司从事资产管理业务的，应当符合《中华人民共和国证券投资基金法》等法律、行政法规的规定。

未经国务院期货监督管理机构核准，任何单位和个人不得设立或者变相设立期货公司，经营或者变相经营期货经纪业务、期货交易咨询业务，也不得以经营为目的使用"期货"、"期权"或者其他可能产生混淆或者误导的名称。

第六十四条 期货公司的董事、监事、高级管理人员，应当正直诚实、品行良好，熟悉期货法律、行政法规，具有履行职责所需的经营管理能力。期货公司任免董事、监事、高级管理人员，应当报国务院期货监督管理机构备案。

有下列情形之一的，不得担任期货公司的董事、监事、高级管理人员：

（一）存在《中华人民共和国公司法》规定的不得担任公司董事、监事和高级管理人员的情形；

（二）因违法行为或者违纪行为被解除职务的期货经营机构的董事、监事、高级管理人员，或者期货交易场所、期货结算机构的负责人，自被解除职务之日起未逾五年；

（三）因违法行为或者违纪行为被吊销执业证书或者被取消资格的注册会计师、律师或者其他期货服务机构的专业人员，自被吊销执业证书或者被取消资格之日起未逾五年。

第六十五条 期货经营机构应当依法经营，勤勉尽责，诚实守信。期货经营机构应当建立健全内部控制制度，采取有效隔离措施，防范经营机构与客户之间、不同客户之间的利益冲突。

期货经营机构应当将其期货经纪业务、期货做市交易业务、资产管理业务和其他相关业务分开办理，不得混合操作。

期货经营机构应当依法建立并执行反洗钱制度。

第六十六条 期货经营机构接受交易者委托为其进行期货交易，应当签订书面委托合同，以自己的名义为交易者进行期货交易，交易结果由交易者承担。

期货经营机构从事经纪业务，不得接受交易者的全权委托。

第六十七条 期货经营机构从事资产管理业务，接受客户委托，运用客户资产进行投资的，应当公平对待所管理的不同客户资产，不得违背受托义务。

第六十八条 期货经营机构不得违反规定为其股东、实际控制人或者股东、实际控制人的关联人提供融资或者担保，不得违反规定对外担保。

第六十九条 期货经营机构从事期货业务的人员应当正直诚实、品行良好，具备从事期货业务所需的专业能力。

期货经营机构从事期货业务的人员不得私下接受客户委托从事期货交易。

期货经营机构从事期货业务的人员在从事期货业务活动中，执行所属的期货经营机构的指令或者利用职务违反期货交易规则的，由所属的期货经营机构承担全部责任。

第七十条 国务院期货监督管理机构应当制定期货经营机构持续性经营规则，对期货经营机构及其分支机构的经营条件、风险管理、内部控制、保证金存管、合规管理、风险监管指标、关联交易等方面作出规定。期货经营机构应当符合持续性经营规则。

第七十一条 期货经营机构应当按照规定向国务院期货监督管理机构报送业务、财务等经营管理信息和资料。国务院期货监督管理机构有权要求期货经营机构及其主要股东、实际控制人、其他关联人在指定的期限内提供有关信息、资料。

期货经营机构及其主要股东、实际控制人或者其他关联人向国务院期货监督管理机构报送或者提供的信息、资料，应当真实、准确、完整。

第七十二条 期货经营机构涉及重大诉讼、仲裁，股权被冻结或者用于担保，以及发生其他重大事件时，应当自该事件发生之日起五日内向国务院期货监督管理机构提交书面报告。

期货经营机构的控股股东或者实际控制人应当配合期货经营机构履行前款规定的义务。

第七十三条 期货经营机构不符合持续性经营规则或者出现经营风险的，国务院期货监督管理机构应当责令其限期改正；期货经营机构逾期未改正的，或者其行为严重危及该期货经营机构的稳健运行、损害交易者合法权益的，或者涉嫌严重违法违规正在被国务院期货监督管理机构调查的，国务院期货监督管理机构可以区别情形，对其采取下列措施：

（一）限制或者暂停部分业务；

（二）停止核准新增业务；

（三）限制分配红利，限制向董事、监事、高级管理人员支付报酬、提供福利；

（四）限制转让财产或者在财产上设定其他权利；

（五）责令更换董事、监事、高级管理人员或者有关业务部门、分支机构的负责人员，或者限制其权利；

（六）限制期货经营机构自有资金或者风险准备金的调拨和使用；

（七）认定负有责任的董事、监事、高级

管理人员为不适当人选；

（八）责令负有责任的股东转让股权，限制负有责任的股东行使股东权利。

对经过整改符合有关法律、行政法规规定以及持续性经营规则要求的期货经营机构，国务院期货监督管理机构应当自验收完毕之日起三日内解除对其采取的有关措施。

对经过整改仍未达到持续性经营规则要求，严重影响正常经营的期货经营机构，国务院期货监督管理机构有权撤销其部分或者全部期货业务许可、关闭其部分或者全部分支机构。

第七十四条　期货经营机构违法经营或者出现重大风险，严重危害期货市场秩序、损害交易者利益的，国务院期货监督管理机构可以对该期货经营机构采取责令停业整顿、指定其他机构托管或者接管等监督管理措施。

期货经营机构有前款所列情形，经国务院期货监督管理机构批准，可以对该期货经营机构直接负责的董事、监事、高级管理人员和其他直接责任人员采取以下措施：

（一）决定并通知出境入境管理机关依法阻止其出境；

（二）申请司法机关禁止其转移、转让或者以其他方式处分财产，或者在财产上设定其他权利。

第七十五条　期货经营机构的股东有虚假出资、抽逃出资行为的，国务院期货监督管理机构应当责令其限期改正，并可责令其转让所持期货经营机构的股权。

在股东依照前款规定的要求改正违法行为、转让所持期货经营机构的股权前，国务院期货监督管理机构可以限制其股东权利。

第七十六条　期货经营机构有下列情形之一的，国务院期货监督管理机构应当依法办理相关业务许可证注销手续：

（一）营业执照被依法吊销；

（二）成立后无正当理由超过三个月未开始营业，或者开业后无正当理由停业连续三个月以上；

（三）主动提出注销申请；

（四）《中华人民共和国行政许可法》和国务院期货监督管理机构规定应当注销行政许可的其他情形。

期货经营机构在注销相关业务许可证前，应当结清相关期货业务，并依法返还交易者的保证金和其他资产。

第七十七条　国务院期货监督管理机构认为必要时，可以委托期货服务机构对期货经营机构的财务状况、内部控制状况、资产价值进行审计或者评估。具体办法由国务院期货监督管理机构会同有关主管部门制定。

第七十八条　禁止期货经营机构从事下列损害交易者利益的行为：

（一）向交易者作出保证其资产本金不受损失或者取得最低收益承诺；

（二）与交易者约定分享利益、共担风险；

（三）违背交易者委托进行期货交易；

（四）隐瞒重要事项或者使用其他不正当手段，诱骗交易者交易；

（五）以虚假或者不确定的重大信息为依据向交易者提供交易建议；

（六）向交易者提供虚假成交回报；

（七）未将交易者交易指令下达到期货交易场所；

（八）挪用交易者保证金；

（九）未依照规定在期货保证金存管机构开立保证金账户，或者违规划转交易者保证金；

（十）利用为交易者提供服务的便利，获取不正当利益或者转嫁风险；

（十一）其他损害交易者权益的行为。

第六章　期货交易场所

第七十九条　期货交易场所应当遵循社会公共利益优先原则，为期货交易提供场所和设施，组织和监督期货交易，维护市场的公平、有序和透明，实行自律管理。

第八十条　设立、变更和解散期货交易所，应当由国务院期货监督管理机构批准。

设立期货交易所应当制定章程。期货交易所章程的制定和修改，应当经国务院期货监督管理机构批准。

第八十一条　期货交易所应当在其名称中标明"商品交易所"或者"期货交易所"等字样。其他任何单位或者个人不得使用期货交易所或者其他可能产生混淆或者误导的名称。

第八十二条　期货交易所可以采取会员制或者公司制的组织形式。

会员制期货交易所的组织机构由其章程规定。

第八十三条 期货交易所依照法律、行政法规和国务院期货监督管理机构的规定，制定有关业务规则；其中交易规则的制定和修改应当报国务院期货监督管理机构批准。

期货交易所业务规则应当体现公平保护会员、交易者等市场相关各方合法权益的原则。

在期货交易所从事期货交易及相关活动，应当遵守期货交易所依法制定的业务规则。违反业务规则的，由期货交易所给予纪律处分或者采取其他自律管理措施。

第八十四条 期货交易所的负责人由国务院期货监督管理机构提名或者任免。

有《中华人民共和国公司法》规定的不适合担任公司董事、监事、高级管理人员的情形或者下列情形之一的，不得担任期货交易所的负责人：

（一）因违法行为或者违纪行为被解除职务的期货经营机构的董事、监事、高级管理人员，或者期货交易场所、期货结算机构的负责人，自被解除职务之日起未逾五年；

（二）因违法行为或者违纪行为被吊销执业证书或者被取消资格的注册会计师、律师或者其他期货服务机构的专业人员，自被吊销执业证书或者被取消资格之日起未逾五年。

第八十五条 期货交易场所应当依照本法和国务院期货监督管理机构的规定，加强对交易活动的风险控制和对会员以及交易场所工作人员的监督管理，依法履行下列职责：

（一）提供交易的场所、设施和服务；

（二）设计期货合约、标准化期权合约品种，安排期货合约、标准化期权合约品种上市；

（三）对期货交易进行实时监控和风险监测；

（四）依照章程和业务规则对会员、交易者、期货服务机构等进行自律管理；

（五）开展交易者教育和市场培育工作；

（六）国务院期货监督管理机构规定的其他职责。

期货交易场所不得直接或者间接参与期货交易。未经国务院批准，期货交易场所不得从事信托投资、股票投资、非自用不动产投资等与其职责无关的业务。

第八十六条 期货交易所的所得收益按照国家有关规定管理和使用，应当首先用于保证期货交易的场所、设施的运行和改善。

第八十七条 期货交易场所应当加强对期货交易的风险监测，出现异常情况的，期货交易场所可以依照业务规则，单独或者会同期货结算机构采取下列紧急措施，并立即报告国务院期货监督管理机构：

（一）调整保证金；

（二）调整涨跌停板幅度；

（三）调整会员、交易者的交易限额或持仓限额标准；

（四）限制开仓；

（五）强行平仓；

（六）暂时停止交易；

（七）其他紧急措施。

异常情况消失后，期货交易场所应当及时取消紧急措施。

第八十八条 期货交易场所应当实时公布期货交易即时行情，并按交易日制作期货市场行情表，予以公布。

期货交易行情的权益由期货交易场所享有。未经期货交易场所许可，任何单位和个人不得发布期货交易行情。

期货交易场所不得发布价格预测信息。

期货交易场所应当依照国务院期货监督管理机构的规定，履行信息报告义务。

第八十九条 因突发性事件影响期货交易正常进行时，为维护期货交易正常秩序和市场公平，期货交易场所可以按照本法和业务规则规定采取必要的处置措施，并应当及时向国务院期货监督管理机构报告。

因前款规定的突发性事件导致期货交易结果出现重大异常，按交易结果进行结算、交割将对期货交易正常秩序和市场公平造成重大影响的，期货交易场所可以按照业务规则采取取消交易等措施，并应当及时向国务院期货监督管理机构报告并公告。

第九十条 期货交易场所对其依照本法第八十七条、第八十九条规定采取措施造成的损失，不承担民事赔偿责任，但存在重大过错的除外。

第七章　期货结算机构

第九十一条 期货结算机构是指依法设

立，为期货交易提供结算、交割服务，实行自律管理的法人。

期货结算机构包括内部设有结算部门的期货交易场所、独立的期货结算机构和经国务院期货监督管理机构批准从事与证券业务相关的期货交易结算、交割业务的证券结算机构。

第九十二条 独立的期货结算机构的设立、变更和解散，应当经国务院期货监督管理机构批准。

设立独立的期货结算机构，应当具备下列条件：

（一）具备良好的财务状况，注册资本最低限额符合国务院期货监督管理机构的规定；

（二）有具备任职专业知识和业务工作经验的高级管理人员；

（三）具备完善的治理结构、内部控制制度和风险控制制度；

（四）具备符合要求的营业场所、信息技术系统以及与期货交易的结算有关的其他设施；

（五）国务院期货监督管理机构规定的其他条件。

承担期货结算机构职责的期货交易场所，应当具备本条第二款规定的条件。

国务院期货监督管理机构应当根据审慎监管原则进行审查，在六个月内作出批准或者不予批准的决定。

第九十三条 期货结算机构作为中央对手方，是结算参与人共同对手方，进行净额结算，为期货交易提供集中履约保障。

第九十四条 期货结算机构履行下列职责：

（一）组织期货交易的结算、交割；

（二）按照章程和业务规则对交易者、期货经营机构、期货服务机构、非期货经营机构结算参与人等进行自律管理；

（三）办理与期货交易的结算、交割有关的信息查询业务；

（四）国务院期货监督管理机构规定的其他职责。

第九十五条 期货结算机构应当按照国务院期货监督管理机构的规定，在其业务规则中规定结算参与人制度、风险控制制度、信息安全管理制度、违规违约处理制度、应急处理及临时处置措施等事项。期货结算机构制定和修改章程、业务规则，应当经国务院期货监督管理机构批准。参与期货结算，应当遵守期货结算机构制定的业务规则。

期货结算机构制定和执行业务规则，应当与期货交易场所的相关制度衔接、协调。

第九十六条 期货结算机构应当建立流动性管理制度，保障结算活动的稳健运行。

第九十七条 本法第八十四条，第八十五条第二款，第八十六条，第八十八条第三款、第四款的规定，适用于独立的期货结算机构和经批准从事期货交易结算、交割业务的证券结算机构。

第八章 期货服务机构

第九十八条 会计师事务所、律师事务所、资产评估机构、期货保证金存管机构、交割库、信息技术服务机构等期货服务机构，应当勤勉尽责、恪尽职守，按照相关业务规则为期货交易及相关活动提供服务，并按照国务院期货监督管理机构的要求提供相关资料。

第九十九条 会计师事务所、律师事务所、资产评估机构等期货服务机构接受期货经营机构、期货交易场所、期货结算机构的委托出具审计报告、法律意见书等文件，应当对所依据的文件资料内容的真实性、准确性、完整性进行核查和验证。

第一百条 交割库包括交割仓库和交割厂库等。交割库为期货交易的交割提供相关服务，应当符合期货交易场所规定的条件。期货交易场所应当与交割库签订协议，明确双方的权利和义务。

交割库不得有下列行为：

（一）出具虚假仓单；

（二）违反期货交易场所的业务规则，限制交割商品的出库、入库；

（三）泄露与期货交易有关的商业秘密；

（四）违反国家有关规定参与期货交易；

（五）违反国务院期货监督管理机构规定的其他行为。

第一百零一条 为期货交易及相关活动提供信息技术系统服务的机构，应当符合国家及期货行业信息安全相关的技术管理规定和标准，并向国务院期货监督管理机构备案。

国务院期货监督管理机构可以依法要求信息技术服务机构提供前款规定的信息技术系统

第九章 期货业协会

第一百零二条 期货业协会是期货行业的自律性组织，是社会团体法人。

期货经营机构应当加入期货业协会。期货服务机构可以加入期货业协会。

第一百零三条 期货业协会的权力机构为会员大会。

期货业协会的章程由会员大会制定，并报国务院期货监督管理机构备案。

期货业协会设理事会。理事会成员依照章程的规定选举产生。

第一百零四条 期货业协会履行下列职责：

（一）制定和实施行业自律规则，监督、检查会员的业务活动及从业人员的执业行为，对违反法律、行政法规、国家有关规定、协会章程和自律规则的，按照规定给予纪律处分或者实施其他自律管理措施；

（二）对会员之间、会员与交易者之间发生的纠纷进行调解；

（三）依法维护会员的合法权益，向国务院期货监督管理机构反映会员的建议和要求；

（四）组织期货从业人员的业务培训，开展会员间的业务交流；

（五）教育会员和期货从业人员遵守期货法律法规和政策，组织开展行业诚信建设，建立行业诚信激励约束机制；

（六）开展交易者教育和保护工作，督促会员落实交易者适当性管理制度，开展期货市场宣传；

（七）对会员的信息安全工作实行自律管理，督促会员执行国家和行业信息安全相关规定和技术标准；

（八）组织会员就期货行业的发展、运作及有关内容进行研究，收集整理、发布期货相关信息，提供会员服务，组织行业交流，引导行业创新发展；

（九）期货业协会章程规定的其他职责。

第十章 监督管理

第一百零五条 国务院期货监督管理机构依法对期货市场实行监督管理，维护期货市场公开、公平、公正，防范系统性风险，维护交易者合法权益，促进期货市场健康发展。

国务院期货监督管理机构在对期货市场实施监督管理中，依法履行下列职责：

（一）制定有关期货市场监督管理的规章、规则，并依法进行审批、核准、注册，办理备案；

（二）对品种的上市、交易、结算、交割等期货交易及相关活动，进行监督管理；

（三）对期货经营机构、期货交易场所、期货结算机构、期货服务机构和非期货经营机构结算参与人等市场相关参与者的期货业务活动，进行监督管理；

（四）制定期货从业人员的行为准则，并监督实施；

（五）监督检查期货交易的信息公开情况；

（六）维护交易者合法权益、开展交易者教育；

（七）对期货违法行为进行查处；

（八）监测监控并防范、处置期货市场风险；

（九）对期货行业金融科技和信息安全进行监管；

（十）对期货业协会的自律管理活动进行指导和监督；

（十一）法律、行政法规规定的其他职责。

国务院期货监督管理机构根据需要可以设立派出机构，依照授权履行监督管理职责。

第一百零六条 国务院期货监督管理机构依法履行职责，有权采取下列措施：

（一）对期货经营机构、期货交易场所、期货结算机构进行现场检查，并要求其报送有关的财务会计、业务活动、内部控制等资料；

（二）进入涉嫌违法行为发生场所调查取证；

（三）询问当事人和与被调查事件有关的单位和个人，要求其对与被调查事件有关的事项作出说明，或者要求其按照指定的方式报送与被调查事件有关的文件和资料；

（四）查阅、复制与被调查事件有关的财产权登记、通讯记录等文件和资料；

（五）查阅、复制当事人和与被调查事件有关的单位和个人的期货交易记录、财务会计资料及其他相关文件和资料；对可能被转移、隐匿或者毁损的文件资料，可以予以封存、扣押；

（六）查询当事人和与被调查事件有关的单位和个人的保证金账户和银行账户以及其他具有支付、托管、结算等功能的账户信息，可以对有关文件和资料进行复制；对有证据证明已经或者可能转移或者隐匿违法资金等涉案财产或者隐匿、伪造、毁损重要证据的，经国务院期货监督管理机构主要负责人或者其授权的其他负责人批准，可以冻结、查封，期限为六个月；因特殊原因需要延长的，每次延长期限不得超过三个月，最长期限不得超过二年；

（七）在调查操纵期货市场、内幕交易等重大违法行为时，经国务院期货监督管理机构主要负责人或者其授权的其他负责人批准，可以限制被调查事件当事人的交易，但限制的时间不得超过三个月；案情复杂的，可以延长三个月；

（八）决定并通知出境入境管理机关依法阻止涉嫌违法人员、涉嫌违法单位的主管人员和其他直接责任人员出境。

为防范期货市场风险，维护市场秩序，国务院期货监督管理机构可以采取责令改正、监管谈话、出具警示函等措施。

第一百零七条　国务院期货监督管理机构依法履行职责，进行监督检查或者调查，其监督检查、调查的人员不得少于二人，并应当出示执法证件和检查、调查、查询等相关执法文书。监督检查、调查的人员少于二人或者未出示执法证件和有关执法文书的，被检查、调查的单位或者个人有权拒绝。

第一百零八条　国务院期货监督管理机构的工作人员，应当依法办事，忠于职守，公正廉洁，保守国家秘密和有关当事人的商业秘密，不得利用职务便利牟取不正当利益。

第一百零九条　国务院期货监督管理机构依法履行职责，被检查、调查的单位和个人应当配合，如实作出说明或者提供有关文件和资料，不得拒绝、阻碍和隐瞒。

国务院期货监督管理机构与其他相关部门，应当建立信息共享等监督管理协调配合机制。国务院期货监督管理机构依法履行职责，进行监督检查或者调查时，有关部门应当予以配合。

第一百一十条　对涉嫌期货违法、违规行为，任何单位和个人有权向国务院期货监督管理机构举报。

对涉嫌重大违法、违规行为的实名举报线索经查证属实的，国务院期货监督管理机构按照规定给予举报人奖励。

国务院期货监督管理机构应当对举报人的身份信息保密。

第一百一十一条　国务院期货监督管理机构制定的规章、规则和监督管理工作制度应当依法公开。

国务院期货监督管理机构依据调查结果，对期货违法行为作出的处罚决定，应当依法公开。

第一百一十二条　国务院期货监督管理机构对涉嫌期货违法的单位或者个人进行调查期间，被调查的当事人书面申请，承诺在国务院期货监督管理机构认可的期限内纠正涉嫌违法行为，赔偿有关交易者损失，消除损害或者不良影响的，国务院期货监督管理机构可以决定中止调查。被调查的当事人履行承诺的，国务院期货监督管理机构可以决定终止调查；被调查的当事人未履行承诺或者有国务院规定的其他情形的，应当恢复调查。具体办法由国务院规定。

国务院期货监督管理机构中止或者终止调查的，应当按照规定公开相关信息。

第一百一十三条　国务院期货监督管理机构依法将有关期货市场主体遵守本法的情况纳入期货市场诚信档案。

第一百一十四条　国务院期货监督管理机构依法履行职责，发现期货违法行为涉嫌犯罪的，应当依法将案件移送司法机关处理；发现公职人员涉嫌职务违法或者职务犯罪的，应当依法移送监察机关处理。

第一百一十五条　国务院期货监督管理机构应当建立健全期货市场监测监控制度，通过专门机构加强保证金安全存管监控。

第一百一十六条　为防范交易及结算的风险，期货经营机构、期货交易场所、期货结算机构和非期货经营机构结算参与人应当从业务收入中按照国务院期货监督管理机构、国务院财政部门的规定提取、管理和使用风险准备金。

第一百一十七条　期货经营机构、期货交易场所、期货结算机构、期货服务机构和非期货经营机构结算参与人等应当按照规定妥善保存与业务经营相关的资料和信息,任何人不得泄露、隐匿、伪造、篡改或者毁损。期货经营机构、期货交易场所、期货结算机构和非期货经营机构结算参与人的信息和资料的保存期限不得少于二十年;期货服务机构的信息和资料的保存期限不得少于十年。

第十一章 跨境交易与监管协作

第一百一十八条 境外期货交易场所向境内单位或者个人提供直接接入该交易场所交易系统进行交易服务的,应当向国务院期货监督管理机构申请注册,接受国务院期货监督管理机构的监督管理,国务院期货监督管理机构另有规定的除外。

第一百一十九条 境外期货交易场所上市的期货合约、期权合约和衍生品合约,以境内期货交易场所上市的合约价格进行挂钩结算的,应当符合国务院期货监督管理机构的规定。

第一百二十条 境内单位或者个人从事境外期货交易,应当委托具有境外期货经纪业务资格的境内期货经营机构进行,国务院另有规定的除外。

境内期货经营机构转委托境外期货经营机构从事境外期货交易的,该境外期货经营机构应当向国务院期货监督管理机构申请注册,接受国务院期货监督管理机构的监督管理,国务院期货监督管理机构另有规定的除外。

第一百二十一条 境外期货交易场所在境内设立代表机构的,应当向国务院期货监督管理机构备案。

境外期货交易场所代表机构及其工作人员,不得从事或者变相从事任何经营活动。

第一百二十二条 境外机构在境内从事期货市场营销、推介及招揽活动,应当经国务院期货监督管理机构批准,适用本法的相关规定。

境内机构为境外机构在境内从事期货市场营销、推介及招揽活动,应当经国务院期货监督管理机构批准。

任何单位或者个人不得从事违反前两款规定的期货市场营销、推介及招揽活动。

第一百二十三条 国务院期货监督管理机构可以和境外期货监督管理机构建立监督管理合作机制,或者加入国际组织,实施跨境监督管理。

国务院期货监督管理机构应境外期货监督管理机构请求提供协助的,应当遵循国家法律、法规的规定和对等互惠的原则,不得泄露国家秘密,不得损害国家利益和社会公共利益。

第一百二十四条 国务院期货监督管理机构可以按照与境外期货监督管理机构达成的监管合作安排,接受境外期货监督管理机构的请求,依照本法规定的职责和程序为其进行调查取证。境外期货监督管理机构应当提供有关案件材料,并说明其正在就被调查当事人涉嫌违反请求方当地期货法律法规的行为进行调查。境外期货监督管理机构不得在中华人民共和国境内直接进行调查取证等活动。

未经国务院期货监督管理机构和国务院有关主管部门同意,任何单位和个人不得擅自向境外监督管理机构提供与期货业务活动有关的文件和资料。

国务院期货监督管理机构可以依照与境外期货监督管理机构达成的监管合作安排,请求境外期货监督管理机构进行调查取证。

第十二章 法律责任

第一百二十五条 违反本法第十二条的规定,操纵期货市场或者衍生品市场的,责令改正,没收违法所得,并处以违法所得一倍以上十倍以下的罚款;没有违法所得或者违法所得不足一百万元的,处以一百万元以上一千万元以下的罚款。单位操纵市场的,还应当对直接负责的主管人员和其他直接责任人员给予警告,并处以五十万元以上五百万元以下的罚款。

操纵市场行为给交易者造成损失的,应当依法承担赔偿责任。

第一百二十六条 违反本法第十三条的规定从事内幕交易的,责令改正,没收违法所得,并处以违法所得一倍以上十倍以下的罚款;没有违法所得或者违法所得不足五十万元的,处以五十万元以上五百万元以下的罚款。单位从事内幕交易的,还应当对直接负责的主管人员和其他直接责任人员给予警告,并处以二十万元以上二百万元以下的罚款。

国务院期货监督管理机构、国务院授权的

部门、期货交易场所、期货结算机构的工作人员从事内幕交易的，从重处罚。

内幕交易行为给交易者造成损失的，应当依法承担赔偿责任。

第一百二十七条 违反本法第十六条第一款、第三款的规定，编造、传播虚假信息或者误导性信息，扰乱期货市场、衍生品市场的，没收违法所得，并处以违法所得一倍以上十倍以下的罚款；没有违法所得或者违法所得不足二十万元的，处以二十万元以上二百万元以下的罚款。对直接负责的主管人员和其他直接责任人员给予警告，并处以十万元以上一百万元以下的罚款。

违反本法第十六条第二款的规定，在期货交易、衍生品交易活动中作出虚假陈述或者信息误导的，责令改正，处以二十万元以上二百万元以下的罚款；属于国家工作人员的，还应当依法给予处分。

传播媒介及其从事期货市场、衍生品市场信息报道的工作人员违反本法第十六条第三款的规定，从事与其工作职责发生利益冲突的期货交易、衍生品交易的，没收违法所得，并处以违法所得一倍以下的罚款，没有违法所得或者违法所得不足十万元的，处以十万元以下的罚款。

编造、传播有关期货交易、衍生品交易的虚假信息，或者在期货交易、衍生品交易中作出信息误导，给交易者造成损失的，应当依法承担赔偿责任。

第一百二十八条 违反本法第十八条第二款的规定，出借自己的期货账户或者借用他人的期货账户从事期货交易的，责令改正，给予警告，可以处五十万元以下的罚款。

第一百二十九条 违反本法第二十一条的规定，采取程序化交易影响期货交易场所系统安全或者正常交易秩序的，责令改正，并处以五十万元以上五百万元以下的罚款。对直接负责的主管人员和其他直接责任人员给予警告，并处以十万元以上一百万元以下的罚款。

第一百三十条 违反本法第二十七条规定，未报告有关重大事项的，责令改正，给予警告，可以处一百万元以下的罚款。

第一百三十一条 法律、行政法规和国务院期货监督管理机构规定禁止参与期货交易的人员，违反本法第五十三条的规定，直接或者以化名、借他人名义参与期货交易的，责令改正，给予警告，没收违法所得，并处以五万元以上五十万元以下的罚款；属于国家工作人员的，还应当依法给予处分。

第一百三十二条 非法设立期货公司，或者未经核准从事相关期货业务的，予以取缔，没收违法所得，并处以违法所得一倍以上十倍以下的罚款；没有违法所得或者违法所得不足一百万元的，处以一百万元以上一千万元以下的罚款。对直接负责的主管人员和其他直接责任人员给予警告，并处以二十万元以上二百万元以下的罚款。

第一百三十三条 提交虚假申请文件或者采取其他欺诈手段骗取期货公司设立许可、重大事项变更核准或者期货经营机构期货业务许可的，撤销相关许可，没收违法所得，并处以违法所得一倍以上十倍以下的罚款；没有违法所得或者违法所得不足二十万元的，处以二十万元以上二百万元以下的罚款。对直接负责的主管人员和其他直接责任人员给予警告，并处以二十万元以上二百万元以下的罚款。

第一百三十四条 期货经营机构违反本法第四十条、第六十二条、第六十五条、第六十八条、第七十一条、第七十二条的，责令改正，给予警告，没收违法所得，并处以违法所得一倍以上十倍以下的罚款；没有违法所得或者违法所得不足二十万元的，处以二十万元以上二百万元以下的罚款；情节严重的，责令停业整顿或者吊销期货业务许可证。对直接负责的主管人员和其他直接责任人员给予警告，并处以五万元以上五十万元以下的罚款。

期货经营机构有前款所列违法情形，给交易者造成损失的，应当依法承担赔偿责任。

期货经营机构的主要股东、实际控制人或者其他关联人违反本法第七十一条规定的，依照本条第一款的规定处罚。

第一百三十五条 期货经营机构违反本法第五十条交易者适当性管理规定，或者违反本法第六十六条规定从事经纪业务接受交易者全权委托，或者有第七十八条损害交易者利益行为的，责令改正，给予警告，没收违法所得，并处以违法所得一倍以上十倍以下的罚款；没有违法所得或者违法所得不足五十万元的，处以五十万元以上五百万元以下的罚款；情节严重的，吊销相关业务许可。对直接负责的主管人员和其他直接责任人员给予警告，并处以二十万元以上二百万元以下的罚款。

期货经营机构有本法第七十八条规定的行为，给交易者造成损失的，应当依法承担赔偿责任。

第一百三十六条 违反本法第十一条、第八十条、第九十二条规定，非法设立期货交易场所、期货结算机构，或者以其他形式组织期货交易的，没收违法所得，并处以违法所得一倍以上十倍以下的罚款；没有违法所得或者违法所得不足一百万元的，处以一百万元以上一千万元以下的罚款。对直接负责的主管人员和其他直接责任人员给予警告，并处以二十万元以上二百万元以下的罚款。非法设立期货交易场所的，由县级以上人民政府予以取缔。

违反本法第三十条规定，未经批准组织开展衍生品交易的，或者金融机构违反本法第三十一条规定，未经批准、核准开展衍生品交易的，依照前款规定处罚。

第一百三十七条 期货交易场所、期货结算机构违反本法第十七条、第四十条、第八十五条第二款规定的，责令改正，给予警告，没收违法所得，并处以违法所得一倍以上十倍以下的罚款；没有违法所得或者违法所得不足二十万元的，处以二十万元以上二百万元以下的罚款；情节严重的，责令停业整顿。对直接负责的主管人员和其他直接责任人员处以五万元以上五十万元以下的罚款。

第一百三十八条 期货交易场所、期货结算机构违反本法第八十八条第三款规定发布价格预测信息的，责令改正，给予警告，并处以二十万元以上二百万元以下的罚款。对直接负责的主管人员和其他直接责任人员处以五万元以上五十万元以下的罚款。

第一百三十九条 期货服务机构违反本法第九十八条的规定，从事期货服务业务未按照要求提供相关资料的，责令改正，可以处二十万元以下的罚款。

第一百四十条 会计师事务所、律师事务所、资产评估机构等期货服务机构违反本法第九十九条的规定，未勤勉尽责，所制作、出具的文件有虚假记载、误导性陈述或者重大遗漏的，责令改正，没收业务收入，并处以业务收入一倍以上十倍以下的罚款；没有业务收入或者业务收入不足五十万元的，处以五十万元以上五百万元以下的罚款。对直接负责的主管人员和其他直接责任人员给予警告，并处以二十万元以上二百万元以下的罚款。

期货服务机构有前款所列违法行为，给他人造成损失的，依法承担赔偿责任。

第一百四十一条 交割库有本法第一百条所列行为之一的，责令改正，给予警告，没收违法所得，并处以违法所得一倍以上十倍以下的罚款；没有违法所得或者违法所得不足十万元的，处以十万元以上一百万元以下的罚款；情节严重的，责令期货交易场所暂停或者取消其交割库资格。对直接负责的主管人员和其他直接责任人员给予警告，并处以五万元以上五十万元以下的罚款。

第一百四十二条 信息技术服务机构违反本法第一百零一条规定未报备案的，责令改正，可以处二十万元以下的罚款。

信息技术服务机构违反本法第一百零一条规定，提供的服务不符合国家及期货行业信息安全相关的技术管理规定和标准的，责令改正，没收业务收入，并处以业务收入一倍以上十倍以下的罚款；没有业务收入或者业务收入不足五十万元的，处以五十万元以上五百万元以下的罚款。对直接负责的主管人员和其他直接责任人员给予警告，并处以二十万元以上二百万元以下的罚款。

第一百四十三条 违反本法第一百一十六条的规定，期货经营机构、期货交易场所、期货结算机构和非期货经营机构结算参与人未按照规定提取、管理和使用风险准备金的，责令改正，给予警告。对直接负责的主管人员和其他直接责任人员给予警告，并处以十万元以上一百万元以下的罚款。

第一百四十四条 违反本法第一百一十七条的规定，期货经营机构、期货交易场所、期货结算机构、期货服务机构和非期货经营机构结算参与人等未按照规定妥善保存与业务经营相关的资料和信息的，责令改正，给予警告，并处以十万元以上一百万元以下的罚款；泄露、隐匿、伪造、篡改或者毁损有关文件资料的，责令改正，给予警告，并处以二十万元以上二百万元以下的罚款；情节严重的，处以五十万元以上五百万元以下的罚款，并暂停、吊销相关业务许可或者禁止从事相关业务。对直接负责的主管人员和其他直接责任人员给予警告,并处以十万元以上一百万元以下的罚款。

第一百四十五条 境外期货交易场所和期货经营机构违反本法第一百一十八条和第一百二十条的规定,未向国务院期货监督管理机构申请注册的,责令改正,没收违法所得,并处以违法所得一倍以上十倍以下的罚款;没有违法所得或者违法所得不足五十万元的,处以五十万元以上五百万元以下的罚款。对直接负责的主管人员和其他直接责任人员给予警告,并处以十万元以上一百万元以下的罚款。

第一百四十六条 境内单位或者个人违反本法第一百二十条第一款规定的,责令改正,给予警告,没收违法所得,并处以十万元以上一百万元以下的罚款;情节严重的,暂停其境外期货交易。对直接负责的主管人员和其他直接责任人员给予警告,并处以五万元以上五十万元以下的罚款。

第一百四十七条 境外期货交易场所在境内设立的代表机构及其工作人员违反本法第一百二十一条的规定,从事或者变相从事任何经营活动的,责令改正,给予警告,没收违法所得,并处以违法所得一倍以上十倍以下的罚款;没有违法所得或者违法所得不足五十万元的,处以五十万元以上五百万元以下的罚款。对直接负责的主管人员和其他直接责任人员给予警告,并处以十万元以上一百万元以下的罚款。

第一百四十八条 违反本法第一百二十二条的规定在境内从事市场营销、推介及招揽活动的,责令改正,给予警告,没收违法所得,并处以违法所得一倍以上十倍以下的罚款;没有违法所得或者违法所得不足五十万元的,处以五十万元以上五百万元以下的罚款。对直接负责的主管人员和其他直接责任人员给予警告,并处以十万元以上一百万元以下的罚款。

第一百四十九条 拒绝、阻碍国务院期货监督管理机构或者国务院授权的部门及其工作人员依法行使监督检查、调查职权的,责令改正,处以十万元以上一百万元以下的罚款,并由公安机关依法给予治安管理处罚。

第一百五十条 违反法律、行政法规或者国务院期货监督管理机构的有关规定,情节严重的,国务院期货监督管理机构可以对有关责任人员采取期货市场禁入的措施。

前款所称期货市场禁入,是指在一定期限内直至终身不得进行期货交易、从事期货业务,不得担任期货经营机构、期货交易场所、期货结算机构的董事、监事、高级管理人员或者负责人的制度。

第一百五十一条 本法规定的行政处罚,由国务院期货监督管理机构、国务院授权的部门按照国务院规定的职责分工作出决定;法律、行政法规另有规定的,适用其规定。

第一百五十二条 国务院期货监督管理机构或者国务院授权的部门的工作人员,不履行本法规定的职责,滥用职权、玩忽职守,利用职务便利牟取不正当利益,或者泄露所知悉的有关单位和个人的商业秘密的,依法追究法律责任。

第一百五十三条 违反本法规定,构成犯罪的,依法追究刑事责任。

第一百五十四条 违反本法规定,应当承担民事赔偿责任和缴纳罚款、罚金、违法所得,违法行为人的财产不足以支付的,优先用于承担民事赔偿责任。

第十三章 附 则

第一百五十五条 本法自2022年8月1日起施行。

中华人民共和国证券法

(1998年12月29日第九届全国人民代表大会常务委员会第六次会议通过 根据2004年8月28日第十届全国人民代表大会常务委员会第十一次会议《关于修改〈中华人民共和国证券法〉的决定》第一次修正 2005年10月27日第十届全国人民代表大会常务委员会第十八次会议第一次修订 根据2013年6月29日第十二届全国人民代表大会常务委员会第三次会议《关于修改〈中华人民共和国文物保护法〉等十二部法律的决定》第二次修正 根据2014年8月31日第十二届全国人民代表大会常务委员会第十次会议《关于修改〈中华人民共和国保险法〉等五部法律的决定》第三次修正 2019年12月28日第十三届全国人民代表大会常务委员会第十五次会议第二次修订)

目 录

第一章 总 则
第二章 证券发行
第三章 证券交易
　第一节 一般规定
　第二节 证券上市
　第三节 禁止的交易行为
第四章 上市公司的收购
第五章 信息披露
第六章 投资者保护
第七章 证券交易场所
第八章 证券公司
第九章 证券登记结算机构
第十章 证券服务机构
第十一章 证券业协会
第十二章 证券监督管理机构
第十三章 法律责任
第十四章 附 则

第一章 总 则

第一条 为了规范证券发行和交易行为,保护投资者的合法权益,维护社会经济秩序和社会公共利益,促进社会主义市场经济的发展,制定本法。

第二条 在中华人民共和国境内,股票、公司债券、存托凭证和国务院依法认定的其他证券的发行和交易,适用本法;本法未规定的,适用《中华人民共和国公司法》和其他法律、行政法规的规定。

政府债券、证券投资基金份额的上市交易,适用本法;其他法律、行政法规另有规定的,适用其规定。

资产支持证券、资产管理产品发行、交易的管理办法,由国务院依照本法的原则规定。

在中华人民共和国境外的证券发行和交易活动,扰乱中华人民共和国境内市场秩序,损害境内投资者合法权益的,依照本法有关规定处理并追究法律责任。

第三条 证券的发行、交易活动,必须遵循公开、公平、公正的原则。

第四条 证券发行、交易活动的当事人具有平等的法律地位,应当遵守自愿、有偿、诚实信用的原则。

第五条 证券的发行、交易活动,必须遵守法律、行政法规;禁止欺诈、内幕交易和操纵证券市场的行为。

第六条 证券业和银行业、信托业、保险业实行分业经营、分业管理,证券公司与银行、信托、保险业务机构分别设立。国家另有规定的除外。

第七条 国务院证券监督管理机构依法对全国证券市场实行集中统一监督管理。

国务院证券监督管理机构根据需要可以设立派出机构,按照授权履行监督管理职责。

第八条 国家审计机关依法对证券交易场

所、证券公司、证券登记结算机构、证券监督管理机构进行审计监督。

第二章 证券发行

第九条 公开发行证券,必须符合法律、行政法规规定的条件,并依法报经国务院证券监督管理机构或者国务院授权的部门注册。未经依法注册,任何单位和个人不得公开发行证券。证券发行注册制的具体范围、实施步骤,由国务院规定。

有下列情形之一的,为公开发行:

(一) 向不特定对象发行证券;

(二) 向特定对象发行证券累计超过二百人,但依法实施员工持股计划的员工人数不计算在内;

(三) 法律、行政法规规定的其他发行行为。

非公开发行证券,不得采用广告、公开劝诱和变相公开方式。

第十条 发行人申请公开发行股票、可转换为股票的公司债券,依法采取承销方式的,或者公开发行法律、行政法规规定实行保荐制度的其他证券的,应当聘请证券公司担任保荐人。

保荐人应当遵守业务规则和行业规范,诚实守信,勤勉尽责,对发行人的申请文件和信息披露资料进行审慎核查,督导发行人规范运作。

保荐人的管理办法由国务院证券监督管理机构规定。

第十一条 设立股份有限公司公开发行股票,应当符合《中华人民共和国公司法》规定的条件和经国务院批准的国务院证券监督管理机构规定的其他条件,向国务院证券监督管理机构报送募股申请和下列文件:

(一) 公司章程;

(二) 发起人协议;

(三) 发起人姓名或者名称,发起人认购的股份数、出资种类及验资证明;

(四) 招股说明书;

(五) 代收股款银行的名称及地址;

(六) 承销机构名称及有关的协议。

依照本法规定聘请保荐人的,还应当报送保荐人出具的发行保荐书。

法律、行政法规规定设立公司必须报经批准的,还应当提交相应的批准文件。

第十二条 公司首次公开发行新股,应当符合下列条件:

(一) 具备健全且运行良好的组织机构;

(二) 具有持续经营能力;

(三) 最近三年财务会计报告被出具无保留意见审计报告;

(四) 发行人及其控股股东、实际控制人最近三年不存在贪污、贿赂、侵占财产、挪用财产或者破坏社会主义市场经济秩序的刑事犯罪;

(五) 经国务院批准的国务院证券监督管理机构规定的其他条件。

上市公司发行新股,应当符合经国务院批准的国务院证券监督管理机构规定的条件,具体管理办法由国务院证券监督管理机构规定。

公开发行存托凭证的,应当符合首次公开发行新股的条件以及国务院证券监督管理机构规定的其他条件。

第十三条 公司公开发行新股,应当报送募股申请和下列文件:

(一) 公司营业执照;

(二) 公司章程;

(三) 股东大会决议;

(四) 招股说明书或者其他公开发行募集文件;

(五) 财务会计报告;

(六) 代收股款银行的名称及地址。

依照本法规定聘请保荐人的,还应当报送保荐人出具的发行保荐书。依照本法规定实行承销的,还应当报送承销机构名称及有关的协议。

第十四条 公司对公开发行股票所募集资金,必须按照招股说明书或者其他公开发行募集文件所列资金用途使用;改变资金用途,必须经股东大会作出决议。擅自改变用途,未作纠正的,或者未经股东大会认可的,不得公开发行新股。

第十五条 公开发行公司债券,应当符合下列条件:

(一) 具备健全且运行良好的组织机构;

(二) 最近三年平均可分配利润足以支付公司债券一年的利息;

(三) 国务院规定的其他条件。

公开发行公司债券筹集的资金,必须按照

公司债券募集办法所列资金用途使用；改变资金用途，必须经债券持有人会议作出决议。公开发行公司债券筹集的资金，不得用于弥补亏损和非生产性支出。

上市公司发行可转换为股票的公司债券，除应当符合第一款规定的条件外，还应当遵守本法第十二条第二款的规定。但是，按照公司债券募集办法，上市公司通过收购本公司股份的方式进行公司债券转换的除外。

第十六条 申请公开发行公司债券，应当向国务院授权的部门或者国务院证券监督管理机构报送下列文件：

（一）公司营业执照；

（二）公司章程；

（三）公司债券募集办法；

（四）国务院授权的部门或者国务院证券监督管理机构规定的其他文件。

依照本法规定聘请保荐人的，还应当报送保荐人出具的发行保荐书。

第十七条 有下列情形之一的，不得再次公开发行公司债券：

（一）对已公开发行的公司债券或者其他债务有违约或者延迟支付本息的事实，仍处于继续状态；

（二）违反本法规定，改变公开发行公司债券所募资金的用途。

第十八条 发行人依法申请公开发行证券所报送的申请文件的格式、报送方式，由依法负责注册的机构或者部门规定。

第十九条 发行人报送的证券发行申请文件，应当充分披露投资者作出价值判断和投资决策所必需的信息，内容应当真实、准确、完整。

为证券发行出具有关文件的证券服务机构和人员，必须严格履行法定职责，保证所出具文件的真实性、准确性和完整性。

第二十条 发行人申请首次公开发行股票的，在提交申请文件后，应当按照国务院证券监督管理机构的规定预先披露有关申请文件。

第二十一条 国务院证券监督管理机构或者国务院授权的部门依照法定条件负责证券发行申请的注册。证券公开发行注册的具体办法由国务院规定。

按照国务院的规定，证券交易所等可以审核公开发行证券申请，判断发行人是否符合发行条件、信息披露要求，督促发行人完善信息披露内容。

依照前两款规定参与证券发行申请注册的人员，不得与发行申请人有利害关系，不得直接或者间接接受发行申请人的馈赠，不得持有所注册的发行申请的证券，不得私下与发行申请人进行接触。

第二十二条 国务院证券监督管理机构或者国务院授权的部门应当自受理证券发行申请文件之日起三个月内，依照法定条件和法定程序作出予以注册或者不予注册的决定，发行人根据要求补充、修改发行申请文件的时间不计算在内。不予注册的，应当说明理由。

第二十三条 证券发行申请经注册后，发行人应当依照法律、行政法规的规定，在证券公开发行前公告公开发行募集文件，并将该文件置备于指定场所供公众查阅。

发行证券的信息依法公开前，任何知情人不得公开或者泄露该信息。

发行人不得在公告公开发行募集文件前发行证券。

第二十四条 国务院证券监督管理机构或者国务院授权的部门对已作出的证券发行注册的决定，发现不符合法定条件或者法定程序，尚未发行证券的，应当予以撤销，停止发行。已经发行尚未上市的，撤销发行注册决定，发行人应当按照发行价并加算银行同期存款利息返还证券持有人；发行人的控股股东、实际控制人以及保荐人，应当与发行人承担连带责任，但是能够证明自己没有过错的除外。

股票的发行人在招股说明书等证券发行文件中隐瞒重要事实或者编造重大虚假内容，已经发行并上市的，国务院证券监督管理机构可以责令发行人回购证券，或者责令负有责任的控股股东、实际控制人买回证券。

第二十五条 股票依法发行后，发行人经营与收益的变化，由发行人自行负责；由此变化引致的投资风险，由投资者自行负责。

第二十六条 发行人向不特定对象发行的证券，法律、行政法规规定应当由证券公司承销的，发行人应当同证券公司签订承销协议。证券承销业务采取代销或者包销方式。

证券代销是指证券公司代发行人发售证券，在承销期结束时，将未售出的证券全部退还给发行人的承销方式。

证券包销是指证券公司将发行人的证券按照协议全部购入或者在承销期结束时将售后剩余证券全部自行购入的承销方式。

第二十七条 公开发行证券的发行人有权依法自主选择承销的证券公司。

第二十八条 证券公司承销证券，应当同发行人签订代销或者包销协议，载明下列事项：

（一）当事人的名称、住所及法定代表人姓名；

（二）代销、包销证券的种类、数量、金额及发行价格；

（三）代销、包销的期限及起止日期；

（四）代销、包销的付款方式及日期；

（五）代销、包销的费用和结算办法；

（六）违约责任；

（七）国务院证券监督管理机构规定的其他事项。

第二十九条 证券公司承销证券，应当对公开发行募集文件的真实性、准确性、完整性进行核查。发现有虚假记载、误导性陈述或者重大遗漏的，不得进行销售活动；已经销售的，必须立即停止销售活动，并采取纠正措施。

证券公司承销证券，不得有下列行为：

（一）进行虚假的或者误导投资者的广告宣传或者其他宣传推介活动；

（二）以不正当竞争手段招揽承销业务；

（三）其他违反证券承销业务规定的行为。

证券公司有前款所列行为，给其他证券承销机构或者投资者造成损失的，应当依法承担赔偿责任。

第三十条 向不特定对象发行证券聘请承销团承销的，承销团应当由主承销和参与承销的证券公司组成。

第三十一条 证券的代销、包销期限最长不得超过九十日。

证券公司在代销、包销期内，对所代销、包销的证券应当保证先行出售给认购人，证券公司不得为本公司预留所代销的证券和预先购入并留存所包销的证券。

第三十二条 股票发行采取溢价发行的，其发行价格由发行人与承销的证券公司协商确定。

第三十三条 股票发行采用代销方式，代销期限届满，向投资者出售的股票数量未达到拟公开发行股票数量百分之七十的，为发行失败。发行人应当按照发行价并加算银行同期存款利息返还股票认购人。

第三十四条 公开发行股票，代销、包销期限届满，发行人应当在规定的期限内将股票发行情况报国务院证券监督管理机构备案。

第三章 证券交易

第一节 一般规定

第三十五条 证券交易当事人依法买卖的证券，必须是依法发行并交付的证券。

非依法发行的证券，不得买卖。

第三十六条 依法发行的证券，《中华人民共和国公司法》和其他法律对其转让期限有限制性规定的，在限定的期限内不得转让。

上市公司持有百分之五以上股份的股东、实际控制人、董事、监事、高级管理人员，以及其他持有发行人首次公开发行前发行的股份或者上市公司向特定对象发行的股份的股东，转让其持有的本公司股份的，不得违反法律、行政法规和国务院证券监督管理机构关于持有期限、卖出时间、卖出数量、卖出方式、信息披露等规定，并应当遵守证券交易所的业务规则。

第三十七条 公开发行的证券，应当在依法设立的证券交易所上市交易或者在国务院批准的其他全国性证券交易场所交易。

非公开发行的证券，可以在证券交易所、国务院批准的其他全国性证券交易场所、按照国务院规定设立的区域性股权市场转让。

第三十八条 证券在证券交易所上市交易，应当采用公开的集中交易方式或者国务院证券监督管理机构批准的其他方式。

第三十九条 证券交易当事人买卖的证券可以采用纸面形式或者国务院证券监督管理机构规定的其他形式。

第四十条 证券交易场所、证券公司和证券登记结算机构的从业人员，证券监督管理机构的工作人员以及法律、行政法规规定禁止参与股票交易的其他人员，在任期或者法定限期内，不得直接或者以化名、借他人名义持有、买卖股票或者其他具有股权性质的证券，也不得收受他人赠送的股票或者其他具有股权性质的证券。

任何人在成为前款所列人员时，其原已持有的股票或者其他具有股权性质的证券，必须依法转让。

实施股权激励计划或者员工持股计划的证券公司的从业人员，可以按照国务院证券监督管理机构的规定持有、卖出本公司股票或者其他具有股权性质的证券。

第四十一条 证券交易场所、证券公司、证券登记结算机构、证券服务机构及其工作人员应当依法为投资者的信息保密，不得非法买卖、提供或者公开投资者的信息。

证券交易场所、证券公司、证券登记结算机构、证券服务机构及其工作人员不得泄露所知悉的商业秘密。

第四十二条 为证券发行出具审计报告或者法律意见书等文件的证券服务机构和人员，在该证券承销期内和期满后六个月内，不得买卖该证券。

除前款规定外，为发行人及其控股股东、实际控制人，或者收购人、重大资产交易方出具审计报告或者法律意见书等文件的证券服务机构和人员，自接受委托之日起至上述文件公开后五日内，不得买卖该证券。实际开展上述有关工作之日早于接受委托之日的，自实际开展上述有关工作之日起至上述文件公开后五日内，不得买卖该证券。

第四十三条 证券交易的收费必须合理，并公开收费项目、收费标准和管理办法。

第四十四条 上市公司、股票在国务院批准的其他全国性证券交易场所交易的公司持有百分之五以上股份的股东、董事、监事、高级管理人员，将其持有的该公司的股票或者其他具有股权性质的证券在买入后六个月内卖出，或者在卖出后六个月内又买入，由此所得收益归该公司所有，公司董事会应当收回其所得收益。但是，证券公司因购入包销售后剩余股票而持有百分之五以上股份，以及有国务院证券监督管理机构规定的其他情形的除外。

前款所称董事、监事、高级管理人员、自然人股东持有的股票或者其他具有股权性质的证券，包括其配偶、父母、子女持有的及利用他人账户持有的股票或者其他具有股权性质的证券。

公司董事会不按照第一款规定执行的，股东有权要求董事会在三十日内执行。公司董事会未在上述期限内执行的，股东有权为了公司的利益以自己的名义直接向人民法院提起诉讼。

公司董事会不按照第一款的规定执行的，负有责任的董事依法承担连带责任。

第四十五条 通过计算机程序自动生成或者下达交易指令进行程序化交易的，应当符合国务院证券监督管理机构的规定，并向证券交易所报告，不得影响证券交易所系统安全或者正常交易秩序。

第二节 证券上市

第四十六条 申请证券上市交易，应当向证券交易所提出申请，由证券交易所依法审核同意，并由双方签订上市协议。

证券交易所根据国务院授权的部门的决定安排政府债券上市交易。

第四十七条 申请证券上市交易，应当符合证券交易所上市规则规定的上市条件。

证券交易所上市规则规定的上市条件，应当对发行人的经营年限、财务状况、最低公开发行比例和公司治理、诚信记录等提出要求。

第四十八条 上市交易的证券，有证券交易所规定的终止上市情形的，由证券交易所按照业务规则终止其上市交易。

证券交易所决定终止证券上市交易的，应当及时公告，并报国务院证券监督管理机构备案。

第四十九条 对证券交易所作出的不予上市交易、终止上市交易决定不服的，可以向证券交易所设立的复核机构申请复核。

第三节 禁止的交易行为

第五十条 禁止证券交易内幕信息的知情人和非法获取内幕信息的人利用内幕信息从事证券交易活动。

第五十一条 证券交易内幕信息的知情人包括：

（一）发行人及其董事、监事、高级管理人员；

（二）持有公司百分之五以上股份的股东及其董事、监事、高级管理人员，公司的实际控制人及其董事、监事、高级管理人员；

（三）发行人控股或者实际控制的公司及其董事、监事、高级管理人员；

（四）由于所任公司职务或者因与公司业务往来可以获取公司有关内幕信息的人员；

（五）上市公司收购人或者重大资产交易方及其控股股东、实际控制人、董事、监事和高级管理人员；

（六）因职务、工作可以获取内幕信息的证券交易场所、证券公司、证券登记结算机构、证券服务机构的有关人员；

（七）因职责、工作可以获取内幕信息的证券监督管理机构工作人员；

（八）因法定职责对证券的发行、交易或者对上市公司及其收购、重大资产交易进行管理可以获取内幕信息的有关主管部门、监管机构的工作人员；

（九）国务院证券监督管理机构规定的可以获取内幕信息的其他人员。

第五十二条 证券交易活动中，涉及发行人的经营、财务或者对该发行人证券的市场价格有重大影响的尚未公开的信息，为内幕信息。

本法第八十条第二款、第八十一条第二款所列重大事件属于内幕信息。

第五十三条 证券交易内幕信息的知情人和非法获取内幕信息的人，在内幕信息公开前，不得买卖该公司的证券，或者泄露该信息，或者建议他人买卖该证券。

持有或者通过协议、其他安排与他人共同持有公司百分之五以上股份的自然人、法人、非法人组织收购上市公司的股份，本法另有规定的，适用其规定。

内幕交易行为给投资者造成损失的，应当依法承担赔偿责任。

第五十四条 禁止证券交易场所、证券公司、证券登记结算机构、证券服务机构和其他金融机构的从业人员、有关监管部门或者行业协会的工作人员，利用因职务便利获取的内幕信息以外的其他未公开的信息，违反规定，从事与该信息相关的证券交易活动，或者明示、暗示他人从事相关交易活动。

利用未公开信息进行交易给投资者造成损失的，应当依法承担赔偿责任。

第五十五条 禁止任何人以下列手段操纵证券市场，影响或者意图影响证券交易价格或者证券交易量：

（一）单独或者通过合谋，集中资金优势、持股优势或者利用信息优势联合或者连续买卖；

（二）与他人串通，以事先约定的时间、价格和方式相互进行证券交易；

（三）在自己实际控制的账户之间进行证券交易；

（四）不以成交为目的，频繁或者大量申报并撤销申报；

（五）利用虚假或者不确定的重大信息，诱导投资者进行证券交易；

（六）对证券、发行人公开作出评价、预测或者投资建议，并进行反向证券交易；

（七）利用在其他相关市场的活动操纵证券市场；

（八）操纵证券市场的其他手段。

操纵证券市场行为给投资者造成损失的，应当依法承担赔偿责任。

第五十六条 禁止任何单位和个人编造、传播虚假信息或者误导性信息，扰乱证券市场。

禁止证券交易场所、证券公司、证券登记结算机构、证券服务机构及其从业人员，证券业协会、证券监督管理机构及其工作人员，在证券交易活动中作出虚假陈述或者信息误导。

各种传播媒介传播证券市场信息必须真实、客观，禁止误导。传播媒介及其从事证券市场信息报道的工作人员不得从事与其工作职责发生利益冲突的证券买卖。

编造、传播虚假信息或者误导性信息，扰乱证券市场，给投资者造成损失的，应当依法承担赔偿责任。

第五十七条 禁止证券公司及其从业人员从事下列损害客户利益的行为：

（一）违背客户的委托为其买卖证券；

（二）不在规定时间内向客户提供交易的确认文件；

（三）未经客户的委托，擅自为客户买卖证券，或者假借客户的名义买卖证券；

（四）为牟取佣金收入，诱使客户进行不必要的证券买卖；

（五）其他违背客户真实意思表示，损害客户利益的行为。

违反前款规定给客户造成损失的，应当依法承担赔偿责任。

第五十八条 任何单位和个人不得违反规

定，出借自己的证券账户或者借用他人的证券账户从事证券交易。

第五十九条 依法拓宽资金入市渠道，禁止资金违规流入股市。

禁止投资者违规利用财政资金、银行信贷资金买卖证券。

第六十条 国有独资企业、国有独资公司、国有资本控股公司买卖上市交易的股票，必须遵守国家有关规定。

第六十一条 证券交易场所、证券公司、证券登记结算机构、证券服务机构及其从业人员对证券交易中发现的禁止的交易行为，应当及时向证券监督管理机构报告。

第四章 上市公司的收购

第六十二条 投资者可以采取要约收购、协议收购及其他合法方式收购上市公司。

第六十三条 通过证券交易所的证券交易，投资者持有或者通过协议、其他安排与他人共同持有一个上市公司已发行的有表决权股份达到百分之五时，应当在该事实发生之日起三日内，向国务院证券监督管理机构、证券交易所作出书面报告，通知该上市公司，并予公告，在上述期限内不得再行买卖该上市公司的股票，但国务院证券监督管理机构规定的情形除外。

投资者持有或者通过协议、其他安排与他人共同持有一个上市公司已发行的有表决权股份达到百分之五后，其所持该上市公司已发行的有表决权股份比例每增加或者减少百分之五，应当依照前款规定进行报告和公告，在该事实发生之日起至公告后三日内，不得再行买卖该上市公司的股票，但国务院证券监督管理机构规定的情形除外。

投资者持有或者通过协议、其他安排与他人共同持有一个上市公司已发行的有表决权股份达到百分之五后，其所持该上市公司已发行的有表决权股份比例每增加或者减少百分之一，应当在该事实发生的次日通知该上市公司，并予公告。

违反第一款、第二款规定买入上市公司有表决权的股份的，在买入后的三十六个月内，对该超过规定比例部分的股份不得行使表决权。

第六十四条 依照前条规定所作的公告，应当包括下列内容：

（一）持股人的名称、住所；

（二）持有的股票的名称、数额；

（三）持股达到法定比例或者持股增减变化达到法定比例的日期、增持股份的资金来源；

（四）在上市公司中拥有有表决权的股份变动的时间及方式。

第六十五条 通过证券交易所的证券交易，投资者持有或者通过协议、其他安排与他人共同持有一个上市公司已发行的有表决权股份达到百分之三十时，继续进行收购的，应当依法向该上市公司所有股东发出收购上市公司全部或者部分股份的要约。

收购上市公司部分股份的要约应当约定，被收购公司股东承诺出售的股份数额超过预定收购的股份数额的，收购人按比例进行收购。

第六十六条 依照前条规定发出收购要约，收购人必须公告上市公司收购报告书，并载明下列事项：

（一）收购人的名称、住所；

（二）收购人关于收购的决定；

（三）被收购的上市公司名称；

（四）收购目的；

（五）收购股份的详细名称和预定收购的股份数额；

（六）收购期限、收购价格；

（七）收购所需资金额及资金保证；

（八）公告上市公司收购报告书时持有被收购公司股份数占该公司已发行的股份总数的比例。

第六十七条 收购要约约定的收购期限不得少于三十日，并不得超过六十日。

第六十八条 在收购要约确定的承诺期限内，收购人不得撤销其收购要约。收购人需要变更收购要约的，应当及时公告，载明具体变更事项，且不得存在下列情形：

（一）降低收购价格；

（二）减少预定收购股份数额；

（三）缩短收购期限；

（四）国务院证券监督管理机构规定的其他情形。

第六十九条 收购要约提出的各项收购条件，适用于被收购公司的所有股东。

上市公司发行不同种类股份的，收购人可

以针对不同种类股份提出不同的收购条件。

第七十条 采取要约收购方式的，收购人在收购期限内，不得卖出被收购公司的股票，也不得采取要约规定以外的形式和超出要约的条件买入被收购公司的股票。

第七十一条 采取协议收购方式的，收购人可以依照法律、行政法规的规定同被收购公司的股东以协议方式进行股份转让。

以协议方式收购上市公司时，达成协议后，收购人必须在三日内将该收购协议向国务院证券监督管理机构及证券交易所作出书面报告，并予公告。

在公告前不得履行收购协议。

第七十二条 采取协议收购方式的，协议双方可以临时委托证券登记结算机构保管协议转让的股票，并将资金存放于指定的银行。

第七十三条 采取协议收购方式的，收购人收购或者通过协议、其他安排与他人共同收购一个上市公司已发行的有表决权股份达到百分之三十时，继续进行收购的，应当依法向该上市公司所有股东发出收购上市公司全部或者部分股份的要约。但是，按照国务院证券监督管理机构的规定免除发出要约的除外。

收购人依照前款规定以要约方式收购上市公司股份，应当遵守本法第六十五条第二款、第六十六条至第七十条的规定。

第七十四条 收购期限届满，被收购公司股权分布不符合证券交易所规定的上市交易要求的，该上市公司的股票应当由证券交易所依法终止上市交易；其余仍持有被收购公司股票的股东，有权向收购人以收购要约的同等条件出售其股票，收购人应当收购。

收购行为完成后，被收购公司不再具备股份有限公司条件的，应当依法变更企业形式。

第七十五条 在上市公司收购中，收购人持有的被收购的上市公司的股票，在收购行为完成后的十八个月内不得转让。

第七十六条 收购行为完成后，收购人与被收购公司合并，并将该公司解散的，被解散公司的原有股票由收购人依法更换。

收购行为完成后，收购人应当在十五日内将收购情况报告国务院证券监督管理机构和证券交易所，并予公告。

第七十七条 国务院证券监督管理机构依照本法制定上市公司收购的具体办法。

上市公司分立或者被其他公司合并，应当向国务院证券监督管理机构报告，并予公告。

第五章 信息披露

第七十八条 发行人及法律、行政法规和国务院证券监督管理机构规定的其他信息披露义务人，应当及时依法履行信息披露义务。

信息披露义务人披露的信息，应当真实、准确、完整，简明清晰，通俗易懂，不得有虚假记载、误导性陈述或者重大遗漏。

证券同时在境内境外公开发行、交易的，其信息披露义务人在境外披露的信息，应当在境内同时披露。

第七十九条 上市公司、公司债券上市交易的公司、股票在国务院批准的其他全国性证券交易场所交易的公司，应当按照国务院证券监督管理机构和证券交易场所规定的内容和格式编制定期报告，并按照以下规定报送和公告：

（一）在每一会计年度结束之日起四个月内，报送并公告年度报告，其中的年度财务会计报告应当经符合本法规定的会计师事务所审计；

（二）在每一会计年度的上半年结束之日起二个月内，报送并公告中期报告。

第八十条 发生可能对上市公司、股票在国务院批准的其他全国性证券交易场所交易的公司的股票交易价格产生较大影响的重大事件，投资者尚未得知时，公司应当立即将有关该重大事件的情况向国务院证券监督管理机构和证券交易场所报送临时报告，并予公告，说明事件的起因、目前的状态和可能产生的法律后果。

前款所称重大事件包括：

（一）公司的经营方针和经营范围的重大变化；

（二）公司的重大投资行为，公司在一年内购买、出售重大资产超过公司资产总额百分之三十，或者公司营业用主要资产的抵押、质押、出售或者报废一次超过该资产的百分之三十；

（三）公司订立重要合同、提供重大担保或者从事关联交易，可能对公司的资产、负债、权益和经营成果产生重要影响；

（四）公司发生重大债务和未能清偿到期

重大债务的违约情况；

（五）公司发生重大亏损或者重大损失；

（六）公司生产经营的外部条件发生的重大变化；

（七）公司的董事、三分之一以上监事或者经理发生变动，董事长或者经理无法履行职责；

（八）持有公司百分之五以上股份的股东或者实际控制人持有股份或者控制公司的情况发生较大变化，公司的实际控制人及其控制的其他企业从事与公司相同或者相似业务的情况发生较大变化；

（九）公司分配股利、增资的计划，公司股权结构的重要变化，公司减资、合并、分立、解散及申请破产的决定，或者依法进入破产程序、被责令关闭；

（十）涉及公司的重大诉讼、仲裁，股东大会、董事会决议被依法撤销或者宣告无效；

（十一）公司涉嫌犯罪被依法立案调查，公司的控股股东、实际控制人、董事、监事、高级管理人员涉嫌犯罪被依法采取强制措施；

（十二）国务院证券监督管理机构规定的其他事项。

公司的控股股东或者实际控制人对重大事件的发生、进展产生较大影响的，应当及时将其知悉的有关情况书面告知公司，并配合公司履行信息披露义务。

第八十一条 发生可能对上市交易公司债券的交易价格产生较大影响的重大事件，投资者尚未得知时，公司应当立即将有关该重大事件的情况向国务院证券监督管理机构和证券交易场所报送临时报告，并予公告，说明事件的起因、目前的状态和可能产生的法律后果。

前款所称重大事件包括：

（一）公司股权结构或者生产经营状况发生重大变化；

（二）公司债券信用评级发生变化；

（三）公司重大资产抵押、质押、出售、转让、报废；

（四）公司发生未能清偿到期债务的情况；

（五）公司新增借款或者对外提供担保超过上年末净资产的百分之二十；

（六）公司放弃债权或者财产超过上年末净资产的百分之十；

（七）公司发生超过上年末净资产百分之十的重大损失；

（八）公司分配股利，作出减资、合并、分立、解散及申请破产的决定，或者依法进入破产程序、被责令关闭；

（九）涉及公司的重大诉讼、仲裁；

（十）公司涉嫌犯罪被依法立案调查，公司的控股股东、实际控制人、董事、监事、高级管理人员涉嫌犯罪被依法采取强制措施；

（十一）国务院证券监督管理机构规定的其他事项。

第八十二条 发行人的董事、高级管理人员应当对证券发行文件和定期报告签署书面确认意见。

发行人的监事会应当对董事会编制的证券发行文件和定期报告进行审核并提出书面审核意见。监事应当签署书面确认意见。

发行人的董事、监事和高级管理人员应当保证发行人及时、公平地披露信息，所披露的信息真实、准确、完整。

董事、监事和高级管理人员无法保证证券发行文件和定期报告内容的真实性、准确性、完整性或者有异议的，应当在书面确认意见中发表意见并陈述理由，发行人应当披露。发行人不予披露的，董事、监事和高级管理人员可以直接申请披露。

第八十三条 信息披露义务人披露的信息应当同时向所有投资者披露，不得提前向任何单位和个人泄露。但是，法律、行政法规另有规定的除外。

任何单位和个人不得非法要求信息披露义务人提供依法需要披露但尚未披露的信息。任何单位和个人提前获知的前述信息，在依法披露前应当保密。

第八十四条 除依法需要披露的信息之外，信息披露义务人可以自愿披露与投资者作出价值判断和投资决策有关的信息，但不得与依法披露的信息相冲突，不得误导投资者。

发行人及其控股股东、实际控制人、董事、监事、高级管理人员等作出公开承诺的，应当披露。不履行承诺给投资者造成损失的，应当依法承担赔偿责任。

第八十五条 信息披露义务人未按照规定披露信息，或者公告的证券发行文件、定期报告、临时报告及其他信息披露资料存在虚假记载、误导性陈述或者重大遗漏，致使投资者在证券交易中遭受损失的，信息披露义务人应当承担赔偿责任；发行人的控股股东、实际控制人、董事、监事、高级管理人员和其他直接责任人员以及保荐人、承销的证券公司及其直接责任人员，应当与发行人承担连带赔偿责任，但是能够证明自己没有过错的除外。

第八十六条 依法披露的信息，应当在证券交易场所的网站和符合国务院证券监督管理机构规定条件的媒体发布，同时将其置备于公司住所、证券交易场所，供社会公众查阅。

第八十七条 国务院证券监督管理机构对信息披露义务人的信息披露行为进行监督管理。

证券交易场所应当对其组织交易的证券的信息披露义务人的信息披露行为进行监督，督促其依法及时、准确地披露信息。

第六章 投资者保护

第八十八条 证券公司向投资者销售证券、提供服务时，应当按照规定充分了解投资者的基本情况、财产状况、金融资产状况、投资知识和经验、专业能力等相关信息；如实说明证券、服务的重要内容，充分揭示投资风险；销售、提供与投资者上述状况相匹配的证券、服务。

投资者在购买证券或者接受服务时，应当按照证券公司明示的要求提供前款所列真实信息。拒绝提供或者未按照要求提供信息的，证券公司应当告知其后果，并按照规定拒绝向其销售证券、提供服务。

证券公司违反第一款规定导致投资者损失的，应当承担相应的赔偿责任。

第八十九条 根据财产状况、金融资产状况、投资知识和经验、专业能力等因素，投资者可以分为普通投资者和专业投资者。专业投资者的标准由国务院证券监督管理机构规定。

普通投资者与证券公司发生纠纷的，证券公司应当证明其行为符合法律、行政法规以及国务院证券监督管理机构的规定，不存在误导、欺诈等情形。证券公司不能证明的，应当承担相应的赔偿责任。

第九十条 上市公司董事会、独立董事、持有百分之一以上有表决权股份的股东或者依照法律、行政法规或者国务院证券监督管理机构的规定设立的投资者保护机构（以下简称投资者保护机构），可以作为征集人，自行或者委托证券公司、证券服务机构，公开请求上市公司股东委托其代为出席股东大会，并代为行使提案权、表决权等股东权利。

依照前款规定征集股东权利的，征集人应当披露征集文件，上市公司应当予以配合。

禁止以有偿或者变相有偿的方式公开征集股东权利。

公开征集股东权利违反法律、行政法规或者国务院证券监督管理机构有关规定，导致上市公司或者其股东遭受损失的，应当依法承担赔偿责任。

第九十一条 上市公司应当在章程中明确分配现金股利的具体安排和决策程序，依法保障股东的资产收益权。

上市公司当年税后利润，在弥补亏损及提取法定公积金后有盈余的，应当按照公司章程的规定分配现金股利。

第九十二条 公开发行公司债券的，应当设立债券持有人会议，并应当在募集说明书中说明债券持有人会议的召集程序、会议规则和其他重要事项。

公开发行公司债券的，发行人应当为债券持有人聘请债券受托管理人，并订立债券受托管理协议。受托管理人应当由本次发行的承销机构或者其他经国务院证券监督管理机构认可的机构担任，债券持有人会议可以决议变更债券受托管理人。债券受托管理人应当勤勉尽责，公正履行受托管理职责，不得损害债券持有人利益。

债券发行人未能按期兑付债券本息的，债券受托管理人可以接受全部或者部分债券持有人的委托，以自己名义代表债券持有人提起、参加民事诉讼或者清算程序。

第九十三条 发行人因欺诈发行、虚假陈述或者其他重大违法行为给投资者造成损失的，发行人的控股股东、实际控制人、相关的证券公司可以委托投资者保护机构，就赔偿事宜与受到损失的投资者达成协议，予以先行赔付。先行赔付后，可以依法向发行人以及其他连带责任人追偿。

第九十四条 投资者与发行人、证券公司等发生纠纷的，双方可以向投资者保护机构申请调解。普通投资者与证券公司发生证券业务纠纷，普通投资者提出调解请求的，证券公司不得拒绝。

投资者保护机构对损害投资者利益的行为，可以依法支持投资者向人民法院提起诉讼。

发行人的董事、监事、高级管理人员执行公司职务时违反法律、行政法规或者公司章程的规定给公司造成损失，发行人的控股股东、实际控制人等侵犯公司合法权益给公司造成损失，投资者保护机构持有该公司股份的，可以为公司的利益以自己的名义向人民法院提起诉讼，持股比例和持股期限不受《中华人民共和国公司法》规定的限制。

第九十五条 投资者提起虚假陈述等证券民事赔偿诉讼时，诉讼标的是同一种类，且当事人一方人数众多的，可以依法推选代表人进行诉讼。

对按照前款规定提起的诉讼，可能存在有相同诉讼请求的其他众多投资者的，人民法院可以发出公告，说明该诉讼请求的案件情况，通知投资者在一定期间向人民法院登记。人民法院作出的判决、裁定，对参加登记的投资者发生效力。

投资者保护机构受五十名以上投资者委托，可以作为代表人参加诉讼，并为经证券登记结算机构确认的权利人依照前款规定向人民法院登记，但投资者明确表示不愿意参加该诉讼的除外。

第七章　证券交易场所

第九十六条 证券交易所、国务院批准的其他全国性证券交易场所为证券集中交易提供场所和设施，组织和监督证券交易，实行自律管理，依法登记，取得法人资格。

证券交易所、国务院批准的其他全国性证券交易场所的设立、变更和解散由国务院决定。

国务院批准的其他全国性证券交易场所的组织机构、管理办法等，由国务院规定。

第九十七条 证券交易所、国务院批准的其他全国性证券交易场所可以根据证券品种、行业特点、公司规模等因素设立不同的市场层次。

第九十八条 按照国务院规定设立的区域性股权市场为非公开发行证券的发行、转让提供场所和设施，具体管理办法由国务院规定。

第九十九条 证券交易所履行自律管理职能，应当遵守社会公共利益优先原则，维护市场的公平、有序、透明。

设立证券交易所必须制定章程。证券交易所章程的制定和修改，必须经国务院证券监督管理机构批准。

第一百条 证券交易所必须在其名称中标明证券交易所字样。其他任何单位或者个人不得使用证券交易所或者近似的名称。

第一百零一条 证券交易所可以自行支配的各项费用收入，应当首先用于保证其证券交易场所和设施的正常运行并逐步改善。

实行会员制的证券交易所的财产积累归会员所有，其权益由会员共同享有，在其存续期间，不得将其财产积累分配给会员。

第一百零二条 实行会员制的证券交易所设理事会、监事会。

证券交易所设总经理一人，由国务院证券监督管理机构任免。

第一百零三条 有《中华人民共和国公司法》第一百四十六条规定的情形或者下列情形之一的，不得担任证券交易所的负责人：

（一）因违法行为或者违纪行为被解除职务的证券交易场所、证券登记结算机构的负责人或者证券公司的董事、监事、高级管理人员，自被解除职务之日起未逾五年；

（二）因违法行为或者违纪行为被吊销执业证书或者被取消资格的律师、注册会计师或者其他证券服务机构的专业人员，自被吊销执业证书或者被取消资格之日起未逾五年。

第一百零四条 因违法行为或者违纪行为被开除的证券交易场所、证券公司、证券登记结算机构、证券服务机构的从业人员和被开除的国家机关工作人员，不得招聘为证券交易所的从业人员。

第一百零五条 进入实行会员制的证券交易所参与集中交易的，必须是证券交易所的会员。证券交易所不得允许非会员直接参与股票的集中交易。

第一百零六条 投资者应当与证券公司签订证券交易委托协议，并在证券公司实名开立账户，以书面、电话、自助终端、网络等方式，委托该证券公司代其买卖证券。

第一百零七条 证券公司为投资者开立账

户，应当按照规定对投资者提供的身份信息进行核对。

证券公司不得将投资者的账户提供给他人使用。

投资者应当使用实名开立的账户进行交易。

第一百零八条 证券公司根据投资者的委托，按照证券交易规则提出交易申报，参与证券交易场所内的集中交易，并根据成交结果承担相应的清算交收责任。证券登记结算机构根据成交结果，按照清算交收规则，与证券公司进行证券和资金的清算交收，并为证券公司客户办理证券的登记过户手续。

第一百零九条 证券交易所应当为组织公平的集中交易提供保障，实时公布证券交易即时行情，并按交易日制作证券市场行情表，予以公布。

证券交易即时行情的权益由证券交易所依法享有。未经证券交易所许可，任何单位和个人不得发布证券交易即时行情。

第一百一十条 上市公司可以向证券交易所申请其上市交易股票的停牌或者复牌，但不得滥用停牌或者复牌损害投资者的合法权益。

证券交易所可以按照业务规则的规定，决定上市交易股票的停牌或者复牌。

第一百一十一条 因不可抗力、意外事件、重大技术故障、重大人为差错等突发性事件而影响证券交易正常进行时，为维护证券交易正常秩序和市场公平，证券交易所可以按照业务规则采取技术性停牌、临时停市等处置措施，并应当及时向国务院证券监督管理机构报告。

因前款规定的突发性事件导致证券交易结果出现重大异常，按交易结果进行交收将对证券交易正常秩序和市场公平造成重大影响的，证券交易所按照业务规则可以采取取消交易、通知证券登记结算机构暂缓交收等措施，并应当及时向国务院证券监督管理机构报告并公告。

证券交易所对其依照本条规定采取措施造成的损失，不承担民事赔偿责任，但存在重大过错的除外。

第一百一十二条 证券交易所对证券交易实行实时监控，并按照国务院证券监督管理机构的要求，对异常的交易情况提出报告。

证券交易所根据需要，可以按照业务规则对出现重大异常交易情况的证券账户的投资者限制交易，并及时报告国务院证券监督管理机构。

第一百一十三条 证券交易所应当加强对证券交易的风险监测，出现重大异常波动的，证券交易所可以按照业务规则采取限制交易、强制停牌等处置措施，并向国务院证券监督管理机构报告；严重影响证券市场稳定的，证券交易所可以按照业务规则采取临时停市等处置措施并公告。

证券交易所对其依照本条规定采取措施造成的损失，不承担民事赔偿责任，但存在重大过错的除外。

第一百一十四条 证券交易所应当从其收取的交易费用和会员费、席位费中提取一定比例的金额设立风险基金。风险基金由证券交易所理事会管理。

风险基金提取的具体比例和使用办法，由国务院证券监督管理机构会同国务院财政部门规定。

证券交易所应当将收存的风险基金存入开户银行专门账户，不得擅自使用。

第一百一十五条 证券交易所依照法律、行政法规和国务院证券监督管理机构的规定，制定上市规则、交易规则、会员管理规则和其他有关业务规则，并报国务院证券监督管理机构批准。

在证券交易所从事证券交易，应当遵守证券交易所依法制定的业务规则。违反业务规则的，由证券交易所给予纪律处分或者采取其他自律管理措施。

第一百一十六条 证券交易所的负责人和其他从业人员执行与证券交易有关的职务时，与其本人或者其亲属有利害关系的，应当回避。

第一百一十七条 按照依法制定的交易规则进行的交易，不得改变其交易结果，但本法第一百一十一条第二款规定的除外。对交易中违规交易者应负的民事责任不得免除；在违规交易中所获利益，依照有关规定处理。

第八章 证券公司

第一百一十八条 设立证券公司，应当具备下列条件，并经国务院证券监督管理机构批准：

（一）有符合法律、行政法规规定的公司章程；

（二）主要股东及公司的实际控制人具有良好的财务状况和诚信记录，最近三年无重大违法违规记录；

（三）有符合本法规定的公司注册资本；

（四）董事、监事、高级管理人员、从业人员符合本法规定的条件；

（五）有完善的风险管理与内部控制制度；

（六）有合格的经营场所、业务设施和信息技术系统；

（七）法律、行政法规和经国务院批准的国务院证券监督管理机构规定的其他条件。

未经国务院证券监督管理机构批准，任何单位和个人不得以证券公司名义开展证券业务活动。

第一百一十九条 国务院证券监督管理机构应当自受理证券公司设立申请之日起六个月内，依照法定条件和法定程序并根据审慎监管原则进行审查，作出批准或者不予批准的决定，并通知申请人；不予批准的，应当说明理由。

证券公司设立申请获得批准的，申请人应当在规定的期限内向公司登记机关申请设立登记，领取营业执照。

证券公司应当自领取营业执照之日起十五日内，向国务院证券监督管理机构申请经营证券业务许可证。未取得经营证券业务许可证，证券公司不得经营证券业务。

第一百二十条 经国务院证券监督管理机构核准，取得经营证券业务许可证，证券公司可以经营下列部分或者全部证券业务：

（一）证券经纪；

（二）证券投资咨询；

（三）与证券交易、证券投资活动有关的财务顾问；

（四）证券承销与保荐；

（五）证券融资融券；

（六）证券做市交易；

（七）证券自营；

（八）其他证券业务。

国务院证券监督管理机构应当自受理前款规定事项申请之日起三个月内，依照法定条件和程序进行审查，作出核准或者不予核准的决定，并通知申请人；不予核准的，应当说明理由。

证券公司经营证券资产管理业务的，应当符合《中华人民共和国证券投资基金法》等法律、行政法规的规定。

除证券公司外，任何单位和个人不得从事证券承销、证券保荐、证券经纪和证券融资融券业务。

证券公司从事证券融资融券业务，应当采取措施，严格防范和控制风险，不得违反规定向客户出借资金或者证券。

第一百二十一条 证券公司经营本法第一百二十条第一款第（一）项至第（三）项业务的，注册资本最低限额为人民币五千万元；经营第（四）项至第（八）项业务之一的，注册资本最低限额为人民币一亿元；经营第（四）项至第（八）项业务中两项以上的，注册资本最低限额为人民币五亿元。证券公司的注册资本应当是实缴资本。

国务院证券监督管理机构根据审慎监管原则和各项业务的风险程度，可以调整注册资本最低限额，但不得少于前款规定的限额。

第一百二十二条 证券公司变更证券业务范围，变更主要股东或者公司的实际控制人，合并、分立、停业、解散、破产，应当经国务院证券监督管理机构核准。

第一百二十三条 国务院证券监督管理机构应当对证券公司净资本和其他风险控制指标作出规定。

证券公司除依照规定为其客户提供融资融券外，不得为其股东或者股东的关联人提供融资或者担保。

第一百二十四条 证券公司的董事、监事、高级管理人员，应当正直诚实、品行良好，熟悉证券法律、行政法规，具有履行职责所需的经营管理能力。证券公司任免董事、监事、高级管理人员，应当报国务院证券监督管理机构备案。

有《中华人民共和国公司法》第一百四十六条规定的情形或者下列情形之一的，不得担任证券公司的董事、监事、高级管理人员：

（一）因违法行为或者违纪行为被解除职务的证券交易场所、证券登记结算机构的负责人或者证券公司的董事、监事、高级管理人员，自被解除职务之日起未逾五年；

（二）因违法行为或者违纪行为被吊销执业证书或者被取消资格的律师、注册会计师或者其他证券服务机构的专业人员，自被吊销执业证书或者被取消资格之日起未逾五年。

第一百二十五条 证券公司从事证券业务的人员应当品行良好，具备从事证券业务所需的专业能力。

因违法行为或者违纪行为被开除的证券交易场所、证券公司、证券登记结算机构、证券服务机构的从业人员和被开除的国家机关工作人员，不得招聘为证券公司的从业人员。

国家机关工作人员和法律、行政法规规定的禁止在公司中兼职的其他人员，不得在证券公司中兼任职务。

第一百二十六条 国家设立证券投资者保护基金。证券投资者保护基金由证券公司缴纳的资金及其他依法筹集的资金组成，其规模以及筹集、管理和使用的具体办法由国务院规定。

第一百二十七条 证券公司从每年的业务收入中提取交易风险准备金，用于弥补证券经营的损失，其提取的具体比例由国务院证券监督管理机构会同国务院财政部门规定。

第一百二十八条 证券公司应当建立健全内部控制制度，采取有效隔离措施，防范公司与客户之间、不同客户之间的利益冲突。

证券公司必须将其证券经纪业务、证券承销业务、证券自营业务、证券做市业务和证券资产管理业务分开办理，不得混合操作。

第一百二十九条 证券公司的自营业务必须以自己的名义进行，不得假借他人名义或者以个人名义进行。

证券公司的自营业务必须使用自有资金和依法筹集的资金。

证券公司不得将其自营账户借给他人使用。

第一百三十条 证券公司应当依法审慎经营，勤勉尽责，诚实守信。

证券公司的业务活动，应当与其治理结构、内部控制、合规管理、风险管理以及风险控制指标、从业人员构成等情况相适应，符合审慎监管和保护投资者合法权益的要求。

证券公司依法享有自主经营的权利，其合法经营不受干涉。

第一百三十一条 证券公司客户的交易结算资金应当存放在商业银行，以每个客户的名义单独立户管理。

证券公司不得将客户的交易结算资金和证券归入其自有财产。禁止任何单位或者个人以任何形式挪用客户的交易结算资金和证券。证券公司破产或者清算时，客户的交易结算资金和证券不属于其破产财产或者清算财产。非因客户本身的债务或者法律规定的其他情形，不得查封、冻结、扣划或者强制执行客户的交易结算资金和证券。

第一百三十二条 证券公司办理经纪业务，应当置备统一制定的证券买卖委托书，供委托人使用。采取其他委托方式的，必须作出委托记录。

客户的证券买卖委托，不论是否成交，其委托记录应当按照规定的期限，保存于证券公司。

第一百三十三条 证券公司接受证券买卖的委托，应当根据委托书载明的证券名称、买卖数量、出价方式、价格幅度等，按照交易规则代理买卖证券，如实进行交易记录；买卖成交后，应当按照规定制作买卖成交报告单交付客户。

证券交易中确认交易行为及其交易结果的对账单必须真实，保证账面证券余额与实际持有的证券相一致。

第一百三十四条 证券公司办理经纪业务，不得接受客户的全权委托而决定证券买卖、选择证券种类、决定买卖数量或者买卖价格。

证券公司不得允许他人以证券公司的名义直接参与证券的集中交易。

第一百三十五条 证券公司不得对客户证券买卖的收益或者赔偿证券买卖的损失作出承诺。

第一百三十六条 证券公司的从业人员在证券交易活动中，执行所属的证券公司的指令或者利用职务违反交易规则的，由所属的证券公司承担全部责任。

证券公司的从业人员不得私下接受客户委托买卖证券。

第一百三十七条 证券公司应当建立客户信息查询制度，确保客户能够查询其账户信息、委托记录、交易记录以及其他与接受服务或者购买产品有关的重要信息。

证券公司应当妥善保存客户开户资料、委托记录、交易记录和与内部管理、业务经营有关的各项信息，任何人不得隐匿、伪造、篡改或者毁损。上述信息的保存期限不得少于二十年。

第一百三十八条 证券公司应当按照规定向国务院证券监督管理机构报送业务、财务等经营管理信息和资料。国务院证券监督管理机构有权要求证券公司及其主要股东、实际控制人在指定的期限内提供有关信息、资料。

证券公司及其主要股东、实际控制人向国务院证券监督管理机构报送或者提供的信息、资料，必须真实、准确、完整。

第一百三十九条 国务院证券监督管理机构认为有必要时，可以委托会计师事务所、资产评估机构对证券公司的财务状况、内部控制状况、资产价值进行审计或者评估。具体办法由国务院证券监督管理机构会同有关主管部门制定。

第一百四十条 证券公司的治理结构、合规管理、风险控制指标不符合规定的，国务院证券监督管理机构应当责令其限期改正；逾期未改正，或者其行为严重危及该证券公司的稳健运行、损害客户合法权益的，国务院证券监督管理机构可以区别情形，对其采取下列措施：

（一）限制业务活动，责令暂停部分业务，停止核准新业务；

（二）限制分配红利，限制向董事、监事、高级管理人员支付报酬、提供福利；

（三）限制转让财产或者在财产上设定其他权利；

（四）责令更换董事、监事、高级管理人员或者限制其权利；

（五）撤销有关业务许可；

（六）认定负有责任的董事、监事、高级管理人员为不适当人选；

（七）责令负有责任的股东转让股权，限制负有责任的股东行使股东权利。

证券公司整改后，应当向国务院证券监督管理机构提交报告。国务院证券监督管理机构经验收，治理结构、合规管理、风险控制指标符合规定的，应当自验收完毕之日起三日内解除对其采取的前款规定的有关限制措施。

第一百四十一条 证券公司的股东有虚假出资、抽逃出资行为的，国务院证券监督管理机构应当责令其限期改正，并可责令其转让所持证券公司的股权。

在前款规定的股东按照要求改正违法行为、转让所持证券公司的股权前，国务院证券监督管理机构可以限制其股东权利。

第一百四十二条 证券公司的董事、监事、高级管理人员未能勤勉尽责，致使证券公司存在重大违法违规行为或者重大风险的，国务院证券监督管理机构可以责令证券公司予以更换。

第一百四十三条 证券公司违法经营或者出现重大风险，严重危害证券市场秩序、损害投资者利益的，国务院证券监督管理机构可以对该证券公司采取责令停业整顿、指定其他机构托管、接管或者撤销等监管措施。

第一百四十四条 在证券公司被责令停业整顿、被依法指定托管、接管或者清算期间，或者出现重大风险时，经国务院证券监督管理机构批准，可以对该证券公司直接负责的董事、监事、高级管理人员和其他直接责任人员采取以下措施：

（一）通知出境入境管理机关依法阻止其出境；

（二）申请司法机关禁止其转移、转让或者以其他方式处分财产，或者在财产上设定其他权利。

第九章 证券登记结算机构

第一百四十五条 证券登记结算机构为证券交易提供集中登记、存管与结算服务，不以营利为目的，依法登记，取得法人资格。

设立证券登记结算机构必须经国务院证券监督管理机构批准。

第一百四十六条 设立证券登记结算机构，应当具备下列条件：

（一）自有资金不少于人民币二亿元；

（二）具有证券登记、存管和结算服务所必须的场所和设施；

（三）国务院证券监督管理机构规定的其他条件。

证券登记结算机构的名称中应当标明证券登记结算字样。

第一百四十七条 证券登记结算机构履行

下列职能：

（一）证券账户、结算账户的设立；

（二）证券的存管和过户；

（三）证券持有人名册登记；

（四）证券交易的清算和交收；

（五）受发行人的委托派发证券权益；

（六）办理与上述业务有关的查询、信息服务；

（七）国务院证券监督管理机构批准的其他业务。

第一百四十八条 在证券交易所和国务院批准的其他全国性证券交易场所交易的证券的登记结算，应当采取全国集中统一的运营方式。

前款规定以外的证券，其登记、结算可以委托证券登记结算机构或者其他依法从事证券登记、结算业务的机构办理。

第一百四十九条 证券登记结算机构应当依法制定章程和业务规则，并经国务院证券监督管理机构批准。证券登记结算业务参与人应当遵守证券登记结算机构制定的业务规则。

第一百五十条 在证券交易所或者国务院批准的其他全国性证券交易场所交易的证券，应当全部存管在证券登记结算机构。

证券登记结算机构不得挪用客户的证券。

第一百五十一条 证券登记结算机构应当向证券发行人提供证券持有人名册及有关资料。

证券登记结算机构应当根据证券登记结算的结果，确认证券持有人持有证券的事实，提供证券持有人登记资料。

证券登记结算机构应当保证证券持有人名册和登记过户记录真实、准确、完整，不得隐匿、伪造、篡改或者毁损。

第一百五十二条 证券登记结算机构应当采取下列措施保证业务的正常进行：

（一）具有必备的服务设备和完善的数据安全保护措施；

（二）建立完善的业务、财务和安全防范等管理制度；

（三）建立完善的风险管理系统。

第一百五十三条 证券登记结算机构应当妥善保存登记、存管和结算的原始凭证及有关文件和资料。其保存期限不得少于二十年。

第一百五十四条 证券登记结算机构应当设立证券结算风险基金，用于垫付或者弥补因违约交收、技术故障、操作失误、不可抗力造成的证券登记结算机构的损失。

证券结算风险基金从证券登记结算机构的业务收入和收益中提取，并可以由结算参与人按照证券交易业务量的一定比例缴纳。

证券结算风险基金的筹集、管理办法，由国务院证券监督管理机构会同国务院财政部门规定。

第一百五十五条 证券结算风险基金应当存入指定银行的专门账户，实行专项管理。

证券登记结算机构以证券结算风险基金赔偿后，应当向有关责任人追偿。

第一百五十六条 证券登记结算机构申请解散，应当经国务院证券监督管理机构批准。

第一百五十七条 投资者委托证券公司进行证券交易，应当通过证券公司申请在证券登记结算机构开立证券账户。证券登记结算机构应当按照规定为投资者开立证券账户。

投资者申请开立账户，应当持有证明中华人民共和国公民、法人、合伙企业身份的合法证件。国家另有规定的除外。

第一百五十八条 证券登记结算机构作为中央对手方提供证券结算服务的，是结算参与人共同的清算交收对手，进行净额结算，为证券交易提供集中履约保障。

证券登记结算机构为证券交易提供净额结算服务时，应当要求结算参与人按照货银对付的原则，足额交付证券和资金，并提供交收担保。

在交收完成之前，任何人不得动用用于交收的证券、资金和担保物。

结算参与人未按时履行交收义务的，证券登记结算机构有权按照业务规则处理前款所述财产。

第一百五十九条 证券登记结算机构按照业务规则收取的各类结算资金和证券，必须存放于专门的清算交收账户，只能按业务规则用于已成交的证券交易的清算交收，不得被强制执行。

第十章　证券服务机构

第一百六十条 会计师事务所、律师事务所以及从事证券投资咨询、资产评估、资信评级、财务顾问、信息技术系统服务的证券服务机构，应当勤勉尽责、恪尽职守，按照相关业务规则为证券的交易及相关活动提供服务。

从事证券投资咨询服务业务，应当经国务院证券监督管理机构核准；未经核准，不得为证券的交易及相关活动提供服务。从事其他证券服务业务，应当报国务院证券监督管理机构和国务院有关主管部门备案。

第一百六十一条 证券投资咨询机构及其从业人员从事证券服务业务不得有下列行为：

（一）代理委托人从事证券投资；

（二）与委托人约定分享证券投资收益或者分担证券投资损失；

（三）买卖本证券投资咨询机构提供服务的证券；

（四）法律、行政法规禁止的其他行为。

有前款所列行为之一，给投资者造成损失的，应当依法承担赔偿责任。

第一百六十二条 证券服务机构应当妥善保存客户委托文件、核查和验证资料、工作底稿以及与质量控制、内部管理、业务经营有关的信息和资料，任何人不得泄露、隐匿、伪造、篡改或者毁损。上述信息和资料的保存期限不得少于十年，自业务委托结束之日起算。

第一百六十三条 证券服务机构为证券的发行、上市、交易等证券业务活动制作、出具审计报告及其他鉴证报告、资产评估报告、财务顾问报告、资信评级报告或者法律意见书等文件，应当勤勉尽责，对所依据的文件资料内容的真实性、准确性、完整性进行核查和验证。其制作、出具的文件有虚假记载、误导性陈述或者重大遗漏，给他人造成损失的，应当与委托人承担连带赔偿责任，但是能够证明自己没有过错的除外。

第十一章 证券业协会

第一百六十四条 证券业协会是证券业的自律性组织，是社会团体法人。

证券公司应当加入证券业协会。

证券业协会的权力机构为全体会员组成的会员大会。

第一百六十五条 证券业协会章程由会员大会制定，并报国务院证券监督管理机构备案。

第一百六十六条 证券业协会履行下列职责：

（一）教育和组织会员及其从业人员遵守证券法律、行政法规，组织开展证券行业诚信建设，督促证券行业履行社会责任；

（二）依法维护会员的合法权益，向证券监督管理机构反映会员的建议和要求；

（三）督促会员开展投资者教育和保护活动，维护投资者合法权益；

（四）制定和实施证券行业自律规则，监督、检查会员及其从业人员行为，对违反法律、行政法规、自律规则或者协会章程的，按照规定给予纪律处分或者实施其他自律管理措施；

（五）制定证券行业业务规范，组织从业人员的业务培训；

（六）组织会员就证券行业的发展、运作及有关内容进行研究，收集整理、发布证券相关信息，提供会员服务，组织行业交流，引导行业创新发展；

（七）对会员之间、会员与客户之间发生的证券业务纠纷进行调解；

（八）证券业协会章程规定的其他职责。

第一百六十七条 证券业协会设理事会。理事会成员依章程的规定由选举产生。

第十二章 证券监督管理机构

第一百六十八条 国务院证券监督管理机构依法对证券市场实行监督管理，维护证券市场公开、公平、公正，防范系统性风险，维护投资者合法权益，促进证券市场健康发展。

第一百六十九条 国务院证券监督管理机构在对证券市场实施监督管理中履行下列职责：

（一）依法制定有关证券市场监督管理的规章、规则，并依法进行审批、核准、注册，办理备案；

（二）依法对证券的发行、上市、交易、登记、存管、结算等行为，进行监督管理；

（三）依法对证券发行人、证券公司、证券服务机构、证券交易场所、证券登记结算机构的证券业务活动，进行监督管理；

（四）依法制定从事证券业务人员的行为准则，并监督实施；

（五）依法监督检查证券发行、上市、交易的信息披露；

（六）依法对证券业协会的自律管理活动

进行指导和监督；

（七）依法监测并防范、处置证券市场风险；

（八）依法开展投资者教育；

（九）依法对证券违法行为进行查处；

（十）法律、行政法规规定的其他职责。

第一百七十条 国务院证券监督管理机构依法履行职责，有权采取下列措施：

（一）对证券发行人、证券公司、证券服务机构、证券交易场所、证券登记结算机构进行现场检查；

（二）进入涉嫌违法行为发生场所调查取证；

（三）询问当事人和与被调查事件有关的单位和个人，要求其对与被调查事件有关的事项作出说明；或者要求其按照指定的方式报送与被调查事件有关的文件和资料；

（四）查阅、复制与被调查事件有关的财产权登记、通讯记录等文件和资料；

（五）查阅、复制当事人和与被调查事件有关的单位和个人的证券交易记录、登记过户记录、财务会计资料及其他相关文件和资料；对可能被转移、隐匿或者毁损的文件和资料，可以予以封存、扣押；

（六）查询当事人和与被调查事件有关的单位和个人的资金账户、证券账户、银行账户以及其他具有支付、托管、结算等功能的账户信息，可以对有关文件和资料进行复制；对有证据证明已经或者可能转移或者隐匿违法资金、证券等涉案财产或者隐匿、伪造、毁损重要证据的，经国务院证券监督管理机构主要负责人或者其授权的其他负责人批准，可以冻结或者查封，期限为六个月；因特殊原因需要延长，每次延长期限不得超过三个月，冻结、查封期限最长不得超过二年；

（七）在调查操纵证券市场、内幕交易等重大证券违法行为时，经国务院证券监督管理机构主要负责人或者其授权的其他负责人批准，可以限制被调查的当事人的证券买卖，但限制的期限不得超过三个月；案情复杂的，可以延长三个月；

（八）通知出境入境管理机关依法阻止涉嫌违法人员、涉嫌违法单位的主管人员和其他直接责任人员出境。

为防范证券市场风险，维护市场秩序，国务院证券监督管理机构可以采取责令改正、监管谈话、出具警示函等措施。

第一百七十一条 国务院证券监督管理机构对涉嫌证券违法的单位或者个人进行调查期间，被调查的当事人书面申请，承诺在国务院证券监督管理机构认可的期限内纠正涉嫌违法行为，赔偿有关投资者损失，消除损害或者不良影响的，国务院证券监督管理机构可以决定中止调查。被调查的当事人履行承诺的，国务院证券监督管理机构可以决定终止调查；被调查的当事人未履行承诺或者有国务院规定的其他情形的，应当恢复调查。具体办法由国务院规定。

国务院证券监督管理机构决定中止或者终止调查的，应当按照规定公开相关信息。

第一百七十二条 国务院证券监督管理机构依法履行职责，进行监督检查或者调查，其监督检查、调查的人员不得少于二人，并应当出示合法证件和监督检查、调查通知书或者其他执法文书。监督检查、调查的人员少于二人或者未出示合法证件和监督检查、调查通知书或者其他执法文书的，被检查、调查的单位和个人有权拒绝。

第一百七十三条 国务院证券监督管理机构依法履行职责，被检查、调查的单位和个人应当配合，如实提供有关文件和资料，不得拒绝、阻碍和隐瞒。

第一百七十四条 国务院证券监督管理机构制定的规章、规则和监督管理工作制度应当依法公开。

国务院证券监督管理机构依据调查结果，对证券违法行为作出的处罚决定，应当公开。

第一百七十五条 国务院证券监督管理机构应当与国务院其他金融监督管理机构建立监督管理信息共享机制。

国务院证券监督管理机构依法履行职责，进行监督检查或者调查时，有关部门应当予以配合。

第一百七十六条 对涉嫌证券违法、违规行为，任何单位和个人有权向国务院证券监督管理机构举报。

对涉嫌重大违法、违规行为的实名举报线索经查证属实的，国务院证券监督管理机构按照规定给予举报人奖励。

国务院证券监督管理机构应当对举报人的

身份信息保密。

第一百七十七条 国务院证券监督管理机构可以和其他国家或者地区的证券监督管理机构建立监督管理合作机制，实施跨境监督管理。

境外证券监督管理机构不得在中华人民共和国境内直接进行调查取证等活动。未经国务院证券监督管理机构和国务院有关主管部门同意，任何单位和个人不得擅自向境外提供与证券业务活动有关的文件和资料。

第一百七十八条 国务院证券监督管理机构依法履行职责，发现证券违法行为涉嫌犯罪的，应当依法将案件移送司法机关处理；发现公职人员涉嫌职务违法或者职务犯罪的，应当依法移送监察机关处理。

第一百七十九条 国务院证券监督管理机构工作人员必须忠于职守、依法办事、公正廉洁，不得利用职务便利牟取不正当利益，不得泄露所知悉的有关单位和个人的商业秘密。

国务院证券监督管理机构工作人员在任职期间，或者离职后在《中华人民共和国公务员法》规定的期限内，不得到与原工作业务直接相关的企业或者其他营利性组织任职，不得从事与原工作业务直接相关的营利性活动。

第十三章 法律责任

第一百八十条 违反本法第九条的规定，擅自公开或者变相公开发行证券的，责令停止发行，退还所募资金并加算银行同期存款利息，处以非法所募资金金额百分之五以上百分之五十以下的罚款；对擅自公开或者变相公开发行证券设立的公司，由依法履行监督管理职责的机构或者部门会同县级以上地方人民政府予以取缔。对直接负责的主管人员和其他直接责任人员给予警告，并处以五十万元以上五百万元以下的罚款。

第一百八十一条 发行人在其公告的证券发行文件中隐瞒重要事实或者编造重大虚假内容，尚未发行证券的，处以二百万元以上二千万元以下的罚款；已经发行证券的，处以非法所募资金金额百分之十以上一倍以下的罚款。对直接负责的主管人员和其他直接责任人员，处以一百万元以上一千万元以下的罚款。

发行人的控股股东、实际控制人组织、指使从事前款违法行为的，没收违法所得，并处以违法所得百分之十以上一倍以下的罚款；没有违法所得或者违法所得不足二千万元的，处以二百万元以上二千万元以下的罚款。对直接负责的主管人员和其他直接责任人员，处以一百万元以上一千万元以下的罚款。

第一百八十二条 保荐人出具有虚假记载、误导性陈述或者重大遗漏的保荐书，或者不履行其他法定职责的，责令改正，给予警告，没收业务收入，并处以业务收入一倍以上十倍以下的罚款；没有业务收入或者业务收入不足一百万元的，处以一百万元以上一千万元以下的罚款；情节严重的，并处暂停或者撤销保荐业务许可。对直接负责的主管人员和其他直接责任人员给予警告，并处以五十万元以上五百万元以下的罚款。

第一百八十三条 证券公司承销或者销售擅自公开发行或者变相公开发行的证券的，责令停止承销或者销售，没收违法所得，并处以违法所得一倍以上十倍以下的罚款；没有违法所得或者违法所得不足一百万元的，处以一百万元以上一千万元以下的罚款；情节严重的，并处暂停或者撤销相关业务许可。给投资者造成损失的，应当与发行人承担连带赔偿责任。对直接负责的主管人员和其他直接责任人员给予警告，并处以五十万元以上五百万元以下的罚款。

第一百八十四条 证券公司承销证券违反本法第二十九条规定的，责令改正，给予警告，没收违法所得，可以并处五十万元以上五百万元以下的罚款；情节严重的，暂停或者撤销相关业务许可。对直接负责的主管人员和其他直接责任人员给予警告，可以并处二十万元以上二百万元以下的罚款；情节严重的，并处五十万元以上五百万元以下的罚款。

第一百八十五条 发行人违反本法第十四条、第十五条的规定擅自改变公开发行证券所募集资金的用途的，责令改正，处以五十万元以上五百万元以下的罚款；对直接负责的主管人员和其他直接责任人员给予警告，并处以十万元以上一百万元以下的罚款。

发行人的控股股东、实际控制人从事或者组织、指使从事前款违法行为的，给予警告，并处以五十万元以上五百万元以下的罚款；对直接负责的主管人员和其他直接责任人员，处以十万元以上一百万元以下的罚款。

第一百八十六条 违反本法第三十六条的规定,在限制转让期内转让证券,或者转让股票不符合法律、行政法规和国务院证券监督管理机构规定的,责令改正,给予警告,没收违法所得,并处以买卖证券等值以下的罚款。

第一百八十七条 法律、行政法规规定禁止参与股票交易的人员,违反本法第四十条的规定,直接或者以化名、借他人名义持有、买卖股票或者其他具有股权性质的证券的,责令依法处理非法持有的股票、其他具有股权性质的证券,没收违法所得,并处以买卖证券等值以下的罚款;属于国家工作人员的,还应当依法给予处分。

第一百八十八条 证券服务机构及其从业人员,违反本法第四十二条的规定买卖证券的,责令依法处理非法持有的证券,没收违法所得,并处以买卖证券等值以下的罚款。

第一百八十九条 上市公司、股票在国务院批准的其他全国性证券交易场所交易的公司的董事、监事、高级管理人员、持有该公司百分之五以上股份的股东,违反本法第四十四条的规定,买卖该公司股票或者其他具有股权性质的证券的,给予警告,并处以十万元以上一百万元以下的罚款。

第一百九十条 违反本法第四十五条的规定,采取程序化交易影响证券交易所系统安全或者正常交易秩序的,责令改正,并处以五十万元以上五百万元以下的罚款。对直接负责的主管人员和其他直接责任人员给予警告,并处以十万元以上一百万元以下的罚款。

第一百九十一条 证券交易内幕信息的知情人或者非法获取内幕信息的人违反本法第五十三条的规定从事内幕交易的,责令依法处理非法持有的证券,没收违法所得,并处以违法所得一倍以上十倍以下的罚款;没有违法所得或者违法所得不足五十万元的,处以五十万元以上五百万元以下的罚款。单位从事内幕交易的,还应当对直接负责的主管人员和其他直接责任人员给予警告,并处以二十万元以上二百万元以下的罚款。国务院证券监督管理机构工作人员从事内幕交易的,从重处罚。

违反本法第五十四条的规定,利用未公开信息进行交易的,依照前款的规定处罚。

第一百九十二条 违反本法第五十五条的规定,操纵证券市场的,责令依法处理其非法持有的证券,没收违法所得,并处以违法所得一倍以上十倍以下的罚款;没有违法所得或者违法所得不足一百万元的,处以一百万元以上一千万元以下的罚款。单位操纵证券市场的,还应当对直接负责的主管人员和其他直接责任人员给予警告,并处以五十万元以上五百万元以下的罚款。

第一百九十三条 违反本法第五十六条第一款、第三款的规定,编造、传播虚假信息或者误导性信息,扰乱证券市场的,没收违法所得,并处以违法所得一倍以上十倍以下的罚款;没有违法所得或者违法所得不足二十万元的,处以二十万元以上二百万元以下的罚款。

违反本法第五十六条第二款的规定,在证券交易活动中作出虚假陈述或者信息误导的,责令改正,处以二十万元以上二百万元以下的罚款;属于国家工作人员的,还应当依法给予处分。

传播媒介及其从事证券市场信息报道的工作人员违反本法第五十六条第三款的规定,从事与其工作职责发生利益冲突的证券买卖的,没收违法所得,并处以买卖证券等值以下的罚款。

第一百九十四条 证券公司及其从业人员违反本法第五十七条的规定,有损害客户利益的行为的,给予警告,没收违法所得,并处以违法所得一倍以上十倍以下的罚款;没有违法所得或者违法所得不足十万元的,处以十万元以上一百万元以下的罚款;情节严重的,暂停或者撤销相关业务许可。

第一百九十五条 违反本法第五十八条的规定,出借自己的证券账户或者借用他人的证券账户从事证券交易的,责令改正,给予警告,可以处五十万元以下的罚款。

第一百九十六条 收购人未按照本法规定履行上市公司收购的公告、发出收购要约义务的,责令改正,给予警告,并处以五十万元以上五百万元以下的罚款。对直接负责的主管人员和其他直接责任人员给予警告,并处以二十万元以上二百万元以下的罚款。

收购人及其控股股东、实际控制人利用上市公司收购,给被收购公司及其股东造成损失的,应当依法承担赔偿责任。

第一百九十七条 信息披露义务人未按照本法规定报送有关报告或者履行信息披露义务

的，责令改正，给予警告，并处以五十万元以上五百万元以下的罚款；对直接负责的主管人员和其他直接责任人员给予警告，并处以二十万元以上二百万元以下的罚款。发行人的控股股东、实际控制人组织、指使从事上述违法行为，或者隐瞒相关事项导致发生上述情形的，处以五十万元以上五百万元以下的罚款；对直接负责的主管人员和其他直接责任人员，处以二十万元以上二百万元以下的罚款。

信息披露义务人报送的报告或者披露的信息有虚假记载、误导性陈述或者重大遗漏的，责令改正，给予警告，并处以一百万元以上一千万元以下的罚款；对直接负责的主管人员和其他直接责任人员给予警告，并处以五十万元以上五百万元以下的罚款。发行人的控股股东、实际控制人组织、指使从事上述违法行为，或者隐瞒相关事项导致发生上述情形的，处以一百万元以上一千万元以下的罚款；对直接负责的主管人员和其他直接责任人员，处以五十万元以上五百万元以下的罚款。

第一百九十八条 证券公司违反本法第八十八条的规定未履行或者未按照规定履行投资者适当性管理义务的，责令改正，给予警告，并处以十万元以上一百万元以下的罚款。对直接负责的主管人员和其他直接责任人员给予警告，并处以二十万元以下的罚款。

第一百九十九条 违反本法第九十条的规定征集股东权利的，责令改正，给予警告，可以处五十万元以下的罚款。

第二百条 非法开设证券交易场所的，由县级以上人民政府予以取缔，没收违法所得，并处以违法所得一倍以上十倍以下的罚款；没有违法所得或者违法所得不足一百万元的，处以一百万元以上一千万元以下的罚款。对直接负责的主管人员和其他直接责任人员给予警告，并处以二十万元以上二百万元以下的罚款。

证券交易所违反本法第一百零五条的规定，允许非会员直接参与股票的集中交易的，责令改正，可以并处五十万元以下的罚款。

第二百零一条 证券公司违反本法第一百零七条第一款的规定，未对投资者开立账户提供的身份信息进行核对的，责令改正，给予警告，并处以五万元以上五十万元以下的罚款。对直接负责的主管人员和其他直接责任人员给予警告，并处以十万元以下的罚款。

证券公司违反本法第一百零七条第二款的规定，将投资者的账户提供给他人使用的，责令改正，给予警告，并处以十万元以上一百万元以下的罚款。对直接负责的主管人员和其他直接责任人员给予警告，并处以二十万元以下的罚款。

第二百零二条 违反本法第一百一十八条、第一百二十条第一款、第四款的规定，擅自设立证券公司、非法经营证券业务或者未经批准以证券公司名义开展证券业务活动的，责令改正，没收违法所得，并处以违法所得一倍以上十倍以下的罚款；没有违法所得或者违法所得不足一百万元的，处以一百万元以上一千万元以下的罚款。对直接负责的主管人员和其他直接责任人员给予警告，并处以二十万元以上二百万元以下的罚款。对擅自设立的证券公司，由国务院证券监督管理机构予以取缔。

证券公司违反本法第一百二十条第五款规定提供证券融资融券服务的，没收违法所得，并处以融资融券等值以下的罚款；情节严重的，禁止其在一定期限内从事证券融资融券业务。对直接负责的主管人员和其他直接责任人员给予警告，并处以二十万元以上二百万元以下的罚款。

第二百零三条 提交虚假证明文件或者采取其他欺诈手段骗取证券公司设立许可、业务许可或者重大事项变更核准的，撤销相关许可，并处以一百万元以上一千万元以下的罚款。对直接负责的主管人员和其他直接责任人员给予警告，并处以二十万元以上二百万元以下的罚款。

第二百零四条 证券公司违反本法第一百二十二条的规定，未经核准变更证券业务范围，变更主要股东或者公司的实际控制人，合并、分立、停业、解散、破产的，责令改正，给予警告，没收违法所得，并处以违法所得一倍以上十倍以下的罚款；没有违法所得或者违法所得不足五十万元的，处以五十万元以上五百万元以下的罚款；情节严重的，并处撤销相关业务许可。对直接负责的主管人员和其他直接责任人员给予警告，并处以二十万元以上二百万元以下的罚款。

第二百零五条 证券公司违反本法第一百二十三条第二款的规定，为其股东或者股东的关联人提供融资或者担保的，责令改正，给予警告，并处以五十万元以上五百万元以下的罚款。对直接负责的主管人员和其他直接责任人员给予警告，并处以十万元以上一百万元以下的罚款。股东有过错的，在按照要求改正前，国务院证券监督管理机构可以限制其股东权利；拒不改正的，可以责令其转让所持证券公司股权。

第二百零六条 证券公司违反本法第一百二十八条的规定，未采取有效隔离措施防范利益冲突，或者未分开办理相关业务、混合操作的，责令改正，给予警告，没收违法所得，并处以违法所得一倍以上十倍以下的罚款；没有违法所得或者违法所得不足五十万元的，处以五十万元以上五百万元以下的罚款；情节严重的，并处撤销相关业务许可。对直接负责的主管人员和其他直接责任人员给予警告，并处以二十万元以上二百万元以下的罚款。

第二百零七条 证券公司违反本法第一百二十九条的规定从事证券自营业务的，责令改正，给予警告，没收违法所得，并处以违法所得一倍以上十倍以下的罚款；没有违法所得或者违法所得不足五十万元的，处以五十万元以上五百万元以下的罚款；情节严重的，并处撤销相关业务许可或者责令关闭。对直接负责的主管人员和其他直接责任人员给予警告，并处以二十万元以上二百万元以下的罚款。

第二百零八条 违反本法第一百三十一条的规定，将客户的资金和证券归入自有财产，或者挪用客户的资金和证券的，责令改正，给予警告，没收违法所得，并处以违法所得一倍以上十倍以下的罚款；没有违法所得或者违法所得不足一百万元的，处以一百万元以上一千万元以下的罚款；情节严重的，并处撤销相关业务许可或者责令关闭。对直接负责的主管人员和其他直接责任人员给予警告，并处以五十万元以下的罚款。

第二百零九条 证券公司违反本法第一百三十四条第一款的规定接受客户的全权委托买卖证券的，或者违反本法第一百三十五条的规定对客户的收益或者赔偿客户的损失作出承诺的，责令改正，给予警告，没收违法所得，并处以违法所得一倍以上十倍以下的罚款；没有违法所得或者违法所得不足五十万元的，处以五十万元以上五百万元以下的罚款；情节严重的，并处撤销相关业务许可。对直接负责的主管人员和其他直接责任人员给予警告，并处以二十万元以上二百万元以下的罚款。

证券公司违反本法第一百三十四条第二款的规定，允许他人以证券公司的名义直接参与证券的集中交易的，责令改正，可以并处五十万元以下的罚款。

第二百一十条 证券公司的从业人员违反本法第一百三十六条的规定，私下接受客户委托买卖证券的，责令改正，给予警告，没收违法所得，并处以违法所得一倍以上十倍以下的罚款；没有违法所得的，处以五十万元以下的罚款。

第二百一十一条 证券公司及其主要股东、实际控制人违反本法第一百三十八条的规定，未报送、提供信息和资料，或者报送、提供的信息和资料有虚假记载、误导性陈述或者重大遗漏的，责令改正，给予警告，并处以一百万元以下的罚款；情节严重的，并处撤销相关业务许可。对直接负责的主管人员和其他直接责任人员，给予警告，并处以五十万元以下的罚款。

第二百一十二条 违反本法第一百四十五条的规定，擅自设立证券登记结算机构的，由国务院证券监督管理机构予以取缔，没收违法所得，并处以违法所得一倍以上十倍以下的罚款；没有违法所得或者违法所得不足五十万元的，处以五十万元以上五百万元以下的罚款。对直接负责的主管人员和其他直接责任人员给予警告，并处以二十万元以上二百万元以下的罚款。

第二百一十三条 证券投资咨询机构违反本法第一百六十条第二款的规定擅自从事证券服务业务，或者从事证券服务业务有本法第一百六十一条规定行为的，责令改正，没收违法所得，并处以违法所得一倍以上十倍以下的罚款；没有违法所得或者违法所得不足五十万元的，处以五十万元以上五百万元以下的罚款。对直接负责的主管人员和其他直接责任人员，给予警告，并处以二十万元以上二百万元以下的罚款。

会计师事务所、律师事务所以及从事资产评估、资信评级、财务顾问、信息技术系统服务的机构违反本法第一百六十条第二款的规定，从事证券服务业务未报备案的，责令改正，可以处二十万元以下的罚款。

证券服务机构违反本法第一百六十三条的规定，未勤勉尽责，所制作、出具的文件有虚假记载、误导性陈述或者重大遗漏的，责令改正，没收业务收入，并处以业务收入一倍以上十倍以下的罚款，没有业务收入或者业务收入不足五十万元的，处以五十万元以上五百万元以下的罚款；情节严重的，并处暂停或者禁止从事证券服务业务。对直接负责的主管人员和其他直接责任人员给予警告，并处以二十万元以上二百万元以下的罚款。

第二百一十四条 发行人、证券登记结算机构、证券公司、证券服务机构未按照规定保存有关文件和资料的，责令改正，给予警告，并处以十万元以上一百万元以下的罚款；泄露、隐匿、伪造、篡改或者毁损有关文件和资料的，给予警告，并处以二十万元以上二百万元以下的罚款；情节严重的，处以五十万元以上五百万元以下的罚款，并处暂停、撤销相关业务许可或者禁止从事相关业务。对直接负责的主管人员和其他直接责任人员给予警告，并处以十万元以上一百万元以下的罚款。

第二百一十五条 国务院证券监督管理机构依法将有关市场主体遵守本法的情况纳入证券市场诚信档案。

第二百一十六条 国务院证券监督管理机构或者国务院授权的部门有下列情形之一的，对直接负责的主管人员和其他直接责任人员，依法给予处分：

（一）对不符合本法规定的发行证券、设立证券公司等申请予以核准、注册、批准的；

（二）违反本法规定采取现场检查、调查取证、查询、冻结或者查封等措施的；

（三）违反本法规定对有关机构和人员采取监督管理措施的；

（四）违反本法规定对有关机构和人员实施行政处罚的；

（五）其他不依法履行职责的行为。

第二百一十七条 国务院证券监督管理机构或者国务院授权的部门的工作人员，不履行本法规定的职责，滥用职权、玩忽职守，利用职务便利牟取不正当利益，或者泄露所知悉的有关单位和个人的商业秘密的，依法追究法律责任。

第二百一十八条 拒绝、阻碍证券监督管理机构及其工作人员依法行使监督检查、调查职权，由证券监督管理机构责令改正，处以十万元以上一百万元以下的罚款，并由公安机关依法给予治安管理处罚。

第二百一十九条 违反本法规定，构成犯罪的，依法追究刑事责任。

第二百二十条 违反本法规定，应当承担民事赔偿责任和缴纳罚款、罚金、违法所得，违法行为人的财产不足以支付的，优先用于承担民事赔偿责任。

第二百二十一条 违反法律、行政法规或者国务院证券监督管理机构的有关规定，情节严重的，国务院证券监督管理机构可以对有关责任人员采取证券市场禁入的措施。

前款所称证券市场禁入，是指在一定期限内直至终身不得从事证券业务、证券服务业务，不得担任证券发行人的董事、监事、高级管理人员，或者一定期限内不得在证券交易所、国务院批准的其他全国性证券交易场所交易证券的制度。

第二百二十二条 依照本法收缴的罚款和没收的违法所得，全部上缴国库。

第二百二十三条 当事人对证券监督管理机构或者国务院授权的部门的处罚决定不服的，可以依法申请行政复议，或者依法直接向人民法院提起诉讼。

第十四章 附 则

第二百二十四条 境内企业直接或者间接到境外发行证券或者将其证券在境外上市交易，应当符合国务院的有关规定。

第二百二十五条 境内公司股票以外币认购和交易的，具体办法由国务院另行规定。

第二百二十六条 本法自2020年3月1日起施行。

中华人民共和国证券投资基金法

(2003年10月28日第十届全国人民代表大会常务委员会第五次会议通过 2012年12月28日第十一届全国人民代表大会常务委员会第三十次会议修订 根据2015年4月24日第十二届全国人民代表大会常务委员会第十四次会议《关于修改〈中华人民共和国港口法〉等七部法律的决定》修正)

目 录

第一章 总 则
第二章 基金管理人
第三章 基金托管人
第四章 基金的运作方式和组织
第五章 基金的公开募集
第六章 公开募集基金的基金份额的交易、申购与赎回
第七章 公开募集基金的投资与信息披露
第八章 公开募集基金的基金合同的变更、终止与基金财产清算
第九章 公开募集基金的基金份额持有人权利行使
第十章 非公开募集基金
第十一章 基金服务机构
第十二章 基金行业协会
第十三章 监督管理
第十四章 法律责任
第十五章 附 则

第一章 总 则

第一条 为了规范证券投资基金活动,保护投资人及相关当事人的合法权益,促进证券投资基金和资本市场的健康发展,制定本法。

第二条 在中华人民共和国境内,公开或者非公开募集资金设立证券投资基金(以下简称基金),由基金管理人管理,基金托管人托管,为基金份额持有人的利益,进行证券投资活动,适用本法;本法未规定的,适用《中华人民共和国信托法》《中华人民共和国证券法》和其他有关法律、行政法规的规定。

第三条 基金管理人、基金托管人和基金份额持有人的权利、义务,依照本法在基金合同中约定。

基金管理人、基金托管人依照本法和基金合同的约定,履行受托职责。

通过公开募集方式设立的基金(以下简称公开募集基金)的基金份额持有人按其所持基金份额享受收益和承担风险,通过非公开募集方式设立的基金(以下简称非公开募集基金)的收益分配和风险承担由基金合同约定。

第四条 从事证券投资基金活动,应当遵循自愿、公平、诚实信用的原则,不得损害国家利益和社会公共利益。

第五条 基金财产的债务由基金财产本身承担,基金份额持有人以其出资为限对基金财产的债务承担责任。但基金合同依照本法另有约定的,从其约定。

基金财产独立于基金管理人、基金托管人的固有财产。基金管理人、基金托管人不得将基金财产归入其固有财产。

基金管理人、基金托管人因基金财产的管理、运用或者其他情形而取得的财产和收益,归入基金财产。

基金管理人、基金托管人因依法解散、被依法撤销或者被依法宣告破产等原因进行清算的,基金财产不属于其清算财产。

第六条 基金财产的债权,不得与基金管理人、基金托管人固有财产的债务相抵销;不同基金财产的债权债务,不得相互抵销。

第七条 非因基金财产本身承担的债务,不得对基金财产强制执行。

第八条 基金财产投资的相关税收,由基金份额持有人承担,基金管理人或者其他扣缴义务人按照国家有关税收征收的规定代扣代缴。

第九条 基金管理人、基金托管人管理、

运用基金财产，基金服务机构从事基金服务活动，应当恪尽职守，履行诚实信用、谨慎勤勉的义务。

基金管理人运用基金财产进行证券投资，应当遵守审慎经营规则，制定科学合理的投资策略和风险管理制度，有效防范和控制风险。

基金从业人员应当具备基金从业资格，遵守法律、行政法规，恪守职业道德和行为规范。

第十条 基金管理人、基金托管人和基金服务机构，应当依照本法成立证券投资基金行业协会（以下简称基金行业协会），进行行业自律，协调行业关系，提供行业服务，促进行业发展。

第十一条 国务院证券监督管理机构依法对证券投资基金活动实施监督管理；其派出机构依照授权履行职责。

第二章 基金管理人

第十二条 基金管理人由依法设立的公司或者合伙企业担任。

公开募集基金的基金管理人，由基金管理公司或经国务院证券监督管理机构按照规定核准的其他机构担任。

第十三条 设立管理公开募集基金的基金管理公司，应当具备下列条件，并经国务院证券监督管理机构批准：

（一）有符合本法和《中华人民共和国公司法》规定的章程；

（二）注册资本不低于一亿元人民币，且必须为实缴货币资本；

（三）主要股东应当具有经营金融业务或者管理金融机构的良好业绩、良好的财务状况和社会信誉，资产规模达到国务院规定的标准，最近三年没有违法记录；

（四）取得基金从业资格的人员达到法定人数；

（五）董事、监事、高级管理人员具备相应的任职条件；

（六）有符合要求的营业场所、安全防范设施和与基金管理业务有关的其他设施；

（七）有良好的内部治理结构、完善的内部稽核监控制度、风险控制制度；

（八）法律、行政法规规定的和经国务院批准的国务院证券监督管理机构规定的其他条件。

第十四条 国务院证券监督管理机构应当自受理基金管理公司设立申请之日起六个月内依照本法第十三条规定的条件和审慎监管原则进行审查，作出批准或者不予批准的决定，并通知申请人；不予批准的，应当说明理由。

基金管理公司变更持有百分之五以上股权的股东，变更公司的实际控制人，或者变更其他重大事项，应当报经国务院证券监督管理机构批准。国务院证券监督管理机构应当自受理申请之日起六十日内作出批准或者不予批准的决定，并通知申请人；不予批准的，应当说明理由。

第十五条 有下列情形之一的，不得担任公开募集基金的基金管理人的董事、监事、高级管理人员和其他从业人员：

（一）因犯有贪污贿赂、渎职、侵犯财产罪或者破坏社会主义市场经济秩序罪，被判处刑罚的；

（二）对所任职的公司、企业因经营不善破产清算或者因违法被吊销营业执照负有个人责任的董事、监事、厂长、高级管理人员，自该公司、企业破产清算终结或者被吊销营业执照之日起未逾五年的；

（三）个人所负债务数额较大，到期未清偿的；

（四）因违法行为被开除的基金管理人、基金托管人、证券交易所、证券公司、证券登记结算机构、期货交易所、期货公司及其他机构的从业人员和国家机关工作人员；

（五）因违法行为被吊销执业证书或者被取消资格的律师、注册会计师和资产评估机构、验证机构的从业人员，投资咨询从业人员；

（六）法律、行政法规规定不得从事基金业务的其他人员。

第十六条 公开募集基金的基金管理人的董事、监事和高级管理人员，应当熟悉证券投资方面的法律、行政法规，具有三年以上与其所任职务相关的工作经历；高级管理人员还应当具备基金从业资格。

第十七条 公开募集基金的基金管理人的董事、监事、高级管理人员和其他从业人员，其本人、配偶、利害关系人进行证券投资，应当事先向基金管理人申报，并不得与基金份额持有人发生利益冲突。

公开募集基金的基金管理人应当建立前款规定人员进行证券投资的申报、登记、审查、处置等管理制度，并报国务院证券监督管理机构备案。

第十八条 公开募集基金的基金管理人的董事、监事、高级管理人员和其他从业人员，不得担任基金托管人或者其他基金管理人的任何职务，不得从事损害基金财产和基金份额持有人利益的证券交易及其他活动。

第十九条 公开募集基金的基金管理人应当履行下列职责：

（一）依法募集资金，办理基金份额的发售和登记事宜；

（二）办理基金备案手续；

（三）对所管理的不同基金财产分别管理、分别记账，进行证券投资；

（四）按照基金合同的约定确定基金收益分配方案，及时向基金份额持有人分配收益；

（五）进行基金会计核算并编制基金财务会计报告；

（六）编制中期和年度基金报告；

（七）计算并公告基金资产净值，确定基金份额申购、赎回价格；

（八）办理与基金财产管理业务活动有关的信息披露事项；

（九）按照规定召集基金份额持有人大会；

（十）保存基金财产管理业务活动的记录、账册、报表和其他相关资料；

（十一）以基金管理人名义，代表基金份额持有人利益行使诉讼权利或者实施其他法律行为；

（十二）国务院证券监督管理机构规定的其他职责。

第二十条 公开募集基金的基金管理人及其董事、监事、高级管理人员和其他从业人员不得有下列行为：

（一）将其固有财产或者他人财产混同于基金财产从事证券投资；

（二）不公平地对待其管理的不同基金财产；

（三）利用基金财产或者职务之便为基金份额持有人以外的人牟取利益；

（四）向基金份额持有人违规承诺收益或者承担损失；

（五）侵占、挪用基金财产；

（六）泄露因职务便利获取的未公开信息、利用该信息从事或者明示、暗示他人从事相关的交易活动；

（七）玩忽职守，不按照规定履行职责；

（八）法律、行政法规和国务院证券监督管理机构规定禁止的其他行为。

第二十一条 公开募集基金的基金管理人应当建立良好的内部治理结构，明确股东会、董事会、监事会和高级管理人员的职责权限，确保基金管理人独立运作。

公开募集基金的基金管理人可以实行专业人士持股计划，建立长效激励约束机制。

公开募集基金的基金管理人的股东、董事、监事和高级管理人员在行使权利或者履行职责时，应当遵循基金份额持有人利益优先的原则。

第二十二条 公开募集基金的基金管理人应当从管理基金的报酬中计提风险准备金。

公开募集基金的基金管理人因违法违规、违反基金合同等原因给基金财产或者基金份额持有人合法权益造成损失，应当承担赔偿责任的，可以优先使用风险准备金予以赔偿。

第二十三条 公开募集基金的基金管理人的股东、实际控制人应当按照国务院证券监督管理机构的规定及时履行重大事项报告义务，并不得有下列行为：

（一）虚假出资或者抽逃出资；

（二）未依法经股东会或者董事会决议擅自干预基金管理人的基金经营活动；

（三）要求基金管理人利用基金财产为自己或者他人牟取利益，损害基金份额持有人利益；

（四）国务院证券监督管理机构规定禁止的其他行为。

公开募集基金的基金管理人的股东、实际控制人有前款行为或者股东不再符合法定条件的，国务院证券监督管理机构应当责令其限期改正，并可视情节责令其转让所持有或者控制的基金管理人的股权。

在前款规定的股东、实际控制人按照要求改正违法行为、转让所持有或控制的基金管理人的股权前，国务院证券监督管理机构可以限制有关股东行使股东权利。

第二十四条　公开募集基金的基金管理人违法违规，或者其内部治理结构、稽核监控和风险控制管理不符合规定的，国务院证券监督管理机构应当责令其限期改正；逾期未改正，或者其行为严重危及该基金管理人的稳健运行、损害基金份额持有人合法权益的，国务院证券监督管理机构可以区别情形，对其采取下列措施：

（一）限制业务活动，责令暂停部分或者全部业务；

（二）限制分配红利，限制向董事、监事、高级管理人员支付报酬、提供福利；

（三）限制转让固有财产或者在固有财产上设定其他权利；

（四）责令更换董事、监事、高级管理人员或者限制其权利；

（五）责令有关股东转让股权或者限制有关股东行使股东权利。

公开募集基金的基金管理人整改后，应当向国务院证券监督管理机构提交报告。国务院证券监督管理机构经验收，符合有关要求的，应当自验收完毕之日起三日内解除对其采取的有关措施。

第二十五条　公开募集基金的基金管理人的董事、监事、高级管理人员未能勤勉尽责，致使基金管理人存在重大违法违规行为或者重大风险的，国务院证券监督管理机构可以责令更换。

第二十六条　公开募集基金的基金管理人违法经营或者出现重大风险，严重危害证券市场秩序、损害基金份额持有人利益的，国务院证券监督管理机构可以对该基金管理人采取责令停业整顿、指定其他机构托管、接管、取消基金管理资格或者撤销等监管措施。

第二十七条　在公开募集基金的基金管理人被责令停业整顿、被依法指定托管、接管或者清算期间，或者出现重大风险时，经国务院证券监督管理机构批准，可以对该基金管理人直接负责的董事、监事、高级管理人员和其他直接责任人员采取下列措施：

（一）通知出境管理机关依法阻止其出境；

（二）申请司法机关禁止其转移、转让或者以其他方式处分财产，或者在财产上设定其他权利。

第二十八条　有下列情形之一的，公开募集基金的基金管理人职责终止：

（一）被依法取消基金管理资格；

（二）被基金份额持有人大会解任；

（三）依法解散、被依法撤销或者被依法宣告破产；

（四）基金合同约定的其他情形。

第二十九条　公开募集基金的基金管理人职责终止的，基金份额持有人大会应当在六个月内选任新基金管理人；新基金管理人产生前，由国务院证券监督管理机构指定临时基金管理人。

公开募集基金的基金管理人职责终止的，应当妥善保管基金管理业务资料，及时办理基金管理业务的移交手续，新基金管理人或者临时基金管理人应当及时接收。

第三十条　公开募集基金的基金管理人职责终止的，应当按照规定聘请会计师事务所对基金财产进行审计，并将审计结果予以公告，同时报国务院证券监督管理机构备案。

第三十一条　对非公开募集基金的基金管理人进行规范的具体办法，由国务院金融监督管理机构依照本章的原则制定。

第三章　基金托管人

第三十二条　基金托管人由依法设立的商业银行或者其他金融机构担任。

商业银行担任基金托管人的，由国务院证券监督管理机构会同国务院银行业监督管理机构核准；其他金融机构担任基金托管人的，由国务院证券监督管理机构核准。

第三十三条　担任基金托管人，应当具备下列条件：

（一）净资产和风险控制指标符合有关规定；

（二）设有专门的基金托管部门；

（三）取得基金从业资格的专职人员达到法定人数；

（四）有安全保管基金财产的条件；

（五）有安全高效的清算、交割系统；

（六）有符合要求的营业场所、安全防范设施和与基金托管业务有关的其他设施；

（七）有完善的内部稽核监控制度和风险控制制度；

（八）法律、行政法规规定的和经国务院

批准的国务院证券监督管理机构、国务院银行业监督管理机构规定的其他条件。

第三十四条　本法第十五条、第十七条、第十八条的规定，适用于基金托管人的专门基金托管部门的高级管理人员和其他从业人员。

本法第十六条的规定，适用于基金托管人的专门基金托管部门的高级管理人员。

第三十五条　基金托管人与基金管理人不得为同一机构，不得相互出资或者持有股份。

第三十六条　基金托管人应当履行下列职责：

（一）安全保管基金财产；

（二）按照规定开设基金财产的资金账户和证券账户；

（三）对所托管的不同基金财产分别设置账户，确保基金财产的完整与独立；

（四）保存基金托管业务活动的记录、账册、报表和其他相关资料；

（五）按照基金合同的约定，根据基金管理人的投资指令，及时办理清算、交割事宜；

（六）办理与基金托管业务活动有关的信息披露事项；

（七）对基金财务会计报告、中期和年度基金报告出具意见；

（八）复核、审查基金管理人计算的基金资产净值和基金份额申购、赎回价格；

（九）按照规定召集基金份额持有人大会；

（十）按照规定监督基金管理人的投资运作；

（十一）国务院证券监督管理机构规定的其他职责。

第三十七条　基金托管人发现基金管理人的投资指令违反法律、行政法规和其他有关规定，或者违反基金合同约定的，应当拒绝执行，立即通知基金管理人，并及时向国务院证券监督管理机构报告。

基金托管人发现基金管理人依据交易程序已经生效的投资指令违反法律、行政法规和其他有关规定，或者违反基金合同约定的，应当立即通知基金管理人，并及时向国务院证券监督管理机构报告。

第三十八条　本法第二十条、第二十二条的规定，适用于基金托管人。

第三十九条　基金托管人不再具备本法规定的条件，或者未能勤勉尽责，在履行本法规定的职责时存在重大失误的，国务院证券监督管理机构、国务院银行业监督管理机构应当责令其改正；逾期未改正，或者其行为严重影响所托管基金的稳健运行、损害基金份额持有人利益的，国务院证券监督管理机构、国务院银行业监督管理机构可以区别情形，对其采取下列措施：

（一）限制业务活动，责令暂停办理新的基金托管业务；

（二）责令更换负有责任的专门基金托管部门的高级管理人员。

基金托管人整改后，应当向国务院证券监督管理机构、国务院银行业监督管理机构提交报告；经验收，符合有关要求的，应当自验收完毕之日起三日内解除对其采取的有关措施。

第四十条　国务院证券监督管理机构、国务院银行业监督管理机构对有下列情形之一的基金托管人，可以取消其基金托管资格：

（一）连续三年没有开展基金托管业务的；

（二）违反本法规定，情节严重的；

（三）法律、行政法规规定的其他情形。

第四十一条　有下列情形之一的，基金托管人职责终止：

（一）被依法取消基金托管资格；

（二）被基金份额持有人大会解任；

（三）依法解散、被依法撤销或者被依法宣告破产；

（四）基金合同约定的其他情形。

第四十二条　基金托管人职责终止的，基金份额持有人大会应当在六个月内选任新基金托管人；新基金托管人产生前，由国务院证券监督管理机构指定临时基金托管人。

基金托管人职责终止的，应当妥善保管基金财产和基金托管业务资料，及时办理基金财产和基金托管业务的移交手续，新基金托管人或临时基金托管人应当及时接收。

第四十三条　基金托管人职责终止的，应当按照规定聘请会计师事务所对基金财产进行审计，并将审计结果予以公告，同时报国务院证券监督管理机构备案。

第四章　基金的运作方式和组织

第四十四条　基金合同应当约定基金的运

作方式。

第四十五条 基金的运作方式可以采用封闭式、开放式或者其他方式。

采用封闭式运作方式的基金（以下简称封闭式基金），是指基金份额总额在基金合同期限内固定不变，基金份额持有人不得申请赎回的基金；采用开放式运作方式的基金（以下简称开放式基金），是指基金份额总额不固定，基金份额可以在基金合同约定的时间和场所申购或者赎回的基金。

采用其他运作方式的基金的基金份额发售、交易、申购、赎回的办法，由国务院证券监督管理机构另行规定。

第四十六条 基金份额持有人享有下列权利：

（一）分享基金财产收益；

（二）参与分配清算后的剩余基金财产；

（三）依法转让或者申请赎回其持有的基金份额；

（四）按照规定要求召开基金份额持有人大会或者召集基金份额持有人大会；

（五）对基金份额持有人大会审议事项行使表决权；

（六）对基金管理人、基金托管人、基金服务机构损害其合法权益的行为依法提起诉讼；

（七）基金合同约定的其他权利。

公开募集基金的基金份额持有人有权查阅或者复制公开披露的基金信息资料；非公开募集基金的基金份额持有人对涉及自身利益的情况，有权查阅基金的财务会计账簿等财务资料。

第四十七条 基金份额持有人大会由全体基金份额持有人组成，行使下列职权：

（一）决定基金扩募或者延长基金合同期限；

（二）决定修改基金合同的重要内容或者提前终止基金合同；

（三）决定更换基金管理人、基金托管人；

（四）决定调整基金管理人、基金托管人的报酬标准；

（五）基金合同约定的其他职权。

第四十八条 按照基金合同约定，基金份额持有人大会可以设立日常机构，行使下列职权：

（一）召集基金份额持有人大会；

（二）提请更换基金管理人、基金托管人；

（三）监督基金管理人的投资运作、基金托管人的托管活动；

（四）提请调整基金管理人、基金托管人的报酬标准；

（五）基金合同约定的其他职权。

前款规定的日常机构，由基金份额持有人大会选举产生的人员组成；其议事规则，由基金合同约定。

第四十九条 基金份额持有人大会及其日常机构不得直接参与或者干涉基金的投资管理活动。

第五章 基金的公开募集

第五十条 公开募集基金，应当经国务院证券监督管理机构注册。未经注册，不得公开或者变相公开募集基金。

前款所称公开募集基金，包括向不特定对象募集资金、向特定对象募集资金累计超过二百人，以及法律、行政法规规定的其他情形。

公开募集基金应当由基金管理人管理，基金托管人托管。

第五十一条 注册公开募集基金，由拟任基金管理人向国务院证券监督管理机构提交下列文件：

（一）申请报告；

（二）基金合同草案；

（三）基金托管协议草案；

（四）招募说明书草案；

（五）律师事务所出具的法律意见书；

（六）国务院证券监督管理机构规定提交的其他文件。

第五十二条 公开募集基金的基金合同应当包括下列内容：

（一）募集基金的目的和基金名称；

（二）基金管理人、基金托管人的名称和住所；

（三）基金的运作方式；

（四）封闭式基金的基金份额总额和基金合同期限，或者开放式基金的最低募集份额总额；

（五）确定基金份额发售日期、价格和费

用的原则；

（六）基金份额持有人、基金管理人和基金托管人的权利、义务；

（七）基金份额持有人大会召集、议事及表决的程序和规则；

（八）基金份额发售、交易、申购、赎回的程序、时间、地点、费用计算方式，以及给付赎回款项的时间和方式；

（九）基金收益分配原则、执行方式；

（十）基金管理人、基金托管人报酬的提取、支付方式与比例；

（十一）与基金财产管理、运用有关的其他费用的提取、支付方式；

（十二）基金财产的投资方向和投资限制；

（十三）基金资产净值的计算方法和公告方式；

（十四）基金募集未达到法定要求的处理方式；

（十五）基金合同解除和终止的事由、程序以及基金财产清算方式；

（十六）争议解决方式；

（十七）当事人约定的其他事项。

第五十三条 公开募集基金的基金招募说明书应当包括下列内容：

（一）基金募集申请的准予注册文件名称和注册日期；

（二）基金管理人、基金托管人的基本情况；

（三）基金合同和基金托管协议的内容摘要；

（四）基金份额的发售日期、价格、费用和期限；

（五）基金份额的发售方式、发售机构及登记机构名称；

（六）出具法律意见书的律师事务所和审计基金财产的会计师事务所的名称和住所；

（七）基金管理人、基金托管人报酬及其他有关费用的提取、支付方式与比例；

（八）风险警示内容；

（九）国务院证券监督管理机构规定的其他内容。

第五十四条 国务院证券监督管理机构应当自受理公开募集基金的募集注册申请之日起六个月内依照法律、行政法规及国务院证券监督管理机构的规定进行审查，作出注册或者不予注册的决定，并通知申请人；不予注册的，应当说明理由。

第五十五条 基金募集申请经注册后，方可发售基金份额。

基金份额的发售，由基金管理人或者其委托的基金销售机构办理。

第五十六条 基金管理人应当在基金份额发售的三日前公布招募说明书、基金合同及其他有关文件。

前款规定的文件应当真实、准确、完整。

对基金募集所进行的宣传推介活动，应当符合有关法律、行政法规的规定，不得有本法第七十七条所列行为。

第五十七条 基金管理人应当自收到准予注册文件之日起六个月内进行基金募集。超过六个月开始募集，原注册的事项未发生实质性变化的，应当报国务院证券监督管理机构备案；发生实质性变化的，应当向国务院证券监督管理机构重新提交注册申请。

基金募集不得超过国务院证券监督管理机构准予注册的基金募集期限。基金募集期限自基金份额发售之日起计算。

第五十八条 基金募集期限届满，封闭式基金募集的基金份额总额达到准予注册规模的百分之八十以上，开放式基金募集的基金份额总额超过准予注册的最低募集份额总额，并且基金份额持有人人数符合国务院证券监督管理机构规定的，基金管理人应当自募集期限届满之日起十日内聘请法定验资机构验资，自收到验资报告之日起十日内，向国务院证券监督管理机构提交验资报告，办理基金备案手续，并予以公告。

第五十九条 基金募集期间募集的资金应当存入专门账户，在基金募集行为结束前，任何人不得动用。

第六十条 投资人交纳认购的基金份额的款项时，基金合同成立；基金管理人依照本法第五十八条的规定向国务院证券监督管理机构办理基金备案手续，基金合同生效。

基金募集期限届满，不能满足本法第五十八条规定的条件的，基金管理人应当承担下列责任：

（一）以其固有财产承担因募集行为而产生的债务和费用；

（二）在基金募集期限届满后三十日内返还投资人已交纳的款项，并加计银行同期存款利息。

第六章　公开募集基金的基金份额的交易、申购与赎回

第六十一条　申请基金份额上市交易，基金管理人应当向证券交易所提出申请，证券交易所依法审核同意的，双方应当签订上市协议。

第六十二条　基金份额上市交易，应当符合下列条件：

（一）基金的募集符合本法规定；

（二）基金合同期限为五年以上；

（三）基金募集金额不低于二亿元人民币；

（四）基金份额持有人不少于一千人；

（五）基金份额上市交易规则规定的其他条件。

第六十三条　基金份额上市交易规则由证券交易所制定，报国务院证券监督管理机构批准。

第六十四条　基金份额上市交易后，有下列情形之一的，由证券交易所终止其上市交易，并报国务院证券监督管理机构备案：

（一）不再具备本法第六十二条规定的上市交易条件；

（二）基金合同期限届满；

（三）基金份额持有人大会决定提前终止上市交易；

（四）基金合同约定的或者基金份额上市交易规则规定的终止上市交易的其他情形。

第六十五条　开放式基金的基金份额的申购、赎回、登记，由基金管理人或者其委托的基金服务机构办理。

第六十六条　基金管理人应当在每个工作日办理基金份额的申购、赎回业务；基金合同另有约定的，从其约定。

投资人交付申购款项，申购成立；基金份额登记机构确认基金份额时，申购生效。

基金份额持有人递交赎回申请，赎回成立；基金份额登记机构确认赎回时，赎回生效。

第六十七条　基金管理人应当按时支付赎回款项，但是下列情形除外：

（一）因不可抗力导致基金管理人不能支付赎回款项；

（二）证券交易场所依法决定临时停市，导致基金管理人无法计算当日基金资产净值；

（三）基金合同约定的其他特殊情形。

发生上述情形之一的，基金管理人应当在当日报国务院证券监督管理机构备案。

本条第一款规定的情形消失后，基金管理人应当及时支付赎回款项。

第六十八条　开放式基金应当保持足够的现金或者政府债券，以备支付基金份额持有人的赎回款项。基金财产中应当保持的现金或者政府债券的具体比例，由国务院证券监督管理机构规定。

第六十九条　基金份额的申购、赎回价格，依据申购、赎回日基金份额净值加、减有关费用计算。

第七十条　基金份额净值计价出现错误时，基金管理人应当立即纠正，并采取合理的措施防止损失进一步扩大。计价错误达到基金份额净值百分之零点五时，基金管理人应当公告，并报国务院证券监督管理机构备案。

因基金份额净值计价错误造成基金份额持有人损失的，基金份额持有人有权要求基金管理人、基金托管人予以赔偿。

第七章　公开募集基金的投资与信息披露

第七十一条　基金管理人运用基金财产进行证券投资，除国务院证券监督管理机构另有规定外，应当采用资产组合的方式。

资产组合的具体方式和投资比例，依照本法和国务院证券监督管理机构的规定在基金合同中约定。

第七十二条　基金财产应当用于下列投资：

（一）上市交易的股票、债券；

（二）国务院证券监督管理机构规定的其他证券及其衍生品种。

第七十三条　基金财产不得用于下列投资或者活动：

（一）承销证券；

（二）违反规定向他人贷款或者提供担保；

（三）从事承担无限责任的投资；

（四）买卖其他基金份额，但是国务院证券监督管理机构另有规定的除外；

（五）向基金管理人、基金托管人出资；

（六）从事内幕交易、操纵证券交易价格及其他不正当的证券交易活动；

（七）法律、行政法规和国务院证券监督管理机构规定禁止的其他活动。

运用基金财产买卖基金管理人、基金托管人及其控股股东、实际控制人或者与其有其他重大利害关系的公司发行的证券或承销期内承销的证券，或者从事其他重大关联交易的，应当遵循基金份额持有人利益优先的原则，防范利益冲突，符合国务院证券监督管理机构的规定，并履行信息披露义务。

第七十四条 基金管理人、基金托管人和其他基金信息披露义务人应当依法披露基金信息，并保证所披露信息的真实性、准确性和完整性。

第七十五条 基金信息披露义务人应当确保应予披露的基金信息在国务院证券监督管理机构规定时间内披露，并保证投资人能够按照基金合同约定的时间和方式查阅或者复制公开披露的信息资料。

第七十六条 公开披露的基金信息包括：

（一）基金招募说明书、基金合同、基金托管协议；

（二）基金募集情况；

（三）基金份额上市交易公告书；

（四）基金资产净值、基金份额净值；

（五）基金份额申购、赎回价格；

（六）基金财产的资产组合季度报告、财务会计报告及中期和年度基金报告；

（七）临时报告；

（八）基金份额持有人大会决议；

（九）基金管理人、基金托管人的专门基金托管部门的重大人事变动；

（十）涉及基金财产、基金管理业务、基金托管业务的诉讼或者仲裁；

（十一）国务院证券监督管理机构规定应予披露的其他信息。

第七十七条 公开披露基金信息，不得有下列行为：

（一）虚假记载、误导性陈述或者重大遗漏；

（二）对证券投资业绩进行预测；

（三）违规承诺收益或者承担损失；

（四）诋毁其他基金管理人、基金托管人或者基金销售机构；

（五）法律、行政法规和国务院证券监督管理机构规定禁止的其他行为。

第八章 公开募集基金的基金合同的变更、终止与基金财产清算

第七十八条 按照基金合同的约定或者基金份额持有人大会的决议，基金可以转换运作方式或者与其他基金合并。

第七十九条 封闭式基金扩募或者延长基金合同期限，应当符合下列条件，并报国务院证券监督管理机构备案：

（一）基金运营业绩良好；

（二）基金管理人最近二年内没有因违法违规行为受到行政处罚或者刑事处罚；

（三）基金份额持有人大会决议通过；

（四）本法规定的其他条件。

第八十条 有下列情形之一的，基金合同终止：

（一）基金合同期限届满而未延期；

（二）基金份额持有人大会决定终止；

（三）基金管理人、基金托管人职责终止，在六个月内没有新基金管理人、新基金托管人承接；

（四）基金合同约定的其他情形。

第八十一条 基金合同终止时，基金管理人应当组织清算组对基金财产进行清算。

清算组由基金管理人、基金托管人以及相关的中介服务机构组成。

清算组作出的清算报告经会计师事务所审计，律师事务所出具法律意见书后，报国务院证券监督管理机构备案并公告。

第八十二条 清算后的剩余基金财产，应当按照基金份额持有人所持份额比例进行分配。

第九章 公开募集基金的基金份额持有人权利行使

第八十三条 基金份额持有人大会由基金管理人召集。基金份额持有人大会设立日常机构的，由该日常机构召集；该日常机构未召集的，由基金管理人召集。基金管理人未按规定召集或者不能召集的，由基金托管人召集。

代表基金份额百分之十以上的基金份额持有人就同一事项要求召开基金份额持有人大会，而基金份额持有人大会的日常机构、基金管理人、基金托管人都不召集的，代表基金份额百分之十以上的基金份额持有人有权自行召集，并报国务院证券监督管理机构备案。

第八十四条　召开基金份额持有人大会，召集人应当至少提前三十日公告基金份额持有人大会的召开时间、会议形式、审议事项、议事程序和表决方式等事项。

基金份额持有人大会不得就未经公告的事项进行表决。

第八十五条　基金份额持有人大会可以采取现场方式召开，也可以采取通讯等方式召开。

每一基金份额具有一票表决权，基金份额持有人可以委托代理人出席基金份额持有人大会并行使表决权。

第八十六条　基金份额持有人大会应当有代表二分之一以上基金份额的持有人参加，方可召开。

参加基金份额持有人大会的持有人的基金份额低于前款规定比例的，召集人可以在原公告的基金份额持有人大会召开时间的三个月以后、六个月以内，就原定审议事项重新召集基金份额持有人大会。重新召集的基金份额持有人大会应当有代表三分之一以上基金份额的持有人参加，方可召开。

基金份额持有人大会就审议事项作出决定，应当经参加大会的基金份额持有人所持表决权的二分之一以上通过；但是，转换基金的运作方式、更换基金管理人或者基金托管人、提前终止基金合同、与其他基金合并，应当经参加大会的基金份额持有人所持表决权的三分之二以上通过。

基金份额持有人大会决定的事项，应当依法报国务院证券监督管理机构备案，并予以公告。

第十章　非公开募集基金

第八十七条　非公开募集基金应当向合格投资者募集，合格投资者累计不得超过二百人。

前款所称合格投资者，是指达到规定资产规模或者收入水平，并且具备相应的风险识别能力和风险承担能力、其基金份额认购金额不低于规定限额的单位和个人。

合格投资者的具体标准由国务院证券监督管理机构规定。

第八十八条　除基金合同另有约定外，非公开募集基金应当由基金托管人托管。

第八十九条　担任非公开募集基金的基金管理人，应当按照规定向基金行业协会履行登记手续，报送基本情况。

第九十条　未经登记，任何单位或者个人不得使用"基金"或者"基金管理"字样或者近似名称进行证券投资活动；但是，法律、行政法规另有规定的除外。

第九十一条　非公开募集基金，不得向合格投资者之外的单位和个人募集资金，不得通过报刊、电台、电视台、互联网等公众传播媒体或者讲座、报告会、分析会等方式向不特定对象宣传推介。

第九十二条　非公开募集基金，应当制定并签订基金合同。基金合同应当包括下列内容：

（一）基金份额持有人、基金管理人、基金托管人的权利、义务；

（二）基金的运作方式；

（三）基金的出资方式、数额和认缴期限；

（四）基金的投资范围、投资策略和投资限制；

（五）基金收益分配原则、执行方式；

（六）基金承担的有关费用；

（七）基金信息提供的内容、方式；

（八）基金份额的认购、赎回或者转让的程序和方式；

（九）基金合同变更、解除和终止的事由、程序；

（十）基金财产清算方式；

（十一）当事人约定的其他事项。

基金份额持有人转让基金份额的，应当符合本法第八十七条、第九十一条的规定。

第九十三条　按照基金合同约定，非公开募集基金可以由部分基金份额持有人作为基金管理人负责基金的投资管理活动，并在基金财产不足以清偿其债务时对基金财产的债务承担无限连带责任。

前款规定的非公开募集基金，其基金合同

还应载明：

（一）承担无限连带责任的基金份额持有人和其他基金份额持有人的姓名或者名称、住所；

（二）承担无限连带责任的基金份额持有人的除名条件和更换程序；

（三）基金份额持有人增加、退出的条件、程序以及相关责任；

（四）承担无限连带责任的基金份额持有人和其他基金份额持有人的转换程序。

第九十四条　非公开募集基金募集完毕，基金管理人应当向基金行业协会备案。对募集的资金总额或者基金份额持有人的人数达到规定标准的基金，基金行业协会应当向国务院证券监督管理机构报告。

非公开募集基金财产的证券投资，包括买卖公开发行的股份有限公司股票、债券、基金份额，以及国务院证券监督管理机构规定的其他证券及其衍生品种。

第九十五条　基金管理人、基金托管人应当按照基金合同的约定，向基金份额持有人提供基金信息。

第九十六条　专门从事非公开募集基金管理业务的基金管理人，其股东、高级管理人员、经营期限、管理的基金资产规模等符合规定条件的，经国务院证券监督管理机构核准，可以从事公开募集基金管理业务。

第十一章　基金服务机构

第九十七条　从事公开募集基金的销售、销售支付、份额登记、估值、投资顾问、评价、信息技术系统服务等基金服务业务的机构，应当按照国务院证券监督管理机构的规定进行注册或者备案。

第九十八条　基金销售机构应当向投资人充分揭示投资风险，并根据投资人的风险承担能力销售不同风险等级的基金产品。

第九十九条　基金销售支付机构应当按照规定办理基金销售结算资金的划付，确保基金销售结算资金安全、及时划付。

第一百条　基金销售结算资金、基金份额独立于基金销售机构、基金销售支付机构或者基金份额登记机构的自有财产。基金销售机构、基金销售支付机构或者基金份额登记机构破产或者清算时，基金销售结算资金、基金份额不属于其破产财产或者清算财产。非因投资人本身的债务或者法律规定的其他情形，不得查封、冻结、扣划或者强制执行基金销售结算资金、基金份额。

基金销售机构、基金销售支付机构、基金份额登记机构应当确保基金销售结算资金、基金份额的安全、独立，禁止任何单位或者个人以任何形式挪用基金销售结算资金、基金份额。

第一百零一条　基金管理人可以委托基金服务机构代为办理基金的份额登记、核算、估值、投资顾问等事项，基金托管人可以委托基金服务机构代为办理基金的核算、估值、复核等事项，但基金管理人、基金托管人依法应当承担的责任不因委托而免除。

第一百零二条　基金份额登记机构以电子介质登记的数据，是基金份额持有人权利归属的根据。基金份额持有人以基金份额出质的，质权自基金份额登记机构办理出质登记时设立。

基金份额登记机构应当妥善保存登记数据，并将基金份额持有人名称、身份信息及基金份额明细等数据备份至国务院证券监督管理机构认定的机构。其保存期限自基金账户销户之日起不得少于二十年。

基金份额登记机构应当保证登记数据的真实、准确、完整，不得隐匿、伪造、篡改或者毁损。

第一百零三条　基金投资顾问机构及其从业人员提供基金投资顾问服务，应当具有合理的依据，对其服务能力和经营业绩进行如实陈述，不得以任何方式承诺或者保证投资收益，不得损害服务对象的合法权益。

第一百零四条　基金评价机构及其从业人员应当客观公正，按照依法制定的业务规则开展基金评价业务，禁止误导投资人，防范可能发生的利益冲突。

第一百零五条　基金管理人、基金托管人、基金服务机构的信息技术系统，应当符合规定的要求。国务院证券监督管理机构可以要求信息技术系统服务机构提供该信息技术系统的相关资料。

第一百零六条　律师事务所、会计师事务所接受基金管理人、基金托管人的委托，为有关基金业务活动出具法律意见书、审计报告、内部控制评价报告等文件，应当勤勉尽责，对所依据的文件资料内容的真实性、准确性、完整性进行核查和验证。其制作、出具的文件有虚假记载、误导性陈述或者重大遗漏，给他人财产造成损失的，应当与委托人承担连带赔偿责任。

第一百零七条 基金服务机构应当勤勉尽责、恪尽职守，建立应急等风险管理制度和灾难备份系统，不得泄露与基金份额持有人、基金投资运作相关的非公开信息。

第十二章 基金行业协会

第一百零八条 基金行业协会是证券投资基金行业的自律性组织，是社会团体法人。

基金管理人、基金托管人应当加入基金行业协会，基金服务机构可以加入基金行业协会。

第一百零九条 基金行业协会的权力机构为全体会员组成的会员大会。

基金行业协会设理事会。理事会成员依章程的规定由选举产生。

第一百一十条 基金行业协会章程由会员大会制定，并报国务院证券监督管理机构备案。

第一百一十一条 基金行业协会履行下列职责：

（一）教育和组织会员遵守有关证券投资的法律、行政法规，维护投资人合法权益；

（二）依法维护会员的合法权益，反映会员的建议和要求；

（三）制定和实施行业自律规则，监督、检查会员及其从业人员的执业行为，对违反自律规则和协会章程的，按照规定给予纪律处分；

（四）制定行业执业标准和业务规范，组织基金从业人员的从业考试、资质管理和业务培训；

（五）提供会员服务，组织行业交流，推动行业创新，开展行业宣传和投资人教育活动；

（六）对会员之间、会员与客户之间发生的基金业务纠纷进行调解；

（七）依法办理非公开募集基金的登记、备案；

（八）协会章程规定的其他职责。

第十三章 监督管理

第一百一十二条 国务院证券监督管理机构依法履行下列职责：

（一）制定有关证券投资基金活动监督管理的规章、规则，并行使审批、核准或者注册权；

（二）办理基金备案；

（三）对基金管理人、基金托管人及其他机构从事证券投资基金活动进行监督管理，对违法行为进行查处，并予以公告；

（四）制定基金从业人员的资格标准和行为准则，并监督实施；

（五）监督检查基金信息的披露情况；

（六）指导和监督基金行业协会的活动；

（七）法律、行政法规规定的其他职责。

第一百一十三条 国务院证券监督管理机构依法履行职责，有权采取下列措施：

（一）对基金管理人、基金托管人、基金服务机构进行现场检查，并要求其报送有关的业务资料；

（二）进入涉嫌违法行为发生场所调查取证；

（三）询问当事人和与被调查事件有关的单位和个人，要求其对与被调查事件有关的事项作出说明；

（四）查阅、复制与被调查事件有关的财产权登记、通讯记录等资料；

（五）查阅、复制当事人和与被调查事件有关的单位和个人的证券交易记录、登记过户记录、财务会计资料及其他相关文件和资料；对可能被转移、隐匿或者毁损的文件和资料，可以予以封存；

（六）查询当事人和与被调查事件有关的单位和个人的资金账户、证券账户和银行账户；对有证据证明已经或者可能转移或者隐匿违法资金、证券等涉案财产或者隐匿、伪造、毁损重要证据的，经国务院证券监督管理机构主要负责人批准，可以冻结或者查封；

（七）在调查操纵证券市场、内幕交易等重大证券违法行为时，经国务院证券监督管理机构主要负责人批准，可以限制被调查事件当事人的证券买卖，但限制的期限不得超过十五个交易日；案情复杂的，可以延长十五个交易日。

第一百一十四条 国务院证券监督管理机构工作人员依法履行职责，进行调查或者检查时，不得少于二人，并应当出示合法证件；对调查或者检查中知悉的商业秘密负有保密的义务。

第一百一十五条 国务院证券监督管理机构工作人员应当忠于职守，依法办事，公正廉洁，接受监督，不得利用职务牟取私利。

第一百一十六条 国务院证券监督管理机构依法履行职责时，被调查、检查的单位和个人应当配合，如实提供有关文件和资料，不得拒绝、阻碍和隐瞒。

第一百一十七条 国务院证券监督管理机构依法履行职责，发现违法行为涉嫌犯罪的，应当将案件移送司法机关处理。

第一百一十八条 国务院证券监督管理机构工作人员在任职期间，或者离职后在《中华人民共和国公务员法》规定的期限内，不得在被监管的机构中担任职务。

第十四章　法律责任

第一百一十九条 违反本法规定，未经批准擅自设立基金管理公司或者未经核准从事公开募集基金管理业务的，由证券监督管理机构予以取缔或者责令改正，没收违法所得，并处违法所得一倍以上五倍以下罚款；没有违法所得或者违法所得不足一百万元的，并处十万元以上一百万元以下罚款。对直接负责的主管人员和其他直接责任人员给予警告，并处三万元以上三十万元以下罚款。

基金管理公司违反本法规定，擅自变更持有百分之五以上股权的股东、实际控制人或者其他重大事项的，责令改正，没收违法所得，并处违法所得一倍以上五倍以下罚款；没有违法所得或者违法所得不足五十万元的，并处五万元以上五十万元以下罚款。对直接负责的主管人员给予警告，并处三万元以上十万元以下罚款。

第一百二十条 基金管理人的董事、监事、高级管理人员和其他从业人员，基金托管人的专门基金托管部门的高级管理人员和其他从业人员，未按照本法第十七条第一款规定申报的，责令改正，处三万元以上十万元以下罚款。

基金管理人、基金托管人违反本法第十七条第二款规定的，责令改正，处十万元以上一百万元以下罚款；对直接负责的主管人员和其他直接责任人员给予警告，暂停或者撤销基金从业资格，并处三万元以上三十万元以下罚款。

第一百二十一条 基金管理人的董事、监事、高级管理人员和其他从业人员，基金托管人的专门基金托管部门的高级管理人员和其他从业人员违反本法第十八条规定的，责令改正，没收违法所得，并处违法所得一倍以上五倍以下罚款；没有违法所得或者违法所得不足一百万元的，并处十万元以上一百万元以下罚款；情节严重的，撤销基金从业资格。

第一百二十二条 基金管理人、基金托管人违反本法规定，未对基金财产实行分别管理或者分账保管，责令改正，处五万元以上五十万元以下罚款；对直接负责的主管人员和其他直接责任人员给予警告，暂停或者撤销基金从业资格，并处三万元以上三十万元以下罚款。

第一百二十三条 基金管理人、基金托管人及其董事、监事、高级管理人员和其他从业人员有本法第二十条所列行为之一的，责令改正，没收违法所得，并处违法所得一倍以上五倍以下罚款；没有违法所得或者违法所得不足一百万元的，并处十万元以上一百万元以下罚款；基金管理人、基金托管人有上述行为的，还应当对其直接负责的主管人员和其他直接责任人员给予警告，暂停或者撤销基金从业资格，并处三万元以上三十万元以下罚款。

基金管理人、基金托管人及其董事、监事、高级管理人员和其他从业人员侵占、挪用基金财产而取得的财产和收益，归入基金财产。但是，法律、行政法规另有规定的，依照其规定。

第一百二十四条 基金管理人的股东、实际控制人违反本法第二十三条规定的，责令改正，没收违法所得，并处违法所得一倍以上五倍以下罚款；没有违法所得或者违法所得不足一百万元的，并处十万元以上一百万元以下罚款；对直接负责的主管人员和其他直接责任人员给予警告，暂停或者撤销基金或证券从业资格，并处三万元以上三十万元以下罚款。

第一百二十五条 未经核准，擅自从事基金托管业务的，责令停止，没收违法所得，并处违法所得一倍以上五倍以下罚款；没有违法所得或者违法所得不足一百万元的,并处十万元以上一百万元以下罚款;对直接负责的主管人员和其他直接责任人员给予警告,并处三万元以上三十万元以下罚款。

第一百二十六条 基金管理人、基金托管人违反本法规定,相互出资或者持有股份的,责令改正,可以处十万元以下罚款。

第一百二十七条 违反本法规定,擅自公开或者变相公开募集基金的,责令停止,返还所募资金和加计的银行同期存款利息,没收违法所得,并处所募资金金额百分之一以上百分之五以下罚款。对直接负责的主管人员和其他直接责任人员给予警告,并处五万元以上五十万元以下罚款。

第一百二十八条 违反本法第五十九条规定,动用募集的资金的,责令返还,没收违法所得,并处违法所得一倍以上五倍以下罚款;没有违法所得或者违法所得不足五十万元的,并处五万元以上五十万元以下罚款;对直接负责的主管人员和其他直接责任人员给予警告,并处三万元以上三十万元以下罚款。

第一百二十九条 基金管理人、基金托管人有本法第七十三条第一款第一项至第五项和第七项所列行为之一,或者违反本法第七十三条第二款规定的,责令改正,处十万元以上一百万元以下罚款;对直接负责的主管人员和其他直接责任人员给予警告,暂停或者撤销基金从业资格,并处三万元以上三十万元以下罚款。

基金管理人、基金托管人有前款行为,运用基金财产而取得的财产和收益,归入基金财产。但是,法律、行政法规另有规定的,依照其规定。

第一百三十条 基金管理人、基金托管人有本法第七十三条第一款第六项规定行为的,除依照《中华人民共和国证券法》的有关规定处罚外,对直接负责的主管人员和其他直接责任人员暂停或者撤销基金从业资格。

第一百三十一条 基金信息披露义务人不依法披露基金信息或者披露的信息有虚假记载、误导性陈述或者重大遗漏的,责令改正,没收违法所得,并处十万元以上一百万元以下罚款;对直接负责的主管人员和其他直接责任人员给予警告,暂停或者撤销基金从业资格,并处三万元以上三十万元以下罚款。

第一百三十二条 基金管理人或者基金托管人不按照规定召集基金份额持有人大会的,责令改正,可以处五万元以下罚款;对直接负责的主管人员和其他直接责任人员给予警告,暂停或者撤销基金从业资格。

第一百三十三条 违反本法规定,未经登记,使用"基金"或者"基金管理"字样或者近似名称进行证券投资活动的,没收违法所得,并处违法所得一倍以上五倍以下罚款;没有违法所得或者违法所得不足一百万元的,并处十万元以上一百万元以下罚款。对直接负责的主管人员和其他直接责任人员给予警告,并处三万元以上三十万元以下罚款。

第一百三十四条 违反本法规定,非公开募集基金募集完毕,基金管理人未备案的,处十万元以上三十万元以下罚款。对直接负责的主管人员和其他直接责任人员给予警告,并处三万元以上十万元以下罚款。

第一百三十五条 违反本法规定,向合格投资者之外的单位或者个人非公开募集资金或者转让基金份额的,没收违法所得,并处违法所得一倍以上五倍以下罚款;没有违法所得或者违法所得不足一百万元的,并处十万元以上一百万元以下罚款。对直接负责的主管人员和其他直接责任人员给予警告,并处三万元以上三十万元以下罚款。

第一百三十六条 违反本法规定,擅自从事公开募集基金的基金服务业务的,责令改正,没收违法所得,并处违法所得一倍以上五倍以下罚款;没有违法所得或者违法所得不足三十万元的,并处十万元以上三十万元以下罚款。对直接负责的主管人员和其他直接责任人员给予警告,并处三万元以上十万元以下罚款。

第一百三十七条 基金销售机构未向投资人充分揭示投资风险并误导其购买与其风险承担能力不相当的基金产品的,处十万元以上三十万元以下罚款;情节严重的,责令其停止基金服务业务。对直接负责的主管人员和其他直接责任人员给予警告,撤销基金从业资格,并处三万元以上十万元以下罚款。

第一百三十八条 基金销售支付机构未按照规定划付基金销售结算资金的,处十万元以上三十万元以下罚款;情节严重的,责令其停止基金服务业务。对直接负责的主管人员和其他直接责任人员给予警告，撤销基金从业资格，并处三万元以上十万元以下罚款。

第一百三十九条 挪用基金销售结算资金或者基金份额的，责令改正，没收违法所得，并处违法所得一倍以上五倍以下罚款；没有违法所得或者违法所得不足一百万元的，并处十万元以上一百万元以下罚款。对直接负责的主管人员和其他直接责任人员给予警告，并处三万元以上三十万元以下罚款。

第一百四十条 基金份额登记机构未妥善保存或者备份基金份额登记数据的，责令改正，给予警告，并处十万元以上三十万元以下罚款；情节严重的，责令其停止基金服务业务。对直接负责的主管人员和其他直接责任人员给予警告，撤销基金从业资格，并处三万元以上十万元以下罚款。

基金份额登记机构隐匿、伪造、篡改、毁损基金份额登记数据的，责令改正，处十万元以上一百万元以下罚款，并责令其停止基金服务业务。对直接负责的主管人员和其他直接责任人员给予警告，撤销基金从业资格，并处三万元以上三十万元以下罚款。

第一百四十一条 基金投资顾问机构、基金评价机构及其从业人员违反本法规定开展投资顾问、基金评价服务的，处十万元以上三十万元以下罚款；情节严重的，责令其停止基金服务业务。对直接负责的主管人员和其他直接责任人员给予警告，撤销基金从业资格，并处三万元以上十万元以下罚款。

第一百四十二条 信息技术系统服务机构未按照规定向国务院证券监督管理机构提供相关信息技术系统资料，或者提供的信息技术系统资料虚假、有重大遗漏的，责令改正，处三万元以上十万元以下罚款。对直接负责的主管人员和其他直接责任人员给予警告，并处一万元以上三万元以下罚款。

第一百四十三条 会计师事务所、律师事务所未勤勉尽责，所出具的文件有虚假记载、误导性陈述或者重大遗漏的，责令改正，没收业务收入，暂停或者撤销相关业务许可，并处业务收入一倍以上五倍以下罚款。对直接负责的主管人员和其他直接责任人员给予警告，并处三万元以上十万元以下罚款。

第一百四十四条 基金服务机构未建立应急等风险管理制度和灾难备份系统，或者泄露与基金份额持有人、基金投资运作相关的非公开信息的，处十万元以上三十万元以下罚款；情节严重的，责令其停止基金服务业务。对直接负责的主管人员和其他直接责任人员给予警告，撤销基金从业资格，并处三万元以上十万元以下罚款。

第一百四十五条 违反本法规定，给基金财产、基金份额持有人或者投资人造成损害的，依法承担赔偿责任。

基金管理人、基金托管人在履行各自职责的过程中，违反本法规定或者基金合同约定，给基金财产或者基金份额持有人造成损害的，应当分别对各自的行为依法承担赔偿责任；因共同行为给基金财产或者基金份额持有人造成损害的，应当承担连带赔偿责任。

第一百四十六条 证券监督管理机构工作人员玩忽职守、滥用职权、徇私舞弊或者利用职务上的便利索取或者收受他人财物的，依法给予行政处分。

第一百四十七条 拒绝、阻碍证券监督管理机构及其工作人员依法行使监督检查、调查职权未使用暴力、威胁方法的，依法给予治安管理处罚。

第一百四十八条 违反法律、行政法规或者国务院证券监督管理机构的有关规定，情节严重的，国务院证券监督管理机构可以对有关责任人员采取证券市场禁入的措施。

第一百四十九条 违反本法规定，构成犯罪的，依法追究刑事责任。

第一百五十条 违反本法规定，应当承担民事赔偿责任和缴纳罚款、罚金，其财产不足以同时支付时，先承担民事赔偿责任。

第一百五十一条 依照本法规定，基金管理人、基金托管人、基金服务机构应当承担的民事赔偿责任和缴纳的罚款、罚金，由基金管理人、基金托管人、基金服务机构以其固有财产承担。

依法收缴的罚款、罚金和没收的违法所得，应当全部上缴国库。

第十五章 附 则

第一百五十二条 在中华人民共和国境内募集投资境外证券的基金，以及合格境外投资者在境内进行证券投资，应当经国务院证券监督管理机构批准，具体办法由国务院证券监督管理机构会同国务院有关部门规定，报国务院批准。

第一百五十三条 公开或者非公开募集资金，以进行证券投资活动为目的设立的公司或者合伙企业，资产由基金管理人或者普通合伙人管理的，其证券投资活动适用本法。

第一百五十四条 本法自2013年6月1日起施行。

证券公司风险处置条例

(2008年4月23日中华人民共和国国务院令第523号公布 根据2016年2月6日《国务院关于修改部分行政法规的决定》第一次修订 根据2023年7月20日《国务院关于修改和废止部分行政法规的决定》第二次修订)

目 录

第一章 总 则
第二章 停业整顿、托管、接管、行政重组
第三章 撤 销
第四章 破产清算和重整
第五章 监督协调
第六章 法律责任
第七章 附 则

第一章 总 则

第一条 为了控制和化解证券公司风险，保护投资者合法权益和社会公共利益，保障证券业健康发展，根据《中华人民共和国证券法》（以下简称《证券法》）、《中华人民共和国企业破产法》（以下简称《企业破产法》），制定本条例。

第二条 国务院证券监督管理机构依法对处置证券公司风险工作进行组织、协调和监督。

第三条 国务院证券监督管理机构应当会同中国人民银行、国务院财政部门、国务院公安部门、国务院其他金融监督管理机构以及省级人民政府建立处置证券公司风险的协调配合与快速反应机制。

第四条 处置证券公司风险过程中，有关地方人民政府应当采取有效措施维护社会稳定。

第五条 处置证券公司风险过程中，应当保障证券经纪业务正常进行。

第二章 停业整顿、托管、接管、行政重组

第六条 国务院证券监督管理机构发现证券公司存在重大风险隐患，可以派出风险监控现场工作组对证券公司进行专项检查，对证券公司划拨资金、处置资产、调配人员、使用印章、订立以及履行合同等经营、管理活动进行监控，并及时向有关地方人民政府通报情况。

第七条 证券公司风险控制指标不符合有关规定，在规定期限内未能完成整改的，国务院证券监督管理机构可以责令证券公司停止部分或者全部业务进行整顿。停业整顿的期限不超过3个月。

证券经纪业务被责令停业整顿的，证券公司在规定的期限内可以将其证券经纪业务委托给国务院证券监督管理机构认可的证券公司管理，或者将客户转移到其他证券公司。证券公司逾期未按照要求委托证券经纪业务或者未转移客户的，国务院证券监督管理机构应当将客户转移到其他证券公司。

第八条 证券公司有下列情形之一的，国务院证券监督管理机构可以对其证券经纪等涉及客户的业务进行托管；情节严重的，可以对该证券公司进行接管：

（一）治理混乱，管理失控；

（二）挪用客户资产并且不能自行弥补；

（三）在证券交易结算中多次发生交收违约或者交收违约数额较大；

（四）风险控制指标不符合规定，发生重大财务危机；

（五）其他可能影响证券公司持续经营的情形。

第九条 国务院证券监督管理机构决定对证券公司证券经纪等涉及客户的业务进行托管的，应当按照规定程序选择证券公司等专业机构成立托管组，行使被托管证券公司的证券经纪等涉及客户的业务的经营管理权。

托管组自托管之日起履行下列职责：

（一）保障证券公司证券经纪业务正常合规运行，必要时依照规定垫付营运资金和客户的交易结算资金；

（二）采取有效措施维护托管期间客户资产的安全；

（三）核查证券公司存在的风险，及时向国务院证券监督管理机构报告业务运行中出现的紧急情况，并提出解决方案；

（四）国务院证券监督管理机构要求履行的其他职责。

托管期限一般不超过12个月。满12个月，确需继续托管的，国务院证券监督管理机构可以决定延长托管期限，但延长托管期限最长不得超过12个月。

第十条 被托管证券公司应当承担托管费用和托管期间的营运费用。国务院证券监督管理机构应当对托管费用和托管期间的营运费用进行审核。

托管组不承担被托管证券公司的亏损。

第十一条 国务院证券监督管理机构决定对证券公司进行接管的，应当按照规定程序组织专业人员成立接管组，行使被接管证券公司的经营管理权，接管组负责人行使被接管证券公司法定代表人职权，被接管证券公司的股东会或者股东大会、董事会、监事会以及经理、副经理停止履行职责。

接管组自接管之日起履行下列职责：

（一）接管证券公司的财产、印章和账簿、文书等资料；

（二）决定证券公司的管理事务；

（三）保障证券公司证券经纪业务正常合规运行，完善内控制度；

（四）清查证券公司财产，依法保全、追收资产；

（五）控制证券公司风险，提出风险化解方案；

（六）核查证券公司有关人员的违法行为；

（七）国务院证券监督管理机构要求履行的其他职责。

接管期限一般不超过12个月。满12个月，确需继续接管的，国务院证券监督管理机构可以决定延长接管期限，但延长接管期限最长不得超过12个月。

第十二条 证券公司出现重大风险，但具备下列条件的，可以由国务院证券监督管理机构对其进行行政重组：

（一）财务信息真实、完整；

（二）省级人民政府或者有关方面予以支持；

（三）整改措施具体，有可行的重组计划。

被停业整顿、托管、接管的证券公司，具备前款规定条件的，也可以由国务院证券监督管理机构对其进行行政重组。

第十三条 证券公司进行行政重组，可以采取注资、股权重组、债务重组、资产重组、合并或者其他方式。

行政重组期限一般不超过12个月。满12个月，行政重组未完成的，国务院证券监督管理机构可以决定延长行政重组期限，但延长行政重组期限最长不得超过6个月。

国务院证券监督管理机构对证券公司的行政重组进行协调和指导。

第十四条 国务院证券监督管理机构对证券公司做出责令停业整顿、托管、接管、行政重组的处置决定，应当予以公告，并将公告张贴于被处置证券公司的营业场所。

处置决定包括被处置证券公司的名称、处置措施、事由以及范围等有关事项。

处置决定的公告日期为处置日，处置决定自公告之时生效。

第十五条 证券公司被责令停业整顿、托管、接管、行政重组的，其债权债务关系不因处置决定而变化。

第十六条 证券公司经停业整顿、托管、接管或者行政重组在规定期限内达到正常经营条件的，经国务院证券监督管理机构批准，可以恢复正常经营。

第十七条 证券公司经停业整顿、托管、接管或者行政重组在规定期限内仍达不到正常经营条件，但能够清偿到期债务的，国务院证券监督管理机构依法撤销其证券业务许可。

第十八条 被撤销证券业务许可的证券公司应当停止经营证券业务，按照客户自愿的原则将客户安置到其他证券公司，安置过程中相关各方应当采取必要措施保证客户证券交易的正常进行。

被撤销证券业务许可的证券公司有未安置客户等情形的，国务院证券监督管理机构可以比照本条例第三章的规定，成立行政清理组，清理账户、安置客户、转让证券类资产。

第三章 撤　销

第十九条 证券公司同时有下列情形的，国务院证券监督管理机构可以直接撤销该证券公司：

（一）违法经营情节特别严重、存在巨大经营风险；

（二）不能清偿到期债务，并且资产不足以清偿全部债务或者明显缺乏清偿能力；

（三）需要动用证券投资者保护基金。

第二十条 证券公司经停业整顿、托管、接管或者行政重组在规定期限内仍达不到正常经营条件，并且有本条例第十九条第（二）项或者第（三）项规定情形的，国务院证券监督管理机构应当撤销该证券公司。

第二十一条 国务院证券监督管理机构撤销证券公司，应当做出撤销决定，并按照规定程序选择律师事务所、会计师事务所等专业机构成立行政清理组，对该证券公司进行行政清理。

撤销决定应当予以公告，撤销决定的公告日期为处置日，撤销决定自公告之时生效。

本条例施行前，国务院证券监督管理机构已经对证券公司进行行政清理的，行政清理的公告日期为处置日。

第二十二条 行政清理期间，行政清理组负责人行使被撤销证券公司法定代表人职权。

行政清理组履行下列职责：

（一）管理证券公司的财产、印章和账簿、文书等资料；

（二）清理账户，核实资产负债有关情况，对符合国家规定的债权进行登记；

（三）协助甄别确认、收购符合国家规定的债权；

（四）协助证券投资者保护基金管理机构弥补客户的交易结算资金；

（五）按照客户自愿的原则安置客户；

（六）转让证券类资产；

（七）国务院证券监督管理机构要求履行的其他职责。

前款所称证券类资产，是指证券公司为维持证券经纪业务正常进行所必需的计算机信息管理系统、交易系统、通信网络系统、交易席位等资产。

第二十三条 被撤销证券公司的股东会或者股东大会、董事会、监事会以及经理、副经理停止履行职责。

行政清理期间，被撤销证券公司的股东不得自行组织清算，不得参与行政清理工作。

第二十四条 行政清理期间，被撤销证券公司的证券经纪等涉及客户的业务，由国务院证券监督管理机构按照规定程序选择证券公司等专业机构进行托管。

第二十五条 证券公司设立或者实际控制的关联公司，其资产、人员、财务或者业务与被撤销证券公司混合的，经国务院证券监督管理机构审查批准，纳入行政清理范围。

第二十六条 证券公司的债权债务关系不因其被撤销而变化。

自证券公司被撤销之日起，证券公司的债务停止计算利息。

第二十七条 行政清理组清理被撤销证券公司账户的结果，应当经具有证券、期货相关业务资格的会计师事务所审计，并报国务院证券监督管理机构认定。

行政清理组根据经国务院证券监督管理机构认定的账户清理结果，向证券投资者保护基金管理机构申请弥补客户的交易结算资金的资金。

第二十八条 行政清理组应当自成立之日起10日内，将债权人需要登记的相关事项予以公告。

符合国家有关规定的债权人应当自公告之日起90日内，持相关证明材料向行政清理组申报债权，行政清理组按照规定登记。无正当理由逾期申报的，不予登记。

已登记债权经甄别确认符合国家收购规定的，行政清理组应当及时按照国家有关规定申请收购资金并协助收购；经甄别确认不符合国家收购规定的，行政清理组应当告知申报的债权人。

第二十九条 行政清理组应当在具备证券业务经营资格的机构中，采用招标、公开询价等公开方式转让证券类资产。证券类资产转让方案应当报国务院证券监督管理机构批准。

第三十条 行政清理组不得转让证券类资产以外的资产，但经国务院证券监督管理机构批准，易贬损并可能遭受损失的资产或者确为保护客户和债权人利益的其他情形除外。

第三十一条 行政清理组不得对债务进行个别清偿，但为保护客户和债权人利益的下列情形除外：

（一）因行政清理组请求对方当事人履行双方均未履行完毕的合同所产生的债务；

（二）为维持业务正常进行而应当支付的职工劳动报酬和社会保险费用等正常支出；

（三）行政清理组履行职责所产生的其他费用。

第三十二条 为保护债权人利益，经国务院证券监督管理机构批准，行政清理组可以向人民法院申请对处置前被采取查封、扣押、冻结等强制措施的证券类资产以及其他资产进行变现处置，变现后的资金应当予以冻结。

第三十三条 行政清理费用经国务院证券监督管理机构审核后，从被处置证券公司财产中随时清偿。

前款所称行政清理费用，是指行政清理组管理、转让证券公司财产所需的费用，行政清理组履行职务和聘用专业机构的费用等。

第三十四条 行政清理期限一般不超过12个月。满12个月，行政清理未完成的，国务院证券监督管理机构可以决定延长行政清理期限，但延长行政清理期限最长不得超过12个月。

第三十五条 行政清理期间，被处置证券公司免缴行政性收费和增值税、营业税等行政法规规定的税收。

第三十六条 证券公司被国务院证券监督管理机构依法责令关闭，需要进行行政清理的，比照本章的有关规定执行。

第四章 破产清算和重整

第三十七条 证券公司被依法撤销、关闭时，有《企业破产法》第二条规定情形的，行政清理工作完成后，国务院证券监督管理机构或者其委托的行政清理组依照《企业破产法》的有关规定，可以向人民法院申请对被撤销、关闭证券公司进行破产清算。

第三十八条 证券公司有《企业破产法》第二条规定情形的，国务院证券监督管理机构可以直接向人民法院申请对该证券公司进行重整。

证券公司或者其债权人依照《企业破产法》的有关规定，可以向人民法院提出对证券公司进行破产清算或者重整的申请，但应当依照《证券法》第一百二十二条的规定报经国务院证券监督管理机构批准。

第三十九条 对不需要动用证券投资者保护基金的证券公司，国务院证券监督管理机构应当在批准破产清算前撤销其证券业务许可。证券公司应当依照本条例第十八条的规定停止经营证券业务，安置客户。

对需要动用证券投资者保护基金的证券公司，国务院证券监督管理机构对该证券公司或者其债权人的破产清算申请不予批准，并依照本条例第三章的规定撤销该证券公司，进行行政清理。

第四十条 人民法院裁定受理证券公司重整或者破产清算申请的，国务院证券监督管理机构可以向人民法院推荐管理人人选。

第四十一条 证券公司进行破产清算的，行政清理时已登记的不符合国家收购规定的债权，管理人可以直接予以登记。

第四十二条 人民法院裁定证券公司重整的，证券公司或者管理人应当同时向债权人会议、国务院证券监督管理机构和人民法院提交重整计划草案。

第四十三条 自债权人会议各表决组通过重整计划草案之日起10日内，证券公司或者管理人应当向人民法院提出批准重整计划的申请。重整计划涉及《证券法》第一百二十二条规定相关事项的，证券公司或者管理人应当同时向国务院证券监督管理机构提出批准相关事项的申请，国务院证券监督管理机构应当自收到申请之日起15日内做出批准或者不予批准的决定。

第四十四条 债权人会议部分表决组未通过重整计划草案，但重整计划草案符合《企业破产法》第八十七条第二款规定条件的，证券公司或者管理人可以申请人民法院批准重整计划草案。重整计划草案涉及《证券法》第一百二十二条规定相关事项的，证券公司或者管理人应当同时向国务院证券监督管理机构提出批准相关事项的申请，国务院证券监督管理机构应当自收到申请之日起15日内做出批准或者不予批准的决定。

第四十五条 经批准的重整计划由证券公司执行，管理人负责监督。监督期届满，管理人应当向人民法院和国务院证券监督管理机构提交监督报告。

第四十六条 重整计划的相关事项未获国务院证券监督管理机构批准，或者重整计划未获人民法院批准的，人民法院裁定终止重整程序，并宣告证券公司破产。

第四十七条 重整程序终止，人民法院宣告证券公司破产的，国务院证券监督管理机构应当对证券公司做出撤销决定，人民法院依照《企业破产法》的规定组织破产清算。涉及税收事项，依照《企业破产法》和《中华人民共和国税收征收管理法》的规定执行。

人民法院认为应当对证券公司进行行政清理的，国务院证券监督管理机构比照本条例第三章的规定成立行政清理组，负责清理账户，协助甄别确认、收购符合国家规定的债权，协助证券投资者保护基金管理机构弥补客户的交易结算资金，转让证券类资产等。

第五章　监督协调

第四十八条 国务院证券监督管理机构在处置证券公司风险工作中，履行下列职责：

（一）制订证券公司风险处置方案并组织实施；

（二）派驻风险处置现场工作组，对被处置证券公司、托管组、接管组、行政清理组、管理人以及参与风险处置的其他机构和人员进行监督和指导；

（三）协调证券交易所、证券登记结算机构、证券投资者保护基金管理机构，保障被处置证券公司证券经纪业务正常进行；

（四）对证券公司的违法行为立案稽查并予以处罚；

（五）及时向公安机关等通报涉嫌刑事犯罪的情况，按照有关规定移送涉嫌犯罪的案件；

（六）向有关地方人民政府通报证券公司风险状况以及影响社会稳定的情况；

（七）法律、行政法规要求履行的其他职责。

第四十九条 处置证券公司风险过程中，发现涉嫌犯罪的案件，属公安机关管辖的，应当由国务院公安部门统一组织依法查处。有关地方人民政府应当予以支持和配合。

风险处置现场工作组、行政清理组和管理人需要从公安机关扣押资料中查询、复制与其工作有关资料的，公安机关应当支持和配合。证券公司进入破产程序的，公安机关应当依法将冻结的涉案资产移送给受理破产案件的人民法院，并留存必需的相关证据材料。

第五十条 国务院证券监督管理机构依照本条例第二章、第三章对证券公司进行处置的，可以向人民法院提出申请中止以该证券公司以及其分支机构为被告、第三人或者被执行人的民事诉讼程序或者执行程序。

证券公司设立或者实际控制的关联公司，其资产、人员、财务或者业务与被处置证券公司混合的，国务院证券监督管理机构可以向人民法院提出申请中止以该关联公司为被告、第三人或者被执行人的民事诉讼程序或者执行程序。

采取前两款规定措施期间，除本条例第三十一条规定的情形外，不得对被处置证券公司债务进行个别清偿。

第五十一条 被处置证券公司或者其关联客户可能转移、隐匿违法资金、证券，或者证券公司违反本条例规定可能对债务进行个别清偿的，国务院证券监督管理机构可以禁止相关资金账户、证券账户的资金和证券转出。

第五十二条 被处置证券公司以及其分支机构所在地人民政府，应当按照国家有关规定配合证券公司风险处置工作，制订维护社会稳定的预案，排查、预防和化解不稳定因素，维护被处置证券公司正常的营业秩序。

被处置证券公司以及其分支机构所在地人民政府，应当组织相关单位的人员成立个人债权甄别确认小组，按照国家规定对已登记的个人债权进行甄别确认。

第五十三条 证券投资者保护基金管理机构应当按照国家规定，收购债权、弥补客户的交易结算资金。

证券投资者保护基金管理机构可以对证券

投资者保护基金的使用情况进行检查。

第五十四条 被处置证券公司的股东、实际控制人、债权人以及与被处置证券公司有关的机构和人员，应当配合证券公司风险处置工作。

第五十五条 被处置证券公司的董事、监事、高级管理人员以及其他有关人员应当妥善保管其使用和管理的证券公司财产、印章和账簿、文书等资料以及其他物品，按照要求向托管组、接管组、行政清理组或者管理人移交，并配合风险处置现场工作组、托管组、接管组、行政清理组的调查工作。

第五十六条 托管组、接管组、行政清理组以及被责令停业整顿、托管和行政重组的证券公司，应当按照规定向国务院证券监督管理机构报告工作情况。

第五十七条 托管组、接管组、行政清理组以及其工作人员应当勤勉尽责，忠实履行职责。

被处置证券公司的股东以及债权人有证据证明托管组、接管组、行政清理组以及其工作人员未依法履行职责的，可以向国务院证券监督管理机构投诉。经调查核实，由国务院证券监督管理机构责令托管组、接管组、行政清理组以及其工作人员改正或者对其予以更换。

第五十八条 有下列情形之一的机构或者人员，禁止参与处置证券公司风险工作：

（一）曾受过刑事处罚或者涉嫌犯罪正在被立案侦查、起诉；

（二）涉嫌严重违法正在被行政管理部门立案稽查或者曾因严重违法行为受到行政处罚未逾3年；

（三）仍处于证券市场禁入期；

（四）内部控制薄弱、存在重大风险隐患；

（五）与被处置证券公司处置事项有利害关系；

（六）国务院证券监督管理机构认定不宜参与处置证券公司风险工作的其他情形。

第六章 法律责任

第五十九条 证券公司的董事、监事、高级管理人员等对该证券公司被处置负有主要责任，情节严重的，可以按照规定对其采取证券市场禁入的措施。

第六十条 被处置证券公司的董事、监事、高级管理人员等有关人员有下列情形之一的，处以其年收入1倍以上2倍以下的罚款；情节严重的，处以其年收入2倍以上5倍以下的罚款，并可以按照规定对其采取证券市场禁入的措施：

（一）拒绝配合现场工作组、托管组、接管组、行政清理组依法履行职责；

（二）拒绝向托管组、接管组、行政清理组移交财产、印章或者账簿、文书等资料；

（三）隐匿、销毁、伪造有关资料，或者故意提供虚假情况；

（四）隐匿财产，擅自转移、转让财产；

（五）妨碍证券公司正常经营管理秩序和业务运行，诱发不稳定因素；

（六）妨碍处置证券公司风险工作正常进行的其他情形。

证券公司控股股东或者实际控制人指使董事、监事、高级管理人员有前款规定的违法行为的，对控股股东、实际控制人依照前款规定从重处罚。

第七章 附 则

第六十一条 证券公司因分立、合并或者出现公司章程规定的解散事由需要解散的，应当向国务院证券监督管理机构提出解散申请，并附解散理由和转让证券类资产、了结证券业务、安置客户等方案，经国务院证券监督管理机构批准后依法解散并清算，清算过程接受国务院证券监督管理机构的监督。

第六十二条 期货公司风险处置参照本条例的规定执行。

第六十三条 本条例自公布之日起施行。

私募投资基金监督管理条例

(2023年6月16日国务院第8次常务会议通过 2023年7月3日中华人民共和国国务院令第762号公布 自2023年9月1日起施行)

目 录

第一章 总 则
第二章 私募基金管理人和私募基金托管人
第三章 资金募集和投资运作
第四章 关于创业投资基金的特别规定
第五章 监督管理
第六章 法律责任
第七章 附 则

第一章 总 则

第一条 为了规范私募投资基金(以下简称私募基金)业务活动,保护投资者以及相关当事人的合法权益,促进私募基金行业规范健康发展,根据《中华人民共和国证券投资基金法》(以下简称《证券投资基金法》)、《中华人民共和国信托法》、《中华人民共和国公司法》、《中华人民共和国合伙企业法》等法律,制定本条例。

第二条 在中华人民共和国境内,以非公开方式募集资金,设立投资基金或者以进行投资活动为目的依法设立公司、合伙企业,由私募基金管理人或者普通合伙人管理,为投资者的利益进行投资活动,适用本条例。

第三条 国家鼓励私募基金行业规范健康发展,发挥服务实体经济、促进科技创新等功能作用。

从事私募基金业务活动,应当遵循自愿、公平、诚信原则,保护投资者合法权益,不得违反法律、行政法规和国家政策,不得违背公序良俗,不得损害国家利益、社会公共利益和他人合法权益。

私募基金管理人管理、运用私募基金财产,私募基金托管人托管私募基金财产,私募基金服务机构从事私募基金服务业务,应当遵守法律、行政法规规定,恪尽职守,履行诚实守信、谨慎勤勉的义务。

私募基金从业人员应当遵守法律、行政法规规定,恪守职业道德和行为规范,按照规定接受合规和专业能力培训。

第四条 私募基金财产独立于私募基金管理人、私募基金托管人的固有财产。私募基金财产的债务由私募基金财产本身承担,但法律另有规定的除外。

投资者按照基金合同、公司章程、合伙协议(以下统称基金合同)约定分配收益和承担风险。

第五条 私募基金业务活动的监督管理,应当贯彻党和国家路线方针政策、决策部署。国务院证券监督管理机构依照法律和本条例规定对私募基金业务活动实施监督管理,其派出机构依照授权履行职责。

国家对运用一定比例政府资金发起设立或者参股的私募基金的监督管理另有规定的,从其规定。

第六条 国务院证券监督管理机构根据私募基金管理人业务类型、管理资产规模、持续合规情况、风险控制情况和服务投资者能力等,对私募基金管理人实施差异化监督管理,并对创业投资等股权投资、证券投资等不同类型的私募基金实施分类监督管理。

第二章 私募基金管理人和私募基金托管人

第七条 私募基金管理人由依法设立的公司或者合伙企业担任。

以合伙企业形式设立的私募基金,资产由普通合伙人管理的,普通合伙人适用本条例关于私募基金管理人的规定。

私募基金管理人的股东、合伙人以及股东、合伙人的控股股东、实际控制人,控股或者实际控制其他私募基金管理人的,应当符合国务院证券监督管理机构的规定。

第八条 有下列情形之一的,不得担任私募基金管理人,不得成为私募基金管理人的控股股东、实际控制人或者普通合伙人:

(一) 本条例第九条规定的情形;

(二) 因本条例第十四条第一款第三项所列情形被注销登记,自被注销登记之日起未逾3年的私募基金管理人,或者为该私募基金管理人的控股股东、实际控制人、普通合伙人;

(三) 从事的业务与私募基金管理存在利益冲突;

(四) 有严重不良信用记录尚未修复。

第九条 有下列情形之一的,不得担任私募基金管理人的董事、监事、高级管理人员、执行事务合伙人或者委派代表:

(一) 因犯有贪污贿赂、渎职、侵犯财产罪或者破坏社会主义市场经济秩序罪,被判处刑罚;

(二) 最近3年因重大违法违规行为被金融管理部门处以行政处罚;

(三) 对所任职的公司、企业因经营不善破产清算或者因违法被吊销营业执照负有个人责任的董事、监事、厂长、高级管理人员、执行事务合伙人或者委派代表,自该公司、企业破产清算终结或者被吊销营业执照之日起未逾5年;

(四) 所负债务数额较大,到期未清偿或者被纳入失信被执行人名单;

(五) 因违法行为被开除的基金管理人、基金托管人、证券期货交易场所、证券公司、证券登记结算机构、期货公司以及其他机构的从业人员和国家机关工作人员;

(六) 因违法行为被吊销执业证书或者被取消资格的律师、注册会计师和资产评估机构、验证机构的从业人员、投资咨询从业人员,自被吊销执业证书或者被取消资格之日起未逾5年;

(七) 担任因本条例第十四条第一款第三项所列情形被注销登记的私募基金管理人的法定代表人、执行事务合伙人或者委派代表,或者负有责任的高级管理人员,自该私募基金管理人被注销登记之日起未逾3年。

第十条 私募基金管理人应当依法向国务院证券监督管理机构委托的机构(以下称登记备案机构)报送下列材料,履行登记手续:

(一) 统一社会信用代码;

(二) 公司章程或者合伙协议;

(三) 股东、实际控制人、董事、监事、高级管理人员,普通合伙人、执行事务合伙人或者委派代表的基本信息,股东、实际控制人、合伙人相关受益所有人信息;

(四) 保证报送材料真实、准确、完整和遵守监督管理规定的信用承诺书;

(五) 国务院证券监督管理机构规定的其他材料。

私募基金管理人的控股股东、实际控制人、普通合伙人、执行事务合伙人或者委派代表等重大事项发生变更的,应当按照规定向登记备案机构履行变更登记手续。

登记备案机构应当公示已办理登记的私募基金管理人相关信息。

未经登记,任何单位或者个人不得使用"基金"或者"基金管理"字样或者近似名称进行投资活动,但法律、行政法规和国家另有规定的除外。

第十一条 私募基金管理人应当履行下列职责:

(一) 依法募集资金,办理私募基金备案;

(二) 对所管理的不同私募基金财产分别管理、分别记账,进行投资;

(三) 按照基金合同约定管理私募基金并进行投资,建立有效的风险控制制度;

(四) 按照基金合同约定确定私募基金收益分配方案,向投资者分配收益;

(五) 按照基金合同约定向投资者提供与私募基金管理业务活动相关的信息;

(六) 保存私募基金财产管理业务活动的记录、账册、报表和其他有关资料;

(七) 国务院证券监督管理机构规定和基金合同约定的其他职责。

以非公开方式募集资金设立投资基金的,私募基金管理人还应当以自己的名义,为私募基金财产利益行使诉讼权利或者实施其他法律行为。

第十二条 私募基金管理人的股东、实际控制人、合伙人不得有下列行为:

(一) 虚假出资、抽逃出资、委托他人或者接受他人委托出资;

（二）未经股东会或者董事会决议等法定程序擅自干预私募基金管理人的业务活动；

（三）要求私募基金管理人利用私募基金财产为自己或者他人牟取利益，损害投资者利益；

（四）法律、行政法规和国务院证券监督管理机构规定禁止的其他行为。

第十三条 私募基金管理人应当持续符合下列要求：

（一）财务状况良好，具有与业务类型和管理资产规模相适应的运营资金；

（二）法定代表人、执行事务合伙人或者委派代表、负责投资管理的高级管理人员按照国务院证券监督管理机构规定持有一定比例的私募基金管理人的股权或者财产份额，但国家另有规定的除外；

（三）国务院证券监督管理机构规定的其他要求。

第十四条 私募基金管理人有下列情形之一的，登记备案机构应当及时注销私募基金管理人登记并予以公示：

（一）自行申请注销登记；

（二）依法解散、被依法撤销或者被依法宣告破产；

（三）因非法集资、非法经营等重大违法行为被追究法律责任；

（四）登记之日起12个月内未备案首只私募基金；

（五）所管理的私募基金全部清算后，自清算完毕之日起12个月内未备案新的私募基金；

（六）国务院证券监督管理机构规定的其他情形。

登记备案机构注销私募基金管理人登记前，应当通知私募基金管理人清算私募基金财产或者依法将私募基金管理职责转移给其他经登记的私募基金管理人。

第十五条 除基金合同另有约定外，私募基金财产应当由私募基金托管人托管。私募基金财产不进行托管的，应当明确保障私募基金财产安全的制度措施和纠纷解决机制。

第十六条 私募基金财产进行托管的，私募基金托管人应当依法履行职责。

私募基金托管人应当依法建立托管业务和其他业务的隔离机制，保证私募基金财产的独立和安全。

第三章　资金募集和投资运作

第十七条 私募基金管理人应当自行募集资金，不得委托他人募集资金，但国务院证券监督管理机构另有规定的除外。

第十八条 私募基金应当向合格投资者募集或者转让，单只私募基金的投资者累计不得超过法律规定的人数。私募基金管理人不得采取为单一融资项目设立多只私募基金等方式，突破法律规定的人数限制；不得采取将私募基金份额或者收益权进行拆分转让等方式，降低合格投资者标准。

前款所称合格投资者，是指达到规定的资产规模或者收入水平，并且具备相应的风险识别能力和风险承担能力，其认购金额不低于规定限额的单位和个人。

合格投资者的具体标准由国务院证券监督管理机构规定。

第十九条 私募基金管理人应当向投资者充分揭示投资风险，根据投资者的风险识别能力和风险承担能力匹配不同风险等级的私募基金产品。

第二十条 私募基金不得向合格投资者以外的单位和个人募集或者转让；不得向为他人代持的投资者募集或者转让；不得通过报刊、电台、电视台、互联网等大众传播媒介，电话、短信、即时通讯工具、电子邮件、传单，或者讲座、报告会、分析会等方式向不特定对象宣传推介；不得以虚假、片面、夸大等方式宣传推介；不得以私募基金托管人名义宣传推介；不得向投资者承诺投资本金不受损失或者承诺最低收益。

第二十一条 私募基金管理人运用私募基金财产进行投资的，在以私募基金管理人名义开立账户、列入所投资企业股东名册或者持有其他私募基金财产时，应当注明私募基金名称。

第二十二条 私募基金管理人应当自私募基金募集完毕之日起20个工作日内，向登记备案机构报送下列材料，办理备案：

（一）基金合同；

（二）托管协议或者保障私募基金财产安全的制度措施；

（三）私募基金财产证明文件；

（四）投资者的基本信息、认购金额、持有基金份额的数量及其受益所有人相关信息；

（五）国务院证券监督管理机构规定的其他材料。

私募基金应当具有保障基本投资能力和抗风险能力的实缴募集资金规模。登记备案机构根据私募基金的募集资金规模等情况实施分类公示，对募集的资金总额或者投资者人数达到规定标准的，应当向国务院证券监督管理机构报告。

第二十三条 国务院证券监督管理机构应当建立健全私募基金监测机制，对私募基金及其投资者份额持有情况等进行集中监测，具体办法由国务院证券监督管理机构规定。

第二十四条 私募基金财产的投资包括买卖股份有限公司股份、有限责任公司股权、债券、基金份额、其他证券及其衍生品种以及符合国务院证券监督管理机构规定的其他投资标的。

私募基金财产不得用于经营或者变相经营资金拆借、贷款等业务。私募基金管理人不得以要求地方人民政府承诺回购本金等方式变相增加政府隐性债务。

第二十五条 私募基金的投资层级应当遵守国务院金融管理部门的规定。但符合国务院证券监督管理机构规定条件，将主要基金财产投资于其他私募基金的私募基金不计入投资层级。

创业投资基金、本条例第五条第二款规定私募基金的投资层级，由国务院有关部门规定。

第二十六条 私募基金管理人应当遵循专业化管理原则，聘用具有相应从业经历的高级管理人员负责投资管理、风险控制、合规等工作。

私募基金管理人应当遵循投资者利益优先原则，建立从业人员投资申报、登记、审查、处置等管理制度，防范利益输送和利益冲突。

第二十七条 私募基金管理人不得将投资管理职责委托他人行使。

私募基金管理人委托其他机构为私募基金提供证券投资建议服务的，接受委托的机构应当为《证券投资基金法》规定的基金投资顾问机构。

第二十八条 私募基金管理人应当建立健全关联交易管理制度，不得以私募基金财产与关联方进行不正当交易或者利益输送，不得通过多层嵌套或者其他方式进行隐瞒。

私募基金管理人运用私募基金财产与自己、投资者、所管理的其他私募基金、其实际控制人控制的其他私募基金管理人管理的私募基金，或者与其有重大利害关系的其他主体进行交易的，应当履行基金合同约定的决策程序，并及时向投资者和私募基金托管人提供相关信息。

第二十九条 私募基金管理人应当按照规定聘请会计师事务所对私募基金财产进行审计，向投资者提供审计结果，并报送登记备案机构。

第三十条 私募基金管理人、私募基金托管人及其从业人员不得有下列行为：

（一）将其固有财产或者他人财产混同于私募基金财产；

（二）利用私募基金财产或者职务便利，为投资者以外的人牟取利益；

（三）侵占、挪用私募基金财产；

（四）泄露因职务便利获取的未公开信息，利用该信息从事或者明示、暗示他人从事相关的证券、期货交易活动；

（五）法律、行政法规和国务院证券监督管理机构规定禁止的其他行为。

第三十一条 私募基金管理人在资金募集、投资运作过程中，应当按照国务院证券监督管理机构的规定和基金合同约定，向投资者提供信息。

私募基金财产进行托管的，私募基金管理人应当按照国务院证券监督管理机构的规定和托管协议约定，及时向私募基金托管人提供投资者基本信息、投资标的权属变更证明材料等信息。

第三十二条 私募基金管理人、私募基金托管人及其从业人员提供、报送的信息应当真实、准确、完整，不得有下列行为：

（一）虚假记载、误导性陈述或者重大遗漏；

（二）对投资业绩进行预测；

（三）向投资者承诺投资本金不受损失或者承诺最低收益；

（四）法律、行政法规和国务院证券监督管理机构规定禁止的其他行为。

第三十三条 私募基金管理人、私募基金托管人、私募基金服务机构应当按照国务院证券监督管理机构的规定,向登记备案机构报送私募基金投资运作等信息。登记备案机构应当根据不同私募基金类型,对报送信息的内容、频次等作出规定,并汇总分析私募基金行业情况,向国务院证券监督管理机构报送私募基金行业相关信息。

登记备案机构应当加强风险预警,发现可能存在重大风险的,及时采取措施并向国务院证券监督管理机构报告。

登记备案机构应当对本条第一款规定的信息保密,除法律、行政法规另有规定外,不得对外提供。

第三十四条 因私募基金管理人无法正常履行职责或者出现重大风险等情形,导致私募基金无法正常运作、终止的,由基金合同约定或者有关规定确定的其他专业机构,行使更换私募基金管理人、修改或者提前终止基金合同、组织私募基金清算等职权。

第四章 关于创业投资基金的特别规定

第三十五条 本条例所称创业投资基金,是指符合下列条件的私募基金:

(一)投资范围限于未上市企业,但所投资企业上市后基金所持股份的未转让部分及其配售部分除外;

(二)基金名称包含"创业投资基金"字样,或者在公司、合伙企业经营范围中包含"从事创业投资活动"字样;

(三)基金合同体现创业投资策略;

(四)不使用杠杆融资,但国家另有规定的除外;

(五)基金最低存续期限符合国家有关规定;

(六)国家规定的其他条件。

第三十六条 国家对创业投资基金给予政策支持,鼓励和引导其投资成长性、创新性创业企业,鼓励长期资金投资于创业投资基金。

国务院发展改革部门负责组织拟定促进创业投资基金发展的政策措施。国务院证券监督管理机构和国务院发展改革部门建立健全信息和支持政策共享机制,加强创业投资基金监督管理政策和发展政策的协同配合。登记备案机构应当及时向国务院证券监督管理机构和国务院发展改革部门报送与创业投资基金相关的信息。

享受国家政策支持的创业投资基金,其投资应当符合国家有关规定。

第三十七条 国务院证券监督管理机构对创业投资基金实施区别于其他私募基金的差异化监督管理:

(一)优化创业投资基金营商环境,简化登记备案手续;

(二)对合法募资、合规投资、诚信经营的创业投资基金在资金募集、投资运作、风险监测、现场检查等方面实施差异化监督管理,减少检查频次;

(三)对主要从事长期投资、价值投资、重大科技成果转化的创业投资基金在投资退出等方面提供便利。

第三十八条 登记备案机构在登记备案、事项变更等方面对创业投资基金实施区别于其他私募基金的差异化自律管理。

第五章 监督管理

第三十九条 国务院证券监督管理机构对私募基金业务活动实施监督管理,依法履行下列职责:

(一)制定有关私募基金业务活动监督管理的规章、规则;

(二)对私募基金管理人、私募基金托管人以及其他机构从事私募基金业务活动进行监督管理,对违法行为进行查处;

(三)对登记备案和自律管理活动进行指导、检查和监督;

(四)法律、行政法规规定的其他职责。

第四十条 国务院证券监督管理机构依法履行职责,有权采取下列措施:

(一)对私募基金管理人、私募基金托管人、私募基金服务机构进行现场检查,并要求其报送有关业务资料;

(二)进入涉嫌违法行为发生场所调查取证;

(三)询问当事人和与被调查事件有关的单位和个人,要求其对与被调查事件有关的事项作出说明;

(四)查阅、复制与被调查事件有关的财产权登记、通讯记录等资料;

(五)查阅、复制当事人和与被调查事件

有关的单位和个人的证券交易记录、登记过户记录、财务会计资料以及其他有关文件和资料；对可能被转移、隐匿或者毁损的文件和资料，可以予以封存；

（六）依法查询当事人和与被调查事件有关的账户信息；

（七）法律、行政法规规定的其他措施。

为防范私募基金风险，维护市场秩序，国务院证券监督管理机构可以采取责令改正、监管谈话、出具警示函等措施。

第四十一条 国务院证券监督管理机构依法进行监督检查或者调查时，监督检查或者调查人员不得少于2人，并应当出示执法证件和监督检查、调查通知书或者其他执法文书。对监督检查或者调查中知悉的商业秘密、个人隐私，依法负有保密义务。

被检查、调查的单位和个人应当配合国务院证券监督管理机构依法进行的监督检查或者调查，如实提供有关文件和资料，不得拒绝、阻碍和隐瞒。

第四十二条 国务院证券监督管理机构发现私募基金管理人违法违规，或者其内部治理结构和风险控制管理不符合规定的，应当责令限期改正；逾期未改正，或者行为严重危及该私募基金管理人的稳健运行、损害投资者合法权益的，国务院证券监督管理机构可以区别情形，对其采取下列措施：

（一）责令暂停部分或者全部业务；

（二）责令更换董事、监事、高级管理人员、执行事务合伙人或者委派代表，或者限制其权利；

（三）责令负有责任的股东转让股权、负有责任的合伙人转让财产份额，限制负有责任的股东或者合伙人行使权利；

（四）责令私募基金管理人聘请或者指定第三方机构对私募基金财产进行审计，相关费用由私募基金管理人承担。

私募基金管理人违法经营或者出现重大风险，严重危害市场秩序、损害投资者利益的，国务院证券监督管理机构除采取前款规定的措施外，还可以对该私募基金管理人采取指定其他机构接管、通知登记备案机构注销登记等措施。

第四十三条 国务院证券监督管理机构应当将私募基金管理人、私募基金托管人、私募基金服务机构及其从业人员的诚信信息记入资本市场诚信数据库和全国信用信息共享平台。国务院证券监督管理机构会同国务院有关部门依法建立健全私募基金管理人以及有关责任主体失信联合惩戒制度。

国务院证券监督管理机构会同其他金融管理部门等国务院有关部门和省、自治区、直辖市人民政府建立私募基金监督管理信息共享、统计数据报送和风险处置协作机制。处置风险过程中，有关地方人民政府应当采取有效措施维护社会稳定。

第六章 法律责任

第四十四条 未依照本条例第十条规定履行登记手续，使用"基金"或者"基金管理"字样或者近似名称进行投资活动的，责令改正，没收违法所得，并处违法所得1倍以上5倍以下的罚款；没有违法所得或者违法所得不足100万元的，并处10万元以上100万元以下的罚款。对直接负责的主管人员和其他直接责任人员给予警告，并处3万元以上30万元以下的罚款。

第四十五条 私募基金管理人的股东、实际控制人、合伙人违反本条例第十二条规定的，责令改正，给予警告或者通报批评，没收违法所得，并处违法所得1倍以上5倍以下的罚款；没有违法所得或者违法所得不足100万元的，并处10万元以上100万元以下的罚款。对直接负责的主管人员和其他直接责任人员给予警告或者通报批评，并处3万元以上30万元以下的罚款。

第四十六条 私募基金管理人违反本条例第十三条规定的，责令改正；拒不改正的，给予警告或者通报批评，并处10万元以上100万元以下的罚款，责令其停止私募基金业务活动并予以公告。对直接负责的主管人员和其他直接责任人员给予警告或者通报批评，并处3万元以上30万元以下的罚款。

第四十七条 违反本条例第十六条第二款规定，私募基金托管人未建立业务隔离机制的，责令改正，给予警告或者通报批评，并处5万元以上50万元以下的罚款。对直接负责的主管人员和其他直接责任人员给予警告或者通报批评，并处3万元以上30万元以下的罚款。

第四十八条 违反本条例第十七条、第十八条、第二十条关于私募基金合格投资者管理和募集方式等规定的，没收违法所得，并处违法所得1倍以上5倍以下的罚款；没有违法所得或者违法所得不足100万元的，并处10万元以上100万元以下的罚款。对直接负责的主管人员和其他直接责任人员给予警告，并处3万元以上30万元以下的罚款。

第四十九条 违反本条例第十九条规定，未向投资者充分揭示投资风险，并误导其投资与其风险识别能力和风险承担能力不匹配的私募基金产品的，给予警告或者通报批评，并处10万元以上30万元以下的罚款；情节严重的，责令其停止私募基金业务活动并予以公告。对直接负责的主管人员和其他直接责任人员给予警告或者通报批评，并处3万元以上10万元以下的罚款。

第五十条 违反本条例第二十二条第一款规定，私募基金管理人未对募集完毕的私募基金办理备案的，处10万元以上30万元以下的罚款。对直接负责的主管人员和其他直接责任人员给予警告，并处3万元以上10万元以下的罚款。

第五十一条 违反本条例第二十四条第二款规定，将私募基金财产用于经营或者变相经营资金拆借、贷款等业务，或者要求地方人民政府承诺回购本金的，责令改正，给予警告或者通报批评，没收违法所得，并处10万元以上100万元以下的罚款。对直接负责的主管人员和其他直接责任人员给予警告或者通报批评，并处3万元以上30万元以下的罚款。

第五十二条 违反本条例第二十六条规定，私募基金管理人未聘用具有相应从业经历的高级管理人员负责投资管理、风险控制、合规等工作，或者未建立从业人员投资申报、登记、审查、处置等管理制度的，责令改正，给予警告或者通报批评，并处10万元以上100万元以下的罚款。对直接负责的主管人员和其他直接责任人员给予警告或者通报批评，并处3万元以上30万元以下的罚款。

第五十三条 违反本条例第二十七条规定，私募基金管理人委托他人行使投资管理职责，或者委托不符合《证券投资基金法》规定的机构提供证券投资建议服务的，责令改正，给予警告或者通报批评，没收违法所得，并处10万元以上100万元以下的罚款。对直接负责的主管人员和其他直接责任人员给予警告或者通报批评，并处3万元以上30万元以下的罚款。

第五十四条 违反本条例第二十八条规定，私募基金管理人从事关联交易的，责令改正，给予警告或者通报批评，没收违法所得，并处10万元以上100万元以下的罚款。对直接负责的主管人员和其他直接责任人员给予警告或者通报批评，并处3万元以上30万元以下的罚款。

第五十五条 私募基金管理人、私募基金托管人及其从业人员有本条例第三十条所列行为之一的，责令改正，给予警告或者通报批评，没收违法所得，并处违法所得1倍以上5倍以下的罚款；没有违法所得或者违法所得不足100万元的，并处10万元以上100万元以下的罚款。对直接负责的主管人员和其他直接责任人员给予警告或者通报批评，并处3万元以上30万元以下的罚款。

第五十六条 私募基金管理人、私募基金托管人及其从业人员未依照本条例规定提供、报送相关信息，或者有本条例第三十二条所列行为之一的，责令改正，给予警告或者通报批评，没收违法所得，并处10万元以上100万元以下的罚款。对直接负责的主管人员和其他直接责任人员给予警告或者通报批评，并处3万元以上30万元以下的罚款。

第五十七条 私募基金服务机构及其从业人员违反法律、行政法规规定，未恪尽职守、勤勉尽责的，责令改正，给予警告或者通报批评，并处10万元以上30万元以下的罚款；情节严重的，责令其停止私募基金服务业务。对直接负责的主管人员和其他直接责任人员给予警告或者通报批评，并处3万元以上10万元以下的罚款。

第五十八条 私募基金管理人、私募基金托管人、私募基金服务机构及其从业人员违反本条例或者国务院证券监督管理机构的有关规定，情节严重的，国务院证券监督管理机构可以对有关责任人员采取证券期货市场禁入措施。

拒绝、阻碍国务院证券监督管理机构及其工作人员依法行使监督检查、调查职权，由国务院证券监督管理机构责令改正，处10万元以上100万元以下的罚款；构成违反治安管理行为的，由公安机关依法给予治安管理处罚；构成犯罪的，依法追究刑事责任。

第五十九条 国务院证券监督管理机构、登记备案机构的工作人员玩忽职守、滥用职权、徇私舞弊或者利用职务便利索取或者收受他人财物的，依法给予处分；构成犯罪的，依法追究刑事责任。

第六十条 违反本条例规定和基金合同约定，依法应当承担民事赔偿责任和缴纳罚款、被没收违法所得，其财产不足以同时支付时，先承担民事赔偿责任。

第七章 附 则

第六十一条 外商投资私募基金管理人的管理办法，由国务院证券监督管理机构会同国务院有关部门依照外商投资法律、行政法规和本条例制定。

境外机构不得直接向境内投资者募集资金设立私募基金，但国家另有规定的除外。

私募基金管理人在境外开展私募基金业务活动，应当符合国家有关规定。

第六十二条 本条例自2023年9月1日起施行。

期货交易管理条例

(2007年3月6日中华人民共和国国务院令第489号公布　根据2012年10月24日《国务院关于修改〈期货交易管理条例〉的决定》第一次修订　根据2013年7月18日《国务院关于废止和修改部分行政法规的决定》第二次修订　根据2016年2月6日《国务院关于修改部分行政法规的决定》第三次修订　根据2017年3月1日《国务院关于修改和废止部分行政法规的决定》第四次修订)

第一章 总 则

第一条 为了规范期货交易行为，加强对期货交易的监督管理，维护期货市场秩序，防范风险，保护期货交易各方的合法权益和社会公共利益，促进期货市场积极稳妥发展，制定本条例。

第二条 任何单位和个人从事期货交易及其相关活动，应当遵守本条例。

本条例所称期货交易，是指采用公开的集中交易方式或者国务院期货监督管理机构批准的其他方式进行的以期货合约或者期权合约为交易标的的交易活动。

本条例所称期货合约，是指期货交易场所统一制定的、规定在将来某一特定的时间和地点交割一定数量标的物的标准化合约。期货合约包括商品期货合约和金融期货合约及其他期货合约。

本条例所称期权合约，是指期货交易场所统一制定的、规定买方有权在将来某一时间以特定价格买入或者卖出约定标的物（包括期货合约）的标准化合约。

第三条 从事期货交易活动，应当遵循公开、公平、公正和诚实信用的原则。禁止欺诈、内幕交易和操纵期货交易价格等违法行为。

第四条 期货交易应当在依照本条例第六条第一款规定设立的期货交易所、国务院批准的或者国务院期货监督管理机构批准的其他期货交易场所进行。

禁止在前款规定的期货交易场所之外进行期货交易。

第五条 国务院期货监督管理机构对期货市场实行集中统一的监督管理。

国务院期货监督管理机构派出机构依照本条例的有关规定和国务院期货监督管理机构的授权，履行监督管理职责。

第二章 期货交易所

第六条 设立期货交易所，由国务院期货监督管理机构审批。

未经国务院批准或者国务院期货监督管理机构批准，任何单位或者个人不得设立期货交易场所或者以任何形式组织期货交易及其相关活动。

第七条 期货交易所不以营利为目的，按照其章程的规定实行自律管理。期货交易所以其全部财产承担民事责任。期货交易所的负责人由国务院期货监督管理机构任免。

期货交易所的管理办法由国务院期货监督管理机构制定。

第八条 期货交易所会员应当是在中华人民共和国境内登记注册的企业法人或者其他经济组织。

期货交易所可以实行会员分级结算制度。实行会员分级结算制度的期货交易所会员由结算会员和非结算会员组成。

第九条 有《中华人民共和国公司法》第一百四十六条规定的情形或者下列情形之一的，不得担任期货交易所的负责人、财务会计人员：

（一）因违法行为或者违纪行为被解除职务的期货交易所、证券交易所、证券登记结算机构的负责人，或者期货公司、证券公司的董事、监事、高级管理人员，以及国务院期货监督管理机构规定的其他人员，自被解除职务之日起未逾5年；

（二）因违法行为或者违纪行为被撤销资格的律师、注册会计师或者投资咨询机构、财务顾问机构、资信评级机构、资产评估机构、验证机构的专业人员，自被撤销资格之日起未逾5年。

第十条 期货交易所应当依照本条例和国务院期货监督管理机构的规定，建立、健全各项规章制度，加强对交易活动的风险控制和对会员以及交易所工作人员的监督管理。期货交易所履行下列职责：

（一）提供交易的场所、设施和服务；
（二）设计合约，安排合约上市；
（三）组织并监督交易、结算和交割；
（四）为期货交易提供集中履约担保；
（五）按照章程和交易规则对会员进行监督管理；
（六）国务院期货监督管理机构规定的其他职责。

期货交易所不得直接或者间接参与期货交易。未经国务院期货监督管理机构审核并报国务院批准，期货交易所不得从事信托投资、股票投资、非自用不动产投资等与其职责无关的业务。

第十一条 期货交易所应当按照国家有关规定建立、健全下列风险管理制度：

（一）保证金制度；
（二）当日无负债结算制度；
（三）涨跌停板制度；
（四）持仓限额和大户持仓报告制度；
（五）风险准备金制度；
（六）国务院期货监督管理机构规定的其他风险管理制度。

实行会员分级结算制度的期货交易所，还应当建立、健全结算担保金制度。

第十二条 当期货市场出现异常情况时，期货交易所可以按照其章程规定的权限和程序，决定采取下列紧急措施，并应当立即报告国务院期货监督管理机构：

（一）提高保证金；
（二）调整涨跌停板幅度；
（三）限制会员或者客户的最大持仓量；
（四）暂时停止交易；
（五）采取其他紧急措施。

前款所称异常情况，是指在交易中发生操纵期货交易价格的行为或者发生不可抗拒的突发事件以及国务院期货监督管理机构规定的其他情形。

异常情况消失后，期货交易所应当及时取消紧急措施。

第十三条 期货交易所办理下列事项，应当经国务院期货监督管理机构批准：

（一）制定或者修改章程、交易规则；
（二）上市、中止、取消或者恢复交易品种；
（三）国务院期货监督管理机构规定的其他事项。

国务院期货监督管理机构批准期货交易所上市新的交易品种，应当征求国务院有关部门的意见。

第十四条 期货交易所的所得收益按照国家有关规定管理和使用，但应当首先用于保证期货交易场所、设施的运行和改善。

第三章 期货公司

第十五条 期货公司是依照《中华人民共和国公司法》和本条例规定设立的经营期货业务的金融机构。设立期货公司，应当在公司登记机关登记注册，并经国务院期货监督管理机构批准。

未经国务院期货监督管理机构批准，任何单位或者个人不得设立或者变相设立期货公司，经营期货业务。

第十六条 申请设立期货公司，应当符合《中华人民共和国公司法》的规定，并具备下列条件：

（一）注册资本最低限额为人民币 3000 万元；

（二）董事、监事、高级管理人员具备任职条件，从业人员具有期货从业资格；

（三）有符合法律、行政法规规定的公司章程；

（四）主要股东以及实际控制人具有持续盈利能力，信誉良好，最近 3 年无重大违法违规记录；

（五）有合格的经营场所和业务设施；

（六）有健全的风险管理和内部控制制度；

（七）国务院期货监督管理机构规定的其他条件。

国务院期货监督管理机构根据审慎监管原则和各项业务的风险程度，可以提高注册资本最低限额。注册资本应当是实缴资本。股东应当以货币或者期货公司经营必需的非货币财产出资，货币出资比例不得低于 85%。

国务院期货监督管理机构应当在受理期货公司设立申请之日起 6 个月内，根据审慎监管原则进行审查，作出批准或者不批准的决定。

未经国务院期货监督管理机构批准，任何单位和个人不得委托或者接受他人委托持有或者管理期货公司的股权。

第十七条 期货公司业务实行许可制度，由国务院期货监督管理机构按照其商品期货、金融期货业务种类颁发许可证。期货公司除申请经营境内期货经纪业务外，还可以申请经营境外期货经纪、期货投资咨询以及国务院期货监督管理机构规定的其他期货业务。

期货公司不得从事与期货业务无关的活动，法律、行政法规或者国务院期货监督管理机构另有规定的除外。

期货公司不得从事或者变相从事期货自营业务。

期货公司不得为其股东、实际控制人或者其他关联人提供融资，不得对外担保。

第十八条 期货公司从事经纪业务，接受客户委托，以自己的名义为客户进行期货交易，交易结果由客户承担。

第十九条 期货公司办理下列事项，应当经国务院期货监督管理机构批准：

（一）合并、分立、停业、解散或者破产；

（二）变更业务范围；

（三）变更注册资本且调整股权结构；

（四）新增持有 5% 以上股权的股东或者控股股东发生变化；

（五）国务院期货监督管理机构规定的其他事项。

前款第三项、第五项所列事项，国务院期货监督管理机构应当自受理申请之日起 20 日内作出批准或者不批准的决定；前款所列其他事项，国务院期货监督管理机构应当自受理申请之日起 2 个月内作出批准或者不批准的决定。

第二十条 期货公司或者其分支机构有《中华人民共和国行政许可法》第七十条规定的情形或者下列情形之一的，国务院期货监督管理机构应当依法办理期货业务许可证注销手续：

（一）营业执照被公司登记机关依法注销；

（二）成立后无正当理由超过 3 个月未开始营业，或者开业后无正当理由停业连续 3 个月以上；

（三）主动提出注销申请；

（四）国务院期货监督管理机构规定的其他情形。

期货公司在注销期货业务许可证前，应当结清相关期货业务，并依法返还客户的保证金和其他资产。期货公司分支机构在注销经营许可证前，应当终止经营活动，妥善处理客户资产。

第二十一条 期货公司应当建立、健全并严格执行业务管理规则、风险管理制度，遵守信息披露制度,保障客户保证金的存管安全,按照期货交易所的规定,向期货交易所报告大户名单、交易情况。

第二十二条 其他期货经营机构从事期货投资咨询业务,应当遵守国务院期货监督管理机构的规定。

第四章 期货交易基本规则

第二十三条 在期货交易所进行期货交易的,应当是期货交易所会员。

符合规定条件的境外机构,可以在期货交易所从事特定品种的期货交易。具体办法由国务院期货监督管理机构制定。

第二十四条 期货公司接受客户委托为其进行期货交易,应当事先向客户出示风险说明书,经客户签字确认后,与客户签订书面合同。期货公司不得未经客户委托或者不按照客户委托内容,擅自进行期货交易。

期货公司不得向客户作获利保证;不得在经纪业务中与客户约定分享利益或者共担风险。

第二十五条 下列单位和个人不得从事期货交易,期货公司不得接受其委托为其进行期货交易:

(一)国家机关和事业单位;

(二)国务院期货监督管理机构、期货交易所、期货保证金安全存管监控机构和期货业协会的工作人员;

(三)证券、期货市场禁止进入者;

(四)未能提供开户证明材料的单位和个人;

(五)国务院期货监督管理机构规定不得从事期货交易的其他单位和个人。

第二十六条 客户可以通过书面、电话、互联网或者国务院期货监督管理机构规定的其他方式,向期货公司下达交易指令。客户的交易指令应当明确、全面。

期货公司不得隐瞒重要事项或者使用其他不正当手段诱骗客户发出交易指令。

第二十七条 期货交易所应当及时公布上市品种合约的成交量、成交价、持仓量、最高价与最低价、开盘价与收盘价和其他应当公布的即时行情,并保证即时行情的真实、准确。期货交易所不得发布价格预测信息。

未经期货交易所许可,任何单位和个人不得发布期货交易即时行情。

第二十八条 期货交易应当严格执行保证金制度。期货交易所向会员、期货公司向客户收取的保证金,不得低于国务院期货监督管理机构、期货交易所规定的标准,并应当与自有资金分开,专户存放。

期货交易所向会员收取的保证金,属于会员所有,除用于会员的交易结算外,严禁挪作他用。

期货公司向客户收取的保证金,属于客户所有,除下列可划转的情形外,严禁挪作他用:

(一)依据客户的要求支付可用资金;

(二)为客户交存保证金,支付手续费、税款;

(三)国务院期货监督管理机构规定的其他情形。

第二十九条 期货公司应当为每一个客户单独开立专门账户、设置交易编码,不得混码交易。

第三十条 期货公司经营期货经纪业务又同时经营其他期货业务的,应当严格执行业务分离和资金分离制度,不得混合操作。

第三十一条 期货交易所、期货公司、非期货公司结算会员应当按照国务院期货监督管理机构、财政部门的规定提取、管理和使用风险准备金,不得挪用。

第三十二条 期货交易的收费项目、收费标准和管理办法由国务院有关主管部门统一制定并公布。

第三十三条 期货交易的结算,由期货交易所统一组织进行。

期货交易所实行当日无负债结算制度。期货交易所应当在当日及时将结算结果通知会员。

期货公司根据期货交易所的结算结果对客户进行结算,并应当将结算结果按照与客户约定的方式及时通知客户。客户应当及时查询并妥善处理自己的交易持仓。

第三十四条 期货交易所会员的保证金不足时,应当及时追加保证金或者自行平仓。会员未在期货交易所规定的时间内追加保证金或者自行平仓的,期货交易所应当将该会员的合约强行平仓,强行平仓的有关费用和发生的损失由该会员承担。

客户保证金不足时，应当及时追加保证金或者自行平仓。客户未在期货公司规定的时间内及时追加保证金或者自行平仓的，期货公司应当将该客户的合约强行平仓，强行平仓的有关费用和发生的损失由该客户承担。

第三十五条 期货交易的交割，由期货交易所统一组织进行。

交割仓库由期货交易所指定。期货交易所不得限制实物交割总量，并应当与交割仓库签订协议，明确双方的权利和义务。交割仓库不得有下列行为：

（一）出具虚假仓单；

（二）违反期货交易所业务规则，限制交割商品的入库、出库；

（三）泄露与期货交易有关的商业秘密；

（四）违反国家有关规定参与期货交易；

（五）国务院期货监督管理机构规定的其他行为。

第三十六条 会员在期货交易中违约的，期货交易所先以该会员的保证金承担违约责任；保证金不足的，期货交易所应当以风险准备金和自有资金代为承担违约责任，并由此取得对该会员的相应追偿权。

客户在期货交易中违约的，期货公司先以该客户的保证金承担违约责任；保证金不足的，期货公司应当以风险准备金和自有资金代为承担违约责任，并由此取得对该客户的相应追偿权。

第三十七条 实行会员分级结算制度的期货交易所，应当向结算会员收取结算担保金。期货交易所只对结算会员结算，收取和追收保证金，以结算担保金、风险准备金、自有资金代为承担违约责任，以及采取其他相关措施；对非结算会员的结算、收取和追收保证金、代为承担违约责任，以及采取其他相关措施，由结算会员执行。

第三十八条 期货交易所、期货公司和非期货公司结算会员应当保证期货交易、结算、交割资料的完整和安全。

第三十九条 任何单位或者个人不得编造、传播有关期货交易的虚假信息，不得恶意串通、联手买卖或者以其他方式操纵期货交易价格。

第四十条 任何单位或者个人不得违规使用信贷资金、财政资金进行期货交易。

银行业金融机构从事期货交易融资或者担保业务的资格，由国务院银行业监督管理机构批准。

第四十一条 国有以及国有控股企业进行境内外期货交易，应当遵循套期保值的原则，严格遵守国务院国有资产监督管理机构以及其他有关部门关于企业以国有资产进入期货市场的有关规定。

第四十二条 境外期货项下购汇、结汇以及外汇收支，应当符合国家外汇管理有关规定。

境内单位或者个人从事境外期货交易的办法，由国务院期货监督管理机构会同国务院商务主管部门、国有资产监督管理机构、银行业监督管理机构、外汇管理部门等有关部门制订，报国务院批准后施行。

第五章 期货业协会

第四十三条 期货业协会是期货业的自律性组织，是社会团体法人。

期货公司以及其他专门从事期货经营的机构应当加入期货业协会，并缴纳会员费。

第四十四条 期货业协会的权力机构为全体会员组成的会员大会。

期货业协会的章程由会员大会制定，并报国务院期货监督管理机构备案。

期货业协会设理事会。理事会成员按照章程的规定选举产生。

第四十五条 期货业协会履行下列职责：

（一）教育和组织会员遵守期货法律法规和政策；

（二）制定会员应当遵守的行业自律性规则，监督、检查会员行为，对违反协会章程和自律性规则的，按照规定给予纪律处分；

（三）负责期货从业人员资格的认定、管理以及撤销工作；

（四）受理客户与期货业务有关的投诉，对会员之间、会员与客户之间发生的纠纷进行调解；

（五）依法维护会员的合法权益，向国务院期货监督管理机构反映会员的建议和要求；

（六）组织期货从业人员的业务培训，开展会员间的业务交流；

（七）组织会员就期货业的发展、运作以及有关内容进行研究；

（八）期货业协会章程规定的其他职责。

期货业协会的业务活动应当接受国务院期货监督管理机构的指导和监督。

第六章 监督管理

第四十六条 国务院期货监督管理机构对期货市场实施监督管理，依法履行下列职责：

（一）制定有关期货市场监督管理的规章、规则，并依法行使审批权；

（二）对品种的上市、交易、结算、交割等期货交易及其相关活动，进行监督管理；

（三）对期货交易所、期货公司及其他期货经营机构、非期货公司结算会员、期货保证金安全存管监控机构、期货保证金存管银行、交割仓库等市场相关参与者的期货业务活动，进行监督管理；

（四）制定期货从业人员的资格标准和管理办法，并监督实施；

（五）监督检查期货交易的信息公开情况；

（六）对期货业协会的活动进行指导和监督；

（七）对违反期货市场监督管理法律、行政法规的行为进行查处；

（八）开展与期货市场监督管理有关的国际交流、合作活动；

（九）法律、行政法规规定的其他职责。

第四十七条 国务院期货监督管理机构依法履行职责，可以采取下列措施：

（一）对期货交易所、期货公司及其他期货经营机构、非期货公司结算会员、期货保证金安全存管监控机构和交割仓库进行现场检查；

（二）进入涉嫌违法行为发生场所调查取证。

（三）询问当事人和与被调查事件有关的单位和个人，要求其对与被调查事件有关的事项作出说明。

（四）查阅、复制与被调查事件有关的财产权登记等资料。

（五）查阅、复制当事人和与被调查事件有关的单位和个人的期货交易记录、财务会计资料以及其他相关文件和资料。对可能被转移、隐匿或者毁损的文件和资料，可以予以封存。

（六）查询与被调查事件有关的单位的保证金账户和银行账户。

（七）在调查操纵期货交易价格、内幕交易等重大期货违法行为时，经国务院期货监督管理机构主要负责人批准，可以限制被调查事件当事人的期货交易，但限制的时间不得超过15个交易日。案情复杂的，可以延长至30个交易日。

（八）法律、行政法规规定的其他措施。

第四十八条 期货交易所、期货公司及其他期货经营机构、期货保证金安全存管监控机构，应当向国务院期货监督管理机构报送财务会计报告、业务资料和其他有关资料。

对期货公司及其他期货经营机构报送的年度报告，国务院期货监督管理机构应当指定专人进行审核，并制作审核报告。审核人员应当在审核报告上签字。审核中发现问题的，国务院期货监督管理机构应当及时采取相应措施。

必要时，国务院期货监督管理机构可以要求非期货公司结算会员、交割仓库，以及期货公司股东、实际控制人或者其他关联人报送相关资料。

第四十九条 国务院期货监督管理机构依法履行职责，进行监督检查或者调查时，被检查、调查的单位和个人应当配合，如实提供有关文件和资料，不得拒绝、阻碍和隐瞒；其他有关部门和单位应当给予支持和配合。

第五十条 国家根据期货市场发展的需要，设立期货投资者保障基金。

期货投资者保障基金的筹集、管理和使用的具体办法，由国务院期货监督管理机构会同国务院财政部门制定。

第五十一条 国务院期货监督管理机构应当建立、健全保证金安全存管监控制度，设立期货保证金安全存管监控机构。

客户和期货交易所、期货公司及其他期货经营机构、非期货公司结算会员以及期货保证金存管银行，应当遵守国务院期货监督管理机构有关保证金安全存管监控的规定。

第五十二条 期货保证金安全存管监控机构依照有关规定对保证金安全实施监控，进行每日稽核，发现问题应当立即报告国务院期货监督管理机构。国务院期货监督管理机构应当根据不同情况，依照本条例有关规定及时处理。

第五十三条 国务院期货监督管理机构对期货交易所和期货保证金安全存管监控机构的董事、监事、高级管理人员，实行资格管理制度。

第五十四条 国务院期货监督管理机构应当制定期货公司持续性经营规则，对期货公司的净资本与净资产的比例，净资本与境内期货经纪、境外期货经纪等业务规模的比例，流动资产与流动负债的比例等风险监管指标作出规定；对期货公司及其分支机构的经营条件、风险管理、内部控制、保证金存管、关联交易等方面提出要求。

第五十五条 期货公司及其分支机构不符合持续性经营规则或者出现经营风险的，国务院期货监督管理机构可以对期货公司及其董事、监事和高级管理人员采取谈话、提示、记入信用记录等监管措施或者责令期货公司限期整改，并对其整改情况进行检查验收。

期货公司逾期未改正，其行为严重危及期货公司的稳健运行、损害客户合法权益，或者涉嫌严重违法违规正在被国务院期货监督管理机构调查的，国务院期货监督管理机构可以区别情形，对其采取下列措施：

（一）限制或者暂停部分期货业务；

（二）停止批准新增业务；

（三）限制分配红利，限制向董事、监事、高级管理人员支付报酬、提供福利；

（四）限制转让财产或者在财产上设定其他权利；

（五）责令更换董事、监事、高级管理人员或者有关业务部门、分支机构的负责人员，或者限制其权利；

（六）限制期货公司自有资金或者风险准备金的调拨和使用；

（七）责令控股股东转让股权或者限制有关股东行使股东权利。

对经过整改符合有关法律、行政法规规定以及持续性经营规则要求的期货公司，国务院期货监督管理机构应当自验收完毕之日起3日内解除对其采取的有关措施。

对经过整改仍未达到持续性经营规则要求，严重影响正常经营的期货公司，国务院期货监督管理机构有权撤销其部分或者全部期货业务许可、关闭其分支机构。

第五十六条 期货公司违法经营或者出现重大风险，严重危害期货市场秩序、损害客户利益的，国务院期货监督管理机构可以对该期货公司采取责令停业整顿、指定其他机构托管或者接管等监管措施。经国务院期货监督管理机构批准，可以对该期货公司直接负责的董事、监事、高级管理人员和其他直接责任人员采取以下措施：

（一）通知出境管理机关依法阻止其出境；

（二）申请司法机关禁止其转移、转让或者以其他方式处分财产，或者在财产上设定其他权利。

第五十七条 期货公司的股东有虚假出资或者抽逃出资行为的，国务院期货监督管理机构应当责令其限期改正，并可责令其转让所持期货公司的股权。

在股东按照前款要求改正违法行为、转让所持期货公司的股权前，国务院期货监督管理机构可以限制其股东权利。

第五十八条 当期货市场出现异常情况时，国务院期货监督管理机构可以采取必要的风险处置措施。

第五十九条 期货公司的交易软件、结算软件，应当满足期货公司审慎经营和风险管理以及国务院期货监督管理机构有关保证金安全存管监控规定的要求。期货公司的交易软件、结算软件不符合要求的，国务院期货监督管理机构有权要求期货公司予以改进或者更换。

国务院期货监督管理机构可以要求期货公司的交易软件、结算软件的供应商提供该软件的相关资料，供应商应当予以配合。国务院期货监督管理机构对供应商提供的相关资料负有保密义务。

第六十条 期货公司涉及重大诉讼、仲裁，或者股权被冻结或者用于担保，以及发生其他重大事件时，期货公司及其相关股东、实际控制人应当自该事件发生之日起5日内向国务院期货监督管理机构提交书面报告。

第六十一条 会计师事务所、律师事务所、资产评估机构等中介服务机构向期货交易所和期货公司等市场相关参与者提供相关服务时，应当遵守期货法律、行政法规以及国家有关规定，并按照国务院期货监督管理机构的要求提供相关资料。

第六十二条 国务院期货监督管理机构应

当与有关部门建立监督管理的信息共享和协调配合机制。

国务院期货监督管理机构可以和其他国家或者地区的期货监督管理机构建立监督管理合作机制，实施跨境监督管理。

第六十三条 国务院期货监督管理机构、期货交易所、期货保证金安全存管监控机构和期货保证金存管银行等相关单位的工作人员，应当忠于职守，依法办事，公正廉洁，保守国家秘密和有关当事人的商业秘密，不得利用职务便利牟取不正当的利益。

第七章 法律责任

第六十四条 期货交易所、非期货公司结算会员有下列行为之一的，责令改正，给予警告，没收违法所得：

（一）违反规定接纳会员的；

（二）违反规定收取手续费的；

（三）违反规定使用、分配收益的；

（四）不按照规定公布即时行情的，或者发布价格预测信息的；

（五）不按照规定向国务院期货监督管理机构履行报告义务的；

（六）不按照规定向国务院期货监督管理机构报送有关文件、资料的；

（七）不按照规定建立、健全结算担保金制度的；

（八）不按照规定提取、管理和使用风险准备金的；

（九）违反国务院期货监督管理机构有关保证金安全存管监控规定的；

（十）限制会员实物交割总量的；

（十一）任用不具备资格的期货从业人员的；

（十二）违反国务院期货监督管理机构规定的其他行为。

有前款所列行为之一的，对直接负责的主管人员和其他直接责任人员给予纪律处分，处1万元以上10万元以下的罚款。

有本条第一款第二项所列行为的，应当责令退还多收取的手续费。

期货保证金安全存管监控机构有本条第一款第五项、第六项、第九项、第十一项、第十二项所列行为的，依照本条第一款、第二款的规定处罚、处分。期货保证金存管银行有本条第一款第九项、第十二项所列行为的，依照本条第一款、第二款的规定处罚、处分。

第六十五条 期货交易所有下列行为之一的，责令改正，给予警告，没收违法所得，并处违法所得1倍以上5倍以下的罚款；没有违法所得或者违法所得不满10万元的，并处10万元以上50万元以下的罚款；情节严重的，责令停业整顿：

（一）未经批准，擅自办理本条例第十三条所列事项的；

（二）允许会员在保证金不足的情况下进行期货交易的；

（三）直接或者间接参与期货交易，或者违反规定从事与其职责无关的业务的；

（四）违反规定收取保证金，或者挪用保证金的；

（五）伪造、涂改或者不按照规定保存期货交易、结算、交割资料的；

（六）未建立或者未执行当日无负债结算、涨跌停板、持仓限额和大户持仓报告制度的；

（七）拒绝或者妨碍国务院期货监督管理机构监督检查的；

（八）违反国务院期货监督管理机构规定的其他行为。

有前款所列行为之一的，对直接负责的主管人员和其他直接责任人员给予纪律处分，处1万元以上10万元以下的罚款。

非期货公司结算会员有本条第一款第二项、第四项至第八项所列行为之一的，依照本条第一款、第二款的规定处罚、处分。

期货保证金安全存管监控机构有本条第一款第三项、第七项、第八项所列行为的，依照本条第一款、第二款的规定处罚、处分。

第六十六条 期货公司有下列行为之一的，责令改正，给予警告，没收违法所得，并处违法所得1倍以上3倍以下的罚款；没有违法所得或者违法所得不满10万元的，并处10万元以上30万元以下的罚款；情节严重的，责令停业整顿或者吊销期货业务许可证：

（一）接受不符合规定条件的单位或者个人委托的；

（二）允许客户在保证金不足的情况下进行期货交易的；

（三）未经批准，擅自办理本条例第十九

条所列事项的；

（四）违反规定从事与期货业务无关的活动的；

（五）从事或者变相从事期货自营业务的；

（六）为其股东、实际控制人或者其他关联人提供融资，或者对外担保的；

（七）违反国务院期货监督管理机构有关保证金安全存管监控规定的；

（八）不按照规定向国务院期货监督管理机构履行报告义务或者报送有关文件、资料的；

（九）交易软件、结算软件不符合期货公司审慎经营和风险管理以及国务院期货监督管理机构有关保证金安全存管监控规定的要求的；

（十）不按照规定提取、管理和使用风险准备金的；

（十一）伪造、涂改或者不按照规定保存期货交易、结算、交割资料的；

（十二）任用不具备资格的期货从业人员的；

（十三）伪造、变造、出租、出借、买卖期货业务许可证或者经营许可证的；

（十四）进行混码交易的；

（十五）拒绝或者妨碍国务院期货监督管理机构监督检查的；

（十六）违反国务院期货监督管理机构规定的其他行为。

期货公司有前款所列行为之一的，对直接负责的主管人员和其他直接责任人员给予警告，并处1万元以上5万元以下的罚款；情节严重的，暂停或者撤销期货从业人员资格。

期货公司之外的其他期货经营机构有本条第一款第八项、第十二项、第十三项、第十五项、第十六项所列行为的，依照本条第一款、第二款的规定处罚。

期货公司的股东、实际控制人或者其他关联人未经批准擅自委托他人或者接受他人委托持有或者管理期货公司股权的，拒不配合国务院期货监督管理机构的检查，拒不按照规定履行报告义务、提供有关信息和资料，或者报送、提供的信息和资料有虚假记载、误导性陈述或者重大遗漏的，依照本条第一款、第二款的规定处罚。

第六十七条　期货公司有下列欺诈客户行为之一的，责令改正，给予警告，没收违法所得，并处违法所得1倍以上5倍以下的罚款；没有违法所得或者违法所得不满10万元的，并处10万元以上50万元以下的罚款；情节严重的，责令停业整顿或者吊销期货业务许可证：

（一）向客户作获利保证或者不按照规定向客户出示风险说明书的；

（二）在经纪业务中与客户约定分享利益、共担风险的；

（三）不按照规定接受客户委托或者不按照客户委托内容擅自进行期货交易的；

（四）隐瞒重要事项或者使用其他不正当手段，诱骗客户发出交易指令的；

（五）向客户提供虚假成交回报的；

（六）未将客户交易指令下达到期货交易所的；

（七）挪用客户保证金的；

（八）不按照规定在期货保证金存管银行开立保证金账户，或者违规划转客户保证金的；

（九）国务院期货监督管理机构规定的其他欺诈客户的行为。

期货公司有前款所列行为之一的，对直接负责的主管人员和其他直接责任人员给予警告，并处1万元以上10万元以下的罚款；情节严重的，暂停或者撤销期货从业人员资格。

任何单位或者个人编造并且传播有关期货交易的虚假信息，扰乱期货交易市场的，依照本条第一款、第二款的规定处罚。

第六十八条　期货公司及其他期货经营机构、非期货公司结算会员、期货保证金存管银行提供虚假申请文件或者采取其他欺诈手段隐瞒重要事实骗取期货业务许可的，撤销其期货业务许可，没收违法所得。

第六十九条　期货交易内幕信息的知情人或者非法获取期货交易内幕信息的人，在对期货交易价格有重大影响的信息尚未公开前，利用内幕信息从事期货交易，或者向他人泄露内幕信息，使他人利用内幕信息进行期货交易的，没收违法所得，并处违法所得1倍以上5倍以下的罚款；没有违法所得或者违法所得不满10万元的，处10万元以上50万元以下的罚款。单位从事内幕交易的，还应当对直接负责的主管人员和其他直接责任人员给予警告，并处3万元以上30万元以下的罚款。

国务院期货监督管理机构、期货交易所和期货保证金安全存管监控机构的工作人员进行内幕交易的，从重处罚。

第七十条 任何单位或者个人有下列行为之一，操纵期货交易价格的，责令改正，没收违法所得，并处违法所得1倍以上5倍以下的罚款；没有违法所得或者违法所得不满20万元的，处20万元以上100万元以下的罚款：

（一）单独或者合谋，集中资金优势、持仓优势或者利用信息优势联合或者连续买卖合约，操纵期货交易价格的；

（二）蓄意串通，按事先约定的时间、价格和方式相互进行期货交易，影响期货交易价格或者期货交易量的；

（三）以自己为交易对象，自买自卖，影响期货交易价格或者期货交易量的；

（四）为影响期货市场行情囤积现货的；

（五）国务院期货监督管理机构规定的其他操纵期货交易价格的行为。

单位有前款所列行为之一的，对直接负责的主管人员和其他直接责任人员给予警告，并处1万元以上10万元以下的罚款。

第七十一条 交割仓库有本条例第三十五条第二款所列行为之一的，责令改正，给予警告，没收违法所得，并处违法所得1倍以上5倍以下的罚款；没有违法所得或者违法所得不满10万元的，并处10万元以上50万元以下的罚款；情节严重的，责令期货交易所暂停或者取消其交割仓库资格。对直接负责的主管人员和其他直接责任人员给予警告，并处1万元以上10万元以下的罚款。

第七十二条 国有以及国有控股企业违反本条例和国务院国有资产监督管理机构以及其他有关部门关于企业以国有资产进入期货市场的有关规定进行期货交易，或者单位、个人违规使用信贷资金、财政资金进行期货交易的，给予警告，没收违法所得，并处违法所得1倍以上5倍以下的罚款；没有违法所得或者违法所得不满10万元的，并处10万元以上50万元以下的罚款。对直接负责的主管人员和其他直接责任人员给予降级直至开除的纪律处分。

第七十三条 境内单位或者个人违反规定从事境外期货交易的，责令改正，给予警告，没收违法所得，并处违法所得1倍以上5倍以下的罚款；没有违法所得或者违法所得不满20万元的，并处20万元以上100万元以下的罚款；情节严重的，暂停其境外期货交易。对单位直接负责的主管人员和其他直接责任人员给予警告，并处1万元以上10万元以下的罚款。

第七十四条 非法设立期货交易场所或者以其他形式组织期货交易活动的，由所在地县级以上地方人民政府予以取缔，没收违法所得，并处违法所得1倍以上5倍以下的罚款；没有违法所得或者违法所得不满20万元的，处20万元以上100万元以下的罚款。对单位直接负责的主管人员和其他直接责任人员给予警告，并处1万元以上10万元以下的罚款。

非法设立期货公司及其他期货经营机构，或者擅自从事期货业务的，予以取缔，没收违法所得，并处违法所得1倍以上5倍以下的罚款；没有违法所得或者违法所得不满20万元的，处20万元以上100万元以下的罚款。对单位直接负责的主管人员和其他直接责任人员给予警告，并处1万元以上10万元以下的罚款。

第七十五条 期货公司的交易软件、结算软件供应商拒不配合国务院期货监督管理机构调查，或者未按照规定向国务院期货监督管理机构提供相关软件资料，或者提供的软件资料有虚假、重大遗漏的，责令改正，处3万元以上10万元以下的罚款。对直接负责的主管人员和其他直接责任人员给予警告，并处1万元以上5万元以下的罚款。

第七十六条 会计师事务所、律师事务所、资产评估机构等中介服务机构未勤勉尽责，所出具的文件有虚假记载、误导性陈述或者重大遗漏的，责令改正，没收业务收入，暂停或者撤销相关业务许可，并处业务收入1倍以上5倍以下的罚款。对直接负责的主管人员和其他直接责任人员给予警告，并处3万元以上10万元以下的罚款。

第七十七条 任何单位或者个人违反本条例规定，情节严重的，由国务院期货监督管理机构宣布该个人、该单位或者该单位的直接责任人员为期货市场禁止进入者。

第七十八条 国务院期货监督管理机构、期货交易所、期货保证金安全存管监控机构和期货保证金存管银行等相关单位的工作人员，泄露知悉的国家秘密或者会员、客户商业秘密，或者徇私舞弊、玩忽职守、滥用职权、收受贿赂的，依法给予行政处分或者纪律处分。

第七十九条 违反本条例规定，构成犯罪的，依法追究刑事责任。

第八十条 对本条例规定的违法行为的行政处罚，除本条例已有规定的外，由国务院期货监督管理机构决定；涉及其他有关部门法定职权的，国务院期货监督管理机构应当会同其他有关部门处理；属于其他有关部门法定职权的，国务院期货监督管理机构应当移交其他有关部门处理。

第八章 附 则

第八十一条 本条例下列用语的含义：

（一）商品期货合约，是指以农产品、工业品、能源和其他商品及其相关指数产品为标的物的期货合约。

（二）金融期货合约，是指以有价证券、利率、汇率等金融产品及其相关指数产品为标的物的期货合约。

（三）保证金，是指期货交易者按照规定交纳的资金或者提交的价值稳定、流动性强的标准仓单、国债等有价证券，用于结算和保证履约。

（四）结算，是指根据期货交易所公布的结算价格对交易双方的交易结果进行的资金清算和划转。

（五）交割，是指合约到期时，按照期货交易所的规则和程序，交易双方通过该合约所载标的物所有权的转移，或者按照规定结算价格进行现金差价结算，了结到期未平仓合约的过程。

（六）平仓，是指期货交易者买入或者卖出与其所持合约的品种、数量和交割月份相同但交易方向相反的合约，了结期货交易的行为。

（七）持仓量，是指期货交易者所持有的未平仓合约的数量。

（八）持仓限额，是指期货交易所对期货交易者的持仓量规定的最高数额。

（九）标准仓单，是指交割仓库开具并经期货交易所认定的标准化提货凭证。

（十）涨跌停板，是指合约在1个交易日中的交易价格不得高于或者低于规定的涨跌幅度，超出该涨跌幅度的报价将被视为无效，不能成交。

（十一）内幕信息，是指可能对期货交易价格产生重大影响的尚未公开的信息，包括：国务院期货监督管理机构以及其他相关部门制定的对期货交易价格可能发生重大影响的政策，期货交易所作出的可能对期货交易价格发生重大影响的决定，期货交易所会员、客户的资金和交易动向以及国务院期货监督管理机构认定的对期货交易价格有显著影响的其他重要信息。

（十二）内幕信息的知情人员，是指由于其管理地位、监督地位或者职业地位，或者作为雇员、专业顾问履行职务，能够接触或者获得内幕信息的人员，包括：期货交易所的管理人员以及其他由于任职可获取内幕信息的从业人员，国务院期货监督管理机构和其他有关部门的工作人员以及国务院期货监督管理机构规定的其他人员。

第八十二条 国务院期货监督管理机构可以批准设立期货专门结算机构，专门履行期货交易所的结算以及相关职责，并承担相应法律责任。

第八十三条 境外机构在境内设立、收购或者参股期货经营机构，以及境外期货经营机构在境内设立分支机构（含代表处）的管理办法，由国务院期货监督管理机构会同国务院商务主管部门、外汇管理部门等有关部门制订，报国务院批准后施行。

第八十四条 在期货交易所之外的国务院期货监督管理机构批准的交易场所进行的期货交易，依照本条例的有关规定执行。

第八十五条 不属于期货交易的商品或者金融产品的其他交易活动，由国家有关部门监督管理，不适用本条例。

第八十六条 本条例自2007年4月15日起施行。1999年6月2日国务院发布的《期货交易管理暂行条例》同时废止。

期货交易所管理办法

(2023年3月8日中国证券监督管理委员会第3次委务会议审议通过 2023年3月29日中国证券监督管理委员会令第219号公布 自2023年5月1日起施行)

目 录

第一章 总 则
第二章 设立、变更与终止
第三章 组织机构
　第一节 会员制期货交易所
　第二节 公司制期货交易所
第四章 会员管理
第五章 基本业务规则
第六章 管理监督
第七章 法律责任
第八章 附 则

第一章 总 则

第一条 为了加强对期货交易所的监督管理,明确期货交易所职责,维护期货市场秩序,促进期货市场积极稳妥发展,根据《中华人民共和国民法典》《中华人民共和国期货和衍生品法》(以下简称《期货和衍生品法》)《中华人民共和国公司法》《期货交易管理条例》,制定本办法。

第二条 本办法适用于在中华人民共和国境内设立的期货交易所。

第三条 本办法所称期货交易所是指依照《期货和衍生品法》《期货交易管理条例》和本办法规定设立,履行《期货和衍生品法》《期货交易管理条例》和本办法规定的职责,按照章程和业务规则,实行自律管理的法人。

本办法所称的期货交易所内部设有结算部门,依法履行期货结算机构职责,符合期货结算机构应当具备的条件。

第四条 期货交易所根据《中国共产党章程》设立党组织,发挥领导作用,把方向、管大局、保落实,依照规定讨论和决定交易所重大事项,保证监督党和国家的方针、政策在交易所得到全面贯彻落实。

第五条 期货交易所组织期货交易及其相关活动,应当遵循社会公共利益优先原则,维护市场的公平、有序、透明。

第六条 中国证券监督管理委员会(以下简称中国证监会)依法对期货交易所实行集中统一的监督管理。

第二章 设立、变更与终止

第七条 设立期货交易所,由中国证监会批准。未经中国证监会批准,任何单位或者个人不得设立期货交易场所或者以任何形式组织期货交易及其相关活动。

第八条 期货交易所可以采取会员制或者公司制的组织形式。

会员制期货交易所的注册资本或者开办资金划分为均等份额,由会员出资认缴。

公司制期货交易所采用股份有限公司的组织形式。

第九条 期货交易所应当在其名称中标明"商品交易所"或者"期货交易所"等字样。其他任何单位或者个人不得使用"期货交易所"或者其他可能产生混淆或者误导的名称。

第十条 期货交易所应当履行下列职责:

(一)提供交易的场所、设施和服务;

(二)组织期货交易的结算、交割;

(三)制定并实施期货交易所的业务规则;

(四)设计期货合约、标准化期权合约品种,安排期货合约、标准化期权合约品种上市;

(五)对期货交易进行实时监控和风险监测;

(六)发布市场信息;

(七)办理与期货交易的结算、交割有关

的信息查询业务；

（八）依照章程和业务规则对会员、交易者、期货服务机构等进行自律管理；

（九）开展交易者教育和市场培育工作；

（十）保障信息技术系统的安全、稳定；

（十一）查处违规行为；

（十二）中国证监会规定的其他职责。

第十一条 申请设立期货交易所，应当向中国证监会提交下列文件和材料：

（一）申请书；

（二）章程和交易规则、结算规则草案；

（三）期货交易所的经营计划；

（四）拟加入会员或者股东名单；

（五）理事会成员候选人或者董事会成员名单及简历；

（六）拟任用高级管理人员的名单及简历；

（七）场地、设备、资金证明文件及情况说明；

（八）中国证监会规定的其他文件、材料。

第十二条 期货交易所章程应当载明下列事项：

（一）设立目的和职责；

（二）名称、住所和营业场所；

（三）注册资本或者开办资金及其构成；

（四）营业期限；

（五）组织机构的组成、职责、任期和议事规则；

（六）管理人员的产生、任免及其职责；

（七）基本业务制度；

（八）风险准备金管理制度；

（九）财务会计、内部控制制度；

（十）变更、终止的条件、程序及清算办法；

（十一）章程修改程序；

（十二）需要在章程中规定的其他事项。

第十三条 除本办法第十二条规定的事项外，会员制期货交易所章程还应当载明下列事项：

（一）会员资格及其管理办法；

（二）会员的权利和义务；

（三）对会员的纪律处分。

第十四条 期货交易所交易规则、结算规则应当载明下列事项：

（一）期货交易、结算和交割制度；

（二）风险管理制度和交易异常情况的处理程序；

（三）保证金的管理和使用制度；

（四）期货交易信息的发布办法；

（五）违规、违约行为及其处理办法；

（六）交易纠纷的处理方式；

（七）需要在交易规则、结算规则中载明的其他事项。

公司制期货交易所还应当在交易规则、结算规则中载明本办法第十三条规定的事项。

第十五条 期货交易所变更名称、注册资本或者开办资金、组织形式、股权结构的，应当由中国证监会批准。

第十六条 期货交易所合并、分立的，应当事前向中国证监会报告。

期货交易所合并可以采取吸收合并和新设合并两种方式，合并前各方的债权、债务由合并后存续或者新设的期货交易所承继。

期货交易所分立的，其债权、债务由分立后的期货交易所承继。期货交易所与债权人、债务人另有约定的除外。

第十七条 期货交易所联网交易的，应当于决定之日起十日内报告中国证监会。

第十八条 未经中国证监会批准，期货交易所不得设立分所或者其他任何期货交易场所。

第十九条 期货交易所因下列情形之一解散：

（一）章程规定的营业期限届满；

（二）会员大会或者股东大会决定解散；

（三）中国证监会决定关闭。

期货交易所解散的，应当由中国证监会批准。

第二十条 期货交易所因合并、分立或者解散而终止的，由中国证监会予以公告。

期货交易所终止的，应当成立清算组进行清算。清算组制定的清算方案，应当事前向中国证监会报告。

第三章 组织机构

第一节 会员制期货交易所

第二十一条 会员制期货交易所设会员大会。会员大会是期货交易所的权力机构，由全体会员组成。

第二十二条 会员大会行使下列职权：

（一）审定期货交易所章程、交易规则、结算规则及其修改草案；

（二）选举、更换会员理事；

（三）审议批准理事会和总经理的工作报告；

（四）审议批准期货交易所的财务预算方案、决算报告；

（五）审议期货交易所风险准备金使用情况；

（六）决定增加或者减少期货交易所注册资本或者开办资金；

（七）决定期货交易所的合并、分立、变更组织形式、解散和清算事项；

（八）决定期货交易所理事会提交的其他重大事项；

（九）期货交易所章程规定的其他职权。

第二十三条 会员大会由理事会召集，理事长主持，每年召开一次。有下列情形之一的，应当召开临时会员大会：

（一）会员理事不足期货交易所章程规定人数的三分之二；

（二）三分之一以上会员联名提议；

（三）理事会认为必要；

（四）期货交易所章程规定的其他情形。

会员大会可以采取现场会议、视频会议或其他通讯方式召开。

第二十四条 召开会员大会，应当将会议审议的事项、会议召开的方式、时间和地点于会议召开十日前通知会员。临时会员大会不得对通知中未列明的事项作出决议。

第二十五条 会员大会有三分之二以上会员参加方为有效。会员大会应当对表决事项制作会议纪要，由出席会议的理事签名。

会员大会结束之日起十日内，期货交易所应当将大会全部文件报告中国证监会。

第二十六条 期货交易所设理事会，每届任期三年。理事会是会员大会的常设机构，对会员大会负责。

第二十七条 理事会行使下列职权：

（一）召集会员大会，并向会员大会报告工作；

（二）拟订期货交易所章程、交易规则、结算规则及其修改草案，提交会员大会审定；

（三）审议总经理提出的财务预算方案、决算报告，提交会员大会通过；

（四）审议期货交易所合并、分立、变更组织形式、解散和清算的方案，提交会员大会通过；

（五）决定专门委员会的设置；

（六）决定会员的接纳和退出；

（七）决定对违规行为的纪律处分；

（八）决定期货交易所变更名称、住所或者营业场所；

（九）审议批准根据章程和交易规则、结算规则制定的细则和办法；

（十）审议结算担保金的使用情况；

（十一）审议批准风险准备金的使用方案；

（十二）审议批准总经理提出的期货交易所发展规划和年度工作计划；

（十三）审议批准期货交易所收费项目、收费管理办法；

（十四）审议批准期货交易所对外投资计划；

（十五）监督总经理组织实施会员大会和理事会决议的情况；

（十六）监督期货交易所高级管理人员和其他工作人员遵守国家有关法律、行政法规、规章、政策和期货交易所章程、业务规则的情况；

（十七）组织期货交易所年度财务会计报告的审计工作，决定会计师事务所的聘用和变更事项；

（十八）期货交易所章程规定和会员大会授予的其他职权。

第二十八条 理事会由会员理事和非会员理事组成；其中会员理事由会员大会选举产生，非会员理事由中国证监会委派。

第二十九条 理事会设理事长一人、可以设副理事长一至二人。理事长、副理事长的任免，由中国证监会提名，理事会通过。理事长不得兼任总经理。

第三十条 理事长行使下列职权：

（一）主持会员大会、理事会会议和理事会日常工作；

（二）组织协调专门委员会的工作；

（三）检查理事会决议的实施情况并向理事会报告；

（四）期货交易所章程规定或理事会授予

的其他职权。

副理事长协助理事长工作。理事长因故临时不能履行职权的，由理事长指定的副理事长或者理事代其履行职权。

第三十一条 理事会会议至少每半年召开一次。每次会议应当于会议召开十日前将会议召开的方式、时间、地点通知全体理事。

有下列情形之一的，应当召开理事会临时会议：

（一）三分之一以上理事联名提议；

（二）期货交易所章程规定的情形；

（三）中国证监会提议。

理事会召开临时会议，可以另定召集理事会临时会议的通知方式和通知时限。

理事会可以采取现场会议、视频会议或其他通讯方式召开会议。

第三十二条 理事会会议须有三分之二以上理事出席方为有效，其决议须经全体理事二分之一以上表决通过。

理事会会议结束之日起十日内，理事会应当将会议决议及其他会议文件报告中国证监会。

第三十三条 理事会会议应当由理事本人出席。理事因故不能出席的，应当以书面形式委托其他理事代为出席；委托书中应当载明授权范围。每位理事只能接受一位理事的委托。

理事会应当对会议表决事项作成会议记录，由出席会议的理事和记录员在会议记录上签名。

第三十四条 理事会应当设立风险管理委员会、品种上市审核委员会，可以根据需要设立监查、交易、结算、交割、会员资格审查、纪律处分、调解、财务和技术等专门委员会。

各专门委员会对理事会负责，其职责、任期和人员组成等事项由理事会规定。

第三十五条 期货交易所设总经理一人、副总经理若干人。总经理由中国证监会任免。副总经理按照中国证监会相关规定任免或者聘任。总经理每届任期三年。总经理是当然理事。

第三十六条 总经理行使下列职权：

（一）组织实施会员大会、理事会通过的制度和决议；

（二）主持期货交易所的日常工作；

（三）根据章程和交易规则、结算规则拟订有关细则和办法；

（四）决定结算担保金的使用；

（五）拟订风险准备金的使用方案；

（六）拟订并实施经批准的期货交易所发展规划、年度工作计划；

（七）拟订并实施经批准的期货交易所对外投资计划；

（八）拟订期货交易所财务预算方案、决算报告；

（九）拟订期货交易所合并、分立、变更组织形式、解散和清算的方案；

（十）拟订期货交易所变更名称、住所或者营业场所的方案；

（十一）拟订期货交易所机构设置方案；

（十二）拟订期货交易所员工聘任方案，提出解聘建议；

（十三）拟订期货交易所员工的工资和奖惩方案；

（十四）决定重大交易者教育和保护工作事项；

（十五）决定调整收费标准；

（十六）期货交易所章程规定的或者理事会授予的其他职权。

总经理因故临时不能履行职权的，由总经理指定的副总经理代其履行职权。

第二节　公司制期货交易所

第三十七条 公司制期货交易所设股东大会。股东大会是期货交易所的权力机构，由全体股东组成。

第三十八条 股东大会行使下列职权：

（一）本办法第二十二条第（一）项、第（四）项至第（七）项规定的职权；

（二）选举和更换非由职工代表担任的董事；

（三）审议批准董事会和总经理的工作报告；

（四）决定期货交易所董事会提交的其他重大事项；

（五）决定股权结构变更方案；

（六）期货交易所章程规定的其他职权。

第三十九条 股东大会会议的召开及议事规则应当符合期货交易所章程的规定。

会议结束之日起十日内，期货交易所应当将会议全部文件报告中国证监会。

第四十条 期货交易所设董事会，每届任期三年。

第四十一条 董事会对股东大会负责，行使下列职权：

（一）召集股东大会会议，并向股东大会报告工作；

（二）拟订期货交易所章程、交易规则、结算规则及其修改草案，提交股东大会审定；

（三）审议总经理提出的财务预算方案、决算报告，提交股东大会通过；

（四）审议期货交易所合并、分立、变更组织形式、变更股权结构、解散和清算的方案，提交股东大会通过；

（五）监督总经理组织实施股东大会和董事会决议的情况；

（六）本办法第二十七条第（五）项至第（十四）项、第（十六）项、第（十七）项规定的职权；

（七）期货交易所章程规定和股东大会授予的其他职权。

第四十二条 期货交易所设董事长一人，可以设副董事长一至二人。董事长、副董事长的任免，由中国证监会提名，董事会通过。董事长不得兼任总经理。

第四十三条 董事长行使下列职权：

（一）主持股东大会、董事会会议和董事会日常工作；

（二）组织协调专门委员会的工作；

（三）检查董事会决议的实施情况并向董事会报告；

（四）期货交易所章程规定或董事会授予的其他职权。

副董事长协助董事长工作。董事长因故临时不能履行职权的，由董事长指定的副董事长或者董事代其履行职权。

第四十四条 董事会会议的召开和议事规则应当符合期货交易所章程的规定。

董事会会议结束之日起十日内，董事会应当将会议决议及其他会议文件报告中国证监会。

第四十五条 董事会应当设立风险管理委员会、品种上市审核委员会，可以根据需要设立本办法第三十四条规定的专门委员会。各专门委员会对董事会负责，其职责、任期和人员组成等事项由董事会规定。

第四十六条 期货交易所可以设独立董事。独立董事由中国证监会提名，股东大会通过。

第四十七条 期货交易所可以设董事会秘书。董事会秘书由中国证监会提名，董事会通过。

董事会秘书负责期货交易所股东大会和董事会会议的筹备、文件保管以及期货交易所股东资料的管理等事宜。

第四十八条 期货交易所设总经理一人、副总经理若干人。总经理由中国证监会任免。副总经理按照中国证监会相关规定任免或者聘任。总经理每届任期三年。总经理应当由董事担任。

第四十九条 总经理行使下列职权：

（一）组织实施股东大会、董事会通过的制度和决议；

（二）本办法第三十六条第（二）项至第（十五）项规定的职权；

（三）期货交易所章程规定或者董事会授予的其他职权。

总经理因故临时不能履行职权的，由总经理指定的副总经理代其履行职权。

第四章 会员管理

第五十条 期货交易所会员应当是在中华人民共和国境内登记注册的法人或者非法人组织。

符合条件的会员可以成为结算参与人。

第五十一条 取得期货交易所会员资格，应当经期货交易所批准。

期货交易所批准、取消会员的会员资格，应当向中国证监会报告。

第五十二条 期货交易所应当制定会员管理办法，规定会员资格的取得与终止的条件和程序、对会员的监督管理等内容。

第五十三条 会员制期货交易所会员享有下列权利：

（一）参加会员大会，行使选举权、被选举权和表决权；

（二）在期货交易所从事规定的交易、结算和交割等业务；

（三）使用期货交易所提供的交易设施，获得有关期货交易的信息和服务；

（四）按规定转让会员资格；

（五）联名提议召开临时会员大会；

（六）按照期货交易所章程和交易规则、结算规则行使申诉权；

（七）期货交易所章程规定的其他权利。

第五十四条 会员制期货交易所会员应当履行下列义务：

（一）遵守国家有关法律、行政法规、规章和政策；

（二）遵守期货交易所的章程、业务规则及有关决定；

（三）按规定缴纳各种费用；

（四）执行会员大会、理事会的决议；

（五）接受期货交易所监督管理。

第五十五条 公司制期货交易所会员享有下列权利：

（一）本办法第五十三条第（二）项和第（三）项规定的权利；

（二）按照交易规则、结算规则行使申诉权；

（三）期货交易所交易规则、结算规则规定的其他权利。

第五十六条 公司制期货交易所会员应当履行本办法第五十四条第（一）项至第（三）项、第（五）项规定的义务。

第五十七条 期货交易所应当每年对会员遵守期货交易所业务规则的情况进行抽样或者全面检查，并将检查结果报送中国证监会。

期货交易所行使监管职权时，可以按照期货交易所章程和业务规则规定的权限和程序进行调查取证，会员、交易者、境外经纪机构、期货服务机构等应当予以配合。

第五十八条 期货交易所实行全员结算制度或者会员分级结算制度，应当事前向中国证监会报告。

第五十九条 实行全员结算制度的期货交易所会员均具有与期货交易所进行结算的资格。

第六十条 实行全员结算制度的期货交易所会员由期货公司会员和非期货公司会员组成。期货公司会员按照中国证监会批准的业务范围开展相关业务。

第六十一条 实行全员结算制度的期货交易所对会员结算，会员对其受托的客户结算。

第六十二条 实行会员分级结算制度的期货交易所会员由结算会员和非结算会员组成。结算会员具有与期货交易所进行结算的资格，非结算会员不具有与期货交易所进行结算的资格。

期货交易所对结算会员结算，结算会员对非结算会员结算，非结算会员对其受托的客户结算。

第六十三条 结算会员由交易结算会员、全面结算会员和特别结算会员组成。

全面结算会员、特别结算会员可以为与其签订结算协议的非结算会员办理结算业务。交易结算会员不得为非结算会员办理结算业务。

第六十四条 实行会员分级结算制度的期货交易所可以根据结算会员资信和业务开展情况，限制结算会员的结算业务范围，但应当于三日内报告中国证监会。

第五章　基本业务规则

第六十五条 期货交易所向结算会员收取的保证金，用于结算和履约保障，不得被查封、冻结、扣押或者强制执行。期货交易所应当在期货保证金存管机构开立专用结算账户，专户存储保证金，禁止违规挪用。

保证金分为结算准备金和交易保证金。结算准备金是指未被合约占用的保证金；交易保证金是指已被合约占用的保证金。

实行会员分级结算制度的期货交易所只向结算会员收取保证金。

第六十六条 期货交易所应当建立保证金制度，保证金制度应当包括下列内容：

（一）向会员收取保证金的标准和形式；

（二）专用结算账户中会员结算准备金最低余额；

（三）当会员结算准备金余额低于期货交易所规定最低余额时的处置方法。

会员结算准备金最低余额由会员以自有资金向期货交易所缴纳。

第六十七条 期货交易所可以接受以下有价证券作为保证金：

（一）经期货交易所登记的标准仓单；

（二）可流通的国债；

（三）股票、基金份额；

（四）中国证监会认定的其他有价证券。

以前款规定的有价证券作为保证金的，其期限不得超过该有价证券的有效期限。

第六十八条 期货交易所应当制定有价证券作为保证金的规则，明确可以作为保证金的有价证券的种类、基准计算价值、折扣率等内容。

期货交易所可以根据市场情况对作为保证金的有价证券的基准计算价值进行调整。

第六十九条 有价证券作为保证金的金额不得高于会员在期货交易所专用结算账户中的实有货币资金的四倍。

第七十条 期货交易的相关亏损、费用、货款和税金等款项，应当以货币资金支付。

第七十一条 客户以有价证券作为保证金的，结算会员应当将收到的有价证券提交期货交易所。

非结算会员的客户以有价证券作为保证金的，非结算会员应将收到的有价证券提交结算会员，由结算会员提交期货交易所。

客户以有价证券作为保证金的，期货交易所应当将有价证券的种类和数量如实反映在该客户的交易编码下。

中国证监会另有规定的，从其规定。

第七十二条 实行会员分级结算制度的期货交易所应当建立结算担保金制度。结算担保金包括基础结算担保金和变动结算担保金。

结算担保金由结算会员以自有资金向期货交易所缴纳。结算担保金属于结算会员所有，用于应对结算会员违约风险。期货交易所应当按照有关规定管理和使用，不得挪作他用。

期货交易所调整基础结算担保金标准的，应当在调整前报告中国证监会。

第七十三条 期货交易所应当按照手续费收入的百分之二十的比例提取风险准备金，风险准备金应当单独核算，专户存储。

中国证监会可以根据期货交易所业务规模、发展计划以及潜在的风险决定风险准备金的规模。

第七十四条 期货交易所应当以风险准备金、一般风险准备等形式储备充足的风险准备资源，用于垫付或者弥补交易所因不可抗力、意外事件、重大技术故障、重大人为差错及其他风险事件造成的或可能造成的损失。

第七十五条 期货交易所应当建立健全财务管理制度，收取的各种资金和费用应当严格按照规定用途使用，不得挪作他用。

期货交易所的各项收益安排应当以保证交易场所和设施安全运行为前提，合理设置利润留成项目，做好长期资金安排。

第七十六条 期货交易实行账户实名制，期货交易所应当建立交易编码制度，不得混码交易。

第七十七条 期货交易所应当建立健全交易者适当性管理制度，督促会员建立并执行交易者适当性管理制度，要求会员向交易者推荐产品或者服务时充分揭示风险，并不得向交易者推荐与其风险承受能力不适应的产品或者服务。

第七十八条 期货交易所应当建立健全制度机制，积极培育推动产业交易者参与期货市场。

期货交易所在做好风险隔离与风险控制的前提下，可以组织开展与期货交易相关的仓单交易等延伸服务，提升产业交易者运用期货市场管理风险、配置资源的便利性。

第七十九条 期货交易可以实行做市商制度。

期货交易所实行做市商制度的，应当建立健全做市商管理制度，对做市商的交易行为、权利义务等作出规定。

第八十条 期货交易实行持仓限额制度和套期保值管理制度。

第八十一条 期货交易实行大户持仓报告制度。会员或者交易者、境外经纪机构持仓达到期货交易所规定的持仓报告标准的，会员或者交易者、境外经纪机构应当向期货交易所报告。交易者、境外经纪机构未报告的，会员应当向期货交易所报告。

期货交易所可以根据市场风险状况制定并调整持仓报告标准。

第八十二条 期货交易实行当日无负债结算制度。期货交易所在规定的交易时间结束后，对应收应付的款项实行净额结算。

期货交易所作为中央对手方，是结算会员共同对手方，进行净额结算，为期货交易提供集中履约保障。

第八十三条 实行全员结算制度的期货交易所对会员进行风险管理，会员对其受托的客户进行风险管理。

实行会员分级结算制度的期货交易所对结算会员进行风险管理，结算会员对与其签订结算协议的非结算会员进行风险管理，会员对其受托的客户进行风险管理。

第八十四条 会员在期货交易中违约的，

应当承担违约责任。

结算会员在结算过程中违约的，期货交易所按照业务规则动用结算会员的保证金、结算担保金以及期货交易所的风险准备金、自有资金等完成结算；期货交易所以其风险准备金、自有资金等完成结算的，可以依法对该结算会员进行追偿。

交易者在结算过程中违约的，其委托的结算会员按照合同约定动用该交易者的保证金以及结算会员的风险准备金和自有资金完成结算；结算会员以其风险准备金和自有资金完成结算的，可以依法对该交易者进行追偿。

第八十五条 期货交易实行实际控制关系报备管理制度。实际控制关系，是指单位或者个人对其他期货账户具有管理、使用、收益或者处分等权限，从而对其他期货账户的交易决策拥有决定权或者重大影响的行为或者事实。

第八十六条 期货交易所在执行持仓限额、交易限额、异常交易行为管理、大户持仓报告等制度时，对实际控制关系账户的委托、交易和持仓等合并计算。

第八十七条 期货交易所应当履行自律管理职责，监督程序化交易相关活动，保障交易所系统安全，维护市场正常交易秩序。

期货交易所应当建立健全程序化交易报告制度，明确报告内容、方式、时限等，并根据程序化交易发展情况及时予以完善。

通过计算机程序自动生成或者下达交易指令进行程序化交易的，应当按照期货交易所规定履行报告义务。

第八十八条 期货交易所可以根据业务规则对达到一定标准的程序化交易在报告要求、技术系统、交易费用等方面采取差异化管理措施。

第八十九条 期货交易所的业务规则、有关决定对期货交易业务活动的各参与主体具有约束力。

第九十条 会员、交易者、境外经纪机构等违反期货交易所业务规则的，期货交易所可以按照规定采取包括但不限于暂停受理或者办理相关业务、限制交易权限、取消会员资格等纪律处分或者其他自律管理措施。

期货交易所应当在规定中明确纪律处分的具体类型、适用情形、适用程序和救济措施。

会员、交易者、境外经纪机构等对期货交易所作出的相关纪律处分不服的，可以按照期货交易所的规定申请复核。

第九十一条 有根据认为会员或者交易者、境外经纪机构违反期货交易所业务规则并且对市场正在产生或者即将产生重大影响，为防止违规行为后果进一步扩大，期货交易所可以对会员或者交易者、境外经纪机构采取下列临时处置措施：

（一）限制入金；

（二）限制出金；

（三）限制开仓；

（四）提高保证金标准；

（五）限期平仓；

（六）强行平仓。

期货交易所按照业务规则规定的程序采取前款第（四）项、第（五）项或者第（六）项措施的，应当在采取措施后及时报告中国证监会。

期货交易所对会员或者交易者、境外经纪机构采取临时处置措施，应当按照业务规则规定的方式通知会员或者交易者、境外经纪机构，并列明采取临时处置措施的根据。

期货交易所发现交易行为涉嫌违反法律、行政法规、部门规章的，应当及时向中国证监会报告。

中国证监会依法查处期货市场的违法违规行为时，期货交易所应当予以配合。

第九十二条 期货交易所应当建立和完善风险的监测监控与化解处置制度机制，监测、监控、预警、防范、处置市场风险，维护期货市场安全稳定运行。

期货交易出现市场风险异常累积、市场风险急剧放大等异常情况的，期货交易所可以依照业务规则采取下列紧急措施，并立即报告中国证监会：

（一）调整保证金；

（二）调整涨跌停板幅度；

（三）调整会员、交易者的交易限额或持仓限额标准；

（四）限制开仓；

（五）强行平仓；

（六）暂时停止交易；

（七）其他紧急措施。

期货价格出现同方向连续涨跌停板的，期货交易所可以采用调整涨跌停板幅度、提高交易保证金标准及按一定原则减仓等措施化解风险。

本条第二款、第三款规定的异常情况消失后，期货交易所应当及时取消紧急措施。

第九十三条 期货交易所实行风险警示制度。期货交易所认为必要的，可以分别或同时采取要求会员和交易者、境外经纪机构报告情况、谈话提醒、发布风险提示函等措施，以警示和化解风险。

第九十四条 在期货交易过程中出现以下突发性事件影响期货交易正常秩序或市场公平的，期货交易所可以采取紧急措施化解风险，并应当及时向中国证监会报告：

（一）因不可抗力、意外事件、重大技术故障、重大人为差错导致交易、结算、交割、行权与履约无法正常进行；

（二）会员出现结算、交割危机，对市场正在产生或者即将产生重大影响；

（三）出现本办法第九十二条第三款规定的情形经采取相应措施后仍未化解风险；

（四）期货交易所业务规则规定的其他情形。

第九十五条 期货交易所应当以适当方式发布下列信息：

（一）即时行情；

（二）日行情表；

（三）持仓量、成交量排名情况；

（四）期货交易所业务规则规定的其他信息。

期货交易涉及商品实物交割的，期货交易所还应当发布标准仓单数量和可用库容情况。

期货交易行情信息包括合约名称、合约交割月份、开盘价、最新价、涨跌、收盘价、结算价、最高价、最低价、成交量、持仓量、成交金额等。

期货交易行情的权益由期货交易所依法享有。期货交易所对市场交易形成的基础信息和加工产生的信息产品享有专属权利。未经期货交易所同意，任何单位和个人不得发布期货交易所行情，不得以商业目的使用。经许可使用交易信息的机构和个人，未经期货交易所同意，不得将该信息提供给其他机构和个人使用。

期货交易所应当保障交易者有平等机会获取期货市场的交易行情、公开披露的信息及交易机会。

第九十六条 期货交易所应当编制交易情况日报表、周报表、月报表和年报表，并及时公布。

第九十七条 期货交易所对期货交易、结算、交割资料的保存期限应当不少于二十年。

第六章 管理监督

第九十八条 期货交易所制定或者修改章程、交易规则、结算规则，应当经中国证监会批准。

第九十九条 期货交易所上市期货合约品种和标准化期权合约品种，应当符合中国证监会的规定，由期货交易所依法报经中国证监会注册。

期货合约品种和标准化期权合约品种的中止上市、恢复上市、终止上市，应当向中国证监会备案。

第一百条 交易品种应当具有经济价值，合约不易被操纵，符合社会公共利益。

实物交割的交易品种应当具备充足的可供交割量，现金交割的交易品种应当具备公开、权威、公允的基准价格。

第一百零一条 期货交易所组织开展衍生品交易，应当经中国证监会批准，并遵守法律、行政法规和中国证监会的相关规定。

第一百零二条 期货交易所授权境外期货交易场所上市挂钩境内合约价格结算的期货合约、期权合约和衍生品合约，应当进行市场影响评估，并与境外期货交易场所建立信息交流安排。

期货交易所应当选择所在国（地区）期货监管机构已与中国证监会签署监管合作谅解备忘录的境外期货交易场所开展授权合作。

第一百零三条 期货交易所授权境外期货交易场所上市挂钩境内合约价格结算的期货合约、期权合约和衍生品合约，应当事前向中国证监会报告。

第一百零四条 期货交易所应当对违反期货交易所业务规则的行为制定查处办法，并事前向中国证监会报告。

期货交易所对会员、交易者、期货服务机构及期货市场其他参与者与期货业务有关的违规行为，应当在前款所称办法规定的职责范围内及时予以查处；超出前款所称办法规定的职责范围的，应当向中国证监会报告。

第一百零五条 期货交易所制定或者修改交易规则、结算规则的实施细则，上市、修改或者终止合约，应当事前向中国证监会报告。

第一百零六条 期货交易所的交易结算系统和交易结算业务应当满足期货保证金安全存管监控的要求，真实、准确和完整地反映会员保证金的变动情况。

第一百零七条 期货交易所应当按照中国证监会有关期货保证金安全存管监控的规定，向期货保证金安全存管监控机构报送相关信息。

第一百零八条 公司制期货交易所收购本期货交易所股份、股东转让所持股份或者对其股份进行其他处置，应当事前向中国证监会报告。

第一百零九条 期货交易所的高级管理人员应当具备中国证监会要求的条件。未经中国证监会批准，期货交易所的理事长、副理事长、董事长、副董事长、总经理、副总经理、董事会秘书不得在任何营利性组织中兼职。

未经批准，期货交易所的其他工作人员和非会员理事不得以任何形式在期货交易所会员单位及其他与期货交易有关的营利性组织兼职。

第一百一十条 期货交易所工作人员应当自觉遵守有关法律、行政法规、规章和政策，恪尽职守、勤勉尽责，诚实信用，具有良好的职业操守。

期货交易所工作人员不得从事期货交易，不得泄漏内幕信息或者利用内幕信息获得非法利益，不得从期货交易所会员和交易者、境外经纪机构、期货服务机构处谋取利益。

期货交易所工作人员履行职务，遇有与本人或者其亲属有利害关系的情形时，应当向期货交易所报告并回避。

第一百一十一条 期货交易所的所得收益按照国家有关规定管理和使用，应当首先用于保证期货交易的场所、设施的运行和改善。

第一百一十二条 期货交易所应当向中国证监会履行下列报告义务：

（一）每一年度结束后四个月内提交符合规定的会计师事务所审计的年度财务报告；

（二）每一季度结束后十五日内、每一年度结束后三十日内提交有关经营情况和有关法律、行政法规、规章、政策执行情况的季度和年度工作报告；

（三）中国证监会规定的其他事项。

第一百一十三条 发生下列重大事项，期货交易所应当及时向中国证监会报告：

（一）发现期货交易所工作人员存在或者可能存在严重违反国家有关法律、行政法规、规章、政策的行为；

（二）期货交易所涉及占其净资产百分之十以上或者对其经营风险有较大影响的诉讼；

（三）期货交易所的重大财务支出、投资事项以及可能带来较大财务或者经营风险的重大财务决策；

（四）中国证监会规定的其他事项。

第一百一十四条 中国证监会可以根据市场情况调整期货交易所收取的保证金标准，暂停、恢复或者取消某一期货交易品种的交易。

第一百一十五条 中国证监会认为期货市场出现异常情况的，可以决定采取延迟开市、暂时停止交易、提前闭市等必要的风险处置措施。

第一百一十六条 中国证监会认为有必要的，可以对期货交易所高级管理人员实施提示。

第一百一十七条 中国证监会派出机构对期货交易所会员进行风险处置，采取监管措施的，经中国证监会批准，期货交易所应当在限制会员资金划转、限制会员开仓、移仓和强行平仓等方面予以配合。

第一百一十八条 期货交易所应当按照国家有关规定及时缴纳期货业务监管费。

第七章 法律责任

第一百一十九条 期货交易所未按照本办法第十六条、第十七条、第五十一条、第五十八条、第六十四条、第七十二条、第九十一条、第九十二条、第九十四条、第一百零三条、第一百零四条、第一百零五条、第一百零八条、第一百一十二条和第一百一十三条的规定履行报告义务，或者未按照本办法第二十五条、第三十二条、第三十九条、第四十四条和第一百零七条的规定报送有关文件、资料的，根据《期货交易管理条例》第六十四条处罚。

第一百二十条 期货交易所违反本办法第九十七条的，根据《期货和衍生品法》第一百四十四条进行处罚。

第一百二十一条 期货交易所工作人员违反本办法第一百一十条规定从事期货交易的，根据《期货和衍生品法》第一百三十一条处罚；从事内幕交易的，根据《期货和衍生品法》第一百二十六条处罚。

第八章 附 则

第一百二十二条 在中国证监会批准的其他交易场所进行期货交易的，依照本办法的有关规定执行，中国证监会另有规定的除外。

第一百二十三条 本办法自2023年5月1日起施行。2007年4月9日发布的《期货交易所管理办法》（中国证券监督管理委员会令第42号）同时废止。

证券期货业网络和信息安全管理办法

(2023年1月17日中国证券监督管理委员会第1次委务会议审议通过
2023年2月27日中国证券监督管理委员会令第218号公布
自2023年5月1日起施行)

目 录

第一章 总 则
第二章 网络和信息安全运行
第三章 投资者个人信息保护
第四章 网络和信息安全应急处置
第五章 关键信息基础设施安全保护
第六章 网络和信息安全促进与发展
第七章 监督管理与法律责任
第八章 附 则

第一章 总 则

第一条 为了保障证券期货业网络和信息安全，保护投资者合法权益，促进证券期货业稳定健康发展，根据《中华人民共和国证券法》（以下简称《证券法》）、《中华人民共和国期货和衍生品法》（以下简称《期货和衍生品法》）、《中华人民共和国证券投资基金法》（以下简称《证券投资基金法》）、《中华人民共和国网络安全法》（以下简称《网络安全法》）、《中华人民共和国数据安全法》《中华人民共和国个人信息保护法》（以下简称《个人信息保护法》）、《关键信息基础设施安全保护条例》等法律法规，制定本办法。

第二条 核心机构和经营机构在中华人民共和国境内建设、运营、维护、使用网络及信息系统，信息技术系统服务机构为证券期货业务活动提供产品或者服务的网络和信息安全保障，以及证券期货业网络和信息安全的监督管理，适用本办法。

第三条 核心机构和经营机构应当遵循保障安全、促进发展的原则，建立健全网络和信息安全防护体系，提升安全保障水平，确保与信息化工作同步推进，促进本机构相关工作稳妥健康发展。

信息技术系统服务机构应当遵循技术安全、服务合规的原则，为证券期货业务活动提供产品或者服务，与核心机构、经营机构共同保障行业网络和信息安全，促进行业信息化发展。

第四条 核心机构和经营机构应当依法履行网络和信息安全保护义务，对本机构网络和信息安全负责，相关责任不因其他机构提供产品或者服务进行转移或者减轻。

信息技术系统服务机构应当勤勉尽责，对提供产品或者服务的安全性、合规性承担责任。

第五条 中国证监会依法履行以下监督管理职责：

（一）组织制定并推动落实证券期货业网络和信息安全发展规划、监管规则和行业标准；

（二）负责证券期货业网络和信息安全的监督管理，按规定做好证券期货业涉及的关键信息基础设施安全保护工作；

（三）负责证券期货业网络和信息安全重大技术路线、重大科技项目管理；

（四）组织开展证券期货业投资者个人信息保护工作；

（五）负责证券期货业网络安全应急演练、应急处置、事件报告与调查处理；

（六）指导证券期货业网络和信息安全促进与发展；

（七）支持、协助国家有关部门组织实施网络和信息安全相关法律、行政法规；

（八）法律法规规定的其他网络和信息安全监管职责。

第六条 中国证监会建立集中管理、分级负责的证券期货业网络和信息安全监督管理体制。中国证监会科技监管部门对证券期货业网络和信息安全实施监督管理。中国证监会履行监管职责的其他部门配合开展相关工作。

中国证监会派出机构对本辖区经营机构和信息技术系统服务机构网络和信息安全实施日常监管。

第七条 中国证券业协会、中国期货业协会、中国证券投资基金业协会等行业协会（以下统称行业协会）依法制定行业网络和信息安全自律规则，对经营机构网络和信息安全实施自律管理。

第八条 核心机构依法制定保障市场相关主体与本机构信息系统安全互联的技术规则，对与本机构信息系统和网络通信设施相关联主体加强指导，督促其强化网络和信息安全管理，保障相关信息系统和网络通信设施的安全平稳运行。

第二章 网络和信息安全运行

第九条 核心机构和经营机构应当具有完善的信息技术治理架构，健全网络和信息安全管理制度体系，建立内部决策、管理、执行和监督机制，确保网络和信息安全管理能力与业务活动规模、复杂程度相匹配。

信息技术系统服务机构应当建立网络和信息安全管理制度，配备相应的安全、合规管理人员，建立与提供产品或者服务相适应的网络和信息安全管理机制。

第十条 核心机构和经营机构应当明确主要负责人为本机构网络和信息安全工作的第一责任人，分管网络和信息安全工作的领导班子成员或者高级管理人员为直接责任人。

核心机构和经营机构应当建立网络和信息安全工作协调和决策机制，保障第一责任人和直接责任人履行职责。

第十一条 核心机构和经营机构应当指定或者设立网络和信息安全工作牵头部门或者机构，负责管理重要信息系统和相关基础设施、制定网络安全应急预案、组织应急演练等工作。

第十二条 核心机构和经营机构应当保障人员和资金投入与业务活动规模、复杂程度相适应，确保网络和信息安全人员具备与履行职责相匹配的专业知识和职业技能。

第十三条 核心机构和经营机构应当确保信息系统和相关基础设施具备合理的架构，足够的性能、容量、可靠性、扩展性和安全性，并保证相关安全技术措施与信息化工作同步规划、同步建设、同步使用。

第十四条 核心机构和经营机构应当落实网络安全等级保护制度，依法履行网络安全等级保护义务，按照国家和证券期货业网络安全等级保护相关要求，开展网络和信息系统定级备案、等级测评和安全建设等工作。

核心机构和经营机构应当按照相关要求，将网络安全等级保护工作开展情况报送中国证监会及其派出机构。

第十五条 核心机构和经营机构新建上线、运行变更、下线移除重要信息系统的，应当充分评估技术和业务风险，制定风险防控措施、应急处置和回退方案，并对相关结果进行复核验证；可能对证券期货市场安全平稳运行产生较大影响的，应当提前向中国证监会及其派出机构报告。

核心机构和经营机构不得在交易时段对重要信息系统进行变更，重要信息系统存在故障、缺陷，经评估须进行紧急修复的情形除外。

第十六条 核心机构和经营机构在重要信息系统上线、变更前应当制定全面的测试方案，持续完善测试用例和测试数据，并保障测试的有效执行。

除必须使用敏感数据的情形外，核心机构

和经营机构应当对测试环境涉及的敏感数据进行脱敏，对未脱敏数据须采取与生产环境同等的安全控制措施。

核心机构交易、行情、开户、结算、通信等重要信息系统上线或者进行重大升级变更时，应当组织市场相关主体进行联网测试。

第十七条 核心机构和经营机构暂停或者终止借助网络向投资者提供服务前，应当履行告知义务，合理选取公告、定向通知等方式告知投资者相关业务影响情况、替代方式及应对措施。

第十八条 核心机构和经营机构应当建立健全网络和信息安全监测预警机制，设定监测指标，持续监测信息系统和相关基础设施的运行状况，及时处置异常情形，对监测机制执行效果进行定期评估并持续优化。

核心机构和经营机构应当全面、准确记录并妥善保存生产运营过程中的业务日志和系统日志，确保满足故障分析、内部控制、调查取证等工作的需要。重要信息系统业务日志应当保存五年以上，系统日志应当保存六个月以上。

第十九条 核心机构和经营机构应当构建网络和信息安全防护体系，综合采取网络隔离、用户认证、访问控制、策略管理、数据加密、网站防篡改、病毒木马防范、非法入侵检测和网络安全态势感知等安全保障措施，提升网络和信息安全防护能力，及时识别、阻断相关网络攻击，保护重要信息系统和相关基础设施，防范信息泄露与损毁。

第二十条 核心机构和经营机构应当建立本地、同城和异地数据备份设施，重要信息系统应当每天至少备份数据一次，每季度至少对数据备份进行一次有效性验证。

核心机构和经营机构应当建立重要信息系统的故障备份设施和灾难备份设施，根据信息系统的重要程度和业务影响情况，确定恢复目标，保证业务连续运行。灾难备份设施应当通过同城或者异地灾难备份中心的形式体现。

核心机构和经营机构采取双活或者多活架构部署重要信息系统的，在确保业务连续运行的前提下，任一数据中心可视为其他数据中心的灾难备份设施。

第二十一条 核心机构和经营机构应当每年至少开展一次重要信息系统压力测试；发现市场较大波动，重要信息系统的性能容量可能无法保障安全平稳运行的，应当及时对相关信息系统开展压力测试。

核心机构和经营机构应当依照有关行业标准，根据系统技术特点和承载业务类型，制定压力测试方案，设定测试场景，从系统性能、网络负载、灾备建设等方面设置测试指标，有序组织测试工作，测试完成后形成压力测试报告存档备查，并保存五年以上。

核心机构和经营机构重要信息系统的性能容量应当在历史峰值的两倍以上。核心机构交易时段相关网络近一年使用峰值应当在当前带宽的百分之五十以下，经营机构交易时段相关网络近一年使用峰值应当在当前带宽的百分之八十以下。

第二十二条 核心机构和经营机构应当建立健全供应商管理机制，明确信息技术产品和服务准入标准，审慎采购并持续评估相关产品和服务的质量，及时改进风险管理措施，健全应急处置机制，确保重要信息系统运行安全可控。

核心机构和经营机构应当与供应商签订合同及保密协议，明确约定各方保障网络和信息安全的权利和义务；在使用供应商提供产品或者服务时引发网络安全事件的，相关供应商有义务配合中国证监会及其派出机构查明网络安全事件原因，认定网络安全事件责任。

第二十三条 供应商为核心机构和经营机构提供重要信息系统相关产品或者服务的，应当依法作为信息技术系统服务机构向中国证监会备案。

核心机构和经营机构应当督促相关信息技术系统服务机构依法履行备案义务。

第二十四条 任何机构和个人不得违规开展证券期货业信息系统认证、检测、风险评估等活动，不得违规发布证券期货业信息安全漏洞、计算机病毒、网络攻击、网络侵入等信息。

第二十五条 核心机构和经营机构应当建立信息发布审核机制，加强对本机构和本机构运营平台发布信息的管理，发现违反法律法规和有关监管规定的，应当立即停止发布传输，采取必要的处置措施，防止信息扩散，积极消除负面影响，并及时向中国证监会及其派出机构报告。

第二十六条 核心机构应当对交易、行情、开户、结算、风控、通信等重要信息系统具有自主开发能力，掌握执行程序和源代码并安全可靠存放。

经营机构应当根据自身发展需要，加强自主研发能力建设，持续提升自主可控能力。

核心机构和经营机构应当按照国家及中国证监会有关要求，开展信息技术应用创新以及商用密码应用相关工作。

第二十七条 中国证监会可以委托相关机构建设证券期货业备份数据中心，开展行业数据的集中备份和管理工作，并采取有效安全防护手段，防范数据损毁泄露风险，持续提升证券期货业重大灾难应对能力。

鼓励证券期货业关键信息基础设施运营者及时向证券期货业备份数据中心备份数据。其他核心机构和经营机构可以结合经营需要，自主选择证券期货业备份数据中心，开展数据级灾难备份工作。

第二十八条 核心机构和经营机构应当按照知识产权相关法律法规，制定知识产权保护策略和制度，不侵犯他人的知识产权，并采取有效措施保护本机构自主知识产权。

第三章 投资者个人信息保护

第二十九条 核心机构和经营机构应当遵循合法、正当、必要和诚信原则，处理投资者个人信息，规范投资者个人信息处理行为，履行投资者个人信息保护义务，不得损害投资者合法权益。

第三十条 核心机构和经营机构处理投资者个人信息，应当建立健全投资者个人信息保护体系，明确相关岗位及职责要求，建立健全投资者个人信息处理、安全防护、应急处置、审计监督等管理机制，加强投资者个人信息保护。

第三十一条 核心机构和经营机构应当按照法律法规的规定及合同的约定处理投资者个人信息，明确告知投资者处理个人信息的目的、方式、范围和隐私保护政策，不得超范围收集和使用投资者个人信息，不得收集提供服务非必要的投资者个人信息。合同约定事项应当基于从事证券期货业务活动的必要限度。

核心机构和经营机构不得以投资者不同意处理其个人信息或者撤回同意为由，拒绝向投资者提供服务，为投资者提供服务所必需、履行法定职责或者法定义务等情形除外。

第三十二条 核心机构和经营机构处理投资者个人信息时，应当确保个人信息在收集、存储、使用、加工、传输、提供、公开、删除等处理过程中的合规、安全，防止个人信息的泄露、篡改、丢失。

第三十三条 核心机构和经营机构应当依法依规向第三方机构提供投资者个人信息，明确告知投资者个人信息处理目的、处理方式、个人信息种类、保存期限、保护措施以及相关方的权利和义务等，并取得投资者个人单独同意，履行法定职责或者法定义务的情形除外。

第三十四条 核心机构和经营机构在本机构网络安全防护边界以外处理投资者个人信息的，应当采取数据脱敏、数据加密等措施，防范化解投资者个人信息在处理过程中的泄露风险。

核心机构和经营机构通过短信、邮件等非自主运营渠道发送投资者敏感个人信息的，应当将投资者账号信息、身份证号码等敏感个人信息进行脱敏处理。

第三十五条 核心机构和经营机构利用生物特征进行客户身份认证的，应当对其必要性、安全性进行风险评估，不得将人脸、步态、指纹、虹膜、声纹等生物特征作为唯一的客户身份认证方式，强制客户同意收集其个人生物特征信息。

第四章 网络和信息安全应急处置

第三十六条 核心机构、经营机构和信息技术系统服务机构发现网络和信息安全产品或者服务存在安全缺陷、安全漏洞等风险隐患的，应当及时核实并加固整改；可能对证券期货业网络和信息安全平稳运行产生较大影响的，应当向中国证监会及其派出机构报告。

第三十七条 核心机构和经营机构应当根据业务影响分析情况，建立健全网络安全应急预案，明确应急目标、应急组织和处置流程，应急场景应当覆盖网络安全事件、自然灾害和公共卫生事件、本机构网络和信息安全相关重大人事变动、主要信息技术系统服务机构退出等情形。

第三十八条 核心机构应当组织与本机构信息系统和网络通信设施相关联主体开展网络

安全应急演练，每年至少开展一次，并于演练后 15 个工作日内将相关情况报告中国证监会。

核心机构和经营机构应当定期开展网络安全应急演练，并形成应急演练报告存档备查。

第三十九条 核心机构和经营机构应当建立应急处置机制，及时处置网络安全事件，尽快恢复信息系统正常运行，保护事件现场和相关证据，向中国证监会及其派出机构进行应急报告，不得瞒报、谎报、迟报、漏报。

信息技术系统服务机构应当协助开展信息系统故障排查、修复等工作，并及时告知使用同类产品或者服务的核心机构和经营机构，配合开展风险排查和整改工作。

第四十条 核心机构和经营机构应当配合中国证监会及其派出机构对网络安全事件进行调查处理，及时组织内部调查，完成问题整改，认定追究事件责任，并按照有关规定报告中国证监会及其派出机构。

第四十一条 核心机构和经营机构发生网络安全事件，对投资者造成影响的，应当及时通过官方网站、客户交易终端、电话或者邮件等有效渠道通知相关方可以采取的替代方式或者应急措施，提示相关方防范和应对可能出现的风险。

第五章 关键信息基础设施安全保护

第四十二条 证券期货业关键信息基础设施运营者应当按照法律法规及中国证监会有关规定，强化安全管理措施、技术防护及其他必要手段，保障经费投入，确保关键信息基础设施安全稳定运行，维护数据的完整性、保密性和可用性。

第四十三条 证券期货业关键信息基础设施运营者应当将关键信息基础设施安全保护情况纳入网络和信息安全工作第一责任人、直接责任人和相关人员的责任考核机制。

第四十四条 证券期货业关键信息基础设施运营者应当指定专门机构或者部门负责关键信息基础设施安全保护管理工作，为每个关键信息基础设施指定网络和信息安全管理责任人，依法认定网络安全关键岗位，配备充足的网络和信息安全人员，并对专门安全管理机构负责人和关键岗位人员进行安全背景审查。

第四十五条 证券期货业关键信息基础设施运营者新建承载关键业务的重要网络设施、信息系统等，投入使用前应当按照关键信息基础设施安全保护相关要求开展安全检测和风险评估，检测评估通过后上线运行。

证券期货业关键信息基础设施运营者对关键信息基础设施实施运行变更或者下线移除，可能对证券期货市场安全平稳运行产生较大影响的，应当在遵守本办法第十五条的前提下，组织开展专家评审；未通过评审的，原则上不得实施运行变更、下线移除等操作。

证券期货业关键信息基础设施停止运营或者发生较大变化，可能影响认定结果的，相关运营者应当及时将相关情况报告中国证监会及其派出机构。

第四十六条 证券期货业关键信息基础设施运营者应当每年至少进行一次网络和信息安全检测和风险评估，对发现的安全问题及时整改，网络和信息安全检测和风险评估的内容包括但不限于：关键信息基础设施的运行情况、面临的主要威胁、风险管理情况、应急处置情况等。

第四十七条 证券期货业关键信息基础设施运营者采购网络产品或者服务的，应当按照国家网络安全审查制度要求开展风险预判工作；采购网络产品或者服务与关键信息基础设施密切相关，投入使用后可能影响国家安全的，应当及时申报网络安全审查。

第四十八条 证券期货业关键信息基础设施运营者应当对关键信息基础设施的安全运行进行持续监测，定期开展压力测试，发现系统性能和网络容量不足的，应当及时采取系统升级、扩容等处置措施，确保系统性能容量在历史峰值的三倍以上，交易时段相关网络带宽应当在近一年使用峰值的两倍以上。

第四十九条 证券期货业关键信息基础设施运营者应当在符合本办法第二十条规定的基础上，建设同城和异地灾难备份中心，实现数据同步保存。

第六章 网络和信息安全促进与发展

第五十条 鼓励核心机构、经营机构和信息技术系统服务机构在依法合规的前提下，积极开展网络和信息安全技术应用工作，运用新技术提升网络和信息安全保障水平。

第五十一条 核心机构和经营机构组织开展行业信息基础设施建设的，应当在保障本机构网络和信息安全的前提下，为行业统筹提供服务，提升信息技术资源利用和服务水平。

第五十二条 核心机构和经营机构参加资本市场金融科技创新机制的，应当遵守有关规定，在依法合规、风险可控的前提下，有序开展金融科技创新与应用，借助新型信息技术手段，提升本机构证券期货业务活动的运行质量和效能。

信息技术系统服务机构参加资本市场金融科技创新机制的，应当遵守有关规定，持续优化技术服务水平，增强安全合规管理能力。

第五十三条 核心机构可以申请开展证券期货业网络和信息安全相关认证、检测、测试和风险评估等监管支撑工作。相关核心机构应当保障充足的资源投入，完善内部管理制度和工作流程，保证工作专业性、独立性和公信力。

中国证监会定期对核心机构前款工作情况开展评估，评估通过的，可以将其作为证券期货业网络和信息安全监管支撑单位，相关工作情况可以作为中国证监会及其派出机构实施监督管理的参考依据。

第五十四条 核心机构和经营机构应当加强网络和信息安全人才队伍建设，建立与网络和信息安全工作特点相适应的人才培养机制，确保人才资质、经验、专业素质及职业道德符合岗位要求。

行业协会应当制定网络和信息安全培训计划，定期组织培训交流，提高证券期货从业人员网络和信息安全意识和专业素养。

第五十五条 核心机构和经营机构应当加强本机构网络和信息安全宣传与教育，每年至少开展一次全员网络和信息安全教育活动，提升员工网络和信息安全意识。

经营机构应当定期组织开展面向投资者的网络和信息安全宣传教育活动，结合网上证券期货业务活动的特点，揭示网络和信息安全风险，增强投资者风险防范能力。

第五十六条 行业协会应当鼓励、引导网络和信息安全技术创新与应用，增强自主可控能力，组织开展科技奖励，促进行业科技进步。

行业协会应当引导信息技术系统服务机构规范参与行业网络和信息安全和信息化工作，提升服务的安全合规水平，促进市场有序竞争。

第七章 监督管理与法律责任

第五十七条 核心机构、经营机构和信息技术系统服务机构应当向中国证监会及其派出机构报送或者提供证券期货业网络和信息安全管理相关信息和数据，确保有关信息和数据的真实、准确、完整。

第五十八条 中国证监会负责建立健全行业网络和信息安全态势感知工作机制，并就相关安全缺陷、安全漏洞等风险隐患开展行业通报预警。核心机构、经营机构和信息技术系统服务机构应当及时排查并采取风险防范措施。

第五十九条 核心机构和经营机构应当于每年4月30日前，完成对上一年网络和信息安全工作的专项评估，编制网络和信息安全管理年报，报送中国证监会及其派出机构，年报内容包括但不限于网络和信息安全治理情况、人员情况、投入情况、风险情况、处置情况和下一年度工作计划等。

核心机构和经营机构报送网络和信息安全管理年报时，可以与中国证监会要求的信息科技管理专项报告等其他年度信息科技类报告合并报送，关键信息基础设施安全保护年度计划除外。

证券期货业关键信息基础设施运营者应当将关键信息基础设施网络和信息安全检测和风险评估情况纳入网络和信息安全管理年报。

第六十条 中国证监会及其派出机构可以委托国家、行业有关专业机构采用漏洞扫描、风险评估等方式，协助对核心机构、经营机构和信息技术系统服务机构开展监督、检查。

第六十一条 中国证监会可以根据国家有关要求或者行业工作需要，组织开展证券期货业重要时期网络和信息安全保障。中国证监会派出机构负责督促本辖区经营机构和信息技术系统服务机构落实相关工作要求。

证券期货业重要时期网络和信息安全保障期间，核心机构和经营机构应当遵循安全优先的原则，加强安全生产值守，严格落实信息报送要求。

第六十二条 核心机构违反本办法规定的，中国证监会可以对其采取责令改正、监管谈话等监管措施；对有关高级管理人员给予警告、记过、记大过、降级、撤职、开除等行政处分，并责令核心机构对其他责任人给予纪律处分。

经营机构和信息技术系统服务机构违反本办法规定的，中国证监会及其派出机构可以对其采取责令改正、监管谈话、出具警示函、责令公开说明、责令定期报告、责令增加内部合规检查次数等监管措施；对直接责任人和其他责任人员采取责令改正、监管谈话、出具警示函等监管措施；情节严重的，对相关机构及责任人员单处或者并处警告、十万元以下罚款，涉及金融安全且有危害后果的，并处二十万元以下罚款。

第六十三条 经营机构违反本办法规定，反映机构治理混乱、内控失效或者不符合持续性经营规则的，中国证监会及其派出机构可以依照《证券法》《期货和衍生品法》《证券投资基金法》相关规定，采取责令暂停借助网络开展部分业务或者全部业务、责令更换董事、监事、高级管理人员或者限制其权利等监管措施。

信息技术系统服务机构违反本办法规定，未履行备案义务的，中国证监会及其派出机构可以依照《证券法》《期货和衍生品法》相关规定予以处罚。

第六十四条 核心机构、经营机构和信息技术系统服务机构违反本办法第九条、第十条、第十八条、第十九条、第二十条、第三十七条、第三十九条规定，未履行网络和信息安全保护义务，或者应急管理存在重大过失的，中国证监会及其派出机构可以依照《网络安全法》相关规定予以处罚。

证券期货业关键信息基础设施运营者未履行本办法第九条、第十条、第十八条、第十九条、第二十条、第二十二条、第三十七条、第三十八条、第四十二条、第四十四条、第四十六条、第四十九条、第五十五条规定的网络安全保护义务的，中国证监会及其派出机构可以依照《网络安全法》《关键信息基础设施安全保护条例》相关规定予以处罚。

第六十五条 核心机构和经营机构违反本办法第十七条、第三十六条规定，擅自暂停或者终止借助网络向投资者提供服务，对其产品、服务存在安全缺陷、漏洞等风险未立即采取补救措施，或者未按照规定及时报告的，中国证监会及其派出机构可以依照《网络安全法》相关规定予以处罚。

第六十六条 违反本办法第二十四条规定，开展证券期货业信息系统认证、检测、风险评估等活动，或者向社会发布证券期货业信息安全漏洞、计算机病毒、网络攻击、网络侵入等信息的，中国证监会及其派出机构可以依照《网络安全法》相关规定予以处罚。

第六十七条 核心机构和经营机构违反本办法第二十五条规定，对法律、行政法规禁止发布或者传输的信息未停止传输、采取消除等处置措施、保存有关记录的，中国证监会及其派出机构可以依照《网络安全法》相关规定予以处罚。

第六十八条 核心机构和经营机构违反本办法第三十一条第一款、第三十二条、第三十三条规定，违规处理个人信息，或者处理个人信息未履行个人信息保护义务的，中国证监会及其派出机构可以依照《网络安全法》《个人信息保护法》相关规定予以处罚。

第六十九条 核心机构、经营机构和信息技术系统服务机构拒绝、阻碍中国证监会及其派出机构行使监督检查、调查职权的，中国证监会及其派出机构可以依法予以处罚。

第七十条 核心机构和经营机构参加资本市场金融科技创新机制或者信息技术应用创新机制，相关项目发生网络安全事件，相关机构处置得当，积极消除不良影响的，中国证监会及其派出机构可以予以从轻或者减轻处罚，未对证券期货市场产生不良影响的，可以免于处罚。

第八章 附 则

第七十一条 本办法中下列用语的含义：

（一）核心机构，包括证券期货交易场所、证券登记结算机构等承担证券期货市场公共职能、承担证券期货业信息技术公共基础设施运营的证券期货市场核心机构及其承担上述相关职能的下属机构。

（二）经营机构，是指证券公司、期货公司和基金管理公司等证券期货经营机构。

（三）信息技术系统服务机构，是指为证券期货业务活动提供重要信息系统的开发、测试、集成、测评、运维及日常安全管理等产品或者服务的机构。

（四）双活或者多活架构，是指在同城或

者异地的两个或者多个数据中心同时对外提供服务,当其中一个或者多个数据中心发生灾难性事故时,可以将原先由其承载的服务请求划拨至其他正常运作的数据中心,保障业务连续运行。

(五)重要信息系统,是指承载证券期货业关键业务活动,如出现系统服务异常、数据泄露等情形,将对证券期货市场和投资者产生重大影响的信息系统。

(六)可能对证券期货市场安全平稳运行产生较大影响,是指依据网络安全事件调查处理有关办法,可能引发较大或者以上级别网络安全事件的情形。

(七)"以上"含本数,"以下"不含本数。

第七十二条 本办法规定的核心机构、经营机构和信息技术系统服务机构相关报告事项,是指依照监管职责,核心机构应当向中国证监会报告;除中国证监会另有要求的,经营机构和信息技术系统服务机构原则上应当向属地中国证监会派出机构报告。

第七十三条 国家对存储、处理涉及国家秘密信息的网络和信息安全管理另有规定的,从其规定。

第七十四条 境内开展证券公司客户交易结算资金第三方存管业务、期货保证金存管业务的商业银行,证券投资咨询机构,基金托管机构和从事公开募集基金的销售、销售支付、份额登记、估值、投资顾问、评价等基金服务业务的机构,从事证券期货业务活动的经营机构子公司,借助自身运维管理的信息系统从事证券投资活动且存续产品涉及基金份额持有人账户合计一千人以上的私募证券投资基金管理人,应当根据相关信息系统网络和信息安全管理的特点,参照适用本办法。

核心机构和经营机构设立信息科技专业子公司,为母公司提供信息科技服务的,信息科技专业子公司应当按照本办法落实网络和信息安全相关要求。

第七十五条 本办法自2023年5月1日起施行。2012年11月1日公布的《证券期货业信息安全保障管理办法》(证监会令第82号)同时废止。

证券期货经营机构私募资产管理业务管理办法

(2022年12月30日中国证券监督管理委员会第7次委务会议审议通过
2023年1月12日中国证券监督管理委员会令第203号公布
自2023年3月1日起施行)

目　录

第一章　总　则
第二章　业务主体
第三章　业务形式
第四章　非公开募集
第五章　投资运作
第六章　信息披露
第七章　变更、终止与清算
第八章　风险管理与内部控制
第九章　监督管理与法律责任
第十章　附　则

第一章　总　则

第一条 为规范证券期货经营机构私募资产管理业务,保护投资者及相关当事人的合法权益,维护证券期货市场秩序,根据《中华人民共和国证券法》(以下简称《证券法》)、《中华人民共和国证券投资基金法》(以下简称《证券投资基金法》)、《中华人民共和国期货和衍生品法》(以下简称《期货和衍生品法》)、《证券公司监督管理条例》、《期货交易管理条例》、《关于规范金融机构资产管理业务的指导意见》(银发〔2018〕106号,以下简称《指导意见》)及相关法律法规,制定本办法。

第二条 在中华人民共和国境内，证券期货经营机构非公开募集资金或者接受财产出资，设立私募资产管理计划（以下简称资产管理计划）并担任管理人，由托管机构担任托管人，依照法律法规和资产管理合同的约定，为投资者的利益进行投资活动，适用本办法。

本办法所称证券期货经营机构，是指证券公司、基金管理公司、期货公司及前述机构依法设立的从事私募资产管理业务的子公司。

证券期货经营机构非公开募集资金开展资产证券化业务，由中国证券监督管理委员会（以下简称中国证监会）另行规定。

第三条 证券期货经营机构从事私募资产管理业务，应当遵循自愿、公平、诚实信用和客户利益至上原则，恪尽职守，谨慎勤勉，维护投资者合法权益，服务实体经济，不得损害国家利益、社会公共利益和他人合法权益。

证券期货经营机构应当遵守审慎经营规则，制定科学合理的投资策略和风险管理制度，有效防范和控制风险，确保业务开展与资本实力、管理能力及风险控制水平相适应。

有序推动资本充足、公司治理健全、合规运营稳健、专业能力适配的证券公司规范发展私募资产管理业务；符合前述要求的期货公司、基金管理公司应当基于专业优势和服务能力，规范审慎发展私募资产管理业务。

第四条 证券期货经营机构不得在表内从事私募资产管理业务，不得以任何方式向投资者承诺本金不受损失或者承诺最低收益。

投资者参与资产管理计划，应当根据自身能力审慎决策，独立承担投资风险。

第五条 证券期货经营机构从事私募资产管理业务，应当实行集中运营管理，建立健全内部控制和合规管理制度，采取有效措施，将私募资产管理业务与公司其他业务分开管理，控制敏感信息的不当流动和使用，防范内幕交易、利用未公开信息交易、利益冲突和利益输送。

第六条 资产管理计划财产为信托财产，其债务由资产管理计划财产本身承担，投资者以其出资为限对资产管理计划财产的债务承担责任。但资产管理合同依照《证券投资基金法》另有约定的，从其约定。

资产管理计划财产独立于证券期货经营机构和托管人的固有财产，并独立于证券期货经营机构管理的和托管人托管的其他财产。证券期货经营机构、托管人不得将资产管理计划财产归入其固有财产。

证券期货经营机构、托管人因资产管理计划财产的管理、运用或者其他情形而取得的财产和收益，归入资产管理计划财产。

证券期货经营机构、托管人因依法解散、被依法撤销或者被依法宣告破产等原因进行清算的，资产管理计划财产不属于其清算财产。

非因资产管理计划本身的债务或者法律规定的其他情形，不得查封、冻结、扣划或者强制执行资产管理计划财产。

第七条 中国证监会及其派出机构依据法律、行政法规和本办法的规定，对证券期货经营机构私募资产管理业务实施监督管理。

中国证监会基于审慎监管原则，可以根据证券期货经营机构公司治理、内控合规及风险状况，对其私募资产管理业务规模、结构、子公司设立等实施差异化监管。

第八条 证券交易场所、期货交易所、证券登记结算机构、中国证券业协会（以下简称证券业协会）、中国期货业协会（以下简称期货业协会）、中国证券投资基金业协会（以下简称证券投资基金业协会）依照法律、行政法规和中国证监会的规定，对证券期货经营机构私募资产管理业务实施自律管理。

第二章 业务主体

第九条 证券期货经营机构从事私募资产管理业务，应当依法经中国证监会批准。法律、行政法规和中国证监会另有规定的除外。

第十条 支持符合条件的证券公司设立子公司从事私募资产管理业务，加强风险隔离。专门从事资产管理业务的证券公司除外。

遵守审慎经营原则，并符合中国证监会规定条件的证券公司、基金管理公司，可以设立私募投资基金管理子公司等从事投资于未上市企业股权的私募资产管理业务。

第十一条 证券期货经营机构从事私募资产管理业务，应当符合以下条件：

（一）净资产、净资本等财务和风险控制指标符合法律、行政法规和中国证监会的规定；

（二）法人治理结构良好，内部控制、合

规管理、风险管理制度完备；

（三）具备符合条件的高级管理人员和三名以上投资经理；

（四）具有投资研究部门，且专职从事投资研究的人员不少于三人；

（五）具有符合要求的营业场所、安全防范设施、信息技术系统；

（六）最近两年未因重大违法违规行为被行政处罚或者刑事处罚，最近一年未因重大违法违规行为被监管机构采取行政监管措施，无因涉嫌重大违法违规正受到监管机构或有权机关立案调查的情形；

（七）中国证监会根据审慎监管原则规定的其他条件。

证券公司、基金管理公司、期货公司设立子公司从事私募资产管理业务，并由其投资研究部门为子公司提供投资研究服务的，视为符合前款第（四）项规定的条件。

第十二条 证券期货经营机构从事私募资产管理业务，应当履行以下管理人职责：

（一）依法办理资产管理计划的销售、登记、备案事宜；

（二）对所管理的不同资产管理计划的受托财产分别管理、分别记账，进行投资；

（三）按照资产管理合同的约定确定收益分配方案，及时向投资者分配收益；

（四）进行资产管理计划会计核算并编制资产管理计划财务会计报告；

（五）依法计算并披露资产管理计划净值，确定参与、退出价格；

（六）办理与受托财产管理业务活动有关的信息披露事项；

（七）保存受托财产管理业务活动的记录、账册、报表和其他相关资料；

（八）以管理人名义，代表投资者利益行使诉讼权利或者实施其他法律行为；

（九）保证向投资者支付的受托资金及收益返回其参与资产管理计划时使用的结算账户或其同名账户；

（十）法律、行政法规和中国证监会规定的其他职责。

第十三条 投资经理应当依法取得基金从业资格，具有三年以上投资管理、投资研究、投资咨询等相关业务经验，具备良好的诚信记录和职业操守，且最近三年未被监管机构采取重大行政监管措施、行政处罚。

投资经理应当在证券期货经营机构授权范围内独立、客观地履行职责，重要投资应当有详细的研究报告和风险分析支持。

第十四条 证券期货经营机构应当将受托财产交由依法取得基金托管资格的托管机构实施独立托管。法律、行政法规和中国证监会另有规定的除外。

托管人应当履行下列职责：

（一）安全保管资产管理计划财产；

（二）按照规定开设资产管理计划的托管账户，不同托管账户中的财产应当相互独立；

（三）按照资产管理合同约定，根据管理人的投资指令，及时办理清算、交割事宜；

（四）建立与管理人的对账机制，复核、审查管理人计算的资产管理计划资产净值和资产管理计划参与、退出价格；

（五）监督管理人的投资运作，发现管理人的投资或清算指令违反法律、行政法规、中国证监会的规定或者资产管理合同约定的，应当拒绝执行，并向中国证监会相关派出机构报告；

（六）办理与资产管理计划托管业务活动有关的信息披露事项；

（七）对资产管理计划财务会计报告、年度报告出具意见；

（八）保存资产管理计划托管业务活动的记录、账册、报表和其他相关资料；

（九）对资产管理计划投资信息和相关资料承担保密责任，除法律、行政法规、规章规定或者审计要求、合同约定外，不得向任何机构或者个人提供相关信息和资料；

（十）法律、行政法规和中国证监会规定的其他职责。

第十五条 证券期货经营机构可以自行销售资产管理计划，也可以委托具有公开募集证券投资基金（以下简称公募基金）销售资格的机构（以下简称销售机构）销售或者推介资产管理计划。

销售机构应当依法、合规销售或者推介资产管理计划。

第十六条 证券期货经营机构可以自行办理资产管理计划份额的登记、估值、核算，也可以委托中国证监会认可的其他机构代为办理。

第十七条 证券期货经营机构应当立足其专业服务能力开展私募资产管理业务；为更好满足资产管理计划投资配置需求，可以聘请符合中国证监会规定条件并接受国务院金融监督管理机构监管的机构为其提供投资顾问服务。证券期货经营机构依法应当承担的责任不因聘请投资顾问而免除。

证券期货经营机构应当向投资者详细披露所聘请的投资顾问的资质、收费等情况，以及更换、解聘投资顾问的条件和程序，充分揭示聘请投资顾问可能产生的特定风险。

证券期货经营机构不得聘请个人或者不符合条件的机构提供投资顾问服务。

第十八条 证券期货经营机构、托管人、投资顾问及相关从业人员不得有下列行为：

（一）利用资产管理计划从事内幕交易、操纵市场或者其他不当、违法的证券期货业务活动；

（二）泄露因职务便利获取的未公开信息、利用该信息从事或者明示、暗示他人从事相关交易活动；

（三）为违法或者规避监管的证券期货业务活动提供交易便利；

（四）利用资产管理计划，通过直接投资、投资其他资产管理产品或者与他人进行交叉融资安排等方式，违规为本机构及其控股股东、实际控制人或者其他关联方提供融资；

（五）为本人或他人违规持有金融机构股权提供便利；

（六）从事非公平交易、利益输送等损害投资者合法权益的行为；

（七）利用资产管理计划进行商业贿赂；

（八）侵占、挪用资产管理计划财产；

（九）利用资产管理计划或者职务便利为投资者以外的第三方谋取不正当利益；

（十）直接或者间接向投资者返还管理费；

（十一）以获取佣金或者其他不当利益为目的，使用资产管理计划财产进行不必要的交易；

（十二）法律、行政法规和中国证监会规定禁止的其他行为。

第三章 业务形式

第十九条 证券期货经营机构可以为单一投资者设立单一资产管理计划，也可以为多个投资者设立集合资产管理计划。

集合资产管理计划的投资者人数不少于二人，不得超过二百人。符合条件的员工持股计划不穿透计算员工人数。

第二十条 单一资产管理计划可以接受货币资金出资，或者接受投资者合法持有的股票、债券或中国证监会认可的其他金融资产出资。集合资产管理计划原则上应当接受货币资金出资，中国证监会认可的情形除外。

证券登记结算机构应当按照规定为接受股票、债券等证券出资的单一资产管理计划办理证券非交易过户等手续。

第二十一条 资产管理计划应当具有明确、合法的投资方向，具备清晰的风险收益特征，并区分最终投向资产类别，按照下列规定确定资产管理计划所属类别：

（一）投资于存款、债券等债权类资产的比例不低于资产管理计划总资产80%的，为固定收益类；

（二）投资于股票、未上市企业股权等股权类资产的比例不低于资产管理计划总资产80%的，为权益类；

（三）投资于期货和衍生品的持仓合约价值的比例不低于资产管理计划总资产80%，且期货和衍生品账户权益超过资产管理计划总资产20%的，为期货和衍生品类；

（四）投资于债权类、股权类、期货和衍生品类资产的比例未达到前三类产品标准的，为混合类。

第二十二条 根据资产管理计划的类别、投向资产的流动性及期限特点、投资者需求等因素，证券期货经营机构可以设立存续期间办理参与、退出的开放式资产管理计划，或者存续期间不办理参与和退出的封闭式资产管理计划。

开放式资产管理计划应当明确投资者参与、退出的时间、次数、程序及限制事项。开放式集合资产管理计划每三个月至多开放一次计划份额的参与、退出，中国证监会另有规定的除外。

第二十三条 单一资产管理计划可以不设份额，集合资产管理计划应当设定为均等份额。

开放式集合资产管理计划不得进行份额分

级。封闭式集合资产管理计划可以根据风险收益特征对份额进行分级。同级份额享有同等权益、承担同等风险。分级资产管理计划优先级与劣后级的比例应当符合法律、行政法规和中国证监会的规定。

分级资产管理计划的名称应当包含"分级"或"结构化"字样，证券期货经营机构应当向投资者充分披露资产管理计划的分级设计及相应风险、收益分配、风险控制等信息。

第二十四条 证券期货经营机构可以设立基金中基金资产管理计划，将80%以上的资产管理计划资产投资于接受国务院金融监督管理机构监管的机构发行的资产管理产品，但不得违反本办法第四十五条、第四十六条以及中国证监会的其他规定。

证券期货经营机构应当向投资者充分披露基金中基金资产管理计划所投资资产管理产品的选择标准、资产管理计划发生的费用、投资管理人及管理人关联方所设立的资产管理产品的情况。

第二十五条 证券期货经营机构可以设立管理人中管理人资产管理计划，具体规则由中国证监会另行制定。

第四章 非公开募集

第二十六条 资产管理计划应当以非公开方式向合格投资者募集。

证券期货经营机构、销售机构不得公开或变相公开募集资产管理计划，不得通过报刊、电台、电视、互联网等传播媒体或者讲座、报告会、传单、布告、自媒体等方式向不特定对象宣传具体资产管理计划。

证券期货经营机构不得设立多个资产管理计划，同时投资于同一非标准化资产，以变相突破投资者人数限制或者其他监管要求。单一主体及其关联方的非标准化资产，视为同一非标准化资产。

任何单位和个人不得以拆分份额或者转让份额收（受）益权等方式，变相突破合格投资者标准或人数限制。

第二十七条 证券期货经营机构募集资产管理计划，应当与投资者、托管人签订资产管理合同。资产管理合同应当包括《证券投资基金法》第九十二条、第九十三条规定的内容。

资产管理合同应当对巨额退出、延期支付、延期清算、管理人变更或者托管人变更等或有事项，作出明确约定。

第二十八条 证券期货经营机构和销售机构在募集资产管理计划过程中，应当按照中国证监会的规定，严格履行适当性管理义务，充分了解投资者，对投资者进行分类，对资产管理计划进行风险评级，遵循风险匹配原则，向投资者推荐适当的产品，禁止误导投资者购买与其风险承受能力不相符合的产品，禁止向风险识别能力和风险承受能力低于产品风险等级的投资者销售资产管理计划。

投资者应当以真实身份和自有资金参与资产管理计划，并承诺参与资金的来源符合法律、行政法规的规定。投资者未作承诺，或者证券期货经营机构、销售机构知道或者应当知道投资者身份不真实、参与资金来源不合法的，证券期货经营机构、销售机构不得接受其参与资产管理计划。

第二十九条 销售机构应当在募集结束后十个工作日内，将销售过程中产生和保存的投资者信息及资料全面、准确、及时提供给证券期货经营机构。

资产管理计划存续期间持续销售的，销售机构应当在销售行为完成后五个工作日内，将销售过程中产生和保存的投资者信息及资料全面、准确、及时提供给证券期货经营机构。

第三十条 集合资产管理计划募集期间，证券期货经营机构、销售机构应当在规定期限内，将投资者参与资金存入集合资产管理计划份额登记机构指定的专门账户。集合资产管理计划成立前，任何机构和个人不得动用投资者参与资金。

按照前款规定存入专门账户的投资者参与资金，独立于证券期货经营机构、销售机构的固有财产。非因投资者本身的债务或者法律规定的其他情形，不得查封、冻结、扣划或者强制执行存入专门账户的投资者参与资金。

第三十一条 集合资产管理计划成立应当具备下列条件：

（一）募集过程符合法律、行政法规和中国证监会的规定；

（二）募集金额达到资产管理合同约定的成立规模，且不违反中国证监会规定的最低成立规模；

（三）投资者人数不少于二人；

（四）符合中国证监会规定以及资产管理合同约定的其他条件。

第三十二条 集合资产管理计划在募集金额缴足之日起十个工作日内，由证券期货经营机构公告资产管理计划成立；单一资产管理计划在受托资产入账后，由证券期货经营机构书面通知投资者资产管理计划成立。

第三十三条 证券期货经营机构应当在资产管理计划成立之日起五个工作日内，将资产管理合同、投资者名单与认购金额、资产缴付证明等材料报证券投资基金业协会备案。

证券投资基金业协会应当制定资产管理计划备案规则，明确工作程序和期限，并向社会公开。

第三十四条 证券期货经营机构应当在资产管理合同约定的募集期内，完成集合资产管理计划的募集。募集期届满，集合资产管理计划未达到本办法第三十一条规定的成立条件的，证券期货经营机构应当承担下列责任：

（一）以其固有财产承担因募集行为而产生的债务和费用；

（二）在募集期届满后三十日内返还投资者已缴纳的款项，并加计银行同期活期存款利息。

第三十五条 证券期货经营机构以自有资金参与集合资产管理计划，应当符合法律、行政法规和中国证监会的规定，并按照《中华人民共和国公司法》和公司章程的规定，获得公司股东会、董事会或者其他授权程序的批准。

证券期货经营机构自有资金所持的集合资产管理计划份额，应当与投资者所持的同类份额享有同等权益、承担同等风险。

第三十六条 投资者可以通过证券交易所以及中国证监会认可的其他方式，向合格投资者转让其持有的集合资产管理计划份额，并按规定办理份额变更登记手续。转让后，持有资产管理计划份额的合格投资者合计不得超过二百人。

证券期货经营机构应当在集合资产管理计划份额转让前，对受让人的合格投资者身份和资产管理计划的投资者人数进行合规性审查。受让方首次参与集合资产管理计划的，应当先与证券期货经营机构、托管人签订资产管理合同。

证券期货经营机构、交易场所不得通过办理集合资产管理计划的份额转让，公开或变相公开募集资产管理计划。

第五章 投资运作

第三十七条 证券期货经营机构设立集合资产管理计划进行投资，除中国证监会另有规定外，应当采用资产组合的方式。

资产组合的具体方式和比例，依照法律、行政法规和中国证监会的规定在资产管理合同中约定。

第三十八条 资产管理计划可以投资于以下资产：

（一）银行存款、同业存单，以及符合《指导意见》规定的标准化债权类资产，包括但不限于在证券交易所、银行间市场等国务院同意设立的交易场所交易的可以划分为均等份额、具有合理公允价值和完善流动性机制的债券、中央银行票据、资产支持证券、非金融企业债务融资工具等；

（二）上市公司股票、存托凭证，以及中国证监会认可的其他标准化股权类资产；

（三）在证券期货交易所等依法设立的交易场所集中交易清算的期货及期权合约等标准化期货和衍生品类资产；

（四）公募基金，以及中国证监会认可的比照公募基金管理的资产管理产品；

（五）第（一）至（三）项规定以外的非标准化债权类资产、股权类资产、期货和衍生品类资产；

（六）第（四）项规定以外的其他受国务院金融监督管理机构监管的机构发行的资产管理产品；

（七）中国证监会认可的其他资产。

前款第（一）项至第（四）项为标准化资产，第（五）项至第（六）项为非标准化资产。

中国证监会对证券期货经营机构从事私募资产管理业务投资于本条第一款第（五）项规定资产另有规定的，适用其规定。

第三十九条 资产管理计划可以依法参与证券回购、融资融券、转融通以及中国证监会认可的其他业务。法律、行政法规和中国证监会另有规定的除外。

证券期货经营机构可以依法设立资产管理计划在境内募集资金，投资于中国证监会认可的境外金融产品。

第四十条 资产管理计划不得直接投资商业银行信贷资产；不得违规为地方政府及其部门提供融资，不得要求或者接受地方政府及其部门违规提供担保；不得直接或者间接投资法律、行政法规和国家政策禁止投资的行业或领域。

第四十一条 资产管理计划存续期间，证券期货经营机构应当严格按照法律、行政法规、中国证监会规定以及合同约定的投向和比例进行资产管理计划的投资运作。

资产管理计划改变投向和比例的，应当事先取得投资者同意，并按规定履行合同变更程序。

因证券期货市场波动、证券发行人合并、资产管理计划规模变动等证券期货经营机构之外的因素导致资产管理计划投资不符合法律、行政法规和中国证监会规定的投资比例或者合同约定的投资比例的，证券期货经营机构应当在流动性受限资产可出售、可转让或者恢复交易的二十个交易日内调整至符合相关要求。确有特殊事由未能在规定时间内完成调整的，证券期货经营机构应当及时向中国证监会相关派出机构报告。

第四十二条 证券期货经营机构应当确保资产管理计划所投资的资产组合的流动性与资产管理合同约定的参与、退出安排相匹配，确保在开放期保持适当比例的现金或者其他高流动性金融资产，且限制流动性受限资产投资比例。

第四十三条 资产管理计划应当设定合理的负债比例上限，确保其投资杠杆水平与投资者风险承受能力相匹配，并保持充足的现金或者其他高流动性金融资产偿还到期债务。

资产管理计划的总资产不得超过该计划净资产的200%，分级资产管理计划的总资产不得超过该计划净资产的140%。

第四十四条 证券期货经营机构应当对资产管理计划实行净值化管理，确定合理的估值方法和科学的估值程序，真实公允地计算资产管理计划净值。

第四十五条 资产管理计划接受其他资产管理产品参与的，证券期货经营机构应当切实履行主动管理职责，不得进行转委托，不得再投资除公募基金以外的其他资产管理产品。

第四十六条 资产管理计划投资于其他资产管理产品的，应当明确约定所投资的资产管理产品不再投资除公募基金以外的其他资产管理产品。

中国证监会对创业投资基金、政府出资产业投资基金等另有规定的，不受本条第一款及本办法第四十五条关于再投资其他资产管理产品的限制。

证券期货经营机构不得将其管理的资产管理计划资产投资于该机构管理的其他资产管理计划，依法设立的基金中基金资产管理计划以及中国证监会另有规定的除外。

资产管理计划不得通过投资其他资产管理产品变相扩大投资范围或者规避监管要求。

第四十七条 证券期货经营机构应当切实履行主动管理职责，不得有下列行为：

（一）为其他机构、个人或者资产管理产品提供规避投资范围、杠杆约束等监管要求的通道服务；

（二）由委托人或其指定第三方自行负责尽职调查或者投资运作；

（三）由委托人或其指定第三方下达投资指令或者提供具体投资标的等实质性投资建议；

（四）根据委托人或其指定第三方的意见行使资产管理计划所持证券的权利；

（五）法律、行政法规和中国证监会禁止的其他行为。

第六章　信息披露

第四十八条 证券期货经营机构、托管人、销售机构和其他信息披露义务人应当依法披露资产管理计划信息，保证所披露信息的真实性、准确性、完整性、及时性，确保投资者能够按照资产管理合同约定的时间和方式查阅或者复制所披露的信息资料。

第四十九条 资产管理计划应向投资者提供下列信息披露文件：

（一）资产管理合同、计划说明书和风险揭示书；

（二）资产管理计划净值，资产管理计划参与、退出价格；

（三）资产管理计划定期报告，至少包括季度报告和年度报告；

（四）重大事项的临时报告；

（五）资产管理计划清算报告；
（六）中国证监会规定的其他事项。
前款第（四）项、第（六）项信息披露文件，应当及时报送中国证监会相关派出机构。
信息披露文件的内容与格式指引由中国证监会或者授权证券投资基金业协会另行制定。

第五十条 证券期货经营机构募集资产管理计划，除向投资者提供资产管理合同外，还应当制作计划说明书和风险揭示书，详细说明资产管理计划管理和运作情况，充分揭示资产管理计划的各类风险。

计划说明书披露的信息应当与资产管理合同内容一致。销售机构应当使用证券期货经营机构制作的计划说明书和其他销售材料，不得擅自修改或者增减材料。

风险揭示书应当作为资产管理合同的附件交由投资者签字确认。

第五十一条 资产管理计划运作期间，证券期货经营机构应当按照以下要求向投资者提供相关信息：

（一）投资标准化资产的资产管理计划至少每周披露一次净值，投资非标准化资产的资产管理计划至少每季度披露一次净值；

（二）开放式资产管理计划净值的披露频率不得低于资产管理计划的开放频率，分级资产管理计划应当披露各类别份额净值；

（三）每季度结束之日起一个月内披露季度报告，每年度结束之日起四个月内披露年度报告；

（四）发生资产管理合同约定的或者可能影响投资者利益的重大事项时，在事项发生之日起五日内向投资者披露；

（五）中国证监会规定的其他要求。

资产管理计划成立不足三个月或者存续期间不足三个月的，证券期货经营机构可以不编制资产管理计划当期的季度报告和年度报告。

第五十二条 披露资产管理计划信息，不得有下列行为：

（一）虚假记载、误导性陈述或者重大遗漏；

（二）对投资业绩进行预测，或者宣传预期收益率；

（三）承诺收益，承诺本金不受损失或者限定损失金额或比例；

（四）夸大或者片面宣传管理人、投资经理及其管理的资产管理计划的过往业绩；

（五）恶意诋毁、贬低其他资产管理人、托管人、销售机构或者其他资产管理产品；

（六）中国证监会禁止的其他情形。

第五十三条 集合资产管理计划年度财务会计报告应当经符合《证券法》规定的会计师事务所审计，审计机构应当对资产管理计划会计核算及净值计算等出具意见。

第七章　变更、终止与清算

第五十四条 资产管理合同需要变更的，证券期货经营机构应当按照资产管理合同约定的方式取得投资者和托管人的同意，保障投资者选择退出资产管理计划的权利，对相关后续事项作出公平、合理安排。

证券期货经营机构应当自资产管理合同变更之日起五个工作日内报证券投资基金业协会备案。

第五十五条 资产管理计划展期应当符合下列条件：

（一）资产管理计划运作规范，证券期货经营机构、托管人未违反法律、行政法规、中国证监会规定和资产管理合同的约定；

（二）资产管理计划展期没有损害投资者利益的情形；

（三）中国证监会规定的其他条件。

集合资产管理计划展期的，还应当符合集合资产管理计划的成立条件。

第五十六条 有下列情形之一的，资产管理计划终止：

（一）资产管理计划存续期届满且不展期；

（二）证券期货经营机构被依法撤销资产管理业务资格或者依法解散、被撤销、被宣告破产，且在六个月内没有新的管理人承接；

（三）托管人被依法撤销基金托管资格或者依法解散、被撤销、被宣告破产，且在六个月内没有新的托管人承接；

（四）经全体投资者、证券期货经营机构和托管人协商一致决定终止的；

（五）发生资产管理合同约定的应当终止的情形；

（六）集合资产管理计划存续期间，持续五个工作日投资者少于二人；

（七）法律、行政法规及中国证监会规定的其他情形。

证券期货经营机构应当自资产管理计划终止之日起五个工作日内报告证券投资基金业协会。

第五十七条 资产管理计划终止的，证券期货经营机构应当在发生终止情形之日起五个工作日内开始组织清算资产管理计划财产。

清算后的剩余财产，集合资产管理计划应当按照投资者持有份额占总份额的比例，原则上以货币资金形式分配给投资者；资产管理合同另有约定的，从其约定；但不得违反中国证监会规定。单一资产管理计划应当按照合同约定的形式将全部财产交还投资者自行管理。

证券期货经营机构应当在资产管理计划清算结束后五个工作日内将清算报告报证券投资基金业协会。

资产管理计划因受托财产流动性受限等原因延期清算的，证券期货经营机构应当及时向中国证监会相关派出机构报告。

第五十八条 证券期货经营机构、托管人、销售机构等机构应当按照法律、行政法规和中国证监会的规定保存资产管理计划的会计账册，妥善保存有关的合同、协议、交易记录等文件、资料和数据，任何人不得隐匿、伪造、篡改或者销毁。保存期限自资产管理计划终止之日起不少于二十年。

第八章　风险管理与内部控制

第五十九条 证券期货经营机构董事会和高级管理层应当充分了解私募资产管理业务及其面临的各类风险，根据本机构的经营目标、投资管理能力、风险管理水平等因素，合理确定开展私募资产管理业务的总体战略，并指定高级管理人员负责实施。

证券期货经营机构应当建立健全与私募资产管理业务相关的投资者适当性、投资决策、公平交易、会计核算、风险控制、合规管理、投诉处理等管理制度，覆盖私募资产管理业务的各个环节，明确岗位职责和责任追究机制，确保各项制度流程得到有效执行。

第六十条 证券期货经营机构应当采取有效措施，确保私募资产管理业务按规定与其他业务在场地、人员、账户、资金、信息等方面相分离；确保不同投资经理管理的资产管理计划的持仓和交易等重大非公开投资信息相隔离，控制敏感信息的不当流动和使用，切实防范内幕交易、利用未公开信息交易、利益冲突和利益输送。

第六十一条 证券期货经营机构应当建立健全信用风险管理制度，对信用风险进行准确识别、审慎评估、动态监控、及时应对和全程管理。

证券期货经营机构应当对投资对象、交易对手开展必要的尽职调查，实施严格的准入管理和交易额度管理，评估并持续关注证券发行人、融资主体和交易对手的资信状况，以及担保物状况、增信措施和其他保障措施的有效性。出现可能影响投资者权益的事项，证券期货经营机构应当及时采取申请追加担保、依法申请财产保全等风险控制措施。

第六十二条 资产管理计划投资于本办法第三十八条第（五）项规定资产的，证券期货经营机构应当建立专门的质量控制制度，进行充分尽职调查并制作书面报告，设置专岗负责投后管理、信息披露等事宜，动态监测风险。

第六十三条 证券期货经营机构应当建立健全流动性风险监测、预警与应急处置制度，将私募资产管理业务纳入常态化压力测试机制，压力测试应当至少每季度进行一次。

证券期货经营机构应当结合市场状况和自身管理能力制定并持续更新流动性风险应急预案。

第六十四条 证券期货经营机构应当建立公平交易制度及异常交易监控机制，公平对待所管理的不同资产，对投资交易行为进行监控、分析、评估、核查，监督投资交易的过程和结果，保证公平交易原则的实现，不得开展可能导致不公平交易和利益输送的交易行为。

证券期货经营机构应当对不同资产管理计划之间发生的同向交易和反向交易进行监控，并明确异常情况类型及处置安排。同一资产管理计划不得在同一交易日内进行反向交易。确因投资策略或流动性等需要发生同日反向交易的，应要求投资经理提供决策依据，并留存书面记录备查。

资产管理计划依法投资于本办法第三十八条第（三）项规定资产的，在同一交易日内进行反向交易的，不受前款规定限制。

第六十五条 证券期货经营机构的自营账户、资产管理计划账户、作为投资顾问管理的产品账户之间，以及不同资产管理计划账户之间，不得发生交易，有充分证据证明进行有效隔离并且价格公允的除外。

子公司从事私募资产管理业务的，证券期货经营机构的自营账户、资产管理计划账户以及作为投资顾问管理的产品账户与子公司的资产管理计划账户之间的交易，适用本条规定。

第六十六条 证券期货经营机构应当建立健全关联交易管理制度，对关联交易认定标准、交易定价方法、交易审批程序进行规范，不得以资产管理计划的资产与关联方进行不正当交易、利益输送、内幕交易和操纵市场。

证券期货经营机构以资产管理计划资产从事关联交易的，应当遵守法律、行政法规、中国证监会的规定和合同约定，事先取得投资者的同意，事后及时告知投资者和托管人，并向中国证监会相关派出机构报告。

第六十七条 证券期货经营机构应当建立健全信息披露管理制度，设置专门部门或者专岗负责信息披露工作，并建立复核机制，通过规范渠道向投资者披露有关信息，还应当定期对信息披露工作的真实性、准确性、完整性、及时性等进行评估。

第六十八条 证券期货经营机构和托管人应当加强对私募资产管理业务从业人员的管理，加强关键岗位的监督与制衡，投资经理、交易执行、风险控制等岗位不得相互兼任，并建立从业人员投资申报、登记、审查、处置等管理制度，防范与投资者发生利益冲突。

证券期货经营机构应当完善长效激励约束机制，不得以人员挂靠、业务包干等方式从事私募资产管理业务。

证券期货经营机构分管私募资产管理业务的高级管理人员、私募资产管理业务部门负责人以及投资经理离任的，证券期货经营机构应当立即对其进行离任审查，并自离任之日起三十个工作日内将审查报告报送中国证监会相关派出机构。

第六十九条 证券期货经营机构应当建立资产管理计划的销售机构和投资顾问的授权管理体系，明确销售机构和投资顾问的准入标准和程序，对相关机构资质条件、专业服务能力和风险管理制度等进行尽职调查，确保其符合法规规定。证券期货经营机构应当以书面方式明确界定双方的权利与义务，明确相关风险的责任承担方式。

证券期货经营机构应当建立对销售机构和投资顾问履职情况的监督评估机制，发现违法违规行为的，应当及时更换并报告中国证监会相关派出机构。

第七十条 证券期货经营机构应当每月从资产管理计划管理费中计提风险准备金，或者按照法律、行政法规以及中国证监会的规定计算风险资本准备。

风险准备金主要用于弥补因证券期货经营机构违法违规、违反资产管理合同约定、操作错误或者技术故障等给资产管理计划资产或者投资者造成的损失。风险准备金计提比例不得低于管理费收入的10%，风险准备金余额达到上季末资产管理计划资产净值的1%时可以不再提取。

计提风险准备金的证券期货经营机构，应当选定具有基金托管资格的商业银行开立专门的私募资产管理业务风险准备金账户，该账户不得与公募基金风险准备金账户及其他类型账户混用，不得存放其他性质资金。风险准备金的投资管理和使用，应当参照公募基金风险准备金监督管理有关规定执行。证券期货经营机构应当在私募资产管理业务管理年度报告中，对风险准备金的提取、投资管理、使用、年末结余等情况作专项说明。

第七十一条 证券期货经营机构合规管理和风险管理部门应当定期对私募资产管理业务制度及执行情况进行检查，发现违反法律、行政法规、中国证监会规定或者合同约定的，应当及时纠正处理，并向中国证监会相关派出机构报告。

第七十二条 证券期货经营机构应当建立健全应急处理机制，对发生延期兑付、投资标的重大违约等风险事件的处理原则、方案等作出明确规定。出现重大风险事件的，应当及时向中国证监会相关派出机构报告。

第九章 监督管理与法律责任

第七十三条 证券期货经营机构应当于每月十日前向证券投资基金业协会报送资产管理计划的持续募集情况、投资运作情况、资产最终投向等信息。

证券期货经营机构应当在每季度结束之日起一个月内，编制私募资产管理业务管理季度报告，并报送中国证监会相关派出机构。证券期货经营机构、托管人应当在每年度结束之日起四个月内，分别编制私募资产管理业务管理年度报告和托管年度报告，并报送中国证监会相关派出机构。

证券期货经营机构应当在私募资产管理业务管理季度报告和管理年度报告中，就本办法所规定的风险管理与内部控制制度在报告期内的执行情况等进行分析，并由合规负责人、风控负责人、总经理分别签署。

第七十四条 证券期货经营机构进行年度审计，应当同时对私募资产管理业务的内部控制情况进行审计。

第七十五条 证券交易场所、期货交易所、中国期货市场监控中心（以下简称期货市场监控中心）应当对证券期货经营机构资产管理计划交易行为进行监控。发现存在重大风险、重大异常交易或者涉嫌违法违规事项的，应当及时报告中国证监会及相关派出机构。

证券投资基金业协会应当按照法律、行政法规和中国证监会规定对证券期货经营机构资产管理计划实施备案管理和监测监控。发现提交备案的资产管理计划不符合法律、行政法规和中国证监会规定的，应当要求证券期货经营机构及时整改规范，并报告中国证监会及相关派出机构；发现已备案的资产管理计划存在重大风险或者违规事项的，应当及时报告中国证监会及相关派出机构。

第七十六条 中国证监会及其派出机构对证券期货经营机构、托管人、销售机构和投资顾问等服务机构从事私募资产管理及相关业务的情况，进行定期或者不定期的现场和非现场检查，相关机构应当予以配合。

中国证监会相关派出机构应当定期对辖区证券期货经营机构私募资产管理业务开展情况进行总结分析，纳入监管季度报告和年度报告，发现存在重大风险或者违规事项的，应当及时报告中国证监会。

第七十七条 中国证监会与中国人民银行、中国银行保险监督管理委员会建立监管信息共享机制。

证券交易场所、期货交易所、证券登记结算机构、期货市场监控中心、证券业协会、期货业协会、证券投资基金业协会应当按照中国证监会的要求，定期或者不定期提供证券期货经营机构私募资产管理业务专项统计、分析等数据信息。中国证监会及其派出机构与前述单位之间加强信息共享。

中国证监会相关派出机构应当每月对证券期货经营机构资产管理计划备案信息和业务数据进行分析汇总，并按照本办法第七十六条的规定报告。

第七十八条 证券期货经营机构、托管人、销售机构和投资顾问等服务机构违反法律、行政法规、本办法及中国证监会其他规定的，中国证监会及相关派出机构可以依法对其采取责令改正、监管谈话、出具警示函、责令定期报告等措施；依法对直接负责的主管人员和其他直接责任人员采取监管谈话、出具警示函、认定为不适当人选等措施。

第七十九条 证券公司及其子公司、基金管理公司及其子公司违反本办法规定构成公司治理结构不健全、内部控制不完善等情形的，对证券公司、基金管理公司及其直接负责的董事、监事、高级管理人员和其他直接责任人员，依照《证券投资基金法》第二十四条、《证券公司监督管理条例》第七十条采取措施。

期货公司及其子公司违反本办法规定被责令改正且逾期未改正，其行为严重危及期货公司的稳健运行，损害客户合法权益，或者涉嫌严重违法违规正在被中国证监会及其派出机构调查的，依照《期货和衍生品法》第七十三条、《期货交易管理条例》第五十五条采取措施。

证券期货经营机构未尽合规审查义务，提交备案的资产管理计划明显或者多次不符合法律、行政法规和中国证监会规定的，依照本条第一款、第二款规定，依法采取责令暂停私募资产管理业务三个月的措施；情节严重的，依法采取责令暂停私募资产管理业务六个月以上的措施。

第八十条 证券期货经营机构、托管人、销售机构和投资顾问等服务机构有下列情形之一且情节严重的，除法律、行政法规另有规定外，给予警告，并处十万元以下的罚款，涉及金融安全且有危害后果的，并处二十万元以下的罚款；对直接负责的主管人员和其他直接责任人员，给予警告，并处十万元以下的罚款，涉及金融安全且有危害后果的，并处二十万元以下的罚款：

（一）违反本办法第三条至第六条规定的；

（二）违反本办法第十二条、第十四条的规定，未按规定履行管理人和托管人职责，或者从事第十八条所列举的禁止行为；

（三）违反本办法第十五条、第十七条的规定，聘请不符合条件的销售机构、投资顾问；

（四）违反本办法第二十三条关于产品分级的规定；

（五）违反本办法第二十六条、第二十七条、第二十八条、第二十九条、第三十条、第三十一条、第三十二条、第三十三条、第三十五条、第三十六条关于非公开募集的规定；

（六）违反本办法第五章关于投资运作的规定；

（七）违反本办法第四十八条、第四十九条、第五十一条、第五十二条，未按照规定向投资者披露资产管理计划信息；

（八）未按照本办法第八章的规定建立健全和有效执行资产管理业务相关制度，内部控制或者风险管理不完善，引发较大风险事件或者存在重大风险隐患；

（九）违反本法第四十九条、第七十三条，未按照规定履行备案或者报告义务，导致风险扩散。

第八十一条　证券期货经营机构、托管人、销售机构和投资顾问等服务机构的相关从业人员违反法律、行政法规和本办法规定，情节严重的，中国证监会可以依法采取市场禁入措施。

第十章　附　则

第八十二条　本办法施行之日前存续的不符合本办法规定的资产管理计划，合同到期前不得新增净参与规模，合同到期后不得续期。证券期货经营机构应当按照中国证监会的要求制定整改计划，明确时间进度安排，有序压缩不符合本办法规定的资产管理计划规模，确保按期全面规范其管理的全部资产管理计划。

第八十三条　证券期货经营机构设立特定目的公司或者合伙企业从事私募资产管理业务的，参照适用本办法。

第八十四条　本办法自2023年3月1日起施行。《证券期货经营机构私募资产管理业务管理办法》（证监会令第151号）同时废止。

最高人民法院
关于证券市场虚假陈述侵权民事赔偿案件诉讼时效衔接适用相关问题的通知

2022年1月29日　　　　　　　　　　　　法〔2022〕36号

各省、自治区、直辖市高级人民法院，解放军军事法院，新疆维吾尔自治区高级人民法院生产建设兵团分院：

《最高人民法院关于审理证券市场因虚假陈述引发的民事赔偿案件的若干规定》（法释〔2003〕2号，以下简称原司法解释）在规定前置程序的同时，将行政处罚决定或生效刑事判决作出之日作为诉讼时效的起算点。但是，根据《中华人民共和国民法典》第一百八十八条规定，诉讼时效期间自权利人知道或者应当知道权利受到损害以及义务人之日起计算。具体到证券市场上，投资者知道或者应当知道虚假陈述之日，是其知道或者应当知道权利受到损害以及义务人之日。在废除前置程序的情况下，以行政处罚决定或生效刑事判决作出之日起算诉讼时效不符合民法典等法律的规定。据此，《最高人民法院关于审理证券市场虚假陈述侵权民事赔偿案件的若干规定》（法释〔2022〕2号，以下简称《规定》）第三十二条规定，当事人主张以揭露日或更正日起算诉讼时效的，人民法院应当予以支持。由于新旧司法解释在诉讼时效方面的规定发生了明显变化，为避免出现投资者因未及时主张权利而无法得到救济的情况发生，充分保护投资者的诉讼权利和合法民事权利，现就《规定》施行后诉讼时效的衔接适用问题，通知如下：

一、在《规定》施行前国务院证券监督管理机构、国务院授权的部门及有关主管部门已经做出行政处罚决定的证券市场虚假陈述侵权民事赔偿案件，诉讼时效仍按照原司法解释第五条的规定计算。

二、在《规定》施行前国务院证券监督管理机构、国务院授权的部门及有关主管部门已经对虚假陈述进行立案调查，但尚未作出处罚决定的证券市场虚假陈述侵权民事赔偿案件，自立案调查日至《规定》施行之日已经超过三年，或者按照揭露日或更正日起算至《规定》施行之日诉讼时效期间已经届满或不足六个月的，从《规定》施行之日起诉讼时效继续计算六个月。

特此通知。

最高人民法院关于审理证券市场虚假陈述侵权民事赔偿案件的若干规定

法释〔2022〕2号

（2021年12月30日最高人民法院审判委员会第1860次会议通过　2022年1月21日最高人民法院公告公布　自2022年1月22日起施行）

为正确审理证券市场虚假陈述侵权民事赔偿案件，规范证券发行和交易行为，保护投资者合法权益，维护公开、公平、公正的证券市场秩序，根据《中华人民共和国民法典》《中华人民共和国证券法》《中华人民共和国公司法》《中华人民共和国民事诉讼法》等法律规定，结合审判实践，制定本规定。

一、一般规定

第一条　信息披露义务人在证券交易场所发行、交易证券过程中实施虚假陈述引发的侵权民事赔偿案件，适用本规定。

按照国务院规定设立的区域性股权市场中发生的虚假陈述侵权民事赔偿案件，可以参照适用本规定。

第二条　原告提起证券虚假陈述侵权民事赔偿诉讼，符合民事诉讼法第一百二十二条规定，并提交以下证据或者证明材料的，人民法院应当受理：

（一）证明原告身份的相关文件；

（二）信息披露义务人实施虚假陈述的相关证据；

（三）原告因虚假陈述进行交易的凭证及投资损失等相关证据。

人民法院不得仅以虚假陈述未经监管部门行政处罚或者人民法院生效刑事判决的认定为由裁定不予受理。

第三条　证券虚假陈述侵权民事赔偿案件，由发行人住所地的省、自治区、直辖市人民政府所在地的市、计划单列市和经济特区中级人民法院或者专门人民法院管辖。《最高人民法院关于证券纠纷代表人诉讼若干问题的规定》等对管辖另有规定的，从其规定。

省、自治区、直辖市高级人民法院可以根据本辖区的实际情况，确定管辖第一审证券虚假陈述侵权民事赔偿案件的其他中级人民法院，报最高人民法院备案。

二、虚假陈述的认定

第四条　信息披露义务人违反法律、行政法规、监管部门制定的规章和规范性文件关于信息披露的规定，在披露的信息中存在虚假记载、误导性陈述或者重大遗漏的，人民法院应当认定为虚假陈述。

虚假记载，是指信息披露义务人披露的信息中对相关财务数据进行重大不实记载，或者对其他重要信息作出与真实情况不符的描述。

误导性陈述，是指信息披露义务人披露的信息隐瞒了与之相关的部分重要事实，或者未及时披露相关更正、确认信息，致使已经披露的信息因不完整、不准确而具有误导性。

重大遗漏，是指信息披露义务人违反关于信息披露的规定，对重大事件或者重要事项等应当披露的信息未予披露。

第五条 证券法第八十五条规定的"未按照规定披露信息"，是指信息披露义务人未按照规定的期限、方式等要求及时、公平披露信息。

信息披露义务人"未按照规定披露信息"构成虚假陈述的，依照本规定承担民事责任；构成内幕交易的，依照证券法第五十三条的规定承担民事责任；构成公司法第一百五十二条规定的损害股东利益行为的，依照该法承担民事责任。

第六条 原告以信息披露文件中的盈利预测、发展规划等预测性信息与实际经营情况存在重大差异为由主张发行人实施虚假陈述的，人民法院不予支持，但有下列情形之一的除外：

（一）信息披露文件未对影响该预测实现的重要因素进行充分风险提示的；

（二）预测性信息所依据的基本假设、选用的会计政策等编制基础明显不合理的；

（三）预测性信息所依据的前提发生重大变化时，未及时履行更正义务的。

前款所称的重大差异，可以参照监管部门和证券交易场所的有关规定认定。

第七条 虚假陈述实施日，是指信息披露义务人作出虚假陈述或者发生虚假陈述之日。

信息披露义务人在证券交易场所的网站或者符合监管部门规定条件的媒体上公告发布具有虚假陈述内容的信息披露文件，以披露日为实施日；通过召开业绩说明会、接受新闻媒体采访等方式实施虚假陈述的，以该虚假陈述的内容在具有全国性影响的媒体上首次公布之日为实施日。信息披露文件或者相关报导内容在交易日收市后发布的，以其后的第一个交易日为实施日。

因未及时披露相关更正、确认信息构成误导性陈述，或者未及时披露重大事件或重要事项等构成重大遗漏的，以应当披露相关信息期限届满后的第一个交易日为实施日。

第八条 虚假陈述揭露日，是指虚假陈述在具有全国性影响的报刊、电台、电视台或监管部门网站、交易场所网站、主要门户网站、行业知名的自媒体等媒体上，首次被公开揭露并为证券市场知悉之日。

人民法院应当根据公开交易市场对相关信息的反应等证据，判断投资者是否知悉了虚假陈述。

除当事人有相反证据足以反驳外，下列日期应当认定为揭露日：

（一）监管部门以涉嫌信息披露违法为由对信息披露义务人立案调查的信息公开之日；

（二）证券交易场所等自律管理组织因虚假陈述对信息披露义务人等责任主体采取自律管理措施的信息公布之日。

信息披露义务人实施的虚假陈述呈连续状态的，以首次被公开揭露并为证券市场知悉之日为揭露日。信息披露义务人实施多个相互独立的虚假陈述的，人民法院应当分别认定其揭露日。

第九条 虚假陈述更正日，是指信息披露义务人在证券交易场所网站或者符合监管部门规定条件的媒体上，自行更正虚假陈述之日。

三、重大性及交易因果关系

第十条 有下列情形之一的，人民法院应当认定虚假陈述的内容具有重大性：

（一）虚假陈述的内容属于证券法第八十条第二款、第八十一条第二款规定的重大事件；

（二）虚假陈述的内容属于监管部门制定的规章和规范性文件中要求披露的重大事件或者重要事项；

（三）虚假陈述的实施、揭露或者更正导致相关证券的交易价格或者交易量产生明显的变化。

前款第一项、第二项所列情形，被告提交证据足以证明虚假陈述并未导致相关证券交易价格或者交易量明显变化的，人民法院应当认定虚假陈述的内容不具有重大性。

被告能够证明虚假陈述不具有重大性，并以此抗辩不应当承担民事责任的，人民法院应当予以支持。

第十一条 原告能够证明下列情形的，人民法院应当认定原告的投资决定与虚假陈述之间的交易因果关系成立：

（一）信息披露义务人实施了虚假陈述；

（二）原告交易的是与虚假陈述直接关联的证券；

（三）原告在虚假陈述实施日之后、揭露日或更正日之前实施了相应的交易行为，即在诱多型虚假陈述中买入了相关证券，或者在诱空型虚假陈述中卖出了相关证券。

第十二条 被告能够证明下列情形之一的，人民法院应当认定交易因果关系不成立：

（一）原告的交易行为发生在虚假陈述实施前，或者是在揭露或更正之后；

（二）原告在交易时知道或者应当知道存在虚假陈述，或者虚假陈述已经被证券市场广泛知悉；

（三）原告的交易行为是受到虚假陈述实施后发生的上市公司的收购、重大资产重组等其他重大事件的影响；

（四）原告的交易行为构成内幕交易、操纵证券市场等证券违法行为的；

（五）原告的交易行为与虚假陈述不具有交易因果关系的其他情形。

四、过错认定

第十三条 证券法第八十五条、第一百六十三条所称的过错，包括以下两种情形：

（一）行为人故意制作、出具存在虚假陈述的信息披露文件，或者明知信息披露文件存在虚假陈述而不予指明、予以发布；

（二）行为人严重违反注意义务，对信息披露文件中虚假陈述的形成或者发布存在过失。

第十四条 发行人的董事、监事、高级管理人员和其他直接责任人员主张对虚假陈述没有过错的，人民法院应当根据其工作岗位和职责、在信息披露资料的形成和发布等活动中所起的作用、取得和了解相关信息的渠道、为核验相关信息所采取的措施等实际情况进行审查认定。

前款所列人员不能提供勤勉尽责的相应证据，仅以其不从事日常经营管理、无相关职业背景和专业知识、相信发行人或者管理层提供的资料、相信证券服务机构出具的专业意见等理由主张其没有过错的，人民法院不予支持。

第十五条 发行人的董事、监事、高级管理人员依照证券法第八十二条第四款的规定，以书面方式发表附具体理由的意见并依法披露的，人民法院可以认定其主观上没有过错，但在审议、审核信息披露文件时投赞成票的除外。

第十六条 独立董事能够证明下列情形之一的，人民法院应当认定其没有过错：

（一）在签署相关信息披露文件之前，对不属于自身专业领域的相关具体问题，借助会计、法律等专门职业的帮助仍然未能发现问题的；

（二）在揭露日或更正日之前，发现虚假陈述后及时向发行人提出异议并监督整改或者向证券交易场所、监管部门书面报告的；

（三）在独立意见中对虚假陈述事项发表保留意见、反对意见或者无法表示意见并说明具体理由的，但在审议、审核相关文件时投赞成票的除外；

（四）因发行人拒绝、阻碍其履行职责，导致无法对相关信息披露文件是否存在虚假陈述作出判断，并及时向证券交易场所、监管部门书面报告的；

（五）能够证明勤勉尽责的其他情形。

独立董事提交证据证明其在履职期间能够按照法律、监管部门制定的规章和规范性文件以及公司章程的要求履行职责的，或者在虚假陈述被揭露后及时督促发行人整改且效果较为明显的，人民法院可以结合案件事实综合判断其过错情况。

外部监事和职工监事，参照适用前两款规定。

第十七条 保荐机构、承销机构等机构及其直接责任人员提交的尽职调查工作底稿、尽职调查报告、内部审核意见等证据能够证明下列情形的，人民法院应当认定其没有过错：

（一）已经按照法律、行政法规、监管部门制定的规章和规范性文件、相关行业执业规范的要求，对信息披露文件中的相关内容进行了审慎尽职调查；

（二）对信息披露文件中没有证券服务机构专业意见支持的重要内容，经过审慎尽职调查和独立判断，有合理理由相信该部分内容与真实情况相符；

（三）对信息披露文件中证券服务机构出具专业意见的重要内容，经过审慎核查和必要的调查、复核，有合理理由排除了职业怀疑并形成合理信赖。

在全国中小企业股份转让系统从事挂牌和定向发行推荐业务的证券公司，适用前款规定。

第十八条 会计师事务所、律师事务所、资信评级机构、资产评估机构、财务顾问等证券服务机构制作、出具的文件存在虚假陈述的，人民法院应当按照法律、行政法规、监管部门制定的规章和规范性文件，参考行业执业规范规定的工作范围和程序要求等内容，结合其核查、验证工作底稿等相关证据，认定其是否存在过错。

证券服务机构的责任限于其工作范围和专业领域。证券服务机构依赖保荐机构或者其他证券服务机构的基础工作或者专业意见致使其出具的专业意见存在虚假陈述，能够证明其对所依赖的基础工作或者专业意见经过审慎核查和必要的调查、复核，排除了职业怀疑并形成合理信赖的，人民法院应当认定其没有过错。

第十九条 会计师事务所能够证明下列情形之一的，人民法院应当认定其没有过错：

（一）按照执业准则、规则确定的工作程序和核查手段并保持必要的职业谨慎，仍未发现被审计的会计资料存在错误的；

（二）审计业务必须依赖的金融机构、发行人的供应商、客户等相关单位提供不实证明文件，会计师事务所保持了必要的职业谨慎仍未发现的；

（三）已对发行人的舞弊迹象提出警告并在审计业务报告中发表了审慎审计意见的；

（四）能够证明没有过错的其他情形。

五、责任主体

第二十条 发行人的控股股东、实际控制人组织、指使发行人实施虚假陈述，致使原告在证券交易中遭受损失的，原告起诉请求直接判令该控股股东、实际控制人依照本规定赔偿损失的，人民法院应当予以支持。

控股股东、实际控制人组织、指使发行人实施虚假陈述，发行人在承担赔偿责任后要求该控股股东、实际控制人赔偿实际支付的赔偿款、合理的律师费、诉讼费用等损失的，人民法院应当予以支持。

第二十一条 公司重大资产重组的交易对方所提供的信息不符合真实、准确、完整的要求，导致公司披露的相关信息存在虚假陈述，原告起诉请求判令该交易对方与发行人等责任主体赔偿由此导致的损失的，人民法院应当予以支持。

第二十二条 有证据证明发行人的供应商、客户，以及为发行人提供服务的金融机构等明知发行人实施财务造假活动，仍然为其提供相关交易合同、发票、存款证明等予以配合，或者故意隐瞒重要事实致使发行人的信息披露义件存在虚假陈述，原告起诉请求判令其与发行人等责任主体赔偿由此导致的损失的，人民法院应当予以支持。

第二十三条 承担连带责任的当事人之间的责任分担与追偿，按照民法典第一百七十八条的规定处理，但本规定第二十条第二款规定的情形除外。

保荐机构、承销机构等责任主体以存在约定为由，请求发行人或者其控股股东、实际控制人补偿其因虚假陈述所承担的赔偿责任的，人民法院不予支持。

六、损失认定

第二十四条 发行人在证券发行市场虚假陈述，导致原告损失的，原告有权请求按照本规定第二十五条的规定赔偿损失。

第二十五条 信息披露义务人在证券交易市场承担民事赔偿责任的范围，以原告因虚假陈述而实际发生的损失为限。原告实际损失包括投资差额损失、投资差额损失部分的佣金和印花税。

第二十六条 投资差额损失计算的基准日，是指在虚假陈述揭露或更正后，为将原告应获赔偿限定在虚假陈述所造成的损失范围内，确定损失计算的合理期间而规定的截止日期。

在采用集中竞价的交易市场中，自揭露日或更正日起，被虚假陈述影响的证券集中交易累计成交量达到可流通部分100%之日为基准日。

自揭露日或更正日起，集中交易累计换手率在10个交易日内达到可流通部分100%的，以第10个交易日为基准日；在30个交易日内未达到可流通部分100%的，以第30个交易日为基准日。

虚假陈述揭露日或更正日起至基准日期间每个交易日收盘价的平均价格，为损失计算的基准价格。

无法依前款规定确定基准价格的，人民法院可以根据有专门知识的人的专业意见，参考对相关行业进行投资时的通常估值方法，确定基准价格。

第二十七条 在采用集中竞价的交易市场中，原告因虚假陈述买入相关股票所造成的投资差额损失，按照下列方法计算：

（一）原告在实施日之后、揭露日或更正日之前买入，在揭露日或更正日之后、基准日之前卖出的股票，按买入股票的平均价格与卖出股票的平均价格之间的差额，乘以已卖出的股票数量；

（二）原告在实施日之后、揭露日或更正日之前买入，基准日之前未卖出的股票，按买入股票的平均价格与基准价格之间的差额，乘以未卖出的股票数量。

第二十八条 在采用集中竞价的交易市场中，原告因虚假陈述卖出相关股票所造成的投资差额损失，按照下列方法计算：

（一）原告在实施日之后、揭露日或更正日之前卖出，在揭露日或更正日之后、基准日之前买回的股票，按买回股票的平均价格与卖出股票的平均价格之间的差额，乘以买回的股票数量；

（二）原告在实施日之后、揭露日或更正日之前卖出，基准日之前未买回的股票，按基准价格与卖出股票的平均价格之间的差额，乘以未买回的股票数量。

第二十九条 计算投资差额损失时，已经除权的证券，证券价格和证券数量应当复权计算。

第三十条 证券公司、基金管理公司、保险公司、信托公司、商业银行等市场参与主体依法设立的证券投资产品，在确定因虚假陈述导致的损失时，每个产品应当单独计算。

投资者及依法设立的证券投资产品开立多个证券账户进行投资的，应当将各证券账户合并，所有交易按照成交时间排序，以确定其实际交易及损失情况。

第三十一条 人民法院应当查明虚假陈述与原告损失之间的因果关系，以及导致原告损失的其他原因等案件基本事实，确定赔偿责任范围。

被告能够举证证明原告的损失部分或者全部是由他人操纵市场、证券市场的风险、证券市场对特定事件的过度反应、上市公司内外部经营环境等其他因素所导致的，对其关于相应减轻或者免除责任的抗辩，人民法院应当予以支持。

七、诉讼时效

第三十二条 当事人主张以揭露日或更正日起算诉讼时效的，人民法院应当予以支持。揭露日与更正日不一致的，以在先的为准。

对于虚假陈述责任人中的一人发生诉讼时效中断效力的事由，应当认定对其他连带责任人也发生诉讼时效中断的效力。

第三十三条 在诉讼时效期间内，部分投资者向人民法院提起人数不确定的普通代表人诉讼的，人民法院应当认定该起诉行为对所有具有同类诉讼请求的权利人发生时效中断的效果。

在普通代表人诉讼中，未向人民法院登记权利的投资者，其诉讼时效自权利登记期间届满后重新开始计算。向人民法院登记权利后申请撤回权利登记的投资者，其诉讼时效自撤回权利登记之次日重新开始计算。

投资者保护机构依照证券法第九十五条第三款的规定作为代表人参加诉讼后，投资者声明退出诉讼的，其诉讼时效自声明退出之次日起重新开始计算。

八、附则

第三十四条 本规定所称证券交易场所，是指证券交易所、国务院批准的其他全国性证券交易场所。

本规定所称监管部门，是指国务院证券监督管理机构、国务院授权的部门及有关主管部门。

本规定所称发行人，包括证券的发行人、上市公司或者挂牌公司。

本规定所称实施日之后、揭露日或更正日之后、基准日之前，包括该日；所称揭露日或更正日之前，不包括该日。

第三十五条 本规定自2022年1月22日起施行。《最高人民法院关于受理证券市场因虚假陈述引发的民事侵权纠纷案件有关问题的通知》《最高人民法院关于审理证券市场因虚假陈述引发的民事赔偿案件的若干规定》同时废止。《最高人民法院关于审理涉及会计师事务所在审计业务活动中民事侵权赔偿案件的若干规定》与本规定不一致的，以本规定为准。

本规定施行后尚未终审的案件，适用本规定。本规定施行前已经终审，当事人申请再审或者按照审判监督程序决定再审的案件，不适用本规定。

最高人民法院　中国证券监督管理委员会关于适用《最高人民法院关于审理证券市场虚假陈述侵权民事赔偿案件的若干规定》有关问题的通知

2022年1月21日　　　　　　　　　　　　法〔2022〕23号

各省、自治区、直辖市高级人民法院，新疆维吾尔自治区高级人民法院生产建设兵团分院；中国证券监督管理委员会各派出机构、各交易所、各下属单位、各协会：

《最高人民法院关于审理证券市场虚假陈述侵权民事赔偿案件的若干规定》（以下简称《若干规定》）已于2021年12月30日由最高人民法院审判委员会第1860次会议通过。为更好地发挥人民法院和监管部门的协同作用，依法保护投资者合法权益，维护公开、公平、公正的资本市场秩序，促进资本市场健康发展，现就《若干规定》实施中的有关问题通知如下：

一、人民法院受理证券市场虚假陈述侵权民事赔偿案件后，应当在十个工作日内将案件基本情况向发行人、上市或者挂牌公司所在辖区的中国证券监督管理委员会（以下简称中国证监会）派出机构通报，相关派出机构接到通报后应当及时向中国证监会报告。

二、当事人对自己的主张，应当提供证据加以证明。为了查明事实，人民法院可以依法向中国证监会有关部门或者派出机构调查收集有关证据。

人民法院和中国证监会有关部门或者派出机构在调查收集证据时要加强协调配合，以有利于监管部门履行监管职责与人民法院查明民事案件事实为原则。在充分沟通的基础上，人民法院依照《中华人民共和国民事诉讼法》及相关司法解释等规定调查收集证据，中国证监会有关部门或者派出机构依法依规予以协助配合。

人民法院调查收集的证据，应当按照法定程序当庭出示并由各方当事人质证。但是涉及国家秘密、工作秘密、商业秘密和个人隐私或者法律规定其他应当保密的证据，不得公开质证。

三、人民法院经审查，认为中国证监会有关部门或者派出机构对涉诉虚假陈述的立案调查不影响民事案件审理的，应当继续审理。

四、案件审理过程中，人民法院可以就诉争虚假陈述行为违反信息披露义务规定情况、对证券交易价格的影响、损失计算等专业问题征求中国证监会或者相关派出机构、证券交易场所、证券业自律管理组织、投资者保护机构等单位的意见。征求意见的时间，不计入案件审理期限。

五、取消前置程序后，人民法院要根据辖区内的实际情况，在法律规定的范围内积极开展专家咨询和专业人士担任人民陪审员的探索，中国证监会派出机构和有关部门要做好相关专家、专业人士担任人民陪审员的推荐等配合工作，完善证券案件审理体制机制，不断提升案件审理的专业化水平。

六、在协调沟通过程中，相关人员要严格遵守保密纪律和工作纪律，不得泄露国家秘密、工作秘密、商业秘密和个人隐私，不得对民事诉讼案件的审理和行政案件的调查施加不正当影响。

七、地方各级人民法院、中国证监会各派出机构和相关单位要积极组织学习培训，拓宽培训形式，尽快准确掌握《若干规定》的内容与精神，切实提高案件审理和监管执法水平。对于适用中存在的问题，请按隶属关系及时层报最高人民法院和中国证监会。

最高人民法院
关于审理期货纠纷案件若干问题的规定

(2003年5月16日最高人民法院审判委员会第1270次会议通过 根据2020年12月23日最高人民法院审判委员会第1823次会议通过的《最高人民法院关于修改〈最高人民法院关于破产企业国有划拨土地使用权应否列入破产财产等问题的批复〉等二十九件商事类司法解释的决定》修正)

为了正确审理期货纠纷案件,根据《中华人民共和国民法典》《中华人民共和国民事诉讼法》等有关法律、行政法规的规定,结合审判实践经验,对审理期货纠纷案件的若干问题制定本规定。

一、一般规定

第一条 人民法院审理期货纠纷案件,应当依法保护当事人的合法权益,正确确定其应承担的风险责任,并维护期货市场秩序。

第二条 人民法院审理期货合同纠纷案件,应当严格按照当事人在合同中的约定确定违约方承担的责任,当事人的约定违反法律、行政法规强制性规定的除外。

第三条 人民法院审理期货侵权纠纷和无效的期货交易合同纠纷案件,应当根据各方当事人是否有过错,以及过错的性质、大小,过错和损失之间的因果关系,确定过错方承担的民事责任。

二、管辖

第四条 人民法院应当依据民事诉讼法第二十三条、第二十八条和第三十四条的规定确定期货纠纷案件的管辖。

第五条 在期货公司的分公司、营业部等分支机构进行期货交易的,该分支机构住所地为合同履行地。

因实物交割发生纠纷的,期货交易所住所地为合同履行地。

第六条 侵权与违约竞合的期货纠纷案件,依当事人选择的诉由确定管辖。当事人既以违约又以侵权起诉的,以当事人起诉状中在先的诉讼请求确定管辖。

第七条 期货纠纷案件由中级人民法院管辖。

高级人民法院根据需要可以确定部分基层人民法院受理期货纠纷案件。

三、承担责任的主体

第八条 期货公司的从业人员在本公司经营范围内从事期货交易行为产生的民事责任,由其所在的期货公司承担。

第九条 期货公司授权非本公司人员以本公司的名义从事期货交易行为的,期货公司应当承担由此产生的民事责任;非期货公司人员以期货公司名义从事期货交易行为,具备民法典第一百七十二条所规定的表见代理条件的,期货公司应当承担由此产生的民事责任。

第十条 公民、法人受期货公司或者客户的委托,作为居间人为其提供订约的机会或者订立期货经纪合同的中介服务的,期货公司或者客户应当按照约定向居间人支付报酬。居间人应当独立承担基于居间经纪关系所产生的民事责任。

第十一条 不以真实身份从事期货交易的单位或者个人,交易行为符合期货交易所交易规则的,交易结果由其自行承担。

第十二条 期货公司设立的取得营业执照和经营许可证的分公司、营业部等分支机构超出经营范围开展经营活动所产生的民事责任,该分支机构不能承担的,由期货公司承担。

客户有过错的,应当承担相应的民事责任。

四、无效合同责任

第十三条 有下列情形之一的,应当认定期货经纪合同无效:

(一)没有从事期货经纪业务的主体资格而从事期货经纪业务的;

(二)不具备从事期货交易主体资格的客

(三）违反法律、行政法规的强制性规定的。

第十四条 因期货经纪合同无效给客户造成经济损失的，应当根据无效行为与损失之间的因果关系确定责任的承担。一方的损失系对方行为所致，应当由对方赔偿损失；双方有过错的，根据过错大小各自承担相应的民事责任。

第十五条 不具有主体资格的经营机构因从事期货经纪业务而导致期货经纪合同无效，该机构按客户的交易指令入市交易的，收取的佣金应当返还给客户，交易结果由客户承担。

该机构未按客户的交易指令入市交易，客户没有过错的，该机构应当返还客户的保证金并赔偿客户的损失。赔偿损失的范围包括交易手续费、税金及利息。

五、交易行为责任

第十六条 期货公司在与客户订立期货经纪合同时，未提示客户注意《期货交易风险说明书》内容，并由客户签字或者盖章，对于客户在交易中的损失，应当依据民法典第五百条第三项的规定承担相应的赔偿责任。但是，根据以往交易结果记载，证明客户已有交易经历的，应当免除期货公司的责任。

第十七条 期货公司接受客户全权委托进行期货交易的，对交易产生的损失，承担主要赔偿责任，赔偿额不超过损失的百分之八十，法律、行政法规另有规定的除外。

第十八条 期货公司与客户签订的期货经纪合同对下达交易指令的方式未作约定或者约定不明确的，期货公司不能证明其所进行的交易是依据客户交易指令进行的，对该交易造成客户的损失，期货公司应当承担赔偿责任，客户予以追认的除外。

第十九条 期货公司执行非受托人的交易指令造成客户损失，应当由期货公司承担赔偿责任，非受托人承担连带责任，客户予以追认的除外。

第二十条 客户下达的交易指令没有品种、数量、买卖方向的，期货公司未予拒绝而进行交易造成客户的损失，由期货公司承担赔偿责任，客户予以追认的除外。

第二十一条 客户下达的交易指令数量和买卖方向明确，没有有效期限的，应当视为当日有效；没有成交价格的，应当视为按市价交易；没有开平仓方向的，应当视为开仓交易。

第二十二条 期货公司错误执行客户交易指令，除客户认可的以外，交易的后果由期货公司承担，并按下列方式分别处理：

（一）交易数量发生错误的，多于指令数量的部分由期货公司承担，少于指令数量的部分，由期货公司补足或者赔偿直接损失；

（二）交易价格超出客户指令价位范围的，交易差价损失或者交易结果由期货公司承担。

第二十三条 期货公司不当延误执行客户交易指令给客户造成损失的，应当承担赔偿责任，但由于市场原因致客户交易指令未能全部或者部分成交的，期货公司不承担责任。

第二十四条 期货公司超出客户指令价位的范围，将高于客户指令价格卖出或者低于客户指令价格买入后的差价利益占为己有的，客户要求期货公司返还的，人民法院应予支持，期货公司与客户另有约定的除外。

第二十五条 期货交易所未按交易规则规定的期限、方式，将交易或者持仓头寸的结算结果通知期货公司，造成期货公司损失的，由期货交易所承担赔偿责任。

期货公司未按期货经纪合同约定的期限、方式，将交易或者持仓头寸的结算结果通知客户，造成客户损失的，由期货公司承担赔偿责任。

第二十六条 期货公司与客户对交易结算结果的通知方式未作约定或者约定不明确，期货公司未能提供证据证明已经发出上述通知的，对客户因继续持仓而造成扩大的损失，应当承担主要赔偿责任，赔偿额不超过损失的百分之八十。

第二十七条 客户对当日交易结算结果的确认，应当视为对该日之前所有持仓和交易结算结果的确认，所产生的交易后果由客户自行承担。

第二十八条 期货公司对交易结算结果提出异议，期货交易所未及时采取措施导致损失扩大的，对造成期货公司扩大的损失应当承担赔偿责任。

客户对交易结算结果提出异议，期货公司未及时采取措施导致损失扩大的，期货公司对造成客户扩大的损失应当承担赔偿责任。

第二十九条 期货公司对期货交易所或者客户对期货公司的交易结算结果有异议,而未在期货交易所交易规则规定或者期货经纪合同约定的时间内提出的,视为期货公司或者客户对交易结算结果已予以确认。

第三十条 期货公司进行混码交易的,客户不承担责任,但期货公司能够举证证明其已按照客户交易指令入市交易的,客户应当承担相应的交易结果。

六、透支交易责任

第三十一条 期货交易所在期货公司没有保证金或者保证金不足的情况下,允许期货公司开仓交易或者继续持仓,应当认定为透支交易。

期货公司在客户没有保证金或者保证金不足的情况下,允许客户开仓交易或者继续持仓,应当认定为透支交易。

审查期货公司或者客户是否透支交易,应当以期货交易所规定的保证金比例为标准。

第三十二条 期货公司的交易保证金不足,期货交易所未按规定通知期货公司追加保证金的,由于行情向持仓不利的方向变化导致期货公司透支发生的扩大损失,期货交易所应当承担主要赔偿责任,赔偿额不超过损失的百分之六十。

客户的交易保证金不足,期货公司未按约定通知客户追加保证金的,由于行情向持仓不利的方向变化导致客户透支发生的扩大损失,期货公司应当承担主要赔偿责任,赔偿额不超过损失的百分之八十。

第三十三条 期货公司的交易保证金不足,期货交易所履行了通知义务,而期货公司未及时追加保证金,期货公司要求保留持仓并经书面协商一致的,对保留持仓期间造成的损失,由期货公司承担;穿仓造成的损失,由期货交易所承担。

客户的交易保证金不足,期货公司履行了通知义务而客户未及时追加保证金,客户要求保留持仓并经书面协商一致的,对保留持仓期间造成的损失,由客户承担;穿仓造成的损失,由期货公司承担。

第三十四条 期货交易所允许期货公司开仓透支交易的,对透支交易造成的损失,由期货交易所承担主要赔偿责任,赔偿额不超过损失的百分之六十。

期货公司允许客户开仓透支交易的,对透支交易造成的损失,由期货公司承担主要赔偿责任,赔偿额不超过损失的百分之八十。

第三十五条 期货交易所允许期货公司透支交易,并与其约定分享利益,共担风险的,对透支交易造成的损失,期货交易所承担相应的赔偿责任。

期货公司允许客户透支交易,并与其约定分享利益,共担风险的,对透支交易造成的损失,期货公司承担相应的赔偿责任。

七、强行平仓责任

第三十六条 期货公司的交易保证金不足,又未能按期货交易所规定的时间追加保证金的,按交易规则的规定处理;规定不明确的,期货交易所有权就其未平仓的期货合约强行平仓,强行平仓所造成的损失,由期货公司承担。

客户的交易保证金不足,又未能按期货经纪合同约定的时间追加保证金的,按期货经纪合同的约定处理;约定不明确的,期货公司有权就其未平仓的期货合约强行平仓,强行平仓造成的损失,由客户承担。

第三十七条 期货交易所因期货公司违规超仓或者其他违规行为而必须强行平仓的,强行平仓所造成的损失,由期货公司承担。

期货公司因客户违规超仓或者其他违规行为而必须强行平仓的,强行平仓所造成的损失,由客户承担。

第三十八条 期货交易所或者客户交易保证金不足,符合强行平仓条件后,应当自行平仓而未平仓造成的扩大损失,由期货公司或者客户自行承担。法律、行政法规另有规定或者当事人另有约定的除外。

第三十九条 期货交易所或者期货公司强行平仓数额应当与期货公司或者客户需追加的保证金数额基本相当。因超量平仓引起的损失,由强行平仓者承担。

第四十条 期货交易所对期货公司、期货公司对客户未按期货交易所交易规则规定或者期货经纪合同约定的强行平仓条件、时间、方式进行强行平仓,造成期货公司或者客户损失的,期货交易所或者期货公司应当承担赔偿责任。

第四十一条 期货交易所依法或依交易规则强行平仓发生的费用,由被平仓的期货公司承担；期货公司承担责任后有权向有过错的客户追偿。

期货公司依法或依约定强行平仓所发生的费用，由客户承担。

八、实物交割责任

第四十二条 交割仓库未履行货物验收职责或者因保管不善给仓单持有人造成损失的，应当承担赔偿责任。

第四十三条 期货公司没有代客户履行申请交割义务的，应当承担违约责任；造成客户损失的，应当承担赔偿责任。

第四十四条 在交割日，卖方期货公司未向期货交易所交付标准仓单，或者买方期货公司未向期货交易所账户交付足额货款，构成交割违约。

构成交割违约的，违约方应当承担违约责任；具有民法典第五百六十三条第一款第四项规定情形的，对方有权要求终止交割或者要求违约方继续交割。

征购或者竞卖失败的，应当由违约方按照交易所有关赔偿办法的规定承担赔偿责任。

第四十五条 在期货合约交割期内，买方或者卖方客户违约的，期货交易所应当代期货公司、期货公司应当代客户向对方承担违约责任。

第四十六条 买方客户未在期货交易所交易规则规定的期限内对货物的质量、数量提出异议的，应视为其对货物的数量、质量无异议。

第四十七条 交割仓库不能在期货交易所交易规则规定的期限内，向标准仓单持有人交付符合期货合约要求的货物，造成标准仓单持有人损失的，交割仓库应当承担责任，期货交易所承担连带责任。

期货交易所承担责任后，有权向交割仓库追偿。

九、保证合约履行责任

第四十八条 期货公司未按照每日无负债结算制度的要求，履行相应的金钱给付义务，期货交易所亦未代期货公司履行，造成交易对方损失的，期货交易所应当承担赔偿责任。

期货交易所代期货公司履行义务或者承担赔偿责任后，有权向不履行义务的一方追偿。

第四十九条 期货交易所未代期货公司履行期货合约，期货公司应当根据客户请求向期货交易所主张权利。

期货公司拒绝代客户向期货交易所主张权利的，客户可直接起诉期货交易所，期货公司可作为第三人参加诉讼。

第五十条 因期货交易所的过错导致信息发布、交易指令处理错误，造成期货公司或者客户直接经济损失的，期货交易所应当承担赔偿责任，但其能够证明系不可抗力的除外。

第五十一条 期货交易所依据有关规定对期货市场出现的异常情况采取合理的紧急措施造成客户损失的，期货交易所不承担赔偿责任。

期货公司执行期货交易所的合理的紧急措施造成客户损失的，期货公司不承担赔偿责任。

十、侵权行为责任

第五十二条 期货交易所、期货公司故意提供虚假信息误导客户下单的，由此造成客户的经济损失由期货交易所、期货公司承担。

第五十三条 期货公司私下对冲、与客户对赌等不将客户指令入市交易的行为，应当认定为无效，期货公司应当赔偿由此给客户造成的经济损失；期货公司与客户均有过错的，应当根据过错大小，分别承担相应的赔偿责任。

第五十四条 期货公司擅自以客户的名义进行交易，客户对交易结果不予追认的，所造成的损失由期货公司承担。

第五十五条 期货公司挪用客户保证金，或者违反有关规定划转客户保证金造成客户损失的，应当承担赔偿责任。

十一、举证责任

第五十六条 期货公司应当对客户的交易指令是否入市交易承担举证责任。

确认期货公司是否将客户下达的交易指令入市交易，应当以期货交易所的交易记录、期货公司通知的交易结算结果与客户交易指令记录中的品种、买卖方向是否一致，价格、交易时间是否相符为标准，指令交易数量可以作为参考。但客户有相反证据证明其交易指令未入市交易的除外。

第五十七条 期货交易所通知期货公司追加保证金，期货公司否认收到上述通知的，由期货交易所承担举证责任。

期货公司向客户发出追加保证金的通知，客户否认收到上述通知的，由期货公司承担举证责任。

十二、保全和执行

第五十八条 人民法院保全与会员资格相应的会员资格费或者交易席位，应当依法裁定不得转让该会员资格，但不得停止该会员交易席位的使用。人民法院在执行过程中，有权依法采取强制措施转让该交易席位。

第五十九条 期货交易所、期货公司为债务人的，人民法院不得冻结、划拨期货公司在期货交易所或者客户在期货公司保证金账户中的资金。

有证据证明该保证金账户中有超出期货公司、客户权益资金的部分，期货交易所、期货公司在人民法院指定的合理期限内不能提出相反证据的，人民法院可以依法冻结、划拨该账户中属于期货交易所、期货公司的自有资金。

第六十条 期货公司为债务人的，人民法院不得冻结、划拨专用结算账户中未被期货合约占用的用于担保期货合约履行的最低限额的结算准备金；期货公司已经结清所有持仓并清偿客户资金的，人民法院可以对结算准备金依法予以冻结、划拨。

期货公司有其他财产的，人民法院应当依法先行冻结、查封、执行期货公司的其他财产。

第六十一条 客户、自营会员为债务人的，人民法院可以对其保证金、持仓依法采取保全和执行措施。

十三、其他

第六十二条 本规定所称期货公司是指经依法批准代理投资者从事期货交易业务的经营机构及其分公司、营业部等分支机构。客户是指委托期货公司从事期货交易的投资者。

第六十三条 本规定自2003年7月1日起施行。

2003年7月1日前发生的期货交易行为或者侵权行为，适用当时的有关规定；当时规定不明确的，参照本规定处理。

最高人民法院
关于审理期货纠纷案件若干问题的规定（二）

（2010年12月27日最高人民法院审判委员会第1507次会议通过
根据2020年12月23日最高人民法院审判委员会第1823次会议通过的
《最高人民法院关于修改〈最高人民法院关于破产企业国有划拨土地使用权应否列入破产财产等问题的批复〉等二十九件商事类司法解释的决定》修正）

为解决相关期货纠纷案件的管辖、保全与执行等法律适用问题，根据《中华人民共和国民事诉讼法》等有关法律、行政法规的规定以及审判实践的需要，制定本规定。

第一条 以期货交易所为被告或者第三人的因期货交易所履行职责引起的商事案件，由期货交易所所在地的中级人民法院管辖。

第二条 期货交易所履行职责引起的商事案件是指：

（一）期货交易所会员及其相关人员、保证金存管银行及其相关人员、客户、其他期货市场参与者，以期货交易所违反法律法规以及国务院期货监督管理机构的规定，履行监督管理职责不当，造成其损害为由提起的商事诉讼案件；

（二）期货交易所会员及其相关人员、保证金存管银行及其相关人员、客户、其他期货市场参与者，以期货交易所违反其章程、交易规则、实施细则的规定以及业务协议的约定，履行监督管理职责不当，造成其损害为由提起的商事诉讼案件；

（三）期货交易所因履行职责引起的其他商事诉讼案件。

第三条 期货交易所为债务人，债权人请求冻结、划拨以下账户中资金或者有价证券的，人民法院不予支持：

（一）期货交易所会员在期货交易所保证金账户中的资金；

（二）期货交易所会员向期货交易所提交的用于充抵保证金的有价证券。

第四条 期货公司为债务人，债权人请求冻结、划拨以下账户中资金或者有价证券的，人民法院不予支持：

（一）客户在期货公司保证金账户中的资金；

（二）客户向期货公司提交的用于充抵保证金的有价证券。

第五条 实行会员分级结算制度的期货交易所的结算会员为债务人，债权人请求冻结、划拨结算会员以下资金或者有价证券的，人民法院不予支持：

（一）非结算会员在结算会员保证金账户中的资金；

（二）非结算会员向结算会员提交的用于充抵保证金的有价证券。

第六条 有证据证明保证金账户中有超过上述第三条、第四条、第五条规定的资金或者有价证券部分权益的，期货交易所、期货公司或者期货交易所结算会员在人民法院指定的合理期限内不能提出相反证据的，人民法院可以依法冻结、划拨超出部分的资金或者有价证券。

有证据证明期货交易所、期货公司、期货交易所结算会员自有资金与保证金发生混同，期货交易所、期货公司或者期货交易所结算会员在人民法院指定的合理期限内不能提出相反证据的，人民法院可以依法冻结、划拨相关账户内的资金或者有价证券。

第七条 实行会员分级结算制度的期货交易所或者其结算会员为债务人，债权人请求冻结、划拨期货交易所向其结算会员依法收取的结算担保金的，人民法院不予支持。

有证据证明结算会员在结算担保金专用账户中有超过交易所要求的结算担保金数额部分的，结算会员在人民法院指定的合理期限内不能提出相反证据的，人民法院可以依法冻结、划拨超出部分的资金。

第八条 人民法院在办理案件过程中，依法需要通过期货交易所、期货公司查询、冻结、划拨资金或者有价证券的，期货交易所、期货公司应当予以协助。应当协助而拒不协助的，按照《中华人民共和国民事诉讼法》第一百一十四条之规定办理。

第九条 本规定施行前已经受理的上述案件不再移送。

第十条 本规定施行前本院作出的有关司法解释与本规定不一致的，以本规定为准。

最高人民法院
关于对与证券交易所监管职能相关的诉讼案件管辖与受理问题的规定

（2004年11月18日最高人民法院审判委员会第1333次会议通过 根据2020年12月23日最高人民法院审判委员会第1823次会议通过的《最高人民法院关于修改〈最高人民法院关于人民法院民事调解工作若干问题的规定〉等十九件民事诉讼类司法解释的决定》修正）

为正确及时地管辖、受理与证券交易所监管职能相关的诉讼案件，特作出以下规定：

一、根据《中华人民共和国民事诉讼法》第三十七条和《中华人民共和国行政诉讼法》第二十三条的有关规定，指定上海证券交易所和深圳证券交易所所在地的中级人民法院分别管辖以上海证券交易所和深圳证券交易所为被告或第三人的与证券交易所监管职能相关的第一审民事和行政案件。

二、与证券交易所监管职能相关的诉讼案件包括：

（一）证券交易所根据《中华人民共和国公司法》《中华人民共和国证券法》《中华人民共和国证券投资基金法》《证券交易所管理

办法》等法律、法规、规章的规定，对证券发行人及其相关人员、证券交易所会员及其相关人员、证券上市和交易活动作出处理决定引发的诉讼；

（二）证券交易所根据国务院证券监督管理机构的依法授权，对证券发行人及其相关人员、证券交易所会员及其相关人员、证券上市和交易活动作出处理决定引发的诉讼；

（三）证券交易所根据其章程、业务规则、业务合同的规定，对证券发行人及其相关人员、证券交易所会员及其相关人员、证券上市和交易活动作出处理决定引发的诉讼；

（四）证券交易所在履行监管职能过程中引发的其他诉讼。

三、投资者对证券交易所履行监管职责过程中对证券发行人及其相关人员、证券交易所会员及其相关人员、证券上市和交易活动作出的不直接涉及投资者利益的行为提起的诉讼，人民法院不予受理。

四、本规定自发布之日起施行。

最高人民法院
关于证券纠纷代表人诉讼若干问题的规定

法释〔2020〕5号

（2020年7月23日最高人民法院审判委员会第1808次会议通过
2020年7月30日最高人民法院公告公布　自2020年7月31日起施行）

为进一步完善证券集体诉讼制度，便利投资者提起和参加诉讼，降低投资者维权成本，保护投资者合法权益，有效惩治资本市场违法违规行为，维护资本市场健康稳定发展，根据《中华人民共和国民事诉讼法》《中华人民共和国证券法》等法律的规定，结合证券市场实际和审判实践，制定本规定。

一、一般规定

第一条　本规定所指证券纠纷代表人诉讼包括因证券市场虚假陈述、内幕交易、操纵市场等行为引发的普通代表人诉讼和特别代表人诉讼。

普通代表人诉讼是依据民事诉讼法第五十三条、第五十四条、证券法第九十五条第一款、第二款规定提起的诉讼；特别代表人诉讼是依据证券法第九十五条第三款规定提起的诉讼。

第二条　证券纠纷代表人诉讼案件，由省、自治区、直辖市人民政府所在的市、计划单列市和经济特区中级人民法院或者专门人民法院管辖。

对多个被告提起的诉讼，由发行人住所地有管辖权的中级人民法院或者专门人民法院管辖；对发行人以外的主体提起的诉讼，由被告住所地有管辖权的中级人民法院或者专门人民法院管辖。

特别代表人诉讼案件，由涉诉证券集中交易的证券交易所、国务院批准的其他全国性证券交易场所所在地的中级人民法院或者专门人民法院管辖。

第三条　人民法院应当充分发挥多元解纷机制的功能，按照自愿、合法原则，引导和鼓励当事人通过行政调解、行业调解、专业调解等非诉讼方式解决证券纠纷。

当事人选择通过诉讼方式解决纠纷的，人民法院应当及时立案。案件审理过程中应当着重调解。

第四条　人民法院审理证券纠纷代表人诉讼案件，应当依托信息化技术手段开展立案登记、诉讼文书送达、公告和通知、权利登记、执行款项发放等工作，便利当事人行使诉讼权利、履行诉讼义务，提高审判执行的公正性、高效性和透明度。

二、普通代表人诉讼

第五条　符合以下条件的，人民法院应当适用普通代表人诉讼程序进行审理：

（一）原告一方人数十人以上，起诉符合民事诉讼法第一百一十九条规定和共同诉讼条件；

（二）起诉书中确定二至五名拟任代表人且符合本规定第十二条规定的代表人条件；

（三）原告提交有关行政处罚决定、刑事裁判文书、被告自认材料、证券交易所和国务院批准的其他全国性证券交易场所等给予的纪律处分或者采取的自律管理措施等证明证券侵权事实的初步证据。

不符合前款规定的，人民法院应当适用非代表人诉讼程序进行审理。

第六条 对起诉时当事人人数尚未确定的代表人诉讼，在发出权利登记公告前，人民法院可以通过阅卷、调查、询问和听证等方式对被诉证券侵权行为的性质、侵权事实等进行审查，并在受理后三十日内以裁定的方式确定具有相同诉讼请求的权利人范围。

当事人对权利人范围有异议的，可以自裁定送达之日起十日内向上一级人民法院申请复议，上一级人民法院应当在十五日内作出复议裁定。

第七条 人民法院应当在权利人范围确定后五日内发出权利登记公告，通知相关权利人在指定期间登记。权利登记公告应当包括以下内容：

（一）案件情况和诉讼请求；

（二）被告的基本情况；

（三）权利人范围及登记期间；

（四）起诉书中确定的拟任代表人人选姓名或者名称、联系方式等基本信息；

（五）自愿担任代表人的权利人，向人民法院提交书面申请和相关材料的期限；

（六）人民法院认为必要的其他事项。

公告应当以醒目的方式提示，代表人的诉讼权限包括代表原告参加开庭审理，变更、放弃诉讼请求或者承认对方当事人的诉讼请求，与被告达成调解协议，提起或者放弃上诉，申请执行，委托诉讼代理人等，参加登记视为对代表人进行特别授权。

公告期间为三十日。

第八条 权利人应在公告确定的登记期间向人民法院登记。未按期登记的，可在一审开庭前向人民法院申请补充登记，补充登记前已经完成的诉讼程序对其发生效力。

权利登记可以依托电子信息平台进行。权利人进行登记时，应当按照权利登记公告要求填写诉讼请求金额、收款方式、电子送达地址等事项，并提供身份证明文件、交易记录及投资损失等证据材料。

第九条 人民法院在登记期间届满后十日内对登记的权利人进行审核。不符合权利人范围的投资者，人民法院不确认其原告资格。

第十条 权利登记公告前已就同一证券违法事实提起诉讼且符合权利人范围的投资者，申请撤诉并加入代表人诉讼的，人民法院应当予以准许。

投资者申请撤诉并加入代表人诉讼的，列为代表人诉讼的原告，已经收取的诉讼费予以退还；不申请撤诉的，人民法院不准许其加入代表人诉讼，原诉讼继续进行。

第十一条 人民法院应当将审核通过的权利人列入代表人诉讼原告名单，并通知全体原告。

第十二条 代表人应当符合以下条件：

（一）自愿担任代表人；

（二）拥有相当比例的利益诉求份额；

（三）本人或者其委托诉讼代理人具备一定的诉讼能力和专业经验；

（四）能忠实、勤勉地履行维护全体原告利益的职责。

依照法律、行政法规或者国务院证券监督管理机构的规定设立的投资者保护机构作为原告参与诉讼，或者接受投资者的委托指派工作人员或委派诉讼代理人参与案件审理活动的，人民法院可以指定该机构为代表人，或者在被代理的当事人中指定代表人。

申请担任代表人的原告存在与被告有关联关系等可能影响其履行职责情形的，人民法院对其申请不予准许。

第十三条 在起诉时当事人人数确定的代表人诉讼，应当在起诉前确定获得特别授权的代表人，并在起诉书中就代表人的推选情况作出专项说明。

在起诉时当事人人数尚未确定的代表人诉讼，应当在起诉书中就拟任代表人人选及条件作出说明。在登记期间向人民法院登记的权利人对拟任代表人人选均没有提出异议，并且登记的权利人无人申请担任代表人的，人民法院可以认定由该二至五名人选作为代表人。

第十四条 在登记期间向人民法院登记的权利人对拟任代表人的人选提出异议，或者申请担任代表人的，人民法院应当自原告范围审核完毕后十日内在自愿担任代表人的原告中组织推选。

代表人的推选实行一人一票，每位代表人的得票数应当不少于参与投票人数的50%。代表人人数为二至五名，按得票数排名确定，通过投票产生二名以上代表人的，为推选成功。首次推选不出的，人民法院应当即时组织原告在得票数前五名的候选人中进行二次推选。

第十五条 依据前条规定推选不出代表人的，由人民法院指定。

人民法院指定代表人的，应当将投票情况、诉讼能力、利益诉求份额等作为考量因素，并征得被指定代表人的同意。

第十六条 代表人确定后，人民法院应当进行公告。

原告可以自公告之日起十日内向人民法院申请撤回权利登记，并可以另行起诉。

第十七条 代表人因丧失诉讼行为能力或者其他事由影响案件审理或者可能损害原告利益的，人民法院依原告申请，可以决定撤销代表人资格。代表人不足二人时，人民法院应当补充指定代表人。

第十八条 代表人与被告达成调解协议草案的，应当向人民法院提交制作调解书的申请书及调解协议草案。申请书应当包括以下内容：

（一）原告的诉讼请求、案件事实以及审理进展等基本情况；

（二）代表人和委托诉讼代理人参加诉讼活动的情况；

（三）调解协议草案对原告的有利因素和不利影响；

（四）对诉讼费以及合理的公告费、通知费、律师费等费用的分摊及理由；

（五）需要特别说明的其他事项。

第十九条 人民法院经初步审查，认为调解协议草案不存在违反法律、行政法规的强制性规定、违背公序良俗以及损害他人合法权益等情形的，应当自收到申请书后十日内向全体原告发出通知。通知应当包括以下内容：

（一）调解协议草案；

（二）代表人请求人民法院制作调解书的申请书；

（三）对调解协议草案发表意见的权利以及方式、程序和期限；

（四）原告有异议时，召开听证会的时间、地点及报名方式；

（五）人民法院认为需要通知的其他事项。

第二十条 对调解协议草案有异议的原告，有权出席听证会或者以书面方式向人民法院提交异议的具体内容及理由。异议人未出席听证会的，人民法院应当在听证会上公开其异议的内容及理由，代表人及其委托诉讼代理人、被告应当进行解释。

代表人和被告可以根据听证会的情况，对调解协议草案进行修改。人民法院应当将修改后的调解协议草案通知所有原告，并对修改的内容作出重点提示。人民法院可以根据案件的具体情况，决定是否再次召开听证会。

第二十一条 人民法院应当综合考虑当事人赞成和反对意见、本案所涉法律和事实情况、调解协议草案的合法性、适当性和可行性等因素，决定是否制作调解书。

人民法院准备制作调解书的，应当通知提出异议的原告，告知其可以在收到通知后十日内向人民法院提交退出调解的申请。未在上述期间内提交退出申请的原告，视为接受。

申请退出的期间届满后，人民法院应当在十日内制作调解书。调解书经代表人和被告签收后，对被代表的原告发生效力。人民法院对申请退出原告的诉讼继续审理，并依法作出相应判决。

第二十二条 代表人变更或者放弃诉讼请求、承认对方当事人诉讼请求、决定撤诉的，应当向人民法院提交书面申请，并通知全体原告。人民法院收到申请后，应当根据原告所提异议情况，依法裁定是否准许。

对于代表人依据前款规定提交的书面申请，原告自收到通知之日起十日内未提出异议的，人民法院可以裁定准许。

第二十三条 除代表人诉讼案件外，人民法院还受理其他基于同一证券违法事实发生的非代表人诉讼案件的，原则上代表人诉讼案件先行审理，非代表人诉讼案件中止审理。但非代表人诉讼案件具有典型性且先行审理有利于及时解决纠纷的除外。

第二十四条 人民法院可以依当事人的申

请，委托双方认可或者随机抽取的专业机构对投资损失数额、证券侵权行为以外其他风险因素导致的损失扣除比例等进行核定。当事人虽未申请但案件审理确有需要的，人民法院可以通过随机抽取的方式委托专业机构对有关事项进行核定。

对专业机构的核定意见，人民法院应当组织双方当事人质证。

第二十五条 代表人请求败诉的被告赔偿合理的公告费、通知费、律师费等费用的，人民法院应当予以支持。

第二十六条 判决被告承担民事赔偿责任的，可以在判决主文中确定赔偿总额和损害赔偿计算方法，并将每个原告的姓名、应获赔偿金额等以列表方式作为民事判决书的附件。

当事人对计算方法、赔偿金额等有异议的，可以向人民法院申请复核。确有错误的，人民法院裁定补正。

第二十七条 一审判决送达后，代表人决定放弃上诉的，应当在上诉期间届满前通知全体原告。

原告自收到通知之日起十五日内未上诉，被告在上诉期间内亦未上诉的，一审判决在全体原告与被告之间生效。

原告自收到通知之日起十五日内上诉的，应当同时提交上诉状，人民法院收到上诉状后，对上诉的原告按上诉处理。被告在上诉期间内未上诉的，一审判决在未上诉的原告与被告之间生效，二审裁判的效力不及于未上诉的原告。

第二十八条 一审判决送达后，代表人决定上诉的，应当在上诉期间届满前通知全体原告。

原告自收到通知之日起十五日内决定放弃上诉的，应当通知一审法院。被告在上诉期间内未上诉的，一审判决在放弃上诉的原告与被告之间生效，二审裁判的效力不及于放弃上诉的原告。

第二十九条 符合权利人范围但未参加登记的投资者提起诉讼，且主张的事实和理由与代表人诉讼生效判决、裁定所认定的案件基本事实和法律适用相同的，人民法院审查具体诉讼请求后，裁定适用已经生效的判决、裁定。适用已经生效裁判的裁定中应当明确被告赔偿的金额，裁定一经作出立即生效。

代表人诉讼调解结案的，人民法院对后续涉及同一证券违法事实的案件可以引导当事人先行调解。

第三十条 履行或者执行生效法律文书所得财产，人民法院在进行分配时，可以通知证券登记结算机构等协助执行义务人依法协助执行。

人民法院应当编制分配方案并通知全体原告，分配方案应当包括原告范围、债权总额、扣除项目及金额、分配的基准及方法、分配金额的受领期间等内容。

第三十一条 原告对分配方案有异议的，可以依据民事诉讼法第二百二十五条的规定提出执行异议。

三、特别代表人诉讼

第三十二条 人民法院已经根据民事诉讼法第五十四条第一款、证券法第九十五条第二款的规定发布权利登记公告的，投资者保护机构在公告期间受五十名以上权利人的特别授权，可以作为代表人参加诉讼。先受理的人民法院不具有特别代表人诉讼管辖权的，应当将案件及时移送有管辖权的人民法院。

不同意加入特别代表人诉讼的权利人可以提交退出声明，原诉讼继续进行。

第三十三条 权利人范围确定后，人民法院应当发出权利登记公告。权利登记公告除本规定第七条的内容外，还应当包括投资者保护机构基本情况、对投资者保护机构的特别授权、投资者声明退出的权利及期间、未声明退出的法律后果等。

第三十四条 投资者明确表示不愿意参加诉讼的，应当在公告期间届满后十五日内向人民法院声明退出。未声明退出的，视为同意参加该代表人诉讼。

对于声明退出的投资者，人民法院不再将其登记为特别代表人诉讼的原告，该投资者可以另行起诉。

第三十五条 投资者保护机构依据公告确定的权利人范围向证券登记结算机构调取的权利人名单，人民法院应当予以登记，列入代表人诉讼原告名单，并通知全体原告。

第三十六条 诉讼过程中由于声明退出等原因导致明示授权投资者的数量不足五十名的，不影响投资者保护机构的代表人资格。

第三十七条 针对同一代表人诉讼，原则上应当由一个投资者保护机构作为代表人参加诉讼。两个以上的投资者保护机构分别受五十名以上投资者委托,且均决定作为代表人参加诉讼的,应当协商处理;协商不成的,由人民法院指定其中一个作为代表人参加诉讼。

第三十八条 投资者保护机构应当采取必要措施,保障被代表的投资者持续了解案件审理的进展情况,回应投资者的诉求。对投资者提出的意见和建议不予采纳的,应当对投资者做好解释工作。

第三十九条 特别代表人诉讼案件不预交案件受理费。败诉或者部分败诉的原告申请减交或者免交诉讼费的,人民法院应当依照《诉讼费用交纳办法》的规定,视原告的经济状况和案件的审理情况决定是否准许。

第四十条 投资者保护机构作为代表人在诉讼中申请财产保全的,人民法院可以不要求提供担保。

第四十一条 人民法院审理特别代表人诉讼案件,本部分没有规定的,适用普通代表人诉讼中关于起诉时当事人人数尚未确定的代表人诉讼的相关规定。

四、附则

第四十二条 本规定自2020年7月31日起施行。

最高人民法院
关于印发《全国法院审理债券纠纷案件座谈会纪要》的通知

2020年7月15日　　　　　　　　　　　　法〔2020〕185号

各省、自治区、直辖市高级人民法院,解放军军事法院,新疆维吾尔自治区高级人民法院生产建设兵团分院:

为正确审理因公司债券、企业债券、非金融企业债务融资工具的发行和交易所引发的合同、侵权和破产民商事案件,统一法律适用,保护债券投资人的合法权益,促进债券市场健康发展,经商国家发展和改革委员会、中国人民银行、中国证监会同意,最高人民法院制定了《全国法院审理债券纠纷案件座谈会纪要》,现将会议纪要印发。

各级人民法院要通过多种形式组织学习培训,使审判人员尽快准确理解掌握纪要的相关内容,在案件审理中正确理解适用。对于适用中存在的问题,请及时层报最高人民法院。

附:

全国法院审理债券纠纷案件座谈会纪要

近年来,我国债券市场发展迅速,为服务实体经济发展和国家重点项目建设提供了有力的支持和保障。债券市场在平稳、有序、健康发展的同时,也出现了少数债券发行人因经营不善、盲目扩张、违规担保等原因而不能按期还本付息,以及欺诈发行、虚假陈述等违法违规事件,严重损害了债券持有人和债券投资者的合法权益。为正确审理因公司债券、企业债券、非金融企业债务融资工具的发行和交易所引发的合同、侵权和破产民商事案件,统一法律适用,最高人民法院于2019年12月24日在北京召开了全国法院审理债券纠纷相关案件座谈会,邀请全国人大常委会法制工作委员会、司法部、国家发展和改革委员会、中国人民银行、中国证监会等单位有关负责同志参加会议,各省、自治区、直辖市高级人民法院和解放军军事法院以及新疆维吾尔自治区高级人民法院生产建设兵团分院主管民商事审判工作的院领导、相关庭室的负责同志，沪、深证券交易所、中国银行间市场交易商协会等市场自律监管机构、市场中介机构的代表也参加了会议。与会同志经认真讨论，就案件审理中的主要问题取得了一致意见，现纪要如下：

一、关于案件审理的基本原则

会议认为，当前债券市场风险形势总体稳定。债券市场风险的有序释放和平稳化解，是防范和化解金融风险的重要组成部分，事关国家金融安全和社会稳定。因此，人民法院必须高度重视此类案件，并在审理中注意坚持以下原则：

1. 坚持保障国家金融安全原则。民商事审判工作是国家维护经济秩序、防范和化解市场风险、维护国家经济安全的重要手段。全国法院必须服从和服务于防范和化解金融风险的国家工作大局，以民法总则、合同法、侵权责任法、公司法、中国人民银行法、证券法、信托法、破产法、企业债券管理条例等法律和行政法规为依据，将法律规则的适用与中央监管政策目标的实现相结合，将个案风险化解与国家经济政策、金融市场监管和社会影响等因素相结合，本着规范债券市场、防范金融风险、维护金融稳定和安全的宗旨，依法公正审理此类纠纷案件，妥善防范和化解金融风险，为国家经济秩序稳定和金融安全提供有力司法服务和保障。

2. 坚持依法公正原则。目前，债券发行和交易市场的规则体系，主要由法律、行政法规、部门规章、行政规范性文件构成。人民法院在审理此类案件中，要根据法律和行政法规规定的基本原理，对具有还本付息这一共同属性的公司债券、企业债券、非金融企业债务融资工具适用相同的法律标准。正确处理好保护债券持有人和债券投资者的合法权益、强化对发行人的信用约束、保障债券市场风险处置的平稳有序和促进债券市场健康发展之间的关系，统筹兼顾公募与私募、场内与场外等不同市场发展的实际情况，妥善合理弥补部门规章、行政规范性文件和自律监管规则的模糊地带，确保案件审理的法律效果和社会效果相统一。

3. 坚持"卖者尽责、买者自负"原则。债券依法发行后，因发行人经营与收益的变化导致的投资风险，依法应当由投资人自行负责。但是，"买者自负"的前提是"卖者尽责"。对于债券欺诈发行、虚假陈述等侵权民事案件的审理，要立足法律和相关监管规则，依法确定发行人董事、监事、高级管理人员及其控股股东、实际控制人，以及增信机构，债券承销机构，信用评级机构、资产评估机构、会计师事务所、律师事务所等中介机构（以下简称债券服务机构），受托管理人或者具有同等职责的机构（以下简称受托管理人）等相关各方的权利、义务和责任，将责任承担与行为人的注意义务、注意能力和过错程度相结合，将民事责任追究的损失填补与震慑违法两个功能相结合，切实保护债券持有人、债券投资者的合法权益，维护公开、公平、公正的资本市场秩序。

4. 坚持纠纷多元化解原则。债券纠纷案件涉及的投资者人数众多、发行和交易方式复杂、责任主体多元，要充分发挥债券持有人会议的议事平台作用，保障受托管理人和其他债券代表人能够履行参与诉讼、债务重组、破产重整、和解、清算等债券持有人会议赋予的职责。要进一步加强与债券监管部门的沟通联系和信息共享，建立、健全有机衔接、协调联动、高效便民的债券纠纷多元化解机制，协调好诉讼、调解、委托调解、破产重整、和解、清算等多种司法救济手段之间的关系，形成纠纷化解合力，构建债券纠纷排查预警机制，防止矛盾纠纷积累激化。充分尊重投资者的程序选择权，着眼于纠纷的实际情况，灵活确定纠纷化解的方式、时间和地点，尽可能便利投资者，降低解决纠纷成本。

二、关于诉讼主体资格的认定

会议认为，同期发行债券的持有人利益诉求高度同质化且往往人数众多，采用共同诉讼的方式能够切实降低债券持有人的维权成本，最大限度地保障债券持有人的利益，也有利于提高案件审理效率，节约司法资源，实现诉讼经济。案件审理中，人民法院应当根据当事人的协议约定或者债券持有人会议的决议，承认债券受托管理人或者债券持有人会议推选的代表人的法律地位，充分保障受托管理人、诉讼代表人履行统一行使诉权的职能。对于债券违约合同纠纷案件，应当以债券受托管理人或者债券持有人会议推选的代表人集中起诉为原则，以债券持有人个别起诉为补充。

5. 债券受托管理人的诉讼主体资格。债券发行人不能如约偿付债券本息或者出现债券募集文件约定的违约情形时，受托管理人根据债券募集文件、债券受托管理协议的约定或者债券持有人会议决议的授权，以自己的名义代表债券持有人提起、参加民事诉讼，或者申请发行人破产重整、破产清算的，人民法院应当依法予以受理。

受托管理人应当向人民法院提交符合债券募集文件、债券受托管理协议或者债券持有人会议规则的授权文件。

6. 债券持有人自行或者共同提起诉讼。在债券持有人会议决议授权受托管理人或者推选代表人代表部分债券持有人主张权利的情况下，其他债券持有人另行单独或者共同提起、参加民事诉讼，或者申请发行人破产重整、破产清算的，人民法院应当依法予以受理。

债券持有人会议以受托管理人怠于行使职责为由作出自行主张权利的有效决议后，债券持有人根据决议单独、共同或者代表其他债券持有人向人民法院提起诉讼、申请发行人破产重整或者破产清算的，人民法院应当依法予以受理。

7. 资产管理产品管理人的诉讼地位。通过各类资产管理产品投资债券的，资产管理产品的管理人根据相关规定或者资产管理文件的约定以自己的名义提起诉讼的，人民法院应当依法予以受理。

8. 债券交易对诉讼地位的影响。债券持有人以债券质押式回购、融资交易、债券收益权转让等不改变债券持有人身份的方式融资的，不影响其诉讼主体资格的认定。

三、关于案件的受理、管辖与诉讼方式

会议认为，对债券纠纷案件实施相对集中管辖，有利于债券纠纷的及时、有序化解和裁判尺度的统一。在债券持有人、债券投资者自行提起诉讼的情况下，受诉法院也要选择适当的共同诉讼方式，实现案件审理的集约化。同时，为切实降低诉讼维权成本，应当允许符合条件的受托管理人、债券持有人和债券投资者以自身信用作为财产保全的担保方式。

9. 欺诈发行、虚假陈述案件的受理。债券持有人、债券投资者以自己受到欺诈发行、虚假陈述侵害为由，对欺诈发行、虚假陈述行为人提起的民事赔偿诉讼，符合民事诉讼法第一百一十九条规定的，人民法院应当予以受理。欺诈发行、虚假陈述行为人以债券持有人、债券投资者主张的欺诈发行、虚假陈述行为未经有关机关行政处罚或者生效刑事裁判文书认定为由请求不予受理或者驳回起诉的，人民法院不予支持。

10. 债券违约案件的管辖。受托管理人、债券持有人以发行人或者增信机构为被告提起的要求依约偿付债券本息或者履行增信义务的合同纠纷案件，由发行人住所地人民法院管辖。债券募集文件与受托管理协议另有约定的，从其约定。

债券募集文件与受托管理协议中关于管辖的约定不一致，根据《最高人民法院关于适用〈中华人民共和国民事诉讼法〉若干问题的解释》第三十条第一款的规定不能确定管辖法院的，由发行人住所地人民法院管辖。

本纪要发布之前，人民法院以原告住所地为合同履行地确定管辖的案件，尚未开庭审理的，应当移送发行人住所地人民法院审理；已经生效尚未申请执行的案件，应当向发行人住所地人民法院申请强制执行；已经执行尚未执结的案件，应当交由发行人住所地人民法院继续执行。

11. 欺诈发行和虚假陈述案件的管辖。债券持有人、债券投资者以发行人、债券承销机构、债券服务机构等为被告提起的要求承担欺诈发行、虚假陈述民事责任的侵权纠纷案件，由省、直辖市、自治区人民政府所在的市、计划单列市和经济特区中级人民法院管辖。

多个被告中有发行人的，由发行人住所地有管辖权的人民法院管辖。

12. 破产案件的管辖。受托管理人、债券持有人申请发行人重整、破产清算的破产案件，以及发行人申请重整、和解、破产清算的破产案件，由发行人住所地中级人民法院管辖。

13. 允许金融机构以自身信用提供财产保全担保。诉讼中，对证券公司、信托公司、基金公司、期货公司等由金融监管部门批准设立的具有独立偿付债务能力的金融机构及其分支机构以其自身财产作为信用担保的方式提出的财产保全申请，根据《最高人民法院关于人民

法院办理财产保全案件若干问题的规定》（法释〔2016〕22号）第九条规定的精神，人民法院可以予以准许。

14. 案件的集中审理。为节约司法资源，对于由债券持有人自行主张权利的债券违约纠纷案件，以及债券持有人、债券投资者依法提起的债券欺诈发行、虚假陈述侵权赔偿纠纷案件，受诉人民法院可以根据债券发行和交易的方式等案件具体情况，以民事诉讼法第五十二条、第五十三条、第五十四条，证券法第九十五条和《最高人民法院关于适用〈中华人民共和国民事诉讼法〉若干问题的解释》的相关规定为依据，引导当事人选择适当的诉讼方式，对案件进行审理。

四、关于债券持有人权利保护的特别规定

会议认为，债券持有人会议是强化债券持有人权利主体地位、统一债券持有人立场的债券市场基础性制度，也是债券持有人指挥和监督受托管理人勤勉履职的专门制度安排。人民法院在案件审理过程中，要充分发挥债券持有人会议的议事平台作用，尊重债券持有人会议依法依规所作出决议的效力，保障受托管理人和诉讼代表人能够履行参与诉讼、债务重组、破产重整、和解、清算等债券持有人会议赋予的职责。对可能减损、让渡债券持有人利益的相关协议内容的表决，受托管理人和诉讼代表人必须忠实表达债券持有人的意愿。支持受托管理人开展代债券持有人行使担保物权、统一受领案件执行款等工作，切实保护债券持有人的合法权益。

15. 债券持有人会议决议的效力。债券持有人会议根据债券募集文件规定的决议范围、议事方式和表决程序所作出的决议，除非存在法定无效事由，人民法院应当认定为合法有效，除本纪要第5条、第6条和第16条规定的事项外，对全体债券持有人具有约束力。

债券持有人会议表决过程中，发行人及其关联方，以及对决议事项存在利益冲突的债券持有人应当回避表决。

16. 债券持有人重大事项决定权的保留。债券持有人会议授权的受托管理人或者推选的代表人作出可能减损、让渡债券持有人利益的行为，在案件审理中与对方当事人达成调解协议，或者在破产程序中就发行人重整计划草案、和解协议进行表决时，如未获得债券持有人会议特别授权的，应当事先征求各债券持有人的意见或者由各债券持有人自行决定。

17. 破产程序中受托管理人和代表人的债委会成员资格。债券持有人会议授权的受托管理人或者推选的代表人参与破产重整、清算、和解程序的，人民法院在确定债权人委员会的成员时，应当将其作为债权人代表人选。

债券持有人自行主张权利的，人民法院在破产重整、清算、和解程序中确定债权人委员会的成员时，可以责成自行主张权利的债券持有人通过自行召集债券持有人会议等方式推选出代表人，并吸收该代表人进入债权人委员会，以体现和代表多数债券持有人的意志和利益。

18. 登记在受托管理人名下的担保物权行使。根据《最高人民法院关于〈国土资源部办公厅关于征求为公司债券持有人办理国有土地使用权抵押登记意见函〉的答复》精神，为债券设定的担保物权可登记在受托管理人名下，受托管理人根据民事诉讼法第一百九十六条、第一百九十七条的规定或者通过普通程序主张担保物权的，人民法院应当予以支持，但应在裁判文书主文中明确由此所得权益归属于全体债券持有人。受托管理人仅代表部分债券持有人提起诉讼的，人民法院还应当根据其所代表的债券持有人份额占当期发行债券的比例明确其相应的份额。

19. 受托管理人所获利益归属于债券持有人。受托管理人提起诉讼或者参与破产程序的，生效裁判文书的既判力及于其所代表的债券持有人。在执行程序、破产程序中所得款项由受托管理人受领后在十个工作日内分配给各债券持有人。

20. 共益费用的分担。债券持有人会议授权的受托管理人或者推选的代表人在诉讼中垫付的合理律师费等维护全体债券持有人利益所必要的共益费用，可以直接从执行程序、破产程序中受领的款项中扣除，将剩余款项按比例支付给债券持有人。

五、关于发行人的民事责任

会议认为，民事责任追究是强化债券发行人信用约束的重要手段，各级人民法院要充分发挥审判职能作用，严格落实债券发行人及其相关人员的债券兑付和信息披露责任，依法打击公司控股股东、实际控制人随意支配发行资产,甚至恶意转移资产等"逃废债"的行为。对于债券违约案件,要根据法律规定和合同约定,依法确定发行人的违约责任;对于债券欺诈发行和虚假陈述侵权民事案件,应当根据债券持有人和债券投资者的实际损失确定发行人的赔偿责任,依法提高债券市场违法违规成本。

21. 发行人的违约责任范围。债券发行人未能如约偿付债券当期利息或者到期本息的,债券持有人请求发行人支付当期利息或者到期本息,并支付逾期利息、违约金、实现债权的合理费用的,人民法院应当予以支持。

债券持有人以发行人出现债券募集文件约定的违约情形为由,要求发行人提前还本付息的,人民法院应当综合考量债券募集文件关于预期违约、交叉违约等的具体约定以及发生事件的具体情形予以判断。

债券持有人以发行人存在其他证券的欺诈发行、虚假陈述为由,请求提前解除合同并要求发行人承担还本付息等责任的,人民法院应当综合考量其他证券的欺诈发行、虚假陈述等行为是否足以导致合同目的不能实现等因素,判断是否符合提前解除合同的条件。

22. 债券欺诈发行和虚假陈述的损失计算。债券信息披露文件中就发行人财务业务信息等与其偿付能力相关的重要内容存在虚假记载、误导性陈述或者重大遗漏的,欺诈发行的债券认购人或者欺诈发行、虚假陈述行为实施日及之后、揭露日之前在交易市场上买入该债券的投资者,其损失按照如下方式计算:

(1) 在起诉日之前已经卖出债券,或者在起诉时虽然持有债券,但在一审判决作出前已经卖出的,本金损失按投资人购买该债券所支付的加权平均价格扣减持有该债券期间收取的本金偿付(如有),与卖出该债券的加权平均价格的差额计算,并可加计实际损失确定之日至实际清偿之日止的利息。利息分段计算,在2019年8月19日之前,按照中国人民银行确定的同期同类贷款基准利率计算;在2019年8月20日之后,按照中国人民银行授权全国银行间同业拆借中心公布的贷款市场报价利率(LPR)标准计算。

(2) 在一审判决作出前仍然持有该债券的,债券持有人请求按照本纪要第21条第一款的规定计算损失赔偿数额的,人民法院应当予以支持;债券持有人请求赔偿虚假陈述行为所导致的利息损失的,人民法院应当在综合考量欺诈发行、虚假陈述等因素的基础上,根据相关虚假陈述内容被揭露后的发行人真实信用状况所对应的债券发行利率或者债券估值,确定合理的利率赔偿标准。

23. 损失赔偿后债券的交还与注销。依照本纪要第21条、第22条第二项的规定请求发行人承担还本付息责任的,人民法院应当在一审判决作出前向债券登记结算机构调取本案当事人的债券交易情况,并通知债券登记结算机构冻结本案债券持有人所持有的相关债券。

人民法院判令发行人依照本纪要第21条、第22条第二项的规定承担还本付息责任的,无论债券持有人是否提出了由发行人赎回债券的诉讼请求,均应当在判项中明确债券持有人交回债券的义务,以及发行人依据生效法律文书申请债券登记结算机构注销该债券的权利。

24. 因果关系抗辩。债券持有人在债券信息披露文件中的虚假陈述内容被揭露后在交易市场买入债券的,对其依据本纪要第22条规定要求发行人承担责任的诉讼请求,人民法院不予支持。

债券投资人在债券信息披露文件中的虚假陈述内容被揭露后在交易市场买入该债券,其后又因发行人的其他信息披露文件中存在虚假记载、误导性陈述或者重大遗漏导致其信用风险进一步恶化所造成的损失,按照本纪要第22条的规定计算。

人民法院在认定债券信息披露文件中的虚假陈述内容对债券投资人交易损失的影响时,发行人及其他责任主体能够证明投资者通过内幕交易、操纵市场等方式卖出债券,导致交易价格明显低于卖出时的债券市场公允价值的,人民法院可以参考欺诈发行、虚假陈述行为揭露日之后的十个交易日的加权平均交易价格或前三十个交易日的市场估值确定该债券的市场公允价格,并以此计算债券投资者的交易损失。

发行人及其他责任主体能够证明债券持有人、债券投资者的损失部分或者全部是由于市场无风险利率水平变化(以同期限国债利率为参考)、政策风险等与欺诈发行、虚假陈述行为无关的其他因素造成的,人民法院在确定损失赔偿范围时,应当根据原因力的大小相应减轻或者免除赔偿责任。

人民法院在案件审理中,可以委托市场投资者认可的专业机构确定欺诈发行、虚假陈述行为对债券持有人和债券投资者损失的影响。

六、关于其他责任主体的责任

会议认为,对于债券欺诈发行、虚假陈述案件的审理,要按照证券法的规定,严格落实债券承销机构和债券服务机构保护投资者利益的核查把关责任,将责任承担与过错程度相结合。债券承销机构和债券服务机构对各自专业相关的业务事项未履行特别注意义务,对其他业务事项未履行普通注意义务的,应当判令其承担相应法律责任。

25. 受托管理人的赔偿责任。受托管理人未能勤勉尽责公正履行受托管理职责,损害债券持有人合法利益,债券持有人请求其承担相应赔偿责任的,人民法院应当予以支持。

26. 债券发行增信机构与发行人的共同责任。债券发行人不能如约偿付债券本息或者出现债券募集文件约定的违约情形时,人民法院应当根据相关增信文件约定的内容,判令增信机构向债券持有人承担相应的责任。监管文件中规定或者增信文件中约定增信机构的增信范围包括损失赔偿内容的,对债券持有人、债券投资者要求增信机构对发行人因欺诈发行、虚假陈述而应负的赔偿责任承担相应担保责任的诉讼请求,人民法院应当予以支持。增信机构承担责任后,有权向发行人等侵权责任主体进行追偿。

27. 发行人与其他责任主体的连带责任。发行人的控股股东、实际控制人、发行人的董事、监事、高级管理人员或者履行同等职责的人员,对其制作、出具的信息披露文件中存在虚假记载、误导性陈述或者重大遗漏,足以影响投资人对发行人偿债能力判断的,应当与发行人共同对债券持有人、债券投资者的损失承担连带赔偿责任,但是能够证明自己没有过错的除外。

28. 发行人内部人的过错认定。对发行人的执行董事、非执行董事、独立董事、监事、职工监事、高级管理人员或者履行同等职责的人员,以及参与信息披露文件制作的责任人员所提出的其主观上没有过错的抗辩理由,人民法院应当根据前述人员在公司中所处的实际地位、在信息披露文件的制作中所起的作用、取得和了解相关信息的渠道及其为核验相关信息所做的努力等实际情况,审查、认定其是否存在过错。

29. 债券承销机构的过错认定。债券承销机构存在下列行为之一,导致信息披露文件中的关于发行人偿付能力相关的重要内容存在虚假记载、误导性陈述或者重大遗漏,足以影响投资人对发行人偿债能力判断的,人民法院应当认定其存在过错:

(1) 协助发行人制作虚假、误导性信息,或者明知发行人存在上述行为而故意隐瞒的;

(2) 未按照合理性、必要性和重要性原则开展尽职调查,随意改变尽职调查工作计划或者不适当地省略工作计划中规定的步骤;

(3) 故意隐瞒所知悉的有关发行人经营活动、财务状况、偿债能力和意愿等重大信息;

(4) 对信息披露文件中相关债券服务机构出具专业意见的重要内容已经产生了合理怀疑,但未进行审慎核查和必要的调查、复核工作;

(5) 其他严重违反规范性文件、执业规范和自律监管规则中关于尽职调查要求的行为。

30. 债券承销机构的免责抗辩。债券承销机构对发行人信息披露文件中关于发行人偿付能力的相关内容,能够提交尽职调查工作底稿、尽职调查报告等证据证明符合下列情形之一的,人民法院应当认定其没有过错:

(1) 已经按照法律、行政法规和债券监管部门的规范性文件、执业规范和自律监管规则要求,通过查阅、访谈、列席会议、实地调查、印证和讨论等方法,对债券发行相关情况进行了合理尽职调查;

(2) 对信息披露文件中没有债券服务机构专业意见支持的重要内容,经过尽职调查和独立判断,有合理的理由相信该部分信息披露内容与真实情况相符;

(3) 对信息披露文件中相关债券服务机构出具专业意见的重要内容,在履行了审慎核查和必要的调查、复核工作的基础上,排除了原先的合理怀疑;

(4) 尽职调查工作虽然存在瑕疵,但即使完整履行了相关程序也难以发现信息披露文件存在虚假记载、误导性陈述或者重大遗漏。

31. 债券服务机构的过错认定。信息披露文件中关于发行人偿付能力的相关内容存在虚假记载、误导性陈述或者重大遗漏，足以影响投资人对发行人偿付能力的判断的，会计师事务所、律师事务所、信用评级机构、资产评估机构等债券服务机构不能证明其已经按照法律、行政法规、部门规章、行业执业规范和职业道德等规定的勤勉义务谨慎执业的，人民法院应当认定其存在过错。

会计师事务所、律师事务所、信用评级机构、资产评估机构等债券服务机构的注意义务和应负责任范围，限于各自的工作范围和专业领域，其制作、出具的文件有虚假记载、误导性陈述或者重大遗漏，应当按照证券法及相关司法解释的规定，考量其是否尽到勤勉尽责义务，区分故意、过失等不同情况，分别确定其应当承担的法律责任。

32. 责任追偿。发行人的控股股东、实际控制人、发行人的董事、监事、高级管理人员或者履行同等职责的人员、债券承销机构以及债券服务机构根据生效法律文书或者按照先行赔付约定承担赔偿责任后，对超出其责任范围的部分，向发行人及其他相关责任主体追偿的，人民法院应当支持。

七、关于发行人破产管理人的责任

会议认为，对于债券发行人破产案件的审理，要坚持企业拯救、市场出清、债权人利益保护和维护社会稳定并重，在发行人破产重整、和解、清算程序中，应当进一步明确破产管理人及时确认债权、持续信息披露等义务，确保诉讼程序能够及时进行，保护债券持有人的合法权益，切实做到化解风险，理顺关系，安定人心，维护秩序。

33. 发行人破产管理人的债券信息披露责任。债券发行人进入破产程序后，发行人的债券信息披露义务由破产管理人承担，但发行人自行管理财产和营业事务的除外。破产管理人应当按照证券法及相关监管规定的要求，及时、公平地履行披露义务，所披露的信息必须真实、准确、完整。破产管理人就接管破产企业后的相关事项所披露的内容存在虚假记载、误导性陈述或者重大遗漏，足以影响投资人对发行人偿付能力的判断的，对债券持有人、债券投资者主张依法判令其承担虚假陈述民事责任的诉讼请求，人民法院应当予以支持。

34. 破产管理人无正当理由不予确认债权的赔偿责任。债券发行人进入破产程序后，受托管理人根据债券募集文件或者债券持有人会议决议的授权，依照债券登记机关出具的债券持仓登记文件代表全体债券持有人所申报的破产债权，破产管理人应当依法及时予以确认。因破产管理人无正当理由不予确认而导致的诉讼费用、律师费用、差旅费用等合理支出以及由此导致债权迟延清偿期间的利息损失，受托管理人另行向破产管理人主张赔偿责任的，人民法院应当予以支持。

八、保　险

中华人民共和国保险法

（1995年6月30日第八届全国人民代表大会常务委员会第十四次会议通过　根据2002年10月28日第九届全国人民代表大会常务委员会第三十次会议《关于修改〈中华人民共和国保险法〉的决定》第一次修正　2009年2月28日第十一届全国人民代表大会常务委员会第七次会议修订　根据2014年8月31日第十二届全国人民代表大会常务委员会第十次会议《关于修改〈中华人民共和国保险法〉等五部法律的决定》第二次修正　根据2015年4月24日第十二届全国人民代表大会常务委员会第十四次会议《关于修改〈中华人民共和国计量法〉等五部法律的决定》第三次修正）

目　录

第一章　总　则
第二章　保险合同
　第一节　一般规定
　第二节　人身保险合同
　第三节　财产保险合同
第三章　保险公司
第四章　保险经营规则
第五章　保险代理人和保险经纪人
第六章　保险业监督管理
第七章　法律责任
第八章　附　则

第一章　总　则

第一条　为了规范保险活动，保护保险活动当事人的合法权益，加强对保险业的监督管理，维护社会经济秩序和社会公共利益，促进保险事业的健康发展，制定本法。

第二条　本法所称保险，是指投保人根据合同约定，向保险人支付保险费，保险人对于合同约定的可能发生的事故因其发生所造成的财产损失承担赔偿保险金责任，或者当被保险人死亡、伤残、疾病或者达到合同约定的年龄、期限等条件时承担给付保险金责任的商业保险行为。

第三条　在中华人民共和国境内从事保险活动，适用本法。

第四条　从事保险活动必须遵守法律、行政法规，尊重社会公德，不得损害社会公共利益。

第五条　保险活动当事人行使权利、履行义务应当遵循诚实信用原则。

第六条　保险业务由依照本法设立的保险公司以及法律、行政法规规定的其他保险组织经营，其他单位和个人不得经营保险业务。

第七条　在中华人民共和国境内的法人和其他组织需要办理境内保险的，应当向中华人民共和国境内的保险公司投保。

第八条　保险业和银行业、证券业、信托业实行分业经营、分业管理，保险公司与银行、证券、信托业务机构分别设立。国家另有规定的除外。

第九条　国务院保险监督管理机构依法对

保险业实施监督管理。

国务院保险监督管理机构根据履行职责的需要设立派出机构。派出机构按照国务院保险监督管理机构的授权履行监督管理职责。

第二章 保险合同

第一节 一般规定

第十条 保险合同是投保人与保险人约定保险权利义务关系的协议。

投保人是指与保险人订立保险合同，并按照合同约定负有支付保险费义务的人。

保险人是指与投保人订立保险合同，并按照合同约定承担赔偿或者给付保险金责任的保险公司。

第十一条 订立保险合同，应当协商一致，遵循公平原则确定各方的权利和义务。

除法律、行政法规规定必须保险的外，保险合同自愿订立。

第十二条 人身保险的投保人在保险合同订立时，对被保险人应当具有保险利益。

财产保险的被保险人在保险事故发生时，对保险标的应当具有保险利益。

人身保险是以人的寿命和身体为保险标的的保险。

财产保险是以财产及其有关利益为保险标的的保险。

被保险人是指其财产或者人身受保险合同保障，享有保险金请求权的人。投保人可以为被保险人。

保险利益是指投保人或者被保险人对保险标的具有的法律上承认的利益。

第十三条 投保人提出保险要求，经保险人同意承保，保险合同成立。保险人应当及时向投保人签发保险单或者其他保险凭证。

保险单或者其他保险凭证应当载明当事人双方约定的合同内容。当事人也可以约定采用其他书面形式载明合同内容。

依法成立的保险合同，自成立时生效。投保人和保险人可以对合同的效力约定附条件或者附期限。

第十四条 保险合同成立后，投保人按照约定交付保险费，保险人按照约定的时间开始承担保险责任。

第十五条 除本法另有规定或者保险合同另有约定外，保险合同成立后，投保人可以解除合同，保险人不得解除合同。

第十六条 订立保险合同，保险人就保险标的或者被保险人的有关情况提出询问的，投保人应当如实告知。

投保人故意或者因重大过失未履行前款规定的如实告知义务，足以影响保险人决定是否同意承保或者提高保险费率的，保险人有权解除合同。

前款规定的合同解除权，自保险人知道有解除事由之日起，超过三十日不行使而消灭。自合同成立之日起超过二年的，保险人不得解除合同；发生保险事故的，保险人应当承担赔偿或者给付保险金的责任。

投保人故意不履行如实告知义务的，保险人对于合同解除前发生的保险事故，不承担赔偿或者给付保险金的责任，并不退还保险费。

投保人因重大过失未履行如实告知义务，对保险事故的发生有严重影响的，保险人对于合同解除前发生的保险事故，不承担赔偿或者给付保险金的责任，但应当退还保险费。

保险人在合同订立时已经知道投保人未如实告知的情况的，保险人不得解除合同；发生保险事故的，保险人应当承担赔偿或者给付保险金的责任。

保险事故是指保险合同约定的保险责任范围内的事故。

第十七条 订立保险合同，采用保险人提供的格式条款的，保险人向投保人提供的投保单应当附格式条款，保险人应当向投保人说明合同的内容。

对保险合同中免除保险人责任的条款，保险人在订立合同时应当在投保单、保险单或者其他保险凭证上作出足以引起投保人注意的提示，并对该条款的内容以书面或者口头形式向投保人作出明确说明；未作提示或者明确说明的，该条款不产生效力。

第十八条 保险合同应当包括下列事项：

（一）保险人的名称和住所；

（二）投保人、被保险人的姓名或者名称、住所，以及人身保险的受益人的姓名或者名称、住所；

（三）保险标的；

（四）保险责任和责任免除；

（五）保险期间和保险责任开始时间；

（六）保险金额；

（七）保险费以及支付办法；
（八）保险金赔偿或者给付办法；
（九）违约责任和争议处理；
（十）订立合同的年、月、日。
投保人和保险人可以约定与保险有关的其他事项。
受益人是指人身保险合同中由被保险人或者投保人指定的享有保险金请求权的人。投保人、被保险人可以为受益人。
保险金额是指保险人承担赔偿或者给付保险金责任的最高限额。

第十九条 采用保险人提供的格式条款订立的保险合同中的下列条款无效：
（一）免除保险人依法应承担的义务或者加重投保人、被保险人责任的；
（二）排除投保人、被保险人或者受益人依法享有的权利的。

第二十条 投保人和保险人可以协商变更合同内容。
变更保险合同的，应当由保险人在保险单或者其他保险凭证上批注或者附贴批单，或者由投保人和保险人订立变更的书面协议。

第二十一条 投保人、被保险人或者受益人知道保险事故发生后，应当及时通知保险人。故意或者因重大过失未及时通知，致使保险事故的性质、原因、损失程度等难以确定的，保险人对无法确定的部分，不承担赔偿或者给付保险金的责任，但保险人通过其他途径已经及时知道或者应当及时知道保险事故发生的除外。

第二十二条 保险事故发生后，按照保险合同请求保险人赔偿或者给付保险金时，投保人、被保险人或者受益人应当向保险人提供其所能提供的与确认保险事故的性质、原因、损失程度等有关的证明和资料。
保险人按照合同的约定，认为有关的证明和资料不完整的，应当及时一次性通知投保人、被保险人或者受益人补充提供。

第二十三条 保险人收到被保险人或者受益人的赔偿或者给付保险金的请求后，应当及时作出核定；情形复杂的，应当在三十日内作出核定，但合同另有约定的除外。保险人应当将核定结果通知被保险人或者受益人；对属于保险责任的，在与被保险人或者受益人达成赔偿或者给付保险金的协议后十日内，履行赔偿或者给付保险金义务。保险合同对赔偿或者给付保险金的期限有约定的，保险人应当按照约定履行赔偿或者给付保险金义务。

保险人未及时履行前款规定义务的，除支付保险金外，应当赔偿被保险人或者受益人因此受到的损失。

任何单位和个人不得非法干预保险人履行赔偿或者给付保险金的义务，也不得限制被保险人或者受益人取得保险金的权利。

第二十四条 保险人依照本法第二十三条的规定作出核定后，对不属于保险责任的，应当自作出核定之日起三日内向被保险人或者受益人发出拒绝赔偿或者拒绝给付保险金通知书，并说明理由。

第二十五条 保险人自收到赔偿或者给付保险金的请求和有关证明、资料之日起六十日内，对其赔偿或者给付保险金的数额不能确定的，应当根据已有证明和资料可以确定的数额先予支付；保险人最终确定赔偿或者给付保险金的数额后，应当支付相应的差额。

第二十六条 人寿保险以外的其他保险的被保险人或者受益人，向保险人请求赔偿或者给付保险金的诉讼时效期间为二年，自其知道或者应当知道保险事故发生之日起计算。
人寿保险的被保险人或者受益人向保险人请求给付保险金的诉讼时效期间为五年，自其知道或者应当知道保险事故发生之日起计算。

第二十七条 未发生保险事故，被保险人或者受益人谎称发生了保险事故，向保险人提出赔偿或者给付保险金请求的，保险人有权解除合同，并不退还保险费。
投保人、被保险人故意制造保险事故的，保险人有权解除合同，不承担赔偿或者给付保险金的责任；除本法第四十三条规定外，不退还保险费。
保险事故发生后，投保人、被保险人或者受益人以伪造、变造的有关证明、资料或者其他证据，编造虚假的事故原因或者夸大损失程度的，保险人对其虚报的部分不承担赔偿或者给付保险金的责任。
投保人、被保险人或者受益人有前三款规定行为之一，致使保险人支付保险金或者支出费用的，应当退回或者赔偿。

第二十八条 保险人将其承担的保险业务，以分保形式部分转移给其他保险人的，为再保险。

应再保险接受人的要求，再保险分出人应当将其自负责任及原保险的有关情况书面告知再保险接受人。

第二十九条 再保险接受人不得向原保险的投保人要求支付保险费。

原保险的被保险人或者受益人不得向再保险接受人提出赔偿或者给付保险金的请求。

再保险分出人不得以再保险接受人未履行再保险责任为由，拒绝履行或者迟延履行其原保险责任。

第三十条 采用保险人提供的格式条款订立的保险合同，保险人与投保人、被保险人或者受益人对合同条款有争议的，应当按照通常理解予以解释。对合同条款有两种以上解释的，人民法院或者仲裁机构应当作出有利于被保险人和受益人的解释。

第二节　人身保险合同

第三十一条 投保人对下列人员具有保险利益：

（一）本人；

（二）配偶、子女、父母；

（三）前项以外与投保人有抚养、赡养或者扶养关系的家庭其他成员、近亲属；

（四）与投保人有劳动关系的劳动者。

除前款规定外，被保险人同意投保人为其订立合同的，视为投保人对被保险人具有保险利益。

订立合同时，投保人对被保险人不具有保险利益的，合同无效。

第三十二条 投保人申报的被保险人年龄不真实，并且其真实年龄不符合合同约定的年龄限制的，保险人可以解除合同，并按照合同约定退还保险单的现金价值。保险人行使合同解除权，适用本法第十六条第三款、第六款的规定。

投保人申报的被保险人年龄不真实，致使投保人支付的保险费少于应付保险费的，保险人有权更正并要求投保人补交保险费，或者在给付保险金时按照实付保险费与应付保险费的比例支付。

投保人申报的被保险人年龄不真实，致使投保人支付的保险费多于应付保险费的，保险人应当将多收的保险费退还投保人。

第三十三条 投保人不得为无民事行为能力人投保以死亡为给付保险金条件的人身保险，保险人也不得承保。

父母为其未成年子女投保的人身保险，不受前款规定限制。但是，因被保险人死亡给付的保险金总和不得超过国务院保险监督管理机构规定的限额。

第三十四条 以死亡为给付保险金条件的合同，未经被保险人同意并认可保险金额的，合同无效。

按照以死亡为给付保险金条件的合同所签发的保险单，未经被保险人书面同意，不得转让或者质押。

父母为其未成年子女投保的人身保险，不受本条第一款规定限制。

第三十五条 投保人可以按照合同约定向保险人一次支付全部保险费或者分期支付保险费。

第三十六条 合同约定分期支付保险费，投保人支付首期保险费后，除合同另有约定外，投保人自保险人催告之日起超过三十日未支付当期保险费，或者超过约定的期限六十日未支付当期保险费的，合同效力中止，或者由保险人按照合同约定的条件减少保险金额。

被保险人在前款规定期限内发生保险事故的，保险人应当按照合同约定给付保险金，但可以扣减欠交的保险费。

第三十七条 合同效力依照本法第三十六条规定中止的，经保险人与投保人协商并达成协议，在投保人补交保险费后，合同效力恢复。但是，自合同效力中止之日起满二年双方未达成协议的，保险人有权解除合同。

保险人依照前款规定解除合同的，应当按照合同约定退还保险单的现金价值。

第三十八条 保险人对人寿保险的保险费，不得用诉讼方式要求投保人支付。

第三十九条 人身保险的受益人由被保险人或者投保人指定。

投保人指定受益人时须经被保险人同意。投保人为与其有劳动关系的劳动者投保人身保险，不得指定被保险人及其近亲属以外的人为受益人。

被保险人为无民事行为能力人或者限制民事行为能力人的，可以由其监护人指定受益人。

第四十条 被保险人或者投保人可以指定

一人或者数人为受益人。

受益人为数人的，被保险人或者投保人可以确定受益顺序和受益份额；未确定受益份额的，受益人按照相等份额享有受益权。

第四十一条 被保险人或者投保人可以变更受益人并书面通知保险人。保险人收到变更受益人的书面通知后，应当在保险单或者其他保险凭证上批注或者附贴批单。

投保人变更受益人时须经被保险人同意。

第四十二条 被保险人死亡后，有下列情形之一的，保险金作为被保险人的遗产，由保险人依照《中华人民共和国继承法》的规定履行给付保险金的义务：

（一）没有指定受益人，或者受益人指定不明无法确定的；

（二）受益人先于被保险人死亡，没有其他受益人的；

（三）受益人依法丧失受益权或者放弃受益权，没有其他受益人的。

受益人与被保险人在同一事件中死亡，且不能确定死亡先后顺序的，推定受益人死亡在先。

第四十三条 投保人故意造成被保险人死亡、伤残或者疾病的，保险人不承担给付保险金的责任。投保人已交足二年以上保险费的，保险人应当按照合同约定向其他权利人退还保险单的现金价值。

受益人故意造成被保险人死亡、伤残、疾病的，或者故意杀害被保险人未遂的，该受益人丧失受益权。

第四十四条 以被保险人死亡为给付保险金条件的合同，自合同成立或者合同效力恢复之日起二年内，被保险人自杀的，保险人不承担给付保险金的责任，但被保险人自杀时为无民事行为能力人的除外。

保险人依照前款规定不承担给付保险金责任的，应当按照合同约定退还保险单的现金价值。

第四十五条 因被保险人故意犯罪或者抗拒依法采取的刑事强制措施导致其伤残或者死亡的，保险人不承担给付保险金的责任。投保人已交足二年以上保险费的，保险人应当按照合同约定退还保险单的现金价值。

第四十六条 被保险人因第三者的行为而发生死亡、伤残或者疾病等保险事故的，保险人向被保险人或者受益人给付保险金后，不享有向第三者追偿的权利，但被保险人或者受益人仍有权向第三者请求赔偿。

第四十七条 投保人解除合同的，保险人应当自收到解除合同通知之日起三十日内，按照合同约定退还保险单的现金价值。

第三节 财产保险合同

第四十八条 保险事故发生时，被保险人对保险标的不具有保险利益的，不得向保险人请求赔偿保险金。

第四十九条 保险标的转让的，保险标的的受让人承继被保险人的权利和义务。

保险标的转让的，被保险人或者受让人应当及时通知保险人，但货物运输保险合同和另有约定的合同除外。

因保险标的转让导致危险程度显著增加的，保险人自收到前款规定的通知之日起三十日内，可以按照合同约定增加保险费或者解除合同。保险人解除合同的，应当将已收取的保险费，按照合同约定扣除自保险责任开始之日起至合同解除之日止应收的部分后，退还投保人。

被保险人、受让人未履行本条第二款规定的通知义务的，因转让导致保险标的的危险程度显著增加而发生的保险事故，保险人不承担赔偿保险金的责任。

第五十条 货物运输保险合同和运输工具航程保险合同，保险责任开始后，合同当事人不得解除合同。

第五十一条 被保险人应当遵守国家有关消防、安全、生产操作、劳动保护等方面的规定，维护保险标的的安全。

保险人可以按照合同约定对保险标的的安全状况进行检查，及时向投保人、被保险人提出消除不安全因素和隐患的书面建议。

投保人、被保险人未按照约定履行其对保险标的的安全应尽责任的，保险人有权要求增加保险费或者解除合同。

保险人为维护保险标的的安全，经被保险人同意，可以采取安全预防措施。

第五十二条 在合同有效期内，保险标的的危险程度显著增加的，被保险人应当按照合同约定及时通知保险人，保险人可以按照合同约定增加保险费或者解除合同。保险人解除合同的，应当将已收取的保险费，按照合同约定扣除自保险责任开始之日起至合同解除之日止应收的部分后,退还投保人。

被保险人未履行前款规定的通知义务的,因保险标的的危险程度显著增加而发生的保险事故,保险人不承担赔偿保险金的责任。

第五十三条 有下列情形之一的,除合同另有约定外,保险人应当降低保险费,并按日计算退还相应的保险费:

(一)据以确定保险费率的有关情况发生变化,保险标的的危险程度明显减少的;

(二)保险标的的保险价值明显减少的。

第五十四条 保险责任开始前,投保人要求解除合同的,应当按照合同约定向保险人支付手续费,保险人应当退还保险费。保险责任开始后,投保人要求解除合同的,保险人应当将已收取的保险费,按照合同约定扣除自保险责任开始之日起至合同解除之日止应收的部分后,退还投保人。

第五十五条 投保人和保险人约定保险标的的保险价值并在合同中载明的,保险标的发生损失时,以约定的保险价值为赔偿计算标准。

投保人和保险人未约定保险标的的保险价值的,保险标的发生损失时,以保险事故发生时保险标的的实际价值为赔偿计算标准。

保险金额不得超过保险价值。超过保险价值的,超过部分无效,保险人应当退还相应的保险费。

保险金额低于保险价值的,除合同另有约定外,保险人按照保险金额与保险价值的比例承担赔偿保险金的责任。

第五十六条 重复保险的投保人应当将重复保险的有关情况通知各保险人。

重复保险的各保险人赔偿保险金的总和不得超过保险价值。除合同另有约定外,各保险人按照其保险金额与保险金额总和的比例承担赔偿保险金的责任。

重复保险的投保人可以就保险金额总和超过保险价值的部分,请求各保险人按比例返还保险费。

重复保险是指投保人对同一保险标的、同一保险利益、同一保险事故分别与两个以上保险人订立保险合同,且保险金额总和超过保险价值的保险。

第五十七条 保险事故发生时,被保险人应当尽力采取必要的措施,防止或者减少损失。

保险事故发生后,被保险人为防止或者减少保险标的的损失所支付的必要的、合理的费用,由保险人承担;保险人所承担的费用数额在保险标的损失赔偿金额以外另行计算,最高不超过保险金额的数额。

第五十八条 保险标的发生部分损失的,自保险人赔偿之日起三十日内,投保人可以解除合同;除合同另有约定外,保险人也可以解除合同,但应当提前十五日通知投保人。

合同解除的,保险人应当将保险标的未受损失部分的保险费,按照合同约定扣除自保险责任开始之日起至合同解除之日止应收的部分后,退还投保人。

第五十九条 保险事故发生后,保险人已支付了全部保险金额,并且保险金额等于保险价值的,受损保险标的的全部权利归于保险人;保险金额低于保险价值的,保险人按照保险金额与保险价值的比例取得受损保险标的的部分权利。

第六十条 因第三者对保险标的的损害而造成保险事故的,保险人自向被保险人赔偿保险金之日起,在赔偿金额范围内代位行使被保险人对第三者请求赔偿的权利。

前款规定的保险事故发生后,被保险人已经从第三者取得损害赔偿的,保险人赔偿保险金时,可以相应扣减被保险人从第三者已取得的赔偿金额。

保险人依照本条第一款规定行使代位请求赔偿的权利,不影响被保险人就未取得赔偿的部分向第三者请求赔偿的权利。

第六十一条 保险事故发生后,保险人未赔偿保险金之前,被保险人放弃对第三者请求赔偿的权利的,保险人不承担赔偿保险金的责任。

保险人向被保险人赔偿保险金后,被保险人未经保险人同意放弃对第三者请求赔偿的权利的,该行为无效。

被保险人故意或者因重大过失致使保险人不能行使代位请求赔偿的权利的,保险人可以扣减或者要求返还相应的保险金。

第六十二条 除被保险人的家庭成员或者其组成人员故意造成本法第六十条第一款规定的保险事故外,保险人不得对被保险人的家庭成员或者其组成人员行使代位请求赔偿的权利。

第六十三条 保险人向第三者行使代位请求赔偿的权利时，被保险人应当向保险人提供必要的文件和所知道的有关情况。

第六十四条 保险人、被保险人为查明和确定保险事故的性质、原因和保险标的的损失程度所支付的必要的、合理的费用，由保险人承担。

第六十五条 保险人对责任保险的被保险人给第三者造成的损害，可以依照法律的规定或者合同的约定，直接向该第三者赔偿保险金。

责任保险的被保险人给第三者造成损害，被保险人对第三者应负的赔偿责任确定的，根据被保险人的请求，保险人应当直接向该第三者赔偿保险金。被保险人怠于请求的，第三者有权就其应获赔偿部分直接向保险人请求赔偿保险金。

责任保险的被保险人给第三者造成损害，被保险人未向该第三者赔偿的，保险人不得向被保险人赔偿保险金。

责任保险是指以被保险人对第三者依法应负的赔偿责任为保险标的的保险。

第六十六条 责任保险的被保险人因给第三者造成损害的保险事故而被提起仲裁或者诉讼的，被保险人支付的仲裁或者诉讼费用以及其他必要的、合理的费用，除合同另有约定外，由保险人承担。

第三章 保险公司

第六十七条 设立保险公司应当经国务院保险监督管理机构批准。

国务院保险监督管理机构审查保险公司的设立申请时，应当考虑保险业的发展和公平竞争的需要。

第六十八条 设立保险公司应当具备下列条件：

（一）主要股东具有持续盈利能力，信誉良好，最近三年内无重大违法违规记录，净资产不低于人民币二亿元；

（二）有符合本法和《中华人民共和国公司法》规定的章程；

（三）有符合本法规定的注册资本；

（四）有具备任职专业知识和业务工作经验的董事、监事和高级管理人员；

（五）有健全的组织机构和管理制度；

（六）有符合要求的营业场所和与经营业务有关的其他设施；

（七）法律、行政法规和国务院保险监督管理机构规定的其他条件。

第六十九条 设立保险公司，其注册资本的最低限额为人民币二亿元。

国务院保险监督管理机构根据保险公司的业务范围、经营规模，可以调整其注册资本的最低限额，但不得低于本条第一款规定的限额。

保险公司的注册资本必须为实缴货币资本。

第七十条 申请设立保险公司，应当向国务院保险监督管理机构提出书面申请，并提交下列材料：

（一）设立申请书，申请书应当载明拟设立的保险公司的名称、注册资本、业务范围等；

（二）可行性研究报告；

（三）筹建方案；

（四）投资人的营业执照或其他背景资料，经会计师事务所审计的上一年度财务会计报告；

（五）投资人认可的筹备组负责人和拟任董事长、经理名单及本人认可证明；

（六）国务院保险监督管理机构规定的其他材料。

第七十一条 国务院保险监督管理机构应当对设立保险公司的申请进行审查，自受理之日起六个月内作出批准或者不批准筹建的决定，并书面通知申请人。决定不批准的，应当书面说明理由。

第七十二条 申请人应当自收到批准筹建通知之日起一年内完成筹建工作；筹建期间不得从事保险经营活动。

第七十三条 筹建工作完成后，申请人具备本法第六十八条规定的设立条件的，可以向国务院保险监督管理机构提出开业申请。

国务院保险监督管理机构应当自受理开业申请之日起六十日内，作出批准或者不批准开业的决定。决定批准的，颁发经营保险业务许可证；决定不批准的，应当书面通知申请人并说明理由。

第七十四条　保险公司在中华人民共和国境内设立分支机构，应当经保险监督管理机构批准。

保险公司分支机构不具有法人资格，其民事责任由保险公司承担。

第七十五条　保险公司申请设立分支机构，应当向保险监督管理机构提出书面申请，并提交下列材料：

（一）设立申请书；

（二）拟设机构三年业务发展规划和市场分析材料；

（三）拟任高级管理人员的简历及相关证明材料；

（四）国务院保险监督管理机构规定的其他材料。

第七十六条　保险监督管理机构应当对保险公司设立分支机构的申请进行审查，自受理之日起六十日内作出批准或者不批准的决定。决定批准的，颁发分支机构经营保险业务许可证；决定不批准的，应当书面通知申请人并说明理由。

第七十七条　经批准设立的保险公司及其分支机构，凭经营保险业务许可证向工商行政管理机关办理登记，领取营业执照。

第七十八条　保险公司及其分支机构自取得经营保险业务许可证之日起六个月内，无正当理由未向工商行政管理机关办理登记的，其经营保险业务许可证失效。

第七十九条　保险公司在中华人民共和国境外设立子公司、分支机构，应当经国务院保险监督管理机构批准。

第八十条　外国保险机构在中华人民共和国境内设立代表机构，应当经国务院保险监督管理机构批准。代表机构不得从事保险经营活动。

第八十一条　保险公司的董事、监事和高级管理人员，应当品行良好，熟悉与保险相关的法律、行政法规，具有履行职责所需的经营管理能力，并在任职前取得保险监督管理机构核准的任职资格。

保险公司高级管理人员的范围由国务院保险监督管理机构规定。

第八十二条　有《中华人民共和国公司法》第一百四十六条规定的情形或者下列情形之一的，不得担任保险公司的董事、监事、高级管理人员：

（一）因违法行为或者违纪行为被金融监督管理机构取消任职资格的金融机构的董事、监事、高级管理人员，自被取消任职资格之日起未逾五年的；

（二）因违法行为或者违纪行为被吊销执业资格的律师、注册会计师或者资产评估机构、验证机构等机构的专业人员，自被吊销执业资格之日起未逾五年的。

第八十三条　保险公司的董事、监事、高级管理人员执行公司职务时违反法律、行政法规或者公司章程的规定，给公司造成损失的，应当承担赔偿责任。

第八十四条　保险公司有下列情形之一的，应当经保险监督管理机构批准：

（一）变更名称；

（二）变更注册资本；

（三）变更公司或者分支机构的营业场所；

（四）撤销分支机构；

（五）公司分立或者合并；

（六）修改公司章程；

（七）变更出资额占有限责任公司资本总额百分之五以上的股东，或者变更持有股份有限公司股份百分之五以上的股东；

（八）国务院保险监督管理机构规定的其他情形。

第八十五条　保险公司应当聘用专业人员，建立精算报告制度和合规报告制度。

第八十六条　保险公司应当按照保险监督管理机构的规定，报送有关报告、报表、文件和资料。

保险公司的偿付能力报告、财务会计报告、精算报告、合规报告及其他有关报告、报表、文件和资料必须如实记录保险业务事项，不得有虚假记载、误导性陈述和重大遗漏。

第八十七条　保险公司应当按照国务院保险监督管理机构的规定妥善保管业务经营活动的完整账簿、原始凭证和有关资料。

前款规定的账簿、原始凭证和有关资料的保管期限，自保险合同终止之日起计算，保险期间在一年以下的不得少于五年，保险期间超过一年的不得少于十年。

第八十八条　保险公司聘请或者解聘会计师事务所、资产评估机构、资信评级机构等中介服务机构，应当向保险监督管理机构报告；解聘会计师事务所、资产评估机构、资信评级机构等中介服务机构，应当说明理由。

第八十九条 保险公司因分立、合并需要解散，或者股东会、股东大会决议解散，或者公司章程规定的解散事由出现，经国务院保险监督管理机构批准后解散。

经营有人寿保险业务的保险公司，除因分立、合并或者被依法撤销外，不得解散。

保险公司解散，应当依法成立清算组进行清算。

第九十条 保险公司有《中华人民共和国企业破产法》第二条规定情形的，经国务院保险监督管理机构同意，保险公司或者其债权人可以依法向人民法院申请重整、和解或者破产清算；国务院保险监督管理机构也可以依法向人民法院申请对该保险公司进行重整或者破产清算。

第九十一条 破产财产在优先清偿破产费用和共益债务后，按照下列顺序清偿：

（一）所欠职工工资和医疗、伤残补助、抚恤费用，所欠应当划入职工个人账户的基本养老保险、基本医疗保险费用，以及法律、行政法规规定应当支付给职工的补偿金；

（二）赔偿或者给付保险金；

（三）保险公司欠缴的除第（一）项规定以外的社会保险费用和所欠税款；

（四）普通破产债权。

破产财产不足以清偿同一顺序的清偿要求的，按照比例分配。

破产保险公司的董事、监事和高级管理人员的工资，按照该公司职工的平均工资计算。

第九十二条 经营有人寿保险业务的保险公司被依法撤销或者被依法宣告破产的，其持有的人寿保险合同及责任准备金，必须转让给其他经营有人寿保险业务的保险公司；不能同其他保险公司达成转让协议的，由国务院保险监督管理机构指定经营有人寿保险业务的保险公司接受转让。

转让或者由国务院保险监督管理机构指定接受转让前款规定的人寿保险合同及责任准备金的，应当维护被保险人、受益人的合法权益。

第九十三条 保险公司依法终止其业务活动，应当注销其经营保险业务许可证。

第九十四条 保险公司，除本法另有规定外，适用《中华人民共和国公司法》的规定。

第四章 保险经营规则

第九十五条 保险公司的业务范围：

（一）人身保险业务，包括人寿保险、健康保险、意外伤害保险等保险业务；

（二）财产保险业务，包括财产损失保险、责任保险、信用保险、保证保险等保险业务；

（三）国务院保险监督管理机构批准的与保险有关的其他业务。

保险人不得兼营人身保险业务和财产保险业务。但是，经营财产保险业务的保险公司经国务院保险监督管理机构批准，可以经营短期健康保险业务和意外伤害保险业务。

保险公司应当在国务院保险监督管理机构依法批准的业务范围内从事保险经营活动。

第九十六条 经国务院保险监督管理机构批准，保险公司可以经营本法第九十五条规定的保险业务的下列再保险业务：

（一）分出保险；

（二）分入保险。

第九十七条 保险公司应当按照其注册资本总额的百分之二十提取保证金，存入国务院保险监督管理机构指定的银行，除公司清算时用于清偿债务外，不得动用。

第九十八条 保险公司应当根据保障被保险人利益、保证偿付能力的原则，提取各项责任准备金。

保险公司提取和结转责任准备金的具体办法，由国务院保险监督管理机构制定。

第九十九条 保险公司应当依法提取公积金。

第一百条 保险公司应当缴纳保险保障基金。

保险保障基金应当集中管理，并在下列情形下统筹使用：

（一）在保险公司被撤销或者被宣告破产时，向投保人、被保险人或者受益人提供救济；

（二）在保险公司被撤销或者被宣告破产时，向依法接受其人寿保险合同的保险公司提供救济；

（三）国务院规定的其他情形。

保险保障基金筹集、管理和使用的具体办法，由国务院制定。

第一百零一条 保险公司应当具有与其业务规模和风险程度相适应的最低偿付能力。保险公司的认可资产减去认可负债的差额不得低于国务院保险监督管理机构规定的数额；低于规定数额的，应当按照国务院保险监督管理机构的要求采取相应措施达到规定的数额。

第一百零二条 经营财产保险业务的保险公司当年自留保险费，不得超过其实有资本金加公积金总和的四倍。

第一百零三条 保险公司对每一危险单位，即对一次保险事故可能造成的最大损失范围所承担的责任，不得超过其实有资本金加公积金总和的百分之十；超过的部分应当办理再保险。

保险公司对危险单位的划分应当符合国务院保险监督管理机构的规定。

第一百零四条 保险公司对危险单位的划分方法和巨灾风险安排方案，应当报国务院保险监督管理机构备案。

第一百零五条 保险公司应当按照国务院保险监督管理机构的规定办理再保险，并审慎选择再保险接受人。

第一百零六条 保险公司的资金运用必须稳健，遵循安全性原则。

保险公司的资金运用限于下列形式：

（一）银行存款；

（二）买卖债券、股票、证券投资基金份额等有价证券；

（三）投资不动产；

（四）国务院规定的其他资金运用形式。

保险公司资金运用的具体管理办法，由国务院保险监督管理机构依照前两款的规定制定。

第一百零七条 经国务院保险监督管理机构会同国务院证券监督管理机构批准，保险公司可以设立保险资产管理公司。

保险资产管理公司从事证券投资活动，应当遵守《中华人民共和国证券法》等法律、行政法规的规定。

保险资产管理公司的管理办法，由国务院保险监督管理机构会同国务院有关部门制定。

第一百零八条 保险公司应当按照国务院保险监督管理机构的规定，建立对关联交易的管理和信息披露制度。

第一百零九条 保险公司的控股股东、实际控制人、董事、监事、高级管理人员不得利用关联交易损害公司的利益。

第一百一十条 保险公司应当按照国务院保险监督管理机构的规定，真实、准确、完整地披露财务会计报告、风险管理状况、保险产品经营情况等重大事项。

第一百一十一条 保险公司从事保险销售的人员应当品行良好，具有保险销售所需的专业能力。保险销售人员的行为规范和管理办法，由国务院保险监督管理机构规定。

第一百一十二条 保险公司应当建立保险代理人登记管理制度，加强对保险代理人的培训和管理，不得唆使、诱导保险代理人进行违背诚信义务的活动。

第一百一十三条 保险公司及其分支机构应当依法使用经营保险业务许可证，不得转让、出租、出借经营保险业务许可证。

第一百一十四条 保险公司应当按照国务院保险监督管理机构的规定，公平、合理拟订保险条款和保险费率，不得损害投保人、被保险人和受益人的合法权益。

保险公司应当按照合同约定和本法规定，及时履行赔偿或者给付保险金义务。

第一百一十五条 保险公司开展业务，应当遵循公平竞争的原则，不得从事不正当竞争。

第一百一十六条 保险公司及其工作人员在保险业务活动中不得有下列行为：

（一）欺骗投保人、被保险人或者受益人；

（二）对投保人隐瞒与保险合同有关的重要情况；

（三）阻碍投保人履行本法规定的如实告知义务，或者诱导其不履行本法规定的如实告知义务；

（四）给予或者承诺给予投保人、被保险人、受益人保险合同约定以外的保险费回扣或者其他利益；

（五）拒不依法履行保险合同约定的赔偿或者给付保险金义务；

（六）故意编造未曾发生的保险事故、虚构保险合同或者故意夸大已经发生的保险事故的损失程度进行虚假理赔，骗取保险金或者牟取其他不正当利益；

（七）挪用、截留、侵占保险费；

（八）委托未取得合法资格的机构从事保险销售活动；

（九）利用开展保险业务为其他机构或者个人牟取不正当利益；

（十）利用保险代理人、保险经纪人或者保险评估机构，从事以虚构保险中介业务或者编造退保等方式套取费用等违法活动；

（十一）以捏造、散布虚假事实等方式损害竞争对手的商业信誉，或者以其他不正当竞争行为扰乱保险市场秩序；

（十二）泄露在业务活动中知悉的投保人、被保险人的商业秘密；

（十三）违反法律、行政法规和国务院保险监督管理机构规定的其他行为。

第五章　保险代理人和保险经纪人

第一百一十七条　保险代理人是根据保险人的委托，向保险人收取佣金，并在保险人授权的范围内代为办理保险业务的机构或者个人。

保险代理机构包括专门从事保险代理业务的保险专业代理机构和兼营保险代理业务的保险兼业代理机构。

第一百一十八条　保险经纪人是基于投保人的利益，为投保人与保险人订立保险合同提供中介服务，并依法收取佣金的机构。

第一百一十九条　保险代理机构、保险经纪人应当具备国务院保险监督管理机构规定的条件，取得保险监督管理机构颁发的经营保险代理业务许可证、保险经纪业务许可证。

第一百二十条　以公司形式设立保险专业代理机构、保险经纪人，其注册资本最低限额适用《中华人民共和国公司法》的规定。

国务院保险监督管理机构根据保险专业代理机构、保险经纪人的业务范围和经营规模，可以调整其注册资本的最低限额，但不得低于《中华人民共和国公司法》规定的限额。

保险专业代理机构、保险经纪人的注册资本或者出资额必须为实缴货币资本。

第一百二十一条　保险专业代理机构、保险经纪人的高级管理人员，应当品行良好，熟悉保险法律、行政法规，具有履行职责所需的经营管理能力，并在任职前取得保险监督管理机构核准的任职资格。

第一百二十二条　个人保险代理人、保险代理机构的代理从业人员、保险经纪人的经纪从业人员，应当品行良好，具有从事保险代理业务或者保险经纪业务所需的专业能力。

第一百二十三条　保险代理机构、保险经纪人应当有自己的经营场所，设立专门账簿记载保险代理业务、经纪业务的收支情况。

第一百二十四条　保险代理机构、保险经纪人应当按照国务院保险监督管理机构的规定缴存保证金或者投保职业责任保险。

第一百二十五条　个人保险代理人在代为办理人寿保险业务时，不得同时接受两个以上保险人的委托。

第一百二十六条　保险人委托保险代理人代为办理保险业务，应当与保险代理人签订委托代理协议，依法约定双方的权利和义务。

第一百二十七条　保险代理人根据保险人的授权代为办理保险业务的行为，由保险人承担责任。

保险代理人没有代理权、超越代理权或者代理权终止后以保险人名义订立合同，使投保人有理由相信其有代理权的，该代理行为有效。保险人可以依法追究越权的保险代理人的责任。

第一百二十八条　保险经纪人因过错给投保人、被保险人造成损失的，依法承担赔偿责任。

第一百二十九条　保险活动当事人可以委托保险公估机构等依法设立的独立评估机构或者具有相关专业知识的人员，对保险事故进行评估和鉴定。

接受委托对保险事故进行评估和鉴定的机构和人员，应当依法、独立、客观、公正地进行评估和鉴定，任何单位和个人不得干涉。

前款规定的机构和人员，因故意或者过失给保险人或者被保险人造成损失的，依法承担赔偿责任。

第一百三十条　保险佣金只限于向保险代理人、保险经纪人支付，不得向其他人支付。

第一百三十一条　保险代理人、保险经纪人及其从业人员在办理保险业务活动中不得有下列行为：

（一）欺骗保险人、投保人、被保险人或者受益人；

（二）隐瞒与保险合同有关的重要情况；

（三）阻碍投保人履行本法规定的如实告知义务，或者诱导其不履行本法规定的如实告知义务；

（四）给予或者承诺给予投保人、被保险人或者受益人保险合同约定以外的利益；

（五）利用行政权力、职务或者职业便利以及其他不正当手段强迫、引诱或者限制投保人订立保险合同；

（六）伪造、擅自变更保险合同，或者为保险合同当事人提供虚假证明材料；

（七）挪用、截留、侵占保险费或者保险金；

（八）利用业务便利为其他机构或者个人牟取不正当利益；

（九）串通投保人、被保险人或者受益人，骗取保险金；

（十）泄露在业务活动中知悉的保险人、投保人、被保险人的商业秘密。

第一百三十二条 本法第八十六条第一款、第一百一十三条的规定，适用于保险代理机构和保险经纪人。

第六章　保险业监督管理

第一百三十三条 保险监督管理机构依照本法和国务院规定的职责，遵循依法、公开、公正的原则，对保险业实施监督管理，维护保险市场秩序，保护投保人、被保险人和受益人的合法权益。

第一百三十四条 国务院保险监督管理机构依照法律、行政法规制定并发布有关保险业监督管理的规章。

第一百三十五条 关系社会公众利益的保险险种、依法实行强制保险的险种和新开发的人寿保险险种等的保险条款和保险费率，应当报国务院保险监督管理机构批准。国务院保险监督管理机构审批时，应当遵循保护社会公众利益和防止不正当竞争的原则。其他保险险种的保险条款和保险费率，应当报保险监督管理机构备案。

保险条款和保险费率审批、备案的具体办法，由国务院保险监督管理机构依照前款规定制定。

第一百三十六条 保险公司使用的保险条款和保险费率违反法律、行政法规或者国务院保险监督管理机构的有关规定的，由保险监督管理机构责令停止使用，限期修改；情节严重的，可以在一定期限内禁止申报新的保险条款和保险费率。

第一百三十七条 国务院保险监督管理机构应当建立健全保险公司偿付能力监管体系，对保险公司的偿付能力实施监控。

第一百三十八条 对偿付能力不足的保险公司，国务院保险监督管理机构应当将其列为重点监管对象，并可以根据具体情况采取下列措施：

（一）责令增加资本金、办理再保险；

（二）限制业务范围；

（三）限制向股东分红；

（四）限制固定资产购置或者经营费用规模；

（五）限制资金运用的形式、比例；

（六）限制增设分支机构；

（七）责令拍卖不良资产、转让保险业务；

（八）限制董事、监事、高级管理人员的薪酬水平；

（九）限制商业性广告；

（十）责令停止接受新业务。

第一百三十九条 保险公司未依照本法规定提取或者结转各项责任准备金，或者未依照本法规定办理再保险，或者严重违反本法关于资金运用的规定的，由保险监督管理机构责令限期改正，并可以责令调整负责人及有关管理人员。

第一百四十条 保险监督管理机构依照本法第一百三十九条的规定作出限期改正的决定后，保险公司逾期未改正的，国务院保险监督管理机构可以决定选派保险专业人员和指定该保险公司的有关人员组成整顿组，对公司进行整顿。

整顿决定应当载明被整顿公司的名称、整顿理由、整顿组成员和整顿期限，并予以公告。

第一百四十一条 整顿组有权监督被整顿保险公司的日常业务。被整顿公司的负责人及有关管理人员应当在整顿组的监督下行使职权。

第一百四十二条 整顿过程中，被整顿保险公司的原有业务继续进行。但是，国务院保险监督管理机构可以责令被整顿公司停止部分原有业务、停止接受新业务,调整资金运用。

第一百四十三条 被整顿保险公司经整顿已纠正其违反本法规定的行为,恢复正常经营状况的,由整顿组提出报告,经国务院保险监督管理机构批准,结束整顿,并由国务院保险监督管理机构予以公告。

第一百四十四条 保险公司有下列情形之一的,国务院保险监督管理机构可以对其实行接管:

(一)公司的偿付能力严重不足的;

(二)违反本法规定,损害社会公共利益,可能严重危及或者已经严重危及公司的偿付能力的。

被接管的保险公司的债权债务关系不因接管而变化。

第一百四十五条 接管组的组成和接管的实施办法,由国务院保险监督管理机构决定,并予以公告。

第一百四十六条 接管期限届满,国务院保险监督管理机构可以决定延长接管期限,但接管期限最长不得超过二年。

第一百四十七条 接管期限届满,被接管的保险公司已恢复正常经营能力的,由国务院保险监督管理机构决定终止接管,并予以公告。

第一百四十八条 被整顿、被接管的保险公司有《中华人民共和国企业破产法》第二条规定情形的,国务院保险监督管理机构可以依法向人民法院申请对该保险公司进行重整或者破产清算。

第一百四十九条 保险公司因违法经营被依法吊销经营保险业务许可证的,或者偿付能力低于国务院保险监督管理机构规定标准,不予撤销将严重危害保险市场秩序、损害公共利益的,由国务院保险监督管理机构予以撤销并公告,依法及时组织清算组进行清算。

第一百五十条 国务院保险监督管理机构有权要求保险公司股东、实际控制人在指定的期限内提供有关信息和资料。

第一百五十一条 保险公司的股东利用关联交易严重损害公司利益,危及公司偿付能力的,由国务院保险监督管理机构责令改正。在按照要求改正前,国务院保险监督管理机构可以限制其股东权利;拒不改正的,可以责令其转让所持的保险公司股权。

第一百五十二条 保险监督管理机构根据履行监督管理职责的需要,可以与保险公司董事、监事和高级管理人员进行监督管理谈话,要求其就公司的业务活动和风险管理的重大事项作出说明。

第一百五十三条 保险公司在整顿、接管、撤销清算期间,或者出现重大风险时,国务院保险监督管理机构可以对该公司直接负责的董事、监事、高级管理人员和其他直接责任人员采取以下措施:

(一)通知出境管理机关依法阻止其出境;

(二)申请司法机关禁止其转移、转让或者以其他方式处分财产,或者在财产上设定其他权利。

第一百五十四条 保险监督管理机构依法履行职责,可以采取下列措施:

(一)对保险公司、保险代理人、保险经纪人、保险资产管理公司、外国保险机构的代表机构进行现场检查;

(二)进入涉嫌违法行为发生场所调查取证;

(三)询问当事人及与被调查事件有关的单位和个人,要求其对与被调查事件有关的事项作出说明;

(四)查阅、复制与被调查事件有关的财产权登记等资料;

(五)查阅、复制保险公司、保险代理人、保险经纪人、保险资产管理公司、外国保险机构的代表机构以及与被调查事件有关的单位和个人的财务会计资料及其他相关文件和资料;对可能被转移、隐匿或者毁损的文件和资料予以封存;

(六)查询涉嫌违法经营的保险公司、保险代理人、保险经纪人、保险资产管理公司、外国保险机构的代表机构以及与涉嫌违法事项有关的单位和个人的银行账户;

(七)对有证据证明已经或者可能转移、隐匿违法资金等涉案财产或者隐匿、伪造、毁损重要证据的,经保险监督管理机构主要负责人批准,申请人民法院予以冻结或者查封。

保险监督管理机构采取前款第(一)项、第(二)项、第(五)项措施的,应当经保险监督管理机构负责人批准;采取第(六)

项措施的,应当经国务院保险监督管理机构负责人批准。

保险监督管理机构依法进行监督检查或者调查,其监督检查、调查的人员不得少于二人,并应当出示合法证件和监督检查、调查通知书;监督检查、调查的人员少于二人或者未出示合法证件和监督检查、调查通知书的,被检查、调查的单位和个人有权拒绝。

第一百五十五条 保险监督管理机构依法履行职责,被检查、调查的单位和个人应当配合。

第一百五十六条 保险监督管理机构工作人员应当忠于职守,依法办事,公正廉洁,不得利用职务便利牟取不正当利益,不得泄露所知悉的有关单位和个人的商业秘密。

第一百五十七条 国务院保险监督管理机构应当与中国人民银行、国务院其他金融监督管理机构建立监督管理信息共享机制。

保险监督管理机构依法履行职责,进行监督检查、调查时,有关部门应当予以配合。

第七章 法律责任

第一百五十八条 违反本法规定,擅自设立保险公司、保险资产管理公司或者非法经营商业保险业务的,由保险监督管理机构予以取缔,没收违法所得,并处违法所得一倍以上五倍以下的罚款;没有违法所得或者违法所得不足二十万元的,处二十万元以上一百万元以下的罚款。

第一百五十九条 违反本法规定,擅自设立保险专业代理机构、保险经纪人,或者未取得经营保险代理业务许可证、保险经纪业务许可证从事保险代理业务、保险经纪业务的,由保险监督管理机构予以取缔,没收违法所得,并处违法所得一倍以上五倍以下的罚款;没有违法所得或者违法所得不足五万元的,处五万元以上三十万元以下的罚款。

第一百六十条 保险公司违反本法规定,超出批准的业务范围经营的,由保险监督管理机构责令限期改正,没收违法所得,并处违法所得一倍以上五倍以下的罚款;没有违法所得或者违法所得不足十万元的,处十万元以上五十万元以下的罚款。逾期不改正或者造成严重后果的,责令停业整顿或者吊销业务许可证。

第一百六十一条 保险公司有本法第一百一十六条规定行为之一的,由保险监督管理机构责令改正,处五万元以上三十万元以下的罚款;情节严重的,限制其业务范围、责令停止接受新业务或者吊销业务许可证。

第一百六十二条 保险公司违反本法第八十四条规定的,由保险监督管理机构责令改正,处一万元以上十万元以下的罚款。

第一百六十三条 保险公司违反本法规定,有下列行为之一的,由保险监督管理机构责令改正,处五万元以上三十万元以下的罚款:

(一)超额承保,情节严重的;

(二)为无民事行为能力人承保以死亡为给付保险金条件的保险的。

第一百六十四条 违反本法规定,有下列行为之一的,由保险监督管理机构责令改正,处五万元以上三十万元以下的罚款;情节严重的,可以限制其业务范围、责令停止接受新业务或者吊销业务许可证:

(一)未按照规定提存保证金或者违反规定动用保证金的;

(二)未按照规定提取或者结转各项责任准备金的;

(三)未按照规定缴纳保险保障基金或者提取公积金的;

(四)未按照规定办理再保险的;

(五)未按照规定运用保险公司资金的;

(六)未经批准设立分支机构的;

(七)未按照规定申请批准保险条款、保险费率的。

第一百六十五条 保险代理机构、保险经纪人有本法第一百三十一条规定行为之一的,由保险监督管理机构责令改正,处五万元以上三十万元以下的罚款;情节严重的,吊销业务许可证。

第一百六十六条 保险代理机构、保险经纪人违反本法规定,有下列行为之一的,由保险监督管理机构责令改正,处二万元以上十万元以下的罚款;情节严重的,责令停业整顿或者吊销业务许可证:

(一)未按照规定缴存保证金或者投保职业责任保险的;

(二)未按照规定设立专门账簿记载业务收支情况的。

第一百六十七条 违反本法规定,聘任不具有任职资格的人员的，由保险监督管理机构责令改正，处二万元以上十万元以下的罚款。

第一百六十八条 违反本法规定，转让、出租、出借业务许可证的，由保险监督管理机构处一万元以上十万元以下的罚款；情节严重的，责令停业整顿或者吊销业务许可证。

第一百六十九条 违反本法规定，有下列行为之一的，由保险监督管理机构责令限期改正；逾期不改正的，处一万元以上十万元以下的罚款：

（一）未按照规定报送或者保管报告、报表、文件、资料的，或者未按照规定提供有关信息、资料的；

（二）未按照规定报送保险条款、保险费率备案的；

（三）未按照规定披露信息的。

第一百七十条 违反本法规定，有下列行为之一的，由保险监督管理机构责令改正，处十万元以上五十万元以下的罚款；情节严重的，可以限制其业务范围、责令停止接受新业务或者吊销业务许可证：

（一）编制或者提供虚假的报告、报表、文件、资料的；

（二）拒绝或者妨碍依法监督检查的；

（三）未按照规定使用经批准或者备案的保险条款、保险费率的。

第一百七十一条 保险公司、保险资产管理公司、保险专业代理机构、保险经纪人违反本法规定的，保险监督管理机构除分别依照本法第一百六十条至第一百七十条的规定对该单位给予处罚外，对其直接负责的主管人员和其他直接责任人员给予警告，并处一万元以上十万元以下的罚款；情节严重的，撤销任职资格。

第一百七十二条 个人保险代理人违反本法规定的，由保险监督管理机构给予警告，可以并处二万元以下的罚款；情节严重的，处二万元以上十万元以下的罚款。

第一百七十三条 外国保险机构未经国务院保险监督管理机构批准，擅自在中华人民共和国境内设立代表机构的，由国务院保险监督管理机构予以取缔，处五万元以上三十万元以下的罚款。

外国保险机构在中华人民共和国境内设立的代表机构从事保险经营活动的，由保险监督管理机构责令改正，没收违法所得，并处违法所得一倍以上五倍以下的罚款；没有违法所得或者违法所得不足二十万元的，处二十万元以上一百万元以下的罚款；对其首席代表可以责令撤换；情节严重的，撤销其代表机构。

第一百七十四条 投保人、被保险人或者受益人有下列行为之一，进行保险诈骗活动，尚不构成犯罪的，依法给予行政处罚：

（一）投保人故意虚构保险标的，骗取保险金的；

（二）编造未曾发生的保险事故，或者编造虚假的事故原因或者夸大损失程度，骗取保险金的；

（三）故意造成保险事故，骗取保险金的。

保险事故的鉴定人、评估人、证明人故意提供虚假的证明文件，为投保人、被保险人或者受益人进行保险诈骗提供条件的，依照前款规定给予处罚。

第一百七十五条 违反本法规定，给他人造成损害的，依法承担民事责任。

第一百七十六条 拒绝、阻碍保险监督管理机构及其工作人员依法行使监督检查、调查职权，未使用暴力、威胁方法的，依法给予治安管理处罚。

第一百七十七条 违反法律、行政法规的规定，情节严重的，国务院保险监督管理机构可以禁止有关责任人员一定期限直至终身进入保险业。

第一百七十八条 保险监督管理机构从事监督管理工作的人员有下列情形之一的，依法给予处分：

（一）违反规定批准机构的设立的；

（二）违反规定进行保险条款、保险费率审批的；

（三）违反规定进行现场检查的；

（四）违反规定查询账户或者冻结资金的；

（五）泄露其知悉的有关单位和个人的商业秘密的；

（六）违反规定实施行政处罚的；

（七）滥用职权、玩忽职守的其他行为。

第一百七十九条 违反本法规定，构成犯罪的，依法追究刑事责任。

第八章 附　则

第一百八十条　保险公司应当加入保险行业协会。保险代理人、保险经纪人、保险公估机构可以加入保险行业协会。

保险行业协会是保险业的自律性组织，是社会团体法人。

第一百八十一条　保险公司以外的其他依法设立的保险组织经营的商业保险业务，适用本法。

第一百八十二条　海上保险适用《中华人民共和国海商法》的有关规定；《中华人民共和国海商法》未规定的，适用本法的有关规定。

第一百八十三条　中外合资保险公司、外资独资保险公司、外国保险公司分公司适用本法规定；法律、行政法规另有规定的，适用其规定。

第一百八十四条　国家支持发展为农业生产服务的保险事业。农业保险由法律、行政法规另行规定。

强制保险，法律、行政法规另有规定的，适用其规定。

第一百八十五条　本法自 2009 年 10 月 1 日起施行。

保险集团公司监督管理办法

(2021 年 11 月 24 日中国银行保险监督管理委员会令 2021 年第 13 号公布　自 2021 年 11 月 24 日起施行)

第一章　总　则

第一条　为加强对保险集团公司的监督管理，有效防范保险集团经营风险，促进金融保险业健康发展，根据《中华人民共和国保险法》(以下简称《保险法》)、《中华人民共和国公司法》等法律、行政法规及《国务院对确需保留的行政审批项目设定行政许可的决定》(中华人民共和国国务院令第 412 号)，制定本办法。

第二条　中国银行保险监督管理委员会(以下简称银保监会)根据法律、行政法规和国务院授权，按照实质重于形式的原则，对保险集团公司实行全面、持续、穿透的监督管理。

第三条　本办法所称保险集团公司，是指依法登记注册并经银保监会批准设立，名称中具有"保险集团"或"保险控股"字样，对保险集团成员公司实施控制、共同控制或重大影响的公司。

保险集团是指保险集团公司及受其控制、共同控制或重大影响的公司组成的企业集合，该企业集合中除保险集团公司外，有两家以上子公司为保险公司且保险业务为该企业集合的主要业务。

保险集团成员公司是指保险集团公司及受其控制、共同控制或重大影响的公司，包括保险集团公司、保险集团公司直接或间接控制的子公司以及其他成员公司。

第二章　设立和许可

第四条　设立保险集团公司，应当报银保监会审批，并具备下列条件：

(一) 投资人符合银保监会规定的保险公司股东资质条件，股权结构合理，且合计至少控制两家境内保险公司 50% 以上股权；

(二) 具有符合本办法第六条规定的成员公司；

(三) 注册资本最低限额为 20 亿元人民币；

(四) 具有符合银保监会规定任职资格条件的董事、监事和高级管理人员；

(五) 具有完善的公司治理结构、健全的组织机构、有效的风险管理和内部控制管理制度；

(六) 具有与其经营管理相适应的营业场

所、办公设备和信息系统；

（七）法律、行政法规和银保监会规定的其他条件。

涉及处置风险的，经银保监会批准，上述条件可以适当放宽。

第五条 保险集团公司的股权监管、股东行为监管，参照适用银保监会关于保险公司股权管理的监管规定。

第六条 拟设立保险集团公司的投资人控制的保险公司中至少有一家具备下列条件：

（一）在中国境内开业6年以上；

（二）最近3个会计年度连续盈利；

（三）上一年末净资产不低于10亿元人民币，总资产不低于100亿元人民币；

（四）具有完善的公司治理结构、健全的组织机构、有效的风险管理和内部控制管理制度；

（五）最近4个季度核心偿付能力充足率不低于75%，综合偿付能力充足率不低于150%；

（六）最近4个季度风险综合评级不低于B类；

（七）最近3年无重大违法违规行为和重大失信行为。

第七条 设立保险集团公司可以采取下列两种方式：

（一）发起设立。保险公司的股东作为发起人，以其持有的保险公司股权和货币出资设立保险集团公司，其中货币出资总额不得低于保险集团公司注册资本的50%。

（二）更名设立。保险公司转换更名为保险集团公司，保险集团公司以货币出资设立保险子公司，原保险公司的保险业务依法转移至该保险子公司。

保险集团公司设立包括筹建和开业两个阶段。

第八条 采取发起设立的方式设立保险集团公司的，发起人应当在筹建阶段向银保监会提交下列材料：

（一）设立申请书，包括拟设立公司的名称、组织形式、注册资本、住所（营业场所）、投资人、投资金额、投资比例、业务范围、筹备组织情况、联系人及联系方式等；

（二）可行性研究报告，包括可行性分析、设立方式、发展战略、公司治理和组织机构框架、风险管理和内部控制体系、保险子公司整合前后偿付能力评估等；

（三）筹建方案，包括筹备组设置、工作职责和工作计划，拟设立的保险集团公司及其子公司的股权结构，理顺股权关系的总体规划和操作流程，子公司的名称和业务类别等；

（四）筹备负责人材料，包括投资人关于认可筹备组负责人和拟任董事长、总经理任职的确认书，筹备组负责人基本情况、本人认可证明，拟任董事长、总经理的任职资格申请表，身份证明和学历学位证书复印件；

（五）保险集团公司章程草案；

（六）发起人控制的保险公司最近3年经审计的财务报告、偿付能力报告；

（七）营业执照；

（八）投资人有关材料，包括基本情况类材料、财务信息类材料、公司治理类材料、附属信息类材料、有限合伙企业投资人的特别材料等；

（九）住所（营业场所）所有权或者使用权的证明文件；

（十）中长期发展战略和规划、业务经营计划、对外投资计划，资本及财务管理、风险管理和内部控制等主要制度；

（十一）信息化建设情况报告；

（十二）法律意见书；

（十三）反洗钱材料；

（十四）材料真实性声明；

（十五）银保监会规定的其他材料。

第九条 采取更名设立的方式设立保险集团公司的，拟更名的保险公司应当在筹建阶段向银保监会提交下列材料：

（一）更名申请书，其中应当载明拟更名公司的名称、组织形式、注册资本、住所（营业场所）、业务范围、筹备组织情况、联系人及联系方式等；

（二）可行性研究报告，包括可行性分析、更名方式、公司治理和组织机构框架、发展战略、风险管理和内部控制体系、保险公司更名前后偿付能力评估等；

（三）更名方案，包括拟设立的保险集团公司及其子公司的股权结构，理顺股权关系的总体规划和操作流程，子公司的名称和业务类别等；

（四）筹备负责人材料，包括投资人关于

认可筹备组负责人和拟任董事长、总经理任职的确认书，筹备组负责人基本情况、本人认可证明，拟任董事长、总经理任职资格申请表，身份证明和学历学位证书复印件；

（五）保险集团公司章程草案；

（六）保险公司股东（大）会同意更名设立保险集团公司的决议；

（七）保险公司最近3年经审计的财务报告、偿付能力报告；

（八）更名后的营业执照；

（九）住所（营业场所）所有权或者使用权的证明文件；

（十）中长期发展战略和规划、业务经营计划、对外投资计划，资本及财务管理、风险管理和内部控制等主要制度；

（十一）信息化建设情况报告；

（十二）法律意见书；

（十三）反洗钱材料；

（十四）材料真实性声明；

（十五）银保监会规定的其他材料。

第十条 设立保险集团公司的，发起人或拟更名的保险公司应当在开业阶段向银保监会提交下列材料：

（一）开业申请书，包括公司名称、住所（营业场所）、法定代表人、注册资本、股权结构、经营区域、业务范围，拟任董事、监事、高级管理人员和关键岗位管理人员名单。

（二）采取发起设立方式的，提供创立大会决议，没有创立大会决议的，应当提交所有投资人同意申请开业的文件或决议；采取更名设立方式的，提供股东（大）会决议。

（三）保险集团公司章程，股东（大）会、董事会、监事会议事规则。

（四）采取发起设立方式的，提供验资报告；采取更名设立方式的，提供拟注入新设保险子公司的资产评估报告、客户和债权人权益保障计划、员工权益保障计划。

（五）发展规划，包括公司战略目标、业务发展、机构发展、偿付能力管理、资本管理、风险管理、保障措施等规划要素。

（六）拟任董事、监事、高级管理人员的简历及其符合相应任职资格条件的证明材料。

（七）公司组织机构，包括部门设置及人员基本构成情况。

（八）资产托管协议或资产托管合作意向书。

（九）住所（营业场所）所有权或者使用权的证明文件及消防安全证明。

（十）信息化建设情况报告。

（十一）公司内部管理制度。

（十二）营业执照。

（十三）投资人有关材料，包括财务信息类材料、纳税证明和征信记录，股权结构、控股股东及实际控制人情况材料，无重大违法违规记录声明、自有资金投资承诺书等。

（十四）反洗钱材料。

（十五）材料真实性声明。

（十六）银保监会规定的其他材料。

第十一条 设立保险集团公司，应当向市场监督管理部门办理工商注册登记，领取营业执照。

保险集团公司应当经银保监会批准方能开展相关经营活动。银保监会批准后，应当颁发保险许可证。

保险集团公司设立事项审批时限参照保险公司相关规定执行。

第三章 经营规则

第十二条 保险集团公司的业务以股权投资及管理为主。

保险集团公司开展重大股权投资应当使用自有资金。重大股权投资是指对被投资企业实施控制的投资行为。

第十三条 保险集团公司经营保险业务、进行股权管理、开展保险资金运用，应当遵守法律、行政法规及其他监管规定的要求。

第十四条 在尊重子公司及其他成员公司独立法人经营自主权的基础上，保险集团公司应当对全集团的股权投资进行统筹管理，防止无序扩张。

第十五条 保险集团公司可以投资下列保险类企业：

（一）保险公司；

（二）保险资产管理机构；

（三）保险专业代理机构、保险经纪机构和保险公估机构；

（四）银保监会批准设立的其他保险类企业。

第十六条 保险集团公司可以投资非保险类金融企业。

保险集团公司及其子公司对境内非保险类金融企业重大股权投资的账面余额，合计不得超过集团上一年末合并净资产的30%。

第十七条 保险集团公司及其子公司投资同一金融行业中主营业务相同的企业，控股的数量原则上不得超过一家。

第十八条 保险集团公司可以投资本办法第五十六条规定的与保险业务相关的非金融类企业。

除本办法第五十六条规定的非金融类企业和为投资不动产设立的项目公司外，保险集团公司对其他单一非金融类企业的持股比例不得超过25%，或不得对该企业有重大影响。

第十九条 保险集团公司及其金融类子公司对境内非金融类企业重大股权投资的账面余额，合计不得超过集团上一年末合并净资产的10%。

纳入前款计算范围的非金融类企业是指保险集团公司及其金融类子公司在境内投资的首层级非金融类企业。

本条规定的非金融类企业，不包括保险集团公司及其金融类子公司为投资不动产设立的项目公司，以及本办法第五十六条第一款第（一）项规定的主要为保险集团提供服务的共享服务类子公司。

第二十条 保险集团公司可进行境外投资。

保险集团公司及其境内子公司对境外主体重大股权投资的账面余额，合计不得超过集团上一年末合并净资产的10%。

纳入前款计算范围的境外主体是指保险集团公司及其境内子公司在境外投资的首层级境外主体。

保险集团公司及其境内子公司投资单一境外非金融主体的账面余额不得超过集团上一年末合并净资产的5%。

本条规定的境外主体不包括保险集团公司及其境内金融类子公司为投资不动产设立的项目公司。

第四章 公司治理

第二十一条 保险集团公司应当按照法律、行政法规及其他监管规定的要求，建立符合下列要求的公司治理框架：

（一）覆盖集团所有成员公司；

（二）覆盖集团所有重要事项；

（三）恰当地识别和平衡各成员公司与集团整体之间以及各成员公司之间的利益冲突。

治理框架应关注的内容包括但不限于：

（一）规范的治理结构；

（二）股权结构和管理结构的适当性；

（三）清晰的职责边界；

（四）主要股东的财务稳健性；

（五）科学的发展战略、价值准则与良好的社会责任；

（六）有效的风险管理与内部控制；

（七）合理的激励约束机制；

（八）完善的信息披露制度。

第二十二条 保险集团公司应当尊重子公司及其他成员公司独立法人经营自主权，统筹管理集团人力资源、财务会计、数据治理、信息系统、资金运用、品牌文化等事项，加强集团内部的业务协同和资源共享，建立覆盖集团整体的风险管理、内控合规和内部审计体系，提高集团整体运营效率和风险防范能力。

第二十三条 保险集团公司对子公司履行管理职能过程中，不得滥用其控制地位或采取其他不正当措施，损害子公司及其他利益相关者的合法权益。

第二十四条 保险集团公司应当组织制定集团整体战略规划，定期对战略规划执行情况进行评估，根据发展实际和外部环境变化调整和完善战略规划。

保险集团公司应当根据集团整体战略规划，指导子公司制定发展战略和经营计划。保险集团公司应当设立或指定相应职能部门，定期监控、评估子公司发展战略和经营计划的执行情况并提出管理意见，确保集团整体目标和子公司责任目标的实现。

第二十五条 保险集团公司应当根据自身管理需要，合理确定董事会规模及成员构成。

第二十六条 保险集团公司董事会应当根据相关监管要求及实际情况设立专门委员会，行使审计、提名薪酬管理、战略管理、风险管理以及关联交易管理等职能。

第二十七条 保险集团公司应当根据集团整体战略规划和子公司管理需求，按照合规、精简、高效的原则，指导子公司建立规范的公司治理结构。

子公司为上市公司的，公司治理应当符合

上市规则及上市公司监管要求。

第二十八条 保险集团公司在依法推进本公司股东（大）会、董事会、监事会良好运作的同时，应当加强对子公司不同层级、不同类别会议的决策支持和组织管理。

保险集团公司应当设立或指定相应的职能部门，为其派驻子公司董事、监事履职提供支持和服务。子公司董事、监事对其在董事会或监事会的履职行为依法承担责任。

第二十九条 保险集团公司满足下列条件的，经向银保监会备案后，可以豁免其下属保险子公司适用关于独立董事、董事会专门委员会等方面的监管要求：

（一）保险集团公司治理结构健全、公司治理机制运行有效，并已根据相关监管规定建立独立董事和董事会专门委员会制度；

（二）保险集团公司已对保险子公司建立有效的管控机制。

获得前款豁免的保险子公司出现公司治理机制失灵、公司治理缺陷等情形的，银保监会可视情况撤销豁免。

第三十条 保险集团公司应当具有简明、清晰、可穿透的股权结构。

保险集团应当建立与其战略规划、风险状况和管理能力相适应的组织架构和管理结构，实现保险集团公司与其下属成员公司股权控制层级合理，组织架构清晰透明，管理结构明确。

第三十一条 保险集团公司与其金融类子公司之间的股权控制层级原则上不得超过三级，与其非金融类子公司之间的股权控制层级原则上不得超过四级。股权控制层级的计算，以保险集团公司本级为第一级。不开展业务、不实际运营的特殊目的实体以及为投资不动产设立的项目公司，可以不计算在上述股权控制层级之内。

第三十二条 保险集团成员公司之间原则上不得交叉持股，子公司及其他成员公司不得持有保险集团公司的股权。

第三十三条 保险集团公司高级管理人员原则上最多兼任一家保险子公司的高级管理人员。

子公司及其他成员公司高级管理人员原则上不得相互兼任。

第三十四条 保险集团公司应当建立健全覆盖全集团的董事、监事及高级管理人员履职评价体系。

保险集团公司应当建立与本集团发展战略、风险管理、整体效益、岗位职责、社会责任、企业文化相适应的科学合理的薪酬管理机制和绩效考核体系。

第三十五条 保险集团公司应当建立统一的内部审计制度，对集团及其成员公司财务收支、业务经营、内部控制、风险管理实施独立、客观的监督、评价和建议，指导和评估子公司的内部审计工作。

保险集团公司对内部审计实行集中化或垂直化管理的，子公司可以委托保险集团公司实施内部审计工作。

第五章 风险管理

第三十六条 保险集团公司应当整合集团风险管理资源，建立与集团战略目标、组织架构、业务模式相适应的全面风险管理体系以及科学有效的风险预警机制，有效识别、计量、评估、监测和控制集团总体风险。

保险集团风险包括但不限于：

（一）一般风险，包括保险风险、信用风险、市场风险、流动性风险、操作风险、声誉风险、战略风险等；

（二）特有风险，包括风险传染、组织结构不透明风险、集中度风险、非保险领域风险等。

第三十七条 保险集团公司应当设立独立于业务部门的风险管理部门，负责集团全面风险管理体系的制定和实施，并要求各业务条线、子公司及其他成员公司在集团整体风险偏好和风险管理政策框架下，制定自身的风险管理政策，促进保险集团风险管理的一致性和有效性。

第三十八条 保险集团公司应当制定集团层面的风险偏好体系，明确集团在实现其战略目标过程中愿意并能够承担的风险水平，确定风险管理目标，以及集团对各类风险的风险容忍度和风险限额。

风险偏好体系应当经董事会批准后实施，并每年进行审查、修订和完善。

第三十九条 保险集团公司应当根据集团整体的发展战略和风险偏好，对各类风险指标和风险限额进行分配，建立超限额处置机制。

子公司及其他成员公司风险偏好、风险容忍度和风险限额应当与集团风险偏好、风险容忍度和风险限额相协调。

保险集团公司应当对集团整体、子公司及其他成员公司的风险管理制度执行情况进行监测，必要时可基于集团风险限额要求各成员公司对风险限额进行调整。

第四十条 保险集团公司应当建立满足集团风险管理需要的信息系统，确保能够准确、全面、及时地获取集团风险管理相关信息，对各类风险进行定性、定量分析，有效识别、评估和监测集团整体风险状况。

第四十一条 保险集团公司应当在并表基础上管理集团集中度风险，建立和完善集中度风险管理的政策、程序和方法，以识别、计量、监测和防范集团整体以及各成员公司的不同类型的集中度风险。

保险集团集中度风险，是指成员公司单个风险或风险组合在集团层面聚合后，可能直接或间接威胁到集团偿付能力的风险；包括但不限于交易对手集中度风险、保险业务集中度风险、非保险业务集中度风险、投资资产集中度风险、行业集中度风险、地区集中度风险等。

第四十二条 保险集团公司应当建立和完善集团内部资金管理、业务运营、信息管理以及人员管理等方面的防火墙制度，防范保险集团成员公司之间的风险传递。

保险集团成员公司之间开展业务协同的，应当依法以合同等形式明确风险承担主体，防止风险责任不清、交叉传染及利益冲突。

第四十三条 保险集团公司应当建立监测、报告、控制和处理整个保险集团关联交易和内部交易的政策与程序，防范可能产生的不当利益输送、风险延迟暴露、监管套利、风险传染和其他对保险集团稳健经营的负面影响。

保险集团的内部交易应当遵守银保监会对于关联交易、内部交易的相关规定。

第四十四条 保险集团公司应当加强集团对外担保的统筹管理，明确对外担保的条件、额度及审批程序。

保险集团公司只能对其保险子公司提供担保，且保险集团公司及其子公司对外担保的余额不得超过本公司上一年度末净资产的10%。

第四十五条 保险集团公司应当建立与其风险相适应的压力测试体系，定期对集团整体的流动性、偿付能力等开展压力测试，将测试结果应用于制定经营管理决策、应急预案以及恢复和处置计划。

第四十六条 保险集团公司应当加强集团客户信息安全保护，指导和督促子公司及其他成员公司按照合法、正当、必要的原则，依法开展客户信息收集、传输、存储、使用和共享，严格履行信息保护义务。

第六章 资本管理

第四十七条 保险集团公司应当建立健全覆盖整个集团的资本管理体系，包括资本规划机制、资本充足评估机制、资本约束机制以及资本补充机制，确保资本与资产规模、业务复杂程度和风险特征相适应，并能够充分覆盖集团面临的各类风险。

第四十八条 保险集团公司应当根据公司发展战略目标、行业情况和国家有关规定，有针对性地制定保险集团公司及其金融类子公司至少未来3年的资本规划，并保证资本规划的可行性。

第四十九条 保险集团公司应当根据集团的发展战略、经营规划和风险偏好，设定恰当的资本充足目标。

保险集团公司及其金融类子公司应当建立与其自身风险特征、经营环境相适应的资本充足评估机制，定期评估资本状况，确保保险集团公司及其保险子公司满足偿付能力监管要求，非保险类金融子公司的资本状况持续符合金融监管部门规定，并将非金融类子公司资产负债比率保持在合理水平，实现集团安全稳健运行。

第五十条 保险集团公司应当在集团内部建立资本约束机制，指导子公司及其他成员公司在制定发展战略与经营规划、设计产品、资金运用等方面，严格遵守资本约束指标，注重审慎经营，强化风险管理。

保险集团公司应当加强资产负债管理，保持债务规模和期限结构合理适当，保持资产结构和负债结构合理匹配。

第五十一条 保险集团公司应当建立与子公司及其他成员公司发展战略和经营规划相适应的资本补充机制，通过加强业务管理、提高内部盈利能力、股权或者债权融资等方式保持集团的资本充足，并加强现金流管理，履行对子公司及其他成员公司的出资义务。

第五十二条 保险集团公司可以根据法律、行政法规及其他监管规定发行符合条件的资本工具，但应当严格控制双重杠杆比率。保险集团公司的双重杠杆比率不得高于银保监会的相关要求。

本办法所称双重杠杆比率，是指保险集团公司长期股权投资账面价值与所有者权益之比；账面价值是指账面余额扣除减值准备。

第七章 非保险子公司管理

第五十三条 本办法所称非保险子公司，是指保险集团公司及其保险子公司直接或间接控制的不属于本办法第十五条规定的保险类企业的境内外子公司。

第五十四条 保险集团公司及其保险子公司直接或间接投资非保险子公司，应当有利于优化集团资源配置、发挥协同效应、提升集团整体专业化水平和市场竞争能力，有效促进保险主业发展。

本章所称直接投资，是指保险集团公司及其保险子公司以出资人名义投资并持有非保险子公司股权的行为；所称间接投资，是指保险集团公司及其保险子公司的各级非保险子公司以出资人名义投资并持有其他非保险子公司股权的行为。

投资非保险子公司，应当遵循实质重于形式的原则。实质上由保险集团公司或其保险子公司开展的投资，不得违规通过非保险子公司以间接投资的形式规避监管。

第五十五条 保险集团公司应当建立健全完善的内部管理制度，明确对非保险子公司管理的权限、流程和责任，落实对非保险子公司管理的主体责任。

第五十六条 保险集团公司可以直接或间接投资非保险子公司，具体类型包括：

（一）主要为保险集团成员公司提供信息技术服务、审计、保单管理、巨灾管理、物业等服务和管理的共享服务类子公司；

（二）根据银保监会关于保险资金运用的监管规定开展重大股权投资设立的其他非保险子公司；

（三）法律、行政法规及银保监会规定的其他类子公司。

第五十七条 保险集团公司直接投资共享服务类非保险子公司的，应当符合下列条件：

（一）公司治理机制健全、运行良好；

（二）上期末综合偿付能力充足率在150%以上，核心偿付能力充足率在75%以上；

（三）使用自有资金投资，资金来源符合法律、行政法规及监管规定要求；

（四）拟投资的共享服务类非保险子公司主要为该保险集团提供共享服务；

（五）银保监会关于重大股权投资的监管规定。

保险集团公司不得间接投资共享服务类非保险子公司。

第五十八条 保险集团公司投资共享服务类非保险子公司，应当报银保监会审批，并提供下列材料：

（一）银保监会相关监管规定要求的重大股权投资应当提交的材料；

（二）共享服务或管理的具体方案、风险隔离的制度安排以及保险消费者权益保护的有关措施等。

保险集团公司直接投资共享服务类之外的其他非保险子公司，应当按照银保监会重大股权投资的监管规定执行。

保险集团公司间接投资非保险子公司的，保险集团公司应当在发起人协议或投资协议签署之日起15个工作日内向银保监会报告。

第五十九条 保险集团公司及其保险子公司直接投资非保险子公司，应符合法律、行政法规、监管规定及其公司章程规定的内部决策程序，经其股东（大）会、董事会或其授权机构审批通过。

间接投资非保险子公司的，应当向保险集团公司或其保险子公司董事会报告。

第六十条 保险集团公司及其保险子公司应通过对直接控制的非保险子公司的管理，确保非保险子公司投资设立或收购的其他非保险子公司遵守本办法有关要求。

第六十一条 保险集团公司应当加强商标、字号管理，明确非保险成员公司使用本公司商标、字号的具体方式和权限等，避免声誉风险传递。

第六十二条 保险集团公司及其保险子公司不得为非保险子公司的债务提供担保，不得向非保险子公司提供借款，银保监会另有规定的除外。

第六十三条 保险集团公司及其保险子公司不能以对被投资企业债务承担连带责任的方式投资非保险子公司。

保险集团公司及其保险子公司认购非保险子公司股权或其发行的股票、债券等有价证券的,应当遵守银保监会关于保险资金运用等监管规定。

保险集团公司及其保险子公司就将来向非保险子公司增加投资或提供资本协助等作出承诺的,应当符合相关规定,并经其股东(大)会、董事会或其授权机构批准。

第六十四条 保险集团公司及其保险子公司应当建立外包管理制度,明确允许和禁止外包的范围、内容、形式、决策权限与程序、后续管理以及外包各方的权利义务与责任等。

本办法所称外包,是指保险集团公司及其保险子公司将原本由自身负责处理的某些业务活动或管理职能委托给非保险子公司或者集团外机构持续处理的行为。

第六十五条 保险集团公司及其保险子公司外包本公司业务或职能的,应当进行风险评估并经其董事会或董事会授权机构审议通过,确保提供外包服务的受托方具备良好稳定的财务状况、较高的技术实力和服务质量、完备的管理能力以及较强的应对突发事件能力。

保险集团公司及其保险子公司外包时,应当与受托方签署书面合同,明确外包内容、形式、服务价格、客户信息保密要求、各方权利义务以及违约责任等内容。外包过程中应加强对外包活动风险的监测,在年度风险评估中定期审查外包业务、职能的履行情况,进行风险敞口分析和其他风险评估,并向董事会报告。

保险集团公司及其保险子公司应当在外包合同签署前20个工作日向银保监会报告。银保监会根据该外包行为的风险状况,可以采取风险提示、约见谈话、监管质询等措施。

第六十六条 保险集团公司应当于每年4月30日前向银保监会报送非保险子公司年度报告。报告应当包含下列内容:

(一)投资非保险子公司的总体情况,包括非保险子公司的数量、层级、业务分类及其经营情况、管控情况、重要内控和风险管理制度等;

(二)非保险子公司股权结构图,包括非保险子公司层级及计算情况、保险集团公司及其保险子公司直接或间接投资非保险子公司的股权比例等;

(三)非保险子公司主要高级管理人员基本信息;

(四)非保险子公司风险评估情况,包括重大关联交易和重大内部交易情况、外包管理情况、防火墙建设以及非金融类子公司的资产负债率情况等;

(五)保险集团持有非保险子公司股权变动情况及原因;

(六)银保监会要求的其他事项。

保险集团所属非保险子公司年度报告,由保险集团公司统一报送。

第八章 信息披露

第六十七条 保险集团公司应当根据法律、行政法规及其他监管规定的要求,遵循完整、准确、及时、有效的原则,规范地披露信息。

第六十八条 保险集团公司除根据保险机构信息披露相关监管规定披露本公司基本情况外,还应当披露集团整体的基本情况,包括:

(一)保险集团公司与各级子公司之间的股权结构关系;

(二)非保险子公司名称、注册资本、实缴资本、股权结构、法定代表人等基本信息;

(三)银保监会规定的其他事项。

第六十九条 保险集团公司除根据保险机构信息披露相关监管规定披露本公司重大事项外,还应当披露集团发生的下列重大事项:

(一)对集团造成重大影响的风险事件;

(二)银保监会规定的其他事项。

第七十条 保险集团公司应当制作年度信息披露报告,除根据保险机构信息披露相关监管规定披露的本公司年度信息外,还应当至少包括下列内容:

(一)上一年度合并口径下的财务会计信息;

(二)上一年度的偿付能力信息;

(三)上一年度保险集团并表成员公司之间的重大内部交易,根据法律、行政法规及其他监管规定要求已由成员公司披露的除外;

(四)上一年度集团整体的风险管理状况;

（五）银保监会规定的其他事项。

第七十一条 保险集团公司应当将本公司及集团整体的基本情况、重大事项、年度信息披露报告登载于公司网站上。

基本情况发生变更的，保险集团公司应当自变更之日起10个工作日内更新。

发生重大事项的，保险集团公司应当自事项发生之日起15个工作日内发布临时信息披露公告。

年度信息披露报告应当在每年4月30日前发布，银保监会另有规定的从其规定。

偿付能力相关信息披露按照保险公司偿付能力监管规则有关要求执行。

第七十二条 上市保险集团公司按照上市公司信息披露要求已披露的相关信息，可不再重复披露。

第九章 监督管理

第七十三条 银保监会在单一法人监管的基础上，对保险集团的资本、财务以及风险进行全面和持续的并表监管，识别、计量、监控和评估保险集团的总体风险。

银保监会基于并表监管，可采取直接或间接监管方式，依法通过保险集团公司或其他受监管的成员公司，全面监测保险集团所有成员公司的风险，必要时可采取相应措施。

金融管理部门依法按照金融监管职责分工，对保险集团公司及其金融类成员公司实施监管。

第七十四条 银保监会遵循实质重于形式的原则，以控制为基础，兼顾风险相关性，确定保险集团的并表监管范围。

第七十五条 保险集团公司及其子公司应当纳入并表监管范围。

除前款规定的情形外，保险集团公司投资的下列机构，应当纳入并表监管的范围：

（一）被投资机构所产生的风险或造成的损失足以对保险集团的财务状况及风险水平造成重大影响；

（二）通过境内外附属机构、空壳公司等复杂股权设计成立的，保险集团实际控制或对该机构的经营管理存在重大影响的其他被投资机构。

第七十六条 银保监会有权根据保险集团公司股权结构变动、风险类别及风险状况，确定和调整并表监管范围并提出监管要求。

保险集团公司应当向银保监会报告并表范围及管理情况。

第七十七条 银保监会可以要求下列单位或者个人，在指定的期限内提供与保险集团公司经营管理和财务状况有关的资料、信息：

（一）保险集团成员公司；

（二）保险集团公司股东、实际控制人；

（三）保险集团公司董事、监事、高级管理人员；

（四）银保监会认为需要提供相关资料、信息的其他单位或个人。

银保监会可以建立与保险集团公司以及外部审计机构的三方会谈机制，了解保险集团在公司治理、风险防控和集团管控等方面的情况。

依据《保险法》和金融监管协调机制的有关规定，银保监会可以请保险集团成员公司的开户银行、指定商业银行、资产托管机构、证券交易所、证券登记结算机构等协助调查。

第七十八条 保险集团公司应当按照有关规定及时向银保监会报送财务报告、偿付能力报告、并表监管报告以及非保险子公司报告等有关报告和其他资料。

第七十九条 发生影响或可能影响保险集团公司经营管理、财务状况、风险控制、客户资产安全的重大事件，或者保险集团的组织架构、管理结构或股权结构等发生重大变化时，保险集团公司应立即向银保监会报送报告，说明起因、目前状态、可能产生的影响和拟采取的措施。

第八十条 保险集团公司的金融类子公司资本充足水平未能达到金融监管机构规定的，银保监会可以要求保险集团公司采取增资等方式保证其实现资本充足。保险集团公司不落实监管要求的，银保监会可以依法采取相应措施。

第八十一条 保险集团公司的保险子公司未达到金融监管机构规定的审慎监管要求，业务或财务状况显著恶化的，银保监会可以要求保险集团公司采取有效措施协助其恢复正常运营。

第八十二条 非保险子公司显著危及保险集团公司或其保险子公司安全经营的，银保监会可以要求保险集团公司进行整改。

第八十三条 保险集团公司及其子公司的股权投资范围、比例或股权控制层级不符合监管要求的，银保监会可依法采取相应措施。

第八十四条 银保监会可以基于审慎监管原则，要求保险集团公司对其偿付能力、流动性等风险开展覆盖全集团的压力测试，并根据压力测试结果采取相应措施。

第八十五条 银保监会可以根据保险集团的资产规模、业务复杂程度以及风险状况等要求保险集团公司制定恢复和处置计划。恢复计划应当确保面对危机时保险集团重要业务的可持续性；处置计划应当避免保险集团经营中断对行业造成负面影响，并最大程度降低对公共资本的消耗。

第八十六条 银保监会与境内其他监管机构相互配合，共享监督管理信息，协调监管政策和监管措施，有效监管保险集团成员公司，避免监管真空和重复监管。

银保监会可以与境外监管机构以签订跨境合作协议或其他形式开展监管合作，加强跨境监管协调及信息共享，对跨境运营的保险集团实施有效的监管。

第十章 附 则

第八十七条 保险集团公司的合并、分立、变更、解散、业务，以及相关人员任职资格等事项的监督管理，参照银保监会关于保险公司相关规定执行。

第八十八条 外国保险公司或外国保险集团公司作为中国境内保险公司股东设立保险集团公司的，适用本办法。《外资保险公司管理条例》及其实施细则有特殊规定的，从其规定。

对其他保险类企业具有直接或间接控制权，但名称中不带有"保险集团"或"保险控股"字样的保险公司，参照适用本办法，第二十九条第一款不适用。

被认定为系统重要性金融机构的保险集团，有特殊监管规定的，从其规定。

第八十九条 保险公司直接或间接投资设立的非保险子公司的管理，参照适用本办法关于非保险子公司的规定。

除保险集团成员公司分支机构外，保险集团所属非法人组织，参照适用本办法关于保险集团成员公司的规定。

第九十条 本办法所称控制，是指存在下列情况之一：

（一）投资人直接或间接取得被投资企业过半数有表决权股份；

（二）投资人通过与其他投资人签订协议或其他安排，实质拥有被投资企业过半数表决权；

（三）按照法律规定或协议约定，投资人具有实际支配被投资企业行为的权力；

（四）投资人有权任免被投资企业董事会或其他类似权力机构的过半数成员；

（五）投资人在被投资企业董事会或其他类似权力机构具有过半数表决权；

（六）其他属于控制的情形，包括按照《企业会计准则第33号——合并财务报表》构成控制的情形。

两个或两个以上投资人均有资格单独主导被投资企业不同方面的决策、经营和管理等活动时，能够主导对被投资企业回报产生最重大影响的活动的一方，视为对被投资企业形成控制。

第九十一条 本办法所称"以上""至少""不低于"均包含本数，"超过"不含本数。

第九十二条 本办法由银保监会解释。

第九十三条 本办法自公布之日起施行。原中国保险监督管理委员会发布的《保险集团公司管理办法（试行）》（保监发〔2010〕29号）同时废止。《保险集团并表监管指引》（保监发〔2014〕96号）规定与本办法不一致的，以本办法为准。

保险中介行政许可及备案实施办法

(2021年10月28日中国银行保险监督管理委员会令2021年第12号公布　自2022年2月1日起施行)

第一章　总　则

第一条　为规范银保监会及其派出机构实施保险中介市场行政许可和备案行为，明确行政许可和备案事项的条件和程序，保护申请人合法权益，根据《中华人民共和国保险法》《中华人民共和国行政许可法》《中华人民共和国资产评估法》等法律法规及国务院的有关决定，制定本办法。

第二条　银保监会及其派出机构依照本办法规定对保险中介业务和高级管理人员实施行政许可和备案。

派出机构包括银保监局和银保监分局。银保监分局在银保监会、银保监局授权范围内，依照本办法规定实施行政许可和备案。

第三条　本办法所称行政许可事项包括经营保险代理业务许可、经营保险经纪业务许可、保险中介集团（控股）公司经营保险中介业务许可，保险代理机构、保险经纪机构高级管理人员任职资格核准。本办法所称备案事项包括经营保险公估业务备案。

第四条　本办法所称保险专业中介机构包括保险专业代理机构、保险经纪机构、保险公估机构。

本办法所称全国性保险专业代理机构、保险经纪机构、保险公估机构是指经营区域不限于工商注册登记所在地省、自治区、直辖市、计划单列市的相应机构。

本办法所称区域性保险专业代理机构、保险经纪机构、保险公估机构是指经营区域为工商注册登记所在地省、自治区、直辖市、计划单列市的相应机构。

第五条　银保监会及其派出机构应依照宏观审慎原则，结合辖区内保险业发展水平等实际情况，按照本办法规定实施保险中介行政许可及备案。

第二章　经营保险代理业务许可

第一节　保险专业代理机构经营保险代理业务许可

第六条　申请人申请经营保险代理业务资格，应当符合以下条件：

（一）依法取得工商营业执照，名称中应当包含"保险代理"字样，且字号不得与现有的保险专业中介机构相同，与其他保险专业中介机构具有同一实际控制人的保险专业代理机构除外；

（二）股东符合本规定要求；

（三）注册资本为实缴货币资本并按银保监会有关规定实施托管，全国性保险专业代理机构的注册资本最低限额为5000万元，区域性保险专业代理机构的注册资本最低限额为2000万元；

（四）营业执照记载的经营范围符合银保监会的有关规定；

（五）有符合《中华人民共和国公司法》和《中华人民共和国保险法》规定的章程；

（六）高级管理人员符合相应的任职资格条件；

（七）有符合银保监会规定的治理结构和内控制度，商业模式科学、合理、可行；

（八）有与业务规模相适应的固定住所；

（九）有符合银保监会规定的业务、财务等计算机软硬件设施；

（十）风险测试符合要求；

（十一）法律、行政法规和银保监会规定的其他条件。

第七条　申请人股东应当符合以下条件：

（一）财务状况良好，具有以自有资金对外投资的能力，出资资金自有、真实、合法，不得用银行贷款及各种形式的非自有资金投资；

（二）法人股东应当具有良好的公司治理结构或有效的组织管理方式，社会声誉、诚信记录、纳税记录以及经营管理良好，出资日上一年末（设立时间不满一年的，以出资日上一月末为准）净资产应不为负数，出资日上一月末净资产及货币资金均大于出资额；

（三）银保监会规定的其他审慎性条件。

第八条 申请人股东有下列情形之一的，申请人不得申请经营保险代理业务资格：

（一）最近5年内受到刑罚或重大行政处罚；

（二）因涉嫌重大违法犯罪正接受有关部门调查；

（三）因严重失信行为被国家有关单位确定为失信联合惩戒对象且应当在保险领域受到相应惩戒，或者最近5年内有其他严重失信不良记录；

（四）依据法律、行政法规不能投资企业；

（五）银保监会根据审慎监管原则认定的其他不适合成为保险专业代理机构股东的情形。

第九条 申请人应确定定位清晰、科学、合理、可行的商业模式。依托专门技术、领域、行业开展业务的，业务发展模式及配套管理制度流程应体现特色与专业性。

第十条 申请人应根据《中华人民共和国公司法》等法律、行政法规和银保监会相关政策要求，依照职责明晰、强化制衡、加强风险管理的原则，建立规范、有效的公司治理结构和内部管理制度。

第十一条 申请人应根据公司的性质、规模，设立股东（大）会、董事会或者执行董事、监事会或监事等组织机构，并应在章程中明确其职责、议事制度和决策程序。

第十二条 申请人应具有符合银保监会规定要求的业务和财务管理系统及信息安全保障体系，实现对主要业务、财务流程的信息化管理，确保业务和财务信息的及时、准确掌握及信息安全。业务和财务管理软件应当具备保单信息管理、单证管理、客户管理、收付费结算、报表查询生成等基本功能。

第十三条 申请人申请前应选择一家符合银保监会规定要求的商业银行，签订托管协议，开立托管账户，将全部注册资本存入托管账户。托管协议应明确托管期限、托管金额、托管资金用途等内容。注册资本托管账户和基本户应分设。

第十四条 申请人应当向工商注册登记所在地银保监局提交下列申请材料：

（一）经营保险代理业务许可申请书，申请书应当载明保险专业代理机构的名称、注册资本等；

（二）《经营保险代理业务许可申请表》；

（三）《经营保险代理业务许可申请委托书》；

（四）公司章程；

（五）《保险专业代理机构投资人基本情况登记表（法人股东）》或《保险专业代理机构投资人基本情况登记表（自然人股东）》及相关材料；

（六）注册资本为实缴货币资本的证明文件，资本金入账原始凭证复印件；

（七）可行性报告，包括当地经济、社会和金融保险发展情况分析，机构组建的可行性和必要性说明，市场前景分析，业务和财务发展计划，风险管理计划等；

（八）内部管理制度，包括公司治理结构、组织机构设置、业务管理制度、财务制度、信息化管理制度、反洗钱内控制度、消费者权益保护制度以及业务服务标准等；

（九）《保险专业代理机构高级管理人员任职资格申请表》及有关证明材料，聘用人员花名册复印件；

（十）业务、财务等计算机软硬件配备及信息安全保障情况说明等；

（十一）注册资本托管协议复印件及托管户入账证明等；

（十二）投保职业责任保险的，应出具按规定投保职业责任保险的承诺函，缴存保证金的，应出具按规定缴存保证金的承诺函；

（十三）银保监会及其派出机构规定提交的其他材料。

第十五条 全国性保险专业代理机构申请经营保险代理业务资格的，由工商注册登记所在地银保监局受理并初审，银保监会决定。

区域性保险专业代理机构申请经营保险代理业务资格的，由工商注册登记所在地银保监局受理、审查并决定。

第十六条 银保监会及其派出机构应当采

取谈话、询问、现场验收等方式了解和审查申请人股东的经营状况、诚信记录以及申请人的市场发展战略、业务发展计划、内控制度建设、人员结构、信息系统配置及运行等有关事项，并进行风险测试和提示。

第十七条 申请人应按规定接受风险测试。风险测试应综合考虑和全面了解机构、股东及存在关联关系的单位或者个人的历史经营状况，判断是否存在利用保险中介机构和业务从事非法经营活动的可能性，核查保险专业中介机构与控股股东、实际控制人在业务、人员、资产、财务等方面是否严格隔离并实现独立经营和核算，全面评估风险状况。

第十八条 银保监局受理、审查并决定的申请事项，应当自受理之日起 20 日内审查完毕，作出准予或者不予行政许可的书面决定。

银保监局受理并初审的申请事项，应当自受理之日起 20 日内审查完毕，并将审查意见及完整申请材料上报银保监会。银保监会应自收到银保监局的初步审查意见及申请人完整申请材料之日起，在 20 日内审查完毕，作出准予或者不予行政许可的书面决定。

第十九条 银保监会及其派出机构作出准予许可决定的，应当向申请人颁发许可证。

作出不予许可决定的，应当说明理由。公司继续存续的，应当依法办理名称、营业范围和公司章程等事项的变更登记，确保其名称中无"保险代理"字样。

第二节 保险兼业代理业务许可

第二十条 商业银行经营保险代理业务，应当具备下列条件：

（一）具有银保监会或其派出机构颁发的金融许可证；

（二）主业经营情况良好，最近 2 年无重大违法违规记录（已采取有效整改措施并经银保监会及其派出机构认可的除外）；

（三）已建立符合银保监会规定的保险代理业务信息系统；

（四）已建立保险代理业务管理制度和机制，并具备相应的专业管理能力；

（五）法人机构和一级分支机构已指定保险代理业务管理责任部门和责任人员；

（六）银保监会规定的其他条件。

第二十一条 银保监会直接监管的商业银行经营保险代理业务，应当由其法人机构向银保监会申请许可证。

其他商业银行经营保险代理业务，应当由法人机构向注册所在地银保监会派出机构申请许可证。

商业银行网点凭法人机构的授权经营保险代理业务。

第二十二条 银保监会及其派出机构收到商业银行经营保险代理业务申请后，可采取谈话、函询、现场验收等方式了解、审查申请人的市场发展战略、业务发展计划、内控制度建设、人员结构、信息系统配置及运行等有关事项，并进行风险提示。

第二十三条 商业银行申请经营保险代理业务，应当提交以下申请材料：

（一）近两年违法违规行为情况的说明（机构成立不满两年的，提供自成立之日起的情况说明）；

（二）合作保险公司情况说明；

（三）保险代理业务信息系统情况说明；

（四）保险代理业务管理相关制度，如承保出单、佣金结算、客户服务等；

（五）保险代理业务责任部门和责任人指定情况的说明；

（六）银保监会规定的其他材料。

第二十四条 银保监局受理、审查并决定的申请事项，应当自受理之日起 20 日内审查完毕，作出准予或者不予行政许可的书面决定。

银保监会受理、审查并决定的申请事项，应当自受理之日起 20 日内审查完毕，作出准予或者不予行政许可的书面决定。

第二十五条 银保监会及其派出机构作出准予许可决定的，应当向申请人颁发许可证；作出不予许可决定的，应当说明理由。

第二十六条 在中华人民共和国境内经国务院银行保险监督管理机构批准设立的吸收公众存款的金融机构、其他金融机构、政策性银行申请保险兼业代理资格的条件和办理流程参照本办法执行。

其他工商企业申请保险兼业代理资格的条件和办理流程，由银保监会另行规定。

第三节 保险代理集团（控股）公司经营保险代理业务许可

第二十七条 申请人应当符合以下条件：

（一）股东、发起人信誉良好，最近 3 年内无重大违法记录，出资自有、真实、合法，不得用银行贷款及其他形式的非自有资金投资；

（二）注册资本达到法律、行政法规和银保监会相关规则规定的最低限额；

（三）公司章程或者合伙协议符合有关规定；

（四）高级管理人员符合规定的任职资格条件；

（五）商业模式科学、合理、可行，公司治理完善到位，具备健全的组织机构和管理制度；

（六）有与业务规模相适应的固定住所；

（七）有与开展业务相适应的业务、财务等计算机软硬件设施；

（八）拥有5家及以上子公司，其中至少有2家子公司为保险专业中介机构，至少有1家子公司为保险专业代理机构；

（九）保险中介业务收入占集团总业务收入的50%以上；

（十）风险测试符合要求；

（十一）依法取得工商营业执照，名称中应当包含"保险代理集团（控股）公司"等字样；

（十二）法律、行政法规和银保监会规定的其他条件。

第二十八条 申请人应当向银保监会提交下列申请材料：

（一）申请书，应当载明公司的名称、注册资本、业务范围等；

（二）《保险中介集团公司经营保险代理业务许可申请表》；

（三）《保险中介集团公司经营保险代理业务许可申请委托书》；

（四）集团公司、成员企业及企业集团章程复印件；

（五）可行性报告及内部管理制度，包括设立方式或者更名方案、公司治理和组织机构框架、发展战略、内部控制体系，以及公司章程、业务管理制度、资本管理制度、风险管理制度、关联交易管理制度等；

（六）筹建或更名方案，包括操作流程、集团内各公司的股权整合方案、股权结构、子公司的名称和业务类别、员工及债权处置方案等；

（七）创立大会决议，或者股东会、股东大会关于设立集团公司或者更名的决议；

（八）《投资人基本情况登记表》及相关材料、股份认购协议等，投资人是机构的，还应提供营业执照、其他背景资料以及加盖公章的上一年度财务报表复印件；

（九）加盖公章的集团重要成员公司上一年度的财务报表复印件；

（十）注册资本金实缴情况的说明及证明材料；

（十一）《保险中介服务集团公司高级管理人员任职资格申请表》，拟任高级管理人员简历及有关证明材料；

（十二）银保监会规定提交的其他材料。

第二十九条 银保监会应当采取谈话、询问、现场验收等方式了解、审查申请人股东的经营状况、诚信记录，以及申请人的市场发展战略、业务发展计划、内控制度建设、人员结构、信息系统配置及运行等有关事项，并进行风险测试和提示。

第三十条 保险代理集团（控股）公司申请经营保险代理业务，由银保监会受理、审查并决定。银保监会自受理之日起20日内审查完毕，作出准予或者不予行政许可的书面决定。

第三十一条 银保监会作出准予许可决定的，应当向申请人颁发许可证；作出不予许可决定的，应当说明理由。

第三章 经营保险经纪业务许可

第一节 保险经纪机构经营保险经纪业务许可

第三十二条 申请人申请经营保险经纪业务，应当符合以下条件：

（一）依法取得工商营业执照，名称中应当包含"保险经纪"字样，且字号不得与现有的保险专业中介机构相同，与其他保险专业中介机构具有同一实际控制人的保险专业经纪机构除外；

（二）股东符合本规定要求；

（三）注册资本为实缴货币资本并按银保监会有关规定实施托管，全国性保险经纪机构的注册资本最低限额为5000万元，区域性保险经纪机构的注册资本最低限额为2000万元；

（四）营业执照记载的经营范围符合银保

监会的有关规定；

（五）有符合《中华人民共和国公司法》和《中华人民共和国保险法》规定的章程；

（六）高级管理人员符合规定的任职资格条件；

（七）有符合银保监会规定的治理结构和内控制度，商业模式科学、合理、可行；

（八）有与业务规模相适应的固定住所；

（九）有符合银保监会规定的业务、财务等计算机软硬件设施；

（十）风险测试符合要求；

（十一）法律、行政法规和银保监会规定的其他条件。

第三十三条 申请人股东应当符合以下条件：

（一）财务状况良好，具有以自有资金对外投资的能力，出资资金自有、真实、合法，不得用银行贷款及各种形式的非自有资金投资；

（二）法人股东应当具有良好的公司治理结构或有效的组织管理方式，社会声誉、诚信记录、纳税记录以及经营管理良好，出资日上一年末（设立时间不满一年的，以出资日上一月末为准）净资产应不为负数，出资日上一月末净资产及货币资金均大于出资额；

（三）银保监会规定的其他审慎性条件。

区域性保险经纪公司股东条件由银保监会另行规定。

第三十四条 申请人股东有下列情形之一的，申请人不得申请经营保险经纪业务：

（一）最近5年内受到刑罚或重大行政处罚；

（二）因涉嫌重大违法犯罪正接受有关部门调查；

（三）因严重失信行为被国家有关单位确定为失信联合惩戒对象且应当在保险领域受到相应惩戒，或者最近5年内具有其他严重失信不良记录；

（四）依据法律、行政法规不能投资企业；

（五）银保监会根据审慎监管原则认定的其他不适合成为保险经纪机构股东的情形。

第三十五条 申请人应确定定位清晰、科学、合理、可行的商业模式。依托专门技术、领域、行业开展业务的，业务发展模式及配套管理制度流程应体现特色与专业性。

第三十六条 申请人应根据《中华人民共和国公司法》等法律、行政法规和银保监会相关政策要求，依照职责明晰、强化制衡、加强风险管理的原则，建立规范、有效的公司治理结构和内部管理制度。

第三十七条 申请人应根据公司的性质、规模，设立股东（大）会、董事会或者执行董事、监事会或者监事等组织机构，并在章程中明确其职责、议事制度和决策程序。

第三十八条 申请人应具有符合银保监会规定要求的业务和财务管理系统及信息安全保障体系，实现对主要业务、财务流程的信息化管理，确保业务和财务信息的及时、准确掌握及信息安全，业务和财务管理软件应当具备保单信息管理、单证管理、客户管理、收付费结算、报表查询生成等基本功能。

第三十九条 申请人申请前应选择一家符合银保监会规定要求的商业银行，签订托管协议，开立托管账户，将全部注册资本存入托管账户。托管协议应明确托管期限、托管金额、托管资金用途等内容。注册资本托管账户和基本户应分设。

第四十条 申请人应当向工商注册登记所在地银保监局提交下列申请材料：

（一）经营保险经纪业务许可申请书，申请书应当载明保险经纪机构的名称、注册资本等；

（二）《经营保险经纪业务许可申请表》；

（三）《经营保险经纪业务许可申请委托书》；

（四）公司章程；

（五）《保险经纪机构投资人基本情况登记表（法人股东）》或《保险经纪机构投资人基本情况登记表（自然人股东）》及相关材料；

（六）注册资本为实缴货币资本的证明文件，资本金入账原始凭证复印件；

（七）可行性报告，包括当地经济、社会和金融保险发展情况分析，机构组建的可行性和必要性说明，市场前景分析，业务和财务发展计划，风险管理计划等；

（八）内部管理制度，包括公司治理结构、组织机构设置、业务管理制度、财务制度、信息化管理制度、反洗钱内控制度、消费者权益保护制度以及业务服务标准等；

（九）《保险经纪机构高级管理人员任职资格申请表》及有关证明材料，聘用人员花名册复印件；

（十）业务、财务等计算机软硬件配备及信息安全保障情况说明等；

（十一）注册资本托管协议复印件及托管户入账证明等；

（十二）投保职业责任保险的，应出具按规定投保职业责任保险的承诺函，缴存保证金的，应出具按规定缴存保证金的承诺函；

（十三）银保监会及其派出机构规定提交的其他材料。

第四十一条 全国性保险经纪机构申请经营保险经纪业务的，由工商注册登记所在地银保监局受理并初审，银保监会决定。

区域性保险经纪机构申请经营保险经纪业务的，由工商注册登记所在地银保监局受理、审查并决定。

第四十二条 银保监会及其派出机构应当采取谈话、询问、现场验收等方式了解、审查申请人股东的经营状况、诚信记录以及申请人的市场发展战略、业务发展计划、内控制度建设、人员结构、信息系统配置及运行等有关事项，并进行风险测试和提示。

第四十三条 申请人应按规定接受风险测试。风险测试应综合考虑和全面了解机构、股东及存在关联关系的单位或者个人的历史经营状况，判断是否存在利用保险中介机构和业务从事非法经营活动的可能性，核查保险专业中介机构与控股股东、实际控制人在业务、人员、资产、财务等方面是否严格隔离并实现独立经营和核算，全面评估风险状况。

第四十四条 银保监局受理、审查并决定的申请事项，应当自受理之日起20日内审查完毕，作出准予或者不予行政许可的书面决定。

银保监局受理并初审的申请事项，应自受理之日起20日内审查完毕，并将审查意见及完整申请材料上报银保监会。银保监会应自收到银保监局的初步审查意见及申请人完整申请材料之日起，在20日内审查完毕，作出准予或者不予行政许可的书面决定。

第四十五条 银保监会及其派出机构作出准予许可决定的，应当向申请人颁发许可证。

作出不予许可决定的，应当说明理由。公司继续存续的，应当依法办理名称、营业范围和公司章程等事项的变更登记，确保其名称中无"保险经纪"字样。

第二节　保险经纪集团（控股）公司经营保险经纪业务许可

第四十六条 申请人应当符合以下条件：

（一）股东、发起人信誉良好，最近3年内无重大违法记录，出资应自有、真实、合法，不得用银行贷款及其他形式的非自有资金投资；

（二）注册资本达到法律、行政法规和银保监会相关规定的最低限额；

（三）公司章程或者合伙协议符合有关规定；

（四）高级管理人员符合规定的任职资格条件；

（五）商业模式科学、合理、可行，公司治理完善到位，具备健全的组织机构和管理制度；

（六）有与业务规模相适应的固定住所；

（七）有与开展业务相适应的业务、财务等计算机软硬件设施；

（八）拥有5家及以上子公司，其中至少有2家子公司为保险专业中介机构，至少有1家子公司为保险经纪机构；

（九）保险中介业务收入占集团总业务收入的50%以上；

（十）风险测试符合要求；

（十一）依法取得工商营业执照，名称中应当包含"保险经纪集团（控股）公司"等字样；

（十二）法律、行政法规和银保监会规定的其他条件。

第四十七条 申请人应当向银保监会提交下列申请材料：

（一）申请书，应当载明公司的名称、注册资本、业务范围等；

（二）《保险中介集团公司经营保险经纪业务许可申请表》；

（三）《保险中介集团公司经营保险经纪业务许可申请委托书》；

（四）集团公司、成员企业及企业集团章程复印件；

（五）可行性报告及内部管理制度，包括

设立方式或者更名方案、公司治理和组织机构框架、发展战略、内部控制体系,以及公司章程、业务管理制度、资本管理制度、风险管理制度、关联交易管理制度等;

(六)筹建或更名方案,包括操作流程、集团内各公司的股权整合方案、股权结构、子公司的名称和业务类别、员工及债权处置方案等;

(七)创立大会决议,或者股东会、股东大会关于设立集团公司或者更名的决议;

(八)《投资人基本情况登记表》及相关材料、股份认购协议等,投资人是机构的,还应提供营业执照、其他背景资料以及加盖公章的上一年度财务报表复印件;

(九)加盖公章的集团重要成员公司上一年度的财务报表复印件;

(十)注册资本金实缴情况的说明及证明材料;

(十一)《保险中介服务集团公司高级管理人员任职资格申请表》,拟任高级管理人员简历及有关证明材料;

(十二)银保监会规定提交的其他材料。

第四十八条 银保监会应当采取谈话、询问、现场验收等方式了解、审查申请人股东的经营状况、诚信记录,以及申请人的市场发展战略、业务发展计划、内控制度建设、人员结构、信息系统配置及运行等有关事项,并进行风险测试和提示。

第四十九条 保险经纪集团(控股)公司申请经营保险经纪业务,由银保监会受理、审查并决定。银保监会自受理之日起20日内审查完毕,作出准予或者不予行政许可的书面决定。

第五十条 银保监会作出准予许可决定的,应当向申请人颁发许可证;作出不予许可决定的,应当说明理由。

第四章 经营保险公估业务备案

第五十一条 保险公估机构及其分支机构经营保险公估业务,应依法备案。

第五十二条 保险公估机构经营保险公估业务应当符合以下条件:

(一)股东或者合伙人符合本规定要求,且出资资金自有、真实、合法,不得用银行贷款及各种形式的非自有资金投资;

(二)根据业务发展规划,具备日常经营和风险承担所必需的营运资金,全国性机构营运资金为200万元以上,区域性机构营运资金为100万元以上;

(三)营运资金的托管符合银保监会的有关规定;

(四)公司章程或者合伙协议符合有关规定;

(五)名称中应当包含"保险公估"字样,保险公估机构的字号不得与现有的保险专业中介机构相同,与其他保险专业中介机构具有同一实际控制人的保险公估机构除外;

(六)董事长、执行董事和高级管理人员应当符合本规定要求;

(七)有符合银保监会规定的治理结构和内控制度,商业模式科学、合理、可行;

(八)有与业务规模相适应的固定住所;

(九)有符合银保监会规定的业务、财务信息管理系统;

(十)具备一定数量的保险公估师;

(十一)法律、行政法规和银保监会规定的其他条件。

第五十三条 申请人应当依法采用合伙或者公司形式。

申请人采用合伙形式的,应当有2名以上公估师;其合伙人三分之二以上应当是具有3年以上从业经历且最近3年内未受停止从业处罚的公估师。

申请人采用公司形式的,应当有8名以上公估师和2名以上股东,其中三分之二以上股东应当是具有3年以上从业经历且最近3年内未受停止从业处罚的公估师。

申请人的合伙人或者股东仅为2名的,2名合伙人或者股东都应当是具有3年以上从业经历且最近3年内未受停止从业处罚的公估师。

公估师指通过公估师资格考试的保险公估从业人员。从业经历指保险公估从业经历。

第五十四条 申请人的合伙人或者股东出资资金应自有、真实、合法,不得用银行贷款及各种形式的非自有资金投资。保险公估机构的法人股东或合伙人应财务状况良好,上一年末(设立时间不满一年的,以出资日上一月末为准)净资产应不为负数,应具有以自有资金对外投资的能力,出资日上一月末净资产及货币资金均大于出资额。

第五十五条 申请人股东或合伙人有下列任一情形的，申请人不得申请经营保险公估业务：

（一）最近5年内受到刑罚或者重大行政处罚；

（二）因涉嫌重大违法犯罪正接受有关部门调查；

（三）因严重失信行为被国家有关单位确定为失信联合惩戒对象且应当在保险领域受到相应惩戒，或者最近5年内具有其他严重失信不良记录；

（四）依据法律、行政法规不能投资企业；

（五）银保监会根据审慎监管原则认定的其他不适合成为保险公估机构股东或者合伙人的情形。

第五十六条 申请人董事长、执行董事和高级管理人员应当符合以下条件：

（一）大学专科以上学历，从事金融或者资产评估工作10年以上的人员不受此项限制；

（二）从事金融工作3年以上，或者从事资产评估相关工作3年以上，或者从事经济工作5年以上；

（三）具有履行职责所需的经营管理能力，熟悉保险法律、行政法规及银保监会的相关规定；

（四）诚实守信，品行良好。

有下列情形之一的，不得担任保险公估机构董事长、执行董事和高级管理人员：

（一）担任因违法被吊销许可证的保险公司或者保险专业中介机构的董事、监事或者高级管理人员，并对被吊销许可证负有个人责任或者直接领导责任的，自许可证被吊销之日起未逾3年；

（二）因违法行为或者违纪行为被金融监管机构取消任职资格的金融机构的董事、监事或者高级管理人员，自被取消任职资格之日起未逾5年；

（三）被金融监管机构决定在一定期限内禁止进入金融行业，期限未满；

（四）因违法行为或者违纪行为被吊销执业资格的资产评估机构、验证机构等机构的专业人员，自被吊销执业资格之日起未逾5年；

（五）受金融监管机构警告或者罚款未逾2年；

（六）正在接受司法机关、纪检监察部门或者金融监管机构调查；

（七）因严重失信行为被国家有关单位确定为失信联合惩戒对象且应当在保险领域受到相应惩戒，或者最近5年内具有其他严重失信不良记录；

（八）合伙人有尚未清偿完的合伙企业债务；

（九）法律、行政法规和银保监会规定的其他情形。

保险公估人应当与其高级管理人员建立劳动关系，订立书面劳动合同。

保险公估人董事长、执行董事和高级管理人员不得兼任2家以上分支机构的主要负责人。

第五十七条 申请人申请前应选择一家符合银保监会规定要求的商业银行，签订托管协议，开立托管账户将全部营运资金由基本户存入托管账户。托管协议应明确托管期限、托管金额、托管资金用途及未完成备案不得动用等内容。

第五十八条 申请人应确定定位清晰、科学、合理、可行的商业模式。依托专门技术、领域、行业开展业务的，业务发展模式及配套管理制度流程应体现特色与专业性。

第五十九条 申请人应根据《中华人民共和国公司法》《中华人民共和国合伙企业法》《中华人民共和国资产评估法》等法律、行政法规和银保监会相关政策要求，依照职责明晰、强化制衡、加强风险管理的原则，建立规范有效的治理结构和内部管理制度。

第六十条 申请人应具有符合银保监会规定要求的业务和财务管理系统，实现对主要业务、财务流程的信息化管理，确保业务和财务信息的及时、准确掌握及信息安全。

第六十一条 申请人应当向工商注册登记所在地银保监局提交下列备案材料：

（一）经营保险公估业务备案申请书，申请书应当载明保险公估机构的名称、注册资本、经营区域（全国性或区域性）等；

（二）《经营保险公估业务备案申请表》；

（三）《经营保险公估业务备案委托书》；

（四）《保险公估机构公估师信息表》；

（五）公司章程或者合伙协议；

（六）《保险公估机构投资人基本情况登记表（法人股东）》《保险公估机构投资人基本情况登记表（自然人股东）》及相关材料；

（七）营运资金进入公司基本户的入账原始凭证复印件；

（八）可行性报告，包括当地经济、社会和金融保险发展情况分析，机构组建的可行性和必要性说明，市场前景分析，业务和财务发展计划，风险管理计划等；

（九）内部管理制度，包括公司治理结构、组织机构设置、业务管理制度、财务制度、信息化管理制度、反洗钱内控制度、消费者权益保护制度以及业务服务标准等；

（十）《保险公估机构董事长（执行董事）、高级管理人员任职报告表》及有关证明材料，公估师人员名册及相应证书复印件、聘用人员花名册；

（十一）业务、财务等计算机软硬件配备及信息安全保障情况说明等；

（十二）营运资金托管协议复印件及托管户入账证明等；

（十三）投保职业责任保险或者建立职业风险基金的，应出具按规定投保职业责任保险或建立职业风险基金保证书；

（十四）与业务规模相适应的固定场所及使用权属证明材料；

（十五）保险公司的工作人员、保险专业中介机构的从业人员投资保险公估机构的，应当提供其所在机构知晓其投资的书面证明，保险公司、保险专业中介机构的董事、监事或者高级管理人员投资保险公估机构的，应当根据有关规定提供任职公司股东会或者股东大会的同意文件；

（十六）银保监会及其派出机构规定提交的其他材料。

第六十二条 银保监会及其派出机构应当采取谈话、函询、现场查验等方式了解、审查股东或者合伙人的经营记录、经营动机，以及市场发展战略、业务发展规划、内控制度建设、人员结构、信息系统配置及运行等有关事项，并进行风险测试和提示。

第六十三条 保险公估机构新设分支机构经营保险公估业务，应当符合下列条件：

（一）保险公估机构及其分支机构最近1年内没有受到刑罚或者重大行政处罚；

（二）保险公估机构及其分支机构未因涉嫌违法犯罪正接受有关部门调查；

（三）最近2年内设立的分支机构不存在运营未满1年退出市场的情形；

（四）具备完善的分支机构管理制度；

（五）新设分支机构有符合要求的营业场所、业务财务信息系统，以及与经营业务相匹配的其他设施；

（六）银保监会规定的其他条件。

保险公估机构因严重失信行为被国家有关单位确定为失信联合惩戒对象且应当在保险领域受到相应惩戒的，或者最近5年内具有其他严重失信不良记录的，不得新设分支机构经营保险公估业务。

第六十四条 申请经营保险公估业务备案的保险公估分支机构应当向工商注册登记所在地银保监局提交下列备案材料：

（一）经营保险公估业务备案申请书，申请书应当载明保险公估分支机构的名称、主要负责人姓名等；

（二）《保险公估机构分支机构经营保险公估业务备案申请表》；

（三）保险公估机构备案表复印件；

（四）关于设立保险公估分支机构的内部决议；

（五）新设保险公估分支机构内部管理制度；

（六）保险公估机构及分支机构最近2年内接受银行保险监管、市场监管、税务等部门监督检查情况的说明及有关附件，如受过行政处罚，需提供有关行政处罚书复印件及缴纳罚款证明复印件；

（七）业务、财务等计算机软硬件配备及信息安全保障情况说明等；

（八）《保险公估机构董事长（执行董事）、高级管理人员任职报告表》及有关证明材料；

（九）最近2年内设立的分支机构是否存在运营未满1年退出市场的情况说明，应按照下列字段对最近2年内在全国设立分支机构情况进行梳理：机构名称、所在省份、成立时间、是否退出市场、退出市场时间；

（十）新设分支机构职场租赁合同复印件或权属文件复印件及职场照片；

（十一）银保监会及其派出机构规定提交

的其他材料。

第六十五条 保险公估机构经营保险公估业务，应当自领取营业执照之日起 30 日内，通过银保监会指定的信息系统向银保监会及其派出机构备案，同时按规定提交纸质及电子备案材料。

保险公估机构分支机构经营保险公估业务，应当自领取分支机构营业执照之日起 10 日内，通过银保监会指定的信息系统向工商注册登记所在地银保监局备案，同时按规定提交纸质及电子备案材料。

区域性保险公估机构及分支机构申请经营保险公估业务的，由工商注册登记所在地银保监局依法备案。

全国性保险公估机构及合伙制保险公估机构申请经营保险公估业务的，由工商注册登记所在地银保监局接收备案材料并初审，由银保监会依法备案。

第六十六条 备案材料完备且符合要求的，银保监会及其派出机构应当在银保监会网站上将备案情况向社会公告，完成备案。保险公估机构在备案公告之后可下载《经营保险公估业务备案表》。

第六十七条 合伙形式的保险公估机构转为公司形式的保险公估机构，或者公司形式的保险公估机构转为合伙形式的保险公估机构，备案流程及材料参照新设机构，变更期间按照转前形式开展业务。

区域性保险公估机构转为全国性保险公估机构，或者全国性保险公估机构转为区域性保险公估机构，备案流程及材料参照新设机构，变更期间按照转前范围开展业务。

第五章 保险专业代理机构及保险经纪机构高级管理人员任职资格许可

第一节 任职资格条件

第六十八条 保险专业代理机构及保险经纪机构高级管理人员需经任职资格许可，包括公司总经理、公司副总经理、省级分公司主要负责人以及对公司经营管理行使重要职权的其他人员。

第六十九条 保险专业代理机构、保险经纪机构高级管理人员拟任人应符合以下条件：

（一）大学专科以上学历，从事金融工作 10 年以上的人员不受此项限制；

（二）从事金融工作 3 年以上或者从事经济工作 5 年以上；

（三）具有履行职责所需的经营管理能力，熟悉保险法律、行政法规及银保监会的相关规定；

（四）诚实守信，品行良好。

第七十条 保险专业代理机构、保险经纪机构高级管理人员拟任人不得有下列任一情形：

（一）无民事行为能力或者限制民事行为能力；

（二）因贪污、贿赂、侵占财产、挪用财产或者破坏社会主义市场秩序，被判处刑罚执行期满未逾 5 年，或者因犯罪被剥夺政治权利，执行期满未逾 5 年；

（三）担任破产清算的公司、企业的董事或者厂长、经理，对该公司、企业的破产负有个人责任的，自该公司、企业破产清算完结之日起未逾 3 年；

（四）担任因违法被吊销营业执照、责令关闭的公司、企业的法定代表人，并负有个人责任的，自该公司、企业被吊销营业执照之日起未逾 3 年；

（五）担任因违法被吊销许可证的保险公司或者保险中介机构的董事、监事或者高级管理人员，并对被吊销许可证负有个人责任或者直接领导责任的，自许可证被吊销之日起未逾 3 年；

（六）因违法行为或者违纪行为被金融监管机构取消任职资格的金融机构的董事、监事或者高级管理人员，自被取消任职资格之日起未逾 5 年；

（七）被金融监管机构决定在一定期限内禁止进入金融行业的，期限未满；

（八）受金融监管机构警告或者罚款未逾 2 年；

（九）正在接受司法机关、纪检监察部门或者金融监管机构调查；

（十）个人所负数额较大的债务到期未清偿；

（十一）因严重失信行为被国家有关单位确定为失信联合惩戒对象且应在保险领域受到相应惩戒，或者最近 5 年内具有其他严重失信不良记录；

（十二）法律、行政法规和银保监会规定

的其他情形。

第七十一条 拟任人应通过银保监会认可的保险法规及相关知识测试。

第二节 任职资格许可申请材料

第七十二条 保险专业代理机构、保险经纪机构拟任命高级管理人员，应向拟任机构工商注册登记所在地银保监局提交下列材料：

（一）关于进行任职资格审核的申请；

（二）拟任用高级管理人员的决议；

（三）高级管理人员任职资格申请表；

（四）拟任人身份证复印件或护照复印件；

（五）拟任人学历证书复印件、学历证明文件；

（六）拟任人与保险专业代理机构或保险经纪机构签订的劳动合同复印件；

（七）拟任人3年金融工作经历或5年经济工作经历证明文件；

（八）拟任人最近3年个人信用报告；

（九）在存在潜在利益冲突的机构中任职的，应提交从原单位辞职的证明、辞职承诺书或者公司股东会、股东大会同意兼职的证明；

（十）拟任人合规声明和承诺；

（十二）银保监会及其派出机构规定提交的其他材料。

第七十三条 拟任高级管理人员的决议程序和形式应符合法律、行政法规和公司章程的规定。

第七十四条 拟任人的学历证明材料，需提供教育部学信网查询结果或相关教育主管部门出具的认证报告；党校学历，需提供毕业党校出具的学历证明材料；国（境）外学历，需提供教育部留学服务中心出具的国外学历认证书。

第七十五条 拟任人的工作经历证明材料，需提供曾任职的机构出具的加盖公司公章的证明文件或与曾任职的机构存在与其劳动形式相关的经济收入关系的证明文件。

第七十六条 拟任人合规声明和承诺的内容包括但不限于：最近2年内未受反洗钱重大行政处罚的声明；最近5年内未受过法律、行政法规处罚，有无严重失信不良记录的声明；坚持依法合规经营、切实履职尽责的承诺。有境外金融机构从业经历的，还应当提交最近2年内未受相应境外金融机构所在地涉及反洗钱的重大行政处罚的声明。

第三节 任职资格许可程序

第七十七条 银保监局可以对保险专业代理机构、保险经纪机构拟任高级管理人员进行考察或者谈话，综合考察其合规意识、风险偏好、业务能力等综合素质。

第七十八条 银保监局受理、审查并决定的申请事项，应当自受理之日起20日内审查完毕，作出准予或者不予行政许可的书面决定。

第七十九条 保险专业代理机构、保险经纪机构应在收到拟任高级管理人员任职资格批复后及时作出任命决定，超过2个月未任命的，其任职资格自动失效。

第八十条 保险专业代理机构、保险经纪机构任命临时负责人的，其临时负责人任职时间最长不得超过3个月，并且不得就同一职务连续任命临时负责人。

临时负责人应当具有与履行职责相当的能力，并应当符合本规定的相关要求。

第八十一条 具有高级管理人员任职资格的拟任人在同一保险专业代理机构、保险经纪机构内部调动职务或改任（兼任）职务的，无需重新核准任职资格，应当自作出调任、改任、兼任决定之日起5日内在银保监会规定的监管信息系统中登记相关信息。

第六章 附 则

第八十二条 外资保险专业中介机构申请办理本办法规定的经营保险代理业务许可、经营保险经纪业务许可、经营保险公估业务备案等事项的，应符合本办法规定的条件。

第八十三条 申请人应按照银保监会有关要求，如实、完整提交申请材料。本办法规定提交的各种表格格式由银保监会制定。

第八十四条 除特别说明外，本办法中各项财务指标要求均为合并会计报表口径。

第八十五条 本办法中的"日"均为工作日，"以上"均含本数及本级。

第八十六条 本办法由银保监会负责解释。

第八十七条 本办法自2022年2月1日起施行。

第八十八条 本办法实施前的有关规定与本办法不一致的，按照本办法执行。

保险公司非寿险业务准备金管理办法

(2021年10月15日中国银行保险监督管理委员会令2021年第11号公布 自2021年12月1日起施行)

第一章 总 则

第一条 为了加强对保险公司非寿险业务准备金的监督管理,促进保险公司稳健经营,夯实偿付能力计量基础,保护被保险人利益,根据《中华人民共和国保险法》(以下简称《保险法》)等法律、行政法规,制定本办法。

第二条 本办法所称非寿险业务,是指除人寿保险业务以外的保险业务,包括财产损失保险、责任保险、信用保险、保证保险、短期健康保险和意外伤害保险业务以及上述业务的再保险业务。

第三条 本办法所称保险公司,是指在中华人民共和国境内依法设立的经营上述非寿险业务的保险公司,包括财产保险公司、人身保险公司及再保险公司。

第四条 保险公司应建立并完善准备金管理的内控制度,明确职责分工和工作流程。保险公司评估各项准备金,应按照银保监会的规定,遵循非寿险精算的原理和方法,保持客观、谨慎,并充足、合理地提取和结转各项准备金。

第五条 银保监会及其派出机构依法对保险公司非寿险业务准备金进行监管。

第二章 准备金的种类及评估方法

第六条 保险公司非寿险业务准备金包括未到期责任准备金及未决赔款准备金。

第七条 未到期责任准备金是指在准备金评估日为尚未终止的保险责任而提取的准备金,包括未赚保费准备金及保费不足准备金。

第八条 未赚保费准备金是指以未满期部分保费收入为基础所计提的准备金,并应减除与获取保费收入相关联的保单获取成本的未到期部分。

第九条 对未赚保费准备金,应当采用以下方法确定:

(一)三百六十五分之一法;

(二)风险分布法;

(三)银保监会认可的其他方法。

第十条 保险公司应在未到期责任准备金评估过程中进行保费充足性测试,并根据测试结果提取保费不足准备金,作为未到期责任准备金的一部分。

第十一条 未决赔款准备金是指保险公司为保险事故已经发生但尚未最终结案的损失提取的准备金,包括已发生已报案未决赔款准备金、已发生未报案未决赔款准备金和理赔费用准备金。

第十二条 已发生已报案未决赔款准备金是指为保险事故已经发生并已向保险公司提出索赔,保险公司尚未结案的损失而提取的准备金。

第十三条 对已发生已报案未决赔款准备金,应当采用以下方法确定:

(一)逐案估计法;

(二)案均赋值法;

(三)银保监会认可的其它方法。

第十四条 已发生未报案未决赔款准备金是为下列情况所提取的赔款准备金:

(一)保险事故已经发生但尚未向保险公司提出索赔的;

(二)已经提出索赔但保险公司尚未立案的;

(三)保险公司已立案但对事故损失估计不足,预计最终赔付将超过原估损值的;

(四)保险事故已经赔付但有可能再次提出索赔的。

第十五条 对已发生未报案未决赔款准备金,应当根据险种的风险性质、分布特征、经验数据等因素采用以下方法确定:

(一)链梯法;

（二）案均赔款法；
（三）准备金进展法；
（四）B－F法；
（五）赔付率法；
（六）银保监会认可的其他方法。

第十六条 理赔费用准备金是指为尚未结案的损失可能发生的费用而提取的准备金，包括为直接发生于具体赔案的专家费、律师费、损失检验费等提取的直接理赔费用准备金，以及为非直接发生于具体赔案的费用而提取的间接理赔费用准备金。

第十七条 对已发生已报案案件的直接理赔费用准备金，应采用第十三条中规定的方法确定；对已发生未报案案件的直接理赔费用准备金，应采用第十五条中规定的方法确定；对间接理赔费用准备金，应采用合理的比率分摊法提取。

第十八条 保险公司提取的各项非寿险业务准备金应包含风险边际并考虑货币时间价值。

第三章 内控管理

第十九条 保险公司的董事会、管理层、精算及相关职能部门、分支机构在准备金管理中应分级授权，权责分明，分工合作，相互制约。

第二十条 准备金评估方法、假设的调整对保险公司产生显著影响的，应经总精算师同意后，提交公司董事会决议，或由董事会正式授权公司经营管理层决策机构审议。

第二十一条 保险公司应加强准备金评估所需数据的质量管理，以保证所需数据真实、准确、完整、一致、有效。

第二十二条 保险公司应建立并完善准备金评估信息系统，以保证准备金的评估流程被完整地记录、保存。

第二十三条 保险公司应建立分支机构的准备金评估或分摊机制，不得违规调整分支机构的准备金。

第二十四条 保险公司总公司不直接经营业务的，不得在总公司本级留存准备金。

第二十五条 保险公司应建立准备金工作底稿制度。

第二十六条 保险公司应按照规定披露准备金信息。

第四章 监督管理

第二十七条 银保监会及其派出机构对保险公司准备金的监督管理，采取现场监管与非现场监管结合的方式。

第二十八条 保险公司总精算师负责准备金评估工作，公正、客观地履行精算职责，向银保监会或其派出机构提供精算意见，并应当向银保监会或其派出机构及时报告保险公司准备金的重大风险隐患。

第二十九条 保险公司应按规定向银保监会或其派出机构报送准备金评估报告、准备金回溯分析报告和银保监会或其派出机构要求的其他报告。银保监会或其派出机构依法对保险公司报送的上述报告进行抽查审核。

第三十条 银保监会或其派出机构可以根据审慎监管需要，调整所有公司或部分公司的准备金相关报告的报送内容、报送频率，要求保险公司聘请第三方对准备金评估报告进行独立审核。

第三十一条 保险公司应定期对准备金评估结果进行回溯分析，银保监会或其派出机构根据回溯分析结果对保险公司采取相应监管措施。

第三十二条 银保监会或其派出机构依法对保险公司准备金计提的违法违规行为进行查处。

第五章 法律责任

第三十三条 保险公司编制或者提供虚假的准备金评估报告、准备金回溯分析报告以及相关报表、文件、资料的，由银保监会或其派出机构依照《保险法》相关规定责令改正，并处十万元以上五十万元以下的罚款；情节严重的，可以限制其业务范围、责令停止接受新业务或者吊销业务许可证。对直接负责主管人员和其他直接责任人员，由银保监会或其派出机构依照《保险法》相关规定给予警告，并处一万元以上十万元以下的罚款；情节严重的，撤销任职资格。

第三十四条 保险公司未按照规定提取或者结转各项责任准备金，存在以下行为之一的，由银保监会或其派出机构依照《保险法》相关规定处五万元以上三十万元以下的罚款；情节严重的，可以限制其业务范围、责令停止接受新业务或者吊销业务许可证。对直接负责主管人员和其他直接责任人员,由银保监会或其派出机构依照《保险法》相关规定给予警告,并处一万元以上十万元以下的罚款;情节严重的,撤销任职资格:

(一)未按照本办法第九条、第十条的规定提取未到期责任准备金的;

(二)未按照本办法第十三条的规定提取已发生已报案未决赔款准备金的;

(三)未按照本办法第十五条的规定提取已发生未报案未决赔款准备金的;

(四)未按照本办法第十七条的规定提取理赔费用准备金的;

(五)未按照本办法第十八条的规定考虑风险边际及货币时间价值的;

(六)违反本办法第二十三条、第二十四条规定的。

第三十五条 保险公司有下列行为之一的,由银保监会或其派出机构依照《保险法》相关规定责令限期改正,逾期不改正的,处一万元以上十万元以下的罚款:

(一)未按照本办法第二十五条的规定保管准备金工作底稿的;

(二)未按照本办法第二十六条的规定披露准备金信息的;

(三)未按照本办法第二十九条的规定报送准备金评估报告、准备金回溯分析报告或未按照规定提供准备金有关信息、资料的。

第三十六条 保险公司违反本办法第十九条、第二十条、第二十一条、第二十二条规定的,由银保监会或其派出机构给予该保险公司警告,并处一万元以上三万元以下的罚款;对其直接负责的主管人员和其他直接责任人员给予警告,并处一万元以上三万元以下的罚款。

第六章 附 则

第三十七条 银保监会制定并发布实施《保险公司非寿险业务准备金管理办法实施细则》。

第三十八条 中国精算师协会制定并发布非寿险业务准备金评估实务指南和行业参考标准。

第三十九条 政策性保险公司、相互制保险公司、自保公司等适用本办法,法律法规另有规定的除外。

第四十条 本办法由银保监会负责解释。

第四十一条 本办法自2021年12月1日起施行。原中国保险监督管理委员会发布的《保险公司非寿险业务准备金管理办法(试行)》(中国保险监督管理委员会令2004年第13号)同时废止。

第四十二条 原中国保险监督管理委员会发布的关于非寿险业务准备金的相关规定与本办法及实施细则不一致的,以本办法及实施细则为准,实施细则另行发布。

财产保险公司保险条款和保险费率管理办法

(2021年8月16日中国银行保险监督管理委员会令2021年第10号公布 自2021年10月1日起施行)

第一章 总 则

第一条 为了加强和改进对财产保险公司保险条款和保险费率的监督管理,保护投保人、被保险人和受益人的合法权益,维护保险市场秩序,鼓励财产保险公司创新,根据《中华人民共和国保险法》,制定本办法。

第二条 中国银行保险监督管理委员会(以下简称银保监会)及其派出机构依法对财产保险公司及其分支机构的保险条款和保险费率实施监督管理,遵循保护社会公众利益、防止不正当竞争、与市场行为监管协调配合原则。

第三条 财产保险公司保险条款和保险费率实施分类监管、属地监管,具体由银保监会另行规定。

第四条 财产保险公司应当依据法律、行政法规和银保监会的有关规定制订保险条款和保险费率,并对保险条款和保险费率承担相应的责任。

第五条 财产保险公司应当依据本办法的规定向银保监会或其省一级派出机构申报保险条款和保险费率审批或者备案。财产保险公司分支机构不得申报保险条款和保险费率审批或者备案。

第六条 中国保险行业协会应当切实履行保险条款和保险费率行业自律管理职责,推进保险条款和保险费率的通俗化、标准化、规范化工作,研究制订修订主要险种的行业示范条款,建立保险条款费率评估和创新保护机制。中国精算师协会应当研究制订修订主要险种的行业基准纯风险损失率。

第二章　条款开发和费率厘定

第七条 财产保险公司的保险条款和保险费率,应当依法合规,公平合理,不侵害投保人、被保险人和受益人的合法权益,不危及财产保险公司财务稳健和偿付能力;应当符合保险原理,尊重社会公德,不违背公序良俗,不损害社会公共利益,符合《中华人民共和国保险法》等法律、行政法规和银保监会的有关规定。

第八条 财产保险公司的保险条款应当要素完整、结构清晰、文字准确、表述严谨、通俗易懂,名称符合命名规则。

第九条 财产保险公司的保险费率应当按照合理、公平、充足原则科学厘定,不得妨碍市场公平竞争;保险费率可以上下浮动的,应当明确保险费率调整的条件和范围。

第十条 财产保险公司的合规负责人和总精算师分别负责保险条款审查和保险费率审查,并承担相应的责任。

第十一条 财产保险公司应当向合规负责人和总精算师提供其履行工作职责所必需的信息,并充分尊重其专业意见。

财产保险公司应当加强对合规负责人和总精算师的管理,按照银保监会的相关规定,建立健全相应的内部管控及问责机制。

第十二条 财产保险公司应当按照本办法规定提交由合规负责人出具的法律审查声明书。合规负责人应对以下内容进行审查:

(一)保险条款符合《中华人民共和国保险法》等法律、行政法规和银保监会的有关规定;

(二)保险条款公平合理,符合保险原理,不损害社会公共利益,不侵害投保人、被保险人和受益人的合法权益,并已通过消费者权益保护审查;

(三)命名符合规定,要素完备、文字准确、语言通俗、表述严谨。

第十三条 财产保险公司应当按照本办法规定提交由总精算师签署的精算报告和出具的精算审查声明书。总精算师应对以下内容进行审查:

(一)精算报告内容完备;

(二)精算假设和精算方法符合通用精算原理;

(三)保险费率厘定科学准确,满足合理性、公平性和充足性原则,并已通过消费者权益保护审查;

(四)保险费率符合《中华人民共和国保险法》等法律、行政法规和银保监会的有关规定。

第三章　审批和备案

第十四条 财产保险公司应当将关系社会公众利益的保险险种、依法实行强制保险的险种的保险条款和保险费率报银保监会审批。

其他险种的保险条款和保险费率,财产保险公司应当报银保监会或其省一级派出机构备案。

具体应当报送审批或者备案的险种,由银保监会另行规定。

第十五条 对于应当审批的保险条款和保险费率,在银保监会批准前,财产保险公司不得经营使用。

对于应当备案的保险条款和保险费率,财产保险公司应当在经营使用后十个工作日内报银保监会或其省一级派出机构备案。

第十六条 财产保险公司报送审批或者备案保险条款和保险费率,应当提交下列材料:

(一)申请文件;

(二)保险条款和保险费率文本;

(三)可行性报告,包括可行性分析、保险条款和保险费率的主要特点、经营模式、风险分析以及风险控制措施等;

（四）总精算师签署的保险费率精算报告，包括费率结果、基础数据及数据来源、厘定方法和模型，以及费率厘定的主要假设、参数和精算职业判断等；

（五）法律审查声明书，精算审查声明书；

（六）银保监会规定的其他材料。

第十七条 财产保险公司使用中国保险行业协会示范条款的，无需提交可行性报告。

财产保险公司使用行业基准纯风险损失率的，应当在精算报告中予以说明，无需提供纯风险损失率数据来源。

附加险无需提供可行性报告及精算报告，另有规定的除外。

第十八条 财产保险公司修改经批准或备案的保险条款或者保险费率的，应当依照本办法重新报送审批或备案。财产保险公司报送修改保险条款或者保险费率的，除应当提交本办法第十六条规定的材料外，还应当提交保险条款或保险费率的修改前后对比表和修订说明。

修改后的保险条款和保险费率经批准或者备案后，原保险条款和保险费率自动废止，财产保险公司不得在新订立的保险合同中使用原保险条款和保险费率。

第十九条 财产保险公司因名称发生变更，仅申请变更其保险条款和保险费率中涉及的公司名称的，无需提交本办法第十六条中（三）、（四）项规定的材料。

第二十条 银保监会或其省一级派出机构收到备案材料后，应根据下列情况分别作出处理：

（一）备案材料不完整齐备的，要求财产保险公司补正材料；

（二）备案材料完整齐备的，编号后反馈财产保险公司。

第二十一条 财产保险公司及其分支机构可以对已经审批或者备案的保险条款和保险费率进行组合式经营使用，但应当分别列明各保险条款对应的保险费和保险金额。

财产保险公司及其分支机构经营使用组合式保险条款和保险费率，不得修改已经审批或者备案的保险条款和保险费率。如需修改，应当按照本办法的规定重新报送审批或者备案。

第二十二条 在共保业务中，其他财产保险公司可直接使用首席承保人经审批或备案的保险条款和保险费率，无需另行申报。

第四章 监督管理

第二十三条 财产保险公司及其分支机构应当严格执行经批准或者备案的保险条款和保险费率，不得违反本办法规定以任何方式改变保险条款或者保险费率。

第二十四条 财产保险公司及其分支机构使用的保险条款或者保险费率被发现违反法律、行政法规或者本办法第七条、第八条、第九条规定的，由银保监会或其省一级派出机构责令停止使用、限期修改；情节严重的，可以在一定期限内禁止申报新的保险条款和保险费率。

第二十五条 财产保险公司应当制定保险条款和保险费率开发管理制度，建立审议机制，对保险条款和保险费率开发和管理的重大事项进行审议。

第二十六条 财产保险公司应当指定专门部门履行保险条款和保险费率开发管理职能，负责研究开发、报送审批备案、验证修订、清理注销等全流程归口管理。

第二十七条 财产保险公司应当加强对使用中保险条款和保险费率的管理，指定专门部门进行跟踪评估、完善修订，对不再使用的及时清理。

第二十八条 财产保险公司应当于每年3月底前，统计分析前一年保险条款和保险费率的开发情况、修订情况和清理情况，并形成财产保险公司保险条款和保险费率年度分析报告和汇总明细表，经公司产品管理委员会审议通过后同时报银保监会和其省一级派出机构。

第二十九条 财产保险公司履行保险条款和保险费率开发管理职能的部门负责人对本公司保险条款和保险费率开发管理工作负直接责任。合规负责人对保险条款审查负直接责任，总精算师对保险费率审查负直接责任。

第三十条 财产保险公司履行保险条款和保险费率开发管理职能的部门负责人、合规负责人、总精算师违反本办法规定的，由银保监会或其省一级派出机构责令改正、提交书面检查，并可责令公司作出问责处理。

第五章 法律责任

第三十一条 财产保险公司未按照规定申

请批准保险条款、保险费率的，由银保监会依法采取监督管理措施或予以行政处罚。

第三十二条 财产保险公司有下列行为之一的，由银保监会或其省一级派出机构依法采取监督管理措施或予以行政处罚：

（一）未按照规定报送保险条款、保险费率备案的；

（二）未按照规定报送或者保管保险条款、保险费率相关的报告、报表、文件、资料的，或者未按照规定提供有关信息、资料的。

第三十三条 财产保险公司报送审批、备案保险条款和保险费率时，编制或者提供虚假的报告、报表、文件、资料的，由银保监会或其省一级派出机构依法采取监督管理措施或予以行政处罚。

第三十四条 财产保险公司及其分支机构有违反本办法第二十三条规定的，由银保监会或其派出机构依法采取监督管理措施或予以行政处罚。

第三十五条 银保监会或其省一级派出机构依照本办法第二十四条的规定，责令财产保险公司及其分支机构停止使用或限期修改保险条款和保险费率，财产保险公司未停止使用或逾期不改正的，依法采取监督管理措施或予以行政处罚。

第三十六条 财产保险公司及其分支机构违反相关规定的，银保监会或其派出机构除依法对该单位给予处罚外，对其直接负责的主管人员和其他直接责任人员依法采取监督管理措施或予以行政处罚。

第六章 附 则

第三十七条 银保监会对财产保险公司保险条款和保险费率的审批程序，适用《中华人民共和国行政许可法》和银保监会的有关规定。

第三十八条 法律、行政法规和国务院对机动车辆保险、农业保险、出口信用保险另有规定的，适用其规定。

第三十九条 本办法由银保监会负责解释。

第四十条 本办法自2021年10月1日起施行。原中国保险监督管理委员会2010年2月5日发布的《财产保险公司保险条款和保险费率管理办法》（中国保险监督管理委员会令2010年第3号）同时废止。

最高人民法院
关于适用《中华人民共和国保险法》若干问题的解释（一）

法释〔2009〕12号

（2009年9月14日最高人民法院审判委员会第1473次会议通过 2009年9月21日最高人民法院公告公布 自2009年10月1日起施行）

为正确审理保险合同纠纷案件，切实维护当事人的合法权益，现就人民法院适用2009年2月28日第十一届全国人大常委会第七次会议修订的《中华人民共和国保险法》（以下简称保险法）的有关问题规定如下：

第一条 保险法施行后成立的保险合同发生的纠纷，适用保险法的规定。保险法施行前成立的保险合同发生的纠纷，除本解释另有规定外，适用当时的法律规定；当时的法律没有规定的，参照适用保险法的有关规定。认定保险合同是否成立，适用合同订立时的法律。

第二条 对于保险法施行前成立的保险合同，适用当时的法律认定无效而适用保险法认定有效的，适用保险法的规定。

第三条 保险合同成立于保险法施行前而保险标的转让、保险事故、理赔、代位求偿等行为或事件，发生于保险法施行后的，适用保险法的规定。

第四条 保险合同成立于保险法施行前，

保险法施行后，保险人以投保人未履行如实告知义务或者申报被保险人年龄不真实为由，主张解除合同的，适用保险法的规定。

第五条 保险法施行前成立的保险合同，下列情形下的期间自 2009 年 10 月 1 日起计算：

（一）保险法施行前，保险人收到赔偿或者给付保险金的请求，保险法施行后，适用保险法第二十三条规定的三十日的；

（二）保险法施行前，保险人知道解除事由，保险法施行后，按照保险法第十六条、第三十二条的规定行使解除权，适用保险法第十六条规定的三十日的；

（三）保险法施行后，保险人按照保险法第十六条第二款的规定请求解除合同，适用保险法第十六条规定的二年的；

（四）保险法施行前，保险人收到保险标的转让通知，保险法施行后，以保险标的转让导致危险程度显著增加为由请求按照合同约定增加保险费或者解除合同，适用保险法第四十九条规定的三十日的。

第六条 保险法施行前已经终审的案件，当事人申请再审或者按照审判监督程序提起再审的案件，不适用保险法的规定。

最高人民法院
关于适用《中华人民共和国保险法》若干问题的解释（二）

（2013 年 5 月 6 日最高人民法院审判委员会第 1577 次会议通过
根据 2020 年 12 月 23 日最高人民法院审判委员会第 1823 次会议通过的
《最高人民法院关于修改〈最高人民法院关于破产企业国有划拨土地使用权
应否列入破产财产等问题的批复〉等二十九件商事类司法解释的决定》修正）

为正确审理保险合同纠纷案件，切实维护当事人的合法权益，根据《中华人民共和国民法典》《中华人民共和国保险法》《中华人民共和国民事诉讼法》等法律规定，结合审判实践，就保险法中关于保险合同一般规定部分有关法律适用问题解释如下：

第一条 财产保险中，不同投保人就同一保险标的分别投保，保险事故发生后，被保险人在其保险利益范围内依据保险合同主张保险赔偿的，人民法院应予支持。

第二条 人身保险中，因投保人对被保险人不具有保险利益导致保险合同无效，投保人主张保险人退还扣减相应手续费后的保险费的，人民法院应予支持。

第三条 投保人或者投保人的代理人订立保险合同时没有亲自签字或者盖章，而由保险人或者保险人的代理人代为签字或者盖章的，对投保人不生效。但投保人已经交纳保险费的，视为其对代签字或者盖章行为的追认。

保险人或者保险人的代理人代为填写保险单证后经投保人签字或者盖章确认的，代为填写的内容视为投保人的真实意思表示。但有证据证明保险人或者保险人的代理人存在保险法第一百一十六条、第一百三十一条相关规定情形的除外。

第四条 保险人接受了投保人提交的投保单并收取了保险费，尚未作出是否承保的意思表示，发生保险事故，被保险人或者受益人请求保险人按照保险合同承担赔偿或者给付保险金责任，符合承保条件的，人民法院应予支持；不符合承保条件的，保险人不承担保险责任，但应当退还已经收取的保险费。

保险人主张不符合承保条件的，应承担举证责任。

第五条 保险合同订立时，投保人明知的与保险标的或者被保险人有关的情况，属于保险法第十六条第一款规定的投保人"应当如实告知"的内容。

第六条 投保人的告知义务限于保险人询问的范围和内容。当事人对询问范围及内容有争议的，保险人负举证责任。

保险人以投保人违反了对投保单询问表中所列概括性条款的如实告知义务为由请求解除合同的，人民法院不予支持。但该概括性条款有具体内容的除外。

第七条 保险人在保险合同成立后知道或者应当知道投保人未履行如实告知义务，仍然收取保险费，又依照保险法第十六条第二款的规定主张解除合同的，人民法院不予支持。

第八条 保险人未行使合同解除权，直接以存在保险法第十六条第四款、第五款规定的情形为由拒绝赔偿的，人民法院不予支持。但当事人就拒绝赔偿事宜及保险合同存续另行达成一致的情况除外。

第九条 保险人提供的格式合同文本中的责任免除条款、免赔额、免赔率、比例赔付或者给付等免除或者减轻保险人责任的条款，可以认定为保险法第十七条第二款规定的"免除保险人责任的条款"。

保险人因投保人、被保险人违反法定或者约定义务，享有解除合同权利的条款，不属于保险法第十七条第二款规定的"免除保险人责任的条款"。

第十条 保险人将法律、行政法规中的禁止性规定情形作为保险合同免责条款的免责事由，保险人对该条款作出提示后，投保人、被保险人或者受益人以保险人未履行明确说明义务为由主张该条款不成为合同内容的，人民法院不予支持。

第十一条 保险合同订立时，保险人在投保单或者保险单等其他保险凭证上，对保险合同中免除保险人责任的条款，以足以引起投保人注意的文字、字体、符号或者其他明显标志作出提示的，人民法院应当认定其履行了保险法第十七条第二款规定的提示义务。

保险人对保险合同中有关免除保险人责任条款的概念、内容及其法律后果以书面或者口头形式向投保人作出常人能够理解的解释说明的，人民法院应当认定保险人履行了保险法第十七条第二款规定的明确说明义务。

第十二条 通过网络、电话等方式订立的保险合同，保险人以网页、音频、视频等形式对免除保险人责任条款予以提示和明确说明的，人民法院可以认定其履行了提示和明确说明义务。

第十三条 保险人对其履行了明确说明义务负举证责任。

投保人对保险人履行了符合本解释第十一条第二款要求的明确说明义务在相关文书上签字、盖章或者以其他形式予以确认的，应当认定保险人履行了该项义务。但另有证据证明保险人未履行明确说明义务的除外。

第十四条 保险合同中记载的内容不一致的，按照下列规则认定：

（一）投保单与保险单或者其他保险凭证不一致的，以投保单为准。但不一致的情形系经保险人说明并经投保人同意的，以投保人签收的保险单或者其他保险凭证载明的内容为准；

（二）非格式条款与格式条款不一致的，以非格式条款为准；

（三）保险凭证记载的时间不同的，以形成时间在后的为准；

（四）保险凭证存在手写和打印两种方式的，以双方签字、盖章的手写部分的内容为准。

第十五条 保险法第二十三条规定的三十日核定期间，应自保险人初次收到索赔请求及投保人、被保险人或者受益人提供的有关证明和资料之日起算。

保险人主张扣除投保人、被保险人或者受益人补充提供有关证明和资料期间的，人民法院应予支持。扣除期间自保险人根据保险法第二十二条规定作出的通知到达投保人、被保险人或者受益人之日起，至投保人、被保险人或者受益人按照通知要求补充提供的有关证明和资料到达保险人之日止。

第十六条 保险人应以自己的名义行使保险代位求偿权。

根据保险法第六十条第一款的规定，保险人代位求偿权的诉讼时效期间应自其取得代位求偿权之日起算。

第十七条 保险人在其提供的保险合同格式条款中对非保险术语所作的解释符合专业意义，或者虽不符合专业意义，但有利于投保人、被保险人或者受益人的，人民法院应予认可。

第十八条 行政管理部门依据法律规定制作的交通事故认定书、火灾事故认定书等，人民法院应当依法审查并确认其相应的证明力，但有相反证据能够推翻的除外。

第十九条 保险事故发生后，被保险人或者受益人起诉保险人，保险人以被保险人或者受益人未要求第三者承担责任为由抗辩不承担保险责任的，人民法院不予支持。

财产保险事故发生后，被保险人就其所受损失从第三者取得赔偿后的不足部分提起诉讼，请求保险人赔偿的，人民法院应予依法受理。

第二十条 保险公司依法设立并取得营业执照的分支机构属于《中华人民共和国民事诉讼法》第四十八条规定的其他组织，可以作为保险合同纠纷案件的当事人参加诉讼。

第二十一条 本解释施行后尚未终审的保险合同纠纷案件，适用本解释；本解释施行前已经终审，当事人申请再审或者按照审判监督程序决定再审的案件，不适用本解释。

最高人民法院
关于适用《中华人民共和国保险法》若干问题的解释（三）

（2015年9月21日最高人民法院审判委员会第1661次会议通过
根据2020年12月23日最高人民法院审判委员会第1823次会议通过的
《最高人民法院关于修改〈最高人民法院关于破产企业国有划拨土地使用权
应否列入破产财产等问题的批复〉等二十九件商事类司法解释的决定》修正）

为正确审理保险合同纠纷案件，切实维护当事人的合法权益，根据《中华人民共和国民法典》《中华人民共和国保险法》《中华人民共和国民事诉讼法》等法律规定，结合审判实践，就保险法中关于保险合同章人身保险部分有关法律适用问题解释如下：

第一条 当事人订立以死亡为给付保险金条件的合同，根据保险法第三十四条的规定，"被保险人同意并认可保险金额"可以采取书面形式、口头形式或者其他形式；可以在合同订立时作出，也可以在合同订立后追认。

有下列情形之一的，应认定为被保险人同意投保人为其订立保险合同并认可保险金额：

（一）被保险人明知他人代其签名同意而未表示异议的；

（二）被保险人同意投保人指定的受益人的；

（三）有证据足以认定被保险人同意投保人为其投保的其他情形。

第二条 被保险人以书面形式通知保险人和投保人撤销其依据保险法第三十四条第一款规定所作出的同意意思表示的，可认定为保险合同解除。

第三条 人民法院审理人身保险合同纠纷案件时，应主动审查投保人订立保险合同时是否具有保险利益，以及以死亡为给付保险金条件的合同是否经过被保险人同意并认可保险金额。

第四条 保险合同订立后，因投保人丧失对被保险人的保险利益，当事人主张保险合同无效的，人民法院不予支持。

第五条 保险合同订立时，被保险人根据保险人的要求在指定医疗服务机构进行体检，当事人主张投保人如实告知义务免除的，人民法院不予支持。

保险人知道被保险人的体检结果，仍以投保人未就相关情况履行如实告知义务为由要求解除合同的，人民法院不予支持。

第六条 未成年人父母之外的其他履行监护职责的人为未成年人订立以死亡为给付保险金条件的合同，当事人主张参照保险法第三十三条第二款、第三十四条第三款的规定认定该合同有效的，人民法院不予支持，但经未成年人父母同意的除外。

第七条 当事人以被保险人、受益人或者他人已经代为支付保险费为由，主张投保人对应的交费义务已经履行的,人民法院应予支持。

第八条 保险合同效力依照保险法第三十六条规定中止,投保人提出恢复效力申请并同意补交保险费,除被保险人的危险程度在中止期间显著增加外,保险人拒绝恢复效力的,人民法院不予支持。

保险人在收到恢复效力申请后,三十日内未明确拒绝的,应认定为同意恢复效力。

保险合同自投保人补交保险费之日恢复效力。保险人要求投保人补交相应利息的,人民法院应予支持。

第九条 投保人指定受益人未经被保险人同意的,人民法院应认定指定行为无效。

当事人对保险合同约定的受益人存在争议,除投保人、被保险人在保险合同之外另有约定外,按以下情形分别处理:

(一)受益人约定为"法定"或者"法定继承人"的,以民法典规定的法定继承人为受益人;

(二)受益人仅约定为身份关系,投保人与被保险人为同一主体的,根据保险事故发生时与被保险人的身份关系确定受益人;投保人与被保险人为不同主体的,根据保险合同成立时与被保险人的身份关系确定受益人;

(三)约定的受益人包括姓名和身份关系,保险事故发生时身份关系发生变化的,认定为未指定受益人。

第十条 投保人或者被保险人变更受益人,当事人主张变更行为自变更意思表示发出时生效的,人民法院应予支持。

投保人或者被保险人变更受益人未通知保险人,保险人主张变更对其不发生效力的,人民法院应予支持。

投保人变更受益人未经被保险人同意的,人民法院应认定变更行为无效。

第十一条 投保人或者被保险人在保险事故发生后变更受益人,变更后的受益人请求保险人给付保险金的,人民法院不予支持。

第十二条 投保人或者被保险人指定数人为受益人,部分受益人在保险事故发生前死亡、放弃受益权或者依法丧失受益权的,该受益人应得的受益份额按照保险合同的约定处理;保险合同没有约定或者约定不明的,该受益人应得的受益份额按照以下情形分别处理:

(一)未约定受益顺序和受益份额的,由其他受益人平均享有;

(二)未约定受益顺序但约定受益份额的,由其他受益人按照相应比例享有;

(三)约定受益顺序但未约定受益份额的,由同顺序的其他受益人平均享有;同一顺序没有其他受益人的,由后一顺序的受益人平均享有;

(四)约定受益顺序和受益份额的,由同顺序的其他受益人按照相应比例享有;同一顺序没有其他受益人的,由后一顺序的受益人按照相应比例享有。

第十三条 保险事故发生后,受益人将与本次保险事故相对应的全部或者部分保险金请求权转让给第三人,当事人主张该转让行为有效的,人民法院应予支持,但根据合同性质、当事人约定或者法律规定不得转让的除外。

第十四条 保险金根据保险法第四十二条规定作为被保险人的遗产,被保险人的继承人要求保险人给付保险金,保险人以其已向持有保险单的被保险人的其他继承人给付保险金为由抗辩的,人民法院应予支持。

第十五条 受益人与被保险人存在继承关系,在同一事件中死亡且不能确定死亡先后顺序的,人民法院应根据保险法第四十二条第二款的规定推定受益人死亡在先,并按照保险法及本解释的相关规定确定保险金归属。

第十六条 保险合同解除时,投保人与被保险人、受益人为不同主体,被保险人或者受益人要求退还保险单的现金价值的,人民法院不予支持,但保险合同另有约定的除外。

投保人故意造成被保险人死亡、伤残或者疾病,保险人依照保险法第四十三条规定退还保险单的现金价值的,其他权利人按照被保险人、被保险人继承人的顺序确定。

第十七条 投保人解除保险合同,当事人以其解除合同未经被保险人或者受益人同意为由主张解除行为无效的,人民法院不予支持,但被保险人或者受益人已向投保人支付相当于保险单现金价值的款项并通知保险人的除外。

第十八条 保险人给付费用补偿型的医疗费用保险金时,主张扣减被保险人从公费医疗或者社会医疗保险取得的赔偿金额的,应当证明该保险产品在厘定医疗费用保险费率时已经将公费医疗或者社会医疗保险部分相应扣除,并按照扣减后的标准收取保险费。

第十九条 保险合同约定按照基本医疗保险的标准核定医疗费用，保险人以被保险人的医疗支出超出基本医疗保险范围为由拒绝给付保险金的，人民法院不予支持；保险人有证据证明被保险人支出的费用超过基本医疗保险同类医疗费用标准，要求对超出部分拒绝给付保险金的，人民法院应予支持。

第二十条 保险人以被保险人未在保险合同约定的医疗服务机构接受治疗为由拒绝给付保险金的，人民法院应予支持，但被保险人因情况紧急必须立即就医的除外。

第二十一条 保险人以被保险人自杀为由拒绝给付保险金的，由保险人承担举证责任。

受益人或者被保险人的继承人以被保险人自杀时无民事行为能力为由抗辩的，由其承担举证责任。

第二十二条 保险法第四十五条规定的"被保险人故意犯罪"的认定，应当以刑事侦查机关、检察机关和审判机关的生效法律文书或者其他结论性意见为依据。

第二十三条 保险人主张根据保险法第四十五条的规定不承担给付保险金责任的，应当证明被保险人的死亡、伤残结果与其实施的故意犯罪或者抗拒依法采取的刑事强制措施的行为之间存在因果关系。

被保险人在羁押、服刑期间因意外或者疾病造成伤残或者死亡，保险人主张根据保险法第四十五条的规定不承担给付保险金责任的，人民法院不予支持。

第二十四条 投保人为被保险人订立以死亡为给付保险金条件的保险合同，被保险人被宣告死亡后，当事人要求保险人按照保险合同约定给付保险金的，人民法院应予支持。

被保险人被宣告死亡之日在保险责任期间之外，但有证据证明下落不明之日在保险责任期间之内，当事人要求保险人按照保险合同约定给付保险金的，人民法院应予支持。

第二十五条 被保险人的损失系由承保事故或者非承保事故、免责事由造成难以确定，当事人请求保险人给付保险金的，人民法院可以按照相应比例予以支持。

第二十六条 本解释自 2015 年 12 月 1 日起施行。本解释施行后尚未终审的保险合同纠纷案件，适用本解释；本解释施行前已经终审，当事人申请再审或者按照审判监督程序决定再审的案件，不适用本解释。

最高人民法院
关于适用《中华人民共和国保险法》若干问题的解释（四）

（2018 年 5 月 14 日最高人民法院审判委员会第 1738 次会议通过
根据 2020 年 12 月 23 日最高人民法院审判委员会第 1823 次会议通过的
《最高人民法院关于修改〈最高人民法院关于破产企业国有划拨土地使用权
应否列入破产财产等问题的批复〉等二十九件商事类司法解释的决定》修正）

为正确审理保险合同纠纷案件，切实维护当事人的合法权益，根据《中华人民共和国民法典》《中华人民共和国保险法》《中华人民共和国民事诉讼法》等法律规定，结合审判实践，就保险法中财产保险合同部分有关法律适用问题解释如下：

第一条 保险标的已交付受让人，但尚未依法办理所有权变更登记，承担保险标的毁损灭失风险的受让人，依照保险法第四十八条、第四十九条的规定主张行使被保险人权利的，人民法院应予支持。

第二条 保险人已向投保人履行了保险法规定的提示和明确说明义务，保险标的受让人以保险标的转让后保险人未向其提示或者明确说明为由，主张免除保险人责任的条款不成为合同内容的，人民法院不予支持。

第三条 被保险人死亡，继承保险标的的当事人主张承继被保险人的权利和义务的，人民法院应予支持。

第四条 人民法院认定保险标的是否构成保险法第四十九条、第五十二条规定的"危险程度显著增加"时，应当综合考虑以下因素：

（一）保险标的的用途的改变；

（二）保险标的的使用范围的改变；

（三）保险标的的所处环境的变化；

（四）保险标的因改装等原因引起的变化；

（五）保险标的的使用人或者管理人的改变；

（六）危险程度增加持续的时间；

（七）其他可能导致危险程度显著增加的因素。

保险标的的危险程度虽然增加，但增加的危险属于保险合同订立时保险人预见或者应当预见的保险合同承保范围的，不构成危险程度显著增加。

第五条 被保险人、受让人依法及时向保险人发出保险标的转让通知后，保险人作出答复前，发生保险事故，被保险人或者受让人主张保险人按照保险合同承担赔偿保险金的责任的，人民法院应予支持。

第六条 保险事故发生后，被保险人依照保险法第五十七条的规定，请求保险人承担为防止或者减少保险标的的损失所支付的必要、合理费用，保险人以被保险人采取的措施未产生实际效果为由抗辩的，人民法院不予支持。

第七条 保险人依照保险法第六十条的规定，主张代位行使被保险人因第三者侵权或者违约等享有的请求赔偿的权利的，人民法院应予支持。

第八条 投保人和被保险人为不同主体，因投保人对保险标的的损害而造成保险事故，保险人依法主张代位行使被保险人对投保人请求赔偿的权利的，人民法院应予支持，但法律另有规定或者保险合同另有约定的除外。

第九条 在保险人以第三者为被告提起的代位求偿权之诉中，第三者以被保险人在保险合同订立前已放弃对其请求赔偿的权利为由进行抗辩，人民法院认定上述放弃行为合法有效，保险人就相应部分主张行使代位求偿权的，人民法院不予支持。

保险合同订立时，保险人就是否存在上述放弃情形提出询问，投保人未如实告知，导致保险人不能代位行使请求赔偿的权利，保险人请求返还相应保险金的，人民法院应予支持，但保险人知道或者应当知道上述情形仍同意承保的除外。

第十条 因第三者对保险标的的损害而造成保险事故，保险人获得代位请求赔偿的权利的情况未通知第三者或者通知到达第三者前，第三者在被保险人已经从保险人处获赔的范围内又向被保险人作出赔偿，保险人主张代位行使被保险人对第三者请求赔偿的权利的，人民法院不予支持。保险人就相应保险金主张被保险人返还的，人民法院应予支持。

保险人获得代位请求赔偿的权利的情况已经通知到第三者，第三者又向被保险人作出赔偿，保险人主张代位行使请求赔偿的权利，第三者以其已经向被保险人赔偿为由抗辩的，人民法院不予支持。

第十一条 被保险人因故意或者重大过失未履行保险法第六十三条规定的义务，致使保险人未能行使或者未能全部行使代位请求赔偿的权利，保险人主张在其损失范围内扣减或者返还相应保险金的，人民法院应予支持。

第十二条 保险人以造成保险事故的第三者为被告提起代位求偿权之诉的，以被保险人与第三者之间的法律关系确定管辖法院。

第十三条 保险人提起代位求偿权之诉时，被保险人已经向第三者提起诉讼的，人民法院可以依法合并审理。

保险人行使代位求偿权时，被保险人已经向第三者提起诉讼，保险人向受理该案的人民法院申请变更当事人，代位行使被保险人对第三者请求赔偿的权利，被保险人同意的，人民法院应予准许；被保险人不同意的，保险人可以作为共同原告参加诉讼。

第十四条 具有下列情形之一的，被保险人可以依照保险法第六十五条第二款的规定请求保险人直接向第三者赔偿保险金：

（一）被保险人对第三者所负的赔偿责任经人民法院生效裁判、仲裁裁决确认；

（二）被保险人对第三者所负的赔偿责任经被保险人与第三者协商一致；

（三）被保险人对第三者应负的赔偿责任能够确定的其他情形。

前款规定的情形下，保险人主张按照保险合同确定保险赔偿责任的，人民法院应予支持。

第十五条 被保险人对第三者应负的赔偿责任确定后，被保险人不履行赔偿责任，且第三者以保险人为被告或者以保险人与被保险人为共同被告提起诉讼时，被保险人尚未向保险人提出直接向第三者赔偿保险金的请求的，可以认定为属于保险法第六十五条第二款规定的"被保险人怠于请求"的情形。

第十六条 责任保险的被保险人因共同侵权依法承担连带责任，保险人以该连带责任超出被保险人应承担的责任份额为由，拒绝赔付保险金的，人民法院不予支持。保险人承担保险责任后，主张就超出被保险人责任份额的部分向其他连带责任人追偿的，人民法院应予支持。

第十七条 责任保险的被保险人对第三者所负的赔偿责任已经生效判决确认并已进入执行程序，但未获得清偿或者未获得全部清偿，第三者依法请求保险人赔偿保险金，保险人以前述生效判决已进入执行程序为由抗辩的，人民法院不予支持。

第十八条 商业责任险的被保险人向保险人请求赔偿保险金的诉讼时效期间，自被保险人对第三者应负的赔偿责任确定之日起计算。

第十九条 责任保险的被保险人与第三者就被保险人的赔偿责任达成和解协议且经保险人认可，被保险人主张保险人在保险合同范围内依据和解协议承担保险责任的，人民法院应予支持。

被保险人与第三者就被保险人的赔偿责任达成和解协议，未经保险人认可，保险人主张对保险责任范围以及赔偿数额重新予以核定的，人民法院应予支持。

第二十条 责任保险的保险人在被保险人向第三者赔偿之前向被保险人赔偿保险金，第三者依照保险法第六十五条第二款的规定行使保险金请求权时，保险人以其已向被保险人赔偿为由拒绝赔偿保险金的，人民法院不予支持。保险人向第三者赔偿后，请求被保险人返还相应保险金的，人民法院应予支持。

第二十一条 本解释自2018年9月1日起施行。

本解释施行后人民法院正在审理的一审、二审案件，适用本解释；本解释施行前已经终审，当事人申请再审或者按照审判监督程序决定再审的案件，不适用本解释。

【指导案例】

指导案例24号

荣某英诉王某、永诚财产保险股份有限公司江阴支公司机动车交通事故责任纠纷案

（最高人民法院审判委员会讨论通过 2014年1月26日发布）

关键词 民事 交通事故 过错责任

裁判要点

交通事故的受害人没有过错，其体质状况对损害后果的影响不属于可以减轻侵权人责任的法定情形。

相关法条

《中华人民共和国侵权责任法》第二十六条

《中华人民共和国道路交通安全法》第七十六条第一款第（二）项

基本案情

原告荣某英诉称：被告王某驾驶轿车与其发生刮擦，致其受伤。该事故经江苏省无锡市公安局交通巡逻警察支队滨湖大队（简称滨湖

交警大队）认定：王某负事故的全部责任，荣某英无责。原告要求下述两被告赔偿医疗费用30006元、住院伙食补助费414元、营养费1620元、残疾赔偿金27658.05元、护理费6000元、交通费800元、精神损害抚慰金10500元，并承担本案诉讼费用及鉴定费用。

被告永诚财产保险股份有限公司江阴支公司（简称永诚保险公司）辩称：对于事故经过及责任认定没有异议，其愿意在交强险限额范围内予以赔偿；对于医疗费用30006元、住院伙食补助费414元没有异议；因鉴定意见结论中载明"损伤参与度评定为75%，其个人体质的因素占25%"，故确定残疾赔偿金应当乘以损伤参与度系数0.75，认可20743.54元；对于营养费认可1350元，护理费认可3300元，交通费认可400元，鉴定费用不予承担。

被告王某辩称：对于事故经过及责任认定没有异议，原告的损失应当由永诚保险公司在交强险限额范围内优先予以赔偿；鉴定费用请求法院依法判决，其余各项费用同意保险公司意见；其已向原告赔偿20000元。

法院经审理查明：2012年2月10日14时45分许，王某驾驶号牌为苏MT1888的轿车，沿江苏省无锡市滨湖区蠡湖大道由北往南行驶至蠡湖大道大通路口人行横道线时，碰擦行人荣某英致其受伤。2月11日，滨湖交警大队作出《道路交通事故认定书》，认定王某负事故的全部责任，荣某英无责。事故发生当天，荣某英即被送往医院治疗，发生医疗费用30006元，王某垫付20000元。荣某英治疗恢复期间，以每月2200元聘请一名家政服务人员。号牌苏MT1888轿车在永诚保险公司投保了机动车交通事故责任强制保险，保险期间为2011年8月17日0时起至2012年8月16日24时止。原、被告一致确认荣某英的医疗费用为30006元、住院伙食补助费为414元、精神损害抚慰金为10500元。

荣某英申请并经无锡市中西医结合医院司法鉴定所鉴定，结论为：1. 荣某英左桡骨远端骨折的伤残等级评定为十级；左下肢损伤的伤残等级评定为九级。损伤参与度评定为75%，其个人体质因素占25%。2. 荣某英的误工期评定为150日，护理期评定为60日，营养期评定为90日。一审法院据此确认残疾赔偿金27658.05元扣减25%为20743.54元。

裁判结果

江苏省无锡市滨湖区人民法院于2013年2月8日作出（2012）锡滨民初字第1138号判决：一、被告永诚保险公司于本判决生效后十日内赔偿荣某英医疗费用、住院伙食补助费、营养费、残疾赔偿金、护理费、交通费、精神损害抚慰金共计45343.54元。二、被告王某于本判决生效后十日内赔偿荣某英医疗费用、住院伙食补助费、营养费、鉴定费共计4040元。三、驳回原告荣某英的其他诉讼请求。宣判后，荣某英向江苏省无锡市中级人民法院提出上诉。无锡市中级人民法院经审理于2013年6月21日以原审适用法律错误为由作出（2013）锡民终字第497号民事判决：一、撤销无锡市滨湖区人民法院（2012）锡滨民初字第1138号民事判决。二、被告永诚保险公司于本判决生效后十日内赔偿荣某英52258.05元。三、被告王某于本判决生效后十日内赔偿荣某英4040元。四、驳回原告荣某英的其他诉讼请求。

裁判理由

法院生效裁判认为：《中华人民共和国侵权责任法》第二十六条规定："被侵权人对损害的发生也有过错的，可以减轻侵权人的责任。"《中华人民共和国道路交通安全法》第七十六条第一款第（二）项规定，机动车与非机动车驾驶人、行人之间发生交通事故，非机动车驾驶人、行人没有过错的，由机动车一方承担赔偿责任；有证据证明非机动车驾驶人、行人有过错的，根据过错程度适当减轻机动车一方的赔偿责任。因此，交通事故中在计算残疾赔偿金是否应当扣减时应当根据受害人对损失的发生或扩大是否存在过错进行分析。本案中，虽然原告荣某英的个人体质状况对损害后果的发生具有一定影响，但这不是侵权责任法等法律规定的过错，荣某英不应因个人体质状况对交通事故导致的伤残存在一定影响而自负相应责任，原审判决以伤残等级鉴定结论中将荣某英个人体质状况"损伤参与度评定为75%"为由，在计算残疾赔偿金时作相应扣减属适用法律错误，应予纠正。

从交通事故受害人发生损伤及造成损害后果的因果关系看，本起交通事故的引发系肇事者王某驾驶机动车穿越人行横道线时，未尽到安全注意义务碰擦行人荣某英所致；本起交通事故造成的损害后果系受害人荣某英被机动车碰撞、跌倒发生骨折所致,事故责任认定荣某英对本起事故不负责任,其对事故的发生及损害后果的造成均无过错。虽然荣某英年事已高,但其年老骨质疏松仅是事故造成后果的客观因素,并无法律上的因果关系。因此,受害人荣某英对于损害的发生或者扩大没有过错,不存在减轻或者免除加害人赔偿责任的法定情形。同时,机动车应当遵守文明行车、礼让行人的一般交通规则和社会公德。本案所涉事故发生在人行横道线上,正常行走的荣某英对将被机动车碰撞这一事件无法预见,而王某驾驶机动车在路经人行横道线时未依法减速慢行、避让行人,导致事故发生。因此,依法应当由机动车一方承担事故引发的全部赔偿责任。

根据我国道路交通安全法的相关规定,机动车发生交通事故造成人身伤亡、财产损失的,由保险公司在机动车第三者责任强制保险责任限额范围内予以赔偿。而我国交强险立法并未规定在确定交强险责任时应依据受害人体质状况对损害后果的影响作相应扣减,保险公司的免责事由也仅限于受害人故意造成交通事故的情形,即便是投保机动车无责,保险公司也应在交强险无责限额内予以赔偿。因此,对于受害人符合法律规定的赔偿项目和标准的损失,均属交强险的赔偿范围,参照"损伤参与度"确定损害赔偿责任和交强险责任均没有法律依据。

指导案例 25 号

华泰财产保险有限公司北京分公司诉李某贵、天安财产保险股份有限公司河北省分公司张家口支公司保险人代位求偿权纠纷案

(最高人民法院审判委员会讨论通过 2014 年 1 月 26 日发布)

关键词 民事诉讼 保险人代位求偿 管辖

裁判要点

因第三者对保险标的的损害造成保险事故,保险人向被保险人赔偿保险金后,代位行使被保险人对第三者请求赔偿的权利而提起诉讼的,应当根据保险人所代位的被保险人与第三者之间的法律关系,而不应当根据保险合同法律关系确定管辖法院。第三者侵害被保险人合法权益的,由侵权行为地或者被告住所地法院管辖。

相关法条

《中华人民共和国民事诉讼法》第二十八条

《中华人民共和国保险法》第六十条第一款

基本案情

2011 年 6 月 1 日,华泰财产保险有限公司北京分公司(简称华泰保险公司)与北京亚大锦都餐饮管理有限公司(简称亚大锦都餐饮公司)签订机动车辆保险合同,被保险车辆的车牌号为京 A82368,保险期间自 2011 年 6 月 5 日 0 时起至 2012 年 6 月 4 日 24 时止。2011 年 11 月 18 日,陈某某驾驶被保险车辆行驶至北京市朝阳区机场高速公路上时,与李某贵驾驶的车牌号为冀 GA9120 的车辆发生交通事故,造成被保险车辆受损。经交管部门认定,李某贵负事故全部责任。事故发生后,华泰保险公司依照保险合同的约定,向被保险人亚大锦都餐饮公司赔偿保险金 83878 元,并依法取得代位求偿权。基于肇事车辆系在天安财产保险股份有限公司河北省分公司张家口支公司(简称天安保险公司)投保了机动车交通事故责任强制保险,华泰保险公司于 2012 年 10 月诉至北京市东城区人民法院,请求判令被告肇事司机李某贵和天安保险公司赔偿 83878 元,并承担诉讼费用。

被告李某贵的住所地为河北省张家口市怀来县沙城镇,被告天安保险公司的住所地为张家口市怀来县沙城镇燕京路东 108 号,保险事

故发生地为北京市朝阳区机场高速公路上,被保险车辆行驶证记载所有人的住址为北京市东城区工体北路新中西街8号。

裁判结果

北京市东城区人民法院于2012年12月17日作出(2012)东民初字第13663号民事裁定:对华泰保险公司的起诉不予受理。宣判后,当事人未上诉,裁定已发生法律效力。

裁判理由

法院生效裁判认为:根据《中华人民共和国保险法》第六十条的规定,保险人的代位求偿权是指保险人依法享有的,代位行使被保险人向造成保险标的的损害负有赔偿责任的第三者请求赔偿的权利。保险人代位求偿权源于法律的直接规定,属于保险人的法定权利,并非基于保险合同而产生的约定权利。因第三者对保险标的的损害造成保险事故,保险人向被保险人赔偿保险金后,代位行使被保险人对第三者请求赔偿的权利而提起诉讼的,应根据保险人所代位的被保险人与第三者之间的法律关系确定管辖法院。第三者侵害被保险人合法权益,因侵权行为提起的诉讼,依据《中华人民共和国民事诉讼法》第二十八条的规定,由侵权行为地或者被告住所地法院管辖,而不适用财产保险合同纠纷管辖的规定,不应以保险标的物所在地作为管辖依据。本案中,第三者实施了道路交通侵权行为,造成保险事故,被保险人对第三者有侵权损害赔偿请求权;保险人行使代位权起诉第三者的,应当由侵权行为地或者被告住所地法院管辖。现二被告的住所地及侵权行为地均不在北京市东城区,故北京市东城区人民法院对该起诉没有管辖权,应裁定不予受理。

指导案例 52 号

海南丰海粮油工业有限公司诉中国人民财产保险股份有限公司海南省分公司海上货物运输保险合同纠纷案

(最高人民法院审判委员会讨论通过 2015年4月15日发布)

关键词 民事 海事 海上货物运输保险合同 一切险 外来原因

裁判要点

海上货物运输保险合同中的"一切险",除包括平安险和水渍险的各项责任外,还包括被保险货物在运输途中由于外来原因所致的全部或部分损失。在被保险人不存在故意或者过失的情况下,由于相关保险合同中除外责任条款所列明情形之外的其他原因,造成被保险货物损失的,可以认定属于导致被保险货物损失的"外来原因",保险人应当承担运输途中由该外来原因所致的一切损失。

相关法条

《中华人民共和国保险法》第三十条

基本案情

1995年11月28日,海南丰海粮油工业有限公司(以下简称丰海公司)在中国人民财产保险股份有限公司海南省分公司(以下简称海南人保)投保了由印度尼西亚籍"哈卡"轮(HAGAAG)所运载的自印度尼西亚杜迈港至中国洋浦港的4999.85吨桶装棕榈油,投保险别为一切险,货价为3574892.75美元,保险金额为3951258美元,保险费为18966美元。投保后,丰海公司依约向海南人保支付了保险费,海南人保向丰海公司发出了起运通知,签发了海洋货物运输保险单,并将海洋货物运输保险条款附于保单之后。根据保险条款规定,一切险的承保范围除包括平安险和水渍险的各项责任外,海南人保还"负责被保险货物在运输途中由于外来原因所致的全部或部分损失"。该条款还规定了5项除外责任。上述投保货物是由丰海公司以CNF价格向新加坡丰益私人有限公司(以下简称丰益公司)购买的。根据买卖合同约定,发货人丰益公司与船东代理梁国际代理有限公司(以下简称梁国际)签订一份租约。该租约约定由"哈卡"

轮将丰海公司投保的货物5000吨棕榈油运至中国洋浦港，将另1000吨棕榈油运往香港。

1995年11月29日，"哈卡"轮的期租船人、该批货物的实际承运人印度尼西亚PT. SAMUDERA INDRA公司（以下简称PSI公司）签发了编号为DM/YPU/1490/95的已装船提单。该提单载明船舶为"哈卡"轮，装货港为印度尼西亚杜迈港，卸货港为中国洋浦港，货物唛头为BATCH NO. 80211/95，装货数量为4999.85吨，清洁、运费已付。据查，发货人丰益公司将运费支付给梁国际，梁国际已将运费支付给PSI公司。1995年12月14日，丰海公司向其开证银行付款赎单，取得了上述投保货物的全套（3份）正本提单。1995年11月23日至29日，"哈卡"轮在杜迈港装载31623桶、净重5999.82吨四海牌棕榈油起航后，由于"哈卡"轮船东印度尼西亚PT. PERUSAHAAN PELAYARAN BAHTERA BINTANG SELATAN公司（以下简称BBS公司）与该轮的期租船人PSI公司之间因船舶租金发生纠纷，"哈卡"轮中止了提单约定的航程并对外封锁了该轮的动态情况。

为避免投保货物的损失，丰益公司、丰海公司、海南人保多次派代表参加"哈卡"轮船东与期租船人之间的协商，但由于船东以未收到租金为由不肯透露"哈卡"轮行踪，多方会谈未果。此后，丰益公司、丰海公司通过多种渠道交涉并多方查找"哈卡"轮行踪，海南人保亦通过其驻外机构协助查找"哈卡"轮。直至1996年4月，"哈卡"轮走私至中国汕尾被我海警查获。根据广州市人民检察院穗检刑免字（1996）64号《免予起诉决定书》的认定，1996年1月至3月，"哈卡"轮船长埃里斯·伦巴克根据BBS公司指令，指挥船员将其中11325桶、2100多吨棕榈油转载到属同一船公司的"依瓦那"和"萨拉哈"货轮上运走销售，又让船员将船名"哈卡"轮涂改为"伊莉莎2"号（ELIZA Ⅱ）。1996年4月，更改为"伊莉莎2"号的货船载剩余货物20298桶棕榈油走私至中国汕尾，4月16日被我海警查获。上述20298桶棕榈油已被广东省检察机关作为走私货物没收上缴国库。1996年6月6日丰海公司向海南人保递交索赔报告书，8月20日丰海公司再次向海南人保提出书面索赔申请，海南人保明确表示拒赔。丰海公司遂诉至海口海事法院。

丰海公司是海南丰源贸易发展有限公司和新加坡海源国际有限公司于1995年8月14日开办的中外合资经营企业。该公司成立后，就与海南人保建立了业务关系。1995年10月1日至同年11月28日（本案保险单签发前）就发生了4笔进口棕榈油保险业务，其中3笔投保的险别为一切险，另1笔为"一切险附加战争险"。该4笔保险均发生索赔，其中有因为一切险范围内的货物短少、破漏发生的赔付。

裁判结果

海口海事法院于1996年12月25日作出（1996）海商初字第096号民事判决：一、海南人保应赔偿丰海公司保险价值损失3593858.75美元；二、驳回丰海公司的其他诉讼请求。宣判后，海南人保提出上诉。海南省高级人民法院于1997年10月27日作出（1997）琼经终字第44号民事判决：撤销一审判决，驳回丰海公司的诉讼请求。丰海公司向最高人民法院申请再审。最高人民法院于2003年8月11日以（2003）民四监字第35号民事裁定，决定对本案进行提审，并于2004年7月13日作出（2003）民四提字第5号民事判决：一、撤销海南省高级人民法院（1997）琼经终字第44号民事判决；二、维持海口海事法院（1996）海商初字第096号民事判决。

裁判理由

最高人民法院认为：本案为国际海上货物运输保险合同纠纷，被保险人、保险货物的目的港等均在中华人民共和国境内，原审以中华人民共和国法律作为解决本案纠纷的准据法正确，双方当事人亦无异议。

丰海公司与海南人保之间订立的保险合同合法有效，双方的权利义务应受保险单及所附保险条款的约束。本案保险标的已经发生实际全损，对此发货人丰益公司没有过错，亦无证据证明被保险人丰海公司存在故意或过失。保险标的的损失是由于"哈卡"轮船东BBS公司与期租船人之间的租金纠纷，将船载货物运走销售和走私行为造成的。本案争议的焦点在于如何理解涉案保险条款中一切险的责任范围。

二审审理中，海南省高级人民法院认为，根据保险单所附的保险条款和保险行业惯例，一切险的责任范围包括平安险、水渍险和普通附加险（即偷窃提货不着险、淡水雨淋险、短量险、沾污险、渗漏险、碰损破碎险、串味险、受潮受热险、钩损险、包装破损险和锈损险），中国人民银行《关于〈海洋运输货物保险"一切险"条款解释的请示〉的复函》亦作了相同的明确规定。可见，丰海公司投保货物的损失不属于一切险的责任范围。此外，鉴于海南人保与丰海公司有长期的保险业务关系，在本案纠纷发生前，双方曾多次签订保险合同，并且海南人保还作过一切险范围内的赔付，所以丰海公司对本案保险合同的主要内容、免责条款及一切险的责任范围应该是清楚的，故认定一审判决适用法律错误。

根据涉案"海洋运输货物保险条款"的规定，一切险除了包括平安险、水渍险的各项责任外，还负责被保险货物在运输过程中由于各种外来原因所造成的损失。同时保险条款中还明确列明了五种除外责任，即：①被保险人的故意行为或过失所造成的损失；②属于发货人责任所引起的损失；③在保险责任开始前，被保险货物已存在的品质不良或数量短差所造成的损失；④被保险货物的自然损耗、本质缺陷、特性以及市价跌落、运输迟延所引起的损失；⑤本公司海洋运输货物战争险条款和货物运输罢工险条款规定的责任范围和除外责任。从上述保险条款的规定看，海洋运输货物保险条款中的一切险条款具有如下特点：

1. 一切险并非列明风险，而是非列明风险。在海洋运输货物保险条款中，平安险、水渍险为列明的风险，而一切险则为平安险、水渍险再加上未列明的运输途中由于外来原因造成的保险标的的损失。

2. 保险标的的损失必须是外来原因造成的。被保险人在向保险人要求保险赔偿时，必须证明保险标的损失是因为运输途中外来原因引起的。外来原因可以是自然原因，亦可以是人为的意外事故。但是一切险承保的风险具有不确定性，要求是不能确定的、意外的、无法列举的承保风险。对于那些预期的、确定的、正常的危险，则不属于外来原因的责任范围。

3. 外来原因应当限于运输途中发生的，排除了运输发生以前和运输结束后发生的事故。只要被保险人证明损失并非因其自身原因，而是由于运输途中的意外事故造成的，保险人就应当承担保险赔偿责任。

根据保险法的规定，保险合同中规定有关于保险人责任免除条款的，保险人在订立合同时应当向投保人明确说明，未明确说明的，该条款仍然不能产生效力。据此，保险条款中列明的除外责任虽然不在保险人赔偿之列，但是应当以签订保险合同时，保险人已将除外责任条款明确告知被保险人为前提。否则，该除外责任条款不能约束被保险人。

关于中国人民银行的复函意见。在保监委成立之前，中国人民银行系保险行业的行政主管机关。1997年5月1日，中国人民银行致中国人民保险公司《关于〈海洋运输货物保险"一切险"条款解释的请示〉的复函》中，认为一切险承保的范围是平安险、水渍险及被保险货物在运输途中由于外来原因所致的全部或部分损失。并且进一步提出：外来原因仅指偷窃、提货不着、淡水雨淋等。1998年11月27日，中国人民银行在对《中保财产保险有限公司关于海洋运输货物保险条款解释》的复函中，再次明确一切险的责任范围包括平安险、水渍险及被保险货物在运输途中由于外来原因所致的全部或部分损失。其中外来原因所致的全部或部分损失是指11种一般附加险。鉴于中国人民银行的上述复函不是法律法规，亦不属于行政规章。根据《中华人民共和国立法法》的规定，国务院各部、委员会、中国人民银行、国家审计署以及具有行政管理职能的直属机构，可以根据法律和国务院的行政法规、决定、命令，在本部门的权限范围内，制定规章；部门规章规定的事项应当属于执行法律或者国务院的行政法规、决定、命令的事项。因此，保险条款亦不在职能部门有权制定的规章范围之内，故中国人民银行对保险条款的解释不能作为约束被保险人的依据。另外，中国人民银行关于一切险的复函属于对保险合同条款的解释。而对于平等主体之间签订的保险合同，依法只有人民法院和仲裁机构才有权作出约束当事人的解释。为此，上述复函不能约束被保险人。要使该复函所做解释成为约束被保险人的合同条款，只能是将其作为保险合同的内容附在保险单中。之所以产生中国人民保险公司向主管机关请示一切险的责任范围，主管机关对此作出答复，恰恰说明对于一切险的理解存在争议。而依据保险法第三十一条的规定,对于保险合同的条款,保险人与投保人、被保险人或者受益人有争议时,人民法院或者仲裁机关应当作有利于被保险人和受益人的解释。作为行业主管机关作出对本行业有利的解释,不能适用于非本行业的合同当事人。

综上,应认定本案保险事故属一切险的责任范围。二审法院认为丰海公司投保货物的损失不属一切险的责任范围错误,应予纠正。丰海公司的再审申请理由依据充分,应予支持。

指导案例 74 号

中国平安财产保险股份有限公司江苏分公司诉江苏镇江安装集团有限公司保险人代位求偿权纠纷案

(最高人民法院审判委员会讨论通过 2016 年 12 月 28 日发布)

关键词 民事 保险代位求偿权 财产保险合同 第三者对保险标的的损害 违约行为

裁判要点

因第三者的违约行为给被保险人的保险标的造成损害的,可以认定为属于《中华人民共和国保险法》第六十条第一款规定的"第三者对保险标的的损害"的情形。保险人由此依法向第三者行使代位求偿权的,人民法院应予支持。

相关法条

《中华人民共和国保险法》第六十条第一款

基本案情

2008 年 10 月 28 日,被保险人华东联合制罐有限公司(以下简称华东制罐公司)、华东联合制罐第二有限公司(以下简称华东制罐第二公司)与被告江苏镇江安装集团有限公司(以下简称镇江安装公司)签订《建设工程施工合同》,约定由镇江安装公司负责被保险人整厂机器设备迁建安装等工作。《建设工程施工合同》第二部分"通用条款"第 38 条约定:"承包人按专用条款的约定分包所承包的部分工程,并与分包单位签订分包合同,未经发包人同意,承包人不得将承包工程的任何部分分包";"工程分包不能解除承包人任何责任与义务。承包人应在分包场地派驻相应管理人员,保证本合同的履行。分包单位的任何违约行为或疏忽导致工程损害或给发包人造成其他损失,承包人承担连带责任"。《建设工程施工合同》第三部分"专用条款"第 14 条第(1)项约定"承包人不得将本工程进行分包施工"。"通用条款"第 40 条约定:"工程开工前,发包人为建设工程和施工场地内的自有人员及第三人人员生命财产办理保险,支付保险费用";"运至施工场地内用于工程的材料和待安装设备,由发包人办理保险,并支付保险费用";"发包人可以将有关保险事项委托承包人办理,费用由发包人承担";"承包人必须为从事危险作业的职工办理意外伤害保险,并为施工场地内自有人员生命财产和施工机械设备办理保险,支付保险费用"。

2008 年 11 月 16 日,镇江安装公司与镇江亚民大件起重有限公司(以下简称亚民运输公司)签订《工程分包合同》,将前述合同中的设备吊装、运输分包给亚民运输公司。2008 年 11 月 20 日,就上述整厂迁建设备安装工程,华东制罐公司、华东制罐第二公司向中国平安财产保险股份有限公司江苏分公司(以下简称平安财险公司)投保了安装工程一切险。投保单中记载被保险人为华东制罐公司及华东制罐第二公司,并明确记载承包人镇江安装公司不是被保险人。投保单"物质损失投保项目和投保金额"栏载明"安装项目投保金额为 177465335.56 元"。附加险中,还投保有"内陆运输扩展条款 A",约定每次事故财产损失赔偿限额为 200 万元。投保期限从 2008 年 11 月 20 日起至 2009 年 7 月 31 日止。投保单附有被安装机器设备的清单,其中包括:SEQUA 彩印机 2 台,合计原值为 29894340.88 元。投保单所附保险条款中,对"内陆运输扩展条款

A"作如下说明:经双方同意,鉴于被保险人已按约定交付了附加的保险费,保险公司负责赔偿被保险人的保险财产在中华人民共和国境内供货地点到保险单中列明的工地,除水运和空运以外的内陆运输途中因自然灾害或意外事故引起的损失,但被保险财产在运输时必须有合格的包装及装载。

2008年12月19日10时30分许,亚民运输公司驾驶员姜玉才驾驶苏L06069、苏L003挂重型半挂车,从旧厂区承运彩印机至新厂区的途中,在转弯时车上钢丝绳断裂,造成彩印机侧翻滑落地面损坏。平安财险公司接险后,对受损标的确定了清单。经镇江市公安局交通巡逻警察支队现场查勘,认定姜玉才负事故全部责任。后华东制罐公司、华东制罐第二公司、平安财险公司、镇江安装公司及亚民运输公司共同委托泛华保险公估有限公司(以下简称泛华公估公司)对出险事故损失进行公估,并均同意认可泛华公估公司的最终理算结果。2010年3月9日,泛华公估公司出具了公估报告,结论:出险原因系设备运输途中翻落(意外事故);保单责任成立;定损金额总损1518431.32元、净损1498431.32元;理算金额1498431.32元。泛华公估公司收取了平安财险公司支付的47900元公估费用。

2009年12月2日,华东制罐公司及华东制罐第二公司向镇江安装公司发出《索赔函》,称"该事故导致的全部损失应由贵司与亚民运输公司共同承担。我方已经向投保的中国平安财产保险股份有限公司镇江中心支公司报案。一旦损失金额确定,投保公司核实并先行赔付后,对赔付限额内的权益,将由我方让渡给投保公司行使。对赔付不足部分,我方将另行向贵司与亚民运输公司主张"。

2010年5月12日,华东制罐公司、华东制罐第二公司向平安财险公司出具赔款收据及权益转让书,载明:已收到平安财险公司赔付的1498431.32元。同意将上述赔款部分保险标的的一切权益转让给平安财险公司,同意平安财险公司以平安财险公司的名义向责任方追偿。后平安财险公司诉至法院,请求判令镇江安装公司支付赔偿款和公估费。

裁判结果

江苏省镇江市京口区人民法院于2011年2月16日作出(2010)京商初字第1822号民事判决:一、江苏镇江安装集团有限公司于判决生效后10日内给付中国平安财产保险股份有限公司江苏分公司1498431.32元;二、驳回中国平安财产保险股份有限公司江苏分公司关于给付47900元公估费的诉讼请求。一审宣判后,江苏镇江安装集团有限公司向江苏省镇江市中级人民法院提起上诉。江苏省镇江市中级人民法院于2011年4月12日作出(2011)镇商终字第0133号民事判决:一、撤销镇江市京口区人民法院(2010)京商初字第1822号民事判决;二、驳回中国平安财产保险股份有限公司江苏分公司对江苏镇江安装集团有限公司的诉讼请求。二审宣判后,中国平安财产保险股份有限公司江苏分公司向江苏省高级人民法院申请再审。江苏省高级人民法院于2014年5月30日作出(2012)苏商再提字第0035号民事判决:一、撤销江苏省镇江市中级人民法院(2011)镇商终字第0133号民事判决;二、维持镇江市京口区人民法院(2010)京商初字第1822号民事判决。

裁判理由

法院生效裁判认为,本案的焦点问题是:1.保险代位求偿权的适用范围是否限于侵权损害赔偿请求权;2.镇江安装公司能否以华东制罐公司、华东制罐第二公司已购买相关财产损失险为由,拒绝保险人对其行使保险代位求偿权。

关于第一个争议焦点。《中华人民共和国保险法》(以下简称《保险法》)第六十条第一款规定:"因第三者对保险标的的损害而造成保险事故的,保险人自向被保险人赔偿保险金之日起,在赔偿金额范围内代位行使被保险人对第三者请求赔偿的权利。"该款使用的是"因第三者对保险标的的损害而造成保险事故"的表述,并未限制规定为"因第三者对保险标的的侵权损害而造成保险事故"。将保险代位求偿权的权利范围理解为限于侵权损害赔偿请求权,没有法律依据。从立法目的看,规定保险代位求偿权制度,在于避免财产保险的被保险人因保险事故的发生,分别从保险人及第三者获得赔偿,取得超出实际损失的不当利益,并因此增加道德风险。将《保险法》第六十条第一款中的"损害"理解为仅指"侵权损害",不符合保险代位求偿权制度设立的目的。故保险人行使代位求偿权,应以被保险人对第三者享有损害赔偿请求权为前提，这里的赔偿请求权既可因第三者对保险标的实施的侵权行为而产生，亦可基于第三者的违约行为等产生，不应仅限于侵权赔偿请求权。本案平安财险公司是基于镇江安装公司的违约行为而非侵权行为行使代位求偿权，镇江安装公司对保险事故的发生是否有过错，对案件的处理并无影响。并且，《建设工程施工合同》约定"承包人不得将本工程进行分包施工"。因此，镇江安装公司关于其对保险事故的发生没有过错因而不应承担责任的答辩意见，不能成立。平安财险公司向镇江安装公司主张权利，主体适格，并无不当。

关于第二个争议焦点。镇江安装公司提出，在发包人与其签订的《建设工程施工合同》通用条款第40条中约定，待安装设备由发包人办理保险，并支付保险费用。从该约定可以看出，就工厂搬迁及设备的拆解安装事项，发包人与镇江安装公司共同商定办理保险，虽然保险费用由发包人承担，但该约定在双方的合同条款中体现，即该费用系双方承担，或者说，镇江安装公司在总承包费用中已经就保险费用作出了让步。由发包人向平安财险公司投保的业务，承包人也应当是被保险人。关于镇江安装公司的上述抗辩意见，《保险法》第十二条第二款、第六款分别规定："财产保险的被保险人在保险事故发生时，对保险标的应当具有保险利益"；"保险利益是指投保人或者被保险人对保险标的具有的法律上承认的利益"。据此，不同主体对于同一保险标的可以具有不同的保险利益，可就同一保险标的的投保与其保险利益相对应的保险险种，成立不同的保险合同，并在各自的保险利益范围内获得保险保障，从而实现利用保险制度分散各自风险的目的。因发包人和承包人对保险标的具有不同的保险利益，只有分别投保与其保险利益相对应的财产保险类别，才能获得相应的保险保障，二者不能相互替代。

发包人华东制罐公司和华东制罐第二公司作为保险标的的所有权人，其投保的安装工程一切险是基于对保险标的享有的所有权保险利益而投保的险种，旨在分散保险标的的损坏或灭失风险，性质上属于财产损失保险；附加险中投保的"内陆运输扩展条款A"约定"保险公司负责赔偿被保险人的保险财产在中华人民共和国境内供货地点到保险单中列明的工地，除水运和空运以外的内陆运输途中因自然灾害或意外事故引起的损失"，该项附加险在性质上亦属财产损失保险。镇江安装公司并非案涉保险标的的所有权人，不享有所有权保险利益，其作为承包人对案涉保险标的的享有责任保险利益，欲将施工过程中可能产生的损害赔偿责任转由保险人承担，应当投保相关责任保险，而不能借由发包人投保的财产损失保险免除自己应负的赔偿责任。其次，发包人不认可承包人的被保险人地位，案涉《安装工程一切险投保单》中记载的被保险人为华东制罐公司及华东制罐第二公司，并明确记载承包人镇江安装公司不是被保险人。因此，镇江安装公司关于"由发包人向平安财险公司投保的业务，承包人也应当是被保险人"的答辩意见，不能成立。《建设工程施工合同》明确约定"运至施工场地内用于工程的材料和待安装设备，由发包人办理保险，并支付保险费用"及"工程分包不能解除承包人任何责任与义务，分包单位的任何违约行为或疏忽导致工程损害或给发包人造成其他损失，承包人承担连带责任"。由此可见，发包人从未作出在保险赔偿范围内免除承包人赔偿责任的意思表示，双方并未约定在保险赔偿范围内免除承包人的赔偿责任。再次，在保险事故发生后，被保险人积极向承包人索赔并向平安财险公司出具了权益转让书。根据以上情况，镇江安装公司以其对保险标的也具有保险利益，且保险标的所有权人华东制罐公司和华东制罐第二公司已投保财产损失保险为由，主张免除其依建设工程施工合同应对两制罐公司承担的违约损害赔偿责任，并进而拒绝平安财险公司行使代位求偿权，没有法律依据，不予支持。

综上理由作出如上判决。

【典型案例】

王某诉某人寿保险股份有限公司人身保险合同纠纷案
——保险合同代签名的法律后果

《最高人民法院公布三起保险合同纠纷典型案例》第 1 号
2013 年 6 月 7 日

【要点提示】

投保人在订立保险合同时应当亲自签章。保险业务员代为签字，但投保人已经交纳保险费的，视为其对代签字行为的追认。

《最高人民法院关于适用〈中华人民共和国保险法〉若干问题的解释（二）》涉及条款：第三条第一款 投保人或者投保人的代理人订立保险合同时没有亲自签字或者盖章，而由保险人或者保险人的代理人代为签字或者盖章的，对投保人不生效。但投保人已经交纳保险费的，视为其对代签字或者盖章行为的追认。

【简要案情】

保险公司的业务员张某与投保人王某是同学关系。在张某向王某推销保险产品时，王某在外地出差，于是王某让张某到自己家中找自己的妻子收取保险费。张某遂到王某家中找到王某的妻子取得了保险费，并代替王某在投保书上签字。投保书所记载的投保人与被保险人均为王某，投保的险种为重大疾病保险，保险期限为终生，交纳保险费期限为 20 年，每年应交纳保险费金额为 2000 元。王某出差回到北京以后，张某将保险合同及保险费发票交给了王某。此后，王某每年正常交纳保险费，累计交费 12000 元。直到 2006 年，王某、张某关系恶化，王某遂起诉保险公司，以投保书不是自己亲笔签字为由要求退还全部保险费。

【法院判决】

法院认为：王某在张某代其签署投保书后，取得了张某转交的保险合同文本及保险费发票，应视为其对张某所实施的代签约行为已经明知。在此后长达五年的时间里，王某按照保险合同的约定及时足额交纳各年度保险费的行为，即属于以积极参与合同履行的方式表达了其对于张某代其签约行为的追认。据此，法院认定王某追认了张某代其订立保险合同的行为，判决驳回王某的诉讼请求。

田某、冉某诉某保险公司人身保险合同纠纷案
——保险合同解除与保险人拒赔

《最高人民法院公布三起保险合同纠纷典型案例》第 2 号
2013 年 6 月 7 日

【要点提示】

保险人未在法定期间内解除合同，丧失保险合同解除权。保险人以投保人违反如实告知义务为由拒绝赔偿的，人民法院不予支持。

《最高人民法院关于适用〈中华人民共和国保险法〉若干问题的解释（二）》涉及条款：第八条 保险人未行使合同解除权，直接以存在保险法第十六条第四款、第五款规定的

情形为由拒绝赔偿的,人民法院不予支持。但当事人就拒绝赔偿事宜及保险合同存续另行达成一致的情况除外。

【简要案情】

小田系田某、冉某之子。2007年6月21日,田某与某保险公司签订保险合同,合同约定:投保人为田某,被保险人为小田,保险受益人为田某、冉某,投保险种为终身保险,保险期间为终身,保险金额为2万元,如被保险人身故,保险公司将按基本保额的三倍给付身故保险金。合同签订后,田某按前述保险合同约定按期向保险公司交纳了2007年至2009年的保险费共计4500元。2009年11月23日,被保险人小田因患肺结核死亡。田某认为属于保险责任事故,向保险公司提出理赔申请。保险公司于2009年12月25日向田某出具《拒绝给付保险金通知书》,该通知书载明的主要内容为"……经调查核实我公司发现投保前已患疾病,根据相关法律规定和保险合同条款,……本次事故我公司不承担保险责任。……该合同效力终止,……退还保单现金价值2116.74元……"田某、冉某遂诉至该院,要求保险公司共同赔付保险金60000元。另查明,小田于2001年和2008年接受过肺结核诊治。2007年6月19日,田某在申请投保时,在填写个人保险投保单告知事项第7条C项:"被保险人是否曾患有或接受治疗过哮喘、肺结核、肺气肿……疾病"时,投保人田某及被保险人小田均填写为"否"。

【法院判决】

法院认为:田某在投保时就被保险人小田曾患"肺结核"的事实未向保险公司尽到如实告知义务,保险公司有权解除合同。根据在案事实,保险公司于2009年12月25日作出《拒绝给付保险金通知》,该载明的内容可以确认,从2009年12月25日起保险公司就应当知道有解除事由,但保险公司在知道有解除事由之日起30日内未行使该解除权,其解除权已消灭。本案所涉保险合同未被解除的情况下,对双方仍具有约束力,保险公司应当按照本案所涉保险合同的约定承担给付田某等人保险金的责任。判决撤销原审民事判决,保险公司承担保险责任。

九、信　托

中华人民共和国信托法

(2001年4月28日第九届全国人民代表大会常务委员会第二十一次会议通过　2001年4月28日中华人民共和国主席令第五十号公布　自2001年10月1日起施行)

目　录

第一章　总　则
第二章　信托的设立
第三章　信托财产
第四章　信托当事人
　第一节　委托人
　第二节　受托人
　第三节　受益人
第五章　信托的变更与终止
第六章　公益信托
第七章　附　则

第一章　总　则

第一条　为了调整信托关系，规范信托行为，保护信托当事人的合法权益，促进信托事业的健康发展，制定本法。

第二条　本法所称信托，是指委托人基于对受托人的信任，将其财产权委托给受托人，由受托人按委托人的意愿以自己的名义，为受益人的利益或者特定目的，进行管理或者处分的行为。

第三条　委托人、受托人、受益人（以下统称信托当事人）在中华人民共和国境内进行民事、营业、公益信托活动，适用本法。

第四条　受托人采取信托机构形式从事信托活动，其组织和管理由国务院制定具体办法。

第五条　信托当事人进行信托活动，必须遵守法律、行政法规，遵循自愿、公平和诚实信用原则，不得损害国家利益和社会公共利益。

第二章　信托的设立

第六条　设立信托，必须有合法的信托目的。

第七条　设立信托，必须有确定的信托财产，并且该信托财产必须是委托人合法所有的财产。

本法所称财产包括合法的财产权利。

第八条　设立信托，应当采取书面形式。

书面形式包括信托合同、遗嘱或者法律、行政法规规定的其他书面文件等。

采取信托合同形式设立信托的，信托合同签订时，信托成立。采取其他书面形式设立信托的，受托人承诺信托时，信托成立。

第九条　设立信托，其书面文件应当载明下列事项：

（一）信托目的；

（二）委托人、受托人的姓名或者名称、住所；

（三）受益人或者受益人范围；

（四）信托财产的范围、种类及状况；

（五）受益人取得信托利益的形式、

方法。

除前款所列事项外，可以载明信托期限、信托财产的管理方法、受托人的报酬、新受托人的选任方式、信托终止事由等事项。

第十条 设立信托，对于信托财产，有关法律、行政法规规定应当办理登记手续的，应当依法办理信托登记。

未依照前款规定办理信托登记的，应当补办登记手续；不补办的，该信托不产生效力。

第十一条 有下列情形之一的，信托无效：

（一）信托目的违反法律、行政法规或者损害社会公共利益；

（二）信托财产不能确定；

（三）委托人以非法财产或者本法规定不得设立信托的财产设立信托；

（四）专以诉讼或者讨债为目的设立信托；

（五）受益人或者受益人范围不能确定；

（六）法律、行政法规规定的其他情形。

第十二条 委托人设立信托损害其债权人利益的，债权人有权申请人民法院撤销该信托。

人民法院依照前款规定撤销信托的，不影响善意受益人已经取得的信托利益。

本条第一款规定的申请权，自债权人知道或者应当知道撤销原因之日起一年内不行使的，归于消灭。

第十三条 设立遗嘱信托，应当遵守继承法关于遗嘱的规定。

遗嘱指定的人拒绝或者无能力担任受托人的，由受益人另行选任受托人；受益人为无民事行为能力人或者限制民事行为能力人的，依法由其监护人代行选任。遗嘱对选任受托人另有规定的，从其规定。

第三章 信托财产

第十四条 受托人因承诺信托而取得的财产是信托财产。

受托人因信托财产的管理运用、处分或者其他情形而取得的财产，也归入信托财产。

法律、行政法规禁止流通的财产，不得作为信托财产。

法律、行政法规限制流通的财产，依法经有关主管部门批准后，可以作为信托财产。

第十五条 信托财产与委托人未设立信托的其他财产相区别。设立信托后，委托人死亡或者依法解散、被依法撤销、被宣告破产时，委托人是唯一受益人的，信托终止，信托财产作为其遗产或者清算财产；委托人不是唯一受益人的，信托存续，信托财产不作为其遗产或者清算财产；但作为共同受益人的委托人死亡或者依法解散、被依法撤销、被宣告破产时，其信托受益权作为其遗产或者清算财产。

第十六条 信托财产与属于受托人所有的财产（以下简称固有财产）相区别，不得归入受托人的固有财产或者成为固有财产的一部分。

受托人死亡或者依法解散、被依法撤销、被宣告破产而终止，信托财产不属于其遗产或者清算财产。

第十七条 除因下列情形之一外，对信托财产不得强制执行：

（一）设立信托前债权人已对该信托财产享有优先受偿的权利，并依法行使该权利的；

（二）受托人处理信托事务所产生债务，债权人要求清偿该债务的；

（三）信托财产本身应担负的税款；

（四）法律规定的其他情形。

对于违反前款规定而强制执行信托财产，委托人、受托人或者受益人有权向人民法院提出异议。

第十八条 受托人管理运用、处分信托财产所产生的债权，不得与其固有财产产生的债务相抵销。

受托人管理运用、处分不同委托人的信托财产所产生的债权债务，不得相互抵销。

第四章 信托当事人

第一节 委托人

第十九条 委托人应当是具有完全民事行为能力的自然人、法人或者依法成立的其他组织。

第二十条 委托人有权了解其信托财产的管理运用、处分及收支情况，并有权要求受托人作出说明。

委托人有权查阅、抄录或者复制与其信托财产有关的信托帐目以及处理信托事务的其他文件。

第二十一条 因设立信托时未能预见的特

别事由，致使信托财产的管理方法不利于实现信托目的或者不符合受益人的利益时，委托人有权要求受托人调整该信托财产的管理方法。

第二十二条 受托人违反信托目的处分信托财产或者因违背管理职责、处理信托事务不当致使信托财产受到损失的，委托人有权申请人民法院撤销该处分行为，并有权要求受托人恢复信托财产的原状或者予以赔偿；该信托财产的受让人明知是违反信托目的而接受该财产的，应当予以返还或者予以赔偿。

前款规定的申请权，自委托人知道或者应当知道撤销原因之日起一年内不行使的，归于消灭。

第二十三条 受托人违反信托目的处分信托财产或者管理运用、处分信托财产有重大过失的，委托人有权依照信托文件的规定解任受托人，或者申请人民法院解任受托人。

第二节 受托人

第二十四条 受托人应当是具有完全民事行为能力的自然人、法人。

法律、行政法规对受托人的条件另有规定的，从其规定。

第二十五条 受托人应当遵守信托文件的规定，为受益人的最大利益处理信托事务。

受托人管理信托财产，必须恪尽职守，履行诚实、信用、谨慎、有效管理的义务。

第二十六条 受托人除依照本法规定取得报酬外，不得利用信托财产为自己谋取利益。

受托人违反前款规定，利用信托财产为自己谋取利益的，所得利益归入信托财产。

第二十七条 受托人不得将信托财产转为其固有财产。受托人将信托财产转为其固有财产的，必须恢复该信托财产的原状；造成信托财产损失的，应当承担赔偿责任。

第二十八条 受托人不得将其固有财产与信托财产进行交易或者将不同委托人的信托财产进行相互交易，但信托文件另有规定或者经委托人或者受益人同意，并以公平的市场价格进行交易的除外。

受托人违反前款规定，造成信托财产损失的，应当承担赔偿责任。

第二十九条 受托人必须将信托财产与其固有财产分别管理、分别记帐，并将不同委托人的信托财产分别管理、分别记帐。

第三十条 受托人应当自己处理信托事务，但信托文件另有规定或者有不得已事由的，可以委托他人代为处理。

受托人依法将信托事务委托他人代理的，应当对他人处理信托事务的行为承担责任。

第三十一条 同一信托的受托人有两个以上的，为共同受托人。

共同受托人应当共同处理信托事务，但信托文件规定对某些具体事务由受托人分别处理的，从其规定。

共同受托人共同处理信托事务，意见不一致时，按信托文件规定处理；信托文件未规定的，由委托人、受益人或者其利害关系人决定。

第三十二条 共同受托人处理信托事务对第三人所负债务，应当承担连带清偿责任。第三人对共同受托人之一所作的意思表示，对其他受托人同样有效。

共同受托人之一违反信托目的处分信托财产或者因违背管理职责、处理信托事务不当致使信托财产受到损失的，其他受托人应当承担连带赔偿责任。

第三十三条 受托人必须保存处理信托事务的完整记录。

受托人应当每年定期将信托财产的管理运用、处分及收支情况，报告委托人和受益人。

受托人对委托人、受益人以及处理信托事务的情况和资料负有依法保密的义务。

第三十四条 受托人以信托财产为限向受益人承担支付信托利益的义务。

第三十五条 受托人有权依照信托文件的约定取得报酬。信托文件未作事先约定的，经信托当事人协商同意，可以作出补充约定；未作事先约定和补充约定的，不得收取报酬。

约定的报酬经信托当事人协商同意，可以增减其数额。

第三十六条 受托人违反信托目的处分信托财产或者因违背管理职责、处理信托事务不当致使信托财产受到损失的，在未恢复信托财产的原状或者未予赔偿前，不得请求给付报酬。

第三十七条 受托人因处理信托事务所支出的费用、对第三人所负债务，以信托财产承担。受托人以其固有财产先行支付的，对信托财产享有优先受偿的权利。

受托人违背管理职责或者处理信托事务不

当对第三人所负债务或者自己所受到的损失，以其固有财产承担。

第三十八条 设立信托后，经委托人和受益人同意，受托人可以辞任。本法对公益信托的受托人辞任另有规定的，从其规定。

受托人辞任的，在新受托人选出前仍应履行管理信托事务的职责。

第三十九条 受托人有下列情形之一的，其职责终止：

（一）死亡或者被依法宣告死亡；

（二）被依法宣告为无民事行为能力人或者限制民事行为能力人；

（三）被依法撤销或者被宣告破产；

（四）依法解散或者法定资格丧失；

（五）辞任或者被解任；

（六）法律、行政法规规定的其他情形。

受托人职责终止时，其继承人或者遗产管理人、监护人、清算人应当妥善保管信托财产，协助新受托人接管信托事务。

第四十条 受托人职责终止的，依照信托文件规定选任新受托人；信托文件未规定的，由委托人选任；委托人不指定或者无能力指定的，由受益人选任；受益人为无民事行为能力人或者限制民事行为能力人的，依法由其监护人代行选任。

原受托人处理信托事务的权利和义务，由新受托人承继。

第四十一条 受托人有本法第三十九条第一款第（三）项至第（六）项所列情形之一，职责终止的，应当作出处理信托事务的报告，并向新受托人办理信托财产和信托事务的移交手续。

前款报告经委托人或者受益人认可，原受托人就报告中所列事项解除责任。但原受托人有不正当行为的除外。

第四十二条 共同受托人之一职责终止的，信托财产由其他受托人管理和处分。

第三节 受益人

第四十三条 受益人是在信托中享有信托受益权的人。受益人可以是自然人、法人或者依法成立的其他组织。

委托人可以是受益人，也可以是同一信托的唯一受益人。

受托人可以是受益人，但不得是同一信托的唯一受益人。

第四十四条 受益人自信托生效之日起享有信托受益权。信托文件另有规定的，从其规定。

第四十五条 共同受益人按照信托文件的规定享受信托利益。信托文件对信托利益的分配比例或者分配方法未作规定的，各受益人按照均等的比例享受信托利益。

第四十六条 受益人可以放弃信托受益权。

全体受益人放弃信托受益权的，信托终止。

部分受益人放弃信托受益权的，被放弃的信托受益权按下列顺序确定归属：

（一）信托文件规定的人；

（二）其他受益人；

（三）委托人或者其继承人。

第四十七条 受益人不能清偿到期债务的，其信托受益权可以用于清偿债务，但法律、行政法规以及信托文件有限制性规定的除外。

第四十八条 受益人的信托受益权可以依法转让和继承，但信托文件有限制性规定的除外。

第四十九条 受益人可以行使本法第二十条至第二十三条规定的委托人享有的权利。受益人行使上述权利，与委托人意见不一致时，可以申请人民法院作出裁定。

受托人有本法第二十二条第一款所列行为，共同受益人之一申请人民法院撤销该处分行为的，人民法院所作出的撤销裁定，对全体共同受益人有效。

第五章 信托的变更与终止

第五十条 委托人是唯一受益人的，委托人或者其继承人可以解除信托。信托文件另有规定的，从其规定。

第五十一条 设立信托后，有下列情形之一的，委托人可以变更受益人或者处分受益人的信托受益权：

（一）受益人对委托人有重大侵权行为；

（二）受益人对其他共同受益人有重大侵权行为；

（三）经受益人同意；

（四）信托文件规定的其他情形。

有前款第（一）项、第（三）项、第

（四）项所列情形之一的，委托人可以解除信托。

第五十二条 信托不因委托人或者受托人的死亡、丧失民事行为能力、依法解散、被依法撤销或者被宣告破产而终止，也不因受托人的辞任而终止。但本法或者信托文件另有规定的除外。

第五十三条 有下列情形之一的，信托终止：

（一）信托文件规定的终止事由发生；
（二）信托的存续违反信托目的；
（三）信托目的已经实现或者不能实现；
（四）信托当事人协商同意；
（五）信托被撤销；
（六）信托被解除。

第五十四条 信托终止的，信托财产归属于信托文件规定的人；信托文件未规定的，按下列顺序确定归属：

（一）受益人或者其继承人；
（二）委托人或者其继承人。

第五十五条 依照前条规定，信托财产的归属确定后，在该信托财产转移给权利归属人的过程中，信托视为存续，权利归属人视为受益人。

第五十六条 信托终止后，人民法院依据本法第十七条的规定对原信托财产进行强制执行的，以权利归属人为被执行人。

第五十七条 信托终止后，受托人依照本法规定行使请求给付报酬、从信托财产中获得补偿的权利时，可以留置信托财产或者对信托财产的权利归属人提出请求。

第五十八条 信托终止的，受托人应当作出处理信托事务的清算报告。受益人或者信托财产的权利归属人对清算报告无异议的，受托人就清算报告所列事项解除责任。但受托人有不正当行为的除外。

第六章 公益信托

第五十九条 公益信托适用本章规定。本章未规定的，适用本法及其他相关法律的规定。

第六十条 为了下列公共利益目的之一而设立的信托，属于公益信托：

（一）救济贫困；
（二）救助灾民；
（三）扶助残疾人；
（四）发展教育、科技、文化、艺术、体育事业；
（五）发展医疗卫生事业；
（六）发展环境保护事业，维护生态环境；
（七）发展其他社会公益事业。

第六十一条 国家鼓励发展公益信托。

第六十二条 公益信托的设立和确定其受托人，应当经有关公益事业的管理机构（以下简称公益事业管理机构）批准。

未经公益事业管理机构的批准，不得以公益信托的名义进行活动。

公益事业管理机构对于公益信托活动应当给予支持。

第六十三条 公益信托的信托财产及其收益，不得用于非公益目的。

第六十四条 公益信托应当设置信托监察人。

信托监察人由信托文件规定。信托文件未规定的，由公益事业管理机构指定。

第六十五条 信托监察人有权以自己的名义，为维护受益人的利益，提起诉讼或者实施其他法律行为。

第六十六条 公益信托的受托人未经公益事业管理机构批准，不得辞任。

第六十七条 公益事业管理机构应当检查受托人处理公益信托事务的情况及财产状况。

受托人应当至少每年一次作出信托事务处理情况及财产状况报告，经信托监察人认可后，报公益事业管理机构核准，并由受托人予以公告。

第六十八条 公益信托的受托人违反信托义务或者无能力履行其职责的，由公益事业管理机构变更受托人。

第六十九条 公益信托成立后，发生设立信托时不能预见的情形，公益事业管理机构可以根据信托目的，变更信托文件中的有关条款。

第七十条 公益信托终止的，受托人应当于终止事由发生之日起十五日内，将终止事由和终止日期报告公益事业管理机构。

第七十一条 公益信托终止的，受托人作出的处理信托事务的清算报告，应当经信托监察人认可后，报公益事业管理机构核准，并由受托人予以公告。

第七十二条 公益信托终止，没有信托财产权利归属人或者信托财产权利归属人是不特定的社会公众的，经公益事业管理机构批准，受托人应当将信托财产用于与原公益目的相近似的目的，或者将信托财产转移给具有近似目的的公益组织或者其他公益信托。

第七十三条 公益事业管理机构违反本法规定的，委托人、受托人或者受益人有权向人民法院起诉。

第七章 附 则

第七十四条 本法自2001年10月1日起施行。

信托公司股权管理暂行办法

(2020年1月20日中国银行保险监督管理委员会令2020年第4号公布 自2020年3月1日起施行)

第一章 总 则

第一条 为加强信托公司股权管理，规范信托公司股东行为，保护信托公司、信托当事人等合法权益，维护股东的合法利益，促进信托公司持续健康发展，根据《中华人民共和国公司法》《中华人民共和国银行业监督管理法》《中华人民共和国信托法》等法律法规，制定本办法。

第二条 本办法适用于中华人民共和国境内依法设立的信托公司。

第三条 信托公司股权管理应当遵循分类管理、优良稳定、结构清晰、权责明确、变更有序、透明诚信原则。

第四条 国务院银行业监督管理机构及其派出机构遵循审慎监管原则，依法对信托公司股权实施穿透监管。

股权监管贯穿于信托公司设立、变更股权或调整股权结构、合并、分立、解散、清算以及其他涉及信托公司股权管理事项等环节。

第五条 国务院银行业监督管理机构及其派出机构依法对信托公司股权进行监管，对信托公司及其股东等单位和个人的相关违法违规行为进行查处。

第六条 信托公司及其股东应当根据法律法规和监管要求，充分披露相关信息，接受社会监督。

第七条 信托公司、国务院银行业监督管理机构及其派出机构应当加强对信托公司主要股东的管理。

信托公司主要股东是指持有或控制信托公司百分之五以上股份或表决权，或持有资本总额或股份总额不足百分之五但对信托公司经营管理有重大影响的股东。

前款中的"重大影响"，包括但不限于向信托公司派驻董事、监事或高级管理人员，通过协议或其他方式影响信托公司的财务和经营管理决策，以及国务院银行业监督管理机构及其派出机构认定的其他情形。

第八条 信托公司股东应当核心主业突出，具有良好的社会声誉、公司治理机制、诚信记录、纳税记录、财务状况和清晰透明的股权结构，符合法律法规规定和监管要求。

第九条 信托公司股东的股权结构应逐层追溯至最终受益人，其控股股东、实际控制人、关联方、一致行动人、最终受益人等各方关系应清晰透明。

股东与其关联方、一致行动人的持股比例合并计算。

第十条 投资人入股信托公司，应当事先报国务院银行业监督管理机构或其派出机构核准，投资人及其关联方、一致行动人单独或合计持有上市信托公司股份未达到该公司股份总额百分之五的除外。

对通过境内外证券市场拟持有信托公司股份总额百分之五以上的行政许可批复，有效期为六个月。

第二章 信托公司股东责任

第一节 股东资质

第十一条 经国务院银行业监督管理机构或其派出机构审查批准，境内非金融机构、境内金融机构、境外金融机构和国务院银行业监督管理机构认可的其他投资人可以成为信托公司股东。

投资人及其关联方、一致行动人单独或合计持有同一上市信托公司股份未达到该信托公司股份总额百分之五的，不受本条前款规定限制。

第十二条 境内非金融机构作为信托公司股东，应当具备以下条件：

（一）依法设立，具有法人资格；

（二）具有良好的公司治理结构或有效的组织管理方式；

（三）具有良好的社会声誉、诚信记录和纳税记录；

（四）经营管理良好，最近2年内无重大违法违规经营记录；

（五）财务状况良好，且最近2个会计年度连续盈利；如取得控股权，应最近3个会计年度连续盈利；

（六）年终分配后净资产不低于全部资产的百分之三十（合并财务报表口径）；如取得控股权，年终分配后净资产应不低于全部资产的百分之四十（合并财务报表口径）；

（七）如取得控股权，权益性投资余额应不超过本企业净资产的百分之四十（含本次投资金额，合并财务报表口径），国务院银行业监督管理机构认可的投资公司和控股公司除外；

（八）国务院银行业监督管理机构规章规定的其他审慎性条件。

第十三条 境内金融机构作为信托公司股东，应当具有良好的内部控制机制和健全的风险管理体系，符合与该类金融机构有关的法律、法规、监管规定以及本办法第十二条（第五项"如取得控股权，应最近3个会计年度连续盈利"、第六项和第七项除外）规定的条件。

第十四条 境外金融机构作为信托公司股东，应当具备以下条件：

（一）具有国际相关金融业务经营管理经验；

（二）国务院银行业监督管理机构认可的国际评级机构最近2年对其作出的长期信用评级为良好及以上；

（三）财务状况良好，最近2个会计年度连续盈利；

（四）符合所在国家或地区法律法规及监管当局的审慎监管要求，最近2年内无重大违法违规经营记录；

（五）具有良好的公司治理结构、内部控制机制和健全的风险管理体系；

（六）所在国家或地区金融监管当局已经与国务院银行业监督管理机构建立良好的监督管理合作机制；

（七）具有有效的反洗钱措施；

（八）所在国家或地区经济状况良好；

（九）国务院银行业监督管理机构规章规定的其他审慎性条件。

境外金融机构投资入股信托公司应当遵循长期持股、优化治理、业务合作、竞争回避的原则，并遵守国家关于外国投资者在中国境内投资的有关规定。

第十五条 金融产品可以持有上市信托公司股份，但单一投资人、发行人或管理人及其实际控制人、关联方、一致行动人控制的金融产品持有同一上市信托公司股份合计不得超过该信托公司股份总额的百分之五。

信托公司主要股东不得以发行、管理或通过其他手段控制的金融产品持有该信托公司股份。

自然人可以持有上市信托公司股份，但不得为该信托公司主要股东。国务院银行业监督管理机构另有规定的除外。

第十六条 投资人及其控股股东、实际控制人存在以下情形的，不得作为信托公司主要股东：

（一）关联企业众多、股权关系复杂且不透明、关联交易频繁且异常；

（二）被列为相关部门失信联合惩戒对象；

（三）在公开市场上有不良投资行为记录；

（四）频繁变更股权或实际控制人；

（五）存在严重逃废到期债务行为；

（六）提供虚假材料或者作不实声明，或

者曾经投资信托业，存在提供虚假材料或者作不实声明的情形；

（七）对曾经投资的信托公司经营失败或重大违法违规行为负有重大责任，或对曾经投资的其他金融机构经营失败或重大违法违规行为负有重大责任且未满5年；

（八）长期未实际开展业务、停业或破产清算或存在可能严重影响持续经营的担保、诉讼、仲裁或者其他重大事项；

（九）拒绝或阻碍金融管理部门依法实施监管；

（十）因违法违规行为被金融管理部门或政府有关部门查处，造成恶劣影响；

（十一）其他可能对履行股东责任或对信托公司产生重大不利影响的情形。

除本条前款规定外，投资人的控股股东、实际控制人为金融产品的，该投资人不得为信托公司主要股东。

第二节 股权取得

第十七条 投资人可以通过出资设立信托公司、认购信托公司新增资本、以协议或竞价等途径取得信托公司其他股东所持股权等方式入股信托公司。

第十八条 投资人入股信托公司应当履行法律法规和公司章程约定的程序。涉及国有资产管理、金融管理等部门职责的，应当符合相关规定。

第十九条 投资人入股信托公司前应当做好尽职调查工作，充分了解信托公司功能定位、信托业务本质和风险特征以及应当承担的股东责任和义务，充分知悉拟入股信托公司经营管理情况和真实风险底数等信息。

投资人入股信托公司应当入股目的端正，出资意愿真实。

第二十条 投资人入股信托公司时，应当书面承诺遵守法律法规、监管规定和公司章程，并就入股信托公司的目的作出说明。

第二十一条 投资人拟作为信托公司主要股东的，应当具备持续的资本补充能力，并根据监管规定书面承诺在必要时向信托公司补充资本。

第二十二条 投资人拟作为信托公司主要股东的，应当逐层说明其股权结构直至实际控制人、最终受益人，以及与其他股东的关联关系或者一致行动关系。

第二十三条 投资人应当使用来源合法的自有资金入股信托公司，不得以委托资金、债务资金等非自有资金入股，出资金额不得超过其个别财务报表口径的净资产规模。国务院银行业监督管理机构及其派出机构可以按照穿透原则对自有资金来源进行向上追溯认定。

第二十四条 投资人不得委托他人或接受他人委托持有信托公司股权。

第二十五条 同一投资人及其关联方、一致行动人参股信托公司的数量不得超过2家，或控股信托公司的数量不得超过1家。

投资人经国务院银行业监督管理机构批准并购重组高风险信托公司的，不受本条前款规定限制。

第三节 股权持有

第二十六条 信托公司股东应当遵守法律法规、监管规定和公司章程，依法行使股东权利，履行法定义务。

第二十七条 信托公司主要股东不得滥用股东权利干预或利用其影响力干预董事会、高级管理层根据公司章程享有的决策权和管理权，不得越过董事会和高级管理层直接干预或利用影响力干预信托公司经营管理，进行利益输送，或以其他方式损害信托当事人、信托公司、其他股东等合法权益。

第二十八条 按照穿透原则，信托公司股东与信托公司之间不得直接或间接交叉持股。

第二十九条 信托公司主要股东根据公司章程约定提名信托公司董事、监事候选人的，应当遵循法律法规和公司章程规定的条件和程序。控股股东不得对股东（大）会人事选举结果和董事会人事聘任决议设置批准程序。

信托公司存在持有或控制信托公司百分之五以下股份或表决权的股东的，至少应有一名独立董事或外部监事由该类股东提名产生。

第三十条 信托公司主要股东应当对其与信托公司和其他关联机构之间董事、监事和高级管理人员的交叉任职进行有效管理，防范利益冲突。

信托公司主要股东及其关联方与信托公司之间的高级管理人员不得相互兼任。

第三十一条 信托公司主要股东应当建立有效的风险隔离机制，防止风险在股东、信托公司以及其他关联机构之间传染和转移。

第三十二条 信托公司股东应当遵守法律

法规和信托公司关联交易相关规定，不得与信托公司进行不当关联交易，不得利用其对信托公司经营管理的影响力获取不正当利益，侵占信托公司、其他股东、信托当事人等合法权益。

第三十三条　信托公司股东应当在信托公司章程中承诺不将所持有的信托公司股权进行质押或以股权及其受（收）益权设立信托等金融产品，但国务院银行业监督管理机构或其派出机构采取风险处置或接管措施等特殊情形除外。

投资人及其关联方、一致行动人单独或合计持有同一上市信托公司股份未达到该信托公司股份总额百分之五的，不受本条前款规定限制。

第三十四条　信托公司股东应当自发生以下情况之日起十五日内，书面通知信托公司：

（一）所持信托公司股权被采取诉讼保全措施或者被强制执行；

（二）违反承诺质押信托公司股权或以股权及其受（收）益权设立信托等金融产品；

（三）其控股股东、实际控制人质押所持该股东公司股权或以所持该股东公司股权及其受（收）益权设立信托等金融产品；

（四）取得国务院银行业监督管理机构或其派出机构变更股权或调整股权结构行政许可后，在法定时限内完成股权变更手续存在困难；

（五）名称变更；

（六）合并、分立；

（七）其他可能影响股东资质条件变化或导致所持信托公司股权发生变化的情况。

第三十五条　信托公司主要股东及其控股股东、实际控制人发生本办法第十六条规定的情形的，主要股东应当于发生相关情况之日起十五日内，书面通知信托公司。

信托公司主要股东的控股股东、实际控制人发生变更的，主要股东应当于变更后十五日内准确、完整地向信托公司提供相关材料，包括变更背景、变更后的控股股东、实际控制人、关联方、一致行动人、最终受益人等情况，以及控股股东、实际控制人是否存在本办法第十六条规定情形的说明。

信托公司主要股东应当通过信托公司每年向国务院银行业监督管理机构或其派出机构报告资本补充能力。

第三十六条　信托公司主要股东应当根据本办法第五十三条规定，如实向信托公司提供与股东评估工作相关的材料，配合信托公司开展主要股东的定期评估工作。

第三十七条　信托公司出现资本不足或其他影响稳健运行情形时，信托公司主要股东应当履行入股时承诺，以增资方式向信托公司补充资本。不履行承诺或因股东资质问题无法履行承诺的主要股东，应当同意其他股东或者合格投资人采取合理方案增资。

第三十八条　信托公司发生重大风险事件或重大违法违规行为，被国务院银行业监督管理机构或其派出机构采取风险处置或接管等措施的，股东应当积极配合国务院银行业监督管理机构或其派出机构开展风险处置等工作。

第四节　股权退出

第三十九条　信托公司股东自取得股权之日起五年内不得转让所持有的股权。

经国务院银行业监督管理机构或其派出机构批准采取风险处置措施、国务院银行业监督管理机构或其派出机构责令转让、涉及司法强制执行、在同一投资人控制的不同主体之间转让股权、国务院银行业监督管理机构或其派出机构认定股东无力行使股东职责等特殊情形除外。

投资人及其关联方、一致行动人单独或合计持有同一上市信托公司股份未达到该信托公司股份总额百分之五的，不受本条规定限制。

第四十条　信托公司股东拟转让所持股权的，应当向意向参与方事先告知国务院银行业监督管理机构关于信托公司股东的资质条件规定、与变更股权等事项有关的行政许可程序、以及本办法关于信托公司股东责任和义务的相关规定。

有关主体签署的股权转让协议应当明确变更股权等事项是否需经国务院银行业监督管理机构或其派出机构行政许可，以及因监管部门不予批准等原因导致股权转让失败的后续安排。

第四十一条　股权转让期间，拟转让股权的信托公司股东应当继续承担股东责任和义务，支持并配合信托公司股东（大）会、董事会、监事会、高级管理层依法履职，对公司重大决议事项行使独立表决权，不得在股权转让工作完成前向信托公司推荐股权拟受让方相关人员担任公司董事、监事、高级管理人员或关键岗位人员。

第三章 信托公司职责

第一节 变更期间

第四十二条 信托公司应当如实向拟入股股东说明公司经营管理情况和真实风险底数。

第四十三条 在变更期间，信托公司应当保证股东（大）会、董事会、监事会及高级管理层正常运转，切实防范内部人控制问题。

前款中的"变更"，包括信托公司变更股权或调整股权结构、合并、分立以及其他涉及信托公司股权发生变化的情形。

信托公司不得以变更股权或调整股权结构等为由，致使董事会、监事会、高级管理层人员缺位6个月以上，影响公司治理机制有效运转。有代为履职情形的，应当符合国务院银行业监督管理机构关于代为履职的相关监管规定。

第四十四条 信托公司应当依法依规、真实、完整地向国务院银行业监督管理机构或其派出机构报送与变更股权或调整股权结构等事项相关的行政许可申请材料。

第二节 股权事务管理

第四十五条 信托公司董事会应当勤勉尽责，董事会成员应当对信托公司和全体股东负有忠诚义务。

信托公司董事会承担信托公司股权事务管理最终责任。信托公司董事长是处理信托公司股权事务的第一责任人。董事会秘书协助董事长工作，是处理股权事务的直接责任人。

董事长和董事会秘书应当忠实、诚信、勤勉地履行职责。履职未尽责的，依法承担法律责任。

第四十六条 信托公司应当建立和完善股权管理制度，做好股权信息登记、关联交易管理和信息披露等工作。

第四十七条 信托公司应当建立股权托管制度，原则上将股权在信托登记机构进行集中托管。信托登记机构履行股东名册初始登记和变更登记等托管职责。托管的具体要求由国务院银行业监督管理机构另行规定。

上市信托公司按照法律、行政法规规定股权需集中存管到法定证券登记结算机构的，股权托管工作按照相应的规定进行。

第四十八条 信托公司应当将以下关于股东管理的相关监管要求、股东的权利义务等写入公司章程，在公司章程中载明下列内容：

（一）股东应当遵守法律法规和监管规定；

（二）主要股东应当在必要时向信托公司补充资本；

（三）应经但未经监管部门批准或未向监管部门报告的股东，不得行使股东大会召开请求权、表决权、提名权、提案权、处分权等权利；

（四）对于存在虚假陈述、滥用股东权利或其他损害信托公司利益行为的股东，国务院银行业监督管理机构或其派出机构可以限制或禁止信托公司与其开展关联交易，限制其持有信托公司股权比例等，并可限制其股东大会召开请求权、表决权、提名权、提案权、处分权等权利。

第四十九条 信托公司应当通过半年报或年报在官方网站等渠道真实、准确、完整地披露信托公司股权信息，披露内容包括：

（一）股份有限公司报告期末股份总数、股东总数、报告期间股份变动情况以及前十大股东持股情况；

（二）有限责任公司报告期末股东出资额情况；

（三）报告期末主要股东及其控股股东、实际控制人、关联方、一致行动人、最终受益人情况；

（四）报告期内公司发生的关联交易情况；

（五）报告期内股东违反承诺质押信托公司股权或以股权及其受（收）益权设立信托等金融产品的情况；

（六）报告期内股东提名董事、监事情况；

（七）已向国务院银行业监督管理机构或其派出机构提交行政许可申请但尚未获得批准的事项；

（八）国务院银行业监督管理机构规定的其他信息。

第五十条 信托公司主要股东及其控股股东、实际控制人出现的可能影响股东资质条件或导致所持信托公司股权发生重大变化的事项，信托公司应及时进行信息披露。

第三节 股东行为管理

第五十一条 信托公司应当加强对股东资质的审查，对主要股东及其控股股东、实际控制人、关联方、一致行动人、最终受益人等相关信息进行核实，并掌握其变动情况，就主要股东对信托公司经营管理的影响进行判断。

第五十二条 信托公司股东发生本办法第三十四条、第三十五条前二款规定情形的，信托公司应当自知悉之日起十日内向国务院银行业监督管理机构或其派出机构书面报告。

第五十三条 信托公司董事会应当至少每年对其主要股东的资质情况、履行承诺事项情况、承担股东责任和义务的意愿与能力、落实公司章程或协议条款情况、经营管理情况、财务和风险状况，以及信托公司面临经营困难时，其在信托公司恢复阶段可能采取的救助措施进行评估，并及时将评估报告报送国务院银行业监督管理机构或其派出机构。

第五十四条 信托公司应当将所开展的关联交易分为固有业务关联交易和信托业务关联交易，并按照穿透原则和实质重于形式原则加强关联交易认定和关联交易资金来源与运用的双向核查。

第五十五条 信托公司应当准确识别关联方，及时更新关联方名单，并按季度将关联方名单报送至信托登记机构。

信托公司应当按照穿透原则将主要股东、主要股东的控股股东、实际控制人、关联方、一致行动人、最终受益人作为信托公司的关联方进行管理。

第五十六条 信托公司应当建立关联交易管理制度，严格执行国务院银行业监督管理机构关于关联交易报告等规定，落实信息披露要求，不得违背市场化原则和公平竞争原则开展关联交易，不得隐匿关联交易或通过关联交易隐匿资金真实去向、从事违法违规活动。

信托公司董事会应当设立关联交易控制委员会，负责关联交易的管理，及时审查和批准关联交易，控制关联交易风险。关联交易控制委员会成员不得少于三人，由独立董事担任负责人。

信托公司应当定期开展关联交易内外部审计工作，其内部审计部门应当至少每年对信托公司关联交易进行一次专项审计，并将审计结果报信托公司董事会和监事会；委托外部审计机构每年对信托公司关联交易情况进行年度审计，其中外部审计机构不得为信托公司关联方控制的会计师事务所。

第五十七条 信托公司应当加强公司治理机制建设，形成股东（大）会、董事会、监事会、高级管理层有效制衡的公司治理结构，建立完备的内部控制、风险管理、信息披露体系，以及科学合理的激励约束机制，保障信托当事人等合法权益，保护和促进股东行使权利，确保全体股东享有平等待遇。

信托公司董事会成员应当包含独立董事，独立董事人数不得少于董事会成员总数的四分之一；但单个股东及其关联方、一致行动人合计持有信托公司三分之二以上资本总额或股份总额的信托公司，其独立董事人数不得少于董事会成员总数的三分之一。

信托公司董事会和监事会应当根据法律法规和公司章程赋予的职责，每年向股东（大）会做年度工作报告，并及时将年度工作报告报送国务院银行业监督管理机构或其派出机构。

第四章 监督管理

第五十八条 国务院银行业监督管理机构鼓励信托公司持续优化股权结构，引入注重公司长远发展、管理经验成熟的战略投资者，促进信托公司转型发展，提升专业服务水平。

第五十九条 国务院银行业监督管理机构及其派出机构应当加强对信托公司股东的穿透监管，加强对主要股东及其控股股东、实际控制人、关联方、一致行动人及最终受益人的审查、识别和认定。信托公司主要股东及其控股股东、实际控制人、关联方、一致行动人及最终受益人，以国务院银行业监督管理机构或其派出机构认定为准。

第六十条 国务院银行业监督管理机构及其派出机构有权采取下列措施，了解信托公司股东（含拟入股股东）及其控股股东、实际控制人、关联方、一致行动人及最终受益人信息：

（一）要求股东逐层披露其股东、实际控制人、关联方、一致行动人及最终受益人；

（二）要求股东说明入股资金来源，并提供有关材料；

（三）要求股东报送资产负债表、利润表和其他财务会计报告和统计报表、公司发展战略和经营管理材料以及注册会计师出具的审计报告；

（四）要求股东及相关人员对有关事项作出解释说明；

（五）询问股东及相关人员；

（六）实地走访或调查股东经营情况；

（七）其他监管措施。

对与涉嫌违法事项有关的信托公司股东及其控股股东、实际控制人、关联方、一致行动人及最终受益人，国务院银行业监督管理机构及其派出机构有权依法查阅、复制有关财务会计、财产权登记等文件、资料；对可能被转移、隐匿、毁损或者伪造的文件、资料，予以先行登记保存。

第六十一条 国务院银行业监督管理机构及其派出机构有权采取下列措施，加强信托公司股权穿透监管：

（一）依法对信托公司设立、变更股权或调整股权结构等事项实施行政许可；

（二）要求信托公司及其股东及时报告股权有关信息；

（三）定期评估信托公司主要股东及其控股股东、实际控制人、关联方、一致行动人、最终受益人的经营活动，以判断其对信托公司稳健运行的影响；

（四）要求信托公司通过年报或半年报披露相关股权信息；

（五）与信托公司董事、监事、高级管理人员以及其他相关当事人进行监管谈话，要求其就相关情况作出说明；

（六）对股东涉及信托公司股权的行为进行调查或者公开质询；

（七）要求股东报送审计报告、经营管理信息、股权信息等材料；

（八）查询、复制股东及相关单位和人员的财务会计报表等文件、资料；

（九）对信托公司进行检查，并依法对信托公司和有关责任人员实施行政处罚；

（十）依法可以采取的其他监管措施。

第六十二条 国务院银行业监督管理机构及其派出机构应当建立股东动态监测机制，至少每年对信托公司主要股东的资质情况、履行承诺事项情况、承担股东责任和义务的意愿与能力、落实公司章程或协议条款情况、经营管理情况、财务和风险状况，以及信托公司面临经营困难时主要股东在信托公司恢复阶段可能采取的救助措施进行评估。

国务院银行业监督管理机构及其派出机构应当将评估工作纳入日常监管，并对评估发现的问题视情形采取限期整改等监管措施。

第六十三条 国务院银行业监督管理机构及其派出机构根据审慎监管的需要，有权依法采取限制同一股东及其关联方、一致行动人入股信托公司的数量、持有信托公司股权比例、与信托公司开展的关联交易额度等审慎监管措施。

第六十四条 信托公司主要股东为金融机构的，国务院银行业监督管理机构及其派出机构应当与该金融机构的监管部门建立有效的信息交流和共享机制。

第六十五条 信托公司在股权管理过程中存在下列情形之一的，国务院银行业监督管理机构或其派出机构应当责令限期改正；逾期未改正，或者其行为严重危及该信托公司的稳健运行、损害信托当事人和其他客户合法权益的，经国务院银行业监督管理机构或其省一级派出机构负责人批准，可以区别情形，按照《中华人民共和国银行业监督管理法》第三十七条规定，采取相应的监管措施：

（一）未按要求履行行政许可程序或对有关事项进行报告的；

（二）未按规定开展股东定期评估工作的；

（三）提供虚假的或者隐瞒重要事实的报表、报告等文件、资料的；

（四）未按规定制定公司章程，明确股东权利义务的；

（五）未按规定进行股权托管的；

（六）未按规定进行信息披露的；

（七）未按规定开展关联交易的；

（八）拒绝或阻碍监管部门进行调查核实的；

（九）其他违反股权管理相关要求的。

第六十六条 信托公司股东或其控股股东、实际控制人、关联方、一致行动人、最终受益人等存在下列情形，造成信托公司违反审慎经营规则的，国务院银行业监督管理机构或其派出机构根据《中华人民共和国银行业监督管理法》第三十七条规定，可以限制信托公司股东参与经营管理的相关权利，包括股东大会召开请求权、表决权、提名权、提案权、处分权等；责令信托公司控股股东转让股权，股权转让完成前，限制其股东权利，限期未完成转让的，由符合国务院银行业监督管理机构相关要求的投资人按照评估价格受让股权：

（一）虚假出资、出资不实、抽逃出资或者变相抽逃出资的；

（二）使用委托资金、债务资金或其他非自有资金投资入股的；

（三）委托他人或接受他人委托持有信托公司股权的；

（四）未按规定进行报告的；

（五）拒绝向信托公司、国务院银行业监督管理机构或其派出机构提供文件材料或提供虚假文件材料、隐瞒重要信息以及迟延提供相关文件材料的；

（六）违反承诺、公司章程或协议条款的；

（七）主要股东或其控股股东、实际控制人不符合本办法规定的监管要求的；

（八）违规开展关联交易的；

（九）违反承诺进行股权质押或以股权及其受（收）益权设立信托等金融产品的；

（十）拒绝或阻碍国务院银行业监督管理机构或其派出机构进行调查核实的；

（十一）不配合国务院银行业监督管理机构或其派出机构开展风险处置的；

（十二）在信托公司出现资本不足或其他影响稳健运行情形时，主要股东拒不补充资本并拒不同意其他股东、投资人增资计划的；

（十三）其他滥用股东权利或不履行股东义务，损害信托公司、信托当事人、其他股东等利益的。

第六十七条 信托公司未遵守本办法规定进行股权管理的，国务院银行业监督管理机构或其派出机构可以调整该信托公司监管评级。

信托公司董事会成员在履职过程中未就股权管理方面的违法违规行为提出异议的，最近一次履职评价不得评为称职。

第六十八条 在行政许可过程中，投资人、股东或其控股股东、实际控制人、信托公司有下列情形之一的，国务院银行业监督管理机构或其派出机构可以中止审查：

（一）相关股权存在权属纠纷；

（二）被举报尚需调查；

（三）因涉嫌违法违规被有关部门调查，或者被司法机关侦查，尚未结案；

（四）被起诉尚未判决；

（五）国务院银行业监督管理机构认定的其他情形。

第六十九条 在实施行政许可或者履行其他监管职责时，国务院银行业监督管理机构或其派出机构可以要求信托公司或者股东就其提供的有关资质、关联关系或者入股资金等信息的真实性作出声明，并承诺承担因提供虚假信息或者不实声明造成的后果。

第七十条 国务院银行业监督管理机构及其派出机构建立信托公司股权管理和股东行为不良记录数据库，通过全国信用信息共享平台与相关部门或政府机构共享信息。

对于存在违法违规行为且拒不改正的股东，或以隐瞒、欺骗等不正当手段获得股权的股东，国务院银行业监督管理机构及其派出机构可以单独或会同相关部门联合予以惩戒，可通报、公开谴责、禁止其一定期限直至终身入股信托公司。

第七十一条 在实施行政许可或者履行监管职责时，国务院银行业监督管理机构及其派出机构应当将存在提供虚假材料、不实声明或者因不诚信行为受到金融管理部门行政处罚等情形的第三方中介机构纳入第三方中介机构诚信档案。自第三方中介机构不诚信行为或受到金融管理部门行政处罚等情形发生之日起五年内，国务院银行业监督管理机构及其派出机构对其出具的报告或作出的声明等不予认可，并可将其不诚信行为通报有关主管部门。

第五章 法律责任

第七十二条 信托公司未按要求对股东及其控股股东、实际控制人、关联方、一致行动人、最终受益人信息进行审查、审核或披露的，由国务院银行业监督管理机构或其派出机构按照《中华人民共和国银行业监督管理法》第四十六条、第四十八条的规定，责令改正，并对信托公司及相关责任人员实施行政处罚。

第七十三条 信托公司存在本办法第六十五条规定的情形之一，情节较为严重的，由国务院银行业监督管理机构或其派出机构按照

《中华人民共和国银行业监督管理法》第四十六条、第四十七条、第四十八条规定对信托公司及相关责任人员实施行政处罚。

第七十四条 信托公司股东或其控股股东、实际控制人、关联方、一致行动人、最终受益人等以隐瞒、欺骗等不正当手段获得信托公司股权的，由国务院银行业监督管理机构或其派出机构按照《中华人民共和国行政许可法》的规定，对相关行政许可予以撤销。

依照本条前款撤销行政许可的，被许可人基于行政许可取得的利益不受保护。

第六章 附 则

第七十五条 本办法所称"以上"均含本数，"不足"不含本数，"日"为工作日。

第七十六条 以下用语含义：

（一）控股股东，是指根据《中华人民共和国公司法》第二百一十六条规定，其出资额占有限责任公司资本总额百分之五十以上或者其持有的股份占股份有限公司股本总额百分之五十以上的股东；出资额或者持有股份的比例虽然不足百分之五十，但依其出资额或者持有的股份所享有的表决权已足以对股东会、股东大会的决议产生重大影响的股东。

（二）实际控制人，是指根据《中华人民共和国公司法》第二百一十六条规定，虽不是公司的股东，但通过投资关系、协议或者其他安排，能够实际支配公司行为的人。

（三）关联方，是指根据《企业会计准则第 36 号关联方披露》规定，一方控制、共同控制另一方或对另一方施加重大影响，以及两方或两方以上同受一方控制、共同控制或重大影响的。但国家控制的企业之间不因为同受国家控股而具有关联关系。

（四）一致行动，是指投资者通过协议、其他安排，与其他投资者共同扩大其所能够支配的一个公司股份表决权数量的行为或者事实。达成一致行动的相关投资者，为一致行动人。

（五）最终受益人，是指实际享有信托公司股权收益的人。

（六）个别财务报表，是相对于合并财务报表而言，指由公司或子公司编制的，仅反映母公司或子公司自身财务状况、经营成果和现金流量的财务报表。

第七十七条 本办法由国务院银行业监督管理机构负责解释。

第七十八条 本办法自 2020 年 3 月 1 日起施行。本办法实施前发布的有关规章及规范性文件与本办法不一致的，按照本办法执行。

信托登记管理办法

2017 年 8 月 25 日　　　　银监发〔2017〕47 号

第一章 总 则

第一条 为规范信托登记活动，保护信托当事人的合法权益，促进信托业持续健康发展，根据《中华人民共和国信托法》《中华人民共和国银行业监督管理法》等法律法规，制定本办法。

第二条 本办法所称信托登记是指中国信托登记有限责任公司（简称信托登记公司）对信托机构的信托产品及其受益权信息、国务院银行业监督管理机构规定的其他信息及其变动情况予以记录的行为。

本办法所称信托机构，是指依法设立的信托公司和国务院银行业监督管理机构认可的其他机构。

第三条 信托机构开展信托业务，应当办理信托登记，但法律、行政法规或者国务院银行业监督管理机构另有规定的除外。

第四条 信托登记活动应当遵守法律、行政法规和国务院银行业监督管理机构的有关规定，遵循诚实信用原则，不得损害国家利益和社会公共利益。

第五条 信托登记公司以提供信托业基础服务为主要职能，应当坚持依法合规、稳健经营的原则，忠实履行信托登记和其他相关职能。

　　第六条　信托登记公司应当具有与信托登记活动及履行其他职能相适应的场所、设施和安全防范措施，建立独立、安全、高效的信托登记系统及相关配套系统，强化信息技术保障，切实保护信托当事人及其他相关方的合法权益。

　　第七条　国务院银行业监督管理机构依法对信托登记及相关活动实施监督管理。

第二章　信托登记申请

　　第八条　信托登记由信托机构提出申请，但法律、行政法规或者国务院银行业监督管理机构另有规定的除外。

　　第九条　信托登记信息包括信托产品名称、信托类别、信托目的、信托期限、信托当事人、信托财产、信托利益分配等信托产品及其受益权信息和变动情况。

　　第十条　信托机构应当在集合资金信托计划发行日五个工作日前或者在单一资金信托和财产权信托成立日两个工作日前申请办理信托产品预登记（简称信托预登记），并在信托登记公司取得唯一产品编码。

　　申请办理信托预登记的，应当提交下列文件：

　　（一）信托预登记申请书，包括信托产品名称、信托类别、拟发行或者成立时间、预计存续期限、拟发行或者成立信托规模、信托财产来源、信托财产管理或者运用方向和方式、交易对手、交易结构、风险提示、风控措施、清算方式、异地推介信息、关联交易信息、保管人信息等内容；

　　（二）法律、行政法规、国务院银行业监督管理机构要求的其他文件。

　　信托产品在信托预登记后六个月内未成立或者未生效的，或者信托机构未按照本办法办理信托初始登记的，信托机构已办理的信托预登记自动注销，无需办理终止登记。

　　信托机构办理信托预登记后，信托登记信息发生重大变动的，应当重新申请办理信托预登记。

　　第十一条　信托机构应当在信托成立或者生效后十个工作日内申请办理信托产品及其受益权初始登记（简称信托初始登记）。

申请办理信托初始登记时，应当提交下列文件：

　　（一）信托初始登记申请书；
　　（二）加盖公章的信托文件样本；
　　（三）法律、行政法规、国务院银行业监督管理机构要求的其他文件。

　　第十二条　信托存续期间，信托登记信息发生重大变动的，信托机构应当在相关事项发生变动之日起十个工作日内就变动事项申请办理信托产品及其受益权变更登记（简称信托变更登记）。

　　申请办理信托变更登记时，应当提交下列文件：

　　（一）信托变更登记申请书；
　　（二）证明发生变更事实的文件；
　　（三）法律、行政法规、国务院银行业监督管理机构要求的其他文件。

　　第十三条　信托终止后，信托机构应当在按照信托合同约定解除受托人责任后十个工作日内申请办理信托产品及其受益权终止登记（简称信托终止登记）。

　　申请办理信托终止登记的，应当提交下列文件：

　　（一）信托终止登记申请书；
　　（二）受托人出具的清算报告；
　　（三）法律、行政法规、国务院银行业监督管理机构要求的其他文件。

　　第十四条　信托机构发现信托登记信息错误需要更正的，应当在发现之日起十个工作日内申请办理信托产品及其受益权更正登记（简称信托更正登记）。

　　申请办理信托更正登记的，应当提交下列文件：

　　（一）信托更正登记申请书；
　　（二）证明发生需要更正事实的文件；
　　（三）法律、行政法规、国务院银行业监督管理机构要求的其他文件。

　　第十五条　信托机构应当对所提供的信托登记相关文件和信息的真实性、准确性、完整性和及时性负责。

第三章　信托登记办理

　　第十六条　信托登记公司接受信托机构提出的信托登记申请，依法办理信托登记业务。

　　第十七条　信托机构申请办理信托登记，

应当根据本办法和信托登记公司的规定，通过信托登记公司的信托登记系统提交信托登记信息，并上传相关文件。

信托登记公司与信托机构应当建立专用网络，实现系统对接，确保信托登记信息和相关文件报送安全、高效。

第十八条 信托机构提交的登记申请文件齐全且符合规定的形式要求的，信托登记公司在收到登记申请文件时应当出具受理凭证，该受理凭证的出具日为受理日。

信托机构提交的登记申请文件不齐全或者不符合规定的形式要求的，信托登记公司应当书面告知补正要求，并在收到完整的登记申请文件时出具受理凭证，该受理凭证的出具日为受理日。

第十九条 信托登记公司对信托机构提供的信托登记信息及相关文件进行形式审查。

信托登记和本办法第三十八条规定的信息公示不构成对信托产品持续合规情况、投资价值及投资风险的判断或者保证。

第二十条 对于符合登记条件的，信托登记公司应当自受理之日起两个工作日内完成审查，并准予办理信托登记。对于不符合登记条件的，信托登记公司应当自收到登记申请文件之日起两个工作日内一次性告知信托机构需要补正的全部内容，并自收到完整补正材料之日起两个工作日内完成审查。

第二十一条 信托登记公司应当在完成信托登记当日向信托机构出具统一格式的信托登记证明文件。

第四章 信托受益权账户管理

第二十二条 信托受益权账户是信托登记公司为受益人开立的记载其信托受益权及其变动情况的簿记账户。

委托人或者受益人根据自愿原则申请开立信托受益权账户。

第二十三条 任一民事主体仅可以开立一个信托受益权账户，国务院银行业监督管理机构另有规定的除外。

任一信托产品或者其他承担特定目的载体功能的金融产品仅可以开立一个信托受益权账户，户名应当采用作为管理人的金融机构全称加金融产品全称的模式。

第二十四条 信托受益权账户由信托登记公司集中管理。

第二十五条 委托人或者受益人可以委托信托公司等金融机构代办信托受益权账户开立业务。信托公司可以代办信托受益权账户开立业务；其他金融机构代办信托受益权账户开立业务的，由信托登记公司依申请评估确定。

委托人或者受益人应当向信托登记公司或者代理开户机构提交开户信息，且保证所提交的信息真实、准确、完整。代理开户机构应当核实并向信托登记公司提交委托人或者受益人的开户信息。

第二十六条 信托登记公司为符合条件的受益人开立信托受益权账户，配发唯一账户编码，并出具开户通知书。

信托登记公司和信托受益权账户代理开户机构应当对所知悉的委托人或者受益人开户信息以及信托受益权账户信息依法保密。

第二十七条 信托受益权账户采用实名制，不得出租、出借或者转让。

第二十八条 受益人可以依法查询其信托受益权账户中记载的信托受益权信息。

第二十九条 受益人可以申请注销或者委托代理开户机构代为申请注销其信托受益权账户。当受益人出现民事行为能力丧失等情形时，信托财产法定继承人或者承继人等利害关系人，可以凭具有法律效力的证明文件，申请注销或者委托代理开户机构代为申请注销其信托受益权账户。

无信托受益权份额的信托受益权账户方可办理注销。

第五章 信托登记信息管理和使用

第三十条 信托登记公司负责管理和维护信托登记信息，确保有关信息的安全、完整和数据的依法、合规使用。

第三十一条 信托登记信息受法律保护，信托登记公司应当对信托登记信息及相关文件依法保密。

除法律、行政法规或者国务院银行业监督管理机构规定可以公开的情形外，任何单位或者个人不得查询或者获取信托登记信息。

第三十二条 除法律、行政法规规定或者国务院银行业监督管理机构同意的情形外，信托登记公司不得将由信托登记信息统计、分析形成的有关信息进行披露或者对外提供。

第三十三条 信托登记公司应当依据有关法律法规，建立保密制度，加强保密教育，采取相应的保密措施。

第三十四条 信托登记公司应当根据法律、行政法规、国务院银行业监督管理机构的规定以及信托文件约定的信托登记信息保密要求，设置不同级别的查询权限：

（一）委托人、受益人仅可以查询与其权利、义务直接相关且不违背信托文件约定的信托登记信息。当委托人、受益人出现民事行为能力丧失等情形时，信托财产法定继承人或者承继人等利害关系人，仅可以凭具有法律效力的证明文件申请查询与其权利、义务直接相关的信托登记信息；

（二）信托机构仅可以查询与其自身业务直接相关的信托登记信息；

（三）银行业监督管理机构和其他有权机关仅可以在法定职责范围内，依法查询相关信托登记信息。

向信托登记公司申请信托登记信息查询的，应当提交有效身份证明文件、授权文件和相关证明材料，并书面说明查询目的。

除法律明确规定或者授权外，任何单位或者个人不得查询受益人的个人基本信息。

第三十五条 信托登记公司应当妥善保存信托登记信息及相关文件，自信托终止之日起至少保存十五年。

第三十六条 信托登记公司应当按月向国务院银行业监督管理机构报告信托登记总体情况、信托业运行情况等信息，并按照国务院银行业监督管理机构的要求定期或者不定期报告其他有关信息。

第三十七条 对信托机构未按规定办理信托登记或者在信托登记中存在信息严重错报、漏报的行为，信托登记公司应当及时将有关情况报告银行业监督管理机构。

第六章 监督管理

第三十八条 集合资金信托计划的信托登记基本信息应当在信托初始登记后五个工作日内在信托登记公司官方网站公示。

前款所称信托登记基本信息包括集合资金信托计划名称、登记时间、产品编码、信托类别、受托人名称、预计存续期限、信托财产主要运用领域等内容，国务院银行业监督管理机构另有规定的除外。

财产权信托进行受益权拆分转让或者对外发行受益权的，参照集合资金信托计划进行公示。

第三十九条 银行业监督管理机构对信托产品的发行、公示和管理履行日常监管职责，可以根据信托公司监管评级、净资本状况、风险及合规情况等采取必要的监管措施。

履行法人监管职责的银行业监督管理机构发现信托产品存在违法违规情形的，应当立即依法进行处理。

第四十条 信托公司应当按照监管要求，定期更新并向信托登记公司报送有关的信托业务信息，以满足信息披露和持续监管的需要。

第四十一条 信托登记公司、信托机构违反本办法有关规定的，银行业监督管理机构应当责令限期改正；逾期未改正的，或者其行为严重危及信托机构的稳健运行、损害受益人合法权益的，银行业监督管理机构可以依据《中华人民共和国银行业监督管理法》等法律法规，采取相应的监管措施。

第四十二条 信托机构或者其工作人员伪造、变造登记申请文件，或者提交的登记申请文件存在重大错误给当事人或者利害关系人造成损失的，应当依法承担相应法律责任。

第四十三条 信托机构或者其工作人员伪造、变造信托登记证明文件的，应当依法承担相应法律责任。

第四十四条 信托登记公司或者其工作人员违反本办法规定，导致信托登记错误或者泄露保密信息的，信托登记公司应当采取内部问责措施，信托登记公司或者有关责任人员应当依法承担相应法律责任。

第七章 附则

第四十五条 信托登记公司应当根据相关法律法规以及本办法制定信托登记业务细则，报国务院银行业监督管理机构批准后实施。

第四十六条 本办法由国务院银行业监督管理机构负责解释。

第四十七条 本办法自 2017 年 9 月 1 日起施行。

慈善信托管理办法

2017年7月10日　　　　　　银监发〔2017〕37号

第一章　总　则

第一条　为规范慈善信托，保护慈善信托当事人的合法权益，促进慈善事业发展，根据《中华人民共和国慈善法》（简称《慈善法》）、《中华人民共和国信托法》（简称《信托法》）、《中华人民共和国银行业监督管理法》（简称《银行业监督管理法》）等法律法规，制定本办法。

第二条　本办法所称慈善信托属于公益信托，是指委托人基于慈善目的，依法将其财产委托给受托人，由受托人按照委托人意愿以受托人名义进行管理和处分，开展慈善活动的行为。

第三条　开展慈善信托，应当遵循合法、自愿、诚信的原则，不得违背社会公德、危害国家安全、损害社会公共利益和他人合法权益。

第四条　国家鼓励发展慈善信托，支持自然人、法人和其他组织践行社会主义核心价值观，弘扬中华民族传统美德，依法开展慈善活动。

第五条　慈善信托的委托人、受托人、受益人以及监察人在中华人民共和国境内开展慈善信托，适用本办法。

第六条　国务院银行业监督管理机构及其派出机构、国务院民政部门及县级以上地方各级人民政府民政部门根据各自法定职责对慈善信托实施监督管理。

第二章　慈善信托的设立

第七条　设立慈善信托，必须有合法的慈善信托目的。

以开展下列慈善活动为目的而设立的信托，属于慈善信托：

（一）扶贫、济困；

（二）扶老、救孤、恤病、助残、优抚；

（三）救助自然灾害、事故灾难和公共卫生事件等突发事件造成的损害；

（四）促进教育、科学、文化、卫生、体育等事业的发展；

（五）防治污染和其他公害，保护和改善生态环境；

（六）符合《慈善法》规定的其他公益活动。

第八条　慈善信托的委托人应当是具有完全民事行为能力的自然人、法人或者依法成立的其他组织。

第九条　慈善信托的受托人可以由委托人确定其信赖的慈善组织或者信托公司担任。

第十条　慈善信托的委托人不得指定或者变相指定与委托人或受托人具有利害关系的人作为受益人。

第十一条　慈善信托的委托人根据需要，可以确定监察人。

监察人对受托人的行为进行监督，依法维护委托人和受益人的权益。监察人发现受托人违反信托义务或者难以履行职责的，应当向委托人报告，并有权以自己的名义向人民法院提起诉讼。

第十二条　设立慈善信托，必须有确定的信托财产，并且该信托财产必须是委托人合法所有的财产。

前款所称财产包括合法的财产权利。

第十三条　设立慈善信托、确定受托人和监察人，应当采取书面形式。

书面形式包括信托合同、遗嘱或者法律、行政法规规定的其他书面文件等。

第十四条　慈善信托文件应当载明下列事项：

1. 慈善信托名称；
2. 慈善信托目的；
3. 委托人、受托人的姓名或者名称、住所，如设置监察人，监察人的姓名或者名称、住所；

4. 受益人范围及选定的程序和方法；
5. 信托财产的范围、种类、状况和管理方法；
6. 年度慈善支出的比例或数额；
7. 信息披露的内容和方式；
8. 受益人取得信托利益的形式和方法；
9. 信托报酬收取标准和方法。

除前款所列事项外，可以载明信托期限、新受托人的选任方式、信托终止事由、争议解决方式等事项。

第三章 慈善信托的备案

第十五条 受托人应当在慈善信托文件签订之日起 7 日内，将相关文件向受托人所在地县级以上人民政府民政部门备案。

未按照前款规定将相关文件报民政部门备案的，不享受税收优惠。

第十六条 信托公司担任受托人的，由其登记注册地设区市的民政部门履行备案职责；慈善组织担任受托人的，由准予其登记或予以认定的民政部门履行备案职责。

第十七条 同一慈善信托有两个或两个以上的受托人时，委托人应当确定其中一个承担主要受托管理责任的受托人按本章规定进行备案。备案的民政部门应当将备案信息与其他受托人所在地的县级以上人民政府民政部门共享。

第十八条 慈善信托的受托人向民政部门申请备案时，应当提交以下书面材料：

（一）备案申请书；
（二）委托人身份证明（复印件）和关于信托财产合法性的声明；
（三）担任受托人的信托公司的金融许可证或慈善组织准予登记或予以认定的证明材料（复印件）；
（四）信托文件；
（五）开立慈善信托专用资金账户证明、商业银行资金保管协议，非资金信托除外；
（六）信托财产交付的证明材料（复印件）；
（七）其他材料。

以上材料一式四份，由受托人提交履行备案职责的民政部门指定的受理窗口。

第十九条 备案后，发生第三十八条规定的部分变更事项时，慈善信托的受托人应当在变更之日起 7 日内按照第十八条的规定向原备案的民政部门申请备案，并提交发生变更的相关书面材料。

如当月发生两起或两起以上变更事项的，可以在下月 10 日前一并申请备案。

第二十条 慈善信托的受托人违反信托义务或者难以履行职责的，委托人可以变更受托人。变更后的受托人应当在变更之日起 7 日内，将变更情况报原备案的民政部门重新备案。

申请重新备案时，应当提交以下书面材料：

（一）原备案的信托文件和备案回执；
（二）重新备案申请书；
（三）原受托人出具的慈善信托财产管理处分情况报告；
（四）作为变更后受托人的信托公司的金融许可证或慈善组织准予登记或予以认定的证明材料（复印件）；
（五）重新签订的信托合同等信托文件；
（六）开立慈善信托专用资金账户证明、商业银行资金保管协议，非资金信托除外；
（七）其他材料。

以上书面材料一式四份，由变更后的受托人提交原备案的民政部门受理窗口。

第二十一条 慈善信托备案申请符合《慈善法》《信托法》和本办法规定的，民政部门应当在收到备案申请材料之日起 7 日内出具备案回执；不符合规定的，应当在收到备案申请材料之日起 7 日内一次性书面告知理由和需要补正的相关材料。

第二十二条 信托公司新设立的慈善信托项目应当按照监管要求及时履行报告或产品登记义务。

第四章 慈善信托财产的管理和处分

第二十三条 慈善信托财产及其收益，应当全部用于慈善目的。

第二十四条 受托人管理和处分慈善信托财产，应当按慈善信托目的，恪尽职守，履行诚信、谨慎管理的义务。

第二十五条 受托人除依法取得信托报酬外，不得利用慈善信托财产为自己谋取利益。

第二十六条 慈善信托财产与受托人固有

财产相区别，受托人不得将慈善信托财产转为其固有财产。

任何组织和个人不得私分、挪用、截留或者侵占慈善信托财产。

第二十七条 受托人必须将慈善信托财产与其固有财产分别管理、分别记账，并将不同慈善信托的财产分别管理、分别记账。

第二十八条 对于资金信托，应当委托商业银行担任保管人，并且依法开立慈善信托资金专户；对于非资金信托，当事人可以委托第三方进行保管。

第二十九条 受托人应当自己处理慈善信托事务，但信托文件另有规定或者有不得已事由的，可以委托他人代为处理。

受托人依法将慈善信托事务委托他人代理的，应当对他人处理慈善信托事务的行为承担责任。

受托人因依法将慈善信托事务委托他人代理而向他人支付的报酬，在其信托报酬中列支。

第三十条 慈善信托财产运用应当遵循合法、安全、有效的原则，可以运用于银行存款、政府债券、中央银行票据、金融债券和货币市场基金等低风险资产，但委托人和信托公司另有约定的除外。

第三十一条 受托人不得将其固有财产与慈善信托财产进行交易或者将不同委托人的信托财产进行相互交易，但信托文件另有规定或者经委托人同意，并以公平的市场价格进行交易的除外。

第三十二条 委托人、受托人及其管理人员不得利用其关联关系，损害慈善信托利益和社会公共利益，有关交易情况应当向社会公开。

第三十三条 受托人应当根据信托文件和委托人的要求，及时向委托人报告慈善信托事务处理情况、信托财产管理使用情况。

第三十四条 慈善信托的受托人应严格按照有关规定管理和处分慈善信托财产，不得借慈善信托名义从事非法集资、洗钱等活动。

第三十五条 受托人应当妥善保存管理慈善信托事务的全部资料，保存期自信托终止之日起不少于十五年。

第三十六条 受托人违反法律、行政法规和信托文件的规定，造成慈善信托财产损失的，应当以其固有财产承担相应的赔偿责任。

第五章 慈善信托的变更和终止

第三十七条 慈善信托的受托人违反信托文件义务或者出现依法解散、法定资格丧失、被依法撤销、被宣告破产或者其他难以履行职责的情形时，委托人可以变更受托人。

第三十八条 根据信托文件约定或者经原委托人同意，可以变更以下事项：

（一）增加新的委托人；

（二）增加信托财产；

（三）变更信托受益人范围及选定的程序和方法；

（四）国务院民政部门和国务院银行业监督管理机构规定的其他情形。

第三十九条 慈善信托的受托人不得自行辞任，信托文件另有规定的除外。

第四十条 有下列情形之一的，慈善信托终止：

（一）信托文件规定的终止事由出现；

（二）信托的存续违反信托目的；

（三）信托目的已经实现或者不能实现；

（四）信托当事人协商同意；

（五）信托被撤销；

（六）信托被解除。

第四十一条 自慈善信托终止事由发生之日起15日内，受托人应当将终止事由、日期、剩余信托财产处分方案和有关情况报告备案的民政部门。

第四十二条 慈善信托终止的，受托人应当在30日内作出处理慈善信托事务的清算报告，向备案的民政部门报告后，由受托人予以公告。

慈善信托若设置信托监察人，清算报告应事先经监察人认可。

第四十三条 慈善信托终止，没有信托财产权利归属人或者信托财产权利归属人是不特定的社会公众，经备案的民政部门批准，受托人应当将信托财产用于与原慈善目的相近似的目的，或者将信托财产转移给具有近似目的的其他慈善信托或者慈善组织。

第六章 促进措施

第四十四条 慈善信托的委托人、受托人和受益人按照国家有关规定享受税收优惠。

第四十五条 信托公司开展慈善信托业务免计风险资本，免予认购信托业保障基金。

第四十六条 鼓励地方各级人民政府根据经济社会发展情况，制定和出台促进慈善信托事业发展的政策和措施。

第七章 监督管理和信息公开

第四十七条 银行业监督管理机构负责信托公司慈善信托业务和商业银行慈善信托账户资金保管业务的监督管理工作。县级以上人民政府民政部门负责慈善信托备案和相关监督管理工作。

第四十八条 民政部门和银行业监督管理机构应当建立经常性的监管协作机制，加强事中、事后监管，切实提高监管有效性。

第四十九条 民政部门和银行业监督管理机构根据各自法定管理职责，对慈善信托的受托人应当履行的受托职责、管理慈善信托财产及其收益的情况、履行信息公开和告知义务以及其他与慈善信托相关的活动进行监督检查。

第五十条 民政部门和银行业监督管理机构根据各自法定管理职责，联合或委托第三方机构对慈善信托的规范管理、慈善目的的实现和慈善信托财产的运用效益等进行评估。

第五十一条 民政部门和银行业监督管理机构根据履行职责的需要，可以与受托人的主要负责人和相关人员进行监督管理谈话，要求就受托人的慈善信托活动和风险管理的重大事项作出说明。

第五十二条 除依法设立的信托公司或依法予以登记或认定的慈善组织外，任何单位和个人不得以"慈善信托"等名义开展活动。

第五十三条 行业组织应当加强行业自律，反映行业诉求，推动行业交流，提高慈善信托公信力，促进慈善信托事业发展。

第五十四条 任何单位和个人发现慈善信托违法违规行为的，可以向民政部门、银行业监督管理机构和其他有关部门进行投诉、举报。民政部门、银行业监督管理机构和其他有关部门接到投诉、举报后，应当及时调查处理。

国家鼓励公众、媒体对慈善信托活动进行监督，对慈善信托违法违规行为予以曝光，发挥舆论和社会监督作用。

第五十五条 民政部门和银行业监督管理机构应当及时向社会公开下列慈善信托信息：

（一）慈善信托备案事项；

（二）慈善信托终止事项；

（三）对慈善信托检查、评估的结果；

（四）对慈善信托受托人的行政处罚和监管措施的结果；

（五）法律法规规定应当公开的其他信息。

第五十六条 受托人应当在民政部门提供的信息平台上，发布以下慈善信息，并对信息的真实性负责。

（一）慈善信托设立情况说明；

（二）信托事务处理情况报告、财产状况报告；

（三）慈善信托变更、终止事由；

（四）备案的民政部门要求公开的其他信息。

第五十七条 涉及国家秘密、商业秘密、个人隐私的信息以及慈善信托的委托人不同意公开的姓名、名称、住所、通讯方式等信息，不得公开。

第五十八条 慈善信托的受托人应当于每年3月31日前向备案的民政部门报送慈善信托事务处理情况和慈善信托财产状况的年度报告。

第八章 法律责任

第五十九条 慈善信托的受托人有下列情形之一的，由民政部门予以警告，责令限期改正；有违法所得的，由民政部门予以没收；对直接负责的主管人员和其他直接责任人员处二万元以上二十万元以下罚款：

（一）将信托财产及其收益用于非慈善目的的；

（二）未按照规定将信托事务处理情况及财务状况向民政部门报告或者向社会公开的。

第六十条 信托公司违反本办法规定的，银行业监督管理机构可以根据《银行业监督管理法》等法律法规，采取相应的行政处罚和监管措施。

第六十一条 慈善信托的当事人违反《慈善法》有关规定，构成违反治安管理行为的，依法移送公安机关给予治安管理处罚；构成犯罪的，依法移送公安、司法机关追究刑事责任。

第九章 附 则

第六十二条 本办法由国务院银行业监督管理机构与国务院民政部门共同负责解释。

第六十三条 此前有关慈善信托的相关规定与本办法不一致的，以本办法为准。

第六十四条 省、自治区、直辖市、计划单列市人民政府民政部门和国务院银行业监督管理机构的省一级派出机构可以按照本办法规定结合当地实际联合制定实施细则，但不得设置或变相设置限制性条件。

第六十五条 本办法自印发之日起施行。

中国银行保险监督管理委员会关于规范信托公司信托业务分类的通知

2023 年 3 月 20 日　　　　银保监规〔2023〕1 号

各银保监局，各信托公司，信托保障基金公司、信托登记公司、信托业协会：

为促进信托业务回归本源、规范发展，切实防范风险，更高效服务实体经济发展和满足人民美好生活需要，现就规范信托公司信托业务分类有关事项通知如下：

一、总体要求

进一步厘清信托业务边界和服务内涵，引导信托公司以规范方式发挥制度优势和行业竞争优势，推动信托业走高质量发展之路，助力全面建设社会主义现代化国家。

（一）回归信托本源

信托公司从事信托业务应当立足受托人定位，遵循法律法规和监管要求，确保信托目的合法合规，为受益人的最大利益处理信托事务，履行诚实守信、勤勉尽责的受托责任。

（二）明确分类标准

信托服务实质是根据委托人要求，为受益人利益而对信托财产进行各种方式的管理、处分。信托业务分类应当根据信托服务实质，明确各类业务职责边界，避免相互交叉。

（三）引导差异发展

按照服务内容的具体差异，对信托业务进行细分，突出能够发挥信托制度优势的业务品种，鼓励差异化发展，构建多元化信托服务体系。

（四）保持标准统一

明确资产服务、资产管理、公益慈善等各类信托业务功能，在各类业务服务内涵等方面与国际接轨。资产管理业务监管标准对标《关于规范金融机构资产管理业务的指导意见》（银发〔2018〕106 号，以下简称《指导意见》），与国内同业保持一致。

（五）严格合规管理

严防利用信托机制灵活性变相开展违规业务。信托公司要在穿透基础上，按"实质重于形式"原则对信托业务进行分类。

二、明确信托业务分类标准和要求

信托公司应当以信托目的、信托成立方式、信托财产管理内容为分类维度，将信托业务分为资产服务信托、资产管理信托、公益慈善信托三大类共 25 个业务品种（具体分类要求见附件）。

（一）资产服务信托

资产服务信托是指信托公司依据信托法律关系，接受委托人委托，并根据委托人需求为其量身定制财富规划以及代际传承、托管、破产隔离和风险处置等专业信托服务。按照服务内容和特点，分为财富管理服务信托、行政管理服务信托、资产证券化服务信托、风险处置服务信托及新型资产服务信托五类、共 19 个业务品种。

（二）资产管理信托

资产管理信托是信托公司依据信托法律关系，销售信托产品，并为信托产品投资者提供投资和管理金融服务的自益信托，属于私募资产管理业务，适用《指导意见》。信托公司应当通过非公开发行集合资金信托计划（以下简称信托计划）募集资金，并按照信托文件约定的投资方式和比例，对受托资金进行投资管理。信托计划投资者需符合合格投资者标准，在信托设立时既是委托人、也是受益人。资产管理信托依据《指导意见》规定，分为固定收益类信托计划、权益类信托计划、商品及金融衍生品类信托计划和混合类信托计划共4个业务品种。

(三) 公益慈善信托

公益慈善信托是委托人基于公共利益目的，依法将其财产委托给信托公司，由信托公司按照委托人意愿以信托公司名义进行管理和处分，开展公益慈善活动的信托业务。公益慈善信托的信托财产及其收益，不得用于非公益目的。公益慈善信托按照信托目的，分为慈善信托和其他公益信托共2个业务品种。

三、落实信托公司主体责任

信托公司应当完善内部管理机制，做好业务分类工作，准确划分各类信托业务，并在此基础上明确发展战略和转型方向，增强受托服务意识和专业服务能力，以发挥信托独特功能、实现良好社会价值为导向，积极探索开展资产服务信托和公益慈善信托业务，规范开展符合信托本源特征、丰富直接融资方式的资产管理信托业务，提高竞争力和社会声誉，在有效防控风险的基础上实现高质量发展。

(一) 明确业务边界

信托公司应当严格把握信托业务边界，不得以管理契约型私募基金形式开展资产管理信托业务，不得以信托业务形式开展为融资方服务的私募投行业务，不得以任何形式开展通道业务和资金池业务，不得以任何形式承诺信托财产不受损失或承诺最低收益，坚决压降影子银行风险突出的融资类信托业务。

(二) 提高分类质量

信托公司应当按照本通知要求完善内部管理制度，结合监管要求和公司业务特点，细化分类标准，根据信托服务实质对信托业务进行全面、准确分类。信托公司不得擅自调节信托业务分类，同一信托业务不得同时归入多个类别。确有拟开展的新型信托业务无法归入现有类别的，应当与属地银保监会派出机构沟通，按照服务实质明确业务分类归属后开展。信托公司应当组织信托业务分类专题培训，确保相关人员熟知信托业务分类标准并准确分类，按照监管要求填报相关监管报表，确保报送数据准确性。

(三) 完善内控机制

信托公司应当将信托业务分类纳入内部控制体系，明确归口管理部门以及业务部门、合规管理部门、内部审计部门等职责，完善信息系统，为做好信托业务分类提供必要的资源和保障。信托公司应当建立信托业务分类定期监测排查机制，加强合规管理和数据核验，确保信托业务持续符合分类标准和监管要求。信托公司应当建立追责问责机制，对重大差错予以严肃问责。

(四) 有序实施整改

为有序实施存量业务整改，确保平稳过渡，本通知设置3年过渡期。过渡期结束后存在实际困难，仍难以完成整改的，可实施个案处理。对于契约型私募基金业务，按照严禁新增、存量自然到期方式有序清零。对于其他不符合本通知要求的信托业务，单设"待整改业务"一项，有序实施整改。信托公司应当在准确分类基础上充分识别待整改业务，制定整改计划，明确时间进度安排，待整改业务规模应当严格控制在2022年12月31日存量整体规模内并有序压缩递减，防止过渡期结束时出现断崖效应。已纳入资管新规过渡期结束后个案处理范围的信托业务，应当纳入待整改业务，按照资管新规有关要求及前期已报送的整改计划继续整改。

四、加强监管引领

(一) 完善监管规则

银保监会根据信托业务发展情况，制定完善各类信托业务具体监管规则，研究完善信托公司分级分类监管制度，持续完善资本管理、信托保障基金筹集、信托产品登记等配套机制，修订非现场监管报表，保障信托业务分类工作有序落地。

(二) 加强日常监管

各银保监局应当督促指导辖内信托公司按照本通知要求完善内部管理机制，对存量信托业务准确分类、有序整改。各银保监局应当通过非现场监管和现场检查等方式，对信托业务分类准确性及展业合规性实施持续监管，防止监管套利。各银保监局应当提高监管主动性和前瞻性，及时、准确发现违规问题并采取有针对性的纠正措施，责成信托公司限期整改，逾期未整改的，应当依法采取暂停业务等审慎监管措施，并要求信托公司严肃处理责任人员。

（三）加强宣传引导

各银保监局应当指导辖内信托公司加强金融消费者教育，引导金融消费者正确认识信托关系实质和信托业务风险特征，树立信托产品打破刚性兑付的风险意识。信托业协会应当加强宣传引导，组织信托公司自觉落实相关要求，普及信托相关知识，提高社会各界对各类信托业务的认知度。

本通知自 2023 年 6 月 1 日起实施。本通知实施前公布的规范性文件与本通知规定不一致的，以本通知为准。各信托公司应当于本通知实施后 30 日内将存续信托业务分类结果和整改计划报送属地银保监会派出机构。

十、融资租赁

金融租赁公司管理办法

（2014年3月13日中国银行业监督管理委员会令
2014年第3号公布　自公布之日起施行）

第一章　总　则

第一条　为促进融资租赁业务发展，规范金融租赁公司的经营行为，根据《中华人民共和国银行业监督管理法》《中华人民共和国公司法》等法律法规，制定本办法。

第二条　本办法所称金融租赁公司，是指经银监会批准，以经营融资租赁业务为主的非银行金融机构。

金融租赁公司名称中应当标明"金融租赁"字样。未经银监会批准，任何单位不得在其名称中使用"金融租赁"字样。

第三条　本办法所称融资租赁，是指出租人根据承租人对租赁物和供货人的选择或认可，将其从供货人处取得的租赁物按合同约定出租给承租人占有、使用，向承租人收取租金的交易活动。

第四条　适用于融资租赁交易的租赁物为固定资产，银监会另有规定的除外。

第五条　本办法所称售后回租业务，是指承租人将自有物件出卖给出租人，同时与出租人签订融资租赁合同，再将该物件从出租人处租回的融资租赁形式。售后回租业务是承租人和供货人为同一人的融资租赁方式。

第六条　银监会及其派出机构依法对金融租赁公司实施监督管理。

第二章　机构设立、变更与终止

第七条　申请设立金融租赁公司，应当具备以下条件：

（一）有符合《中华人民共和国公司法》和银监会规定的公司章程；

（二）有符合规定条件的发起人；

（三）注册资本为一次性实缴货币资本，最低限额为1亿元人民币或等值的可自由兑换货币；

（四）有符合任职资格条件的董事、高级管理人员，并且从业人员中具有金融或融资租赁工作经历3年以上的人员应当不低于总人数的50%；

（五）建立了有效的公司治理、内部控制和风险管理体系；

（六）建立了与业务经营和监管要求相适应的信息科技架构，具有支撑业务经营的必要、安全且合规的信息系统，具备保障业务持续运营的技术与措施；

（七）有与业务经营相适应的营业场所、安全防范措施和其他设施；

（八）银监会规定的其他审慎性条件。

第八条　金融租赁公司的发起人包括在中国境内外注册的具有独立法人资格的商业银行，在中国境内注册的、主营业务为制造适合融资租赁交易产品的大型企业，在中国境外注册的融资租赁公司以及银监会认可的其他发起人。

银监会认可的其他发起人是指除符合本办法第九条至第十一条规定的发起人以外的其他境内法人机构和境外金融机构。

第九条 在中国境内外注册的具有独立法人资格的商业银行作为金融租赁公司发起人，应当具备以下条件：

（一）满足所在国家或地区监管当局的审慎监管要求；

（二）具有良好的公司治理结构、内部控制机制和健全的风险管理体系；

（三）最近1年年末总资产不低于800亿元人民币或等值的可自由兑换货币；

（四）财务状况良好，最近2个会计年度连续盈利；

（五）为拟设金融租赁公司确定了明确的发展战略和清晰的盈利模式；

（六）遵守注册地法律法规，最近2年内未发生重大案件或重大违法违规行为；

（七）境外商业银行作为发起人的，其所在国家或地区金融监管当局已经与银监会建立良好的监督管理合作机制；

（八）入股资金为自有资金，不得以委托资金、债务资金等非自有资金入股；

（九）承诺5年内不转让所持有的金融租赁公司股权、不将所持有的金融租赁公司股权进行质押或设立信托，并在拟设公司章程中载明；

（十）银监会规定的其他审慎性条件。

第十条 在中国境内注册的、主营业务为制造适合融资租赁交易产品的大型企业作为金融租赁公司发起人，应当具备以下条件：

（一）有良好的公司治理结构或有效的组织管理方式；

（二）最近1年的营业收入不低于50亿元人民币或等值的可自由兑换货币；

（三）财务状况良好，最近2个会计年度连续盈利；

（四）最近1年年末净资产不低于总资产的30%；

（五）最近1年主营业务销售收入占全部营业收入的80%以上；

（六）为拟设金融租赁公司确定了明确的发展战略和清晰的盈利模式；

（七）有良好的社会声誉、诚信记录和纳税记录；

（八）遵守国家法律法规，最近2年内未发生重大案件或重大违法违规行为；

（九）入股资金为自有资金，不得以委托资金、债务资金等非自有资金入股；

（十）承诺5年内不转让所持有的金融租赁公司股权、不将所持有的金融租赁公司股权进行质押或设立信托，并在拟设公司章程中载明；

（十一）银监会规定的其他审慎性条件。

第十一条 在中国境外注册的具有独立法人资格的融资租赁公司作为金融租赁公司发起人，应当具备以下条件：

（一）具有良好的公司治理结构、内部控制机制和健全的风险管理体系；

（二）最近1年年末总资产不低于100亿元人民币或等值的可自由兑换货币；

（三）财务状况良好，最近2个会计年度连续盈利；

（四）遵守注册地法律法规，最近2年内未发生重大案件或重大违法违规行为；

（五）所在国家或地区经济状况良好；

（六）入股资金为自有资金，不得以委托资金、债务资金等非自有资金入股；

（七）承诺5年内不转让所持有的金融租赁公司股权、不将所持有的金融租赁公司股权进行质押或设立信托，并在拟设公司章程中载明；

（八）银监会规定的其他审慎性条件。

第十二条 金融租赁公司至少应当有一名符合第九条至第十一条规定的发起人，且其出资比例不低于拟设金融租赁公司全部股本的30%。

第十三条 其他境内法人机构作为金融租赁公司发起人，应当具备以下条件：

（一）有良好的公司治理结构或有效的组织管理方式；

（二）有良好的社会声誉、诚信记录和纳税记录；

（三）经营管理良好，最近2年内无重大违法违规经营记录；

（四）财务状况良好，且最近2个会计年度连续盈利；

（五）入股资金为自有资金，不得以委托资金、债务资金等非自有资金入股；

（六）承诺5年内不转让所持有的金融租赁公司股权，不将所持有的金融租赁公司股权进行质押或设立信托，并在公司章程中载明；

（七）银监会规定的其他审慎性条件；

其他境内法人机构为非金融机构的，最近1年年末净资产不得低于总资产的30%；

其他境内法人机构为金融机构的，应当符合与该类金融机构有关的法律、法规、相关监管规定要求。

第十四条 其他境外金融机构作为金融租赁公司发起人，应当具备以下条件：

（一）满足所在国家或地区监管当局的审慎监管要求；

（二）具有良好的公司治理结构、内部控制机制和健全的风险管理体系；

（三）最近1年年末总资产原则上不低于10亿美元或等值的可自由兑换货币；

（四）财务状况良好，最近2个会计年度连续盈利；

（五）入股资金为自有资金，不得以委托资金、债务资金等非自有资金入股；

（六）承诺5年内不转让所持有的金融租赁公司股权，不将所持有的金融租赁公司股权进行质押或设立信托，并在公司章程中载明；

（七）所在国家或地区金融监管当局已经与银监会建立良好的监督管理合作机制；

（八）具有有效的反洗钱措施；

（九）所在国家或地区经济状况良好；

（十）银监会规定的其他审慎性条件。

第十五条 有以下情形之一的企业不得作为金融租赁公司的发起人：

（一）公司治理结构与机制存在明显缺陷；

（二）关联企业众多、股权关系复杂且不透明、关联交易频繁且异常；

（三）核心主业不突出且其经营范围涉及行业过多；

（四）现金流量波动受经济景气影响较大；

（五）资产负债率、财务杠杆率高于行业平均水平；

（六）其他对金融租赁公司产生重大不利影响的情况。

第十六条 金融租赁公司发起人应当在金融租赁公司章程中约定，在金融租赁公司出现支付困难时，给予流动性支持；当经营损失侵蚀资本时，及时补足资本金。

第十七条 金融租赁公司根据业务发展的需要，经银监会批准，可以设立分公司、子公司。设立分公司、子公司的具体条件由银监会另行制定。

第十八条 金融租赁公司董事和高级管理人员实行任职资格核准制度。

第十九条 金融租赁公司有下列变更事项之一的，须报经银监会或其派出机构批准：

（一）变更公司名称；

（二）变更组织形式；

（三）调整业务范围；

（四）变更注册资本；

（五）变更股权或调整股权结构；

（六）修改公司章程；

（七）变更公司住所或营业场所；

（八）变更董事和高级管理人员；

（九）合并或分立；

（十）银监会规定的其他变更事项。

第二十条 金融租赁公司变更股权及调整股权结构，拟投资入股的出资人需符合本办法第八条至第十六条规定的新设金融租赁公司发起人条件。

第二十一条 金融租赁公司有以下情况之一的，经银监会批准可以解散：

（一）公司章程规定的营业期限届满或者公司章程规定的其他解散事由出现；

（二）股东决定或股东（大）会决议解散；

（三）因公司合并或者分立需要解散；

（四）依法被吊销营业执照、责令关闭或者被撤销；

（五）其他法定事由。

第二十二条 金融租赁公司有以下情形之一的，经银监会批准，可以向法院申请破产：

（一）不能支付到期债务，自愿或债权人要求申请破产的；

（二）因解散或被撤销而清算，清算组发现财产不足以清偿债务，应当申请破产的。

第二十三条 金融租赁公司不能清偿到期债务，并且资产不足以清偿全部债务或者明显缺乏清偿能力的，银监会可以向人民法院提出对该金融租赁公司进行重整或者破产清算的申请。

第二十四条　金融租赁公司因解散、依法被撤销或被宣告破产而终止的，其清算事宜，按照国家有关法律法规办理。

第二十五条　金融租赁公司设立、变更、终止和董事及高管人员任职资格核准的行政许可程序，按照银监会相关规定执行。

第三章　业务范围

第二十六条　经银监会批准，金融租赁公司可以经营下列部分或全部本外币业务：

（一）融资租赁业务；

（二）转让和受让融资租赁资产；

（三）固定收益类证券投资业务；

（四）接受承租人的租赁保证金；

（五）吸收非银行股东3个月（含）以上定期存款；

（六）同业拆借；

（七）向金融机构借款；

（八）境外借款；

（九）租赁物变卖及处理业务；

（十）经济咨询。

第二十七条　经银监会批准，经营状况良好、符合条件的金融租赁公司可以开办下列部分或全部本外币业务：

（一）发行债券；

（二）在境内保税地区设立项目公司开展融资租赁业务；

（三）资产证券化；

（四）为控股子公司、项目公司对外融资提供担保；

（五）银监会批准的其他业务。

金融租赁公司开办前款所列业务的具体条件和程序，按照有关规定执行。

第二十八条　金融租赁公司业务经营中涉及外汇管理事项的，需遵守国家外汇管理有关规定。

第四章　经营规则

第二十九条　金融租赁公司应当建立以股东或股东（大）会、董事会、监事（会）、高级管理层等为主体的组织架构，明确职责划分，保证相互之间独立运行、有效制衡，形成科学高效的决策、激励和约束机制。

第三十条　金融租赁公司应当按照全面、审慎、有效、独立原则，建立健全内部控制制度，防范、控制和化解风险，保障公司安全稳健运行。

第三十一条　金融租赁公司应当根据其组织架构、业务规模和复杂程度建立全面的风险管理体系，对信用风险、流动性风险、市场风险、操作风险等各类风险进行有效的识别、计量、监测和控制，同时还应当及时识别和管理与融资租赁业务相关的特定风险。

第三十二条　金融租赁公司应当合法取得租赁物的所有权。

第三十三条　租赁物属于国家法律法规规定所有权转移必须到登记部门进行登记的财产类别，金融租赁公司应当进行相关登记。租赁物不属于需要登记的财产类别，金融租赁公司应当采取有效措施保障对租赁物的合法权益。

第三十四条　售后回租业务的租赁物必须由承租人真实拥有并有权处分。金融租赁公司不得接受已设置任何抵押、权属存在争议或已被司法机关查封、扣押的财产或所有权存在瑕疵的财产作为售后回租业务的租赁物。

第三十五条　金融租赁公司应当在签订融资租赁合同或明确融资租赁业务意向的前提下，按照承租人要求购置租赁物。特殊情况下需提前购置租赁物的，应当与自身现有业务领域或业务规划保持一致，且与自身风险管理能力和专业化经营水平相符。

第三十六条　金融租赁公司应当建立健全租赁物价值评估和定价体系，根据租赁物的价值、其他成本和合理利润等确定租金水平。

售后回租业务中，金融租赁公司对租赁物的买入价格应当有合理的、不违反会计准则的定价依据作为参考，不得低值高买。

第三十七条　金融租赁公司应当重视租赁物的风险缓释作用，密切监测租赁物价值对融资租赁债权的风险覆盖水平，制定有效的风险应对措施。

第三十八条　金融租赁公司应当加强租赁物未担保余值的估值管理，定期评估未担保余值，并开展减值测试。当租赁物未担保余值出现减值迹象时，应当按照会计准则要求计提减值准备。

第三十九条　金融租赁公司应当加强未担保余值风险的限额管理，根据业务规模、业务性质、复杂程度和市场状况，对未担保余值比例较高的融资租赁资产设定风险限额。

第四十条 金融租赁公司应当加强对租赁期限届满返还或因承租人违约而取回的租赁物的风险管理，建立完善的租赁物处置制度和程序，降低租赁物持有期风险。

第四十一条 金融租赁公司应当严格按照会计准则等相关规定，真实反映融资租赁资产转让和受让业务的实质和风险状况。

第四十二条 金融租赁公司应当建立健全集中度风险管理体系，有效防范和分散经营风险。

第四十三条 金融租赁公司应当建立严格的关联交易管理制度，其关联交易应当按照商业原则，以不优于非关联方同类交易的条件进行。

第四十四条 金融租赁公司与其设立的控股子公司、项目公司之间的交易，不适用本办法对关联交易的监管要求。

第四十五条 金融租赁公司的重大关联交易应当经董事会批准。

重大关联交易是指金融租赁公司与一个关联方之间单笔交易金额占金融租赁公司资本净额5%以上，或金融租赁公司与一个关联方发生交易后金融租赁公司与该关联方的交易余额占金融租赁公司资本净额10%以上的交易。

第四十六条 金融租赁公司所开展的固定收益类证券投资业务，不得超过资本净额的20%。

第四十七条 金融租赁公司开办资产证券化业务，可以参照信贷资产证券化相关规定。

第五章 监督管理

第四十八条 金融租赁公司应当遵守以下监管指标的规定：

（一）资本充足率。金融租赁公司资本净额与风险加权资产的比例不得低于银监会的最低监管要求。

（二）单一客户融资集中度。金融租赁公司对单一承租人的全部融资租赁业务余额不得超过资本净额的30%。

（三）单一集团客户融资集中度。金融租赁公司对单一集团的全部融资租赁业务余额不得超过资本净额的50%。

（四）单一客户关联度。金融租赁公司对一个关联方的全部融资租赁业务余额不得超过资本净额的30%。

（五）全部关联度。金融租赁公司对全部关联方的全部融资租赁业务余额不得超过资本净额的50%。

（六）单一股东关联度。对单一股东及其全部关联方的融资余额不得超过该股东在金融租赁公司的出资额，且应同时满足本办法对单一客户关联度的规定。

（七）同业拆借比例。金融租赁公司同业拆入资金余额不得超过资本净额的100%。

经银监会认可，特定行业的单一客户融资集中度和单一集团客户融资集中度要求可以适当调整。

银监会根据监管需要可以对上述指标做出适当调整。

第四十九条 金融租赁公司应当按照银监会的相关规定构建资本管理体系，合理评估资本充足状况，建立审慎、规范的资本补充、约束机制。

第五十条 金融租赁公司应当按照监管规定建立资产质量分类制度。

第五十一条 金融租赁公司应当按照相关规定建立准备金制度，在准确分类的基础上及时足额计提资产减值损失准备，增强风险抵御能力。未提足准备的，不得进行利润分配。

第五十二条 金融租赁公司应当建立健全内部审计制度，审查评价并改善经营活动、风险状况、内部控制和公司治理效果，促进合法经营和稳健发展。

第五十三条 金融租赁公司应当执行国家统一的会计准则和制度，真实记录并全面反映财务状况和经营成果等信息。

第五十四条 金融租赁公司应当按规定报送会计报表及银监会及其派出机构要求的其他报表，并对所报报表、资料的真实性、准确性和完整性负责。

第五十五条 金融租赁公司应当建立定期外部审计制度，并在每个会计年度结束后的4个月内，将经法定代表人签名确认的年度审计报告报送银监会或其派出机构。

第五十六条 金融租赁公司违反本办法有关规定的，银监会及其派出机构应当依法责令限期整改；逾期未整改的，或者其行为严重危及该金融租赁公司的稳健运行、损害客户合法权益的，可以区别情形，依照《中华人民共和国银行业监督管理法》等法律法规，采取暂停业务、限制股东权利等监管措施。

第五十七条 金融租赁公司已经或者可能发生信用危机，严重影响客户合法权益的，银监会依法对其实行托管或者督促其重组，问题严重的，有权予以撤销。

第五十八条 凡违反本办法有关规定的，银监会及其派出机构依照《中华人民共和国银行业监督管理法》等有关法律法规进行处罚。金融租赁公司对处罚决定不服的，可以依法申请行政复议或者向人民法院提起行政诉讼。

第六章 附 则

第五十九条 除特别说明外，本办法中各项财务指标要求均为合并会计报表口径。

第六十条 本办法由银监会负责解释。

第六十一条 本办法自公布之日起施行，原《金融租赁公司管理办法》（中国银行业监督管理委员会令2007年第1号）同时废止。

最高人民法院
关于审理融资租赁合同纠纷案件适用法律问题的解释

（2013年11月25日最高人民法院审判委员会第1597次会议通过 根据2020年12月23日最高人民法院审判委员会第1823次会议通过的《最高人民法院关于修改〈最高人民法院关于在民事审判工作中适用《中华人民共和国工会法》若干问题的解释〉等二十七件民事类司法解释的决定》修正）

为正确审理融资租赁合同纠纷案件，根据《中华人民共和国民法典》《中华人民共和国民事诉讼法》等法律的规定，结合审判实践，制定本解释。

一、融资租赁合同的认定

第一条 人民法院应当根据民法典第七百三十五条的规定，结合标的物的性质、价值、租金的构成以及当事人的合同权利和义务，对是否构成融资租赁法律关系作出认定。

对名为融资租赁合同，但实际不构成融资租赁法律关系的，人民法院应按照其实际构成的法律关系处理。

第二条 承租人将其自有物出卖给出租人，再通过融资租赁合同将租赁物从出租人处租回的，人民法院不应仅以承租人和出卖人系同一人为由认定不构成融资租赁法律关系。

二、合同的履行和租赁物的公示

第三条 承租人拒绝受领租赁物，未及时通知出租人，或者无正当理由拒绝受领租赁物，造成出租人损失，出租人向承租人主张损害赔偿的，人民法院应予支持。

第四条 出租人转让其在融资租赁合同项下的部分或者全部权利，受让方以此为由请求解除或者变更融资租赁合同的，人民法院不予支持。

三、合同的解除

第五条 有下列情形之一，出租人请求解除融资租赁合同的，人民法院应予支持：

（一）承租人未按照合同约定的期限和数额支付租金，符合合同约定的解除条件，经出租人催告后在合理期限内仍不支付的；

（二）合同对于欠付租金解除合同的情形没有明确约定，但承租人欠付租金达到两期以上，或者数额达到全部租金百分之十五以上，经出租人催告后在合理期限内仍不支付的；

（三）承租人违反合同约定，致使合同目的不能实现的其他情形。

第六条 因出租人的原因致使承租人无法占有、使用租赁物，承租人请求解除融资租赁合同的，人民法院应予支持。

第七条 当事人在一审诉讼中仅请求解除融资租赁合同，未对租赁物的归属及损失赔偿提出主张的,人民法院可以向当事人进行释明。

四、违约责任

第八条 租赁物不符合融资租赁合同的约定且出租人实施了下列行为之一,承租人依照民法典第七百四十四条、第七百四十七条的规定,要求出租人承担相应责任的,人民法院应予支持:

(一) 出租人在承租人选择出卖人、租赁物时,对租赁物的选定起决定作用的;

(二) 出租人干预或者要求承租人按照出租人意愿选择出卖人或者租赁物的;

(三) 出租人擅自变更承租人已经选定的出卖人或者租赁物的。

承租人主张其系依赖出租人的技能确定租赁物或者出租人干预选择租赁物的,对上述事实承担举证责任。

第九条 承租人逾期履行支付租金义务或者迟延履行其他付款义务,出租人按照融资租赁合同的约定要求承租人支付逾期利息、相应违约金的,人民法院应予支持。

第十条 出租人既请求承租人支付合同约定的全部未付租金又请求解除融资租赁合同的,人民法院应告知其依照民法典第七百五十二条的规定作出选择。

出租人请求承租人支付合同约定的全部未付租金,人民法院判决后承租人未予履行,出租人再行起诉请求解除融资租赁合同、收回租赁物的,人民法院应予受理。

第十一条 出租人依照本解释第五条的规定请求解除融资租赁合同,同时请求收回租赁物并赔偿损失的,人民法院应予支持。

前款规定的损失赔偿范围为承租人全部未付租金及其他费用与收回租赁物价值的差额。合同约定租赁期间届满后租赁物归出租人所有的,损失赔偿范围还应包括融资租赁合同到期后租赁物的残值。

第十二条 诉讼期间承租人与出租人对租赁物的价值有争议的,人民法院可以按照融资租赁合同的约定确定租赁物价值;融资租赁合同未约定或者约定不明的,可以参照融资租赁合同约定的租赁物折旧以及合同到期后租赁物的残值确定租赁物价值。

承租人或者出租人认为依前款确定的价值严重偏离租赁物实际价值的,可以请求人民法院委托有资质的机构评估或者拍卖确定。

五、其他规定

第十三条 出卖人与买受人因买卖合同发生纠纷,或者出租人与承租人因融资租赁合同发生纠纷,当事人仅对其中一个合同关系提起诉讼,人民法院经审查后认为另一合同关系的当事人与案件处理结果有法律上的利害关系的,可以通知其作为第三人参加诉讼。

承租人与租赁物的实际使用人不一致,融资租赁合同当事人未对租赁物的实际使用人提起诉讼,人民法院经审查后认为租赁物的实际使用人与案件处理结果有法律上的利害关系的,可以通知其作为第三人参加诉讼。

承租人基于买卖合同和融资租赁合同直接向出卖人主张受领租赁物、索赔等买卖合同权利的,人民法院应通知出租人作为第三人参加诉讼。

第十四条 当事人因融资租赁合同租金欠付争议向人民法院请求保护其权利的诉讼时效期间为三年,自租赁期限届满之日起计算。

第十五条 本解释自2014年3月1日起施行。《最高人民法院关于审理融资租赁合同纠纷案件若干问题的规定》(法发〔1996〕19号)同时废止。

本解释施行后尚未终审的融资租赁合同纠纷案件,适用本解释;本解释施行前已经终审,当事人申请再审或者按照审判监督程序决定再审的,不适用本解释。

十一、票据、信用证

中华人民共和国票据法

(1995年5月10日第八届全国人民代表大会常务委员会第十三次会议通过 根据2004年8月28日第十届全国人民代表大会常务委员会第十一次会议《关于修改〈中华人民共和国票据法〉的决定》修正)

目 录

第一章 总 则
第二章 汇票
　第一节 出 票
　第二节 背 书
　第三节 承 兑
　第四节 保 证
　第五节 付 款
　第六节 追索权
第三章 本 票
第四章 支 票
第五章 涉外票据的法律适用
第六章 法律责任
第七章 附 则

第一章 总 则

第一条 为了规范票据行为，保障票据活动中当事人的合法权益，维护社会经济秩序，促进社会主义市场经济的发展，制定本法。

第二条 在中华人民共和国境内的票据活动，适用本法。

本法所称票据，是指汇票、本票和支票。

第三条 票据活动应当遵守法律、行政法规，不得损害社会公共利益。

第四条 票据出票人制作票据，应当按照法定条件在票据上签章，并按照所记载的事项承担票据责任。

持票人行使票据权利，应当按照法定程序在票据上签章，并出示票据。

其他票据债务人在票据上签章的，按照票据所记载的事项承担票据责任。

本法所称票据权利，是指持票人向票据债务人请求支付票据金额的权利，包括付款请求权和追索权。

本法所称票据责任，是指票据债务人向持票人支付票据金额的义务。

第五条 票据当事人可以委托其代理人在票据上签章，并应当在票据上表明其代理关系。

没有代理权而以代理人名义在票据上签章的，应当由签章人承担票据责任；代理人超越代理权限的，应当就其超越权限的部分承担票据责任。

第六条 无民事行为能力人或者限制民事行为能力人在票据上签章的，其签章无效，但是不影响其他签章的效力。

第七条 票据上的签章，为签名、盖章或者签名加盖章。

法人和其他使用票据的单位在票据上的签章，为该法人或者该单位的盖章加其法定代表人或者其授权的代理人的签章。

在票据上的签名，应当为该当事人的本名。

第八条　票据金额以中文大写和数码同时记载,二者必须一致,二者不一致的,票据无效。

第九条　票据上的记载事项必须符合本法的规定。

票据金额、日期、收款人名称不得更改,更改的票据无效。

对票据上的其他记载事项,原记载人可以更改,更改时应当由原记载人签章证明。

第十条　票据的签发、取得和转让,应当遵循诚实信用的原则,具有真实的交易关系和债权债务关系。

票据的取得,必须给付对价,即应当给付票据双方当事人认可的相对应的代价。

第十一条　因税收、继承、赠与可以依法无偿取得票据的,不受给付对价的限制。但是,所享有的票据权利不得优于其前手的权利。

前手是指在票据签章人或者持票人之前签章的其他票据债务人。

第十二条　以欺诈、偷盗或者胁迫等手段取得票据的,或者明知有前列情形,出于恶意取得票据的,不得享有票据权利。

持票人因重大过失取得不符合本法规定的票据的,也不得享有票据权利。

第十三条　票据债务人不得以自己与出票人或者与持票人的前手之间的抗辩事由,对抗持票人。但是,持票人明知存在抗辩事由而取得票据的除外。

票据债务人可以对不履行约定义务的与自己有直接债权债务关系的持票人,进行抗辩。

本法所称抗辩,是指票据债务人根据本法规定对票据债权人拒绝履行义务的行为。

第十四条　票据上的记载事项应当真实,不得伪造、变造。伪造、变造票据上的签章和其他记载事项的,应当承担法律责任。

票据上有伪造、变造的签章的,不影响票据上其他真实签章的效力。

票据上其他记载事项被变造的,在变造之前签章的人,对原记载事项负责;在变造之后签章的人,对变造之后的记载事项负责;不能辨别是在票据被变造之前或者之后签章的,视同在变造之前签章。

第十五条　票据丧失,失票人可以及时通知票据的付款人挂失止付,但是,未记载付款人或者无法确定付款人及其代理付款人的票据除外。

收到挂失止付通知的付款人,应当暂停支付。

失票人应当在通知挂失止付后三日内,也可以在票据丧失后,依法向人民法院申请公示催告,或者向人民法院提起诉讼。

第十六条　持票人对票据债务人行使票据权利,或者保全票据权利,应当在票据当事人的营业场所和营业时间内进行,票据当事人无营业场所的,应当在其住所进行。

第十七条　票据权利在下列期限内不行使而消灭:

(一)持票人对票据的出票人和承兑人的权利,自票据到期日起二年。见票即付的汇票、本票,自出票日起二年;

(二)持票人对支票出票人的权利,自出票日起六个月;

(三)持票人对前手的追索权,自被拒绝承兑或者被拒绝付款之日起六个月;

(四)持票人对前手的再追索权,自清偿日或者被提起诉讼之日起三个月。

票据的出票日、到期日由票据当事人依法确定。

第十八条　持票人因超过票据权利时效或者因票据记载事项欠缺而丧失票据权利的,仍享有民事权利,可以请求出票人或者承兑人返还其与未支付的票据金额相当的利益。

第二章　汇　票

第一节　出　票

第十九条　汇票是出票人签发的,委托付款人在见票时或者在指定日期无条件支付确定的金额给收款人或者持票人的票据。

汇票分为银行汇票和商业汇票。

第二十条　出票是指出票人签发票据并将其交付给收款人的票据行为。

第二十一条　汇票的出票人必须与付款人具有真实的委托付款关系,并且具有支付汇票金额的可靠资金来源。

不得签发无对价的汇票用以骗取银行或者其他票据当事人的资金。

第二十二条　汇票必须记载下列事项:

(一)表明"汇票"的字样;

(二)无条件支付的委托;

（三）确定的金额；
（四）付款人名称；
（五）收款人名称；
（六）出票日期；
（七）出票人签章。

汇票上未记载前款规定事项之一的，汇票无效。

第二十三条 汇票上记载付款日期、付款地、出票地等事项的，应当清楚、明确。

汇票上未记载付款日期的，为见票即付。

汇票上未记载付款地的，付款人的营业场所、住所或者经常居住地为付款地。

汇票上未记载出票地的，出票人的营业场所、住所或者经常居住地为出票地。

第二十四条 汇票上可以记载本法规定事项以外的其他出票事项，但是该记载事项不具有汇票上的效力。

第二十五条 付款日期可以按照下列形式之一记载：

（一）见票即付；
（二）定日付款；
（三）出票后定期付款；
（四）见票后定期付款。

前款规定的付款日期为汇票到期日。

第二十六条 出票人签发汇票后，即承担保证该汇票承兑和付款的责任。出票人在汇票得不到承兑或者付款时，应当向持票人清偿本法第七十条、第七十一条规定的金额和费用。

第二节 背 书

第二十七条 持票人可以将汇票权利转让给他人或者将一定的汇票权利授予他人行使。

出票人在汇票上记载"不得转让"字样的，汇票不得转让。

持票人行使第一款规定的权利时，应当背书并交付汇票。

背书是指在票据背面或者粘单上记载有关事项并签章的票据行为。

第二十八条 票据凭证不能满足背书人记载事项的需要，可以加附粘单，粘附于票据凭证上。

粘单上的第一记载人，应当在汇票和粘单的粘接处签章。

第二十九条 背书由背书人签章并记载背书日期。

背书未记载日期的，视为在汇票到期日前背书。

第三十条 汇票以背书转让或者以背书将一定的汇票权利授予他人行使时，必须记载被背书人名称。

第三十一条 以背书转让的汇票，背书应当连续。持票人以背书的连续，证明其汇票权利；非经背书转让，而以其他合法方式取得汇票的，依法举证，证明其汇票权利。

前款所称背书连续，是指在票据转让中，转让汇票的背书人与受让汇票的被背书人在汇票上的签章依次前后衔接。

第三十二条 以背书转让的汇票，后手应当对其直接前手背书的真实性负责。

后手是指在票据签章人之后签章的其他票据债务人。

第三十三条 背书不得附有条件。背书时附有条件的，所附条件不具有汇票上的效力。

将汇票金额的一部分转让的背书或者将汇票金额分别转让给二人以上的背书无效。

第三十四条 背书人在汇票上记载"不得转让"字样，其后手再背书转让的，原背书人对后手的被背书人不承担保证责任。

第三十五条 背书记载"委托收款"字样的，被背书人有权代背书人行使被委托的汇票权利。但是，被背书人不得再以背书转让汇票权利。

汇票可以设定质押；质押时应当以背书记载"质押"字样。被背书人依法实现其质权时，可以行使汇票权利。

第三十六条 汇票被拒绝承兑、被拒绝付款或者超过付款提示期限的，不得背书转让；背书转让的，背书人应当承担汇票责任。

第三十七条 背书人以背书转让汇票后，即承担保证其后手所持汇票承兑和付款的责任。背书人在汇票得不到承兑或者付款时，应当向持票人清偿本法第七十条、第七十一条规定的金额和费用。

第三节 承 兑

第三十八条 承兑是指汇票付款人承诺在汇票到期日支付汇票金额的票据行为。

第三十九条 定日付款或者出票后定期付款的汇票，持票人应当在汇票到期日前向付款人提示承兑。

提示承兑是指持票人向付款人出示汇票，并要求付款人承诺付款的行为。

第四十条 见票后定期付款的汇票，持票人应当自出票日起一个月内向付款人提示承兑。

汇票未按照规定期限提示承兑的，持票人丧失对其前手的追索权。

见票即付的汇票无需提示承兑。

第四十一条 付款人对向其提示承兑的汇票，应当自收到提示承兑的汇票之日起三日内承兑或者拒绝承兑。

付款人收到持票人提示承兑的汇票时，应当向持票人签发收到汇票的回单。回单上应当记明汇票提示承兑日期并签章。

第四十二条 付款人承兑汇票的，应当在汇票正面记载"承兑"字样和承兑日期并签章；见票后定期付款的汇票，应当在承兑时记载付款日期。

汇票上未记载承兑日期的，以前条第一款规定期限的最后一日为承兑日期。

第四十三条 付款人承兑汇票，不得附有条件；承兑附有条件的，视为拒绝承兑。

第四十四条 付款人承兑汇票后，应当承担到期付款的责任。

第四节 保 证

第四十五条 汇票的债务可以由保证人承担保证责任。

保证人由汇票债务人以外的他人担当。

第四十六条 保证人必须在汇票或者粘单上记载下列事项：

（一）表明"保证"的字样；

（二）保证人名称和住所；

（三）被保证人的名称；

（四）保证日期；

（五）保证人签章。

第四十七条 保证人在汇票或者粘单上未记载前条第（三）项的，已承兑的汇票，承兑人为被保证人；未承兑的汇票，出票人为被保证人。

保证人在汇票或者粘单上未记载前条第（四）项的，出票日期为保证日期。

第四十八条 保证不得附有条件；附有条件的，不影响对汇票的保证责任。

第四十九条 保证人对合法取得汇票的持票人所享有的汇票权利，承担保证责任。但是，被保证人的债务因汇票记载事项欠缺而无效的除外。

第五十条 被保证的汇票，保证人应当与被保证人对持票人承担连带责任。汇票到期后得不到付款的，持票人有权向保证人请求付款，保证人应当足额付款。

第五十一条 保证人为二人以上的，保证人之间承担连带责任。

第五十二条 保证人清偿汇票债务后，可以行使持票人对被保证人及其前手的追索权。

第五节 付 款

第五十三条 持票人应当按照下列期限提示付款：

（一）见票即付的汇票，自出票日起一个月内向付款人提示付款；

（二）定日付款、出票后定期付款或者见票后定期付款的汇票，自到期日起十日内向承兑人提示付款。

持票人未按照前款规定期限提示付款的，在作出说明后，承兑人或者付款人仍应当继续对持票人承担付款责任。

通过委托收款银行或者通过票据交换系统向付款人提示付款的，视同持票人提示付款。

第五十四条 持票人依照前条规定提示付款的，付款人必须在当日足额付款。

第五十五条 持票人获得付款的，应当在汇票上签收，并将汇票交给付款人。持票人委托银行收款的，受委托的银行将代收的汇票金额转账收入持票人账户，视同签收。

第五十六条 持票人委托的收款银行的责任，限于按照汇票上记载事项将汇票金额转入持票人账户。

付款人委托的付款银行的责任，限于按照汇票上记载事项从付款人账户支付汇票金额。

第五十七条 付款人及其代理付款人付款时，应当审查汇票背书的连续，并审查提示付款人的合法身份证明或者有效证件。

付款人及其代理付款人以恶意或者有重大过失付款的，应当自行承担责任。

第五十八条 对定日付款、出票后定期付款或者见票后定期付款的汇票，付款人在到期日前付款的，由付款人自行承担所产生的责任。

第五十九条 汇票金额为外币的，按照付款日的市场汇价，以人民币支付。

汇票当事人对汇票支付的货币种类另有约定的，从其约定。

第六十条 付款人依法足额付款后,全体汇票债务人的责任解除。

第六节 追索权

第六十一条 汇票到期被拒绝付款的,持票人可以对背书人、出票人以及汇票的其他债务人行使追索权。

汇票到期日前,有下列情形之一的,持票人也可以行使追索权:

(一)汇票被拒绝承兑的;

(二)承兑人或者付款人死亡、逃匿的;

(三)承兑人或者付款人被依法宣告破产的或者因违法被责令终止业务活动的。

第六十二条 持票人行使追索权时,应当提供被拒绝承兑或者被拒绝付款的有关证明。

持票人提示承兑或者提示付款被拒绝的,承兑人或者付款人必须出具拒绝证明,或者出具退票理由书。未出具拒绝证明或者退票理由书的,应当承担由此产生的民事责任。

第六十三条 持票人因承兑人或者付款人死亡、逃匿或者其他原因,不能取得拒绝证明的,可以依法取得其他有关证明。

第六十四条 承兑人或者付款人被人民法院依法宣告破产的,人民法院的有关司法文书具有拒绝证明的效力。

承兑人或者付款人因违法被责令终止业务活动的,有关行政主管部门的处罚决定具有拒绝证明的效力。

第六十五条 持票人不能出示拒绝证明、退票理由书或者未按照规定期限提供其他合法证明的,丧失对其前手的追索权。但是,承兑人或者付款人仍应当对持票人承担责任。

第六十六条 持票人应当自收到被拒绝承兑或者被拒绝付款的有关证明之日起三日内,将被拒绝事由书面通知其前手;其前手应当自收到通知之日起三日内书面通知其再前手。持票人也可以同时向各汇票债务人发出书面通知。

未按照前款规定期限通知的,持票人仍可以行使追索权。因延期通知给其前手或者出票人造成损失的,由没有按照规定期限通知的汇票当事人,承担对该损失的赔偿责任,但是所赔偿的金额以汇票金额为限。

在规定期限内将通知按照法定地址或者约定的地址邮寄的,视为已经发出通知。

第六十七条 依照前条第一款所作的书面通知,应当记明汇票的主要记载事项,并说明该汇票已被退票。

第六十八条 汇票的出票人、背书人、承兑人和保证人对持票人承担连带责任。

持票人可以不按汇票债务人的先后顺序,对其中任何一人、数人或者全体行使追索权。

持票人对汇票债务人中的一人或者数人已经进行追索的,对其他汇票债务人仍可以行使追索权。被追索人清偿债务后,与持票人享有同一权利。

第六十九条 持票人为出票人的,对其前手无追索权。持票人为背书人的,对其后手无追索权。

第七十条 持票人行使追索权,可以请求被追索人支付下列金额和费用:

(一)被拒绝付款的汇票金额;

(二)汇票金额自到期日或者提示付款日起至清偿日止,按照中国人民银行规定的利率计算的利息;

(三)取得有关拒绝证明和发出通知书的费用。

被追索人清偿债务时,持票人应当交出汇票和有关拒绝证明,并出具所收到利息和费用的收据。

第七十一条 被追索人依照前条规定清偿后,可以向其他汇票债务人行使再追索权,请求其他汇票债务人支付下列金额和费用:

(一)已清偿的全部金额;

(二)前项金额自清偿日起至再追索清偿日止,按照中国人民银行规定的利率计算的利息;

(三)发出通知书的费用。

行使再追索权的被追索人获得清偿时,应当交出汇票和有关拒绝证明,并出具所收到利息和费用的收据。

第七十二条 被追索人依照前二条规定清偿债务后,其责任解除。

第三章 本 票

第七十三条 本票是出票人签发的,承诺自己在见票时无条件支付确定的金额给收款人或者持票人的票据。

本法所称本票,是指银行本票。

第七十四条 本票的出票人必须具有支付

本票金额的可靠资金来源，并保证支付。

第七十五条　本票必须记载下列事项：

（一）表明"本票"的字样；

（二）无条件支付的承诺；

（三）确定的金额；

（四）收款人名称；

（五）出票日期；

（六）出票人签章。

本票上未记载前款规定事项之一的，本票无效。

第七十六条　本票上记载付款地、出票地等事项的，应当清楚、明确。

本票上未记载付款地的，出票人的营业场所为付款地。

本票上未记载出票地的，出票人的营业场所为出票地。

第七十七条　本票的出票人在持票人提示见票时，必须承担付款的责任。

第七十八条　本票自出票日起，付款期限最长不得超过二个月。

第七十九条　本票的持票人未按照规定期限提示见票的，丧失对出票人以外的前手的追索权。

第八十条　本票的背书、保证、付款行为和追索权的行使，除本章规定外，适用本法第二章有关汇票的规定。

本票的出票行为，除本章规定外，适用本法第二十四条关于汇票的规定。

第四章　支　票

第八十一条　支票是出票人签发的，委托办理支票存款业务的银行或者其他金融机构在见票时无条件支付确定的金额给收款人或者持票人的票据。

第八十二条　开立支票存款账户，申请人必须使用其本名，并提交证明其身份的合法证件。

开立支票存款账户和领用支票，应当有可靠的资信，并存入一定的资金。

开立支票存款账户，申请人应当预留其本名的签名式样和印鉴。

第八十三条　支票可以支取现金，也可以转账，用于转账时，应当在支票正面注明。

支票中专门用于支取现金的，可以另行制作现金支票，现金支票只能用于支取现金。

支票中专门用于转账的，可以另行制作转账支票，转账支票只能用于转账，不得支取现金。

第八十四条　支票必须记载下列事项：

（一）表明"支票"的字样；

（二）无条件支付的委托；

（三）确定的金额；

（四）付款人名称；

（五）出票日期；

（六）出票人签章。

支票上未记载前款规定事项之一的，支票无效。

第八十五条　支票上的金额可以由出票人授权补记，未补记前的支票，不得使用。

第八十六条　支票上未记载收款人名称的，经出票人授权，可以补记。

支票上未记载付款地的，付款人的营业场所为付款地。

支票上未记载出票地的，出票人的营业场所、住所或者经常居住地为出票地。

出票人可以在支票上记载自己为收款人。

第八十七条　支票的出票人所签发的支票金额不得超过其付款时在付款人处实有的存款金额。

出票人签发的支票金额超过其付款时在付款人处实有的存款金额的，为空头支票。禁止签发空头支票。

第八十八条　支票的出票人不得签发与其预留本名的签名式样或者印鉴不符的支票。

第八十九条　出票人必须按照签发的支票金额承担保证向该持票人付款的责任。

出票人在付款人处的存款足以支付支票金额时，付款人应当在当日足额付款。

第九十条　支票限于见票即付，不得另行记载付款日期。另行记载付款日期的，该记载无效。

第九十一条　支票的持票人应当自出票日起十日内提示付款；异地使用的支票，其提示付款的期限由中国人民银行另行规定。

超过提示付款期限的，付款人可以不予付款；付款人不予付款的，出票人仍应当对持票人承担票据责任。

第九十二条　付款人依法支付支票金额的，对出票人不再承担受委托付款的责任，对持票人不再承担付款的责任。但是，付款人以恶意或者有重大过失付款的除外。

第九十三条 支票的背书、付款行为和追索权的行使，除本章规定外，适用本法第二章有关汇票的规定。

支票的出票行为，除本章规定外，适用本法第二十四条、第二十六条关于汇票的规定。

第五章 涉外票据的法律适用

第九十四条 涉外票据的法律适用，依照本章的规定确定。

前款所称涉外票据，是指出票、背书、承兑、保证、付款等行为中，既有发生在中华人民共和国境内又有发生在中华人民共和国境外的票据。

第九十五条 中华人民共和国缔结或者参加的国际条约同本法有不同规定的，适用国际条约的规定。但是，中华人民共和国声明保留的条款除外。

本法和中华人民共和国缔结或者参加的国际条约没有规定的，可以适用国际惯例。

第九十六条 票据债务人的民事行为能力，适用其本国法律。

票据债务人的民事行为能力，依照其本国法律为无民事行为能力或者为限制民事行为能力而依照行为地法律为完全民事行为能力的，适用行为地法律。

第九十七条 汇票、本票出票时的记载事项，适用出票地法律。

支票出票时的记载事项，适用出票地法律，经当事人协议，也可以适用付款地法律。

第九十八条 票据的背书、承兑、付款和保证行为，适用行为地法律。

第九十九条 票据追索权的行使期限，适用出票地法律。

第一百条 票据的提示期限、有关拒绝证明的方式、出具拒绝证明的期限，适用付款地法律。

第一百零一条 票据丧失时，失票人请求保全票据权利的程序，适用付款地法律。

第六章 法律责任

第一百零二条 有下列票据欺诈行为之一的，依法追究刑事责任：

（一）伪造、变造票据的；

（二）故意使用伪造、变造的票据的；

（三）签发空头支票或者故意签发与其预留的本名签名式样或者印鉴不符的支票，骗取财物的；

（四）签发无可靠资金来源的汇票、本票，骗取资金的；

（五）汇票、本票的出票人在出票时作虚假记载，骗取财物的；

（六）冒用他人的票据，或者故意使用过期或者作废的票据，骗取财物的；

（七）付款人同出票人、持票人恶意串通，实施前六项所列行为之一的。

第一百零三条 有前条所列行为之一，情节轻微，不构成犯罪的，依照国家有关规定给予行政处罚。

第一百零四条 金融机构工作人员在票据业务中玩忽职守，对违反本法规定的票据予以承兑、付款或者保证的，给予处分；造成重大损失，构成犯罪的，依法追究刑事责任。

由于金融机构工作人员因前款行为给当事人造成损失的，由该金融机构和直接责任人员依法承担赔偿责任。

第一百零五条 票据的付款人对见票即付或者到期的票据，故意压票，拖延支付的，由金融行政管理部门处以罚款，对直接责任人员给予处分。

票据的付款人故意压票，拖延支付，给持票人造成损失的，依法承担赔偿责任。

第一百零六条 依照本法规定承担赔偿责任以外的其他违反本法规定的行为，给他人造成损失的，应当依法承担民事责任。

第七章 附则

第一百零七条 本法规定的各项期限的计算，适用民法通则关于计算期间的规定。

按月计算期限的，按到期月的对日计算；无对日的，月末日为到期日。

第一百零八条 汇票、本票、支票的格式应当统一。

票据凭证的格式和印制管理办法，由中国人民银行规定。

第一百零九条 票据管理的具体实施办法，由中国人民银行依照本法制定，报国务院批准后施行。

第一百一十条 本法自1996年1月1日起施行。

商业汇票承兑、贴现与再贴现管理办法

(2022年8月24日中国人民银行2022年第7次行务会议审议通过和中国银行保险监督管理委员会审签 2022年11月11日中国人民银行、中国银行保险监督管理委员会令2022年第4号发布 自2023年1月1日起施行)

第一章 总 则

第一条 为了规范商业汇票承兑、贴现与再贴现业务,根据《中华人民共和国票据法》《中华人民共和国中国人民银行法》《中华人民共和国银行业监督管理法》《中华人民共和国商业银行法》等有关法律法规,制定本办法。

第二条 本办法所称商业汇票是出票人签发的,委托付款人在见票时或者在指定日期无条件支付确定的金额给收款人或者持票人的票据,包括但不限于纸质或电子形式的银行承兑汇票、财务公司承兑汇票、商业承兑汇票等。

第三条 电子商业汇票的出票、承兑、贴现、贴现前的背书、质押、保证、提示付款和追索等业务,应当通过人民银行认可的票据市场基础设施办理。供应链票据属于电子商业汇票。

第四条 本办法所称承兑是指付款人承诺在商业汇票到期日无条件支付汇票金额的票据行为。

第五条 本办法所称贴现是指持票人在商业汇票到期日前,贴付一定利息将票据转让至具有贷款业务资质机构的行为。持票人持有的票据应为依法合规取得,具有真实交易关系和债权债务关系,因税收、继承、赠与依法无偿取得票据的除外。

第六条 本办法所称再贴现是指人民银行对金融机构持有的已贴现未到期商业汇票予以贴现的行为,是中央银行的一种货币政策工具。

第七条 商业汇票的承兑、贴现和再贴现,应当遵循依法合规、公平自愿、诚信自律、风险自担的原则。

第二章 承 兑

第八条 银行承兑汇票是指银行和农村信用合作社承兑的商业汇票。银行主要包括政策性开发性银行、商业银行和农村合作银行。银行承兑汇票承兑人应在中华人民共和国境内依法设立,具有银保监会或其派出机构颁发的金融许可证,且业务范围包含票据承兑。

第九条 财务公司承兑汇票是指企业集团财务公司承兑的商业汇票。财务公司承兑汇票承兑人应在中华人民共和国境内依法设立,具有银保监会或其派出机构颁发的金融许可证,且业务范围包含票据承兑。

第十条 商业承兑汇票是由银行、农村信用合作社、财务公司以外的法人或非法人组织承兑的商业汇票。商业承兑汇票承兑人应为在中华人民共和国境内依法设立的法人及其分支机构和非法人组织。

第十一条 银行、农村信用合作社、财务公司承兑人开展承兑业务时,应当严格审查出票人的真实交易关系和债权债务关系以及承兑风险,出票人应当具有良好资信。承兑的金额应当与真实交易关系和债权债务关系、承兑申请人的偿付能力相匹配。

第十二条 银行、农村信用合作社、财务公司承兑的担保品应当严格管理。担保品为保证金的,保证金账户应当独立设置,不得挪用或随意提前支取保证金。

第十三条 银行、农村信用合作社、财务公司承兑业务应当纳入存款类金融机构统一授信管理和风险管理框架。

第三章 贴现和再贴现

第十四条 商业汇票的贴现人应为在中华

人民共和国境内依法设立的、具有贷款业务资质的法人及其分支机构。申请贴现的商业汇票持票人应为自然人、在中华人民共和国境内依法设立的法人及其分支机构和非法人组织。

第十五条 申请贴现的持票人取得贴现票据应依法合规，与出票人或前手之间具有真实交易关系和债权债务关系，因税收、继承、赠与依法无偿取得票据的除外。

第十六条 持票人申请贴现，须提交贴现申请、持票人背书的未到期商业汇票以及能够反映真实交易关系和债权债务关系的材料。

第十七条 持票人可以通过票据经纪机构进行票据贴现询价和成交，贴现撮合交易应当通过人民银行认可的票据市场基础设施开展。

第十八条 票据经纪机构应为市场信誉良好、票据业务活跃的金融机构。票据经纪机构应当具有独立的票据经纪部门和完善的内控管理机制，具有专门的经纪渠道，票据经纪业务与自营业务严格隔离。票据经纪机构应当具有专业的从业人员。

第十九条 转贴现业务按照人民银行和银保监会票据交易有关规定执行。

第二十条 办理商业汇票贴现业务的金融机构，可以申请办理再贴现业务。再贴现业务办理的条件、利率、期限和方式，按照人民银行有关规定执行。

第四章 风险控制

第二十一条 金融机构应当具备健全的票据业务管理制度和内部控制制度，审慎开展商业汇票承兑和贴现业务，采取有效措施防范市场风险、信用风险和操作风险。

第二十二条 商业汇票的承兑人和贴现人应当具备良好的经营和财务状况，最近二年不得发生票据持续逾期或者未按规定披露信息的行为。商业汇票承兑人对承兑的票据应当具备到期付款的能力。

第二十三条 财务公司承兑人所属的集团法人应当具备良好的经营和财务状况，最近二年不得发生票据持续逾期或者未按规定披露信息的行为，最近二年不得发生重大违法行为，以及其他严重损害市场主体合法权益或社会公共利益的行为。

第二十四条 银行承兑汇票和财务公司承兑汇票的最高承兑余额不得超过该承兑人总资产的15%。银行承兑汇票和财务公司承兑汇票保证金余额不得超过该承兑人吸收存款规模的10%。人民银行和银保监会可以根据金融机构内控情况设置承兑余额与贷款余额比例上限等其他监管指标。

第二十五条 商业汇票的付款期限应当与真实交易的履行期限相匹配，自出票日起至到期日止，最长不得超过6个月。

第五章 信息披露

第二十六条 商业汇票信息披露按照人民银行有关规定执行，应当遵循及时、真实、准确、完整的原则。

第二十七条 商业承兑汇票承兑人和财务公司承兑汇票承兑人应当按照人民银行规定披露票据主要要素及信用信息。银行承兑汇票承兑人应当披露承兑人信用信息。

第二十八条 贴现人办理商业汇票贴现的，应当按照人民银行规定核对票据披露信息，信息不存在或者记载事项与披露信息不一致的，不得为持票人办理贴现。

第二十九条 商业汇票背书转让时，被背书人可以按照人民银行规定核对票据信息，信息不存在或者记载事项与披露信息不一致的，可以采取有效措施识别票据信息真伪及信用风险，加强风险防范。

第三十条 商业汇票承兑人为非上市公司、在债券市场无信用评级的，鼓励商业汇票流通前由信用评级机构对承兑人进行主体信用评级，并按照人民银行有关规定披露相关信息。

第三十一条 票据市场基础设施按人民银行有关要求对承兑人信息披露情况进行监测，承兑人存在票据持续逾期或披露信息存在虚假、遗漏、延迟的，票据市场基础设施应根据业务规则采取相应处置措施，并向人民银行报告。

第六章 监督管理

第三十二条 人民银行依法监测商业汇票承兑和贴现的运行情况，依法对票据市场进行管理。

第三十三条 人民银行、银保监会按照法定职责对商业汇票的承兑、贴现、风险控制和信息披露进行监督管理。人民银行对再贴现进行监督管理。

第三十四条 票据市场基础设施和办理商业汇票承兑、贴现、再贴现业务的主体，应当按规定和监管需要向人民银行和银保监会报送有关业务数据。

第七章 法律责任

第三十五条 银行承兑汇票、财务公司承兑汇票的承兑限额、付款期限超出规定的，由人民银行及其分支机构、银保监会及其派出机构对承兑人进行警告、通报批评，并由银保监会及其派出机构依法处以罚款。

第三十六条 商业汇票承兑人最近二年发生票据持续逾期或者未按规定披露信息的，金融机构不得为其办理票据承兑、贴现、保证、质押等业务。

第三十七条 金融机构为不具有真实交易关系和债权债务关系（因税收、继承、赠与依法无偿取得票据的除外）的出票人、持票人办理商业汇票承兑、贴现的，由银保监会及其派出机构根据不同情形依法采取暂停其票据业务等监管措施或者实施行政处罚；对直接负责的董事、高级管理人员和其他直接责任人员，依法追究相关责任。

第三十八条 商业汇票出票人、持票人通过欺诈手段骗取金融机构承兑、贴现的，依法承担相应责任；涉嫌构成犯罪的，移送司法机关依法追究刑事责任。

第三十九条 未经依法许可或者违反国家金融管理规定，擅自从事票据贴现的，依照有关法律法规进行处置。

第八章 附 则

第四十条 本办法由人民银行、银保监会负责解释。

第四十一条 本办法第二十四条规定自2024年1月1日起实施。

第四十二条 本办法自2023年1月1日起施行。《商业汇票承兑、贴现与再贴现管理暂行办法》（银发〔1997〕216号文印发）、《中国人民银行关于切实加强商业汇票承兑贴现和再贴现业务管理的通知》（银发〔2001〕236号）同时废止。

标准化票据管理办法

（2020年6月30日中国人民银行令2020年第6号公布
自2020年7月28日起实施）

第一章 总 则

第一条 为规范标准化票据业务，支持中小金融机构流动性，服务中小企业融资和供应链金融发展，根据《中华人民共和国中国人民银行法》《中华人民共和国信托法》《中华人民共和国票据法》以及相关法律、行政法规，制定本办法。

第二条 本办法所称标准化票据，是指存托机构归集核心信用要素相似、期限相近的商业汇票组建基础资产池，以基础资产池产生的现金流为偿付支持而创设的等分化受益凭证。

第三条 标准化票据的创设和交易应根据市场需要，遵循公平自愿、诚信自律、风险自担的原则。

第四条 标准化票据属于货币市场工具，中国人民银行依法对标准化票据实施宏观调控和监督管理。

第二章 主要参与机构

第五条 本办法所称存托机构，是指为标准化票据提供基础资产归集、管理、创设及信息服务的机构。

存托机构应依照法律法规规定和存托协议约定，完成每只标准化票据相关的登记、托管、信息披露以及协助完成兑付、追索等，督促原始持票人、承兑人、承销商等相关机构履行法律法规规定及存托协议约定的义务。

第六条 存托机构应符合以下条件：
（一）熟悉票据和债券市场业务的商业银行或证券公司；
（二）具有与开展标准化票据存托业务相适应的从业人员、内控制度和业务设施等；
（三）财务状况良好，组织机构健全，内部控制规范，风险管理有效；
（四）信誉良好，最近两年内无重大违法、违规行为；
（五）法律法规和中国人民银行规定的其他条件。

第七条 本办法所称原始持票人，是指根据存托协议约定将符合条件的商业汇票完成存托，取得相应对价的商业汇票持票人。
原始持票人持有的商业汇票应真实、合法、有效，存托时以背书方式将基础资产权利完整转让，不得存在虚假或欺诈性存托，不得认购或变相认购以自己存托的商业汇票为基础资产的标准化票据。

第八条 本办法所称票据经纪机构，是指受存托机构委托，负责归集基础资产的金融机构。
票据经纪机构应票据业务活跃、市场信誉良好，有独立的票据经纪部门和完善的内控管理机制，具有专业从业人员和经纪渠道，票据经纪机构的票据经纪业务与票据自营业务应严格隔离。

第三章 基础资产

第九条 基础资产应符合以下条件：
（一）承兑人、贴现行、保证人等信用主体的核心信用要素相似、期限相近；
（二）依法合规取得，权属明确、权利完整，无附带质押等权利负担；
（三）可依法转让，无挂失止付、公示催告或被有关机关查封、冻结等限制票据权利的情形；
（四）承兑人、贴现行、保证人等信用主体和原始持票人最近两年内无重大违法、违规行为；
（五）法律法规和中国人民银行规定的其他条件。

第十条 标准化票据的基础资产应独立于存托机构等其他参与人的固有财产。

第十一条 原始持票人、存托机构和标准化票据投资者应通过存托协议明确标准化票据所代表权益和各方权利义务。存托协议应符合法律法规及中国人民银行规定，并至少载明下列事项：
（一）创设目的；
（二）原始持票人、存托机构及相关机构名称和住所；
（三）标准化票据的规模、期限等基本情况；
（四）基础资产的种类、金额、期限、合法合规性、现金流预测分析等基本情况；
（五）基础资产现金流归集与分配程序；
（六）投资者范围和投资者取得标准化票据权利的形式、方法；
（七）标准化票据持有人大会召集程序、规则等安排；
（八）信息披露、风险揭示要求与防范措施；
（九）原始持票人、存托机构、投资者的权利与义务。
投资者认购或受让标准化票据即成为存托协议当事人，视为其同意并遵守存托协议约定。

第十二条 存托机构可自行归集或通过票据经纪机构归集基础资产。存托机构和票据经纪机构应对基础资产的真实性、合法性和有效性进行审查。
存托机构和票据经纪机构公开归集基础资产的，应明确归集规则，保证归集过程公平、公正、公开，严禁欺诈、误导、操纵、串通、利益输送等行为。

第十三条 存托机构应委托票据市场基础设施为基础资产提供登记、托管、清算结算等服务。标准化票据存续期间，基础资产不得被交易、挪用或设置质押等权利负担。

第四章 标准化票据创设

第十四条 存托机构应在标准化票据创设前披露基础资产清单，并向投资者公布标准化票据的认购公告。公开归集基础资产的，存托机构或票据经纪机构应在基础资产归集前至少3个工作日发布基础资产申报公告。
标准化票据认购成功的次一工作日前，票据市场基础设施应完成基础资产的登记托管，标准化票据登记托管机构应完成标准化票据的登记托管。

第十五条 存托机构可自行组织标准化票据认购或委托金融机构承销。标准化票据的承销适用《全国银行间债券市场金融债券发行管理办法》（中国人民银行令〔2005〕第1号发布）关于承销的规定。

第十六条 标准化票据的登记托管、清算结算适用《银行间债券市场债券登记托管结算管理办法》（中国人民银行令〔2009〕第1号发布）及中国人民银行有关规定。

第十七条 标准化票据的交易流通适用《全国银行间债券市场债券交易管理办法》（中国人民银行令〔2000〕第2号发布）的有关规定，在银行间债券市场和票据市场交易流通。

第十八条 标准化票据适用于现券买卖、回购、远期等交易品种。

第五章 信息披露

第十九条 存托机构应在标准化票据创设前和存续期间依照本办法规定真实、准确、完整、及时披露对标准化票据投资价值判断有实质性影响的信息，不得有虚假记载、误导性陈述和重大遗漏。

第二十条 存托机构应在标准化票据创设前至少1个工作日，披露存托协议、基础资产清单、信用主体的信用评级、认购公告等，在认购结束之日起1个工作日内披露标准化票据创设结果。

基础资产的信用主体为非上市公司，且在债券市场无信用信息披露的，存托机构应向投资者提供对标准化票据投资价值判断有实质性影响的信息。

第二十一条 存托机构应向投资者充分提示标准化票据可能涉及的各类风险，包括但不限于资产信用风险、集中度风险、操作风险、法律风险、关联关系风险等。

第二十二条 标准化票据存续期间，存托机构应及时披露基础资产兑付信息、信用主体涉及的重大经营问题或诉讼事项等内容。发生任何影响基础资产价值的重大事件，存托机构应自获得相关信息之日起3个工作日内向投资者披露。

第六章 投资者保护

第二十三条 标准化票据的持有人依照相关法律法规和合同约定，享有以下权利：

（一）参与标准化票据的收益分配；

（二）依法处置标准化票据；

（三）监督存托机构对基础资产的管理情况，并有权要求其对相关情况作出说明；

（四）按照相关要求参加标准化票据持有人大会，并对审议事项行使表决权；

（五）按规定或约定的时间和方式获得标准化票据相关信息披露文件，查阅或复制标准化票据相关文件；

（六）标准化票据相关合同约定的其他权利。

第二十四条 标准化票据存续期间，发生存托机构变更或解任、存托协议变更、基础资产逾期追索、诉讼等事件以及存托协议中约定的应由标准化票据持有人大会作出决议的其他情形时，应通过召开标准化票据持有人大会审议决定。

标准化票据持有人大会由存托机构召集，存托机构不召集的，持有人可按照存托协议的约定自行召集。

第七章 监督管理

第二十五条 标准化票据的利率、价格等以市场化方式确定，任何机构不得以欺诈、操纵市场等行为获取不正当利益。

第二十六条 标准化票据存托、经纪、承销、信用评级等专业机构及人员应勤勉尽责，严格遵守执业规范和职业道德，按规定和约定履行义务。

专业机构及人员出具的文件含有虚假记载、误导性陈述和重大遗漏的，应按职责范围承担相应的法律责任。

第二十七条 票据市场基础设施、标准化票据登记托管机构等标准化票据相关基础设施，应根据自身职责依照本办法及中国人民银行有关规定，建立相应内部控制和风险管理制度，制定基础资产托管及信息披露等规则，组织市场机构起草标准化票据存托协议标准文本，报中国人民银行备案后施行。

第二十八条 存托机构应于标准化票据创设结束之日起5个工作日内向中国人民银行报告创设情况。标准化票据相关基础设施应每月向中国人民银行报告标准化票据的基础资产管理、创设、登记托管、交易、结算等情况。

第二十九条 中国人民银行依法对标准化票据相关基础设施、存托机构、票据经纪机构、承销机构等进行监督管理。对违反本办法规定的机构和人员，中国人民银行依照《中华人民共和国中国人民银行法》第四十六条的规定进行处罚。

第八章 附 则

第三十条 本办法由中国人民银行负责解释。

第三十一条 本办法自2020年7月28日起施行。

票据交易管理办法

(2016年12月5日中国人民银行令2016年第29号公布
自2016年12月5日起施行)

第一章 总 则

第一条 为规范票据市场交易行为，防范交易风险，维护交易各方合法权益，促进票据市场健康发展，依据《中华人民共和国中国人民银行法》《中华人民共和国票据法》《中华人民共和国电子签名法》等有关法律法规，制定本办法。

第二条 市场参与者从事票据交易应当遵守本办法，本办法所称票据包括但不限于纸质或者电子形式的银行承兑汇票、商业承兑汇票等可交易票据。

第三条 票据交易应当遵循公平自愿、诚信自律、风险自担的原则。

第四条 中国人民银行依法对票据市场进行监督管理，并根据宏观调控需要对票据市场进行宏观审慎管理。

第二章 票据市场参与者

第五条 票据市场参与者是指可以从事票据交易的市场主体，包括：

（一）法人类参与者。指金融机构法人，包括政策性银行、商业银行及其授权的分支机构，农村信用社、企业集团财务公司、信托公司、证券公司、基金管理公司、期货公司、保险公司等经金融监督管理部门许可的金融机构。

（二）非法人类参与者。指金融机构等作为资产管理人，在依法合规的前提下，接受客户的委托或者授权，按照与客户约定的投资计划和方式开展资产管理业务所设立的各类投资产品，包括证券投资基金、资产管理计划、银行理财产品、信托计划、保险产品、住房公积金、社会保障基金、企业年金、养老基金等。

（三）中国人民银行确定的其他市场参与者。

第六条 法人类参与者应当符合以下条件：

（一）依法合规设立。

（二）已制定票据业务内部管理制度和操作规程，具有健全的公司治理结构和完善的内部控制、风险管理机制。

（三）有熟悉票据市场和专门从事票据交易的人员。

（四）具备相应的风险识别和承担能力，知悉并承担票据投资风险。

（五）中国人民银行要求的其他条件。

第七条 非法人类参与者应当符合以下条件：

（一）产品设立符合相关法律法规和监管规定，并依法在相关金融监督管理部门获得批准或者完成备案。

（二）产品已委托具有托管资格的金融机构（以下简称托管人）进行独立托管，托管人对委托人资金实行分账管理、单独核算。

（三）产品管理人具有相关金融监督管理部门批准的资产管理业务资格。

第八条 法人类参与者开展票据交易，应当遵守有关法律法规，强化内控制度建设，完善部门和岗位设置，并采取切实措施持续提高相关人员业务能力。

第九条 非法人类参与者开展票据交易，由其资产管理人代表其行使票据权利并以受托管理的资产承担相应的民事责任。资产管理人从事资管业务的部门、岗位、人员及其管理的资产应当与其自营业务相互独立。

第三章 票据市场基础设施

第十条 票据市场基础设施是指提供票据交易、登记托管、清算结算、信息服务的机构。

第十一条 票据市场基础设施应当经中国人民银行认可。中国人民银行对票据市场基础设施开展票据相关业务进行监督管理。

第十二条 票据市场基础设施可以为市场参与者提供以下服务：

（一）组织票据交易，公布票据交易即时行情。

（二）票据登记托管。

（三）票据交易的清算结算。

（四）票据信息服务。

（五）中国人民银行认可的其他服务。

第十三条 票据市场基础设施按照金融市场基础设施建设有关标准进行系统建设与管理。

第十四条 票据市场基础设施应当从其业务收入中提取一定比例的金额设立风险基金并存入开户银行专门账户，用于弥补因违约交收、技术故障、操作失误、不可抗力等造成的相关损失。

第十五条 上海票据交易所是中国人民银行指定的提供票据交易、登记托管、清算结算和信息服务的机构。

第四章 票据信息登记与电子化

第十六条 纸质票据贴现前，金融机构办理承兑、质押、保证等业务，应当不晚于业务办理的次一工作日在票据市场基础设施完成相关信息登记工作。

纸质商业承兑汇票完成承兑后，承兑人开户行应当根据承兑人委托代其进行承兑信息登记。承兑信息未能及时登记的，持票人有权要求承兑人补充登记承兑信息。

纸质票据票面信息与登记信息不一致的，以纸质票据票面信息为准。

第十七条 贴现人办理纸质票据贴现时，应当通过票据市场基础设施查询票据承兑信息，并在确认纸质票据必须记载事项与已登记承兑信息一致后，为贴现申请人办理贴现，贴现申请人无需提供合同、发票等资料；信息不存在或者纸质票据必须记载事项与已登记承兑信息不一致的，不得办理贴现。

本款所称纸质票据必须记载事项指《中华人民共和国票据法》第二十二条规定的票据必须记载事项。

第十八条 贴现人完成纸质票据贴现后，应当不晚于贴现次一工作日在票据市场基础设施完成贴现信息登记。

第十九条 承兑人或者承兑人开户行收到挂失止付通知或者公示催告等司法文书并确认相关票据未付款的，应当于当日依法暂停支付并在票据市场基础设施登记或者委托开户行在票据市场基础设施登记相关信息。

第二十条 金融机构通过票据市场基础设施进行相关业务信息登记，因信息登记错误给他人造成损失的，应当承担赔偿责任。

第二十一条 贴现人办理纸质票据贴现后，应当在票据上记载"已电子登记权属"字样，该票据不再以纸质形式进行背书转让、设立质押或者其他交易行为。贴现人应当对纸质票据妥善保管。

第二十二条 已贴现票据背书通过电子形式办理。电子形式背书是指在票据市场基础设施以数据电文形式记载的背书，和纸质形式背书具有同等法律效力。

第二十三条 纸质票据电子形式背书后，由票据权利人通过票据市场基础设施通知保管人变更寄存人的方式完成交付。

第二十四条 贴现人可以按市场化原则选择商业银行对纸质票据进行保证增信。

保证增信行对纸质票据进行保管并为贴现人的偿付责任进行先行偿付。

第二十五条 已贴现票据应当通过票据市场基础设施办理背书转让、质押、保证、提示付款等票据业务。

第二十六条 纸质票据贴现后，其保管人可以向承兑人发起付款确认。付款确认可以采用实物确认或者影像确认。

实物确认是指票据保管人将票据实物送达承兑人或者承兑人开户行，由承兑人在对票真实性和背书连续性审查的基础上对到期付款责任进行确认。

影像确认是指票据保管人将票据影像信息发送至承兑人或者承兑人开户行，由承兑人在对承兑信息和背书连续性审查的基础上对到期付款责任进行确认。

承兑人要求实物确认的，银行承兑汇票保管人应当将票据送达承兑人，实物确认后，纸质票据由其承兑人代票据权利人妥善保管；商业承兑汇票保管人应当将票据通过承兑人开户行送达承兑人进行实物确认，实物确认后，纸质票据由商业承兑汇票开户行代票据权利人妥善保管。

第二十七条 实物确认与影像确认具有同等效力。承兑人或者承兑人开户行进行付款确认后，除挂失止付、公示催告等合法抗辩情形外，应当在持票人提示付款后付款。

第二十八条 承兑人收到票据影像确认请求或者票据实物后，应当在3个工作日内做出或者委托其开户行做出同意或者拒绝到期付款的应答。拒绝到期付款的，应当说明理由。

第二十九条 票据保管人应当采取切实措施保证纸质票据不被挪用、污损、涂改和灭失，并承担因保管不善引发的相关法律责任。

第三十条 电子商业汇票签发、承兑、质押、保证、贴现等信息应当通过电子商业汇票系统同步传送至票据市场基础设施。

第三十一条 电子商业汇票一经承兑即视同承兑人已进行付款确认。

第五章 票据登记与托管

第三十二条 票据登记是指金融机构将票据权属在票据市场基础设施电子簿记系统予以记载的行为。

第三十三条 票据托管是指票据市场基础设施根据票据权利人委托对其持有票据的相关权益进行管理和维护的行为。

第三十四条 市场参与者应当在票据市场基础设施开立票据托管账户。

市场参与者开立票据托管账户时，应当向票据市场基础设施提出申请，并保证所提交的开户资料真实、准确、完整。

第三十五条 票据托管账户采用实名制，不得出租、出借或者转让。

第三十六条 一个市场参与者只能开立一个票据托管账户，中国人民银行另有规定的除外。

具有法人资格的市场参与者应当以法人名义开立票据托管账户；经法人授权的分支机构应当以分支机构名义开立票据托管账户；非法人市场参与者应当以产品名义单独开立票据托管账户。

第三十七条 贴现人应当于票据交易前在票据市场基础设施完成纸质票据登记工作，确保其提交的票据登记信息真实、有效，并承担相应法律责任。

第三十八条 票据市场基础设施依据电子商业汇票系统相关信息为持票人完成电子票据登记。

第三十九条 因票据的交易过户、非交易过户等原因引起票据托管账户余额变化的，票据市场基础设施应当为权利人办理票据变更登记。

第六章 票据交易

第四十条 票据交易采取全国统一的运营管理模式，通过票据市场基础设施进行。

第四十一条 票据交易包括转贴现、质押式回购和买断式回购等。

转贴现是指卖出方将未到期的已贴现票据向买入方转让的交易行为。

质押式回购是指正回购方在将票据出质给逆回购方融入资金的同时，双方约定在未来某一日期由正回购方按约定金额向逆回购方返还资金、逆回购方向正回购方返还原出质票据的交易行为。

买断式回购是指正回购方将票据卖给逆回购方的同时，双方约定在未来某一日期，正回购方再以约定价格从逆回购方买回票据的交易行为。

第四十二条 市场参与者完成票据登记后即可以开展交易，或者在付款确认、保证增信后开展交易。贴现人申请保证增信的，应当在首次交易前完成。

第四十三条 票据到期后偿付顺序如下：

（一）票据未经承兑人付款确认和保证增信即交易的，若承兑人未付款，应当由贴现人先行偿付。该票据在交易后又经承兑人付款确认的，应当由承兑人付款；若承兑人未付款，应当由贴现人先行偿付。

（二）票据经承兑人付款确认且未保证增信即交易的，应当由承兑人付款；若承兑人未付款，应当由贴现人先行偿付。

（三）票据保证增信后即交易且未经承兑人付款确认的，若承兑人未付款，应当由保证增信行先行偿付；保证增信行未偿付的，应当由贴现人先行偿付。

（四）票据保证增信后且经承兑人付款确认的，应当由承兑人付款；若承兑人未付款，应当由保证增信行先行偿付；保证增信行未偿付的，应当由贴现人先行偿付。

第四十四条 票据交易应当通过票据市场基础设施进行并生成成交单。成交单应当对交易日期、交易品种、交易利率等要素做出明确约定。

票据成交单、票据交易主协议及补充协议（若有）构成交易双方完整的交易合同。

票据交易合同一经成立，交易双方应当认真履行，不得擅自变更或者解除合同。

第四十五条 票据交易无需提供转贴现凭证、贴现凭证复印件、查询查复书及票面复印件等纸质资料。

第四十六条 票据贴现、转贴现的计息期限，从贴现、转贴现之日起至票据到期日止，到期日遇法定节假日的顺延至下一工作日。

第四十七条 质押式回购和买断式回购最短期限为1天，并应当小于票据剩余期限。

第四十八条 质押式回购的回购金额不得超过质押票据的票面总额。

第七章 票据交易结算与到期处理

第四十九条 票据交易的结算通过票据市场基础设施电子簿记系统进行，包括票款对付和纯票过户。

票款对付是指结算双方同步办理票据过户和资金支付并互为条件的结算方式。

纯票过户是指结算双方的票据过户与资金支付相互独立的结算方式。

第五十条 市场参与者开展票据交易应当采用票款对付，同一法人分支机构间的票据交易可以采用纯票过户。

第五十一条 已在大额支付系统开立清算账户的市场参与者，应当通过其在大额支付系统的清算账户办理票款对付的资金结算。

未在大额支付系统开立清算账户的市场参与者，应当委托票据市场基础设施代理票款对付的资金结算。

第五十二条 票据市场基础设施代理票款对付的资金结算时，应当通过其在大额支付系统的清算账户进行。票据市场基础设施应当在该账户下，为委托其代理资金结算的市场参与者开立票据结算资金专户。

第五十三条 交易双方应当根据合同约定，确保在约定结算日有用于结算的足额票据和资金。

第五十四条 在票据交易达成后结算完成之前，不得动用该笔交易项下用于结算的票据、资金或者担保物。

第五十五条 办理法院强制执行、税收、债权债务承继、赠与等非交易票据过户的，票据市场基础设施应当要求当事人提交合法有效的法律文件。

第五十六条 持票人在提示付款期内通过票据市场基础设施提示付款的，承兑人应当在提示付款当日进行应答或者委托其开户行进行应答。

承兑人存在合法抗辩事由拒绝付款的，应当在提示付款当日出具或者委托其开户行出具拒绝付款证明，并通过票据市场基础设施通知持票人。

承兑人或者承兑人开户行在提示付款当日未做出应答的，视为拒绝付款，票据市场基础设施提供拒绝付款证明并通知持票人。

第五十七条 商业承兑汇票承兑人在提示付款当日同意付款的，承兑人开户行应当根据承兑人账户余额情况予以处理。

（一）承兑人账户余额足够支付票款的，承兑人开户行应当代承兑人做出同意付款应答，并于提示付款日向持票人付款。

（二）承兑人账户余额不足以支付票款的，则视同承兑人拒绝付款。承兑人开户行应当于提示付款日代承兑人做出拒付应答并说明理由，同时通过票据市场基础设施通知持票人。

第五十八条 银行承兑汇票的承兑人已于到期前进行付款确认的，票据市场基础设施应当根据承兑人的委托于提示付款日代承兑人发送指令划付资金至持票人资金账户。

商业承兑汇票的承兑人已于到期前进行付款确认的，承兑人开户行应当根据承兑人委托于提示付款日扣划承兑人账户资金，并将相应款项划付至持票人资金账户。

第五十九条 保证增信行或者贴现人承担偿付责任时，应当委托票据市场基础设施代其发送指令划付资金至持票人资金账户。

第六十条 承兑人或者出票人付款后，票据保管人应当参照会计档案保管要求对票据进行保管。承兑人进行影像确认并付款的，可以凭票据市场基础设施的提示付款通知、划款通知以及留存的票据底卡联作为会计记账凭证。

第六十一条 票据发生法律纠纷时，依据有权申请人的请求，票据市场基础设施应当出具票据登记、托管和交易流转记录；票据保管人应当提供相应票据实物。

第八章 附 则

第六十二条 票据市场基础设施依照本办法及中国人民银行有关规定制定相关业务规则，报中国人民银行同意后施行。

第六十三条 本办法施行前制定的相关规定，与本办法相抵触的，以本办法为准。

第六十四条 本办法由中国人民银行负责解释。

第六十五条 本办法自公布之日起施行，过渡期按照《中国人民银行办公厅关于做好票据交易平台接入准备工作的通知》（银办发〔2016〕224号）执行。

国内信用证结算办法

(2016年4月27日中国人民银行、中国银行业监督管理委员会令2016年第10号公布　自2016年10月8日起施行)

第一章 总 则

第一条 为适应国内贸易活动需要，促进经济发展，依据《中华人民共和国中国人民银行法》《中华人民共和国银行业监督管理法》《中华人民共和国商业银行法》以及有关法律法规，制定本办法。

第二条 本办法所称国内信用证（以下简称信用证），是指银行（包括政策性银行、商业银行、农村合作银行、村镇银行和农村信用社）依照申请人的申请开立的、对相符交单予以付款的承诺。

前款规定的信用证是以人民币计价、不可撤销的跟单信用证。

第三条 本办法适用于银行为国内企事业单位之间货物和服务贸易提供的信用证服务。服务贸易包括但不限于运输、旅游、咨询、通讯、建筑、保险、金融、计算机和信息、专有权利使用和特许、广告宣传、电影音像等服务项目。

第四条 信用证业务的各方当事人应当遵守中华人民共和国的法律、法规以及本办法的规定，遵守诚实信用原则，认真履行义务，不得利用信用证进行欺诈等违法犯罪活动，不得损害社会公共利益。

第五条 信用证的开立和转让，应当具有真实的贸易背景。

第六条 信用证只限于转账结算，不得支取现金。

第七条 信用证与作为其依据的贸易合同相互独立，即使信用证含有对此类合同的任何援引，银行也与该合同无关，且不受其约束。

银行对信用证作出的付款、确认到期付款、议付或履行信用证项下其他义务的承诺，不受申请人与开证行、申请人与受益人之间关系而产生的任何请求或抗辩的制约。

受益人在任何情况下，不得利用银行之间或申请人与开证行之间的契约关系。

第八条 在信用证业务中，银行处理的是单据，而不是单据所涉及的货物或服务。

第二章 定 义

第九条 信用证业务当事人

（一）申请人指申请开立信用证的当事

人，一般为货物购买方或服务接受方。

（二）受益人指接受信用证并享有信用证权益的当事人，一般为货物销售方或服务提供方。

（三）开证行指应申请人申请开立信用证的银行。

（四）通知行指应开证行的要求向受益人通知信用证的银行。

（五）交单行指向信用证有效地点提交信用证项下单据的银行。

（六）转让行指开证行指定的办理信用证转让的银行。

（七）保兑行指根据开证行的授权或要求对信用证加具保兑的银行。

（八）议付行指开证行指定的为受益人办理议付的银行，开证行应指定一家或任意银行作为议付信用证的议付行。

第十条 信用证的有关日期和期限

（一）开证日期指开证行开立信用证的日期。信用证未记载生效日的，开证日期即为信用证生效日期。

（二）有效期指受益人向有效地点交单的截止日期。

（三）最迟货物装运日或服务提供日指信用证规定的货物装运或服务提供的截止日期。最迟货物装运日或服务提供日不得晚于信用证有效期。信用证未作规定的，有效期视为最迟货物装运日或服务提供日。

（四）付款期限指开证行收到相符单据后，按信用证条款规定进行付款的期限。信用证按付款期限分为即期信用证和远期信用证。

即期信用证，开证行应在收到相符单据次日起5个营业日内付款。

远期信用证，开证行应在收到相符单据次日起5个营业日内确认到期付款，并在到期日付款。远期的表示方式包括：单据日后定期付款、见单后定期付款、固定日付款等可确定到期日的方式。信用证付款期限最长不超过1年。

（五）交单期指信用证项下所要求的单据提交到有效地的有效期限，以当次货物装运日或服务提供日开始计算。未规定该期限的，默认为货物装运日或服务提供日后15天。任何情况下，交单不得迟于信用证有效期。

第十一条 信用证有效地点

信用证有效地点指信用证规定的单据提交地点，即开证行、保兑行（转让行、议付行）所在地。如信用证规定有效地点为保兑行（转让行、议付行）所在地，则开证行所在地也视为信用证有效地点。

第十二条 转运、分批装运或分次提供服务、分期装运或分期提供服务

（一）转运指信用证项下货物在规定的装运地（港到卸货地、港）的运输途中，将货物从一运输工具卸下再装上另一运输工具。

（二）分批装运或分次提供服务指信用证规定的货物或服务在信用证规定的数量、内容或金额内部分或分次交货或部分或分次提供。

（三）分期装运或分期提供服务指信用证规定的货物或服务在信用证规定的分期时间表内装运或提供。任何一期未按信用证规定期限装运或提供的，信用证对该期及以后各期均告失效。

第三章 信用证业务办理

第一节 开 证

第十三条 开证银行与申请人在开证前应签订明确双方权利义务的协议。开证行可要求申请人交存一定数额的保证金，并可根据申请人资信情况要求其提供抵押、质押、保证等合法有效的担保。

开证申请人申请开立信用证，须提交其与受益人签订的贸易合同。

开证行应根据贸易合同及开证申请书等文件，合理、审慎设置信用证付款期限、有效期、交单期、有效地点。

第十四条 信用证的基本条款

信用证应使用中文开立，记载条款包括：

（一）表明"国内信用证"的字样。

（二）开证申请人名称及地址。

（三）开证行名称及地址。

（四）受益人名称及地址。

（五）通知行名称。

（六）开证日期。开证日期格式应按年、月、日依次书写。

（七）信用证编号。

（八）不可撤销信用证。

（九）信用证有效期及有效地点。

（十）是否可转让。可转让信用证须记载"可转让"字样并指定一家转让行。

（十一）是否可保兑。保兑信用证须记载"可保兑"字样并指定一家保兑行。

（十二）是否可议付。议付信用证须记载"议付"字样并指定一家或任意银行作为议付行。

（十三）信用证金额。金额须以大、小写同时记载。

（十四）付款期限。

（十五）货物或服务描述。

（十六）溢短装条款（如有）。

（十七）货物贸易项下的运输交货或服务贸易项下的服务提供条款。

货物贸易项下运输交货条款：

1. 运输或交货方式。

2. 货物装运地（港），目的地、交货地（港）。

3. 货物是否分批装运、分期装运和转运，未作规定的，视为允许货物分批装运和转运。

4. 最迟货物装运日。

服务贸易项下服务提供条款：

1. 服务提供方式。

2. 服务提供地点。

3. 服务是否分次提供、分期提供，未作规定的，视为允许服务分次提供。

4. 最迟服务提供日。

5. 服务贸易项下双方认为应记载的其他事项。

（十八）单据条款，须注明据以付款或议付的单据，至少包括发票，表明货物运输或交付、服务提供的单据，如运输单据或货物收据、服务接受方的证明或服务提供方或第三方的服务履约证明。

（十九）交单期。

（二十）信用证项下相关费用承担方。未约定费用承担方时，由业务委托人或申请人承担相应费用。

（二十一）表明"本信用证依据《国内信用证结算办法》开立"的开证行保证文句。

（二十二）其他条款。

第十五条 信用证开立方式

开立信用证可以采用信开和电开方式。信开信用证，由开证行加盖业务用章（信用证专用章或业务专用章，下同），寄送通知行，同时应视情况需要以双方认可的方式证实信用证的真实有效性；电开信用证，由开证行以数据电文发送通知行。

第十六条 开证行的义务

开证行自开立信用证之时起，即受信用证内容的约束。

第二节 保 兑

第十七条 保兑是指保兑行根据开证行的授权或要求，在开证行承诺之外做出的对相符交单付款、确认到期付款或议付的确定承诺。

第十八条 保兑行自对信用证加具保兑之时起即不可撤销地承担对相符交单付款、确认到期付款或议付的责任。

第十九条 指定银行拒绝按照开证行授权或要求对信用证加具保兑时，应及时通知开证行，并可仅通知信用证而不加具保兑。

第二十条 开证行对保兑行的偿付义务不受开证行与受益人关系的约束。

第三节 修 改

第二十一条 信用证的修改

（一）开证申请人需对已开立的信用证内容修改的，应向开证行提出修改申请，明确修改的内容。

（二）增额修改的，开证行可要求申请人追加增额担保；付款期限修改的，不得超过本办法规定的信用证付款期限的最长期限。

（三）开证行发出的信用证修改书中应注明本次修改的次数。

（四）信用证受益人同意或拒绝接受修改的，应提供接受或拒绝修改的通知。如果受益人未能给予通知，当交单与信用证以及尚未接受的修改的要求一致时，即视为受益人已做出接受修改的通知，并且该信用证修改自此对受益人形成约束。

对同一修改的内容不允许部分接受，部分接受将被视作拒绝接受修改。

（五）开证行自开出信用证修改书之时起，即不可撤销地受修改内容的约束。

第二十二条 保兑行有权选择是否将其保兑扩展至修改。保兑行将其保兑扩展至修改的，自作出此类扩展通知时，即不可撤销地受其约束；保兑行不对修改加具保兑的，应及时告知开证行并在给受益人的通知中告知受益人。

第四节 通 知

第二十三条 信用证及其修改的通知

（一）通知行的确定。

通知行可由开证申请人指定，如开证申请人没有指定，开证行有权指定通知行。通知行可自行决定是否通知。通知行同意通知的，应于收到信用证次日起 3 个营业日内通知受益人；拒绝通知的，应于收到信用证次日起 3 个营业日内告知开证行。

开证行发出的信用证修改书，应通过原信用证通知行办理通知。

（二）通知行的责任。

1. 通知行收到信用证或信用证修改书，应认真审查内容表面是否完整、清楚，核验开证行签字、印章、所用密押是否正确等表面真实性，或另以电讯方式证实。核验无误的，应填制信用证通知书或信用证修改通知书，连同信用证或信用证修改书正本交付受益人。

通知行通知信用证或信用证修改的行为，表明其已确信信用证或修改的表面真实性，而且其通知准确反映了其收到的信用证或修改的内容。

2. 通知行确定信用证或信用证修改书签字、印章、密押不符的，应即时告知开证行；表面内容不清楚、不完整的，应即时向开证行查询补正。

3. 通知行在收到开证行回复前，可先将收到的信用证或信用证修改书通知受益人，并在信用证通知书或信用证修改通知书上注明该通知仅供参考，通知行不负任何责任。

第二十四条 开证行应于收到通知行查询次日起 2 个营业日内，对通知行做出答复或提供其所要求的必要内容。

第二十五条 通知行应于收到受益人同意或拒绝修改通知书次日起 3 个营业日内告知开证行，在受益人告知通知行其接受修改或以交单方式表明接受修改之前，原信用证（或含有先前被接受的修改的信用证）条款对受益人仍然有效。

开证行收到通知行发来的受益人拒绝修改的通知，信用证视为未做修改，开证行应于收到通知次日起 2 个营业日内告知开证申请人。

第五节 转 让

第二十六条 转让是指由转让行应第一受益人的要求，将可转让信用证的部分或者全部转为可由第二受益人兑用。

可转让信用证指特别标注"可转让"字样的信用证。

第二十七条 对于可转让信用证，开证行必须指定转让行，转让行可为开证行。转让行无办理信用证转让的义务，除非其明确同意。转让行仅办理转让，并不承担信用证项下的付款责任，但转让行是保兑行或开证行的除外。

第二十八条 可转让信用证只能转让一次，即只能由第一受益人转让给第二受益人，已转让信用证不得应第二受益人的要求转让给任何其后的受益人，但第一受益人不视为其后的受益人。

已转让信用证指已由转让行转为可由第二受益人兑用的信用证。

第二十九条 第二受益人拥有收取转让后信用证款项的权利并承担相应的义务。

第三十条 已转让信用证必须转载原证条款，包括保兑（如有），但下列项目除外：

可用第一受益人名称替代开证申请人名称；如果原信用证特别要求开证申请人名称应在除发票以外的任何单据中出现时，转让行转让信用证时须反映该项要求。

信用证金额、单价可以减少，有效期、交单期可以缩短，最迟货物装运日或服务提供日可以提前。

投保比例可以增加。

有效地点可以修改为转让行所在地。

第三十一条 转让交单

（一）第一受益人有权以自己的发票替换第二受益人的发票后向开证行或保兑行索偿，以支取发票间的差额，但第一受益人以自己的发票索偿的金额不得超过原信用证金额。

（二）转让行应于收到第二受益人单据次日起 2 个营业日内通知第一受益人换单，第一受益人须在收到转让行换单通知次日起 5 个营业日内且在原信用证交单期和有效期内换单。

（三）若第一受益人提交的发票导致了第二受益人的交单中本不存在的不符点，转让行应在发现不符点的下一个营业日内通知第一受益人在 5 个营业日内且在原信用证交单期和有效期内修正。

（四）如第一受益人未能在规定的期限内换单，或未对其提交的发票导致的第二受益人交单中本不存在的不符点予以及时修正的，转让行有权将第二受益人的单据随附已转让信用证副本、信用证修改书副本及修改确认书（如有）直接寄往开证行或保兑行，并不再对第一受益人承担责任。

开证行或保兑行将依据已转让信用证副本、信用证修改书副本及修改确认书（如有）来审核第二受益人的交单是否与已转让信用证相符。

（五）第二受益人或者代表第二受益人的交单行的交单必须交给转让行，信用证另有规定的除外。

第三十二条 部分转让

若原信用证允许分批装运或分次提供服务，则第一受益人可将信用证部分或全部转让给一个或数个第二受益人，并由第二受益人分批装运或分次提供服务。

第三十三条 第一受益人的任何转让要求须说明是否允许以及在何条件下允许将修改通知第二受益人。已转让信用证须明确说明该项条款。

如信用证转让的第二受益人为多名，其中一名或多名第二受益人对信用证修改的拒绝不影响其他第二受益人接受修改。对接受者而言，该已转让信用证即被相应修改，而对拒绝修改的第二受益人而言，该信用证未被修改。

第三十四条 开证行或保兑行对第二受益人提交的单据不得以索款金额与单价的减少，投保比例的增加，以及受益人名称与原信用证规定的受益人名称不同而作为不符交单予以拒付。

转让行应在收到开证行付款、确认到期付款函（电）次日起2个营业日内对第二受益人付款、发出开证行已确认到期付款的通知。

转让行可按约定向第一受益人收取转让费用，并在转让信用证时注明须由第二受益人承担的费用。

第六节 议 付

第三十五条 议付指可议付信用证项下单证相符或在开证行或保兑行已确认到期付款的情况下，议付行在收到开证行或保兑行付款前购买单据、取得信用证项下索款权利，向受益人预付或同意预付资金的行为。

议付行审核并转递单据而没有预付或没有同意预付资金不构成议付。

第三十六条 信用证未明示可议付，任何银行不得办理议付；信用证明示可议付，如开证行仅指定一家议付行，未被指定为议付行的银行不得办理议付，被指定的议付行可自行决定是否办理议付。

保兑行对以其为议付行的议付信用证加具保兑，在受益人请求议付时，须承担对受益人相符交单的议付责任。

指定议付行非保兑行且未议付时，保兑行仅承担对受益人相符交单的付款责任。

第三十七条 受益人可对议付信用证在信用证交单期和有效期内向议付行提示单据、信用证正本、信用证通知书、信用证修改书正本及信用证修改通知书（如有），并填制交单委托书和议付申请书，请求议付。

议付行在受理议付申请的次日起5个营业日内审核信用证规定的单据并决定议付的，应在信用证正本背面记明议付日期、业务编号、议付金额、到期日并加盖业务用章。

议付行拒绝议付的，应及时告知受益人。

第三十八条 索偿

议付行将注明付款提示的交单面函（寄单通知书）及单据寄开证行或保兑行索偿资金。除信用证另有约定外，索偿金额不得超过单据金额。

开证行、保兑行负有对议付行符合本办法的议付行为的偿付责任，该偿付责任独立于开证行、保兑行对受益人的付款责任并不受其约束。

第三十九条 追索权的行使

议付行议付时，必须与受益人书面约定是否有追索权。若约定有追索权，到期不获付款议付行可向受益人追索。若约定无追索权，到期不获付款议付行不得向受益人追索，议付行与受益人约定的例外情况或受益人存在信用证欺诈的情形除外。

保兑行议付时，对受益人不具有追索权，受益人存在信用证欺诈的情形除外。

第七节 寄单索款

第四十条 受益人委托交单行交单，应在信用证交单期和有效期内填制信用证交单委托书，并提交单据和信用证正本及信用证通知书、信用证修改书正本及信用证修改通知书（如有）。交单行应在收单次日起5个营业日内对其审核相符的单据寄单。

第四十一条 交单行应合理谨慎地审查单据是否相符，但非保兑行的交单行对单据相符性不承担责任，交单行与受益人另有约定的除外。

第四十二条 交单行在交单时，应附寄一份交单面函（寄单通知书），注明单据金额、索偿金额、单据份数、寄单编号、索款路径、收款账号、受益人名称、申请人名称、信用证编号等信息，并注明此次交单是在正本信用证项下进行并已在信用证正本背面批注交单情况。

受益人直接交单时，应提交信用证正本及信用证通知书、信用证修改书正本及信用证修改通知书（如有）、开证行（保兑行、转让行、议付行）认可的身份证明文件。

第四十三条 交单行在确认受益人交单无误后，应在发票的"发票联"联次批注"已办理交单"字样或加盖"已办理交单"戳记，注明交单日期及交单行名称。

交单行寄单后，须在信用证正本背面批注交单日期、交单金额和信用证余额等交单情况。

第八节 付 款

第四十四条 开证行或保兑行在收到交单行寄交的单据及交单面函（寄单通知书）或受益人直接递交的单据的次日起5个营业日内，及时核对是否为相符交单。单证相符或单证不符但开证行或保兑行接受不符点的，对即期信用证，应于收到单据次日起5个营业日内支付相应款项给交单行或受益人（受益人直接交单时，本节下同）；对远期信用证，应于收到单据次日起5个营业日内发出到期付款确认书，并于到期日支付款项给交单行或受益人。

第四十五条 开证行或保兑行付款后，应在信用证相关业务系统或信用证正本或副本背面记明付款日期、业务编号、来单金额、付款金额、信用证余额，并将信用证有关单据交开证申请人或寄开证行。

若受益人提交了相符单据或开证行已发出付款承诺，即使申请人交存的保证金及其存款账户余额不足支付，开证行仍应在规定的时间内付款。对申请人提供抵押、质押、保函等担保的，按《中华人民共和国担保法》《中华人民共和国物权法》的有关规定索偿。

第四十六条 开证行或保兑行审核单据发现不符并决定拒付的，应在收到单据的次日起5个营业日内一次性将全部不符点以电子方式或其他快捷方式通知交单行或受益人。如开证行或保兑行未能按规定通知不符点，则无权宣称交单不符。

开证行或保兑行审核单据发现不符并拒付后，在收到交单行或受益人退单的要求之前，开证申请人接受不符点的，开证行或保兑行独立决定是否付款、出具到期付款确认书或退单；开证申请人不接受不符点的，开证行或保兑行可将单据退交单行或受益人。

第四十七条 开证行或保兑行拒付时，应提供书面拒付通知。拒付通知应包括如下内容：

（一）开证行或保兑行拒付。

（二）开证行或保兑行拒付所依据的每一个不符点。

（三）开证行或保兑行拒付后可选择以下意见处理单据：

1. 开证行或保兑行留存单据听候交单行或受益人的进一步指示。

2. 开证行留存单据直到其从开证申请人处收到放弃不符点的通知并同意接受该放弃，或者其同意接受对不符点的放弃之前从交单行或受益人处收到进一步指示。

3. 开证行或保兑行将退回单据。

4. 开证行或保兑行将按之前从交单行或受益人处获得的指示处理。

第四十八条 开证行或保兑行付款后，对受益人不具有追索权，受益人存在信用证欺诈的情形除外。

第九节 注 销

第四十九条 信用证注销是指开证行对信用证未支用的金额解除付款责任的行为。

（一）开证行、保兑行、议付行未在信用证有效期内收到单据的，开证行可在信用证逾有效期一个月后予以注销。具体处理办法由各银行自定。

（二）其他情况下，须经开证行、已办理过保兑的保兑行、已办理过议付的议付行、已办理过转让的转让行与受益人协商同意，或受益人、上述保兑行（议付行、转让行）声明同意注销信用证，并与开证行就全套正本信用证收回达成一致后，信用证方可注销。

第四章 单据审核标准

第五十条 银行收到单据时，应仅以单据本身为依据，认真审核信用证规定的所有单据，以确定是否为相符交单。

相符交单指与信用证条款、本办法的相关适用条款、信用证审单规则及单据之内、单据之间相互一致的交单。

第五十一条 银行只对单据进行表面审核。

银行不审核信用证没有规定的单据。银行收到此类单据，应予退还或将其照转。

如信用证含有一项条件，却未规定用以表明该条件得到满足的单据，银行将视为未作规定不予理会，但提交的单据中显示的相关信息不得与上述条件冲突。

第五十二条 信用证要求提交运输单据、保险单据和发票以外的单据时，应对单据的出单人及其内容作出明确规定。未作规定的，只要所提交的单据内容表面形式满足单据功能且与信用证及其他规定单据不矛盾，银行可予接受。

除发票外，其他单据中的货物或服务或行为描述可使用统称，但不得与信用证规定的描述相矛盾。

发票须是税务部门统一监制的原始正本发票。

第五十三条 信用证要求某种单据提交多份的，所提交的该种单据中至少应有一份正本。

除信用证另有规定外，银行应将任何表面上带有出单人的原始签名或印章的单据视为正本单据（除非单据本身表明其非正本），但此款不适用于增值税发票或其他类型的税务发票。

第五十四条 所有单据的出单日期均不得迟于信用证的有效期、交单期截止日以及实际交单日期。

受益人和开证申请人的开户银行、账号和地址出现在任何规定的单据中时，无须与信用证或其他规定单据中所载相同。

第五十五条 信用证审单规则由行业协会组织会员单位拟定并推广执行。行业协会应根据信用证业务开展实际，适时修订审单规则。

第五章 附 则

第五十六条 信用证凭证、信用证修改书、交单面函（寄单通知书）等格式、联次由行业协会制定并推荐使用，各银行参照其范式制作。

第五十七条 银行办理信用证业务的各项手续费收费标准，由各银行按照服务成本、依据市场定价原则制定，并遵照《商业银行服务价格管理办法》（中国银监会国家发展改革委令2014年第1号）相关要求向客户公示并向管理部门报告。

第五十八条 本办法规定的各项期限的计算，适用民法通则关于计算期间的规定。期限最后一日是法定节假日的，顺延至下一个营业日，但信用证规定的装运日或服务提供日不得顺延。

本办法规定的营业日指可办理信用证业务的银行工作日。

第五十九条 本办法由中国人民银行会同中国银行业监督管理委员会解释。

第六十条 本办法自2016年10月8日起施行。

最高人民法院
关于审理信用证纠纷案件若干问题的规定

(2005年10月24日最高人民法院审判委员会第1368次会议通过 根据2020年12月23日最高人民法院审判委员会第1823次会议通过的《最高人民法院关于修改〈最高人民法院关于破产企业国有划拨土地使用权应否列入破产财产等问题的批复〉等二十九件商事类司法解释的决定》修正)

根据《中华人民共和国民法典》《中华人民共和国涉外民事关系法律适用法》《中华人民共和国民事诉讼法》等法律,参照国际商会《跟单信用证统一惯例》等相关国际惯例,结合审判实践,就审理信用证纠纷案件的有关问题,制定本规定。

第一条 本规定所指的信用证纠纷案件,是指在信用证开立、通知、修改、撤销、保兑、议付、偿付等环节产生的纠纷。

第二条 人民法院审理信用证纠纷案件时,当事人约定适用相关国际惯例或者其他规定的,从其约定;当事人没有约定的,适用国际商会《跟单信用证统一惯例》或者其他相关国际惯例。

第三条 开证申请人与开证行之间因申请开立信用证而产生的欠款纠纷、委托人和受托人之间因委托开立信用证产生的纠纷、担保人为申请开立信用证或者委托开立信用证提供担保而产生的纠纷以及信用证项下融资产生的纠纷,适用本规定。

第四条 因申请开立信用证而产生的欠款纠纷、委托开立信用证纠纷和因此产生的担保纠纷以及信用证项下融资产生的纠纷应当适用中华人民共和国相关法律。涉外合同当事人对法律适用另有约定的除外。

第五条 开证行在作出付款、承兑或者履行信用证项下其他义务的承诺后,只要单据与信用证条款、单据与单据之间在表面上相符,开证行应当履行在信用证规定的期限内付款的义务。当事人以开证申请人与受益人之间的基础交易提出抗辩的,人民法院不予支持。具有本规定第八条的情形除外。

第六条 人民法院在审理信用证纠纷案件中涉及单证审查的,应当根据当事人约定适用的相关国际惯例或者其他规定进行;当事人没有约定的,应当按照国际商会《跟单信用证统一惯例》以及国际商会确定的相关标准,认定单据与信用证条款、单据与单据之间是否在表面上相符。

信用证项下单据与信用证条款之间、单据与单据之间在表面上不完全一致,但并不导致相互之间产生歧义的,不应认定为不符点。

第七条 开证行有独立审查单据的权利和义务,有权自行作出单据与信用证条款、单据与单据之间是否在表面上相符的决定,并自行决定接受或者拒绝接受单据与信用证条款、单据与单据之间的不符点。

开证行发现信用证项下存在不符点后,可以自行决定是否联系开证申请人接受不符点。开证申请人决定是否接受不符点,并不影响开证行最终决定是否接受不符点。开证行和开证申请人另有约定的除外。

开证行向受益人明确表示接受不符点的,应当承担付款责任。

开证行拒绝接受不符点时,受益人以开证申请人已接受不符点为由要求开证行承担信用证项下付款责任的,人民法院不予支持。

第八条 凡有下列情形之一的,应当认定存在信用证欺诈:

(一)受益人伪造单据或者提交记载内容虚假的单据;

(二)受益人恶意不交付货物或者交付的货物无价值;

(三)受益人和开证申请人或者其他第三方串通提交假单据,而没有真实的基础交易;

(四)其他进行信用证欺诈的情形。

第九条　开证申请人、开证行或者其他利害关系人发现有本规定第八条的情形，并认为将会给其造成难以弥补的损害时，可以向有管辖权的人民法院申请中止支付信用证项下的款项。

第十条　人民法院认定存在信用证欺诈的，应当裁定中止支付或者判决终止支付信用证项下款项，但有下列情形之一的除外：

（一）开证行的指定人、授权人已按照开证行的指令善意地进行了付款；

（二）开证行或者其指定人、授权人已对信用证项下票据善意地作出了承兑；

（三）保兑行善意地履行了付款义务；

（四）议付行善意地进行了议付。

第十一条　当事人在起诉前申请中止支付信用证项下款项符合下列条件的，人民法院应予受理：

（一）受理申请的人民法院对该信用证纠纷案件享有管辖权；

（二）申请人提供的证据材料证明存在本规定第八条的情形；

（三）如不采取中止支付信用证项下款项的措施，将会使申请人的合法权益受到难以弥补的损害；

（四）申请人提供了可靠、充分的担保；

（五）不存在本规定第十条的情形。

当事人在诉讼中申请中止支付信用证项下款项的，应当符合前款第（二）、（三）、（四）、（五）项规定的条件。

第十二条　人民法院接受中止支付信用证项下款项申请后，必须在四十八小时内作出裁定；裁定中止支付的，应当立即开始执行。

人民法院作出中止支付信用证项下款项的裁定，应当列明申请人、被申请人和第三人。

第十三条　当事人对人民法院作出中止支付信用证项下款项的裁定有异议的，可以在裁定书送达之日起十日内向上一级人民法院申请复议。上一级人民法院应当自收到复议申请之日起十日内作出裁定。

复议期间，不停止原裁定的执行。

第十四条　人民法院在审理信用证欺诈案件过程中，必要时可以将信用证纠纷与基础交易纠纷一并审理。

当事人以基础交易欺诈为由起诉的，可以将与案件有关的开证行、议付行或者其他信用证法律关系的利害关系人列为第三人；第三人可以申请参加诉讼，人民法院也可以通知第三人参加诉讼。

第十五条　人民法院通过实体审理，认定构成信用证欺诈并且不存在本规定第十条的情形的，应当判决终止支付信用证项下的款项。

第十六条　保证人以开证行或者开证申请人接受不符点未征得其同意为由请求免除保证责任的，人民法院不予支持。保证合同另有约定的除外。

第十七条　开证申请人与开证行对信用证进行修改未征得保证人同意的，保证人只在原保证合同约定的或者法律规定的期间和范围内承担保证责任。保证合同另有约定的除外。

第十八条　本规定自2006年1月1日起施行。

最高人民法院
关于审理票据纠纷案件若干问题的规定

（2000年2月24日最高人民法院审判委员会第1102次会议通过
根据2020年12月23日最高人民法院审判委员会第1823次会议通过的
《最高人民法院关于修改〈最高人民法院关于破产企业国有划拨土地使用权
应否列入破产财产等问题的批复〉等二十九件商事类司法解释的决定》修正）

为了正确适用《中华人民共和国票据法》（以下简称票据法），公正、及时审理票据纠纷案件，保护票据当事人的合法权益，维护金融秩序和金融安全，根据票据法及其他有关法律的规定，结合审判实践，现对人民法院审理票据纠纷案件的若干问题规定如下：

一、受理和管辖

第一条 因行使票据权利或者票据法上的非票据权利而引起的纠纷，人民法院应当依法受理。

第二条 依照票据法第十条的规定，票据债务人（即出票人）以在票据未转让时的基础关系违法、双方不具有真实的交易关系和债权债务关系、持票人应付对价而未付对价为由，要求返还票据而提起诉讼的，人民法院应当依法受理。

第三条 依照票据法第三十六条的规定，票据被拒绝承兑、被拒绝付款或者汇票、支票超过提示付款期限后，票据持有人背书转让的，被背书人以背书人为被告行使追索权而提起诉讼的，人民法院应当依法受理。

第四条 持票人不先行使付款请求权而先行使追索权遭拒绝提起诉讼的，人民法院不予受理。除有票据法第六十一条第二款和本规定第三条所列情形外，持票人只能在首先向付款人行使付款请求权而得不到付款时，才可以行使追索权。

第五条 付款请求权是持票人享有的第一顺序权利，追索权是持票人享有的第二顺序权利，即汇票到期被拒绝付款或者具有票据法第六十一条第二款所列情形的，持票人请求背书人、出票人以及汇票的其他债务人支付票据法第七十条第一款所列金额和费用的权利。

第六条 因票据纠纷提起的诉讼，依法由票据支付地或者被告住所地人民法院管辖。

票据支付地是指票据上载明的付款地，票据上未载明付款地的，汇票付款人或者代理付款人的营业场所、住所或者经常居住地，本票出票人的营业场所，支票付款人或者代理付款人的营业场所所在地为票据支付地。代理付款人即付款人的委托代理人，是指根据付款人的委托代为支付票据金额的银行、信用合作社等金融机构。

二、票据保全

第七条 人民法院在审理、执行票据纠纷案件时，对具有下列情形之一的票据，经当事人申请并提供担保，可以依法采取保全措施或者执行措施：

（一）不履行约定义务，与票据债务人有直接债权债务关系的票据当事人所持有的票据；

（二）持票人恶意取得的票据；

（三）应付对价而未付对价的持票人持有的票据；

（四）记载有"不得转让"字样而用于贴现的票据；

（五）记载有"不得转让"字样而用于质押的票据；

（六）法律或者司法解释规定有其他情形的票据。

三、举证责任

第八条 票据诉讼的举证责任由提出主张的一方当事人承担。

依照票据法第四条第二款、第十条、第十二条、第二十一条的规定，向人民法院提起诉讼的持票人有责任提供诉争票据。该票据的出票、承兑、交付、背书转让涉嫌欺诈、偷盗、胁迫、恐吓、暴力等非法行为的，持票人对持票的合法性应当负责举证。

第九条 票据债务人依照票据法第十三条的规定，对与其有直接债权债务关系的持票人提出抗辩，人民法院合并审理票据关系和基础关系的，持票人应当提供相应的证据证明已经履行了约定义务。

第十条 付款人或者承兑人被人民法院依法宣告破产的，持票人因行使追索权而向人民法院提起诉讼时，应当向受理法院提供人民法院依法作出的宣告破产裁定书或者能够证明付款人或者承兑人破产的其他证据。

第十一条 在票据诉讼中，负有举证责任的票据当事人应当在一审人民法院法庭辩论结束以前提供证据。因客观原因不能在上述举证期限以内提供的，应当在举证期限届满以前向人民法院申请延期。延长的期限由人民法院根据案件的具体情况决定。

票据当事人在一审人民法院审理期间隐匿票据、故意有证不举，应当承担相应的诉讼后果。

四、票据权利及抗辩

第十二条 票据法第十七条第一款第（一）、（二）项规定的持票人对票据的出票人和承兑人的权利，包括付款请求权和追索权。

第十三条 票据债务人以票据法第十条、第二十一条的规定为由，对业经背书转让票据的持票人进行抗辩的,人民法院不予支持。

第十四条 票据债务人依照票据法第十二条、第十三条的规定,对持票人提出下列抗辩的,人民法院应予支持:

(一)与票据债务人有直接债权债务关系并且不履行约定义务的;

(二)以欺诈、偷盗或者胁迫等非法手段取得票据,或者明知有前列情形,出于恶意取得票据的;

(三)明知票据债务人与出票人或者与持票人的前手之间存在抗辩事由而取得票据的;

(四)因重大过失取得票据的;

(五)其他依法不得享有票据权利的。

第十五条 票据债务人依照票据法第九条、第十七条、第十八条、第二十二条和第三十一条的规定,对持票人提出下列抗辩的,人民法院应予支持:

(一)欠缺法定必要记载事项或者不符合法定格式的;

(二)超过票据权利时效的;

(三)人民法院作出的除权判决已经发生法律效力的;

(四)以背书方式取得但背书不连续的;

(五)其他依法不得享有票据权利的。

第十六条 票据出票人或者背书人被宣告破产的,而付款人或者承兑人不知其事实而付款或者承兑,因此所产生的追索权可以登记为破产债权,付款人或者承兑人为债权人。

第十七条 票据法第十七条第一款第(三)、(四)项规定的持票人对前手的追索权,不包括对票据出票人的追索权。

第十八条 票据法第四十条第二款和第六十五条规定的持票人丧失对其前手的追索权,不包括对票据出票人的追索权。

第十九条 票据法第十七条规定的票据权利时效发生中断的,只对发生时效中断事由的当事人有效。

第二十条 票据法第六十六条第一款规定的书面通知是否逾期,以持票人或者其前手发出书面通知之日为准;以信函通知的,以信函投寄邮戳记载之日为准。

第二十一条 票据法第七十条、第七十一条所称中国人民银行规定的利率,是指中国人民银行规定的企业同期流动资金贷款利率。

第二十二条 代理付款人在人民法院公示催告公告发布以前按照规定程序善意付款后,承兑人或者付款人以已经公示催告为由拒付代理付款人已经垫付的款项的,人民法院不予支持。

五、失票救济

第二十三条 票据丧失后,失票人直接向人民法院申请公示催告或者提起诉讼的,人民法院应当依法受理。

第二十四条 出票人已经签章的授权补记的支票丧失后,失票人依法向人民法院申请公示催告的,人民法院应当依法受理。

第二十五条 票据法第十五条第三款规定的可以申请公示催告的失票人,是指按照规定可以背书转让的票据在丧失票据占有以前的最后合法持票人。

第二十六条 出票人已经签章但未记载代理付款人的银行汇票丧失后,失票人依法向付款人即出票银行所在地人民法院申请公示催告的,人民法院应当依法受理。

第二十七条 超过付款提示期限的票据丧失以后,失票人申请公示催告的,人民法院应当依法受理。

第二十八条 失票人通知票据付款人挂失止付后三日内向人民法院申请公示催告的,公示催告申请书应当载明下列内容:

(一)票面金额;

(二)出票人、持票人、背书人;

(三)申请的理由、事实;

(四)通知票据付款人或者代理付款人挂失止付的时间;

(五)付款人或者代理付款人的名称、通信地址、电话号码等。

第二十九条 人民法院决定受理公示催告申请,应当同时通知付款人及代理付款人停止支付,并自立案之日起三日内发出公告。

第三十条 付款人或者代理付款人收到人民法院发出的止付通知,应当立即停止支付,直至公示催告程序终结。非经发出止付通知的人民法院许可擅自解付的,不得免除票据责任。

第三十一条 公告应当在全国性报纸或者其他媒体上刊登,并于同日公布于人民法院公告栏内。人民法院所在地有证券交易所的,还应当同日在该交易所公布。

第三十二条 依照《中华人民共和国民事

诉讼法》（以下简称民事诉讼法）第二百一十九条的规定，公告期间不得少于六十日，且公示催告期间届满日不得早于票据付款日后十五日。

第三十三条　依照民事诉讼法第二百二十条第二款的规定，在公示催告期间，以公示催告的票据质押、贴现，因质押、贴现而接受该票据的持票人主张票据权利的，人民法院不予支持，但公示催告期间届满以后人民法院作出除权判决以前取得该票据的除外。

第三十四条　票据丧失后，失票人在票据权利时效届满以前请求出票人补发票据，或者请求债务人付款，在提供相应担保的情况下因债务人拒绝付款或者出票人拒绝补发票据提起诉讼的，由被告住所地或者票据支付地人民法院管辖。

第三十五条　失票人因请求出票人补发票据或者请求债务人付款遭到拒绝而向人民法院提起诉讼的，被告为与失票人具有票据债权债务关系的出票人、拒绝付款的票据付款人或者承兑人。

第三十六条　失票人为行使票据所有权，向非法持有票据人请求返还票据的，人民法院应当依法受理。

第三十七条　失票人向人民法院提起诉讼的，应向人民法院说明曾经持有票据及丧失票据的情形，人民法院应当根据案件的具体情况，决定当事人是否应当提供担保以及担保的数额。

第三十八条　对于伪报票据丧失的当事人，人民法院在查明事实，裁定终结公示催告或者诉讼程序后，可以参照民事诉讼法第一百一十一条的规定，追究伪报人的法律责任。

六、票据效力

第三十九条　依照票据法第一百零八条以及经国务院批准的《票据管理实施办法》的规定，票据当事人使用的不是中国人民银行规定的统一格式票据的，按照《票据管理实施办法》的规定认定，但在中国境外签发的票据除外。

第四十条　票据出票人在票据上的签章上不符合票据法以及下述规定的，该签章不具有票据法上的效力：

（一）商业汇票上的出票人的签章，为该法人或者该单位的财务专用章或者公章加其法定代表人、单位负责人或者其授权的代理人的签名或者盖章；

（二）银行汇票上的出票人的签章和银行承兑汇票的承兑人的签章，为该银行汇票专用章加其法定代表人或者其授权的代理人的签名或者盖章；

（三）银行本票上的出票人的签章，为该银行的本票专用章加其法定代表人或者其授权的代理人的签名或者盖章；

（四）支票上的出票人的签章，出票人为单位的，为与该单位在银行预留签章一致的财务专用章或者公章加其法定代表人或者其授权的代理人的签名或者盖章；出票人为个人的，为与该个人在银行预留签章一致的签名或者盖章。

第四十一条　银行汇票、银行本票的出票人以及银行承兑汇票的承兑人在票据上未加盖规定的专用章而加盖该银行的公章，支票的出票人在票据上未加盖与该单位在银行预留签章一致的财务专用章而加盖该出票人公章的，签章人应当承担票据责任。

第四十二条　依照票据法第九条以及《票据管理实施办法》的规定，票据金额的中文大写与数码不一致，或者票据载明的金额、出票日期或者签发日期、收款人名称更改，或者违反规定加盖银行部门印章代替专用章，付款人或者代理付款人对此类票据付款的，应当承担责任。

第四十三条　因更改银行汇票的实际结算金额引起纠纷而提起诉讼，当事人请求认定汇票效力的，人民法院应当认定该银行汇票无效。

第四十四条　空白授权票据的持票人行使票据权利时未对票据必须记载事项补充完全，因付款人或者代理付款人拒绝接收该票据而提起诉讼的，人民法院不予支持。

第四十五条　票据的背书人、承兑人、保证人在票据上的签章不符合票据法以及《票据管理实施办法》规定的，或者无民事行为能力人、限制民事行为能力人在票据上签章的，其签章无效，但不影响人民法院对票据上其他签章效力的认定。

七、票据背书

第四十六条　因票据质权人以质押票据再行背书质押或者背书转让引起纠纷而提起诉讼

的，人民法院应当认定背书行为无效。

第四十七条 依照票据法第二十七条的规定，票据的出票人在票据上记载"不得转让"字样，票据持有人背书转让的，背书行为无效。背书转让后的受让人不得享有票据权利，票据的出票人、承兑人对受让人不承担票据责任。

第四十八条 依照票据法第二十七条和第三十条的规定，背书人未记载被背书人名称即将票据交付他人的，持票人在票据被背书人栏内记载自己的名称与背书人记载具有同等法律效力。

第四十九条 依照票据法第三十一条的规定，连续背书的第一背书人应当是在票据上记载的收款人，最后的票据持有人应当是最后一次背书的被背书人。

第五十条 依照票据法第三十四条和第三十五条的规定，背书人在票据上记载"不得转让""委托收款""质押"字样，其后手再背书转让、委托收款或者质押的，原背书人对后手的被背书人不承担票据责任，但不影响出票人、承兑人以及原背书人之前手的票据责任。

第五十一条 依照票据法第五十七条第二款的规定，贷款人恶意或者有重大过失从事票据质押贷款的，人民法院应当认定质押行为无效。

第五十二条 依照票据法第二十七条的规定，出票人在票据上记载"不得转让"字样，其后手以此票据进行贴现、质押的，通过贴现、质押取得票据的持票人主张票据权利的，人民法院不予支持。

第五十三条 依照票据法第三十四条和第三十五条的规定，背书人在票据上记载"不得转让"字样，其后手以此票据进行贴现、质押的，原背书人对后手的被背书人不承担票据责任。

第五十四条 依照票据法第三十五条第二款的规定，以汇票设定质押时，出质人在汇票上只记载了"质押"字样未在票据上签章的，或者出质人未在汇票、粘单上记载"质押"字样而另行签订质押合同、质押条款的，不构成票据质押。

第五十五条 商业汇票的持票人向其非开户银行申请贴现，与向自己开立存款账户的银行申请贴现具有同等法律效力。但是，持票人有恶意或者与贴现银行恶意串通的除外。

第五十六条 违反规定区域出票，背书转让银行汇票，或者违反票据管理规定跨越票据交换区域出票、背书转让银行本票、支票的，不影响出票人、背书人依法应当承担的票据责任。

第五十七条 依照票据法第三十六条的规定，票据被拒绝承兑、被拒绝付款或者超过提示付款期限，票据持有人背书转让的，背书人应当承担票据责任。

第五十八条 承兑人或者付款人依照票据法第五十三条第二款的规定对逾期提示付款的持票人付款与按照规定的期限付款具有同等法律效力。

八、票据保证

第五十九条 国家机关、以公益为目的的事业单位、社会团体作为票据保证人的，票据保证无效，但经国务院批准为使用外国政府或者国际经济组织贷款进行转贷，国家机关提供票据保证的除外。

第六十条 票据保证无效的，票据的保证人应当承担与其过错相应的民事责任。

第六十一条 保证人未在票据或者粘单上记载"保证"字样而另行签订保证合同或者保证条款的，不属于票据保证，人民法院应当适用《中华人民共和国民法典》的有关规定。

九、法律适用

第六十二条 人民法院审理票据纠纷案件，适用票据法的规定；票据法没有规定的，适用《中华人民共和国民法典》等法律以及国务院制定的行政法规。

中国人民银行制定并公布施行的有关行政规章与法律、行政法规不抵触的，可以参照适用。

第六十三条 票据当事人因对金融行政管理部门的具体行政行为不服提起诉讼的，适用《中华人民共和国行政处罚法》、票据法以及《票据管理实施办法》等有关票据管理的规定。

中国人民银行制定并公布施行的有关行政规章与法律、行政法规不抵触的，可以参照适用。

第六十四条 人民法院对票据法施行以前已经作出终审裁决的票据纠纷案件进行再审，不适用票据法。

十、法律责任

第六十五条 具有下列情形之一的票据，未经背书转让的，票据债务人不承担票据责任；已经背书转让的，票据无效不影响其他真实签章的效力：

（一）出票人签章不真实的；

（二）出票人为无民事行为能力人的；

（三）出票人为限制民事行为能力人的。

第六十六条 依照票据法第十四条、第一百零二条、第一百零三条的规定，伪造、变造票据者除应当依法承担刑事、行政责任外，给他人造成损失的，还应当承担民事赔偿责任。被伪造签章者不承担票据责任。

第六十七条 对票据未记载事项或者未完全记载事项作补充记载，补充事项超出授权范围的，出票人对补充后的票据应当承担票据责任。给他人造成损失的，出票人还应当承担相应的民事责任。

第六十八条 付款人或者代理付款人未能识别出伪造、变造的票据或者身份证件而错误付款，属于票据法第五十七条规定的"重大过失"，给持票人造成损失的，应当依法承担民事责任。付款人或者代理付款人承担责任后有权向伪造者、变造者依法追偿。

持票人有过错的，也应当承担相应的民事责任。

第六十九条 付款人及其代理付款人有下列情形之一的，应当自行承担责任：

（一）未依照票据法第五十七条的规定对提示付款人的合法身份证明或者有效证件以及汇票背书的连续性履行审查义务而错误付款的；

（二）公示催告期间对公示催告的票据付款的；

（三）收到人民法院的止付通知后付款的；

（四）其他以恶意或者重大过失付款的。

第七十条 票据法第六十三条所称"其他有关证明"是指：

（一）人民法院出具的宣告承兑人、付款人失踪或者死亡的证明、法律文书；

（二）公安机关出具的承兑人、付款人逃匿或者下落不明的证明；

（三）医院或者有关单位出具的承兑人、付款人死亡的证明；

（四）公证机构出具的具有拒绝证明效力的文书。

承兑人自己作出并发布的表明其没有支付票款能力的公告，可以认定为拒绝证明。

第七十一条 当事人因申请票据保全错误而给他人造成损失的，应当依法承担民事责任。

第七十二条 因出票人签发空头支票、与其预留本名的签名式样或者印鉴不符的支票给他人造成损失的，支票的出票人和背书人应当依法承担民事责任。

第七十三条 人民法院在审理票据纠纷案件时，发现与本案有牵连但不属同一法律关系的票据欺诈犯罪嫌疑线索的，应当及时将犯罪嫌疑线索提供给有关公安机关，但票据纠纷案件不应因此而中止审理。

第七十四条 依照票据法第一百零四条的规定，由于金融机构工作人员在票据业务中玩忽职守，对违反票据法规定的票据予以承兑、付款、贴现或者保证，给当事人造成损失的，由该金融机构与直接责任人员依法承担连带责任。

第七十五条 依照票据法第一百零六条的规定，由于出票人制作票据，或者其他票据债务人未按照法定条件在票据上签章，给他人造成损失的，除应当按照所记载事项承担票据责任外，还应当承担相应的民事责任。

持票人明知或者应当知道前款情形而接受的，可以适当减轻出票人或者票据债务人的责任。

最高人民法院
关于审理独立保函纠纷案件若干问题的规定

(2016年7月11日最高人民法院审判委员会第1688次会议通过 根据2020年12月23日最高人民法院审判委员会第1823次会议通过的《最高人民法院关于修改〈最高人民法院关于破产企业国有划拨土地使用权应否列入破产财产等问题的批复〉等二十九件商事类司法解释的决定》修正)

为正确审理独立保函纠纷案件，切实维护当事人的合法权益，服务和保障"一带一路"建设，促进对外开放，根据《中华人民共和国民法典》《中华人民共和国涉外民事关系法律适用法》《中华人民共和国民事诉讼法》等法律，结合审判实际，制定本规定。

第一条 本规定所称的独立保函，是指银行或非银行金融机构作为开立人，以书面形式向受益人出具的，同意在受益人请求付款并提交符合保函要求的单据时，向其支付特定款项或在保函最高金额内付款的承诺。

前款所称的单据，是指独立保函载明的受益人应提交的付款请求书、违约声明、第三方签发的文件、法院判决、仲裁裁决、汇票、发票等表明发生付款到期事件的书面文件。

独立保函可以依保函申请人的申请而开立，也可以依另一金融机构的指示而开立。开立人依指示开立独立保函的，可以要求指示人向其开立用以保障追偿权的独立保函。

第二条 本规定所称的独立保函纠纷，是指在独立保函的开立、撤销、修改、转让、付款、追偿等环节产生的纠纷。

第三条 保函具有下列情形之一，当事人主张保函性质为独立保函的，人民法院应予支持，但保函未载明据以付款的单据和最高金额的除外：

(一)保函载明见索即付；

(二)保函载明适用国际商会《见索即付保函统一规则》等独立保函交易示范规则；

(三)根据保函文本内容，开立人的付款义务独立于基础交易关系及保函申请法律关系，其仅承担相符交单的付款责任。

当事人以独立保函记载了对应的基础交易为由，主张该保函性质为一般保证或连带保证的，人民法院不予支持。

当事人主张独立保函适用民法典关于一般保证或连带保证规定的，人民法院不予支持。

第四条 独立保函的开立时间为开立人发出独立保函的时间。

独立保函一经开立即生效，但独立保函载明生效日期或事件的除外。

独立保函未载明可撤销，当事人主张独立保函开立后不可撤销的，人民法院应予支持。

第五条 独立保函载明适用《见索即付保函统一规则》等独立保函交易示范规则，或开立人和受益人在一审法庭辩论终结前一致援引的，人民法院应当认定交易示范规则的内容构成独立保函条款的组成部分。

不具有前款情形，当事人主张独立保函适用相关交易示范规则的，人民法院不予支持。

第六条 受益人提交的单据与独立保函条款之间、单据与单据之间表面相符，受益人请求开立人依据独立保函承担付款责任的，人民法院应予支持。

开立人以基础交易关系或独立保函申请关系对付款义务提出抗辩的，人民法院不予支持，但有本规定第十二条情形的除外。

第七条 人民法院在认定是否构成表面相符时，应当根据独立保函载明的审单标准进行审查；独立保函未载明的，可以参照适用国际商会确定的相关审单标准。

单据与独立保函条款之间、单据与单据之间表面上不完全一致，但并不导致相互之间产生歧义的，人民法院应当认定构成表面相符。

第八条 开立人有独立审查单据的权利与义务，有权自行决定单据与独立保函条款之间、单据与单据之间是否表面相符,并自行决定接受或拒绝接受不符点。

开立人已向受益人明确表示接受不符点,受益人请求开立人承担付款责任的,人民法院应予支持。

开立人拒绝接受不符点,受益人以保函申请人已接受不符点为由请求开立人承担付款责任的,人民法院不予支持。

第九条 开立人依据独立保函付款后向保函申请人追偿的,人民法院应予支持,但受益人提交的单据存在不符点的除外。

第十条 独立保函未同时载明可转让和据以确定新受益人的单据,开立人主张受益人付款请求权的转让对其不发生效力的,人民法院应予支持。独立保函对受益人付款请求权的转让有特别约定的,从其约定。

第十一条 独立保函具有下列情形之一,当事人主张独立保函权利义务终止的,人民法院应予支持:

(一)独立保函载明的到期日或到期事件届至,受益人未提交符合独立保函要求的单据;

(二)独立保函项下的应付款项已经全部支付;

(三)独立保函的金额已减额至零;

(四)开立人收到受益人出具的免除独立保函项下付款义务的文件;

(五)法律规定或者当事人约定终止的其他情形。

独立保函具有前款权利义务终止的情形,受益人以其持有独立保函文本为由主张享有付款请求权的,人民法院不予支持。

第十二条 具有下列情形之一的,人民法院应当认定构成独立保函欺诈:

(一)受益人与保函申请人或其他人串通,虚构基础交易的;

(二)受益人提交的第三方单据系伪造或内容虚假的;

(三)法院判决或仲裁裁决认定基础交易债务人没有付款或赔偿责任的;

(四)受益人确认基础交易债务已得到完全履行或者确认独立保函载明的付款到期事件并未发生的;

(五)受益人明知其没有付款请求权仍滥用该权利的其他情形。

第十三条 独立保函的申请人、开立人或指示人发现有本规定第十二条情形的,可以在提起诉讼或申请仲裁前,向开立人住所地或其他对独立保函欺诈纠纷案件具有管辖权的人民法院申请中止支付独立保函项下的款项,也可以在诉讼或仲裁过程中提出申请。

第十四条 人民法院裁定中止支付独立保函项下的款项,必须同时具备下列条件:

(一)止付申请人提交的证据材料证明本规定第十二条情形的存在具有高度可能性;

(二)情况紧急,不立即采取止付措施,将给止付申请人的合法权益造成难以弥补的损害;

(三)止付申请人提供了足以弥补被申请人因止付可能遭受损失的担保。

止付申请人以受益人在基础交易中违约为由请求止付的,人民法院不予支持。

开立人在依指示开立的独立保函项下已经善意付款的,对保障该开立人追偿权的独立保函,人民法院不得裁定止付。

第十五条 因止付申请错误造成损失,当事人请求止付申请人赔偿的,人民法院应予支持。

第十六条 人民法院受理止付申请后,应当在四十八小时内作出书面裁定。裁定应当列明申请人、被申请人和第三人,并包括初步查明的事实和是否准许止付申请的理由。

裁定中止支付的,应当立即执行。

止付申请人在止付裁定作出后三十日内未依法提起独立保函欺诈纠纷诉讼或申请仲裁的,人民法院应当解除止付裁定。

第十七条 当事人对人民法院就止付申请作出的裁定有异议的,可以在裁定书送达之日起十日内向作出裁定的人民法院申请复议。复议期间不停止裁定的执行。

人民法院应当在收到复议申请后十日内审查,并询问当事人。

第十八条 人民法院审理独立保函欺诈纠纷案件或处理止付申请,可以就当事人主张的本规定第十二条的具体情形,审查认定基础交易的相关事实。

第十九条 保函申请人在独立保函欺诈诉讼中仅起诉受益人的,独立保函的开立人、指示人可以作为第三人申请参加,或由人民法院通知其参加。

第二十条　人民法院经审理独立保函欺诈纠纷案件，能够排除合理怀疑地认定构成独立保函欺诈，并且不存在本规定第十四条第三款情形的，应当判决开立人终止支付独立保函项下被请求的款项。

第二十一条　受益人和开立人之间因独立保函而产生的纠纷案件，由开立人住所地或被告住所地人民法院管辖，独立保函载明由其他法院管辖或提交仲裁的除外。当事人主张根据基础交易合同争议解决条款确定管辖法院或提交仲裁的，人民法院不予支持。

独立保函欺诈纠纷案件由被请求止付的独立保函的开立人住所地或被告住所地人民法院管辖，当事人书面协议由其他法院管辖或提交仲裁的除外。当事人主张根据基础交易合同或独立保函的争议解决条款确定管辖法院或提交仲裁的，人民法院不予支持。

第二十二条　涉外独立保函未载明适用法律，开立人和受益人在一审法庭辩论终结前亦未就适用法律达成一致的，开立人和受益人之间因涉外独立保函而产生的纠纷适用开立人经常居所地法律；独立保函由金融机构依法登记设立的分支机构开立的，适用分支机构登记地法律。

涉外独立保函欺诈纠纷，当事人就适用法律不能达成一致的，适用被请求止付的独立保函的开立人经常居所地法律；独立保函由金融机构依法登记设立的分支机构开立的，适用分支机构登记地法律；当事人有共同经常居所地的，适用共同经常居所地法律。

涉外独立保函止付保全程序，适用中华人民共和国法律。

第二十三条　当事人约定在国内交易中适用独立保函，一方当事人以独立保函不具有涉外因素为由，主张保函独立性的约定无效的，人民法院不予支持。

第二十四条　对于按照特户管理并移交开立人占有的独立保函开立保证金，人民法院可以采取冻结措施，但不得扣划。保证金账户内的款项丧失开立保证金的功能时，人民法院可以依法采取扣划措施。

开立人已履行对外支付义务的，根据该开立人的申请，人民法院应当解除对开立保证金相应部分的冻结措施。

第二十五条　本规定施行后尚未终审的案件，适用本规定；本规定施行前已经终审的案件，当事人申请再审或者人民法院按照审判监督程序再审的，不适用本规定。

第二十六条　本规定自2016年12月1日起施行。

最高人民法院
关于人民法院能否对信用证开证保证金采取冻结和扣划措施问题的规定

(1996年6月20日最高人民法院审判委员会第822次会议通过　根据2020年12月23日最高人民法院审判委员会第1823次会议通过的《最高人民法院关于修改〈最高人民法院关于人民法院扣押铁路运输货物若干问题的规定〉等十八件执行类司法解释的决定》修正)

信用证开证保证金属于有进出口经营权的企业向银行申请对国外（境外）方开立信用证而备付的具有担保支付性质的资金。为了严肃执法和保护当事人的合法权益，现就有关冻结、扣划信用证开证保证金的问题规定如下：

一、人民法院在审理或执行案件时，依法可以对信用证开证保证金采取冻结措施，但不得扣划。如果当事人、开证银行认为人民法院冻结和扣划的某项资金属于信用证开证保证金的，应当依法提出异议并提供有关证据予以证明。人民法院审查后，可按以下原则处理：对于确系信用证开证保证金的，不得采取扣划措施；如果开证银行履行了对外支付义务，根据该银行的申请，人民法院应当立即解除对信用证开证保证金相应部分的冻结措施;如果申请开证人提供的开证保证金是外汇,当事人又举证证明信用证的受益人提供的单据与信用证条款相符时,人民法院应当立即解除冻结措施。

二、如果银行因信用证无效、过期,或者因单证不符而拒付信用证款项并且免除了对外支付义务,以及在正常付出了信用证款项并从信用证开证保证金中扣除相应款额后尚有剩余,即在信用证开证保证金账户存款已丧失保证金功能的情况下,人民法院可以依法采取扣划措施。

三、人民法院对于为逃避债务而提供虚假证据证明属信用证开证保证金的单位和个人,应当依照民事诉讼法的有关规定严肃处理。

【指导案例】

指导案例 109 号

安徽省外经建设(集团)有限公司诉东方置业房地产有限公司保函欺诈纠纷案

(最高人民法院审判委员会讨论通过　2019 年 2 月 25 日发布)

关键词　民事　保函欺诈　基础交易审查有限及必要原则　独立反担保函

裁判要点

1. 认定构成独立保函欺诈需对基础交易进行审查时,应坚持有限及必要原则,审查范围应限于受益人是否明知基础合同的相对人并不存在基础合同项下的违约事实,以及是否存在受益人明知自己没有付款请求权的事实。

2. 受益人在基础合同项下的违约情形,并不影响其按照独立保函的规定提交单据并进行索款的权利。

3. 认定独立反担保函项下是否存在欺诈时,即使独立保函存在欺诈情形,独立保函项下已经善意付款的,人民法院亦不得裁定止付独立反担保函项下款项。

相关法条

《中华人民共和国涉外民事关系法律适用法》第 8 条、第 44 条

基本案情

2010 年 1 月 16 日,东方置业房地产有限公司(以下简称东方置业公司)作为开发方,与作为承包方的安徽省外经建设(集团)有限公司(以下简称外经集团公司)、作为施工方的安徽外经建设中美洲有限公司(以下简称外经中美洲公司)在哥斯达黎加共和国圣何塞市签订了《哥斯达黎加湖畔华府项目施工合同》(以下简称《施工合同》),约定承包方为三栋各十四层综合商住楼施工。外经集团公司于 2010 年 5 月 26 日向中国建设银行股份有限公司安徽省分行(以下简称建行安徽省分行)提出申请,并以哥斯达黎加银行作为转开行,向作为受益人的东方置业公司开立履约保函,保证事项为哥斯达黎加湖畔华府项目。2010 年 5 月 28 日,哥斯达黎加银行开立编号为 G051225 的履约保函,担保人为建行安徽省分行,委托人为外经集团公司,受益人为东方置业公司,担保金额为 2008000 美元,有效期至 2011 年 10 月 12 日,后延期至 2012 年 2 月 12 日。保函说明:无条件的、不可撤销的、必须的、见索即付的保函。执行此保函需要受益人给哥斯达黎加银行中央办公室外贸部提交一式两份的证明文件,指明执行此保函的理由,另外由受益人出具公证过的声明指出通知外经中美洲公司因为违约而产生此请求的日期,并附上保函证明原件和已经出具过的修改件。建行安徽省分行同时向哥斯达黎加银行开具编号为 34147020000289 的反担保函,承诺自收到哥斯达黎加银行通知后二十日内支付保函项下的款项。反担保函是"无条件的、不可撤销的、随时要求支付的",并约定"遵守国

际商会出版的458号《见索即付保函统一规则》"。

《施工合同》履行过程中，2012年1月23日，建筑师Jose Brenes和Mauricio Mora出具《项目工程检验报告》。该报告认定了施工项目存在"施工不良""品质低劣"且需要修改或修理的情形。2012年2月7日，外经中美洲公司以东方置业公司为被申请人向哥斯达黎加建筑师和工程师联合协会争议解决中心提交仲裁请求，认为东方置业公司拖欠应支付之已完成施工量的工程款及相应利息，请求解除合同并裁决东方置业公司赔偿损失。2月8日，东方置业公司向哥斯达黎加银行提交索赔声明、违约通知书、违约声明、《项目工程检验报告》等保函兑付文件，要求执行保函。2月10日，哥斯达黎加银行向建行安徽省分行发出电文，称东方置业公司提出索赔，要求支付G051225号银行保函项下2008000美元的款项，哥斯达黎加银行进而要求建行安徽省分行须于2012年2月16日前支付上述款项。2月12日，应外经中美洲公司申请，哥斯达黎加共和国行政诉讼法院第二法庭下达临时保护措施禁令，裁定哥斯达黎加银行暂停执行G051225号履约保函。

2月23日，外经集团公司向合肥市中级人民法院提起保函欺诈纠纷诉讼，同时申请中止支付G051225号保函、34147020000289号保函项下款项。一审法院于2月27日作出（2012）合民四初字第00005-1号裁定，裁定中止支付G051225号保函及34147020000289号保函项下款项，并于2月28日向建行安徽省分行送达了上述裁定。2月29日，建行安徽省分行向哥斯达黎加银行发送电文告知了一审法院已作出的裁定事由，并于当日向哥斯达黎加银行寄送了上述裁定书的复印件，哥斯达黎加银行于3月5日收到上述裁定书复印件。

3月6日，哥斯达黎加共和国行政诉讼法院第二法庭判决外经中美洲公司申请预防性措施败诉，解除了临时保护措施禁令。3月20日，应哥斯达黎加银行的要求，建行安徽省分行延长了34147020000289号保函的有效期。3月21日，哥斯达黎加银行向东方置业公司支付了G051225号保函项下款项。

2013年7月9日，哥斯达黎加建筑师和工程师联合协会作出仲裁裁决，该仲裁裁决认定东方置业公司在履行合同过程中严重违约，并裁决终止《施工合同》，东方置业公司向外经中美洲公司支付1号至18号工程进度款共计800058.45美元及利息；第19号工程因未获得开发商验收，相关工程款请求未予支持；因G051225号保函项下款项已经支付，不支持外经中美洲公司退还保函的请求。

裁判结果

安徽省合肥市中级人民法院于2014年4月9日作出（2012）合民四初字第00005号民事判决：一、东方置业公司针对G051225号履约保函的索赔行为构成欺诈；二、建行安徽省分行终止向哥斯达黎加银行支付编号为34147020000289的银行保函项下2008000美元的款项；三、驳回外经集团公司的其他诉讼请求。东方置业公司不服一审判决，提起上诉。安徽省高级人民法院于2015年3月19日作出（2014）皖民二终字第00389号民事判决：驳回上诉，维持原判。东方置业公司不服二审判决，向最高人民法院申请再审。最高人民法院于2017年12月14日作出（2017）最高法民再134号民事判决：一、撤销安徽省高级人民法院（2014）皖民二终字第00389号、安徽省合肥市中级人民法院（2012）合民四初字第00005号民事判决；二、驳回外经集团公司的诉讼请求。

裁判理由

最高人民法院认为：第一，关于本案涉及的独立保函欺诈案件的识别依据、管辖权以及法律适用问题。本案争议的当事方东方置业公司及哥斯达黎加银行的经常居所地位于我国领域外，本案系涉外商事纠纷。根据《中华人民共和国涉外民事关系法律适用法》第八条"涉外民事关系的定性，适用法院地法"的规定，外经集团公司作为外经中美洲公司在国内的母公司，是涉案保函的开立申请人，其申请建行安徽省分行向哥斯达黎加银行开立见索即付的反担保保函，由哥斯达黎加银行向受益人东方置业公司转开履约保函。根据保函文本内容，哥斯达黎加银行与建行安徽省分行的付款义务均独立于基础交易关系及保函申请法律关系，因此，上述保函可以确定为见索即付独立保函，上述反担保保函可以确定为见索即付独立反担保函。外经集团公司以保函欺诈为由向一审法院提起诉讼，本案性质为保函欺诈纠纷。被请求止付的独立反担保函由建行安徽省分行开具，该分行所在地应当认定为外经集团公司主张的侵权结果发生地。一审法院作为侵权行为地法院对本案具有管辖权。因涉案保函载明适用《见索即付保函统一规则》，应当认定上述规则的内容构成争议保函的组成部分。根据《中华人民共和国涉外民事关系法律适用法》第四十四条"侵权责任，适用侵权行为地法律"的规定，《见索即付保函统一规则》未予涉及的保函欺诈之认定标准应适用中华人民共和国法律。我国没有加入《联合国独立保证与备用信用证公约》，本案当事人亦未约定适用上述公约或将公约有关内容作为国际交易规则订入保函，依据意思自治原则，《联合国独立保证与备用信用证公约》不应适用。

第二，关于东方置业公司作为受益人是否具有基础合同项下的初步证据证明其索赔请求具有事实依据的问题。

人民法院在审理独立保函及与独立保函相关的反担保案件时，对基础交易的审查，应当坚持有限原则和必要原则，审查的范围应当限于受益人是否明知基础合同的相对人并不存在基础合同项下的违约事实或者不存在其他导致独立保函付款的事实。否则，对基础合同的审查将会动摇独立保函"见索即付"的制度价值。

根据《最高人民法院关于贯彻执行〈中华人民共和国民法通则〉若干问题的意见（试行）》第六十八条的规定，欺诈主要表现为虚构事实与隐瞒真相。根据再审查明的事实，哥斯达黎加银行开立编号为G051225的履约保函，该履约保函明确规定了实现保函需要提交的文件为：说明执行保函理由的证明文件、通知外经中美洲公司执行保函请求的日期、保函证明原件和已经出具过的修改件。外经集团公司主张东方置业公司的行为构成独立保函项下的欺诈，应当提交证据证明东方置业公司在实现独立保函时具有下列行为之一：1.为索赔提交内容虚假或者伪造的单据；2.索赔请求完全没有事实基础和可信依据。本案中，保函担保的是"施工期间材料使用的质量和耐性，赔偿或补偿造成的损失，和/或承包方未履行义务的赔付"，意即，保函担保的是施工质量和其他违约行为。因此，受益人只需提交能够证明存在施工质量问题的初步证据，即可满足保函实现所要求的"说明执行保函理由的证明文件"。本案基础合同履行过程中，东方置业公司的项目监理人员Jose Brenes和Mauricio Mora于2012年1月23日出具《项目工程检验报告》。该报告认定了施工项目存在"施工不良""品质低劣"且需要修改或修理的情形，该《项目工程检验报告》构成证明存在施工质量问题的初步证据。

本案当事方在《施工合同》中以及在保函项下并未明确约定实现保函时应向哥斯达黎加银行提交《项目工程检验报告》，因此，东方置业公司有权自主选择向哥斯达黎加银行提交"证明执行保函理由"之证明文件的类型，其是否向哥斯达黎加银行提交该报告不影响其保函项下权利的实现。另外，《施工合同》以及保函亦未规定上述报告须由AIA国际建筑师事务所或者具有美国建筑师协会国际会员身份的人员出具，因此，JoseBrenes和Mauricio Mora是否具有美国建筑师协会国际会员身份并不影响其作为发包方的项目监理人员出具《项目工程检验报告》。外经集团公司对Jose Brenes和Mauricio Mora均为发包方的项目监理人员身份是明知的，在其出具《项目工程检验报告》并领取工程款项时对Jose Brenes和Mauricio Mora的监理身份是认可的，其以自身认可的足以证明Jose Brenes和Mauricio Mora监理身份的证据反证Jose Brenes和Mauricio Mora出具的《项目工程检验报告》虚假，逻辑上无法自洽。因外经集团公司未能提供其他证据证明东方置业公司实现案涉保函完全没有事实基础或者提交虚假或伪造的文件，东方置业公司据此向哥斯达黎加银行申请实现保函权利具有事实依据。

综上，《项目工程检验报告》构成证明外经集团公司基础合同项下违约行为的初步证据，外经集团公司提供的证据不足以证明上述报告存在虚假或者伪造，亦不足以证明东方置业公司明知基础合同的相对人并不存在基础合同项下的违约事实或者不存在其他导致独立保函付款的事实而要求实现保函。东方置业公司基于外经集团公司基础合同项下的违约行为，依据合同的规定，提出实现独立保函项下的权利不构成保函欺诈。

第三，关于独立保函受益人基础合同项下

的违约情形，是否必然构成独立保函项下的欺诈索款问题。

外经集团公司认为，根据《最高人民法院关于审理独立保函纠纷案件若干问题的规定》（以下简称独立保函司法解释）第十二条第三项、第四项、第五项，应当认定东方置业公司构成独立保函欺诈。根据独立保函司法解释第二十五条的规定，经庭审释明，外经集团公司仍坚持认为本案处理不应违反独立保函司法解释的规定精神。结合外经集团公司的主张，最高人民法院对上述涉及独立保函司法解释的相关问题作出进一步阐释。

独立保函独立于委托人和受益人之间的基础交易，出具独立保函的银行只负责审查受益人提交的单据是否符合保函条款的规定并有权自行决定是否付款，担保行的付款义务不受委托人与受益人之间基础交易项下抗辩权的影响。东方置业公司作为受益人，在提交证明存在工程质量问题的初步证据时，即使未启动任何诸如诉讼或者仲裁等争议解决程序并经上述程序确认相对方违约，都不影响其保函权利的实现。即使基础合同存在正在进行的诉讼或者仲裁程序，只要相关争议解决程序尚未作出基础交易债务人没有付款或者赔偿责任的最终认定，亦不影响受益人保函权利的实现。进而言之，即使生效判决或者仲裁裁决认定受益人构成基础合同项下的违约，该违约事实的存在亦不必然成为构成保函"欺诈"的充分必要条件。

本案中，保函担保的事项是施工质量和其他违约行为，而受益人未支付工程款项的违约事实与工程质量出现问题不存在逻辑上的因果关系，东方置业公司作为受益人，其自身在基础合同履行中存在的违约情形，并不必然构成独立保函项下的欺诈索款。独立保函司法解释第十二条第三项的规定内容，将独立保函欺诈认定的条件限定为"法院判决或仲裁裁决认定基础交易债务人没有付款或赔偿责任"，因此，除非保函另有约定，对基础合同的审查应当限定在保函担保范围内的履约事项，在将受益人自身在基础合同中是否存在违约行为纳入保函欺诈的审查范围时应当十分审慎。虽然哥斯达黎加建筑师和工程师联合协会作出仲裁裁决，认定东方置业公司在履行合同过程中违约，但上述仲裁程序于2012年2月7日由外经集团公司发动，东方置业公司并未提出反请求，2013年7月9日作出的仲裁裁决仅针对外经集团公司的请求事项认定东方置业公司违约，但并未认定外经集团公司因对方违约行为的存在而免除付款或者赔偿责任。因此，不能依据上述仲裁裁决的内容认定东方置业公司构成独立保函司法解释第十二条第三项规定的保函欺诈。

另外，双方对工程质量发生争议的事实以及哥斯达黎加建筑师和工程师联合协会争议解决中心作出的《仲裁裁决书》中涉及工程质量问题部分的表述能够佐证，外经中美洲公司在《施工合同》项下的义务尚未完全履行，本案并不存在东方置业公司确认基础交易债务已经完全履行或者付款到期事件并未发生的情形。现有证据亦不能证明东方置业公司明知其没有付款请求权仍滥用权利。东方置业公司作为受益人，其自身在基础合同履行中存在的违约情形，虽经仲裁裁决确认但并未因此免除外经集团公司的付款或者赔偿责任。综上，即使按照外经集团公司的主张适用独立保函司法解释，本案情形亦不构成保函欺诈。

第四，关于本案涉及的与独立保函有关的独立反担保函问题。

基于独立保函的特点，担保人于债务人之外构成对受益人的直接支付责任，独立保函与主债务之间没有抗辩权上的从属性，即使债务人在某一争议解决程序中行使抗辩权，并不当然使独立担保人获得该抗辩利益。另外，即使存在受益人在独立保函项下的欺诈性索款情形，亦不能推定担保行在独立反担保函项下构成欺诈性索款。只有担保行明知受益人系欺诈性索款且违反诚实信用原则付款，并向反担保行主张独立反担保函项下款项时，才能认定担保行构成独立反担保函项下的欺诈性索款。

外经集团公司以保函欺诈为由提起本案诉讼，其应当举证证明哥斯达黎加银行明知东方置业公司存在独立保函欺诈情形，仍然违反诚信原则予以付款，并进而以受益人身份在见索即付独立反担保函项下提出索款请求并构成反担保函项下的欺诈性索款。现外经集团公司不仅不能证明哥斯达黎加银行向东方置业公司支付独立保函项下款项存在欺诈，亦没有举证证明哥斯达黎加银行在独立反担保函项下存在欺诈性索款情形，其主张止付独立反担保函项下款项没有事实依据。

指导案例 111 号

中国建设银行股份有限公司广州荔湾支行诉广东蓝粤能源发展有限公司等信用证开证纠纷案

（最高人民法院审判委员会讨论通过 2019 年 2 月 25 日发布）

关键词 民事 信用证开证 提单 真实意思表示 权利质押 优先受偿权

裁判要点

1. 提单持有人是否因受领提单的交付而取得物权以及取得何种类型的物权，取决于合同的约定。开证行根据其与开证申请人之间的合同约定持有提单时，人民法院应结合信用证交易的特点，对案涉合同进行合理解释，确定开证行持有提单的真实意思表示。

2. 开证行对信用证项下单据中的提单以及提单项下的货物享有质权的，开证行行使提单质权的方式与行使提单项下货物动产质权的方式相同，即对提单项下货物折价、变卖、拍卖后所得价款享有优先受偿权。

相关法条

《中华人民共和国海商法》第 71 条
《中华人民共和国物权法》第 224 条
《中华人民共和国合同法》第 80 条第 1 款

基本案情

中国建设银行股份有限公司广州荔湾支行（以下简称建行广州荔湾支行）与广东蓝粤能源发展有限公司（以下简称蓝粤能源公司）于 2011 年 12 月签订了《贸易融资额度合同》及《关于开立信用证的特别约定》等相关附件，约定该行向蓝粤能源公司提供不超过 5.5 亿元的贸易融资额度，包括开立等值额度的远期信用证。惠来粤东电力燃料有限公司（以下简称粤东电力）等担保人签订了保证合同等。2012 年 11 月，蓝粤能源公司向建行广州荔湾支行申请开立 8592 万元的远期信用证。为开立信用证，蓝粤能源公司向建行广州荔湾支行出具了《信托收据》，并签订了《保证金质押合同》。《信托收据》确认自收据出具之日起，建行广州荔湾支行即取得上述信用证项下所涉单据和货物的所有权，建行广州荔湾支行为委托人和受益人，蓝粤能源公司为信托货物的受托人。信用证开立后，蓝粤能源公司进口了 164998 吨煤炭。建行广州荔湾支行承兑了信用证，并向蓝粤能源公司放款 84867952.27 元，用于蓝粤能源公司偿还建行首尔分行的信用证垫款。建行广州荔湾支行履行开证和付款义务后，取得了包括本案所涉提单在内的全套单据。蓝粤能源公司因经营状况恶化而未能付款赎单，故建行广州荔湾支行在本案审理过程中仍持有提单及相关单据。提单项下的煤炭因其他纠纷被广西防城港市港口区人民法院查封。建行广州荔湾支行提起诉讼，请求判令蓝粤能源公司向建行广州荔湾支行清偿信用证垫款本金 84867952.27 元及利息；确认建行广州荔湾支行对信用证项下 164998 吨煤炭享有所有权，并对处置该财产所得款项优先清偿上述信用证项下债务；粤东电力等担保人承担担保责任。

裁判结果

广东省广州市中级人民法院于 2014 年 4 月 21 日作出（2013）穗中法金民初字第 158 号民事判决，支持建行广州荔湾支行关于蓝粤能源公司还本付息以及担保人承担相应担保责任的诉请，但以信托收据及提单交付不能对抗第三人为由，驳回建行广州荔湾支行关于请求确认煤炭所有权以及优先受偿权的诉请。建行广州荔湾支行不服一审判决，提起上诉。广东省高级人民法院于 2014 年 9 月 19 日作出（2014）粤高法民二终字第 45 号民事判决，驳回上诉，维持原判。建行广州荔湾支行不服二审判决，向最高人民法院申请再审。最高人民法院于 2015 年 10 月 19 日作出（2015）民提字第 126 号民事判决，支持建行广州荔湾支对案涉信用证项下提单对应货物处置所得价款享有优先受偿权，驳回其对案涉提单项下货物享有所有权的诉讼请求。

裁判理由

最高人民法院认为，提单具有债权凭证和所有权凭证的双重属性，但并不意味着谁持有提单谁就当然对提单项下货物享有所有权。对于提单持有人而言，其能否取得物权以及取得何种类型的物权，取决于当事人之间的合同约定。建行广州荔湾支行履行了开证及付款义务并取得信用证项下的提单，但是由于当事人之间没有移转货物所有权的意思表示，故不能认为建行广州荔湾支行取得提单即取得提单项下货物的所有权。虽然《信托收据》约定建行广州荔湾支行取得货物的所有权，并委托蓝粤能源公司处置提单项下的货物，但根据物权法定原则，该约定因构成让与担保而不能发生物权效力。然而，让与担保的约定虽不能发生物权效力，但该约定仍具有合同效力，且《关于开立信用证的特别约定》约定蓝粤能源公司违约时，建行广州荔湾支行有权处分信用证项下单据及货物，因此根据合同整体解释以及信用证交易的特点，表明当事人真实意思表示是通过提单的流转而设立提单质押。本案符合权利质押设立所须具备的书面质押合同和物权公示两项要件，建行广州荔湾支行作为提单持有人，享有提单权利质权。建行广州荔湾支行的提单权利质权如果与其他债权人对提单项下货物所可能享有的留置权、动产质权等权利产生冲突的，可在执行分配程序中依法予以解决。

【典型案例】

明确中介行过错赔偿责任　维护信用证交易安全

——栖霞市绿源果蔬有限公司与中国银行股份有限公司北京市分行信用证转让纠纷再审审查案

《最高人民法院发布的第二批涉"一带一路"建设典型案例》第3号
2017年5月15日

【基本案情】

2007年6月7日，中国银行北京分行收到经由乌克兰第聂伯信贷银行以SWIFT格式转递的可转让信用证，显示开证行是位于斯洛伐克的劳埃德贸易储蓄委员会，开证申请人是塞浦路斯塔塔卢卡有限公司，受益人为倍恩公司，转让行和通知行为中国银行北京分行。同日，中国银行北京分行向受益人倍恩公司通知了该信用证，倍恩公司向中国银行北京分行申请以绿源公司为第二受益人转让该信用证，并指定中国银行山东省栖霞支行为通知行。2007年6月14日，中国银行北京分行按照倍恩公司的指示转让了该信用证，并以SWIFT格式发送转让信用证电文。绿源公司从中国银行山东省栖霞支行接收的转让信用证通知书所标明的开证行为乌克兰第聂伯银行。绿源公司交单后未收到信用证项下款项，经联系与查询，发现开证行是位于斯洛伐克境内的劳埃德贸易储蓄委员会，并非一家银行，遂以信用证通知信息错误使绿源公司信赖涉案信用证为银行开立并导致损失为由，向北京市第二中级人民法院提起本案诉讼，请求判令中国银行北京分行赔偿绿源公司损失人民币6790344元及利息损失、退税损失人民币246606.06元。

【裁判结果】

北京市第二中级人民法院一审认为，中国银行北京分行对开证行名称通知错误，存在过失，这是导致绿源公司产生损失的原因之一，但并非造成绿源公司损失的唯一原因，据此判决中国银行北京分行对绿源公司人民币340万元损失及按银行同期存款利率计算的利息损失承担赔偿责任，驳回绿源公司其他诉讼请求。

绿源公司和中国银行北京分行均不服一审判决，向北京市高级人民法院提出上诉。北京市高级人民法院二审认为，中国银行北京分行对开证行名称出现的通知错误存在重大过失，本案没有依据证明绿源公司在接到转让信用证通知前已明确知晓开证行名称，绿源公司的损失与中国银行北京分行在转递信用证中的通知错误存在因果关系，中国银行北京分行应依法承担赔偿责任，改判中国银行北京分行给付绿源公司人民币 6749265.85 元及按银行同期存款利率计算的利息损失，并驳回绿源公司的其他诉讼请求。绿源公司不服二审判决，向最高人民法院申请再审，主张因其未收到货款，只好向银行贷款，故产生贷款利息损失，同时还有出口退税款损失，二审判决未支持上述两项损失赔偿请求属认定事实缺乏证据证明及适用法律确有错误。

最高人民法院经审查认为，本案所涉信用证约定适用的国际商会第 500 号出版物《跟单信用证统一惯例》对中介银行就其错误通知行为应当承担何种责任没有作出具体规定。原判决适用《民法通则》第一百零六条第二款过错侵权的规定，并无不当。中国银行北京分行的过错行为，导致绿源公司错误信赖开证人是一家信用良好的银行而接受信用证并遭受损失，中国银行北京分行应当根据过错程度承担相应的赔偿责任。信用证是独立于基础合同的单据交易，因此信用证当事人违反义务所应承担的责任范围应当仅限于信用证项下的直接损失。绿源公司主张的贷款利息损失和出口退税损失，是基础合同如能履行可以避免的支出以及可以获得的利益，不属于信用证项下的直接损失，不是信用证当事人应当预见的损失范围，与信用证当事人违反义务的过错行为之间不具有相当因果关系，故不应在信用证关系中得到赔偿。据此，最高人民法院裁定驳回绿源公司的再审申请。

【典型意义】

该案系涉"一带一路"沿线国的信用证转让纠纷，在中国法律以及国际惯例对中介行错误通知的责任范围均没有明确规定，中介行与受益人之间又没有合同关系的情况下，依据侵权损害赔偿原则，确定中介行负有准确通知信息的义务以及违反义务需承担相应损害赔偿责任，对于保障信用证交易秩序安全无疑具有重要意义。首先，该案裁定指出信用证关系中的各有关当事人处理的仅是单据，不是与单据有关的货物、服务或其他行为，因此判断中介行过错行为所致损失的唯一法律依据必须是信用证本身，而不能根据基础合同计算损失，清晰地揭示了信用证独立性原则的内涵。其次，该案裁定在明确银行义务的同时，运用可预见性原则，确定赔偿损失范围不超过信用证项下未付款金额及利息，保证了赔偿责任范围的可预期性，具有统一裁判规则、填补法律空白的重要作用，对今后"一带一路"建设中发生的类似信用证纠纷案件有很强的借鉴意义。

依约适用国际商会见索即付保函统一规则　保障独立保函交易秩序

——现代重工有限公司与中国工商银行股份有限公司浙江省分行独立保函索赔纠纷上诉案

《最高人民法院发布的第二批涉"一带一路"建设典型案例》第 6 号

2017 年 5 月 15 日

【基本案情】

现代公司系在韩国注册成立的公司，其与浙江中高公司签订柴油发电机组供货合同，约定浙江中高公司向中国工商银行浙江分行申请开立不可撤销见索即付保函即独立保函，作为基础交易的付款方式。工商银行浙江分行向现代公司开立的独立保函载明，现代公司索赔时需提交"凭指示的标注运费到付通知人为申请人的清洁海运提单副本"。后浙江中高公司未能按期付款，现代公司向工商银行浙江分行索赔并提交记名提单副本被拒。现代公司向浙江省杭州市中级人民法院提起诉讼，请求工商银行浙江分行偿付独立保函项下款项 6648010 美元和滞纳金。工商银行浙江分行答辩称，现代公司依据独立保函作出的索赔系无效索赔，工商银行浙江分行已依约发出拒付电文，并指出三个不符点，请求驳回现代公司的诉讼请求。

【裁判结果】

浙江省杭州市中级人民法院一审认为，案涉保函约定适用国际商会第 758 号出版物《见索即付保函统一规则》，该约定有效。根据该规则的规定，在保函条款和条件明确清晰的情况下，担保人仅需考虑单据与保函条款条件是否表面相符即可，基础合同的履行情况不是审单时应考虑的因素。因案涉单据与保函条款之间有不符点，工商银行浙江分行多次拒付均合规有效，据此判决驳回现代公司诉讼请求。现代公司不服一审判决，提起上诉。

浙江省高级人民法院二审认为，独立保函作为开立银行与受益人之间具有法律约束力的合同，一旦受益人接受保函条款或根据保函条款向开立银行提出索赔，即表明受益人自愿接受保函的全部条款并受其约束。工商银行浙江分行开立的保函明确列明了单据条件，受益人现代公司接受保函时并未提出异议，其索赔时即应提供与该保函条款和条件相符的全部单据。根据独立保函载明的审单标准即国际商会第 758 号出版物《见索即付保函统一规则》第 2 条的规定，开立人在审单时应当适用表面相符、严格相符的原则。现代公司提交的记名提单副本与案涉保函所要求的指示提单副本在提单类型上显著不同，两者在国际贸易和海上运输中存在差异，工商银行浙江分行以存在不符点为由拒付款项符合保函约定。现代公司以基础合同的履行主张其提交单据和保函要求的单据并无区别，违背了独立保函的单据交易原则和表面相符原则，故该院判决驳回上诉，维持原判。

【典型意义】

独立保函具有交易担保、资信确认、融资支持等重要功能，已经成为中国企业"走出去"和"一带一路"建设过程中必不可少的常见金融担保工具。人民法院在审理独立保函索赔案件中，充分尊重并且适用当事人约定的国际交易规则，对于准确界定当事人权利义务，保障独立保函交易秩序至关重要。本案独立保函载明适用国际商会《见索即付保函统一规则》，一、二审法院均以该规则为依据调整当事人之间的权利义务关系，适用严格相符、表面相符原则，基于交单本身，审查单据是否严格遵循保函的条款和条件，从而认定了不符点的存在，展示了中国法院准确适用国际规则的能力。本案判决明确指出不能依据基础合同的履行情况得出表面相符的结论，体现了对独立保函的单据交易原则和独立性原则的充分尊重，平等保护了中外当事人的合法权益，有力保障了独立保函的交易秩序。该案也反映出中国银行业了解并运用国际金融交易规则保护自身权益以及切实防范金融风险的重要性。

上诉人中国华融资产管理有限公司河南省分公司与上诉人中国建设银行股份有限公司珠海市分行丽景支行票据回购纠纷案

（2017）最高法民终 313 号

《最高人民法院第四巡回法庭当庭宣判十大案例》第 4 号

2017 年 12 月 25 日

【案情简介】

2003 年，中国建设银行股份有限公司珠海市分行丽景支行（以下简称丽景支行）时任行长黄某为吸收资金和谋取个人好处费，伙同他人伪造印章、证件，与华信支行签订《回购合同》，华信支行依约交付 1.3 亿元，但丽景支行未依约回购，由此引发本案纠纷。案涉债权转让给中国华融资产管理有限公司河南省分公司（以下简称华融公司）后，华融公司诉至一审法院，请求判令丽景支行赔偿华融公司本金 6830.480935 万元及利息。一审法院判决丽景支行赔偿华融公司 3086.8134 万元。双方均不服，提出上诉。

二审判决：驳回上诉，维持原判。

【实务总结】

本案一审因等待刑事案件的查处结果中止审理多年，至二审诉讼时间已长达 12 年之久，双方权利义务一直处于不确定状态，双方均望尽快尘埃落定。本院当庭宣布二审判决结果后，在法庭上针锋相对、激烈辩论的当事双方都平静地接受了这一结果。事实证明，当庭宣判在提高庭审效率、防止诉讼拖延、满足人民群众对司法公开和司法效率的新期待等方面起到了积极有效的作用。本案涉及的法律问题也具有典型和指导意义。民刑交叉合同效力问题一直是审判实务以及理论研究中的一大争议问题，合议庭对于本案《回购合同》的效力虽也有不同认识，但对于合同并不因一方当事人刑事犯罪必然无效，而是应根据案件具体情况、依据合同法的相关规定进行认定的认识并无分歧。虽然华信支行不存在与黄某共同诈骗银行资金的主观犯罪故意，但是其有利用银行之间汇票转贴现业务为他人套取银行资金的意思表示和行为，因此《回购合同》属于"以合法形式掩盖非法目的"之无效合同。另外，一审认定黄学良在办理转贴现业务中的行为系职务行为，并无不当，但认定黄学良的行为构成表见代理，系对表见代理与表见代表两种制度的混淆，本院予以纠正。

十二、金融审判

最高人民法院关于成渝金融法院案件管辖的规定

法释〔2022〕20号

(2022年9月19日最高人民法院审判委员会第1875次会议通过 2022年12月20日最高人民法院公告公布 自2023年1月1日起施行)

为服务和保障成渝地区双城经济圈及西部金融中心建设,进一步明确成渝金融法院案件管辖的具体范围,根据《中华人民共和国民事诉讼法》《中华人民共和国行政诉讼法》《全国人民代表大会常务委员会关于设立成渝金融法院的决定》等规定,制定本规定。

第一条 成渝金融法院管辖重庆市以及四川省属于成渝地区双城经济圈范围内的应由中级人民法院受理的下列第一审金融民商事案件:

(一)证券、期货交易、营业信托、保险、票据、信用证、独立保函、保理、金融借款合同、银行卡、融资租赁合同、委托理财合同、储蓄存款合同、典当、银行结算合同等金融民商事纠纷;

(二)资产管理业务、资产支持证券业务、私募基金业务、外汇业务、金融产品销售和适当性管理、征信业务、支付业务及经有权机关批准的其他金融业务引发的金融民商事纠纷;

(三)涉金融机构的与公司有关的纠纷;

(四)以金融机构为债务人的破产纠纷;

(五)金融民商事纠纷的仲裁司法审查案件;

(六)申请认可和执行香港特别行政区、澳门特别行政区、台湾地区法院金融民商事纠纷的判决、裁定案件,以及申请承认和执行外国法院金融民商事纠纷的判决、裁定案件。

第二条 下列金融纠纷案件,由成渝金融法院管辖:

(一)境内投资者以发生在中华人民共和国境外的证券发行、交易活动或者期货和衍生品交易活动损害其合法权益为由向成渝金融法院提起的诉讼;

(二)境内个人或者机构以中华人民共和国境外金融机构销售的金融产品或者提供的金融服务损害其合法权益为由向成渝金融法院提起的诉讼。

第三条 以住所地在重庆市以及四川省属于成渝地区双城经济圈范围内依法设立的金融基础设施机构为被告或者第三人,与其履行职责相关的第一审金融民商事案件和涉金融行政案件,由成渝金融法院管辖。

第四条 重庆市以及四川省属于成渝地区双城经济圈范围内应由中级人民法院受理的对金融监管机构以及法律、法规、规章授权的组织,因履行金融监管职责作出的行政行为不服提起诉讼的第一审涉金融行政案件,由成渝金融法院管辖。

第五条 重庆市以及四川省属于成渝地区双城经济圈范围内基层人民法院涉及本规定第一条第一至三项的第一审金融民商事案件和第

一审涉金融行政案件的上诉案件，由成渝金融法院审理。

第六条 重庆市以及四川省属于成渝地区双城经济圈范围内应由中级人民法院受理的金融民商事案件、涉金融行政案件的申请再审和再审案件，由成渝金融法院审理。

本规定施行前已生效金融民商事案件、涉金融行政案件的申请再审和再审案件，仍由原再审管辖法院审理。

第七条 成渝金融法院作出的第一审民事案件和涉金融行政案件生效裁判，重庆市以及四川省属于成渝地区双城经济圈范围内应由中级人民法院执行的涉金融民商事纠纷的仲裁裁决，由成渝金融法院执行。

成渝金融法院执行过程中发生的执行异议案件、执行异议之诉案件，重庆市以及四川省属于成渝地区双城经济圈范围内基层人民法院涉金融案件执行过程中发生的执行复议案件、执行异议之诉上诉案件，由成渝金融法院审理。

第八条 当事人对成渝金融法院作出的第一审判决、裁定提起的上诉案件，由重庆市高级人民法院审理。

当事人对成渝金融法院执行过程中作出的执行异议裁定申请复议的案件，由重庆市高级人民法院审查。

第九条 成渝金融法院作出发生法律效力的判决、裁定和调解书的申请再审、再审案件，依法应由上一级人民法院管辖的，由重庆市高级人民法院审理。

第十条 重庆市以及四川省属于成渝地区双城经济圈范围内各中级人民法院在本规定施行前已经受理但尚未审结的金融民商事案件和涉金融行政案件，由该中级人民法院继续审理。

第十一条 本规定自2023年1月1日起施行。

最高人民法院
关于上海金融法院案件管辖的规定

(2018年7月31日最高人民法院审判委员会第1746次会议通过
根据2021年3月1日最高人民法院审判委员会第1833次会议
通过的《关于修改〈关于上海金融法院案件管辖的规定〉的
决定》修正 该修正自2021年4月22日起施行)

为服务和保障上海国际金融中心建设，进一步明确上海金融法院案件管辖的具体范围，根据《中华人民共和国民事诉讼法》《中华人民共和国行政诉讼法》《全国人民代表大会常务委员会关于设立上海金融法院的决定》等规定，制定本规定。

第一条 上海金融法院管辖上海市辖区内应由中级人民法院受理的下列第一审金融民商事案件：

（一）证券、期货交易、营业信托、保险、票据、信用证、独立保函、保理、金融借款合同、银行卡、融资租赁合同、委托理财合同、储蓄存款合同、典当、银行结算合同等金融民商事纠纷；

（二）资产管理业务、资产支持证券业务、私募基金业务、外汇业务、金融产品销售和适当性管理、征信业务、支付业务及经有权机关批准的其他金融业务引发的金融民商事纠纷；

（三）涉金融机构的与公司有关的纠纷；

（四）以金融机构为债务人的破产纠纷；

（五）金融民商事纠纷的仲裁司法审查案件；

（六）申请认可和执行香港特别行政区、澳门特别行政区、台湾地区法院金融民商事纠纷的判决、裁定案件，以及申请承认和执行外国法院金融民商事纠纷的判决、裁定案件。

第二条 下列金融纠纷案件，由上海金融法院管辖：

（一）境内投资者以发生在中华人民共和国境外的证券发行、交易活动或者期货交易活动损害其合法权益为由向上海金融法院提起的诉讼；

（二）境内个人或者机构以中华人民共和国境外金融机构销售的金融产品或者提供的金融服务损害其合法权益为由向上海金融法院提起的诉讼。

第三条 在上海证券交易所科创板上市公司的证券发行纠纷、证券承销合同纠纷、证券上市保荐合同纠纷、证券上市合同纠纷和证券欺诈责任纠纷等第一审民商事案件，由上海金融法院管辖。

第四条 以上海证券交易所为被告或者第三人的与证券交易所监管职能相关的第一审金融民商事和涉金融行政案件，由上海金融法院管辖。

第五条 以住所地在上海市并依法设立的金融基础设施机构为被告或者第三人的与其履行职责相关的第一审金融民商事案件，由上海金融法院管辖。

第六条 上海市辖区内应由中级人民法院受理的对金融监管机构以及法律、法规、规章授权的组织因履行金融监管职责作出的行政行为不服提起诉讼的第一审涉金融行政案件，由上海金融法院管辖。

第七条 当事人对上海市基层人民法院作出的涉及本规定第一条第一至三项的第一审金融民商事案件和涉金融行政案件判决、裁定提起的上诉案件和申请再审案件，由上海金融法院审理。

第八条 上海市辖区内应由中级人民法院受理的金融民商事案件、涉金融行政案件的再审案件，由上海金融法院审理。

第九条 上海金融法院作出的第一审民商事案件和涉金融行政案件生效裁判，以及上海市辖区内应由中级人民法院执行的涉金融民商事纠纷的仲裁裁决，由上海金融法院执行。

上海金融法院执行过程中发生的执行异议案件、执行异议之诉案件，以及上海市基层人民法院涉金融案件执行过程中发生的执行复议案件、执行异议之诉上诉案件，由上海金融法院审理。

第十条 当事人对上海金融法院作出的第一审判决、裁定提起的上诉案件，由上海市高级人民法院审理。

第十一条 上海市各中级人民法院在上海金融法院成立前已经受理但尚未审结的金融民商事案件和涉金融行政案件，由该中级人民法院继续审理。

第十二条 本规定自2018年8月10日起施行。

最高人民法院
关于北京金融法院案件管辖的规定

法释〔2021〕7号

（2021年3月1日最高人民法院审判委员会第1833次会议通过 2021年3月16日最高人民法院公告公布 自2021年3月16日起施行）

为服务和保障国家金融管理中心建设，进一步明确北京金融法院案件管辖的具体范围，根据《中华人民共和国民事诉讼法》《中华人民共和国行政诉讼法》《全国人民代表大会常务委员会关于设立北京金融法院的决定》等规定，制定本规定。

第一条 北京金融法院管辖北京市辖区内应由中级人民法院受理的下列第一审金融民商事案件：

（一）证券、期货交易、营业信托、保险、票据、信用证、独立保函、保理、金融借款合同、银行卡、融资租赁合同、委托理财合同、储蓄存款合同、典当、银行结算合同等金融民商事纠纷；

（二）资产管理业务、资产支持证券业务、私募基金业务、外汇业务、金融产品销售和适当性管理、征信业务、支付业务及经有权机关批准的其他金融业务引发的金融民商事纠纷；

（三）涉金融机构的与公司有关的纠纷；

（四）以金融机构为债务人的破产纠纷；

（五）金融民商事纠纷的仲裁司法审查案件；

（六）申请认可和执行香港特别行政区、澳门特别行政区、台湾地区法院金融民商事纠纷的判决、裁定案件，以及申请承认和执行外国法院金融民商事纠纷的判决、裁定案件。

第二条 下列金融纠纷案件，由北京金融法院管辖：

（一）境内投资者以发生在中华人民共和国境外的证券发行、交易活动或者期货交易活动损害其合法权益为由向北京金融法院提起的诉讼；

（二）境内个人或者机构以中华人民共和国境外金融机构销售的金融产品或者提供的金融服务损害其合法权益为由向北京金融法院提起的诉讼。

第三条 在全国中小企业股份转让系统向不特定合格投资者公开发行股票并在精选层挂牌的公司的证券发行纠纷、证券承销合同纠纷、证券交易合同纠纷、证券欺诈责任纠纷以及证券推荐保荐和持续督导合同、证券挂牌合同引起的纠纷等第一审民商事案件，由北京金融法院管辖。

第四条 以全国中小企业股份转让系统有限责任公司为被告或者第三人的与证券交易场所监管职能相关的第一审金融民商事和涉金融行政案件，由北京金融法院管辖。

第五条 以住所地在北京市并依法设立的金融基础设施机构为被告或者第三人的与其履行职责相关的第一审金融民商事案件，由北京金融法院管辖。

第六条 北京市辖区内应由中级人民法院受理的对中国人民银行、中国银行保险监督管理委员会、中国证券监督管理委员会、国家外汇管理局等国家金融管理部门以及其他国务院组成部门和法律、法规、规章授权的组织因履行金融监管职责作出的行政行为不服提起诉讼的第一审涉金融行政案件，由北京金融法院管辖。

第七条 当事人对北京市基层人民法院作出的涉及本规定第一条第一至三项的第一审金融民商事案件和涉金融行政案件判决、裁定提起的上诉案件和申请再审案件，由北京金融法院审理。

第八条 北京市辖区内应由中级人民法院受理的金融民商事案件、涉金融行政案件的再审案件，由北京金融法院审理。

第九条 北京金融法院作出的第一审民商事案件和涉金融行政案件生效裁判，以及北京市辖区内应由中级人民法院执行的涉金融民商事纠纷的仲裁裁决，由北京金融法院执行。

北京金融法院执行过程中发生的执行异议案件、执行异议之诉案件，以及北京市基层人民法院涉金融案件执行过程中发生的执行复议案件、执行异议之诉上诉案件，由北京金融法院审理。

第十条 中国人民银行、中国银行保险监督管理委员会、中国证券监督管理委员会、国家外汇管理局等国家金融管理部门，以及其他国务院组成部门因履行金融监管职责作为申请人的非诉行政执行案件，由北京金融法院审查和执行。

第十一条 当事人对北京金融法院作出的第一审判决、裁定提起的上诉案件，由北京市高级人民法院审理。

第十二条 北京市各中级人民法院在北京金融法院成立前已经受理但尚未审结的金融民商事案件和涉金融行政案件，由该中级人民法院继续审理。

第十三条 本规定自2021年3月16日起施行。

最高人民法院
关于印发《全国法院民商事审判工作会议纪要》的通知（节选）

2019年11月8日　　　　法〔2019〕254号

各省、自治区、直辖市高级人民法院，解放军军事法院，新疆维吾尔自治区高级人民法院生产建设兵团分院：

《全国法院民商事审判工作会议纪要》（以下简称《会议纪要》）已于2019年9月11日经最高人民法院审判委员会民事行政专业委员会第319次会议原则通过。为便于进一步学习领会和正确适用《会议纪要》，特作如下通知：

一、充分认识《会议纪要》出台的意义

《会议纪要》针对民商事审判中的前沿疑难争议问题，在广泛征求各方面意见的基础上，经最高人民法院审判委员会民事行政专业委员会讨论决定。《会议纪要》的出台，对统一裁判思路，规范法官自由裁量权，增强民商事审判的公开性、透明度以及可预期性，提高司法公信力具有重要意义。各级人民法院要正确把握和理解适用《会议纪要》的精神实质和基本内容。

二、及时组织学习培训

为使各级人民法院尽快准确理解掌握《会议纪要》的内涵，在案件审理中正确理解适用，各级人民法院要在妥善处理好工学关系的前提下，通过多种形式组织学习培训，做好宣传工作。

三、准确把握《会议纪要》的应用范围

纪要不是司法解释，不能作为裁判依据进行援引。《会议纪要》发布后，人民法院尚未审结的一审、二审案件，在裁判文书"本院认为"部分具体分析法律适用的理由时，可以根据《会议纪要》的相关规定进行说理。

对于适用中存在的问题，请层报最高人民法院。

附：

全国法院民商事审判工作会议纪要

目　录

四、关于担保纠纷案件的审理
五、关于金融消费者权益保护纠纷案件的审理
六、关于证券纠纷案件的审理
七、关于营业信托纠纷案件的审理
八、关于财产保险合同纠纷案件的审理
九、关于票据纠纷案件的审理

四、关于担保纠纷案件的审理

会议认为，要注意担保法及其司法解释与物权法对独立担保、混合担保、担保期间等有关制度的不同规定，根据新的规定优于旧的规定的法律适用规则，优先适用物权法的规定。从属性是担保的基本属性，要慎重认定独立担保行为的效力，将其严格限定在法律或者司法解释明确规定的情形。要根据区分原则，准确认定担保合同效力。要坚持物权法定、公示公信原则，区分不动产与动产担保物权在物权变动、效力规则等方面的异同，准确适用法律。要充分发挥担保对缓解融资难融资贵问题的积极作用，不轻易否定新类型担保、非典型担保的合同效力及担保功能。

(一)关于担保的一般规则

54.【独立担保】从属性是担保的基本属性,但由银行或者非银行金融机构开立的独立保函除外。独立保函纠纷案件依据《最高人民法院关于审理独立保函纠纷案件若干问题的规定》处理。需要进一步明确的是:凡是由银行或者非银行金融机构开立的符合该司法解释第1条、第3条规定情形的保函,无论是用于国际商事交易还是用于国内商事交易,均不影响保函的效力。银行或者非银行金融机构之外的当事人开立的独立保函,以及当事人有关排除担保从属性的约定,应当认定无效。但是,根据"无效法律行为的转换"原理,在否定其独立担保效力的同时,应当将其认定为从属性担保。此时,如果主合同有效,则担保合同有效,担保人与主债务人承担连带保证责任。主合同无效,则该所谓的独立担保也随之无效,担保人无过错的,不承担责任;担保人有过错的,其承担民事责任的部分,不应超过债务人不能清偿部分的三分之一。

55.【担保责任的范围】担保人承担的担保责任范围不应当大于主债务,是担保从属性的必然要求。当事人约定的担保责任的范围大于主债务的,如针对担保责任约定专门的违约责任、担保责任的数额高于主债务、担保责任约定的利息高于主债务利息、担保责任的履行期先于主债务履行期届满,等等,均应当认定大于主债务部分的约定无效,从而使担保责任缩减至主债务的范围。

56.【混合担保中担保人之间的追偿问题】被担保的债权既有保证又有第三人提供的物的担保的,担保法司法解释第38条明确规定,承担了担保责任的担保人可以要求其他担保人清偿其应当分担的份额。但《物权法》第176条并未作出类似规定,根据《物权法》第178条关于"担保法与本法的规定不一致的,适用本法"的规定,承担了担保责任的担保人向其他担保人追偿的,人民法院不予支持,但担保人在担保合同中约定可以相互追偿的除外。

57.【借新还旧的担保物权】贷款到期后,借款人与贷款人订立新的借款合同,将新贷用于归还旧贷,旧贷因清偿而消灭,为旧贷设立的担保物权也随之消灭。贷款人以旧贷上的担保物权尚未进行涂销登记为由,主张对新贷行使担保物权的,人民法院不予支持,但当事人约定继续为新贷提供担保的除外。

58.【担保债权的范围】以登记作为公示方式的不动产担保物权的担保范围,一般应当以登记的范围为准。但是,我国目前不动产担保物权登记,不同地区的系统设置及登记规则并不一致,人民法院在审理案件时应当充分注意制度设计上的差别,作出符合实际的判断:一是多数省区市的登记系统未设置"担保范围"栏目,仅有"被担保主债权数额(最高债权数额)"的表述,且只能填写固定数字。而当事人在合同中又往往约定担保物权的担保范围包括主债权及其利息、违约金等附属债权,致使合同约定的担保范围与登记不一致。显然,这种不一致是由于该地区登记系统设置及登记规则造成的该地区的普遍现象。人民法院以合同约定认定担保物权的担保范围,是符合实际的妥当选择。二是一些省区市不动产登记系统设置与登记规则比较规范,担保物权登记范围与合同约定一致在该地区是常态或者普遍现象,人民法院在审理案件时,应当以登记的担保范围为准。

59.【主债权诉讼时效届满的法律后果】抵押权人应当在主债权的诉讼时效期间内行使抵押权。抵押权人在主债权诉讼时效届满前未行使抵押权,抵押人在主债权诉讼时效届满后请求涂销抵押权登记的,人民法院依法予以支持。

以登记作为公示方法的权利质权,参照适用前款规定。

(二)关于不动产担保物权

60.【未办理登记的不动产抵押合同的效力】不动产抵押合同依法成立,但未办理抵押登记手续,债权人请求抵押人办理抵押登记手续的,人民法院依法予以支持。因抵押物灭失以及抵押物转让他人等原因不能办理抵押登记,债权人请求抵押人以抵押物的价值为限承担责任的,人民法院依法予以支持,但其范围不得超过抵押权有效设立时抵押人所应当承担的责任。

61.【房地分别抵押】根据《物权法》第182条之规定,仅以建筑物设定抵押的,抵押权的效力及于占用范围内的土地;仅以建设用地使用权抵押的,抵押权的效力亦及于其上的建筑物。在房地分别抵押,即建设用地使用权抵押给一个债权人，而其上的建筑物又抵押给另一个人的情况下，可能产生两个抵押权的冲突问题。基于"房地一体"规则，此时应当将建筑物和建设用地使用权视为同一财产，从而依照《物权法》第199条的规定确定清偿顺序：登记在先的先清偿；同时登记的，按照债权比例清偿。同一天登记的，视为同时登记。应予注意的是，根据《物权法》第200条的规定，建设用地使用权抵押后，该土地上新增的建筑物不属于抵押财产。

62.【抵押权随主债权转让】抵押权是从属于主合同的从权利，根据"从随主"规则，债权转让的，除法律另有规定或者当事人另有约定外，担保该债权的抵押权一并转让。受让人向抵押人主张行使抵押权，抵押人以受让人不是抵押合同的当事人、未办理变更登记等为由提出抗辩的，人民法院不予支持。

（三）关于动产担保物权

63.【流动质押的设立与监管人的责任】在流动质押中，经常由债权人、出质人与监管人订立三方监管协议，此时应当查明监管人究竟是受债权人的委托还是受出质人的委托监管质物，确定质物是否已经交付债权人，从而判断质权是否有效设立。如果监管人系受债权人的委托监管质物，则其是债权人的直接占有人，应当认定完成了质物交付，质权有效设立。监管人违反监管协议约定，违规向出质人放货、因保管不善导致质物毁损灭失，债权人请求监管人承担违约责任，人民法院依法予以支持。

如果监管人系受出质人委托监管质物，表明质物并未交付债权人，应当认定质权未有效设立。尽管监管协议约定监管人系受债权人的委托监管质物，但有证据证明其并未履行监管职责，质物实际上仍由出质人管领控制的，也应当认定质物并未实际交付，质权未有效设立。此时，债权人可以基于质押合同的约定请求质押人承担违约责任，但其范围不得超过质权有效设立时质押人所应当承担的责任。监管人未履行监管职责的，债权人也可以请求监管人承担违约责任。

64.【浮动抵押的效力】企业将其现有的以及将有的生产设备、原材料、半成品及产品等财产设定浮动抵押后，又将其中的生产设备等部分财产设定了动产抵押，并都办理了抵押登记的，根据《物权法》第199条的规定，登记在先的浮动抵押优先于登记在后的动产抵押。

65.【动产抵押权与质权竞存】同一动产上同时设立质权和抵押权的，应当参照适用《物权法》第199条的规定，根据是否完成公示以及公示先后情况来确定清偿顺序：质权有效设立、抵押权办理了抵押登记的，按照公示先后确定清偿顺序；顺序相同的，按照债权比例清偿；质权有效设立，抵押权未办理抵押登记的，质权优先于抵押权；质权未有效设立，抵押权未办理抵押登记的，因此时抵押权已经有效设立，故抵押权优先受偿。

根据《物权法》第178条规定的精神，担保法司法解释第79条第1款不再适用。

（四）关于非典型担保

66.【担保关系的认定】当事人订立的具有担保功能的合同，不存在法定无效情形的，应当认定有效。虽然合同约定的权利义务关系不属于物权法规定的典型担保类型，但是其担保功能应予肯定。

67.【约定担保物权的效力】债权人与担保人订立担保合同，约定以法律、行政法规未禁止抵押或者质押的财产设定以登记作为公示方法的担保，因无法定的登记机构而未能进行登记的，不具有物权效力。当事人请求按照担保合同的约定就该财产折价、变卖或者拍卖所得价款等方式清偿债务的，人民法院依法予以支持，但对其他权利人不具有对抗效力和优先性。

68.【保兑仓交易】保兑仓交易作为一种新类型融资担保方式，其基本交易模式是，以银行信用为载体、以银行承兑汇票为结算工具、由银行控制货权、卖方（或者仓储方）受托保管货物并以承兑汇票与保证金之间的差额作为担保。其基本的交易流程是：卖方、买方和银行订立三方合作协议，其中买方向银行缴存一定比例的承兑保证金，银行向买方签发以卖方为收款人的银行承兑汇票，买方将银行承兑汇票交付卖方作为货款，银行根据买方缴纳的保证金的一定比例向卖方签发提货单，卖方根据提货单向买方交付对应金额的货物，买方销售货物后，将货款再缴存为保证金。

在三方协议中，一般来说，银行的主要义务是及时签发承兑汇票并按约定方式将其交给卖方，卖方的主要义务是根据银行签发的提货单发货，并在买方未及时销售或者回赎货物时，就保证金与承兑汇票之间的差额部分承担责任。银行为保障自身利益，往往还会约定卖方要将货物交给由其指定的当事人监管，并设定质押，从而涉及监管协议以及流动质押等问题。实践中，当事人还可能在前述基本交易模式基础上另行作出其他约定，只要不违反法律、行政法规的效力性强制性规定，这些约定应当认定有效。

一方当事人因保兑仓交易纠纷提起诉讼的，人民法院应当以保兑仓交易合同作为审理案件的基本依据，但买卖双方没有真实买卖关系的除外。

69.【无真实贸易背景的保兑仓交易】保兑仓交易以买卖双方有真实买卖关系为前提。双方无真实买卖关系的，该交易属于名为保兑仓交易实为借款合同，保兑仓交易因构成虚伪意思表示而无效，被隐藏的借款合同是当事人的真实意思表示，如不存在其他合同无效情形，应当认定有效。保兑仓交易认定为借款合同关系的，不影响卖方和银行之间担保关系的效力，卖方仍应当承担担保责任。

70.【保兑仓交易的合并审理】当事人就保兑仓交易中的不同法律关系的相对方分别或者同时向同一人民法院起诉的，人民法院可以根据民事诉讼法司法解释第221条的规定，合并审理。当事人未起诉某一方当事人的，人民法院可以依职权追加未参加诉讼的当事人为第三人，以便查明相关事实，正确认定责任。

71.【让与担保】债务人或者第三人与债权人订立合同，约定将财产形式上转让至债权人名下，债务人到期清偿债务，债权人将该财产返还给债务人或第三人，债务人到期没有清偿债务，债权人可以对财产拍卖、变卖、折价偿还债权的，人民法院应当认定合同有效。合同如果约定债务人到期没有清偿债务，财产归债权人所有的，人民法院应当认定该部分约定无效，但不影响合同其他部分的效力。

当事人根据上述合同约定，已经完成财产权利变动的公示方式转让至债权人名下，债务人到期没有清偿债务，债权人请求确认财产归其所有的，人民法院不予支持，但债权人请求参照法律关于担保物权的规定对财产拍卖、变卖、折价优先偿还其债权的，人民法院依法予以支持。债务人因到期没有清偿债务，请求对该财产拍卖、变卖、折价偿还所欠债权人合同项下债务的，人民法院亦应依法予以支持。

五、关于金融消费者权益保护纠纷案件的审理

会议认为，在审理金融产品发行人、销售者以及金融服务提供者（以下简称卖方机构）与金融消费者之间因销售各类高风险等级金融产品和为金融消费者参与高风险等级投资活动提供服务而引发的民商事案件中，必须坚持"卖者尽责、买者自负"原则，将金融消费者是否充分了解相关金融产品、投资活动的性质及风险并在此基础上作出自主决定作为应当查明的案件基本事实，依法保护金融消费者的合法权益，规范卖方机构的经营行为，推动形成公开、公平、公正的市场环境和市场秩序。

72.【适当性义务】适当性义务是指卖方机构在向金融消费者推介、销售银行理财产品、保险投资产品、信托理财产品、券商集合理财计划、杠杆基金份额、期权及其他场外衍生品等高风险等级金融产品，以及为金融消费者参与融资融券、新三板、创业板、科创板、期货等高风险等级投资活动提供服务的过程中，必须履行的了解客户、了解产品、将适当的产品（或者服务）销售（或者提供）给适合的金融消费者等义务。卖方机构承担适当性义务的目的是为了确保金融消费者能够在充分了解相关金融产品、投资活动的性质及风险的基础上作出自主决定，并承受由此产生的收益和风险。在推介、销售高风险等级金融产品和提供高风险等级金融服务领域，适当性义务的履行是"卖者尽责"的主要内容，也是"买者自负"的前提和基础。

73.【法律适用规则】在确定卖方机构适当性义务的内容时，应当以合同法、证券法、证券投资基金法、信托法等法律规定的基本原则和国务院发布的规范性文件作为主要依据。相关部门在部门规章、规范性文件中对高风险等级金融产品的推介、销售，以及为金融消费者参与高风险等级投资活动提供服务作出的监管规定，与法律和国务院发布的规范性文件的规定不相抵触的，可以参照适用。

74.【责任主体】金融产品发行人、销售者未尽适当性义务，导致金融消费者在购买金融产品过程中遭受损失的，金融消费者既可以请求金融产品的发行人承担赔偿责任，也可以请求金融产品的销售者承担赔偿责任，还可以根据《民法总则》第167条的规定，请求金融产品的发行人、销售者共同承担连带赔偿责任。发行人、销售者请求人民法院明确各自的责任份额的，人民法院可以在判决发行人、销售者对金融消费者承担连带赔偿责任的同时，明确发行人、销售者在实际承担了赔偿责任后，有权向责任方追偿其应当承担的赔偿份额。

金融服务提供者未尽适当性义务，导致金融消费者在接受金融服务后参与高风险等级投资活动遭受损失的，金融消费者可以请求金融服务提供者承担赔偿责任。

75.【举证责任分配】在案件审理过程中，金融消费者应当对购买产品（或者接受服务）、遭受的损失等事实承担举证责任。卖方机构对其是否履行了适当性义务承担举证责任。卖方机构不能提供其已经建立了金融产品（或者服务）的风险评估及相应管理制度、对金融消费者的风险认知、风险偏好和风险承受能力进行了测试、向金融消费者告知产品（或者服务）的收益和主要风险因素等相关证据的，应当承担举证不能的法律后果。

76.【告知说明义务】告知说明义务的履行是金融消费者能够真正了解各类高风险等级金融产品或者高风险等级投资活动的投资风险和收益的关键，人民法院应当根据产品、投资活动的风险和金融消费者的实际情况，综合理性人能够理解的客观标准和金融消费者能够理解的主观标准来确定卖方机构是否已经履行了告知说明义务。卖方机构简单地以金融消费者手写了诸如"本人明确知悉可能存在本金损失风险"等内容主张其已经履行了告知说明义务，不能提供其他相关证据的，人民法院对其抗辩理由不予支持。

77.【损失赔偿数额】卖方机构未尽适当性义务导致金融消费者损失的，应当赔偿金融消费者所受的实际损失。实际损失为损失的本金和利息，利息按照中国人民银行发布的同期同类存款基准利率计算。

金融消费者因购买高风险等级金融产品或者为参与高风险投资活动接受服务，以卖方机构存在欺诈行为为由，主张卖方机构应当根据《消费者权益保护法》第55条的规定承担惩罚性赔偿责任的，人民法院不予支持。卖方机构的行为构成欺诈的，对金融消费者提出赔偿其支付金钱总额的利息损失请求，应当注意区分不同情况进行处理：

（1）金融产品的合同文本中载明了预期收益率、业绩比较基准或者类似约定的，可以将其作为计算利息损失的标准；

（2）合同文本以浮动区间的方式对预期收益率或者业绩比较基准等进行约定，金融消费者请求按照约定的上限作为利息损失计算标准的，人民法院依法予以支持；

（3）合同文本虽然没有关于预期收益率、业绩比较基准或者类似约定，但金融消费者能够提供证据证明产品发行的广告宣传资料中载明了预期收益率、业绩比较基准或者类似表述的，应当将宣传资料作为合同文本的组成部分；

（4）合同文本及广告宣传资料中未载明预期收益率、业绩比较基准或者类似表述的，按照全国银行间同业拆借中心公布的贷款市场报价利率计算。

78.【免责事由】因金融消费者故意提供虚假信息、拒绝听取卖方机构的建议等自身原因导致其购买产品或者接受服务不适当，卖方机构请求免除相应责任的，人民法院依法予以支持，但金融消费者能够证明该虚假信息的出具系卖方机构误导的除外。卖方机构能够举证证明根据金融消费者的既往投资经验、受教育程度等事实，适当性义务的违反并未影响金融消费者作出自主决定的，对其关于应当由金融消费者自负投资风险的抗辩理由，人民法院依法予以支持。

六、关于证券纠纷案件的审理

（一）关于证券虚假陈述

会议认为，《最高人民法院关于审理证券市场因虚假陈述引发的民事赔偿案件的若干规定》施行以来，证券市场的发展出现了新的情况，证券虚假陈述纠纷案件的审理对司法能力提出了更高的要求。在案件审理过程中，对于需要借助其他学科领域的专业知识进行职业判断的问题，要充分发挥专家证人的作用，使得案件的事实认定符合证券市场的基本常识和普遍认知或者认可的经验法则，责任承担与侵权行为及其主观过错程度相匹配，在切实维护投资者合法权益的同时，通过民事责任追究实现震慑违法的功能，维护公开、公平、公正的资本市场秩序。

79.【共同管辖的案件移送】原告以发行人、上市公司以外的虚假陈述行为人为被告提起诉讼，被告申请追加发行人或者上市公司为共同被告的，人民法院应予准许。人民法院在追加后发现其他有管辖权的人民法院已先行受理因同一虚假陈述引发的民事赔偿案件的，应当按照民事诉讼法司法解释第36条的规定，将案件移送给先立案的人民法院。

80.【案件审理方式】案件审理方式方面，在传统的"一案一立、分别审理"的方式之外，一些人民法院已经进行了将部分案件合并审理、在示范判决基础上委托调解等改革，初步实现了案件审理的集约化和诉讼经济。在认真总结审判实践经验的基础上，有条件的地方人民法院可以选择个案以《民事诉讼法》第54条规定的代表人诉讼方式进行审理，逐步展开试点工作。就案件审理中涉及的适格原告范围认定、公告通知方式、投资者权利登记、代表人推选、执行款项的发放等具体工作，积极协调相关部门和有关方面，推动信息技术审判辅助平台和常态化、可持续的工作机制建设，保障投资者能够便捷、高效、透明和低成本地维护自身合法权益，为构建符合中国国情的证券民事诉讼制度积累审判经验，培养审判队伍。

81.【立案登记】多个投资者就同一虚假陈述向人民法院提起诉讼，可以采用代表人诉讼方式对案件进行审理的，人民法院在登记立案时可以根据原告起诉状中所描述的虚假陈述的数量、性质及其实施日、揭露日或者更正日等时间节点，将投资者作为共同原告统一立案登记。原告主张被告实施了多个虚假陈述的，可以分别立案登记。

82.【案件甄别及程序决定】人民法院决定采用《民事诉讼法》第54条规定的方式审理案件的，在发出公告前，应当先行就被告的行为是否构成虚假陈述，投资者的交易方向与诱多、诱空的虚假陈述是否一致，以及虚假陈述的实施日、揭露日或者更正日等案件基本事实进行审查。

83.【选定代表人】权利登记的期间届满后，人民法院应当通知当事人在指定期间内完成代表人的推选工作。推选不出代表人的，人民法院可以与当事人商定代表人。人民法院在提出人选时，应当将当事人诉讼请求的典型性和利益诉求的份额等作为考量因素，确保代表行为能够充分、公正地表达投资者的诉讼主张。国家设立的投资者保护机构以自己的名义提起诉讼，或者接受投资者的委托指派工作人员或者委托诉讼代理人参与案件审理活动的，人民法院可以商定该机构或者其代理的当事人作为代表人。

84.【揭露日和更正日的认定】虚假陈述的揭露和更正，是指虚假陈述被市场所知悉、了解，其精确程度并不以"镜像规则"为必要，不要求达到全面、完整、准确的程度。原则上，只要交易市场对监管部门立案调查、权威媒体刊载的揭露文章等信息存在着明显的反应，对一方主张市场已经知悉虚假陈述的抗辩，人民法院依法予以支持。

85.【重大性要件的认定】审判实践中，部分人民法院对重大性要件和信赖要件存在着混淆认识，以行政处罚认定的信息披露违法行为对投资者的交易决定没影响为由否定违法行为的重大性，应当引起注意。重大性是指可能对投资者进行投资决策具有重要影响的信息，虚假陈述已经被监管部门行政处罚的，应当认为是具有重大性的违法行为。在案件审理过程中，对于一方提出的监管部门作出处罚决定的行为不具有重大性的抗辩，人民法院不予支持，同时应当向其释明，该抗辩并非民商事案件的审理范围，应当通过行政复议、行政诉讼加以解决。

（二）关于场外配资

会议认为，将证券市场的信用交易纳入国家统一监管的范围，是维护金融市场透明度和金融稳定的重要内容。不受监管的场外配资业务，不仅盲目扩张了资本市场信用交易的规模，也容易冲击资本市场的交易秩序。融资融券作为证券市场的主要信用交易方式和证券经营机构的核心业务之一，依法属于国家特许经营的金融业务，未经依法批准，任何单位和个人不得非法从事配资业务。

86.【场外配资合同的效力】从审判实践看，场外配资业务主要是指一些P2P公司或者私募类配资公司利用互联网信息技术，搭建起游离于监管体系之外的融资业务平台，将资金融出方、资金融入方即用资人和券商营业部三方连接起来，配资公司利用计算机软件系统的二级分仓功能将其自有资金或者以较低成本融入的资金出借给用资人，赚取利息收入的行为。这些场外配资公司所开展的经营活动，本质上属于只有证券公司才能依法开展的融资活动，不仅规避了监管部门对融资融券业务中资金来源、投资标的、杠杆比例等诸多方面的限制，也加剧了市场的非理性波动。在案件审理过程中，除依法取得融资融券资格的证券公司与客户开展的融资融券业务外，对其他任何单位或者个人与用资人的场外配资合同，人民法院应当根据《证券法》第142条、合同法司法解释（一）第10条的规定，认定为无效。

87.【合同无效的责任承担】场外配资合同被确认无效后，配资方依场外配资合同的约定，请求用资人向其支付约定的利息和费用的，人民法院不予支持。

配资方依场外配资合同的约定，请求分享用资人因使用配资所产生的收益的，人民法院不予支持。

用资人以其因使用配资导致投资损失为由请求配资方予以赔偿的，人民法院不予支持。用资人能够证明因配资方采取更改密码等方式控制账户使得用资人无法及时平仓止损，并据此请求配资方赔偿其因此遭受的损失的，人民法院依法予以支持。

用资人能够证明配资合同是因配资方招揽、劝诱而订立，请求配资方赔偿其全部或者部分损失的，人民法院应当综合考虑配资方招揽、劝诱行为的方式、对用资人的实际影响、用资人自身的投资经历、风险判断和承受能力等因素，判决配资方承担与其过错相适应的赔偿责任。

七、关于营业信托纠纷案件的审理

会议认为，从审判实践看，营业信托纠纷主要表现为事务管理信托纠纷和主动管理信托纠纷两种类型。在事务管理信托纠纷案件中，对信托公司开展和参与的多层嵌套、通道业务、回购承诺等融资活动，要以其实际构成的法律关系确定其效力，并在此基础上依法确定各方的权利义务。在主动管理信托纠纷案件中，应当重点审查受托人在"受人之托，忠人之事"的财产管理过程中，是否恪尽职守，履行了谨慎、有效管理等法定或者约定义务。

88.【营业信托纠纷的认定】信托公司根据法律法规以及金融监督管理部门的监管规定，以取得信托报酬为目的接受委托人的委托，以受托人身份处理信托事务的经营行为，属于营业信托。由此产生的信托当事人之间的纠纷，为营业信托纠纷。

根据《关于规范金融机构资产管理业务的指导意见》的规定，其他金融机构开展的资产管理业务构成信托关系的，当事人之间的纠纷适用信托法及其他有关规定处理。

89.【资产或者资产收益权转让及回购】信托公司在资金信托成立后，以募集的信托资金受让特定资产或者特定资产收益权，属于信托公司在资金依法募集后的资金运用行为，由此引发的纠纷不应当认定为营业信托纠纷。如果合同中约定由转让方或者其指定的第三方在一定期间后以交易本金加上溢价款等固定价款无条件回购的，无论转让方所转让的标的物是否真实存在、是否实际交付或者过户，只要合同不存在法定无效事由，对信托公司提出的由转让方或者其指定的第三方按约定承担责任的诉讼请求，人民法院依法予以支持。

当事人在相关合同中同时约定采用信托公司受让目标公司股权、向目标公司增资方式并以相应股权担保债权实现的，应当认定在当事人之间成立让与担保法律关系。当事人之间的具体权利义务，根据本纪要第71条的规定加以确定。

90.【劣后级受益人的责任承担】信托文件及相关合同将受益人区分为优先级受益人和劣后级受益人等不同类别，约定优先级受益人以其财产认购信托计划份额，在信托到期后，劣后级受益人负有对优先级受益人从信托财产获得利益与其投资本金及约定收益之间的差额承担补足义务，优先级受益人请求劣后级受益人按照约定承担责任的，人民法院依法予以支持。

信托文件中关于不同类型受益人权利义务关系的约定，不影响受益人与受托人之间信托法律关系的认定。

91.【增信文件的性质】信托合同之外的当事人提供第三方差额补足、代为履行到期回购义务、流动性支持等类似承诺文件作为增信措施，其内容符合法律关于保证的规定的，人民法院应当认定当事人之间成立保证合同关系。其内容不符合法律关于保证的规定的，依据承诺文件的具体内容确定相应的权利义务关系，并根据案件事实情况确定相应的民事责任。

92.【保底或者刚兑条款无效】信托公司、商业银行等金融机构作为资产管理产品的受托人与受益人订立的含有保证本息固定回报、保证本金不受损失等保底或者刚兑条款的合同，人民法院应当认定该条款无效。受益人请求受托人对其损失承担与其过错相适应的赔偿责任的，人民法院依法予以支持。

实践中，保底或者刚兑条款通常不在资产管理产品合同中明确约定，而是以"抽屉协议"或者其他方式约定，不管形式如何，均应认定无效。

93.【通道业务的效力】当事人在信托文件中约定，委托人自主决定信托设立、信托财产运用对象、信托财产管理运用处分方式等事宜，自行承担信托资产的风险管理责任和相应风险损失，受托人仅提供必要的事务协助或者服务，不承担主动管理职责的，应当认定为通道业务。《中国人民银行、中国银行保险监督管理委员会、中国证券监督管理委员会、国家外汇管理局关于规范金融机构资产管理业务的指导意见》第22条在规定"金融机构不得为其他金融机构的资产管理产品提供规避投资范围、杠杆约束等监管要求的通道服务"的同时，也在第29条明确按照"新老划断"原则，将过渡期设置为截止2020年底，确保平稳过渡。在过渡期内，对通道业务中存在的利用信托通道掩盖风险，规避资金投向、资产分类、拨备计提和资本占用等监管规定，或者通过信托通道将表内资产虚假出表等信托业务，如果不存在其他无效事由，一方以信托目的违法违规为由请求确认无效的，人民法院不予支持。至于委托人和受托人之间的权利义务关系，应当依据信托文件的约定加以确定。

94.【受托人的举证责任】资产管理产品的委托人以受托人未履行勤勉尽责、公平对待客户等义务损害其合法权益为由，请求受托人承担损害赔偿责任的，应当由受托人举证证明其已经履行了义务。受托人不能举证证明，委托人请求其承担相应赔偿责任的，人民法院依法予以支持。

95.【信托财产的诉讼保全】信托财产在信托存续期间独立于委托人、受托人、受益人各自的固有财产。委托人将其财产委托给受托人进行管理，在信托依法设立后，该信托财产即独立于委托人未设立信托的其他固有财产。受托人因承诺信托而取得的信托财产，以及通过对信托财产的管理、运用、处分等方式取得的财产，均独立于受托人的固有财产。受益人对信托财产享有的权利表现为信托受益权，信托财产并非受益人的责任财产。因此，当事人因其与委托人、受托人或者受益人之间的纠纷申请对存管银行或者信托公司专门账户中的信托资金采取保全措施的，除符合《信托法》第17条规定的情形外，人民法院不应当准许。已经采取保全措施的，存管银行或者信托公司能够提供证据证明该账户为信托账户的，应当立即解除保全措施。对信托公司管理的其他信托财产的保全，也应当根据前述规则办理。

当事人申请对受益人的受益权采取保全措施的，人民法院应当根据《信托法》第47条的规定进行审查，决定是否采取保全措施。决定采取保全措施的，应当将保全裁定送达受托人和受益人。

96.【信托公司固有财产的诉讼保全】除信托公司作为被告外，原告申请对信托公司固有资金账户的资金采取保全措施的，人民法院不应准许。信托公司作为被告，确有必要对其固有财产采取诉讼保全措施的，必须强化善意执行理念，防范发生金融风险。要严格遵守相应的适用条件与法定程序，坚决杜绝超标的执行。在采取具体保全措施时，要尽量寻求依法平等保护各方利益的平衡点，优先采取方便执行且对信托公司正常经营影响最小的执行措施，能采取"活封""活扣"措施的，尽量不进行"死封""死扣"。在条件允许的情况下，可以为信托公司预留必要的流动资金和往来账户，最大限度降低对信托公司正常经营活动的不利影响。信托公司申请解除财产保全符合法律、司法解释规定情形的，应当在法定期限内及时解除保全措施。

八、关于财产保险合同纠纷案件的审理

会议认为，妥善审理财产保险合同纠纷案件，对于充分发挥保险的风险管理和保障功能，依法保护各方当事人合法权益，实现保险业持续健康发展和服务实体经济，具有重大意义。

97.【未依约支付保险费的合同效力】当

事人在财产保险合同中约定以投保人支付保险费作为合同生效条件，但对该生效条件是否为全额支付保险费约定不明，已经支付了部分保险费的投保人主张保险合同已经生效的，人民法院依法予以支持。

98.【仲裁协议对保险人的效力】被保险人和第三者在保险事故发生前达成的仲裁协议，对行使保险代位求偿权的保险人是否具有约束力，实务中存在争议。保险代位求偿权是一种法定债权转让，保险人在向被保险人赔偿保险金后，有权行使被保险人对第三者请求赔偿的权利。被保险人和第三者在保险事故发生前达成的仲裁协议，对保险人具有约束力。考虑到涉外民商事案件的处理常常涉及国际条约、国际惯例的适用，相关问题具有特殊性，故具有涉外因素的民商事纠纷案件中该问题的处理，不纳入本条规范的范围。

99.【直接索赔的诉讼时效】商业责任保险的被保险人给第三者造成损害，被保险人对第三者应当承担的赔偿责任确定后，保险人应当根据被保险人的请求，直接向第三者赔偿保险金。被保险人怠于提出请求的，第三者有权依据《保险法》第65条第2款的规定，就其应获赔偿部分直接向保险人请求赔偿保险金。保险人拒绝赔偿的，第三者请求保险人直接赔偿保险金的诉讼时效期间的起算时间如何认定，实务中存在争议。根据诉讼时效制度的基本原理，第三者请求保险人直接赔偿保险金的诉讼时效期间，自其知道或者应当知道向保险人的保险金赔偿请求权行使条件成就之日起计算。

九、关于票据纠纷案件的审理

会议认为，人民法院在审理票据纠纷案件时，应当注意区分票据的种类和功能，正确理解票据行为无因性的立法目的，在维护票据流通性功能的同时，依法认定票据行为的效力，依法确认当事人之间的权利义务关系以及保护合法持票人的权益，防范和化解票据融资市场风险，维护票据市场的交易安全。

100.【合谋伪造贴现申请材料的后果】贴现行的负责人或者有权从事该业务的工作人员与贴现申请人合谋，伪造贴现申请人与其前手之间具有真实的商品交易关系的合同、增值税专用发票等材料申请贴现，贴现行主张其享有票据权利的，人民法院不予支持。对贴现行因支付资金而产生的损失，按照基础关系处理。

101.【民间贴现行为的效力】票据贴现属于国家特许经营业务，合法持票人向不具有法定贴现资质的当事人进行"贴现"的，该行为应当认定无效，贴现款和票据应当相互返还。当事人不能返还票据的，原合法持票人可以拒绝返还贴现款。人民法院在民商事案件审理过程中，发现不具有法定资质的当事人以"贴现"为业的，因该行为涉嫌犯罪，应当将有关材料移送公安机关。民商事案件的审理必须以相关刑事案件的审理结果为依据的，应当中止诉讼，待刑事案件审结后，再恢复案件的审理。案件的基本事实无须以相关刑事案件的审理结果为依据的，人民法院应当继续审理。

根据票据行为无因性原理，在合法持票人向不具有贴现资质的主体进行"贴现"，该"贴现"人给付贴现款后直接将票据交付其后手，其后手支付对价并记载自己为被背书人后，又基于真实的交易关系和债权债务关系将票据进行背书转让的情形下，应当认定最后持票人为合法持票人。

102.【转贴现协议】转贴现是通过票据贴现持有票据的商业银行为了融通资金，在票据到期日之前将票据权利转让给其他商业银行，由转贴现行在收取一定的利息后，将转贴现款支付给持票人的票据转让行为。转贴现行提示付款被拒付后，依据转贴现协议的约定，请求未在票据上背书的转贴现申请人按照合同法律关系返还转贴现款并赔偿损失的，案由应当确定为合同纠纷。转贴现合同法律关系有效成立的，对于原告的诉讼请求，人民法院依法予以支持。当事人虚构转贴现事实，或者当事人之间不存在真实的转贴现合同法律关系的，人民法院应当向当事人释明按照真实交易关系提出诉讼请求，并按照真实交易关系和当事人约定本意依法确定当事人的责任。

103.【票据清单交易、封包交易案件中的票据权利】审判实践中，以票据贴现为手段的多链条融资模式引发的案件应当引起重视。这种交易俗称票据清单交易、封包交易，是指商业银行之间就案涉票据订立转贴现或者回购协议，附以票据清单，或者将票据封包作为质押，双方约定按照票据清单中列明的基本信息进行票据转贴现或者回购，但往往并不进行票据交付和背书。实务中，双方还往往再订立一份代保管协议，约定由原据持有人代对方继续持有票据，从而实现合法、合规的形式要求。

出资银行仅以参与交易的单个或者部分银行为被告提起诉讼行使票据追索权，被告能够举证证明票据交易存在诸如不符合正常转贴现交易顺序的倒打款、未进行背书转让、票据未实际交付等相关证据，并据此主张相关金融机构之间并无转贴现的真实意思表示，抗辩出资银行不享有票据权利的，人民法院依法予以支持。

出资银行在取得商业承兑汇票后又将票据转贴现给其他商业银行，持票人向其前手主张票据权利的，人民法院依法予以支持。

104.【票据清单交易、封包交易案件的处理原则】在村镇银行、农信社等作为直贴行，农信社、农商行、城商行、股份制银行等多家金融机构共同开展以商业承兑汇票为基础的票据清单交易、封包交易引发的纠纷案件中，在商业承兑汇票的出票人等实际用资人不能归还票款的情况下，为实现纠纷的一次性解决，出资银行以实际用资人和参与交易的其他金融机构为共同被告，请求实际用资人归还本息、参与交易的其他金融机构承担与其过错相适应的赔偿责任的，人民法院依法予以支持。

出资银行仅以整个交易链条的部分当事人为被告提起诉讼的，人民法院应当向其释明，其应当申请追加参与交易的其他当事人作为共同被告。出资银行拒绝追加实际用资人为被告的，人民法院应当驳回其诉讼请求；出资银行拒绝追加参与交易的其他金融机构为被告的，人民法院在确定其他金融机构的过错责任范围时，应当将未参加诉讼的当事人应当承担的相应份额作为考量因素，相应减轻本案当事人的责任。在确定参与交易的其他金融机构的过错责任范围时，可以参照其收取的"通道费""过桥费"等费用的比例以及案件的其他情况综合加以确定。

105.【票据清单交易、封包交易案件中的民刑交叉问题】人民法院在案件审理过程中，如果发现公安机关已经就实际用资人、直贴行、出资银行的工作人员涉嫌骗取票据承兑罪、伪造印章罪等立案侦查，一方当事人根据《最高人民法院关于在审理经济纠纷案件中涉及经济犯罪嫌疑若干问题的规定》第11条的规定申请将案件移送公安机关的，因该节事实对于查明出资银行是否为正当持票人，以及参与交易的其他金融机构的抗辩理由能否成立存在重要关联，人民法院应当将有关材料移送公安机关。民商事案件的审理必须以相关刑事案件的审理结果为依据的，应当中止诉讼，待刑事案件审结后，再恢复案件的审理。案件的基本事实无须以相关刑事案件的审理结果为依据的，人民法院应当继续案件的审理。

参与交易的其他商业银行以公安机关已经对其工作人员涉嫌受贿、伪造印章等犯罪立案侦查为由请求将案件移送公安机关的，因该节事实并不影响相关当事人民事责任的承担，人民法院应当根据《最高人民法院关于在审理经济纠纷案件中涉及经济犯罪嫌疑若干问题的规定》第10条的规定继续审理。

106.【恶意申请公示催告的救济】公示催告程序本为对合法持票人进行失票救济所设，但实践中却沦为部分票据出卖方在未获得票款情形下，通过伪报票据丧失事实申请公示催告、阻止合法持票人行使票据权利的工具。对此，民事诉讼法司法解释已经作出了相应规定。适用时，应当区别付款人是否已经付款等情形，作出不同认定：

（1）在除权判决作出后，付款人尚未付款的情况下，最后合法持票人可以根据《民事诉讼法》第223条的规定，在法定期限内请求撤销除权判决，待票据恢复效力后再依法行使票据权利。最后合法持票人也可以基于基础法律关系向其直接前手退票并请求其直接前手另行给付基础法律关系项下的对价。

（2）除权判决作出后，付款人已经付款的，因恶意申请公示催告并持除权判决获得票款的行为损害了最后合法持票人的权利，最后合法持票人请求申请人承担侵权损害赔偿责任的，人民法院依法予以支持。

最高人民法院
印发《关于进一步加强金融审判工作的若干意见》的通知

2017年8月4日　　　　　　　　法发〔2017〕22号

各省、自治区、直辖市高级人民法院，解放军军事法院，新疆维吾尔自治区高级人民法院生产建设兵团分院：

现将《最高人民法院关于进一步加强金融审判工作的若干意见》印发给你们，请认真贯彻执行。

附：

关于进一步加强金融审判工作的若干意见

金融是国家重要的核心竞争力，金融安全是国家安全的重要组成部分，金融制度是经济社会发展中重要的基础性制度。为充分发挥人民法院金融审判职能作用，促进经济和金融良性循环、健康发展，现提出以下指导意见。

一、统一思想，提高认识，深入学习贯彻习近平总书记在全国金融工作会议上的重要讲话精神

习近平总书记在第五次全国金融工作会议上发表的重要讲话，科学回答了我国金融改革发展稳定中的重大理论和实践问题，具有很强的思想性、指导性、实践性，为做好新形势下金融工作提供了根本遵循，为人民法院金融审判工作指明了方向。全国各级人民法院要深入学习贯彻会议精神，切实把思想和行动统一到以习近平同志为核心的党中央对金融工作的形势分析判断和决策部署上来，牢牢坚持党对金融工作的统一领导，紧紧围绕服务实体经济、防控金融风险、深化金融改革三项任务，积极稳妥开展金融审判工作，切实维护国家金融安全，促进经济和金融良性循环、健康发展。

二、以服务实体经济作为出发点和落脚点，引导和规范金融交易

1. 遵循金融规律，依法审理金融案件。以金融服务实体经济为价值本源，依法审理各类金融案件。对于能够实际降低交易成本，实现普惠金融，合法合规的金融交易模式依法予以保护。对以金融创新为名掩盖金融风险、规避金融监管、进行制度套利的金融违规行为，要以其实际构成的法律关系确定其效力和各方的权利义务。对于以金融创新名义非法吸收公众存款或者集资诈骗，构成犯罪的，依法追究刑事责任。

2. 严格依法规制高利贷，有效降低实体经济的融资成本。金融借款合同的借款人以贷款人同时主张的利息、复利、罚息、违约金和其他费用过高，显著背离实际损失为由，请求对总计超过年利率24%的部分予以调减的，应予支持，以有效降低实体经济的融资成本。规范和引导民间融资秩序，依法否定民间借贷纠纷案件中预扣本金或者利息、变相高息等规避民间借贷利率司法保护上限的合同条款效力。

3. 依法认定新类型担保的法律效力，拓宽中小微企业的融资担保方式。丰富和拓展中小微企业的融资担保方式，除符合合同法第五十二条规定的合同无效情形外，应当依法认定新类型担保合同有效；符合物权法有关担保物权的规定的，还应当依法认定其物权效力，以增强中小微企业融资能力，有效缓解中小微企业融资难、融资贵问题。

4. 规范和促进直接服务实体经济的融资

方式，拓宽金融对接实体经济的渠道。依法保护融资租赁、保理等金融资本与实体经济相结合的融资模式，支持和保障金融资本服务实体经济。对名为融资租赁合同、保理合同，实为借款合同的，应当按照实际构成的借款合同关系确定各方的权利义务，防范当事人以预扣租金、保证金等方式变相抬高实体经济融资成本。

5. 优化多层次资本市场体系的法治环境，满足多样化金融需求。依法审理证券、期货民商事纠纷案件，规范资本市场投融资秩序，引导把更多金融资源配置到经济社会发展的重点领域和薄弱环节，更好满足实体经济多样化的金融需求。

6. 准确适用保险法，促进保险业发挥长期稳健风险管理和保障的功能。妥善审理保险合同纠纷案件，依法保障各方当事人利益。充分发挥保险制度的核心功能，管理和分散实体经济运行中的自然灾害、意外事故、法律责任以及信用等风险。依法规范保险合同纠纷当事人、保险中介等各类市场主体行为，防范不同主体的道德风险，构建保险诚信法治体系。

7. 依法审理互联网金融纠纷案件，规范发展互联网金融。依法认定互联网金融所涉具体法律关系，据此确定各方当事人的权利义务。准确界定网络借贷信息中介机构与网络借贷合同当事人之间的居间合同关系。网络借贷信息中介机构与出借人以居间费用形式规避民间借贷利率司法保护上限规定的，应当认定无效。依法严厉打击涉互联网金融或者以互联网金融名义进行的违法犯罪行为，规范和保障互联网金融健康发展。

8. 加强新类型金融案件的研究和应对，统一裁判尺度。高度关注涉及私募股权投资、委托理财、资产管理等新类型金融交易的案件，严格按照合同法、公司法、合伙企业法、信托法等法律规范，确定各方当事人的权利义务。发布指导性案例，通过类案指导，统一裁判尺度。

9. 依法规制国有企业的贷款通道业务，防范无金融资质的国有企业变相从事金融业务。无金融资质的国有企业变相从事金融业务，套取金融机构信贷资金又高利转贷的，应当根据《最高人民法院关于审理民间借贷案件适用法律若干问题的规定》第十四条的规定，依法否定其放贷行为的法律效力，并通过向相应的主管部门提出司法建议等方式，遏制国有企业的贷款通道业务，引导其回归实体经济。

10. 依法打击资金掮客和资金融通中的违法犯罪行为，有效规范金融秩序。对于民间借贷中涉及商业银行工作人员内外勾结进行高利转贷、利益输送，或者金融机构工作人员违法发放贷款，以及公司、企业在申请贷款过程中虚构事实、隐瞒真相骗取贷款、实施贷款诈骗构成犯罪的，依法追究刑事责任。

三、有效防范化解金融风险，切实维护金融安全

11. 依法处置"僵尸企业"，推动经济去杠杆。加强破产审判工作和体制机制建设，充分发挥破产程序在依法处置"僵尸企业"中的制度功能。对于已不具备市场竞争力和营运价值的"僵尸企业"，及时进行破产清算，有序退出市场，切实减少无效供给、化解过剩产能、释放生产要素、降低企业杠杆率，为深化供给侧结构性改革提供有力的司法服务和保障。

12. 充分发挥破产重整制度的拯救功能，促进有价值的危困企业再生。健全完善破产企业识别机制，对于虽然丧失清偿能力，但仍能适应市场需要、具有营运价值的企业，要综合运用破产重整、和解制度手段进行拯救，优化资源配置，实现企业再生。破产重整程序要坚持市场化导向，更加重视重整中的营业整合和资产重组，严格依法审慎适用重整计划强制批准权。

13. 积极预防破产案件引发金融风险，维护社会稳定。依法审慎处理可能引发金融风险、影响社会稳定的破产案件，特别是涉及相互、连环担保以及民间融资、非法集资的企业破产案件，避免引发区域性风险和群体性事件。进一步完善上市公司、金融机构等特定主体的破产制度设计，预防个案引发系统性金融风险。严格审查破产程序中的恶意逃废债务行为。依法适用关联企业合并破产、行使破产撤销权和取回权等手段，查找和追回债务人财产。对于隐匿、故意销毁会计账册、会计凭证，拒不执行法院判决、裁定等犯罪行为，依法追究刑事责任。

14. 依法保护金融债权，提升金融债权实现效率。依法打击逃废金融债权的行为，明确责任主体和责任范围，切实保护金融债权。根据具体金融借款合同纠纷案件的特点，分别适用普通程序、简易程序、特别程序、督促程序等不同程序，提高审判效率。有效发挥具有强制执行效力的公证书的作用，降低金融债权实现成本。

15. 依法审理票据纠纷案件，妥善化解票据风险。认真研究应对因违法票据融资行为可能引发的金融风险，准确适用票据法审理票据纠纷案件，有效防范和遏制票据风险，促进票据市场安全稳定发展。

16. 依法审理金融不良债权案件，保障金融不良债权依法处置。加强研究新形势下金融不良债权处置过程中出现的新情况新问题，统一裁判标准，促进金融不良债权处置的市场化、法治化进程。

17. 持续保持对非法集资犯罪打击的高压态势，有效维护社会稳定。依法公正高效审理非法集资案件，严厉打击非法集资犯罪行为。针对非法集资犯罪案件参与人数多、涉案金额大、波及面广、行业和区域相对集中的特点，加强与职能机关、地方政府的信息沟通和协调配合，提升处置效果，切实保障被害人的合法权益，有效维护社会稳定。

18. 依法保障房地产市场平稳健康发展，防范房地产市场的金融风险传导。高度重视房地产市场波动对金融债权的影响，依法妥善审理相关案件，有效防范房地产市场潜在风险对金融稳定和金融安全的传导与冲击。统一借名买房等规避国家房产限购政策的合同效力的裁判标准，引导房产交易回归居住属性。

19. 依法严厉惩治证券犯罪行为，维护资本市场秩序。依法审理欺诈发行股票、债券案件，违规披露、不披露重要信息案件，内幕交易案件，利用未公开信息交易案件和操纵证券、期货市场案件，防范和化解资本市场的系统性风险，促进资本市场的持续健康发展。

20. 加强投资者民事权益的司法保护，维护投资者的财产安全。依法审理证券市场虚假陈述、内幕交易、操纵市场的民事案件，保障证券投资者的合法权益。支持证券投资者保护机构以诉讼代表人的身份接受投资者委托提起诉讼或者提供专门法律服务，拓展投资者维权方式。探索建立证券侵权民事诉讼领域的律师调查令制度，提高投资者的举证能力。依法充分运用专家证人、专家陪审员制度，扩充证券案件审理的知识容量和审理深度，提高证券案件审判的专业性和公信力。引导金融产品提供者及服务提供者切实履行投资者适当性审查义务、信息披露义务和最大损失揭示义务，依法维护投资者的正当权益。

21. 规范整治地方交易场所的违法交易行为，防范和化解区域性金融风险。对地方交易场所未经许可或者超越经营许可范围开展的违法违规交易行为，要严格依照相关法律和行政法规的禁止性规定，否定其法律效力，明确交易场所的民事责任。切实加强涉地方交易场所案件的行政处置工作与司法审判工作的衔接，有效防范区域性金融风险。

22. 依法审理涉地方政府债务纠纷案件，防范地方政府债务风险。依法认定政府违法提供担保的法律责任，规范政府行为。依法认定地方政府利用平台公司融资、政府和社会资本合作（PPP）、投资基金、购买服务等方式变相举债作出的行政行为或者签订的行政协议的性质、效力和责任，明确裁判规则，划出责任边界，有效防范地方政府债务风险的集聚。

23. 依法审理涉外投资案件，加强外部金融风险的防范应对。加强对"一带一路"战略下跨境投资的金融安全与金融风险问题的研究应对，准确认定规避国家外汇管制政策的跨境投资行为的法律效力。

四、依法服务和保障金融改革，建立和完善适应金融审判工作需要的新机制

24. 支持金融监管机构依法履职，监督和促进金融监管机构依法行政。紧密配合金融改革和金融监管机构调整的要求，维护金融监管机构依法履行监管职责。依法审理涉及金融监管机构履行行政许可和审批、作出行政处罚和处理、公开政府信息及不履行法定职责等方面的各类行政案件，积极推动、监督和支持金融监管机构依法行政。

25. 加强与金融监管机构的协调配合，推动完善金融法治体系。探索建立人民法院与金融监管机构之间的沟通机制，定期通报涉及金融风险防范与金融安全的重要案件情况，强化金融监管和金融审判的衔接配合，推动形成统一完善的金融法治体系。

26. 有效引入外部资源，探索完善金融案件的多元化纠纷解决机制。推广证券期货行业、保险行业的诉讼与调解对接机制的成功经验，联合相关金融监管机构、行业协会和投资者保护机构，发挥专业资源优势，防范和化解金融纠纷。进一步畅通当事人的诉求表达和权利救济渠道，通过立案前委派调解、立案后委托调解等方式，促进金融纠纷依法、公正、高效解决，有效维护各方当事人的合法权益。

27. 建立金融审判信息平台，不断提升金融审判的信息化水平。结合"智慧法院"建设，探索建立金融审判信息平台，研究建立以金融机构为当事人的民商事案件信息管理系统，实时反映金融机构涉诉信息。建立重大金融案件的信息专报制度，及时研究应对措施，有效防范金融风险的传导和扩大。充分挖掘运用司法大数据，加强对金融案件的审判管理和分析研判，定期形成金融审判大数据分析报告，研究解决具有普遍性、趋势性的法律问题，为区域性、行业性、系统性金融风险的防范预警和重大决策提供信息支持。

五、加强司法能力建设，不断提升金融审判的专业化水平

28. 根据金融案件特点，探索建立专业化的金融审判机构。根据金融机构分布和金融案件数量情况，在金融案件相对集中的地区选择部分法院探索实行金融案件的集中管辖。在其他金融案件较多的中级人民法院，可以根据案件情况设立专业化的金融审判团队或者金融审判合议庭。

29. 加强金融审判队伍的专业化建设，为金融审判提供人才保障。充实各级人民法院的金融审判队伍，完善与金融监管机构交流挂职、联合开展业务交流等金融审判专业人才的培养机制，有针对性地开展金融审判专题培训，努力造就一支既懂法律、又懂金融的高素质金融审判队伍，不断提升金融审判的专业化水平。

30. 加强金融司法研究，推动金融法治理论与金融审判实践的深度融合。加强与学术机构、高等院校的合作，围绕金融审判实务问题，深入开展金融审判的理论研究，为金融审判提供智力支持。

十三、金融犯罪

（一）综　　合

中华人民共和国刑法（节选）

(1979 年 7 月 1 日第五届全国人民代表大会第二次会议通过　1997 年 3 月 14 日第八届全国人民代表大会第五次会议修订　根据 1998 年 12 月 29 日第九届全国人民代表大会常务委员会第六次会议通过的《全国人民代表大会常务委员会关于惩治骗购外汇、逃汇和非法买卖外汇犯罪的决定》、1999 年 12 月 25 日第九届全国人民代表大会常务委员会第十三次会议通过的《中华人民共和国刑法修正案》、2001 年 8 月 31 日第九届全国人民代表大会常务委员会第二十三次会议通过的《中华人民共和国刑法修正案（二）》、2001 年 12 月 29 日第九届全国人民代表大会常务委员会第二十五次会议通过的《中华人民共和国刑法修正案（三）》、2002 年 12 月 28 日第九届全国人民代表大会常务委员会第三十一次会议通过的《中华人民共和国刑法修正案（四）》、2005 年 2 月 28 日第十届全国人民代表大会常务委员会第十四次会议通过的《中华人民共和国刑法修正案（五）》、2006 年 6 月 29 日第十届全国人民代表大会常务委员会第二十二次会议通过的《中华人民共和国刑法修正案（六）》、2009 年 2 月 28 日第十一届全国人民代表大会常务委员会第七次会议通过的《中华人民共和国刑法修正案（七）》、2009 年 8 月 27 日第十一届全国人民代表大会常务委员会第十次会议通过的《全国人民代表大会常务委员会关于修改部分法律的决定》、2011 年 2 月 25 日第十一届全国人民代表大会常务委员会第十九次会议通过的《中华人民共和国刑法修正案（八）》、2015 年 8 月 29 日第十二届全国人民代表大会常务委员会第十六次会议通过的《中华人民共和国刑法修正案（九）》、2017 年 11 月 4 日第十二届全国人民代表大会常务委员会第三十次会议通过的《中华人民共和国刑法修正案（十）》、2020 年 12 月 26 日第十三届全国人民代表大会常务委员会第二十四次会议通过的《中华人民共和国刑法修正案（十一)》和 2023 年 12 月 29 日第十四届全国人民代表大会常务委员会第七次会议通过的《中华人民共和国刑法修正案（十二）》修正）

第二编　分　则

第三章　破坏社会主义市场经济秩序罪

第四节　破坏金融管理秩序罪

第一百七十条　伪造货币的，处三年以上十年以下有期徒刑，并处罚金；有下列情形之一的，处十年以上有期徒刑或者无期徒刑，并处罚金或者没收财产：

（一）伪造货币集团的首要分子；

（二）伪造货币数额特别巨大的；

（三）有其他特别严重情节的。

第一百七十一条　出售、购买伪造的货币或者明知是伪造的货币而运输，数额较大的，处三年以下有期徒刑或者拘役，并处二万元以上二十万元以下罚金；数额巨大的，处三年以上十年以下有期徒刑，并处五万元以上五十万元以下罚金；数额特别巨大的，处十年以上有期徒刑或者无期徒刑，并处五万元以上五十万元以下罚金或者没收财产。

银行或者其他金融机构的工作人员购买伪造的货币或者利用职务上的便利，以伪造的货币换取货币的，处三年以上十年以下有期徒刑，并处二万元以上二十万元以下罚金；数额巨大或者有其他严重情节的，处十年以上有期徒刑或者无期徒刑，并处二万元以上二十万元以下罚金或者没收财产；情节较轻的，处三年以下有期徒刑或者拘役，并处或者单处一万元以上十万元以下罚金。

伪造货币并出售或者运输伪造的货币的，依照本法第一百七十条的规定定罪从重处罚。

第一百七十二条　明知是伪造的货币而持有、使用，数额较大的，处三年以下有期徒刑或者拘役，并处或者单处一万元以上十万元以下罚金；数额巨大的，处三年以上十年以下有期徒刑，并处二万元以上二十万元以下罚金；数额特别巨大的，处十年以上有期徒刑，并处五万元以上五十万元以下罚金或者没收财产。

第一百七十三条　变造货币，数额较大的，处三年以下有期徒刑或者拘役，并处或者单处一万元以上十万元以下罚金；数额巨大的，处三年以上十年以下有期徒刑，并处二万元以上二十万元以下罚金。

第一百七十四条　未经国家有关主管部门批准，擅自设立商业银行、证券交易所、期货交易所、证券公司、期货经纪公司、保险公司或者其他金融机构的，处三年以下有期徒刑或者拘役，并处或者单处二万元以上二十万元以下罚金；情节严重的，处三年以上十年以下有期徒刑，并处五万元以上五十万元以下罚金。

伪造、变造、转让商业银行、证券交易所、期货交易所、证券公司、期货经纪公司、保险公司或者其他金融机构的经营许可证或者批准文件的，依照前款的规定处罚。

单位犯前两款罪的，对单位判处罚金，并对其直接负责的主管人员和其他直接责任人员，依照第一款的规定处罚。

第一百七十五条　以转贷牟利为目的，套取金融机构信贷资金高利转贷他人，违法所得数额较大的，处三年以下有期徒刑或者拘役，并处违法所得一倍以上五倍以下罚金；数额巨大的，处三年以上七年以下有期徒刑，并处违法所得一倍以上五倍以下罚金。

单位犯前款罪的，对单位判处罚金，并对其直接负责的主管人员和其他直接责任人员，处三年以下有期徒刑或者拘役。

第一百七十五条之一　以欺骗手段取得银行或者其他金融机构贷款、票据承兑、信用证、保函等，给银行或者其他金融机构造成重大损失的，处三年以下有期徒刑或者拘役，并处或者单处罚金；给银行或者其他金融机构造成特别重大损失或者有其他特别严重情节的，处三年以上七年以下有期徒刑，并处罚金。

单位犯前款罪的，对单位判处罚金，并对其直接负责的主管人员和其他直接责任人员，依照前款的规定处罚。

第一百七十六条　非法吸收公众存款或者变相吸收公众存款，扰乱金融秩序的，处三年以下有期徒刑或者拘役，并处或者单处罚金；数额巨大或者有其他严重情节的，处三年以上十年以下有期徒刑，并处罚金；数额特别巨或者有其他特别严重情节的，处十年以上有期徒刑，并处罚金。

单位犯前款罪的，对单位判处罚金，并对其直接负责的主管人员和其他直接责任人员，依照前款的规定处罚。

有前两款行为，在提起公诉前积极退赃退赔，减少损害结果发生的，可以从轻或者减轻处罚。

第一百七十七条 有下列情形之一，伪造、变造金融票证的，处五年以下有期徒刑或者拘役，并处或者单处二万元以上二十万元以下罚金；情节严重的，处五年以上十年以下有期徒刑，并处五万元以上五十万元以下罚金；情节特别严重的，处十年以上有期徒刑或者无期徒刑，并处五万元以上五十万元以下罚金或者没收财产：

（一）伪造、变造汇票、本票、支票的；

（二）伪造、变造委托收款凭证、汇款凭证、银行存单等其他银行结算凭证的；

（三）伪造、变造信用证或者附随的单据、文件的；

（四）伪造信用卡的。

单位犯前款罪的，对单位判处罚金，并对其直接负责的主管人员和其他直接责任人员，依照前款的规定处罚。

第一百七十七条之一 有下列情形之一，妨害信用卡管理的，处三年以下有期徒刑或者拘役，并处或者单处一万元以上十万元以下罚金；数量巨大或者有其他严重情节的，处三年以上十年以下有期徒刑，并处二万元以上二十万元以下罚金：

（一）明知是伪造的信用卡而持有、运输的，或者明知是伪造的空白信用卡而持有、运输，数量较大的；

（二）非法持有他人信用卡，数量较大的；

（三）使用虚假的身份证明骗领信用卡的；

（四）出售、购买、为他人提供伪造的信用卡或者以虚假的身份证明骗领的信用卡的。

窃取、收买或者非法提供他人信用卡信息资料的，依照前款规定处罚。

银行或者其他金融机构的工作人员利用职务上的便利，犯第二款罪的，从重处罚。

第一百七十八条 伪造、变造国库券或者国家发行的其他有价证券，数额较大的，处三年以下有期徒刑或者拘役，并处或者单处二万元以上二十万元以下罚金；数额巨大的，处三年以上十年以下有期徒刑，并处五万元以上五十万元以下罚金；数额特别巨大的，处十年以上有期徒刑或者无期徒刑，并处五万元以上五十万元以下罚金或者没收财产。

伪造、变造股票或者公司、企业债券，数额较大的，处三年以下有期徒刑或者拘役，并处或者单处一万元以上十万元以下罚金；数额巨大的，处三年以上十年以下有期徒刑，并处二万元以上二十万元以下罚金。

单位犯前两款罪的，对单位判处罚金，并对其直接负责的主管人员和其他直接责任人员，依照前两款的规定处罚。

第一百七十九条 未经国家有关主管部门批准，擅自发行股票或者公司、企业债券，数额巨大、后果严重或者有其他严重情节的，处五年以下有期徒刑或者拘役，并处或者单处非法募集资金金额百分之一以上百分之五以下罚金。

单位犯前款罪的，对单位判处罚金，并对其直接负责的主管人员和其他直接责任人员，处五年以下有期徒刑或者拘役。

第一百八十条 证券、期货交易内幕信息的知情人员或者非法获取证券、期货交易内幕信息的人员，在涉及证券的发行，证券、期货交易或者其他对证券、期货交易价格有重大影响的信息尚未公开前，买入或者卖出该证券，或者从事与该内幕信息有关的期货交易，或者泄露该信息，或者明示、暗示他人从事上述交易活动，情节严重的，处五年以下有期徒刑或者拘役，并处或者单处违法所得一倍以上五倍以下罚金；情节特别严重的，处五年以上十年以下有期徒刑，并处违法所得一倍以上五倍以下罚金。

单位犯前款罪的，对单位判处罚金，并对其直接负责的主管人员和其他直接责任人员，处五年以下有期徒刑或者拘役。

内幕信息、知情人员的范围，依照法律、行政法规的规定确定。

证券交易所、期货交易所、证券公司、期货经纪公司、基金管理公司、商业银行、保险公司等金融机构的从业人员以及有关监管部门或者行业协会的工作人员，利用因职务便利获取的内幕信息以外的其他未公开的信息,违反规定,从事与该信息相关的证券、期货交易活动,或者明示、暗示他人从事相关交易活动,情节严重的,依照第一款的规定处罚。

第一百八十一条 编造并且传播影响证券、期货交易的虚假信息,扰乱证券、期货交易市场,造成严重后果的,处五年以下有期徒刑或者拘役,并处或者单处一万元以上十万元以下罚金。

证券交易所、期货交易所、证券公司、期货经纪公司的从业人员,证券业协会、期货业协会或者证券期货监督管理部门的工作人员,故意提供虚假信息或者伪造、变造、销毁交易记录,诱骗投资者买卖证券、期货合约,造成严重后果的,处五年以下有期徒刑或者拘役,并处或者单处一万元以上十万元以下罚金;情节特别恶劣的,处五年以上十年以下有期徒刑,并处二万元以上二十万元以下罚金。

单位犯前两款罪的,对单位判处罚金,并对其直接负责的主管人员和其他直接责任人员,处五年以下有期徒刑或者拘役。

第一百八十二条 有下列情形之一,操纵证券、期货市场,影响证券、期货交易价格或者证券、期货交易量,情节严重的,处五年以下有期徒刑或者拘役,并处或者单处罚金;情节特别严重的,处五年以上十年以下有期徒刑,并处罚金:

(一)单独或者合谋,集中资金优势、持股或者持仓优势或者利用信息优势联合或者连续买卖的;

(二)与他人串通,以事先约定的时间、价格和方式相互进行证券、期货交易的;

(三)在自己实际控制的帐户之间进行证券交易,或者以自己为交易对象,自买自卖期货合约的;

(四)不以成交为目的,频繁或者大量申报买入、卖出证券、期货合约并撤销申报的;

(五)利用虚假或者不确定的重大信息,诱导投资者进行证券、期货交易的;

(六)对证券、证券发行人、期货交易标的公开作出评价、预测或者投资建议,同时进行反向证券交易或者相关期货交易的;

(七)以其他方法操纵证券、期货市场的。

单位犯前款罪的,对单位判处罚金,并对其直接负责的主管人员和其他直接责任人员,依照前款的规定处罚。

第一百八十三条 保险公司的工作人员利用职务上的便利,故意编造未曾发生的保险事故进行虚假理赔,骗取保险金归自己所有的,依照本法第二百七十一条的规定定罪处罚。

国有保险公司工作人员和国有保险公司委派到非国有保险公司从事公务的人员有前款行为的,依照本法第三百八十二条、第三百八十三条的规定定罪处罚。

第一百八十四条 银行或者其他金融机构的工作人员在金融业务活动中索取他人财物或者非法收受他人财物,为他人谋取利益的,或者违反国家规定,收受各种名义的回扣、手续费,归个人所有的,依照本法第一百六十三条的规定定罪处罚。

国有金融机构工作人员和国有金融机构委派到非国有金融机构从事公务的人员有前款行为的,依照本法第三百八十五条、第三百八十六条的规定定罪处罚。

第一百八十五条 商业银行、证券交易所、期货交易所、证券公司、期货经纪公司、保险公司或者其他金融机构的工作人员利用职务上的便利,挪用本单位或者客户资金的,依照本法第二百七十二条的规定定罪处罚。

国有商业银行、证券交易所、期货交易所、证券公司、期货经纪公司、保险公司或者其他国有金融机构的工作人员和国有商业银行、证券交易所、期货交易所、证券公司、期货经纪公司、保险公司或者其他国有金融机构委派到前款规定中的非国有机构从事公务的人员有前款行为的,依照本法第三百八十四条的规定定罪处罚。

第一百八十五条之一 商业银行、证券交易所、期货交易所、证券公司、期货经纪公司、保险公司或者其他金融机构,违背受托义务,擅自运用客户资金或者其他委托、信托的财产,情节严重的,对单位判处罚金,并对其直接负责的主管人员和其他直接责任人员,处三年以下有期徒刑或者拘役,并处三万元以上三十万元以下罚金;情节特别严重的,处三年以上十年以下有期徒刑,并处五万元以上五十万元以下罚金。

社会保障基金管理机构、住房公积金管理机构等公众资金管理机构,以及保险公司、保险资产管理公司、证券投资基金管理公司，违反国家规定运用资金的，对其直接负责的主管人员和其他直接责任人员，依照前款的规定处罚。

第一百八十六条 银行或者其他金融机构的工作人员违反国家规定发放贷款，数额巨大或者造成重大损失的，处五年以下有期徒刑或者拘役，并处一万元以上十万元以下罚金；数额特别巨大或者造成特别重大损失的，处五年以上有期徒刑，并处二万元以上二十万元以下罚金。

银行或者其他金融机构的工作人员违反国家规定，向关系人发放贷款的，依照前款的规定从重处罚。

单位犯前两款罪的，对单位判处罚金，并对其直接负责的主管人员和其他直接责任人员，依照前两款的规定处罚。

关系人的范围，依照《中华人民共和国商业银行法》和有关金融法规确定。

第一百八十七条 银行或者其他金融机构的工作人员吸收客户资金不入帐，数额巨大或者造成重大损失的，处五年以下有期徒刑或者拘役，并处二万元以上二十万元以下罚金；数额特别巨大或者造成特别重大损失的，处五年以上有期徒刑，并处五万元以上五十万元以下罚金。

单位犯前款罪的，对单位判处罚金，并对其直接负责的主管人员和其他直接责任人员，依照前款的规定处罚。

第一百八十八条 银行或者其他金融机构的工作人员违反规定，为他人出具信用证或者其他保函、票据、存单、资信证明，情节严重的，处五年以下有期徒刑或者拘役；情节特别严重的，处五年以上有期徒刑。

单位犯前款罪的，对单位判处罚金，并对其直接负责的主管人员和其他直接责任人员，依照前款的规定处罚。

第一百八十九条 银行或者其他金融机构的工作人员在票据业务中，对违反票据法规定的票据予以承兑、付款或者保证，造成重大损失的，处五年以下有期徒刑或者拘役；造成特别重大损失的，处五年以上有期徒刑。

单位犯前款罪的，对单位判处罚金，并对其直接负责的主管人员和其他直接责任人员，依照前款的规定处罚。

第一百九十条 公司、企业或者其他单位，违反国家规定，擅自将外汇存放境外，或者将境内的外汇非法转移到境外，数额较大的，对单位判处逃汇数额百分之五以上百分之三十以下罚金，并对其直接负责的主管人员和其他直接责任人员，处五年以下有期徒刑或者拘役；数额巨大或者有其他严重情节的，对单位判处逃汇数额百分之五以上百分之三十以下罚金，并对其直接负责的主管人员和其他直接责任人员，处五年以上有期徒刑。

第一百九十一条 为掩饰、隐瞒毒品犯罪、黑社会性质的组织犯罪、恐怖活动犯罪、走私犯罪、贪污贿赂犯罪、破坏金融管理秩序犯罪、金融诈骗犯罪的所得及其产生的收益的来源和性质，有下列行为之一的，没收实施以上犯罪的所得及其产生的收益，处五年以下有期徒刑或者拘役，并处或者单处罚金；情节严重的，处五年以上十年以下有期徒刑，并处罚金：

（一）提供资金帐户的；

（二）将财产转换为现金、金融票据、有价证券的；

（三）通过转帐或者其他支付结算方式转移资金的；

（四）跨境转移资产的；

（五）以其他方法掩饰、隐瞒犯罪所得及其收益的来源和性质的。

单位犯前款罪的，对单位判处罚金，并对其直接负责的主管人员和其他直接责任人员，依照前款的规定处罚。

第五节 金融诈骗罪

第一百九十二条 以非法占有为目的，使用诈骗方法非法集资，数额较大的，处三年以上七年以下有期徒刑，并处罚金；数额巨大或者有其他严重情节的，处七年以上有期徒刑或者无期徒刑，并处罚金或者没收财产。

单位犯前款罪的，对单位判处罚金，并对其直接负责的主管人员和其他直接责任人员，依照前款的规定处罚。

第一百九十三条 有下列情形之一，以非法占有为目的，诈骗银行或者其他金融机构的贷款，数额较大的，处五年以下有期徒刑或者拘役，并处二万元以上二十万元以下罚金；数额巨大或者有其他严重情节的，处五年以上十年以下有期徒刑，并处五万元以上五十万元以下罚金；数额特别巨大或者有其他特别严重情节的，处十年以上有期徒刑或者无期徒刑，并处五万元以上五十万元以下罚金或者没收财产：

（一）编造引进资金、项目等虚假理由的；

（二）使用虚假的经济合同的；

（三）使用虚假的证明文件的；

（四）使用虚假的产权证明作担保或者超出抵押物价值重复担保的；

（五）以其他方法诈骗贷款的。

第一百九十四条 有下列情形之一，进行金融票据诈骗活动，数额较大的，处五年以下有期徒刑或者拘役，并处二万元以上二十万元以下罚金；数额巨大或者有其他严重情节的，处五年以上十年以下有期徒刑，并处五万元以上五十万元以下罚金；数额特别巨大或者有其他特别严重情节的，处十年以上有期徒刑或者无期徒刑，并处五万元以上五十万元以下罚金或者没收财产：

（一）明知是伪造、变造的汇票、本票、支票而使用的；

（二）明知是作废的汇票、本票、支票而使用的；

（三）冒用他人的汇票、本票、支票的；

（四）签发空头支票或者与其预留印鉴不符的支票，骗取财物的；

（五）汇票、本票的出票人签发无资金保证的汇票、本票或者在出票时作虚假记载，骗取财物的。

使用伪造、变造的委托收款凭证、汇款凭证、银行存单等其他银行结算凭证的，依照前款的规定处罚。

第一百九十五条 有下列情形之一，进行信用证诈骗活动的，处五年以下有期徒刑或者拘役，并处二万元以上二十万元以下罚金；数额巨大或者有其他严重情节的，处五年以上十年以下有期徒刑，并处五万元以上五十万元以下罚金；数额特别巨大或者有其他特别严重情节的，处十年以上有期徒刑或者无期徒刑，并处五万元以上五十万元以下罚金或者没收财产：

（一）使用伪造、变造的信用证或者附随的单据、文件的；

（二）使用作废的信用证的；

（三）骗取信用证的；

（四）以其他方法进行信用证诈骗活动的。

第一百九十六条 有下列情形之一，进行信用卡诈骗活动，数额较大的，处五年以下有期徒刑或者拘役，并处二万元以上二十万元以下罚金；数额巨大或者有其他严重情节的，处五年以上十年以下有期徒刑，并处五万元以上五十万元以下罚金；数额特别巨大或者有其他特别严重情节的，处十年以上有期徒刑或者无期徒刑，并处五万元以上五十万元以下罚金或者没收财产：

（一）使用伪造的信用卡，或者使用以虚假的身份证明骗领的信用卡的；

（二）使用作废的信用卡的；

（三）冒用他人信用卡的；

（四）恶意透支的。

前款所称恶意透支，是指持卡人以非法占有为目的，超过规定限额或者规定期限透支，并且经发卡银行催收后仍不归还的行为。

盗窃信用卡并使用的，依照本法第二百六十四条的规定定罪处罚。

第一百九十七条 使用伪造、变造的国库券或者国家发行的其他有价证券，进行诈骗活动，数额较大的，处五年以下有期徒刑或者拘役，并处二万元以上二十万元以下罚金；数额巨大或者有其他严重情节的，处五年以上十年以下有期徒刑，并处五万元以上五十万元以下罚金；数额特别巨大或者有其他特别严重情节的，处十年以上有期徒刑或者无期徒刑，并处五万元以上五十万元以下罚金或者没收财产。

第一百九十八条 有下列情形之一，进行保险诈骗活动，数额较大的，处五年以下有期徒刑或者拘役，并处一万元以上十万元以下罚金；数额巨大或者有其他严重情节的，处五年以上十年以下有期徒刑，并处二万元以上二十万元以下罚金；数额特别巨大或者有其他特别严重情节的，处十年以上有期徒刑，并处二万元以上二十万元以下罚金或者没收财产：

（一）投保人故意虚构保险标的，骗取保险金的；

（二）投保人、被保险人或者受益人对发生的保险事故编造虚假的原因或者夸大损失的程度，骗取保险金的；

（三）投保人、被保险人或者受益人编造

未曾发生的保险事故，骗取保险金的；

（四）投保人、被保险人故意造成财产损失的保险事故，骗取保险金的；

（五）投保人、受益人故意造成被保险人死亡、伤残或者疾病，骗取保险金的。

有前款第四项、第五项所列行为，同时构成其他犯罪的，依照数罪并罚的规定处罚。

单位犯第一款罪的，对单位判处罚金，并对其直接负责的主管人员和其他直接责任人员，处五年以下有期徒刑或者拘役；数额巨大或者有其他严重情节的，处五年以上十年以下有期徒刑；数额特别巨大或者有其他特别严重情节的，处十年以上有期徒刑。

保险事故的鉴定人、证明人、财产评估人故意提供虚假的证明文件，为他人诈骗提供条件的，以保险诈骗的共犯论处。

第一百九十九条 （删去）

第二百条 单位犯本节第一百九十四条、第一百九十五条规定之罪的，对单位判处罚金，并对其直接负责的主管人员和其他直接责任人员，处五年以下有期徒刑或者拘役，可以并处罚金；数额巨大或者有其他严重情节的，处五年以上十年以下有期徒刑，并处罚金；数额特别巨大或者有其他特别严重情节的，处十年以上有期徒刑或者无期徒刑，并处罚金。

国家金融监督管理总局
关于印发《银行保险机构涉刑案件风险防控管理办法》的通知

2023年11月2日　　　　　　　　金规〔2023〕10号

各监管局，各政策性银行、大型银行、股份制银行、外资银行、直销银行、金融资产管理公司、金融资产投资公司、理财公司，各保险集团（控股）公司、保险公司、保险资产管理公司、养老金管理公司、保险专业中介机构，银行业协会、保险业协会、信托业协会、财务公司协会、保险资管业协会：

现将《银行保险机构涉刑案件风险防控管理办法》印发给你们，请遵照执行。

附：

银行保险机构涉刑案件风险防控管理办法

第一章　总　则

第一条　为提高银行保险机构涉刑案件（以下简称案件）风险防控水平，促进银行业保险业安全稳健运行，根据《中华人民共和国银行业监督管理法》《中华人民共和国商业银行法》《中华人民共和国保险法》等法律法规和其他相关规定，制定本办法。

第二条　本办法所称银行保险机构包括银行机构和保险机构。

银行机构，是指在中华人民共和国境内依法设立的商业银行、农村合作银行、农村信用合作社、村镇银行等吸收公众存款的金融机构以及政策性银行。

保险机构，是指在中华人民共和国境内依法设立的保险公司。

第三条　银行保险机构案件风险防控的目标是健全案件风险防控组织架构，完善制度机制，全面加强内部控制和从业人员行为管理，不断提高案件风险防控水平，坚决有效预防违法犯罪。

第四条　银行保险机构应当坚持党对金融

工作的集中统一领导，坚决落实党中央关于金融工作的决策部署，充分发挥党建引领作用，持续强化风险内控建设，健全案件风险防控长效机制。

第五条 案件风险防控应当遵循以下原则：预防为主、关口前移，全面覆盖、突出重点，法人主责、分级负责，联防联控、各司其职，属地监管、融入日常。

第六条 银行保险机构承担本机构案件风险防控的主体责任。

第七条 国家金融监督管理总局（以下简称金融监管总局）及其派出机构依法对银行保险机构案件风险防控实施监督管理。

第八条 中国银行业协会、中国保险行业协会等行业自律组织应当通过加强交流沟通、宣传教育等方式，协调、指导会员单位提高案件风险防控水平。

第二章 职责分工

第九条 银行保险机构应当建立与其经营范围、业务规模、风险状况、管理水平相适应的案件风险防控组织体系，明确董（理）事会、监事会、高级管理层等在案件风险防控中的职责分工。

第十条 银行保险机构董（理）事会承担案件风险防控最终责任。董（理）事会的主要职责包括：

（一）推动健全本机构案件风险防控组织架构和制度机制；

（二）督促高级管理层开展案件风险防控工作；

（三）审议本机构年度案件风险防控评估等相关情况报告；

（四）其他与案件风险防控有关的职责。

董（理）事会下设专门委员会的，可以授权专门委员会具体负责案件风险防控相关工作。未设立董（理）事会的银行保险机构，由执行董（理）事具体负责董（理）事会案件风险防控相关工作。

第十一条 设立监事会的银行保险机构，其监事会承担案件风险防控监督责任，负责监督董（理）事会和高级管理层案件风险防控履职尽责情况。

未设立监事会的银行保险机构，由监事或承担监督职责的组织负责监督相关主体履职尽责情况。

第十二条 银行保险机构高级管理层承担案件风险防控执行责任。高级管理层的主要职责包括：

（一）建立适应本机构的案件风险防控组织架构，明确牵头部门、内设部门和分支机构在案件风险防控中的职责分工；

（二）审议批准本机构案件风险防控相关制度，并监督检查执行情况；

（三）推动落实案件风险防控的各项监管要求；

（四）统筹组织案件风险排查与处置、从业人员行为管理工作；

（五）建立问责机制，确保案件风险防控责任落实到位；

（六）动态全面掌握本机构案件风险防控情况，及时总结和评估本机构上一年度案件风险防控有效性，提出本年度案件风险防控重点任务，并向董（理）事会或董（理）事会专门委员会报告；

（七）其他与案件风险防控有关的职责。

银行保险机构应当指定一名高级管理人员协助行长（总经理、主任、总裁等）负责案件风险防控工作。

第十三条 银行保险机构应当明确案件风险防控牵头部门，并由其履行以下主要职责：

（一）拟定或组织拟定案件风险排查与处置、从业人员行为管理等案件风险防控制度，并推动执行；

（二）指导、督促内设部门和分支机构履行案件风险防控职责；

（三）督导案件风险防控相关问题的整改和问责；

（四）协调推动案件风险防控信息化建设；

（五）分析研判本机构案件风险防控形势，组织拟定和推动完成年度案件风险防控重点任务；

（六）组织评估案件风险防控情况，并向高级管理层报告；

（七）指导和组织开展案件风险防控培训教育；

（八）其他与案件风险防控牵头管理有关的职责。

第十四条 银行保险机构内设部门和分支

机构对其职责范围内的案件风险防控工作承担直接责任，并履行以下主要职责：

（一）开展本条线、本机构案件风险排查与处置工作；

（二）开展本条线、本机构从业人员行为管理工作；

（三）开展本条线、本机构案件风险防控相关问题的整改工作；

（四）在本条线、本机构职责范围内加强案件风险防控信息化建设；

（五）开展本条线、本机构案件风险防控培训教育；

（六）配合案件风险防控牵头部门开展相关工作。

第十五条 银行保险机构内部审计部门应当将案件风险防控工作纳入审计范围，明确审计内容、报告路径等事项，及时报告审计发现的问题，提出改进建议，并督促问题整改和问责。

第十六条 银行保险机构总部案件风险防控牵头部门应当配备与其机构业务规模、管理水平和案件风险状况相适应的案件风险防控专职人员。

分支机构应当设立案件风险防控岗位并指定人员负责案件风险防控工作。

银行保险机构应当加强专业人才队伍建设，定期开展系统性案件风险防控培训教育，提高相关人员业务素质和履职能力。

第三章 任务要求

第十七条 银行保险机构应当建立健全案件风险防控机制，构建起覆盖案件风险排查与处置、从业人员行为管理、领导干部监督、内部监督检查、追责问责、问题整改、举报处理、考核奖励、培训教育等环节的全链条防控体系。前瞻研判本机构案件风险防控重点领域，针对性完善案件风险防控重点措施，持续加大信息化建设力度，及时开展案件风险防控评估。

第十八条 银行保险机构应当制定案件风险排查与处置制度，确定案件风险排查的范围、内容、频率等事项，建立健全客户准入、岗位准入、业务处理、决策审批等关键环节的常态化风险排查与处置机制。

对于案件风险排查中发现的问题隐患和线索疑点，银行保险机构应当及时规范处置。

发现涉嫌违法犯罪情形的，银行保险机构应当及时移送公安机关等有权部门处理，并积极配合查清违法犯罪事实。

第十九条 银行保险机构应当制定从业人员行为管理制度，健全从业人员职业操守和行为规范，依法依规强化异常行为监测和排查。

银行保险机构应当加强对劳务派遣人员、保险销售人员的管理，并督促合作机构加强第三方服务人员管理。

第二十条 国有和国有控股银行保险机构应当加强对"一把手"和领导班子的监督，严格落实领导干部选拔任用、个人事项报告、履职回避、因私出国（境）、领导干部家属从业行为、经济责任审计、绩效薪酬延期支付和追索扣回等规定。

其他银行保险机构可以参照前款规定加强对董（理）事、监事和高级管理人员的监督。

银行保险机构各级管理人员任职谈话、工作述职中应当包含案件风险防控内容。对案件风险防控薄弱的部门负责人和下级机构负责人，应当及时开展专项约谈。

第二十一条 银行保险机构应当在内部监督检查制度中建立健全监督和检查案件风险防控的相关机制，组织开展相关条线和各级机构案件风险防控内部监督检查，并重点加大对基层网点、关键岗位、案件易发部位和薄弱环节的监督检查力度。

第二十二条 银行保险机构应当健全内部问责机制，坚持尽职免责、失职追责，对案件风险防控相关制度不完善或执行不到位、案件风险应处置未处置或处置不当、管理失职及内部控制失效等违规、失职、渎职行为，严肃开展责任认定，追究相关机构和个人责任。

第二十三条 对于内外部审计、内外部监督检查中发现的案件风险防控问题，银行保险机构应当实行整改跟踪管理，严防类似问题发生。

银行保险机构应当及时系统梳理本机构案件暴露出的规章制度、操作流程和信息系统的缺陷和漏洞，并组织实施整改。

第二十四条 银行保险机构应当在举报处理制度中建立健全案件风险线索发现查处机制，有效甄别举报中反映的违法违规事项，及时采取措施处置和化解案件风险隐患。

第二十五条　银行保险机构应当将案件风险防控作为绩效考核的重要内容，注重过程考核，鼓励各级机构主动排查、尽早暴露、前瞻防控案件风险。对案件风险防控成效突出、有效堵截案件、主动抵制或检举违法违规行为的机构和个人予以奖励。

第二十六条　银行保险机构应当全面加强案件风险防控的业务培训。相关岗位培训、技能考核等应当包含案件风险防控内容。

银行保险机构应当定期组织开展案件警示教育活动。通过以案说法、以案为鉴、以案促治，增强从业人员案件风险防控意识和合规经营自觉，积极营造良好的清廉金融文化氛围。

银行保险机构应当将本机构发生的涉刑案件作为业务培训和警示教育重点内容。

第二十七条　银行保险机构应当依据本机构经营特点，充分识别重点领域案件风险点的表现形式，包括但不限于信贷业务、创新业务、资产处置业务、信用卡业务、保函业务、同业业务、资产管理业务、柜面业务、资本市场业务、债券市场业务、网络和信息安全、安全保卫、保险展业、保险理赔等领域。

第二十八条　银行保险机构应当不断提高内部控制有效性，持续完善案件风险防控重点措施，确保案件风险整体可控，包括但不限于股东股权和关联交易管理、分级授权体系和权限管理、重要岗位轮岗和强制休假管理、账户对账和异常交易账户管理、重要印章凭证管理等。

第二十九条　银行保险机构应当加大案件风险防控信息化建设力度，推动内设部门和分支机构持续优化业务流程，加强大数据分析、人工智能等信息技术应用，强化关键业务环节和内控措施的系统控制，不断提升主动防范、识别、监测、处置案件风险的能力。

第三十条　银行保险机构应当建立健全案件风险防控评估机制，对照本办法要求，结合本机构实际情况，及时、全面、准确评估本机构案件风险防控有效性。评估事项包括但不限于以下内容：

（一）案件风险防控组织架构；
（二）制度机制建设和落实情况；
（三）案件风险重点领域研判情况；
（四）案件风险重点防控措施执行情况；
（五）案件风险排查与处置情况；
（六）从业人员行为管理情况；
（七）案件风险暴露及查处问责情况；
（八）年内发生案件的内设部门、分支机构或所涉业务领域完善制度、改进流程、优化系统等整改措施及成效；
（九）上一年度评估发现问题的整改落实情况，本年度案件风险防控存在的主要问题及改进措施。

银行保险机构应当于每年 3 月 31 日前，按照对应的监管权限，将案件风险防控评估情况向金融监管总局或其派出机构报告。

第四章　监督管理

第三十一条　金融监管总局及其派出机构应当将银行保险机构案件风险防控作为日常监管的重要内容，通过非现场监管、现场检查等方式加强案件风险防控监督管理。

第三十二条　金融监管总局及其派出机构案件管理部门承担归口管理和协调推动责任。

金融监管总局机构监管部门、功能监管部门和各级派出机构承担银行保险机构案件风险防控的日常监管职责。

第三十三条　金融监管总局及其派出机构应当采用风险提示、专题沟通、监管会谈等方式，对银行保险机构案件风险防控实施非现场监管，并将案件风险防控情况作为监管评级的重要考量因素。

金融监管总局及其派出机构应当及时研判并跟踪监测银行保险机构案件风险变化趋势，并对案件风险较高的机构实施重点监管。

第三十四条　金融监管总局及其派出机构应当依据银行保险机构的非现场监管情况，对案件风险防控薄弱、风险较为突出的银行保险机构，适时开展风险排查或现场检查。

第三十五条　金融监管总局及其派出机构发现银行保险机构案件风险防控存在问题的，应当依法视具体情况采取以下监管措施：

（一）责令限期改正，并在规定时限内报告整改落实情况；
（二）纳入年度监管通报，提出专项工作要求；
（三）对法人机构或分支机构负责人进行监管约谈；
（四）责令机构开展内部问责；
（五）向有关单位或部门进行通报；

（六）动态调整监管评级；
（七）适时开展监管评估；
（八）其他监管措施。

第三十六条 银行保险机构应当按照本办法开展案件风险防控工作。违反本办法规定，造成不良后果的，由金融监管总局及其派出机构依据《中华人民共和国银行业监督管理法》《中华人民共和国商业银行法》《中华人民共和国保险法》等法律法规和其他相关规定予以行政处罚。

第五章 附 则

第三十七条 有关案件定义，适用《中国银保监会关于印发银行保险机构涉刑案件管理办法（试行）的通知》（银保监发〔2020〕20号）。

第三十八条 在中华人民共和国境内依法设立的信托公司、金融资产管理公司、企业集团财务公司、金融租赁公司、汽车金融公司、货币经纪公司、消费金融公司，保险集团（控股）公司、再保险公司、保险专业中介机构、保险资产管理公司，外国及港澳台银行保险机构，以及金融监管总局批准设立的其他金融机构，参照本办法执行。

第三十九条 本办法由金融监管总局负责解释。金融监管总局派出机构可以依据本办法制定实施细则，并报金融监管总局案件管理部门备案。

第四十条 本办法自2024年1月1日起施行。此前有关规定与本办法不一致的，以本办法为准。《中国银监会办公厅关于印发银行业金融机构案防工作办法的通知》（银监办发〔2013〕257号）同时废止。

（二）破坏金融管理秩序罪

全国人民代表大会常务委员会关于《中华人民共和国刑法》有关信用卡规定的解释

（2004年12月29日第十届全国人民代表大会常务委员会第十三次会议通过）

全国人民代表大会常务委员会根据司法实践中遇到的情况，讨论了刑法规定的"信用卡"的含义问题，解释如下：

刑法规定的"信用卡"，是指由商业银行或者其他金融机构发行的具有消费支付、信用贷款、转账结算、存取现金等全部功能或者部分功能的电子支付卡。

现予公告。

全国人民代表大会常务委员会
关于惩治骗购外汇、逃汇和非法买卖外汇犯罪的决定

(1998年12月29日第九届全国人民代表大会常务委员会第六次会议通过)

为了惩治骗购外汇、逃汇和非法买卖外汇的犯罪行为，维护国家外汇管理秩序，对刑法作如下补充修改：

一、有下列情形之一，骗购外汇，数额较大的，处五年以下有期徒刑或者拘役，并处骗购外汇数额百分之五以上百分之三十以下罚金；数额巨大或者有其他严重情节的，处五年以上十年以下有期徒刑，并处骗购外汇数额百分之五以上百分之三十以下罚金；数额特别巨大或者有其他特别严重情节的，处十年以上有期徒刑或者无期徒刑，并处骗购外汇数额百分之五以上百分之三十以下罚金或者没收财产：

（一）使用伪造、变造的海关签发的报关单、进口证明、外汇管理部门核准件等凭证和单据的；

（二）重复使用海关签发的报关单、进口证明、外汇管理部门核准件等凭证和单据的；

（三）以其他方式骗购外汇的。

伪造、变造海关签发的报关单、进口证明、外汇管理部门核准件等凭证和单据，并用于骗购外汇的，依照前款的规定从重处罚。

明知用于骗购外汇而提供人民币资金的，以共犯论处。

单位犯前三款罪的，对单位依照第一款的规定判处罚金，并对其直接负责的主管人员和其他直接责任人员，处五年以下有期徒刑或者拘役；数额巨大或者有其他严重情节的，处五年以上十年以下有期徒刑；数额特别巨大或者有其他特别严重情节的，处十年以上有期徒刑或者无期徒刑。

二、买卖伪造、变造的海关签发的报关单、进口证明、外汇管理部门核准件等凭证和单据或者国家机关的其他公文、证件、印章的，依照刑法第二百八十条的规定定罪处罚。

三、将刑法第一百九十条修改为：公司、企业或者其他单位，违反国家规定，擅自将外汇存放境外，或者将境内的外汇非法转移到境外，数额较大的，对单位判处逃汇数额百分之五以上百分之三十以下罚金，并对其直接负责的主管人员和其他直接责任人员处五年以下有期徒刑或者拘役；数额巨大或者有其他严重情节的，对单位判处逃汇数额百分之五以上百分之三十以下罚金，并对其直接负责的主管人员和其他直接责任人员处五年以上有期徒刑。

四、在国家规定的交易场所以外非法买卖外汇，扰乱市场秩序，情节严重的，依照刑法第二百二十五条的规定定罪处罚。

单位犯前款罪的，依照刑法第二百三十一条的规定处罚。

五、海关、外汇管理部门以及金融机构、从事对外贸易经营活动的公司、企业或者其他单位的工作人员与骗购外汇或者逃汇的行为人通谋，为其提供购买外汇的有关凭证或者其他便利的，或者明知是伪造、变造的凭证和单据而售汇、付汇的，以共犯论，依照本决定从重处罚。

六、海关、外汇管理部门的工作人员严重不负责任，造成大量外汇被骗购或者逃汇，致使国家利益遭受重大损失的，依照刑法第三百九十七条的规定定罪处罚。

七、金融机构、从事对外贸易经营活动的公司、企业的工作人员严重不负责任，造成大量外汇被骗购或者逃汇，致使国家利益遭受重大损失的，依照刑法第一百六十七条的规定定罪处罚。

八、犯本决定规定之罪，依法被追缴、没收的财物和罚金，一律上缴国库。

九、本决定自公布之日起施行。

最高人民法院　最高人民检察院
关于办理妨害信用卡管理刑事案件具体应用法律若干问题的解释

法释〔2018〕19号

（2009年10月12日最高人民法院审判委员会第1475次会议、2009年11月12日最高人民检察院第十一届检察委员会第二十二次会议通过　根据2018年7月30日最高人民法院审判委员会第1745次会议、2018年10月19日最高人民检察院第十三届检察委员会第七次会议通过的《最高人民法院、最高人民检察院关于修改〈关于办理妨害信用卡管理刑事案件具体应用法律若干问题的解释〉的决定》修正）

为依法惩治妨害信用卡管理犯罪活动，维护信用卡管理秩序和持卡人合法权益，根据《中华人民共和国刑法》规定，现就办理这类刑事案件具体应用法律的若干问题解释如下：

第一条　复制他人信用卡、将他人信用卡信息资料写入磁条介质、芯片或者以其他方法伪造信用卡一张以上的，应当认定为刑法第一百七十七条第一款第四项规定的"伪造信用卡"，以伪造金融票证罪定罪处罚。

伪造空白信用卡十张以上的，应当认定为刑法第一百七十七条第一款第四项规定的"伪造信用卡"，以伪造金融票证罪定罪处罚。

伪造信用卡，有下列情形之一的，应当认定为刑法第一百七十七条规定的"情节严重"：

（一）伪造信用卡五张以上不满二十五张的；

（二）伪造的信用卡内存款余额、透支额度单独或者合计数额在二十万元以上不满一百万元的；

（三）伪造空白信用卡五十张以上不满二百五十张的；

（四）其他情节严重的情形。

伪造信用卡，有下列情形之一的，应当认定为刑法第一百七十七条规定的"情节特别严重"：

（一）伪造信用卡二十五张以上的；

（二）伪造的信用卡内存款余额、透支额度单独或者合计数额在一百万元以上的；

（三）伪造空白信用卡二百五十张以上的；

（四）其他情节特别严重的情形。

本条所称"信用卡内存款余额、透支额度"，以信用卡被伪造后发卡行记录的最高存款余额、可透支额度计算。

第二条　明知是伪造的空白信用卡而持有、运输十张以上不满一百张的，应当认定为刑法第一百七十七条之一第一款第一项规定的"数量较大"；非法持有他人信用卡五张以上不满五十张的，应当认定为刑法第一百七十七条之一第一款第二项规定的"数量较大"。

有下列情形之一的，应当认定为刑法第一百七十七条之一第一款规定的"数量巨大"：

（一）明知是伪造的信用卡而持有、运输十张以上的；

（二）明知是伪造的空白信用卡而持有、运输一百张以上的；

（三）非法持有他人信用卡五十张以上的；

（四）使用虚假的身份证明骗领信用卡十张以上的；

（五）出售、购买、为他人提供伪造的信用卡或者以虚假的身份证明骗领的信用卡十张以上的。

违背他人意愿，使用其居民身份证、军官证、士兵证、港澳居民往来内地通行证、台湾居民来往大陆通行证、护照等身份证明申领信用卡的，或者使用伪造、变造的身份证明申领信用卡的，应当认定为刑法第一百七十七条之一第一款第三项规定的"使用虚假的身份证明骗领信用卡"。

第三条 窃取、收买、非法提供他人信用卡信息资料，足以伪造可进行交易的信用卡，或者足以使他人以信用卡持卡人名义进行交易，涉及信用卡一张以上不满五张的，依照刑法第一百七十七条之一第二款的规定，以窃取、收买、非法提供信用卡信息罪定罪处罚；涉及信用卡五张以上的，应当认定为刑法第一百七十七条之一第一款规定的"数量巨大"。

第四条 为信用卡申请人制作、提供虚假的财产状况、收入、职务等资信证明材料，涉及伪造、变造、买卖国家机关公文、证件、印章，或者涉及伪造公司、企业、事业单位、人民团体印章，应当追究刑事责任的，依照刑法第二百八十条的规定，分别以伪造、变造、买卖国家机关公文、证件、印章罪和伪造公司、企业、事业单位、人民团体印章罪定罪处罚。

承担资产评估、验资、验证、会计、审计、法律服务等职责的中介组织或其人员，为信用卡申请人提供虚假的财产状况、收入、职务等资信证明材料，应当追究刑事责任的，依照刑法第二百二十九条的规定，分别以提供虚假证明文件罪和出具证明文件重大失实罪定罪处罚。

第五条 使用伪造的信用卡、以虚假的身份证明骗领的信用卡、作废的信用卡或者冒用他人信用卡，进行信用卡诈骗活动，数额在五千元以上不满五万元的，应当认定为刑法第一百九十六条规定的"数额较大"；数额在五万元以上不满五十万元的，应当认定为刑法第一百九十六条规定的"数额巨大"；数额在五十万元以上的，应当认定为刑法第一百九十六条规定的"数额特别巨大"。

刑法第一百九十六条第一款第三项所称"冒用他人信用卡"，包括以下情形：

（一）拾得他人信用卡并使用的；

（二）骗取他人信用卡并使用的；

（三）窃取、收买、骗取或者以其他非法方式获取他人信用卡信息资料，并通过互联网、通讯终端等使用的；

（四）其他冒用他人信用卡的情形。

第六条 持卡人以非法占有为目的，超过规定限额或者规定期限透支，经发卡银行两次有效催收后超过三个月仍不归还的，应当认定为刑法第一百九十六条规定的"恶意透支"。

对于是否以非法占有为目的，应当综合持卡人信用记录、还款能力和意愿、申领和透支信用卡的状况、透支资金的用途、透支后的表现、未按规定还款的原因等情节作出判断。不得单纯依据持卡人未按规定还款的事实认定非法占有目的。

具有以下情形之一的，应当认定为刑法第一百九十六条第二款规定的"以非法占有为目的"，但有证据证明持卡人确实不具有非法占有目的的除外：

（一）明知没有还款能力而大量透支，无法归还的；

（二）使用虚假资信证明申领信用卡后透支，无法归还的；

（三）透支后通过逃匿、改变联系方式等手段，逃避银行催收的；

（四）抽逃、转移资金，隐匿财产，逃避还款的；

（五）使用透支的资金进行犯罪活动的；

（六）其他非法占有资金，拒不归还的情形。

第七条 催收同时符合下列条件的，应当认定为本解释第六条规定的"有效催收"：

（一）在透支超过规定限额或者规定期限后进行；

（二）催收应当采用能够确认持卡人收悉的方式，但持卡人故意逃避催收的除外；

（三）两次催收至少间隔三十日；

（四）符合催收的有关规定或者约定。

对于是否属于有效催收，应当根据发卡银行提供的电话录音、信息送达记录、信函送达回执、电子邮件送达记录、持卡人或者其家属签字以及其他催收原始证据材料作出判断。

发卡银行提供的相关证据材料，应当有银行工作人员签名和银行公章。

第八条 恶意透支，数额在五万元以上不满五十万元的，应当认定为刑法第一百九十六条规定的"数额较大"；数额在五十万元以上不满五百万元的，应当认定为刑法第一百九十六条规定的"数额巨大"；数额在五百万元以上的，应当认定为刑法第一百九十六条规定的

"数额特别巨大"。

第九条 恶意透支的数额，是指公安机关刑事立案时尚未归还的实际透支的本金数额，不包括利息、复利、滞纳金、手续费等发卡银行收取的费用。归还或者支付的数额，应当认定为归还实际透支的本金。

检察机关在审查起诉、提起公诉时，应当根据发卡银行提供的交易明细、分类账单（透支账单、还款账单）等证据材料，结合犯罪嫌疑人、被告人及其辩护人所提辩解、辩护意见及相关证据材料，审查认定恶意透支的数额；恶意透支的数额难以确定的，应当依据司法会计、审计报告，结合其他证据材料审查认定。人民法院在审判过程中，应当在对上述证据材料查证属实的基础上，对恶意透支的数额作出认定。

发卡银行提供的相关证据材料，应当有银行工作人员签名和银行公章。

第十条 恶意透支数额较大，在提起公诉前全部归还或者具有其他情节轻微情形的，可以不起诉；在一审判决前全部归还或者具有其他情节轻微情形的，可以免予刑事处罚。但是，曾因信用卡诈骗受过两次以上处罚的除外。

第十一条 发卡银行违规以信用卡透支形式变相发放贷款，持卡人未按规定归还的，不适用刑法第一百九十六条'恶意透支'的规定。构成其他犯罪的，以其他犯罪论处。

第十二条 违反国家规定，使用销售点终端机具（POS机）等方法，以虚构交易、虚开价格、现金退货等方式向信用卡持卡人直接支付现金，情节严重的，应当依据刑法第二百二十五条的规定，以非法经营罪定罪处罚。

实施前款行为，数额在一百万元以上的，或者造成金融机构资金二十万元以上逾期未还的，或者造成金融机构经济损失十万元以上的，应当认定为刑法第二百二十五条规定的"情节严重"；数额在五百万元以上的，或者造成金融机构资金一百万元以上逾期未还的，或者造成金融机构经济损失五十万元以上的，应当认定为刑法第二百二十五条规定的"情节特别严重"。

持卡人以非法占有为目的，采用上述方式恶意透支，应当追究刑事责任的，依照刑法第一百九十六条的规定，以信用卡诈骗罪定罪处罚。

第十三条 单位实施本解释规定的行为，适用本解释规定的相应自然人犯罪的定罪量刑标准。

最高人民法院
关于审理伪造货币等案件具体应用法律若干问题的解释

法释〔2000〕26号

（2000年4月20日最高人民法院审判委员会第1110次会议通过　2000年9月8日最高人民法院公告公布　自2000年9月14日起施行）

为依法惩治伪造货币，出售、购买、运输假币等犯罪活动，根据刑法的有关规定，现就审理这类案件具体应用法律的若干问题解释如下：

第一条 伪造货币的总面额在2000元以上不满3万元或者币量在200张（枚）以上不足3000张（枚）的，依照刑法第一百七十条的规定，处3年以上10年以下有期徒刑，并处5万元以上50万元以下罚金。

伪造货币的总面额在3万元以上的，属于"伪造货币数额特别巨大"。

行为人制造货币版样或者与他人事前通谋，为他人伪造货币提供版样的，依照刑法第一百七十条的规定定罪处罚。

第二条 行为人购买假币后使用，构成犯罪的，依照刑法第一百七十一条的规定，以购买假币罪定罪，从重处罚。

行为人出售、运输假币构成犯罪，同时有使用假币行为的，依照刑法第一百七十一条、第一百七十二条的规定，实行数罪并罚。

第三条 出售、购买假币或者明知是假币而运输，总面额在4000元以上不满5万元的，属于"数额较大"；总面额在5万元以上不满20万元的，属于"数额巨大"；总面额在20万元以上的，属于"数额特别巨大"，依照刑法第一百七十一条第一款的规定定罪处罚。

第四条 银行或者其他金融机构的工作人员购买假币或者利用职务上的便利，以假币换取货币，总面额在4000元以上不满5万元或者币量在400张（枚）以上不足5000张（枚）的，处3年以上10年以下有期徒刑，并处2万元以上20万元以下罚金；总面额在5万元以上或者币量在5000张（枚）以上或者有其他严重情节的，处10年以上有期徒刑或者无期徒刑，并处2万元以上20万元以下罚金或者没收财产；总面额不满人民币4000元或者币量不足400张（枚）或者具有其他情节较轻情形的，处3年以下有期徒刑或者拘役，并处或者单处1万元以上10万元以下罚金。

第五条 明知是假币而持有、使用，总面额在4000元以上不满5万元的，属于"数额较大"；总面额在5万元以上不满20万元的，属于"数额巨大"；总面额在20万元以上的，属于"数额特别巨大"，依照刑法第一百七十二条的规定定罪处罚。

第六条 变造货币的总面额在2000元以上不满3万元的，属于"数额较大"；总面额在3万元以上的，属于"数额巨大"，依照刑法第一百七十三条的规定定罪处罚。

第七条 本解释所称"货币"是指可在国内市场流通或者兑换的人民币和境外货币。

货币面额应当以人民币计算，其他币种以案发时国家外汇管理机关公布的外汇牌价折算成人民币。

最高人民法院
关于审理伪造货币等案件具体应用法律若干问题的解释（二）

法释〔2010〕14号

（2010年10月11日最高人民法院审判委员会第1498次会议通过 2010年10月20日最高人民法院公告公布 自2010年11月3日起施行）

为依法惩治伪造货币、变造货币等犯罪活动，根据刑法有关规定和近一个时期的司法实践，就审理此类刑事案件具体应用法律的若干问题解释如下：

第一条 仿照真货币的图案、形状、色彩等特征非法制造假币，冒充真币的行为，应当认定为刑法第一百七十条规定的"伪造货币"。

对真货币采用剪贴、挖补、揭层、涂改、移位、重印等方法加工处理，改变真币形态、价值的行为，应当认定为刑法第一百七十三条规定的"变造货币"。

第二条 同时采用伪造和变造手段，制造真伪拼凑货币的行为，依照刑法第一百七十条的规定，以伪造货币罪定罪处罚。

第三条 以正在流通的境外货币为对象的假币犯罪，依照刑法第一百七十条至第一百七十三条的规定定罪处罚。

假境外货币犯罪的数额，按照案发当日中国外汇交易中心或者中国人民银行授权机构公布的人民币对该货币的中间价折合成人民币计算。中国外汇交易中心或者中国人民银行授权机构未公布汇率中间价的境外货币，按照案发当日境内银行人民币对该货币的中间价折算成人民币，或者该货币在境内银行、国际外汇市场对美元汇率，与人民币对美元汇率中间价进行套算。

第四条 以中国人民银行发行的普通纪念

币和贵金属纪念币为对象的假币犯罪，依照刑法第一百七十条至第一百七十三条的规定定罪处罚。

假普通纪念币犯罪的数额，以面额计算；假贵金属纪念币犯罪的数额，以贵金属纪念币的初始发售价格计算。

第五条 以使用为目的，伪造停止流通的货币，或者使用伪造的停止流通的货币的，依照刑法第二百六十六条的规定，以诈骗罪定罪处罚。

第六条 此前发布的司法解释与本解释不一致的，以本解释为准。

最高人民法院 最高人民检察院
关于办理利用未公开信息交易刑事案件适用法律若干问题的解释

法释〔2019〕10号

(2018年9月10日最高人民法院审判委员会第1748次会议、2018年11月30日最高人民检察院第十三届检察委员会第十次会议通过 2019年6月27日最高人民法院、最高人民检察院公告公布 自2019年7月1日起施行)

为依法惩治证券、期货犯罪，维护证券、期货市场管理秩序，促进证券、期货市场稳定健康发展，保护投资者合法权益，根据《中华人民共和国刑法》《中华人民共和国刑事诉讼法》的规定，现就办理利用未公开信息交易刑事案件适用法律的若干问题解释如下：

第一条 刑法第一百八十条第四款规定的"内幕信息以外的其他未公开的信息"，包括下列信息：

（一）证券、期货的投资决策、交易执行信息；

（二）证券持仓数量及变化、资金数量及变化、交易动向信息；

（三）其他可能影响证券、期货交易活动的信息。

第二条 内幕信息以外的其他未公开的信息难以认定的，司法机关可以在有关行政主（监）管部门的认定意见的基础上，根据案件事实和法律规定作出认定。

第三条 刑法第一百八十条第四款规定的"违反规定"，是指违反法律、行政法规、部门规章、全国性行业规范有关证券、期货未公开信息保护的规定，以及行为人所在的金融机构有关信息保密、禁止交易、禁止利益输送等规定。

第四条 刑法第一百八十条第四款规定的行为人"明示、暗示他人从事相关交易活动"，应当综合以下方面进行认定：

（一）行为人具有获取未公开信息的职务便利；

（二）行为人获取未公开信息的初始时间与他人从事相关交易活动的初始时间具有关联性；

（三）行为人与他人之间具有亲友关系、利益关联、交易终端关联等关联关系；

（四）他人从事相关交易的证券、期货品种、交易时间与未公开信息所涉证券、期货品种、交易时间等方面基本一致；

（五）他人从事的相关交易活动明显不具有符合交易习惯、专业判断等正当理由；

（六）行为人对明示、暗示他人从事相关交易活动没有合理解释。

第五条 利用未公开信息交易，具有下列情形之一的，应当认定为刑法第一百八十条第四款规定的"情节严重"：

（一）违法所得数额在一百万元以上的；

（二）二年内三次以上利用未公开信息交易的；

（三）明示、暗示三人以上从事相关交易活动的。

第六条 利用未公开信息交易，违法所得数额在五十万元以上，或者证券交易成交额在五百万元以上，或者期货交易占用保证金数额在一百万元以上，具有下列情形之一的，应当认定为刑法第一百八十条第四款规定的"情节严重"：

（一）以出售或者变相出售未公开信息等方式，明示、暗示他人从事相关交易活动的；

（二）因证券、期货犯罪行为受过刑事追究的；

（三）二年内因证券、期货违法行为受过行政处罚的；

（四）造成恶劣社会影响或者其他严重后果的。

第七条 刑法第一百八十条第四款规定的"依照第一款的规定处罚"，包括该条第一款关于"情节特别严重"的规定。

利用未公开信息交易，违法所得数额在一千万元以上的，应当认定为"情节特别严重"。

违法所得数额在五百万元以上，或者证券交易成交额在五千万元以上，或者期货交易占用保证金数额在一千万元以上，具有本解释第六条规定的四种情形之一的，应当认定为"情节特别严重"。

第八条 二次以上利用未公开信息交易，依法应予行政处理或者刑事处理而未经处理的，相关交易数额或者违法所得数额累计计算。

第九条 本解释所称"违法所得"，是指行为人利用未公开信息从事与该信息相关的证券、期货交易活动所获利益或者避免的损失。

行为人明示、暗示他人利用未公开信息从事相关交易活动，被明示、暗示人员从事相关交易活动所获利益或者避免的损失，应当认定为"违法所得"。

第十条 行为人未实际从事与未公开信息相关的证券、期货交易活动的，其罚金数额按照被明示、暗示人员从事相关交易活动的违法所得计算。

第十一条 符合本解释第五条、第六条规定的标准，行为人如实供述犯罪事实，认罪悔罪，并积极配合调查，退缴违法所得的，可以从轻处罚；其中犯罪情节轻微的，可以依法不起诉或者免予刑事处罚。

符合刑事诉讼法规定的认罪认罚从宽适用范围和条件的，依照刑事诉讼法的规定处理。

第十二条 本解释自 2019 年 7 月 1 日起施行。

最高人民法院 最高人民检察院
关于办理操纵证券、期货市场刑事案件适用法律若干问题的解释

法释〔2019〕9 号

(2018 年 9 月 3 日最高人民法院审判委员会第 1747 次会议、2018 年 12 月 12 日最高人民检察院第十三届检察委员会第十一次会议通过 2019 年 6 月 27 日最高人民法院、最高人民检察院公告公布 自 2019 年 7 月 1 日起施行)

为依法惩治证券、期货犯罪，维护证券、期货市场管理秩序，促进证券、期货市场稳定健康发展，保护投资者合法权益，根据《中华人民共和国刑法》《中华人民共和国刑事诉讼法》的规定，现就办理操纵证券、期货市场刑事案件适用法律的若干问题解释如下：

第一条 行为人具有下列情形之一的，可以认定为刑法第一百八十二条第一款第四项规定的"以其他方法操纵证券、期货市场"：

（一）利用虚假或者不确定的重大信息，诱导投资者作出投资决策，影响证券、期货交易价格或者证券、期货交易量，并进行相关交

易或者谋取相关利益的；

（二）通过对证券及其发行人、上市公司、期货交易标的公开作出评价、预测或者投资建议，误导投资者作出投资决策，影响证券、期货交易价格或者证券、期货交易量，并进行与其评价、预测、投资建议方向相反的证券交易或者相关期货交易的；

（三）通过策划、实施资产收购或者重组、投资新业务、股权转让、上市公司收购等虚假重大事项，误导投资者作出投资决策，影响证券交易价格或者证券交易量，并进行相关交易或者谋取相关利益的；

（四）通过控制发行人、上市公司信息的生成或者控制信息披露的内容、时点、节奏，误导投资者作出投资决策，影响证券交易价格或者证券交易量，并进行相关交易或者谋取相关利益的；

（五）不以成交为目的，频繁申报、撤单或者大额申报、撤单，误导投资者作出投资决策，影响证券、期货交易价格或者证券、期货交易量，并进行与申报相反的交易或者谋取相关利益的；

（六）通过囤积现货，影响特定期货品种市场行情，并进行相关期货交易的；

（七）以其他方法操纵证券、期货市场的。

第二条 操纵证券、期货市场，具有下列情形之一的，应当认定为刑法第一百八十二条第一款规定的"情节严重"：

（一）持有或者实际控制证券的流通股份数量达到该证券的实际流通股份总量百分之十以上，实施刑法第一百八十二条第一款第一项操纵证券市场行为，连续十个交易日的累计成交量达到同期该证券总成交量百分之二十以上的；

（二）实施刑法第一百八十二条第一款第二项、第三项操纵证券市场行为，连续十个交易日的累计成交量达到同期该证券总成交量百分之二十以上的；

（三）实施本解释第一条第一项至第四项操纵证券市场行为，证券交易成交额在一千万元以上的；

（四）实施刑法第一百八十二条第一款第一项及本解释第一条第六项操纵期货市场行为，实际控制的账户合并持仓连续十个交易日的最高值超过期货交易所限仓标准的二倍，累计成交量达到同期该期货合约总成交量百分之二十以上，且期货交易占用保证金数额在五百万元以上的；

（五）实施刑法第一百八十二条第一款第二项、第三项及本解释第一条第一项、第二项操纵期货市场行为，实际控制的账户连续十个交易日的累计成交量达到同期该期货合约总成交量百分之二十以上，且期货交易占用保证金数额在五百万元以上的；

（六）实施本解释第一条第五项操纵证券、期货市场行为，当日累计撤回申报量达到同期该证券、期货合约总申报量百分之五十以上，且证券撤回申报额在一千万元以上、撤回申报的期货合约占用保证金数额在五百万元以上的；

（七）实施操纵证券、期货市场行为，违法所得数额在一百万元以上的。

第三条 操纵证券、期货市场，违法所得数额在五十万元以上，具有下列情形之一的，应当认定为刑法第一百八十二条第一款规定的"情节严重"：

（一）发行人、上市公司及其董事、监事、高级管理人员、控股股东或者实际控制人实施操纵证券、期货市场行为的；

（二）收购人、重大资产重组的交易对方及其董事、监事、高级管理人员、控股股东或者实际控制人实施操纵证券、期货市场行为的；

（三）行为人明知操纵证券、期货市场行为被有关部门调查，仍继续实施的；

（四）因操纵证券、期货市场行为受过刑事追究的；

（五）二年内因操纵证券、期货市场行为受过行政处罚的；

（六）在市场出现重大异常波动等特定时段操纵证券、期货市场的；

（七）造成恶劣社会影响或者其他严重后果的。

第四条 具有下列情形之一的，应当认定为刑法第一百八十二条第一款规定的"情节特别严重"：

（一）持有或者实际控制证券的流通股份数量达到该证券的实际流通股份总量百分之十以上，实施刑法第一百八十二条第一款第一项操纵证券市场行为，连续十个交易日的累计成交量达到同期该证券总成交量百分之五十以上的；

（二）实施刑法第一百八十二条第一款第二项、第三项操纵证券市场行为，连续十个交易日的累计成交量达到同期该证券总成交量百分之五十以上的；

（三）实施本解释第一条第一项至第四项操纵证券市场行为，证券交易成交额在五千万元以上的；

（四）实施刑法第一百八十二条第一款第一项及本解释第一条第六项操纵期货市场行为，实际控制的账户合并持仓连续十个交易日的最高值超过期货交易所限仓标准的五倍，累计成交量达到同期该期货合约总成交量百分之五十以上，且期货交易占用保证金数额在二千五百万元以上的；

（五）实施刑法第一百八十二条第一款第二项、第三项及本解释第一条第一项、第二项操纵期货市场行为，实际控制的账户连续十个交易日的累计成交量达到同期该期货合约总成交量百分之五十以上，且期货交易占用保证金数额在二千五百万元以上的；

（六）实施操纵证券、期货市场行为，违法所得数额在一千万元以上的。

实施操纵证券、期货市场行为，违法所得数额在五百万元以上，并具有本解释第三条规定的七种情形之一的，应当认定为"情节特别严重"。

第五条 下列账户应当认定为刑法第一百八十二条中规定的"自己实际控制的账户"：

（一）行为人以自己名义开户并使用的实名账户；

（二）行为人向账户转入或者从账户转出资金，并承担实际损益的他人账户；

（三）行为人通过第一项、第二项以外的方式管理、支配或者使用的他人账户；

（四）行为人通过投资关系、协议等方式对账户内资产行使交易决策权的他人账户；

（五）其他有证据证明行为人具有交易决策权的账户。

有证据证明行为人对前款第一项至第三项账户内资产没有交易决策权的除外。

第六条 二次以上实施操纵证券、期货市场行为，依法应予行政处理或者刑事处理而未经处理的，相关交易数额或者违法所得数额累计计算。

第七条 符合本解释第二条、第三条规定的标准，行为人如实供述犯罪事实，认罪悔罪，并积极配合调查，退缴违法所得的，可以从轻处罚；其中犯罪情节轻微的，可以依法不起诉或者免予刑事处罚。

符合刑事诉讼法规定的认罪认罚从宽适用范围和条件的，依照刑事诉讼法的规定处理。

第八条 单位实施刑法第一百八十二条第一款行为的，依照本解释规定的定罪量刑标准，对其直接负责的主管人员和其他直接责任人员定罪处罚，并对单位判处罚金。

第九条 本解释所称"违法所得"，是指通过操纵证券、期货市场所获利益或者避免的损失。

本解释所称"连续十个交易日"，是指证券、期货市场开市交易的连续十个交易日，并非指行为人连续交易的十个交易日。

第十条 对于在全国中小企业股份转让系统中实施操纵证券市场行为，社会危害性大，严重破坏公平公正的市场秩序的，比照本解释的规定执行，但本解释第二条第一项、第二项和第四条第一项、第二项除外。

第十一条 本解释自 2019 年 7 月 1 日起施行。

最高人民法院 最高人民检察院
关于办理内幕交易、泄露内幕信息刑事案件具体应用法律若干问题的解释

法释〔2012〕6号

(2011年10月31日最高人民法院审判委员会第1529次会议、2012年2月27日最高人民检察院第十一届检察委员会第72次会议通过 2012年3月29日最高人民法院、最高人民检察院公告公布 自2012年6月1日起施行)

为维护证券、期货市场管理秩序,依法惩治证券、期货犯罪,根据刑法有关规定,现就办理内幕交易、泄露内幕信息刑事案件具体应用法律的若干问题解释如下:

第一条 下列人员应当认定为刑法第一百八十条第一款规定的"证券、期货交易内幕信息的知情人员":

(一)证券法第七十四条规定的人员;

(二)期货交易管理条例第八十五条第十二项规定的人员。

第二条 具有下列行为的人员应当认定为刑法第一百八十条第一款规定的"非法获取证券、期货交易内幕信息的人员":

(一)利用窃取、骗取、套取、窃听、利诱、刺探或者私下交易等手段获取内幕信息的;

(二)内幕信息知情人员的近亲属或者其他与内幕信息知情人员关系密切的人员,在内幕信息敏感期内,从事或者明示、暗示他人从事,或者泄露内幕信息导致他人从事与该内幕信息有关的证券、期货交易,相关交易行为明显异常,且无正当理由或者正当信息来源的;

(三)在内幕信息敏感期内,与内幕信息知情人员联络、接触,从事或者明示、暗示他人从事,或者泄露内幕信息导致他人从事与该内幕信息有关的证券、期货交易,相关交易行为明显异常,且无正当理由或者正当信息来源的。

第三条 本解释第二条第二项、第三项规定的"相关交易行为明显异常",要综合以下情形,从时间吻合程度、交易背离程度和利益关联程度等方面予以认定:

(一)开户、销户、激活资金账户或者指定交易(托管)、撤销指定交易(转托管)的时间与该内幕信息形成、变化、公开时间基本一致的;

(二)资金变化与该内幕信息形成、变化、公开时间基本一致的;

(三)买入或者卖出与内幕信息有关的证券、期货合约时间与内幕信息的形成、变化和公开时间基本一致的;

(四)买入或者卖出与内幕信息有关的证券、期货合约时间与获悉内幕信息的时间基本一致的;

(五)买入或者卖出证券、期货合约行为明显与平时交易习惯不同的;

(六)买入或者卖出证券、期货合约行为,或者集中持有证券、期货合约行为与该证券、期货公开信息反映的基本面明显背离的;

(七)账户交易资金进出与该内幕信息知情人员或者非法获取人员有关联或者利害关系的;

(八)其他交易行为明显异常情形。

第四条 具有下列情形之一的,不属于刑法第一百八十条第一款规定的从事与内幕信息有关的证券、期货交易:

(一)持有或者通过协议、其他安排与他人共同持有上市公司百分之五以上股份的自然人、法人或者其他组织收购该上市公司股份的;

(二)按照事先订立的书面合同、指令、计划从事相关证券、期货交易的;

（三）依据已被他人披露的信息而交易的；

（四）交易具有其他正当理由或者正当信息来源的。

第五条 本解释所称"内幕信息敏感期"是指内幕信息自形成至公开的期间。

证券法第六十七条第二款所列"重大事件"的发生时间，第七十五条规定的"计划""方案"以及期货交易管理条例第八十五条第十一项规定的"政策""决定"等的形成时间，应当认定为内幕信息的形成之时。

影响内幕信息形成的动议、筹划、决策或者执行人员，其动议、筹划、决策或者执行初始时间，应当认定为内幕信息的形成之时。

内幕信息的公开，是指内幕信息在国务院证券、期货监督管理机构指定的报刊、网站等媒体披露。

第六条 在内幕信息敏感期内从事或者明示、暗示他人从事或者泄露内幕信息导致他人从事与该内幕信息有关的证券、期货交易，具有下列情形之一的，应当认定为刑法第一百八十条第一款规定的"情节严重"：

（一）证券交易成交额在五十万元以上的；

（二）期货交易占用保证金数额在三十万元以上的；

（三）获利或者避免损失数额在十五万元以上的；

（四）三次以上的；

（五）具有其他严重情节的。

第七条 在内幕信息敏感期内从事或者明示、暗示他人从事或者泄露内幕信息导致他人从事与该内幕信息有关的证券、期货交易，具有下列情形之一的，应当认定为刑法第一百八十条第一款规定的"情节特别严重"：

（一）证券交易成交额在二百五十万元以上的；

（二）期货交易占用保证金数额在一百五十万元以上的；

（三）获利或者避免损失数额在七十五万元以上的；

（四）具有其他特别严重情节的。

第八条 二次以上实施内幕交易或者泄露内幕信息行为，未经行政处理或者刑事处理的，应当对相关交易数额依法累计计算。

第九条 同一案件中，成交额、占用保证金额、获利或者避免损失额分别构成情节严重、情节特别严重的，按照处罚较重的数额定罪处罚。

构成共同犯罪的，按照共同犯罪行为人的成交总额、占用保证金总额、获利或者避免损失总额定罪处罚，但判处各被告人罚金的总额应掌握在获利或者避免损失总额的一倍以上五倍以下。

第十条 刑法第一百八十条第一款规定的"违法所得"，是指通过内幕交易行为所获利益或者避免的损失。

内幕信息的泄露人员或者内幕交易的明示、暗示人员未实际从事内幕交易的，其罚金数额按照因泄露而获悉内幕信息人员或者被明示、暗示人员从事内幕交易的违法所得计算。

第十一条 单位实施刑法第一百八十条第一款规定的行为，具有本解释第六条规定情形之一的，按照刑法第一百八十条第二款的规定定罪处罚。

最高人民法院　最高人民检察院　公安部
中国证券监督管理委员会
关于印发《最高人民法院、最高人民检察院、公安部、
中国证监会关于办理证券期货违法犯罪案件工作
若干问题的意见》的通知

2011年4月27日　　　　　　　　证监发〔2011〕30号

各省、自治区、直辖市高级人民法院、人民检察院、公安厅（局），解放军军事法院、军事检察院，新疆维吾尔自治区高级人民法院生产建设兵团分院，新疆生产建设兵团人民检察院、公安局，中国证监会各省、自治区、直辖市、计划单列市监管局：

为解决近年来在办理证券期货违法犯罪案件工作中遇到的一些突出问题，依法惩治证券期货违法犯罪，现将《最高人民法院　最高人民检察院　公安部　中国证监会关于办理证券期货违法犯罪案件工作若干问题的意见》印发给你们，请遵照执行。

在执行中遇到的问题，请及时报最高人民法院、最高人民检察院、公安部和中国证监会。

附：

关于办理证券期货违法犯罪案件工作若干问题的意见

为加强办理证券期货违法犯罪案件工作，完善行政执法与刑事司法的衔接机制，进一步依法有效惩治证券期货违法犯罪，提出如下意见：

一、证券监管机构依据行政机关移送涉嫌犯罪案件的有关规定，在办理可能移送公安机关查处的证券期货违法案件过程中，经履行批准程序，可商请公安机关协助查询、复制被调查对象的户籍、出入境信息等资料，对有关涉案人员按照相关规定采取边控、报备措施。证券监管机构向公安机关提出请求时，应当明确协助办理的具体事项，提供案件情况及相关材料。

二、证券监管机构办理证券期货违法案件，案情重大、复杂、疑难的，可商请公安机关就案件性质、证据等问题提出参考意见；对有证据表明可能涉嫌犯罪的行为人可能逃匿或者销毁证据的，证券监管机构应当及时通知公安机关；涉嫌犯罪的，公安机关应当及时立案侦查。

三、证券监管机构与公安机关建立和完善协调会商机制。证券监管机构依据行政机关移送涉嫌犯罪案件的有关规定，在向公安机关移送重大、复杂、疑难的涉嫌证券期货犯罪案件前，应当启动协调会商机制，就行为性质认定、案件罪名适用、案件管辖等问题进行会商。

四、公安机关、人民检察院和人民法院在办理涉嫌证券期货犯罪案件过程中，可商请证券监管机构指派专业人员配合开展工作，协助查阅、复制有关专业资料。证券监管机构可以根据司法机关办案需要，依法就案件涉及的证券期货专业问题向司法机关出具认定意见。

五、司法机关对证券监管机构随案移送的物证、书证、鉴定结论、视听资料、现场笔录等证据要及时审查，作出是否立案的决定；随案移送的证据，经法定程序查证属实的，可作为定案的根据。

六、证券监管机构依据行政机关移送涉嫌犯罪案件的有关规定向公安机关移交证据，应当制作证据移交清单，双方经办人员应当签字确认，加盖公章，相关证据随证据移交清单一并移交。

七、对涉众型证券期货犯罪案件，在已收集的证据能够充分证明基本犯罪事实的前提下，公安机关可在被调查对象范围内按一定比例收集和调取书证、被害人陈述、证人证言等相关证据。

八、以证券交易所、期货交易所、证券登记结算机构、期货保证金监控机构以及证券公司、期货公司留存的证券期货委托记录和交易记录、登记存管结算资料等电子数据作为证据的，数据提供单位应以电子光盘或者其他载体记录相关原始数据，并说明制作方法、制作时间及制作人等信息，并由复制件制作人和原始电子数据持有人签名或盖章。

九、发行人、上市公司或者其他信息披露义务人在证券监管机构指定的信息披露媒体、信息披露义务人或证券交易所网站发布的信息披露公告，其打印件或据此制作的电子光盘，经核对无误后，说明其来源、制作人、制作时间、制作地点等的，可作为刑事证据使用，但有其他证据证明打印件或光盘内容与公告信息不一致的除外。

十、涉嫌证券期货犯罪的第一审案件，由中级人民法院管辖，同级人民检察院负责提起公诉，地（市）级以上公安机关负责立案侦查。

最高人民法院　最高人民检察院关于办理非法从事资金支付结算业务、非法买卖外汇刑事案件适用法律若干问题的解释

法释〔2019〕1号

（2018年9月17日最高人民法院审判委员会第1749次会议、2018年12月12日最高人民检察院第十三届检察委员会第十一次会议通过　2019年1月31日最高人民法院、最高人民检察院公告公布　自2019年2月1日起施行）

为依法惩治非法从事资金支付结算业务、非法买卖外汇犯罪活动，维护金融市场秩序，根据《中华人民共和国刑法》《中华人民共和国刑事诉讼法》的规定，现就办理非法从事资金支付结算业务、非法买卖外汇刑事案件适用法律的若干问题解释如下：

第一条　违反国家规定，具有下列情形之一的，属于刑法第二百二十五条第三项规定的"非法从事资金支付结算业务"：

（一）使用受理终端或者网络支付接口等方法，以虚构交易、虚开价格、交易退款等非法方式向指定付款方支付货币资金的；

（二）非法为他人提供单位银行结算账户套现或者单位银行结算账户转个人账户服务的；

（三）非法为他人提供支票套现服务的；

（四）其他非法从事资金支付结算业务的情形。

第二条　违反国家规定，实施倒买倒卖外汇或者变相买卖外汇等非法买卖外汇行为，扰乱金融市场秩序，情节严重的，依照刑法第二百二十五条第四项的规定，以非法经营罪定罪处罚。

第三条　非法从事资金支付结算业务或者非法买卖外汇，具有下列情形之一的，应当认定为非法经营行为"情节严重"：

（一）非法经营数额在五百万元以上的；

（二）违法所得数额在十万元以上的。

非法经营数额在二百五十万元以上，或者违法所得数额在五万元以上，且具有下列情形之一的，可以认定为非法经营行为"情节严重"：

（一）曾因非法从事资金支付结算业务或者非法买卖外汇犯罪行为受过刑事追究的；

（二）二年内因非法从事资金支付结算业务或者非法买卖外汇违法行为受过行政处罚的；

（三）拒不交代涉案资金去向或者拒不配合追缴工作，致使赃款无法追缴的；

（四）造成其他严重后果的。

第四条 非法从事资金支付结算业务或者非法买卖外汇，具有下列情形之一的，应当认定为非法经营行为"情节特别严重"：

（一）非法经营数额在二千五百万元以上的；

（二）违法所得数额在五十万元以上的。

非法经营数额在一千二百五十万元以上，或者违法所得数额在二十五万元以上，且具有本解释第三条第二款规定的四种情形之一的，可以认定为非法经营行为"情节特别严重"。

第五条 非法从事资金支付结算业务或者非法买卖外汇，构成非法经营罪，同时又构成刑法第一百二十条之一规定的帮助恐怖活动罪或者第一百九十一条规定的洗钱罪的，依照处罚较重的规定定罪处罚。

第六条 二次以上非法从事资金支付结算业务或者非法买卖外汇，依法应予行政处理或者刑事处理而未经处理的，非法经营数额或者违法所得数额累计计算。

同一案件中，非法经营数额、违法所得数额分别构成情节严重、情节特别严重的，按照处罚较重的数额定罪处罚。

第七条 非法从事资金支付结算业务或者非法买卖外汇违法所得数额难以确定的，按非法经营数额的千分之一认定违法所得数额，依法并处或者单处违法所得一倍以上五倍以下罚金。

第八条 符合本解释第三条规定的标准，行为人如实供述犯罪事实，认罪悔罪，并积极配合调查，退缴违法所得的，可以从轻处罚；其中犯罪情节轻微的，可以依法不起诉或者免予刑事处罚。

符合刑事诉讼法规定的认罪认罚从宽适用范围和条件的，依照刑事诉讼法的规定处理。

第九条 单位实施本解释第一条、第二条规定的非法从事资金支付结算业务、非法买卖外汇行为，依照本解释规定的定罪量刑标准，对单位判处罚金，并对其直接负责的主管人员和其他直接责任人员定罪处罚。

第十条 非法从事资金支付结算业务、非法买卖外汇刑事案件中的犯罪地，包括犯罪嫌疑人、被告人用于犯罪活动的账户开立地、资金接收地、资金过渡账户开立地、资金账户操作地，以及资金交易对手资金交付和汇出地等。

第十一条 涉及外汇的犯罪数额，按照案发当日中国外汇交易中心或者中国人民银行授权机构公布的人民币对该货币的中间价折合成人民币计算。中国外汇交易中心或者中国人民银行授权机构未公布汇率中间价的境外货币，按照案发当日境内银行人民币对该货币的中间价折算成人民币，或者该货币在境内银行、国际外汇市场对美元汇率，与人民币对美元汇率中间价进行套算。

第十二条 本解释自2019年2月1日起施行。《最高人民法院关于审理骗购外汇、非法买卖外汇刑事案件具体应用法律若干问题的解释》（法释〔1998〕20号）与本解释不一致的，以本解释为准。

最高人民法院
关于审理骗购外汇、非法买卖外汇刑事案件具体应用法律若干问题的解释

法释〔1998〕20号

(1998年8月28日最高人民法院审判委员会第1018次会议通过 1998年8月28日最高人民法院公告公布 自1998年9月1日起施行)

为依法惩处骗购外汇、非法买卖外汇的犯罪行为，根据刑法的有关规定，现对审理骗购外汇、非法买卖外汇案件具体应用法律的若干问题解释如下：

第一条 以进行走私、逃汇、洗钱、骗税等犯罪活动为目的，使用虚假、无效的凭证、商业单据或者采取其他手段向外汇指定银行骗购外汇的，应当分别按照刑法分则第三章第二节、第一百九十条、第一百九十一条和第二百零四条等规定定罪处罚。

非国有公司、企业或者其他单位，与国有公司、企业或者其他国有单位勾结逃汇的，以逃汇罪的共犯处罚。

第二条 伪造、变造、买卖海关签发的报关单、进口证明、外汇管理机关的核准件等凭证或者购买伪造、变造的上述凭证的，按照刑法第二百八十条第一款的规定定罪处罚。

第三条 在外汇指定银行和中国外汇交易中心及其分中心以外买卖外汇，扰乱金融市场秩序，具有下列情形之一的，按照刑法第二百二十五条第（三）项的规定定罪处罚：

（一）非法买卖外汇20万美元以上的；

（二）违法所得5万元人民币以上的。

第四条 公司、企业或者其他单位，违反有关外贸代理业务的规定，采用非法手段，或者明知是伪造、变造的凭证、商业单据，为他人向外汇指定银行骗购外汇，数额在500万美元以上或者违法所得50万元人民币以上的，按照刑法第二百二十五条第（三）项的规定定罪处罚。

居间介绍骗购外汇100万美元以上或者违法所得10万元人民币以上的，按照刑法第二百二十五条第（三）项的规定定罪处罚。

第五条 海关、银行、外汇管理机关工作人员与骗购外汇的行为人通谋，为其提供购买外汇的有关凭证，或者明知是伪造、变造的凭证和商业单据而出售外汇，构成犯罪的，按照刑法的有关规定从重处罚。

第六条 实施本解释规定的行为，同时触犯两个以上罪名的，择一重罪从重处罚。

第七条 根据刑法第六十四条规定，骗购外汇、非法买卖外汇的，其违法所得予以追缴，用于骗购外汇、非法买卖外汇的资金予以没收，上缴国库。

第八条 骗购、非法买卖不同币种的外汇的，以案发时国家外汇管理机关制定的统一折算率折合后依照本解释处罚。

最高人民法院
关于依法严厉打击集资诈骗和非法吸收公众存款犯罪活动的通知

2004年11月15日　　　　　　　　　　　　　　法〔2004〕240号

各省、自治区、直辖市高级人民法院，解放军军事法院，新疆维吾尔自治区高级人民法院生产建设兵团分院：

近年来，一些地方集资诈骗、非法吸收公众存款犯罪活动十分猖獗，大案要案接连发生，严重扰乱金融市场秩序，侵犯公民、法人和其他组织的合法权益。为了切实维护国家金融市场秩序和社会政治稳定，现就人民法院充分发挥审判职能作用，依法严厉打击集资诈骗和非法吸收公众存款犯罪活动的有关问题通知如下：

一、充分认识集资诈骗和非法吸收公众存款犯罪的严重社会危害性，切实加强对这类犯罪案件的审判工作。当前，各种形式的非法集资犯罪活动，手段更加狡黠，欺骗性更强，导致大量人民群众上当受骗。不少集资诈骗和非法吸收公众存款犯罪案件，涉案金额特别巨大，受害人员范围广，给公民和法人以及其他组织造成巨额财产损失，严重破坏金融市场秩序，由此导致的群体性事件屡有发生，严重影响社会政治稳定。各级人民法院一定要从贯彻"三个代表"重要思想，树立和落实科学发展观，落实"司法为民"要求的高度，进一步提高对集资诈骗和非法吸收公众存款犯罪案件审判工作重要性的认识，全面发挥人民法院刑事审判职能作用，为有效遏制集资诈骗和非法吸收公众存款犯罪活动，规范金融市场秩序提供有力司法保障。

二、坚决贯彻依法严惩集资诈骗和非法吸收公众存款犯罪的方针，加大对集资诈骗和非法吸收公众存款犯罪的打击力度。金融犯罪一直是我国整顿和规范市场经济秩序工作的打击重点，集资诈骗和非法吸收公众存款犯罪案件，是金融犯罪刑事审判工作的重中之重。集资诈骗和非法吸收公众存款犯罪发案较多的地区，人民法院要积极配合有关部门，开展严厉打击这类犯罪的专项行动，切实维护金融市场秩序和社会政治稳定。对集资诈骗和非法吸收公众存款的犯罪活动，一定要贯彻依法严惩的方针，保持对犯罪的高压态势，以有效震慑不法分子，保护人民群众利益。一旦案件起诉后，即应尽快开庭，及时审结。对集资诈骗数额特别巨大并且给国家和人民利益造成特别重大损失，罪行极其严重的犯罪分子，依法应该判处死刑的，要坚决判处死刑，决不手软。在对犯罪分子判处主刑的同时，要依法适用财产刑，并加大赃款赃物的追缴力度，不让犯罪分子在经济上获取非法利益。对集资诈骗和非法吸收公众存款共同犯罪案件中的主犯，一定要依法从严惩处。

三、坚持审判工作法律效果和社会效果有机统一，积极参与金融市场经济秩序的综合治理。各级人民法院在审判集资诈骗和非法吸收公众存款犯罪案件工作中，要把依法审判与法制宣传有机结合起来。注意通过依法公开宣判、新闻媒体宣传等各种行之有效的形式，揭露犯罪骗局，教育广大群众，提高公民防骗意识。要妥善处理涉及众多被害人的犯罪案件，注意追缴犯罪分子的违法所得，及时将被骗的集资款返还被害人，配合地方党委和政府做好案件的善后工作，尽量将犯罪造成的不良后果降到最低限度，确保社会稳定。对办案过程中发现有关部门和单位在资金管理制度和环节上存在的漏洞和隐患，要及时提出司法建议，以做到防患于未然。

四、深入调查研究，及时解决审判这类案件中的疑难问题。各高级人民法院对于近期受理的集资诈骗和非法吸收公众存款大要案的审理情况，要及时报告我院。审理集资诈骗和非法吸收公众存款犯罪案件政策性强，涉及法律适用问题疑难，各高级人民法院对在审判工作中遇到的新情况、新问题，要认真研究，提出意见，加强指导，及时报告我院。

最高人民法院
关于审理洗钱等刑事案件具体应用法律若干问题的解释

法释〔2009〕15号

(2009年9月21日最高人民法院审判委员会第1474次会议通过　2009年11月4日最高人民法院公告公布　自2009年11月11日起施行)

为依法惩治洗钱，掩饰、隐瞒犯罪所得、犯罪所得收益，资助恐怖活动等犯罪活动，根据刑法有关规定，现就审理此类刑事案件具体应用法律的若干问题解释如下：

第一条　刑法第一百九十一条、第三百一十二条规定的"明知"，应当结合被告人的认知能力，接触他人犯罪所得及其收益的情况，犯罪所得及其收益的种类、数额，犯罪所得及其收益的转换、转移方式以及被告人的供述等主、客观因素进行认定。

具有下列情形之一的，可以认定被告人明知系犯罪所得及其收益，但有证据证明确实不知道的除外：

（一）知道他人从事犯罪活动，协助转换或者转移财物的；

（二）没有正当理由，通过非法途径协助转换或者转移财物的；

（三）没有正当理由，以明显低于市场的价格收购财物的；

（四）没有正当理由，协助转换或者转移财物，收取明显高于市场的"手续费"的；

（五）没有正当理由，协助他人将巨额现金散存于多个银行账户或者在不同银行账户之间频繁划转的；

（六）协助近亲属或者其他关系密切的人转换或者转移与其职业或者财产状况明显不符的财物的；

（七）其他可以认定行为人明知的情形。

被告人将刑法第一百九十一条规定的某一上游犯罪的犯罪所得及其收益误认为刑法第一百九十一条规定的上游犯罪范围内的其他犯罪所得及其收益的，不影响刑法第一百九十一条规定的"明知"的认定。

第二条　具有下列情形之一的，可以认定为刑法第一百九十一条第一款第（五）项规定的"以其他方法掩饰、隐瞒犯罪所得及其收益的来源和性质"：

（一）通过典当、租赁、买卖、投资等方式，协助转移、转换犯罪所得及其收益的；

（二）通过与商场、饭店、娱乐场所等现金密集型场所的经营收入相混合的方式，协助转移、转换犯罪所得及其收益的；

（三）通过虚构交易、虚设债权债务、虚假担保、虚报收入等方式，协助将犯罪所得及其收益转换为"合法"财物的；

（四）通过买卖彩票、奖券等方式，协助转换犯罪所得及其收益的；

（五）通过赌博方式，协助将犯罪所得及其收益转换为赌博收益的；

（六）协助将犯罪所得及其收益携带、运输或者邮寄出入境的；

（七）通过前述规定以外的方式协助转移、转换犯罪所得及其收益的。

第三条　明知是犯罪所得及其产生的收益而予以掩饰、隐瞒，构成刑法第三百一十二条规定的犯罪，同时又构成刑法第一百九十一条或者第三百四十九条规定的犯罪的，依照处罚较重的规定定罪处罚。

第四条　刑法第一百九十一条、第三百一十二条、第三百四十九条规定的犯罪，应当以上游犯罪事实成立为认定前提。上游犯罪尚未依法裁判，但查证属实的，不影响刑法第一百九十一条、第三百一十二条、第三百四十九条规定的犯罪的审判。

上游犯罪事实可以确认，因行为人死亡等原因依法不予追究刑事责任的，不影响刑法第一百九十一条、第三百一十二条、第三百四十九条规定的犯罪的认定。

上游犯罪事实可以确认，依法以其他罪名定罪处罚的，不影响刑法第一百九十一条、第三百一十二条、第三百四十九条规定的犯罪的认定。

本条所称"上游犯罪"，是指产生刑法第一百九十一条、第三百一十二条、第三百四十九条规定的犯罪所得及其收益的各种犯罪行为。

第五条 刑法第一百二十条之一规定的"资助"，是指为恐怖活动组织或者实施恐怖活动的个人筹集、提供经费、物资或者提供场所以及其他物质便利的行为。

刑法第一百二十条之一规定的"实施恐怖活动的个人"，包括预谋实施、准备实施和实际实施恐怖活动的个人。

【指导案例】

指导案例 61 号

马某利用未公开信息交易案

(最高人民法院审判委员会讨论通过 2016 年 6 月 30 日发布)

关键词 刑事 利用未公开信息交易罪 援引法定刑 情节特别严重

裁判要点

刑法第一百八十条第四款规定的利用未公开信息交易罪援引法定刑的情形，应当是对第一款内幕交易、泄露内幕信息罪全部法定刑的引用，即利用未公开信息交易罪应有"情节严重""情节特别严重"两种情形和两个量刑档次。

相关法条

《中华人民共和国刑法》第180条

基本案情

2011 年 3 月 9 日至 2013 年 5 月 30 日期间，被告人马某担任博时基金管理有限公司旗下的博时精选股票证券投资经理，全权负责投资基金投资股票市场，掌握了博时精选股票证券投资基金交易的标的股票、交易时间和交易数量等未公开信息。马某在任职期间利用其掌控的上述未公开信息，从事与该信息相关的证券交易活动，操作自己控制的"金某""严某甲""严某乙"三个股票账户，通过临时购买的不记名神州行电话卡下单，先于（1-5个交易日）、同期或稍晚于（1-2个交易日）其管理的"博时精选"基金账户买卖相同股票76只，累计成交金额 10.5 亿余元，非法获利 18833374.74 元。2013 年 7 月 17 日，马某主动到深圳市公安局投案，且到案之后能如实供述其所犯罪行，属自首；马某认罪态度良好，违法所得能从扣押、冻结的财产中全额返还，判处的罚金亦能全额缴纳。

裁判结果

广东省深圳市中级人民法院（2014）深中法刑二初字第 27 号刑事判决认为，被告人马某的行为已构成利用未公开信息交易罪。但刑法中并未对利用未公开信息交易罪规定"情节特别严重"的情形，因此只能认定马某的行为属于"情节严重"。马某自首，依法可以从轻处罚；马某认罪态度良好，违法所得能全额返还，罚金亦能全额缴纳，确有悔罪表现；另经深圳市福田区司法局社区矫正和安置帮教科调查评估，对马某宣告缓刑对其所居住的社区没有重大不良影响，符合适用缓刑的条件。遂以利用未公开信息交易罪判处马某有期徒刑三年，缓刑五年，并处罚金人民币 1884 万元；

违法所得人民币 18833374.74 元依法予以追缴，上缴国库。

宣判后，深圳市人民检察院提出抗诉认为，被告人马某的行为应认定为犯罪情节特别严重，依照"情节特别严重"的量刑档次处罚。一审判决适用法律错误，量刑明显不当，应当依法改判。

广东省高级人民法院（2014）粤高法刑二终字第 137 号刑事裁定认为，刑法第一百八十条第四款规定，利用未公开信息交易，情节严重的，依照第一款的规定处罚，该条款并未对利用未公开信息交易罪规定有"情节特别严重"情形；而根据刑法第一百八十条第一款的规定，情节严重的，处五年以下有期徒刑或者拘役，并处或者单处违法所得一倍以上五倍以下罚金，故马某利用未公开信息交易，属于犯罪情节严重，应在该量刑幅度内判处刑罚。原审判决量刑适当，抗诉机关的抗诉理由不成立，不予采纳。遂裁定驳回抗诉，维持原判。

二审裁定生效后，广东省人民检察院提请最高人民检察院按照审判监督程序向最高人民法院提出抗诉。最高人民检察院抗诉提出，刑法第一百八十条第四款属于援引法定刑的情形，应当引用第一款处罚的全部规定；利用未公开信息交易罪与内幕交易、泄露内幕信息罪的违法与责任程度相当，法定刑亦应相当；马某的行为应当认定为犯罪情节特别严重，对其适用缓刑明显不当。本案终审裁定以刑法第一百八十条第四款未对利用未公开信息交易罪规定有"情节特别严重"为由，降格评价马某的犯罪行为，属于适用法律确有错误，导致量刑不当，应当依法纠正。

最高人民法院依法组成合议庭对该案直接进行再审，并公开开庭审理了本案。再审查明的事实与原审基本相同，原审认定被告人马某非法获利数额为 18833374.74 元存在计算错误，实际为 19120246.98 元，依法应当予以更正。最高人民法院（2015）刑抗字第 1 号刑事判决认为，原审被告人马某的行为已构成利用未公开信息交易罪。马某利用未公开信息交易股票 76 只，累计成交额 10.5 亿余元，非法获利 1912 万余元，属于情节特别严重。鉴于马某具有主动从境外回国投案自首法定从轻、减刑处罚情节；在未受控制的情况下，将股票兑成现金存在涉案三个账户中并主动向中国证券监督管理委员会说明情况，退还了全部违法所得，认罪悔罪态度好，赃款未挥霍，原判罚金刑得以全部履行等酌定从轻处罚情节，对马某可予减轻处罚。第一审判决、第二审裁定认定事实清楚，证据确实、充分，定罪准确，但因对法律条文理解错误，导致量刑不当，应予纠正。依照《中华人民共和国刑法》第一百八十条第四款、第一款、第六十七条第一款、第五十二条、第五十三条、第六十四条及《最高人民法院关于适用〈中华人民共和国刑事诉讼法〉的解释》第三百八十九条第（三）项的规定，判决如下：一、维持广东省高级人民法院（2014）粤高法刑二终字第 137 号刑事裁定和深圳市中级人民法院（2014）深中法刑二初字第 27 号刑事判决中对原审被告人马某的定罪部分；二、撤销广东省高级人民法院（2014）粤高法刑二终字第 137 号刑事裁定和深圳市中级人民法院（2014）深中法刑二初字第 27 号刑事判决中对原审被告人马某的量刑及追缴违法所得部分；三、原审被告人马某犯利用未公开信息交易罪，判处有期徒刑三年，并处罚金人民币 1913 万元；四、违法所得人民币 19120246.98 元依法予以追缴，上缴国库。

裁判理由

法院生效裁判认为：本案事实清楚，定罪准确，争议的焦点在于如何正确理解刑法第一百八十条第四款对于第一款的援引以及如何把握利用未公开信息交易罪"情节特别严重"的认定标准。

一、对刑法第一百八十条第四款援引第一款量刑情节的理解和把握

刑法第一百八十条第一款对内幕交易、泄露内幕信息罪规定为："证券、期货交易内幕信息的知情人员或者非法获取证券、期货交易内幕信息的人员，在涉及证券的发行，证券、期货交易或者其他对证券、期货交易价格有重大影响的信息尚未公开前，买入或者卖出该证券，或者从事与该内幕信息有关的期货交易，或者泄露该信息，或者明示、暗示他人从事上述交易活动，情节严重的，处五年以下有期徒刑或者拘役，并处或者单处违法所得一倍以上五倍以下罚金；情节特别严重的，处五年以上十年以下有期徒刑，并处违法所得一倍以上五倍以下罚金。"第四款对利用未公开信息交易罪规定为："证券交易所、期货交易所、证券公司、期货经纪公司、基金管理公司、商业银行、保险公司等金融机构的从业人员以及有关监管部门或者行业协会的工作人员，利用因职务便利获取的内幕信息以外的其他未公开的信息，违反规定，从事与该信息相关的证券、期货交易活动，或者明示、暗示他人从事相关交易活动，情节严重的，依照第一款的规定处罚。"

对于第四款中"情节严重的，依照第一款的规定处罚"应如何理解，在司法实践中存在不同的认识。一种观点认为，第四款中只规定了"情节严重"的情形，而未规定"情节特别严重"的情形，因此，这里的"情节严重的，依照第一款的规定处罚"只能是依照第一款中"情节严重"的量刑档次予以处罚；另一种观点认为，第四款中的"情节严重"只是入罪条款，即达到了情节严重以上的情形，依据第一款的规定处罚。至于具体处罚，应看符合第一款中的"情节严重"还是"情节特别严重"的情形，分别情况依法判处。情节严重的，"处五年以下有期徒刑"，情节特别严重的，"处五年以上十年以下有期徒刑"。

最高人民法院认为，刑法第一百八十条第四款援引法定刑的情形，应当是对第一款全部法定刑的引用，即利用未公开信息交易罪应有"情节严重""情节特别严重"两种情形和两个量刑档次。这样理解的具体理由如下：

（一）符合刑法的立法目的。由于我国在基金、证券、期货等领域中，利用未公开信息交易行为比较多发，行为人利用公众投入的巨额资金作后盾，以提前买入或者提前卖出的手段获得巨额非法利益，将风险与损失转嫁到其他投资者，不仅对其任职单位的财产利益造成损害，而且严重破坏了公开、公正、公平的证券市场原则，严重损害客户投资者或处于信息弱势的散户利益，严重损害金融行业信誉，影响投资者对金融机构的信任，进而对资产管理和基金、证券、期货市场的健康发展产生严重影响。为此，《中华人民共和国刑法修正案（七）》新增利用未公开信息交易罪，并将该罪与内幕交易、泄露内幕信息罪规定在同一法条中，说明两罪的违法与责任程度相当。利用未公开信息交易罪也应当适用"情节特别严重"。

（二）符合法条的文意。首先，刑法第一百八十条第四款中的"情节严重"是入罪条款。《最高人民检察院、公安部关于公安机关管辖的刑事案件立案追诉标准的规定（二）》，对利用未公开信息交易罪规定了追诉的情节标准，说明该罪需达到"情节严重"才能被追诉。利用未公开信息交易罪属情节犯，立法要明确其情节犯属性，就必须借助"情节严重"的表述，以避免"情节不严重"的行为入罪。其次，该款中"情节严重"并不兼具量刑条款的性质。刑法条文中大量存在"情节严重"兼具定罪条款及量刑条款性质的情形，但无一例外均在其后列明了具体的法定刑。刑法第一百八十条第四款中"情节严重"之后，并未列明具体的法定刑，而是参照内幕交易、泄露内幕信息罪的法定刑。因此，本款中的"情节严重"仅具有定罪条款的性质，而不具有量刑条款的性质。

（三）符合援引法定刑立法技术的理解。援引法定刑是指对某一犯罪并不规定独立的法定刑，而是援引其他犯罪的法定刑作为该犯罪的法定刑。刑法第一百八十条第四款援引法定刑的目的是为了避免法条文字表述重复，并不属于法律规定不明确的情形。

综上，刑法第一百八十条第四款虽然没有明确表述"情节特别严重"，但是根据本条款设立的立法目的、法条文意及立法技术，应当包含"情节特别严重"的情形和量刑档次。

二、利用未公开信息交易罪"情节特别严重"的认定标准

目前虽然没有关于利用未公开信息交易罪"情节特别严重"认定标准的专门规定，但鉴于刑法规定利用未公开信息交易罪是参照内幕交易、泄露内幕信息罪的规定处罚，最高人民法院、最高人民检察院《关于办理内幕交易、泄露内幕信息刑事案件具体应用法律若干问题的解释》将成交额250万元以上、获利75万元以上等情形认定为内幕交易、泄露内幕信息罪"情节特别严重"的标准，利用未公开信息交易罪也应当遵循相同的标准。马某利用未公开信息进行交易活动，累计成交额达10.5亿余元，非法获利达1912万余元，已远远超过上述标准，且在案发时属全国查获的该类犯罪数额最大者，参照最高人民法院、最高人民检察院《关于办理内幕交易、泄露内幕信息刑事案件具体应用法律若干问题的解释》，马某的犯罪情节应当属于"情节特别严重"。

朱某明操纵证券市场案

（检例第39号）

【关键词】

操纵证券市场　"抢帽子"交易　公开荐股

【基本案情】

被告人朱某明，男，1982年7月出生，原系国开证券有限责任公司上海龙华西路证券营业部（以下简称国开证券营业部）证券经纪人，上海电视台第一财经频道《谈股论金》节目（以下简称《谈股论金》节目）特邀嘉宾。

2013年2月1日至2014年8月26日，被告人朱某明在任国开证券营业部证券经纪人期间，先后多次在其担任特邀嘉宾的《谈股论金》电视节目播出前，使用实际控制的三个证券账户买入多支股票，于当日或次日在《谈股论金》节目播出中，以特邀嘉宾身份对其先期买入的股票进行公开评价、预测及推介，并于节目首播后一至二个交易日内抛售相关股票，人为地影响前述股票的交易量和交易价格，获取利益。经查，其买入股票交易金额共计人民币2094.22万余元，卖出股票交易金额共计人民币2169.70万余元，非法获利75.48万余元。

【要旨】

证券公司、证券咨询机构、专业中介机构及其工作人员违背从业禁止规定，买卖或者持有证券，并在对相关证券作出公开评价、预测或者投资建议后，通过预期的市场波动反向操作，谋取利益，情节严重的，以操纵证券市场罪追究其刑事责任。

【指控与证明犯罪】

2016年11月29日，上海市公安局以朱某明涉嫌操纵证券市场罪移送上海市人民检察院第一分院审查起诉。

审查起诉阶段，朱某明辩称：1. 涉案账户系其父亲朱某实际控制，其本人并未建议和参与相关涉案股票的买卖；2. 节目播出时，已隐去股票名称和代码，仅展示K线图、描述股票特征及信息，不属于公开评价、预测、推介个股；3. 涉案账户资金系家庭共同财产，其本人并未从中受益。

检察机关审查认为，现有证据足以认定犯罪嫌疑人在媒体上公开进行了股票推介行为，并且涉案账户在公开推介前后进行了涉案股票反向操作。但是，犯罪嫌疑人与涉案账户的实际控制关系，公开推介是否构成"抢帽子"交易操纵中的"公开荐股"以及行为能否认定为"操纵证券市场"等问题，有待进一步查证。针对需要进一步查证的问题，上海市人民检察院第一分院分别于2017年1月13日、3月24日两次将案件退回上海市公安局补充侦查，要求公安机关补充查证犯罪嫌疑人的淘宝、网银等IP地址、MAC地址（硬件设备地址，用来定义网络设备的位置），并与涉案账户证券交易IP地址做筛选比对；将涉案账户资金出入与犯罪嫌疑人个人账户资金往来做关联比对；进一步对其父朱某在关键细节上做针对性询问，以核实朱某明的辩解；由证券监管部门对本案犯罪嫌疑人的行为是否构成"公开荐股""操纵证券市场"提出认定意见。

经补充侦查，上海市公安局进一步收集了朱某明父亲朱某等证人证言、中国证监会对朱某明操纵证券市场行为性质的认定函、司法会计鉴定意见书等证据。中国证监会出具的认定函认定：2013年2月1日至2014年8月26日，朱某明在《谈股论金》节目中通过明示股票名称或描述股票特征的方法，对15只股票进行公开评价和预测。朱某明通过其控制的三个证券账户在节目播出前一至二个交易日或当天买入推荐的股票，交易金额2094.22万余元，并于节目播出后一至二个交易日内卖出上述股票，交易金额2169.70万余元，获利

75.48万余元。朱某明所荐股票次日交易价量明显上涨,偏离行业板块和大盘走势。其行为构成操纵证券市场,扰乱了证券市场秩序,并造成了严重社会影响。

结合补充收集的证据,上海市人民检察院第一分院办案人员再次提讯朱某明,并听取其辩护律师意见。朱某明在展示的证据面前,承认其在节目中公开荐股,称其明知所推荐股票价格在节目播出后会有所上升,故在公开荐股前建议其父朱某买入涉案15只股票,并在节目播出后随即卖出,以谋取利益。但对于指控其实际控制涉案账户买卖股票的事实予以否认。

针对其辩解,办案人员将相关证据向朱某明及其辩护人出示,并一一阐明证据与朱某明行为之间的证明关系。1. 账户登录、交易IP地址大量位于朱某明所在的办公地点,与朱某明出行等电脑数据轨迹一致。例如,2014年7月17日、18日,涉案的朱某证券账户登录、交易IP地址在重庆,与朱某明的出行记录一致。2. 涉案三个账户之间与朱某明个人账户资金往来频繁,初始资金有部分来自于朱某明账户,转出资金中有部分转入朱某明银行账户后由其消费,证明涉案账户资金由朱某明控制。经过上述证据展示,朱某明对自己实施"抢帽子"交易操纵他人证券账户买卖股票牟利的事实供认不讳。

2017年5月18日,上海市人民检察院第一分院以被告人朱某明犯操纵证券市场罪向上海市第一中级人民法院提起公诉。7月20日,上海市第一中级人民法院公开开庭审理了本案。

法庭调查阶段,公诉人宣读起诉书指控被告人朱某明违反从业禁止规定,以"抢帽子"交易的手段操纵证券市场谋取利益,其行为构成操纵证券市场罪。对以上指控的犯罪事实,公诉人出示了四组证据予以证明:

一是关于被告人朱某明主体身份情况的证据。包括:1. 国开证券公司与朱某明签订的劳动合同、委托代理合同等工作关系书证;2.《谈股论金》节目编辑陈某等证人证言;3. 户籍资料、从业资格证书等书证;4. 被告人朱某明的供述。证明:朱某明于2013年2月至2014年8月担任国开证券营业部证券经纪人期间,先后多次受邀担任《谈股论金》节目特邀嘉宾。

二是关于涉案账户登录异常的证据。包括:1. 证人朱某等证人的证言;2. 朱某明出入境及国内出行记录等书证;3. 司法会计鉴定意见书、搜查笔录等;4. 被告人朱某明的供述。证明:2013年2月至2014年8月,"朱某""孙某""张某"三个涉案证券账户的实际控制人为朱某明。

三是关于涉案账户交易异常的证据。包括:1. 证人陈某等证人的证言;2. 证监会行政处罚决定书及相关认定意见、调查报告等书证;3. 司法会计鉴定意见书;4. 节目视频拷贝光盘、QQ群聊天记录等视听资料、电子数据;5. 被告人朱某明的供述。证明:朱某明在节目中推荐的15只股票,均被其在节目播出前一至二个交易日或播出当天买入,并于节目播出后一至二个交易日内卖出。

四是关于涉案证券账户资金来源及获利的证据。包括:1. 证人朱某的证言;2. 证监会查询通知书等书证;3. 司法会计鉴定意见书等;4. 被告人朱某明的供述。证明:朱某明在公开推荐股票后,股票交易量、交易价格涨幅明显。"朱某""孙某""张某"三个证券账户交易初始资金大部分来自朱某明,且与朱某明个人账户资金往来频繁。上述账户在涉案期间累计交易金额人民币4263.92万余元,获利人民币75.48万余元。

法庭辩论阶段,公诉人发表公诉意见:

第一,关于本案定性。证券公司、证券咨询机构、专业中介机构及其工作人员,买卖或者持有相关证券,并对该证券或其发行人、上市公司公开作出评价、预测或者投资建议,以便通过期待的市场波动取得经济利益的行为是"抢帽子"交易操纵行为。根据刑法第一百八十二条第一款第(四)项的规定,属于"以其他方法操纵"证券市场,情节严重的,构成操纵证券市场罪。

第二,关于控制他人账户的认定。综合本案证据,可以认定朱某明通过实际控制的"朱某""孙某""张某"三个证券账户在公开荐股前买入涉案15只股票,荐股后随即卖出谋取利益,涉案股票价量均因荐股有实际影响,朱某明实际获利75万余元。

第三,关于公开荐股的认定。结合证据,朱某明在电视节目中,或明示股票名称,或介绍股票标识性信息、展示 K 线图等，投资者可以依据上述信息确定涉案股票名称，系在电视节目中对涉案股票公开作出评价、预测、推介，可以认定构成公开荐股。

第四，关于本案量刑建议。根据刑法第一百八十二条的规定，被告人朱某明的行为构成操纵证券市场罪，依法应在五年以下有期徒刑至拘役之间量刑，并处违法所得一倍以上五倍以下罚金。建议对被告人朱某明酌情判处三年以下有期徒刑，并处违法所得一倍以上的罚金。

被告人朱某明及其辩护人对公诉意见没有异议，被告人当庭表示愿意退缴违法所得。辩护人提出，考虑被告人认罪态度好，建议从轻处罚。

法庭经审理，认定公诉人提交的证据能够相互印证，予以确认。综合考虑全案犯罪事实、情节，对朱某明处以相应刑罚。2017 年 7 月 28 日，上海市第一中级人民法院作出一审判决，以操纵证券市场罪判处被告人朱某明有期徒刑十一个月，并处罚金人民币 76 万元，其违法所得予以没收。一审宣判后，被告人未上诉，判决已生效。

【指导意义】

证券公司、证券咨询机构、专业中介机构及其工作人员，违反规定买卖或者持有相关证券后，对该证券或者其发行人、上市公司作出公开评价、预测或者提出投资建议，通过期待的市场波动谋取利益的，构成"抢帽子"交易操纵行为。发布投资咨询意见的机构或者证券从业人员往往具有一定的社会知名度，他们借助影响力较大的传播平台发布诱导性信息，容易对普通投资者交易决策产生影响。其在发布信息后，又利用证券价格波动实施与投资者反向交易的行为获利，破坏了证券市场管理秩序，违反了证券市场公开、公平、公正原则，具有较大的社会危害性，情节严重的，构成操纵证券市场罪。

证券犯罪具有专业性、隐蔽性、间接性等特征，检察机关办理该类案件时，应当根据证券犯罪案件特点，引导公安机关从证券交易记录、资金流向等问题切入，全面收集涉及犯罪的书证、电子数据、证人证言等证据，并结合案件特点开展证据审查。对书证，要重点审查涉及证券交易记录的凭据，有关交易数量、交易额、成交价格、资金走向等证据。对电子数据，要重点审查收集程序是否合法，是否采取必要的保全措施，是否经过篡改，是否感染病毒等。对证人证言，要重点审查证人与犯罪嫌疑人的关系，证言能否与客观证据相印证等。

办案中，犯罪嫌疑人或被告人及其辩护人经常会提出涉案账户实际控制人及操作人非其本人的辩解。对此，检察机关可以通过行为人资金往来记录，MAC 地址（硬件设备地址）、IP 地址与互联网访问轨迹的重合度与连贯性，身份关系和资金关系的紧密度，涉案股票买卖与公开荐股在时间及资金比例上的高度关联性，相关证人证言在细节上是否吻合等入手，构建严密证据体系，确定被告人与涉案账户的实际控制关系。

非法证券活动涉嫌犯罪的案件，来源往往是证券监管部门向公安机关移送。审查案件过程中，人民检察院可以与证券监管部门加强联系和沟通。证券监管部门在行政执法和查办案件中收集的物证、书证、视听资料、电子数据等证据材料，在刑事诉讼中可以作为证据使用。检察机关通过办理证券犯罪案件，可以建议证券监管部门针对案件反映出的问题，加强资本市场监管和相关制度建设。

【相关规定】

《中华人民共和国刑法》第一百八十二条

《最高人民检察院、公安部关于公安机关管辖的刑事案件立案追诉标准的规定（二）》第三十九条

杨某国等人非法吸收公众存款案

(检例第 64 号)

【关键词】

非法吸收公众存款　网络借贷　资金池

【要旨】

单位或个人假借开展网络借贷信息中介业务之名,未经依法批准,归集不特定公众的资金设立资金池,控制、支配资金池中的资金,并承诺还本付息的,构成非法吸收公众存款罪。

【基本案情】

被告人杨某国,男,浙江望洲集团有限公司法定代表人、实际控制人。

被告人张某婷,女,浙江望洲集团有限公司出纳,主要负责协助杨某国调度、使用非法吸收的资金。

被告人刘某蕾,女,上海望洲财富投资管理有限公司总经理,负责该公司业务。

被告人吴某,女,浙江望洲集团有限公司经理、望洲集团清算中心负责人,主要负责资金池运作有关业务。

浙江望洲集团有限公司(以下简称望洲集团)于 2013 年 2 月 28 日成立,被告人杨某国为法定代表人、董事长。自 2013 年 9 月起,望洲集团开始在线下进行非法吸收公众存款活动。2014 年,杨某国利用其实际控制的公司又先后成立上海望洲财富投资管理有限公司(以下简称望洲财富)、望洲普惠投资管理有限公司(以下简称望洲普惠),通过线下和线上两个渠道开展非法吸收公众存款活动。其中,望洲普惠主要负责发展信贷客户(借款人),望洲财富负责发展不特定社会公众成为理财客户(出借人),根据理财产品的不同期限约定 7% – 15% 不等的年化利率募集资金。在线下渠道,望洲集团在全国多个省、市开设门店,采用发放宣传单、举办年会、发布广告等方式进行宣传,理财客户或者通过与杨某国签订债权转让协议,或者通过匹配望洲集团虚构的信贷客户借款需求进行投资,将投资款转账至杨某国个人名下 42 个银行账户,被望洲集团用于还本付息、生产经营等活动。在线上渠道,望洲集团及其关联公司以网络借贷信息中介活动的名义进行宣传,理财客户根据望洲集团的要求在第三方支付平台上开设虚拟账户并绑定银行账户。理财客户选定投资项目后将投资款从银行账户转入第三方支付平台的虚拟账户进行投资活动,望洲集团、杨某国及望洲集团实际控制的担保公司为理财客户的债权提供担保。望洲集团对理财客户虚拟账户内的资金进行调配,划拨出借资金和还本付息资金到相应理财客户和信贷客户账户,并将剩余资金直接转至杨某国在第三方支付平台上开设的托管账户,再转账至杨某国开设的个人银行账户,与线下资金混同,由望洲集团支配使用。

因资金链断裂,望洲集团无法按期兑付本息。截至 2016 年 4 月 20 日,望洲集团通过线上、线下两个渠道非法吸收公众存款共计 64 亿余元,未兑付资金共计 26 亿余元,涉及集资参与人 13400 余人。其中,通过线上渠道吸收公众存款 11 亿余元。

【指控与证明犯罪】

2017 年 2 月 15 日,浙江省杭州市江干区人民检察院以非法吸收公众存款罪对杨某国等 4 名被告人依法提起公诉,杭州市江干区人民法院公开开庭审理本案。

法庭调查阶段,公诉人宣读起诉书指控杨某国等被告人的行为构成非法吸收公众存款罪,并对杨某国等被告人进行讯问。杨某国对望洲集团通过线下渠道非法吸收公众存款的犯罪事实和性质没有异议,但辩称望洲集团的线上平台经营的是正常 P2P 业务,线上的信贷客户均真实存在,不存在资金池,不是吸收公众存款,不需要取得金融许可牌照,在营业执照许可的经营范围内即可开展经营。针对杨某国的辩解,公诉人围绕理财资金的流转对被告人进行了重点讯问。

公诉人：（杨某国）如果线上理财客户进来的资金大于借款方的资金，如何操作？

杨某国：一般有两种操作方式。一种是停留在客户的操作平台上，另一种是转移到我开设的托管账户。如果转移到托管账户，客户就没有办法自主提取了。如果客户需要提取，我们根据客户指令再将资金返回到客户账户。

公诉人：（吴某）理财客户充值到第三方支付平台的虚拟账户后，望洲集团操作员是否可以对第三方支付平台上的资金进行划拨。

吴某：可以。

公诉人：（吴某）请叙述一下划拨资金的方式。

吴某：直接划拨到借款人的账户，如果当天资金充足，有时候会划拨到杨某国在第三方支付平台上设立的托管账户，再提现到杨某国绑定的银行账户，用来兑付线下的本息。

公诉人补充讯问：（吴某）如果投资进来的资金大于借款方，如何操作？

吴某：会对一部分进行冻结，也会提现一部分。资金优先用于归还客户的本息，然后配给借款方，然后再提取。

被告人的当庭供述证明，望洲集团通过直接控制理财客户在第三方平台上的虚拟账户和设立托管账户，实现对理财客户资金的归集和控制、支配、使用，形成了资金池。

举证阶段，公诉人出示证据，全面证明望洲集团线上、线下业务活动本质为非法吸收公众存款，并就线上业务相关证据重点举证。

第一，通过出示书证、审计报告、电子数据、证人证言、被告人供述和辩解等证据，证实望洲集团的线上业务归集客户资金设立资金池并进行控制、支配、使用，不是网络借贷信息中介业务。（1）第三方支付平台赋予望洲集团对所有理财客户虚拟账户内的资金进行冻结、划拨、查询的权限。线上理财客户在合同中也明确授权望洲集团对其虚拟账户内的资金进行冻结、划拨、查询，且虚拟账户销户需要望洲集团许可。（2）理财客户将资金转入第三方平台的虚拟账户后，望洲集团每日根据理财客户出借资金和信贷客户的借款需求，以多对多的方式进行人工匹配。当理财客户资金总额大于信贷客户借款需求时，剩余资金划入杨某国在第三方支付平台开设的托管账户。望洲集团预留第二天需要支付的到期本息后，将剩余资金提现至杨某国的银行账户，用于线下非法吸收公众存款活动或其他经营活动。（3）信贷客户的借款期限与理财客户的出借期限不匹配，存在期限错配等问题。（4）杨某国及其控制的公司承诺为信贷客户提供担保，当信贷客户不能按时还本付息时，杨某国保证在债权期限届满之日起3个工作日内代为偿还本金和利息。实际操作中，归还出借人的资金都来自于线上的托管账户或者杨某国用于线下经营的银行账户。（5）望洲集团通过多种途径向不特定公众进行宣传，发展理财客户，并通过明示年化收益率、提供担保等方式承诺向理财客户还本付息。

第二，通过出示理财、信贷余额列表，扣押清单，银行卡照片，银行卡交易明细，审计报告，证人证言，被告人供述和辩解等证据，证实望洲集团资金池内的资金去向：（1）望洲集团吸收的资金除用于还本付息外，主要用于扩大望洲集团下属公司的经营业务。（2）望洲集团线上资金与线下资金混同使用，互相弥补资金不足，望洲集团从第三方支付平台提现到杨某国银行账户资金为2.7亿余元，杨某国个人银行账户转入第三方支付平台资金为2亿余元。（3）望洲集团将吸收的资金用于公司自身的投资项目，并有少部分用于个人支出，案发时线下、线上的理财客户均遭遇资金兑付困难。

法庭辩论阶段，公诉人发表公诉意见，论证杨某国等被告人构成非法吸收公众存款罪，起诉书指控的犯罪事实清楚，证据确实、充分。其中，望洲集团在线上经营所谓网络借贷信息中介业务时，承诺为理财客户提供保底和增信服务，获取对理财客户虚拟账户内资金进行冻结、划拨、查询等权限，归集客户资金设立资金池，实际控制、支配、使用客户资金，用于还本付息和其他生产经营活动，超出了网络借贷信息中介的业务范围，属于变相非法吸收公众存款。杨某国等被告人明知其吸收公众存款的行为未经依法批准而实施，具有犯罪的主观故意。

杨某国认为望洲集团的线上业务不构成犯罪，不应计入犯罪数额。杨某国的辩护人认为，国家允许P2P行业先行先试，望洲集团设立资金池、开展自融行为的时间在国家对P2P业务进行规范之前，没有违反刑事法律，属民事法律调整范畴,不应受到刑事处罚,犯罪数额应扣除通过线上模式流入的资金。

公诉人针对杨某国及其辩护人的辩护意见进行答辩:望洲集团在线上开展网络借贷中介业务已从信息中介异化为信用中介,望洲集团对理财客户投资款的归集、控制、支配、使用以及还本付息的行为,本质上与商业银行吸收存款业务相同,并非国家允许创新的网络借贷信息中介行为,不论国家是否出台有关网络借贷信息中介的规定,未经批准实施此类行为,都应当依法追究刑事责任。因此,线上吸收的资金应当计入犯罪数额。

法庭经审理认为,望洲集团以提供网络借贷信息中介服务为名,实际从事直接或间接归集资金、甚至自融或变相自融行为,本质是吸收公众存款。判断金融业务的非法性,应当以现行刑事法律和金融管理法律规定为依据,不存在被告人开展P2P业务时没有禁止性法律规定的问题。望洲集团的行为已经扰乱金融秩序,破坏国家金融管理制度,应受刑事处罚。

2018年2月8日,杭州市江干区人民法院作出一审判决,以非法吸收公众存款罪,分别判处被告人杨某国有期徒刑九年六个月,并处罚金人民币50万元;判处被告人刘某蕾有期徒刑四年六个月,并处罚金人民币10万元;判处被告人吴某有期徒刑三年,缓刑五年,并处罚金人民币10万元;判处被告人张某婷有期徒刑三年,缓刑五年,并处罚金人民币10万元。在案扣押冻结款项分别按损失比例发还;在案查封、扣押的房产、车辆、股权等变价后分别按损失比例发还。不足部分责令继续退赔。宣判后,被告人杨某国提出上诉后又撤回上诉,一审判决已生效。本案追赃挽损工作仍在进行中。

【指导意义】

1. 向不特定社会公众吸收存款是商业银行专属金融业务,任何单位和个人未经批准不得实施。根据《中华人民共和国商业银行法》第十一条规定,未经国务院银行业监督管理机构批准,任何单位和个人不得从事吸收公众存款等商业银行业务,这是判断吸收公众存款行为合法与非法的基本法律依据。任何单位或个人,包括非银行金融机构,未经国务院银行业监督管理机构批准,面向社会吸收公众存款或者变相吸收公众存款均属非法。国务院《非法金融机构和非法金融业务活动取缔办法》进一步明确规定,未经依法批准,非法吸收公众存款、变相吸收公众存款、以任何名义向社会不特定对象进行的非法集资都属于非法金融活动,必须予以取缔。为了解决传统金融机构覆盖不了、满足不好的社会资金需求,缓解个体经营者、小微企业经营当中的小额资金困难,国务院金融监管机构于2016年发布了《网络借贷信息中介机构业务活动管理暂行办法》等"一个办法、三个指引",允许单位或个人在规定的借款余额范围内通过网络借贷信息中介机构进行小额借贷,并且对单一组织、单一个人在单一平台、多个平台的借款余额上限作了明确限定。检察机关在办案中要准确把握法律法规、金融管理规定确定的界限、标准和原则精神,准确区分融资借款活动的性质,对于违反规定达到追诉标准的,依法追究刑事责任。

2. 金融创新必须遵守金融管理法律规定,不得触犯刑法规定。金融是现代经济的核心和血脉,金融活动引发的风险具有较强的传导性、扩张性、潜在性和不确定性。为了发挥金融服务经济社会发展的作用,有效防控金融风险,国家制定了完善的法律法规,对商业银行、保险、证券等金融业务进行严格的规制和监管。金融也需要发展和创新,但金融创新必须有效地防控可能产生的风险,必须遵守金融管理法律法规,尤其是依法须经许可才能从事的金融业务,不允许未经许可而以创新的名义擅自开展。检察机关办理涉金融案件,要深入分析、清楚认识各类新金融现象,准确把握金融的本质,透过复杂多样的表现形式,准确区分是真的金融创新还是披着创新外衣的伪创新,是合法金融活动还是以金融创新为名实施金融违法犯罪活动,为防范化解金融风险提供及时、有力的司法保障。

3. 网络借贷中介机构非法控制、支配资金,构成非法吸收公众存款。网络借贷信息中介机构依法只能从事信息中介业务,为借款人与出借人实现直接借贷提供信息搜集、信息公布、资信评估、信息交互、借贷撮合等服务。信息中介机构不得提供增信服务,不得直接或间接归集资金,包括设立资金池控制、支配资金或者为自己控制的公司融资。网络借贷信息中介机构利用互联网发布信息归集资金,不仅超出了信息中介业务范围,同时也触犯了刑法

第一百七十六条的规定。检察机关在办案中要通过对网络借贷平台的股权结构、实际控制关系、资金来源、资金流向、中间环节和最终投向的分析，综合全流程信息，分析判断是规范的信息中介，还是假借信息中介名义从事信用中介活动，是否存在违法设立资金池、自融、变相自融等违法归集、控制、支配、使用资金的行为，准确认定行为性质。

【相关规定】

《中华人民共和国刑法》第一百七十六条

《中华人民共和国商业银行法》第十一条

《最高人民法院关于审理非法集资刑事案件具体应用法律若干问题的解释》（法释〔2010〕18号）第一条

王某等人利用未公开信息交易案

（检例第65号）

【关键词】

利用未公开信息交易　间接证据　证明方法

【要旨】

具有获取未公开信息职务便利条件的金融机构从业人员及其近亲属从事相关证券交易行为明显异常，且与未公开信息相关交易高度趋同，即使其拒不供述未公开信息传递过程等犯罪事实，但其他证据之间相互印证，能够形成证明利用未公开信息犯罪的完整证明体系，足以排除其他可能的，可以依法认定犯罪事实。

【基本案情】

被告人王某，男，某基金管理有限公司原债券交易员。

被告人王某强，男，无业，系王某父亲。

被告人宋某祥，女，无业，系王某母亲。

2008年11月至2014年5月，被告人王某担任某基金公司交易管理部债券交易员。在工作期间，王某作为债券交易员的个人账号为6610。因工作需要，某基金公司为王某等债券交易员开通了恒生系统6609账号的站点权限。自2008年7月7日起，该6609账号开通了股票交易指令查询权限，王某有权查询证券买卖方向、投资类别、证券代码、交易价格、成交金额、下达人等股票交易相关未公开信息；自2009年7月6日起又陆续增加了包含委托流水、证券成交回报、证券资金流水、组合证券持仓、基金资产情况等未公开信息查询权限。2011年8月9日，因新系统启用，某基金公司交易管理部申请关闭了所有债券交易员登录6609账号的权限。

2009年3月2日至2011年8月8日期间，被告人王某多次登录6609账号获取某基金公司股票交易指令等未公开信息，王某强、宋某祥操作牛某、宋某祥、宋某珍的证券账户，同期或稍晚于某基金公司进行证券交易，与某基金公司交易指令高度趋同，证券交易金额共计8.78亿余元，非法获利共计1773万余元。其中，王某强交易金额9661万余元，非法获利201万余元；宋某祥交易金额7.8亿余元，非法获利1572万余元。

【指控与证明犯罪】

2015年6月5日，重庆市公安局以被告人王某、王某强、宋某祥涉嫌利用未公开信息交易罪移送重庆市人民检察院第一分院审查起诉。

审查起诉阶段，重庆市人民检察院第一分院审查了全案卷宗，讯问了被告人。被告人王某辩称，没有获取未公开信息的条件，也没有向其父母传递过未公开信息。被告人王某强、宋某祥辩称，王某没有向其传递过未公开信息，买卖股票均根据自己的判断进行。针对三人均不供认犯罪事实的情况，为进一步查清王某与王某强、宋某祥是否存在利用未公开信息交易行为，重庆市人民检察院第一分院将本案两次退回重庆市公安局补充侦查，并提出补充侦查意见：（1）继续讯问三被告人，以查明三人之间传递未公开信息的情况；（2）询问某基金公司有关工作人员，调取工作制度规定，核查工作区通讯设备保管情况，调取某基金债券交易工作区现场图,以查明王某是否具有传递信息的条件;(3)调查王某强、宋某祥的亲友关系,买卖股票的资金来源及获利去向,以查明王某是否为未公开信息的唯一来源,三人是否共同参与利用未公开信息交易;(4)询问某基金公司其他债券交易员,收集相关债券交易员登录工作账号与6609账号的查询记录,以查明王某登录6609账号是否具有异常性;(5)调取王某强、宋某祥在王某不具有获取未公开信息的职务便利期间买卖股票情况、与某基金股票交易指令趋同情况,以查明王某强、宋某祥在被指控犯罪时段的交易行为与其他时段的交易行为是否明显异常。经补充侦查,三被告人仍不供认犯罪事实,重庆市公安局补充收集了前述第2项至第5项证据,进一步补强证明王某具有获取和传递信息的条件,王某强、宋某祥交易习惯的显著异常性等事实。

2015年12月18日,重庆市人民检察院第一分院以利用未公开信息交易罪对王某、王某强、宋某祥提起公诉。重庆市第一中级人民法院公开开庭审理本案。

法庭调查阶段,公诉人宣读起诉书指控三名被告人构成利用未公开信息交易罪,并对三名被告人进行了讯问。三被告人均不供认犯罪事实。公诉人全面出示证据,并针对被告人不供认犯罪事实的情况进行重点举证。

第一,出示王某与某基金公司的《劳动合同》《保密管理办法》、6609账号使用权限、操作方法和操作日志、某基金公司交易室照片等证据,证实:王某在2009年1月15日至2011年8月9日期间能够通过6609账号登录恒生系统查询到某基金公司对股票和债券的整体持仓和交易情况、指令下达情况、实时头寸变化情况等,王某具有获取某基金公司未公开信息的条件。

第二,出示王某登录6610个人账号的日志、6609账号权限设置和登录日志、某基金公司工作人员证言等证据,证实:交易员的账号只能在本人电脑上登录,具有唯一性,可以锁定王某的电脑只有王某一人使用;王某通过登录6609账号查看了未公开信息,且登录次数明显多于6610个人账号,与其他债券交易员登录6609账号情况相比存在异常。

第三,出示某基金公司股票指令下达执行情况,牛某、宋某祥、宋某珍三个证券账户不同阶段的账户资金对账单、资金流水、委托流水及成交流水以及牛某、宋某祥、宋某珍的证言等证据,证实:(1)三个证券账户均替王某强、宋某祥开设并由他们使用。(2)三个账户证券交易与某基金公司交易指令高度趋同。在王某拥有登录6609账号权限之后,王某强操作牛某证券账户进行股票交易,牛某证券账户在2009年3月6日至2011年8月2日间,买入与某基金旗下股票基金产品趋同股票233只、占比93.95%,累计趋同买入成交金额9661.26万元、占比95.25%。宋某祥操作宋某祥、宋某珍证券账户进行股票交易,宋某祥证券账户在2009年3月2日至2011年8月8日期间,买入趋同股票343只、占比83.05%,累计趋同买入成交金额1.04亿余元、占比90.87%。宋某珍证券账户在2010年5月13日至2011年8月8日期间,买入趋同股票183只、占比96.32%,累计趋同买入成交金额6.76亿元、占比97.03%。(3)交易异常频繁,明显背离三个账户在王某具有获取未公开信息条件前的交易习惯。从买入股数看,2009年之前每笔买入股数一般为数百股,2009年之后买入股数多为数千甚至上万股;从买卖间隔看,2009年之前买卖间隔时间多为几天甚至更久,但2009年之后买卖交易频繁,买卖间隔时间明显缩短,多为一至两天后卖出。(4)牛某、宋某祥、宋某珍三个账户停止股票交易时间与王某无权查看6609账号时间即2011年8月9日高度一致。

第四,出示王某、王某强、宋某祥和牛某、宋某祥、宋某珍的银行账户资料、交易明细、取款转账凭证等证据,证实:三个账户证券交易资金来源于王某强、宋某祥和王某,王某与宋某祥、王某强及其控制的账户之间存在大额资金往来记录。

法庭辩论阶段,公诉人发表公诉意见指出,虽然三名被告人均拒不供认犯罪事实,但在案其他证据能够相互印证,形成完整的证据链条,足以证明:王某具有获取某基金公司未公开信息的条件,王某强、宋某祥操作的证券账户在王某具有获取未公开信息条件期间的交易行为与某基金公司的股票交易指令高度趋同,且二人的交易行为与其在其他时间段的交易习惯存在重大差异,明显异常。对上述异常交易行为，二人均不能作出合理解释。王某作为基金公司的从业人员，在利用职务便利获取未公开信息后，由王某强、宋某祥操作他人账户从事与该信息相关的证券交易活动，情节特别严重，均应当以利用未公开信息交易罪追究刑事责任。

王某辩称，没有利用职务便利获取未公开信息，亦未提供信息让王某强、宋某祥交易股票，对王某强、宋某祥交易股票的事情并不知情；其辩护人认为，现有证据只能证明王某有条件获取未公开信息，而不能证明王某实际获取了该信息，同时也不能证明王某本人利用未公开信息从事交易活动，或王某让王某强、宋某祥从事相关交易活动。王某强辩称，王某从未向其传递过未公开信息，王某到某基金公司后就不知道其还在进行证券交易；其辩护人认为，现有证据不能证实王某向王某强传递了未公开信息，以及王某强利用了王某传递的未公开信息进行证券交易。宋某祥辩称，没有利用王某的职务之便获取未公开信息，也未利用未公开信息进行证券交易；其辩护人认为，宋某祥不是本罪的适格主体，本案指控证据不足。

针对被告人及其辩护人辩护意见，公诉人结合在案证据进行答辩，进一步论证本案证据确实、充分，足以排除其他可能。首先，王某强、宋某祥与王某为亲子关系，关系十分密切，从王某强、宋某祥的年龄、从业经历、交易习惯来看，王某强、宋某祥不具备专业股票投资人的背景和经验，且始终无法对交易异常行为作出合理解释。其次，王某在证监会到某基金公司对其调查时，畏罪出逃，且离开后再没有回到某基金公司工作，亦未办理请假或离职手续。其辩称系因担心证监会工作人员到他家中调查才离开，逃跑行为及理由明显不符合常理。第三，刑法规定利用未公开信息罪的主体为特殊主体，虽然王某强、宋某祥本人不具有特殊主体身份，但其与具有特殊主体身份的王某系共同犯罪，主体适格。

法庭经审理认为，本案现有证据已形成完整锁链，能够排除合理怀疑，足以认定王某、王某强、宋某祥构成利用未公开信息交易罪，被告人及其辩护人提出的本案证据不足的意见不予采纳。

2018年3月28日，重庆市第一中级人民法院作出一审判决，以利用未公开信息交易罪，分别判处被告人王某有期徒刑六年六个月，并处罚金人民币900万元；判处被告人宋某祥有期徒刑四年，并处罚金人民币690万元；判处被告人王某强有期徒刑三年六个月，并处罚金人民币210万元。对三被告人违法所得依法予以追缴，上缴国库。宣判后，三名被告人均未提出上诉，判决已生效。

【指导意义】

经济金融犯罪大多属于精心准备、组织实施的故意犯罪，犯罪嫌疑人、被告人熟悉法律规定和相关行业规则，犯罪隐蔽性强、专业程度高，证据容易被隐匿、毁灭，证明犯罪难度大。特别是在犯罪嫌疑人、被告人不供认犯罪事实、缺乏直接证据的情形下，要加强对间接证据的审查判断，拓宽证明思路和证明方法，通过对间接证据的组织运用，构建证明体系，准确认定案件事实。

1. 明确指控的思路和方法，全面客观补充完善证据。检察机关办案人员应当准确把握犯罪的主要特征和证明的基本要求，明确指控思路和方法，构建清晰明确的证明体系。对于证明体系中证明环节有缺陷的以及关键节点需要补强证据的，要充分发挥检察机关主导作用，通过引导侦查取证、退回补充侦查，准确引导侦查取证方向，明确侦查取证的目的和要求，及时补充完善证据。必要时要与侦查人员直接沟通，说明案件的证明思路、证明方法以及需要补充完善的证据在证明体系中的证明价值、证明方向和证明作用。在涉嫌利用未公开信息交易的犯罪嫌疑人、被告人不供认犯罪事实，缺乏证明犯意联络、信息传递和利用的直接证据的情形下，应当根据指控思路，围绕犯罪嫌疑人、被告人获取信息的便利条件、时间吻合程度、交易异常程度、利益关联程度、行为人专业背景等关键要素，通过引导侦查取证、退回补充侦查或者自行侦查，全面收集相关证据。

2. 加强对间接证据的审查，根据证据反映的客观事实判断案件事实。在缺乏直接证据的情形下，通过对间接证据证明的客观事实的综合判断，运用经验法则和逻辑规则，依法认定案件事实，建立从间接证据证明客观事实，再从客观事实判断案件事实的完整证明体系。本案中，办案人员首先通过对三名被告人被指控犯罪时段和其他时段证券交易数据、未公开信息相关交易信息等证据,证明其交易与未公开信息的关联性、趋同度及其平常交易习惯的差异性;通过身份关系、资金往来等证据,证明双方具备传递信息的动机和条件;通过专业背景、职业经历、接触人员等证据,证明交易行为不符合其个人能力经验;然后借助证券市场的基本规律和一般人的经验常识,对上述客观事实进行综合判断,认定了案件事实。

3. 合理排除证据矛盾,确保证明结论唯一。运用间接证据证明案件事实,构成证明体系的间接证据应当相互衔接、相互支撑、相互印证,证据链条完整、证明结论唯一。基于经验和逻辑作出的判断结论并不必然具有唯一性,还要通过审查证据,进一步分析是否存在与指控方向相反的信息,排除其他可能性。既要审查证明体系中单一证据所包含的信息之间以及不同证据之间是否存在矛盾,又要注重审查证明体系之外的其他证据中是否存在相反信息。在犯罪嫌疑人、被告人不供述、不认罪案件中,要高度重视犯罪嫌疑人、被告人的辩解和其他相反证据,综合判断上述证据中的相反信息是否会实质性阻断由各项客观事实到案件事实的判断过程、是否会削弱整个证据链条的证明效力。与证明体系存在实质矛盾且不能排除其他可能性的,不能认定案件事实。但不能因为犯罪嫌疑人、被告人不供述或者提出辩解,就认为无法排除其他可能性。犯罪嫌疑人、被告人的辩解不具有合理性、正当性,可以认定证明结论唯一。

【相关规定】

《中华人民共和国刑法》第一百八十条第四款

《中华人民共和国刑事诉讼法》(2018年修正)第五十五条

《最高人民法院 最高人民检察院关于办理利用未公开信息交易刑事案件适用法律若干问题的解释》(法释〔2019〕10号)第四条

博元投资股份有限公司、余某妮等人违规披露、不披露重要信息案

(检例第66号)

【关键词】

违规披露、不披露重要信息 犯罪与刑罚

【要旨】

刑法规定违规披露、不披露重要信息罪只处罚单位直接负责的主管人员和其他直接责任人员,不处罚单位。公安机关以本罪将单位移送起诉的,检察机关应当对单位直接负责的主管人员及其他直接责任人员提起公诉,对单位依法作出不起诉决定。对单位需要给予行政处罚,检察机关应当提出检察意见,移送证券监督管理部门依法处理。

【基本案情】

被告人余某妮,女,广东省珠海市博元投资股份有限公司董事长、法定代表人,华信泰投资有限公司法定代表人。

被告人陈某,男,广东省珠海市博元投资股份有限公司总裁。

被告人伍某清,男,广东省珠海市博元投资股份有限公司财务总监、华信泰投资有限公司财务人员。

被告人张某萍,女,广东省珠海市博元投资股份有限公司董事、财务总监。

被告人罗某元,女,广东省珠海市博元投资股份有限公司监事。

被不起诉单位广东省珠海市博元投资股份有限公司,住所广东省珠海市。

广东省珠海市博元投资股份有限公司(以下简称博元公司)原系上海证券交易所上市公司,股票名称:ST博元,股票代码:600656。华信泰投资有限公司(以下简称华信泰公司)为博元公司控股股东。在博元公司并购重组过程中,有关人员作出了业绩承诺,在业绩不达标时需向博元公司支付股改业绩承诺款。2011年4月,余某妮、陈某、伍某清、张某萍、罗

某元等人采取循环转账等方式虚构华信泰公司已代全体股改义务人支付股改业绩承诺款3.84亿余元的事实,在博元公司临时报告、半年报中进行披露。为掩盖以上虚假事实,余某妮、伍某清、张某萍、罗某元采取将1000万元资金循环转账等方式,虚构用股改业绩承诺款购买37张面额共计3.47亿元银行承兑汇票的事实,在博元公司2011年的年报中进行披露。2012年至2014年,余某妮、张某萍多次虚构银行承兑汇票贴现等交易事实,并根据虚假的交易事实进行记账,制作虚假的财务报表,虚增资产或者虚构利润均达到当期披露的资产总额或利润总额的30%以上,并在博元公司当年半年报、年报中披露。此外,博元公司还违规不披露博元公司实际控制人及其关联公司等信息。

【指控与证明犯罪】

2015年12月9日,珠海市公安局以余某妮等人涉嫌违规披露、不披露重要信息罪,伪造金融票证罪向珠海市人民检察院移送起诉;2016年2月22日,珠海市公安局又以博元公司涉嫌违规披露、不披露重要信息罪,伪造、变造金融票证罪移送起诉。随后,珠海市人民检察院指定珠海市香洲区人民检察院审查起诉。

检察机关审查认为,犯罪嫌疑单位博元公司依法负有信息披露义务,在2011年至2014年期间向股东和社会公众提供虚假的或者隐瞒主要事实的财务会计报告,对依法应当披露的其他重要信息不按照规定披露,严重损害股东以及其他人员的利益,情节严重。余某妮、陈某作为博元公司直接负责的主管人员,伍某清、张某萍、罗某元作为其他直接责任人员,已构成违规披露、不披露重要信息罪,应当提起公诉。根据刑法第一百六十一条规定,不追究单位的刑事责任,对博元公司应当依法不予起诉。

2016年7月18日,珠海市香洲区人民检察院对博元公司作出不起诉决定。检察机关同时认为,虽然依照刑法规定不能追究博元公司的刑事责任,但对博元公司需要给予行政处罚。2016年9月30日,检察机关向中国证券监督管理委员会发出《检察意见书》,建议对博元公司依法给予行政处罚。

2016年9月22日,珠海市香洲区人民检察院将余某妮等人违规披露、不披露重要信息案移送珠海市人民检察院审查起诉。2016年11月3日,珠海市人民检察院对余某妮等5名被告人以违规披露、不披露重要信息罪依法提起公诉。珠海市中级人民法院公开开庭审理本案。法庭经审理认为,博元公司作为依法负有信息披露义务的公司,在2011年至2014年期间向股东和社会公众提供虚假的或者隐瞒主要事实的财务会计报告,或者对依法应当披露的其他重要信息不按照规定披露,严重损害股东或者其他人的利益,情节严重,被告人余某妮、陈某作为公司直接负责的主管人员,被告人伍某清、张某萍、罗某元作为其他直接责任人员,其行为均构成违规披露、不披露重要信息罪。2017年2月22日,珠海市中级人民法院以违规披露、不披露重要信息罪判处被告人余某妮等五人有期徒刑一年七个月至拘役三个月不等刑罚,并处罚金。宣判后,五名被告人均未提出上诉,判决已生效。

【指导意义】

1. 违规披露、不披露重要信息犯罪不追究单位的刑事责任。上市公司依法负有信息披露义务,违反相关义务的,刑法规定了相应的处罚。由于上市公司所涉利益群体的多元性,为避免中小股东利益遭受双重损害,刑法规定对违规披露、不披露重要信息罪只追究直接负责的主管人员和其他直接责任人员的刑事责任,不追究单位的刑事责任。刑法第一百六十二条妨害清算罪、第一百六十二条之二虚假破产罪、第一百八十五条之一违法运用资金罪等也属于此种情形。对于此类犯罪案件,检察机关应当注意审查公安机关移送起诉的内容,区分刑事责任边界,准确把握追诉的对象和范围。

2. 刑法没有规定追究单位刑事责任的,应当对单位作出不起诉决定。对公安机关将单位一并移送起诉的案件,如果刑法没有规定对单位判处刑罚,检察机关应当对构成犯罪的直接负责的主管人员和其他直接责任人员依法提起公诉,对单位应当不起诉。鉴于刑事诉讼法没有规定与之对应的不起诉情形,检察机关可以根据刑事诉讼法规定的最相近的不起诉情形,对单位作出不起诉决定。

3. 对不追究刑事责任的单位,人民检察院应当依法提出检察意见督促有关机关追究行政责任。不追究单位的刑事责任并不表示单位不需要承担任何法律责任。检察机关不追究单位刑事责任，容易引起当事人、社会公众产生单位对违规披露、不披露重要信息没有任何法律责任的误解。由于违规披露、不披露重要信息行为，还可能产生上市公司强制退市等后果，这种误解还会进一步引起当事人、社会公众对证券监督管理部门、证券交易所采取措施的质疑，影响证券市场秩序。检察机关在审查起诉时，应当充分考虑办案效果，根据证券法等法律规定认真审查是否需要对单位给予行政处罚；需要给予行政处罚的，应当及时向证券监督管理部门提出检察意见，并进行充分的释法说理，消除当事人、社会公众因检察机关不追究可能产生的单位无任何责任的误解，避免对证券市场秩序造成负面影响。

【相关规定】

《中华人民共和国刑法》第三十条、第三十一条、第一百六十一条

《中华人民共和国证券法》第一百九十三条

郭某记、徐某伦等人伪造货币案

（检例第 176 号）

【关键词】

伪造货币 网络犯罪 共同犯罪 主犯 全链条惩治

【要旨】

行为人为直接实施伪造货币人员提供专门用于伪造货币的技术或者物资的，应当认定其具有伪造货币的共同犯罪故意。通过网络积极宣传、主动为直接实施伪造货币人员提供伪造货币的关键技术、物资，或者明知他人有伪造货币意图，仍积极提供专门从事伪造货币相关技术、物资等，应当认定其在共同伪造货币犯罪中起主要作用，系主犯，对其实际参与的伪造货币犯罪总额负责。对于通过网络联络、分工负责、共同实施伪造货币犯罪案件，检察机关应当注重对伪造货币犯罪全链条依法追诉。

【基本案情】

被告人郭某记，男，防伪纸网络代理商。

被告人徐某伦，男，防伪纸网络代理商。

被告人胡某云、于某星、胡某武、胡某康、宋某星，均系无业人员。

2018 年 9 月，徐某伦成为某品牌防伪纸网络代理商后，组建多个 QQ 群，发布销售防伪纸广告。徐某伦利用该防伪纸自行制造假币，在 QQ 群发布视频炫耀，至案发共伪造人民币 2.906 万元。郭某记等意图伪造货币的人员通过网络广告加入徐某伦建立的 QQ 群，购买防伪纸用于制造假币。郭某记认识徐某伦后，也成为该防伪纸销售代理商，徐某伦向其出售防伪纸、印章、假币电子模板等设备、材料，并传授制造假币技术。

2018 年 9 月至 11 月，徐某伦通过网络与胡某云、于某星、胡某武、胡某康、宋某星共同伪造货币：（1）徐某伦通过网络向意图伪造货币的胡某云出售防伪纸、印油、丝印台、假币电子模板等制造假币材料，胡某云纠集同村村民于某星、胡某武共同制造假币。在胡某云等人制造假币遇到困难时，徐某伦通过 QQ 远程操控电脑提供制假技术支持。胡某云等人共伪造人民币 1.8 万元，并使用了部分假币。（2）徐某伦通过网络向胡某康出售防伪纸、丝印网版等制造假币的材料，并赠送假币电子模板，胡某康纠集其堂弟宋某星共同伪造人民币 1.636 万元，并使用了部分假币。

期间，郭某记、徐某伦还通过网络分别或者共同与山西、贵州、河北、福建、山东等地相关人员伪造货币：（1）郭某记通过网络向意图伪造货币的张鑫出售防伪纸、打印机、假币模板、丝印网版等制造假币设备材料，并传授制造假币技术，张鑫据此伪造人民币 3.822 万元。（2）郭某记通过网络向意图伪造货币的廖波出售防伪纸、丝印网版、印油、丝印网水等制造假币的材料，并赠送假币电子模板，

廖波与汪钰芳、陈香等人据此共同伪造人民币96.85万元。（3）徐某伦通过网络向意图伪造货币的王刚刚、郭某记出售防伪纸、印章、假币模板等制造假币设备材料，王刚刚、郭某记据此共同伪造人民币4000张（多为面值20元）并销往全国各地，徐某伦参与介绍贩卖。（4）徐某伦通过网络向意图伪造货币的邱天佑出售防伪纸、印油、印章等制造假币的材料，赠送假币电子模板，传授制造假币技术，邱天佑与赵春杰据此共同伪造人民币1.876万元。（5）徐某伦通过网络向意图伪造货币的白青沛出售防伪纸，白青沛据此伪造人民币3.352万元。张鑫、廖波等上述其他地区的人员均因伪造货币罪被当地法院判处刑罚。

【检察机关履职过程】

（一）审查起诉

2019年2月12日，江西省庐山市公安局以郭某记、徐某伦、胡某云、于某星、胡某武、胡某康、宋某星涉嫌伪造货币罪移送起诉。

江西省庐山市人民检察院审查发现，郭某记、徐某伦为全国多地伪造货币人员提供了大量制造假币所用防伪纸、丝印网版，并传授制假技术，但是直接实施伪造货币人员身份未查实，两名犯罪嫌疑人是否参与他人制造假币的事实以及具体犯罪数额不清。庐山市人民检察院将案件退回公安机关补充侦查，要求公安机关对全部直接实施伪造货币人员犯罪情况侦查取证。侦查人员赴相关省份提讯相关犯罪嫌疑人，并向当地公安机关调取犯罪嫌疑人供述、证人证言、制假设备及假币相关物证照片、扣押清单、假币鉴定意见等证明郭某记、徐某伦与直接实施伪造货币人员共同制造假币的证据材料，固定了共同犯罪的证据。2019年8月19日，江西省庐山市人民检察院以伪造货币罪对郭某记、徐某伦等七名被告人提起公诉。

（二）指控和证明犯罪

2019年10月12日，江西省庐山市人民法院依法公开开庭审理。

庭审中，被告人郭某记对指控罪名无异议，但对犯罪事实和犯罪数额提出异议。郭某记的辩护人提出，郭某记只是出售制造假币设备材料和提供制造假币技术，未直接实施伪造货币活动，不应认定为伪造货币的共犯，不应对直接实施伪造货币人员的犯罪数额负责。郭某记的行为属于制造、销售用于伪造货币的版样，应根据犯罪情节量刑。被告人徐某伦及其辩护人对犯罪数额提出异议，认为不应将郭某记等人伪造货币的数额计入到徐某伦名下。

公诉人答辩指出，被告人计算机、手机、U盘等电子设备中的聊天记录、电子邮件、交易记录、制作假币相关应用程序等电子数据以及被告人供述证实，被告人郭某记、徐某伦在向直接实施伪造货币的人员销售可用于制造假币的防伪纸、打印机等通用设备材料以外，还销售专门用于制造假币的电子模板、印章、丝印网版，足以认定其与伪造假币人员具有制造假币的共同故意。而且，二被告人不仅销售制造假币所需的设备材料，还提供制造假币技术，被告人徐某伦在他人制造假币遇到问题时，甚至远程控制他人电脑直接操作，足以认定二被告人在各自参与的伪造货币共同犯罪中起主要作用，系主犯，应当对他人实际使用二被告人提供的设备材料、技术伪造货币的总额负责。被告人胡某云、胡某康主动联系徐某伦购买制造假币材料、学习制造假币技术并制造假币，均系主犯。被告人于某星、胡某武、宋某星按照指令从事从属性工作，在共同犯罪中起次要、辅助作用，系从犯。

（三）处理结果

2019年11月14日，庐山市人民法院以伪造货币罪判处被告人郭某记有期徒刑十四年，并处罚金十万元；判处被告人徐某伦有期徒刑十二年，并处罚金五万元；判处胡某云等其他五名被告人二年至四年有期徒刑，并处罚金。宣判后，七名被告人均未上诉，判决已生效。

【指导意义】

（一）明知他人意图伪造货币，通过网络提供伪造货币技术或者设备、材料的人员，与直接实施伪造货币的人员构成伪造货币共同犯罪。为直接实施伪造货币人员提供专门用于伪造货币的技术或者设备、材料的，应当认定其具有伪造货币的共同犯罪故意。

（二）对于提供伪造货币的技术或者设备、材料但未直接实施伪造货币行为的人员，应当根据具体行为判断在共同伪造货币中的地位和作用。通过网络积极宣传、主动为直接实施伪造货币人员提供伪造货币的关键技术、设备、材料，或者明知他人有伪造货币意图，仍积极提供专门从事伪造货币的相关技术、设备、材料等，应当认定其在共同伪造货币犯罪中起主要作用，系主犯，对其实际参与的伪造货币犯罪总额负责。

（三）注重依法能动履职，对伪造货币犯罪全链条追诉。对于通过网络联络、分工负责、共同实施伪造货币犯罪案件，检察机关在审查逮捕、审查起诉时要注重审查伪造货币全链条行为人的犯罪事实是否全部查清，是否遗漏共同犯罪事实。办理利用网络共同伪造货币案件，要注重引导公安机关及时查封、扣押犯罪嫌疑人的计算机、手机、U 盘等电子设备，全面提取社交通讯工具中留存的通讯记录、交易信息、制造假币应用程序等相关电子数据，以此为基础查清共同犯罪事实。

【相关规定】

《中华人民共和国刑法》第二十五条、第二十六条、第一百七十条

《中华人民共和国刑事诉讼法》第一百七十一条、第一百七十五条

《最高人民法院关于审理伪造货币等案件具体应用法律若干问题的解释》第一条

沈某某、郑某某贪污案

（检例第 187 号）

【关键词】

贪污罪　期货交易　交易异常点　贪污数额认定

【要旨】

对于国家工作人员利用职务便利，在期货交易中通过增设相互交易环节侵吞公款的行为，可以依法认定为贪污罪。审查时重点围绕交易行为的异常性、行为人获利与职务便利之间的关联性进行分析论证。对于贪污犯罪数额，可以结合案件具体情况，根据行为人实际获利数额予以认定。庭审中，检察机关采取多媒体示证方式，综合运用动态流程模拟图、思维导图等全面展示证据，揭示犯罪行为和结果，增强庭审指控效果。

【基本案情】

被告人沈某某，男，甲国有公司期货部原主任。

被告人郑某某，男，甲国有公司期货部原副总监。

2012 年 7 月至 2020 年 5 月，沈某某先后任甲国有公司期货部操盘手、期货部临时负责人、副主任及主任，其间负责期货部日常经营管理工作，参与制定甲国有公司期货交易策略，依据市场行情确定具体的操盘价格，下达期货交易指令并实际操盘。2014 年 2 月至 2020 年 5 月，郑某某先后担任甲国有公司期货部经理、高级经理及副总监，参与制定甲国有公司期货交易策略，根据决策指令对相关期货账户进行实际操盘。

2015 年 7 月至 2020 年 5 月间，沈某某、郑某某二人经合谋，向他人借用了多个期货账户，利用前述职务便利，在事先获知公司期货交易策略后，以借用的个人账户提前在有利价位买入或卖出与甲国有公司策略相同的期货产品进行埋单，采用与公司报单价格相同或接近、报单时间衔接紧凑以及公司大单覆盖等方式，与公司期货账户进行低买高卖或者高卖低买的相互交易，使二人实际控制的账户获利共计人民币 3000 余万元，赃款由二人平分并占为己有。

其间，沈某某在郑某某不知情的情况下，利用职务便利，采用前述相同方式，以其个人借用并实际控制的多个期货账户及其本人期货账户，与甲国有公司期货账户进行相互交易，个人获利共计人民币 1000 余万元。

本案由上海市虹口区监察委员会调查终结后移送起诉。2021 年 6 月 23 日，上海市人民检察院第二分院（以下简称上海市检二分院）以被告人沈某某、郑某某犯贪污罪依法提起公诉。2022 年 6 月 29 日，上海市第二中级人民法院作出一审判决，以贪污罪判处沈某某有期徒刑十三年，剥夺政治权利三年，并处罚金人

民币四百万元;郑某某具有自首、立功情节,自愿认罪认罚,依法可以减轻处罚,法院以贪污罪判处其有期徒刑五年,并处罚金人民币一百万元。一审宣判后,沈某某提出上诉,上海市高级人民法院二审裁定驳回上诉,维持原判。

【检察机关履职过程】

(一)审查起诉

本案系以在期货交易中增设交易环节的方式侵吞国有资产的新型职务犯罪案件。审查起诉阶段,上海市检二分院围绕查明事实、弄懂期货交易专业知识、阐明定性等方面进行审查论证。

一是查实涉案账户的控制使用情况,确认涉案账户相互交易均系沈某某、郑某某操作。检察机关建议监察机关调取涉案违法交易终端信息并就 MAC 地址(局域网地址)、IP 地址(互联网协议地址)等进行匹配,对涉案电脑、手机等设备依法扣押并进行电子数据鉴定,查明了个人控制账户与公司账户登录设备的 MAC 地址及 IP 地址大量重合,涉案账户系被告人控制使用;同时,经与监察机关沟通,检察机关开展自行补充侦查,询问甲国有公司期货交易员等证人,调取微信聊天数据等客观证据,交叉比对涉案期货账户登录数据、交易数据等,进一步排除案发时间段其他人使用相关账户的可能性。

二是开展数据建模,发现和分析各类异常数据背后的真实情况。检察机关通过建立"风险承受异常性模型""交易时间差额模型""先报价比例及价格模型"等,查明相关账户之间的交易具有不同于正常期货交易特点的交易时间紧密、盈利比例畸高以及交易手数显著增加等异常点。

三是加强与期货专业机构的沟通,厘清正常期货交易和增设期货交易环节非法获利的贪污行为的界限。检察机关深入研究期货交易规则,与上海期货交易所专业人员就涉案期货交易相关问题及数据分析难点进行研讨,合力解决基础数据分析运用、交易模式异常特征、获利手法认定等关键问题。

四是论证了贪污罪和国有公司人员滥用职权罪的区别。沈某某、郑某某利用提前知悉的公司交易指令和操盘便利,使用个人控制账户提前买入或卖出同一期货产品,后续与国有公司相互交易获利,造成甲国有公司交易成本增加,属于国有公司人员滥用职权的行为。但是,国有公司人员滥用职权罪没有评价行为人将国有财产直接据为己有的故意和行为,且在一个行为同时触犯该罪与贪污罪的情形下,属于想象竞合,应当从一重罪处罚,由于贪污罪的法定刑更重,且能够更为全面地评价被告人的犯罪行为,故应以贪污罪追究刑事责任。

(二)指控与证明犯罪

为增强庭审指控效果,检察机关创新举证示证模式,通过适用思维导图、交易结构模型图、获利过程示意图、交易对比分析表等图表对证据进行展示,直观地揭示了犯罪手段、过程和结果。针对庭审中被告人和辩护律师提出的行为系正常期货交易,并未侵吞公共财物,未造成国有公司损失的辩解,检察机关进行有针对性的答辩。

一是被告人增设期货交易环节获利并非正常的市场交易行为,职务行为与交易获利之间具有高度关联。从基本交易模式看,沈某某等人利用职务便利获知国有公司相关交易指令后随即操纵个人控制账户提前建仓挂单,在数秒至数分钟后即操作公司账户挂单与个人控制账户成交,具有时间上的紧密关联性和交易种类的一致性;从交易手数看,沈某某等人控制账户与公司成交手数相比其他主体明显增加,手数倍数差达 10 倍至 50 倍,具有交易习惯的异常性;从交易盈亏情况看,沈某某等人所控制账户盈利比例高达 91% 以上,部分账户甚至 100% 盈利,具有盈利比例的异常性;从交易对象看,在沈某某和郑某某合谋前,二人控制账户几乎没有和公司有过交易,合谋后即开始与公司有大量成交,具有交易对象的异常性。

二是被告人通过期货交易侵吞国有公司财产,国有公司因交易成本增加造成实际损失。由于公司交易指令仅包括交易对象、方向、区间价格及总手数,被告人通过个人控制账户以更有利价格先与其他市场主体交易后,再报单以低买高卖(个人控制账户先买后卖)或高卖低买(个人控制账户先卖后买)方式与本公司成交,虽然并未违反指令单操作,但是直接导致公司以更高价格买入期货合约或者以更低价格卖出期货合约,造成公司交易成本提高,使得本应归属于公司的利益归个人所有,属于侵吞国有公司财产的行为。

三是被告人使用个人控制账户与公司相互交易获利部分应认定为贪污数额。本案中，公司在被告人控制账户提前埋单后与个人账户成交，直接造成公司在该相互交易中多支出成本，该部分数额与被告人实际获利数额相一致，具体应以公司交易成本扣减被告人提前埋单支付的交易成本的差额计算贪污数额。此外，本案中被告人控制账户交易亏损部分不应从犯罪数额中扣除。个人控制账户提前"埋单"后，由于市场行情突然发生反向变化，无法以预设盈利价格转让给公司，此时如果以正常市场价交易必然产生较大亏损。被告人遂操作公司账户以优于当时市场价的价格"接盘"，与个人控制账户成交，使得被告人减少了部分交易损失。对于被告人的实际损失部分，公司交易成本并未因此降低，故被告人交易亏损部分属于其在非法牟利过程中所支出的犯罪成本，不应从犯罪金额中扣除。

【指导意义】

（一）对于国家工作人员利用职务便利，在期货交易中通过增设相互交易环节侵吞公款的行为，可以依法认定为贪污罪。国家工作人员利用职务便利提前获知国有公司期货交易指令后，先用个人控制账户买入或卖出期货产品，再与国有公司账户进行相互交易的行为，属于在正常期货交易过程中增设相互交易环节，该行为直接造成国有公司交易成本提高，使本应归属国有公司的利益被个人占有，增设交易环节的行为与个人非法获利之间具有刑法上的因果关系，具有侵吞公共财产的性质，可依法认定为贪污罪。

（二）对于利用期货交易手段实施贪污犯罪的数额，可以结合案件具体情况，根据行为人实际获利数额予以认定，不扣除交易中亏损部分。行为人在期货交易中增加相互交易环节提高国有公司支出成本，侵占公共财产获利的，在认定贪污犯罪数额时，可以根据行为人获利手段、公共财产损失以及因果关系等情况，以行为人实际获利数额计算。对于行为人与国有公司交易的亏损部分，如果系行为人交易不当、市场反向变化造成，且国有公司并未因此降低交易成本的，可以认定为犯罪成本，不在犯罪数额中扣减。

（三）针对证券期货类犯罪复杂程度高、专业性强等特点，可以借助多媒体方式展示证据，强化举证效果。运用动态流程模拟图、思维导图，全面揭示被告人犯罪过程和行为模式，解析检察机关指控证明犯罪的思维逻辑；运用交易结构模型图、交易对比分析表等，对庞杂的证据进行归纳分析后系统展示，将较为抽象晦涩的专业概念和数据具体化、可视化，切实增强庭审指控效果。

【相关规定】

《中华人民共和国刑法》第二十五条、第三百八十二条、第三百八十三条

《中华人民共和国刑事诉讼法》（2018年修订）第一百七十条

桑某受贿、国有公司人员滥用职权、利用未公开信息交易案

（检例第188号）

【关键词】

受贿罪　国有公司人员滥用职权罪　利用未公开信息交易罪　股权收益权　损失认定

【要旨】

检察机关在办理投融资领域受贿犯罪案件时，要准确认定利益输送行为的性质，着重审查投融资的背景、投融资方式、融资需求的真实性、行为人是否需要承担风险、风险与所获收益是否相符等证据。在办理国有公司人员滥用职权犯罪案件时，要客观认定行为造成公共财产损失的范围，对于国有公司应得而未获得的预期收益，可以认定为损失数额。在办理利用未公开信息交易犯罪案件时，对于内幕信息、未公开信息的范围、趋同性交易盈利数额等关键要件的认定，要调取证券监督管理部门、证券交易所等专业机构出具的认定意见，

综合全案证据审查判断。

【基本案情】

被告人桑某，男，甲资产管理股份有限公司（国有非银行金融机构，以下简称甲公司）原总裁助理、投资投行事业部总经理，乙投资管理有限公司（甲公司的全资子公司，以下简称乙公司）原总经理、董事长。

（一）受贿罪。2009年至2017年，被告人桑某利用担任甲公司投资投行部总经理，乙公司总经理、董事长等职务上的便利，为相关公司或个人在企业融资等事项上提供帮助，收受公司、个人给予的股权、钱款共计折合人民币1.05亿余元。

其中，2015年至2017年，桑某利用职务便利，为郭某实际控制的泉州某公司借壳黑龙江某公司上市、获得乙公司融资支持等事项提供帮助。借壳上市成功后，黑龙江某公司股票更名为泉州某公司股票。2016年9月，桑某安排朋友蒋某与郭某签订股权收益权代持协议，约定郭某低价将泉州某公司股票500万股股份收益权以上市前的价格即每股7.26元转让给蒋某，协议有效期至少为一年，按照退出日前20个交易日均价的9折计算回购股份金额，蒋某向郭某支付3630万元。2017年3月，协议有效期尚未到期，蒋某见市场行情较好，遂与郭某签订协议，约定由郭某提前回购股权收益权，回购总价款为6200万元。同年4月至7月，郭某分两次将6200万元转账给蒋某。蒋某实际获益2570万元，并与桑某约定平分。

（二）国有公司人员滥用职权罪。2015年6月，乙公司管理的一个基金项目成立，桑某让其朋友温某的云南某公司投资1.61亿余元作为基金劣后级，后其中的1.3亿元出让给乙公司，云南某公司剩余3132.55万元劣后级份额。为帮助云南某公司提前转让该剩余部分份额获利，2018年2月，桑某找到朱某帮助承接，同时未经乙公司经营决策委员会及董事会研究决定，违规安排乙公司向朱某实际控制的上海某公司出具函件，表示知晓上海某公司出资1.01亿元购买云南某公司剩余的全部劣后级份额，并承诺将来按照其出资份额而非基金份额分配股票。2018年3月，上海某公司出资1.01亿元承接云南某公司劣后级份额后，云南某公司早于乙公司退出该基金项目，并获利7000余万元。因云南某公司提前退出，导致改变了劣后级合伙人分配协议等文件约定的浮动收益分配规则，使得基金份额年化收益出现差别，经会计师事务所测算，乙公司少分得投资收益1986.99万元。

桑某其他国有公司人员滥用职权事实略。

（三）利用未公开信息交易罪。2015年6月至2016年9月，桑某利用职务便利，获取乙公司及该公司实际控制的某基金证券账户投资股票名称、交易时间、交易价格等未公开信息。经证监会认定，上述信息属于内幕信息以外的其他未公开信息。其间，桑某违反相关规定，利用上述未公开信息，操作其本人控制的公司和他人名下证券账户进行关联趋同交易，非法获利441.66万元。

本案由北京市监察委员会调查终结后移送起诉。2020年3月3日，北京市人民检察院第二分院以桑某犯受贿罪、利用未公开信息交易罪、国有公司人员滥用职权罪依法提起公诉。2021年8月27日，北京市第二中级人民法院作出一审判决，以桑某犯受贿罪，判处无期徒刑，剥夺政治权利终身，并处没收个人全部财产；犯利用未公开信息交易罪，判处有期徒刑三年，并处罚金人民币四百五十万元；犯国有公司人员滥用职权罪，判处有期徒刑五年；决定执行无期徒刑，剥夺政治权利终身，并处没收个人全部财产。一审宣判后，桑某提出上诉。北京市高级人民法院二审裁定驳回上诉，维持原判。

【检察机关履职过程】

（一）提前介入

检察机关根据监察机关商请提前介入审查，围绕利用未公开信息交易罪中桑某的主观故意、未公开信息的认定等，提出具体补证意见，全面夯实关键证据。一是调取乙公司的交易指令，并由乙公司对桑某签字的相关交易指令进行说明，查明桑某对未公开信息的主观明知。二是调取证监会专业认定意见，证实桑某利用职务便利所掌握的乙公司和某基金证券账户在投资决策、交易执行、持仓、资金数量及变化、投资规模等方面的信息，属于"内幕信息以外的其他未公开信息"。

（二）审查起诉

审查起诉阶段，检察机关依法审查了桑某涉案全部犯罪事实和证据。针对受贿犯罪中所涉金融专业问题，咨询了证券行业人士和刑法学专家，了解正常的股权收益权代持融资协议的性质和交易形式，厘清与本案中所涉协议的区别，揭示涉案协议系行受贿双方输送利益的手段。针对利用未公开信息交易犯罪中获利数额的认定问题，听取了证券交易所等机构的意见，确定了趋同性交易股票"前五后二"的比对原则、交易金额及盈利计算方法即"先进先出法"、盈利数额的计算公式，最终以上海、深圳证券交易所提供的交易数据为依据，认定桑某非法获利共计 441.66 万元。

（三）指控与证明犯罪

庭审中，针对被告人和辩护人提出的桑某、蒋某和郭某之间签订的股权收益权代持融资协议属于正常商业投资，涉案基金项目并未造成公共财产损失等意见，有针对性地进行了质证和答辩。

关于收受郭某贿赂的事实，公诉人指出，该笔系以股权收益权代持融资协议的方式受贿，不属于资本市场正常的投融资行为。一是签订股权收益权代持融资协议的背景异常。桑某安排蒋某与郭某签订协议时，郭某公司没有大额融资需求，且当时公司已经上市，股权价格正处于上涨区间，郭某将 500 万股股权收益权转让给他人，属于让渡具有高度确定性的预期利益，不符合常理。二是转让价格异常。双方签订协议时公司已经上市，桑某方按照公司上市前的价格计算应支付的价款，显然与正常交易价格不符。三是回购时间异常。股权收益权代持融资协议约定协议有效期至少为一年，也就是桑某方至少在一年后方能要求郭某公司回购股权收益权，但在协议签订后六个月左右，桑某方为兑现收益，即要求郭某提前回购，有违协议约定的主要条款。此外，桑某利用职务便利为郭某实际控制的公司借壳上市、获得乙公司融资支持等事项提供帮助。综上，涉案股权收益权代持融资协议具有虚假性，实为权钱交易、输送利益的手段。

关于滥用职权的事实，公诉人指出，桑某未经董事会、经营决策委员会审议，擅自决定采用会签形式向上海某公司出具承诺函，朱某据此同意上海某公司高价受让云南某公司劣后级基金份额，由于云南某公司提前退出基金项目，直接改变了合伙协议等文件约定的浮动收益分配规则，使得同为劣后级有限合伙人的乙公司持有的基金份额年化收益减少，损害了乙公司的利益。桑某滥用职权行为与公共财产损失的结果之间具有因果关系。

【指导意义】

（一）办理以投融资方式收受贿赂的职务犯罪案件，要综合审查投融资的背景、方式、真实性、风险性、风险与收益是否相符等证据，判断是否具备受贿罪权钱交易的本质特征。对于利用股权收益权代持融资等投融资手段进行利益输送的受贿案件，检察机关应当着重审查投融资的背景情况、请托方是否有真实融资需求、投融资的具体方式、受贿人是否支付对价以及是否需要承担投资风险、风险是否与所获收益相符等情况。对于资本运作或相关交易异于正常市场投资，受贿人职务行为和非法获利之间紧密关联，受贿人所支付对价与所获收益明显不对等，具备受贿犯罪权钱交易特征的，依法认定构成受贿罪。

（二）渎职犯罪造成公共财产损失的范围包括国有单位因错失交易机会、压缩利润空间、让渡应有权益进而造成应得而未得的收益损失。实践中，渎职犯罪造成公共财产的损失范围一般为国有单位现有财产的实际损失，但在金融领域渎职犯罪案件中，介入交易规则变化、收益分配方式调整等因素，可能导致国有单位压缩利润空间、让渡应有权益，进而造成国有单位预期收益应得而未得。检察机关应当注重审查造成损失的原因是市场因素还是渎职行为，渎职行为的违规性、违法性，是否具有徇私舞弊情节等要素。对因渎职行为而不是市场因素造成预期收益损失的部分，一般应当计入公共财产损失范围。

（三）办理证券期货类犯罪案件，对于内幕信息、未公开信息的范围、趋同性交易盈利数额等关键要件的认定，一般应调取证券监督管理部门、证券交易所等专业机构的认定意见，并依法进行审查判断。行为人利用职务便利实施的内幕交易、利用未公开信息交易犯罪，此类犯罪中的内幕信息、未公开信息等关键要件的认定，以及对趋同性交易盈利数额等重要情节的认定，专业性较强，要以证券监督管理部门、证券交易所等专业机构出具的认定意见为依据，如在审查中发现缺少专业认定意见，应及时与监察机关沟通，补充完善相关证据材料。

【相关规定】

《中华人民共和国刑法》第一百六十八

条、第一百八十条、第三百八十三条、第三百八十五条、第三百八十六条

《最高人民法院、最高人民检察院关于办理利用未公开信息交易刑事案件适用法律若干问题的解释》第五条

【典型案例】

苏某明等人非法吸收公众存款案

——私募基金管理人经登记、私募基金经备案或者部分备案的不影响对非法集资行为"非法性"的认定

《最高人民法院、最高人民检察院关于印发〈依法从严打击私募基金犯罪典型案例〉的通知》案例一
2023年12月20日

【关键词】

私募基金　非法性　非法吸收公众存款

【基本案情】

被告人苏某明，系深圳弘某财富管理有限公司（以下简称"弘某财富公司"）、深圳弘某基金管理有限公司（以下简称"弘某基金公司"）实际控制人，上述两家公司在中国证券投资基金业协会（以下简称"基金业协会"）登记为私募股权、创业投资基金管理人。被告人高某，系弘某财富公司副总裁、销售部负责人。被告人贺某，系弘某基金公司副总裁、业务部负责人。

2016年7月至2018年7月，苏某明以弘某财富公司、弘某基金公司作为私募基金管理人，先后成立深圳弘某天成添富投资企业、深圳弘某汇富贰号投资企业等有限合伙企业，以多个房地产开发项目为投资标的，隐瞒投资项目均为苏某明实际控制的公司开发或者与他人合作开发的实情，发行私募股权类基金产品5只（其中4只在基金业协会备案）。苏某明指使高某、贺某组织销售团队以口口相传、召开产品推介会，通过其他金融机构和私募基金公司、同行业从业人员帮助推销等多种方式向社会公开宣传私募基金产品，允许不合格投资者通过"拼单""代持"等方式突破私募基金投资人数和金额的限制，由苏某明实际控制的关联公司与投资者签订回购协议，并由苏某明个人提供无限连带责任担保，约定年利率10%至14.5%的回报，变相承诺保本付息。苏某明、高某、贺某等人通过上述方式共非法公开募集资金人民币5.999亿元。上述资金进入合伙企业募集账户后划转至苏某明控制的数个账户，各私募基金产品资金混同，由苏某明统一支配使用。其中，以募新还旧方式兑付本息1.5亿余元，用于私募基金约定的投资项目1.3亿余元，用于苏某明开发的其他房地产项目1.2亿余元，用于购买建筑材料1.01亿余元，用于支付员工薪酬提成、公司运营成本及归还公司债务0.9亿余元。因资金链断裂，苏某明无法按期兑付本息。截至案发，投资人本金损失4.41亿余元。

【刑事诉讼过程】

2019年2月13日，广东省深圳市公安局福田分局对苏某明非法吸收公众存款案立案侦查。2019年8月30日、2020年7月27日，深圳市公安局福田分局先后以苏某明涉嫌非法吸收公众存款罪，高某、贺某涉嫌非法吸收公众存款罪向深圳市福田区人民检察院移送起诉。2020年3月11日、11月24日，深圳市福田区人民检察院先后以苏某明、高某、贺某构成非法吸收公众存款罪提起公诉。

2021年5月20日、9月1日，深圳市福田区人民法院分别作出一审判决，认定苏某明、高某、贺某犯非法吸收公众存款罪，对苏

某明判处有期徒刑五年,并处罚金人民币三十万元;对高某、贺某分别判处有期徒刑三年,并处罚金人民币十万元;继续追缴违法所得。三名被告人均未提出上诉,判决已发生法律效力。公安机关、司法机关共冻结涉案银行账户存款人民币687万余元,依法追缴被告人苏某明对他人享有的1600万元债权和35名投资人利息、分红、佣金、返点费等,判决生效后一并发还投资人。

【典型意义】

1. 私募基金管理人经登记、私募基金经备案或者部分备案,不影响对非法集资行为"非法性"的认定。根据《证券投资基金法》《私募投资基金监督管理条例》(本案依据《私募投资基金监督管理暂行办法》)规定,私募基金是指以非公开方式向投资者募集资金设立的投资基金,具有"非公开"和"向特定合格投资者募集"两个基本属性;私募基金不设行政审批,私募基金管理人应当向基金业协会申请登记,募集完毕后办理基金备案,经登记、备案不属于"经有关部门依法许可"向社会公众吸收资金。根据《商业银行法》规定,向不特定社会公众公开吸收存款是商业银行的专属业务,须经国务院银行业监督管理机构批准。违反上述规定,向不特定社会公众公开发行销售私募基金的,属于假借私募基金的合法经营形式,掩盖非法集资之实,既违反了私募基金管理法律规定,又违反了商业银行法的规定,无论是否经基金业协会登记、备案,均具有非法性。

2. 以私募基金为名非法集资的手段多样,实质上都是突破私募基金"私"的本质和投资风险自负的底线,以具有公开性、社会性和利诱性的方式非法募集资金。常用的手段有:通过网站、电话、微信、讲座、推介会、分析会、撒网式代销推荐等方式向不特定对象宣传,具有公开性;通过组织不合格投资者私下协议代持基金份额、允许"拼单团购"、将私募基金份额或者收益权进行拆分转让、同一融资项目设立多只私募基金等方式,降低合格投资者标准,规避投资者人数限制,具有社会性;除私募基金认购合同外,通过另行签订补充协议或者口头承诺回购、担保、年化收益率等方式,以预期利润为引诱,承诺还本付息或者给付回报,具有利诱性。发行销售私募基金的行为具备上述特征的,属于非法集资或者变相非法集资,应当依法追究刑事责任。

3. 是否具有非法占有目的,是区分非法吸收公众存款罪与集资诈骗罪的关键。私募股权类基金产品一般从事创业投资,以投资项目公司、企业的股权为标的,对于发行私募股权类基金产品符合非法集资犯罪"四性"特征,但大部分资金用于真实项目投资,没有抽逃、转移、隐匿、挥霍等情形的,可以不认定具有"以非法占有为目的"。本案中,苏某明等人以私募为名实施非法集资活动,募集资金除返本付息和维持运营外,主要用于约定房地产项目、其他房地产项目以及与项目相关的建筑材料采购,项目真实,依法认定不具有非法占有目的,以非法吸收公众存款罪追究刑事责任。

（三）金融诈骗罪

中华人民共和国反电信网络诈骗法

(2022年9月2日第十三届全国人民代表大会常务委员会第三十六次会议通过　2022年9月2日中华人民共和国主席令第一一九号公布　自2022年12月1日起施行)

目　录

第一章　总　则
第二章　电信治理
第三章　金融治理
第四章　互联网治理
第五章　综合措施
第六章　法律责任
第七章　附　则

第一章　总　则

第一条　为了预防、遏制和惩治电信网络诈骗活动，加强反电信网络诈骗工作，保护公民和组织的合法权益，维护社会稳定和国家安全，根据宪法，制定本法。

第二条　本法所称电信网络诈骗，是指以非法占有为目的，利用电信网络技术手段，通过远程、非接触等方式，诈骗公私财物的行为。

第三条　打击治理在中华人民共和国境内实施的电信网络诈骗活动或者中华人民共和国公民在境外实施的电信网络诈骗活动，适用本法。

境外的组织、个人针对中华人民共和国境内实施电信网络诈骗活动的，或者为他人针对境内实施电信网络诈骗活动提供产品、服务等帮助的，依照本法有关规定处理和追究责任。

第四条　反电信网络诈骗工作坚持以人民为中心，统筹发展和安全；坚持系统观念、法治思维，注重源头治理、综合治理；坚持齐抓共管、群防群治，全面落实打防管控各项措施，加强社会宣传教育防范；坚持精准防治，保障正常生产经营活动和群众生活便利。

第五条　反电信网络诈骗工作应当依法进行，维护公民和组织的合法权益。

有关部门和单位、个人应当对在反电信网络诈骗工作过程中知悉的国家秘密、商业秘密和个人隐私、个人信息予以保密。

第六条　国务院建立反电信网络诈骗工作机制，统筹协调打击治理工作。

地方各级人民政府组织领导本行政区域内反电信网络诈骗工作，确定反电信网络诈骗目标任务和工作机制，开展综合治理。

公安机关牵头负责反电信网络诈骗工作，金融、电信、网信、市场监管等有关部门依照职责履行监管主体责任，负责本行业领域反电信网络诈骗工作。

人民法院、人民检察院发挥审判、检察职能作用，依法防范、惩治电信网络诈骗活动。

电信业务经营者、银行业金融机构、非银行支付机构、互联网服务提供者承担风险防控责任，建立反电信网络诈骗内部控制机制和安全责任制度，加强新业务涉诈风险安全评估。

第七条　有关部门、单位在反电信网络诈骗工作中应当密切协作，实现跨行业、跨地域协同配合、快速联动，加强专业队伍建设，有效打击治理电信网络诈骗活动。

第八条　各级人民政府和有关部门应当加强反电信网络诈骗宣传，普及相关法律和知识，提高公众对各类电信网络诈骗方式的防骗意识和识骗能力。

教育行政、市场监管、民政等有关部门和村民委员会、居民委员会，应当结合电信网络诈骗受害群体的分布等特征，加强对老年人、青少年等群体的宣传教育，增强反电信网络诈骗宣传教育的针对性、精准性，开展反电信网络诈骗宣传教育进学校、进企业、进社区、进农村、进家庭等活动。

各单位应当加强内部防范电信网络诈骗工作，对工作人员开展防范电信网络诈骗教育；个人应当加强电信网络诈骗防范意识。单位、个人应当协助、配合有关部门依照本法规定开展反电信网络诈骗工作。

第二章　电信治理

第九条　电信业务经营者应当依法全面落实电话用户真实身份信息登记制度。

基础电信企业和移动通信转售企业应当承担对代理商落实电话用户实名制管理责任，在协议中明确代理商实名制登记的责任和有关违约处置措施。

第十条　办理电话卡不得超出国家有关规定限制的数量。

对经识别存在异常办卡情形的，电信业务经营者有权加强核查或者拒绝办卡。具体识别办法由国务院电信主管部门制定。

国务院电信主管部门组织建立电话用户开卡数量核验机制和风险信息共享机制，并为用户查询名下电话卡信息提供便捷渠道。

第十一条　电信业务经营者对监测识别的涉诈异常电话卡用户应当重新进行实名核验，根据风险等级采取有区别的、相应的核验措施。对未按规定核验或者核验未通过的，电信业务经营者可以限制、暂停有关电话卡功能。

第十二条　电信业务经营者建立物联网卡用户风险评估制度，评估未通过的，不得向其销售物联网卡；严格登记物联网卡用户身份信息；采取有效技术措施限定物联网卡开通功能、使用场景和适用设备。

单位用户从电信业务经营者购买物联网卡再将载有物联网卡的设备销售给其他用户的，应当核验和登记用户身份信息，并将销量、存量及用户实名信息传送给号码归属的电信业务经营者。

电信业务经营者对物联网卡的使用建立监测预警机制。对存在异常使用情形的，应当采取暂停服务、重新核验身份和使用场景或者其他合同约定的处置措施。

第十三条　电信业务经营者应当规范真实主叫号码传送和电信线路出租，对改号电话进行封堵拦截和溯源核查。

电信业务经营者应当严格规范国际通信业务出入口局主叫号码传送，真实、准确向用户提示来电号码所属国家或者地区，对网内和网间虚假主叫、不规范主叫进行识别、拦截。

第十四条　任何单位和个人不得非法制造、买卖、提供或者使用下列设备、软件：

（一）电话卡批量插入设备；

（二）具有改变主叫号码、虚拟拨号、互联网电话违规接入公用电信网络等功能的设备、软件；

（三）批量账号、网络地址自动切换系统，批量接收提供短信验证、语音验证的平台；

（四）其他用于实施电信网络诈骗等违法犯罪的设备、软件。

电信业务经营者、互联网服务提供者应当采取技术措施，及时识别、阻断前款规定的非法设备、软件接入网络，并向公安机关和相关行业主管部门报告。

第三章　金融治理

第十五条　银行业金融机构、非银行支付机构为客户开立银行账户、支付账户及提供支付结算服务，和与客户业务关系存续期间，应当建立客户尽职调查制度，依法识别受益所有人，采取相应风险管理措施，防范银行账户、支付账户等被用于电信网络诈骗活动。

第十六条　开立银行账户、支付账户不得超出国家有关规定限制的数量。

对经识别存在异常开户情形的，银行业金融机构、非银行支付机构有权加强核查或者拒绝开户。

中国人民银行、国务院银行业监督管理机构组织有关清算机构建立跨机构开户数量核验机制和风险信息共享机制，并为客户提供查询名下银行账户、支付账户的便捷渠道。银行业金融机构、非银行支付机构应当按照国家有关规定提供开户情况和有关风险信息。相关信息不得用于反电信网络诈骗以外的其他用途。

第十七条 银行业金融机构、非银行支付机构应当建立开立企业账户异常情形的风险防控机制。金融、电信、市场监管、税务等有关部门建立开立企业账户相关信息共享查询系统，提供联网核查服务。

市场主体登记机关应当依法对企业实名登记履行身份信息核验职责；依照规定对登记事项进行监督检查，对可能存在虚假登记、涉诈异常的企业重点监督检查，依法撤销登记的，依照前款的规定及时共享信息；为银行业金融机构、非银行支付机构进行客户尽职调查和依法识别受益所有人提供便利。

第十八条 银行业金融机构、非银行支付机构应当对银行账户、支付账户及支付结算服务加强监测，建立完善符合电信网络诈骗活动特征的异常账户和可疑交易监测机制。

中国人民银行统筹建立跨银行业金融机构、非银行支付机构的反洗钱统一监测系统，会同国务院公安部门完善与电信网络诈骗犯罪资金流转特点相适应的反洗钱可疑交易报告制度。

对监测识别的异常账户和可疑交易，银行业金融机构、非银行支付机构应当根据风险情况，采取核实交易情况、重新核验身份、延迟支付结算、限制或者中止有关业务等必要的防范措施。

银行业金融机构、非银行支付机构依照第一款规定开展异常账户和可疑交易监测时，可以收集异常客户互联网协议地址、网卡地址、支付受理终端信息等必要的交易信息、设备位置信息。上述信息未经客户授权，不得用于反电信网络诈骗以外的其他用途。

第十九条 银行业金融机构、非银行支付机构应当按照国家有关规定，完整、准确传输直接提供商品或者服务的商户名称、收付款客户名称及账号等交易信息，保证交易信息的真实、完整和支付全流程中的一致性。

第二十条 国务院公安部门会同有关部门建立完善电信网络诈骗涉案资金即时查询、紧急止付、快速冻结、及时解冻和资金返还制度，明确有关条件、程序和救济措施。

公安机关依法决定采取上述措施的，银行业金融机构、非银行支付机构应当予以配合。

第四章 互联网治理

第二十一条 电信业务经营者、互联网服务提供者为用户提供下列服务，在与用户签订协议或者确认提供服务时，应当依法要求用户提供真实身份信息，用户不提供真实身份信息的，不得提供服务：

（一）提供互联网接入服务；

（二）提供网络代理等网络地址转换服务；

（三）提供互联网域名注册、服务器托管、空间租用、云服务、内容分发服务；

（四）提供信息、软件发布服务，或者提供即时通讯、网络交易、网络游戏、网络直播发布、广告推广服务。

第二十二条 互联网服务提供者对监测识别的涉诈异常账号应当重新核验，根据国家有关规定采取限制功能、暂停服务等处置措施。

互联网服务提供者应当根据公安机关、电信主管部门要求，对涉案电话卡、涉诈异常电话卡所关联注册的有关互联网账号进行核验，根据风险情况，采取限期改正、限制功能、暂停使用、关闭账号、禁止重新注册等处置措施。

第二十三条 设立移动互联网应用程序应当按照国家有关规定向电信主管部门办理许可或者备案手续。

为应用程序提供封装、分发服务的，应当登记并核验应用程序开发运营者的真实身份信息，核验应用程序的功能、用途。

公安、电信、网信等部门和电信业务经营者、互联网服务提供者应当加强对分发平台以外途径下载传播的涉诈应用程序重点监测、及时处置。

第二十四条 提供域名解析、域名跳转、网址链接转换服务的，应当按照国家有关规定，核验域名注册、解析信息和互联网协议地址的真实性、准确性，规范域名跳转，记录并留存所提供相应服务的日志信息，支持实现对解析、跳转、转换记录的溯源。

第二十五条 任何单位和个人不得为他人实施电信网络诈骗活动提供下列支持或者帮助：

（一）出售、提供个人信息；

（二）帮助他人通过虚拟货币交易等方式洗钱；

（三）其他为电信网络诈骗活动提供支持或者帮助的行为。

电信业务经营者、互联网服务提供者应当依照国家有关规定，履行合理注意义务，对利用下列业务从事涉诈支持、帮助活动进行监测识别和处置：

（一）提供互联网接入、服务器托管、网络存储、通讯传输、线路出租、域名解析等网络资源服务；

（二）提供信息发布或者搜索、广告推广、引流推广等网络推广服务；

（三）提供应用程序、网站等网络技术、产品的制作、维护服务；

（四）提供支付结算服务。

第二十六条 公安机关办理电信网络诈骗案件依法调取证据的，互联网服务提供者应当及时提供技术支持和协助。

互联网服务提供者依照本法规定对有关涉诈信息、活动进行监测时，发现涉诈违法犯罪线索、风险信息的，应当依照国家有关规定，根据涉诈风险类型、程度情况移送公安、金融、电信、网信等部门。有关部门应当建立完善反馈机制，将相关情况及时告知移送单位。

第五章 综合措施

第二十七条 公安机关应当建立完善打击治理电信网络诈骗工作机制，加强专门队伍和专业技术建设，各警种、各地公安机关应当密切配合，依法有效惩处电信网络诈骗活动。

公安机关接到电信网络诈骗活动的报案或者发现电信网络诈骗活动，应当依照《中华人民共和国刑事诉讼法》的规定立案侦查。

第二十八条 金融、电信、网信部门依照职责对银行业金融机构、非银行支付机构、电信业务经营者、互联网服务提供者落实本法规定情况进行监督检查。有关监督检查活动应当依法规范开展。

第二十九条 个人信息处理者应当依照《中华人民共和国个人信息保护法》等法律规定，规范个人信息处理，加强个人信息保护，建立个人信息被用于电信网络诈骗的防范机制。

履行个人信息保护职责的部门、单位对可能被电信网络诈骗利用的物流信息、交易信息、贷款信息、医疗信息、婚介信息等实施重点保护。公安机关办理电信网络诈骗案件，应当同时查证犯罪所利用的个人信息来源，依法追究相关人员和单位责任。

第三十条 电信业务经营者、银行业金融机构、非银行支付机构、互联网服务提供者应当对从业人员和用户开展反电信网络诈骗宣传，在有关业务活动中对防范电信网络诈骗作出提示，对本领域新出现的电信网络诈骗手段及时向用户作出提醒，对非法买卖、出租、出借本人有关卡、账户、账号等被用于电信网络诈骗的法律责任作出警示。

新闻、广播、电视、文化、互联网信息服务等单位，应当面向社会有针对性地开展反电信网络诈骗宣传教育。

任何单位和个人有权举报电信网络诈骗活动，有关部门应当依法及时处理，对提供有效信息的举报人依照规定给予奖励和保护。

第三十一条 任何单位和个人不得非法买卖、出租、出借电话卡、物联网卡、电信线路、短信端口、银行账户、支付账户、互联网账号等，不得提供实名核验帮助；不得假冒他人身份或者虚构代理关系开立上述卡、账户、账号等。

对经设区的市级以上公安机关认定的实施前款行为的单位、个人和相关组织者，以及因从事电信网络诈骗活动或者关联犯罪受过刑事处罚的人员，可以按照国家有关规定记入信用记录，采取限制其有关卡、账户、账号等功能和停止非柜面业务、暂停新业务、限制入网等措施。对上述认定和措施有异议的，可以提出申诉，有关部门应当建立健全申诉渠道、信用修复和救济制度。具体办法由国务院公安部门会同有关主管部门规定。

第三十二条 国家支持电信业务经营者、银行业金融机构、非银行支付机构、互联网服务提供者研究开发有关电信网络诈骗反制技术，用于监测识别、动态封堵和处置涉诈异常信息、活动。

国务院公安部门、金融管理部门、电信主管部门和国家网信部门等应当统筹负责本行业领域反制技术措施建设，推进涉电信网络诈骗样本信息数据共享，加强涉诈用户信息交叉核验，建立有关涉诈异常信息、活动的监测识别、动态封堵和处置机制。

依据本法第十一条、第十二条、第十八条、第二十二条和前款规定，对涉诈异常情形采取限制、暂停服务等处置措施的，应当告知处置原因、救济渠道及需要提交的资料等事项，被处置对象可以向作出决定或者采取措施的部门、单位提出申诉。作出决定的部门、单位应当建立完善申诉渠道，及时受理申诉并核查，核查通过的，应当即时解除有关措施。

第三十三条 国家推进网络身份认证公共服务建设，支持个人、企业自愿使用，电信业务经营者、银行业金融机构、非银行支付机构、互联网服务提供者对存在涉诈异常的电话卡、银行账户、支付账户、互联网账号，可以通过国家网络身份认证公共服务对用户身份重新进行核验。

第三十四条 公安机关应当会同金融、电信、网信部门组织银行业金融机构、非银行支付机构、电信业务经营者、互联网服务提供者等建立预警劝阻系统，对预警发现的潜在被害人，根据情况及时采取相应劝阻措施。对电信网络诈骗案件应当加强追赃挽损，完善涉案资金处置制度，及时返还被害人的合法财产。对遭受重大生活困难的被害人，符合国家有关救助条件的，有关方面依照规定给予救助。

第三十五条 经国务院反电信网络诈骗工作机制决定或者批准，公安、金融、电信等部门对电信网络诈骗活动严重的特定地区，可以依照国家有关规定采取必要的临时风险防范措施。

第三十六条 对前往电信网络诈骗活动严重地区的人员，出境活动存在重大涉电信网络诈骗活动嫌疑的，移民管理机构可以决定不准其出境。

因从事电信网络诈骗活动受过刑事处罚的人员，设区的市级以上公安机关可以根据犯罪情况和预防再犯罪的需要，决定自处罚完毕之日起六个月至三年以内不准其出境，并通知移民管理机构执行。

第三十七条 国务院公安部门等会同外交部门加强国际执法司法合作，与有关国家、地区、国际组织建立有效合作机制，通过开展国际警务合作等方式，提升在信息交流、调查取证、侦查抓捕、追赃挽损等方面的合作水平，有效打击遏制跨境电信网络诈骗活动。

第六章 法律责任

第三十八条 组织、策划、实施、参与电信网络诈骗活动或者为电信网络诈骗活动提供帮助，构成犯罪的，依法追究刑事责任。

前款行为尚不构成犯罪的，由公安机关处十日以上十五日以下拘留；没收违法所得，处违法所得一倍以上十倍以下罚款，没有违法所得或者违法所得不足一万元的，处十万元以下罚款。

第三十九条 电信业务经营者违反本法规定，有下列情形之一的，由有关主管部门责令改正，情节较轻的，给予警告、通报批评，或者处五万元以上五十万元以下罚款；情节严重的，处五十万元以上五百万元以下罚款，并可以由有关主管部门责令暂停相关业务、停业整顿、吊销相关业务许可证或者吊销营业执照，对其直接负责的主管人员和其他直接责任人员，处一万元以上二十万元以下罚款：

（一）未落实国家有关规定确定的反电信网络诈骗内部控制机制的；

（二）未履行电话卡、物联网卡实名制登记职责的；

（三）未履行对电话卡、物联网卡的监测识别、监测预警和相关处置职责的；

（四）未对物联网卡用户进行风险评估，或者未限定物联网卡的开通功能、使用场景和适用设备的；

（五）未采取措施对改号电话、虚假主叫或者具有相应功能的非法设备进行监测处置的。

第四十条 银行业金融机构、非银行支付机构违反本法规定，有下列情形之一的，由有关主管部门责令改正，情节较轻的，给予警告、通报批评，或者处五万元以上五十万元以下罚款；情节严重的，处五十万元以上五百万元以下罚款，并可以由有关主管部门责令停止新增业务、缩减业务类型或者业务范围、暂停相关业务、停业整顿、吊销相关业务许可证或者吊销营业执照，对其直接负责的主管人员和其他直接责任人员，处一万元以上二十万元以下罚款：

（一）未落实国家有关规定确定的反电信网络诈骗内部控制机制的；

（二）未履行尽职调查义务和有关风险管理措施的；

（三）未履行对异常账户、可疑交易的风险监测和相关处置义务的；

（四）未按照规定完整、准确传输有关交

易信息的。

第四十一条 电信业务经营者、互联网服务提供者违反本法规定，有下列情形之一的，由有关主管部门责令改正，情节较轻的，给予警告、通报批评，或者处五万元以上五十万元以下罚款；情节严重的，处五十万元以上五百万元以下罚款，并可以由有关主管部门责令暂停相关业务、停业整顿、关闭网站或者应用程序、吊销相关业务许可证或者吊销营业执照，对其直接负责的主管人员和其他直接责任人员，处一万元以上二十万元以下罚款：

（一）未落实国家有关规定确定的反电信网络诈骗内部控制机制的；

（二）未履行网络服务实名制职责，或者未对涉案、涉诈电话卡关联注册互联网账号进行核验的；

（三）未按照国家有关规定，核验域名注册、解析信息和互联网协议地址的真实性、准确性，规范域名跳转，或者记录并留存所提供相应服务的日志信息的；

（四）未登记核验移动互联网应用程序开发运营者的真实身份信息或者未核验应用程序的功能、用途，为其提供应用程序封装、分发服务的；

（五）未履行对涉诈互联网账号和应用程序，以及其他电信网络诈骗信息、活动的监测识别和处置义务的；

（六）拒不依法为查处电信网络诈骗犯罪提供技术支持和协助，或者未按规定移送有关违法犯罪线索、风险信息的。

第四十二条 违反本法第十四条、第二十五条第一款规定的，没收违法所得，由公安机关或者有关主管部门处违法所得一倍以上十倍以下罚款，没有违法所得或者违法所得不足五万元的，处五十万元以下罚款；情节严重的，由公安机关并处十五日以下拘留。

第四十三条 违反本法第二十五条第二款规定，由有关主管部门责令改正，情节较轻的，给予警告、通报批评，或者处五万元以上五十万元以下罚款；情节严重的，处五十万元以上五百万元以下罚款，并可以由有关主管部门责令暂停相关业务、停业整顿、关闭网站或者应用程序，对其直接负责的主管人员和其他直接责任人员，处一万元以上二十万元以下罚款。

第四十四条 违反本法第三十一条第一款规定的，没收违法所得，由公安机关处违法所得一倍以上十倍以下罚款，没有违法所得或者违法所得不足二万元的，处二十万元以下罚款；情节严重的，并处十五日以下拘留。

第四十五条 反电信网络诈骗工作有关部门、单位的工作人员滥用职权、玩忽职守、徇私舞弊，或者有其他违反本法规定行为，构成犯罪的，依法追究刑事责任。

第四十六条 组织、策划、实施、参与电信网络诈骗活动或者为电信网络诈骗活动提供相关帮助的违法犯罪人员，除依法承担刑事责任、行政责任以外，造成他人损害的，依照《中华人民共和国民法典》等法律的规定承担民事责任。

电信业务经营者、银行业金融机构、非银行支付机构、互联网服务提供者等违反本法规定，造成他人损害的，依照《中华人民共和国民法典》等法律的规定承担民事责任。

第四十七条 人民检察院在履行反电信网络诈骗职责中，对于侵害国家利益和社会公共利益的行为，可以依法向人民法院提起公益诉讼。

第四十八条 有关单位和个人对依照本法作出的行政处罚和行政强制措施决定不服的，可以依法申请行政复议或者提起行政诉讼。

第七章　附　则

第四十九条 反电信网络诈骗工作涉及的有关管理和责任制度，本法没有规定的，适用《中华人民共和国网络安全法》、《中华人民共和国个人信息保护法》、《中华人民共和国反洗钱法》等相关法律规定。

第五十条 本法自2022年12月1日起施行。

防范和处置非法集资条例

(2021年1月26日中华人民共和国国务院令第737号公布 自2021年5月1日起施行)

第一章 总 则

第一条 为了防范和处置非法集资，保护社会公众合法权益，防范化解金融风险，维护经济秩序和社会稳定，制定本条例。

第二条 本条例所称非法集资，是指未经国务院金融管理部门依法许可或者违反国家金融管理规定，以许诺还本付息或者给予其他投资回报等方式，向不特定对象吸收资金的行为。

非法集资的防范以及行政机关对非法集资的处置，适用本条例。法律、行政法规对非法从事银行、证券、保险、外汇等金融业务活动另有规定的，适用其规定。

本条例所称国务院金融管理部门，是指中国人民银行、国务院金融监督管理机构和国务院外汇管理部门。

第三条 本条例所称非法集资人，是指发起、主导或者组织实施非法集资的单位和个人；所称非法集资协助人，是指明知是非法集资而为其提供帮助并获取经济利益的单位和个人。

第四条 国家禁止任何形式的非法集资，对非法集资坚持防范为主、打早打小、综合治理、稳妥处置的原则。

第五条 省、自治区、直辖市人民政府对本行政区域内防范和处置非法集资工作负总责，地方各级人民政府应当建立健全政府统一领导的防范和处置非法集资工作机制。县级以上地方人民政府应当明确防范和处置非法集资工作机制的牵头部门（以下简称处置非法集资牵头部门），有关部门以及国务院金融管理部门分支机构、派出机构等单位参加工作机制；乡镇人民政府应当明确牵头负责防范和处置非法集资工作的人员。上级地方人民政府应当督促、指导下级地方人民政府做好本行政区域防范和处置非法集资工作。

行业主管部门、监管部门应当按照职责分工，负责本行业、领域非法集资的防范和配合处置工作。

第六条 国务院建立处置非法集资部际联席会议（以下简称联席会议）制度。联席会议由国务院银行保险监督管理机构牵头，有关部门参加，负责督促、指导有关部门和地方开展防范和处置非法集资工作，协调解决防范和处置非法集资工作中的重大问题。

第七条 各级人民政府应当合理保障防范和处置非法集资工作相关经费，并列入本级预算。

第二章 防 范

第八条 地方各级人民政府应当建立非法集资监测预警机制，纳入社会治安综合治理体系，发挥网格化管理和基层群众自治组织的作用，运用大数据等现代信息技术手段，加强对非法集资的监测预警。

行业主管部门、监管部门应当强化日常监督管理，负责本行业、领域非法集资的风险排查和监测预警。

联席会议应当建立健全全国非法集资监测预警体系，推动建设国家监测预警平台，促进地方、部门信息共享，加强非法集资风险研判，及时预警提示。

第九条 市场监督管理部门应当加强企业、个体工商户名称和经营范围等商事登记管理。除法律、行政法规和国家另有规定外，企业、个体工商户名称和经营范围中不得包含"金融"、"交易所"、"交易中心"、"理财"、"财富管理"、"股权众筹"等字样或者内容。

县级以上地方人民政府处置非法集资牵头部门、市场监督管理部门等有关部门应当建立会商机制，发现企业、个体工商户名称或者经营范围中包含前款规定以外的其他与集资有关的字样或者内容的，及时予以重点关注。

第十条 处置非法集资牵头部门会同互联网信息内容管理部门、电信主管部门加强对涉嫌非法集资的互联网信息和网站、移动应用程序等互联网应用的监测。经处置非法集资牵头部门组织认定为用于非法集资的，互联网信息内容管理部门、电信主管部门应当及时依法作出处理。

互联网信息服务提供者应当加强对用户发布信息的管理，不得制作、复制、发布、传播涉嫌非法集资的信息。发现涉嫌非法集资的信息，应当保存有关记录，并向处置非法集资牵头部门报告。

第十一条 除国家另有规定外，任何单位和个人不得发布包含集资内容的广告或者以其他方式向社会公众进行集资宣传。

市场监督管理部门会同处置非法集资牵头部门加强对涉嫌非法集资广告的监测。经处置非法集资牵头部门组织认定为非法集资的，市场监督管理部门应当及时依法查处相关非法集资广告。

广告经营者、广告发布者应当依照法律、行政法规查验相关证明文件，核对广告内容。对没有相关证明文件且包含集资内容的广告，广告经营者不得提供设计、制作、代理服务，广告发布者不得发布。

第十二条 处置非法集资牵头部门与所在地国务院金融管理部门分支机构、派出机构应当建立非法集资可疑资金监测机制。国务院金融管理部门及其分支机构、派出机构应当按照职责分工督促、指导金融机构、非银行支付机构加强对资金异常流动情况及其他涉嫌非法集资可疑资金的监测工作。

第十三条 金融机构、非银行支付机构应当履行下列防范非法集资的义务：

（一）建立健全内部管理制度，禁止分支机构和员工参与非法集资，防止他人利用其经营场所、销售渠道从事非法集资；

（二）加强对社会公众防范非法集资的宣传教育，在经营场所醒目位置设置警示标识；

（三）依法严格执行大额交易和可疑交易报告制度，对涉嫌非法集资资金异常流动的相关账户进行分析识别，并将有关情况及时报告所在地国务院金融管理部门分支机构、派出机构和处置非法集资牵头部门。

第十四条 行业协会、商会应当加强行业自律管理、自我约束，督促、引导成员积极防范非法集资，不组织、不协助、不参与非法集资。

第十五条 联席会议应当建立中央和地方上下联动的防范非法集资宣传教育工作机制，推动全国范围内防范非法集资宣传教育工作。

地方各级人民政府应当开展常态化的防范非法集资宣传教育工作，充分运用各类媒介或者载体，以法律政策解读、典型案例剖析、投资风险教育等方式，向社会公众宣传非法集资的违法性、危害性及其表现形式等，增强社会公众对非法集资的防范意识和识别能力。

行业主管部门、监管部门以及行业协会、商会应当根据本行业、领域非法集资风险特点，有针对性地开展防范非法集资宣传教育活动。

新闻媒体应当开展防范非法集资公益宣传，并依法对非法集资进行舆论监督。

第十六条 对涉嫌非法集资行为，任何单位和个人有权向处置非法集资牵头部门或者其他有关部门举报。

国家鼓励对涉嫌非法集资行为进行举报。处置非法集资牵头部门以及其他有关部门应当公开举报电话和邮箱等举报方式、在政府网站设置举报专栏，接受举报，及时依法处理，并为举报人保密。

第十七条 居民委员会、村民委员会发现所在区域有涉嫌非法集资行为的，应当向当地人民政府、处置非法集资牵头部门或者其他有关部门报告。

第十八条 处置非法集资牵头部门和行业主管部门、监管部门发现本行政区域或者本行业、领域可能存在非法集资风险的，有权对相关单位和个人进行警示约谈，责令整改。

第三章 处 置

第十九条 对本行政区域内的下列行为，涉嫌非法集资的，处置非法集资牵头部门应当及时组织有关行业主管部门、监管部门以及国务院金融管理部门分支机构、派出机构进行调查认定：

（一）设立互联网企业、投资及投资咨询类企业、各类交易场所或者平台、农民专业合作社、资金互助组织以及其他组织吸收资金；

（二）以发行或者转让股权、债权，募集基金，销售保险产品，或者以从事各类资产管理、虚拟货币、融资租赁业务等名义吸收资金；

（三）在销售商品、提供服务、投资项目等商业活动中，以承诺给付货币、股权、实物等回报的形式吸收资金；

（四）违反法律、行政法规或者国家有关规定，通过大众传播媒介、即时通信工具或者其他方式公开传播吸收资金信息；

（五）其他涉嫌非法集资的行为。

第二十条 对跨行政区域的涉嫌非法集资行为，非法集资人为单位的，由其登记地处置非法集资牵头部门组织调查认定；非法集资人为个人的，由其住所地或者经常居住地处置非法集资牵头部门组织调查认定。非法集资行为发生地、集资资产所在地以及集资参与人所在地处置非法集资牵头部门应当配合调查认定工作。

处置非法集资牵头部门对组织调查认定职责存在争议的，由其共同的上级处置非法集资牵头部门确定；对跨省、自治区、直辖市组织调查认定职责存在争议的，由联席会议确定。

第二十一条 处置非法集资牵头部门组织调查涉嫌非法集资行为，可以采取下列措施：

（一）进入涉嫌非法集资的场所进行调查取证；

（二）询问与被调查事件有关的单位和个人，要求其对有关事项作出说明；

（三）查阅、复制与被调查事件有关的文件、资料、电子数据等，对可能被转移、隐匿或者毁损的文件、资料、电子设备等予以封存；

（四）经处置非法集资牵头部门主要负责人批准，依法查询涉嫌非法集资的有关账户。

调查人员不得少于2人，并应当出示执法证件。

与被调查事件有关的单位和个人应当配合调查，不得拒绝、阻碍。

第二十二条 处置非法集资牵头部门对涉嫌非法集资行为组织调查，有权要求暂停集资行为，通知市场监督管理部门或者其他有关部门暂停为涉嫌非法集资的有关单位办理设立、变更或者注销登记。

第二十三条 经调查认定属于非法集资的，处置非法集资牵头部门应当责令非法集资人、非法集资协助人立即停止有关非法活动；发现涉嫌犯罪的，应当按照规定及时将案件移送公安机关，并配合做好相关工作。

行政机关对非法集资行为的调查认定，不是依法追究刑事责任的必经程序。

第二十四条 根据处置非法集资的需要，处置非法集资牵头部门可以采取下列措施：

（一）查封有关经营场所，查封、扣押有关资产；

（二）责令非法集资人、非法集资协助人追回、变价出售有关资产用于清退集资资金；

（三）经设区的市级以上地方人民政府处置非法集资牵头部门决定，按照规定通知出入境边防检查机关，限制非法集资的个人或者非法集资单位的控股股东、实际控制人、董事、监事、高级管理人员以及其他直接责任人员出境。

采取前款第一项、第二项规定的措施，应当经处置非法集资牵头部门主要负责人批准。

第二十五条 非法集资人、非法集资协助人应当向集资参与人清退集资资金。清退过程应当接受处置非法集资牵头部门监督。

任何单位和个人不得从非法集资中获取经济利益。

因参与非法集资受到的损失，由集资参与人自行承担。

第二十六条 清退集资资金来源包括：

（一）非法集资资金余额；

（二）非法集资资金的收益或者转换的其他资产及其收益；

（三）非法集资人及其股东、实际控制人、董事、监事、高级管理人员和其他相关人员从非法集资中获得的经济利益；

（四）非法集资人隐匿、转移的非法集资资金或者相关资产；

（五）在非法集资中获得的广告费、代言费、代理费、好处费、返点费、佣金、提成等经济利益；

（六）可以作为清退集资资金的其他资产。

第二十七条 为非法集资设立的企业、个体工商户和农民专业合作社，由市场监督管理部门吊销营业执照。为非法集资设立的网站、开发的移动应用程序等互联网应用，由电信主管部门依法予以关闭。

第二十八条　国务院金融管理部门及其分支机构、派出机构，地方人民政府有关部门以及其他有关单位和个人，对处置非法集资工作应当给予支持、配合。

任何单位和个人不得阻挠、妨碍处置非法集资工作。

第二十九条　处置非法集资过程中，有关地方人民政府应当采取有效措施维护社会稳定。

第四章　法律责任

第三十条　对非法集资人，由处置非法集资牵头部门处集资金额20%以上1倍以下的罚款。非法集资人为单位的，还可以根据情节轻重责令停产停业，由有关机关依法吊销许可证、营业执照或者登记证书；对其法定代表人或者主要负责人、直接负责的主管人员和其他直接责任人员给予警告，处50万元以上500万元以下的罚款。构成犯罪的，依法追究刑事责任。

第三十一条　对非法集资协助人，由处置非法集资牵头部门给予警告，处违法所得1倍以上3倍以下的罚款；构成犯罪的，依法追究刑事责任。

第三十二条　非法集资人、非法集资协助人不能同时履行所承担的清退集资资金和缴纳罚款义务时，先清退集资资金。

第三十三条　对依照本条例受到行政处罚的非法集资人、非法集资协助人，由有关部门建立信用记录，按照规定将其信用记录纳入全国信用信息共享平台。

第三十四条　互联网信息服务提供者未履行对涉嫌非法集资信息的防范和处置义务的，由有关主管部门责令改正，给予警告，没收违法所得；拒不改正或者情节严重的，处10万元以上50万元以下的罚款，并可以根据情节轻重责令暂停相关业务、停业整顿、关闭网站、吊销相关业务许可证或者吊销营业执照，对直接负责的主管人员和其他直接责任人员处1万元以上10万元以下的罚款。

广告经营者、广告发布者未按照规定查验相关证明文件、核对广告内容的，由市场监督管理部门责令改正，并依照《中华人民共和国广告法》的规定予以处罚。

第三十五条　金融机构、非银行支付机构未履行防范非法集资义务的，由国务院金融管理部门或者其分支机构、派出机构按照职责分工责令改正，给予警告，没收违法所得；造成严重后果的，处100万元以上500万元以下的罚款，对直接负责的主管人员和其他直接责任人员给予警告，处10万元以上50万元以下的罚款。

第三十六条　与被调查事件有关的单位和个人不配合调查，拒绝提供相关文件、资料、电子数据等或者提供虚假文件、资料、电子数据等的，由处置非法集资牵头部门责令改正，给予警告，处5万元以上50万元以下的罚款。

阻碍调查人员依法执行职务，构成违反治安管理行为的，由公安机关依法给予治安管理处罚；构成犯罪的，依法追究刑事责任。

第三十七条　国家机关工作人员有下列行为之一的，依法给予处分：

（一）明知所主管、监管的单位有涉嫌非法集资行为，未依法及时处理；

（二）未按照规定及时履行对非法集资的防范职责，或者不配合非法集资处置，造成严重后果；

（三）在防范和处置非法集资过程中滥用职权、玩忽职守、徇私舞弊；

（四）通过职务行为或者利用职务影响，支持、包庇、纵容非法集资。

前款规定的行为构成犯罪的，依法追究刑事责任。

第五章　附　　则

第三十八条　各省、自治区、直辖市可以根据本条例制定防范和处置非法集资工作实施细则。

第三十九条　未经依法许可或者违反国家金融管理规定，擅自从事发放贷款、支付结算、票据贴现等金融业务活动的，由国务院金融管理部门或者地方金融管理部门按照监督管理职责分工进行处置。

法律、行政法规对其他非法金融业务活动的防范和处置没有明确规定的，参照本条例的有关规定执行。其他非法金融业务活动的具体类型由国务院金融管理部门确定。

第四十条　本条例自2021年5月1日起

施行。1998年7月13日国务院发布的《非法金融机构和非法金融业务活动取缔办法》同时废止。

中国人民银行
关于进一步加强支付结算管理防范电信网络新型违法犯罪有关事项的通知

2019年3月22日　　　　　　　　银发〔2019〕85号

中国人民银行上海总部，各分行、营业管理部，各省会（首府）城市中心支行，深圳市中心支行；国家开发银行，各政策性银行、国有商业银行、股份制商业银行、中国邮政储蓄银行；中国银联股份有限公司，中国支付清算协会，网联清算有限公司；各非银行支付机构：

为有效应对和防范电信网络新型违法犯罪新形势和新问题，保护人民群众财产安全和合法权益，现就进一步加强支付结算管理有关事项通知如下：

一、健全紧急止付和快速冻结机制

（一）准确反馈交易流水号。自2019年6月1日起，银行业金融机构（以下简称银行）和非银行支付机构（以下简称支付机构）在受理公安机关通过电信网络新型违法犯罪交易风险事件管理平台（以下简称管理平台）发起的查询业务时，应当执行下列规定：

1. 对于支付机构发起涉及银行账户的网络支付业务，银行应当按照管理平台报文要求，准确提供该笔业务对应的由清算机构发送的交易流水号（具体规则见附件）。

2. 支付机构应当支持根据清算机构发送的交易流水号查询对应业务的相关信息，并按照管理平台报文要求反馈。

（二）强化涉案账户查询、止付、冻结管理。对于公安机关通过管理平台发起的涉案账户查询、止付和冻结业务，符合法律法规和相关规定的，银行和支付机构应当立即办理并及时反馈。银行和支付机构应当建立涉案账户查询、止付、冻结7×24小时紧急联系人机制，设置AB角，并于2019年4月1日前将紧急联系人姓名、联系方式等信息报送法人所在地公安机关。紧急联系人发生变更的，应当于变更之日起1个工作日内重新报送。

二、加强账户实名制管理

（三）加强单位支付账户开户审核。支付机构为单位开立支付账户应当严格审核单位开户证明文件的真实性、完整性和合规性，开户申请人与开户证明文件所属人的一致性，并向单位法定代表人或负责人核实开户意愿，留存相关工作记录。支付机构可采取面对面、视频等方式向单位法定代表人或负责人核实开户意愿，具体方式由支付机构根据客户风险评级情况确定。

单位存在异常开户情形的，支付机构应当按照反洗钱等规定采取延长开户审核期限、强化客户尽职调查等措施，必要时应当拒绝开户。

（四）开展存量单位支付账户核实。支付机构应当按照本通知第三项规定的开户审核要求，开展全部存量单位支付账户实名制落实情况核实工作。核实中发现单位支付账户未落实实名制要求或者无法核实实名制落实情况的，应当中止其支付账户所有业务，且不得为其新开立支付账户；发现疑似电信网络新型违法犯罪涉案账户的，应当立即报告公安机关。支付机构应当于2019年4月1日前制定核实计划，于2019年6月30日前完成核实工作。

（五）完善支付账户密码安全管理。支付机构应当完善客户修改支付账户登录密码、支付密码等业务的安全管理，不得仅凭验证支付账号绑定银行账户信息即为客户办理修改支付账户登录密码、支付密码和预留手机号码等业务。

（六）健全单位客户风险管理。支付机构

应当健全单位客户风险评级管理制度，根据单位客户风险评级，合理设置并动态调整同一单位所有支付账户余额付款总限额。

支付机构发现单位支付账户存在可疑交易特征的，应当采取面对面、视频等方式重新核实客户身份，甄别可疑交易行为，确属可疑的，应当按照反洗钱有关规定采取相关措施，无法核实的，应当中止该支付账户所有业务；对公安机关移送涉案账户的开户单位法定代表人或负责人、经办人员开立的其他单位支付账户，应当重点核实。

（七）优化个人银行账户变更和撤销服务。自2019年6月1日起，银行应当为个人提供境内分支机构跨网点办理账户变更和撤销服务。

（八）建立合法开立和使用账户承诺机制。自2019年6月1日起，银行和支付机构为客户开立账户时，应当在开户申请书、服务协议或开户申请信息填写界面醒目告知客户出租、出借、出售、购买账户的相关法律责任和惩戒措施，并载明以下语句："本人（单位）充分了解并清楚知晓出租、出借、出售、购买账户的相关法律责任和惩戒措施，承诺依法依规开立和使用本人（单位）账户"，由客户确认。

（九）加大买卖银行账户和支付账户、冒名开户惩戒力度。自2019年4月1日起，银行和支付机构对经设区的市级及以上公安机关认定的出租、出借、出售、购买银行账户（含银行卡）或者支付账户的单位和个人及相关组织者，假冒他人身份或者虚构代理关系开立银行账户或者支付账户的单位和个人，5年内暂停其银行账户非柜面业务、支付账户所有业务，并不得为其新开立账户。惩戒期满后，受惩戒的单位和个人办理新开立账户业务的，银行和支付机构应加大审核力度。人民银行将上述单位和个人信息移送金融信用信息基础数据库并向社会公布。

三、加强转账管理

（十）载明非实时到账信息。自2019年6月1日起，对于客户选择普通到账、次日到账等非实时到账的转账业务的，银行和支付机构应当在办理结果回执或界面明确载明该笔转账业务非实时到账。

（十一）改进自助柜员机转账管理。银行通过自助柜员机为个人办理业务时，可在转账受理界面（含外文界面）以中文显示收款人姓名、账号和转账金额等信息（姓名应当脱敏处理），并以中文明确提示该业务实时到账，由客户确认。符合上述要求的，可不再执行《中国人民银行关于加强支付结算管理防范电信网络新型违法犯罪有关事项的通知》（银发〔2016〕261号）第八项关于自助柜员机转账24小时后到账的规定。鼓励银行在自助柜员机应用生物特征识别等多因素身份认证方式，积极探索兼顾安全与便捷的支付服务。

四、强化特约商户与受理终端管理

（十二）建立特约商户信息共享联防机制。自2019年6月1日起，收单机构拓展特约商户时，应当通过中国支付清算协会或银行卡清算机构的特约商户信息管理系统查询其签约、更换收单机构情况和黑名单信息。对于同一特约商户或者同一个人担任法定代表人（负责人）的特约商户存在频繁更换收单机构、被收单机构多次清退或同时签约多个收单机构等异常情形的，收单机构应当谨慎将其拓展为特约商户。对于黑名单中的单位以及相关个人担任法定代表人或负责人的单位，收单机构不得将其拓展为特约商户；已经拓展为特约商户的，应当自其被列入黑名单之日起10日内予以清退。

（十三）加强特约商户管理。收单机构应当严格按规定审核特约商户申请资料，采取有效措施核实其经营活动的真实性和合法性，不得仅凭特约商户主要负责人身份证件为其提供收单服务。不得直接或变相为互联网赌博、色情平台，互联网销售彩票平台，非法外汇、贵金属投资交易平台，非法证券期货类交易平台，代币发行融资及虚拟货币交易平台，未经监管部门批准通过互联网开展资产管理业务以及未取得省级政府批文的大宗商品交易场所等非法交易提供支付结算服务。

（十四）严格受理终端管理。自本通知发布之日起，对于受理终端应当执行下列规定：

1. 收单机构为特约商户安装可移动的银行卡、条码支付受理终端（以下简称移动受理终端）时，应当结合商户经营地址限定受理终端的使用地域范围。收单机构应当对移动受理终端所处位置持续开展实时监测，并逐笔记录交易位置信息，对于无法监测位置或与商户经营地址不符的交易，暂停办理资金结算并立即核实；确认存在移机等违规行为的，应当停止收单服务并收回受理机具。本通知发布前已安装的移动受理终端不符合上述要求的，收单机构应当于2019年6月30日前完成改造；逾期未完成改造的，暂停移动受理终端业务功能。

2. 对于连续3个月内未发生交易的受理终端或收款码，收单机构应当重新核实特约商户身份，无法核实的应当停止为其提供收款服务。对于连续12个月内未发生交易的受理终端或收款码，收单机构应当停止为其提供收款服务。

3. 清算机构应当强化受理终端入网管理，参照国家标准及金融行业标准制定受理终端入网管理制度；应当通过特约商户信息管理系统运用大数据分析技术，持续开展受理终端注册信息与交易信息监测校验，并向收单机构反馈校验结果。收单机构对异常校验结果应当及时采取措施核实、整改。

（十五）强化收单业务风险监测。收单机构、清算机构应当强化收单业务风险管理，持续监测和分析交易金额、笔数、类型、时间、频率和收款方、付款方等特征，完善可疑交易监测模型。收单机构发现交易金额、时间、频率与特约商户经营范围、规模不相符等异常情形的，应当对特约商户采取延迟资金结算、设置收款限额、暂停银行卡交易、收回受理终端（关闭网络支付接口）等措施；发现涉嫌电信网络新型违法犯罪的，应当立即向公安机关报告。收单机构应当与特约商户签订受理协议时明确上述规定。

（十六）健全特约商户分类巡检机制。收单机构应当根据特约商户风险评级确定其巡检方式和频率。对于具备固定经营场所的实体特约商户，收单机构应当每年独立开展至少一次现场巡检；对于不具备固定经营场所的实体特约商户，收单机构应当定期采集其经营影像或照片、开展受理终端定位监测；对于网络特约商户，收单机构应当定期登录其经营网页查看经营内容、开展网络支付接口技术监测和大数据分析。收单机构应当按照上述要求对存量实体特约商户和网络特约商户开展一次全面巡检，于2019年6月30日前形成检查报告备查。

（十七）准确展示交易信息。银行、支付机构应当按照清算机构报文规范要求准确、完整报送实际交易的特约商户信息和收款方、付款方信息，并向客户准确展示商户名称或收款方、付款方名称。

五、广泛宣传教育

（十八）全面设置防诈骗提示。自2019年4月1日起，银行应当在营业网点和柜台醒目位置张贴防范电信网络新型违法犯罪提示，并提醒客户阅知。自2019年6月1日起，银行和支付机构应当在所有电子渠道的转账操作界面设置防范电信网络新型违法犯罪提示。

（十九）开展集中宣传活动。2019年4月至12月，人民银行分支机构、银行、支付机构、清算机构和中国支付清算协会应当制定防范电信网络诈骗宣传方案，综合运用解读文章、海报、漫画等各种宣传方式，利用电视、广播、报纸、微博、微信、微视频等各种宣传渠道，持续向客户宣传普及电信网络新型违法犯罪典型手法及应对措施、转账汇款注意事项、买卖账户社会危害、个人金融信息保护和支付结算常识等内容。应当加强对在校学生、企业财务人员、老年人、农村居民等群体的宣传教育，针对性地开展防范电信网络新型违法犯罪知识进学校、进企业、进社区、进农村等宣传活动。

六、落实责任追究机制

（二十）建立通报约谈机制。对于被公安机关通报配合打击治理电信网络新型违法犯罪工作不力的银行和支付机构，人民银行及其分支机构将会同公安机关约谈相关负责人，根据公安机关移送线索倒查责任落实情况，列为执法检查随机抽查的重点检查对象。

（二十一）依法严格处罚。银行和支付机构违反相关制度以及本通知规定的，应当按照有关规定进行处罚；情节严重的，人民银行依据《中华人民共和国中国人民银行法》第四十六条的规定予以处罚。

各单位在执行中如遇问题，请及时向人民银行报告。人民银行以前发布的通知与本通知不一致的部分，以本通知为准。

请人民银行上海总部，各分行、营业管理部、省会（首府）城市中心支行，深圳市中心支行及时将该通知转发至辖区内各城市商业银行、农村商业银行、农村合作银行、村镇银行、城市信用社、农村信用社和外资银行等。

中国人民银行关于加强支付结算管理防范电信网络新型违法犯罪有关事项的通知

2016年9月30日　　　　　　　　银发〔2016〕261号

中国人民银行上海总部，各分行、营业管理部，各省会（首府）城市中心支行，深圳市中心支行；国家开发银行，各政策性银行、国有商业银行、股份制商业银行，中国邮政储蓄银行；中国银联股份有限公司，中国支付清算协会；各非银行支付机构：

为有效防范电信网络新型违法犯罪，切实保护人民群众财产安全和合法权益，现就加强支付结算管理有关事项通知如下：

一、加强账户实名制管理

（一）全面推进个人账户分类管理。

1. 个人银行结算账户。自2016年12月1日起，银行业金融机构（以下简称银行）为个人开立银行结算账户的，同一个人在同一家银行（以法人为单位，下同）只能开立一个Ⅰ类户，已开立Ⅰ类户，再新开户的，应当开立Ⅱ类户或Ⅲ类户。银行对本银行行内异地存取现、转账等业务，收取异地手续费的，应当自本通知发布之日起三个月内实现免费。

个人于2016年11月30日前在同一家银行开立多个Ⅰ类户的，银行应当对同一存款人开户数量较多的情况进行摸排清理，要求存款人作出说明，核实其开户的合理性。对于无法核实开户合理性的，银行应当引导存款人撤销或归并账户，或者采取降低账户类别等措施，使存款人运用账户分类机制，合理存放资金，保护资金安全。

2. 个人支付账户。自2016年12月1日起，非银行支付机构（以下简称支付机构）为个人开立支付账户的，同一个人在同一家支付机构只能开立一个Ⅲ类账户。支付机构应当于2016年11月30日前完成存量支付账户清理工作，联系开户人确认需保留的账户，其余账户降低类别管理或予以撤并；开户人未按规定时间确认的，支付机构应当保留其使用频率较高和金额较大的账户，后续可根据其申请进行变更。

（二）暂停涉案账户开户人名下所有账户的业务。自2017年1月1日起，对于不法分子用于开展电信网络新型违法犯罪的作案银行账户和支付账户，经设区的市级及以上公安机关认定并纳入电信网络新型违法犯罪交易风险事件管理平台"涉案账户"名单的，银行和支付机构中止该账户所有业务。

银行和支付机构应当通知涉案账户开户人重新核实身份，如其未在3日内向银行或者支付机构重新核实身份的，应当对账户开户人名下其他银行账户暂停非柜面业务，支付账户暂停所有业务。银行和支付机构重新核实账户开户人身份后，可以恢复除涉案账户外的其他账户业务；账户开户人确认账户为他人冒名开立的，应当向银行和支付机构出具被冒用身份开户并同意销户的声明，银行和支付机构予以销户。

（三）建立对买卖银行账户和支付账户、冒名开户的惩戒机制。自2017年1月1日起，银行和支付机构对经设区的市级及以上公安机关认定的出租、出借、出售、购买银行账户（含银行卡，下同）或者支付账户的单位和个人及相关组织者，假冒他人身份或者虚构代理关系开立银行账户或者支付账户的单位和个人，5年内暂停其银行账户非柜面业务、支付账户所有业务，3年内不得为其新开立账户。人民银行将上述单位和个人信息移送金融信用信息基础数据库并向社会公布。

（四）加强对冒名开户的惩戒力度。银行在办理开户业务时，发现个人冒用他人身份开立账户的，应当及时向公安机关报案并将被冒用的身份证件移交公安机关。

（五）建立单位开户审慎核实机制。对于

被全国企业信用信息公示系统列入"严重违法失信企业名单",以及经银行和支付机构核实单位注册地址不存在或者虚构经营场所的单位,银行和支付机构不得为其开户。银行和支付机构应当至少每季度排查企业是否属于严重违法企业,情况属实的,应当在3个月内暂停其业务,逐步清理。

对存在法定代表人或者负责人对单位经营规模及业务背景等情况不清楚、注册地和经营地均在异地等异常情况的单位,银行和支付机构应当加强对单位开户意愿的核查。银行应当对法定代表人或者负责人面签并留存视频、音频资料等,开户初期原则上不开通非柜面业务,待后续了解后再审慎开通。支付机构应当留存单位法定代表人或者负责人开户时的视频、音频资料等。

支付机构为单位开立支付账户,应当参照《人民币银行结算账户管理办法》(中国人民银行令〔2003〕第5号发布)第十七条、第二十四条、第二十六条等相关规定,要求单位提供相关证明文件,并自主或者委托合作机构以面对面方式核实客户身份,或者以非面对面方式通过至少三个合法安全的外部渠道对单位基本信息进行多重交叉验证。对于本通知发布之日前已经开立支付账户的单位,支付机构应当于2017年6月底前按照上述要求核实身份,完成核实前不得为其开立新的支付账户;逾期未完成核实的,支付账户只收不付。支付机构完成核实工作后,将有关情况报告法人所在地人民银行分支机构。

支付机构应当加强对使用个人支付账户开展经营性活动的资金交易监测和持续性客户管理。

(六)加强对异常开户行为的审核。有下列情形之一的,银行和支付机构有权拒绝开户:

1. 对单位和个人身份信息存在疑义,要求出示辅助证件,单位和个人拒绝出示的。

2. 单位和个人组织他人同时或者分批开立账户的。

3. 有明显理由怀疑开立账户从事违法犯罪活动的。

银行和支付机构应当加强账户交易活动监测,对开户之日起6个月内无交易记录的账户,银行应当暂停其非柜面业务,支付机构应当暂停其所有业务,银行和支付机构向单位和个人重新核实身份后,可以恢复其业务。

(七)严格联系电话号码与身份证件号码的对应关系。银行和支付机构应当建立联系电话号码与个人身份证件号码的一一对应关系,对多人使用同一联系电话号码开立和使用账户的情况进行排查清理,联系相关当事人进行确认。对于成年人代理未成年人或者老年人开户预留本人联系电话等合理情形的,由相关当事人出具说明后可以保持不变;对于单位批量开户,预留财务人员联系电话等情形的,应当变更为账户所有人本人的联系电话;对于无法证明合理性的,应当对相关银行账户暂停非柜面业务,支付账户暂停所有业务。

二、加强转账管理

(八)增加转账方式,调整转账时间。自2016年12月1日起,银行和支付机构提供转账服务时应当执行下列规定:

1. 向存款人提供实时到账、普通到账、次日到账等多种转账方式选择,存款人在选择后才能办理业务。

2. 除向本人同行账户转账外,个人通过自助柜员机(含其他具有存取款功能的自助设备,下同)转账的,发卡行在受理24小时后办理资金转账。在发卡行受理后24小时内,个人可以向发卡行申请撤销转账。受理行应当在受理结果界面对转账业务办理时间和可撤销规定作出明确提示。

3. 银行通过自助柜员机为个人办理转账业务的,应当增加汉语语音提示,并通过文字、标识、弹窗等设置防诈骗提醒;非汉语提示界面应当对资金转出等核心关键字段提供汉语提示,无法提示的,不得提供转账。

(九)加强银行非柜面转账管理。自2016年12月1日起,银行在为存款人开通非柜面转账业务时,应当与存款人签订协议,约定非柜面渠道向非同名银行账户和支付账户转账的日累计限额、笔数和年累计限额等,超出限额和笔数的,应当到银行柜面办理。

除向本人同行账户转账外,银行为个人办理非柜面转账业务,单日累计金额超过5万元的,应当采用数字证书或者电子签名等安全可靠的支付指令验证方式。单位、个人银行账户非柜面转账单日累计金额分别超过100万元、30万元的,银行应当进行大额交易提醒,单位、个人确认后方可转账。

(十)加强支付账户转账管理。自2016年12月1日起,支付机构在为单位和个人开立支付账户时,应当与单位和个人签订协议,约定支付账户与支付账户、支付账户与银行账户之间的日累计转账限额和笔数,超出限额和笔数的,不得再办理转账业务。

(十一)加强交易背景调查。银行和支付机构发现账户存在大量转入转出交易的,应当按照"了解你的客户"原则,对单位或者个人的交易背景进行调查。如发现存在异常的,应当按照审慎原则调整向单位和个人提供的相关服务。

(十二)加强特约商户资金结算管理。银行和支付机构为特约商户提供T+0资金结算服务的,应当对特约商户加强交易监测和风险管理,不得为入网不满90日或者入网后连续正常交易不满30日的特约商户提供T+0资金结算服务。

三、加强银行卡业务管理

(十三)严格审核特约商户资质,规范受理终端管理。任何单位和个人不得在网上买卖POS机(包括MPOS)、刷卡器等受理终端。银行和支付机构应当对全部实体特约商户进行现场检查,逐一核对其受理终端的使用地点。对于违规移机使用、无法确认实际使用地点的受理终端一律停止业务功能。银行和支付机构应当于2016年11月30日前形成检查报告备查。

(十四)建立健全特约商户信息管理系统和黑名单管理机制。中国支付清算协会、银行卡清算机构应当建立健全特约商户信息管理系统,组织银行、支付机构详细记录特约商户基本信息、启动和终止服务情况、合规风险状况等。对同一特约商户或者同一个人控制的特约商户反复更换服务机构等异常状况的,银行和支付机构应当审慎为其提供服务。

中国支付清算协会、银行卡清算机构应当建立健全特约商户黑名单管理机制,将因存在重大违规行为被银行和支付机构终止服务的特约商户及其法定代表人或者负责人、公安机关认定为违法犯罪活动转移赃款提供便利的特约商户及相关个人、公安机关认定的买卖账户的单位和个人等,列入黑名单管理。中国支付清算协会应当将黑名单信息移送金融信用信息基础数据库。银行和支付机构不得将黑名单中的单位以及由相关个人担任法定代表人或者负责人的单位拓展为特约商户;已经拓展为特约商户的,应当自该特约商户被列入黑名单之日起10日内予以清退。

四、强化可疑交易监测

(十五)确保交易信息真实、完整、可追溯。支付机构与银行合作开展银行账户付款或者收款业务的,应当严格执行《银行卡收单业务管理办法》(中国人民银行令〔2013〕第9号发布)、《非银行支付机构网络支付业务管理办法》(中国人民银行公告〔2015〕第43号公布)等制度规定,确保交易信息的真实性、完整性、可追溯性以及在支付全流程中的一致性,不得篡改或者隐匿交易信息,交易信息应当至少保存5年。银行和支付机构应当于2017年3月31日前按照网络支付报文相关金融行业技术标准完成系统改造,逾期未完成改造的,暂停有关业务。

(十六)加强账户监测。银行和支付机构应当加强对银行账户和支付账户的监测,建立和完善可疑交易监测模型,账户及其资金划转具有集中转入分散转出等可疑交易特征的(详见附件1),应当列入可疑交易。

对于列入可疑交易的账户,银行和支付机构应当与相关单位或者个人核实交易情况;经核实后银行和支付机构仍然认定账户可疑的,银行应当暂停账户非柜面业务,支付机构应当暂停账户所有业务,并按照规定报送可疑交易报告或者重点可疑交易报告;涉嫌违法犯罪的,应当及时向当地公安机关报告。

(十七)强化支付结算可疑交易监测的研究。中国支付清算协会、银行卡清算机构应当根据公安机关、银行、支付机构提供的可疑交易情形,构建可疑交易监测模型,向银行和支付机构发布。

五、健全紧急止付和快速冻结机制

(十八)理顺工作机制,按期接入电信网络新型违法犯罪交易风险事件管理平台。2016年11月30日前,支付机构应当理顺本机构协助有权机关查询、止付、冻结和扣划工作流程;实现查询账户信息和交易流水以及账户止付、冻结和扣划等;指定专人专岗负责协助查询、止付、冻结和扣划工作,不得推诿、拖延。银行、从事网络支付的支付机构应当根据有关要求，按时完成本单位核心系统的开发和改造工作，在2016年底前全部接入电信网络新型违法犯罪交易风险事件管理平台。

六、加大对无证机构的打击力度

（十九）依法处置无证机构。人民银行分支机构应当充分利用支付机构风险专项整治工作机制，加强与地方政府以及工商部门、公安机关的配合，及时出具相关非法从事资金支付结算的行政认定意见，加大对无证机构的打击力度，尽快依法处置一批无证经营机构。人民银行上海总部，各分行、营业管理部、省会（首府）城市中心支行应当按月填制《无证经营支付业务专项整治工作进度表》（见附件2），将辖区工作进展情况上报总行。

七、建立责任追究机制

（二十）严格处罚，实行责任追究。人民银行分支机构、银行和支付机构应当履职尽责，确保打击治理电信网络新型违法犯罪工作取得实效。

凡是发生电信网络新型违法犯罪案件的，应当倒查银行、支付机构的责任落实情况。银行和支付机构违反相关制度以及本通知规定的，应当按照有关规定进行处罚；情节严重的，人民银行依据《中华人民共和国中国人民银行法》第四十六条的规定予以处罚，并可采取暂停1个月至6个月新开立账户和办理支付业务的监管措施。

凡是人民银行分支机构监管责任不落实，导致辖区内银行和支付机构未有效履职尽责，公众在电信网络新型违法犯罪活动中遭受严重资金损失，产生恶劣社会影响的，应当对人民银行分支机构进行问责。

人民银行分支机构、银行、支付机构、中国支付清算协会、银行卡清算机构应当按照规定向人民银行总行报告本通知执行情况并填报有关统计表（具体报送方式及内容见附件3）。

请人民银行上海总部，各分行、营业管理部、省会（首府）城市中心支行，深圳市中心支行及时将该通知转发至辖区内各城市商业银行、农村商业银行、农村合作银行、村镇银行、城市信用社、农村信用社和外资银行等。

各单位在执行中如遇问题，请及时向人民银行报告。

最高人民法院　最高人民检察院　公安部
关于办理电信网络诈骗等刑事案件适用法律若干问题的意见

2016年12月19日　　　　　　　　　法发〔2016〕32号

为依法惩治电信网络诈骗等犯罪活动，保护公民、法人和其他组织的合法权益，维护社会秩序，根据《中华人民共和国刑法》《中华人民共和国刑事诉讼法》等法律和有关司法解释的规定，结合工作实际，制定本意见。

一、总体要求

近年来，利用通讯工具、互联网等技术手段实施的电信网络诈骗犯罪活动持续高发，侵犯公民个人信息，扰乱无线电通讯管理秩序，掩饰、隐瞒犯罪所得、犯罪所得收益等上下游关联犯罪不断蔓延。此类犯罪严重侵害人民群众财产安全和其他合法权益，严重干扰电信网络秩序，严重破坏社会诚信，严重影响人民群众安全感和社会和谐稳定，社会危害性大，人民群众反映强烈。

人民法院、人民检察院、公安机关要针对电信网络诈骗等犯罪的特点，坚持全链条全方位打击，坚持依法从严从快惩处，坚持最大力度最大限度追赃挽损，进一步健全工作机制，加强协作配合，坚决有效遏制电信网络诈骗等犯罪活动，努力实现法律效果和社会效果的高度统一。

二、依法严惩电信网络诈骗犯罪

（一）根据《最高人民法院、最高人民检察院关于办理诈骗刑事案件具体应用法律若干问题的解释》第一条的规定，利用电信网络技术手段实施诈骗,诈骗公私财物价值三千元以上、三万元以上、五十万元以上的,应当分别认定为刑法第二百六十六条规定的"数额较大""数额巨大""数额特别巨大"。

二年内多次实施电信网络诈骗未经处理,诈骗数额累计计算构成犯罪的,应当依法定罪处罚。

(二)实施电信网络诈骗犯罪,达到相应数额标准,具有下列情形之一的,酌情从重处罚:

1. 造成被害人或其近亲属自杀、死亡或者精神失常等严重后果的;
2. 冒充司法机关等国家机关工作人员实施诈骗的;
3. 组织、指挥电信网络诈骗犯罪团伙的;
4. 在境外实施电信网络诈骗的;
5. 曾因电信网络诈骗犯罪受过刑事处罚或者二年内曾因电信网络诈骗受过行政处罚的;
6. 诈骗残疾人、老年人、未成年人、在校学生、丧失劳动能力人的财物,或者诈骗重病患者及其亲属财物的;
7. 诈骗救灾、抢险、防汛、优抚、扶贫、移民、救济、医疗等款物的;
8. 以赈灾、募捐等社会公益、慈善名义实施诈骗的;
9. 利用电话追呼系统等技术手段严重干扰公安机关等部门工作的;
10. 利用"钓鱼网站"链接、"木马"程序链接、网络渗透等隐蔽技术手段实施诈骗的。

(三)实施电信网络诈骗犯罪,诈骗数额接近"数额巨大""数额特别巨大"的标准,具有前述第(二)条规定的情形之一的,应当分别认定为刑法第二百六十六条规定的"其他严重情节""其他特别严重情节"。

上述规定的"接近",一般应掌握在相应数额标准的百分之八十以上。

(四)实施电信网络诈骗犯罪,犯罪嫌疑人、被告人实际骗得财物的,以诈骗罪(既遂)定罪处罚。诈骗数额难以查证,但具有下列情形之一的,应当认定为刑法第二百六十六条规定的"其他严重情节",以诈骗罪(未遂)定罪处罚:

1. 发送诈骗信息五千条以上的,或者拨打诈骗电话五百人次以上的;
2. 在互联网上发布诈骗信息,页面浏览量累计五千次以上的。

具有上述情形,数量达到相应标准十倍以上的,应当认定为刑法第二百六十六条规定的"其他特别严重情节",以诈骗罪(未遂)定罪处罚。

上述"拨打诈骗电话",包括拨出诈骗电话和接听被害人回拨电话。反复拨打、接听同一电话号码,以及反复向同一被害人发送诈骗信息的,拨打、接听电话次数、发送信息条数累计计算。

因犯罪嫌疑人、被告人故意隐匿、毁灭证据等原因,致拨打电话次数、发送信息条数的证据难以收集的,可以根据经查证属实的日拨打人次数、日发送信息条数,结合犯罪嫌疑人、被告人实施犯罪的时间、犯罪嫌疑人、被告人的供述等相关证据,综合予以认定。

(五)电信网络诈骗既有既遂,又有未遂,分别达到不同量刑幅度的,依照处罚较重的规定处罚;达到同一量刑幅度的,以诈骗罪既遂处罚。

(六)对实施电信网络诈骗犯罪的被告人裁量刑罚,在确定量刑起点、基准刑时,一般应就高选择。确定宣告刑时,应当综合全案事实情节,准确把握从重、从轻量刑情节的调节幅度,保证罪责刑相适应。

(七)对实施电信网络诈骗犯罪的被告人,应当严格控制适用缓刑的范围,严格掌握适用缓刑的条件。

(八)对实施电信网络诈骗犯罪的被告人,应当更加注重依法适用财产刑,加大经济上的惩罚力度,最大限度剥夺被告人再犯的能力。

三、全面惩处关联犯罪

(一)在实施电信网络诈骗活动中,非法使用"伪基站""黑广播",干扰无线电通讯秩序,符合刑法第二百八十八条规定的,以扰乱无线电通讯管理秩序罪追究刑事责任。同时构成诈骗罪的,依照处罚较重的规定定罪处罚。

(二)违反国家有关规定,向他人出售或者提供公民个人信息,窃取或者以其他方法非法获取公民个人信息,符合刑法第二百五十三条之一规定的,以侵犯公民个人信息罪追究刑事责任。

使用非法获取的公民个人信息,实施电信网络诈骗犯罪行为,构成数罪的,应当依法予以并罚。

(三)冒充国家机关工作人员实施电信网络诈骗犯罪,同时构成诈骗罪和招摇撞骗罪的,依照处罚较重的规定定罪处罚。

(四)非法持有他人信用卡,没有证据证明从事电信网络诈骗犯罪活动,符合刑法第一百七十七条之一第一款第(二)项规定的,以妨害信用卡管理罪追究刑事责任。

(五)明知是电信网络诈骗犯罪所得及其产生的收益,以下列方式之一予以转账、套现、取现的,依照刑法第三百一十二条第一款的规定,以掩饰、隐瞒犯罪所得、犯罪所得收益罪追究刑事责任。但有证据证明确实不知道的除外:

1. 通过使用销售点终端机具(POS机)刷卡套现等非法途径,协助转换或者转移财物的;

2. 帮助他人将巨额现金散存于多个银行账户,或在不同银行账户之间频繁划转的;

3. 多次使用或者使用多个非本人身份证明开设的信用卡、资金支付结算账户或者多次采用遮蔽摄像头、伪装等异常手段,帮助他人转账、套现、取现的;

4. 为他人提供非本人身份证明开设的信用卡、资金支付结算账户后,又帮助他人转账、套现、取现的;

5. 以明显异于市场的价格,通过手机充值、交易游戏点卡等方式套现的。

实施上述行为,事前通谋的,以共同犯罪论处。

实施上述行为,电信网络诈骗犯罪嫌疑人尚未到案或案件尚未依法裁判,但现有证据足以证明该犯罪行为确实存在的,不影响掩饰、隐瞒犯罪所得、犯罪所得收益罪的认定。

实施上述行为,同时构成其他犯罪的,依照处罚较重的规定定罪处罚。法律和司法解释另有规定的除外。

(六)网络服务提供者不履行法律、行政法规规定的信息网络安全管理义务,经监管部门责令采取改正措施而拒不改正,致使诈骗信息大量传播,或者用户信息泄露造成严重后果的,依照刑法第二百八十六条之一的规定,以拒不履行信息网络安全管理义务罪追究刑事责任。同时构成诈骗罪的,依照处罚较重的规定定罪处罚。

(七)实施刑法第二百八十七条之一、第二百八十七条之二规定之行为,构成非法利用信息网络罪、帮助信息网络犯罪活动罪,同时构成诈骗罪的,依照处罚较重的规定定罪处罚。

(八)金融机构、网络服务提供者、电信业务经营者等在经营活动中,违反国家有关规定,被电信网络诈骗犯罪分子利用,使他人遭受财产损失的,依法承担相应责任。构成犯罪的,依法追究刑事责任。

四、准确认定共同犯罪与主观故意

(一)三人以上为实施电信网络诈骗犯罪而组成的较为固定的犯罪组织,应依法认定为诈骗犯罪集团。对组织、领导犯罪集团的首要分子,按照集团所犯的全部罪行处罚。对犯罪集团中组织、指挥、策划者和骨干分子依法从严惩处。

对犯罪集团中起次要、辅助作用的从犯,特别是在规定期限内投案自首、积极协助抓获主犯、积极协助追赃的,依法从轻或减轻处罚。

对犯罪集团首要分子以外的主犯,应当按照其所参与的或者组织、指挥的全部犯罪处罚。全部犯罪包括能够查明具体诈骗数额的事实和能够查明发送诈骗信息条数、拨打诈骗电话人次数、诈骗信息网页浏览次数的事实。

(二)多人共同实施电信网络诈骗,犯罪嫌疑人、被告人应对其参与期间该诈骗团伙实施的全部诈骗行为承担责任。在其所参与的犯罪环节中起主要作用的,可以认定为主犯;起次要作用的,可以认定为从犯。

上述规定的"参与期间",从犯罪嫌疑人、被告人着手实施诈骗行为开始起算。

(三)明知他人实施电信网络诈骗犯罪,具有下列情形之一的,以共同犯罪论处,但法律和司法解释另有规定的除外:

1. 提供信用卡、资金支付结算账户、手机卡、通讯工具的;

2. 非法获取、出售、提供公民个人信息的;

3. 制作、销售、提供"木马"程序和"钓鱼软件"等恶意程序的;

4. 提供"伪基站"设备或相关服务的;

5. 提供互联网接入、服务器托管、网络存储、通讯传输等技术支持,或者提供支付结算等帮助的;

6. 在提供改号软件、通话线路等技术服务时,发现主叫号码被修改为国内党政机关、司法机关、公共服务部门号码,或者境外用户改为境内号码,仍提供服务的;

7. 提供资金、场所、交通、生活保障等帮助的;

8. 帮助转移诈骗犯罪所得及其产生的收益,套现、取现的。

上述规定的"明知他人实施电信网络诈骗犯罪",应当结合被告人的认知能力,既往经历,行为次数和手段,与他人关系,获利情况,是否曾因电信网络诈骗受过处罚,是否故意规避调查等主客观因素进行综合分析认定。

(四)负责招募他人实施电信网络诈骗犯罪活动,或者制作、提供诈骗方案、术语清单、语音包、信息等的,以诈骗共同犯罪论处。

(五)部分犯罪嫌疑人在逃,但不影响对已到案共同犯罪嫌疑人、被告人的犯罪事实认定的,可以依法先行追究已到案共同犯罪嫌疑人、被告人的刑事责任。

五、依法确定案件管辖

(一)电信网络诈骗犯罪案件一般由犯罪地公安机关立案侦查,如果由犯罪嫌疑人居住地公安机关立案侦查更为适宜的,可以由犯罪嫌疑人居住地公安机关立案侦查。犯罪地包括犯罪行为发生地和犯罪结果发生地。

"犯罪行为发生地"包括用于电信网络诈骗犯罪的网站服务器所在地,网站建立者、管理者所在地,被侵害的计算机信息系统或其管理者所在地,犯罪嫌疑人、被害人使用的计算机信息系统所在地,诈骗电话、短信息、电子邮件等的拨打地、发送地、到达地、接受地,以及诈骗行为持续发生的实施地、预备地、开始地、途经地、结束地。

"犯罪结果发生地"包括被害人被骗时所在地,以及诈骗所得财物的实际取得地、藏匿地、转移地、使用地、销售地等。

(二)电信网络诈骗最初发现地公安机关侦办的案件,诈骗数额当时未达到"数额较大"标准,但后续累计达到"数额较大"标准,可由最初发现地公安机关立案侦查。

(三)具有下列情形之一的,有关公安机关可以在其职责范围内并案侦查:

1. 一人犯数罪的;

2. 共同犯罪的;

3. 共同犯罪的犯罪嫌疑人还实施其他犯罪的;

4. 多个犯罪嫌疑人实施的犯罪存在直接关联,并案处理有利于查明案件事实的。

(四)对因网络交易、技术支持、资金支付结算等关系形成多层级链条、跨区域的电信网络诈骗等犯罪案件,可由共同上级公安机关按照有利于查清犯罪事实、有利于诉讼的原则,指定有关公安机关立案侦查。

(五)多个公安机关都有权立案侦查的电信网络诈骗等犯罪案件,由最初受理的公安机关或者主要犯罪地公安机关立案侦查。有争议的,按照有利于查清犯罪事实、有利于诉讼的原则,协商解决。经协商无法达成一致的,由共同上级公安机关指定有关公安机关立案侦查。

(六)在境外实施的电信网络诈骗等犯罪案件,可由公安部按照有利于查清犯罪事实、有利于诉讼的原则,指定有关公安机关立案侦查。

(七)公安机关立案、并案侦查,或因有争议,由共同上级公安机关指定立案侦查的案件,需要提请批准逮捕、移送审查起诉、提起公诉的,由该公安机关所在地的人民检察院、人民法院受理。

对重大疑难复杂案件和境外案件,公安机关应在指定立案侦查前,向同级人民检察院、人民法院通报。

(八)已确定管辖的电信诈骗共同犯罪案件,在逃的犯罪嫌疑人归案后,一般由原管辖的公安机关、人民检察院、人民法院管辖。

六、证据的收集和审查判断

(一)办理电信网络诈骗案件,确因被害人人数众多等客观条件的限制,无法逐一收集被害人陈述的,可以结合已收集的被害人陈述,以及经查证属实的银行账户交易记录、第三方支付结算账户交易记录、通话记录、电子数据等证据,综合认定被害人人数及诈骗资金数额等犯罪事实。

(二)公安机关采取技术侦查措施收集的

案件证明材料，作为证据使用的，应当随案移送批准采取技术侦查措施的法律文书和所收集的证据材料，并对其来源等作出书面说明。

（三）依照国际条约、刑事司法协助、互助协议或平等互助原则，请求证据材料所在地司法机关收集，或通过国际警务合作机制、国际刑警组织启动合作取证程序收集的境外证据材料，经查证属实，可以作为定案的依据。公安机关应对其来源、提取人、提取时间或者提供人、提供时间以及保管移交的过程等作出说明。

对其他来自境外的证据材料，应当对其来源、提供人、提供时间以及提取人、提取时间进行审查。能够证明案件事实且符合刑事诉讼法规定的，可以作为证据使用。

七、涉案财物的处理

（一）公安机关侦办电信网络诈骗案件，应当随案移送涉案赃款赃物，并附清单。人民检察院提起公诉时，应一并移交受理案件的人民法院，同时就涉案赃款赃物的处理提出意见。

（二）涉案银行账户或者涉案第三方支付账户内的款项，对权属明确的被害人的合法财产，应当及时返还。确因客观原因无法查实全部被害人，但有证据证明该账户系用于电信网络诈骗犯罪，且被告人无法说明款项合法来源的，根据刑法第六十四条的规定，应认定为违法所得，予以追缴。

（三）被告人已将诈骗财物用于清偿债务或者转让给他人，具有下列情形之一的，应当依法追缴：

1. 对方明知是诈骗财物而收取的；
2. 对方无偿取得诈骗财物的；
3. 对方以明显低于市场的价格取得诈骗财物的；
4. 对方取得诈骗财物系源于非法债务或者违法犯罪活动的。

他人善意取得诈骗财物的，不予追缴。

最高人民法院　最高人民检察院　公安部
关于办理电信网络诈骗等刑事案件适用法律若干问题的意见（二）

2021年6月17日　　　　　　　　法发〔2021〕22号

为进一步依法严厉惩治电信网络诈骗犯罪，对其上下游关联犯罪实行全链条、全方位打击，根据《中华人民共和国刑法》《中华人民共和国刑事诉讼法》等法律和有关司法解释的规定，针对司法实践中出现的新的突出问题，结合工作实际，制定本意见。

一、电信网络诈骗犯罪地，除《最高人民法院、最高人民检察院、公安部关于办理电信网络诈骗等刑事案件适用法律若干问题的意见》规定的犯罪行为发生地和结果发生地外，还包括：

（一）用于犯罪活动的手机卡、流量卡、物联网卡的开立地、销售地、转移地、藏匿地；

（二）用于犯罪活动的信用卡的开立地、销售地、转移地、藏匿地、使用地以及资金交易对手资金交付和汇出地；

（三）用于犯罪活动的银行账户、非银行支付账户的开立地、销售地、使用地以及资金交易对手资金交付和汇出地；

（四）用于犯罪活动的即时通讯信息、广告推广信息的发送地、接受地、到达地；

（五）用于犯罪活动的"猫池"（Modem Pool）、GOIP设备、多卡宝等硬件设备的销售地、入网地、藏匿地；

（六）用于犯罪活动的互联网账号的销售地、登录地。

二、为电信网络诈骗犯罪提供作案工具、技术支持等帮助以及掩饰、隐瞒犯罪所得及其产生的收益，由此形成多层级犯罪链条的，或者利用同一网站、通讯群组、资金账户、作案窝点实施电信网络诈骗犯罪的，应当认定为多个犯罪嫌疑人、被告人实施的犯罪存在关联，人民法院、人民检察院、公安机关可以在其职责范围内并案处理。

三、有证据证实行为人参加境外诈骗犯罪集团或犯罪团伙，在境外针对境内居民实施电信网络诈骗犯罪行为，诈骗数额难以查证，但一年内出境赴境外诈骗犯罪窝点累计时间30日以上或多次出境赴境外诈骗犯罪窝点的，应当认定为刑法第二百六十六条规定的"其他严重情节"，以诈骗罪依法追究刑事责任。有证据证明其出境从事正当活动的除外。

四、无正当理由持有他人的单位结算卡的，属于刑法第一百七十七条之一第一款第（二）项规定的"非法持有他人信用卡"。

五、非法获取、出售、提供具有信息发布、即时通讯、支付结算等功能的互联网账号密码、个人生物识别信息，符合刑法第二百五十三条之一规定的，以侵犯公民个人信息罪追究刑事责任。

对批量前述互联网账号密码、个人生物识别信息的条数，根据查获的数量直接认定，但有证据证明信息不真实或者重复的除外。

六、在网上注册办理手机卡、信用卡、银行账户、非银行支付账户时，为通过网上认证，使用他人身份证件信息并替换他人身份证件相片，属于伪造身份证件行为，符合刑法第二百八十条第三款规定的，以伪造身份证件罪追究刑事责任。

使用伪造、变造的身份证件或者盗用他人身份证件办理手机卡、信用卡、银行账户、非银行支付账户，符合刑法第二百八十条之一第一款规定的，以使用虚假身份证件、盗用身份证件罪追究刑事责任。

实施上述两款行为，同时构成其他犯罪的，依照处罚较重的规定定罪处罚。法律和司法解释另有规定的除外。

七、为他人利用信息网络实施犯罪而实施下列行为，可以认定为刑法第二百八十七条之二规定的"帮助"行为：

（一）收购、出售、出租信用卡、银行账户、非银行支付账户、具有支付结算功能的互联网账号密码、网络支付接口、网上银行数字证书的；

（二）收购、出售、出租他人手机卡、流量卡、物联网卡的。

八、认定刑法第二百八十七条之二规定的行为人明知他人利用信息网络实施犯罪，应当根据行为人收购、出售、出租前述第七条规定的信用卡、银行账户、非银行支付账户、具有支付结算功能的互联网账号密码、网络支付接口、网上银行数字证书，或者他人手机卡、流量卡、物联网卡等的次数、张数、个数，并结合行为人的认知能力、既往经历、交易对象、与实施信息网络犯罪的行为人的关系、提供技术支持或者帮助的时间和方式、获利情况以及行为人的供述等主客观因素，予以综合认定。

收购、出售、出租单位银行结算账户、非银行支付机构单位支付账户，或者电信、银行、网络支付等行业从业人员利用履行职责或提供服务便利，非法开办并出售、出租他人手机卡、信用卡、银行账户、非银行支付账户等的，可以认定为《最高人民法院、最高人民检察院关于办理非法利用信息网络、帮助信息网络犯罪活动等刑事案件适用法律若干问题的解释》第十一条第（七）项规定的"其他足以认定行为人明知的情形"。但有相反证据的除外。

九、明知他人利用信息网络实施犯罪，为其犯罪提供下列帮助之一的，可以认定为《最高人民法院、最高人民检察院关于办理非法利用信息网络、帮助信息网络犯罪活动等刑事案件适用法律若干问题的解释》第十二条第一款第（七）项规定的"其他情节严重的情形"：

（一）收购、出售、出租信用卡、银行账户、非银行支付账户、具有支付结算功能的互联网账号密码、网络支付接口、网上银行数字证书5张（个）以上的；

（二）收购、出售、出租他人手机卡、流量卡、物联网卡20张以上的。

十、电商平台预付卡、虚拟货币、手机充值卡、游戏点卡、游戏装备等经销商，在公安机关调查案件过程中，被明确告知其交易对象涉嫌电信网络诈骗犯罪，仍与其继续交易，符合刑法第二百八十七条之二规定的，以帮助信息网络犯罪活动罪追究刑事责任。同时构成其他犯罪的，依照处罚较重的规定定罪处罚。

十一、明知是电信网络诈骗犯罪所得及其产生的收益，以下列方式之一予以转账、套现、取现，符合刑法第三百一十二条第一款规定的，以掩饰、隐瞒犯罪所得、犯罪所得收益罪追究刑事责任。但有证据证明确实不知道的除外。

（一）多次使用或者使用多个非本人身份证明开设的收款码、网络支付接口等，帮助他人转账、套现、取现的；

（二）以明显异于市场的价格，通过电商平台预付卡、虚拟货币、手机充值卡、游戏点卡、游戏装备等转换财物、套现的；

（三）协助转换或者转移财物，收取明显高于市场的"手续费"的。

实施上述行为，事前通谋的，以共同犯罪论处；同时构成其他犯罪的，依照处罚较重的规定定罪处罚。法律和司法解释另有规定的除外。

十二、为他人实施电信网络诈骗犯罪提供技术支持、广告推广、支付结算等帮助，或者窝藏、转移、收购、代为销售及以其他方法掩饰、隐瞒电信网络诈骗犯罪所得及其产生的收益，诈骗犯罪行为可以确认，但实施诈骗的行为人尚未到案，可以依法先行追究已到案的上述犯罪嫌疑人、被告人的刑事责任。

十三、办案地公安机关可以通过公安机关信息化系统调取异地公安机关依法制作、收集的刑事案件受案登记表、立案决定书、被害人陈述等证据材料。调取时不得少于两名侦查人员，并应记载调取的时间、使用的信息化系统名称等相关信息，调取人签名并加盖办案地公安机关印章。经审核证明真实的，可以作为证据使用。

十四、通过国（区）际警务合作收集或者境外警方移交的境外证据材料，确因客观条件限制，境外警方未提供相关证据的发现、收集、保管、移交情况等材料的，公安机关应当对上述证据材料的来源、移交过程以及种类、数量、特征等作出书面说明，由两名以上侦查人员签名并加盖公安机关印章。经审核能够证明案件事实的，可以作为证据使用。

十五、对境外司法机关抓获并羁押的电信网络诈骗犯罪嫌疑人，在境内接受审判的，境外的羁押期限可以折抵刑期。

十六、办理电信网络诈骗犯罪案件，应当充分贯彻宽严相济刑事政策。在侦查、审查起诉、审判过程中，应当全面收集证据、准确甄别犯罪嫌疑人、被告人在共同犯罪中的层级地位及作用大小，结合其认罪态度和悔罪表现，区别对待，宽严并用，科学量刑，确保罚当其罪。

对于电信网络诈骗犯罪集团、犯罪团伙的组织者、策划者、指挥者和骨干分子，以及利用未成年人、在校学生、老年人、残疾人实施电信网络诈骗的，依法从严惩处。

对于电信网络诈骗犯罪集团、犯罪团伙中的从犯，特别是其中参与时间相对较短、诈骗数额相对较低或者从事辅助性工作并领取少量报酬，以及初犯、偶犯、未成年人、在校学生等，应当综合考虑其在共同犯罪中的地位作用、社会危害程度、主观恶性、人身危险性、认罪悔罪表现等情节，可以依法从轻、减轻处罚。犯罪情节轻微的，可以依法不起诉或者免予刑事处罚；情节显著轻微危害不大的，不以犯罪论处。

十七、查扣的涉案账户内资金，应当优先返还被害人，如不足以全额返还的，应当按照比例返还。

最高人民法院　最高人民检察院　公安部
工业和信息化部　中国人民银行
关于依法严厉打击惩戒治理非法买卖电话卡银行卡违法犯罪活动的通告

2020年12月16日

当前，非法买卖电话卡、银行卡（以下简称"两卡"）用于电信网络诈骗及其他相关违法犯罪活动问题日益突出，严重损害人民群众切身利益，严重侵蚀社会诚信根基，必须坚决依法严厉打击、惩戒和治理。为切实维护人民群众合法权益和社会治安大局稳定,依据《中华人民共和国刑法》《中华人民共和国刑事诉讼法》《中华人民共和国网络安全法》等有关法律规定,现就依法严厉打击惩戒治理非法买卖"两卡"违法犯罪活动的有关事项通告如下:

一、凡是实施非法出租、出售、购买"两卡"(包括手机卡、物联网卡、个人银行卡、单位银行账户及结算卡、支付账户等)违法犯罪活动的人员,必须立即停止一切违法犯罪活动。自本通告发布之日起至2021年1月15日前,主动投案自首,如实供述、积极揭发的,可以依法从轻或者减轻处罚。在规定期限内拒不投案自首的,将依法从严惩处。

二、公安机关、人民检察院、人民法院将以"零容忍"的态度,依法从严打击非法买卖"两卡"违法犯罪活动,全力斩断非法买卖"两卡"的黑灰产业链。

三、电信行业监管部门和人民银行将依法加强行业监管,电信企业、银行业金融机构、非银行支付机构要按照"谁开卡、谁负责"的原则,落实主体责任,强化风险防控。

四、公安机关将对重点电信运营商和银行营业网点加强巡查,及时发现非法买卖"两卡"的可疑人员。涉案"两卡"较多地区公安机关将逐一上门,与涉案"两卡"开卡人见面,并签订承诺书。

五、对经设区的市级及以上公安机关认定的非法出租、出售、购买银行账户(卡)或者支付账户的单位和个人及相关组织者,银行业金融机构和非银行支付机构根据《中国人民银行 公安部对买卖银行卡或账户的个人实施惩戒的通知》(银发〔2019〕304号)实施5年内暂停其银行账户(卡)非柜面业务、支付账户所有业务,不得新开户等惩戒措施。相关单位和个人对惩戒提出申诉的,经公安机关确认后,银行业金融机构和非银行支付机构将及时解除相关惩戒措施,恢复业务办理。对经设区的市级及以上公安机关认定并处理的非法出租、出售、购买电话卡的失信用户,电信行业监管部门将联合公安机关,推动实施相关惩戒措施。

广大人民群众要提高防范意识,切莫贪图小利、心存侥幸,非法买卖"两卡",并积极向公安机关反诈骗中心举报涉"两卡"的违法犯罪线索,打一场打击惩戒治理非法买卖"两卡"违法犯罪活动的人民战争。

本通告自发布之日起施行。

最高人民检察院
关于办理涉互联网金融犯罪案件有关问题座谈会纪要

2017年6月1日　　　　　　　　　　高检诉〔2017〕14号

互联网金融是金融与互联网相互融合形成的新型金融业务模式。发展互联网金融,对加快实施创新驱动发展战略、推进供给侧结构性改革、促进经济转型升级具有积极作用。但是,在互联网金融快速发展过程中,部分机构、业态偏离了正确方向,有些甚至打着"金融创新"的幌子进行非法集资、金融诈骗等违法犯罪活动,严重扰乱了金融管理秩序,侵害了人民群众合法权益。

2016年4月,国务院部署开展了互联网金融风险专项整治工作,集中整治违法违规行为,防范和化解互联网金融风险。各级检察机关积极参与专项整治工作,依法办理进入检察环节的涉互联网金融犯罪案件。针对办案中遇到的新情况、新问题,高检院公诉厅先后在昆明、上海、福州召开座谈会,对办理涉互联网金融犯罪案件中遇到的有关行为性质、法律适用、证据审查、追诉范围等问题进行了深入研究。纪要如下:

一、办理涉互联网金融犯罪案件的基本要求

促进和保障互联网金融规范健康发展,是检察机关服务经济社会发展的重要内容。各地检察机关公诉部门应当充分认识防范和化解互联网金融风险的重要性、紧迫性和复杂性，立足检察职能，积极参与互联网金融风险专项整治工作，有效预防、依法惩治涉互联网金融犯罪，切实维护人民群众合法权益，维护国家金融安全。

1. 准确认识互联网金融的本质。互联网金融的本质仍然是金融，其潜在的风险与传统金融没有区别，甚至还可能因互联网的作用而被放大。要依据现有的金融管理法律规定，依法准确判断各类金融活动、金融业态的法律性质，准确界定金融创新和金融违法犯罪的界限。在办理涉互联网金融犯罪案件时，判断是否符合"违反国家规定""未经有关国家主管部门批准"等要件时，应当以现行刑事法律和金融管理法律法规为依据。对各种类型互联网金融活动，要深入剖析行为实质并据此判断其性质，从而准确区分罪与非罪、此罪与彼罪、罪轻与罪重、打击与保护的界限，不能机械地被所谓"互联网金融创新"表象所迷惑。

2. 妥善把握刑事追诉的范围和边界。涉互联网金融犯罪案件涉案人员众多，要按照区别对待的原则分类处理，综合运用刑事追诉和非刑事手段处置和化解风险，打击少数、教育挽救大多数。要坚持主客观相统一的原则，根据犯罪嫌疑人在犯罪活动中的地位作用、涉案数额、危害结果、主观过错等主客观情节，综合判断责任轻重及刑事追诉的必要性，做到罪责适应、罚当其罪。对犯罪情节严重、主观恶性大、在犯罪中起主要作用的人员，特别是核心管理层人员和骨干人员，依法从严打击；对犯罪情节相对较轻、主观恶性较小、在犯罪中起次要作用的人员依法从宽处理。

3. 注重案件统筹协调推进。涉互联网金融犯罪跨区域特征明显，各地检察机关公诉部门要按照"统一办案协调、统一案件指挥、统一资产处置、分别侦查诉讼、分别落实维稳"（下称"三统两分"）的要求分别处理好辖区内案件，加强横向、纵向联系，在上级检察机关特别是省级检察院的指导下统一协调推进办案工作，确保辖区内案件处理结果相对平衡统一。跨区县案件由地市级检察院统筹协调，跨地市案件由省级检察院统一协调，跨省案件由高检院公诉厅统一协调。各级检察机关公诉部门要加强与公安机关、地方金融办等相关单位以及检察机关内部侦监、控申等部门的联系，建立健全案件信息通报机制，及时掌握重大案件的立案、侦查、批捕、信访等情况，适时开展提前介入侦查等工作，并及时上报上级检察院。省级检察院公诉部门要发挥工作主动性，主动掌握社会影响大的案件情况，研究制定工作方案，统筹协调解决办案中遇到的问题，重大、疑难、复杂问题要及时向高检院报告。

4. 坚持司法办案"三个效果"有机统一。涉互联网金融犯罪影响广泛，社会各界特别是投资人群体十分关注案件处理。各级检察机关公诉部门要从有利于全案依法妥善处置的角度出发，切实做好提前介入侦查引导取证、审查起诉、出庭公诉等各个阶段的工作，依法妥善处理重大敏感问题，不能机械司法、就案办案。同时，要把办案工作与保障投资人合法权益紧密结合起来，同步做好释法说理、风险防控、追赃挽损、维护稳定等工作，努力实现司法办案的法律效果、社会效果、政治效果有机统一。

二、准确界定涉互联网金融行为法律性质

5. 互联网金融涉及 P2P 网络借贷、股权众筹、第三方支付、互联网保险以及通过互联网开展资产管理及跨界从事金融业务等多个金融领域，行为方式多样，所涉法律关系复杂。违法犯罪行为隐蔽性、迷惑性强，波及面广，社会影响大，要根据犯罪行为的实质特征和社会危害，准确界定行为的法律性质和刑法适用的罪名。

（一）非法吸收公众存款行为的认定

6. 涉互联网金融活动在未经有关部门依法批准的情形下，公开宣传并向不特定公众吸收资金，承诺在一定期限内还本付息的，应当依法追究刑事责任。其中，应重点审查互联网金融活动相关主体是否存在归集资金、沉淀资金，致使投资人资金存在被挪用、侵占等重大风险等情形。

7. 互联网金融的本质是金融，判断其是否属于"未经有关部门依法批准"，即行为是否具有非法性的主要法律依据是《商业银行法》《非法金融机构和非法金融业务活动取缔办法》（国务院令第 247 号）等现行有效的金融管理法律规定。

8. 对以下网络借贷领域的非法吸收公众资金的行为，应当以非法吸收公众存款罪分别追究相关行为主体的刑事责任：

（1）中介机构以提供信息中介服务为名，实际从事直接或间接归集资金、甚至自融或变相自融等行为，应当依法追究中介机构的刑事责任。特别要注意识别变相自融行为，如中介机构通过拆分融资项目期限、实行债权转让等方式为自己吸收资金的，应当认定为非法吸收公众存款。

（2）中介机构与借款人存在以下情形之一的，应当依法追究刑事责任：①中介机构与借款人合谋或者明知借款人存在违规情形，仍为其非法吸收公众存款提供服务的；中介机构与借款人合谋，采取向出借人提供信用担保、通过电子渠道以外的物理场所开展借贷业务等违规方式向社会公众吸收资金的；②双方合谋通过拆分融资项目期限、实行债权转让等方式为借款人吸收资金的。在对中介机构、借款人进行追诉时，应根据各自在非法集资中的地位、作用确定其刑事责任。中介机构虽然没有直接吸收资金，但是通过大肆组织借款人开展非法集资并从中收取费用数额巨大、情节严重的，可以认定为主犯。

（3）借款人故意隐瞒事实，违反规定，以自己名义或借用他人名义利用多个网络借贷平台发布借款信息，借款总额超过规定的最高限额，或将吸收资金用于明确禁止的投资股票、场外配资、期货合约等高风险行业，造成重大损失和社会影响的，应当依法追究借款人的刑事责任。对于借款人将借款主要用于正常的生产经营活动，能够及时清退所吸收资金，不作为犯罪处理。（合约及用途均真实用于正常生产经验，亏损致不能偿还，如何认定？）

9. 在非法吸收公众存款罪中，原则上认定主观故意并不要求以明知法律的禁止性规定为要件。特别是具备一定涉金融活动相关从业经历、专业背景或在犯罪活动中担任一定管理职务的犯罪嫌疑人，应当知晓相关金融法律管理规定，如果有证据证明其实际从事的行为应当批准而未经批准，行为在客观上具有非法性，原则上就可以认定其具有非法吸收公众存款的主观故意。在证明犯罪嫌疑人的主观故意时，可以收集运用犯罪嫌疑人的任职情况、职业经历、专业背景、培训经历、此前任职单位或者其本人因从事同类行为受到处罚情况等证据，证明犯罪嫌疑人提出的"不知道相关行为被法律所禁止，故不具有非法吸收公众存款的主观故意"等辩解不能成立。除此之外，还可以收集运用以下证据进一步印证犯罪嫌疑人知道或应当知道其所从事行为具有非法性，比如犯罪嫌疑人故意规避法律以逃避监管的相关证据：自己或要求下属与投资人签订虚假的亲友关系确认书，频繁更换宣传用语逃避监管，实际推介内容与宣传用语、实际经营状况不一致，刻意向投资人夸大公司兑付能力，在培训课程中传授或接受规避法律的方法，等等。

10. 对于无相关职业经历、专业背景，且从业时间短暂，在单位犯罪中层级较低，纯属执行单位领导指令的犯罪嫌疑人提出辩解的，如确实无其他证据证明其具有主观故意的，可以不作为犯罪处理。另外，实践中还存在犯罪嫌疑人提出因信赖行政主管部门出具的相关意见而陷入错误认识的辩解。如果上述辩解确有证据证明，不应作为犯罪处理，但应当对行政主管部门出具的相关意见及其出具过程进行查证，如存在以下情形之一，仍应认定犯罪嫌疑人具有非法吸收公众存款的主观故意：

（1）行政主管部门出具意见所涉及的行为与犯罪嫌疑人实际从事的行为不一致的；

（2）行政主管部门出具的意见未对是否存在非法吸收公众存款问题进行合法性审查，仅对其他合法性问题进行审查的；

（3）犯罪嫌疑人在行政主管部门出具意见时故意隐瞒事实、弄虚作假的；

（4）犯罪嫌疑人与出具意见的行政主管部门的工作人员存在利益输送行为的；

（5）犯罪嫌疑人存在其他影响和干扰行政主管部门出具意见公正性的情形的。

对于犯罪嫌疑人提出因信赖专家学者、律师等专业人士、主流新闻媒体宣传或有关行政主管部门工作人员的个人意见而陷入错误认识的辩解，不能作为犯罪嫌疑人判断自身行为合法性的根据和排除主观故意的理由。

11. 负责或从事吸收资金行为的犯罪嫌疑人非法吸收公众存款金额，根据其实际参与吸收的全部金额认定。但以下金额不应计入该犯罪嫌疑人的吸收金额：

（1）犯罪嫌疑人自身及其近亲属所投资的资金金额；

（2）记录在犯罪嫌疑人名下，但其未实际参与吸收且未从中收取任何形式好处的资金。

吸收金额经过司法会计鉴定的，可以将前述不计入部分直接扣除。但是，前述两项所涉金额仍应计入相对应的上一级负责人及所在单位的吸收金额。

12. 投资人在每期投资结束后，利用投资账户中的资金（包括每期投资结束后归还的本金、利息）进行反复投资的金额应当累计计算，但对反复投资的数额应当作出说明。对负责或从事行政管理、财务会计、技术服务等辅助工作的犯罪嫌疑人，应当按照其参与的犯罪事实，结合其在犯罪中的地位和作用，依法确定刑事责任范围。

13. 确定犯罪嫌疑人的吸收金额时，应当重点审查、运用以下证据：

（1）涉案主体自身的服务器或第三方服务器上存储的交易记录等电子数据；

（2）会计账簿和会计凭证；

（3）银行账户交易记录、POS机支付记录；

（4）资金收付凭证、书面合同等书证。

仅凭投资人报案数据不能认定吸收金额。

（二）集资诈骗行为的认定

14. 以非法占有为目的，使用诈骗方法非法集资，是集资诈骗罪的本质特征。是否具有非法占有目的，是区分非法吸收公众存款罪和集资诈骗罪的关键要件，对此要重点围绕融资项目真实性、资金去向、归还能力等事实进行综合判断。犯罪嫌疑人存在以下情形之一的，原则上可以认定具有非法占有目的：

（1）大部分资金未用于生产经营活动，或名义上投入生产经营但又通过各种方式抽逃转移资金的；

（2）资金使用成本过高，生产经营活动的盈利能力不具有支付全部本息的现实可能性的；

（3）对资金使用的决策极度不负责任或肆意挥霍造成资金缺口较大的；

（4）归还本息主要通过借新还旧来实现的；

（5）其他依照有关司法解释可以认定为非法占有目的的情形。

15. 对于共同犯罪或单位犯罪案件中，不同层级的犯罪嫌疑人之间存在犯罪目的发生转化或者犯罪目的明显不同的，应当根据犯罪嫌疑人的犯罪目的分别认定。

（1）注意区分犯罪目的的发生转变的时间节点。犯罪嫌疑人在初始阶段仅具有非法吸收公众存款的故意，不具有非法占有目的，但在发生经营失败、资金链断裂等问题后，明知没有归还能力仍然继续吸收公众存款的，这一时间节点之后的行为应当认定为集资诈骗罪，此前的行为应当认定为非法吸收公众存款罪。

（2）注意区分犯罪嫌疑人的犯罪目的的差异。在共同犯罪或单位犯罪中，犯罪嫌疑人由于层级、职责分工、获取收益方式、对全部犯罪事实的知情程度等不同，其犯罪目的也存在不同。在非法集资犯罪中，有的犯罪嫌疑人具有非法占有的目的，有的则不具有非法占有目的，对此，应当分别认定为集资诈骗罪和非法吸收公众存款罪。

16. 证明主观上是否具有非法占有目的，可以重点收集、运用以下客观证据：

（1）与实施集资诈骗整体行为模式相关的证据：投资合同、宣传资料、培训内容等；

（2）与资金使用相关的证据：资金往来记录、会计账簿和会计凭证、资金使用成本（包括利息和佣金等）、资金决策使用过程、资金主要用途、财产转移情况等；

（3）与归还能力相关的证据：吸收资金所投资项目内容、投资实际经营情况、盈利能力、归还本息资金的主要来源、负债情况、是否存在虚构业绩等虚假宣传行为等；

（4）其他涉及欺诈等方面的证据：虚构融资项目进行宣传、隐瞒资金实际用途、隐匿销毁账簿；等等。司法会计鉴定机构对相关数据进行鉴定时，办案部门可以根据查证犯罪事实的需要提出重点鉴定的项目，保证司法会计鉴定意见与待证的构成要件事实之间的关联性。

17. 集资诈骗的数额，应当以犯罪嫌疑人实际骗取的金额计算。犯罪嫌疑人为吸收公众资金制造还本付息的假象，在诈骗的同时对部分投资人还本付息的，集资诈骗的金额以案发时实际未兑付的金额计算。案发后，犯罪嫌疑人主动退还集资款项的，不能从集资诈骗的金额中扣除，但可以作为量刑情节考虑。

（三）非法经营资金支付结算行为的认定

18. 支付结算业务（也称支付业务）是商业银行或者支付机构在收付款人之间提供的货

币资金转移服务。非银行机构从事支付结算业务，应当经中国人民银行批准取得《支付业务许可证》，成为支付机构。未取得支付业务许可从事该业务的行为，违反《非法金融机构和非法金融业务活动取缔办法》第四条第一款第（三）、（四）项的规定，破坏了支付结算业务许可制度，危害支付市场秩序和安全，情节严重的，适用刑法第二百二十五条第（三）项，以非法经营罪追究刑事责任。具体情形：

（1）未取得支付业务许可经营基于客户支付账户的网络支付业务。无证网络支付机构为客户非法开立支付账户，客户先把资金支付到该支付账户，再由无证机构根据订单信息从支付账户平台将资金结算到收款人银行账户。

（2）未取得支付业务许可经营多用途预付卡业务。无证发卡机构非法发行可跨地区、跨行业、跨法人使用的多用途预付卡，聚集大量的预付卡销售资金，并根据客户订单信息向商户划转结算资金。

19. 在具体办案时，要深入剖析相关行为是否具备资金支付结算的实质特征，准确区分支付工具的正常商业流转与提供支付结算服务、区分单用途预付卡与多用途预付卡业务，充分考虑具体行为与"地下钱庄"等同类犯罪在社会危害方面的相当性以及刑事处罚的必要性，严格把握入罪和出罪标准。

三、依法认定单位犯罪及其责任人员

20. 涉互联网金融犯罪案件多以单位形式组织实施，所涉单位数量众多、层级复杂，其中还包括大量分支机构和关联单位，集团化特征明显。有的涉互联网金融犯罪案件中分支机构遍布全国，既有具备法人资格的，又有不具备法人资格的；既有受总公司直接领导的，又有受总公司的下属单位领导的。公安机关在立案时做法不一，有的对单位立案，有的不对单位立案，有的被立案的单位不具有独立法人资格，有的仅对最上层的单位立案而不对分支机构立案。对此，检察机关公诉部门在审查起诉时，应当从能够全面揭示犯罪行为基本特征、全面覆盖犯罪活动、准确界定区分各层级人员的地位作用、有利于有力指控犯罪、有利于追缴违法所得等方面依法具体把握，确定是否以单位犯罪追究。

21. 涉互联网金融犯罪所涉罪名中，刑法规定应当追究单位刑事责任的，对同时具备以下情形且具有独立法人资格的单位，可以以单位犯罪追究：

（1）犯罪活动经单位决策实施；

（2）单位的员工主要按照单位的决策实施具体犯罪活动；

（3）违法所得归单位所有，经单位决策使用，收益亦归单位所有。但是，单位设立后专门从事违法犯罪活动的，应当以自然人犯罪追究刑事责任。

22. 对参与涉互联网金融犯罪，但不具有独立法人资格的分支机构，是否追究其刑事责任，可以区分两种情形处理：

（1）全部或部分违法所得归分支机构所有并支配，分支机构作为单位犯罪主体追究刑事责任；

（2）违法所得完全归分支机构上级单位所有并支配的，不能对分支机构作为单位犯罪主体追究刑事责任，而是应当对分支机构的上级单位（符合单位犯罪主体资格）追究刑事责任。

23. 分支机构认定为单位犯罪主体的，该分支机构相关涉案人员应当作为该分支机构的"直接负责的主管人员"或者"其他直接责任人员"追究刑事责任。仅将分支机构的上级单位认定为单位犯罪主体的，该分支机构相关涉案人员可以作为该上级单位的"其他直接责任人员"追究刑事责任。

24. 对符合追诉条件的分支机构（包括具有独立法人资格的和不具独立法人资格）及其所属单位，公安机关均没有作为犯罪嫌疑单位移送审查起诉，仅将其所属单位的上级单位作为犯罪嫌疑单位移送审查起诉的，对相关分支机构涉案人员可以区分以下情形处理：

（1）有证据证明被立案的上级单位（比如总公司）在业务、财务、人事等方面对下属单位及其分支机构进行实际控制，下属单位及其分支机构涉案人员可以作为被移送审查起诉的上级单位的"其他直接责任人员"追究刑事责任。在证明实际控制关系时，应当收集、运用公司决策、管理、考核等相关文件，OA系统等电子数据，资金往来记录等证据。对不同地区同一单位的分支机构涉案人员起诉时，证明实际控制关系的证据体系、证明标准应基本一致。

（2）据现有证据无法证明被立案的上级

单位与下属单位及其分支机构之间存在实际控制关系的，对符合单位犯罪构成要件的下属单位或分支机构应当补充起诉，下属单位及其分支机构已不具备补充起诉条件的，可以将下属单位及其分支机构的涉案犯罪嫌疑人直接起诉。

四、综合运用定罪量刑情节

25. 在办理跨区域涉互联网金融犯罪案件时，在追诉标准、追诉范围以及量刑建议等方面应当注意统一平衡。对于同一单位在多个地区分别设立分支机构的，在同一省（自治区、直辖市）范围内应当保持基本一致。分支机构所涉犯罪嫌疑人与上级单位主要犯罪嫌疑人之间应当保持适度平衡，防止出现责任轻重"倒挂"的现象。

26. 单位犯罪中，直接负责的主管人员和其他直接责任人员在涉互联网金融犯罪案件中的地位、作用存在明显差别的，可以区分主犯和从犯。对起组织领导作用的总公司的直接负责的主管人员和发挥主要作用的其他直接责任人员，可以认定为全案的主犯，其他人员可以认定为从犯。

27. 最大限度减少投资人的实际损失是办理涉互联网金融犯罪案件特别是非法集资案件的重要工作。在决定是否起诉、提出量刑建议时，要重视对是否具有认罪认罚、主动退赃退赔等情节的考察。分支机构涉案人员积极配合调查、主动退还违法所得、真诚认罪悔罪的，应当依法提出从轻、减轻处罚的量刑建议。其中，对情节轻微、可以免予刑事处罚的，或者情节显著轻微、危害不大、不认为是犯罪的，应当依法作出不起诉决定。对被不起诉人需要给予行政处罚或者没收违法所得的，应当向行政主管部门提出检察意见。

五、证据的收集、审查与运用

28. 涉互联网金融犯罪案件证据种类复杂、数量庞大、且分散于各地，收集、审查、运用证据的难度大。各地检察机关公诉部门要紧紧围绕证据的真实性、合法性、关联性，引导公安机关依法全面收集固定证据，加强证据的审查、运用，确保案件事实经得起法律的检验。

29. 对于重大、疑难、复杂涉互联网金融犯罪案件，检察机关公诉部门要依法提前介入侦查，围绕指控犯罪的需要积极引导公安机关全面收集固定证据，必要时与公安机关共同会商，提出完善侦查思路、侦查提纲的意见建议。加强对侦查取证合法性的监督，对应当依法排除的非法证据坚决予以排除，对应当补正或作出合理解释的及时提出意见。

30. 电子数据在涉互联网金融犯罪案件的证据体系中地位重要，对于指控证实相关犯罪事实具有重要作用。随着互联网技术的不断发展，电子数据的形式、载体出现了许多新的变化，对电子数据的勘验、提取、审查等提出了更高要求，处理不当会对电子数据的真实性、合法性造成不可逆转的损害。检察机关公诉部门要严格执行《最高人民法院、最高人民检察院、公安部关于办理刑事案件收集提取和审查判断电子数据问题的若干规定》（法发〔2016〕22号），加强对电子数据收集、提取程序和技术标准的审查，确保电子数据的真实性、合法性。对云存储电子数据等新类型电子数据进行提取、审查时，要高度重视程序合法性、数据完整性等问题，必要时主动征求相关领域专家意见，在提取前会同公安机关、云存储服务提供商制定科学合法的提取方案，确保万无一失。

31. 落实"三统两分"要求，健全证据交换共享机制，协调推进跨区域案件办理。对涉及主案犯罪嫌疑人的证据，一般由主案侦办地办案机构负责收集，其他地区提供协助。其他地区办案机构需要主案侦办地提供证据材料的，应当向主案侦办地办案机构提出证据需求，由主案侦办地办案机构收集并依法移送。无法移送证据原件的，应当在移送复制件的同时，按照相关规定作出说明。各地检察机关公诉部门之间要加强协作，加强与公安机关的协调，督促本地公安机关与其他地区公安机关做好证据交换共享相关工作。案件进入审查起诉阶段后，检察机关公诉部门可以根据案件需要，直接向其他地区检察机关调取证据，其他地区检察机关公诉部门应积极协助。此外，各地检察机关在办理案件过程中发现对其他地区案件办理有重要作用的证据，应当及时采取措施并通知相应检察机关，做好依法移送工作。

六、投资人合法权益的保护

32. 涉互联网金融犯罪案件投资人诉求复杂多样，矛盾化解和维护稳定工作任务艰巨繁重，各地检察机关公诉部门在办案过程中要求坚持刑事追诉和权益保障并重。根据《刑事诉讼法》等相关法律规定，依法保证互联网金融活动中投资人的合法权益，坚持把追赃挽损等工作贯穿到侦查、起诉、审判等各个环节，配合公安、法院等部门，最大限度减少投资人的实际损失，加强与本案控申部门、公安机关的联系沟通，及时掌握涉案动态信息，认真开展办案风险评估预警工作，周密制定处置预案，并落实责任到位，避免因部门之间衔接不畅，处置不当造成工作被动。发现重大风险隐患的，及时向有关部门通报情况，必要时逐级上报高检院。

随着互联网金融的发展，涉及互联网金融犯罪中的新情况、新问题还将不断出现。各地检察机关公诉部门要按照会议纪要的精神，结合各地办案工作实际，依法办理涉互联网金融犯罪案件；在办好案件的同时，要不断总结办案经验，加强对重大嫌疑复杂问题的研究，努力提高办理涉互联网金融犯罪案件的能力和水平，为促进互联网金融规范发展，保障经济社会大局稳定作出积极贡献。在办案过程中遇到疑难问题的，要及时层报高检院公诉厅。

最高人民法院关于审理非法集资刑事案件具体应用法律若干问题的解释

法释〔2022〕5号

（2010年11月22日最高人民法院审判委员会第1502次会议通过 根据2021年12月30日最高人民法院审判委员会第1860次会议通过的《最高人民法院关于修改〈最高人民法院关于审理非法集资刑事案件具体应用法律若干问题的解释〉的决定》修正 该修正自2022年3月1日起施行）

为依法惩治非法吸收公众存款、集资诈骗等非法集资犯罪活动，根据《中华人民共和国刑法》的规定，现就审理此类刑事案件具体应用法律的若干问题解释如下：

第一条 违反国家金融管理法律规定，向社会公众（包括单位和个人）吸收资金的行为，同时具备下列四个条件的，除刑法另有规定的以外，应当认定为刑法第一百七十六条规定的"非法吸收公众存款或者变相吸收公众存款"：

（一）未经有关部门依法许可或者借用合法经营的形式吸收资金；

（二）通过网络、媒体、推介会、传单、手机信息等途径向社会公开宣传；

（三）承诺在一定期限内以货币、实物、股权等方式还本付息或者给付回报；

（四）向社会公众即社会不特定对象吸收资金。

未向社会公开宣传，在亲友或者单位内部针对特定对象吸收资金的，不属于非法吸收或者变相吸收公众存款。

第二条 实施下列行为之一，符合本解释第一条第一款规定的条件的，应当依照刑法第一百七十六条的规定，以非法吸收公众存款罪定罪处罚：

（一）不具有房产销售的真实内容或者不以房产销售为主要目的，以返本销售、售后包租、约定回购、销售房产份额等方式非法吸收资金的；

（二）以转让林权并代为管护等方式非法吸收资金的；

（三）以代种植（养殖）、租种植（养殖）、联合种植（养殖）等方式非法吸收资金的；

（四）不具有销售商品、提供服务的真实内容或者不以销售商品、提供服务为主要目的，以商品回购、寄存代售等方式非法吸收资金的；

（五）不具有发行股票、债券的真实内容，以虚假转让股权、发售虚构债券等方式非法吸收资金的；

（六）不具有募集基金的真实内容，以假借境外基金、发售虚构基金等方式非法吸收资金的；

（七）不具有销售保险的真实内容，以假冒保险公司、伪造保险单据等方式非法吸收资金的；

（八）以网络借贷、投资入股、虚拟币交易等方式非法吸收资金的；

（九）以委托理财、融资租赁等方式非法吸收资金的；

（十）以提供"养老服务"、投资"养老项目"、销售"老年产品"等方式非法吸收资金的；

（十一）利用民间"会""社"等组织非法吸收资金的；

（十二）其他非法吸收资金的行为。

第三条 非法吸收或者变相吸收公众存款，具有下列情形之一的，应当依法追究刑事责任：

（一）非法吸收或者变相吸收公众存款数额在100万元以上的；

（二）非法吸收或者变相吸收公众存款对象150人以上的；

（三）非法吸收或者变相吸收公众存款，给存款人造成直接经济损失数额在50万元以上的。

非法吸收或者变相吸收公众存款数额在50万元以上或者给存款人造成直接经济损失数额在25万元以上，同时具有下列情节之一的，应当依法追究刑事责任：

（一）曾因非法集资受过刑事追究的；

（二）二年内曾因非法集资受过行政处罚的；

（三）造成恶劣社会影响或者其他严重后果的。

第四条 非法吸收或者变相吸收公众存款，具有下列情形之一的，应当认定为刑法第一百七十六条规定的"数额巨大或者有其他严重情节"：

（一）非法吸收或者变相吸收公众存款数额在500万元以上的；

（二）非法吸收或者变相吸收公众存款对象500人以上的；

（三）非法吸收或者变相吸收公众存款，给存款人造成直接经济损失数额在250万元以上的。

非法吸收或者变相吸收公众存款数额在250万元以上或者给存款人造成直接经济损失数额在150万元以上，同时具有本解释第三条第二款第三项情节的，应当认定为"其他严重情节"。

第五条 非法吸收或者变相吸收公众存款，具有下列情形之一的，应当认定为刑法第一百七十六条规定的"数额特别巨大或者有其他特别严重情节"：

（一）非法吸收或者变相吸收公众存款数额在5000万元以上的；

（二）非法吸收或者变相吸收公众存款对象5000人以上的；

（三）非法吸收或者变相吸收公众存款，给存款人造成直接经济损失数额在2500万元以上的。

非法吸收或者变相吸收公众存款数额在2500万元以上或者给存款人造成直接经济损失数额在1500万元以上，同时具有本解释第三条第二款第三项情节的，应当认定为"其他特别严重情节"。

第六条 非法吸收或者变相吸收公众存款的数额，以行为人所吸收的资金全额计算。在提起公诉前积极退赃退赔，减少损害结果发生的，可以从轻或者减轻处罚；在提起公诉后退赃退赔的，可以作为量刑情节酌情考虑。

非法吸收或者变相吸收公众存款，主要用于正常的生产经营活动，能够在提起公诉前清退所吸收资金，可以免予刑事处罚；情节显著轻微危害不大的，不作为犯罪处理。

对依法不需要追究刑事责任或者免予刑事处罚的，应当依法将案件移送有关行政机关。

第七条 以非法占有为目的，使用诈骗方法实施本解释第二条规定所列行为的，应当依照刑法第一百九十二条的规定，以集资诈骗罪定罪处罚。

使用诈骗方法非法集资，具有下列情形之一的，可以认定为"以非法占有为目的"：

（一）集资后不用于生产经营活动或者用于生产经营活动与筹集资金规模明显不成比例，致使集资款不能返还的；

（二）肆意挥霍集资款，致使集资款不能返还的；

（三）携带集资款逃匿的；

（四）将集资款用于违法犯罪活动的；

（五）抽逃、转移资金、隐匿财产，逃避返还资金的；

（六）隐匿、销毁账目，或者搞假破产、假倒闭，逃避返还资金的；

（七）拒不交代资金去向，逃避返还资金的；

（八）其他可以认定非法占有目的的情形。

集资诈骗罪中的非法占有目的，应当区分情形进行具体认定。行为人部分非法集资行为具有非法占有目的的，对该部分非法集资行为所涉集资款以集资诈骗罪定罪处罚；非法集资共同犯罪中部分行为人具有非法占有目的，其他行为人没有非法占有集资款的共同故意和行为的，对具有非法占有目的的行为人以集资诈骗罪定罪处罚。

第八条 集资诈骗数额在 10 万元以上的，应当认定为"数额较大"；数额在 100 万元以上的，应当认定为"数额巨大"。

集资诈骗数额在 50 万元以上，同时具有本解释第三条第二款第三项情节的，应当认定为刑法第一百九十二条规定的"其他严重情节"。

集资诈骗的数额以行为人实际骗取的数额计算，在案发前已归还的数额应予扣除。行为人为实施集资诈骗活动而支付的广告费、中介费、手续费、回扣，或者用于行贿、赠与等费用，不予扣除。行为人为实施集资诈骗活动而支付的利息，除本金未归还可予折抵本金以外，应当计入诈骗数额。

第九条 犯非法吸收公众存款罪，判处三年以下有期徒刑或者拘役，并处或者单处罚金的，处五万元以上一百万元以下罚金；判处三年以上十年以下有期徒刑的，并处十万元以上五百万元以下罚金；判处十年以上有期徒刑的，并处五十万元以上罚金。

犯集资诈骗罪，判处三年以上七年以下有期徒刑的，并处十万元以上五百万元以下罚金；判处七年以上有期徒刑或者无期徒刑的，并处五十万元以上罚金或者没收财产。

第十条 未经国家有关主管部门批准，向社会不特定对象发行、以转让股权等方式变相发行股票或者公司、企业债券，或者向特定对象发行、变相发行股票或者公司、企业债券累计超过200人的，应当认定为刑法第一百七十九条规定的"擅自发行股票或者公司、企业债券"。构成犯罪的，以擅自发行股票、公司、企业债券罪定罪处罚。

第十一条 违反国家规定，未经依法核准擅自发行基金份额募集基金，情节严重的，依照刑法第二百二十五条的规定，以非法经营罪定罪处罚。

第十二条 广告经营者、广告发布者违反国家规定，利用广告为非法集资活动相关的商品或者服务作虚假宣传，具有下列情形之一的，依照刑法第二百二十二条的规定，以虚假广告罪定罪处罚：

（一）违法所得数额在 10 万元以上的；

（二）造成严重危害后果或者恶劣社会影响的；

（三）二年内利用广告作虚假宣传，受过行政处罚二次以上的；

（四）其他情节严重的情形。

明知他人从事欺诈发行证券，非法吸收公众存款，擅自发行股票、公司、企业债券，集资诈骗或者组织、领导传销活动等集资犯罪活动，为其提供广告等宣传的，以相关犯罪的共犯论处。

第十三条 通过传销手段向社会公众非法吸收资金，构成非法吸收公众存款罪或者集资诈骗罪，同时又构成组织、领导传销活动罪的，依照处罚较重的规定定罪处罚。

第十四条 单位实施非法吸收公众存款、集资诈骗犯罪的，依照本解释规定的相应自然人犯罪的定罪量刑标准，对单位判处罚金，并对其直接负责的主管人员和其他直接责任人员定罪处罚。

第十五条 此前发布的司法解释与本解释不一致的，以本解释为准。

最高人民法院 最高人民检察院 公安部印发《关于办理非法集资刑事案件若干问题的意见》的通知

2019年1月30日　　　　　　　　　　　　高检会〔2019〕2号

各省、自治区、直辖市高级人民法院、人民检察院、公安厅（局），解放军军事法院、解放军军事检察院，新疆维吾尔自治区高级人民法院生产建设兵团分院、新疆生产建设兵团人民检察院、公安局：

为依法惩治非法吸收公众存款、集资诈骗等非法集资犯罪活动，维护国家金融管理秩序，保护公民、法人和其他组织合法权益，最高人民法院、最高人民检察院、公安部现联合印发《关于办理非法集资刑事案件若干问题的意见》，请认真贯彻执行。

附：

关于办理非法集资刑事案件若干问题的意见

为依法惩治非法吸收公众存款、集资诈骗等非法集资犯罪活动，维护国家金融管理秩序，保护公民、法人和其他组织合法权益，根据刑法、刑事诉讼法等法律规定，结合司法实践，现就办理非法吸收公众存款、集资诈骗等非法集资刑事案件有关问题提出以下意见：

一、关于非法集资的"非法性"认定依据问题

人民法院、人民检察院、公安机关认定非法集资的"非法性"，应当以国家金融管理法律法规作为依据。对于国家金融管理法律法规仅作原则性规定的，可以根据法律规定的精神并参考中国人民银行、中国银行保险监督管理委员会、中国证券监督管理委员会等行政主管部门依照国家金融管理法律法规制定的部门规章或者国家有关金融管理的规定、办法、实施细则等规范性文件的规定予以认定。

二、关于单位犯罪的认定问题

单位实施非法集资犯罪活动，全部或者大部分违法所得归单位所有的，应当认定为单位犯罪。

个人为进行非法集资犯罪活动而设立的单位实施犯罪的，或者单位设立后，以实施非法集资犯罪活动为主要活动的，不以单位犯罪论处，对单位中组织、策划、实施非法集资犯罪活动的人员应当以自然人犯罪依法追究刑事责任。

判断单位是否以实施非法集资犯罪活动为主要活动，应当根据单位实施非法集资的次数、频度、持续时间、资金规模、资金流向、投入人力物力情况、单位进行正当经营的状况以及犯罪活动的影响、后果等因素综合考虑认定。

三、关于涉案下属单位的处理问题

办理非法集资刑事案件中，人民法院、人民检察院、公安机关应当全面查清涉案单位，包括上级单位（总公司、母公司）和下属单位（分公司、子公司）的主体资格、层级、关系、地位、作用、资金流向等，区分情况依法作出处理。

上级单位已被认定为单位犯罪，下属单位实施非法集资犯罪活动，且全部或者大部分违法所得归下属单位所有的，对该下属单位也应当认定为单位犯罪。上级单位和下属单位构成共同犯罪的，应当根据犯罪单位的地位、作用，确定犯罪单位的刑事责任。

上级单位已被认定为单位犯罪，下属单位实施非法集资犯罪活动，但全部或者大部分违法所得归上级单位所有的，对下属单位不单独认定为单位犯罪。下属单位中涉嫌犯罪的人员，可以作为上级单位的其他直接责任人员依法追究刑事责任。

上级单位未被认定为单位犯罪，下属单位被认定为单位犯罪的，对上级单位中组织、策划、实施非法集资犯罪的人员，一般可以与下属单位按照自然人与单位共同犯罪处理。

上级单位与下属单位均未被认定为单位犯罪的，一般以上级单位与下属单位中承担组织、领导、管理、协调职责的主管人员和发挥主要作用的人员作为主犯，以其他积极参加非法集资犯罪的人员作为从犯，按照自然人共同犯罪处理。

四、关于主观故意的认定问题

认定犯罪嫌疑人、被告人是否具有非法吸收公众存款的犯罪故意，应当依据犯罪嫌疑人、被告人的任职情况、职业经历、专业背景、培训经历、本人因同类行为受到行政处罚或者刑事追究情况以及吸收资金方式、宣传推广、合同资料、业务流程等证据，结合其供述，进行综合分析判断。

犯罪嫌疑人、被告人使用诈骗方法非法集资，符合《最高人民法院关于审理非法集资刑事案件具体应用法律若干问题的解释》第四条规定的，可以认定为集资诈骗罪中"以非法占有为目的"。

办案机关在办理非法集资刑事案件中，应当根据案件具体情况注意收集运用涉及犯罪嫌疑人、被告人的以下证据：是否使用虚假身份信息对外开展业务；是否虚假订立合同、协议；是否虚假宣传，明显超出经营范围或者夸大经营、投资、服务项目及盈利能力；是否吸收资金后隐匿、销毁合同、协议、账目；是否传授或者接受规避法律、逃避监管的方法，等等。

五、关于犯罪数额的认定问题

非法吸收或者变相吸收公众存款构成犯罪，具有下列情形之一的，向亲友或者单位内部人员吸收的资金应当与向不特定对象吸收的资金一并计入犯罪数额：

（一）在向亲友或者单位内部人员吸收资金的过程中，明知亲友或者单位内部人员向不特定对象吸收资金而予以放任的；

（二）以吸收资金为目的，将社会人员吸收为单位内部人员，并向其吸收资金的；

（三）向社会公开宣传，同时向不特定对象、亲友或者单位内部人员吸收资金的。

非法吸收或者变相吸收公众存款的数额，以行为人所吸收的资金全额计算。集资参与人收回本金或者获得回报后又重复投资的数额不予扣除，但可以作为量刑情节酌情考虑。

六、关于宽严相济刑事政策把握问题

办理非法集资刑事案件，应当贯彻宽严相济刑事政策，依法合理把握追究刑事责任的范围，综合运用刑事手段和行政手段处置和化解风险，做到惩处少数、教育挽救大多数。要根据行为人的客观行为、主观恶性、犯罪情节及其地位、作用、层级、职务等情况，综合判断行为人的责任轻重和刑事追究的必要性，按照区别对待原则分类处理涉案人员，做到罚当其罪、罪责刑相适应。

重点惩处非法集资犯罪活动的组织者、领导者和管理人员，包括单位犯罪中的上级单位（总公司、母公司）的核心层、管理层和骨干人员，下属单位（分公司、子公司）的管理层和骨干人员，以及其他发挥主要作用的人员。

对于涉案人员积极配合调查、主动退赃退赔、真诚认罪悔罪的，可以依法从轻处罚；其中情节轻微的，可以免除处罚；情节显著轻微、危害不大的，不作为犯罪处理。

七、关于管辖问题

跨区域非法集资刑事案件按照《国务院关于进一步做好防范和处置非法集资工作的意见》（国发〔2015〕59号）确定的工作原则办理。如果合并侦查、诉讼更为适宜的，可以合并办理。

办理跨区域非法集资刑事案件，如果多个公安机关都有权立案侦查的，一般由主要犯罪地公安机关作为案件主办地，对主要犯罪嫌疑人立案侦查和移送审查起诉；由其他犯罪地公安机关作为案件分办地根据案件具体情况，对本地区犯罪嫌疑人立案侦查和移送审查起诉。

管辖不明或者有争议的，按照有利于查清犯罪事实、有利于诉讼的原则，由其共同的上级公安机关协调确定或者指定有关公安机关作为案件主办地立案侦查。需要提请批准逮捕、

移送审查起诉、提起公诉的，由分别立案侦查的公安机关所在地的人民检察院、人民法院受理。

对于重大、疑难、复杂的跨区域非法集资刑事案件，公安机关应当在协调确定或者指定案件主办地立案侦查的同时，通报同级人民检察院、人民法院。人民检察院、人民法院参照前款规定，确定主要犯罪地作为案件主办地，其他犯罪地作为案件分办地，由所在地的人民检察院、人民法院负责起诉、审判。

本条规定的"主要犯罪地"，包括非法集资活动的主要组织、策划、实施地，集资行为人的注册地、主要营业地、主要办事机构所在地，集资参与人的主要所在地等。

八、关于办案工作机制问题

案件主办地和其他涉案地办案机关应当密切沟通协调，协同推进侦查、起诉、审判、资产处置工作，配合有关部门最大限度追赃挽损。

案件主办地办案机关应当统一负责主要犯罪嫌疑人、被告人涉嫌非法集资全部犯罪事实的立案侦查、起诉、审判，防止遗漏犯罪事实；并应就全案处理政策、追诉主要犯罪嫌疑人、被告人的证据要求及诉讼时限、追赃挽损、资产处置等工作要求，向其他涉案地办案机关进行通报。其他涉案地办案机关应当对本地区犯罪嫌疑人、被告人涉嫌非法集资的犯罪事实及时立案侦查、起诉、审判，积极协助主办地处置涉案资产。

案件主办地和其他涉案地办案机关应当建立和完善证据交换共享机制。对涉及主要犯罪嫌疑人、被告人的证据，一般由案件主办地办案机关负责收集，其他涉案地提供协助。案件主办地办案机关应当及时通报接收涉及主要犯罪嫌疑人、被告人的证据材料的程序及要求。其他涉案地办案机关需要案件主办地提供证据材料的，应当向案件主办地办案机关提出证据需求，由案件主办地收集并依法移送。无法移送证据原件的，应当在移送复制件的同时，按照相关规定作出说明。

九、关于涉案财物追缴处置问题

办理跨区域非法集资刑事案件，案件主办地办案机关应当及时归集涉案财物，为统一资产处置做好基础性工作。其他涉案地办案机关应当及时查明涉案财物，明确其来源、去向、用途、流转情况，依法办理查封、扣押、冻结手续，并制作详细清单，对扣押款项应当设立明细账，在扣押后立即存入办案机关唯一合规账户，并将有关情况提供案件主办地办案机关。

人民法院、人民检察院、公安机关应当严格依照刑事诉讼法和相关司法解释的规定，依法移送、审查、处理查封、扣押、冻结的涉案财物。对审判时尚未追缴到案或者尚未足额退赔的违法所得，人民法院应当判决继续追缴或者责令退赔，并由人民法院负责执行，处置非法集资职能部门、人民检察院、公安机关等应当予以配合。

人民法院对涉案财物依法作出判决后，有关地方和部门应当在处置非法集资职能部门统筹协调下，切实履行协作义务，综合运用多种手段，做好涉案财物清运、财产变现、资金归集、资金清退等工作，确保最大限度减少实际损失。

根据有关规定，查封、扣押、冻结的涉案财物，一般应在诉讼终结后返还集资参与人。涉案财物不足全部返还的，按照集资参与人的集资额比例返还。退赔集资参与人的损失一般优先于其他民事债务以及罚金、没收财产的执行。

十、关于集资参与人权利保障问题

集资参与人，是指向非法集资活动投入资金的单位和个人，为非法集资活动提供帮助并获取经济利益的单位和个人除外。

人民法院、人民检察院、公安机关应当通过及时公布案件进展、涉案资产处置情况等方式，依法保障集资参与人的合法权利。集资参与人可以推选代表人向人民法院提出相关意见和建议；推选不出代表人的，人民法院可以指定代表人。人民法院可以视案件情况决定集资参与人代表人参加或者旁听庭审，对集资参与人提起附带民事诉讼等请求不予受理。

十一、关于行政执法与刑事司法衔接问题

处置非法集资职能部门或者有关行政主管部门，在调查非法集资行为或者行政执法过程中，认为案情重大、疑难、复杂的，可以商请公安机关就追诉标准、证据固定等问题提出咨询或者参考意见；发现非法集资行为涉嫌犯罪的，应当按照《行政执法机关移送涉嫌犯罪案件的规定》等规定，履行相关手续，在规定的期限内将案件移送公安机关。

人民法院、人民检察院、公安机关在办理非法集资刑事案件过程中,可商请处置非法集资职能部门或者有关行政主管部门指派专业人员配合开展工作,协助查阅、复制有关专业资料,就案件涉及的专业问题出具认定意见。涉及需要行政处理的事项,应当及时移交处置非法集资职能部门或者有关行政主管部门依法处理。

十二、关于国家工作人员相关法律责任问题

国家工作人员具有下列行为之一,构成犯罪的,应当依法追究刑事责任:

(一) 明知单位和个人所申请机构或者业务涉嫌非法集资,仍为其办理行政许可或者注册手续的;

(二) 明知所主管、监管的单位有涉嫌非法集资行为,未依法及时处理或者移送处置非法集资职能部门的;

(三) 查处非法集资过程中滥用职权、玩忽职守、徇私舞弊的;

(四) 徇私舞弊不向司法机关移交非法集资刑事案件的;

(五) 其他通过职务行为或者利用职务影响,支持、帮助、纵容非法集资的。

【指导案例】

周某集资诈骗案

(检例第 40 号)

【关键词】

集资诈骗 非法占有目的 网络借贷信息中介机构

【基本案情】

被告人周某,男,1982 年 2 月出生,原系浙江省衢州市中宝投资有限公司(以下简称中宝投资公司)法定代表人。

2011 年 2 月,被告人周某注册成立中宝投资公司,担任法定代表人。公司上线运营"中宝投资"网络平台,借款人(发标人)在网络平台注册、缴纳会费后,可发布各种招标信息,吸引投资人投资。投资人在网络平台注册成为会员后可参与投标,通过银行汇款、支付宝、财付通等方式将投资款汇至周某公布在网站上的 8 个其个人账户或第三方支付平台账户。借款人可直接从周某处取得所融资金。项目完成后,借款人返还资金,周某将收益给予投标人。

运行前期,周某通过网络平台为 13 个借款人提供总金额约 170 万余元的融资服务,因部分借款人未能还清借款造成公司亏损。此后,周某除用本人真实身份信息在公司网络平台注册 2 个会员外,自 2011 年 5 月至 2013 年 12 月陆续虚构 34 个借款人,并利用上述虚假身份自行发布大量虚假抵押标、宝石标等,以支付投资人约 20% 的年化收益率及额外奖励等为诱饵,向社会不特定公众募集资金。所募资金未进入公司账户,全部由周某个人掌控和支配。除部分用于归还投资人到期的本金及收益外,其余主要用于购买房产、高档车辆、首饰等。这些资产绝大部分登记在周某名下或供周某个人使用。2011 年 5 月至案发,周某通过中宝投资网络平台累计向全国 1586 名不特定对象非法集资共计 10.3 亿余元,除支付本金及收益回报 6.91 亿余元外,尚有 3.56 亿余元无法归还。案发后,公安机关从周某控制的银行账户内扣押现金 1.80 亿余元。

【要旨】

网络借贷信息中介机构或其控制人,利用网络借贷平台发布虚假信息,非法建立资金池募集资金,所得资金大部分未用于生产经营活动,主要用于借新还旧和个人挥霍,无法归还所募资金数额巨大,应认定为具有非法占有目的,以集资诈骗罪追究刑事责任。

【指控与证明犯罪】

2014年7月15日,浙江省衢州市公安局以周某涉嫌集资诈骗罪移送衢州市人民检察院审查起诉。

审查起诉阶段,衢州市人民检察院审查了全案卷宗,讯问了犯罪嫌疑人。针对该案犯罪行为涉及面广,众多集资参与人财产遭受损失的情况,检察机关充分听取了辩护人和部分集资参与人意见,进一步核实了非法集资金额,对扣押的房产等作出司法鉴定或价格评估。针对辩护人提出的非法证据排除申请,检察机关审查后发现,涉案证据存在以下瑕疵:公安机关向部分证人取证时存在取证地点不符合刑事诉讼法规定以及个别辨认笔录缺乏见证人等情况。为此,检察机关要求公安机关予以补正或作出合理解释。公安机关作出情况说明:证人从外地赶来,经证人本人同意,取证在宾馆进行。关于此项情况说明,检察机关审查后予以采信。对于缺乏见证人的个别辨认笔录,检察机关审查后予以排除。

2015年1月19日,浙江省衢州市人民检察院以周某犯集资诈骗罪向浙江省衢州市中级人民法院提起公诉。6月25日,衢州市中级人民法院公开开庭审理本案。

法庭调查阶段,公诉人宣读起诉书指控被告人周某以高息为诱饵,虚构借款人和借款用途,利用网络P2P形式,面向社会公众吸收资金,主要用于个人肆意挥霍,其行为构成集资诈骗罪。对于指控的犯罪事实,公诉人出示了四组证据予以证明:一是被告人周某的立案情况及基本信息;二是中宝投资公司的发标、招投标情况及相关证人证言;三是集资情况的证据,包括银行交易清单、司法会计鉴定意见书等;四是集资款的去向,包括购买车辆、房产等物证及相关证人证言。

法庭辩论阶段,公诉人发表公诉意见:被告人周某注册网络借贷信息平台,早期从事少量融资信息服务。在公司亏损、经营难以为继的情况下,虚构借款人和借款标的,以欺诈方式面向不特定投资人吸收资金,自建资金池。在公安机关立案查处时,虽暂可通过"拆东墙补西墙"的方式偿还部分旧债维持周转,但根据其所募资金主要用于还本付息和个人肆意挥霍,未投入生产经营,不可能产生利润回报的事实,可以判断其后续资金缺口势必不断扩大,无法归还所募全部资金,故可以认定其具有非法占有的目的,应以集资诈骗罪对其定罪处罚。

辩护人提出:一是周某行为系单位行为;二是周某一直在偿还集资款,主观上不具有非法占有集资款的故意;三是周某利用互联网从事P2P借贷融资,不构成集资诈骗罪,构成非法吸收公众存款罪。

公诉人针对辩护意见进行答辩:第一,中宝投资公司是由被告人周某控制的一人公司,不具有经营实体,不具备单位意志,集资款未纳入公司财务进行核算,而是由周某一人掌控和支配,因此周某的行为不构成单位犯罪。第二,周某本人主观上认识到资金不足,少量投资赚取的收益不足以支付许诺的高额回报,没有将集资款用于生产经营活动,而是主要用于个人肆意挥霍,其主观上对集资款具有非法占有的目的。第三,P2P网络借贷,是指个人利用中介机构的网络平台,将自己的资金出借给资金短缺者的商业模式。根据中国银行业监管委员会、工业和信息化部、公安部、国家互联网信息办公室制定的《网络借贷信息中介机构业务活动管理暂行办法》等监管规定,P2P作为新兴金融业态,必须明确其信息中介性质,平台本身不得提供担保,不得归集资金搞资金池,不得非法吸收公众资金。周某吸收资金建资金池,不属于合法的P2P网络借贷。非法吸收公众存款罪与集资诈骗罪的区别,关键在于行为人对吸收的资金是否具有非法占有的目的。利用网络平台发布虚假高利借款标募集资金,采取借新还旧的手段,短期内募集大量资金,不用于生产经营活动,或者用于生产经营活动与筹集资金规模明显不成比例,致使集资款不能返还的,是典型的利用网络中介平台实施集资诈骗行为。本案中,周某采用编造虚假借款人、虚假投标项目等欺骗手段集资,所融资金未投入生产经营,大量集资款被其个人肆意挥霍,具有明显的非法占有目的,其行为构成集资诈骗罪。

法庭经审理,认为公诉人出示的证据能够相互印证,予以确认。对周某及其辩护人提出的不构成集资诈骗罪及本案属于单位犯罪的辩解、辩护意见,不予采纳。综合考虑犯罪事实和量刑情节，2015年8月14日，浙江省衢州市中级人民法院作出一审判决，以集资诈骗罪判处被告人周某有期徒刑十五年，并处罚金人民币50万元。继续追缴违法所得，返还各集资参与人。

一审宣判后，浙江省衢州市人民检察院认为，被告人周某非法集资10.3亿余元，属于刑法规定的集资诈骗数额特别巨大并且给人民利益造成特别重大损失的情形，依法应处无期徒刑或者死刑，并处没收财产，一审判决量刑过轻。2015年8月24日，向浙江省高级人民法院提出抗诉。被告人周某不服一审判决，提出上诉。其上诉理由是量刑畸重，应判处缓刑。

本案二审期间，2015年8月29日，第十二届全国人大常委会第十六次会议审议通过了《中华人民共和国刑法修正案（九）》，删去刑法第一百九十九条关于犯集资诈骗罪"数额特别巨大并且给国家和人民利益造成特别重大损失的，处无期徒刑或者死刑，并处没收财产"的规定。刑法修正案（九）于2015年11月1日起施行。

浙江省高级人民法院经审理后认为，刑法修正案（九）取消了集资诈骗罪死刑的规定，根据从旧兼从轻原则，一审法院判处周某有期徒刑十五年符合修订后的法律规定。上诉人周某具有集资诈骗的主观故意及客观行为，原审定性准确。2016年4月29日，二审法院作出裁定，维持原判。终审判决作出后，周某及其父亲不服判决提出申诉，浙江省高级人民法院受理申诉并经审查后，认为原判事实清楚，证据确实充分，定性准确，量刑适当，于2017年12月22日驳回申诉，维持原裁判。

【指导意义】

是否具有非法占有目的，是正确区分非法吸收公众存款罪和集资诈骗罪的关键。对非法占有目的的认定，应当围绕融资项目真实性、资金去向、归还能力等事实、证据进行综合判断。行为人将所吸收资金大部分未用于生产经营活动，或名义上投入生产经营，但又通过各种方式抽逃转移资金，或供其个人肆意挥霍，归本息主要通过借新还旧来实现，造成数额巨大的募集资金无法归还的，可以认定具有非法占有的目的。

集资诈骗罪是近年来检察机关重点打击的金融犯罪之一。对该类犯罪，检察机关应着重从以下几方面开展工作：一是强化证据审查。非法集资类案件由于参与人数多、涉及面广，受主客观因素影响，取证工作易出现瑕疵和问题。检察机关对重大复杂案件要及时介入侦查、引导取证。在审查案件中要强化对证据的审查，需要退回补充侦查或者自行补充侦查的，要及时退查或补查，建立起完整、牢固的证据锁链，夯实认定案件事实的证据基础。二是在法庭审理中要突出指控和证明犯罪的重点。要紧紧围绕集资诈骗罪构成要件，特别是行为人主观上具有非法占有目的、客观上以欺骗手段非法集资的事实梳理组合证据，运用完整的证据体系对认定犯罪的关键事实予以清晰证明。三是要将办理案件与追赃挽损相结合。检察机关办理相关案件，要积极配合公安机关、人民法院依法开展追赃挽损、资产处置等工作，最大限度减少人民群众的实际损失。四是要结合办案开展以案释法，增强社会公众的法治观念和风险防范意识，有效预防相关犯罪的发生。

【相关规定】

《中华人民共和国刑法》第一百九十二条

《最高人民法院关于审理非法集资刑事案件具体应用法律若干问题的解释》第四条

《最高人民检察院、公安部关于公安机关管辖的刑事案件立案追诉标准的规定（二）》第四十九条

张某强等人非法集资案

（检例第175号）

【关键词】

私募基金　非法集资　非法占有目的　证据审查

【要旨】

违反私募基金管理有关规定，以发行销售私募基金形式公开宣传，向社会公众吸收资金，并承诺还本付息的，属于变相非法集资。向私募基金投资者隐瞒未将募集资金用于约定项目的事实，虚构投资项目经营情况，应当认定为使用诈骗方法。非法集资人虽然将部分集资款投入生产经营活动，但投资随意，明知经营活动盈利能力不具有支付本息的现实可能性，仍然向社会公众大规模吸收资金，还本付息主要通过募新还旧实现，致使集资款不能返还的，应当认定其具有非法占有目的。在共同犯罪或者单位犯罪中，应当根据非法集资人是否具有非法占有目的，认定其构成集资诈骗罪还是非法吸收公众存款罪。检察机关应当围绕私募基金宣传推介方式、收益分配规则、投资人信息、资金实际去向等重点判断非法集资人是否具有非法占有目的，针对性开展指控证明工作。

【基本案情】

被告人张某强，男，国盈资产管理有限公司、国盈投资基金管理（北京）有限公司等7家国盈系公司实际控制人。

被告人白某杰，男，国盈系公司实际控制人。

被告人鹿某，女，自2016年8月起任国盈系公司财务负责人。

2012年7月至2018年间，被告人张某强、白某杰相继成立国盈系公司，其实际控制的国盈投资基金管理（北京）有限公司、中兴联合投资有限公司、国盈资产管理有限公司在中国证券投资基金业协会（以下简称"中基协"）先后取得私募股权、创业投资基金管理人、私募证券投资基金管理人资格（以下均简称"私募基金管理人"）。

2014年10月至2018年8月间，张某强、白某杰将其投资并实际控制的公司的经营项目作为发行私募基金的投资标的，并在南京等多地设立分公司，采取电话联络、微信推广、发放宣传册、召开推介会等方式公开虚假宣传，夸大项目公司经营规模和投资价值，骗取投资人信任，允许不适格投资者以"拼单""代持"等方式购买私募基金，与投资人订立私募基金份额回购合同，承诺给予年化收益率7.5%至14%不等的回报。鹿某自2016年8月起负责国盈系公司"资金池"及其投资项目公司之间的资金调度、划拨以及私募基金本金、收益的兑付。张某强、白某杰控制国盈系公司通过上述方式先后发行销售133只私募基金，非法公开募集资金人民币76.81亿余元。张某强、白某杰指定部分公司账户作为国盈系公司"资金池"账户，将绝大部分募集资金从项目公司划转至"资金池"账户进行统一控制、支配。上述集资款中，以募新还旧方式兑付已发行私募基金本金及收益49.76亿余元，用于股权、股票投资3.2亿余元，用于"溢价收购"项目公司股权2.3亿余元，用于支付员工薪酬佣金、国盈系公司运营费用、归还国盈系公司及项目公司欠款等17.03亿余元，用于挥霍及支付张某强个人欠款等4.52亿余元。张某强所投资的项目公司绝大部分长期处于亏损状态，国盈系公司主要依靠募新还旧维持运转。案发时，集资参与人本金损失共计28.53亿余元。

【检察机关履职过程】

2018年12月14日，江苏省南京市公安局以张某强、白某杰、鹿某涉嫌集资诈骗罪向南京市人民检察院移送起诉。

（一）审查起诉

侦查阶段，张某强等人辩称不构成集资诈骗罪，移送起诉后进一步辩称国盈系公司在中基协进行了私募基金管理人登记，发行销售的133只私募基金中有119只私募基金按规定进行了备案，是对项目公司投资前景的认可，公司与投资人签订回购协议是出于降低单个项目风险的考量，未将募集款全部投入项目公司是基于公司计划进行内部调配，使用后期募集款归还前期私募基金本息仅是违规操作。

针对张某强等人的辩解，南京市人民检察院对在案证据审查后认为，证明张某强等人销售私募基金违反有关规定，公开向不特定对象吸收资金以及具有非法占有目的的证据尚有不足，要求公安机关围绕国盈系公司在募集、投资、管理、退出各环节实际运作情况进行补充侦查：（1）调取国盈系公司私募基金备案资料，与实际募集资金的相关资料进行比对，查明国盈系公司是否存在向中基协隐匿承诺保本保收益、引诱投资人投资等违规事实。（2）询问集资参与人、发行销售工作人员，核实营销方式及发行销售过程中是否有承诺还本付息、突破合格投资者确认程序等事实。（3）调取发行销售人员背景资料、培训宣传相关证据，查明是否存在公开宣传情形。（4）调取相关项目公司的账册、审计材料等相关证据，询问张某强指派的项目公司管理人员及项目公司相关工作人员，查明项目公司的实际经营情况和盈利能力。（5）对募集资金流向进行逐项审计，查明募集资金实际去向，是否存在募新还旧情形等。

公安机关根据补充侦查提纲收集并移送了相关证据。南京市人民检察院审查后认为，在案证据足以证明张某强、白某杰、鹿某通过销售私募基金方式，以非法占有目的，使用诈骗方法非法集资，造成集资参与人损失数额特别巨大，于2019年6月28日以三被告人犯集资诈骗罪提起公诉，2020年1月10日又补充起诉了部分集资诈骗犯罪事实。

（二）指控和证明犯罪

2020年8月11日至12日，南京市中级人民法院公开开庭审理本案。庭审阶段，公诉人结合在案证据指控和证明张某强等人的行为构成集资诈骗罪。

首先，公诉人出示证明张某强、白某杰控制国盈系公司利用私募基金非法吸收公众存款的有关证据，包括：一是出示国盈系公司微信公众号发布信息，组织投资人参加文旅活动方案，私募基金投资人、销售人员、活动组织人员关于招揽投资人、推介项目等方面的证言等，证实张某强等人进行了公开宣传。二是出示回购合同，资金交易记录，审计报告，被告人供述及私募基金投资人、销售人员证言等，证实张某强等人变相承诺还本付息。三是出示有关投资人实际信息相关书证、资金交易记录、被告人供述和私募基金投资人、销售人员证言等，证实张某强等人以"拼单""代持"等方式将不适格人员包装成合格投资者，向社会公众销售私募基金产品。公诉人指出，张某强等人实际控制的国盈系公司虽然具有私募基金管理人资格，发行销售的119只私募基金经过备案，但是其通过电话联络、微信推广、发放宣传册、召开推介会等方式招揽投资人，公开推介宣传、销售经过备案或者未经备案的私募基金，虚化合格投资者确认程序，允许不合格投资者通过"拼单""代持"等购买私募基金，并利用实际控制的关联公司与投资人签订回购协议变相承诺还本付息，既违反了《中华人民共和国证券投资基金法》等私募基金管理有关规定，也违反了《中华人民共和国商业银行法》关于任何单位和个人未经国务院金融管理部门批准不得从事吸收公众存款的规定。上述行为符合非法吸收公众存款活动所具有的"非法性""公开性""利诱性""社会性"特征。

随后，公诉人出示募集资金实际去向和项目公司经营状况等相关证据，证明张某强等人在非法集资过程中使用诈骗方法，并具有非法占有目的。一是出示国盈系公司及其项目公司账册，关于项目经营状况、募集资金去向等被告人供述、证人证言、审计报告等，证实募集资金转入项目公司后，绝大部分资金在鹿某等人的操作下回流至国盈系公司"资金池"账户。二是出示被告人、项目公司负责人、财务人员等关于项目公司投资决策过程、经营管理状况等言词证据，项目公司涉诉资料等，证实张某强等人在对外投资时不进行尽职调查，随意进行"溢价收购"，收购后经营管理不负责任，任由公司持续亏损。三是出示项目公司财务账册资料、"利益分配款"（即利息）有关审计报告等，证实张某强等人投资的绝大多数项目持续亏损，自2015年1月起国盈系公司已依靠募新还旧维持运转。四是出示张某强等人供述、有关资金交易记录、审计报告等证据，证实张某强将巨额募集资金用于购买豪车、别墅、归还个人欠款等。公诉人指出，张某强等人实际发行销售的133只私募基金中，有131只未按照合同约定的投资方向使用募集资金，并向投资人隐瞒了私募基金投资的项目公司系由张某强实际控制且连年亏损等事实，属于使用诈骗方法非法集资。张某强等人募集的资金大部分未用于生产经营活动，少部分募集资金虽用于投资项目经营过程中，但张某强等人投资决策和经营管理随意，项目公司持续亏损、没有实际盈利能力，长期以来张某强等人主要通过募新还旧支付承诺的本息，最终造成巨额资金无法返还，足以认定被告人具有非法占有目的。综上，被告人张某强、白某杰、鹿某构成集资诈骗罪。

庭审中，张某强、白某杰、鹿某及辩护人对指控的主要犯罪事实及罪名没有异议。

（三）处理结果

2021年8月11日，南京市中级人民法院以犯集资诈骗罪判处被告人张某强无期徒刑，剥夺政治权利终身，并处没收个人全部财产；判处被告人白某杰有期徒刑十五年，没收财产一千五百万元；判处被告人鹿某有期徒刑十二年，没收财产一千万元。张某强、白某杰、鹿某提出上诉，同年12月29日，江苏省高级人民法院裁定驳回上诉，维持原判。

此外，国盈系公司在南京、苏州、广州设立的分公司负责人组织业务人员以销售私募基金为由，向社会不特定公众公开宣传，以获取定期收益、承诺担保回购为诱饵，向社会公众公开募集资金，根据案件证据不能证明相关人员具有非法占有目的，应以非法吸收公众存款罪追究刑事责任。经南京、苏州、广州相关检察机关依法起诉，相关人民法院以犯非法吸收公众存款罪，分别对28名分公司负责人、业务经理判处有期徒刑一年至五年（部分人适用缓刑）不等，并处罚金一万元至五十万元不等。

【指导意义】

（一）打着发行销售私募基金的幌子，进行公开宣传，向社会公众吸收资金，并承诺还本付息的，属于变相非法集资。私募基金是我国多层次资本市场的有机组成部分，在资本市场中发挥着重要作用。与公募基金不同，私募基金只需经过备案、无需审批，但不能以私募为名公开募集资金。检察机关办理以私募基金为名非法集资的案件，应当结合《中华人民共和国证券投资基金法》《私募投资基金监督管理暂行办法》等有关私募基金宣传推介途径、收益分配、募集对象等方面的具体规定，对涉案私募基金是否符合非法集资特征作出判断。违反私募基金有关管理规定，通过公众媒体或者讲座、报告会、分析会等方式向不特定对象宣传，属于向社会公开宣传；通过签订回购协议等方式向投资者承诺投资本金不受损失或者承诺最低收益，属于变相承诺还本付息；通过"拼单""代持"等方式向合格投资者之外的单位和个人募集资金或者投资者累计超过规定人数，属于向社会公众吸收资金。在发行销售私募基金过程中同时具有上述情形的，本质上系假借私募之名变相非法集资，应当依法追究刑事责任。

（二）以发行销售私募基金名义，使用诈骗的方法非法集资，对集资款具有非法占有目的，应当认定集资诈骗罪。非法集资人是否使用诈骗方法、是否具有非法占有目的，应当根据涉案私募基金信息披露情况、募集资金实际用途、非法集资人归还能力等要素综合判断。向私募基金投资者隐瞒募集资金未用于约定项目的事实，虚构投资项目经营情况，应当认定为使用诈骗方法。非法集资人虽然将部分集资款投入生产经营活动，但投资决策随意，明知经营活动盈利能力不具有支付本息的现实可能性，仍然向社会公众大规模吸收资金，兑付本息主要通过募新还旧实现，致使集资款不能返还的，应当认定其具有非法占有目的。在共同犯罪或者单位犯罪中，由于行为人层级、职责分工、获利方式、对全部犯罪事实的知情程度不同，其犯罪目的也存在不同，应当根据非法集资人是否具有非法占有目的分别认定构成集资诈骗罪还是非法吸收公众存款罪。

（三）围绕私募基金宣传推介方式、收益分配规则、投资人信息、资金实际去向等重点，有针对性开展引导取证、指控证明工作。检察机关指控证明犯罪时，不能局限于备案材料、正式合同等表面合乎规定的材料，必须穿透表象查清涉案私募基金实际运作全过程，提出引导取证意见，构建指控证明体系。（1）注重收集私募基金宣传推介方式、合格投资者确认过程、投资资金实际来源、实际投资人信息、实际利益分配方案等与募集过程相关的客观证据，查清资金募集过程及其具体违法违规情形。（2）注重收集募集资金投资项目、募集资金流向等与项目投资决策过程、经营管理状况、实际盈亏情况等相关客观性证据，在全面收集财务资料等证据的基础上，要求审计机构尽可能对资金流向进行全面审计，以查清募集资金全部流转过程和最终实际用途。（3）注重对犯罪嫌疑人、被告人的针对性讯问和有关人员的针对性询问，结合客观证据共同证明募集资金方式、资金去向、项目公司经营情况等关键性事实。

【相关规定】

《中华人民共和国刑法》第一百七十六条、第一百九十二条

《中华人民共和国商业银行法》第十一条

《中华人民共和国证券投资基金法》第八十七条、第九十一条

《最高人民法院关于审理非法集资刑事案件具体应用法律若干问题的解释》（法释〔2022〕5号）第一条、第二条、第七条

《私募投资基金监督管理暂行办法》（中国证券监督管理委员会令第105号）第十一条、第十二条、第十四条、第十五条、第二十四条